CB078540

Curso de DIREITO Processual Penal

ANA FLÁVIA MESSA

Curso de DIREITO Processual Penal

3ª edição

2017

saraiva jur

SOMOS EDUCAÇÃO | saraiva jur

Av. das Nações Unidas, 7.221, 1º andar, Setor B
Pinheiros – São Paulo – SP – CEP 05425-902

SAC | 0800-0117875
De 2ª a 6ª, das 8h às 18h
www.editorasaraiva.com.br/contato

Presidente Eduardo Mufarej
Vice-presidente Claudio Lensing
Diretora editorial Flávia Alves Bravin

Conselho editorial
Presidente Carlos Ragazzo
Consultor acadêmico Murilo Angeli Dias dos Santos

Gerência
Planejamento e novos projetos Renata Pascual Müller
Concursos Roberto Navarro
Legislação e doutrina Thaís de Camargo Rodrigues

Edição Eveline Gonçalves Denardi
Verônica Pivisan Reis

Produção editorial Ana Cristina Garcia (coord.)
Luciana Cordeiro Shirakawa

Clarissa Boraschi Maria (coord.)
Guilherme H. M. Salvador
Kelli Priscila Pinto
Marília Cordeiro
Mônica Landi
Surane Vellenich
Tatiana dos Santos Romão
Tiago Dela Rosa

Diagramação e revisão Perfekta Soluções Editoriais

Comunicação e MKT Elaine Cristina da Silva
Capa IDÉE arte e comunicação
Produção gráfica Marli Rampim
Impressão e acabamento Edições Loyola

ISBN 978-85-472-1124-0

DADOS INTERNACIONAIS DE CATALOGAÇÃO NA PUBLICAÇÃO (CIP)
ANGÉLICA ILACQUA CRB-8/7057

Messa, Ana Flávia
Curso de direito processual penal / Ana Flávia Messa. – 3. ed. – São Paulo : Saraiva, 2017.

1. Processo penal - Brasil - Concursos 2. Processo penal - Concursos I. Título.

16-0748 CDU 343.1(079)

Índice para catálogo sistemático:

1. Direito processual penal : Concursos 343.1(079)

Data de fechamento da edição: 14-3-2017

Dúvidas? Acesse www.editorasaraiva.com.br/direito

CL 602599 CAE 602007

À minha vovó Leonor, *in memoriam*, exemplo de vida.
Aos meus pais, pelo auxílio na minha formação.
Aos meus irmãos, por todo o carinho.
Aos meus alunos, fonte de inspiração na labuta do magistério.

Ao meu amigo R.T., *in memoriam*, pelo legado
de honra, honestidade e trabalho.

À equipe do Editorial Jurídico da Saraiva, nas pessoas de
Poliana Albuquerque, Roberto Navarro,
Thaís de Camargo Rodrigues e Thiago Fraga.

Aos meus colegas de magistério.

"O homem nasceu livre, e em toda a parte está acorrentado.
Muitos pensam que são os senhores de outros,
enquanto, na realidade, são mais
escravos ainda que os outros"
(Rousseau, *in Contrato social*).

SUMÁRIO

Prefácio 37

Apresentação 39

Capítulo 1 – Introdução ao Direito Processual Penal 41

I – Noções Preliminares 41
1. Sociedade 41
2. Sociedade e direito 44
   2.1. Convivência social 44
   2.2. Funções do direito 45
   2.3. Sociedade, direito e lide 46
3. Lide no processo penal 50
4. Características do processo penal 50
5. Aplicação subsidiária do Código de Processo Civil no processo penal 51
6. Teoria Geral do Processo 52
7. Origem do Código de Processo Penal – Decreto-lei n. 3.689/41 53
II – Trilogia Estrutural do Processo Penal 53
1. Jurisdição 53
   1.1. Princípio da separação de poderes 53
   1.2. Funções do Estado 56
   1.3. Conceito e natureza jurídica 60
   1.4. Administração da justiça 61
2. Ação 65
   2.1. Teorias da ação 65
   2.2. Conceito da ação 67
3. Processo 67
   3.1. Natureza jurídica 67

3.2. Conceito 69
3.3. Características 69
3.4. Elementos, enfoques e escopos 70
3.5. Efeitos 70
3.6. Processo e procedimento 71
3.7. Pressupostos processuais 72
3.8. Processo penal 73
III – Atos Processuais 74
1. Conceito 74
2. Atos das partes 74
3. Atos do juiz 75
4. Atos do escrivão ou do chefe de secretaria 75
5. Termos processuais 77
6. Autos, auto e ata 77
7. Forma dos atos processuais 77
7.1. Tempo dos atos processuais 77
7.1.1. Momento dos atos processuais 77
7.1.2. Prazos processuais 78
8. Lugar dos atos processuais 83
9. Modo dos atos processuais 83
IV – Direito Processual Penal 85
1. Teorias do direito processual 85
2. Denominação 86
3. Conceito 86
4. Posição jurídica 89
5. Características 89
6. Finalidade 90
7. Método 91
8. Classificação do Direito Processual Penal 92
8.1. Quanto à fonte legislativa 92
8.2. Quanto à estrutura 92
8.3. Quanto ao conteúdo 93
9. Fontes 93
9.1. Outras formas do Direito Processual Penal 95
10. Relações com outros ramos do dircito 101
11. Relações com ciências jurídicas fundamentais 102
12. Relações com as ciências auxiliares 103
13. Política criminal 103
14. Hierarquia normativa 104

Capítulo 2 – Sistemas do Processo Penal 111

1. Introdução 111
2. Sistema inquisitivo 111
3. Sistema acusatório 113
4. Sistema misto 115
5. Sistema brasileiro 116
6. Outros sistemas processuais 117
   6.1. Modelo anglo-saxônico 117
   6.2. Modelo socialista 117
   6.3. Modelo francês 117

Capítulo 3 – Princípios do Processo Penal 121

1. Introdução 121
2. Características dos princípios 122
3. Princípios do processo penal 123
   3.1. Princípio da "verdade real" 123
   3.2. Princípio da imparcialidade do juiz 125
   3.3. Princípio da persuasão racional ou livre-convencimento 125
   3.4. Princípio da publicidade 126
   3.5. Princípio do contraditório 127
   3.6. Princípio da ampla defesa 128
   3.7. Princípio da iniciativa das partes 129
   3.8. Princípio da inadmissibilidade das provas obtidas por meio ilícito ... 130
   3.9. Princípio da inocência ou princípio da presunção da não culpabilidade 130
   3.10. Princípio do devido processo legal 131
   3.11. Princípio da indisponibilidade 132
   3.12. Princípio da autoritariedade 132
   3.13. Princípio da oficiosidade 133
   3.14. Princípio da oficialidade 133
   3.15. Princípio da legalidade ou obrigatoriedade 133
   3.16. Princípio da celeridade processual 133
   3.17. Princípio da motivação das decisões judiciais 134
   3.18. Princípio do juiz natural 135
   3.19. Princípio do *favor rei* ou do *in dubio pro reo* 136
   3.20. Princípio de duplo grau de jurisdição 136
   3.21. Princípio da igualdade das partes 136
   3.22. Princípio da identidade física do juiz 137
   3.23. Princípio do promotor natural 137
   3.24. Princípio da brevidade ou economia processual 137
   3.25. Princípio do impulso oficial 138

3.26. Princípio da comunhão da prova ... 138
3.27. Princípio da oralidade ... 138
3.28. Outros princípios ... 138
4. Princípios informativos do processo ... 139
4.1. Princípio lógico ... 139
4.2. Princípio jurídico ... 139
4.3. Princípio político ... 139
4.4. Princípio econômico ... 140

Capítulo 4 – Lei Processual Penal ... 147
1. Norma material e norma processual ... 147
2. Norma processual ... 147
3. Norma processual penal ... 148
3.1. Elementos ... 148
3.2. Características ... 148
3.3. Classificação ... 148
4. Aplicação da lei processual penal ... 149
4.1. Lei processual penal no tempo ... 149
4.1.1. Nascimento da lei processual penal ... 149
4.1.2. Entrada em vigor ... 152
4.1.3. Aplicação da lei no tempo ... 152
4.1.3.1. Princípio da aplicação imediata ... 152
4.1.3.2. Irretroatividade da lei processual penal ... 153
4.1.4. Normas híbridas ... 155
4.1.5. Revogação da lei processual penal ... 157
4.1.6. Repristinação ... 157
4.2. Lei processual penal no espaço ... 158
4.2.1. Territorialidade ... 158
4.2.2. Território ... 159
4.2.3. Extraterritorialidade ... 159
4.2.4. Princípio da unidade do direito processual penal ... 160
4.3. Lei processual penal em relação às pessoas ... 161
4.3.1. Imunidade diplomática ... 162
4.3.2. Imunidade do Cônsul ... 163
4.3.3. Imunidades parlamentares ... 163
4.3.4. Imunidade prisional ... 165
4.3.5. Imunidade para servir como testemunha ... 165
4.3.6. Imunidade do advogado ... 166
4.3.7. Imunidade dos chefes do executivo ... 166
5. Interpretação da lei processual penal ... 168

Capítulo 5 – Processo Penal Constitucional ... 177
1. Introdução ... 177
2. A Constituição e o processo penal ... 177
2.1. Supremacia constitucional ... 179
2.2. Direito processual constitucional ... 182
2.3. Segurança no processo penal ... 183
2.3.1. Garantias criminais ... 183
2.3.2. Garantias jurisdicionais ... 187
2.3.3. Garantias processuais ... 187
3. Garantias constitucionais da prisão ... 190
4. Garantias constitucionais do processo ... 190
5. O processo penal na dimensão dos direitos fundamentais ... 191
5.1. Processo penal garantista ... 191
5.2. Processo penal e os direitos fundamentais ... 192
5.2.1. Devido processo legal ... 192
5.2.2. Vedação à autoincriminação ... 193
5.2.3. Presunção de inocência ... 194
5.2.4. Verdade real ... 194
5.2.5. Ampla defesa ... 195
5.2.6. Promotor natural ... 197
5.2.7. Juiz natural ... 199
5.2.8. Motivação das decisões judiciais ... 199
5.2.9. Proporcionalidade processual ... 200
5.2.10. Prova ... 200
6. Identificação criminal ... 201
7. Reprodução simulada dos fatos ... 203
8. Direito à imagem ... 204
9. Poderes investigatórios do Ministério Público ... 205
10. Comissões parlamentares de inquérito ... 205
11. Uso de algemas e limites constitucionais ... 209
12. Tribunal do Júri ... 213
13. Assistência judiciária ... 216
14. Indenização por erro judiciário ... 219
15. Quebra de sigilo ... 220
15.1. Direito à privacidade ... 220
15.2. Quebra de sigilo: requisitos e limites ... 221
15.3. Espécies de quebra de sigilo ... 223
15.3.1. Quebra de sigilo de correspondência ... 223
15.3.2. Quebra de sigilo telefônico ... 224

15.3.3. Quebra de sigilo bancário ... 227
15.3.4. Quebra de sigilo fiscal ... 228
16. Efetividade processual ... 229

Capítulo 6 – Persecução Penal ... 235
1. Direito de punir ... 235
2. Noções gerais da persecução penal ... 240
2.1. Introdução ... 240
2.2. Conceito e características ... 241
2.3. Objeto e fases ... 243

Capítulo 7 – Segurança Pública ... 249
1. Introdução ... 249
2. Estrutura ... 250
3. Função policial ... 252
4. Exercício da função policial ... 253
5. Organização ... 253
5.1. Segurança pública municipal ... 253
5.2. Segurança pública estadual ... 258
5.2.1. Polícia Militar (Decreto n. 88.777/93) ... 258
5.2.2. Polícia Civil ... 259
5.2.3. Bombeiros Militares ... 260
5.3. Segurança pública distrital ... 261
5.4. Segurança pública federal ... 261
5.4.1. Polícia Ferroviária Federal ... 261
5.4.2. Polícia Rodoviária Federal (Lei n. 9.654/98) ... 261
5.4.3. Polícia Federal ... 264
6. Segurança privada ... 270
6.1. Estabelecimento financeiro ... 270
6.2. Vigilância ostensiva e transporte de valores ... 271
6.3. Segurança privada ... 272
6.4. Vigilante ... 273
6.5. Atribuições do Ministro da Justiça ... 274
7. Força Nacional de Segurança Pública ... 274
8. Conselho Nacional de Segurança Pública ... 276
9. Segurança pública e Forças Armadas ... 276
10. Segurança viária ... 278
11. Cooperação federativa no âmbito da segurança pública ... 278
12. Questões complementares ... 279

Capítulo 8 – Inquérito Policial ... 287
1. Introdução ... 287
2. Investigação criminal ... 287
3. Inquérito policial ... 288
3.1. Origem ... 288
3.2. Conceito ... 288
3.3. Características ... 289
3.4. Finalidade ... 294
4. Procedimento do inquérito policial ... 295
4.1. Início ... 295
4.1.1. *Notitia criminis* ... 295
4.1.2. Instauração ... 296
4.2. Desenvolvimento ... 298
4.3. Fim ... 300
4.3.1. Encerramento do inquérito policial ... 300
4.3.2. Trancamento do inquérito policial ... 300
4.3.3. Arquivamento do inquérito policial ... 301
4.4. Destino do inquérito policial ... 304
5. Indiciamento ... 305
6. Questões complementares ... 305
6.1. Garantias do investigado ... 305
6.2. Direito de acesso ao inquérito policial ... 306
6.3. Investigação criminal direta pelo Ministério Público ... 307
6.4. Inquérito extrapolicial ... 308
6.5. Inquérito policial e foro por prerrogativa de função ... 308
6.6. *Delatio criminis* ... 308
6.7. Juizado de instrução ... 309

Capítulo 9 – Ação Penal ... 317
1. Conceito ... 317
2. Natureza jurídica ... 318
3. Características ... 318
4. Condições da ação penal ... 318
4.1. Condições gerais ... 318
4.2. Condições específicas ... 319
5. Carência da ação penal ... 320
6. Classificação da ação penal ... 320
6.1. Critério da tutela jurisdicional ... 320
6.2. Legitimidade para promover a ação penal ... 320

6.3. Outras classificações ... 321
7. Ação penal pública ... 322
7.1. Titularidade e espécies ... 322
7.2. Princípios ... 322
8. Ação penal pública condicionada ... 323
8.1. Representação ... 323
8.2. Requisição do Ministro da Justiça ... 326
9. Ação penal privada ... 326
9.1. Conceito, fundamento e espécies ... 326
9.2. Titularidade ... 327
9.3. Princípios ... 328
9.4. Atuação do Ministério Público ... 328
10. Ação penal originária ... 329
10.1. Conceito ... 329
10.2. Procedimento ... 329
10.3. Papel do relator ... 330
11. Renúncia, perdão, perempção, decadência ... 331
11.1. Renúncia ... 331
11.2. Perdão ... 332
11.3. Perempção ... 333
11.4. Decadência ... 333
12. Trancamento da ação penal ... 334
13. Ação penal no Código Penal – parte especial ... 334

Capítulo 10 – Denúncia e Queixa-Crime ... 341
1. Aspectos gerais ... 341
2. Denúncia ... 343
2.1. Prazo da denúncia ... 343
2.2. Excesso de prazo da denúncia ... 344
2.3. Aditamento da denúncia ... 344
2.4. Denúncia genérica ... 344
2.5. Denúncia alternativa ... 344
2.6. Denúncia idônea ... 345
3. Queixa-crime ... 345
3.1. Prazo da queixa ... 345
3.2. Omissões na queixa ... 345
3.3. Documento indispensável na queixa ... 345
3.4. Aditamento da queixa ... 346
3.5. Queixa no júri ... 346

4. Análise judicial ... 347
4.1. Recebimento da denúncia ou queixa ... 347
4.2. Rejeição da denúncia ou queixa ... 348
5. Peça acusatória e aplicação do princípio da insignificância ... 349

Capítulo 11 – Ação Civil *Ex Delicto* ... 355

1. Ilícito penal e civil ... 355
2. Reparação do dano ... 356
2.1. Formas ... 356
2.2. Sistemas ... 356
2.3. Sistema brasileiro ... 357
3. Reparação do dano no âmbito criminal ... 357
3.1. Introdução ... 357
3.2. Ação civil *ex delicto* ... 357
3.3. Execução civil *ex delicto* ... 359
4. A sentença criminal e a reparação do dano ... 361
4.1. Sentença condenatória ... 361
4.2. Sentença absolutória ... 361

Capítulo 12 – Sujeitos Processuais ... 367

1. Introdução ... 367
2. Do Juiz ... 368
2.1. Poder Judiciário ... 368
2.2. Garantias da magistratura ... 369
2.2.1. Garantias institucionais ... 369
2.2.2. Garantias funcionais ... 369
2.2.2.1. Garantias de independência ... 369
2.2.2.2. Garantias de imparcialidade (proibições a que se sujeitam os juízes) ... 370
2.3. Estatuto da magistratura ... 371
2.4. O juiz no processo penal ... 373
2.4.1. Funções ... 373
2.4.2. Impedimento e suspeição ... 378
3. Do Ministério Público ... 379
3.1. Introdução ... 379
3.2. Princípios institucionais ... 380
3.3. Garantias ... 380
3.3.1. Garantias institucionais ... 380
3.3.2. Garantias funcionais ... 380

3.4. Organização ... 381
3.4.1. Ministério Público da União ... 382
3.4.2. Ministério Público Estadual ... 383
3.5. Funções institucionais ... 383
3.6. Conselho Nacional do Ministério Público ... 387
3.7. Ministério Público no processo penal ... 388
4. Do acusado ... 388
4.1. Conceito ... 388
4.2. Capacidade ... 389
4.3. Identificação ... 389
4.4. Erro na identificação ... 390
4.5. Presença do acusado ... 390
4.6. Condução coercitiva ... 390
4.7. Direitos do acusado ... 391
5. Defensor ... 391
5.1. Direito de defesa ... 391
5.2. Conceito ... 392
5.3. Defesa técnica ... 392
5.3.1. Conceito e características ... 392
5.3.2. Espécies ... 393
5.4. Autodefesa ... 394
5.5. Questões complementares ... 394
6. Ofendido ... 396
7. Assistente de acusação ... 397
7.1. Natureza jurídica ... 397
7.2. Admissão ... 397
7.2.1. Momento ... 397
7.2.2. Habilitação ... 397
7.2.3. Requisito ... 397
7.2.4. Impugnação da decisão ... 398
7.2.5. Cabimento ... 398
7.2.6. Legitimidade ... 398
7.3. Função ... 398
7.4. Vedações ... 399
7.5. Intimação ... 399
7.6. Atividades ... 400
7.7. Questões complementares ... 402
8. Dos auxiliares da justiça ... 403
8.1. Introdução ... 403

8.2. Auxiliares permanentes da justiça ... 403
8.2.1. Escrivão ... 403
8.2.2. Oficial de justiça ... 404
8.2.3. Distribuidor ... 404
8.2.4. Contador judicial ... 404
8.3. Auxiliares eventuais da justiça ... 404
8.3.1. Depositário público ... 404
8.3.2. Intérprete ... 404
8.3.3. Perito ... 405
8.4. Outros órgãos não vinculados ao Judiciário ... 406

Capítulo 13 – Jurisdição e Competência ... 411

I – Jurisdição ... 411
1. Fluxograma ... 411
2. Características ... 411
3. Princípios ... 413
4. Jurisdição penal ... 414
5. Elementos ... 415
6. Sistema de jurisdição única ... 415
7. Desconcentração ... 415
8. Questões complementares ... 418

II – Competência ... 418
1. Conceito ... 418
2. Espécies ... 419
3. Competência pela natureza da infração ... 420
3.1. Introdução ... 420
3.2. Competência criminal da Justiça Militar ... 420
3.3. Competência criminal da Justiça Eleitoral ... 425
3.4. Competência criminal da Justiça Federal ... 427
4. Competência *in ratione persona* ... 441
5. Competência *in ratione loci* ... 444
6. Competência pelo domicílio ou residência do réu ... 447
7. Competência por distribuição ... 447
8. Competência por prevenção ... 448
9. Competência nas infrações penais cometidas a bordo de embarcações ... 449
10. Competência nas infrações penais cometidas a bordo de aeronaves ... 450
11. Competência por conexão ou continência ... 451
11.1. Introdução ... 451
11.2. Competência por conexão ... 451

11.3. Competência por continência ... 452
11.4. Foro prevalente ... 453
11.5. Separação do processo ... 455
11.5.1. Obrigatória ... 455
11.5.2. Facultativa ... 455
11.6. Perpetuação da jurisdição na conexão e na continência ... 456
11.7. Avocação ... 456
12. Delegação de competência ... 457
13. Perpetuação da competência ... 457
14. Prorrogação da competência ... 458

Capítulo 14 – Comunicação dos Atos Processuais ... 469

I – Citação ... 469
1. Introdução ... 469
2. Conceito ... 470
3. Características ... 471
4. Sujeito passivo ... 472
5. Nulidades ... 472
6. Efeitos ... 473
6.1. Efeitos positivos ... 473
6.2. Efeitos negativos ... 473
7. Espécies ... 474
8. Citação por mandado ... 475
9. Citação por precatória ... 477
10. Citação do militar ... 478
11. Citação do funcionário público ... 479
12. Citação do réu preso ... 479
13. Citação por edital ... 479
14. Citação por carta rogatória ... 481
15. Citação por hora certa ... 483
16. Citação por carta de ordem ... 485
II – Revelia ... 485
1. Contumácia ... 485
2. Revelia ... 485
2.1. Cabimento ... 485
2.2. Efeitos ... 486
2.3. Decretação ... 486
3. Revelia e art. 366 do CPP ... 486
III – Intimação ... 488

1. Conceito 488
2. Regras gerais 488
2.1. Intimação do defensor constituído, do advogado do querelante e do assistente 488
2.2. Intimação do Ministério Público e do defensor nomeado 488
2.3. Intimação de testemunha 489
2.4. Intimação do jurado 489
2.5. Intimação do réu 489
2.6. Intimação na sexta-feira 489
2.7. Intimação de acórdão 490
2.8. Intimação por despacho judicial na petição 490
2.9. Intimação da expedição da carta precatória 490
2.10. Adiamento de audiência 490
3. Intimação da sentença 490
4. Intimação da decisão de pronúncia 491
5. Regras especiais 491
5.1. Intimação para interrogatório 491
5.2. Intimação do assistente 492
5.3. Intimação do perito 492
5.4. Intimação nas medidas cautelares diversas da prisão 492
5.5. Intimação na prisão em domicílio 492
5.6. Intimação na defesa inicial (procedimento comum e do júri) 492
5.7. Intimação para audiência de instrução e julgamento 492
5.8. Intimação na fase preparatória do julgamento do júri 493
5.9. Nulidade na intimação 493
6. Intimação por meio eletrônico 493
6.1. Introdução 493
6.2. Comunicação eletrônica dos atos processuais 494
6.3. Do processo eletrônico 495
6.3.1. Atos processuais 495
6.3.2. Documentos 496
6.3.3. Conservação dos autos 496

Capítulo 15 – Procedimentos Criminais 503
1. Generalidades 503
1.1. Conceito de procedimento 503
1.2. Características do procedimento 503
1.3. Procedimento e rito 503
1.4. Fases do procedimento 504

1.5. Concurso de procedimentos 504
1.6. Preferência na tramitação 504
2. Espécies de procedimento 504
3. Atos do procedimento comum 506
3.1. Peça inicial acusatória 506
3.2. Citação do acusado 506
3.3. Defesa inicial ou resposta à acusação 506
3.4. Absolvição sumária 507
3.5. Audiência de instrução e julgamento 507
3.6. Fase das diligências 508
3.7. Alegações finais 508
4. Procedimento comum 509
4.1. Procedimento ordinário 509
4.2. Procedimento sumário 513
4.3. Procedimento sumaríssimo 515
5. Procedimentos especiais do Código de Processo Penal 518
5.1. Procedimento do júri 518
5.1.1. Sumário da culpa 518
5.1.2. Julgamento da causa 521
5.2. Procedimento dos crimes de falência 528
5.3. Procedimento dos crimes de responsabilidade dos funcionários públicos 529
5.4. Procedimento dos crimes contra a honra 532
5.5. Procedimento dos crimes contra a propriedade imaterial 534
5.6. Procedimento de restauração de autos extraviados ou destruídos 536

Capítulo 16 – Questões e Processos Incidentes 543
I – Introdução 543
1. Conceito 543
2. Características 543
3. Espécies 543
II – Espécies 544
1. Das questões prejudiciais 544
1.1. Conceito e características 544
1.2. Questão prejudicial e questão preliminar 545
1.3. Espécies 545
1.3.1. Quanto ao caráter 545
1.3.2. Quanto aos efeitos 546
1.4. Suspensão do processo 547

1.4.1. Introdução 547
1.4.2. Suspensão obrigatória 547
1.4.3. Suspensão facultativa 548
2. Das exceções 548
2.1. Introdução 548
2.2. Modalidades de exceção 549
2.2.1. Exceção de suspeição 549
2.2.1.1. Noções gerais 549
2.2.1.2. Espécies 549
2.2.2. Exceção de incompetência 552
2.2.3. Exceção de litispendência 553
2.2.4. Ilegitimidade de parte 554
2.2.5. Coisa julgada 554
3. Das incompatibilidades e impedimentos 555
4. Do conflito de jurisdição 556
4.1. Espécies 556
4.2. Confronto 556
4.2.1. Conflito de jurisdição e conflito de atribuições 556
4.2.2. Conflito de jurisdição e conflito de competência 556
4.3. Legitimidade ativa 557
4.4. Regularidade formal 557
4.4.1. Momento 557
4.4.2. Forma 557
4.5. Procedimento 557
4.6. Avocatória 557
4.7. Competência 558
5. Da restituição das coisas apreendidas 560
6. Das medidas assecuratórias 563
6.1. Introdução 563
6.2. Espécies 563
6.2.1. Sequestro 563
6.2.2. Arresto 567
6.2.3. Pedido de especialização de hipoteca legal 568
7. Incidente de falsidade 571
8. Incidente de insanidade mental 574

Capítulo 17 – Teoria Geral da Prova 583
I – Introdução 583
1. Direito probatório 583

1.1. Conceito ... 583
1.2. Característica ... 583
1.3. Fase instrutória e instrução probatória ... 583
II – Da Prova ... 584
1. Conceito ... 584
2. Finalidade ... 584
3. Princípios ... 585
4. Objeto ... 585
5. Ônus ... 587
6. Destinatários ... 587
7. Sistemas de valoração ... 587
8. Classificação ... 588
9. Procedimento probatório ... 589
10. Direito à prova ... 589
11. Questões complementares ... 590
11.1. Prova do direito ... 590
11.2. Prova emprestada ... 590
11.3. Prova *prima facie* ... 591
11.4. Prova negativa (álibi) ... 591
12. Provas ilícitas ... 591
III – Dos Meios de Prova ... 592
1. Introdução ... 592
2. Provas em espécie ... 592
2.1. Prova pericial ... 592
2.2. Interrogatório do réu ... 599
2.2.1. Conceito ... 599
2.2.2. Características ... 599
2.2.3. Presença ... 600
2.2.4. Direitos do acusado ... 600
2.2.5. Espécies ... 600
2.2.6. Procedimento ... 600
2.2.7. Interrogatório por videoconferência ... 601
2.2.8. Interrogatório do réu preso ... 602
2.3. Confissão do acusado ... 603
2.3.1. Conceito ... 603
2.3.2. Requisitos ... 603
2.3.3. Valor probatório ... 604
2.3.4. Classificação ... 605
2.3.5. Retratação ... 606

2.3.6. Delação ... 606
2.3.7. Delação premiada ... 606
2.4. Declarações do ofendido ... 608
2.4.1. Conceito ... 608
2.4.2. Características ... 608
2.4.3. Dever de comparecimento ... 609
2.4.4. Ofendido e testemunha ... 609
2.4.5. Direitos do ofendido ... 610
2.4.6. Proteção da vítima ameaçada ... 611
2.5. Prova testemunhal ... 612
2.5.1. Conceito ... 612
2.5.2. Características ... 612
2.5.3. Declarantes ou informantes ... 613
2.5.4. Dispensa e proibição ... 613
2.5.5. Lugar do depoimento ... 614
2.5.6. Precatória e rogatória ... 614
2.5.7. Necessidade de intérprete ... 615
2.5.8. Produção antecipada ou depoimento "ad perpetuam rei memoriam" ... 615
2.5.9. Procedimento ... 615
2.5.10. Deveres e sanções ... 616
2.5.11. Videoconferência ... 617
2.5.12. Testemunhas de defesa ... 617
2.5.13. Casos especiais ... 617
2.5.14. Valor probatório ... 617
2.5.15. Número máximo ... 618
2.5.16. Classificação ... 618
2.5.17. Observações finais ... 618
2.6. Reconhecimento de pessoas e coisas ... 619
2.7. Acareações ... 620
2.7.1. Conceito ... 620
2.7.2. Sujeito passivo ... 620
2.7.3. Cabimento ... 620
2.7.4. Procedimento ... 621
2.8. Dos documentos ... 621
2.8.1. Momento ... 621
2.8.2. Contraditório ... 621
2.8.3. Conceito ... 622
2.8.4. Documento autenticado ... 622

2.8.5. Cartas particulares ... 622
2.8.6. Exame grafotécnico ... 622
2.8.7. Documentos em língua estrangeira ... 622
2.8.8. Documentos originais constantes de autos findos ... 623
2.9. Dos indícios ... 623
2.10. Da busca e da apreensão ... 623
2.10.1. Busca em território de jurisdição alheia ... 625
IV – Dos Meios de Obtenção de Prova ... 626
1. Introdução ... 626
2. Exames ... 626
3. Revistas ... 627
4. Buscas ... 627
5. Escutas telefônicas ... 627

Capítulo 18 – Nulidades ... 633
I – Teoria Geral das Nulidades ... 633
1. Conceito ... 633
2. Natureza jurídica ... 634
3. Atipicidade constitucional ... 634
4. Sistemas ... 634
5. Vícios processuais ... 634
5.1. Irregularidade ... 634
5.2. Nulidade ... 635
5.2.1. Nulidade absoluta ... 635
5.2.2. Nulidade relativa ... 635
5.3. Anulabilidade ... 636
5.4. Inexistência ... 636
6. Eficácia ... 636
7. Princípios ... 636
II – Nulidades em Espécie ... 641
1. Art. 564 do CPP ... 641
2. Nulidades no processo penal (rol exemplificativo) ... 645
III – Questões Complementares ... 647
IV – Súmulas Aplicáveis ... 648

Capítulo 19 – Prisão e Liberdade Provisória ... 657
I – Prisão ... 657
1. Conceito ... 657
2. Regra geral ... 658

3. Momento da prisão ... 659
3.1. Imunidade prisional eleitoral ... 659
3.2. Imunidade prisional em domicílio ... 661
4. Emprego da força ... 664
5. Resistência à prisão ... 665
6. Uso de algemas ... 667
7. Mandado de prisão ... 668
8. Casos especiais de prisão ... 669
9. Prisão especial ... 670
9.1. Progressão de regime e prisão especial ... 678
9.2. Prisão especial e regime domiciliar ... 678
10. Prisão cautelar ... 680
10.1. Introdução ... 680
10.2. Prisão temporária ... 681
10.2.1. Histórico ... 681
10.2.2. Natureza jurídica, característica e finalidade ... 682
10.2.3. Prazo de duração ... 683
10.2.4. Momento de decretação ... 685
10.2.5. Competência para decretação ... 686
10.2.6. Mandado de prisão temporária ... 686
10.2.7. Fundamentação ... 687
10.2.8. Iniciativa ... 688
10.2.9. Detração penal ... 689
10.2.10. Prazo da conclusão do inquérito policial de réu preso ... 689
10.2.11. Conversão da prisão temporária em prisão preventiva ... 689
10.2.12. Local do preso temporário ... 690
10.2.13. Providências da prisão temporária ... 690
10.2.14. Requisitos ... 691
10.2.15. Plantão permanente ... 692
10.2.16. Incomunicabilidade ... 692
10.2.17. Recurso contra prisão temporária ... 693
10.2.18. Inconstitucionalidade da prisão temporária ... 693
10.2.19. Revogação da prisão temporária ... 693
10.2.20. Prisão preventiva e temporária ... 694
10.3. Prisão em flagrante ... 695
10.3.1. Conceito, características e finalidade ... 695
10.3.2. Situações de flagrante ... 696
10.3.3. Espécies de flagrante ... 698
10.3.4. Sujeitos do flagrante ... 702

10.3.5. Autoridade competente 703
10.3.6. Procedimento 704
10.4. Prisão preventiva 710
10.4.1. Fundamentos da prisão preventiva 712
11. Prisão administrativa 718
12. Prisão civil 719
12.1. Revogação da prisão do depositário infiel pelo Pacto de São José de Costa Rica 721
13. Prisão disciplinar 722
14. Prisão e CPI 722
15. Prisão do Presidente da República 723
16. Prisão do parlamentar 724
17. Prisão domiciliar 725
17.1. Prisão albergue domiciliar 725
17.2. Prisão domiciliar cautelar 726
18. Das medidas cautelares diversas da prisão 726
18.1. Introdução 726
18.2. Espécies 726
II – Liberdade Provisória 735
1. Conceito 735
2. Característica 735
3. Concessão 736
III – Prisão determinada pelo Tribunal após o Julgamento da Apelação 741

Capítulo 20 – Sentença 749

1. Conceito 749
2. Características 750
3. Classificação 750
3.1. Teorias 750
3.2. Espécies 751
4. Requisitos da sentença 753
5. Sentença criminal 756
5.1. Preâmbulo 756
5.2. Ementa 756
5.3. Relatório 756
5.4. Fundamentação 756
5.5. Dispositivo 757
5.5.1. Requisitos gerais 757
5.5.2. Requisitos específicos 757

6. Sentença condenatória ... 757
7. Sentença absolutória ... 758
8. Fenômenos da sentença criminal ... 760
8.1. Princípio da correlação ... 760
8.2. *Emendatio libelli* ... 760
8.3. *Mutatio libelli* ... 761
9. Efeitos da sentença ... 762
10. Publicação ... 762
10.1. Momento ... 763
10.2. Providências administrativas ... 763
10.3. Efeitos da publicação da sentença ... 764
11. Intimação da sentença ... 764
12. Coisa julgada ... 767

Capítulo 21 – Dos Recursos Criminais ... 775
I – Teoria Geral dos Recursos ... 775
1. Conceito ... 775
2. Fundamentos ... 775
3. Finalidade ... 775
4. Natureza ... 776
5. Características ... 776
6. Pressupostos recursais ... 777
6.1. Pressupostos objetivos ... 777
6.2. Pressupostos subjetivos ... 782
7. Reexame de ofício, recurso de ofício, recurso obrigatório, recurso necessário ou recurso anômalo ... 783
8. Juízos dos recursos ... 784
9. Extinção do recurso ... 784
10. Efeitos do recurso ... 784
11. Classificação dos recursos ... 786
12. Recurso e ação impugnativa autônoma ... 788
13. Desistência e renúncia no recurso ... 788
14. *Error in judicando* e *error in procedendo* ... 788
15. *Reformatio in pejus* ... 788
16. *Reformatio in pejus* indireta ... 788
17. *Reformatio in mellius* ... 789
18. Modalidades de recursos criminais ... 790
II – Recursos em Espécie ... 790
1. Carta testemunhável ... 790

2. Embargos de declaração 794
3. Embargos infringentes e de nulidade 797
4. Apelação 801
5. Recurso em sentido estrito 806
6. Recursos constitucionais 810
   6.1. Recurso ordinário-constitucional 810
   6.2. Recurso extraordinário 812
   6.3. Recurso especial 817
7. Agravos 820
   7.1. Do agravo em recurso especial e em recurso extraordinário: agravo de admissão 820
   7.2. Agravo interno 822
   7.3. Agravo em execução 823
   7.4. Outros agravos 826
8. Correição parcial 827

Capítulo 22 – Ações Impugnativas Autônomas 839

I – Introdução 839
II – Espécies 839
1. *Habeas corpus* 839
   1.1. Origem 839
   1.2. Conceito 840
   1.3. Características 840
   1.4. Legitimidade de partes 840
      1.4.1. Legitimidade ativa 840
      1.4.2. Legitimidade passiva 841
   1.5. Condições da ação 841
   1.6. Espécies 842
   1.7. Procedimento 843
      1.7.1. Procedimento em primeira instância 843
      1.7.2. Processamento em segunda instância 844
   1.8. Personagens 844
   1.9. Requisitos formais 845
   1.10. Competência 845
   1.11. Cabimento 846
   1.12. Recurso 848
   1.13. Reiteração 849
   1.14. Julgamento 849
   1.15. Questões processuais 849

2. Revisão criminal 851
   2.1. Finalidade 851
   2.2. Natureza jurídica 851
   2.3. Características 852
   2.4. Fundamento 852
   2.5. Condições da ação 853
      2.5.1. Possibilidade jurídica do pedido 853
      2.5.2. Interesse de agir 853
      2.5.3. Legitimidade de partes 853
   2.6. Revisão criminal e Ministério Público 854
   2.7. Momento processual 854
   2.8. Revisão criminal e ação rescisória 854
   2.9. Não cabimento 854
   2.10. Causa de pedir 855
   2.11. Competência 856
   2.12. Procedimento 857
   2.13. Julgamento 857
   2.14. Efeitos 858
   2.15. Revisão criminal e Tribunal do Júri 858
   2.16. Indenização 858
   2.17. Questões processuais 859
3. Mandado de segurança 860
   3.1. Introdução 860
   3.2. Legitimidade de parte 861
      3.2.1. Legitimidade ativa 861
      3.2.2. Legitimidade passiva 862
   3.3. Forma 863
   3.4. Cabimento 863
   3.5. Prazo 863
   3.6. Processamento 864
   3.7. Direito líquido e certo 865
   3.8. Extinção terminativa 865
   3.9. Coisa julgada 865
   3.10. Liminar 866
   3.11. Suspensão 866
   3.12. Competência 867
   3.13. Aspectos processuais 867
   3.14. Cabimento em matéria criminal 868

Capítulo 23 – Dos Juizados Especiais Criminais 875
1. Introdução 875
2. Competência 875
2.1. Competência material 875
2.2. Competência do Juízo Comum 877
2.3. Competência por prerrogativa de função 878
2.4. Competência territorial 878
3. Princípios 878
4. Objetivos 881
5. Atos processuais 881
5.1. Forma 881
5.2. Comunicação 882
5.2.1. Citação 882
5.2.2. Intimação 883
6. Nulidades 883
7. Da fase preliminar 884
8. Audiência preliminar 885
8.1. Finalidade 885
8.2. Realização 886
9. Composição dos danos civis 886
10. Transação penal 889
11. Procedimento sumaríssimo 892
12. Provas 894
13. Sistema recursal 895
13.1. Introdução 895
13.2. Apelação ou recurso inominado 896
13.3. Embargos de declaração 897
14. Da execução 898
15. Das despesas processuais 899
16. Suspensão condicional do processo 899
17. Questões processuais 903

Capítulo 24 – Execução Penal 913
1. Direito de(a) Execução Penal e Direito Processual Penal 913
2. Direito de(a) Execução Penal e Direito Penitenciário 914
3. Execução penal 914
3.1. Natureza jurídica 914
3.2. Objetivos 915
3.3. Pressuposto 915

3.4. Princípios aplicáveis ... 915
3.5. Disciplina legal ... 916
4. Competência na execução penal ... 917
5. Preso provisório ... 917
6. Execução provisória ... 919
7. Aplicação da Lei de Execução Penal ... 920
8. Direitos do condenado e do internado ... 920
9. Do condenado e do internado ... 921
10. Da assistência ... 922
11. Egresso ... 925
12. Do trabalho ... 925
13. Do trabalho interno ... 926
14. Do trabalho externo ... 927
15. Da disciplina ... 928
16. Falta grave ... 930
17. Regime Disciplinar Diferenciado (RDD) ... 931
18. Recompensas ... 933
19. Dos órgãos da execução penal ... 933
19.1. Do Conselho Nacional de Política Criminal e Penitenciária ... 933
19.2. Do Juízo da Execução ... 934
19.3. Do Ministério Público ... 936
19.4. Do Conselho Penitenciário ... 936
19.5. Dos Departamentos Penitenciários ... 937
19.5.1. Do Departamento Penitenciário Nacional ... 937
19.5.2. Do Departamento Penitenciário Local ... 937
19.6. Do Patronato ... 937
19.7. Do Conselho da Comunidade ... 937
19.8. Defensoria Pública ... 938
20. Da remição ... 939
21. Dos incidentes de execução ... 942
21.1. Das conversões ... 942
21.2. Do excesso ou desvio ... 943
22. Da anistia ... 943
23. Do indulto ... 943
23.1. Do indulto individual ... 943
23.2. Do indulto coletivo ... 944
24. Do procedimento judicial ... 945
25. Da execução das penas em espécie ... 945
25.1. Pena privativa de liberdade ... 945
25.1.1. Introdução ... 945

25.1.2. Guia de Recolhimento para Execução Penal.......... 946
25.1.3. Regime de cumprimento da pena.......... 947
25.1.3.1. Regime fechado.......... 947
25.1.3.2. Regime semiaberto.......... 948
25.1.3.3. Regime aberto.......... 948
25.1.4. Das autorizações de saída.......... 949
25.1.4.1. Da permissão de saída.......... 949
25.1.4.2. Da saída temporária.......... 950
25.1.5. Progressão de regime.......... 951
25.1.6. Regressão de regime.......... 954
25.2. Execução das penas restritivas de direitos.......... 955
25.2.1. Da prestação de serviços à comunidade.......... 955
25.2.2. Da limitação de fim de semana.......... 956
25.2.3. Da interdição temporária de direitos.......... 957
25.3. Execução da pena de multa.......... 957
26. Da execução da medida de segurança.......... 960
27. Dos estabelecimentos penais.......... 962
27.1. Introdução.......... 962
27.2. Da penitenciária.......... 964
27.3. Da colônia agrícola, industrial ou similar.......... 964
27.4. Da casa do albergado.......... 964
27.5. Do centro de observação.......... 965
27.6. Do hospital de custódia e tratamento psiquiátrico.......... 965
27.7. Da cadeia pública.......... 965
27.8. Da direção e do pessoal dos estabelecimentos penais.......... 966
28. Disposições gerais.......... 966

Capítulo 25 – Processo Penal Internacional.......... 977
1. Direito Internacional Penal e Direito Penal Internacional.......... 977
2. Condição jurídica do estrangeiro.......... 978
2.1. Asilo político.......... 978
2.2. Expulsão.......... 979
2.3. Da deportação.......... 985
2.4. Da extradição.......... 990
3. Tribunal Penal Internacional.......... 995
4. Cooperação jurídica internacional.......... 997
4.1. Introdução.......... 997
4.2. Autoridade central.......... 998
4.3. Princípios aplicáveis.......... 999
4.4. Redes de cooperação.......... 999

5. Das relações jurisdicionais com autoridades estrangeiras 1000
5.1. Introdução 1000
5.2. Das cartas rogatórias 1001
5.2.1. Introdução 1001
5.2.2. Cartas rogatórias ativas 1002
5.2.3. Cartas rogatórias passivas 1002
5.3. Da homologação das sentenças estrangeiras 1003
6. O Pacto de San José e seu impacto no processo penal brasileiro 1006

Capítulo 26 – Aspectos Processuais das Leis Especiais 1019
1. Contravenções penais 1019
2. Crimes de responsabilidade (Lei n. 1.079/50) 1023
3. Crime de genocídio 1029
4. Crimes eleitorais 1031
5. Crimes de abuso de autoridade 1036
6. Estatuto do Índio 1041
7. Crimes contra o sistema financeiro 1043
8. Crimes de preconceito 1045
9. Processo perante o STJ e o STF: ação penal originária 1045
10. Estatuto da Criança e do Adolescente (ECA) 1047
11. Crimes hediondos 1053
12. Código de Defesa do Consumidor (CDC) 1054
13. Crimes contra a ordem tributária 1055
14. Crimes nas licitações e contratos administrativos 1056
15. Crime organizado 1058
16. Tortura 1064
17. Crimes de trânsito 1068
18. Interceptação telefônica 1070
19. Lavagem de dinheiro 1074
20. Proteção a vítimas e testemunhas 1077
21. Estatuto do Idoso 1079
22. Estatuto do Desarmamento 1080
23. Violência doméstica 1082
24. Crime de drogas 1087
25. Reclamação 1098

Referências 1107

Gabarito 1119

Anexo 1125

PREFÁCIO

O poder punitivo do Estado decorre do conjunto de poderes que lhe atribui a Constituição Federal para criar e aplicar o direito, sendo a criação das normas competência exclusiva do poder legislativo, enquanto sua aplicação é do poder judiciário. Entretanto, este conjunto de poderes não é ilimitado, mas seus limites e extensão são definidos através dos princípios que decorrem dos fundamentos apontados no artigo 1º da Constituição Federal de 1988.

Os princípios que norteiam os direitos e garantias previstos na Carta Magna são as linhas mestras que estabelecem os limites da atuação do Estado na sociedade contemporânea. A simples existência de direitos fundamentais separada de suas garantias de nada vale, pois, como afirma o jurista lusitano Jorge Miranda, os direitos permitem a realização das pessoas e têm interferência imediata nas esferas jurídicas, enquanto as garantias se estabelecem em função do nexo que possuem com aqueles.

Assim, o processo penal contemporâneo se afasta cada vez mais das preocupações formais, buscando conclusões na lógica existencial e na efetiva prestação jurisdicional.

Não podemos mais estar presos a esquema preestabelecido, limitação ou hierarquia de provas; a verdade, no sentido da reconstrução do fato delituoso, deve ser a meta dos partícipes do processo. Não se concebem mais presunções ou situações não definidas de forma clara e transparente.

O crime é conduta juridicamente valorada. O direito penal e o respectivo processo penal passam por uma revisão crítica, para não serem transformados em mero trabalho burocrático.

Nesse sentido, o presente livro, *Curso de Direito Processual Penal*, trata de forma atual e com método científico da matéria. A autora, ANA FLÁVIA MESSA, valendo-se de sua experiência como professora, pesquisadora e jurista, traz a lume uma obra que dignifica o estudo do Direito Processual Penal, percorrendo os princípios constitucionais, direitos fundamentais, eficácia e segurança jurídica, enfatizando a tutela dentro de nossa democracia, além de outros pontos de relevo.

Demonstrou preocupação sistemática, valeu-se de bibliografia idônea, manejando com os diversos institutos do processo penal de forma sistemática e didática; este livro indica um trabalho realizado com seriedade e profundidade, tratando de forma adequada as questões de maior pertinência que envolvem os temas estudados.

Felicito a ilustre autora, Ana Flávia Messa, e o leitor, que poderá contar com um trabalho de fôlego e respeito. O processo penal se enriquece ainda mais com a presente obra.

São Paulo, agosto (inverno) de 2013.

Marco Antonio Marques da Silva
Professor Titular em Direito Processual Penal da
Pontifícia Universidade Católica de São Paulo.
Desembargador do Tribunal de Justiça de São Paulo.
Presidente da Academia Brasileira de Direito Criminal.

APRESENTAÇÃO

A obra *Curso de Direito Processual Penal* reúne em vinte e seis capítulos importantes estudos do Processo Penal, numa linguagem objetiva e direta, o que certamente será uma contribuição útil na formação acadêmica e também na atuação profissional dos operadores da área jurídica.

Fruto da experiência sedimentada na docência universitária, a obra traz os principais temas do Processo Penal, com enfrentamento dos seus desafios na atualidade, dentro do contexto da clareza e da abrangência temática.

Ponto alto do estudo é o referente à discussão do Processo Penal na dimensão dos direitos fundamentais, bem como à efetividade processual em compatibilidade com as exigências da sociedade contemporânea na busca de um processo de tutela da segurança e da justiça como valores essenciais de um Estado Democrático de Direito.

Sao Paulo, julho de 2013.

Ana Flávia Messa

Capítulo 1

INTRODUÇÃO AO DIREITO PROCESSUAL PENAL

I – Noções Preliminares

1. Sociedade

Ao longo da história da humanidade, desde o próprio aparecimento do homem, já com uma postura bípede, os seres humanos buscaram aproximações[1], seja por um instinto natural, seja por ato de coerção, formando agrupamentos de pessoas ou diversos tipos de sociabilidade[2].

O pensamento predominante é o de que em qualquer época e local o homem estabeleceu convívio social[3]. É possível afirmar que o ser humano que não vive em coletividade é um ser humano no seu sentido físico e biológico, mas não desenvolve as habilidades humanas, não se diferenciando do restante dos animais. A espécie humana não nasceu para o isolamento[4]. Porém, há

---

1 "...o homem é um ser sociável, pois tem a propensão para viver junto com os outros e comunicar-se com eles, torná-los participantes das próprias experiências e dos próprios desejos, conviver com eles as mesmas emoções e os mesmos bens" (MONDIN, Battista. *O homem, quem é ele?* São Paulo: Paulinas, 1986).

2 "...tudo o que pode ser diretamente observado na vida social é o comportamento de indivíduos... Verificamos, portanto, que por meio de suas ações se estabelecem múltiplas relações entre os indivíduos, na medida em que as ações de uns afetam outros e os levam a também agir. Nessa medida a ação individual assume características de ação social" (GALLIANO, Alfredo Guilherme. *Introdução à sociologia*. São Paulo: Harper & Row do Brasil, 1981).

3 Há duas teorias explicativas da origem da sociedade: a) teoria do impulso associativo natural: é pela necessidade humana; o homem possui uma necessidade instintiva e insuperável de associação; é uma condição essencial de vida; b) teoria negativista do impulso associativo natural ou contratualista: é por um acordo de vontades ou contrato hipotético entre os homens.

4 "O homem apresenta uma característica fundamental consistente em depender de outros para a realização plena da sua natureza... Isoladamente o homem não basta a si próprio. Na procura da felicidade envida um esforço permanente no sentido de satisfazer aos seus interesses e,

quem diga que nem sempre o homem formou sociedades, sendo aceita a figura do homem singular.

O ser humano não vive sozinho. Para evitar as dificuldades e obter benefícios, busca vida coletiva. O estado de convivência entre os seres humanos é originado da busca de vínculos comuns entre eles, formando-se grupos, dos mais simples (família, clube, igreja, universidade) aos mais complexos (cidade, Estado, Planeta Terra).

Com a intensificação do intercâmbio internacional de bens, serviços e pessoas, as relações humanas perpassam as fronteiras dos Estados, gerando Estados diferentes, organismos internacionais e pessoas (físicas e jurídicas) em diferentes partes do Globo Terrestre. A reunião entre os Estados, organismos internacionais e o homem forma a sociedade internacional[5].

Nesse tipo de sociedade, surge um aprofundamento da integração internacional, por um processo gradual de disseminação mundial[6], por meio da eliminação de barreiras e concomitante aumento nas trocas de bens e serviços, no progresso tecnológico e na intensificação da interação internacional[7].

A **globalização**[8] restringe a capacidade de auto-organização dos Estados; implica a necessidade de reconfiguração das relações econômicas dentro de um contexto de utilidade e eficiência; faz gerar abertura de fronteiras com aumento de produtos e serviços de abrangência mundial; acarreta revolução tecnológica por meio de fluxo intenso nas telecomunicações e informática, com interdependência dos mercados financeiros e transações econômicas; padroniza comportamentos consumeristas; e, por fim, diminui sensivelmente a qualidade de vida, com aumento do desemprego, da pobreza e da fome.

---

muitas vezes, o atingimento destes depende de uma atividade coordenada entre diversos homens" (BASTOS, Celso Ribeiro. *Curso de teoria do Estado e ciência política*. São Paulo: Saraiva, 1986; DUGUIT, Leon. *Fundamentos do Direito*. Revisão e Tradução: Márcio Pugliesi. São Paulo: Ícone, 1996; LOCKE, J. *Segundo tratado sobre o governo civil*. Petrópolis: Vozes, 2006).

5 "A sociedade internacional caracteriza-se por ser universal, igualitária, aberta, sem organização rígida e com Direito Originário" (HUSEK, Carlos Roberto. *Curso de direito internacional público*. São Paulo: LTr, 2004).

6 PASSET, René. *Elogio da globalização*. São Paulo: Record, 2003.

7 CALDAS, Ricardo W. *Introdução à globalização:* noções básicas de economia, marketing & globalização. São Paulo: Instituto Brasileiro de Direito Constitucional, 1998.

8 "(...) Consideraremos que a globalização constitui um processo de internacionalização de regras de convivência ou interferência política entre países, impulsionado por fatores da produção e da circulação do capital em âmbito internacional, movidos pela força propulsora da revolução tecnológica" (MALUF, Sahid. *Teoria geral do Estado*. São Paulo: Saraiva, 2010); "A aceleração da globalização deve-se sobretudo ao desenvolvimento das tecnologias de informação e comunicação que vieram intensificar a velocidade e o âmbito das interações entre os povos do mundo inteiro (GIDDENS, Anthony. *Sociologia*. Lisboa: Fundação Calouste Gulbenkian, 2013).

Questão de prova — A prova de Promotor de Justiça MP/AM/2007 considerou INCORRETA a afirmativa: "Os fenômenos globalização, internacionalização e integração interestatal puseram em franca ascendência o modelo de Estado como unidade política soberana".

Vivemos a **pós-modernidade**, que se caracteriza pela invasão da tecnologia eletrônica, da automação e da informação. A internet e as tecnologias digitais fizeram emergir a sociedade de informação. O fluxo de mensagens e imagens entre redes passa a ser o ingrediente básico nas relações sociais. Ao mesmo tempo, vivemos na **era da incerteza**, o contemporâneo passa a ser marcado pela falta de critérios que sejam suficientemente sólidos para a definição de padrões de orientação de condutas. Surge o tempo da indefinição, do medo, da insegurança. O sociólogo alemão *Ulrich Beck* chama a nossa sociedade contemporânea de sociedade global do risco, uma verdadeira "caixa de pandora" que promove o crescente e contínuo processo de liberação aleatória de "novos riscos" que redundam no retorno da incerteza, da imprevisibilidade e da insegurança, em suas dimensões cognitiva e normativa. O sociólogo britânico *Anthony Giddens* chama de "crise do controle", concebida como perda de domínio sobre o mundo em virtude do surgimento de perigos novos.

A globalização, ao intensificar as relações em escala mundial diluindo fronteiras com a integração entre países, impulsionada pelas tecnologias de informação e comunicação, gera não apenas efeitos positivos, mas também negativos. Na área criminal, o efeito negativo é expansão da criminalidade, incrementada com as tecnologias virtuais. Diante da sensação de insegurança social causada por esse expansionismo, surge a colocação do direito penal como solução, uma espécie de direito penal de emergência, ou que contraria a característica minimalista do próprio direito penal que busca "diminuir as leis penais, torná-las claras, límpidas e precisas e, acima de tudo, aplicarem-se as penas de forma rápida e consequente"[9]. Acompanhando a expansão, o processo penal deve buscar cada vez mais cooperação internacional na prevenção e repressão dos crimes, e principalmente ser adaptativo às mudanças sociais e tecnológicas.

Neste cenário, o poder punitivo do Estado, além de ser utilizado para proteção dos bens jurídicos considerados de maior relevância para sociedade, adquire legitimidade quando se conforma com os princípios constitucionais. Neste sentido: "Sob a égide de um processo penal de cariz garantista, que nada mais significa do que concebê-lo como atividade estatal sujeita a permanente avaliação de conformidade com a Constituição"[10].

---

9 COSTA, Jose de Faria. A criminalidade em um mundo globalizado: ou o plaidoyer por um direito penal não securitário. In: COSTA, José de Faria; SILVA, Marco Antonio Marques da Silva. *Direito penal especial, processo penal e direitos fundamentais* – Visão luso-brasileira. São Paulo: Quartier Latin, 2006. p. 89.

10 STJ, HC 232.960/RJ, Rel. Min. Rogerio Schietti Cruz, 6ª T.

2. Sociedade e direito

2.1. Convivência social

A convivência social depende de uma organização estabelecida pela existência de normas jurídicas, pela consagração da liberdade dos cidadãos[11] e de uma força que seja capaz de fazer cumprir as normas jurídicas. Tal força é o poder estatal[12], supremo no **plano interno** e independente no plano internacional[13].

Questões de prova

A prova de Promotor de Justiça MP/AM/2007 considerou CORRETA a afirmativa: "A soberania do Estado, no plano interno, traduz-se no monopólio da edição do direito positivo pelo Estado e no monopólio da coação física legítima, para impor a efetividade das suas regulações e dos seus comandos".

A prova do Exame da OAB/2010 considerou CORRETA a afirmativa: "No âmbito do direito internacional, a soberania, importante característica do palco internacional, significa a possibilidade de igualdade entre os países, independentemente de sua dimensão ou importância econômica mundial".

A manutenção da supremacia estatal, com a imposição coativa do cumprimento da ordem jurídica, depende de um poder estatal que use meios materiais ou humanos para consecução do bem comum[14], na forma da Constituição e das leis, e que seja organizado tanto na forma vertical, pela adoção

---

11 "Os vários estudos sobre direitos humanos fundamentais sempre tiveram como ponto de partida a necessidade de consagração de um rol de liberdades públicas tendentes a limitar a possibilidade de ingerência do Poder estatal na vida do cidadão. Essas ideias... encontravam um ponto fundamental em comum, a necessidade de limitação e controle dos abusos de poder do próprio Estado e de suas autoridades constituídas e a consagração dos princípios básicos da igualdade e da legalidade como regentes do Estado moderno e contemporâneo, pois nos Estados onde o respeito à efetividade dos direitos humanos fundamentais não for prioridade, a verdadeira Democracia inexiste, como ensina Norberto Bobbio, ao afirmar que 'sem respeito às liberdades civis, a participação do povo no poder político é um engano, e sem essa participação popular no poder estatal, as liberdades civis têm poucas probabilidades de durar'" (HC 82.009, Rel. Denise Arruda, Decisão monocrática publicada em 2-5-2007).

12 Há na doutrina dois posicionamentos a respeito da caracterização conceitual de soberania. O primeiro posicionamento sustenta que soberania, em termos objetivos, possui um aspecto substantivo (poder) e um aspecto adjetivo (qualidade do poder estatal) (RANELLETTI, Oreste. *Instituzioni di Diritto Pubblico.* Milão: Giuffrè, 1955). No segundo posicionamento, há em comum a percepção do aspecto unitário no conceito de soberania, porém existem neste posicionamento duas vertentes: a) é o poder (JELLINEK, Georg. *Teoria general del Estado.* Buenos Aires: Albatroz, 1954); b) é a qualidade do poder estatal (HELLER, Hermann. *Teoria do Estado.* Buenos Aires: Fondo de Cultura Econômica, 1961).

13 DUGUIT, Léon. *Traité de droit constitutionnel.* Paris: Ancienne Librarie e Fontemoing, 1930.

14 Há na doutrina dois posicionamentos a respeito do estudo da finalidade do Estado. O primeiro posicionamento sustenta que a finalidade do Estado não é elemento formador do Estado (KELSEN, Hans. *Teoria general del Estado.* México: Editora Nacional, 1950). O segundo posicionamento sustenta que a finalidade do Estado é elemento formador do Estado (GROPPALI, Alexandre. *Doutrina do Estado.* São Paulo: Saraiva, 1962).

ou não da divisão espacial do poder[15], como na forma horizontal, pela implantação ou não da técnica da separação de poderes.

2.2. Funções do direito

A convivência social é possível, desde que exista uma organização representada por normas jurídicas. O conjunto das normas jurídicas forma o Direito. Não há sociedade sem **Direito** (*ubi societas ibi ius*). "A sociedade sem o direito não resistiria, seria anárquica, teria o seu fim. O direito é a grande coluna que sustenta a sociedade. Criado pelo homem, para corrigir a sua imperfeição, o direito representa um grande esforço para adaptar o mundo exterior às suas necessidades de vida"[16].

Questão de prova

A prova de Defensor Público RO/2012 considerou INCORRETA a afirmativa: "O direito, definido como conjunto de princípios imanentes, constitui a substância jurídica da humanidade, segundo a sua natureza e o seu fim; tais princípios, imutáveis em essência, se adaptam à realidade histórica e geográfica".

O Direito exerce as seguintes funções na sociedade:

a) **Ordem:** o Direito estabelece normas jurídicas que regulam o comportamento na vida em sociedade, gerando um equilíbrio na convivência social. "Direito é a ordenação das relações de convivência"[17].

b) **Estabilidade:** o Direito estabelece normas que visam prevenir, gerir e solucionar eventuais conflitos na sociedade. Quando estabelece critérios para resolver os conflitos, há normas materiais; quando estabelece a forma de resolvê-los, há normas processuais.

c) **Tutela jurídica:** o Direito, ao estabelecer normas jurídicas, protege valores da sociedade e instala uma ordem e uma harmonia social. "A tarefa da ordem jurídica é exatamente a de harmonizar as relações sociais intersubjetivas, a fim de ensejar a máxima realização dos valores humanos com o mínimo de sacrifício e desgaste"[18].

d) **Controle social:** o Direito, ao direcionar comportamentos na vida em sociedade, funciona como instrumento que visa socializar e educar os

---

15 "Por mais sofisticada e democrática que seja a estrutura da uma Federação, esta jamais funcionará de modo satisfatório se não houver tolerância mútua entre os governos central e regionais, de modo que a partilha de competências constitucionalmente determinada seja rigorosamente cumprida" (ZIMMERMANN, Augusto. *Curso de direito constitucional.* Rio de Janeiro: Lumen Juris, 2002).

16 DURKHEIM, Émile. *As regras do método sociológico.* São Paulo: Cia. Editora Nacional, 1960.

17 REALE, Miguel. *Lições preliminares de direito.* São Paulo: Saraiva, 2006.

18 GRINOVER, Ada Pellegrini; ARAÚJO CINTRA, Antônio Carlos; DINAMARCO, Cândido Rangel. *Teoria geral do processo.* São Paulo: Malheiros, 2007.

membros da coletividade para estabelecer convivência e harmonia social. "O homem vive em sociedade e só pode assim viver; a sociedade mantém-se apenas pela solidariedade que une seus indivíduos. Assim uma regra de conduta impõe-se ao homem social pelas próprias contingências contextuais, e esta regra pode formular-se do seguinte modo: Não praticar nada que possa atentar contra a solidariedade social sob qualquer das suas formas e, a par com isso, realizar toda atividade propícia a desenvolvê-la organicamente. O direito objetivo resume-se nesta fórmula, e a lei positiva, para ser legítima, deve ser a expressão e o desenvolvimento deste princípio. (...) A regra de direito é social pelo seu fundamento, no sentido de que só existe porque os homens vivem em sociedade"[19].

2.3. Sociedade, direito e lide

Na associação humana, o homem consegue a satisfação de suas necessidades e o aperfeiçoamento nas suas aptidões físicas, morais e intelectuais[20].

[19] DUGUIT, Leon. *Fundamentos do direito*. Revisão e Tradução de Márcio Pugliesi. São Paulo: Ícone, 1996.

[20] "No mundo moderno, o homem, desde que nasce e durante toda a sua existência, faz parte, simultânea ou sucessivamente, de diversas instituições ou sociedades, formadas por indivíduos ligados pelo parentesco, por interesses materiais ou por objetivos espirituais. Elas têm por fim assegurar ao homem o desenvolvimento de suas aptidões físicas, morais e intelectuais, e para isso lhe impõem certas normas, sancionadas pelo costume, a moral ou a lei" (AZAMBUJA, Darcy. *Teoria geral do Estado*. São Paulo: Globo, 1998).

Na vida social, o homem depende de certos bens (alguns essenciais para a sobrevivência, outros úteis para o seu desenvolvimento) para satisfazer suas necessidades. O interesse consiste na posição favorável à satisfação de uma necessidade e pode ser:

a) **interesse individual:** o sujeito do interesse é o indivíduo;

b) **interesse coletivo:** o sujeito do interesse é um grupo ou vários indivíduos, em conjunto: "No interesse individual, a razão está entre o bem e o homem, conforme suas necessidades; no interesse coletivo, a razão ainda está entre o bem e o homem, mas apreciadas as suas necessidades em relação a necessidades idênticas do grupo social"[21];

c) **interesse difuso:** o sujeito do interesse são pessoas indeterminadas ligadas por vínculos fáticos exsurgidos de alguma circunstancial identidade de situação.

Na vida social, considerando que os interesses humanos são ilimitados e os bens da vida limitados, pode ser que duas ou mais pessoas tenham interesse pelo mesmo bem, que a uma só pode satisfazer, surgindo conflitos de interesses. "A ambição do homem é ilimitada, enquanto os bens, corpóreos ou incorpóreos, possíveis de serem objetos dessa ambição são limitados; a disputa, por conseguinte, é inevitável"[22].

Para a solução dos conflitos, surgem os mecanismos de resolução (superar conflito de interesses é a composição):

a) **autotutela ou autodefesa:** é a ideia de se fazer justiça com as próprias mãos; não há um juiz distinto das partes, mas a imposição da decisão por uma das partes à outra; é a prevalência do mais forte sobre o mais fraco; é o uso da força e outros meios bélicos para pacificação do conflito;

b) **autocomposição:** é o conflito solucionado pelas partes, sem a intervenção de terceiro. São formas de autocomposição: renúncia (quando por ato unilateral a parte abre mão do seu direito); submissão (uma das partes reconhece o direito da outra); transação;

c) **heterocomposição:** ocorre quando o conflito é solucionado com a intervenção de um terceiro diferente das partes em relação conflitual:

   - **arbitragem:** as pessoas em litígio escolhem, de comum acordo, um ou mais árbitros para decidirem o caso que lhes foi apresentado, cuja decisão deve ser aceita pelos litigantes. No Brasil, em face da Lei n. 9.307/96, o árbitro não pode ser juiz de carreira; conforme a Lei n. 9.099/95, o árbitro é escolhido dentre os juízes leigos;

---

21 SANTOS, Moacyr Amaral. *Primeiras linhas de direito processual civil*. São Paulo: Saraiva, 1992.

22 CARNELUTTI, Francesco. *Sistema de direito processual civil*. São Paulo: Lemos e Cruz, 2004. v. 1.

Questão de prova

A prova de Agente da Defensoria DP/SP/2010 considerou CORRETA a afirmativa: "Um meio de resolução de controvérsias, referentes a direitos patrimoniais disponíveis, no qual ocorre a intervenção de um terceiro independente e imparcial, que recebe poderes de uma convenção para decidir por elas, sendo sua decisão equivalente a uma sentença judicial é denominado de Arbitragem".

- **mediação:** o terceiro chamado mediador apenas aproxima as partes, estimulando a pacificação do conflito; implica sempre a intervenção de um terceiro que não dispõe, ao contrário do árbitro, de poder para pôr fim ao litígio;
- **conciliação:** o terceiro dirige a composição entre as partes, com o objetivo de buscar uma solução que, uma vez encontrada, dará origem a documento escrito (acordo);

Questão de prova

A prova de Analista Processual TJ/RR/2012 considerou INCORRETA a afirmativa: "Segundo a doutrina, o juízo de conciliação configura uma das categorias dos atos de jurisdição voluntária".

- **jurisdição:** o conflito é resolvido pelo juiz, por meio do processo, uma entidade complexa formada por dois aspectos: **intrínseco:** a relação jurídica que une os sujeitos do processo; **extrínseco:** procedimento pelo qual se sucedem os atos processuais.

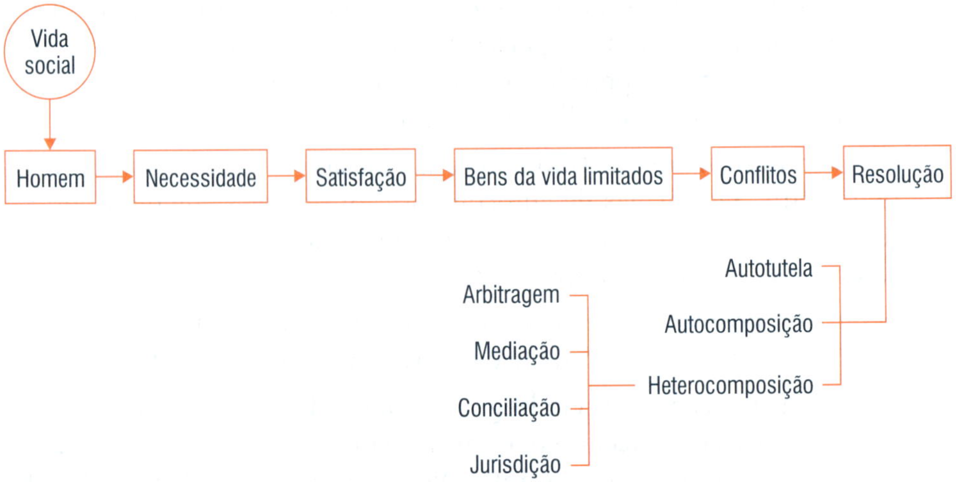

O Direito, instrumento que regula comportamentos na vida em sociedade, estabelece uma ordem jurídica e uma harmonia social, possibilitando a convivência entre as pessoas.

A existência do Direito, ao direcionar comportamentos com normas jurídicas, serve para prevenir e compor os conflitos. Porém, nem sempre o Direito alcança a função de evitá-los ou eliminá-los. Dessa forma, surgem os conflitos de interesses individuais, coletivos ou difusos (os titulares são pessoas indetermináveis, ligadas por circunstâncias de fato).

Na ótica jurídica, não basta a **pretensão** (exigência de subordinação de interesse alheio ao próprio) para o nascimento de um litígio ou uma lide, sendo necessária a resistência de outro(s), de forma que a lide é um conflito (intersubjetivo) de interesses, qualificado por uma pretensão resistida[23].

> **Questão de prova**
>
> A prova da Magistratura do Trabalho TRT 9ª Região/2006 considerou INCORRETA a afirmativa: "Pretensão de direito material corresponde à faculdade que o titular de um direito subjetivo possui de exigir que tal direito seja respeitado em caso de violação".

O **Processo** é um dos instrumentos usados para composição da lide pelo Judiciário.

> **Questão de prova**
>
> A prova da Magistratura do Trabalho TRT 1ª Região/2008 considerou CORRETA a afirmativa: "Entre as categorias jurídicas incluídas no estudo do direito processual estão a jurisdição, a defesa, a ação e, também, o *processo*".

O **juiz não atua de ofício, dependendo da provocação** da parte ou interessado (não há jurisdição sem provocação). Ação é o direito de provocar o Judiciário para a aplicação do Direito Objetivo ao caso concreto. Nesse conceito, há a presença dos elementos fundamentais e caracterizadores da ação: a) poder de provocar a instauração do processo; b) direito de obter uma tutela que substituirá a **vontade das partes**.

> **Questões de prova**
>
> A prova de Analista Judiciário TJ/ES/2011 considerou CORRETA a afirmativa: "Uma das características da atividade jurisdicional é a sua inércia, razão pela qual, em nenhuma hipótese, o juiz deve determinar, de ofício, que se inicie o processo".
>
> A prova de Analista Judiciário TRE/MA/2009 considerou INCORRETA a afirmativa: "O meio de se provocar a jurisdição é a exceção processual, direito público subjetivo a um pronunciamento estatal que solucione o litígio".
>
> A prova de Analista Processual RO/2012 considerou CORRETA a afirmativa: "De acordo com o princípio da inércia judicial, o prosseguimento do processo dependerá sempre de requerimento da parte ou do interessado, não podendo o juiz agir de ofício".

A Ação gera a Defesa, a reação do réu contra a ação movida pelo autor, que pode dirigir-se contra o processo ou ação (exceção processual) ou contra o mérito (exceção substancial). A defesa pode ser: direta, quando ataca o fundamento do pedido formulado pelo autor; ou indireta, quando acrescenta fato impeditivo, modificativo ou extintivo do direito do autor.

---

23 CARNELUTTI, Francesco. *Instituições do processo civil*. Tradução de Adrián Sotero De Witt Batista. Campinas: Servanda, 1999. v. I, p. 78.

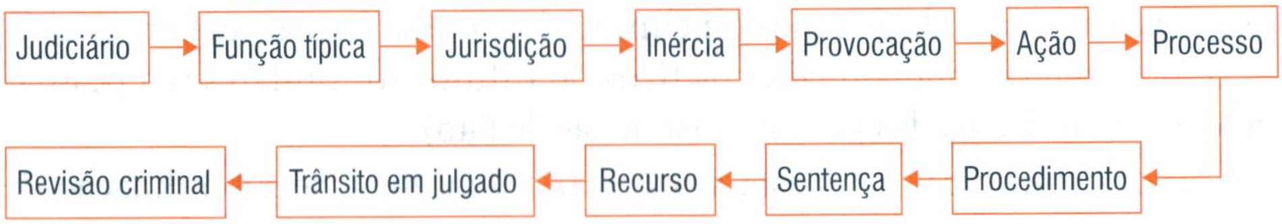

3. Lide no processo penal

No Processo Penal, há divergências na doutrina a respeito da existência da lide penal, de forma que temos dois posicionamentos:

a) **Existência da lide penal** (Tourinho Filho, Capez, Frederico Marques[24]): com a prática da infração penal, surge um conflito de interesses entre o direito de punir do Estado e o direito de liberdade do suposto autor da infração penal. A exigência de subordinação do interesse do autor da infração penal ao interesse do Estado é a pretensão punitiva. Havendo oposição do infrator da lei penal, titular do direito à liberdade, passa a existir a lide penal. Mesmo quando o autor da conduta punível não opõe resistência à pretensão estatal, deve o Estado fazê-lo, já que também tutela o direito de liberdade.

b) **Inexistência da lide penal:** o processo penal apresenta em seu conteúdo uma controvérsia a respeito da veracidade ou não da imputação criminal; o interesse do Estado é a apuração da violação da norma penal para a consequente aplicação da sanção penal (descoberta da verdade real); não há conflito de interesses, pois o direito de punir do Estado só aparece, de fato, na sentença condenatória irrecorrível, em que o sujeito passa de réu a culpado. Além disso, em termos constitucionais, não pode haver direito de punir contra o réu, pois a seu favor existe a presunção de inocência (CF, art. 5º, LVII).

4. Características do processo penal

É possível apresentar as seguintes características no processo penal:

a) não há possibilidade de acordo entre o titular da ação penal e o réu acerca da pena;

b) o processo é necessário para aplicar a norma penal e tutelar o direito de liberdade do suposto autor da infração penal;

c) ausência de interesse do acusador ou do acusado, respectivamente, na condenação ou na absolvição, desaparece o litígio, permanece, entretanto,

---

[24] "Há assim uma situação contenciosa na jurisdição penal, que é a lide resultante do conflito entre o interesse de punir do Estado e a liberdade do acusado" (MARQUES, José Frederico. *Elementos de direito processual penal*. Rio de Janeiro: Forense, 2001).

a duplicidade do interesse público e tanto basta para manter vivo o processo[25];

d) o direito de ação pertence ao titular da ação penal (ofendido ou MP, conforme o caso), mas o direito de punir é de titularidade exclusiva estatal;

e) os direitos tutelados no processo penal são indisponíveis[26];

f) indispensabilidade da defesa técnica e a vedação da revelia no processo penal.

5. Aplicação subsidiária do Código de Processo Civil no processo penal

De acordo com o art. 3º do CPP, *a lei processual penal admitirá interpretação extensiva e aplicação analógica, bem como o suplemento dos princípios gerais de direito.*

No que se refere à utilização de analogia para o suprimento de omissões ou lacunas no CPP, utiliza-se o **Código de Processo Civil** (jurisprudência dominante), embora a doutrina afirme que o recurso ao emprego analógico ao **Código de Processo Penal Militar** seja mais técnico[27].

O novo CPC não faz previsão expressa sobre a aplicação subsidiária do CPC no processo penal, conforme o art. 15 da Lei n. 13.105/2015: *Na ausência de normas que regulem processos eleitorais, trabalhistas ou administrativos, as disposições deste Código lhes serão aplicadas supletiva e subsidiariamente.*

Entendemos que a redação do art. 15 do CPP não implica uma omissão intencional do processo penal da aplicação subsidiária do processo civil, pois é sabido que a aplicação subsidiária não depende de previsão expressa na lei. Aceitamos a ideia da aplicação subsidiária do processo civil no processo penal, não porque exista uma identidade entre os referidos instrumentos, mas porque existem institutos no processo penal sem uma regulamentação específica que podem ser supridos por preceitos do Código de Processo Civil, pela semelhança. Há inúmeros julgados do STJ que afirmam a aplicação subsidiária do CPC no processo penal:

a) **Substituição da procuração pelo termo de interrogatório:** no processo penal, o termo de interrogatório, no qual indicado o advogado, substitui a procuração. Havendo alteração posterior, ainda nas instâncias ordinárias,

---

25 TORNAGHI, Hélio. *Instituições de processo penal*. São Paulo: Saraiva, 1999.

26 SILVA, Roberto Ferreira da Silva, A prova pericial na reforma processual penal. In.: Revista dos Tribunais, v. 878, São Paulo, Revista dos Tribunais, ano 97, dez. 2008.

27 COELHO NOGUEIRA, Carlos Frederico. *Comentários ao Código de Processo Penal*. São Paulo: Edipro, 2002.

é possível sanar eventual irregularidade com a intimação da parte para apresentar a procuração do advogado subscritor da peça processual ou do recurso, por aplicação subsidiária dos arts. 13 e 37 do CPC (arts. 76 e 104 do NCPC)[28].

b) **Mitigação do princípio da identidade física do juiz:** nos termos do art. 3º do Código de Processo Penal, ante a aplicação subsidiária do art. 132 do Código de Processo Civil, que preconiza a possibilidade de o juiz que não participou da instrução do feito proferir sentença, nos casos de afastamento legalmente autorizado do juiz instrutor[29].

c) **Publicação do acórdão para fins de intimação:** a Lei Penal Adjetiva prevê apenas que a intimação do advogado constituído será feita pela imprensa oficial, o que impõe a aplicação subsidiária do art. 506, III, do Código de Processo Civil, que preceitua não ser necessária a publicação da súmula do acórdão, bastando a divulgação do dispositivo[30].

d) **Publicação da pauta – sessão de julgamento:** a observância do prazo mínimo de 48 horas entre a publicação da pauta e o julgamento – aplicação subsidiária do art. 552, § 1º, do CPC c/c o art. 3º do CPP[31].

6. Teoria Geral do Processo

Existem duas posições na doutrina a respeito da teoria geral do processo:

a) A primeira afirma a **existência de uma teoria geral do processo**[32], ou seja, a unificação do direito processual em uma única teoria, com fundamento no conceito carneluttiano de lide e na unidade de jurisdição (o juiz penal ou cível tem a função de resolver a lide).

b) A segunda afirma **a não existência de uma teoria geral do processo**[33], ou seja, o processo penal tem objeto e métodos de conhecimento próprios, que lhe dá autonomia em relação ao processo civil. Não há lide penal nem conformação principiológica entre os sistemas do processo penal e processo civil.

---

[28] AgRg nos EDcl no AREsp 465.251/ES, Rel. Min. Reynaldo Soares da Fonseca, 5ª T., *DJe* 17-6-2015.

[29] AgRg no AREsp 62.708/RS, Rel. Min. Sebastião Reis Júnior, 6ª T., *DJe* 10-2-2015.

[30] HC 306.048/MG, Rel. Min. Jorge Mussi, 5ª T., *DJe* 17-12-2014.

[31] HC 198.396/SP, Rel. Min. Campos Marques, 5ª T., *DJe* 2-9-2013.

[32] CINTRA, Antonio Carlos de Araújo; GRINOVER, Ada Pellegrini e DINAMARCO, Cândido Rangel. *Teoria Geral do Processo*. São Paulo: Revista dos Tribunais, 2014.

[33] COUTINHO, Jacinto Nelson de Miranda. *A lide o conteúdo do processo penal*. Curitiba, Juruá, 1998.

7. Origem do Código de Processo Penal – Decreto-lei n. 3.689/41

O Código de processo penal foi elaborado por uma comissão nomeada por Francisco Campos constituída por Nelson Hungria, Roberto Lyra, Cândido Mendes de Almeida,Viera Braga, Florêncio de Abreu e Narcélio de Queiroz. O Código representava os ideais políticos vigentes ao Estado Novo. A base foi o Codice Rocco de processo penal (1930), da Itália fascista de Mussolini, da qual Alfredo Rocco era Ministro da Justiça[34].

II – Trilogia Estrutural do Processo Penal

1. Jurisdição

1.1. Princípio da separação de poderes

O princípio da Separação de Poderes[35], previsto no art. 2º da Constituição Federal, além de reconhecer a divisão funcional e orgânica do Poder, cria um sistema de freios e contrapesos[36], que evita a predominância de um Poder sobre o outro, contendo o arbítrio estatal e efetivando os direitos e garantias fundamentais[37]. Conforme acentua Fábio Konder Comparato:

> "Uma das razões para a tendência de expansão e fortalecimento do poder é que a busca por sua conquista e manutenção se revela como uma das mais fortes paixões do homem, cujo objeto, muito mais do que o resultado de seu exercício, ou seja, as transformações na realidade que podem decorrer da ação daquele que o detém, é o seu próprio exercício, pois o respeito, a veneração e a submissão que ele muitas vezes desperta é que causam prazer no seu detentor. Essa paixão acaba fazendo com que ***aquele que exerce o poder***

---

34 CHOUKR, Fauzi Hassan. *Código de Processo Penal*: comentários consolidados e crítica jurisprudencial. Rio de Janeiro: Lumen Juris, 2005.

35 A essência do postulado da divisão funcional do poder, além de derivar da necessidade de conter os excessos dos órgãos que compõem o aparelho de Estado, representa o princípio conservador das liberdades do cidadão e constitui o meio mais adequado para tornar efetivos os direitos e garantias proclamados pela Constituição (MS 25.668/DF, Rel. Min. Celso de Mello, *DF* 4-8-2006).

36 "...mas a experiência mostra que todo homem que tem o poder é tentado a abusar dele; vai até onde encontra limites. Quem diria! A própria virtude tem necessidade de limites. Para que não possa abusar do poder é preciso que, pela disposição das coisas, o poder freie o poder" (MONTESQUIEU. *Do espírito das leis*. São Paulo: Nova Cultural, 1977. Coleção Os pensadores).

37 Nesse sentido, citem-se os autores Celso Antônio Bandeira de Mello (*Curso de direito administrativo*. São Paulo: Malheiros, 2008) e Manoel Gonçalves Ferreira Filho (*Curso de direito constitucional*. São Paulo: Saraiva, 2009).

sem limitações acabe sendo dominado por ele, procurando conservá-lo e ampliá-lo a qualquer custo, inclusive se corrompendo" (grifos nossos)[38].

Dessa forma, em face do princípio da **Separação de Poderes**, pode-se afirmar que, quanto à sua vontade, o Estado a manifesta pelos seus poderes, que são o Legislativo, o Executivo e o Judiciário. São imanentes e estruturais, com funções (exercidas no cumprimento do dever de alcançar o interesse público, mediante o uso dos poderes conferidos pela ordem jurídica) típicas e atípicas. A função típica do Legislativo é elaborar lei. A do Executivo é converter a lei em ato individual e concreto. A do Judiciário é a aplicação coativa da lei aos litigantes.

Questões de prova

A prova de Analista Judiciário TST/2012 considerou CORRETA a afirmativa: "De acordo com a Constituição Federal, são Poderes da União, independentes e harmônicos entre si, o Legislativo, o Executivo e o Judiciário".

A prova de Juiz do Trabalho TRT/2014/24ª Região/MS considerou INCORRETA a afirmativa: "O Executivo e o Legislativo não são independentes entre si, sendo, porém, o Judiciário independente de um e de outro".

A divisão funcional do poder foi reconhecida por Aristóteles na Antiguidade Clássica ao entender pela existência de três funções em todo governo: legislar, executar as leis e julgar os conflitos. A divisão orgânica do poder (cada função deveria ser exercida por um órgão específico) surgiu no pensamento de Locke (reconhecer a existência do legislativo, executivo, federativo e prerrogativo) e mais tarde sistematizada por Montesquieu, em 1748, em sua obra *O espírito das leis* ("Quando na mesma pessoa, ou no mesmo corpo de magistrados, o poder legislativo se junta ao executivo, desaparece a liberdade; pode-se temer que o monarca ou o senado promulguem leis tirânicas, para aplicá-las tiranicamente")[39].

A fórmula da separação de poderes surgiu como reação ao poder absolutizado gerador de arbitrariedades[40], tendo sido adotado pela maioria dos Estados, e consagrada como princípio fundamental na Declaração Universal dos Direitos do Homem e do Cidadão, e do constitucionalismo moderno.

---

38 COMPARATO, Fábio Konder. *Ética:* direito, moral e religião no mundo moderno. São Paulo: Companhia das Letras, 2006.

39 MONTESQUIEU. *O espírito das leis*. São Paulo: Nova Cultural, 2000. v. 1.

40 "A acumulação de todos os poderes, legislativos, executivos e judiciais, nas mesmas mãos, sejam estas de um, de poucos ou de muitos, hereditárias, autonomeadas ou eletivas, pode-se dizer com exatidão que constitui a própria definição da tirania" (HAMILTON, Alexander; JAY, John; MADISON, James. *O Federalista*. Rio de Janeiro: Editora Nacional de Direito, 1959).

Questão de prova

A prova de Assistente do Tribunal de Contas do Estado – TCE – AM/2008) considerou CORRETA a afirmativa: "A monarquia absoluta é incompatível com o princípio da separação de poderes".

Sobre a separação de poderes podemos afirmar que: a) poder se manifesta por órgãos que exercem funções distintas; b) é uma cláusula pétrea expressa, nos termos do art. 60, § 4º, III, da CF; c) é um princípio fundamental, nos termos do art. 2º da CF; d) cada órgão exerce funções típicas e atípicas; e) existe entre os "poderes" cortesia recíproca e independência; f) a investidura e permanência das pessoas num dos órgãos do governo não dependem da confiança nem da vontade dos outros; g) no exercício das atribuições que lhes sejam próprias, não precisam os titulares consultar os outros nem necessitam de sua autorização; h) na organização dos respectivos serviços, cada um é livre, observadas apenas as disposições constitucionais e legais[41]; i) limitação do poder político; j) gera indelegabilidade de atribuições, de forma que um órgão só pode exercer funções típicas do outro diante de previsão expressa na Constituição Federal; j) não viola a separação dos poderes a decisão judicial que impõe obrigação solidária de entes federativos para a distribuição gratuita de medicamentos a pessoas carentes.

Questão de prova

A prova de Defensor Público DP-SP/2009 considerou INCORRETA a afirmativa: "A teoria da 'tripartição de poderes' confirma o princípio da indelegabilidade de atribuições, por isso qualquer exceção, mesmo advinda do poder constitucional originário, deve ser considerada inconstitucional".

No desenho original, a separação de poderes foi concebida como uma técnica de limitação do poder estatal com o reconhecimento de funções compartilhadas. Com a dinâmica evolutiva, surge uma nova configuração nesta fórmula clássica, com o aparecimento do ativismo judicial e da judicialização das políticas públicas.

No ativismo judicial, há a participação intensiva e efetiva do Judiciário na concretização dos bens constitucionais e na promoção dos valores supremos da sociedade. Essa participação pode ser cumprida pela: a) aplicação direta da Constituição a situações não expressamente contempladas em seu texto e independentemente de manifestação do legislador ordinário; b) declaração de inconstitucionalidade de atos normativos emanados do legislador, com base em critérios menos rígidos que os de patente e ostensiva violação da Constituição; c) imposição de condutas ou de abstenções ao Poder Público, notadamente em

---

41 SILVA, José Afonso. *Curso de direito constitucional positivo*. 15. ed. São Paulo: Revista dos Tribunais, 1998.

matéria de políticas públicas[42]. A redução desta participação com a menor interferência nas ações dos outros poderes representa a autocontenção judicial.

Políticas públicas[43] são metas ou objetivos realizados pelo Estado, por meio dos diversos entes da federação, visando realização do interesse coletivo. A escolha das políticas públicas a serem adotadas leva em conta as necessidades prioritárias da população e os recursos orçamentários.

No entanto, o Judiciário, como órgão controlador da atividade administrativa, *pode fazer atuar as políticas*, determinando, inclusive, que sejam implementadas nos planos orçamentários do ente político, principalmente quando não houver comprovação objetiva da incapacidade econômico-financeira da pessoa estatal, com o escopo de garantir os direitos fundamentais.

O Judiciário, ao controlar a realização das políticas públicas, visa garantir o mínimo existencial, para a concretização do princípio basilar da dignidade da pessoa humana e para a construção de uma sociedade justa e igualitária. Cabe ressaltar que a interferência do Poder Judiciário na implementação de políticas públicas é legítima, em razão de três fundamentos: a) o Poder Judiciário tem como missão garantir os direitos fundamentais, tanto no aspecto de respeito ou não violação como também na efetivação destes; b) a interferência do Poder Judiciário no Poder Executivo faz parte da harmonização dos poderes; c) é entendimento pacífico no STF[44] que o Judiciário tem legitimidade para controlar e intervir nas políticas públicas que visem garantir o mínimo existencial.

1.2. Funções do Estado

Nos dias atuais, no mundo ocidental, é possível afirmar a existência de três funções no Estado: a legislativa, a administrativa ou executiva e a jurisdi-

---

42 Idem, ibidem.

43 "Políticas públicas são programas de ação governamental visando coordenar os meios à disposição do Estado e as atividades privadas, para a realização de objetivos socialmente relevantes e politicamente determinados" (BUCCI, Maria Paula Dallari. *Direito administrativo e políticas públicas*. São Paulo: Saraiva, 2002).

44 ADPF 45/DF: "Arguição de descumprimento de preceito fundamental. A questão da legitimidade constitucional do controle e da intervenção do Poder Judiciário em tema de implementação de políticas públicas, quando configurada hipótese de abusividade governamental. Dimensão política da jurisdição constitucional atribuída ao Supremo Tribunal Federal. Inoponibilidade do arbítrio estatal à efetivação dos direitos sociais, econômicos e culturais. Caráter relativo da liberdade de conformação do legislador. Considerações em torno da cláusula da 'reserva do possível'. Necessidade de preservação, em favor dos indivíduos, da integridade e da intangibilidade do núcleo consubstanciador do 'mínimo existencial'. Viabilidade instrumental da arguição de descumprimento no processo de concretização das liberdades positivas (direitos constitucionais de segunda geração)".

cional. Tais funções são distribuídas entre três poderes, de forma predominante e não exclusiva. A divisão orgânica foi idealizada por Montesquieu, visando impedir a concentração de poderes para preservar a liberdade dos homens contra os abusos e tiranias dos governantes.

ITENS	FUNÇÕES TÍPICAS	FUNÇÕES ATÍPICAS
Legislativo	Legislar e fiscalizar	Executar – Ex.: Concessão de licenças aos parlamentares. Julgar – Ex.: Senado Federal julga o Presidente da República por Crimes de REsponsabildiade (art. 52, I, da CF)
Executivo	Executar	Legislar – Ex.: Medida Provisória (art. 62 da CF) Julgar – Ex.: julgamento de recursos administrativos
Judiciário	Julgar (jurisdição)	Legislar – Ex.: Regimento Interno (art. 96, I, "a" da CF) Executar – Ex: Concessão de férias aos magistrados (art. 96, I, "f" da CF)

Questões de prova

A prova de Juiz TJ/SP/2008 considerou INCORRETA a afirmativa: "Como decorrência do princípio da independência e harmonia dos Poderes ao Poder Judiciário é vedada a prática de atos administrativos".

A prova de Procurador do Estado PGE/AL/2009 considerou CORRETA a afirmativa: "O poder soberano é uno e indivisível e emana do povo. A separação dos poderes determina apenas a divisão de tarefas estatais, de atividades entre distintos órgãos autônomos. Essa divisão, contudo, não é estanque, pois há órgãos de determinado poder que executam atividades típicas de outro. Um exemplo disso, na CF, é a possibilidade de as comissões parlamentares de inquérito obterem acesso a decisão judicial protegida sob o manto do segredo de justiça".

A prova de Polícia Rodoviário Federal PRF/2013 considerou INCORRETA a afirmativa: "Decorre do princípio constitucional fundamental da independência e harmonia entre os poderes a impossibilidade de que um poder exerça função típica de outro, não podendo, por exemplo, o Poder Judiciário exercer a função administrativa".

A prova de Delegado de Polícia Civil PC/RJ/2013 considerou CORRETA a afirmativa: "No que se refere às três funções do Estado, quando o Executivo, através do Presidente da República, adota medida provisória com força de lei; o Judiciário elabora seu regimento interno; o Legislativo julga o Presidente da República nos crimes de responsabilidade e, ainda, o Legislativo pratica atos de fiscalização financeira do Executivo, é correto afirmar Ocorrem respectivamente: função atípica do Executivo de natureza legislativa, função atípica do Judiciário de natureza legislativa, função atípica do Legislativo de natureza jurisdicional e, por último, função típica do Legislativo".

Os critérios de distinção das funções do Estado são: *a)* **orgânico** *ou subjetivo:* a função é identificada pelo sujeito que produz a função; *b) objetivo:* leva em conta a atividade. O critério objetivo é subdivido em dois: 1) material ou substancial: a função é identificada pelos seus elementos intrínsecos; 2) formal: a função é identificada pelo tratamento normativo. O critério aceito pela maioria doutrinária é o objetivo formal.

O critério orgânico é falho, pois cada poder tem funções típicas e atípicas.

O critério objetivo material não pode ser usado, pois em Direito uma coisa é o que é por força da qualificação atribuída pelo próprio Direito; além do que os critérios intrínsecos serem falhos para distinção.

O melhor critério é o objetivo formal: a) legislativo: é exercido por normas gerais, normalmente abstratas, que inovam inicialmente a ordem jurídica, isto é, que se fundam de forma direta e imediata da CF; b) jurisdicional: é exercido por decisões que resolvem controvérsias com força de coisa julgada; c) administrativo: é exercido pelo Estado ou quem lhe faça as vezes na intimidade de uma estrutura e regime hierárquicos e que no sistema constitucional brasileiro se caracteriza pelo fato de ser desempenhada por comportamentos infralegais ou, de forma excepcional, infraconstitucionais, submissos todos ao controle de legalidade do Judiciário.

Questão de prova

A prova da Magistratura do Trabalho TRT 2ª Região/2010 considerou INCORRETA a afirmativa: "A jurisdição é função estatal cometida exclusivamente ao Poder Judiciário, de acordo com o critério orgânico".

A Função Legislativa é exercida por normas gerais, normalmente abstratas, que inovam inicialmente a ordem jurídica, isto é, que se fundam de forma direta e imediata na CF; a **Função Jurisdicional** é exercida por decisões que resolvem controvérsias com força de coisa julgada; a Função Administrativa é exercida pelo Estado ou por quem lhe faça as vezes, na intimidade de uma estrutura e regime hierárquicos, e no sistema constitucional brasileiro se caracteriza pelo fato de ser desempenhada por comportamentos infralegais ou, de forma excepcional, infraconstitucionais, submissos todos ao controle de legalidade do Judiciário.

Questão de prova

A prova da Magistratura TJ/MT/2009 considerou CORRETA a afirmativa: "A Jurisdição como função do Estado é destinada à solução imperativa de conflitos e exercida mediante a atuação da vontade do julgador em casos concretos".

Em relação às funções do Estado, a jurisdição depende da iniciativa da parte interessada, mediante o ajuizamento de uma ação, visando aplicar a lei a uma pretensão de direito material, por meio de processo. Tem caráter substitutivo, e o juiz atua como parte alheia à demanda. A Administração, por sua vez, pode ser exercida de ofício ou por requerimento do interessado, visando promover o bem comum, por meio de procedimentos. Tem caráter originário ou primário e atua como parte interessada.

ITENS	JURISDIÇÃO	ADMINISTRAÇÃO
Iniciativa	Depende de provocação (não há jurisdição sem ação).	Pode ser exercida de ofício ou por requerimento do interessado.
Finalidade	Aplicar a lei ao caso concreto.	Satisfazer o interesse público.
Forma da iniciativa	Ação.	Requerimento.
Modo de proceder	Processo.	Procedimento.
Natureza	Atividade substitutiva, pois o juiz, ao decidir, substitui a vontade das partes ou interessados.	Atividade primária ou originária, pois a Administração Pública não substitui a vontade das pessoas.
Posição	O juiz atua de forma imparcial.	A Administração Pública é parte interessada.

Questões de prova

A prova de Auditor do TCE/RS/2011 considerou INCORRETA a afirmativa: "A imperatividade e a inafastabilidade são características da jurisdição, enquanto a substitutividade não".

A prova de Analista Judiciário TJ/ES/2011 considerou CORRETA a afirmativa: "A função jurisdicional é, em regra, de índole substitutiva, ou seja, substitui-se a vontade privada por uma atividade pública".

A prova de Analista Judiciário TJ/ES/2011 considerou CORRETA a afirmativa: "Uma das distinções entre a função jurisdicional e a administrativa é identificada na imparcialidade do órgão estatal que exerce a função jurisdicional".

A prova de Procurador do Ministério Público de Contas TCM/GO/2015 considerou CORRETA a afirmativa: "A jurisdição é inerte, precisando que o autor ou interessado tome a iniciativa de movimentá-la, o que se faz por meio do direito de ação, exercido contra o Estado, em face da parte adversa".

Jurisdição é a aplicação do direito preexistente. Na legislação, a atividade é constitutiva, pois o legislador tem como função criar normas jurídicas.

ITENS	JURISDIÇÃO	LEGISLAÇÃO
Natureza	Atividade declaratória, já que visa aplicar o direito preexistente.	Atividade constitutiva, já que visa criar normas jurídicas.
Finalidade	Aplicar a lei ao caso concreto.	Regular a vida em sociedade.

A jurisdição não é atividade exclusiva do Poder Judiciário. Os demais Poderes, Legislativo e Executivo, também a exercem, porém de forma atípica. A doutrina acentua que o exercício da jurisdição por órgãos alheios ao Judiciário é denominado **jurisdição anômala**. Contudo, há quem sustente que se trata de função estatal exercida com exclusividade pelo Poder Judiciário.

A falta de jurisdição gera divergência: para uns gera nulidade do processo, inclusive da sentença; para outros, a inexistência do ato.

1.3. Conceito e natureza jurídica

No sentido etimológico, jurisdição vem do latim *jurisdictio* (*juris* – direito; *dictio* – dizer), que significa "dizer o direito". No sentido amplo, jurisdição é poder de conhecer e decidir com autoridade os conflitos existentes na sociedade. No sentido restrito, é o poder-dever de julgar um caso concreto de acordo com o ordenamento jurídico, por meio de um processo. É uma função soberana estatal, necessária para manter a ordem social. No sentido teleológico, a jurisdição visa aplicar as normas do direito objetivo público ou privado em relação a uma pretensão.

Sobre o conceito de jurisdição, há os seguintes posicionamentos: a) **Chiovenda**[45]: é a função do Estado que tem por escopo a atuação da vontade concreta da lei por meio da substituição, pela atividade de órgãos públicos, da atividade de particulares ou de outros órgãos públicos; b) Carnelutti[46]: é uma função de busca da justa composição da lide.

Questão de prova

A prova Promotor de Justiça MPE/RO/2013 considerou CORRETA a afirmativa: "Segundo Giuseppe Chiovenda, a jurisdição se caracteriza pela substitutividade e pela atuação da vontade da lei".

---

45 CHIOVENDA, Giuseppe. *Instituições de direito processual civil*. Tradução brasileira de J. Guimarães Menegale. São Paulo: Saraiva, 1969. v. 2.

46 CARNELUTTI, Francesco. *Estúdios de derecho procesal*. Tradução espanhola de Santiago Sentís Melendo. Buenos Aires: EJEA, 1952. v. 2.

A posição majoritária é usar os dois conceitos, já que são complementares, de forma que **jurisdição** é uma função do Estado de atuar a vontade concreta da lei, com o fim de obter a justa composição da lide.

Questões de prova

A prova da Magistratura do TRT 8ª Região/2005 considerou INCORRETA a afirmativa: "É através da jurisdição que o Estado cumpre o seu compromisso de assegurar a aplicação do direito objetivo e subjetivo, como forma de eliminar a justiça pelas próprias mãos".

A prova da Magistratura do TRT 23ª Região/MT/2014 considerou CORRETA a afirmativa: "A Jurisdição é uma função do Estado, por meio da qual ele soluciona os conflitos de interesse de forma coercitiva, aplicando a lei geral e abstrata aos casos concretos que lhe são submetidos".

A jurisdição pode ser analisada de diversas formas: **a) como poder**, ou seja, emanação ou parcela da soberania nacional; **b) como função**, ou seja, a incumbência do juiz de aplicar, por meio do processo, lei aos casos concretos; **c) como atividade**, ou seja, a diligência do juiz de dar a cada um o que é seu; **d) como dever**, ou seja, já que o juiz é obrigado a agir diante de um caso concreto que lhe seja apresentado.

1.4. Administração da justiça

As normas de organização judiciária são aquelas que regulam o funcionamento da estrutura do Poder Judiciário, mediante a atribuição de funções e divisões da competência de seus órgãos, singulares ou colegiados, e por meio do regramento de seus serviços auxiliares[47]. O Poder Judiciário é formado por:

a) **Órgãos principais:** são os que exercem jurisdição. São os juízes e os tribunais. Na organização da Justiça Brasileira, os órgãos principais da área criminal são: Justiça Eleitoral; Justiça Militar; Justiça Comum Federal; Justiça Comum Estadual. São formados por magistrados ou juízes togados. A particularidade é o Tribunal do Júri, que é órgão formado também por jurados (juízes de

[47] WAMBIER, Luiz Rodrigues. *Curso avançado de processo civil.* São Paulo: Revista dos Tribunais, 2006. v. 1.

fato). Em regra, os juízos de primeiro grau são monocráticos, salvo na justiça eleitoral, justiça militar e na justiça comum (juizados e Tribunal do Júri).

Questão de prova

A prova da Magistratura do Trabalho TRT 11ª Região/AM/2012 considerou INCORRETA a afirmativa: "No Brasil existe uma justiça especializada para julgar as causas de interesse do Estado".

b) **Órgãos secundários:** são os que não exercem a jurisdição, mas auxiliam para que os principais consigam julgar. São chamados auxiliares da justiça ou serventuários da justiça. Podem ser permanentes (quando colaboram em todo e qualquer processo, como o escrevente) e os eventuais (colaboram apenas quando for necessário, como no caso do perito, do intérprete).

c) **Órgão diferenciado:** é integrante do judiciário, não exerce jurisdição, tendo como função a fiscalização administrativa, financeira orçamentária e funcional de todo o judiciário, inclusive do STF. É o **Conselho Nacional de Justiça**, criado em 31 de dezembro de 2004, instalado em 14 de junho de 2005, com sede em Brasília-DF. Compõe-se de 15 (quinze) membros com mandato de 2 (dois) anos, admitida 1 (uma) recondução, sendo: o Presidente do Supremo Tribunal Federal; um Ministro do Superior Tribunal de Justiça, que será o Corregedor Nacional de Justiça; um Ministro do Tribunal Superior do Trabalho; um Desembargador de Tribunal de Justiça; um Juiz Estadual; um Juiz do Tribunal Regional Federal; um Juiz Federal; um Juiz de Tribunal Regional do Trabalho; um Juiz do Trabalho; um Membro do Ministério Público da União; um Membro do Ministério Público Estadual; dois advogados; dois cidadãos de notável saber jurídico e reputação ilibada.

Questões de prova

A prova de Promotor de Justiça MP/DF/2011 considerou INCORRETA a afirmativa: "O Conselho Nacional de Justiça possui natureza apenas administrativa, sendo órgão externo de controle administrativo, financeiro e disciplinar da magistratura e do Judiciário".

A prova da Magistratura TJ/SP/2011 considerou INCORRETA a afirmativa: "O Conselho Nacional de Justiça (...) se compõe de quinze membros com mais de trinta e cinco e menos de sessenta e cinco anos de idade, com mandato de dois anos, admitida uma recondução" (adaptado da Emenda Constitucional n. 61).

a) **Composição numérica:** 15 membros.

b) **Característica:** é órgão do Poder Judiciário.

c) **Competência:** é competência originária do STF processar e julgar as ações contra o Conselho Nacional de Justiça; é competência privativa do Senado Federal processar e julgar os membros do Conselho Nacional de Justiça.

d) **Sede:** na Capital Federal.

e) **Funcionamento junto ao CNJ:** oficiarão o Procurador-Geral da República e o Presidente do Conselho Federal da Ordem dos Advogados do Brasil.

f) **Mandato:** 2 anos.

g) **Recondução:** admitida uma recondução.

h) **Indicação dos membros componentes:**

MEMBRO COMPONENTE	INDICAÇÃO DO MEMBRO COMPONENTE
Ministro do STJ	STJ
Ministro do TST	TST
Desembargador do TJ	STF
Juiz Estadual	STF
Juiz do TRF	STJ
Juiz Federal	STJ
Juiz do TRT	TST
Juiz do Trabalho	TST
Membro do MPU	PGR
Membro do MPE	PGR
Advogados	Conselho Federal da OAB
Cidadãos	Uma pela Câmara dos Deputados e outro pelo Senado Federal

Questões de prova

A prova de Advogado do TJ/SP/2013 considerou CORRETA a afirmativa: "Na composição do Conselho Nacional de Justiça, deverá haver, entre outros integrantes, um Desembargador de Tribunal de Justiça e um juiz estadual, que serão indicados ambos pelo Supremo Tribunal Federal".

A prova Assessor Jurídico do TJ/PR/2012 considerou CORRETA a afirmativa: "O Conselho Nacional de Justiça compõese de 15 (quinze) membros com mandato de 2 (dois) anos, admitida 1 (uma) recondução".

i) **Órgãos diretivos:** será presidido pelo Presidente do Supremo Tribunal Federal e, nas suas ausências e impedimentos, pelo Vice-Presidente do Supremo Tribunal Federal.

j) **Procedimento para membro integrante do CNJ:** nomeados pelo Presidente da República, depois de aprovada a escolha pela maioria absoluta do Senado Federal.

k) **Aplicação subsidiária na indicação dos membros componentes:** não efetuadas, no prazo legal, as indicações previstas neste artigo, caberá a escolha ao Supremo Tribunal Federal.

l) **Participação do CNJ:** 1) no ato de remoção, disponibilidade e aposentadoria do magistrado, através de decisão por voto da maioria absoluta e apoiada no interesse público; 2) na frustração da liquidação regular de precatórios pelo Presidente do Tribunal competente.

m) **Funções:** 1) **Controle:** da atuação administrativa e financeira do Poder Judiciário e do cumprimento dos deveres funcionais dos juízes; 2) **Estatutária:** exerce as atribuições conferidas pelo Estatuto da Magistratura; 3) **Zelo de autonomia:** zelar pela autonomia do Poder Judiciário e pelo cumprimento do Estatuto da Magistratura; 4) **Normativa:** pode expedir atos regulamentares, no âmbito de sua competência, ou recomendar providências; 5) **Zelo de Respeito:** zelar pela observância do art. 37 da CF; 6) **Apreciação:** apreciar, de ofício ou mediante provocação, a legalidade dos atos administrativos praticados por membros ou órgãos do Poder Judiciário, podendo desconstituí-los, revê-los ou fixar prazo para que se adotem as providências necessárias ao exato cumprimento da lei, sem prejuízo da competência do Tribunal de Contas da União; 7) **Ouvidoria:** receber e conhecer das reclamações contra membros ou órgãos do Poder Judiciário, inclusive contra seus serviços auxiliares, serventias e órgãos prestadores de serviços notariais e de registro que atuem por delegação do poder público ou oficializados, sem prejuízo da competência disciplinar e correicional dos tribunais; 8) **Avocação:** pode avocar processos disciplinares em curso e determinar a remoção, a disponibilidade ou a aposentadoria com subsídios ou proventos proporcionais ao tempo de serviço e aplicar outras sanções administrativas, assegurada ampla defesa; 9) **Representação:** representar ao Ministério Público, no caso de crime contra a administração pública ou de abuso de autoridade; 10) **Revisão:** rever, de ofício ou mediante provocação, os processos disciplinares de juízes e membros de tribunais julgados há menos de um ano; 11) **Relatório:** elaborar semestralmente relatório estatístico sobre processos e sentenças prolatadas, por unidade da Federação, nos diferentes órgãos do Poder Judiciário; elaborar relatório anual, propondo as providências que julgar necessárias, sobre a situação do Poder Judiciário no País e as atividades do Conselho, o qual deve integrar mensagem do Presidente do Supremo Tribunal Federal a ser remetida ao Congresso Nacional, por ocasião da abertura da sessão legislativa.

n) **Ministro-Corregedor:** Ministro do STJ.

o) **Atribuições do Ministro-Corregedor:** 1) **Exclusão:** ficará excluído da distribuição de processos no Tribunal; 2) **Estatutária:** exercer as atribuições que lhe forem conferidas pelo Estatuto da Magistratura; **3) Ouvidoria:** receber as reclamações e denúncias, de qualquer interessado, relativas aos magistrados e aos serviços judiciários; 4) **Executiva:** exercer funções executivas do Conselho, de inspeção e de correição geral; 5) **Requisição:** requisitar e designar magistrados, delegando-lhes atribuições, e requisitar servidores de juízos ou tribunais, inclusive nos Estados, Distrito Federal e Territórios.

Questões de prova

A prova de Advogado do TJ/SP/2013 considerou CORRETA a afirmativa: "Na literalidade do texto constitucional, não compete ao Ministro-Corregedor do CNJ (Conselho Nacional de Justiça atuar como Ouvidor do Conselho, em âmbito nacional".

A prova de Procurador do BACEN/2013 considerou CORRETA a afirmativa: "No exercício de suas atribuições administrativas, o Conselho Nacional de Justiça tem competência para expedir atos regulamentares, de comando abstrato, impondo obrigações de natureza administrativa a toda a magistratura nacional".

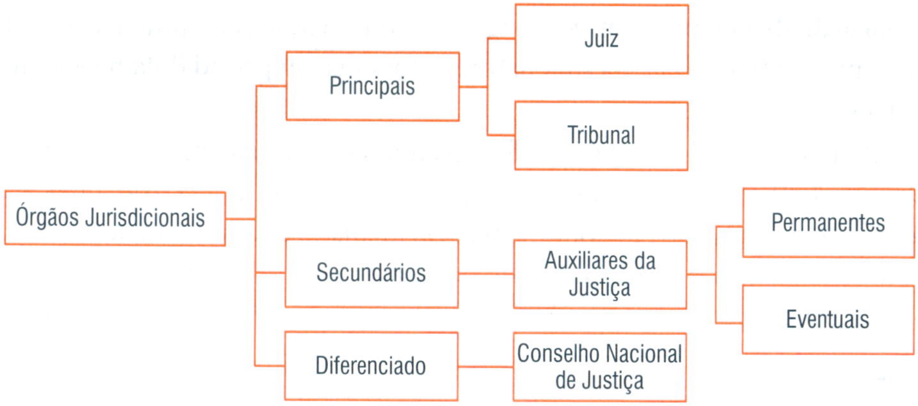

2. Ação

2.1. Teorias da ação

A **teoria civilista ou clássica ou imanentista** da ação, que vigorou até a metade do século XIX e teve como um dos seus maiores defensores Savigny, concebe a ação como um anexo, elemento, aspecto ou momento do direito material ameaçado ou violado.

Questões de prova

A prova de Promotor de Justiça MP/GO/2009 considerou INCORRETA a afirmativa: "A teoria civilista de Savigny considera que o direito de ação tem autonomia em relação ao direito material".

A prova de Titular de Serviços de Notas e de Registros TJ/SE/2014 considerou INCORRETA a afirmativa: "De acordo com a teoria clássica da ação, desenvolvida por Friedrich Savigny, a ação é o direito a uma sentença favorável".

A **doutrina imanentista** começou a ser superada com a famosa polêmica entre os juristas alemães Windscheid e Müther a respeito do conceito de ação, que passou a ser compreendido como um direito autônomo à prestação jurisdicional.

No ano de 1885, surge então a **teoria concreta da ação ou teoria do direito concreto de agir ou teoria concretista**, desenvolvida por Adolf Wach, segundo a qual o direito de ação seria o direito a um provimento jurisdicional favorável, que reconhecesse ser o autor detentor do direito material que alegou ter em sua demanda.

> **Questão de prova**
> A prova de Promotor de Justiça MP/GO/2009 considerou INCORRETA a afirmativa: "A teoria do direito concreto (Bülow e Wach) não reconhece a autonomia do direito processual em relação ao direito material, de maneira que para a mesma tais direitos se identificam no exercitamento da pretensão".

No início do século XX, Chiovenda criou uma variante da teoria concreta: a **teoria do direito potestativo** de agir, pela qual a ação seria um direito voltado contra o réu e teria a mesma natureza (pública ou privada) da relação material posta em juízo.

As teorias concretas da ação foram superadas com a edição das obras de *Degenkolb* (Alemanha) e *Plósz* (Hungria), que passaram a considerar a ação como um direito abstrato, totalmente desvinculado do direito material. Surge a **teoria abstrata ou do direito abstrato de agir**, na qual o direito de ação seria o direito a um provimento jurisdicional, independente do seu resultado.

> **Questão de prova**
> A prova de Promotor de Justiça MP/GO/2009 considerou INCORRETA a afirmativa: "A teoria do direito abstrato (Degenkolb e Plósz) preconiza que somente terá havido o exercício da ação se a tutela jurisdicional invocada for concedida".

A teoria mais aceita atualmente no Brasil foi formulada por Liebman e denomina-se **teoria eclética da ação**. De acordo com ela, a ação é um direito abstrato (desvinculada do direito material ou da obtenção de um provimento favorável), mas, para que exista, é indispensável a ocorrência de certos requisitos, denominados "condições da ação". Caso essas condições não estejam presentes, ocorre o fenômeno da "carência de ação".

> **Questão de prova**
> A prova de Promotor de Justiça MP/GO/2009 considerou CORRETA a afirmativa: "Para Enrico Tulio Liebman (teoria eclética), o direito de ação tem dois aspectos, o direito de demanda ou de acesso ou petição (incondicionado) e o direito de ação propriamente dito, que exige o preenchimento de condições a viabilizar o julgamento efetivo da pretensão deduzida".

2.2. Conceito da ação

Questão de prova

A prova de Delegado da Polícia Civil/DF/2009 considerou INCORRETA a afirmativa: "Ação é a reação do próprio direito material violado ou ameaçado de lesão".

Numa visão jurídica, a ação é a provocação do Judiciário para que haja a prestação jurisdicional. Numa visão política, a ação é meio de instauração do processo, instrumento que visa apuração e julgamento da demanda, para estabelecer a paz social.

Atualmente, a **ação** é considerada um poder: **a**) **autônomo:** distinto do direito material (direito de punir)**; b**) **abstrato:** independe da existência do direito material e, portanto, da sentença favorável; **c**) **público:** exercido perante o Estado para a invocação da tutela jurisdicional; **d**) **subjetivo:** o titular tem o direito de exigir a prestação jurisdicional devida; **e**) **instrumental:** meio usado para efetivar o direito material; **f**) **determinado:** a pretensão deduzida em juízo visa obter um provimento jurisdicional relacionado a um caso concreto.

Questões de prova

A prova de Analista Judiciário TRT 23ª Região/2007 considerou CORRETA a afirmativa: "É totalmente correto afirmar que o direito de ação é um direito subjetivo, público, autônomo e abstrato".

A prova da Magistratura do Trabalho TRT 9ª Região/2006 considerou CORRETA a afirmativa: "Entender o direito de ação como autônomo e abstrato significa distingui-lo do direito material disputado entre os litigantes, bem como reconhecer que sua existência independe da própria existência do direito material controvertido".

A prova de Delegado da Polícia Civil/DF/2009 considerou INCORRETA a afirmativa: "A abstração do direito de ação explica-se por ser ele mesmo o direito material disputado entre os litigantes".

A prova de Advogado do DETRAN/DF/2009 considerou CORRETA a afirmativa: "O direito de ação é exercido contra o Estado-juiz e não contra quem, na perspectiva de quem o exercita, lesiona ou ameaça direito seu".

Dada a importância do instituto, a ação se encontra fundamentada no art. 5º, XXXV, da Constituição: "a lei não excluirá da apreciação do Poder Judiciário lesão ou ameaça a direito".

3. Processo

3.1. Natureza jurídica

Durante a **fase do praxismo**, o processo era visto como um procedimento, ou seja, uma sequência ordenada de atos. A dedicação dos praxistas era ao estudo da prática forense, sem grandes preocupações teóricas. Nessa fase, destaca-se Francisco de Paula Baptista.

Na **teoria contratualista**, o processo é explicado por meio da *litiscontestatito*, ou seja, um contrato pelo qual as partes aceitam de comum acordo a fórmula que tenha sido deferida pelo magistrado. É baseada em um texto de Ulpiano e defendida entre outros por Pothier.

Na **teoria quase contratualista**, o processo é um quase contrato. Essa teoria foi defendida por um jurista francês do século XIX, Arnault de Guényvau.

As teorias que consideravam o processo como **categoria do direito privado** foram abandonadas quando o Direito Processual ganhou autonomia científica, em meados do século XIX, com Oskar Von Bülow. Segundo o jurista alemão, em sua obra *Teoria das exceções processuais e dos pressupostos processuais*, o processo é uma relação jurídica entre pessoas, dinâmica, de direito público, que tem seus próprios sujeitos e requisitos, cujo conteúdo é uma relação de direito material. Com a **teoria da relação processual**, surgiu divergência na sua configuração: a) uns pregam a relação triangular (juiz–autor–réu); b) outros pregam a relação singular (juiz–partes); c) outros ainda pregam a relação linear (juiz–autor).

Na **teoria da situação jurídica**, criada por James Goldschmidt[48], o processo é composto de uma série de situações jurídicas ativas, capazes de gerar para os seus sujeitos deveres, poderes, faculdades, ônus e sujeições.

Na **teoria da instituição**, criada por Jaime Guasp e defendida por Eduardo Juan Couture, o processo é uma instituição submetida ao regime da lei, a qual regula a condição das pessoas, a situação das coisas e o ordenamento dos atos que tendem à obtenção dos fins da jurisdição. O processo é um complexo de atividades relacionadas entre si pelo vínculo de uma ideia comum objetiva: a satisfação da pretensão.

Na **teoria da categoria jurídica autônoma**, criada por Juan Monteiro Arouca, o processo é um instituto jurídico diverso de todos os demais componentes da ciência jurídica, possuindo ontologia própria.

Na **teoria da entidade complexa**, defendida por Cândido Rangel Dinamarco, o processo é o procedimento animado por uma relação jurídica processual.

Questão de prova

A prova de Juiz do TRT/MT/2008 considerou INCORRETA a afirmativa: "As teorias do contrato, do quase contrato, da situação jurídica e da instituição dizem respeito à natureza jurídica da ação".

[48] GOLDSCHMIDT, James. *Der prozess als rechtslage*. Berlim, 1925.

3.2. Conceito

Na etimologia, "processo" vem de *procedere*, que significa "marcha avante". O conceito de processo transcende o direito processual, funcionando como instrumento para o legítimo exercício do poder, presente em todas as atividades estatais e não estatais.

No Direito Processual, antes de 1868, com a obra de Bülow, o processo era confundido com o procedimento. Após 1868, o processo é um instrumento da jurisdição, uma relação jurídica que une os sujeitos processuais. É um procedimento em contraditório animado pela relação jurídica processual.

> **Questão de prova**
> A prova de Defensor Público DP/SP/2006 considerou CORRETA a afirmativa: "O caráter instrumental do processo penal significa um instrumento autônomo do direito material".

No seu conceito, podemos afirmar que, além de conter uma sequência de atos processuais e ser uma relação jurídica que une sujeitos processuais, é um método utilizado pelo Estado para promover a atuação do Direito.

Do ponto de vista funcional, processo é um instrumento ou método para aplicação do direito penal objetivo no caso concreto. Do ponto de vista estrutural, é uma relação jurídica triangular (posição majoritária) que se desenvolve por uma sequência ordenada de atos.

3.3. Características

Tendo em vista que a posição majoritária é a de que o processo tem a natureza de uma relação jurídica, podemos enumerar as seguintes características:

- **relação jurídica:** é feita de acordo com as normas jurídicas e produz efeitos jurídicos;
- **relação de direito público:** há a presença de um órgão do Estado, o Juiz;
- **relação autônoma:** independe da existência da relação de direito material;

> **Questão de prova**
> A prova de Delegado da Polícia Civil/DF/2009 considerou INCORRETA a afirmativa: "Quanto à sua existência, a relação jurídica processual depende de relação jurídica material".

- **relação complexa:** desenvolve-se por meio de uma série de atos processuais;
- **relação unitária:** todos os atos do processo visam um fim único, a sentença final;
- **relação dinâmica:** evolui na marcha em busca da sentença final;

- **relação concreta:** não se forma sem um conteúdo material; não serve a meras especulações abstratas ou teóricas das partes;
- **relação progressiva:** desenvolve-se por fases para atingir a solução do caso concreto.

3.4. Elementos, enfoques e escopos

Entendido como relação jurídica, o processo possui dois tipos de **elemento: a) subjetivos:** são os sujeitos da relação processual: os principais (partes e o juiz) e os secundários (auxiliares da justiça); **b) objetivo:** é o objeto da relação processual, ou seja, o serviço jurisdicional que o Estado tem o dever de prestar, formado por provas e bens.

O processo pode ser visto sob dois **enfoques: a) dinâmico:** como um complexo de atos e/ou fatos processuais; **b) estático:** como uma situação com elementos e uma relação entre eles.

Possui três tipos de **escopo: a) sociais:** o processo como instrumento de composição dos litígios visa paz social, conscientizando os membros da sociedade dos seus direitos e deveres; **b) políticos:** a estabilidade das instituições políticas, o exercício da cidadania e a preservação do valor liberdade; **c) jurídicos:** a realização do direito material.

3.5. Efeitos

A relação processual produz **efeitos subjetivos**, ou seja, efeitos dirigidos aos sujeitos processuais (partes, julgador e auxiliares), bem como **efeitos objetivos**, que podem ser positivos (direitos ou faculdades processuais) e negativos (ônus processual, dever processual e obrigação processual).

É importante não confundir termos processuais:

a) **direito processual:** são os direitos que obrigam o Estado a dar cumprimento ao dever de prestação jurisdicional;
b) **dever processual:** vínculo jurídico que sujeita alguém a prestação de valor não econômico;
c) **obrigação processual:** vínculo jurídico que sujeita alguém a prestação de valor econômico;
d) **ônus processual:** são atos não obrigatórios para a realização no processo, que se não forem feitos acarretam prejuízos.

ITENS	ÔNUS PROCESSUAL	DEVER/OBRIGAÇÃO PROCESSUAL
Alvo	Partes	Partes/juiz/auxiliares
Sanções	Formais	Graves
Disponibilidade	Tem	Não tem
Objeto	Direito ou interesse da parte	Prestação da parte é direito de outrem
Descumprimento	Prejuízos jurídicos	Fato contrário ao ordenamento jurídico

3.6. Processo e procedimento

Não há processo sem procedimento. Não há processo que não se refira a um procedimento. Para cada tipo de processo, há uma variedade de procedimentos.

Na **fase praxista**, como vimos anteriormente, o processo era confundido com o procedimento. Na **fase moderna**, processo é método utilizado para compor lide e instrumento da jurisdição; já o procedimento é o aspecto exterior do processo, é meio extrínseco pelo qual se instaura, se desenvolve e termina o processo. Há uma coordenação dos atos e fórmulas da ordem legal do processo.

O processo tem um **conceito finalístico**, constituindo uma relação de direito público traduzida num método de que se servem as partes para buscar uma solução ao caso concreto. O processo é o meio ou instrumento utilizado pelo Estado para cumprir a função jurisdicional. Tem natureza teleológica, pois o objetivo é a atuação concreta da vontade da lei.

O fim do processo se dá com a entrega definitiva da prestação jurisdicional, ou seja, com o trânsito em julgado da sentença criminal.

Já sobre o início do processo, existem três correntes: **a) Tourinho Filho:** com o oferecimento da denúncia ou queixa, em homenagem ao princípio da inércia da jurisdição; **b) doutrina majoritária:** com o recebimento da denúncia ou queixa, com fundamento da lei processual penal; **c) doutrina minoritária:** com a citação do acusado, pois apenas com a citação a instância se completa.

O procedimento tem um **conceito formal**, ou seja, é o modo e a forma pelos quais se movem os atos do processo; é a maneira pela qual se sucedem os atos processuais. O procedimento é o aspecto extrínseco ou exterior do processo, ou seja, a forma ou modo pelo qual o processo se exterioriza. Segundo Calamandrei, o procedimento é o aspecto exterior do fenômeno processual.

Na visão de Vicente Greco, o processo é uma **entidade complexa**, que possui dois aspectos: **a) intrínseco:** é uma relação jurídica; **b) extrínseco:** é um procedimento.

Para Dinamarco, o processo é soma de fatores: procedimento + relação processual + contraditório. É um termo amplo que abrange procedimento (sequência de atos que se desenvolvem visando um resultado final), relação jurídica (ligação entre o juiz e as partes) e o contraditório (debate da causa).

A principal distinção entre processo penal e civil reside na natureza da relação jurídica litigiosa, ou seja, na causa da relação processual. "No processo civil se faz justiça à medida do fato; no processo penal se faz justiça à medida do homem"[49].

Não confundir processo com o inquérito policial: o inquérito é fase da persecução penal que visa investigar fato delituoso; já o processo penal é fase da persecução penal que visa imputar um ilícito penal a alguém.

3.7. Pressupostos processuais

Os pressupostos processuais são requisitos da relação processual. A construção teórica foi iniciada com Bülow, mas não recebeu da doutrina uma sistematização adequada.

Numa visão funcional, são requisitos de admissibilidade para a tramitação da relação processual. Numa visão estrutural, são requisitos constitutivos da relação processual necessários para que seja proferida decisão sobre um caso concreto.

Os pressupostos processuais, assim como as condições da ação, podem ser aferidos de ofício pelo magistrado.

Sob uma perspectiva jurídico-processual, **pressupostos processuais** são os requisitos de existência (constituição) e validade (regularidade) da relação processual. Existe a divisão em: pressupostos positivos (necessários no processo) e negativos (que não podem ocorrer no processo); subjetivos (dizem respeito aos sujeitos principais do processo) e objetivos (dizem respeito ao próprio processo).

Questões de prova

A prova da Magistratura TJ/MG/2012 considerou CORRETA a afirmativa: "Os pressupostos de existência válida ou de desenvolvimento regular do processo podem ser de ordem subjetiva e objetiva".

A prova de Defensor Público DPE/ES/2009 considerou INCORRETA a afirmativa: "Os pressupostos processuais, diferentemente do que ocorre com as condições da ação, não podem ser aferidos de ofício pelo magistrado, haja vista que o sistema processual brasileiro assenta-se no princípio dispositivo que confere apenas às partes litigantes o poder de provocar o juiz para o exame de tais pressupostos".

Há divergência doutrinária a respeito da enumeração dos pressupostos processuais, que podem ser de duas espécies:

a) **Existência:** são intrínsecos, ou seja, presentes no interior do processo. Há diversos posicionamentos. Teresa Arruda Alvim e outros autores consideram

---

49 SILVA, Germano Marques. *Curso de processo penal*, I. Lisboa: Babel, 2010.

como pressupostos processuais de existência: a petição inicial; a jurisdição; a citação; a representação do autor (capacidade postulatória). Já boa parte da doutrina considera válida a caracterização dos pressupostos de existência como: capacidade processual, órgão jurisdicional e demanda regular. Outros ainda consideram os seguintes elementos processuais penais: órgão investido de jurisdição e competente (juiz natural); postulação inicial (instrumento pelo qual se exerce o direito de ação); e partes (de acordo com Chiovenda, aquele que pede e aquele em face de quem se pede: sentido formal).

b) **Validade:** há doutrinadores que dividem os pressupostos de validade em: **1) intrínsecos**: a petição inicial válida; a competência do juízo e a imparcialidade do juiz; a capacidade processual e a legitimidade processual; e **2) extrínsecos** (exteriores ao processo) ou **negativos** (cuja presença gera a não validade do processo): a litispendência; e a coisa julgada. Outros os dividem em: **1) subjetivos** (relacionados com a figura do juiz e os exigidos das partes); e **2) objetivos** (ausência de litispendência e de coisa julgada).

Numa visão majoritária, podemos afirmar que os **pressupostos processuais** de existência são: demanda (ato que dá impulso inicial à atuação do juiz); órgão jurisdicional; partes. E os pressupostos processuais de validade são: **subjetivos:** relacionados aos sujeitos processuais: juiz (investidura, competência e imparcialidade); partes (capacidade de ser parte; capacidade de estar em juízo e capacidade postulatória); e **objetivos:** inexistência de fatos impeditivos ou extintivos; regularidade formal da demanda, com subordinação do procedimento à lei.

Questão de prova

A prova de Advogado BNB/2006 considerou INCORRETA a afirmativa: "Pressupostos processuais subjetivos dizem respeito à inexistência de fatos impeditivos à formação da relação processual".

3.8. Processo penal

No processo penal, **há o interesse público** de defesa da sociedade por meio da punição do suposto infrator da lei penal, bem como o de resguardar na tramitação processual os direitos fundamentais na realização da justiça. "É um campo em que se debate a correlação entre o interesse do Estado, na perseguição dos criminosos para defesa da sociedade, e o da pessoa, na defesa da sua liberdade, honra e património"[50].

No tocante aos fins do processo penal, podemos delimitar duas perspectivas:

a) **jurídico-processual:** o processo penal tem a função instrumental de servir de instrumento para aplicação da lei penal aos casos concretos;

[50] SILVA, Germano Marques. *Curso de processo penal*, I. Lisboa: Babel, 2010.

b) **metaprocessual:** o processo penal visa a realização da justiça por meio da descoberta da verdade (com respeito aos direitos fundamentais da pessoa) e do restabelecimento da paz jurídica; e, com a sentença transitada em julgado, alcança a segurança.

O Direito Penal define as infrações penais e as sanções penais. O processo penal é instrumento para verificar a ocorrência da infração penal, determinar seu agente e, por fim, aplicar, se for o caso, a sanção penal. O Direito Processual Penal é um conjunto de normas jurídicas que disciplinam o processo penal.

O processo penal é um fenômeno complexo, que conjuga valores culturais de uma sociedade em determinado histórico com as ideologias do poder.

III – Atos Processuais

1. Conceito

Atos processuais são manifestações da vontade humana que visam criar, modificar ou extinguir direitos processuais. Já o fato processual é o acontecimento não dependente da vontade das pessoas, mas que acarreta alguma modificação na situação jurídica processual.

> **Questão de prova**
> A prova de Auditor de Controle Externo TCE/ES/2012 considerou INCORRETA a afirmativa: "Ato processual é toda ação humana que produz efeito sobre a relação jurídica de direito material".

A ordem jurídica brasileira, em relação aos atos processuais, adota **classificação subjetiva**, pois leva em conta como critério o sujeito que pratica o ato processual: a) atos do escrivão ou chefe de secretaria; b) atos do juiz; c) atos das partes.

2. Atos das partes

a) **Atos postulatórios:** são aqueles em que as partes visam pedir algo ao juiz. Existem duas espécies:
   - **requerimentos:** dizem respeito a questões processuais;
   - **pedidos:** dizem respeito ao mérito da causa.

b) **Atos dispositivos:** são declarações de vontade que visam criar, modificar ou extinguir direitos no processo. Podem ser:
   - **unilaterais:** quando praticados por apenas uma das partes, como a renúncia ou a desistência da ação;
   - **concordantes:** praticados por ambas as partes, como a transação.

c) **Atos instrutórios:** são os que têm por finalidade convencer o julgador da verdade real. Existem duas espécies:
   - **alegações:** manifestações das partes;
   - **atos probatórios:** atos de produção de prova praticados pelas partes.

d) **Atos reais ou materiais:** são os praticados pelas partes por meio de conduta pessoal; manifestam-se em coisas, e não em palavras.

3. Atos do juiz

a) **Atos decisórios ou de provimento ou jurisdicionais próprios**, que podem ser:

- **despacho de mero expediente:** visam dar andamento ao processo;
- **decisões interlocutórias simples:** resolvem questões relativas à ordem do processo, visando sua movimentação, sem pôr fim ao processo; não resolvem mérito;
- **decisões interlocutórias mistas ou com força de definitivas:** são as que encerram uma etapa do procedimento (não terminativas) ou o próprio processo (terminativas), sem resolver o mérito da causa;
- **decisões definitivas:** são as que resolvem o mérito da causa e podem ser: **condenatórias** (julgam procedente a pretensão punitiva, no todo ou em parte); **absolutórias** (julgam improcedente a pretensão punitiva: se aplicarem medida de segurança, são impróprias; se não aplicarem, são próprias); **terminativas de mérito ou definitivas em sentido estrito** (julgam mérito, sem condenar ou absolver, como a sentença de declaração de extinção da punibilidade).

b) **Atos não decisórios**, que podem ser:

- **de documentação:** rubrica ou assinatura do juiz nos atos e termos processuais;
- **reais:** inspeções judiciais, presidência da audiência, interrogatório de testemunhas;
- **instrutórios:** os realizados pelo juiz visando esclarecer a verdade real dos fatos;
- **polícia processual:** os determinados para manter a ordem processual;
- **administrativos:** os de organização de audiências e sessões de julgamento;
- **de coerção:** visam exigir que alguém faça ou deixe de fazer algo;
- **anômalos:** os que não são próprios da função jurisdicional.

4. Atos do escrivão ou do chefe de secretaria

a) **Atos de documentação:** visam registrar por escrito os atos processuais.

b) **Atos de movimentação:** visam dar andamento processual.

c) **Atos de comunicação:** visam noticiar o andamento processual.

d) **Atos de execução:** visam cumprir determinações do órgão julgador.

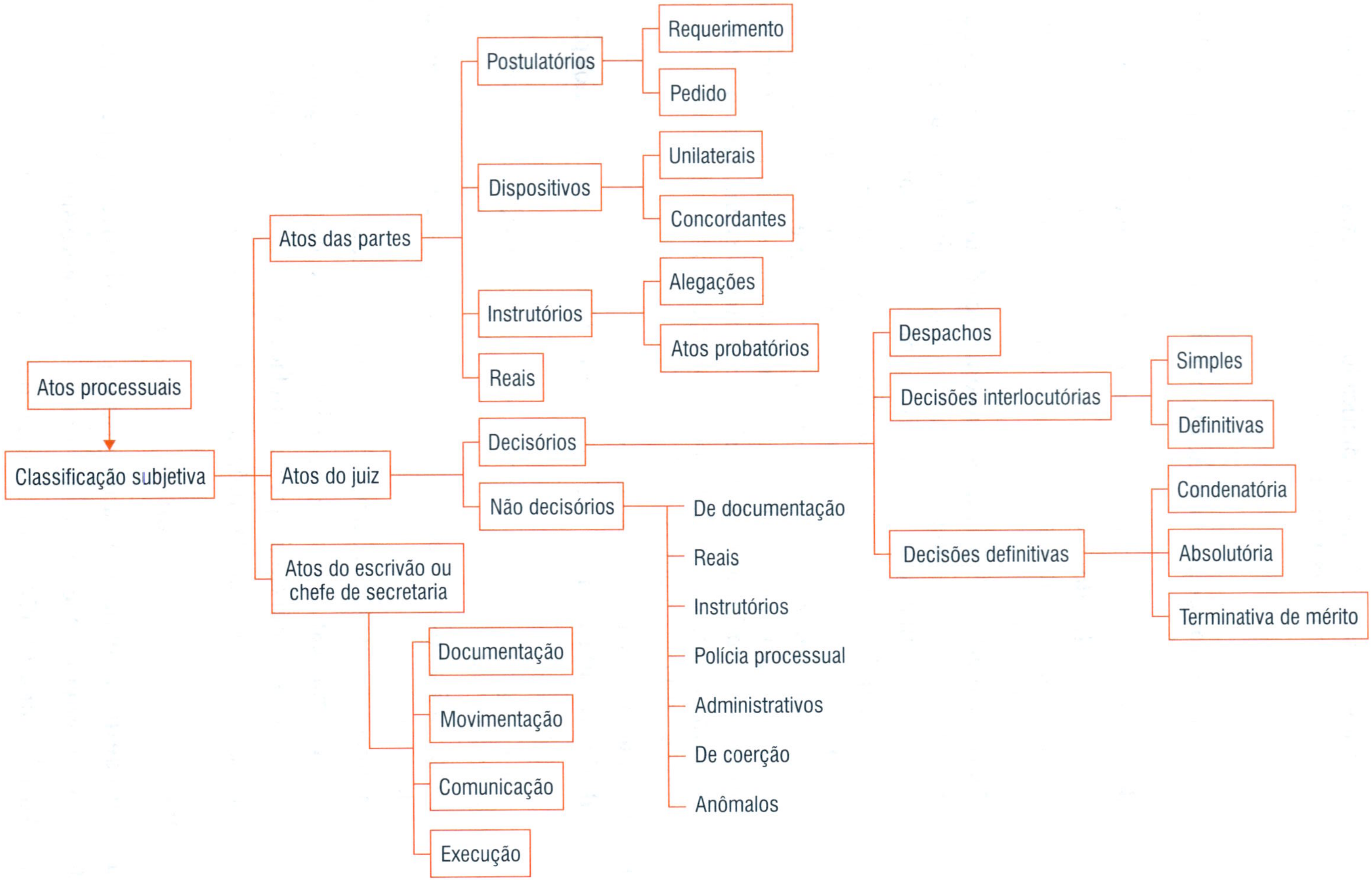

Atos processuais
Classificação subjetiva
Atos das partes
Postulatórios
Requerimento
Pedido
Dispositivos
Unilaterais
Concordantes
Instrutórios
Alegações
Atos probatórios
Reais
Atos do juiz
Decisórios
Despachos
Decisões interlocutórias
Simples
Definitivas
Decisões definitivas
Condenatória
Absolutória
Terminativa de mérito
Não decisórios
De documentação
Reais
Instrutórios
Polícia processual
Administrativos
De coerção
Anômalos
Atos do escrivão ou chefe de secretaria
Documentação
Movimentação
Comunicação
Execução

5. Termos processuais

São os registros escritos de um ato processual, feitos por serventuários da justiça no exercício de suas atribuições. Existem as seguintes espécies de termos:

a) **termo de autuação:** o escrivão atesta o início do processo criminal, inclusive a apresentação da peça acusatória e os documentos que a acompanham;

b) **termo de juntada:** o escrivão atesta a entrada nos autos do processo de uma petição, um requerimento ou um documento;

c) **termo de vista:** o escrivão atesta que possibilitou o acesso dos autos para manifestação processual às partes ou ao Ministério Público;

d) **termo de conclusão:** o escrivão atesta que os autos vão subir ao juiz, para algum despacho ou sentença;

e) **termo de intimação:** o escrivão cientifica as partes ou o Ministério Público de algum despacho ou sentença;

f) **termo de remessa:** o escrivão atesta a remessa dos autos a outro juízo;

g) **termo de recebimento:** o escrivão atesta que os autos voltaram a cartório, vindos de outro juízo;

h) **termo de apensamento:** o escrivão atesta que aos autos principais foram apensados outros autos;

i) **termo de desentranhamento:** o escrivão atesta que, por despacho do juiz, foram desentranhados dos autos determinadas peças ou documentos.

6. Autos, auto e ata

Autos é o conjunto dos atos e termos do processo, podendo ser originais e suplementares. **Auto** é o termo que documenta atividades do juiz, dos peritos e serventuários quando essas atividades se realizam fora dos cartórios ou da sede do juízo. **Ata** é a narração escrita dos fatos ocorridos nas sessões de julgamento dos tribunais.

7. Forma dos atos processuais

7.1. Tempo dos atos processuais

7.1.1. Momento dos atos processuais

Excetuadas as sessões de julgamento, que não serão marcadas para domingos ou feriados, os demais atos do processo poderão ser praticados em período de férias, em domingos e feriados. Todavia, os julgamentos iniciados em dia útil não se interromperão pela superveniência de feriado ou domingo.

7.1.2. Prazos processuais

a) **Conceito**

É o lapso temporal dentro do qual é permitida a prática de um ato processual.

b) **Classificação**

- **Legal, judicial e convencional:** o prazo pode ser legal (fixado em lei); judicial (fixado pelo juiz); convencional (fixado de comum acordo entre as partes).
- **Comum e particular:** o prazo pode ser comum (quando corre para ambas as partes) ou particular (quando corre para uma parte).
- **Peremptório e dilatório:** o prazo pode ser dilatório (pode ser alterado) ou peremptório (não pode ser alterado).
- **Próprio e impróprio:** o prazo pode ser próprio (corre para as partes e o decurso traz preclusão) ou impróprio (corre para os juízes e auxiliares da justiça e o decurso acarreta apenas procedimento disciplinar).
- **Especial:** os prazos para a Defensoria Pública são contados em dobro.

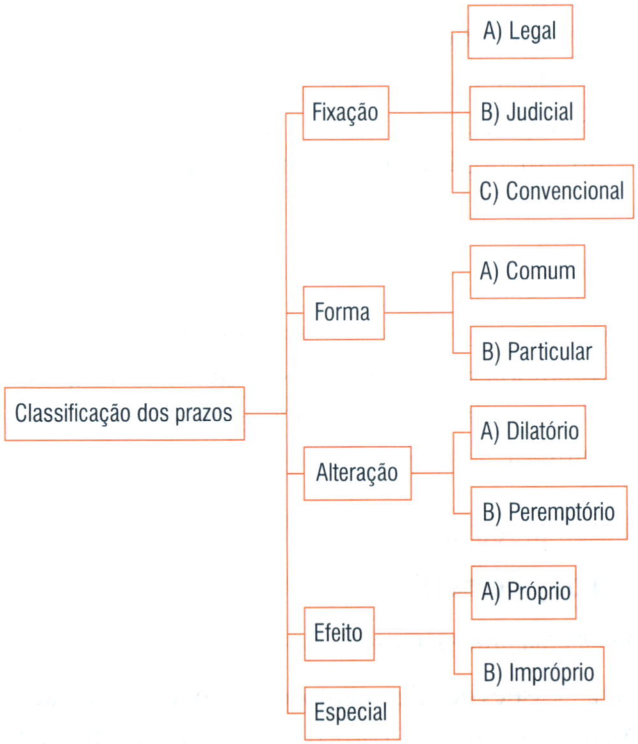

c) **Princípios**

Na teoria dos prazos, há os seguintes princípios informadores:

- **Princípio da paridade de tratamento:** aos atos idênticos, prazos idênticos para ambas as partes. As exceções devem ser previstas em lei.
- **Princípio da brevidade:** o processo deve ser desenvolvido dentro de um prazo razoável, sem prejuízo da veracidade e da realização da justiça.
- **Princípio da utilidade:** o prazo deve ser suficiente para a prática conveniente do ato processual.
- **Princípio da continuidade:** o prazo não deve ser interrompido ou suspenso, salvo nos casos previstos em lei.
- **Princípio da inalterabilidade:** ao juiz não é lícito alterar prazo fixado em lei.
- **Princípio da peremptoriedade:** em regra, os prazos terminam no seu termo final.
- **Princípio da preclusão:** é a perda do direito de praticar um ato processual pela sua não prática no prazo legal.

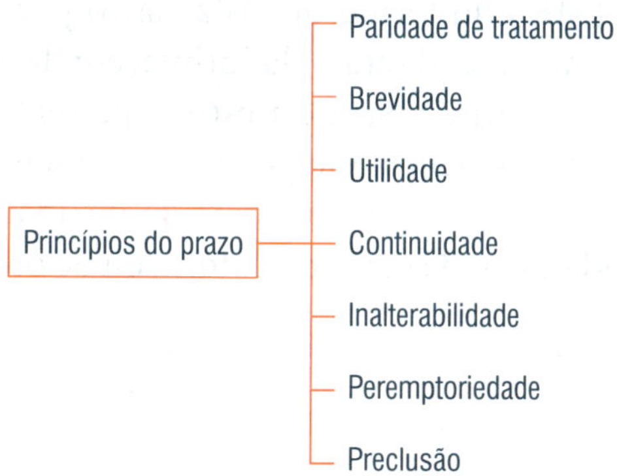

d) Contagem dos prazos

d.1) Regras da contagem dos prazos no processo penal

- **Prazo fixado em minutos:** a contagem será feita de minuto a minuto.
- **Prazo fixado em horas:** quando abaixo de 24 horas: será contado de minuto em minuto; quando igual ou acima de 24 horas: será contado como dia.
- **Prazo fixado em dias:** o prazo é contado dia a dia, com exclusão do dia do começo e inclusão do dia do vencimento.
- **Prazo fixado em meses e ano:** o prazo em meses ou anos é contado de acordo com o calendário (o mês poderá ter 28, 29, 30 ou 31 dias e o ano poderá ter 365 ou 366 dias). Considera-se ano o período de doze meses contado do dia do início ao dia e mês correspondentes do ano seguinte.

Considera-se mês o período de tempo contado do dia do início ao dia correspondente do mês seguinte. Quando no ano ou mês do vencimento não houver o dia correspondente ao do início do prazo, este findará no primeiro dia subsequente. Assim, os prazos de meses e anos expiram no dia de igual número do de início, ou no imediato, se faltar exata correspondência.

- **No caso de instituto híbrido** (regulado tanto pelo direito penal como pelo direito processual penal): aplica-se a regra do art. 10 do CP, ou seja, inclui-se o dia do começo na contagem do prazo.

d.2) Determinação do termo inicial ou fixação do *dies a quo*

Em face do Código de Processo Penal, salvo nos casos expressos, o termo inicial (o dia do começo do prazo) será o da intimação; da audiência ou sessão em que for proferida a decisão, se a ela estiver presente a parte; do dia em que a parte manifestar nos autos ciência inequívoca da sentença ou despacho.

Para o juiz, os prazos contar-se-ão do termo de conclusão. Já para o Ministério Público (MP), do termo de vista, salvo para a interposição do recurso, em que o termo inicial será o da intimação; da audiência ou sessão em que for proferida a decisão, se a ela estiver presente; do dia em que a parte manifestar nos autos ciência inequívoca da sentença ou despacho. No processo penal, **contam-se os prazos da data da intimação**, e não da juntada aos autos do mandado ou da carta precatória ou de ordem, nos termos da Súmula 710 do STF.

Questão de prova

A prova de Defensor Público AL/2009 considerou CORRETA a afirmativa: "No processo penal, contam-se os prazos da data da intimação, e não da juntada aos autos do mandado ou da carta precatória ou de ordem".

d.3) Determinação do termo final ou fixação do *dies ad quem*

O prazo se encerra no último minuto do expediente oficial do dia do vencimento. Porém, o prazo que terminar em domingo ou feriado considerar-se-á prorrogado até o dia útil imediato.

Em face da Lei n. 4.674/65, os prazos judiciais que se iniciarem ou vencerem aos sábados serão prorrogados por um dia útil.

A terminação dos prazos será certificada nos autos pelo escrivão; será, porém, considerado findo o prazo, ainda que omitida aquela formalidade, se feita prova do dia em que começou a correr.

d.4) Forma de contagem dos prazos

Os **prazos no processo penal** correrão em cartório e serão contínuos e peremptórios, não se interrompendo por férias, domingo ou feriado.

Questão de prova

A prova de Auditor de Controle Externo TCE/ES/2012 considerou INCORRETA a afirmativa: "A contagem do prazo dos atos processuais é contínua, interrompendo-se apenas em caso de recesso e de férias".

Na contagem dos prazos, não se computará o dia do começo, incluindo-se, porém, o do vencimento.

O prazo inicia sua contagem a partir do primeiro dia útil seguinte ao seu marco inicial e termina no dia do vencimento; se este cair em domingo ou feriado, o prazo será prorrogado para o primeiro **dia útil seguinte**.

Questão de prova

A prova de Analista Judiciário TRE/MT/2010 considerou CORRETA a afirmativa: "Nos prazos processuais penais, não se computa o dia do começo, incluindo-se, porém, o do vencimento; todavia, o prazo que terminar em domingo ou dia feriado considerar-se-á prorrogado até o dia útil imediato".

Em face da Súmula 310 do STF, quando a intimação tiver lugar na sexta-feira, ou a publicação com efeito de intimação for feita nesse dia, o prazo judicial terá início na segunda-feira imediata, salvo se não houver expediente, caso em que começará no primeiro dia útil que se seguir.

São hipóteses legais de suspensão do prazo: se houver impedimento do juiz; força maior; obstáculo judicial oposto pela parte contrária.

d.5) Preclusão

O ato processual praticado no prazo é válido. O praticado fora do prazo gera preclusão (perda do direito ou faculdade processual), salvo se houver justa causa (evento imprevisto, alheio à vontade da parte, e que a impediu de praticar o ato). Verificada a justa causa, o juiz permitirá à parte a prática do ato no prazo que lhe assinar.

Além da **preclusão temporal** (perda do direito de praticar um ato, após o término do prazo), existem outras modalidades de preclusão: **lógica:** prática de ato incompatível com outro que se queira praticar; **consumativa:** os atos que já foram realizados, numa das formas admitidas, não se podendo praticá-los de novo; ***pro judicato*:** o juiz não pode voltar a decidir incidente processual já decidido e irrecorrido.

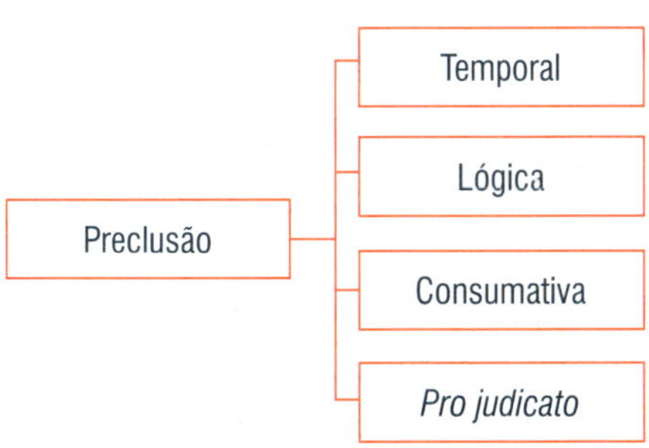

d.6) Prazos em espécie

Os sujeitos processuais têm prazo para a prática de seus atos processuais:

- **Atos do escrivão ou chefe de secretaria:** executará dentro do prazo de dois dias os atos determinados em lei ou ordenados pelo juiz.
- **Atos decisórios do juiz:** os juízes singulares darão seus despachos e decisões dentro dos prazos seguintes, quando outros não estiverem estabelecidos: dez dias, se a decisão for definitiva ou interlocutória mista; cinco dias, se for interlocutória simples; um dia, se se tratar de despacho de expediente.

d.7) Verificação dos prazos e penalidades

O auxiliar da justiça será fiscalizado pelo juiz, de ofício ou por provocação das partes, na observância dos prazos processuais. Se praticar o ato dentro do prazo, o ato será válido. Se praticar o ato fora do prazo, deve ser verificado se houve motivo legítimo para o excesso: a) se com motivo legítimo: o atraso estará justificado e o ato será válido; b) se sem motivo legítimo: o juiz mandará instaurar procedimento administrativo, na forma da lei da organização judiciária. O art. 799 do CPP prescreve que, no caso de reincidência, a sanção será de suspensão de até 30 (trinta) dias.

Se o juiz, em qualquer instância, praticar no prazo o ato, este será válido. Se praticar o ato fora do prazo, deve ser verificado se houve motivo justo para o excesso: a) se com motivo justo, poderá o juiz exceder por igual tempo os prazos a ele fixados no Código de Processo Penal; b) se sem motivo justo, configura-se excesso de prazo, devendo ser instaurado procedimento administrativo, na forma da lei da organização judiciária.

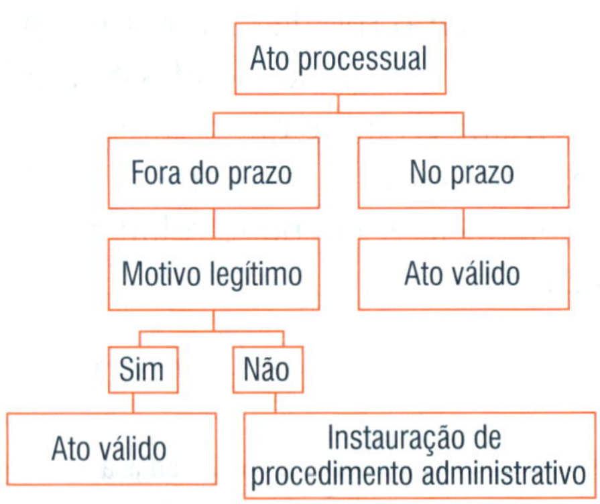

O art. 801 do CPP prescreve que os juízes responsáveis pelo retardamento perderão tantos dias de vencimentos quantos forem os excedidos. Na contagem do tempo de serviço, para o efeito de promoção e aposentadoria, a perda será do dobro dos dias excedidos (o prescrito no art. 801 do CPP também vale para os órgãos do Ministério Público). O desconto referido far-se-á à vista da certidão do escrivão do processo ou do secretário do tribunal, que deverão, de ofício ou a requerimento de qualquer interessado, remetê-la às repartições encarregadas do pagamento e da contagem do tempo de serviço, sob pena de incorrerem em sanção administrativa, aplicada em procedimento administrativo devidamente instaurado.

8. Lugar dos atos processuais

Em regra, os atos processuais realizam-se na sede do juízo. Podem, todavia, efetuar-se em outro lugar, nos casos previstos em lei ou em razão da natureza do ato, como o interrogatório do réu no estabelecimento prisional (art. 185, § 1º, do CPP). As audiências, as sessões e os atos processuais, em caso de necessidade, poderão realizar-se na residência do juiz, ou em outra casa por ele especialmente designada.

9. Modo dos atos processuais

a) Publicidade dos atos processuais

A regra é a publicidade dos atos processuais, ou seja, as audiências, sessões e os atos processuais serão públicos e se realizarão nas sedes dos juízos e tribunais, com assistência dos escrivães, do secretário, do oficial de justiça que servir de porteiro, em dia e hora certos, ou previamente designados.

Porém, se da publicidade da audiência, da sessão ou do ato processual, puder resultar escândalo, inconveniente grave ou perigo de perturbação da ordem, o juiz, ou o tribunal, câmara ou turma, poderá, de ofício ou a requerimento da parte ou do Ministério Público, determinar que o ato seja realizado a portas fechadas, limitando o número de pessoas que poderão estar presentes.

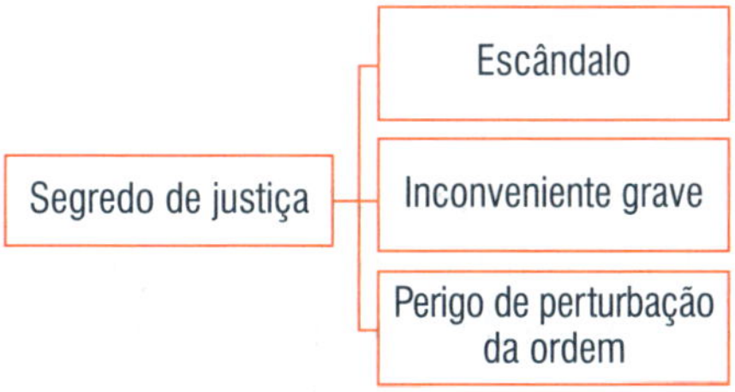

b) Audiências e sessões

Em todos os juízos e tribunais do crime, além das audiências e sessões ordinárias, haverá as extraordinárias, de acordo com as necessidades do rápido andamento dos feitos.

Nas audiências e nas sessões, os advogados, as partes, os escrivães e os espectadores poderão estar sentados. Todos, porém, deverão levantar-se quando se dirigirem aos juízes ou quando estes se levantarem para qualquer ato do processo. Nos atos da instrução criminal, perante os juízes singulares, os advogados poderão requerer sentados.

A polícia das audiências e das sessões compete aos respectivos juízes ou ao presidente do tribunal, câmara ou turma, que poderão determinar o que for conveniente à manutenção da ordem. Para tal fim, requisitarão força pública, que ficará exclusivamente à sua disposição. Os espectadores das audiências ou das sessões não poderão manifestar-se. O juiz ou o presidente fará retirar da sala os desobedientes, que, em caso de resistência, serão presos e autuados. Se o réu se portar inconvenientemente, os atos de instrução ou julgamento prosseguirão com a assistência do defensor.

c) **Formalidade do ato**

Em regra, os atos e termos processuais não dependem de forma determinada senão quando a lei expressamente a exigir. Em todos os atos e termos do processo é obrigatório o uso da língua portuguesa.

Poderão as partes exigir recibo das petições, arrazoados, papéis e documentos que entregarem em cartório.

Os despachos, decisões, sentenças e acórdãos serão redigidos, datados e assinados pelos juízes. Quando forem proferidos verbalmente, o servidor os documentará, submetendo-os aos juízes para **revisão e assinatura**.

A assinatura dos juízes, em todos os graus de jurisdição, pode ser feita **eletronicamente, na forma da lei**.

Questões de prova

A prova de Oficial TJ/MG/2012 considerou CORRETA a afirmativa: "Os despachos e decisões serão redigidos, datados e assinados pelos escrivães. Quando forem proferidos, verbalmente, o taquígrafo ou o datilógrafo os registrará, submetendo-os aos juízes para revisão e assinatura".

A prova de Auditor de Controle Externo TCU/2010 considerou CORRETA a afirmativa: "A assinatura dos atos processuais privativos do juiz pode ser feita eletronicamente, na forma que dispuser a lei".

Ao receber a denúncia ou queixa, o escrivão a autuará, mencionando o juízo, a natureza do feito, o número de seu registro, os nomes das partes e a data do seu início; e procederá do mesmo modo quanto aos volumes que se forem formando. O escrivão numerará e rubricará todas as folhas dos autos, procedendo da mesma forma quanto aos suplementares. Às partes, aos advogados, aos órgãos do Ministério Público, aos peritos e às testemunhas, é facultado rubricar as folhas correspondentes aos atos em que intervieram.

Os espaços em branco serão inutilizados. É possível entrelinhas, emendas ou rasuras quando expressamente ressalvadas. É lícito o uso de taquigrafia, da estenotipia ou de outro método idôneo, em qualquer juízo ou tribunal.

Os atos e os termos do processo serão assinados pelas pessoas que neles intervierem, todavia, quando essas não puderem ou não quiserem firmá-los, o escrivão ou o chefe de secretaria certificará a ocorrência. Quando se tratar de processo total ou parcialmente documentado em autos eletrônicos, os atos processuais praticados na presença do juiz poderão ser produzidos e armazenados de modo integralmente digital em arquivo eletrônico inviolável, na forma da lei, mediante registro em termo, que será assinado digitalmente pelo juiz e pelo escrivão ou chefe de secretaria, bem como pelos advogados das partes. Na hipótese de eventuais contradições na transcrição deverão ser suscitadas oralmente no momento de realização do ato, sob pena de preclusão, devendo o juiz decidir de plano e ordenar o registro, no termo, da alegação e da decisão.

d) Retirada dos autos

Salvo nos casos expressos em lei, é proibida a retirada de autos do cartório, ainda que em confiança, sob pena de responsabilidade do escrivão. Nos casos permitidos em lei, surge o dever de restituí-los no prazo legal, sob pena de punição disciplinar e criminal. A retirada dos autos do cartório ou da secretaria em carga pelo advogado, por pessoa credenciada a pedido do advogado ou da sociedade de advogados, pela Advocacia Pública, pela Defensoria Pública ou pelo Ministério Público implicará intimação de qualquer decisão contida no processo retirado, ainda que pendente de publicação. O advogado e a sociedade de advogados deverão requerer o respectivo credenciamento para a retirada de autos por preposto.

IV – Direito Processual Penal

1. Teorias do direito processual

A compreensão do Direito Processual exige a abordagem de duas teorias sobre o seu caráter:

- **Teoria unitária:** as normas jurídicas materiais criam expectativas de direitos; é o juiz, pelo exercício da jurisdição, que tem a função de criar os direitos subjetivos.
- **Teoria dualista:** as normas jurídicas materiais criam direitos; o juiz, no exercício da jurisdição, apenas reconhece o direito preexistente.

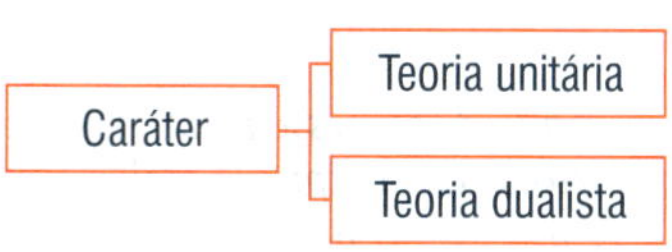

2. Denominação

A expressão "Direito Processual Penal" é a mais aceita e generalizada em diversos países. Existem outras denominações, que são de alcance restrito, como "Direito Judiciário Penal", que dá a ideia de regular apenas o assunto da organização judiciária. Há autores, como Vicente de Azevedo, que defendem o emprego da expressão "Direito Judiciário", por ser mais abrangente, incluindo no seu estudo matéria de organização judiciária, doutrina das ações e da prova.

Quanto à nomenclatura, existem, ainda, denominações que negam a autonomia do Direito Processual Penal, como a expressão "Direito adjetivo", já que implica a ideia de que o Direito Processual Penal é uma qualidade ou adjetivo do Direito Penal Material. Tal expressão não mais prevalece diante da autonomia científica do Direito Processual desde o surgimento dos estudos científicos sistematizados com base na monografia de Bülow, escrita em 1868, na Alemanha.

As denominações "Direito formal" e "Direito instrumental" não expressam a integralidade do Direito Processual Penal, que aborda além de formas, direitos, deveres, obrigações e ônus.

A preferência majoritária entre os doutrinadores é a expressão "Direito processual", compatível com a dignidade do processo como instrumento de defesa do direito material, dentro de um contexto cruzado de legalidade e segurança jurídica.

3. Conceito

Dentre os ramos do Direito, sobressai-se o Direito Processual Penal. É importante destacar algumas definições doutrinárias:

a) José Frederico Marques[51]: "Direito Processual Penal é o conjunto de princípios e normas que regulam a aplicação jurisdicional do Direito Penal, bem como as atividades persecutórias da Polícia Judiciária, e a estruturação dos órgãos da função jurisdicional e respectivos auxiliares".

b) Magalhães Noronha[52]: "É a disciplina jurídica que se ocupa com a atuação jurisdicional do Direito Penal, as atividades da Polícia Judiciária, os órgãos respectivos e seus auxiliares".

c) Hidejalma Muccio[53]: "Direito Processual Penal é o ramo do Direito cujas normas e princípios se destinam à persecução penal, à criação e organiza-

---

51 MARQUES, José Frederico. *Tratado de processo penal*. São Paulo: Saraiva, 1980. v. 2.

52 NORONHA, E. Magalhães. *Curso de direito processual penal*. São Paulo: Saraiva, 1997.

53 MUCCIO, Hidejalma. *Curso de processo penal*. São Paulo: Método, 2011.

ção dos órgãos de jurisdição e de seus auxiliares, na realização do Direito Penal Objetivo".

d) Beling[54]: "Direito Processual Penal é aquela parte que regula a atividade tutelar do Direito Penal".

e) Euclides F. da Silva Junior[55]: "é ramo do direito público, de caráter adjetivo que sistematiza o estudo das leis, institutos e princípios, para permitir a aplicação do Direito Penal, quer no âmbito judicial, quer fora dele, porém, sempre com atuação voltada pra a área da justiça criminal".

f) Jorge Figueiredo Dias: "conjunto de normas jurídicas que orientam e disciplinam o processo penal"[56].

Apesar de cada doutrinador possuir uma definição de Direito Processual Penal, podemos extrair elementos comuns que formam a essência da conceituação do Direito Processual Penal:

a) **Ramo do direito público:** é um ramo da ciência jurídica em que há a presença do Estado, que possui o poder (dever) de punir, no exercício de seu poder de império.

b) **Ramo instrumental ou formal:** é destacada a finalidade do Direito Processual Penal, ou seja, o intuito é reforçar o caráter do Direito Processual Penal como uma atividade que tutela ou efetiva o Direito Penal. Na visão formal, o Direito Processual Penal é ramo do direito público formado por normas **que visam aplicar o direito penal objetivo**, ou seja, ramo de implementação no plano real das normas penais vigentes numa sociedade para alcançar o bem coletivo[57].

c) **Tem por objeto regular o processo penal e suas implicações jurídicas:** a ênfase é dada no conteúdo, ou seja, são analisadas as matérias que servem de objeto da regulamentação do próprio Direito Processual Penal:

- **Atuação instrumental do Direito Penal (a aplicação jurisdicional do Direito Penal):** A jurisdição desempenha sua função instrumental de realizar a atuação da vontade do Direito Penal Objetivo, com o exercício conjunto da própria jurisdição, da ação do demandante e da defesa do demandado.

- **Persecução penal:** é a tarefa estatal na punição do infrator da lei penal, dividida em três fases: 1) fase investigatória (coleta de informações sobre

---

54 BELING, Ernst. *Derecho procesal penal*. Tradução de Miguel Fernech. Madrid: Labor, 1945.

55 SILVA JUNIOR, Euclides Ferreira da. *Curso de direito processual penal em linguagem prática*. São Paulo: Juarez de Oliveira, 2000.

56 DIAS, Jorge Figueiredo. *Direito processual penal*, I. Coimbra: Coimbra Editora, 1974.

57 BELING, Ernst. *Derecho procesal penal*. Tradução de Miguel Fenech. Madrid: Labor, 1945; DE MARSICO, Alfredo. *Lezione di dirito penale*. Nápoles: Jovene, 1936.

autoria e materialidade); 2) fase judicial (propositura da ação penal e instauração do processo penal desenvolvido por meio dos procedimentos criminais); 3) fase executiva (execução penal).

- **Administração da justiça em matéria penal (a estruturação dos órgãos da função jurisdicional e seus órgãos auxiliares):** é o estudo das normas de organização judiciária, ou seja, como é a constituição dos órgãos encarregados do exercício da jurisdição, bem como dos serventuários da justiça que auxiliam no exercício da jurisdição. Nesse ponto, é importante não confundir norma processual com norma de organização judiciária[58]:

ITENS	NORMA PROCESSUAL	NORMA DE ORGANIZAÇÃO JUDICIÁRIA
Tipo de norma	São normas de atuação da justiça	São normas de administração da justiça
Conteúdo	São normas que disciplinam o exercício da jurisdição, da ação, do processo e da defesa pelos sujeitos do processo	São normas sobre a constituição dos órgãos encarregados da jurisdição

- **Procedimentos criminais:** as formas pelas quais se iniciam, desenvolvem e terminam os procedimentos punitivos; é o estudo do aspecto formal do processo, ou seja, da forma pela qual se dá a sucessão dos atos processuais. É a regulação das formas de atuação do processo penal (a forma e os efeitos dos atos processuais).
- **Regulamentação dos direitos e deveres dos órgãos jurisdicionais e das partes no processo:** é o estudo sobre a identificação e a atuação dos sujeitos processuais, bem como sua atuação na busca da pacificação social; visa regular a capacidade das partes quanto à realização de atos processuais; as formas de atuação da lei, os direitos e deveres dos órgãos jurisdicionais e das partes no processo; a forma e os efeitos dos atos processuais.

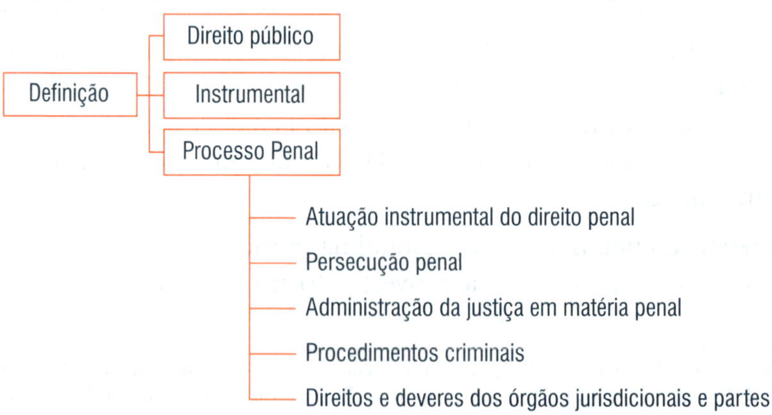

[58] ARAÚJO CINTRA, Antonio Carlos de; GRINOVER, Ada Pellegrini; DINAMARCO, Cândido Rangel. *Teoria geral do processo*. São Paulo: Revista dos Tribunais, 2007.

4. Posição jurídica

O Direito Processual Penal é **ramo do direito público** (direito de punir é exclusivo do Estado), formado por um conjunto de regras e princípios que regulam a realização da pretensão punitiva derivada da prática de uma infração penal, visando aplicação do direito penal objetivo.

A natureza pública do Direito Processual Penal é fundamentada na intervenção do Estado no processo, bem como na função pública do processo de administração da justiça.

Em relação ao caráter do Direito Processual Penal, há os seguintes posicionamentos:

a) **Caráter autonomista:** é ramo independente dos demais, possuindo conceito e princípios próprios.

b) **Caráter adjetivo:** é um reforço do Direito Penal, de forma que o Direito Penal seria inócuo se não tivesse o Direito Processual Penal para fazer a sua aplicação: "...se o direito adjetivo não proceder à averiguação do fato tido como criminoso e não demonstrar a responsabilidade penal do agente, impondo-lhe a devida reprimenda, teríamos somente simples proibição com ameaça de pena, sem que essa reprimenda fosse efetivada. Tal efetivação é consequência da atividade do Direito Processual Penal"[59].

c) **Caráter autônomo e predominantemente instrumental:** o Direito Processual Penal é ramo autônomo que possui regras, princípios e institutos próprios, mas possui também a finalidade instrumental de fazer valer as normas do Direito Penal Objetivo.

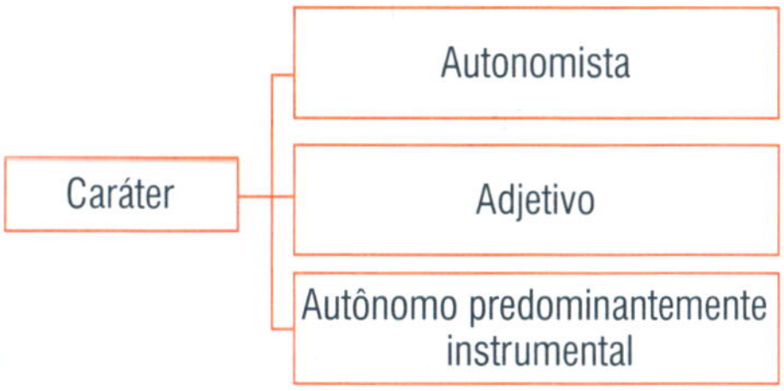

5. Características

Como uma das partes da ordem jurídica nacional, o Direito Processual Penal apresenta as seguintes características:

[59] SILVA JÚNIOR, Euclides Ferreira da. *Curso de direito processual penal em linguagem prática.* São Paulo: Juarez de Oliveira, 2000.

a) **é uma ciência:** um conjunto de normas organizadas e sistematizadas por princípios fundamentais, possuindo institutos próprios, finalidade própria e denominação própria;

b) **é uma ciência jurídica:** uma parte do conhecimento que pertence ao mundo do Direito;

c) **é uma ciência normativa ou de caráter dogmático:** tem como objeto de estudo a norma jurídica;

d) **é uma ciência autônoma:** tem objeto e princípios que lhe são próprios; possui autonomia didática (nas Faculdades e Universidades, a matéria processual penal é estudada como uma cadeira autônoma de Direito Processual Penal), científica (o direito processual penal tem regras, princípios e institutos próprios) e doutrinária (o direito processual penal é reconhecido pelos estudiosos e comentaristas do Direito como ramo do Direito que possui essência própria);

e) **é uma ciência cultural:** está situado no mundo do dever-ser e submetido às leis humanas;

f) **possui caráter instrumental:** é meio que visa atuar no direito penal objetivo, tornando efetivas a prevenção e a repressão das infrações penais; funciona como instrumento para realização do direito material: "...o direito processual e o direito substantivo penal formam uma unidade, derivada da função específica que a esta extensa região do Direito compete: só através do direito processual logra o direito substantivo, ao aplicar-se aos casos reais da vida, a realização ou concretização para que originariamente tende"[60].

Ciência jurídica | Ciência normativa | Ciência autônoma

Ciência cultural | Caráter instrumental

6. Finalidade

O Direito Processual Penal, como ramo do direito público, visa:

a) **Realização do Direito Penal Objetivo:** o Direito Processual Penal visa aplicação do direito penal objetivo, respeitados os princípios constitucionais que asseguram os valores da liberdade e da dignidade do homem. "O fim do processo penal é impessoal e objetivo, e ultrapassa o fim subjetivo

---

[60] DIAS, Jorge Figueiredo. *Direito processual penal*. Coimbra: Coimbra Editora, reimpr. da 1ª edição, 2004 (Coleção Clássicos jurídicos).

das partes, uma vez que a própria atividade das partes é subordinada, dentro das garantias necessárias... a um fim superior de justiça, à realização do direito objetivo"[61].

b) **Tutela jurídica (finalidade mediata):** o Direito Processual Penal visa proteção dos bens jurídicos fundamentais para a sociedade, permitindo o reconhecimento jurídico da existência de um crime e a aplicação da sanção penal.

c) **Descoberta da verdade real:** o Direito Processual Penal busca investigar como os fatos se passaram na realidade, apurando as infrações penais e sua autoria, para posterior aplicação da sanção penal, visando a proteção dos direitos fundamentais da pessoa e o restabelecimento da paz jurídica, com a preservação da segurança pública e da liberdade jurídica. A verdade material é a "reconstrução atingível de fato relevante e metaprocessual, inquisitivamente perquirida para o deslinde da causa penal"[62].

d) **Defesa da sociedade:** o Direito Processual Penal visa aplicação das sanções penais aos infratores, de forma a satisfazer o interesse público consubstanciado no restabelecimento da paz jurídica, violada com a prática da infração penal.

e) **Segurança jurídico-criminal:** o Direito Processual Penal busca a solução jurisdicional da lide penal por meio do devido processo legal.

Fernando da Costa Tourinho Filho[63] classifica a finalidade do Direito Processual Penal em duas espécies:

a) **mediata:** é a manutenção da paz social; confunde-se com a própria finalidade do Direito Penal;

b) **imediata:** é realização da pretensão punitiva derivada de um delito, pela utilização da garantia jurisdicional.

7. Método

No Direito Processual Penal, o método utilizado é o técnico-jurídico. Tal método, como leciona Maggiore[64], é constituído de três momentos:

a) **exegese:** o jurista interpreta a disposição legal para dela extrair os princípios que contém;

---

61 FERREIRA, Manuel de Cavaleiro. *Curso de processo penal I*. Lisboa: Universidade Católica, 1981.

62 TUCCI, Rogério Lauria. *Princípios e regras orientadoras do novo processo penal brasileiro*. Rio de Janeiro: Forense, 1986.

63 TOURINHO FILHO, Francisco da Costa. *Processo penal*. São Paulo: Saraiva, 2011.

64 MAGGIORE, Giuseppe. *Derecho penal*. Tradução de J. J. Ortega Torres. Bogotá: Temis, 1954.

b) **dogmática:** compreende a organização dos princípios extraídos com a exegese em institutos e a coordenação sistemática destes mesmos institutos;

c) **crítica:** inquire-se o valor de certos princípios no ordenamento jurídico em consideração às novas exigências do meio social, objeto das normas.

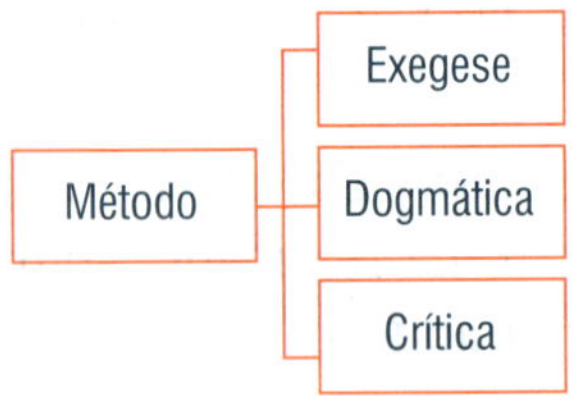

8. Classificação do Direito Processual Penal

8.1. Quanto à fonte legislativa

a) **Fundamental:** é o Código de Processo Penal, dividido em seis livros:

- o primeiro livro trata do processo em geral. São as disposições preliminares, o inquérito policial, a ação penal, a ação civil, a competência, as questões e os processos incidentes, a prova, as partes, a prisão e a liberdade provisória, as citações e intimações, a aplicação provisória de interdição de direitos, as medidas de segurança e a sentença;
- o segundo livro versa sobre os processos em espécie, o comum, os especiais e os de competência dos Tribunais;
- no terceiro livro, encontram-se disposições sobre as nulidades e os recursos;
- no quarto livro, há execução penal;
- no quinto livro, há as relações jurisdicionais com autoridade estrangeira;
- no sexto livro, há as disposições gerais.

b) **Complementar:** são as leis processuais penais esparsas.

8.2. Quanto à estrutura

a) **Direito processual penal ciência:** é o conhecimento sistemático das normas e princípios que regram o processo penal.

b) **Direito processual penal objetivo:** é o conjunto de normas do ordenamento jurídico responsáveis pela regulamentação do processo penal.

c) **Direito processual penal subjetivo:** é a possibilidade de agir do sujeito do processo, assegurada pela lei processual.

8.3. Quanto ao conteúdo

a) **Direito processual penal organizatório:** é formado por normas que regulam a organização judiciária penal (criação e organização dos órgãos jurisdicionais principais e auxiliares).

b) **Direito processual penal tutelar:** formado por normas que disciplinam a composição das lides penais.

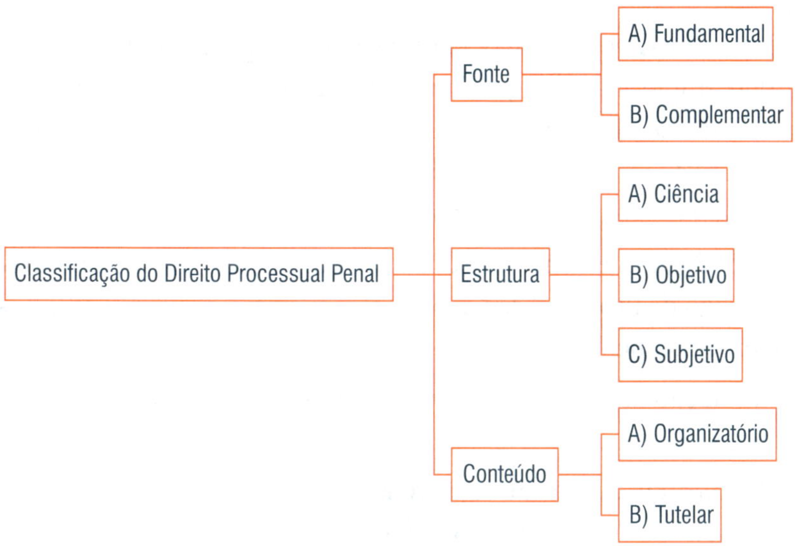

9. Fontes

É o lugar de onde nasce o Direito Processual Penal, ou seja, os elementos que integram e formam esse ramo do Direito. Existem as seguintes espécies de fontes:

a) **Materiais ou de produção:** dizem respeito ao órgão encarregado de elaborar o Direito Processual Penal. É competência privativa da União, nos termos do art. 22, I, da CF, legislar sobre direito processual penal. Lei complementar federal poderá autorizar os Estados e o Distrito Federal a legislar questões específicas da matéria relativa a direito processual penal.

É matéria de competência concorrente a criação, o funcionamento e o processo dos juizados de pequenas causas (art. 24, X, da CF), direito penitenciário (art. 24, I, da CF) e procedimentos em matéria processual (art. 24, XI, da CF).

Na competência concorrente, a União edita as normas gerais; os Estados e o Distrito Federal editam as normas específicas; os Municípios são responsáveis por suplementar a legislação federal e estadual naquilo que couber (art. 24, §§ 1º ao 4º, combinado com o art. 30, II, ambos da CF).

É competência privativa do Presidente da República conceder, via decreto, indulto (art. 84, XII, da Constituição Federal).

É vedada a edição de medidas provisórias sobre direito processual penal, nos termos do art. 62, § 1º, I, *b*, da Constituição Federal.

b) **Formais ou de cognição ou de conhecimento:** são os meios de expressão do Direito Processual Penal, as fontes de revelação. São subdividas em duas espécies:

b.1) **imediata ou direta:** é a que contém a norma processual penal; é a lei em sentido amplo; há divergência na enumeração, mas, numa visão majoritária, pode-se afirmar que são fontes formais imediatas: a Constituição Federal; o Código de Processo Penal; leis esparsas; leis de organização judiciária; e os regimentos internos de tribunais.

- No rol das fontes imediatas, há quem diferencie a fonte primária, que é o Código de Processo Penal, da fonte secundária, que são as leis esparsas de processo penal.
- Em relação às leis extravagantes, há as complementares e as modificativas.

b.2) **mediatas ou indiretas ou supletivas:** há divergência doutrinária a respeito da enumeração das fontes mediatas. Há duas posições:

a) a primeira posição sustenta que são fontes mediatas os costumes e os princípios gerais do direito;

b) a segunda posição sustenta que aplicadas na ausência das fontes primárias: costumes, princípios gerais do direito e analogia.

- **Costumes:** possuem dois elementos: objetivo: comportamento constante, geral e uniforme; subjetivo: convicção de sua obrigatoriedade. São usados na área processual penal para ajudar na interpretação da lei processual penal e como fonte de inspiração para criação e extinção de institutos processuais penais. Costume não se confunde com hábito, pois no hábito não há o elemento subjetivo do costume. Os costumes podem ser: *contra legem* (contra a lei); *secundum legem* (de acordo com a lei); *praeter legem* (visa suprir lacunas).

Questão de prova

A prova de Juiz TJ/MG/2012 considerou INCORRETA a afirmativa: "Os costumes têm caráter de fonte normativa primária do Direito Processual Penal".

- **Princípios gerais do direito:** segundo Miguel Reale[65], princípios são "verdades fundantes" de um sistema de conhecimento. Em outros termos, mandamentos nucleares de um sistema. A função dos princípios gerais do Direito na área processual penal é estabelecer as bases teóricas ou as razões lógicas do direito processual penal, fornecendo regras básicas para a sua interpretação.

c) **Fonte remota:** é a consciência da coletividade em determinado momento histórico. Como observa Noronha[66], é a vida social, em seus imperativos e reclamos, é a civilização, é o progresso que dita o Direito Processual Penal.

Questões de prova

A prova de Juiz de Direito Substituto TJ/DF/2014 considerou INCORRETA a afirmativa: "A utilização dos costumes como método de integração das normas de direito material depende de expressa previsão legal".

A prova de Promotor de Justiça Substituto MPE/SC/2014 considerou INCORRETA a afirmativa: "De acordo com a Lei de Introdução às Normas do Direito Brasileiro, no caso de haver lacuna da lei, a aplicação da analogia consiste na utilização de precedentes jurisprudenciais utilizados para casos semelhantes ou parecidos, como fundamento para julgar o caso sem norma jurídica específica".

A prova de Titular de Serviços de Notas e Registros TJ/PI/2013 considerou INCORRETA a afirmativa: "A lei é fonte imediata do processo penal, e, dado o princípio da reserva legal, aos estados-membros é vedado sobre ele legislar".

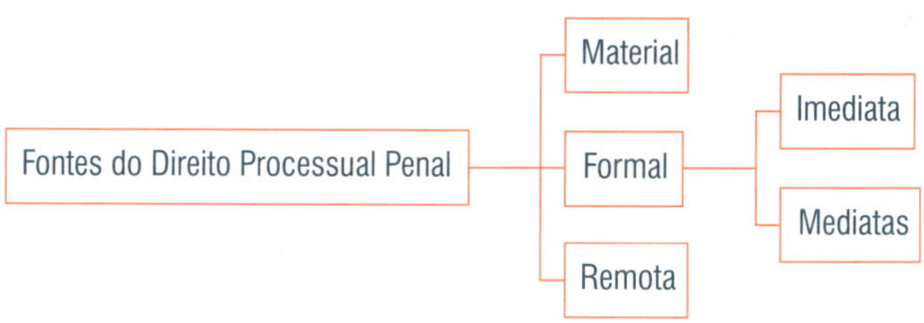

9.1. Outras formas do Direito Processual Penal

a) **Doutrina:** é o entendimento dos estudiosos da área processual penal. Sua função é ajudar na interpretação da Lei Processual Penal; funciona também como fonte de inspiração na criação e na extinção de institutos processuais.

b) **Jurisprudência:** é o conjunto das decisões judiciais reiteradas sobre casos idênticos e tomadas de maneira uniforme. Sua função é ajudar na interpretação da lei processual penal; funciona também como fonte de inspiração na criação e na extinção de institutos processuais.

---

[65] REALE, Miguel. *Lições preliminares de direito*, p. 337.

[66] NORONHA, E. Magalhães. *Direito penal*. São Paulo: Saraiva, 1990, p. 44.

c) **Atos administrativos normativos:** são manifestações da Administração Pública que visam explicitar a norma legal (ex.: portaria, regulamento). Podem funcionar como complemento necessário para interpretar a lei processual penal.

d) **Tratados internacionais:** são os acordos entre Estados estrangeiros ou entre Estado estrangeiro e organização internacional. O processo de incorporação dos tratados internacionais no ordenamento jurídico brasileiro passa pelas seguintes etapas:

- **Celebração:** é a negociação e assinatura do tratado internacional. De acordo com o art. 84, VIII, da CF: "Compete privativamente ao Presidente da República celebrar tratados, convenções e atos internacionais". A negociação abrange as tratativas e discussões na realização do tratado. Tal competência negocial está prevista expressamente na Constituição Federal no art. 84, VII, da CF: "Compete privativamente ao Presidente da República manter relações com Estados estrangeiros e acreditar seus representantes diplomáticos".
- **Ratificação parlamentar:** é a aprovação do tratado internacional pelo Congresso Nacional, por meio de um decreto legislativo. Cabe ressaltar que somente os tratados, acordos ou atos internacionais que acarretem encargos ou compromissos gravosos ao patrimônio nacional serão submetidos à apreciação do Congresso Nacional, nos termos do art. 49, I, da CF: "Art. 49. É da competência exclusiva do Congresso Nacional: I – resolver definitivamente sobre tratados, acordos ou atos internacionais que acarretem encargos ou compromissos gravosos ao patrimônio nacional".
- **Ratificação do tratado:** após a ratificação parlamentar, o Presidente da República faz a ratificação por meio do depósito do tratado no órgão indicado no texto do tratado. A partir desta ratificação pelo depósito, o Estado passa a ter aptidão de se obrigar no cenário internacional.
- **Promulgação do tratado:** é a autorização de execução do tratado na ordem jurídica interna por meio de um decreto do Presidente da República.

A internalização do tratado significa incorporação do tratado internacional na ordem jurídica interna. Tal incorporação, além de ser desenvolvida por etapas, é um ato complexo, já que envolve a participação do Poder Executivo (Presidente da República) e do Legislativo (Congresso Nacional). A internalização é **aperfeiçoada** com a promulgação feita por decreto do Presidente da República, e **promovida** pela aprovação do Congresso Nacional, por meio de um decreto legislativo. Há entendimento doutrinário

(Flávia Piovesan) no sentido de que, no caso de tratados de direitos humanos, a internalização é aperfeiçoada com a ratificação do tratado feita pelo depósito.

A incorporação do tratado internacional permite a execução do tratado na ordem jurídica interna. Após a incorporação, o tratado assume uma **qualificação jurídica** no sistema jurídico. No caso do Brasil, o sistema normativo é organizado com base na hierarquia normativa, na qual a Constituição Federal é a norma hierarquicamente superior a todas as demais normas do ordenamento jurídico.

De acordo com a doutrina, a qualificação jurídica que o tratado internacional pode assumir após sua incorporação pode ser de norma constitucional, norma supraconstitucional (acima da Constituição), norma legal (mesma hierarquia da lei) ou ainda supralegal (acima da lei e abaixo da Constituição). Em face da Constituição Federal de 1988, após a incorporação do tratado internacional na ordem jurídica interna, os tratados assumem natureza infraconstitucional, no mesmo nível hierárquico da lei. Porém, no caso de tratados sobre direitos humanos: a) se for aprovado pelo trâmite da emenda constitucional ("Art. 60, § 2º A proposta será discutida e votada em cada Casa do Congresso Nacional, em dois turnos, considerando-se aprovada se obtiver, em ambos, três quintos dos votos dos respectivos membros"), assume a natureza de emenda constitucional; b) se não for aprovado pelo trâmite da emenda constitucional, assume a natureza supralegal (acima da lei e abaixo da Constituição Federal). O Pacto de São José da Costa Rica tem caráter supralegal, superior à lei ordinária, conforme entendimento do STF exarado nos julgamentos do RE 466.343/SP e HC 87.585/TO (*Informativo* 531).

No caso de conflito entre tratado internacional e Constituição Federal, prevalece a Constituição Federal, em razão do princípio da supremacia constitucional. Não importa a natureza jurídica do tratado (natureza de emenda ou supralegal). Neste sentido, proclama o STF que "a Constituição qualifica-se como estatuto fundamental da República. Nessa condição, todas as leis e tratados celebrados pelo Brasil estão subordinados à autoridade normativa desse instrumento básico" (STF, Medida Cautelar na ADIn 1.048/DF, Pleno, Rel. Min. Celso de Mello).

Questões de prova

A prova de Juiz do Trabalho TRT/2ª Região/2014 considerou INCORRETA a afirmativa: "É competência privativa do Presidente da República resolver definitivamente sobre tratados, acordos ou atos internacionais que acarretem compromissos gravosos ao patrimônio nacional".

A prova de PFN/2012 considerou CORRETA a afirmativa: "tratado internacional sobre direitos humanos somente apresentará hierarquia de norma constitucional se aprovado pelo Congresso Nacional em cada Casa em dois turnos por três quintos dos seus membros".

e) **Analogia:** é a aplicação de lei que regula caso semelhante a um caso não previsto em lei. É um modo de autointegração da norma. Já a interpretação analógica é forma de interpretação da norma processual penal. Ambas podem ser feitas *in malam partem* no processo penal. No Direito Processual Penal, é possível o emprego da analogia, nos termos do art. 3º do CPP. A analogia pode ser legal, quando aplica lei ao caso omisso; ou jurídica, quando aplica um princípio geral do direito ao caso omisso.

Questão de prova

A prova de Promotor de Justiça Substituto MPE-PB/2010 considerou INCORRETA a afirmativa: "A analogia *juris* consiste na aplicação de uma norma existente, destinada a reger caso semelhante ao previsto".

f) **Equidade:** é a justiça no caso concreto. É utilizada: na elaboração de leis, pois o legislador, quando exerce sua função de legislar, deve visar a justiça e o bem comum; na aplicação da lei, pois o magistrado, diante da lacuna da lei e da não possibilidade de suprimento pela analogia, costumes e princípios gerais do Direito, "elabora" a norma específica para o caso concreto; e na interpretação da lei, no sentido de diminuir o rigor legal para adaptação das normas às necessidades sociais.

g) **Súmula Vinculante**

- **Competência:** Supremo Tribunal Federal.
- **Iniciativa:** o STF poderá, de ofício ou por provocação, editar, rever ou cancelar enunciado de súmula vinculante. São legitimados a propor a edição, a revisão ou o cancelamento de enunciado de súmula vinculante. **São legitimados a propor a edição, a revisão ou o cancelamento de enunciado de súmula vinculante**: o Presidente da República; a Mesa do Senado Federal; a Mesa da Câmara dos Deputados; o Procurador-Geral da República; o Conselho Federal da Ordem dos Advogados do Brasil; o Defensor Público-Geral da União; partido político com representação no Congresso Nacional; confederação sindical ou entidade de classe de âmbito nacional; a Mesa de Assembleia Legislativa ou da Câmara Legislativa do Distrito Federal; o Governador de Estado ou do Distrito Federal; os Tribunais Superiores, os Tribunais de Justiça de Estados ou do

Distrito Federal e Territórios, os Tribunais Regionais Federais, os Tribunais Regionais do Trabalho, os Tribunais Regionais Eleitorais e os Tribunais Militares.

Questões de prova

A prova de Juiz Substituto TJ – SP/2014 considerou INCORRETA a afirmativa: "Uma vez editada a súmula vinculante, a sua revisão pode ser requerida por qualquer interessado".

A prova de Defensor Público MS/2014 considerou CORRETA a afirmativa: "É legitimado para propor a edição, a revisão ou o cancelamento de súmula vinculante: o Defensor Público-Geral da União".

- **Município:** o Município poderá propor, incidentalmente, ao curso de processo em que seja parte, a edição, a revisão ou o cancelamento de enunciado de súmula vinculante, o que não autoriza a suspensão do processo.
- **Participação de terceiros:** no procedimento de edição, revisão ou cancelamento de enunciado da súmula vinculante, o relator poderá admitir, por decisão irrecorrível, a manifestação de terceiros na questão, nos termos do Regimento Interno do STF.
- **Requisito:** após reiteradas decisões sobre matéria constitucional, pode-se editar enunciado de súmula.
- **Efeitos:** a partir de sua **publicação na imprensa oficial**, terá efeito vinculante em relação aos demais **órgãos** do Poder Judiciário e à administração pública direta e indireta, nas esferas federal, estadual e municipal, bem como se poderá proceder à sua revisão ou cancelamento.

Questões de prova

A prova de Defensor Público SP/2012 considerou CORRETA a afirmativa: "A Súmula Vinculante terá efeito vinculante a partir do momento de sua publicação na imprensa oficial".

A prova de DPU/2007 considerou INCORRETA a afirmativa: "A súmula vinculante deverá especificar quais órgãos da administração pública direta e indireta estarão vinculados aos seus efeitos".

- **Objeto:** é a validade, a interpretação e a eficácia de normas determinadas, acerca das quais haja, entre órgãos judiciários ou entre estes e a administração pública, controvérsia atual que acarrete grave insegurança jurídica e relevante multiplicação de processos sobre idêntica questão.
- **Procurador-Geral da República:** manifestar-se-á previamente à edição, revisão ou cancelamento de enunciado de súmula vinculante nas propostas que não houver formulado.

Questão de prova

A prova do Exame da OAB jun./2010 considerou INCORRETA a afirmativa: "O procurador-geral da República manifestar-se-á acerca da edição de enunciado de súmula vinculante apenas nos casos em que o propuser".

- **Quórum:** a edição, a revisão e o cancelamento de enunciado de súmula com efeito vinculante dependerão de decisão tomada por **2/3 dos membros do STF**, em sessão plenária.

Questão de prova

A prova de Promotor de Justiça MP/MG/2012 considerou INCORRETA a afirmativa: "O Supremo Tribunal Federal poderá, de ofício ou por provocação, após reiteradas decisões sobre matéria constitucional, mediante decisão de um terço de seus membros, editar Súmula Vinculante".

- **Publicidade:** no prazo de dez dias após a sessão em que editar, rever ou cancelar enunciado de súmula com efeito vinculante, o STF fará publicar, em seção especial do *Diário da Justiça* e do *Diário Oficial da União*, o respectivo enunciado.
- **Efeito *ex nunc*:** a súmula com efeito vinculante tem eficácia imediata, mas o STF, por decisão de 2/3 dos seus membros, poderá restringir os efeitos vinculantes ou decidir que só tenha eficácia a partir de outro momento, tendo em vista razões de segurança jurídica ou de excepcional interesse público.
- **Cabimento da revisão ou cancelamento:** revogada ou modificada a lei em que se fundou a edição de enunciado de súmula vinculante, o STF, de ofício ou por provocação, procederá à sua revisão ou cancelamento, conforme o caso.
- **Proibição:** a proposta de edição, revisão ou cancelamento de enunciado de súmula vinculante não autoriza a suspensão dos processos em que se discuta a mesma questão.
- **Controle:** da decisão judicial ou do ato administrativo que contrariar enunciado de súmula vinculante, negar-lhe vigência ou aplicá-lo indevidamente, caberá reclamação ao STF, sem prejuízo dos recursos ou outros meios admissíveis de impugnação. Contra omissão ou ato da administração pública, o uso da reclamação só será admitido após esgotamento das vias administrativas. Ao julgar procedente a reclamação, o STF anulará o ato administrativo ou cassará a decisão judicial impugnada, determinando que outra seja proferida com ou sem aplicação da súmula, conforme o caso.

Questões de prova

A prova de Promotor de Justiça Substituto MPE-BA/2015 considerou CORRETA a afirmativa: "Do ato administrativo ou decisão judicial que contrariar a súmula aplicável ou que indevidamente a aplicar, caberá reclamação ao Supremo Tribunal Federal que, julgando-a procedente, anulará o ato administrativo ou cassará a decisão judicial reclamada, e determinará que outra seja proferida com ou sem a aplicação da súmula, conforme o caso".

A prova de Juiz de Direito Substituto TJ/PA/2014 considerou CORRETA a afirmativa: "A inobservância da súmula vinculante em sentença proferida por juiz singular pode ser corrigida mediante Reclamação ao Supremo Tribunal Federal".

- **Aplicação subsidiária:** o procedimento de edição, revisão ou cancelamento de enunciado de súmula com efeito vinculante obedecerá, subsidiariamente, ao disposto no Regimento Interno do STF.

10. Relações com outros ramos do direito

a) **Direito Comercial:** a Lei de Falência fornece diretrizes sobre o processo e o julgamento dos crimes falimentares.

b) **Direito Tributário:** o Direito Processual Penal estabelece normas sobre o processo e julgamento dos crimes contra a ordem tributária.

c) **Direito Civil:** no Direito Processual Penal, serão observadas as restrições a prova, estabelecidas na lei civil, quanto ao estado de pessoas. Há causas de impedimento e suspeição ligadas ao direito de família.

d) **Direito Processual Civil:** o Direito Processual Penal e o Civil têm a mesma natureza instrumental, como meio que visa efetivar o direito material, diferenciando apenas no conteúdo, pois o Civil regula pretensão extrapenal e o Penal regula pretensão penal.

e) **Direito Administrativo:** fornece normas básicas sobre a estruturação da Administração Pública, da qual fazem parte os sujeitos processuais que atuam na persecução penal, como a autoridade policial, o Ministério Público e o juiz.

f) **Direito Constitucional:** fornece os princípios básicos do Direito Processual Penal, estabelece e regula seus institutos, como sua fonte legislativa, o indulto e outros. O Direito Processual Penal é subordinado às normas do Direito Constitucional, em virtude do princípio da supremacia constitucional. A Constituição é fonte do Direito Processual Penal. Os sistemas processuais refletem a estrutura política do Estado estabelecida no Direito Constitucional.

g) **Direito Financeiro:** o Direito Processual Penal estabelece normas sobre o processo e o julgamento dos crimes contra o sistema financeiro.

h) **Direito da Seguridade Social:** as normas sobre o processo e o julgamento dos crimes contra a Seguridade Social, nas suas áreas de saúde, assistência social e previdência social são estabelecidas pelo Direito Processual Penal.

i) **Direito Internacional:** o Direito Processual Penal estabelece normas de convivência internacional, por exemplo regulamentando envio e recebimento de carta rogatória e a homologação de sentença estrangeira. Existe a possibilidade de aplicação de atos internacionais sobre processo penal, além da cooperação internacional.

j) **Direito Penal:** as normas e princípios sobre a realização do Direito Penal são estabelecidos pelo Direito Processual Penal. Existem alguns institutos híbridos ou mistos, ou seja, regulados tanto pelo direito penal quanto pelo direito processual penal, como no caso da ação penal do livramento condicional. O Direito Penal protege o processo por meio da previsão de crimes que tutelam a administração da justiça.

11. Relações com ciências jurídicas fundamentais

a) **Teoria Geral do Direito:** fornece conceitos básicos para a boa compreensão do Direito Processual Penal, fixando noções elementares do Direito.

b) **Filosofia do Direito:** na etimologia, "filosofia" é uma palavra de origem grega (*philos* = amigo; *sophia* = sabedoria) que significa "amor à sabedoria". A filosofia consiste num trabalho teórico que busca refletir sobre o saber instituído e questioná-lo, dentro de uma perspectiva sistemática ou conjunta dos acontecimentos do cotidiano. É um saber universal, livre, crítico sobre o mundo. É uma pesquisa empírica da realidade. Na Filosofia do Direito, a crítica é direcionada ao Direito.

Questão de prova

A prova de Defensor Público PR/2012 considerou CORRETA a afirmativa: "A Filosofia torna livre no Defensor o seu Ser, a necessidade interna de resgate de sua essência mais própria, de modo a conferir a essa essência a sua dignidade de ser Defensor Público".

c) **Sociologia Jurídica:** ao estudar as sociedades, contribui para o estudo do Direito Processo Penal, já que o processo penal busca estabelecer uma harmonia nas relações humanas. Ajuda nas causas e na função social do Direito Processual Penal.

d) **Ética:** na etimologia, "ética" deriva do grego *ethos* (caráter, modo de ser de uma pessoa), constituindo a parte da filosofia que estuda as regras e os valores morais, bem como os princípios ideais do comportamento humano. Em cada sociedade, existe um conjunto de regras morais que regulam o comportamento humano. Além dos princípios gerais que norteiam o bom funcionamento social, existe também a ética de locais ou grupos específicos, a exemplo da ética profissional. A ética dos antigos é afirmada pelo agir em conformidade com a razão, com a natureza, e pelo princípio de que somente na existência compartilhada haverá liberdade, justiça e felicidade. Código de ética é um conjunto de normas que estabelecem as diretrizes do comportamento humano em cada sociedade, determinando o certo e o errado no modo de agir.

Questão de prova

A prova de Advogado da Caixa/2010 considerou INCORRETA a afirmativa: "Em todas as classificações da ética, ela se torna equivalente à moral porque direciona o comportamento humano para ações consideradas positivas para um grupo social".

12. Relações com as ciências auxiliares

a) **Medicina Legal:** o Direito Processual Penal utiliza conhecimentos técnico-científicos de todas as ciências que subsidiam a Medicina, visando fornecer esclarecimentos para a atuação da Justiça.

b) **Psiquiatria Forense ou Judiciária:** é uma especialidade da psiquiatria que ajuda na avaliação da capacidade das pessoas de serem responsabilizadas criminalmente (quando não o podem, são chamadas "inimputáveis"), baseando-se no estado mental do indivíduo avaliado e determinando recomendações.

c) **Psicologia Jurídica**[67]**:** o Direito Processual Penal aplica o saber psicológico nas relações por ele reguladas. A Psicologia Judiciária abrange a Psicologia Criminal (a que estuda aspectos psíquicos do criminoso e como se origina e se processa a ação criminosa, abrangendo a psicologia do delinquente, do delito e das testemunhas), a Psicologia Forense (a aplicada no âmbito de um processo ou procedimento em andamento no Foro) e a Psicologia Judiciária (a que estuda ação sob imediata subordinação à autoridade judiciária, envolvendo práticas periciais).

d) **Criminalística:** é o estudo de várias técnicas de investigação criminal visando a descoberta da materialidade do crime e sua respectiva autoria. Há procedimentos científicos para demonstração das provas.

e) **Criminologia:** é um conjunto de conhecimentos sobre o fenômeno e as causas da criminalidade, a personalidade do delinquente, sua conduta delituosa e a maneira de ressocializá-lo (Sutherland). É formada por três partes: 1) antropologia criminal (estuda o modo fisiopsíquico do delinquente); 2) psicologia criminal (estuda a estrutura psicológica do agente); 3) sociologia criminal (estuda as causas sociais ou ambientais da criminalidade).

13. Política criminal

A política criminal objetiva a análise crítica do direito posto, no sentido de bem ajustá-lo aos ideais jurídico-penais e de justiça (Luiz Regis Prado). É

---

[67] MESSA, Alcione Aparecida. *Psicologia jurídica*. São Paulo: Atlas, 2010 (Coleção Concursos jurídicos: v. 20).

uma técnica que analisa meios de prevenção, controle e combate da criminalidade, visando apresentar mudanças ao sistema punitivo. Dessa forma, o Direito Processual Penal pode ser visto como instrumento da política criminal, uma das formas utilizadas pela sociedade organizada frente ao crime.

14. Hierarquia normativa

Existe hierarquia entre a Constituição Federal e as demais normas em virtude do princípio da supremacia constitucional implícito na Constituição. No Brasil, adotamos o princípio da supremacia formal, cujo fundamento é o princípio da rigidez, em que a reforma da Constituição Federal é feita por um procedimento mais solene e difícil do que o previsto para a lei ordinária comum.

Em relação às normas infraconstitucionais, há duas posições a respeito: a) não há, pois a verdadeira hierarquia existe quando uma norma extrai da outra seu fundamento de validade; b) há, pois o critério da hierarquia normativa é a dificuldade de alterar a norma, ou seja, quanto mais difícil for alterar a norma, maior será o seu grau hierárquico.

Os atos normativos secundários são atos infralegais, já que o fundamento de validade dos atos normativos secundários é a lei. Dessa forma, há hierarquia entre a lei e os atos secundários. A norma secundária não pode extrapolar os contornos da lei, sob pena de ofensa ao princípio da legalidade. No caso dos decretos executivos ou subordinados, a regra é a mesma, ou seja, se contrariar a lei será ilegal. No caso, porém, dos decretos autônomos (os que criam direitos e obrigações não previstos em lei), se contrariarem a sua função constitucional prevista no art. 84, VI, da CF (organização e funcionamento da Administração Federal, quando não implicar aumento de despesa nem criação ou extinção de órgãos públicos; extinção de funções e cargos públicos, quando vagos), serão declarados inconstitucionais.

Entre as normas constitucionais fruto do poder constituinte originário não há hierarquia, todas possuem o mesmo grau ou patamar jurídico. O Brasil não adotou a teoria alemã que sustenta a hierarquia entre as normas constitucionais.

Não há hierarquia entre a Constituição e a emenda constitucional, pois ambas têm o mesmo *status*. É possível existir a possibilidade do controle de constitucionalidade na emenda constitucional, ou seja, ser declarada inconstitucional, ou por um vício no conteúdo (inconstitucionalidade material) ou por um vício no processo legislativo (inconstitucionalidade formal). No caso da emenda, quem faz o controle é o Judiciário. Além da emenda, também pode ser objeto do controle a proposta de emenda constitucional. No caso da PEC, os órgãos que podem fazer tal declaração são: Legislativo: a) Comissão de Constituição e Justiça: dará um parecer opinativo sobre a constitucionalidade ou não da PEC; b) Plenário: fará o controle, quando na votação rejeitarem a PEC, alegando ser inconstitucional; c) Judiciário: quando um parlamentar impetrar mandado de segurança no Judiciário, alegando que a PEC possui uma inconstitucionalidade formal, ou seja, um vício no seu processo de elaboração.

Não há hierarquia entre lei federal, estadual, distrital e municipal, pois na Federação vigora o princípio da paridade federativa, ou seja, existe igualdade jurídica entre os entes federativos. No conflito entre as referidas leis, prevalecerá a editada pelo ente que tiver competência na matéria, pela Constituição Federal.

QUESTÕES DE INTRODUÇÃO AO DIREITO PROCESSUAL PENAL

1. (Promotor de Justiça PR/2011) Relativamente às normas jurídicas, é correto afirmar:

a) De acordo com o pacífico entendimento doutrinário, as normas jurídicas, em regra, não incorporam enunciados prescritivos.

b) De acordo com entendimento doutrinário prestigiado, as normas jurídicas consistem em proposições hipotéticas.

c) Ao classificar as normas em primárias e secundárias, Hans Kelsen, em sua importante obra *Teoria Pura do Direito*, indica que as normas primárias estabelecem o preceito para a ação e as secundárias estabelecem a sanção.

d) Conforme o entendimento doutrinário predominante, a questão sobre o que seja a norma jurídica e se o Direito pode ser concebido como um conjunto de normas é puramente dogmática, podendo ser resolvida no âmbito da dogmática jurídica.

e) Todas as alternativas anteriores são corretas.

2. (Advogado Caixa/2010) A ética profissional e, consequentemente, das organizações é considerada um fator importantíssimo para a sobrevivência tanto das pequenas quanto das grandes empresas. As organizações estão percebendo a importância da ética como instrumento para melhorar sua imagem, o que permitirá o crescimento da relação entre empregados e clientes. A respeito das éticas profissional e empresarial, assinale a opção correta.

a) Apesar de desvinculada da visão e da missão da empresa, porque interesses individuais são diferenciados dos interesses da organização, as principais tarefas do empregador são: manter vivo e atualizado o código de ética da empresa e promover os meios necessários para a formação contínua de todos os empregados nesse campo específico.

b) O que é natural como comportamento ético é que a profissão esteja a serviço do social, quer dos indivíduos isolados, quer do coletivo ou conjunto, indiscriminadamente.

c) O código de ética é um instrumento criado para coibir o desempenho inadequado da empresa em suas ações e na interação com seu diversificado público. Para a concretização desse relacionamento, é necessário que a empresa desenvolva o conteúdo do seu código de ética com clareza e objetividade, facilitando a compreensão dos seus empregados.

d) Os preceitos éticos defendidos pelos códigos profissionais e empresariais dizem respeito estritamente ao relacionamento entre chefia e empregado, porque essa díade é a responsável pelos maiores conflitos nas organizações.

e) A atualidade exige uma postura consciente das criaturas em relação ao mundo físico, principalmente das empresas que usam recursos naturais, o que sustenta de forma completa o pensamento ético da organização.

3. (Promotor de Justiça PR/2011) Examine as afirmações abaixo e após responda:

I. A criminologia crítica parte da premissa de que a Criminologia não deve ter por objeto apenas o crime e o criminoso como institucionalizados pelo direito positivo, mas deve questionar também as bases estruturais econômicas e sociais que caracterizam a sociedade na qual vive o autor da infração penal.

II. Entende a doutrina que cabe à criminologia crítica questionar os fatos como expressão da decadência dos sistemas socioeconômicos e políticos.

III. Conforme entendimento doutrinário, cabe à criminologia crítica reter como material de interesse para o Direito Penal apenas o que efetivamente mereça punição reclamada pelo consenso social, e denunciando todos os expedientes destinados a incriminar condutas que, apenas por serem contrárias aos poderosos do momento, política ou economicamente, venham a ser transformadas em crimes.

IV. Na visão dos doutrinadores da criminologia crítica, o princípio do fim ou da prevenção da pena é questionado a partir do entendimento de que a ressocialização não pode ser obtida numa instituição como a prisão, que sempre seria convertida num microcosmo no qual se reproduzem e agravam as graves contradições existentes no sistema social exterior.

V. No entendimento dos doutrinadores da criminologia crítica, o princípio da culpabilidade é questionado a partir da teoria das subculturas, segundo a qual o comportamento humano não representa a expressão de uma atitude interior dirigida contra o valor que tutela a norma penal, pois não existe apenas o sistema de valor oficial, mas uma série de subsistemas de valores decorrentes dos mecanismos de socialização e de aprendizagem dos grupos e do ambiente em que o indivíduo se encontra inserto.

a) todas as afirmativas estão corretas.
b) as afirmativas I, III, IV e V são as únicas corretas.
c) as afirmativas IV e V são as únicas corretas.
d) as afirmativas II e III são incorretas.
e) todas as afirmativas são incorretas.

4. (DPU/2010) Na perspectiva da sociologia jurídica,

a) o direito é um aprimoramento do caráter humano.
b) o direito é uma função da sociedade.
c) o direito é proveniente de uma autoridade bem formada (Deus, Natureza ou Razão humana).
d) Deus e a Natureza são objetos de estudo, porque o são de todas as áreas relacionadas ao direito.
e) a lei escrita é objeto de estudo.

5. (CAERN/2010/FCC) De acordo com Émile Durkheim, o fato social NÃO se caracteriza por

a) ser considerado um fenômeno inerente às representações (ideias) individuais.
b) ser uma totalidade das relações das quais o indivíduo é apenas um dos elementos.
c) condicionar a personalidade individual.
d) exercer um poder coercitivo sobre os indivíduos.
e) ser considerado como coisas exteriores, desligadas dos indivíduos conscientes.

6. (Analista BRDE/2012) A jurisdição divide-se em comum e especial. A jurisdição especial compreende

a) militar, trabalhista a eleitoral.
b) militar, civil e penal.
c) estatal, privada e eleitoral.
d) arbitragem, trabalhista e civil.
e) arbitragem e penal.

7. (PFN/2012) O direito de ação sempre foi um dos mais polêmicos temas da ciência processual, proliferando-se, ao longo da história, inúmeras teorias para explicá-lo. Sua importância se destaca, em especial, pois corresponde a um iniludível ponto de contato entre a relação jurídica material e a relação jurídica processual, sobretudo quando analisado sob a ótica do ato que dá início ao processo e delimita seu objeto litigioso. No Brasil, o direito positivo sofreu nítida influência da doutrina de Enrico Tullio Liebman, que, com sua teoria eclética da ação, propôs a categoria das condições da ação, alocadas entre os pressupostos processuais e o mérito da demanda. Sobre o tema, identifique a opção correta.

a) O direito de ação pode ser atualmente identificado como um direito público subjetivo, abstrato, autônomo da relação jurídica material, cuja existência dependerá da procedência da demanda proposta em juízo.

b) Friedrich Carl Von Savigny, notável jurista alemão que se dedicou ao estudo profundo do direito romano, é citado pela doutrina como um adepto da teoria abstrativista, em decorrência da concepção de que se opera uma metamorfose no direito material quando lesado, transformando-se, assim, na *actio*.
c) É da famosa polêmica entre Windscheid e Muther que percebemos significativo avanço na ciência processual. Associou-se a ideia da *actio romana* com a da pretensão de direito material, o que definiu a autonomia entre o direito material e o direito de ação, consubstanciando, assim, definitiva passagem da teoria concreta para a teoria abstrata da ação.
d) Enrico Tullio Liebman propôs a categoria das condições da ação, afirmando que, se não fossem preenchidas as três condições inicialmente formuladas, o autor seria carecedor do direito de ação. Para Liebman, essa ideia deveria ser interpretada à luz da teoria da asserção, segundo a qual as condições da ação são examinadas a partir das alegações do autor (*in status assertionem*). Caso fosse necessária a dilação probatória para aferir a presença das condições da ação, estaríamos diante de um julgamento de mérito e não mais de pura carência de ação.
e) Um dos maiores expoentes da teoria do direito concreto de agir foi Adolf Wach, desenvolvendo suas ideias a partir da teorização da ação declaratória. Para nosso autor, o direito de ação efetivamente é autônomo em relação ao direito material, porém só existirá se a sentença ao final for de procedência.

8. (Magistratura TRF 5ª Região/2011) Paulo e Hélio, maiores de idade e capazes, não tendo entrado em acordo quanto ao pagamento de dívida que o segundo contraíra com o primeiro, concluíram que seria necessária a intervenção de terceiro, capaz de propor solução para o problema. Levaram, então, o caso ao conhecimento de Lúcio, professor emérito da faculdade onde Paulo e Hélio estudavam, que propôs que apenas dois terços da dívida fossem pagos no prazo de trinta dias, o que foi aceito pelos interessados. Com base nessa situação hipotética, assinale a opção correta.

a) Ao aceitarem a solução intermediária, os interessados realizaram autocomposição.
b) Configura-se, no caso, a autotutela, dada a inexistência de intervenção do Estado-juiz.
c) A figura do terceiro que conduz os interessados a solução independentemente de intervenção judiciária indica a ocorrência de mediação.
d) Como a solução proposta se fundamenta na regra jurídica aplicável e tem executividade própria, trata-se de verdadeira jurisdição.
e) Dada a ocorrência de solução por intervenção de terceiro, fica caracterizada a arbitragem.

9. (Magistratura do Trabalho TRT 2ª Região/2010) O direito de ação:

a) Depende da existência efetiva do direito material invocado.
b) É exercido contra o Estado, bastando que o seu titular se refira a um interesse primário, juridicamente protegido.
c) Configura o dever de dirigir-se ao órgão jurisdicional para a solução das lides.
d) Rege-se pela teoria imanentista, segundo a qual não há ação sem direito e não há direito sem ação.
e) É autônomo, mas pressupõe um direito subjetivo violado para os casos em que se pretenda a declaração da inexistência de uma relação jurídica.

10. (Analista Judiciário TJ/PA/2009) Jurisdição é

a) a faculdade atribuída ao Poder Executivo de propor e sancionar leis que regulamentem situações jurídicas ocorridas na vida em sociedade.
b) a faculdade outorgada ao Poder Legislativo de regulamentar a vida social, estabelecendo, através das leis, as regras jurídicas de observância obrigatória.
c) o poder das autoridades judiciárias regularmente investidas no cargo de dizer o direito no caso concreto.
d) o direito individual público, subjetivo e autônomo, de pleitear, perante o Estado a solução de um conflito de interesses.
e) o instrumento pelo qual o Estado procede à composição da lide, aplicando o Direito ao caso concreto, dirimindo os conflitos de interesses.

11. (Magistratura do Trabalho TRT 20ª Região/2012) As espécies de preclusão são

a) todas as condições de procedibilidade processual, que objetivam a formação e o desenvolvimento válido e regular do processo.
b) a perempção, a litispendência e a coisa julgada, extinguindo-se o processo, em razão de seu reconhecimento, com resolução do mérito.
c) a decadência e a prescrição, extinguindo-se o processo, quando reconhecidas, sem resolução do mérito.
d) todas as exceções processuais, meios de defesa indireta, que visam a obstar o regular prosseguimento do processo.
e) temporal, consumativa e lógica, impossibilitando a prática do ato processual ulterior se antes reconhecidas nos autos.

12. (Analista TRF 5ª Região/2012) É correto afirmar que

a) os atos e termos processuais não dependem de forma determinada senão quando a lei expressamente a exigir, tendo-se por válidos aqueles que, realizados de modo diverso, lhe preencham a finalidade essencial.
b) o direito de consultar os autos e de pedir certidão de seus atos é livre a qualquer pessoa, salvo apenas o segredo de justiça.
c) em todos os atos e termos do processo é facultativo o uso do vernáculo, pois pode ser anexado ao processo documento redigido em língua estrangeira, sem ressalvas.
d) os atos processuais, como regra, correm em segredo de justiça, podendo ser tornados públicos por ordem judicial fundamentada.
e) é possível às partes lançar nos autos cotas marginais ou interlineares, desde que em linguagem processual de praxe.

13. (Analista Judiciário TRF 4ª Região/2007) Paulus e seu defensor foram pessoalmente intimados da sentença condenatória numa sexta-feira. A segunda-feira seguinte é feriado. Nesse caso, o prazo para apelação começa a correr

a) no domingo.
b) na segunda-feira.
c) na terça-feira seguinte.
d) na sexta-feira.
e) no sábado.

14. (Magistratura TJ/PR/2008) Quanto aos atos jurisdicionais penais, assinale a alternativa correta:

a) As decisões interlocutórias simples são aquelas que encerram a relação processual sem julgamento de mérito ou, então, põem termo a uma etapa do procedimento. São exemplos desse tipo de decisão a que recebe a denúncia ou queixa e decreta ou rejeita pedido de prisão preventiva.
b) A decisões interlocutórias mistas não se equiparam as decisões interlocutórias simples, pois as primeiras servem para solucionar questões controvertidas e que digam respeito ao *modus procedendi*, sem, contudo, trancar a relação processual. Enquanto as decisões interlocutórias simples trancam a relação processual sem julgar o *meritum causae.*
c) A decisão que não recebe a denúncia é terminativa de mérito, por isso não pode ser considerada decisão interlocutória mista.
d) As decisões interlocutórias simples servem para solucionar questão controvertida e que diz respeito ao *modus procedendi*, sem, contudo, trancar a relação processual, as interlocutórias mistas, por sua vez, apresentam um *plus* em relação àquelas. Elas trancam a relação processual sem julgar o *meritum causae*.

15. (Promotor de Justiça MP/SP/2012) A EC n. 45/04 estabeleceu o Conselho Nacional de Justiça, sobre a Presidência do Presidente do Supremo Tribunal Federal, com sede na Capital Federal, como órgão

a) de cúpula administrativa do Poder Judiciário, com funções administrativas e jurisdicionais, composto por 15 membros, cuja maioria é formada por membros do Poder Judiciário.
b) externo de fiscalização administrativa do Poder Judiciário, com funções administrativas, composto por 15 membros, cuja maioria é formada por membros indicados pelos Poderes Executivo e Legislativo.
c) de cúpula administrativa do Poder Judiciário, com funções administrativas, composto por 15 membros, cuja maioria é formada por membros do Poder Judiciário.

d) externo de fiscalização administrativa do Poder Judiciário, com funções administrativas, composto por 15 membros, cuja maioria é formada por membros do Poder Judiciário.
e) externo de fiscalização administrativa do Poder Judiciário, com funções administrativas e jurisdicionais, composto por 15 membros, cuja maioria é formada por membros do Poder Judiciário.

16. (Magistratura TJ/PR/2012) Quanto ao instituto da súmula vinculante, é correto afirmar:

a) A edição de súmula vinculante pelo Supremo Tribunal Federal só pode ser realizada de ofício, mediante proposição de um dos Ministros da Corte, não sendo admitida a criação de súmulas oriundas de provocação de terceiros.
b) O entendimento consolidado em tais súmulas vincula os demais órgãos dos Poderes Judiciário, Executivo e Legislativo, nas esferas federal, estadual e municipal, não vinculando, no entanto, futuras decisões do próprio Supremo Tribunal Federal.
c) Somente os legitimados para propositura de ação direta de inconstitucionalidade poderão formular pedido de cancelamento de súmula vinculante.
d) Constitui requisito para a aprovação de súmulas vinculantes a existência de controvérsia atual sobre a matéria em questão entre órgãos judiciários ou entre estes e a Administração Pública, que esteja a suscitar grave insegurança jurídica.

17. (Magistratura do Trabalho TRT 2ª Região/2010) Os pressupostos processuais:

a) São os mesmos exigidos para os atos jurídicos em geral, a saber: capacidade do agente, licitude do objeto, forma prescrita ou não defesa em lei.
b) São requisitos essenciais para a constituição do processo, pois sem eles a relação processual sequer se estabelece.
c) Referem-se de forma objetiva à capacidade da parte de estar em juízo.
d) Referem-se de forma subjetiva à ausência de impedimentos, tais como a coisa julgada ou a litispendência.
e) Não visam à constatação da existência da relação jurídica, mas sim da regularidade desta perante o direito.

18. (Delegado de Polícia PC/SP/2014) Em se tratando de processo penal, assinale a alternativa que apresenta, correta e respectivamente, uma fonte direta e uma fonte indireta:

a) Costume e lei.
b) Costume e jurisprudência.
c) Doutrina e jurisprudência.
d) Princípios gerais de direito e doutrina.
e) Lei e costume.

PRESTE ATENÇÃO!

- A vida em sociedade depende de um fator essencial: organização estabelecida pelo Direito e pelo poder estatal.
- A separação de poderes é uma cláusula pétrea que engloba divisão funcional, divisão orgânica, independência orgânica e harmonia entre os Poderes.
- A jurisdição é uma função do Estado de atuar a vontade concreta da lei, com o fim de obter a justa composição da lide (é poder, função, atividade e dever).
- Ação é direito autônomo, abstrato, público, subjetivo, instrumental e determinado.
- Processo é uma relação jurídica de direito público, autônoma, complexa, unitária, dinâmica, concreta e progressiva.
- Na contagem dos prazos no processo penal, é incluído o dia do começo e excluído o dia do vencimento.
- O Direito Processual Penal é um ramo do Direito Público, ciência normativa, autônoma, cultural e de caráter predominantemente instrumental.

CUIDADO!

- O Conselho Nacional de Justiça é órgão do Judiciário que não exerce jurisdição.
- Processo é relação jurídica; procedimento é aspecto exterior do processo.
- Em matéria de atos processuais, o CPP adota classificação subjetiva, levando em conta o sujeito que pratica o ato.
- Os prazos no processo penal são contados em dobro para a Defensoria Pública. No processo penal, contam-se os prazos da data da INTIMAÇÃO.
- A limitação da publicidade no processo penal é motivada quando da publicidade puder resultar escândalo, inconveniente grave ou perigo de perturbação da ordem.
- A finalidade mediata do Direito Processual Penal é manter a paz social; e a finalidade imediata é a realização da pretensão punitiva do Estado.

IMPORTANTE!

- É posição majoritária na doutrina a existência da lide penal (direito de punir *x* direito de liberdade do suposto infrator da lei penal).
- Em matéria de ação, a teoria mais aceita no Brasil nos dias atuais é a teoria eclética da ação: a ação é um direito abstrato subordinado às condições da ação.
- Processo é um procedimento em contraditório animado pela relação jurídica processual (Dinamarco).
- A doutrina majoritária entende que o início do processo criminal se dá com o recebimento da denúncia ou queixa.
- Na visão majoritária, são pressupostos processuais de existência: demanda, órgão jurisdicional e partes.
- É matéria de competência concorrente a criação, o funcionamento e o processo dos juizados de pequenas causas, direito penitenciário e procedimentos em matéria processual.

Capítulo 2

SISTEMAS DO PROCESSO PENAL

1. Introdução

Sistema processual penal é um **conjunto ordenado** de características do processo penal extraídas de um determinado período histórico, relacionadas por um **alicerce unificador**.

O sistema processual penal **reflete a estrutura política do Estado** em conjugação com o respeito aos direitos e garantias fundamentais. "A estrutura do processo penal é o termômetro dos elementos corporativos ou autoritários da constituição de uma nação"[1].

A doutrina é uníssona em proclamar que **não existem sistemas processuais puros**, pois há a adoção de características acusatórias e inquisitórias nos vários modelos processuais.

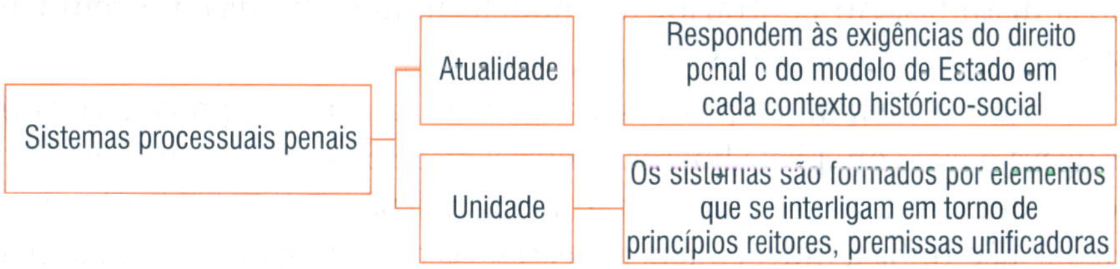

2. Sistema inquisitivo

Questão de prova

A prova do Ministério Público/BA/2004 considerou CORRETA a afirmativa: "No sistema inquisitório o réu é tratado como objeto do processo e não como sujeito, e as funções de acusar, defender e julgar estão confiadas ao mesmo órgão".

[1] GOLDSCHMIDT, James. *Problemas jurídicos y políticos del processo penal*. Buenos Aires: Ediciones Jurídicas Europa-América, 1961.

> "No processo de tipo inquisitório o arguido praticamente não tem direitos, fica submetido ao juiz. Este, que é ao mesmo tempo acusador, dificilmente pode manter a independência necessária a um julgamento imparcial"[2].

O modelo inquisitivo nasceu com as jurisdições eclesiásticas, difundiu-se no século XIII e foi adotado pelas jurisdições laicas europeias e pelos ordenamentos jurídicos reais. Trata-se de um modelo predominante em toda a Europa Continental, a partir do Concílio Lateranense de 1215.

No modelo inquisitivo, um dos alicerces fundamentais foi a busca da verdade na defesa da sociedade, em detrimento da garantia da pessoa do acusado, com apoio no secretismo, na escrita e na ausência do contraditório.

Nesse modelo, existiam duas fases: a) *inquisitivo generalis:* a investigação era da materialidade do fato; b) *inquisitivo specialis:* a investigação era da autoria da infração.

O processo tinha início *ex officio*, sem necessidade de acusação. O réu era mero objeto da persecução penal, sem direitos e garantias processuais frente ao juiz.

No modelo inquisitivo, não havia contraditório, publicidade nem oralidade. Em relação à forma dos atos, havia predominância da palavra escrita.

O sistema inquisitivo era uma forma de autodefesa de administração da justiça, em que não existia liberdade nem igualdade processual.

Em relação à publicidade, havia o sigilo para o público e para o réu.

A prisão preventiva do acusado durante o processo ocorria na maioria dos casos, pois se presumia a culpa do réu. Excepcionalmente se concedia a liberdade provisória mediante caução juratória ou fiança penal.

Não havia uma distribuição das funções de acusar, defender e julgar para pessoas distintas. Ao contrário, no modelo inquisitivo havia a reunião na mesma pessoa dessas funções.

O juiz era o *dominus* do processo, pois, além de iniciar o processo de ofício, investigava o fato com plena liberdade na coleta de provas, pronunciava e julgava com o que constava nos autos. Era funcionário público permanente e irrecusável, que não tinha a independência necessária a um julgamento imparcial.

Dessa forma, podemos enumerar as seguintes características do **modelo inquisitivo**:

Questão de prova

A prova da Magistratura Federal TRF 4ª Região/2005 considerou CORRETA a afirmativa: "No sistema inquisitório puro, a concentração do poder processual dá-se nas mãos do inquisidor, em regra escolhido, que, em processo escrito, sigiloso e com comum prisão cautelar, age com supremacia na produção probatória, regulando os limites de atuação da defesa, acusando e, ao final, julgando a lide penal por critérios de justiça basicamente vinculados".

---

2 SILVA, Germano Marques da. *Curso de direito processual penal*, I. Lisboa: Babel, 2010.

a) **posição do juiz:** não tinha imparcialidade, tinha iniciativa probatória na busca da verdade material dos fatos; investigava, acusava e julgava (*dominus* do processo); julgava com base no que constava dos autos e nas provas por ele coletadas; os juízes eram permanentes e irrecusáveis;

b) **distribuição de funções:** reuniam-se na mesma pessoa as funções de acusar, defender e julgar;

c) **garantias processuais:** o processo corria em segredo (sigiloso para o público e para o réu), sem contraditório e ampla defesa; o réu era mero objeto de persecução; não havia igualdade jurídica entre acusador e acusado; era possível apelação contra a sentença;

d) **iniciativa do processo:** era feita de ofício pelo juiz; havia possibilidade de denúncias anônimas e secretas;

e) **formalidades:** procedimento escrito, com a documentação de todos os atos;

f) **prova:** a coleta de provas cabia ao juiz, sendo adotado o sistema tarifado; a confissão era a "rainha das provas" e o testemunho a "prostituta das provas"; a confissão era elemento suficiente para condenação; a tortura era válida para obter confissão; as provas eram apreciadas com regras mais aritméticas do que processuais.

g) **Hierarquização da jurisdição:** o monarca depositário da jurisdição penal delega a jurisdição aos seus funcionários subordinados que a exercem em seu nome; a jurisdição é inteiramente devolvida quando do exame e julgamento de recurso[3].

3. Sistema acusatório

Questão de prova

A prova do 18º Concurso de Procurador da República considerou CORRETA a afirmativa: "Decorre do sistema acusatório a capacidade investigatória do Ministério Público".

"O processo de tipo acusatório caracteriza-se, pois, essencialmente, por ser uma disputa entre duas partes, uma espécie de duelo judiciário entre a acusação e a defesa, disciplinado por um terceiro, o juiz ou o tribunal, que, ocupando uma situação de supremacia e independência relativamente ao acusador e ao acusado, não pode promover o processo *(ne procedat judex ex officio)* nem condenar para além da acusação *(sententia debet esse conformis libelo)*"[4].

---

3 ZILLI, Marcos Alexandre Coelho. *A iniciativa instrutória do juiz no processo penal*. São Paulo: Revista dos Tribunais, 2003.

4 SILVA, Germano Marques da. *Curso de direito processual penal*, I. Lisboa: Babel, 2010.

O modelo acusatório existiu na Antiguidade Grega, onde se desenvolveu a participação popular no direito de punir; existiu na Antiguidade Romana, onde perdurou até o fim da República; foi também adotado na França, após as invasões bárbaras.

No modelo acusatório, um dos alicerces fundamentais foi o princípio de que **ninguém podia ser levado a julgamento sem acusação**.

Num primeiro momento, a iniciativa do processo cabia à parte acusadora, que podia ser o ofendido ou seu representante legal. Com a evolução e a verificação de que o crime era uma ofensa à sociedade, a iniciativa podia ser feita por qualquer do povo ou órgão do Estado.

O processo tinha início com a acusação; em seguida, era feita uma investigação pelo acusador, na presença facultativa do acusado para apuração da verdade material da existência do crime e sua respectiva autoria. O encargo da prova da acusação era do acusador.

Tanto o acusador como o acusado se faziam acompanhar de *comites*, amigos que funcionavam como fiscalizadores na tramitação processual.

No modelo acusatório, havia o predomínio do contraditório, da publicidade e da oralidade. Em relação à oralidade, havia a predominância da palavra falada.

O processo era baseado no princípio do contraditório, e a disponibilidade de seu conteúdo pertencia às partes. No modelo acusatório, havia uma busca na igualdade de poderes, armas e oportunidades entre a acusação e a defesa na atuação processual.

Em relação à publicidade, os julgamentos eram públicos, com os magistrados votando ao final sem deliberar.

O acusado presumia-se inocente até decisão definitiva em sentido contrário e permanecia em liberdade ao longo do processo.

Há uma **distribuição das funções** de acusar, defender e julgar para pessoas distintas. O juiz assumia uma postura de imparcialidade, em posição *super partes*, visando um julgamento objetivo do caso concreto e o respeito aos princípios do contraditório, da publicidade e da oralidade. Não podia promover o processo nem condenar além da acusação.

Questão de prova

A prova do Ministério Público/RJ/2011 considerou CORRETA a afirmativa: "Na reforma pontual do Código de Processo Penal Brasileiro, recentemente realizada, segundo a Lei e sua interpretação doutrinária, foi adotado um sistema de separação entre as funções de acusar e julgar".

Dessa forma, podemos enumerar as seguintes características do **modelo acusatório**:

Questões de prova

A prova do Exame da OAB/RS/2004 considerou CORRETA a afirmativa: "O sistema acusatório estrutura-se, entre outros aspectos, a partir da atribuição às partes da gestão probatória e da radical separação entre as funções de acusar e julgar".

A prova de Defensor Público DPE/RS/2014 considerou CORRETA a afirmativa: "No Brasil, segundo a maioria dos doutrinadores, vige o sistema processual penal do tipo acusatório. São características deste sistema processual penal igualdade das partes, o contraditório e a publicidade dos atos processuais".

a) **posição do Juiz:** imparcialidade; não podia agir de ofício (*ne procedat iudex ex officio*); não podia condenar além da acusação; ficava afastado da iniciativa e da gestão da prova; tinha a apreciação objetiva do caso que lhe era submetido pela acusação e decidia de acordo com a livre-apreciação das provas, com a devida fundamentação;

b) **distribuição de funções:** havia uma distribuição das funções de acusar, defender e julgar para pessoas distintas (observância do *actum trium personarum* – ato de três personagens: juiz, autor e réu);

c) **garantias processuais:** observância do contraditório, da ampla defesa, acesso à justiça, devido processo legal, juiz natural, igualdade de direitos e obrigações entre as partes, motivação, livre-convencimento motivado, coisa julgada, duplo grau de jurisdição e presunção de inocência;

d) **iniciativa do processo:** a iniciativa do processo cabia à parte acusadora, que poderá ser o ofendido ou seu representante legal, ou qualquer do povo, ou órgão do Estado;

e) **formalidades:** a acusação era por escrito e indicava as provas; o processo era público (era admitido de forma excepcional o sigilo na prática de determinados atos); e havia predominância da forma oral para os atos processuais;

f) **prova:** confissão do réu implicava em sua condenação; a iniciativa probatória era atribuída às partes; ausência de tarifa probatória.

Cabe, por fim, registrar as desvantagens do modelo acusatório puro: a) impunidade dos criminosos; b) facilidade de acusação falsa; c) desproteção dos fracos; d) deturpação da verdade; e) impossibilidade de julgamento; f) inexequibilidade da sentença[5].

4. Sistema misto

> "No modelo misto, o princípio do inquisitório apresenta-se mais eficaz e útil na fase de investigação, do apuramento dos factos e da sua imputação a alguém, permitindo diminuir o sentimento de impunidade da verdade

[5] TORNAGHI, Hélio. *Curso de processo penal*. São Paulo: Saraiva, 1987.

material, e o princípio do acusatório dá maiores garantias do acusado de forma que impeça a perseguição e a condenação dos inocentes"[6].

O Sistema Misto, também chamado de Sistema Acusatório Formal, consagrado com as reformas do Liberalismo, inaugurado com o Code d'Instruction Criminelle (Código de Processo Penal) francês em 1808, dividia o processo em duas fases: a) fase inicial inquisitiva (investigação preliminar e instrução preparatória); b) julgamento com as garantias do acusatório.

No modelo misto, há uma combinação entre a punição dos criminosos e a promoção das garantias processuais do acusado, evitando perseguição e condenação de inocentes.

Nesse modelo, o princípio inquisitório predomina na fase inicial de investigação preliminar e instrução probatória, e o princípio acusatório, na fase do julgamento. Dessa forma, na fase inicial vigora a sigilosidade e o não contraditório; na fase de julgamento, o processo é oral, público e contraditório.

As provas são discutidas e apreciadas pela acusação, pela defesa e pelo juiz. Há uma distribuição das funções de acusar, defender e julgar para pessoas distintas. Não há igualdade de armas entre a acusação e a defesa.

O juiz possui independência formal, mas não tem independência material, funcionando como mero colaborador na realização do interesse do Estado.

Dessa forma, podemos enumerar as seguintes características do modelo misto:

a) **distribuição de funções:** há uma distribuição das funções de acusar, defender e julgar para pessoas distintas;

b) **garantias processuais:** concilia a figura do juiz inquisidor na instrução preliminar, com a incidência do contraditório e da ampla defesa, típicos do sistema acusatório;

c) **formalidades:** compõe-se de uma primeira fase, inquisitiva, de instrução ou investigação preliminar, sigilosa, escrita e não contraditória, e de uma segunda fase, acusatória, informada pelos princípios do devido processo legal, do contraditório e da ampla defesa.

5. Sistema brasileiro

Não há uniformidade na doutrina a respeito do sistema processual penal adotado no Brasil, de forma que existem dois posicionamentos: a) o sistema adotado é o misto, pois há uma fase inquisitiva, o inquérito policial, e outra fase acusatória pura, que é o processo penal propriamente dito. No Brasil, o

---

6 VALENTE, Manuel Monteiro Guedes. *Processo penal*. Coimbra: Almedina, 2010. t. I.

sistema misto foi instituído pelo Código do Processo Criminal do Império (Lei n. 127/1832); b) o sistema adotado é o acusatório, pois há distribuição de funções de acusar, defendr e julgar para pessoas distintas, além do que a fase investigatória tem caráter administrativo, e não processual.

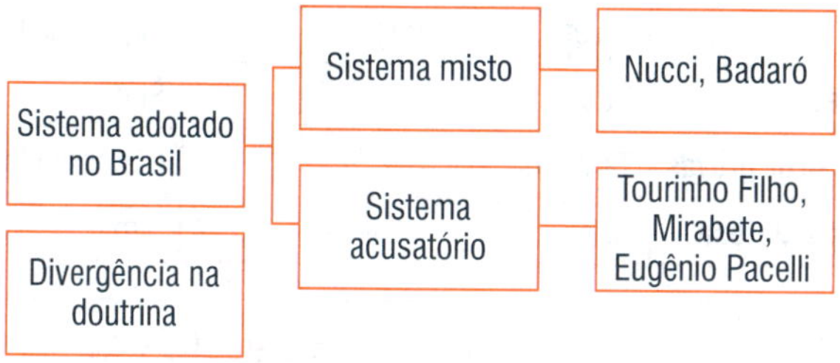

Questões de prova

A prova de Procurador do Estado/PE/2009 considerou INCORRETA a afirmativa: "A CF assegura o sistema inquisitivo misto no processo penal".

A prova da Magistratura/SC/2009 considerou INCORRETA a afirmativa: "No sistema acusatório pátrio vigente, o magistrado que deferiu a produção de prova pré-processual será impedido de processar e julgar eventual ação penal dela decorrente, pois fica comprometida a imparcialidade do julgador".

6. Outros sistemas processuais

6.1. Modelo anglo-saxônico

Há a polícia responsável pela investigação criminal. A submissão de uma pessoa ao julgamento é feita após um debate oral com a presença da acusação, da defesa e do público. O juiz é imparcial. Há separação entre quem investiga e quem decide pelo julgamento.

6.2. Modelo socialista

A polícia é fiscalizada pelo Ministério Público e pelo juiz (quando há ofensa aos direitos da pessoa). Após a acusação pelo MP, há uma fase de verificação da mantença ou não da acusação e, por fim, o julgamento.

6.3. Modelo francês

O Ministério Público encontra-se ligado ao Poder Executivo, fiscaliza a polícia. A polícia investiga o crime, e a apreciação das provas compete ao juiz.

ITENS	SISTEMA INQUISITIVO	SISTEMA ACUSATÓRIO
Funções de acusar, defender e julgar	Reunião na mesma pessoa	Distribuição para pessoas distintas

Juiz	Parcialidade	Imparcialidade
Iniciativa probatória	Juiz	Partes
Forma do processo	Sigiloso e escrito	Público (sigilo excepcional) e oral (documentação)
Réu	Objeto da persecução	Sujeito da persecução
Igualdade das partes	Não	Sim
Sistema de apreciação de provas	Tarifado	Não tarifado
Contraditório e ampla defesa	Não	Sim

Questão de prova

A prova da Delegado de Polícia – DP/SP/2011 considerou CORRETA a afirmativa: "Historicamente, o processo penal acusatório distinguia-se do inquisitório porque enquanto o primeiro era oral e público, o segundo era escrito e sigiloso".

QUESTÕES DE SISTEMAS DO PROCESSO PENAL

1. (Juiz de Direito TJPR/2004) O contraditório, garantia constitucional do cidadão, é característica primordial do processo:

a) inquisitivo.
b) inquisitório.
c) misto.
d) acusatório.

2. (CJUR/2003) No sistema inquisitivo:

a) estão assegurados a ampla defesa e contraditório.
b) o processo é público e fiscalizado pelo povo.
c) a confissão é elemento suficiente para a condenação.
d) todas as alternativas estão corretas.

3. (CESPE/2006) Com referência às características do sistema processual acusatório, assinale a opção correta.

a) O sistema de provas adotado é o do livre-convencimento.
b) As funções de acusar, defender e julgar concentram-se nas mãos de uma única pessoa.
c) O processo é regido pelo sigilo.
d) Não há contraditório nem ampla defesa.

4. (Delegado Polícia Civil/BA/2008) Sobre Sistemas Processuais, pode-se afirmar que o:

a) acusatório prega o respeito incondicional ao contraditório, à publicidade, à imparcialidade, à ampla defesa, bem como distribui a órgãos distintos as funções de acusar, defender e julgar.
b) inquisitivo fixa que o contraditório deve sempre ser observado, havendo separação de poderes entre a autoridade policial, o juiz e o promotor.
c) inquisitivo, adotado pelo Brasil, determina que basta o inquérito policial para julgar alguns crimes ou contravenções, dispensando-se, nesses casos, o processo penal.
d) misto, apesar de ser uma fusão dos dois outros, prescreve que, em nenhum momento, as garantias constitucionais sejam observadas, daí por que a doutrina tece severas críticas.
e) acusatório confere mais poderes e prerrogativas ao Ministério Público do que ao réu, visto como objeto da relação processual.

5. (Magistratura Federal TRF 4ª Região/2008) Dadas as assertivas abaixo, assinale a alternativa correta:

I. Sistema ou estrutura é o conjunto ordenado de elementos, relacionados por um princípio unificador, que formam um todo pretensamente orgânico, destinado a uma determinada finalidade.

II. Os sistemas processuais penais possuem diferenciações analíticas e rígidas, imutáveis na evolução histórica.

III. Atualmente, predomina na América Latina, o sistema inquisitório, também conhecido como reformado ou napoleônico.

IV. Na Grécia e no maior período da Roma republicana, o sistema processual era acusatório, com acusação e julgamento popular.

a) Estão corretas apenas as assertivas I e III.

b) Estão corretas apenas as assertivas I e IV.

c) Estão corretas apenas as assertivas II e III.

d) Estão corretas apenas as assertivas II e IV.

6. (Delegado da Polícia Civil DP/PC/SP/2012) Historicamente, o processo penal acusatório distinguia-se do inquisitório porque enquanto o primeiro era

a) escrito e público, o segundo era oral e sigiloso.

b) escrito e sigiloso, o segundo era oral e público.

c) misto (oral e escrito), o segundo era exclusivamente oral.

d) oral e público, o segundo era escrito e sigiloso.

e) oral e sigiloso, o segunde era escrito e público.

7. (Promotor de Justiça MPE/RJ/2012) Na reforma pontual do Código de Processo Penal Brasileiro, recentemente realizada, segundo a Lei e sua interpretação doutrinária, foi adotado um sistema:

a) de integração entre as funções de acusar e julgar;

b) de separação entre as funções de acusar e julgar;

c) adversarial, que prestigia o debate das partes;

d) de completa equidistância do juiz no processo;

e) que possibilita ao juiz agir de ofício no procedimento.

8. (Promotor de Justiça MPE/MA/2014) É consentâneo com o sistema inquisitorial de processo penal, exceto:

a) Sigilo dos atos processuais;

b) Suscetibilidade de início do processo por meio de denúncia anônima;

c) Incumbência de formular a acusação não individualizada;

d) Arguição de suspeição do juiz

e) Defesa técnica decorativa.

PRESTE ATENÇÃO!

- Ninguém pode se levado a julgamento sem acusação.
- O réu é sujeito de direitos, e não objeto da persecução penal.
- O processo é cercado de garantias fundamentais em busca da justa composição da lide.

CUIDADO!

- Não existem sistemas processuais puros.
- No sistema brasileiro, há uma distribuição das funções de acusar, defender e julgar para pessoas distintas.

IMPORTANTE!

- Na visão majoritária da doutrina, o Brasil adota o sistema misto, pois há uma fase inquisitiva e outra fase acusatória.

Capítulo 3

PRINCÍPIOS DO PROCESSO PENAL

1. Introdução

O regime jurídico processual penal é formado por normas jurídicas de direito público, gênero do qual princípios e regras são espécies, os quais, por sua vez, não se confundem:

ITENS	PRINCÍPIOS	REGRAS
Colidência e solução	Colisão. A solução é a ponderação de valores.	Conflito. A solução é o critério hierárquico, cronológico ou especial.
Objeto	Multiplicidade de situações.	Caso concreto.
Grau de abstração e determinação	Elevado grau de abstração. São vagos e indeterminados.	Reduzido grau de abstração. São específicas.
Natureza e característica	Fundamento das regras e exigências de justiça.	Têm aplicação direta no caso concreto e possuem como conteúdo uma conduta ou uma estrutura.
Convivência	Coexistência; permitem ponderar os bens e valores – mandados de otimização.	Umas excluem as outras; exigem o tudo ou o nada – mandados de determinação.
Concretização	Possuem vários graus de concretização.	São cumpridas ou não.
Conteúdo	Questões de valor e validade.	Somente validade.

Os princípios são os alicerces de uma ciência, funcionando como diretrizes, linhas mestras ou grandes nortes do sistema jurídico, auxiliando na compreensão e na orientação das regras.

No caso de desrespeito a um princípio, haverá quebra de todo o sistema jurídico, pois acutelar um princípio constitucional é como destruir os mourões de uma ponte, fato que, por certo, provocará seu desabamento[1].

Em face da doutrina, o princípio possui os seguintes aspectos:

a) **Finalístico:** os princípios definem a lógica e a racionalidade do sistema; dão tônica, harmonia, estrutura e coesão para o sistema; e traçam rumos a serem seguidos pela sociedade e pelo Estado.

b) **Funcional:** os princípios são ideias fundamentais e informadoras da organização jurídica da nação; cumprem uma função informadora, devendo as diversas normas do ordenamento jurídico estar em sintonia com os princípios; são vetores para soluções interpretativas; são nortes da atividade interpretativa e judicial; fortalecem o respeito à Constituição e garantem respeito a um bem da vida indispensável à essência do Estado democrático.

c) **Conceitual:** os princípios integram o direito positivo; são fontes do direito; são ideias-base de normas jurídicas; são normas qualificadas (validade maior); são ideias matrizes, funcionando como mandamento nuclear do sistema, base do ordenamento jurídico.

2. Características dos princípios

As características de um instituto permitem identificar a sua essência, possibilitando sua melhor compreensão e sua distinção de outros institutos. São características dos princípios:

a) **complementariedade:** os princípios devem ser interpretados de forma conjunta;

b) **poliformia:** os princípios são mutáveis para se adaptarem às novas realidades sociais;

c) **vinculabilidade:** os princípios vinculam o poder público e o particular;

d) **normatividade jurídica:** os princípios têm qualidade de norma jurídica;

e) **natureza finalística:** os princípios fixam um ideal a ser atingido;

f) **transcendência:** os princípios fixam diretrizes;

g) **objetividade:** os princípios não geram direitos subjetivos;

h) **generalidade:** os princípios não regulam situações determinadas;

i) **dimensão axiológica:** os princípios protegem um valor, têm conteúdo ético e expressam ideal de justiça;

---

1 CARRAZA, Roque. *Direito constitucional tributário*. São Paulo: Malheiros, 2011.

j) **atualidade:** os princípios têm sincronia com as necessidades, aspirações e ideais de um povo;

k) **informatividade:** os princípios informam o sistema jurídico do País;

l) **aderência:** qualquer comportamento ou norma deve obedecer aos princípios;

m) **primariedade histórica:** os princípios expressam valores que, ao longo do tempo, foram consagrados pela sociedade;

n) **primariedade jurídica:** os princípios funcionam como ponto de partida para a elaboração das normas;

o) **primariedade lógica:** os princípios dão compatibilidade e congruência para normas jurídicas;

p) **primariedade ideológica:** os princípios são ideias básicas da ordem jurídica;

q) **caráter deontológico:** os princípios estabelecem o que é devido;

r) **parâmetro:** o princípio é padrão que deve ser observado, pois é uma exigência de justiça ou equidade.

3. Princípios do processo penal

Os princípios do processo penal podem ser explícitos ou implícitos na ordem jurídica. São princípios implícitos, por exemplo, o duplo grau de jurisdição, o *ne bis in idem*, promotor natural, imparcialidade do juiz, a verdade real. Já os princípios expressos aparecem de forma explícita ou no texto constitucional, ou em normas infraconstitucionais, como, por exemplo, o devido processo legal, publicidade, dentre outros.

Questão de prova

A prova de Juiz do TJ/RJ/2013 considerou CORRETA a afirmativa: "A doutrina é unânime ao apontar que os princípios constitucionais, em especial os relacionados ao processo penal, além de revelar o modelo de Estado escolhido pelos cidadãos, servem como meios de proteção da dignidade humana. Referidos princípios podem se apresentar de forma explícita ou implícita, sem diferença quanto ao grau de importância. São princípios constitucionais explícitos: contraditório, juiz natural e soberania dos veredictos do Júri".

3.1. Princípio da "verdade real"

Questões de prova

A prova de Delegado da Polícia Civil TO/2008 considerou CORRETA a afirmativa: "Impera no processo penal o princípio da verdade real e não da verdade formal, próprio do processo civil, em que, se o réu não se defender, presumem-se verdadeiros os fatos alegados pelo autor".

A prova de Delegado de Polícia Civil RJ/2012 considerou CORRETA a afirmativa: "A constituição de 1988 consagrou expressamente, no processo penal brasileiro, o princípio da verdade real. Por isso o Juiz poderá, de ofício, produzir prova no curso do processo".

No processo penal, o juiz busca a certeza dos fatos, com uma aproximação da realidade. Atingir a verdade absoluta é impossível ("O máximo que se pode obter é o grau muito elevado de probabilidade"), que se fundamenta na investigação judicial da prova.

De acordo com a investigação judicial da prova, o objetivo do juiz criminal é saber como os **fatos** ocorreram na realidade. É facultado ao juiz determinar, no curso da **instrução**, ou antes de proferir a sentença, a realização de **diligências** para dirimir dúvida sobre ponto relevante. A iniciativa probatória do julgador, em busca da verdade real, não está sujeita a preclusão, pois em questões probatórias não há preclusão para o magistrado.

Questões de prova

A prova do 22º Concurso de Procurador da República MPF considerou INCORRETA a afirmativa: "como tem por objetivo a descoberta dos fatos, o processo deve-se desenvolver de modo a garantir que o *jus puniendi* se exerça contra quem cometeu o delito e nos limites de sua culpabilidade, sendo possível rescindir decisão que transitou em julgado, pois o princípio da verdade real vige em toda a sua inteireza".

A prova de Promotor de Justiça Substituto MP/SP/83º considerou CORRETA a afirmativa: "O Juiz de Direito poderá determinar que se proceda, novamente, o interrogatório do réu ou inquirição de testemunhas e do ofendido, se não houver presidido a esses atos na instrução criminal".

A prova de Titular de Serviços de Notas e Registros TJ/AP/2011 considerou CORRETA a afirmativa: "A norma processual que permite ao juiz converter o julgamento em diligência e ouvir testemunhas referidas nos autos não arroladas pelas partes funda-se no princípio da verdade real".

O princípio da "verdade real" tem as seguintes manifestações no processo penal:

a) Art. 156 do CPP: a prova da alegação incumbirá a quem a fizer, sendo, porém, facultado ao juiz de ofício ordenar, mesmo antes de iniciada a ação penal, a produção antecipada de provas consideradas urgentes e relevantes, observando a necessidade, adequação e proporcionalidade da medida; determinar, no curso da instrução, ou antes de proferir sentença, a realização de diligências para dirimir dúvida sobre ponto relevante.

b) Art. 196 do CPP: a todo tempo o juiz poderá proceder a novo interrogatório de ofício ou a pedido fundamentado de qualquer das partes.

c) Art. 209, § 1º, do CPP: se ao juiz parecer conveniente, serão ouvidas as pessoas a que as testemunhas se referirem.

d) Art. 616 do CPP: no julgamento das apelações, poderá o tribunal, câmara ou turma proceder a novo interrogatório do acusado, reinquirir testemunhas ou determinar outras diligências.

O princípio da verdade real tem exceções no processo penal, que são:

a) inadmissibilidade de provas obtidas por meios ilícitos (art. 5º, LVI, da CF);

b) impossibilidade de exibir prova no plenário do júri sem antecedência mínima de três dias (art. 479 do CPP);

c) impossibilidade de revisão criminal *pro societatis*;
d) restrições da prova penal quanto ao estado de pessoas;
e) os limites para depor (pessoas com sigilo);
f) recusa de depor por parte dos parentes do acusado;
g) transação penal;
h) extinção da punibilidade.

Há o princípio da verdade formal, em que o juiz se conforma com a verdade contida nos autos. Uma parte da doutrina[2] sustenta que o princípio da verdade formal existe no processo penal quando as partes chegam num acordo, como nos crimes da ação penal privada e nos crimes abrangidos pela Lei n. 9.099/95.

3.2. Princípio da imparcialidade do juiz

> **Questão de prova**
> A prova do 85º Concurso de Promotor de Justiça MP/SP considerou INCORRETA a afirmativa: "A imparcialidade do juiz é incompatível com sua iniciativa na produção de prova".

O juiz deve decidir de forma imparcial, mantendo-se equidistante das partes. Quando suspeito ou impedido, não deve atuar no processo, de forma a garantir a imparcialidade.

As garantias da imparcialidade são: inamovibilidade, vitaliciedade e irredutibilidade de subsídios.

A imparcialidade do juiz é um pressuposto processual subjetivo exigido da pessoa do juiz.

3.3. Princípio da persuasão racional ou livre-convencimento

> **Questão de prova**
> A prova do 85º Concurso de Promotor de Justiça MP/SP considerou INCORRETA a afirmativa: "O princípio da persuasão racional ou livre-convicção do juiz não sofre qualquer limitação no processo penal brasileiro".

O convencimento do juiz sobre um caso concreto deve ser baseado nas provas contidas no processo (art. 157 do CPP – *Quod non est in actis nom est in hoc mundo* – o que não está nos autos não está no mundo).

Em conformidade com a persuasão racional, compete ao julgador dirigir a instrução probatória e determinar a produção das provas que considerar

---

[2] SILVA JUNIOR, Euclides Ferreira da. *Curso de direito processual penal em linguagem prática*. São Paulo: Juarez Oliveira, 2000.

necessárias à formação de seu convencimento, indeferindo as diligências inúteis ou meramente protelatórias.

O juiz firma sua convicção pela livre-apreciação da prova, sendo-lhe vedado utilizar-se de fundamentação exclusiva nos elementos do inquérito, ressalvadas as provas cautelares, não repetíveis e antecipadas. Não há hierarquia entre as provas. Sua decisão deve ser fundamentada. No caso do Tribunal do Júri, os jurados decidem de acordo com a sua íntima convicção.

No processo penal, o juiz não está vinculado ao laudo pericial nem ao parecer do Ministério Público, porque na aplicação da lei processual vigora o princípio da persuasão racional, por meio do qual o juiz aprecia livremente a prova, atendendo aos fatos e às circunstâncias constantes dos autos, indicando os motivos que lhe formaram o convencimento.

3.4. Princípio da publicidade

O princípio da publicidade visa ampla divulgação dos atos no processo penal, permitindo sua transparência e o controle social. Cabe ressalvar que o princípio da publicidade não é absoluto.

Em regra, os atos processuais, audiências e sessões são públicos, de forma que qualquer pessoa do povo pode consultar os autos, e as salas onde são realizadas as audiências e sessões ficam de portas abertas.

Porém, quando houver escândalo, inconveniente grave ou perigo de perturbação da ordem, o juiz pode, de ofício ou a requerimento da parte ou MP, determinar o segredo de justiça, de forma que a consulta ficará restrita às partes e seus procuradores, e as salas onde são realizadas as audiências e sessões ficam de portas fechadas, com número limitado de pessoas.

A Constituição Federal, no art. 5º, LX, permite a publicidade dos atos processuais para defesa da intimidade (quando não prejudicar o interesse público à informação) ou do interesse social.

Questão de prova

A prova de Juiz TJ/MS/2012 considerou INCORRETA a afirmativa: "O princípio da publicidade, que norteia o processo penal, é um poderoso instrumento de fiscalização popular dos órgãos encarregados da *persecutio criminis* processual, conferindo transparência à atividade jurisdicional e, assim, visando à minimização de eventuais excessos e arbitrariedades. Sob esse prisma, não se admite a restrição do princípio da publicidade no contexto da ação penal, sob pena de inclinar-se o processo à inquisitoriedade desprestigiada pela ordem constitucional".

Cabe ressaltar que, em relação ao inquérito policial, o sigilo é necessário para a própria finalidade investigatória, nos termos do art. 20 do CPP. Não é aplicado ao inquérito o princípio da publicidade, pois a CF, no seu art. 5º, LX, menciona atos processuais, e inquérito não é processo.

De acordo com a Súmula Vinculante 14 do STF, é direito do defensor, no interesse do representado, ter acesso amplo aos elementos de prova que, já documentados em procedimento investigatório realizado por órgão com competência de polícia judiciária, digam respeito ao exercício do direito de defesa.

A Resolução n. 217 do CNJ tornou obrigatória aos juízes a determinação de investigação, dirigida aos órgãos competentes, sempre que houver vazamento seletivo e ilegal de dados e informações sigilosas constantes de procedimentos investigatórios.

Questão de prova A prova de Promotor de Justiça MPE/MG/2012 considerou CORRETA a afirmativa: "O princípio da publicidade garante o acesso de qualquer advogado aos elementos de prova já documentados e produzidos na fase investigatória".

3.5. Princípio do contraditório

Questão de prova A prova de Técnico Judiciário TJ/AC/2012 considerou CORRETA a afirmativa: "Aos litigantes, em processo judicial ou administrativo, e aos acusados em geral são assegurados o contraditório e ampla defesa, com os meios e recursos a ela inerentes".

O réu deve conhecer da acusação para produzir a defesa e as provas necessárias. Deve existir paridade de armas para as partes, que devem ser ouvidas e ter oportunidade de se manifestar. As partes têm o direito de ser cientificadas do processo. É também conhecido por princípio da bilateralidade da audiência.

Não há **contraditório no inquérito policial**, salvo no inquérito para expulsão de estrangeiro. Pela sua natureza inquisitorial e informativa, sendo fase investigatória, preparatória da acusação, destinada a subsidiar a atuação do órgão ministerial na persecução penal, a fase do inquérito policial não está sujeita aos princípios do contraditório e da ampla defesa. Há posicionamento minoritário que defende a aplicação do contraditório no inquérito policial, pois a Constituição Federal, ao prever a garantia do contraditório, prevê sua aplicação em qualquer processo judicial ou administrativo.

Questão de prova A prova do VIII Concurso de Juiz Substituto do Tribunal Regional Federal da 3ª Região considerou INCORRETA a afirmativa: "Nos procedimentos investigatórios que versem sobre ações praticadas por organizações criminosas, o acesso a informações fiscais, bancárias ou eleitorais, praticadas pelo Juiz para preservar o sigilo constitucional, caracteriza uma atuação ínsita à atividade jurisdicional, com base no princípio do contraditório".

Cabe ressaltar que durante o inquérito policial podem ser decretadas medidas cautelares[3], desde que determinadas pelo juiz e com observância da lei,

[3] Entre nós, as medidas cautelares são, em regra, determinadas sem audiência do titular do direito restringido, de ofício ou em atenção a requerimento do Ministério Público, do ofendido ou representação da autoridade policial. As perícias são realizadas também sem participação do investigado ou de seu advogado. A observância do contraditório, nesses casos, é feita depois, dando-se oportunidade ao suspeito ou réu de contestar a providência cautelar ou de combater, no processo,

sem que haja necessidade de o acusado ser previamente informado da decretação das medidas. Nesse caso, como é medida ou prova de natureza cautelar, o contraditório é postergado para a fase judicial. Existe o contraditório diferido, ou seja, o feito em momento posterior à concessão da **medida judicial**, em caso de perecimento do objeto face à demora do processo.

> **Questão de prova** — A prova de Analista Judiciário STM/2011 considerou INCORRETA a afirmativa: "Não se admite, por caracterizar ofensa ao princípio do contraditório e do devido processo legal, a concessão de medidas judiciais *inaudita altera parte* no processo penal".

Há uma discussão a respeito da aplicação do contraditório no interrogatório. Há quem diga que o interrogatório é meio de prova, um ato pessoal do magistrado processante, e que não comporta a aplicação do princípio do contraditório. Outra parte sustenta que, além de ser fonte de prova, o interrogatório é meio de defesa e, para que seja validamente introduzido no processo, deve atender às garantias constitucionais instituídas em favor do acusado, inclusive o direito ao **contraditório**.

> **Questão de prova** — A prova do VI Concurso de Juiz Substituto do Tribunal Regional Federal da 3ª Região considerou INCORRETA a afirmativa: "Durante a instrução da ação penal, o juiz verifica que o advogado constituído pelo réu, embora compareça aos atos do processo, vem agindo com visível deficiência na condução da sua defesa, o que faz supor como resultado a condenação do mesmo. Em tal caso, o juiz, usando dos poderes assistenciais que lhe reconhecem os tratadistas, deve considerar, desde logo, o acusado indefeso no processo e, aplicando o princípio constitucional da obrigatoriedade do contraditório, nomear-lhe defensor dativo".

3.6. Princípio da ampla defesa

> **Questão de prova** — A prova de Defensor Público ES/2009 considerou INCORRETA a afirmativa: "O juiz não pode vetar o direito de vista do processo fora da secretaria, mesmo em caso de diversidade de réus e necessidade de juntada frequente de documentos de interesse de todas as partes, sob pena de violação do princípio da ampla defesa, segundo o STJ".

O princípio da ampla defesa é dividido em duas partes:

a) **autodefesa**: é concretizada pelo direito de presença, ou seja, o direito de acompanhar o desenvolvimento do processo e pelo direito de audiência, ou seja, o direito de ser ouvido e de se manifestar;

> **Questão de prova** — A prova de Promotor de Justiça MP/SP/2006 considerou CORRETA a afirmativa: "O direito à ampla defesa abrange a autodefesa".

---

a prova pericial realizada no inquérito. Fala-se em contraditório diferido ou postergado (FERNANDES, Antonio Scarance. *Processo penal constitucional*. São Paulo: Revista dos Tribunais, 1999).

b) **defesa técnica:** é concretizada pela representação de um profissional habilitado, podendo ser constituído (nomeado pela parte) ou dativo (nomeado pelo juiz); a defesa técnica será sempre exercida por meio de manifestação fundamentada.

> **Questão de prova**
> A prova do VIII Concurso de Juiz Substituto do Tribunal Regional Federal da 3ª Região considerou INCORRETA a afirmativa: "A renúncia ao recurso formulada pelo réu, ou ainda a desistência, em desacordo com seu procurador ou advogado, terão efeitos, quando deve prevalecer a vontade do réu, em ambas as hipóteses, mesmo que isto lhe acarrete violação do princípio da ampla defesa".

O art. 261 do CPP assegura que nenhum acusado, ainda que ausente ou foragido, será processado ou julgado sem defensor.

3.7. Princípio da iniciativa das partes

> **Questões de prova**
> A prova de Analista Judiciário STM/2011 considerou INCORRETA a afirmativa: "A adoção do princípio da inércia no processo penal brasileiro não permite que o juiz determine, de ofício, diligências para dirimir dúvida sobre ponto relevante dos autos".
>
> A prova do 22º Concurso de Procurador da República MPF considerou INCORRETA a afirmativa: "do princípio da iniciativa das partes decorre que o juiz não age de ofício para encetar a ação penal pública, cuja instauração cabe privativamente ao Ministério Público, que é senhor da *opinio delicti* e pode desistir da persecução criminal já desencadeada".

No princípio da iniciativa das partes, cabe ao interessado provocar a jurisdição, já que não há jurisdição criminal sem ação penal pública ou privada.

A jurisdição é inerte (*nemo judex sine actore* – não há juiz sem autor; *ne procedat judex ex officio* – **o juiz não procede de ofício**).

> **Questão de prova**
> A prova de Analista Judiciário TRE/MA/2009 considerou INCORRETA a afirmativa: "Pelo princípio da iniciativa das partes, cabe à parte provocar a prestação jurisdicional, sendo vedado ao juiz agir de ofício, especialmente quanto a questões probatórias".

Cabe ressaltar que o **procedimento judicialiforme não foi recepcionado pela Constituição Federal de 1988**.

O procedimento judicialiforme era previsto nos arts. 26 e 531, ambos do Código de Processo Penal Brasileiro. O art. 26 previa que as contravenções penais podiam ser iniciadas pelo auto de prisão em flagrante da autoridade policial, ou de ofício pelo juiz ou delegado, pela abertura de uma portaria. O art. 531 trazia em sua redação que o processo das contravenções teria forma sumária, iniciando-se pelo auto de prisão em flagrante ou mediante portaria expedida pela autoridade policial ou pelo juiz, de ofício ou a requerimento do Ministério Público.

No estudo do princípio da iniciativa das partes, é analisada a discussão a respeito da constitucionalidade do reexame necessário: a) na corrente majoritária, é constitucional, tratando-se de uma providência legal de remessa dos autos para instância superior nos casos previstos em lei; b) na corrente minoritária, é inconstitucional, pois viola a inércia do juiz, bem como o art. 129, I, da Constituição Federal, que prevê o MP como titular da ação penal pública.

3.8. Princípio da inadmissibilidade das provas obtidas por meio ilícito

O princípio da vedação à utilização de provas ilícitas é um princípio constitucional e infralegal que proíbe o uso no processo de provas obtidas em violação a regras de direito material ou de direito processual. É vedada, outrossim, a prova ilícita por derivação.

O princípio da inadmissibilidade das provas ilícitas tem uma exceção, qual seja, o princípio da proporcionalidade, decorrência do devido processo legal, que dispõe a possibilidade de o juiz admitir a prova ilícita no processo para provar a inocência do acusado ou em caso de legítima defesa dos direitos fundamentais.

As provas ilícitas, obtidas com violação a normas constitucionais ou legais, são inadmissíveis no processo, devendo ser desentranhadas. São também inadmissíveis as provas derivadas das ilícitas, salvo quando não evidenciado o nexo de causalidade entre umas e outras, ou quando as derivadas puderem ser obtidas por uma fonte independente das primeiras. Considera-se fonte independente aquela que, por si só, seguindo os trâmites típicos e de praxe, próprios da investigação ou instrução criminal, seria capaz de conduzir ao fato objeto da prova.

Questões de prova

A prova da Magistratura TJ/SP/2014 considerou CORRETA a afirmativa: "São admissíveis as provas derivadas das ilícitas quando não evidenciado o nexo de causalidade entre umas e outras".

A prova de Delegado de Polícia DP/PC/SC/2014 considerou INCORRETA a afirmativa: "Considera-se fonte independente a prova que por si só seria incapaz de conduzir ao fato objeto da prova".

3.9. Princípio da inocência ou princípio da presunção da não culpabilidade

Questão de prova

A prova de Analista Judiciário STM/2011 considerou CORRETA a afirmativa: "O princípio da inocência está expressamente previsto na Constituição Federal de 1988 e estabelece que todas as pessoas são inocentes até que se prove o contrário, razão pela qual se admite a prisão penal do réu após a produção de prova que demonstre sua culpa".

O **princípio da presunção da inocência** é previsto no art. 5º, LVII, pelo qual ninguém será considerado culpado até o trânsito em julgado da sentença penal condenatória. Noutros termos, presume-se inocência até o trânsito em julgado, salvo prova em contrário. O **princípio do estado de inocência**, decorrente do devido processo legal, é uma garantia processual penal. É uma presunção relativa.

> **Questões de prova**
>
> A prova de Analista Judiciário TJ/AC/2012 considerou CORRETA a afirmativa: "O princípio da presunção de inocência ou da não culpabilidade subsiste durante todo o processo e tem o objetivo de garantir o ônus da prova à acusação até declaração final de responsabilidade por sentença penal condenatória transitada em julgado".
>
> A prova do XIII Concurso de Juiz Substituto do Tribunal Regional Federal da 3ª Região considerou INCORRETA a afirmativa: "Em face do princípio da presunção de inocência (artigo 5º, LVII, Constituição Federal), tornou-se falsa a ideia de que o acusado que alegar um álibi capaz de absolvê-lo ou melhorar sua situação no processo penal tem o ônus de demonstrá-lo cumpridamente".
>
> A prova de Analista Judiciário STM/2011 considerou CORRETA a afirmativa: "Os efeitos causados pelo princípio constitucional da presunção de inocência no ordenamento jurídico nacional incluem a inversão, no processo penal, do ônus da prova para o acusador".
>
> A prova de Delegado da Polícia Civil de Santa Catarina/2008 considerou CORRETA a afirmativa: "O princípio do estado de inocência obsta que, na sentença de pronúncia, o juiz determine o lançamento do nome do réu no rol dos culpados".

A **prisão processual** não ofende o princípio da presunção da inocência, quando decretada a título cautelar para possibilitar o desenvolvimento do processo e de forma fundamentada, nos termos da Súmula 9 do STJ. "A manutenção prolongada da prisão provisória, sem justificativas fáticas e processuais idôneas, retira-lhe o caráter transitório e lança a medida cautelar à borda da definitividade, em franca violação ao princípio da presunção de inocência" (HC 219.155/PE, STJ).

> **Questão de prova**
>
> A prova do VI Concurso de Juiz Substituto do Tribunal Regional Federal da 3ª Região considerou INCORRETA a afirmativa: "não mais se admite a prisão cautelar de natureza penal no Brasil, com exceção da prisão em flagrante, por ser inconciliável com o princípio da presunção do estado de inocência do acusado, introduzido no texto constitucional de 1988 (artigo 5º, inciso LVII), tendo-se hoje, como regra geral, no nosso sistema processual penal, a concessão sistemática da liberdade provisória, com ou sem o pagamento de fiança, até o trânsito em julgado da sentença penal condenatória".

Em conformidade com a Súmula 444 do STJ, não podem ser considerados como circunstâncias judiciais desfavoráveis os inquéritos e as ações penais em andamento, o que violaria o princípio da presunção de inocência. No *Habeas Corpus* 126.292, o STF entendeu que a possibilidade de início da execução da pena condenatória após a confirmação da sentença em segundo grau não ofende o princípio constitucional da presunção da inocência.

3.10. Princípio do devido processo legal

> **Questões de prova**
>
> A prova de Analista Judiciário STM/2011 considerou INCORRETA a afirmativa: "Entende-se por devido processo legal a garantia do acusado de não ser privado de sua liberdade em um processo que seguiu a forma estabelecida na lei; desse princípio deriva o fato de o descumprimento de qualquer formalidade pelo juiz ensejar a nulidade absoluta do processo, por ofensa a esse princípio".

Questões de prova

A prova de Analista Judiciário STM/2011 considerou CORRETA a afirmativa: "Decorrem do princípio do devido processo legal as garantias procedimentais não expressas, tais como as relativas à taxatividade de ritos e à integralidade do procedimento".

O princípio do devido processo legal é previsto no art. 5º, LIV, da Constituição Federal ("ninguém será privado da liberdade ou de seus bens sem o devido processo legal") e originado da Magna Carta da Inglaterra de 1215.

O princípio do devido processo legal possui dois sentidos: **a) material:** é a tutela da vida, da **liberdade** e da propriedade e a edição de normas razoáveis; **b) formal:** o processo deve se desenvolver conforme a lei, com publicidade, justiça e imparcialidade do órgão julgador.

Questão de prova

A prova da Magistratura TJ/SC/2009 considerou CORRETA a afirmativa: "O princípio do devido processo legal consiste no direito de não ser privado da liberdade e de seus bens, sem a garantia que supõe a tramitação de um processo desenvolvido na forma que estabelece a lei".

Do princípio do devido processo legal, decorrem as seguintes garantias: a) desenvolvimento do processo na forma da lei, com ampla defesa; b) direito de ser ouvido; c) direito de ser informado dos atos processuais; d) ter acesso à defesa técnica; e) direito de manifestação; f) publicidade do processo; g) motivação das decisões judiciais; h) juiz competente; i) duplo grau de jurisdição; j) revisão criminal.

3.11. Princípio da indisponibilidade

Questão de prova

A prova de Defensor Público AL/2009 considerou CORRETA a afirmativa: "O princípio da indisponibilidade foi mitigado com o advento dos juizados especiais criminais, diante da possibilidade de se efetuar transação em matéria penal".

Em face do **princípio da indisponibilidade**: a) a autoridade policial não pode mandar arquivar o inquérito policial; b) o Ministério Público não pode desistir da ação ou do recurso; c) na ação penal privada, vigora o princípio da disponibilidade; d) no juizado especial criminal, a indisponibilidade é mitigada, em face da existência da transação penal.

Questão de prova

A prova de Delegado da Polícia Civil ES/2011 considerou INCORRETA a afirmativa: "O princípio da indisponibilidade impede o MP de opinar pela absolvição, em sede de alegações finais. Em tal hipótese, o juízo competente pode, ainda assim, condenar o acusado".

3.12. Princípio da autoritariedade

Os órgãos investigantes e processantes devem ser autoridades públicas, salvo na ação penal privada, em que a titularidade é da vítima (ação penal privada personalíssima) ou do seu representante legal (ação penal privada exclusiva e subsidiária da pública).

3.13. Princípio da oficiosidade

Os órgãos investigantes e processantes devem proceder de ofício, salvo na ação penal privada e na ação penal pública condicionada.

3.14. Princípio da oficialidade

Questão de prova

A prova de Promotor de Justiça MP/PE/2008 considerou CORRETA a afirmativa: "Sobre o princípio da oficialidade no processo penal e em razão dele, os órgãos encarregados de deduzir a pretensão punitiva devem ser órgãos oficiais".

Os órgãos investigantes e processantes devem pertencer ao Estado, salvo na ação penal privada e na ação penal popular dos crimes de responsabilidade.

3.15. Princípio da legalidade ou obrigatoriedade

Questões de prova

A prova de Delegado de Polícia Civil GO/2008 considerou CORRETA a afirmativa: "O princípio da obrigatoriedade possui um caráter bifronte: I – dirige-se à autoridade policial, obrigando-a, sempre que souber da ocorrência de qualquer crime, a instaurar inquérito policial; II – ao Ministério Público, obrigando-o a promover ação penal em face de quaisquer crimes, sempre que tiver elementos mínimos necessários para tanto".

A prova de Analista TJ/RO/2012 considerou INCORRETA a afirmativa: "O princípio da obrigatoriedade nas ações penais públicas se estende ao procedimento relativo aos juizados especiais criminais, porquanto, desde que convencido da existência do crime, deve o MP, obrigatoriamente, submeter a questão penal ao exame do Poder Judiciário".

Os órgãos investigantes e processantes não têm poderes discricionários para apreciar a conveniência e a oportunidade da instauração do inquérito ou processo, salvo na ação penal privada ou na ação penal pública condicionada.

3.16. Princípio da celeridade processual

O princípio da celeridade processual está previsto no art. 5º, LXXVIII, da CF/88, que assegura a todos, no âmbito judicial e no administrativo, a razoável duração do processo e os meios que garantam a celeridade de sua tramitação.

O processo deve ter prazo razoável, ou seja, duração necessária para atingir sua finalidade, sem constrangimentos inúteis.

No processo penal, deve ocorrer a dispensa da prática dos atos que possam ser considerados desnecessários ao deslinde da questão.

No contexto de realizar a justiça no caso concreto por meio de uma jurisdição eficiente e efetiva, é possível enumerar, de forma sugestiva, os 10 mandamentos para assegurar às pessoas o ideal do processo célere: a) evitar formalismos excessivos; b) aproximar o processo da realidade social; c) preservar as garantias formais funcionais e coerentes; d) conformá-lo com as normas constitucionais; e) interpretar as regras processuais à luz dos princípios constitucionais e direitos fundamentais; f) melhorar o aparelhamento das instituições estatais, especialmente as ligadas à justiça; g) atender aos anseios reais dos cidadãos em geral, no sentido de garantir o resultado desejado, ou seja, resguardar o direito material; h) simplificar a rotina processual com gestão do Judiciário renovada, planejada e estruturada; i) atualizar a mentalidade dos operadores do Direito; j) atingir um resultado útil e congruente com o mínimo de dispêndio de tempo e energias, de forma a obter o máximo rendimento com o mínimo de dispêndio[4].

3.17. Princípio da motivação das decisões judiciais

As decisões judiciais devem ser motivadas, sob pena de nulidade, nos termos do art. 93, IX, da Constituição Federal. Motivar significa indicar os fundamentos de fato e de direito da decisão.

A motivação representa a possibilidade do povo de controlar a administração pública, evitando o arbítrio estatal. Trata-se de garantia fundamental de um julgamento justo e imparcial. "A exigência de fundamentação das decisões judiciais ou da 'motivação de sentenças' radica em três razões fundamentais: (1) controlo da administração da justiça; (2) exclusão do carácter voluntarístico e subjectivo do exercício da actividade jurisdicional e abertura do conhecimento da racionalidade e coerência argumentativa dos juízes; (3) melhor estruturação dos eventuais recursos, permitindo às partes em juízo um recorte mais preciso e rigoroso dos vícios das decisões judiciais recorridas"[5].

Na decisão do recebimento da denúncia ou queixa, há uma discussão a respeito da necessidade da sua motivação. Em conformidade com a exigência constitucional de que **todas** as decisões judiciais devem ser fundamentadas, a motivação deve ocorrer de forma sucinta, limitando-se à admissibilidade da acusação formulada pelo órgão ministerial, evitando-se, assim, o prejulgamento da demanda.

Na análise do princípio da motivação das decisões judiciais, cabe ressaltar que dele decorre a adoção no direito brasileiro do princípio do livre-conven-

---

4 MESSA, Ana Flávia. *Algumas considerações sobre a busca do processo efetivo no contexto das reformas processuais civis*. Terceira etapa da reforma do Código de Processo Civil. Estudos em homenagem ao Ministro José Augusto Delgado. Salvador: JusPodivm, 2007.

5 CANOTILHO, José Joaquim Gomes. *Direito constitucional e teoria da Constituição*. 4. ed. Coimbra: Almedina, 1997.

cimento motivado, em que o juiz formará sua convicção pela livre-apreciação da prova produzida em contraditório judicial, não podendo fundamentar sua decisão exclusivamente nos elementos informativos colhidos na investigação, ressalvadas as provas cautelares, não repetíveis e antecipadas. Somente quanto ao estado das pessoas serão observadas as restrições estabelecidas na lei civil. No processo penal, há exceção no caso da decisão dos jurados, que é baseada no sistema da convicção íntima.

Por fim, cabe ressaltar que a Constituição Federal exige motivação também para as decisões administrativas dos Tribunais e do Ministério Público.

3.18. Princípio do juiz natural

Questões de prova

A prova da Magistratura TJ/SC/2009 considerou CORRETA a afirmativa: "O princípio do juiz natural pressupõe a existência de um órgão julgador técnico e isento, com competência estabelecida na própria Constituição e nas leis de organização judiciária de modo a impedir que ocorra julgamento arbitrário ou de exceção".

A prova de Analista do MPU/2007 considerou CORRETA a afirmativa: "Dispõe o art. 5º, inciso XXXVII da Constituição da República Federativa do Brasil que 'Não haverá juízo ou Tribunal de exceção; inciso LIII – Ninguém será processado nem sentenciado senão pela autoridade competente'. Tais disposições consagram o princípio do juiz natural".

O autor da infração penal somente pode ser processado e julgado por autoridade competente, sendo vedada a criação de juízos ou **tribunais de exceção** (são os criados sem previsão legal ou constitucional, após o fato, e formados por julgadores sem qualquer imparcialidade). Cabe ressaltar que o princípio do juiz natural não impede ou proíbe o foro por prerrogativa de função.

Questão de prova

A prova de Procurador Municipal PE/2009 considerou INCORRETA a afirmativa: "A garantia do juiz natural e a vedação constitucional dos tribunais de exceção afastam do ordenamento jurídico brasileiro o instituto do foro especial ou privilegiado".

O princípio é também chamado de princípio do juiz competente ou do juiz constitucional. A existência da justiça especializada não ofende o princípio do juiz natural, pois é uma justiça prevista na Constituição Federal.

O juiz natural, além de direito subjetivo da parte, é a garantia de: a) uma jurisdição imparcial; b) vedação do tribunal de exceção; c) um juiz competente; d) um judiciário com garantias institucionais e pessoais; e) respeito pelo meio processual assecuratório da **exceção de incompetência**.

Questão de prova

A prova de Juiz TJ/SP/2013 considerou CORRETA a afirmativa: "A exceção de incompetência constitui meio processual assecuratório da observância do princípio do juiz natural".

3.19. Princípio do *favor rei* ou do *in dubio pro reo*

Questão de prova

A prova do 22º Concurso de Procurador da República MPF considerou CORRETA a afirmativa: "por conta do princípio do *favor rei*, em caso de conflito entre o *jus puniendi* do Estado e o *jus libertatis* do acusado, prevalece este último".

Em caso de dúvida, o juiz decide **a favor do réu**. É uma decorrência do princípio da presunção de inocência.

Questão de prova

A prova de Analista do TJ/RO/2012 considerou INCORRETA a afirmativa: "No conflito entre o *jus puniendi* do Estado, de um lado, e o *jus libertatis* do acusado, a balança deve se inclinar a favor do primeiro, porquanto prevalece, em casos tais, o interesse público".

Há vários institutos que refletem o princípio: a) proibição da *reformatio in pejus* (art. 617 do CPP); b) embargos infringentes ou de nulidade (recurso privativo da defesa); c) revisão criminal (arts. 621 e ss. do CPP); d) empate na votação do Tribunal – prevalece o que for mais favorável ao réu; e) na falta de provas, deve o juiz absolver o acusado (art. 386, VI, do CPP); f) direito ao silêncio (art. 5º, LXIII, da CF/88).

3.20. Princípio de duplo grau de jurisdição

O princípio do duplo grau de jurisdição, decorrente do devido processo legal, é previsto de forma implícita na Constituição Federal, quando dispõe, em seu art. 92, sobre a existência de juízes e tribunais.

Esse princípio é a possibilidade de recurso diante da decisão judicial, salvo em casos de competência originária.

É entendimento do STJ que o impedimento previsto no art. 252, III, do CPP refere-se à hipótese de o magistrado ter funcionado como juiz de outra instância, de modo que não se enquadra a situação na qual o julgador acumula, no mesmo juízo, jurisdição cível e criminal.

3.21. Princípio da igualdade das partes

Questões de prova

A prova de Delegado de Polícia Civil GO/2008 considerou INCORRETA a afirmativa: "A boa-fé processual no processo penal aplica-se somente ao Ministério Público, sendo juridicamente impossível exigir ao acusado tal postura, em razão do pleno gozo de seu direito à liberdade e à ampla defesa".

A prova de Promotor de Justiça Adjunto MPU/MPDF/2002 considerou INCORRETA a afirmativa: "O acusado poderá, se requerer, usar a palavra pelo dobro do tempo destinado aos debates, no julgamento pelo tribunal do júri".

As partes estão no mesmo plano, com iguais direitos, ônus, obrigações e faculdades. É consequência do sistema acusatório.

3.22. Princípio da identidade física do juiz

> **Questões de prova**
>
> A prova de Analista Judiciário STM/2011 considerou INCORRETA a afirmativa: "O processo penal brasileiro não adota o princípio da identidade física do juiz em face da complexidade dos atos processuais e da longa duração dos procedimentos, o que inviabiliza a vinculação do juiz que presidiu a instrução à prolação da sentença".
>
> A prova de Delegado de Polícia Civil RJ/2012 considerou INCORRETA a afirmativa: "O princípio da identidade física do juiz consiste na dimensão formal do princípio do juiz natural, enquanto a vedação de tribunais de exceção e escolha de juiz traduzem a dimensão substancial do juiz natural".

O mesmo juiz que faz a instrução criminal julga. Antes de 2008, o princípio da identidade física tinha caráter excepcional, pois era adotado apenas no julgamento do júri. Com o advento da Lei n. 11.719/2008, o princípio assumiu **caráter obrigatório**, nos termos do art. 399, § 2º, do CPP.

> **Questão de prova**
>
> A prova da Magistratura TJ/DF/2011 considerou INCORRETA a afirmativa: "Os princípios constitucionais do contraditório e da ampla defesa obrigam o juiz que presenciou a colheita da prova proferir sentença".

Além de obrigatório, cabe ressaltar que o princípio da identidade física do juiz não é absoluto e permite que a sentença penal seja proferida por magistrado que não presidiu a audiência de instrução, nos casos de convocação, licença, promoção, férias ou outro motivo legal que impeça o juiz que presidiu a instrução de sentenciar o feito.

3.23. Princípio do promotor natural

O princípio do promotor natural exige que o membro do Ministério Público seja designado de acordo com critério legal. Deve existir uma prefixação do critério de designação.

Esse princípio visa assegurar o exercício pleno e independente das atribuições do Ministério Público, de forma a evitar a figura do acusador de exceção, escolhido arbitrariamente pelo Procurador-Geral ou nomeado mediante manipulações casuísticas e em desacordo com os critérios legais pertinentes.

> "A criação de grupo especializado por meio de Resolução do Procurador-Geral da Justiça, com competência e membros integrantes estabelecidos previamente ao fato criminoso, não ofende o art. 29, IX da Lei 8.625/96, nem o princípio do Promotor Natural" (REsp 495.928/MG, 5ª T., Rel. Min. José Arnaldo da Fonseca, *DJ* 2-2-2004).

3.24. Princípio da brevidade ou economia processual

Em face do princípio da economia processual, devem ser evitadas questões demoradas e protelatórias, sem burlar a regularidade procedimental.

3.25. Princípio do impulso oficial

No princípio do impulso oficial, após iniciado o processo penal compete ao juiz movimentar o seu procedimento de acordo com a regularidade imposta pelo modelo legal, podendo para tal fim inclusive requisitar o uso da força pública, nos termos do art. 251 do CPP.

3.26. Princípio da comunhão da prova

A prova, mesmo que produzida por uma das partes, pertence ao processo, podendo ser utilizada por todos os sujeitos processuais.

3.27. Princípio da oralidade

O princípio da oralidade impõe o uso da forma oral em alguns atos processuais, como nas alegações finais.

As decorrências do princípio são:

a) **concentração:** a coleta das provas e o julgamento da lide devem ser realizados em audiência única ou em número restrito de audiências;

b) **imediatividade:** o juiz deve ter contato direto com as provas, para facilitar a formação da sua convicção;

c) **identidade física do juiz:** o mesmo juiz que realiza a instrução faz o julgamento.

Cabe ressaltar que a adoção de princípios que integram a oralidade não importa na eliminação de atos escritos.

3.28. Outros princípios

a) **princípio da intranscendência:** a ação penal deve ser movida contra quem praticou a infração penal;

b) **princípio do *ne bis in idem* ou princípio da proibição de perseguição penal múltipla:** em sentido material, ninguém pode ser punido mais de uma vez pelo mesmo fato criminoso; em sentido processual, ninguém pode ser processado mais de uma vez pelo mesmo fato criminoso;

> **Questão de prova**
> A prova de Promotor de Justiça MP/DF/2011 considerou CORRETA a afirmativa: "O princípio *ne bis in idem* não está expressamente previsto na Constituição da República, mas consta da Convenção Americana sobre Direitos Humanos (Pacto de San Jose da Costa Rica)".

c) **princípio da ordem legal:** os atos processuais devem ser praticados em conformidade com a ordem prevista em lei;

d) **princípio da *ne eat judex ultra petita partium*:** o juiz só pode julgar dentro daquilo que lhe foi solicitado (o juiz não pode ir além dos pedidos das partes), não devendo desconsiderar os fatos submetidos à sua apreciação;

e) **princípio da soberania dos veredictos:** a soberania dos veredictos do júri não exclui a recorribilidade de suas decisões;

f) **princípio da proibição do retrocesso:** se uma lei, ao regulamentar um mandamento constitucional, instituir determinado direito, ele se incorpora ao patrimônio jurídico da cidadania e não pode ser arbitrariamente suprimido;

g) **princípio da proibição do excesso:** adequação de meios, necessidade e proporcionalidade em sentido estrito (justa medida);

> **Questão de prova**
> A prova de Delegado de Polícia Civil GO/2008 considerou INCORRETA a afirmativa: "O princípio da proibição do excesso implica a proibição de o Estado, a pretexto de combater infrações penais, cometer abusos na restrição aos direitos fundamentais; tal princípio se aproxima, no sentido formal e objetivo, do princípio do devido processo legal".

h) **princípio da proibição da proteção deficiente:** nem o Estado pode apresentar insuficiência em relação à tutela dos direitos fundamentais (garantismo positivo).

> **Questão de prova**
> A prova de Delegado de Polícia Civil GO/2008 considerou CORRETA a afirmativa: "O princípio da proibição à infraproteção ou proibição à proteção deficiente assegura à sociedade a garantia contra as agressões de terceiros, devendo o Estado atuar como esse garante (garantia horizontal) ao tutelar o valor constitucional segurança e justiça".

4. Princípios informativos do processo

4.1. Princípio lógico

O processo penal deve conciliar a verdade real, um procedimento ordenado em conformidade com a lei e uma justa e imparcial decisão judicial.

4.2. Princípio jurídico

O processo penal deve ser desenvolvido por uma sequência ordenada de atos e fatos em conformidade com a lei.

4.3. Princípio político

O processo é instrumento para solução da demanda, e o juiz não pode se eximir de julgar, diante da lacuna ou obscuridade na ordem jurídica.

4.4. Princípio econômico

No processo penal deve existir obtenção máxima de rendimento com o mínimo de dispêndio.

QUESTÕES DE PRINCÍPIOS DO PROCESSO PENAL

1. (83º MP/SP/2002) Citação, Notificação e Intimação são meios que estimulam o princípio

a) do contraditório.
b) da oralidade.
c) da oportunidade.
d) da livre-convicção.
e) da publicidade.

2. (Analista Judiciário Área Judiciária TJDF/2000) Quanto aos princípios constitucionais que informam o processo, o inquérito policial e a ação penal, assinale a opção correta:

a) Conforme entendimento dominante no STF, ao estabelecer, sem qualquer ressalva, o princípio do contraditório, a Constituição da República obriga a sua observância em todas as fases do procedimento penal, inclusive no inquérito policial.
b) São princípios constitucionais do processo penal: a presunção ou estado de inocência, o contraditório, a publicidade dos atos e o juiz natural.
c) A Constituição garante ao tribunal do júri a soberania dos veredictos, razão pela qual não poderão os tribunais de justiça anular decisão proferida por aquela instituição.
d) Nos crimes sujeitos a ação penal exclusivamente privada, a renúncia ao exercício do direito de queixa em relação a um dos autores do crime não se estende aos demais.
e) Provada a existência do crime, não poderá a autoridade policial relatar o inquérito sem que apure e indicie o seu autor.

3. (21º Concurso de Procurador da República MPF) Em momento pré-processual

a) não há obrigatoriedade da oitiva do investigado.
b) há obrigatoriedade pela perfeita incidência do artigo 514 do CPP no tema.
c) o princípio do *dominus litis* chancela o não atendimento de diligência proposta pelo indiciado ao Delegado, que preside o inquérito.
d) só cabe cogitar-se de conflito de atribuições, lugar não havendo a que surja conflito de jurisdições.

4. (85º Concurso de Promotor de Justiça Substituto MP/SP) Assinale a afirmação incorreta.

a) O direito à ampla defesa abrange a autodefesa.
b) A retirada do réu da sala de audiência não precisa ser motivada pelo juiz.
c) O direito de o réu estar presente à produção da prova testemunhal decorre do direito à autodefesa.
d) O direito à autodefesa é renunciável.
e) A retirada do réu da sala de audiência, quando sua presença ou atitude possa prejudicar a verdade do depoimento, não viola o direito à autodefesa.

5. (22º Concurso de Procurador da República MPF) A expressão "que oportunidade da resposta possa se realizar na mesma intensidade e extensão" (OLIVEIRA, Eugênio Pacelli de):

a) é pertinente à defesa técnica.
b) é pertinente a qualquer forma de defesa por traduzir a realização efetiva da defesa.
c) espelha o princípio da *par conditio.*
d) valida o reconhecimento de nulidade insanável quando a defesa dativa pede a aplicação da sanção no mínimo legal.

6. (20º Concurso de Procurador da República MPF) O Princípio do promotor natural

a) expressa o princípio constitucional de previsão constitucional da independência funcional dos membros do Ministério Público.

b) queda observada quando o Procurador-Geral designa membro da Instituição a ação penal fora das suas atribuições originárias.

c) queda inobservado quando há distribuição ulterior de autos de inquérito policial que, no plantão, tivera comunicação de flagrante examinada por outro membro da instituição.

d) impede manifestações discordantes dos membros da instituição, no mesmo processo, em caso de substituição legal.

7. (20º Concurso de Procurador da República MPF) O princípio *detegere nemo tenetur se detegere*

a) não tem assento constitucional.

b) restringe-se ao momento processual.

c) autoriza a pessoa investigada a não participar da reconstituição do crime.

d) não necessita ser observado nos ritos processuais especiais.

8. (20º Concurso de Procurador da República MPF) O Princípio da Obrigatoriedade

a) é o outro nome para o princípio da inafastabilidade do Poder Judiciário, ou seja, qualquer lesão ou ameaça de lesão deve ser obrigatoriamente submetida a exame do Poder Judiciário.

b) impõe a postura unilateralmente acusatória ao membro do Ministério Público.

c) obriga o Poder Judiciário a declarar o direito aplicável à controvérsia: *jura novit curia*.

d) impede que se fale em decadência processual para o Ministério Público.

9. (Analista Processual MP/RJ/2011) Sob o Antigo Regime, graças à teoria da "justiça reservada", o rei poderia retirar de um processo os juízes competentes e avocar a competência para o seu conselho (avocação) ou fazê-lo julgar pelos comissários especialmente designados para esse efeito (comissão). Ele poderia, então, criar novas jurisdições como "comissões extraordinárias" ou "câmaras de justiça".

Considerando a evolução do princípio do juiz natural e seu acolhimento na Constituição da República de 1988, analise as afirmativas a seguir:

I. Com relação à vedação dos tribunais de exceção, a norma constitucional não causa maiores polêmicas, a não ser no que toca à necessidade de definição das características exigidas para que um tribunal ou órgão jurisdicional possa ser considerado como extraordinário ou de exceção.

II. Para definir o que constitui ou caracteriza um tribunal de exceção ou extraordinário, é necessário analisar o outro aspecto da garantia do juiz natural, isto é, sua face positiva, consistente no direito ao juiz competente segundo as regras vigentes no momento do registro do fato.

III. A distinção fundamental entre a vedação dos tribunais de exceção (art. 5º, inciso XXXVII), de um lado, e o direito ao juiz competente predeterminado por lei (art. 5º, inciso LIII), de outro, é que a primeira diz respeito à distribuição de competência entre os órgãos previamente instituídos enquanto o segundo diz respeito à constituição do órgão em relação à organização judiciária.

IV. O direito ao juiz competente predeterminado tem por finalidade assegurar a integridade do Poder Judiciário, pois uma lei que atribua o julgamento de um processo a órgão que não esteja previsto na Constituição como integrante do Poder Judiciário estará dando poder de julgar para quem a Constituição não previu e que não poderá, portanto, ser investido da função jurisdicional.

V. A vedação da criação de tribunais de exceção é considerada como "aspecto negativo" da garantia do juiz natural, na medida em que, sob o ponto de vista do cidadão, impede o julgamento por um órgão extraordinário. Por outro lado, do ponto de vista dos detentores do poder, que pretendem obter um julgamento parcial, com juízes específica e concretamente escolhidos, a vedação dos tribunais de exceção é um "instrumento positivo" para a contenção do arbítrio, pois impede que se atribua diretamente o julgamento de um fato específico, ou de um conjunto de fatos, para um órgão escolhido e moldado para decidir num sentido previamente determinado.

VI. Tem sido pacificamente aceita a possibilidade de criação de tribunais especiais ou justiças especializadas, que não são considerados incompatíveis com a vedação de instituir tribunais extraordinários ou de exceção. O que os diferencia é que tais tribunais ou juízos especiais são criados antes da prática dos fatos que irão julgar, e têm competência determinada por regras gerais e abstratas, com base em critérios objetivos, e não para um caso particular ou individualmente considerado, escolhido segundo critérios discriminatórios.

As afirmativas corretas são somente:

a) I, III e V;

b) I, V e VI;

c) II, III e IV;

d) II, IV e VI;

e) III, V e VI.

10. (Analista Judiciário TRE/MS/2013) Com relação aos dispositivos constitucionais aplicáveis ao processo penal, assinale a opção correta.

a) A Constituição Federal de 1988 (CF) não admite juízo ou tribunal de exceção, razão por que a atual estrutura do Poder Judiciário não prevê justiças especializadas em determinada matéria.

b) A prisão de qualquer pessoa e o local onde se encontre devem ser comunicados ao juiz competente e à família do preso ou pessoa por ele indicada no prazo máximo de setenta e duas horas contado a partir da prisão.

c) A garantia de que ninguém será considerado culpado até o trânsito em julgado da sentença penal condenatória significa que mesmo quem for preso em flagrante cometendo homicídio será possuidor da presunção de inocência.

d) Admitir-se-á ação penal privada, subsidiária da pública, no crime de roubo, quando o membro do Ministério Público (MP) manifestar-se pelo arquivamento do inquérito policial.

e) Ao assegurar o contraditório, a ampla defesa e a publicidade aos acusados em geral, a CF impôs a observância de tais garantias não só durante o processo penal, mas desde o inquérito policial.

11. (Magistratura TJ/MS/2012) Analise as proposições acerca dos princípios constitucionais que regem o processo penal.

I. A imposição de o réu se recolher ao ergástulo ou nele permanecer para poder apelar não ofende a garantia constitucional da presunção de inocência se – e somente se – os argumentos sobre os quais se fundam o decreto de prisão forem de natureza cautelar.

II. Prevê o artigo 198 do Código de Processo Penal que "o silêncio do acusado não importará confissão, mas poderá constituir elemento para a formação do convencimento do juiz". Com base no princípio do *nemo tenetur se detegere* e dos direitos constitucionais que dele decorrem, é correto afirmar que o dispositivo transcrito estaria em desacordo com os ditames do processo penal democrático delineado pela Constituição de 1988.

III. No âmbito da ampla defesa, distingue-se a defesa técnica da autodefesa. A primeira, irrenunciável, é exercida pelo defensor do réu, detentor do *ius postulandi* amplo. A segunda, renunciável, é exercida pelo próprio réu e compõe-se, em síntese, do direito de audiência e do direito de presença. No processo penal a falta de defesa constitui, em regra, nulidade insanável, porém esta somente será reconhecida se resultar em comprovado prejuízo ao réu.

IV. A iniciativa positiva do juiz no sentido de determinar a complementação de provas no curso do processo penal fere os princípios do acusatório, da imparcialidade do órgão jurisdicional e do *ne procedat judex ex officio*, devendo, portanto, ser evitada, restringindo-se o magistrado à análise das provas produzidas pelos sujeitos processuais e coligidas aos autos.

V. O princípio da publicidade, que norteia o processo penal, é um poderoso instrumento de fiscalização popular dos órgãos encarregados da *persecutio criminis* processual, conferindo transparência à atividade jurisdicional e, assim, visando à minimização de eventuais excessos e arbitrariedades. Sob esse prisma, não se admite a restrição do princípio da publicidade no contexto da ação penal, sob pena de inclinar-se o processo à inquisitoriedade desprestigiada pela ordem constitucional.

Estão CORRETAS:

a) Apenas as proposições I, II e IV.
b) Apenas as proposições I, II e III.
c) Apenas as proposições II, III e V.
d) Apenas as proposições II, III e IV.
e) Apenas as proposições I, II e V.

12. (Promotor de Justiça MP/MG/2012) Assinale a alternativa CORRETA. O princípio da publicidade garante:

a) A realização de determinado ato processual a portas fechadas, limitando-se o número de pessoas presentes.
b) O acesso de qualquer advogado aos elementos de prova já documentados e produzidos na fase investigatória.
c) A produção de provas numa só audiência, podendo ser indeferidas as irrelevantes ou protelatórias.
d) O uso do *habeas corpus* por qualquer pessoa, em seu favor ou de outrem, bem como pelo Ministério Público.

13. (Analista Jurídico TJ/SC/2009) Segundo De Plácido e Silva, os "princípios jurídicos, sem dúvida, significam os pontos básicos, que servem de ponto de partida ou de elementos vitais do próprio Direito. Indicam o alicerce do Direito." (*Vocabulário Jurídico*. 28. ed. Rio de Janeiro: Forense, 2009, p. 1091). Tendo em mira o trecho acima transcrito, mormente os seus conhecimentos sobre a matéria, julgue as proposições a seguir:

I. Decorre do princípio da presunção de inocência a imputação do ônus da prova à acusação.
II. Em razão do princípio da soberania dos veredictos, não pode o Tribunal reformar a decisão, apenas designar um novo júri.
III. O Juiz deve ser previamente designado previamente, por lei, sendo vedado o Tribunal de Exceção, conforme preleciona o princípio do Juiz Natural.
IV. De toda alegação fática ou de direito e das provas apresentadas tem o adverso o direito de se manifestar, tendo em vista o que preleciona o princípio do contraditório.

a) Todas as proposições estão corretas.
b) Todas as proposições estão incorretas.
c) As proposições II, III e IV estão corretas.
d) As proposições I, II e III estão corretas.
e) As proposições I, III e IV estão corretas.

14. (Magistratura TJ/SE/2008) Os princípios constitucionais aplicáveis ao processo penal incluem:

a) a publicidade.
b) a verdade real.
c) a identidade física do juiz.
d) o *favor rci*.
e) a indisponibilidade.

15. (Advogado Nossa Caixa/2011) A regra que, no processo penal, atribui à acusação, que apresenta a imputação em juízo através de denúncia ou de queixa-crime, o ônus da prova é decorrência do princípio

a) do contraditório.
b) do devido processo legal.
c) do Promotor natural.
d) da ampla defesa.
e) da presunção de inocência.

16. (Técnico Administrativo MP/AP/2009) O princípio constitucional que assegura ao acusado o direito de ampla defesa, em processo em que seja assegurada a igualdade das partes, denomina-se princípio

a) do juiz natural.
b) do estado de inocência.
c) da verdade real.
d) da obrigatoriedade.
e) do contraditório.

17. (Analista Judiciário TRF 5ª Região/2012) O princípio da busca da verdade real permite a

a) dilação da prescrição da pretensão punitiva enquanto não encerrada a investigação criminal em crimes dolosos.
b) reabertura de inquérito policial arquivado independente de prova nova enquanto não prescrito o crime.
c) determinação de prova *ex officio* pelo juiz.
d) desconsideração da confissão como meio de prova.
e) aceitação de interceptação telefônica produzida sem autorização judicial como indício.

18. (Delegado Polícia Civil/SP/2011) O princípio segundo o qual somente será declarada a nulidade se houver influenciado na apuração da verdade ou na decisão da causa é chamado de

a) consequencialidade.
b) instrumentalidade das formas.
c) interesse.
d) prejuízo.
e) suprimento.

19. (Exame da OAB/SP/2008) Assinale a opção correta à luz dos princípios regentes do processo penal.

a) O juiz pode abster-se de julgar os casos que lhe forem apresentados, independentemente de causa de suspeição, impedimento ou incompetência.
b) As partes, se entrarem em acordo, podem subtrair ao juízo natural o conhecimento de determinada causa na esfera criminal.
c) Pode o juiz transmitir o poder jurisdicional a quem não o possui.
d) No processo penal, o juiz tem o dever de investigar como os fatos se passaram na realidade, não devendo se conformar com a verdade formal constante dos autos.

20. (Promotor de Justiça MP/CE/2011) O art. 10 da Declaração Universal dos Direitos do Homem, proclamada pela Assembleia Geral das Nações Unidas, em Paris, aos 10 de dezembro de 1948, consagra que toda pessoa tem direito, em condições de plena igualdade, de ser ouvida publicamente e com justiça por um tribunal independente e imparcial, para a determinação de seus direitos e obrigações ou para exame de qualquer acusação contra ela em matéria penal. O princípio do processo penal que se adequa a essa redação é o

a) do juiz natural.
b) da ampla defesa.
c) do contraditório.
d) do duplo grau de jurisdição.
e) da publicidade.

21. (Defensor Público MS/2008) Determinada ação policial de busca e apreensão foi feita sem mandado judicial. Nesse caso, foi ferido o princípio

a) do estado de inocência.
b) *ne eat judex ultra petita partium.*
c) da prova ilícita por derivação.
d) do *in dubio pro societatis.*

22. (Defensor Público MS/2008) O princípio da publicidade

a) não tem aplicabilidade no direito processual penal brasileiro, visto que não está previsto na Constituição Federal.
b) é aquele que garante à imprensa acesso a todas as informações processuais, em nome do interesse público.
c) é regra geral no sistema processual do tipo acusatório.
d) manifesta-se claramente nos atos praticados durante a feitura do inquérito policial, em razão da natureza inquisitiva da referida peça informativa.

23. (Procurador do Estado PE/2009) A respeito dos princípios do direito processual penal, assinale a opção correta.

a) Não fere o direito ao contraditório o fato de uma só das partes ser informada acerca de novo documento juntado aos autos.

b) A legislação brasileira alberga o princípio da verdade real de forma relativa, tanto que não é permitida a rescisão de uma absolvição já transitada em julgado quando surjam provas concludentes contra o agente.

c) Mesmo em face do princípio da obrigatoriedade, vigente no ordenamento processual penal, a autoridade policial não tem o dever de instaurar inquérito policial quando é informada da ocorrência de crime que se apure mediante ação penal pública.

d) Não obstante o princípio da indisponibilidade do processo, que vigora até mesmo na fase do inquérito policial, uma vez ajuizada a ação penal pública incondicionada, o MP tem livre-arbítrio para dela desistir.

e) A CF assegura o sistema inquisitivo misto no processo penal.

24. (Técnico MP/SE/2009) A condenação de um réu sem defensor viola o princípio

a) da oficialidade.

b) da publicidade.

c) do juiz natural.

d) da verdade real.

e) do contraditório.

25. (Magistratura TJ/MS/2008) Relativamente aos princípios processuais penais, é incorreto afirmar que:

a) o princípio da presunção de inocência recomenda que em caso de dúvida o réu seja absolvido.

b) o princípio da presunção de inocência recomenda que processos criminais em andamento não sejam considerados como maus antecedentes para efeito de fixação de pena.

c) os princípios do contraditório e da ampla defesa recomendam que a defesa técnica se manifeste depois da acusação e antes da decisão judicial, seja nas alegações finais escritas, seja nas alegações orais.

d) o princípio do juiz natural não impede a atração por continência nos casos em que o corréu possui foro por prerrogativa de função quando o réu deveria ser julgado por um juiz de direito de primeiro grau.

e) o princípio da vedação de provas ilícitas não é absoluto, sendo admissível que uma prova ilícita seja utilizada quando é a única disponível para a acusação e o crime imputado seja considerado hediondo.

26. (Promotor de Justiça MPE/CE/2011) O art. 10 da Declaração Universal dos Direitos do Homem, proclamada pela Assembleia Geral das Nações Unidas, em Paris, aos 10 de dezembro de 1948, consagra que toda pessoa tem direito, em condições de plena igualdade, de ser ouvida publicamente e com justiça por um tribunal independente e imparcial, para a determinação de seus direitos e obrigações ou para exame de qualquer acusação contra ela em matéria penal. O princípio do processo penal que se adequa a essa redação é o

a) do juiz natural.

b) da ampla defesa

c) do contraditório

d) do duplo grau de jurisdição

e) da publicidade

27. (Titular de Serviços de Notas e de Registros/TJ/AP/2011) A norma processual que permite ao juiz converter o julgamento em diligência e ouvir testemunhas referidas nos autos não arroladas pelas partes funda-se no princípio

a) do contraditório

b) do impulso oficial

c) da verdade real

d) da instrumentalidade do processo

e) do juiz natural

28. (Juiz TJ/RJ/2013) A doutrina é unânime ao apontar que os princípios constitucionais, em especial os relacionados ao processo penal, além de revelar o modelo de Estado escolhido pelos cidadãos, servem como meios de proteção da dignidade humana. Referidos princípios podem se apresentar de forma explícita ou implícita, sem diferença quanto ao grau de importância. São princípios constitucionais explícitos:

a) juiz natural, vedação das provas ilícitas e promotor natural.

b) devido processo legal, contraditório e duplo grau de jurisdição.

c) ampla defesa, estado de inocência e verdade real.

d) contraditório, juiz natural e soberania dos veredictos do Júri.

PRESTE ATENÇÃO!

- São princípios informativos do processo: lógico, jurídico, político e econômico.
- Princípios e regras são espécies de normas jurídicas que não se confundem entre si.
- O procedimento judicialiforme não foi recepcionado pela Constituição Federal de 1988.
- Com o advento da Lei n. 11.719/2008, é previsto de forma expressa no CPP o princípio da identidade física do julgador.
- São decorrências do princípio da oralidade: concentração, imediatidade e identidade física do julgador.
- O devido processo legal possui dois sentidos: o material e o formal.

CUIDADO!

- São exceções do princípio da verdade real: inadmissibilidade de provas ilícitas, art. 479 do CPP, impossibilidade de revisão criminal *pro societatis*, restrições da prova penal quanto ao estado de pessoas, os limites para depor (pessoas com sigilo), recusa de depor por parte dos parentes do acusado, transação penal e extinção da punibilidade.
- Na persuasão racional, o julgador tem livre-apreciação das provas com fundamentação e base nas provas dos autos.

IMPORTANTE!

- A imparcialidade é princípio, bem como pressuposto processual subjetivo exigido da pessoa do juiz.
- Existe contraditório no inquérito para expulsão de estrangeiro.
- Não podem ser considerados como circunstâncias judiciais desfavoráveis os inquéritos e as ações penais em andamento (presunção de inocência – Súmula 444 do STJ).

Capítulo 4

LEI PROCESSUAL PENAL

1. Norma material e norma processual

Normas materiais ou substanciais são as que regulam as relações entre as pessoas (direitos e obrigações) e os conflitos ocorrentes na sociedade, estabelecendo qual interesse deve ser sacrificado e em que medida. Na atividade jurisdicional, tais normas funcionam como critério de julgamento, de forma que, se não forem observadas, geram *error in judicando.*

Normas processuais ou instrumentais são as que contribuem de forma indireta para a resolução dos conflitos de interesses ocorrentes na sociedade, já que estabelecem diretrizes que visam aplicar o direito material ao caso concreto. Na atividade jurisdicional, tais normas funcionam como critério de proceder, de forma que, se não forem observados, geram *error in procedendo.*

ITENS	NORMA MATERIAL	NORMA PROCESSUAL
Termo	Substancial	Instrumental
Direito	Material	Formal
Atividade jurisdicional	Critério de julgar	Modo de proceder
Inobservância jurisdicional	*Error in judicando*	*Error in procedendo*
Objeto	Relações jurídicas	Aplicação das normas de direito material
Conflito de interesses	Aplicação imediata	Aplicação mediata
Regulação	Atividades não jurisdicionais	Atividades jurisdicionais

2. Norma processual

A norma processual é norma jurídica pública (pois incide sobre a função jurisdicional do Estado), instrumental, representativa de ônus e destinada a regular e disciplinar o processo.

O objeto da norma processual é a disciplina do modo processual de resolver os conflitos e controvérsias, mediante a atribuição ao juiz dos poderes necessários para resolvê-los e, às partes, de faculdade e poderes destinados à eficiente defesa de seus direitos, além da correlativa sujeição à autoridade exercida pelo juiz.

3. Norma processual penal

3.1. Elementos

A norma processual penal conta com os seguintes **elementos:**

a) **regra de conduta:** consiste nas disposições estatuídas sobre as atividades que se desenvolvem no processo, com seus consectários lógicos, consistentes na regulamentação da atuação do juiz, das partes e dos terceiros;

b) **ordem:** obrigatoriedade, imposta a todos que intervêm no processo, de não se afastar das regras de conduta traçadas, salvo quando o autorizar a própria norma;

c) **garantia:** série de medidas destinadas a tutelar o caráter preceptivo da norma, como a imposição de ônus e sanções (José Frederico Marques).

3.2. Características

A norma processual penal possui as seguintes **características:**

a) **técnica:** é meio de atuação do Direito Penal Objetivo;

b) **política:** é afirmação do direito de punir;

c) **social:** é forma de proteção dos direitos fundamentais.

3.3. Classificação

Existem duas **classificações** de normas processuais penais:

a) **quanto à natureza:**
   - **cogentes:** estabelecem poder-dever;
   - **dispositivas:** dependem da vontade das partes;

b) **quanto ao objeto:**
   - **normas processuais de organização judiciária:** tratam da criação e da estrutura dos órgãos judiciários e seus auxiliares;
   - **normas processuais em sentido estrito:** são as normas processuais propriamente ditas, destinadas a regular o processo e a atividade jurisdicional;

- **normas processuais em sentido lato:** são aquelas que regulam o procedimento, inclusive a estrutura e a coordenação dos atos processuais que compõem o processo e o inquérito policial.

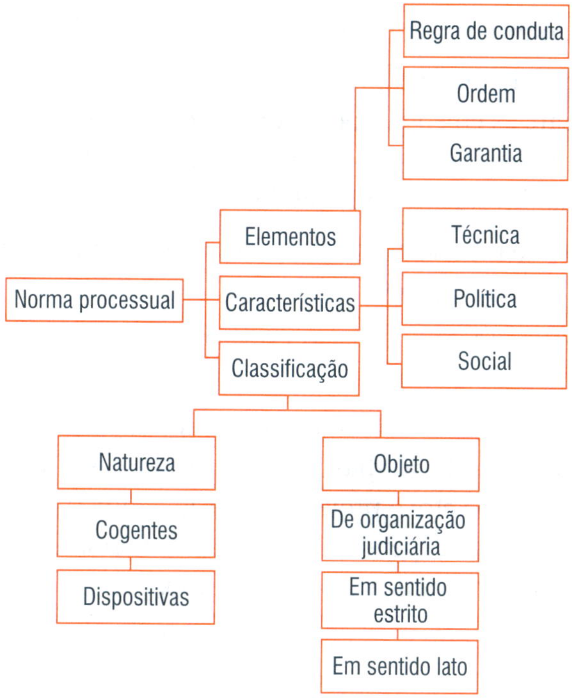

4. Aplicação da lei processual penal

4.1. Lei processual penal no tempo

4.1.1. Nascimento da lei processual penal

Analisar o ciclo vital da lei é verificar seu processo legislativo, ou seja, o conjunto de atos que visam a sua elaboração. É subdividido em quatro fases:

a) **Iniciativa:** apresentação do projeto de lei à Casa iniciadora; os legitimados são os do art. 61 da CF, podendo a iniciativa ser:

- **extraparlamentar:** quando apresentado por membro que não seja parlamentar (Presidente da República, Supremo Tribunal Federal, Tribunal Superior, Procurador-Geral da República, povo);
- **parlamentar:** quando apresentado por membro parlamentar (qualquer membro ou comissão da Câmara dos Deputados, Senado Federal e Congresso Nacional).

b) **Deliberação parlamentar:** é a análise do projeto pela Casa iniciadora, que poderá aprová-lo ou rejeitá-lo. Se o rejeitar, o projeto será arquivado. Se o aprovar, o projeto será remetido para a Casa revisora. Na Casa revisora, o projeto de lei será analisado, de forma que a Casa poderá:

- **aprová-lo:** o projeto será remetido ao Presidente da República;
- **rejeitá-lo:** o projeto será arquivado;
- **apresentar emendas:** o projeto será devolvido para a Casa iniciadora, que analisará as emendas, podendo: aprová-las: o projeto será remetido ao Presidente da República com as emendas; ou rejeitá-las: o projeto será remetido ao Presidente da República sem as emendas.

c) **Deliberação executiva:** o Presidente da República tem o prazo de *15 dias úteis* para analisar o projeto, podendo:

- **sancioná-lo:** concordância – o projeto será remetido a promulgação e publicação;
- **vetá-lo:** discordância – o projeto será remetido ao Congresso Nacional, que terá o prazo de 30 dias para deliberar sobre o veto, podendo: 1) concordar com o veto: o projeto será arquivado; 2) **discordar do veto** (a derrubada do veto depende do quórum de maioria absoluta): o projeto será remetido a promulgação e publicação.

Questão de prova

A prova da Magistratura RJ/2012 considerou INCORRETA a afirmativa: "Nos casos de sanção tácita ou de rejeição de veto, se a lei não for promulgada dentro de quarenta e oito horas pelo Presidente da República, o Presidente do Senado a promulgará, e, se este não o fizer em igual prazo, caberá ao Presidente da Câmara fazê-lo".

d) **Fase complementar:** a promulgação é feita pelo Presidente da República. Se a lei não for promulgada dentro de 48 horas pelo Presidente da República, o Presidente do Senado a promulgará, e, se este não o fizer em igual prazo, caberá ao Vice-Presidente do Senado fazê-lo. A publicação segue a mesma regra.

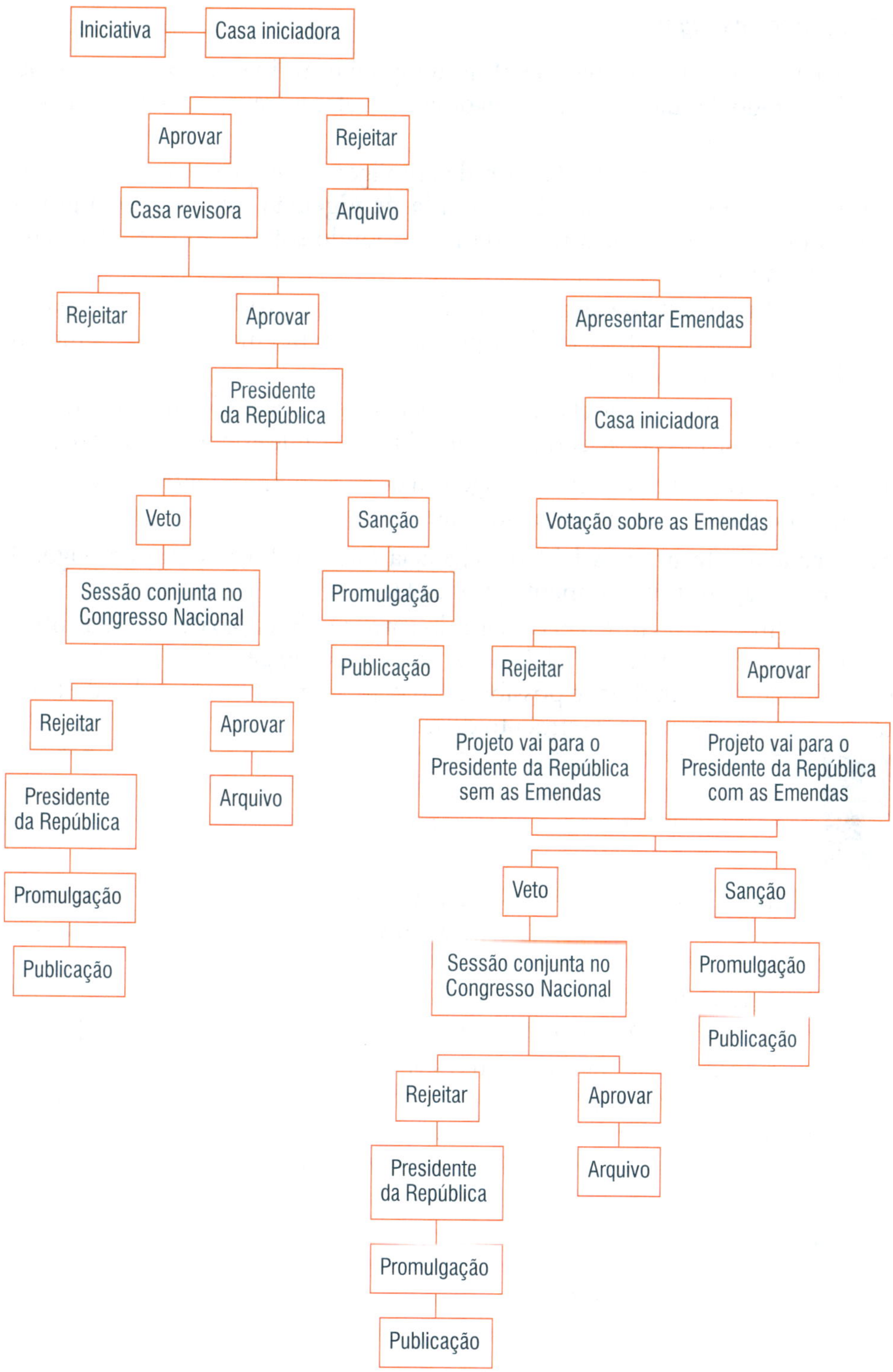
Iniciativa
Casa iniciadora
Aprovar
Rejeitar
Casa revisora
Arquivo
Rejeitar
Aprovar
Apresentar Emendas
Presidente da República
Casa iniciadora
Veto
Sanção
Votação sobre as Emendas
Sessão conjunta no Congresso Nacional
Promulgação
Publicação
Rejeitar
Aprovar
Rejeitar
Aprovar
Presidente da República
Arquivo
Projeto vai para o Presidente da República sem as Emendas
Projeto vai para o Presidente da República com as Emendas
Promulgação
Publicação
Veto
Sanção
Sessão conjunta no Congresso Nacional
Promulgação
Publicação
Rejeitar
Aprovar
Presidente da República
Arquivo
Promulgação
Publicação

4.1.2. Entrada em vigor

Analisar a lei processual penal no tempo é examinar a sua vigência, ou seja, o período de sua entrada em vigor até sua efetiva revogação. É o período de atividade da lei.

A fixação do momento da entrada em vigor da lei processual penal depende da existência ou não da **cláusula de vigência**, ou seja, de alguma norma prevista no próprio texto da lei dispondo sobre o momento de sua entrada em vigor.

Se existir no texto da lei a cláusula de vigência, o problema da vigência da lei processual penal está resolvido, pois a lei entrará em vigor no momento fixado pela referida cláusula.

Porém, se não houver cláusula de vigência, deve ser aplicada a Lei de Introdução às Normas do Direito Brasileiro (LINDB), que estabelece duas regras:

a) **vigência interna:** se a lei tiver vigência dentro do Brasil, entra em vigor 45 dias depois de oficialmente publicada;

b) **vigência externa:** se a lei tiver vigência fora do Brasil, entra em vigor 3 meses depois de oficialmente publicada.

Denomina-se ***vacatio legis*** o período entre a publicação da lei e sua entrada em vigor. Nesse período, a lei processual penal não gera direitos nem obrigações, tendo por finalidade possibilitar o conhecimento da lei pelos destinatários (período de amadurecimento da lei).

Questão de prova

A prova de Juiz TJ/RR/2015 considerou INCORRETA a afirmativa: "a lei processual penal brasileira não admite definição de prazo de *vacatio legis*".

No Direito Brasileiro, em matéria de vigência das leis, vigora o sistema do prazo único, pelo qual a lei penal entra em vigor, ao mesmo tempo, em todo o território nacional.

O Código de Processo Penal (Decreto-lei n. 3.689, de 3-10-1941), publicado em 13 e retificado em 24 de outubro de 1941, entrou em vigor em 1º de janeiro de 1942. Na mesma data, entrou em vigor a Lei de Introdução ao Código de Processo Penal (Decreto-lei n. 3.931, de 11-12-1941), com dispositivos referentes à compatibilização da lei anterior com o novo Código, inclusive à aplicação da lei mais favorável no que diz respeito à prisão preventiva e à fiança (art. 2º).

4.1.3. Aplicação da lei no tempo

4.1.3.1. Princípio da aplicação imediata

Após entrar em vigor, a lei processual penal tem **aplicação imediata**, ou seja, será aplicada desde o momento de sua entrada em vigor, sem prejuízo dos atos realizados sob a vigência da lei anterior.

É o princípio da **aplicação imediata das normas processuais**, previsto no art. 2º do Código de Processo Penal, também conhecido como **princípio da imediatidade ou do efeito imediato (*tempus regit actum*)**, pelo qual a lei processual penal incide sobre os processos futuros e em curso, mesmo que tenham por objeto **crimes pretéritos**.

Questões de prova

A prova de Delegado da Polícia Civil de Santa Catarina/2008 considerou CORRETA a afirmativa: "A lei processual nova aplica-se ao processo em andamento, ainda que o fato que motivou a ação penal (crime ou contravenção) tenha sido cometido antes de sua entrada em vigor e mesmo que sua aplicação se dê em prejuízo do agente".

A prova de Escrivão da Polícia Federal/2013 considerou CORRETA a afirmativa: "Suponha que, no curso de determinado inquérito policial, tenha sido editada nova lei que, então, deixou de tipificar o fato, objeto da investigação, como criminoso. Nesse caso, o inquérito policial deve ser imediatamente encerrado, porquanto se opera a extinção da punibilidade do autor".

As normas de direito processual têm aplicação imediata, sem efeito retroativo, consagrando o princípio *tempus regit actum* e gerando dois efeitos: a) os atos processuais praticados e seus efeitos na **vigência da lei anterior** são considerados válidos; b) as **normas da lei nova** aplicam-se imediatamente, respeitados o ato jurídico perfeito, o direito adquirido e a coisa julgada.

Questões de prova

A prova do Exame da OAB unificado/2008 considerou INCORRETA a afirmativa: "Com a aplicação imediata da lei processual penal, os atos realizados sob a vigência da lei anterior perdem sua validade".

A prova de Delegado de Polícia Civil SP/2012 considerou INCORRETA a afirmativa: "De acordo com o Código de Processo Penal, a nova norma processual valerá para o processo que já tenha sentença transitada em julgado e expedição de carta de guia (ou guia de execução)".

A prova de Juiz TJ/PE/2015 considerou CORRETA a afirmativa: "Antonio está sendo processado pela prática do delito de furto qualificado. É correto dizer que, caso haja mudança nas normas que regulamentam o procedimento comum ordinário, os atos praticados sob a vigência da lei anterior são válidos".

A lei processual penal aplicável será a que estiver em vigor no dia em que o ato processual for praticado. Em relação à admissibilidade dos recursos, a lei processual penal aplicável é a que estiver em vigor ao tempo em que a decisão foi proferida.

4.1.3.2. Irretroatividade da lei processual penal

Uma lei pode ser irretroativa, quando aplicada para o presente e o futuro, ou retroativa, quando aplicada para o presente, o futuro e o passado.

Tendo em vista que o princípio da retroatividade, quando a lei penal for mais benéfica ao infrator, é aplicado no âmbito do Direito Penal, e não no do

Direito Processual Penal, torna-se necessário diferenciar a norma penal da norma processual penal. Dessa forma, a norma penal é a que cria, aumenta, extingue ou reduz a pretensão punitiva ou executória do Estado; enquanto a norma processual penal é a que não afeta a pretensão punitiva do Estado.

Em regra, a lei processual penal é **irretroativa**, mesmo que seja prejudicial ao agente, ou seja, aplica-se aos **processos em andamento**, alcançando os atos praticados a partir de sua vigência, não havendo retroação. É possível afirmar que na lei processual penal não é aplicado o princípio da retroatividade. Noutros termos, a lei processual penal não é retroativa nem ultra-ativa, diferentemente da penal, que pode retroagir e pode ser ultra-ativa.

Questões de prova

A prova de Defensor Público BA/2010 considerou INCORRETA a afirmativa: "Aplica-se a lei processual penal brasileira a crime cometido por brasileiro no exterior, ou por estrangeiro contra brasileiro, fora do Brasil. De igual modo, a CF assegura a retroatividade da lei processual penal que, de qualquer modo, favoreça ao réu, ainda que os fatos anteriores tenham sido decididos em sentença condenatória transitada em julgado".

A prova de Analista do MPE/PI/2012 considerou CORRETA a afirmativa: "A lei processual penal, no tocante à aplicação da norma no tempo, como regra geral, é guiada pelo princípio da imediatidade, com plena incidência nos processos em curso, independentemente de ser mais prejudicial ou benéfica ao réu, assegurando-se, entretanto, a validade dos atos praticados sob a égide da legislação anterior".

Porém, **é possível no processo penal a ultra-atividade da lei anterior** quando houver previsão expressa de não incidência imediata na própria lei processual penal nova.

Interrogado o réu no início da instrução criminal, antes da vigência da Lei n. 11.719/2008, que alterou o procedimento penal ordinário, não há falar em repetição do interrogatório ao final da audiência de instrução e julgamento, conforme preceitua atualmente o art. 400 do CPP, pois a norma de direito processual penal não possui efeito retroativo (STJ, HC 218.469).

A fim de evitar problemas, o legislador, nas disposições transitórias, declarou os casos em que haveria a aplicabilidade da lei nova e os casos em que haveria aplicabilidade da lei velha. "O art. 6º da Lei de Introdução ao Código de Processo Penal (disposições transitórias) estabeleceu: 'As ações penais, em que já se tenha iniciado a produção de prova testemunhal, prosseguirão, até a sentença de primeira instância, com o rito estabelecido na lei anterior'. E no art. 9º: 'Os processos de contravenções, em qualquer caso, prosseguirão na forma da legislação anterior'"; "Art. 3º O prazo já iniciado, inclusive o estabelecido para a interposição de recurso, será regulado pela lei anterior, se esta não prescrever prazo menor do que o fixado no Código de Processo Penal"; "Art. 11. Já tendo sido interposto recurso de despacho ou de sentença, as condições de admissibilidade, a forma e o julgamento serão regulados pela lei anterior".

4.1.4. Normas híbridas

> **Questões de prova**
>
> A prova de Defensor Público da União/2010 considerou INCORRETA a afirmativa: "Em caso de leis processuais penais híbridas, o juiz deve cindir o conteúdo das regras, aplicando, imediatamente, o conteúdo processual penal e fazendo retroagir o conteúdo de direito material, desde que mais benéfico ao acusado".
>
> A prova de Promotor de Justica MP/SP/2015 considerou INCORRETA a afirmativa: "Se a lei nova tiver natureza mista, sua aplicação é imediata e irretroativa, posto que prejudicial ao acusado".

Normas mistas ou híbridas ou processuais penais materiais são normas que possuem aspectos penais e processuais penais.

No caso de normas híbridas, é aplicado o princípio da retroatividade, ou seja, prevalece o caráter penal, de forma que a lei retroagirá quando for para beneficiar o agente.

> **Questão de prova**
>
> A prova Juiz TJ/AM/2013 considerou CORRETA a afirmativa: "as normas previstas no Código de Processo Penal de natureza híbrida, ou seja, com conteúdo de direito processual e de direito material, devem respeitar o princípio que veda a aplicação retroativa da lei penal, quando seu conteúdo for prejudicial ao réu".

Em relação às normas sobre prescrição no processo penal, é hoje pacífica a orientação de que são normas de natureza material, pois constituem causa de afastamento da punição criminal.

No que respeita às normas sobre **condições de procedibilidade**, a orientação é de que são normas híbridas, pois possuem aspecto processual (possuem relação direta com a forma de início do processo) e aspecto penal (matéria relacionada ao direito de punir).

> **Questão de prova**
>
> A prova de Procurador do Estado ES/2008 considerou INCORRETA a afirmativa: "Em abril de 1994, Alfredo, penalmente imputável, foi denunciado pela prática do delito de lesão corporal leve, tendo como vítima José, seu antigo desafeto. Logo em seguida, adveio nova legislação, e os crimes de lesões corporais leves e lesões culposas passaram a ser de ação pública condicionada à representação do ofendido ou de seu representante legal. Nessa situação, o novo dispositivo legal não é aplicável aos fatos ocorridos antes de sua vigência, aproveitando-se todos os atos e procedimentos já praticados".

Em face da posição do STJ (REsp 1.094.482/RJ, Rel. Min. Laurita Vaz, 5ª T., *DJ* 13-11-2009), a Lei n. 11.689/2008, que extinguiu o Protesto por novo júri, é norma processual. Porém, se a decisão condenatória foi prolatada em data anterior à data em que entrou em vigor a lei nova, deve ser possível a utilização do recurso; se foi prolatada em data posterior, a norma processual tem aplicação imediata.

No que respeita à Lei n. 11.719, de 20 de junho de 2008, que introduziu o princípio da identidade física no processo penal, pelo qual o magistrado que presidir a instrução criminal deverá proferir a sentença no feito, nos termos do § 2º do art. 399 do Código de Processo Penal, pode-se afirmar que é norma processual. Porém, se a instrução penal foi iniciada em data anterior à data em que entrou em vigor a lei nova, não deve ser aplicado o princípio, sendo válida a sentença condenatória proferida por magistrado diverso do que presidiu a instrução criminal; se a instrução criminal foi iniciada em data posterior, a norma processual tem aplicação imediata.

É posição pacífica do STF e do STJ que as normas que disciplinam o regime de cumprimento de pena são normas de caráter penal, já que afetam o direito de punir.

Em face do *Informativo* 481 do STJ, a Lei n. 12.433/2011, que alterou a redação do art. 127 da LEP (a penalidade consistente na perda de dias remidos pelo cometimento de falta grave não mais incide sobre a totalidade do tempo remido, mas apenas até o limite de 1/3 desse montante, cabendo ao juízo das execuções, com certa margem de discricionariedade, aferir o *quantum* ao levar em conta a natureza, os motivos, as circunstâncias e as consequências do fato, bem como a pessoa do faltoso e seu tempo de prisão), **é norma penal** mais benéfica, devendo a nova regra incidir retroativamente, em obediência ao art. 5º, XL, da CF/88.

Em relação à alteração da Lei n. 11.689/2008, com a permissão de intimação, por edital, da decisão de pronúncia do acusado solto, em lugar incerto e não sabido, a jurisprudência entende ser norma processual e, por consequência, ter aplicação imediata ao processo (HC 189.563, STJ).

O art. 457 do CPP, com a nova redação dada pela Lei n. 11.689/2008, possui aplicação imediata, tendo em vista ser de caráter processual, uma vez que regula tão somente o novo procedimento a ser adotado pelo Tribunal do Júri (HC 179.929/RJ).

O **art. 366 do CPP** é norma híbrida, pois possui aspecto penal (suspensão do prazo prescricional) e aspecto processual (suspensão do processo).

Questão de prova	A prova de Promotor de Justiça Substituto MPAM/2001 considerou INCORRETA a afirmativa: "O art. 366 do CPP, com a redação dada pela Lei n. 9.271/1996, reza que, se o acusado, citado por edital, não comparecer ao interrogatório, nem constituir advogado, ficarão suspensos o processo e o curso do prazo prescricional. Nesse caso, aos processos em curso de réus revéis citados por edital, que praticaram infrações penais antes da referida lei, aplica-se a suspensão do processo e não a suspensão da prescrição".

Em relação à prisão provisória, a doutrina majoritária sustenta ser norma híbrida, pois possui o aspecto penal (privação da liberdade) e o aspecto processual (possui relação com o desenvolvimento regular do processo).

A respeito da possibilidade de a lei interpretativa retroagir, prevalece que pode retroagir, pois se trata de lei que explica outra já editada, ou seja, determina, em caso de dúvida, o sentido das leis existentes, sem introduzir disposições novas[1]. Com rigor técnico, uma lei não interpreta outra, o que constitui tarefa de aplicador do Direito, cuja função é interpretar lei, e não favorecer ou prejudicar situação do acusado.

4.1.5. Revogação da lei processual penal

A lei processual penal permanece em vigor até que outra lei processual penal a modifique (derrogação) ou revogue (ab-rogação), em homenagem ao princípio da continuidade das leis.

A revogação da lei processual penal é a "morte da lei", é a perda da sua vigência. Uma vez revogada, a lei processual penal não tem aplicação posterior. É vedada a edição de leis irrevogáveis, pois a função legislativa é irrenunciável. São espécies de revogação: a) expressa – a lei penal nova indica em seu texto quais os dispositivos revogados; b) **tácita** – a lei penal nova é incompatível com a lei penal anterior; c) integral – a lei penal nova regula inteiramente a matéria da lei penal anterior.

Questão de prova

A prova da Magistratura do Trabalho 24ª Região/MS/2012 considerou INCORRETA a afirmativa: "O instituto da revogação tácita não é previsto no ordenamento jurídico pátrio".

É possível a denominada autorrevogação, ou seja, a cessação do tempo de duração da lei pelo próprio texto da lei ou pela cessação das circunstâncias que a determinaram.

4.1.6. Repristinação

A repristinação é a restauração da vigência de lei revogada, por ter a lei revogadora perdido sua vigência.

No Direito Brasileiro, não há repristinação implícita, o que significa dizer que a revogação de uma norma não opera a automática restauração de norma anteriormente revogada.

A **repristinação** pode ser admitida no processo penal, se houver **expressa permissão legal**.

---

1 "É preciso, entretanto, distinguir. Sendo a lei interpretativa a forma autêntica pela qual o legislador fixa o seu pensamento e esclarece o seu comando, considera-se contemporânea da própria lei interpretada, segundo a doutrina que vem desde o imperador Justiniano, e, portanto, na sua própria condição intrínseca, faz abstração do tempo decorrido entre as duas normas. Mas as situações jurídicas, ou os direitos subjetivos constituídos em função da interpretação dada à lei, antes do dispositivo interpretativo, não podem mais ser alterados ou atingidos, ainda que a hermenêutica autêntica venha a infirmar o entendimento dado à lei interpretada" (PEREIRA, Caio Mario da Silva. *Instituições de direito civil.* Rio de Janeiro: Forense, 2004, v. I).

Questão de prova

A prova de Advogado SPTrans/2012 considerou INCORRETA a afirmativa: "a repristinação é regra no direito brasileiro".

O vício da inconstitucionalidade acarreta a nulidade da norma, que, portanto, não opera efeitos legítimos, nem mesmo o de revogar a legislação anterior. Assim, diferentemente do que ocorre em casos de revogação da norma (que não admite o fenômeno da repristinação – LINDB, art. 2º, § 3º), a declaração de sua inconstitucionalidade não inibe – mas, ao contrário, impõe – a aplicação da norma anterior tida como revogada (REsp 662.215/RS, Rel. Min. Teori Albino Zavascki, 1ª T., *DJe* 2-6-2008).

4.2. Lei processual penal no espaço

4.2.1. Territorialidade

Analisar a lei processual penal no espaço é determinar qual lei processual penal será aplicada aos processos e julgamentos realizados no território brasileiro, além de verificar a possibilidade da extraterritorialidade da lei processual penal brasileira.

A regra é a **territorialidade**, ou seja, a lei processual penal vigora no território de um país. São exceções: **a) extraterritorialidade** – possibilidade de a lei processual penal brasileira ser aplicada aos crimes ocorridos no exterior; **b) intraterritorialidade** – possibilidade de lei processual penal estrangeira ser aplicada aos crimes ocorridos no Brasil.

Questão de prova

A prova de Delegado da Polícia Civil SP/2008 considerou CORRETA a afirmativa: "O Código de Processo Penal pátrio, no campo da eficácia da lei penal no espaço, adotou, como regra, o princípio da territorialidade".

Em relação aos processos e julgamentos realizados no território brasileiro, é adotado o **princípio da absoluta territorialidade**, ou seja, será aplicada a lei processual penal brasileira a todas as infrações penais cometidas em território brasileiro (considera-se praticado em território brasileiro o crime cuja ação ou omissão, ou cujo resultado, no todo ou em parte, ocorreu em território nacional, conforme art. 6º do CP; foi adotada a *teoria da ubiquidade* ou *mista*), sem prejuízo de convenções, tratados e regras de direito internacional, nos termos do art. 1º do Código de Processo Penal. Os atos processuais que devem ser realizados no exterior devem obedecer à lei processual penal do país onde serão efetuados (princípio da *lex fori*).

4.2.2. Território

No conceito jurídico, território é o espaço onde o país exerce sua soberania. No conceito material, é o espaço delimitado por fronteiras.

O território abrange os seguintes elementos: a) superfície terrestre (solo e subsolo); b) águas territoriais: fluviais, lacustres e marítimas; c) golfos, baías e portos; d) mar territorial: parte do oceano que vai das costas do território de um país até os limites do alto-mar, alcançando também o leito e o subsolo do mar territorial (pela Lei n. 8.617/93, abrange 12 milhas marítimas de largura a partir da baixa-mar do litoral continental e insular brasileiro); e) zona contígua: faixa que abrange das 12 às 24 milhas marítimas, em que o Brasil pode tomar medidas de fiscalização; f) zona econômica exclusiva: faixa que abrange das 12 às 200 milhas marítimas, em que o Brasil tem direitos de exploração, aproveitamento, conservação e gestão dos recursos naturais; g) rios, lagos e mares internacionais; h) espaço aéreo; i) espaço cósmico: exploração e utilização livres, não podendo ser objeto de apropriação.

Consideram-se "território por extensão" do território nacional as embarcações e aeronaves públicas ou a serviço do governo brasileiro, onde quer que se encontrem, e as embarcações e aeronaves particulares que se acharem em espaço aéreo ou marítimo brasileiro, ou em alto-mar ou espaço aéreo correspondente (CP, art. 5º, §§ 1º e 2º). No caso de crime cometido em navio ou aeronave pública, aplica-se a lei do pavilhão ou bandeira, sendo irrelevante o território em que se encontra. No caso de crime cometido em navio ou aeronave privada, se estiver em mar territorial estrangeiro, aplica-se a lei do local; se estiver em alto-mar, aplica-se a lei da bandeira. No caso de crime cometido em barco salva-vidas ou em destroços de navio naufragado, aplica-se a lei da bandeira.

A lei processual penal brasileira abrange todas as infrações penais cometidas em território brasileiro, ou seja, é aplicável no solo, no subsolo, nas águas interiores, no mar territorial, na plataforma continental, no espaço aéreo acima do território e do mar territorial brasileiro e no território por extensão. A única exceção à territorialidade da lei processual penal brasileira é a contida no inciso I do art. 1º do CPP ("I – os tratados, as convenções e regras de direito internacional").

4.2.3. Extraterritorialidade

Questões de prova

A prova de Analista Judiciário – Área Judiciária – TJ/AC/2012 considerou INCORRETA a afirmativa: "A extraterritorialidade da lei processual penal brasileira ocorrerá apenas nos crimes perpetrados, ainda que no estrangeiro, contra a vida ou a liberdade do presidente da República e contra o patrimônio ou a fé pública da União, do Distrito Federal, de estado, de território e de município".

A prova de Juiz TJ/BA/2012 considerou INCORRETA a afirmativa: "Aplica-se às normas processuais penais o princípio da extraterritorialidade, visto que são consideradas extensão do território nacional as embarcações e aeronaves públicas a serviço do governo brasileiro, onde quer que se encontrem".

Em regra, não é possível a extraterritorialidade da lei processual penal brasileira (aplicação fora do território nacional), já que a função jurisdicional constitui uma parcela da soberania nacional, podendo ser exercida somente nos limites do respectivo território brasileiro.

Porém, por exceção, a doutrina[2] aponta três casos em que é possível a referida extraterritorialidade: a) em território *nullius* (onde não há soberania de qualquer país); b) em território estrangeiro, com autorização do respectivo Estado; c) em território ocupado, em caso de guerra.

A legislação processual brasileira também se aplica aos atos referentes às relações jurisdicionais com autoridades estrangeiras que devem ser praticados em nosso país, tais como o de cumprimento de rogatória (CPP, arts. 783 e ss.), homologação de sentença estrangeira (CP, art. 9º; CPP, art. 787) e procedimento de extradição (Lei n. 6.815/80, arts. 76 e ss.; CPP, art. 784, § 1º).

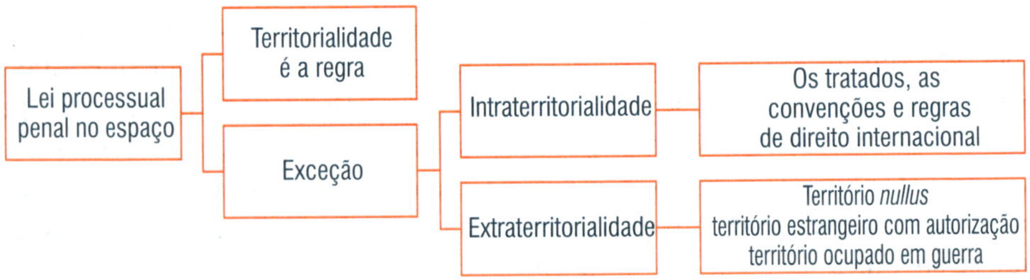

4.2.4. Princípio da unidade do direito processual penal

Em regra, o Código de Processo Penal rege o processo penal em todo o território brasileiro. Porém, há hipóteses de não aplicação do referido Código:

a) **prerrogativas constitucionais do Presidente da República, dos ministros de Estado, nos crimes conexos com os do Presidente da República, e dos ministros do Supremo Tribunal Federal, nos crimes de responsabilidade:** os crimes de responsabilidade são regulados pela Lei n. 1.079/50, analisada no capítulo das Leis Processuais (Capítulo 26);

b) **processos da competência da justiça militar:** o processo penal militar é regido pelo Código de Processo Penal Militar (Decreto-lei n. 1.002/69) e pela Lei de Organização Judiciária Militar (Decreto-lei n. 1.003/69). A Justiça Militar é uma Justiça Especial, existente na União e nos Estados. Sobre a Justiça Militar e sua competência, *vide* capítulo sobre Competência;

---

2 TORNAGHI, Hélio. *Comentários ao Código de Processo Penal*. Rio de Janeiro: Forense, 1956.

Questões de prova

A prova de Auxiliar TJ/AL/2012 considerou INCORRETA a afirmativa: "O CPP aplica-se em todo o território brasileiro, inclusive aos processos da competência da justiça militar".

A prova de Juiz TJ/AP/2014 considerou INCORRETA a afirmativa: "O processo penal reger-se-á, em todo o território brasileiro, pelo Código de Processo Penal (Decreto-Lei n. 3.689/1941)".

c) **processos da competência do tribunal especial:** o tribunal especial foi criado em 11 de setembro de 1936, pela Lei n. 244, para processar e julgar os crimes que atentassem contra a existência, a segurança e a integridade do Estado (crimes políticos), bem como os crimes que atentassem contra a guarda e o emprego da economia popular (crimes contra a economia popular). Em 17 de novembro de 1945, o referido tribunal foi extinto pela Lei n. 14. Nos dias atuais, os crimes políticos são de competência da justiça federal, e os crimes contra a economia popular, da justiça estadual (Súmula 498, STF);

d) **processos por crimes de imprensa:** os crimes de imprensa eram previstos na Lei n. 5.250/67, que nos dias atuais está revogada;

e) **leis processuais penais especiais:** são leis que possuem sistema processual próprio. No caso de conflito entre normas gerais e especiais, prevalecem as normas especiais, em virtude do princípio da especialidade. No caso de omissão de normas especiais, são utilizadas as normas gerais do CPP. No caso das leis extravagantes (não possuem sistema processual próprio), devem ser aplicadas as normas do CPP.

Questão de prova

A prova de Promotor de Justiça MPE/PE/2008 considerou INCORRETA a afirmativa: "Nos termos do Código de Processo Penal, a lei processual penal brasileira aplicar-se-á a todas leis processuais extravagantes, sempre".

4.3. Lei processual penal em relação às pessoas

Em regra, a lei processual aplica-se a todas as pessoas, sem distinção, em homenagem ao princípio da isonomia.

Porém, há casos em que a lei processual penal não alcança determinadas pessoas. Tais casos são os de imunidades, que possuem as seguintes características: a) possuem natureza restritiva, já que impedem a aplicação do ordenamento jurídico ao representante de outro Estado, salvo quando o Estado acreditante renunciar de forma expressa à imunidade ("A **imunidade de jurisdição** não se verifica de plano, isto é, não se aplica de forma automática, notadamente pelo fato de que há a possibilidade de renúncia pelo Estado estrangeiro" – HC 149.481/DF, STJ); b) visam garantir o eficaz desempenho das funções de defender o interesse dos Estados que representam; c) o representante do Estado em missão diplomática ou consular deve respeitar as normas locais e não intervir nos **assuntos internos**.

> **Questões de prova**
>
> A Prova da Magistratura TRF/5ª Região/2005 considerou INCORRETA a afirmativa: "Ao cometer um crime punido mais brandamente no Brasil que no seu Estado de origem, um agente diplomático pode renunciar à imunidade de jurisdição penal para que seja processado e julgado perante os tribunais brasileiros, desde que essa renúncia seja expressamente comunicada pelo próprio agente diplomático ao Estado acreditado".
>
> A prova da Magistratura do TRF/3ª Região considerou CORRETA a afirmativa: "A imunidade de jurisdição do agente diplomático do Estado estrangeiro é absoluta em matéria criminal".
>
> A prova de Consultor Legislativo Câmara/2002 considerou INCORRETA a afirmativa: "Os Estados são representados junto a soberanias estrangeiras, para o trato de 'assuntos de Estado', pelos seus funcionários consulares".

4.3.1. Imunidade diplomática

A imunidade diplomática é regulada pela Convenção de Viena sobre Relações Diplomáticas (Decreto Legislativo n. 103/64). Nela, não há exclusão do crime nem da pena; apenas a competência para efetivar punição ficará a cargo do país de origem do diplomata, em respeito e consideração à soberania desse país.

Além disso, o representante não pode ser processado, julgado nem condenado no Estado acreditado. Cabe ressaltar que não há imunidade aos ex-Chefes de Estado quando praticam crimes contra a humanidade.

A imunidade diplomática abrange:

- diplomatas de carreira;
- funcionários do corpo diplomático;
- membros da família do diplomata;
- membros dos quadros administrativo e técnico, desde que recrutados no Estado de origem;
- familiares dos membros dos quadros administrativo e técnico;
- funcionários das organizações mundiais, desde que estejam a serviço;
- diplomatas *ad hoc*;
- Chefes de Estado e membros de sua comitiva quando em visita a Estado estrangeiro.

Cabe ressalvar que não têm imunidade diplomática os empregados particulares do diplomata, ainda que tenham a mesma nacionalidade dele.

O sujeito da imunidade diplomática não pode ser preso nem **obrigado a testemunhar**; mas pode ser investigado pela polícia, devendo respeitar as leis do país em que estiver trabalhando.

Questão de prova A prova da Magistratura TRF 1ª Região/2010 considerou INCORRETA a afirmativa: "Os agentes diplomáticos não podem figurar em processos criminais como réus nas jurisdições locais, embora sejam obrigados a fazê-lo como testemunha".

No caso de falecimento da pessoa que goza de imunidade diplomática, os familiares ficam com os privilégios por prazo razoável.

4.3.2. Imunidade do Cônsul

Em face da Convenção de Viena sobre relações consulares, existem duas espécies de cônsules: a) os de carreira ou enviados (*missi*): funcionário público do Estado, devendo possuir a nacionalidade do Estado nomeante; b) os honorários ou escolhidos (*electi*): exercem mandato e podem ou não ter nacionalidade do Estado nomeante.

A imunidade do Cônsul é regulada pela Convenção de Viena sobre Relações Consulares (Decreto Legislativo n. 6/67), sendo cônsul o que representa o país estrangeiro em questões administrativas.

Cabe ressaltar que os cônsules honorários não possuem imunidade, já que não são funcionários do Estado estrangeiro.

O Cônsul só terá imunidade se houver previsão em convenção internacional; nesse caso, a imunidade será validada apenas para atos funcionais. "O funcionário consular fica sujeito à jurisdição local por ato realizado não no exercício de suas funções, se pratica infração comum" (CC 111.652/SP, STJ).

Não pode sofrer prisão preventiva, exceto em caso de crime grave e por decisão de autoridade judiciária competente.

4.3.3. Imunidades parlamentares

As imunidades parlamentares são prerrogativas concedidas aos membros do Legislativo para o bom exercício da função legislativa, que começa com o ato de diplomação e vai até o término do mandato. Em face da Súmula 245 do STF, a imunidade parlamentar não se estende ao corréu sem essa prerrogativa.

Há duas espécies:

a) **Material ou real ou substantiva ou absoluta:** é a **inviolabilidade dos parlamentares**, ou seja, não podem ser responsabilizados por suas palavras, votos e opiniões, desde que proferidos em razão do exercício da função.

Questão de prova A prova da Magistratura ES/2011 considerou INCORRETA a afirmativa: "A cláusula de inviolabilidade constitucional, que impede a responsabilização penal do membro do Congresso Nacional por suas palavras, opiniões e votos, não abrange as entrevistas jornalísticas, visto que tais manifestações, ainda que vinculadas ao desempenho do mandato, não se qualificam como natural projeção do exercício das atividades parlamentares".

Tal imunidade é justificada para assegurar a liberdade de expressão do parlamentar, permitindo o livre-debate das questões importantes para a vida social e funcionando como natural projeção do exercício das atividades parlamentares.

A imunidade material, instrumento vital destinado a viabilizar o exercício independente do mandato representativo, constitui garantia inerente ao desempenho da função parlamentar, que só protege o congressista nos atos, palavras, opiniões e votos proferidos no exercício do ofício congressual, qualquer que seja o âmbito, parlamentar ou extraparlamentar.

Trata-se de prerrogativa comum a todos os parlamentares; só os vereadores têm a imunidade material limitada à circunscrição do Município em que atuam: "O vereador, nos limites da circunscrição territorial do Município a que está vinculado e na defesa da honorabilidade de sua atuação parlamentar, não pode ser submetido a processo penal pela prática de crime contra honra quando presente o nexo entre o exercício de seu mandato e sua manifestação" (*Informativo* 102, STJ).

Para a jurisprudência do STF, a imunidade, que obsta a propositura de ação civil ou penal contra o parlamentar por motivo de opiniões ou votos proferidos no exercício de suas funções, **é absoluta, permanente, de ordem pública**, até quanto às declarações divulgadas por meio de entrevistas jornalísticas na imprensa local, **quando guardam conexão** com o desempenho do mandato parlamentar, especialmente se estiver presente uma das funções inerentes ao ofício legislativo, que é fiscalizar os atos do Poder Executivo.

b) **Formal ou processual ou relativa:** é a prerrogativa comum a todos os parlamentares, exceto aos vereadores, a qual abrange dois assuntos:

   - **prisão processual:** os parlamentares somente podem ser presos em caso de flagrante de crime inafiançável. Nesse caso, será lavrado o auto de prisão em flagrante, que será encaminhado dentro de 24 horas à Casa a que pertence o parlamentar, para que, pelo voto da maioria de seus membros, resolva sobre a prisão;

   - **processo criminal:** o parlamentar pode ser processado criminalmente, independentemente de licença ou autorização da Casa legislativa a que pertence. Para que haja o processo criminal, é necessário o oferecimento da ação penal no órgão competente (o STF, no caso de deputado federal e senador). Recebida a ação penal, o órgão competente comunica sua decisão à Casa respectiva, que, por iniciativa de partido político nela representado e pelo voto da maioria absoluta de seus membros, poderá, até a decisão final, sustar o andamento da ação.

Questão de prova

A prova da ESAF/AFT/2003 considerou INCORRETA a afirmativa: "Tendo sido um Deputado Federal, no exercício de seu primeiro mandato eletivo, denunciado, perante o STF, por crime comum praticado durante a campanha eleitoral, o Supremo Tribunal Federal, acatando a denúncia, dará ciência à Câmara dos Deputados da abertura do devido processo penal, sendo possível, de acordo com a CF/88, que, por iniciativa de partido político representado na Câmara dos Deputados, e pelo voto da maioria dos membros dessa Casa Legislativa, seja sustado o andamento da ação, até a decisão final".

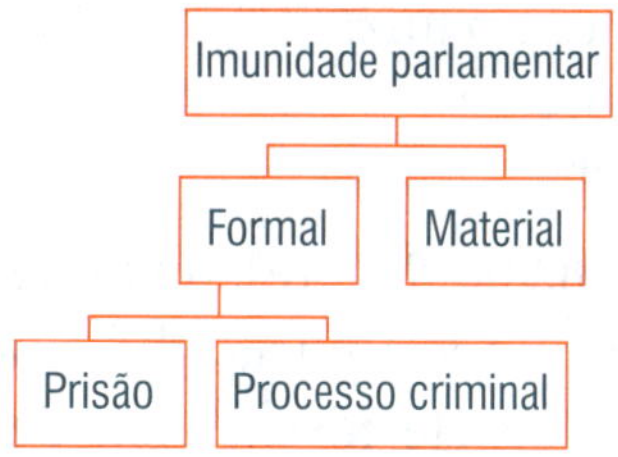

4.3.4. Imunidade prisional

São pessoas **imunes ao flagrante:**

- menores de 18 anos (CF, art. 228; CP, art. 27; ECA);
- diplomatas estrangeiros, em decorrência de tratado ou convenção internacional (art. 1º, I, do CPP);
- o Presidente da República (art. 86, § 3º, da CF);
- autores de crime de trânsito que socorram de forma imediata e integral a vítima de acidente (art. 301 do CTB);
- quem se apresente espontaneamente (art. 317, do CPP, *a contrario sensu*).

O autor de infração de menor potencial ofensivo não será preso em flagrante quando for imediatamente encaminhado ao juizado especial criminal ou assumir o compromisso de a ele comparecer, nos termos da Lei n. 9.099/95.

São pessoas que **somente podem ser presas em flagrante de crime inafiançável:**

- senadores (art. 53, § 1º, da CF);
- deputados (art. 53, § 1º, da CF);
- magistrados (art. 33, da LC n. 35/79);
- membros do Ministério Público (art. 40, III, da LOMP);
- advogados no exercício da profissão (art. 7º, IV e § 3º, da Lei n. 8.906/94).

4.3.5. Imunidade para servir como testemunha

Os deputados e senadores não são obrigados a testemunhar sobre informações recebidas ou prestadas em razão do exercício do mandato nem sobre as pessoas que lhes confiaram ou deles receberam informações.

O presidente e o vice-presidente da República, o presidente do Senado, o presidente da Câmara dos Deputados e o presidente do STF podem optar pelo depoimento escrito. O presidente e o vice-presidente da República, os senadores, os deputados federais, os deputados estaduais, os ministros de Estado, os governadores, os prefeitos, os membros do Judiciário e os juízes do Tribunal de Contas e do Tribunal Marítimo serão inquiridos em local, dia e hora previamente ajustados entre eles e o juiz.

4.3.6. Imunidade do advogado

O art. 7º, § 2º, da Lei n. 8.906/94, prescreve que o advogado tem imunidade profissional, não constituindo injúria, difamação ou desacato puníveis qualquer manifestação de sua parte, no exercício de sua atividade, em juízo ou fora dele, sem prejuízo das sanções disciplinares, perante a OAB, pelos excessos que cometer.

Em face do disposto no Estatuto da OAB, no cumprimento do seu dever de ofício, ou seja, na ação restrita à causa de seu patrocínio, o advogado tem a cobertura da imunidade profissional, tratando-se de crimes contra a honra. Cabe ressaltar que, em face da ADIN 1.127/DF, a imunidade profissional do advogado não compreende o desacato, pois conflita com a autoridade do magistrado na condução da atividade jurisdicional.

Em matéria processual, o advogado somente poderá ser preso em flagrante, por motivo de exercício da profissão, em caso de crime inafiançável, desde que o flagrante seja lavrado na presença de representante da OAB, em homenagem à inviolabilidade de sua atuação profissional.

O ordenamento jurídico não lhe confere absoluta liberdade para praticar atos contrários à lei, sendo-lhe, ao revés, exigida a mesma obediência aos padrões normais de comportamento e de respeito à ordem legal. A defesa voltada especialmente à consagração da imunidade absoluta do advogado esbarra em evidente dificuldade de aceitação, na medida em que altera a sustentabilidade da ordem jurídica: a igualdade perante a lei (*Informativo* 335, STJ).

4.3.7. Imunidade dos chefes do executivo

Na **imunidade penal temporária ou relativa**, o Presidente da República somente é responsabilizado na vigência do seu mandado por crimes funcionais. Em relação aos não funcionais, a punição será feita somente após término do mandato. Trata-se de prerrogativa do *Presidente da República* que não pode ser estendida aos Governadores e Prefeitos, pois estes não exercem a chefia de Estado: "A imunidade do chefe de Estado à persecução penal deriva de cláusula constitucional exorbitante do direito comum e, por traduzir consequência derrogatória do postulado republicano, só pode ser outorgada pela própria CF. Precedentes: *RTJ* 144/136, Rel. Min. Sepúlveda Pertence; *RTJ* 146/467, Rel. Min. Celso de Mello" (ADI 1.021, Rel. Min. Celso de Mello, julgamento em 19-10-1995, Plenário, *DJ* 24-11-1995).

Prerrogativa ligada ao tema responsabilidade criminal do Presidente da República na vigência do mandato, a imunidade impede o processo criminal durante esse período, com suspensão do prazo prescricional: a) no caso de *crimes funcionais*, pode ser punido na vigência do mandato; b) no caso de *crimes não funcionais*, não pode e responderá pelo crime após o término do mandato perante a Justiça Comum: "O que o art. 86, § 4º, confere ao presidente da República não é imunidade penal, mas imunidade temporária à persecução penal: nele não se prescreve que o presidente é irresponsável por crimes não funcionais praticados no curso do mandato, mas apenas que, por tais crimes, não poderá ser responsabilizado, enquanto não cesse a investidura na presidência. Da impossibilidade, segundo o art. 86, § 4º, de que, enquanto dure o mandato, tenha curso ou se instaure processo penal contra o presidente da República por crimes não funcionais" (HC 83.154, Rel. Min. Sepúlveda Pertence, julgamento em 11-9-2003, Plenário, *DJ* 21-11-2003).

O Presidente da República **é imune a qualquer tipo de prisão processual**, ou seja, a decretada antes do trânsito em julgado da sentença penal condenatória. Há uma corrente doutrinária que sustenta a possibilidade de o Presidente sofrer prisão por sentença condenatória recorrível, com a qual não concordamos, já que o Supremo Tribunal Federal, quando julga o Presidente da República pela prática de crime comum, não possibilita duplo grau de jurisdição, ou seja, não há recurso para qualquer outro tribunal.

A imunidade prisional do Presidente da República não é estendida para Governadores nem para Prefeitos Municipais, pois se trata de prerrogativa extraordinária garantida somente ao Presidente da República, na qualidade de Chefe de Estado: "Os Estados-membros não podem reproduzir em suas próprias Constituições o conteúdo normativo dos preceitos inscritos no art. 86, par. 3. e 4., da Carta Federal, pois as prerrogativas contempladas nesses preceitos da Lei Fundamental – por serem unicamente compatíveis com a condição institucional de Chefe de Estado – são apenas extensíveis ao Presidente da República. Precedente: ADIn 978/PB, Rel. p/ o acórdão Min. Celso de Mello".

O Presidente da República possui **imunidade processual**, ou seja, só pode ser processado por crime comum ou de responsabilidade, após a admissibilidade da acusação pela Câmara dos Deputados, por um quórum de 2/3 de seus membros. Tal imunidade é estendida aos Governadores. No caso dos Ministros de Estado, a autorização da Câmara dos Deputados é necessária nos crimes comuns e de responsabilidade, conexos com os delitos da mesma natureza, imputados ao Presidente da República.

O Prefeito **não tem imunidade**, apenas possui foro privilegiado no Tribunal competente. A competência do Tribunal de Justiça para julgar Prefeitos restringe-se aos crimes de competência da Justiça comum estadual; nos demais casos, a competência originária caberá ao respectivo tribunal de segundo grau, nos termos da Súmula 702 do STF.

5. Interpretação da lei processual penal

Interpretar é revelar o sentido da lei. É o processo lógico que busca estabelecer a vontade da lei. Existem várias espécies de interpretação:

- **Quanto ao sujeito que a realiza:** a) autêntica ou legislativa: realizada pelo próprio legislador, podendo ser contextual (feita pelo próprio texto interpretado – por ex.: arts. 302 e 303 do CPP) ou posterior (quando feita após a entrada em vigor da lei); b) doutrinária ou científica: realizada pelos estudiosos do Direito; c) jurisprudencial ou judicial: realizada segundo a orientação que os juízes e tribunais dão à norma.
- **Quanto aos meios empregados:** a) gramatical, literal ou sintática: procura-se fixar o sentido das palavras ou expressões empregadas pelo legislador; analisa-se a "letra da lei", o seu sentido literal; b) lógica: o intérprete se serve das regras gerais do raciocínio para compreender o espírito da lei; c) teleológica: busca-se a finalidade da norma; d) sistemática: analisa-se o contexto da lei; e) histórica: leva-se em conta a evolução histórica da lei.
- **Quanto aos resultados obtidos:** a) declarativa: o texto examinado não é ampliado nem restringido, havendo uma perfeita correspondência entre a palavra da lei e a sua vontade; b) restritiva: reduz-se o alcance da lei para que se possa encontrar a sua exata vontade; c) extensiva: ocorre quando é necessário ampliar o sentido ou alcance da lei.
- **Outras modalidades:** a) progressiva: é a que acompanha as transformações sociais, científicas, jurídicas ou morais originadas com a evolução da sociedade; b) analógica: fórmulas casuísticas inscritas em um dispositivo são seguidas de expressões genéricas, abertas; utiliza-se a semelhança (analogia) para uma correta interpretação dessas expressões genéricas. Quando a lei se refere a "quaisquer outros elementos" no art. 6º, IX, do CPP, está mencionando outros dados referentes à "vida pregressa do indiciado".

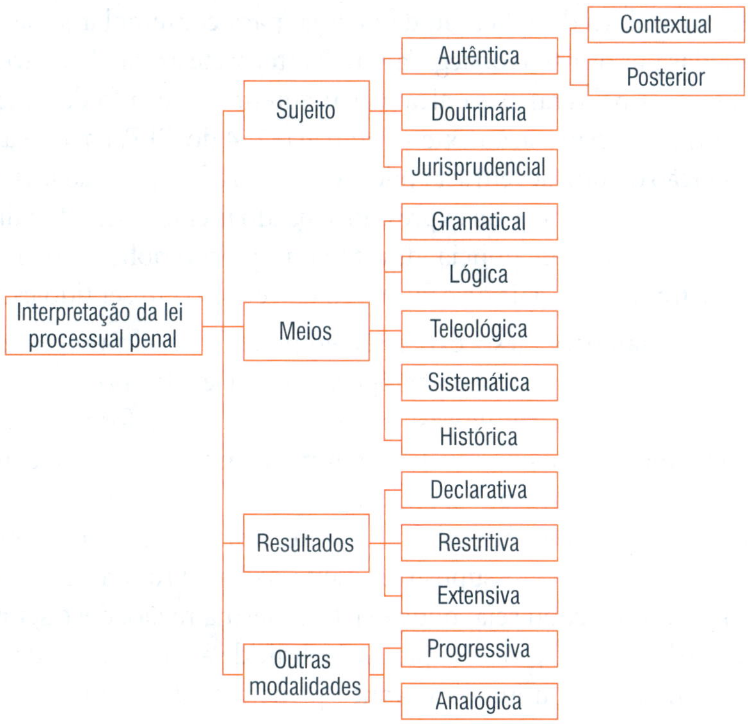

Não se confunde a interpretação analógica (que é a busca da vontade da norma por meio da semelhança com fórmulas usadas pelo legislador) com a analogia (que é forma de autointegração da lei com a aplicação a um fato não regulado por esta de uma norma que disciplina ocorrência semelhante) nem com a interpretação extensiva (na qual existe norma reguladora do caso concreto, mas esta não menciona expressamente sua eficácia).

O Código de Processo Penal admite expressamente a **aplicação analógica** da norma processual, assim como a interpretação extensiva (art. 3º, CPP), ao contrário da norma penal. Em toda e qualquer interpretação de uma norma processual penal, têm que estar sempre presentes as normas da Constituição e o elemento sistemático.

> **Questão de prova**
>
> A prova de Técnico Judiciário AC/2012 elaborada pelo CESPE considerou INCORRETA a afirmativa: "A lei processual penal não admite interpretação extensiva ou aplicação analógica, mas pode ser suplementada pelos princípios gerais de direito".

O art. 3º do Código de Processo Penal admite:

a) **Interpretação extensiva:** também chamada ampliativa; é espécie de interpretação quanto ao resultado; é aquela em que o intérprete amplia o sentido da norma, pois ela disse menos o que deveria. O alcance da norma é mais amplo do que indicado em seu texto, de forma que o intérprete pode ampliar o âmbito de aplicação da norma, para contemplar situações não abrangidas por omissão do legislador. O intérprete extrai do texto mais do que ditam as palavras para alcançar o autêntico sentido da norma. São exemplos de interpretação extensiva: o art. 254 do CPP, em que as causas de suspeição do juiz devem ser aplicados aos jurados, pois são juízes leigos; o art. 260 do CPP, em que a expressão acusado inclui indiciado faltoso por ordem do delegado de polícia, durante o inquérito policial; o art. 581 do CPP, nas hipóteses legais de cabimento do recurso em sentido estrito.

b) **Aplicação analógica:** nesta expressão empregada pela lei processual penal está incluída a interpretação analógica, em que é admitida quando o texto da lei após uma fórmula casuística se vale de uma fórmula genérica a fatos semelhantes aos enunciados em uma fórmula casuística; como também a analogia, que é aplicação ao caso não previsto na lei processual penal de lei reguladora de caso semelhante; é mecanismo de integração da ordem jurídica, cujo pressuposto é lacuna na lei. O fundamento é o argumento *pari ratione*, ou seja, onde existe a mesma razão, deve ser aplicado o mesmo direito. No processo penal, é admitida a analogia legal (aplica lei ao caso omisso) e/ou jurídica (aplica princípio geral do direito ao caso omisso).

c) **Suplemento dos Princípios Gerais do Direito:** os princípios gerais do direito funcionam como premissas éticas estabelecidas de acordo com a consciência ética de cada povo e extraídas da ordem jurídica. Exercem as seguintes funções: a) preenchem lacuna; b) orientam a compreensão do sistema jurídico em sua aplicação e integração; c) ajudam na determinação do alcance e do verdadeiro sentido da lei.

Questões de prova

A prova de Defensor Público do Ceará/ DPE/CE/FCC 2014 considerou CORRETA a afirmativa: "Em relação à lei processual penal, é correto afirmar que, em regra, admite suplemento dos princípios gerais do direito e aplicação analógica".

A prova de Promotor de Justiça MPe/SC/2014 considerou CORRETA a afirmativa: "Segundo o Código de Processo Penal, a lei processual penal admitirá interpretação extensiva e aplicação analógica".

Com base no art. 3º do Código de Processo Penal e na jurisprudência do STJ, é possível:

a) a regência do princípio da identidade física do juiz pelas regras específicas do art. 132 do Código de Processo Civil (HC 165.866/DF; AgRg no HC 109.927/SP; AgRg no HC 98.795/SP);

b) a aplicação do art. 557, *caput*, do Código de Processo Civil, em matéria criminal, possibilitando que o relator negue seguimento ao recurso ou ao *habeas corpus* manifestamente inadmissível, improcedente, prejudicado ou em confronto com súmula ou jurisprudência dominante, sem que, em tese, configure-se ofensa ao princípio da colegialidade, desde que o tema tratado seja exclusivamente de direito (AgRg no HC 248.036/MG). Mesma orientação no STF (RE 256.157 AgR/GO);

c) aplicação do CPC em relação ao efeito de interrupção decorrente da oposição dos embargos de declaração no processo penal, quando não envolve infração de competência do Jecrim (REsp 134.757/DF);

d) aplicação do art. 230 do CPC: "Nas comarcas contíguas, de fácil comunicação, e nas que se situem na mesma região metropolitana, o oficial de justiça poderá efetuar citações ou intimações em qualquer delas" (HC 48.228/PB);

e) é possível a aplicação analógica dos arts. 61 e 62 da Lei n. 11.343/2006 para admitir a utilização pelos órgãos públicos de aeronave apreendida no curso da persecução penal de crime não previsto na Lei de Drogas, sobretudo se presente o interesse público de evitar a deterioração do bem (*Informativo* n. 556/15 do STJ).

QUESTÕES SOBRE LEI PROCESSUAL PENAL

1. (Magistratura BA/2012) Assinale a opção correta considerando a aplicação da lei processual penal.

a) O foro por prerrogativa de função estabelecida exclusivamente pela constituição estadual não prevalece sobre a competência constitucional do tribunal do júri.

b) A lei processual aplica-se de imediato, devendo-se respeitar, entretanto, a data em que o crime foi praticado e observar a pretensão punitiva já estabelecida.

c) Aplica-se às normas processuais penais o princípio da extraterritorialidade, visto que são consideradas extensão do território nacional as embarcações e aeronaves públicas a serviço do governo brasileiro, onde quer que se encontrem.

d) Recebida a denúncia em relação a crime praticado por senador, após a diplomação, o processo deve tramitar perante o juiz natural, inexistindo a sustação do processo com a consequente suspensão da prescrição.

e) Os membros do Congresso Nacional, após a expedição do diploma, só podem ser presos por crimes afiançáveis em situação de flagrância e, em se tratando de crimes inafiançáveis, somente em caso de prisão temporária pautada em crime cometido no exercício ou desempenho das funções parlamentares.

2. (Analista Judiciário TRE/MS/2013) No que diz respeito à aplicação da lei processual no tempo, no espaço e em relação às pessoas, assinale a opção correta.

a) Por força do princípio *tempus regit actum*, o fato de lei nova suprimir determinado recurso, existente em legislação anterior, não afasta o direito à recorribilidade subsistente pela lei anterior, quando o julgamento tiver ocorrido antes da entrada em vigor da lei nova.

b) A nova lei processual penal aplicar-se-á imediatamente, invalidando os atos realizados sob a vigência da lei anterior que com ela for incompatível.

c) O princípio da *imediatidade* da lei processual penal abarca o transcurso do prazo processual iniciado sob a égide da legislação anterior, ainda que mais gravosa ao réu.

d) A lei processual penal posterior, que de qualquer modo favorecer o agente, aplicar-se-á aos fatos anteriores, ainda que decididos por sentença condenatória transitada em julgado.

e) De acordo com o princípio da territorialidade, aplica-se a lei processual penal brasileira a todo delito ocorrido em território nacional, sem exceção, em vista do princípio da igualdade estabelecido na Constituição Federal de 1988.

3. (Magistratura AC/2013) No que se refere à aplicação da lei penal e da lei processual penal, assinale a opção correta.

a) Em relação à aplicação da lei no espaço, vigora o princípio da absoluta territorialidade da lei processual penal.
b) Cessadas as circunstâncias que determinaram a sua existência, a lei excepcional deixa de ser aplicada ao fato praticado durante a sua vigência.
c) Por expressa previsão legal, a lei penal e a lei processual penal retroagem para beneficiar o réu.
d) De acordo com o princípio da aplicação imediata da lei processual penal, os atos já realizados sob a vigência de determinada lei devem ser convalidados pela lei que a substitua.
e) A lei penal admite a aplicação analógica e a lei processual penal, a interpretação analógica.

4. (Ministério Público AP/2012) A lei processual penal

a) não admite aplicação analógica nem interpretação extensiva.
b) admite interpretação extensiva, mas não aplicação analógica.
c) aplica-se desde logo, invalidando-se os atos praticados sob a vigência da lei anterior menos benéfica.
d) não admite suplemento dos princípios gerais do direito.
e) admite interpretação extensiva.

5. (Magistratura MS/2012) Analise as proposições seguintes acerca da aplicação da lei processual penal brasileira no tempo e no espaço.

I. Considere que um determinado ilícito penal fora praticado a bordo de uma aeronave privada a serviço do Governo Uruguaio que se encontrava em pouso no Aeroporto Internacional de Guarulhos. Neste caso, é correto afirmar que a lei processual penal brasileira será aplicada, haja vista tratar-se de delito praticado em solo nacional.
II. Considere que um determinado ilícito penal fora praticado a bordo de uma embarcação mercantil brasileira fundeada no porto de Fort Lauderdale/FL, nos Estados Unidos. Mesmo sendo o autor do delito e a vítima de nacionalidade brasileira, não será aplicada a lei processual penal do Brasil por se considerar, no particular, que o delito fora cometido em solo estrangeiro.
III. Em 10.02.2011, o acusado fora citado para apresentar resposta à acusação no prazo máximo de 10 (dez) dias. Em 12.02.2011, lei nova entrou em vigor reduzindo o prazo de defesa para 03 (três) dias. Nesse contexto hipotético, considerando que a aplicação da lei processual penal no tempo obedece ao princípio do *tempus regit actum*, seria correto afirmar que o réu teria apenas mais um dia para apresentar a sua defesa.
IV. Em 23.09.2010, o acusado praticou um delito que, *in abstracto*, lhe permitiria, caso fosse condenado, cumprir pena em regime semiaberto. Em 17.12.2011, lei nova impôs um regime mais severo, determinando que, para o tal delito, o regime de cumprimento de pena deveria ser inicialmente o fechado. No dia 04.02.2012, ao prolatar a sentença condenatória em desfavor do réu, o juiz criminal evocou a ultra-atividade da lei processual penal mais benéfica para determinar o regime semiaberto como o inicial para cumprimento da pena imposta ao acusado. De acordo com o magistrado, a lei processual penal em vigor na data em que foi praticada a conduta criminosa deve ser aplicada, mesmo tendo sido revogada pela lei posterior, haja vista tratar-se de uma lei processual penal material mais benéfica.
V. As sedes diplomáticas e consulares são consideradas território estrangeiro e, por esse motivo, não se aplicam as leis processuais penais brasileiras aos delitos perpetrados no interior de suas dependências.

Estão CORRETAS:

a) Apenas as proposições II e IV.
b) Apenas as proposições I, II e III.
c) Apenas as proposições III e IV.
d) Apenas as proposições II e V.
e) Apenas as proposições I, III e V.

6. (Delegado Polícia Civil/SP/2011) Pode-se afirmar que é exemplo de extraterritorialidade de lei processual penal

a) o cumprimento de carta rogatória em países com os quais o Brasil mantenha relações.
b) a aplicação da lei brasileira para estrangeiro que praticou crime no Brasil.
c) a adequação de norma brasileira a tratado internacional sobre matéria processual.
d) a incidência de norma penal brasileira em vasos de guerra estrangeiros, em alto-mar.
e) o *exequatur* expedido pelo Supremo Tribunal Federal a sentenças estrangeiras.

7. (Magistratura MG/2012) Considere as afirmações a seguir.

I. São admitidos no Direito Processual Penal a interpretação extensiva, a aplicação analógica e os princípios gerais de direito.
II. Os costumes têm caráter de fonte normativa primária do Direito Processual Penal.
III. Com autorização pela Emenda Constitucional n. 45/09 para o Supremo Tribunal Federal (STF) editar súmulas vinculantes, passamos a ter novas fontes material e formal das normas processuais penais.
IV. A analogia é aplicável somente em caso de lacuna involuntária da lei, ainda que não haja real semelhança entre o caso previsto e o não previsto.

Estão corretos apenas os itens

a) I e II.
b) I e III.
c) I e IV.
d) II e IV.

8. (Oficial de Justiça PE/2012) A respeito da lei processual penal no tempo, considere:

I. A lei processual nova não prejudicará, em regra, a validade dos atos praticados sob a vigência da lei anterior.
II. A lei processual nova não se aplicará aos processos em andamento, mas apenas aos que se iniciarem durante a sua vigência.
III. A lei processual entra em vigor da data da sua publicação se nela não houver disposição em contrário.

Está correto o que se afirma APENAS em

a) I.
b) I e II.
c) I e III.
d) II e III.
e) III.

9. (Analista MPE/RO/2012) A respeito da lei processual penal, é correto afirmar:

a) Não admite aplicação extensiva e interpretação analógica.
b) O Código de Processo Penal é aplicável, sem ressalvas, em todo o território brasileiro.
c) É regida pelas mesmas regras da lei penal material.
d) Aplica-se tão logo entre em vigor.
e) Admite retroatividade quanto a ato processual do réu.

10. (Exame da OAB unificado/2009) A lei processual penal

a) tem aplicação imediata, devendo os atos praticados sob a vigência de lei anterior revogada ser renovados e praticados sob a égide na nova lei, sob pena de nulidade absoluta.
b) não retroagirá, salvo para beneficiar o réu, não vigorando, no direito processual penal, o princípio *tempus regit actum.*
c) não admite aplicação analógica, em obediência ao princípio da legalidade estrita ou tipicidade expressa.
d) admite interpretação extensiva e o suplemento dos princípios gerais de direito, por expressa disposição legal.

11. (Procurador TCE/AL/2008) Em relação à lei processual penal no tempo, em caso de lei nova, a regra geral consiste na sua aplicação

a) imediata, independentemente da fase em que o processo em andamento se encontre.
b) imediata, somente em relação aos processos que se encontrem na fase instrutória.
c) somente a processos futuros, ainda que por fatos anteriores.
d) somente a processos futuros e sobre fatos posteriores.
e) imediata ou a processos futuros conforme decisão fundamentada do juiz em cada caso.

12. (Ministério Público/CE/2008) Quanto à eficácia temporal, a lei processual penal

a) aplica-se somente aos fatos criminosos ocorridos após a sua vigência.
b) vigora desde logo, tendo sempre efeito retroativo.
c) tem aplicação imediata, sem prejuízo da validade dos atos já realizados.
d) tem aplicação imediata nos processos ainda não instruídos.
e) não terá aplicação imediata, salvo se para beneficiar o acusado.

13. (Ministério Público/PE/2008) Nos termos do Código de Processo Penal, a lei processual penal brasileira aplicar-se-á

a) nos crimes de responsabilidade praticados pelo Presidente da República.
b) a todos os brasileiros residentes do exterior, independentemente de tratado ou convenção.
c) aos diplomatas estrangeiros em serviço no Brasil, em qualquer hipótese.
d) a todas as leis processuais extravagantes, sempre.
e) a todas as ações penais e correlatas que tiverem curso no território nacional.

14. (Promotor de Justiça Adjunto MPU/MPDF/1999) Assinale a opção correta em relação à eficácia temporal da lei processual penal.

a) Em razão do princípio da irretroatividade da lei mais severa, a norma processual penal propriamente dita só retroagirá quando beneficiar o réu.
b) Caso não haja disposição em contrário, a norma processual penal propriamente dita terá aplicação imediata, independentemente de seu conteúdo.
c) A norma processual propriamente dita terá aplicação imediata, ficando prejudicados os atos realizados sob a vigência de lei anterior.
d) A norma processual penal propriamente dita terá efeito retroativo, com a aplicação dos princípios da temporalidade das leis penais.

15. (IX Concurso Juiz Federal TRF4) Assinalar a alternativa correta:

a) A inviolabilidade dos vereadores por suas opiniões, palavras e votos não é absoluta, admitindo a aplicação de sanções previstas no Regimento Interno da Câmara Municipal e a responsabilização pelo crime de calúnia, se a ofensa não tiver relação com o exercício do mandato.
b) A imunidade penal dos vereadores está limitada ao exercício do mandato e às manifestações feitas da tribuna na Câmara Municipal.
c) O vereador, atuando no âmbito da circunscrição territorial do seu Município, não pode ser processado criminalmente por suas opiniões, palavras e votos, sem prévia licença da Câmara Municipal.
d) A inviolabilidade dos vereadores por suas opiniões, palavras e votos estende-se a todas as suas manifestações, dentro ou fora do recinto da Câmara Municipal, não podendo ser indiciados em inquérito policial nem processados criminalmente por delitos contra a honra.

16. (IX Concurso TRF3) Assinale a alternativa correspondente à matéria que admite a interpretação extensiva:

a) requisitos da liberdade provisória.
b) hipóteses de flagrante delito.
c) intimação de sentença condenatória no caso de réu preso.
d) relação de impedimentos do juiz.

17. (IX Concurso TRF3) Assinale a alternativa correspondente ao emprego da analogia:

a) a reunião de processos na hipótese de resultado diverso do pretendido.
b) a admissão da carta testemunhável contra decisão denegatória de recurso extraordinário.
c) a aplicação das prescrições sobre suspeição aos serventuários e funcionários da Justiça.
d) a interrupção por força de embargos declaratórios do prazo para interposição de outros recursos.

18. (OAB/RJ/2007) Em determinado Estado, um agente diplomático estrangeiro envolveu-se em um acidente de trânsito, causando a morte de um pedestre. Nessa situação, diante do homicídio culposo,

a) o Estado acreditado pode julgar o agente diplomático estrangeiro, por tratar-se de crime que não tem qualquer relação com a função diplomática.
b) o Estado acreditado só pode julgar o agente diplomático se ele renunciar expressamente à imunidade de jurisdição.
c) o agente diplomático somente poderá ser julgado no Estado acreditado se o Estado acreditante renunciar expressamente à imunidade de jurisdição.
d) em nenhuma hipótese é possível o julgamento do agente diplomático, por ser irrenunciável a imunidade de jurisdição.

19. (OAB/SP/122º) A lei processual penal em vigor aplica-se:

a) somente aos fatos ocorridos após sua vigência.
b) desde logo, apenas se for mais benéfica ao acusado.
c) desde logo, desde que não tenha sido prolatada sentença sujeita a recurso.
d) desde logo, independentemente de ser mais benéfica ou mais severa ao acusado.

20. (Magistratura do Trabalho TRT/1ª Região/2012) "Salvo disposição em contrário, a lei revogada não se restaura por ter a lei revogadora perdido a vigência". Este enunciado é

a) verdadeiro e caracteriza derrogação legal.
b) verdadeiro e caracteriza o princípio da irretroatividade legal.
c) falso e caracteriza a vacância legal.
d) falso e configura a ab-rogação legal.
e) verdadeiro e configura a regra sobre repristinação legal.

21. (Promotor de Justiça MP/SP/2015) Assinale a alternativa correta:

a) A lei processual penal que entrar em vigor, alterando as regras de competência, não é aplicável aos processos em curso.
b) Se o ato processual for complexo e iniciar-se sob a vigência de uma lei de natureza processual penal e, antes de se completar, outra for promulgada, modificando-o, devem ser obedecidas as normas da lei antiga.
c) A lei processual penal deverá retroagir se for mais favorável ao acusado.
d) Se a lei nova tiver natureza mista sua aplicação é imediata e irretroativa, posto que prejudicial ao acusado.
e) Todas as alternativas estão incorretas.

PRESTE ATENÇÃO!

- Norma processual é norma jurídica pública, instrumental, disciplinadora do processo e, na atividade jurisdicional, funciona como critério de proceder.
- A lei processual penal não é retroativa nem ultra-ativa.
- Na lei processual penal no espaço, a regra é a territorialidade.
- Na lei processual penal em relação às pessoas, existem as imunidades parlamentares e as imunidades diplomáticas.
- Somente podem ser presos em flagrante de crime inafiançável: senadores, deputados, magistrados, membros do MP e advogados no exercício da profissão.
- O CPP admite aplicação analógica da norma processual, bem como interpretação extensiva.

CUIDADO!

- Na lei processual no tempo, adotamos o princípio da aplicação imediata dos atos processuais.
- A extraterritorialidade da lei processual penal é possível em território *nullius*, em território estrangeiro, com autorização do respectivo Estado, e em território ocupado, no caso de guerra.
- Na imunidade consular, os cônsules temporários não possuem imunidade; esta é restrita a atos funcionais.
- Prefeito não tem imunidade, possuindo "foro privilegiado".

IMPORTANTE!

- No caso de norma híbrida, é aplicado o princípio da retroatividade.
- Há casos de não aplicação do CPP: crimes de responsabilidade, processos de competência da justiça militar e leis processuais penais especiais.
- Não há imunidade aos ex-Chefes de Estado quando eles praticam crimes contra a humanidade.

Capítulo 5

PROCESSO PENAL CONSTITUCIONAL

1. Introdução

As exigências da sociedade moderna na busca da efetividade processual são alcançadas com uma tutela de segurança e justiça que resguarde os valores necessários ou úteis à dignidade humana, proteja a regularidade procedimental, respeite a Constituição Federal e cumpra seus objetivos institucionais relacionados ao bem comum.

2. A Constituição e o processo penal

A Constituição Federal, como um organismo vivo delimitador da organização estrutural do Estado, exerce influência direta e imediata sobre os temas do direito processual penal, inclusive da prisão, surgindo o chamado processo penal constitucional. Tal influência é justificada por três motivos essenciais: **1) Mudança de paradigma**: ocorrida ao longo do século XX em que a Constituição passa a ser vista não mais apenas como um documento essencialmente político (como diz Georges Burdeau – um estatuto do poder), mas como um ordenamento normativo capaz de determinar as relações de um país, fixando diretrizes e os valores que servem de padrões de conduta política e jurídica, em torno do qual se forma um consenso fundamental para os integrantes de uma comunidade. É o que Konrad Hesse[1] chama de força normativa da Constituição; **2) Efeito expansivo das normas constitucionais**[2]: em que seu conte-

---

1 HESSE, Konrad. *A força normativa da Constituição*. Porto Alegre: Sergio Antonio Fabris, 1991.

2 BARROSO, Luís Roberto. *Curso de direito constitucional contemporâneo*. São Paulo: Saraiva, 2013.

údo material e axiológico passam a condicionar a validade e o sentido das normas infraconstitucionais e das relações sociais (é a constitucionalização do direito; 3) **Supremacia Normativa da Constituição**: Estado de direito é um Estado constitucional. A Constituição, como lei fundamental do Estado, é suprema.

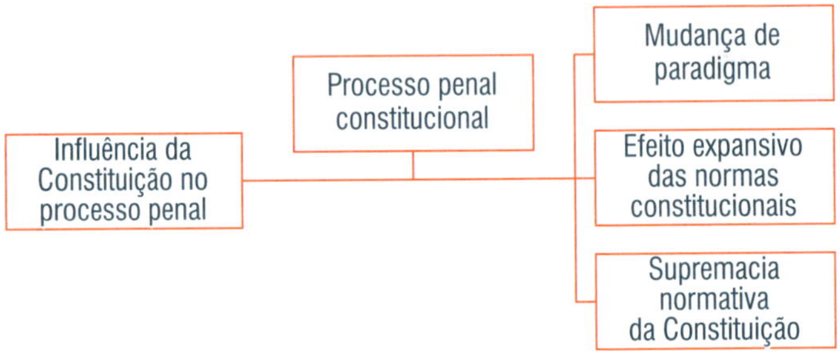

De acordo com Canotilho[3], a Constituição Federal exerce as seguintes funções: 1) **Ordem** (é norma das normas): ela fixa o valor, a força e a eficácia das demais normas que compõem o ordenamento jurídico do Estado; **2. Ordenação:** conforma e modela juridicamente o Estado, composto de uma multiplicidade de órgãos diferenciados; 3) **Integração ou unidade:** fixa princípios, valores, ideias diretrizes que servem de padrões de conduta política e jurídica em torno dos quais se forma um consenso fundamental entre os integrantes da comunidade política; 4) **Garantia:** a Constituição serve para garantir os direitos e liberdades entendidos como inerentes aos indivíduos e preexistentes ao Estado; 5) **Organização do poder político:** cria os órgãos constitucionais, definindo suas competências e atribuições; define os princípios estruturantes da organização do poder político; dá forma ao Estado, criando sua forma e sistema de governo; 6) **Legitimidade e legitimação da ordem jurídica constitucional:** justifica o poder de governo e autoridade; conformidade com os anseios do povo e limitação do poder.

[3] CANOTILHO, José Joaquim Gomes. *Direito constitucional e teoria da Constituição*. Coimbra: Editora Coimbra, 2012.

2.1. Supremacia constitucional

A ordem jurídica brasileira é uma construção escalonada de diferentes níveis de normas jurídicas, ou seja, existem normas jurídicas superiores e inferiores. No sistema jurídico de estrutura escalonada, a CF é a lei maior do país e dá fundamento de validade às demais normas do ordenamento jurídico.

> **Questão de prova**
>
> A prova de Promotor de Justiça MP/DF/2004 considerou CORRETA a afirmativa: "Constituição Brasileira é o fundamento de validade de toda a ordem jurídica nacional".

O jurista austríaco, mestre da Escola de Viena, Hans Kelsen, em sua obra *Teoria pura do direito*, sustenta a **hierarquia normativa** e afirma que uma norma jurídica, para ser válida, necessita buscar seu fundamento de validade em norma superior. A representação gráfica da ordem jurídica é a de uma estrutura piramidal. Cada norma extrai seu fundamento de validade de outra norma superior, e a Constituição Federal o fornece para todas as demais normas da ordem jurídica.

> **Questão de prova**
>
> A prova do ENADE considerou CORRETA a afirmativa: "A expressão 'hierarquia normativa', segundo Kelsen, alude a um ordenamento jurídico que sancione a estratificação da sociedade".

A supremacia constitucional requer que todas as situações jurídicas sejam compatíveis com as normas da CF. Supremacia constitucional significa a superioridade da Constituição Federal em face das demais normas do ordenamento jurídico.

Essa conformidade com os ditames constitucionais, agora, não se satisfaz apenas com a atuação positiva de acordo com a Constituição. Exige mais, pois omitir a aplicação de normas constitucionais, quando a Constituição assim a determina, também constitui conduta inconstitucional[4].

A falta de compatibilidade com a Constituição Federal gera o vício da inconstitucionalidade (invalidade da norma), que não pode permanecer na ordem jurídica, já que perturba a segurança das relações jurídicas.

A conformidade com a Constituição Federal gera coerência e harmonia normativa, possibilitando uma ordem constitucional, a defesa do próprio Estado e o respeito aos direitos e garantias fundamentais.

Na Constituição, a supremacia constitucional é **princípio implícito**; há países em que há previsão explícita ou criação por obra jurisprudencial. É norma **estrutural** da ordem jurídica, pois estabelece ordem e unidade normativa. É um **princípio essencial**, pois visa a harmonia da ordem jurídica, por meio da coesão e da coerência no ordenamento estatal. É **poder de ordenação e conformação da atividade estatal**.

Existem duas espécies de supremacia constitucional:

a) **supremacia material:** a Constituição é a lei maior do país em razão do *conteúdo* das suas normas que estabelecem a estrutura mínima do Estado, de maneira a identificar sua forma, o sistema de governo, a separação de poderes e outros elementos referentes a sua organização, bem como seus limites;

b) **supremacia formal:** a Constituição é a lei maior do país em razão da *forma*, ou seja, do processo de alteração dificultoso e solene de suas normas. Noutros termos, a Constituição é suprema, em razão da sua rigidez constitucional, ou seja, por ser a norma mais difícil de ser alterada no ordenamento jurídico.

Questão de prova

A prova de Analista de Finanças e Controle CGU/2003 considerou INCORRETA a afirmativa: "O princípio da supremacia formal independe da existência da rigidez constitucional".

ITENS	SUPREMACIA MATERIAL	SUPREMACIA FORMAL
Hierarquia normativa	Não tem	Tem
Ordenamento jurídico	Linear	Piramidal
Contrariedade da lei com a Constituição	Válida e acarreta alteração ou revogação da lei	Inválida, sendo reputada inconstitucional
Tipo de Constituição	**Flexível**	**Rígida**
Controle de constitucionalidade	Não existe	Não existe

4 SILVA, José Afonso. *Curso de direito constitucional positivo*. São Paulo: Malheiros, 2010.

Questões de prova

A prova de Agente da Polícia Federal/2000 considerou INCORRETA a afirmativa: "A supremacia material e formal das normas constitucionais é atributo presente tanto nas constituições rígidas quanto nas flexíveis".

A prova de Analista de Finanças e Controle/2006 considerou INCORRETA a afirmativa: "Segundo a doutrina, não há relação entre a rigidez constitucional e o princípio da supremacia da constituição".

A prova de Auditor do TCU/2009 considerou INCORRETA a afirmativa: "Mesmo que a Constituição fosse classificada como flexível, seria legítimo o controle de constitucionalidade de seu sistema jurídico".

Não podemos confundir **Constituição** com **leis constitucionais:** Constituição é a denominação utilizada para o conjunto de normas supremas consolidadas em uma coletânea ou texto único; leis constitucionais é a denominação utilizada para o conjunto de normas supremas não consolidadas em uma coletânea ou texto único[5].

No Brasil, **adotamos o princípio da supremacia formal**, cujo fundamento é o princípio da rigidez, em que a reforma da CF é feita por um procedimento mais solene e difícil do que o previsto para a lei ordinária comum. A adoção do referido princípio gera os seguintes efeitos:

a) **subordinação ou adequação ou simetria:** os atos legislativos, administrativos e jurisdicionais devem ser compatíveis com a Constituição[6];

b) **controle de constitucionalidade:** técnica criada para fiscalizar a compatibilidade das normas infraconstitucionais com a Constituição, funcionando como instrumento de defesa da própria Constituição;

c) **força normativa:** a Constituição Federal determina o sentido dos atos públicos e privados.

Questões de prova

A prova de Procurador do TCM/RJ/2008 considerou CORRETA a afirmativa: "É conseqüência da rigidez constitucional o princípio da supremacia da Constituição".

A prova de Defensor Público DPE/ES/2012 considerou INCORRETA a afirmativa: "A rigidez e o controle de constitucionalidade não se relacionam com a supremacia da CF, mas com a compatibilidade das leis com o texto constitucional".

No Direito Brasileiro, não há dúvida sobre a existência da hierarquia entre a Constituição Federal e as demais normas infraconstitucionais dentro da ordem jurídica. Porém, em relação à **existência de hierarquia entre as normas infraconstitucionais**, há divergência:

---

5 SLAIBI FILHO, Nagib. *Direito constitucional*. Rio de Janeiro: Forense, 2006, p. 3.

6 BULOS, Uadi Lammêgo. *Curso de direito constitucional*. São Paulo: Saraiva, 2007.

a) uma corrente sustenta que só existe hierarquia normativa quando uma norma extrai da outra seu fundamento de validade; dessa forma, para essa corrente, não há hierarquia entre normas infraconstitucionais, pois uma não extrai da outra seu fundamento de validade; ao contrário, todas extraem seu fundamento de validade da Constituição;

b) outra corrente sustenta que o critério da hierarquia normativa é a dificuldade de alteração da norma jurídica, de forma que quanto mais difícil for a norma de ser alterada, maior será seu grau hierárquico dentro do ordenamento; dessa forma, para essa corrente, há hierarquia entre as normas infraconstitucionais, pois entre elas há diferenças na possibilidade de alteração.

2.2. Direito processual constitucional

Há na doutrina quem diferencie **Direito Processual Constitucional** de **Direito Constitucional Processual:** o primeiro abrange a jurisdição constitucional (controle de constitucionalidade), a jurisdição constitucional das liberdades (remédios constitucionais) e a tutela constitucional dos princípios fundamentais da organização judiciária; o segundo abrange a tutela constitucional do processo e as garantias referentes ao processo e ao procedimento. Conforme acentua José Frederico Marques: "pode-se falar, também, em Direito Processual Constitucional como o conjunto de preceitos destinados a regular o exercício da jurisdição constitucional, ou seja, a aplicação jurisdicional das normas da Constituição. Ele não se confunde com o Direito Constitucional Processual que trata das normas do processo contidas na Constituição"[7].

O Direito Processual Constitucional não é um novo ramo do direito processual, mas apenas uma forma de analisar o processo penal a partir da Constituição.

Dessa forma, o estudo do Direito Processual Penal *deve partir ou iniciar-se da Constituição Federal*, pois a Constituição é a norma hierarquicamente superior a todas as demais e funciona como parâmetro a ser seguido na interpretação, na aplicação e na integração das normas jurídicas.

O Direito Processual Penal possui efetiva dignidade constitucional devido ao significativo, peculiar e minucioso tratamento que lhe foi conferido pelo constituinte, que, por sua vez, prevê as linhas fundamentais da matéria. "O Direito processual penal chega ser apontado como direito constitucional aplicado às relações entre autoridade e liberdade"[8].

---

7 MARQUES, José Frederico. *Manual de direito processual civil*. Bookseller, 1997. v. I.

8 GRINOVER, Ada Pellegrini; ARAÚJO CINTRA, Antonio Carlos de; DINAMARCO, Cândido Rangel. *Teoria geral do processo*. São Paulo: Malheiros, 2007.

A observância à Constituição Federal é um corolário do princípio da supremacia constitucional, o que demonstra o paralelo íntimo entre o processo penal e a Constituição Federal, garantia da segurança jurídica e da manutenção da ordem jurídica.

2.3. Segurança no processo penal

2.3.1. Garantias criminais

a) **Legalidade penal:** não há crime sem lei anterior que o defina nem pena sem prévia cominação legal. A lei é a fonte de criação dos crimes e das penas. O princípio da legalidade penal foi formulado por *Feuerbach* e criado com a Magna Carta do Rei João, de 1215, como limitação do **poder punitivo** estatal. É garantia constitucional dos direitos do homem. No sentido criminal, a lei penal só pode punir um indivíduo se for anterior ao fato praticado. No sentido penal, a pena só pode ser aplicada ao infrator da lei penal se for anterior ao fato praticado. Segundo Francisco de Assis Toledo[9]: proibição de leis retroativas que fundamentem ou agravem a punibilidade do agente (*lex praevia*); proibição da fundamentação ou agravamento da punibilidade pelo direito consuetudinário (*lex scripta*); proibição da fundamentação ou agravamento da punibilidade pela analogia (*lex scricta*); proibição de leis penais indeterminadas (*lex certa*). Em relação às espécies normativas, não podem criar crime nem pena as leis delegadas, as medidas provisórias, os decretos legislativos e as resoluções. O termo "legalidade" é amplo, de forma a abranger a reserva legal, que diz que nem toda espécie normativa pode criar crime e pena, e a anterioridade, pela qual a lei penal deve ser anterior à prática do fato. O Brasil adota o princípio da legalidade formal, segundo o qual o indivíduo será punido se praticar conduta criminosa prevista em lei.

Questões de prova

A prova de Técnico Judiciário TRE/MS/2013 considerou INCORRETA a afirmativa: "O princípio da legalidade ou princípio da reserva legal não se estende às consequências jurídicas da infração penal, em especial aos efeitos da condenação, nem abarca as medidas de segurança".

A prova de Juiz TJ/MG/2008 considerou CORRETA a afirmativa: "O princípio da legalidade ou da reserva legal constitui efetiva limitação ao poder punitivo estatal".

b) **Anterioridade penal:** para punir o infrator, a lei penal deve ser anterior ao fato praticado.

---

9 TOLEDO, Francisco de Assis. *Princípios básicos de direito penal*. São Paulo: Saraiva, p. 22.

> **Questão de prova**
>
> A prova de Defensor Público AM/2011 considerou INCORRETA a afirmativa: "pelo princípio da anterioridade compreende-se a previsão anterior de determinada conduta como criminosa independentemente de definição por lei em sentido estrito".

c) **Retroatividade da lei penal benéfica:** a lei penal não retroagirá, salvo para beneficiar o réu. Lei penal benéfica é a que extingue o crime ou favorece o réu de qualquer outra forma, como diminuindo a pena ou concedendo benefícios.

> **Questão de prova**
>
> A prova do Exame da OAB/SP/2008 considerou INCORRETA a afirmativa: "Segundo a CF, é proibida a retroação de leis penais, ainda que estas sejam mais favoráveis ao acusado".

d) **Direitos do preso:** a prisão de qualquer pessoa e o local onde se encontre serão comunicados imediatamente ao juiz competente e à família do preso ou à pessoa por ele indicada; o preso será informado de seus direitos, entre os quais o de permanecer calado, sendo-lhe assegurada a assistência da família e de advogado; o preso tem direito à identificação dos responsáveis por sua prisão ou por seu interrogatório policial; a prisão ilegal será imediatamente relaxada pela autoridade judiciária. O preso conserva todos os direitos não atingidos pela perda da liberdade, impondo-se a todas as autoridades o respeito à sua integridade física e moral. Cabe acentuar que durante o cumprimento da pena os direitos do preso podem ser limitados em nome do interesse público, como o sigilo de correspondência.

> **Questões de prova**
>
> A prova do Exame da OAB/SP/2008 considerou INCORRETA a afirmativa: "Segundo a CF, é proibida a retroação de leis penais, ainda que estas sejam mais favoráveis ao acusado".
>
> A prova do Agente/ES/2006 considerou INCORRETA a afirmativa: "Enquanto dura a pena de reclusão, ficam suspensos os direitos constitucionais do preso".

e) **Personalidade da pena:** nenhuma pena passará da pessoa do condenado, podendo a obrigação de reparar o dano e a decretação do perdimento de bens ser, nos termos da lei, estendidas aos sucessores e contra eles executadas, até o limite do valor do patrimônio transferido. A responsabilidade penal é sempre pessoal. Ninguém é responsável penalmente senão pelo próprio fato. A sanção criminal não se transmite a terceiros. Não há punição por fato alheio.

> **Questão de prova**
>
> A prova de Delegado da Polícia Civil TO/2008 considerou INCORRETA a afirmativa: "Prevê a Constituição Federal que nenhuma pena passará da pessoa do condenado, podendo a obrigação de reparar o dano e a decretação de perdimento de bens ser, nos termos da lei, estendidas aos sucessores e contra eles executadas, até o limite do valor do patrimônio transferido. Referido dispositivo constitucional traduz o princípio da intranscendência".

f) **Individualização da pena:** a lei regulará a individualização da pena e adotará, entre outras, as seguintes: 1) privação ou restrição da liberdade; 2) perda de bens; 3) multa; 4) prestação social alternativa; 5) suspensão ou interdição de direitos. A pena não deve ser padronizada, devendo cada infrator receber a pena que merece. O julgador deve fixar pena de acordo com cominação legal, gravidade do fato e magnitude da lesão ao bem jurídico.

Questão de prova

A prova de Promotor de Justiça MP/CE/2011 considerou INCORRETA a afirmativa: "A individualização da pena, na forma prevista na Constituição Federal, apenas se opera no plano judicial".

g) **Penas proibidas:** são as que não podem ser criadas por lei: 1) penas cruéis: as que ofendem a integridade física da pessoa, como a mutilação de membros, o açoite e outras; 2) pena de caráter perpétuo: é a que não tem duração limitada (no Direito Brasileiro, o limite da prisão é de 30 anos, para crime, nos termos do art. 75 do Código Penal, e de 5 anos, para contravenção penal); 3) pena de trabalhos forçados; 4) **pena de morte**[10]: é tirar a vida (no Brasil, somente é admitida em caso de guerra externa declarada, nos termos do art. 84, XIX, da CF); 5) pena de banimento: expulsão de brasileiro do Brasil.

Questão de prova

A prova de Procurador do Estado PE/2009 considerou INCORRETA a afirmativa: "No Brasil vige, de forma absoluta, o princípio da vedação à pena de morte, inexistindo exceções".

h) **Extradição:** nenhum brasileiro será extraditado, salvo o naturalizado, em caso de crime comum, praticado antes da naturalização, ou de comprovado envolvimento em tráfico ilícito de entorpecentes e drogas afins, na

[10] A pena de morte é pena principal prevista no Código Penal Militar, nos termos do seu art. 55: As penas principais são: *a*) morte; *b*) reclusão; *c*) detenção; *d*) prisão; *e*) impedimento; *f*) suspensão do exercício do posto, graduação, cargo ou função; *g*) reforma. A pena de morte somente pode ser aplicada em alguns crimes militares definidos em lei penal militar. A pena de morte aplicada no Brasil será executada por fuzilamento, nos termos do art. 56 do Código Penal Militar. O Direito de Graça, previsto no art. 57 do Código Penal Militar, é o perdão da pena de morte concedido pelo Presidente da República: a sentença definitiva de condenação à morte é comunicada, logo que passe em julgado, ao Presidente da República, e não pode ser executada senão depois de sete dias após a comunicação. A pena de morte pode ser executada de maneira imediata se for imposta em zona de operações de guerra, quando o exigir o interesse da ordem e da disciplina militares. No livro *Fera de Macabu*, de Carlos Marchi, Editora Record, há o relato do drama pessoal de Manoel da Motta Coqueiro, o homem inocente cuja condenação à morte acabou com a pena de morte no Brasil. A pena de morte foi, finalmente, proibida no Brasil, exceto na legislação militar, com a edição da Constituição de 1946.

forma da lei; não será concedida extradição de estrangeiro por crime político ou de opinião.

> **Questão de prova**
> A prova da Magistratura TJ/RJ/2012 considerou INCORRETA a afirmativa: "Conforme entendimento da Excelsa Corte brasileira, a extradição de estrangeiro deve ser obstada se o extraditando for casado com brasileira ou tiver filho brasileiro".

i) **Prisão civil:** não haverá prisão civil por dívida, salvo a do responsável pelo inadimplemento voluntário e inescusável de obrigação alimentícia. Como observa o saudoso Celso Ribeiro Bastos[11]: "A prisão (...) não visa à aplicação de uma pena, mas tão somente a sujeição do devedor a um meio extremamente violento de coerção, diante do qual, é de presumir, cedam as resistências do inadimplente". Consoante entendimento do STF[12], a prisão civil do depositário infiel é inconstitucional, em qualquer modalidade, podendo a segregação civil por dívida se dar, apenas, no caso de dívida alimentar. A infidelidade no depósito, típico ou não, bem como no exercício do múnus de depositário judicial, não enseja, assim, a medida de segregação civil. A incorporação do Pacto de São José da Costa Rica ao ordenamento jurídico pátrio, com *status* de norma supralegal, restringiu a prisão civil por dívida ao descumprimento voluntário e inescusável de prestação alimentícia. Com isso, concluiu aquela Corte Suprema que os tratados internacionais de direitos humanos que cuidam da matéria derrogaram as normas infralegais autorizadoras da custódia do depositário infiel.

> **Questão de prova**
> A prova de Delegado da Polícia Civil/RJ/2012 considerou CORRETA a afirmativa: "É ilícita a prisão civil do depositário infiel, qualquer que seja a modalidade de depósito".

j) **Direito à integridade física:** a Constituição, além de garantir o respeito à integridade física e moral (art. 5º, XLIX), declara que ninguém será submetido a tortura ou tratamento desumano ou degradante (art. 5º, III); isso significa respeitar a saúde e a integridade corpórea e psíquica. A disponibilidade do referido direito está ligada com o tipo de lesão, de forma que só será disponível para pessoa que seja capaz e se a lesão for leve. Tortura é crime inafiançável e insuscetível de graça, por ele respondendo os mandantes, os executores e os que, podendo evitá-lo, omitirem-se (Lei n. 9.455/97). É assegurado aos presos o respeito à integridade física e moral; às presidiárias, serão asseguradas condições para que possam permanecer com seus filhos durante o período de amamentação. O réu deve ser trata-

---

11 BASTOS, Celso Ribeiro. *Comentários à Constituição do Brasil*. São Paulo: Saraiva, 1989. v. 2.

12 RE 466.343/SP, 2008.

do como pessoa humana. É proibido criar um tipo ou pena que atente de forma desnecessária contra a incolumidade física ou moral de alguém.

> **Questão de prova**
> A prova de Advogado da UDES/2010 considerou CORRETA a afirmativa: "O princípio da humanidade das penas está consagrado na Constituição Federal".

2.3.2. Garantias jurisdicionais

a) **Acesso à justiça:** a lei não excluirá da apreciação do Poder Judiciário lesão ou ameaça a direito.

> **Questão de prova**
> A prova da Magistratura Federal TRF 3ª Região/2011 considerou INCORRETA a afirmativa: "O texto constitucional determina que a lei não pode excluir da apreciação do Poder Judiciário lesão ou ameaça a direito, seja ela proveniente de ação ou omissão de organizações públicas, seja originada de conflitos privados; como corolário do princípio da inafastabilidade do controle judicial, a CF garante, de modo expresso, o direito ao duplo grau de jurisdição em todos os feitos e instâncias".

b) **Juiz natural:** não haverá juízo ou tribunal de exceção; ninguém será processado nem sentenciado senão pela autoridade competente. Em face da Súmula 704 do STF, não viola as garantias do juiz natural, da ampla defesa e do devido processo legal a atração por continência ou conexão do processo do corréu ao foro por prerrogativa de função de um dos denunciados.

c) **Tribunal do Júri:** é reconhecida a instituição do júri, com a organização que lhe der a lei, assegurados: 1) a plenitude de defesa; 2) o sigilo das votações; 3) a soberania dos veredictos; 4) a competência para o julgamento dos crimes dolosos contra a vida. Em face da Súmula 721 do STF, a competência constitucional do Tribunal do Júri prevalece sobre o foro por prerrogativa de função estabelecido exclusivamente pela Constituição estadual. A competência para o processo e julgamento de latrocínio é do juiz singular e não do Tribunal do Júri (Súmula 603 do STF).

2.3.3. Garantias processuais

a) **Devido processo legal:** ninguém será privado da liberdade ou de seus bens sem o devido processo legal. O respeito ao direito do devido processo legal representa existência de um processo adequado com observância da lei, plenitude de defesa, contraditório, igualdade de oportunidades e, principalmente, respeito aos direitos fundamentais. No sentido material, é a proteção da vida, da liberdade e da propriedade. No sentido formal, é a garantia de um processo adequado.

b) **Contraditório e ampla defesa:** aos litigantes, em processo judicial ou administrativo, e aos acusados em geral, são assegurados o contraditório e a ampla defesa, com os meios e recursos a eles inerentes. Conforme Vicente Greco Filho (*Manual de processo penal*), o contraditório se efetiva assegurando-se os seguintes elementos: 1) o conhecimento da demanda por meio de ato formal de citação; 2) a oportunidade, em prazo razoável, de se contrariar o pedido inicial; 3) a oportunidade de produzir prova e se manifestar sobre a prova produzida pelo adversário; 4) a oportunidade de estar presente a todos os atos processuais orais, fazendo consignar as observações que desejar; 5) a oportunidade de recorrer da decisão desfavorável. Ampla defesa é a oportunidade de um acusado ou litigante utilizar meios para produzir sua defesa em face das alegações. É direito do defensor, no interesse do representado, ter acesso amplo aos elementos de prova que, já documentados em procedimento investigatório realizado por órgão com competência de polícia judiciária, digam respeito ao exercício do direito de defesa.

c) **Inadmissibilidade de provas ilícitas:** são inadmissíveis, no processo, as provas obtidas por meios ilícitos. Todas e quaisquer provas obtidas de forma ilícita, bem como todas as demais delas decorrentes, abrangidas em razão da "teoria dos frutos da árvore envenenada", adotada pelo STF (RHC 90.376/RJ, Min. Celso de Mello, *DJ* 18-5-2007), são ilícitas e inadmissíveis para embasar eventual juízo de condenação. A prova ilícita caracterizada pela escuta telefônica, não sendo a única produzida no procedimento investigatório, não enseja desprezarem-se as demais que, por ela não contaminadas e dela não decorrentes, formem o conjunto probatório da autoria e da materialidade do delito. Vício na coleta de elementos de prova durante a investigação policial não tem o condão de tornar nula a ação penal. Cabe ressaltar que prova ilícita é a obtida em desacordo com regras de direito material, e prova ilegítima é a obtida em desacordo com regras de direito processual. Com base no princípio da proporcionalidade, é possível o juiz admitir prova ilícita, desde que seja para provar a inocência da pessoa, ou no caso de legítima defesa de direitos fundamentais.

Questão de prova

A prova de Promotor de Justiça MP/SP/2012 considerou CORRETA a afirmativa: "São inadmissíveis, no processo, as provas obtidas por meios ilícitos. Elas são nulas e contaminam as demais provas delas decorrentes, de acordo com a teoria dos *frutos da árvore envenenada*, não tendo, porém, o condão de anular o processo, permanecendo válidas as demais provas lícitas e autônomas".

d) **Presunção de inocência:** ninguém será considerado culpado até o trânsito em julgado de sentença penal condenatória. Trata-se de uma garantia processual penal. É chamada de princípio da não culpabilidade. É presunção relativa, pois admite prova em contrário. A prisão processual não viola presunção de inocência, por ser medida necessária para o desenvolvimento do processo. No *Habeas Corpus* 126.292, o STF entendeu que a possibilidade de início da execução da pena condenatória após a confirmação da sentença em segundo grau não ofende o princípio constitucional da presunção da inocência.

Questão de prova

A prova de Procurador do Estado PE/2009 considerou INCORRETA a afirmativa: "Em razão do princípio da presunção de inocência, não é possível haver prisão antes da sentença condenatória transitada em julgado".

e) **Identificação criminal:** o civilmente identificado não será submetido a identificação criminal, salvo nas hipóteses previstas em lei.

f) **Ação penal privada subsidiária da pública:** é a proposta pela vítima ou seu representante legal quando houver inércia do Ministério Público. A inércia ministerial é constatada quando o Ministério Público, diante do inquérito policial ou de outras peças de informação sobre a autoria e a materialidade da infração penal, não pede arquivamento, não oferece denúncia, nem pede novas diligências. Na ação subsidiária, caberá ao Ministério Público aditar a queixa, repudiá-la e oferecer denúncia substitutiva, intervir em todos os termos do processo, fornecer elementos de prova, interpor recurso e, a qualquer tempo, no caso de negligência do querelante, retomar a ação como parte principal.

g) **Indenização do Estado:** o Estado indenizará o condenado por erro judiciário (ex.: considerar os registros criminais de pessoa diferente do réu para fins de fixação de pena), assim como por ficar preso além do tempo fixado na sentença. "A prisão injusta revela ofensa à honra, à imagem, mercê de afrontar o mais comezinho direito fundamental à vida livre e digna" (REsp 427.560/TO, Rel. Min. Luiz Fux, *DJ* 30-9-2002). Avaliar se houve ou não erro judiciário enseja reexame de provas, sendo inviável em recurso especial (Súmula 7, STJ). A prisão ilegal por lapso temporal excessivo, além da violação do cânone constitucional específico, afronta o Princípio Fundamental da República Federativa do Brasil, consistente na tutela da Dignidade Humana. A responsabilidade estatal, quer à luz da legislação infraconstitucional (art. 159 do CC, vigente à época da demanda supracitada) quer à luz do art. 37, § 6º, da CF/88, sobressai evidente, já que há causalidade entre o *faute du service* na expressão dos doutrinadores franceses e o sofrimento e a humilhação experimentados pelo réu.

h) **Gratuidade:** 1) são gratuitas as ações de *habeas corpus* e *habeas data*; 2) são gratuitos, na forma da lei, os atos necessários ao exercício da cidadania;

3) são gratuitos para os reconhecidamente pobres, na forma da lei: 3.1) o registro civil de nascimento; 3.2) a certidão de óbito.

i) **Celeridade processual:** a todos, no âmbito judicial e administrativo, são assegurados a razoável duração do processo e os meios que garantam a celeridade de sua tramitação: a composição do litígio no menor tempo possível não pode comprometer o acerto da decisão, no sentido de desviar o processo de uma solução prática, justa e serena.

3. Garantias constitucionais da prisão

Dentre as funções da Constituição destaca-se **a função de garantia**, em que a Constituição serve para limitar o poder do Estado por meio da previsão de direitos e garantias fundamentais. As garantias constitucionais possuem as seguintes características: a) **instrumental** (meio destinado a fazer valer direito); b) **defesa** (oferece proteção aos direitos). Não há uniformidade a respeito das espécies de garantias. Com base na Constituição de 1988, as garantias fundamentais classificam-se em: a) **gerais:** proíbem abusos de poder e todas as formas de violação aos direitos que asseguram; b) **específicas:** instrumentalizam os direitos fundamentais e fazem prevalecer as garantias fundamentais gerais.

No tema da prisão, as garantias constitucionais funcionam como limitações do dever de punir do Estado, como mecanismo garantidor de uma ordem jurídica justa com a proteção de bens jurídicos fundamentais, harmonizam a polarização de dois direitos fundamentais: direito de liberdade do imputado e o direito social à segurança manifestado pela necessidade da tutela da coletividade e apresentam caráter vinculante em relação ao Estado, podendo o juiz aplicar as garantias constitucionais mesmo contra as leis.

São garantias constitucionais da prisão (explicitadas em capítulo próprio):

1) **Garantia específica:** *habeas corpus*;

2) **Garantias gerais:** a) não ser preso fora das hipóteses legais; b) respeitar as imunidades prisionais; c) ser respeitado em sua integridade física e moral; d) motivação na decretação da prisão; e) provisoriedade e vedação de excesso de prazo; f) comunicação imediata da prisão; g) ser informado de seus direitos; h) identificação dos responsáveis pela prisão; i) amamentação para as presidiárias; j) relaxamento da prisão ilegal; k) concessão da liberdade provisória.

4. Garantias constitucionais do processo

As garantias do processo são meios que visam protegê-lo como instrumento de justiça e de concretização de direitos. No texto constitucional, podemos enumerar as seguintes garantias:

a) as garantias da magistratura, que dão ao juiz condições de independência (vitaliciedade, inamovibilidade e irredutibilidade de vencimentos);

b) o juiz natural, que proíbe a criação dos tribunais de exceção (órgãos criados sem autorização legal ou constitucional, formados por julgadores parciais, após a prática do fato, objeto do julgamento) e impõe que ninguém pode ser processado nem sentenciado senão pela autoridade competente;

c) a ampla defesa, manifestada pela autodefesa (direito de presença e de audiência) e pela defesa técnica;

d) o contraditório, pelo qual se tem direito à ciência do processo, a apresentar defesa, acompanhar os atos processuais, recorrer e apresentar alegações;

e) a motivação das decisões judiciais, pela apresentação dos fundamentos fáticos e jurídicos nas decisões, sob pena de nulidade;

f) o **duplo grau de jurisdição**, pelo qual se tem direito ao reexame da decisão judicial com base na previsão constitucional da existência de juízes e tribunais;

Questão de prova

A prova de Procurador de Fortaleza/2002 considerou INCORRETA a afirmativa: "O duplo grau de jurisdição constitui direito fundamental dos indivíduos, decorrente do direito de acesso ao Judiciário".

g) a publicidade dos atos processuais, que pode ser restringida para defesa da intimidade ou por exigência de interesse social;

h) a existência da imparcialidade do juiz, que não pode ser impedido ou suspeito;

i) a existência de assistência jurídica gratuita aos que comprovarem insuficiência de recursos;

j) a previsão de crimes relacionados com a proteção do processo no Código Penal.

5. O processo penal na dimensão dos direitos fundamentais

5.1. Processo penal garantista

Nos dias atuais, o processo penal é garantista, já que encontra seu fundamento de legitimidade na **tutela ampla dos direitos fundamentais**, tanto na dimensão individual quanto na difusa.

A realização dos direitos representa garantia do cidadão contra abusos do Estado, funcionando como instrumento hábil para limitar o seu direito/dever de punir, em respeito à dignidade da pessoa humana, princípio norteador e confluente de todos os demais direitos e valores em nosso ordenamento jurídico, revelado pelos seguintes parâmetros:

a) **respeitabilidade dos direitos fundamentais:** a necessidade da presença de todos os requisitos constitucionais do processo, a participação regular das partes ou interessados, a condução processual com regularidade procedimental e a proibição de que o homem seja convertido em objeto de processos estatais;
b) **mínimo ético:** observar lealdade processual e evitar transgressão de dispositivos processuais indispensáveis para a paz social e a dignidade estatal;
c) **acesso efetivo às condições mínimas de sobrevivência:** o Estado-Juiz deve ficar atento para adotar soluções que garantam o respeito à condição da pessoa e o bem comum, consubstanciado no equilíbrio social.

Dentro de uma perspectiva pós-positivista, a orientação jurídica é a busca do justo processo. No processo penal, a busca é alcançada pela sua compatibilização com o Estado Democrático de Direito e pela tutela dos direitos e garantias fundamentais pelos seguintes meios:

a) **realização de valores:** princípios da esfera ética real, extraídos da convivência em dignidade e variáveis no tempo e no espaço;
b) **conformação constitucional:** interpretar normas processuais à luz dos princípios constitucionais e direitos fundamentais, de forma a preservar a coerência normativa harmônica;
c) **tutela jurisdicional adequada:** tutela protetiva do direito material lesado ou ameaçado de lesão com observância da CF e tutela efetiva dos direitos;
d) **equilíbrio normativo:** proporcionalidade e razoabilidade processuais, evitando formalismos inúteis, buscando efetividade processual por meio de um processo regular, com tutela jurisdicional prestada de acordo com a ordem jurídica, em prazo razoável, de forma a proporcionar acesso universal ao jurisdicionado, resultados concretos e o pleno gozo da específica utilidade a que faz jus o interessado pelo ordenamento jurídico.

5.2. Processo penal e os direitos fundamentais

5.2.1. Devido processo legal

O respeito ao direito do devido processo legal representa existência de um processo adequado, com observância da lei, plenitude de defesa, contraditório, igualdade de oportunidades e, principalmente, respeito aos direitos fundamentais.

No processo penal, o desrespeito a esse direito, consagrado pela Constituição Federal no art. 5º, LIV, é demonstrado pelas seguintes manifestações:

a) apresentação de uma denúncia vaga ou inepta;
b) inobservância de rito procedimental;

c) realização de busca domiciliar sem ordem judicial;

d) aplicação de condenação baseada em elementos sem contraditório;

e) não ouvir o apenado no caso de perda dos direitos remidos ou de regressão do regime prisional por cometimento de falta grave;

f) examinar a procedência ou improcedência da acusação com dilação probatória em sede de *habeas corpus*;

g) não intimação pessoal do defensor público e dativo (garantia subjetiva da pessoa processada);

h) não intimação da defesa para realização de diligência requerida, deferida e realizada no curso do processo penal;

i) não observância das regras processuais pertinentes, como a não observância dos pressupostos de admissibilidade dos recursos;

j) obrigar o advogado a realizar determinada atividade profissional (o advogado é livre para escolher o que for melhor para defender o seu cliente, dentro de um contexto de licitude);

k) falta de justa causa para propositura da ação penal;

l) frustração da sustentação oral;

m) grave deficiência nas alegações finais;

n) a desistência de outras provas em face da confissão do adolescente no procedimento para aplicação de medida socioeducativa;

o) prevalência das exigências formais sobre a efetividade processual, transformando o processo num fim em si mesmo.

5.2.2. *Vedação à autoincriminação*

Questão de prova

A prova de Advogado do Senado Federal/2008 considerou CORRETA a afirmativa: "O direito ao silêncio aplica-se a qualquer pessoa (acusado, indiciado, testemunha, etc.), diante de qualquer indagação por autoridade pública de cuja resposta possa advir imputação da prática de crime ao declarante".

O privilégio contra a autoincriminação é direito público subjetivo assegurado a qualquer pessoa que, na condição de testemunha, de indiciado ou de réu, deva prestar depoimento perante órgãos do Poder Legislativo, do Poder Executivo ou do Poder Judiciário.

É uma garantia constitucional que reconhece o direito da pessoa de permanecer em silêncio relativamente a perguntas cujas respostas possam incriminá-la (*nemo tenetur se detegere*).

O privilégio contra a autoincriminação decorre do art. 5º, LXIII, da Constituição da República e do art. 8º, § 2º, *g*, do Pacto de São José da Costa Rica.

A pessoa que invocar o direito de permanecer em silêncio não pode ser perseguida de forma arbitrária pelos agentes ou pelas autoridades do Estado.

5.2.3. Presunção de inocência

É uma garantia processual penal – prevista no art. 5º da Constituição Federal, em seu inciso LVII, que dispõe que uma pessoa somente *será considerada culpada após o trânsito em julgado de sentença penal condenatória* –, que pode ser violada nas seguintes situações:

a) decretação de prisão cautelar sem amparo em fatos concretos que demonstrem a presença dos requisitos legais (não basta a existência de indícios de autoria e a prova de materialidade nem a mera alusão à gravidade genérica do delito);
b) inquéritos e processos em andamento considerados como maus antecedentes para exacerbação da pena-base;
c) caracterização, como de má personalidade, de inquéritos ou ações penais que ainda estejam em andamento ou que tenham transitado em julgado em data posterior aos fatos expostos na exordial acusatória;
d) reconhecimento de prescrição antecipada, por ausência de previsão legal e ofensa à individualização da pena;
e) possibilidade de início da execução da pena condenatória após a confirmação da sentença em segundo grau não ofende o princípio constitucional da presunção da inocência.

5.2.4. Verdade real

É um princípio que rege o Direito Processual Penal, corolário dos princípios do contraditório e da plenitude de defesa, consistente na tarefa do Estado-Juiz de buscar esclarecimento dos fatos na realidade. Quando a busca da verdade real no processo penal for feita em respeito aos direitos e garantias fundamentais, há situação legítima não configuradora de dano.

Dessa forma, é possível afirmar que, em nome da verdade real:

a) o juiz pode determinar reprodução de provas e colher as que sejam úteis à instrução;
b) a ação penal deve ser desenvolvida no local que facilite a melhor instrução;
c) a investigação criminal deve ser completa na apuração da existência do fato delituoso;
d) o juiz não está obrigado a aceitar a produção de prova, em nome do livre-convencimento;

e) a produção de provas pode ser determinada pelo juiz, de ofício, quando julgar necessário ou indispensável para a formação de seu convencimento;
f) a confissão da prática de ato infracional não exime o juiz de colher outras provas;
g) o juiz analisa e valora as provas levando em conta as circunstâncias concretas reveladas na instrução processual penal;
h) o juiz pode indeferir requerimentos com nítidos propósitos protelatórios e tumultuários, visando eternização da instrução criminal;
i) o juiz pode indeferir requerimentos de diligências, pois, como presidente do processo, é competente para aferir a necessidade e a utilidade na realização das provas;
j) a instauração da ação penal não impede o requerimento de diligências mais amplas para a apuração da verdade real;
k) é possível qualquer meio de prova, desde que não obtido por meio ilícito;
l) a produção antecipada de provas é possível, desde que haja possibilidade de o tempo afetar a descoberta dos fatos.

5.2.5. Ampla defesa

> "Aos litigantes, em processo judicial ou administrativo, e aos acusados em geral são assegurados o contraditório e ampla defesa, com os meios e recursos a ela inerentes" (Constituição Federal, art. 5º, LV).

O princípio da ampla defesa é uma diretriz na atividade jurisdicional, cuja observância é imperativa por ordem constitucional, embasando as ações do magistrado e das partes durante todo o curso processual, inclusive em grau de recurso. Um dos **corolários do devido processo legal** é o princípio formado pela conjugação da autodefesa (realizada pela atuação pessoal do próprio acusado, consubstanciada nos direitos de audiência, de presença ou participação) com a defesa técnica (assistência do réu por profissional legalmente habilitado).

Da análise da ampla defesa no processo penal, podemos extrair algumas diretrizes:

a) **Em matéria de capacidade postulatória**, a defesa somente pode ser promovida por quem tem qualidade de exercê-la, sob pena de equivaler à ausência de defesa e à nulidade absoluta. Nas ações penais originárias, de competência de tribunal, é obrigatória a presença de advogado do réu, constituído ou nomeado, na respectiva sessão de julgamento. Em homenagem ao princípio da ampla defesa, o acusado tem o direito de constituir advogado de sua confiança para atuar no processo-crime a que responde.

b) **Em matéria de procedimento criminal:** no caso de ação penal referente a processo de crimes diversos, afetos a ritos distintos, porém de apuração conexa, a adoção do rito ordinário revela-se em consonância com o princípio da ampla defesa, porquanto o procedimento nele inserto afigura-se mais amplo para os acusados.

c) **Em matéria de defesa:** no processo penal, a falta de defesa constitui nulidade absoluta, mas a sua deficiência só o anulará se houver prova de prejuízo para o réu (Súmula 523, STF). Não viola o princípio da ampla defesa a realização de um único interrogatório se as ações são conexas e as perguntas referem-se a todas elas. A defesa meramente formal não satisfaz o princípio da ampla defesa e constitui inarredável nulidade que, desde que seja demonstrado prejuízo ao réu, pode ser reconhecida a qualquer momento, mesmo após o trânsito em julgado da condenação.

d) **Em matéria de comunicação dos atos processuais:** a jurisprudência do Superior Tribunal de Justiça é pacífica no sentido de reconhecer a obrigatoriedade da intimação do réu, pessoalmente ou por edital, e de seu defensor, constituído ou nomeado, do decreto condenatório, sob pena de nulidade, por força do princípio da ampla defesa constitucionalmente previsto. Em respeito a esse princípio, é dever do Estado-Juiz esgotar todos os meios razoáveis de localização do condenado, ocorrendo nulidade se não for procurado no endereço no qual já havia recebido intimação da sentença condenatória. A citação é ato pelo qual o réu é chamado a juízo para defender-se do delito descrito na peça acusatória, sendo imprescindível para assegurar o princípio da ampla defesa, sob pena de nulidade do processo, por não ter se completado o *actio trium personarum, ex vi* do art. 564, III, *c*, do CPP.

e) **Em matéria recursal:** o Superior Tribunal de Justiça tem entendimento no sentido de que a ausência de intimação da defesa para apresentar contrarrazões ao recurso do Ministério Público (art. 588 do CPP), interposto contra o não recebimento da denúncia, viola os princípios constitucionais do contraditório e da ampla defesa. A não interposição de apelação contra sentença condenatória por parte do defensor, mesmo dativo, não acarreta, por si só, ofensa ao princípio da ampla defesa, pois não é ele obrigado a recorrer. As razões dos recursos e a resposta às impugnações recursais, na firme compreensão do Superior Tribunal de Justiça, são essenciais ao processo, por função da garantia da ampla defesa com todos os recursos a ela inerentes, insculpida na Constituição da República (art. 5º, LV). É vedado ao Tribunal *ad quem*, ao julgar agravo em execução interposto pela acusação, decidir em desfavor do agravado com base em elementos estranhos à causa de pedir do agravante. O princípio da ampla defesa, no aspecto da defesa técnica, exige que sejam apresentadas as razões recursais em recurso interposto pela defesa, sob pena de nulidade. Se o Tribunal constatar que o apelo não se fez acompanhar das razões recursais, deve transformar o julgamento em diligência, para que na comarca de origem elas sejam apresentadas pelo defensor; caso este não o faça, nem seja indicado pelo réu outro advogado, deve ser nomeado um defensor público para fazê-lo, visando resguardar o princípio da ampla e efetiva defesa.

f) **Em matéria de medida socioeducativa:** no procedimento para aplicação de medida socioeducativa, é nula a desistência de outras provas em face da confissão do adolescente (Súmula 342, STJ). A decretação de internação pelo descumprimento reiterado e injustificado de medida anteriormente imposta, hipótese prevista no inciso III do art. 122 do Estatuto da Criança e do Adolescente (ECA, Lei n. 8.069/90), deve, necessariamente, ser precedida da oitiva do adolescente infrator (art. 111, V, do ECA), sob pena de ofensa aos princípios constitucionais do contraditório e da ampla defesa (Súmula 265, STJ).

g) **Em matéria de acesso aos autos do inquérito policial:** é possível o acesso de advogado constituído aos autos de inquérito policial em observância ao direito de informação do indiciado e ao Estatuto da Advocacia, resguardando as garantias constitucionais e com a ressalva dos procedimentos que, por sua própria natureza, não dispensam o sigilo, sob pena de ineficácia da diligência investigatória.

h) **Em matéria de ação penal:** a denúncia que atende aos requisitos do art. 41 do CPP, individualizando a conduta supostamente praticada e definindo o crime possivelmente praticado, observando assim o princípio da ampla defesa, não é inepta. A jurisprudência do Supremo Tribunal Federal evoluiu no sentido de que a descrição genérica da conduta nos crimes societários viola o princípio da ampla defesa. É inepta a denúncia pela prática do crime de apropriação indébita previdenciária quando fundada tão somente na circunstância de o paciente constar do quadro societário da empresa. É necessário o mínimo de individualização da conduta e a indicação do nexo de causalidade entre esta e o delito de que se trata, sem o que fica impossibilitado o exercício da ampla defesa (Constituição Federal, art. 5º, LV).

5.2.6. Promotor natural

O Promotor Natural é uma garantia constitucional de isenção na escolha dos representantes ministeriais para atuarem na persecução penal. Veda que o membro do Ministério Público seja designado sem obediência ao critério legal ou com possível manipulação casuística ou designação seletiva por parte do chefe da instituição. A designação deve ser feita a partir de critérios abstratos e predeterminados, estabelecidos em lei.

É um princípio que protege tanto o membro do MP no exercício funcional quanto a coletividade, que tem direito à intervenção legítima do membro do MP. O fundamento do princípio é a independência funcional e a inamovibilidade dos membros do MP.

O princípio não tolera a figura do acusador de exceção ou *ad hoc*, lesionando o exercício pleno e independente das atribuições do Ministério Público. Noutros termos, não é permitido designação arbitrária, com critérios políticos ou sem observar o critério objetivo de distribuição dos feitos.

Em algumas situações, não há violação ao princípio do promotor natural:

a) atuação ministerial regulada pelos mecanismos de organização interna para a distribuição de processo;

b) designação de promotores de outras comarcas para auxiliar em determinado processo, sem a interferência na condução da persecução penal;

c) possibilidade de designação de outros membros do Ministério Público para atuar em conjunto com o promotor titular (art. 24 da Lei n. 8.625/93);

d) designação, pelo Procurador-Geral de Justiça, de membro efetivo do *parquet* para o oferecimento de denúncia contra Prefeito Municipal;

e) criação de grupo especializado, por meio de Resolução do chefe da instituição, com competência e membros integrantes estabelecidos previamente ao fato criminoso;

f) designação de Subprocurador, para atuar em determinada ação penal, feita pelo Procurador-Geral da República, nos termos permitidos pelo art. 48, II, da Lei Complementar n. 75/93;

g) delegação de funções pelo Procurador-Geral de Justiça aos demais membros do Ministério Público, por meio de resolução;

h) delegação do oferecimento da denúncia efetuada pelo Procurador-Geral de Justiça, a órgão especializado em matéria criminal, dentro do quadro do Ministério Público;

i) designação de Promotor Substituto para prestar auxílio ao titular da comarca, mormente quando ambos subscrevem a denúncia questionada. No STF, discute-se a respeito da aplicabilidade do princípio na ordem jurídica, de forma que há os seguintes posicionamentos:

   - necessidade da *interpositio legislatoris* para efeito de atuação do princípio (Ministro Celso de Mello);

- incidência do postulado, independentemente de intermediação legislativa (Ministros Sepúlveda Pertence, Marco Aurélio e Carlos Velloso);
- expressa rejeição da existência desse princípio (Ministros Paulo Brossard, Octavio Gallotti, Néri da Silveira e Moreira Alves).

5.2.7. Juiz natural

O princípio do Juiz Natural, um dos pilares do devido processo legal, significa:

a) proibição de criação de tribunais de exceção (órgãos formados por julgadores parciais sem autorização legal ou constitucional para funcionamento);
b) investidura (só pode exercer jurisdição quem for legalmente investido da função de julgar);
c) que ninguém pode ser julgado por órgão instituído após o fato;
d) não significa proibição de criar justiça especializada;
e) que ninguém pode ser processado ou julgado por órgão cuja jurisdição não derive de fontes constitucionais;
f) uma garantia da imparcialidade do juiz e da existência da própria jurisdição;
g) que, em caso de coautoria em crime doloso contra a vida, o privilégio de foro ostentado por um dos agentes não atrai para a competência do foro privilegiado o julgamento do outro envolvido, que deve ser julgado pelo Tribunal do Júri, seu juiz natural (precedentes do STF e do STJ).

5.2.8. Motivação das decisões judiciais

A motivação é garantia constitucional prevista no art. 93, IX, da Constituição Federal, fundamentada no devido processo legal e inerente ao Estado Democrático de Direito, que reclama do órgão julgador, sob pena de nulidade, a explicitação fundamentada dos motivos de seu convencimento, de acordo com o contexto fático ocorrente no feito.

A fundamentação das decisões do Poder Judiciário é condição de sua validade e pressuposto da sua eficácia, permitindo: a) o exercício da ampla defesa; b) o controle por parte das instâncias superiores; c) a possibilidade de controle e o reexame da atividade jurisdicional, evitando e reprimindo erros ocasionais, abusos de poder e desvios de finalidade, arbitrariedades e parcialidades. Um exemplo da aplicação do referido princípio é a decretação da prisão preventiva, em que é necessário que o magistrado apresente as suas razões para privar alguém da liberdade, não sendo suficiente para justificar o decreto prisional a mera reiteração dos termos genéricos previstos no art. 312

do CPP, sem a demonstração efetiva das circunstâncias concretas ensejadoras do respectivo encarceramento.

5.2.9. Proporcionalidade processual

No processo de individualização da pena, deve o Juiz observar os arts. 59 e 68, do Código Penal, fixando a pena-base dentro dos limites estabelecidos pelo legislador, observando as circunstâncias judiciais, fazendo incidir, depois, as circunstâncias legais – atenuantes ou agravantes – e complementando a operação com a aplicação das especiais de aumento ou de diminuição de pena.

Não pode o julgador, por analogia, estabelecer sanção sem previsão legal, ainda que para beneficiar o réu, ao argumento de que o legislador deveria ter disciplinado a situação de outra forma. A presença de atenuantes não pode levar a pena a ficar abaixo do mínimo, e a de agravantes também não pode levar a pena a ficar acima do máximo previsto no tipo penal básico ou qualificado. Há posições contrárias, porém desde que a decisão seja fundamentada em dados concretos, e não em referências vagas, dentro dos parâmetros estabelecidos pelo Código Penal. A pena-base fixada no mínimo legal não pode ser reduzida pela presença de atenuante, nos termos da Súmula 231 do STJ.

É assente a jurisprudência do Supremo Tribunal Federal no sentido de que é legítima a sanção correspondente à perda total dos dias remidos pela prática de falta grave, nos termos do art. 127 da LEP, por ser medida consentânea com os objetivos da execução penal.

5.2.10. Prova

O direito à prova é uma garantia constitucional decorrente do devido processo legal, bem como instrumento de busca da verdade real no processual penal.

É uma realidade procedimental do princípio da ampla defesa, ao lado do direito à informação e da bilateralidade da audiência.

Com a natureza de direito subjetivo público, o direito à prova pode ser determinado, inclusive pelo Juiz, de ofício, quando julgar necessário (arts. 155 e 209 do CPP). O direito à prova abrange:

a) direito de requerer a produção da prova, com iguais oportunidades às partes envolvidas no caso concreto;
b) direito de que o juiz aprecie livremente o pedido de produção de prova;
c) realização das provas com todas as garantias necessárias para sua produção;
d) direito de participar da produção da prova;
e) direito de produção da prova sob o crivo do contraditório;
f) direito de produção da prova com a participação do juiz;

g) direito de manifestação das partes sobre as provas produzidas;
h) direito de avaliação da prova pelos julgados;
i) direito de exclusão de provas inadmissíveis, impertinentes ou irrelevantes.

Da análise do direito à prova no processo penal, podemos extrair algumas diretrizes:

a) **Em matéria de produção de prova:** é direito absoluto da defesa produzir a prova que entenda necessária para demonstrar a inocência do acusado, em relação à imputação que lhe foi feita, mesmo quando o magistrado considere desnecessário.
b) **Em matéria de prova exclusiva:** a jurisprudência do STJ entende pela nulidade da decisão quando, fundada somente na confissão do menor, com a dispensa de produção de outras provas, imponha medida socioeducativa de internação.
c) **Em matéria de indeferimento de diligências:** inexiste constrangimento ilegal a ser sanado, no caso de indeferimento, em oitiva de testemunhas, de perguntas consideradas impertinentes tanto para com os fatos narrados na denúncia quanto para o deslinde da questão. O deferimento ou não de diligências requeridas pela defesa na fase é ato que se inclui no âmbito da discricionariedade do magistrado, não implicando seu indeferimento em cerceamento de defesa.
d) **Em matéria de mandado de segurança:** no mandado de segurança, a prova documental revela-se como condição elementar à demonstração de liquidez e certeza do direito; deve ser ministrada no ato da impetração, importando a falta desse requisito no indeferimento da inicial.

6. Identificação criminal

No Direito Brasileiro, há duas espécies de identificação de pessoas:

a) **Identificação civil:** é atestada por qualquer dos seguintes documentos: carteira de identidade; carteira de trabalho; carteira profissional; passaporte; carteira de identificação funcional; outro documento público que permita a identificação do indiciado. Equiparam-se aos documentos de identificação civis os documentos de identificação militares.
b) **Identificação criminal:** é feita por meio do processo datiloscópico e do fotográfico, que serão juntados aos autos da comunicação da prisão em flagrante, ou do inquérito policial, ou de outra forma de investigação. Quando a identificação criminal for essencial às investigações policiais, segundo despacho da autoridade judiciária competente, que decidirá de

ofício ou mediante representação da autoridade policial, do Ministério Público ou da defesa, a identificação criminal poderá incluir a coleta de material biológico para a obtenção do perfil genético. Quando houver necessidade de identificação criminal, a autoridade encarregada tomará as providências necessárias para evitar o constrangimento do identificado.

A regra é que o civilmente identificado não será submetido a identificação criminal, salvo nos casos previstos na Lei n. 12.037/2009, regulamentadora do art. 5º, LVIII, da CF (nesses casos, ocorrerá identificação criminal mesmo que tenha sido apresentado documento de identificação):

- **rasura ou falsificação:** o documento apresentar rasura ou indício de falsificação;
- **insuficiência de dados:** o documento apresentado for insuficiente para identificar cabalmente o indiciado;
- **conflito de informações:** o indiciado portar documentos de identidade distintos, com informações conflitantes entre si;
- **essencialidade na investigação criminal:** a identificação criminal for essencial às investigações policiais, segundo despacho da autoridade judiciária competente, que decidirá de ofício ou mediante representação da autoridade policial, do Ministério Público ou da defesa;
- **nomes variados:** constar de registros policiais o uso de outros nomes ou diferentes qualificações;
- **má conservação:** o estado de conservação ou a distância temporal ou da localidade da expedição do documento apresentado impossibilitar a completa identificação dos caracteres essenciais.

Em relação à **coleta do material biológico para obtenção do perfil genético**, a Lei n. 12.654/2012 trouxe as seguintes regras:

a) **armazenamento:** os dados relacionados à coleta deverão ser armazenados em banco de dados de perfis genéticos, gerenciado por unidade oficial de perícia criminal;

b) **vedação somática ou comportamental:** as informações genéticas contidas nos bancos de dados de perfis genéticos não poderão revelar traços somáticos ou comportamentais das pessoas, exceto determinação genética de gênero, consoante as normas constitucionais e internacionais sobre direitos humanos, genoma humano e dados genéticos;

c) **sigilosidade:** os dados constantes dos bancos de dados de perfis genéticos terão caráter sigiloso, respondendo civil, penal e administrativamente aquele que permitir ou promover sua utilização para fins diversos dos previstos na lei da identificação criminal ou em decisão judicial;

d) **laudo pericial:** as informações obtidas a partir da coincidência de perfis genéticos deverão ser consignadas em laudo pericial firmado por perito oficial devidamente habilitado;

e) **exclusão:** a exclusão dos perfis genéticos dos bancos de dados ocorrerá no término do prazo estabelecido em lei para a prescrição do delito.

Em homenagem ao princípio da presunção da inocência, é vedado mencionar a identificação criminal do indiciado em atestados de antecedentes ou em informações não destinadas ao juízo criminal, antes do trânsito em julgado da sentença condenatória.

No caso de não oferecimento da denúncia, ou sua rejeição, ou absolvição, é facultado ao indiciado ou o réu, após o arquivamento definitivo do inquérito ou trânsito em julgado da sentença, requerer a retirada da identificação fotográfica do inquérito ou processo, desde que apresente provas de sua identificação civil.

7. Reprodução simulada dos fatos

Em face do art. 7º do Código de Processo Penal, para verificar a possibilidade de haver a infração sido praticada de determinado modo, a autoridade policial poderá proceder à reprodução simulada dos fatos, desde que esta não contrarie a moralidade ou a ordem pública.

Embora o referido artigo mencione apenas a autoridade policial, nada impede que, no exercício dos poderes instrutórios, o juiz a determine, se achar relevante para dirimir dúvidas (CPP, art. 156). É uma prova que, quando realizada em juízo, fica submetida ao crivo do contraditório, ensejando ao réu o direito de estar presente, impedindo abusos e ilegalidades.

Não é possível a condução coercitiva do investigado, sendo desnecessária a intimação do indiciado ou de seu advogado para participar da reconstituição do fato delituoso.

Trata-se de instituto que tem por objetivo verificar a possibilidade de haver a infração sido praticada de determinado modo, bem como sanar eventuais dúvidas acerca da autoria do delito.

É uma prova mista (tem por base informações e ações feitas na diligência), que será documentada em relatório pericial, cuja relevância para o caso concreto será avaliada por um juízo de conveniência tanto da autoridade policial quanto do juiz (de acordo com o art. 184 do Código de Processo Penal, "salvo o caso de exame de corpo de delito, o juiz ou a autoridade policial negará a perícia requerida pelas partes, quando não for necessária ao esclarecimento da verdade").

A reprodução simulada dos fatos é importante para a descoberta da verdade real, mas, ao mesmo tempo, não há como se exigir a participação do indiciado, já que é vedada a **autoincriminação** (princípio do *nemo tenetur se detegere*).

Questão de prova	A prova de Delegado da Polícia Civil MA/2012 considerou CORRETA a afirmativa: "O réu não é obrigado a participar da reconstituição do crime, pois ninguém é obrigado a produzir prova contra si".

Constitui constrangimento ilegal a decretação de prisão preventiva de indiciados diante da recusa deles em participar de reconstituição do crime (STF, Pleno, HC 64.354/SP, Rel. Min. Sydney Sanches).

8. Direito à imagem

O direito à imagem reveste-se de duplo conteúdo: moral, porque direito de personalidade; e patrimonial, porque assentado no princípio segundo o qual a ninguém é lícito locupletar-se à custa alheia.

No processo penal, a divulgação da imagem de um suposto infrator penal, visando sua captura, não viola a intimidade, pois estamos diante do interesse público de repressão dos delitos.

Não há ofensa ao direito à imagem do suposto infrator da lei penal, **quando houver o consentimento tácito ou expresso do titular**, já que é direito de personalidade, extrapatrimonial, de caráter personalíssimo.

A exibição da imagem de forma indevida, sem o consentimento, a qual muitas vezes se converte em um julgamento antecipado do investigado ou do acusado pela sociedade[13], causa prejuízos de ordem moral e material, gerando a obrigação de reparação do dano.

Há os que pregam a prevalência do direito à informação, segundo o qual a exibição da imagem do indiciado ou acusado preso é necessária, pois permite que a sociedade saiba quem são os denominados infratores da lei penal, mesmo sem que haja sentença transitada em julgado. Porém, a liberdade de informação deve estar atenta ao dever de veracidade, pois a falsidade dos dados divulgados manipula em vez de formar a opinião pública, bem como ao interesse público, pois nem toda informação verdadeira é relevante para o convívio em sociedade (STJ, REsp 984.803/ES, 3ª T., Rel. Min. Nancy Andrighi, *DJe* 19-8-2009).

---

[13] *Perp walk* é a prática policial de expor, intencionalmente, o acusado preso de forma sensacionalista em local público, de modo que a mídia possa observar, gravar e divulgar o evento.

9. Poderes investigatórios do Ministério Público

Muito embora não possa o membro do *Parquet* presidir o inquérito policial, é conferido ao Ministério Público o poder de investigar, como já foi decidido em *habeas corpus* julgados pelo Supremo Tribunal Federal.

No entanto, há na doutrina e na jurisprudência, em relação à admissibilidade da atuação do Ministério Público com poderes investigatórios, dois posicionamentos:

a) Não há ilegalidade na investigação criminal encetada pelo Ministério Público, pois: 1) o Ministério Público possui a prerrogativa de instaurar procedimento administrativo e conduzir diligências investigatórias, podendo requisitar documentos e informações que entenda necessários ao exercício de suas atribuições (art. 129, VI e VIII, da Constituição da República, e art. 8º, V e VII, da LC n. 75/93); 2) representa o exercício concreto de uma atividade típica de cooperação na apuração da verdade real; 3) a Polícia Judiciária não possui o monopólio da investigação criminal (art. 4º, parágrafo único, do Código de Processo Penal); 4) é permitida por uma interpretação sistêmica da Constituição e pela aplicação dos poderes implícitos do Ministério Público (APn-345, Corte Especial, Min. Gilson Dipp, *DJ* 26-9-2005.); 5) é fundada na exigência absoluta de demonstrado interesse público ou social.

b) Há ilegalidade na investigação criminal realizada pelo Ministério Público, pois: 1) não há previsão constitucional para a realização de diligências investigatórias nos autos de inquérito policial; 2) afronta os princípios constitucionais do devido processo legal, da ampla defesa e da igualdade e paridade de armas; 3) na Lei n. 8.625/93, somente se atribuiu ao Ministério Público a possibilidade de dar prosseguimento, continuidade, à apuração já instaurada pela polícia judiciária, quando, no curso de investigação, houver indício da prática de infração penal por parte de membro do Ministério Público.

10. Comissões parlamentares de inquérito

a) **Natureza: comissões** temporárias ou especiais; órgão colegiado e importante instrumento de fiscalização de controle (político-administrativo) da Administração Pública. Representa atuação típica do Legislativo.

Questão de prova

A prova de Procurador Municipal TCM/BA/2011 considerou CORRETA a afirmativa: "As comissões parlamentares de inquérito são instrumentos de controle político, à disposição das minorias presentes nos órgãos legislativos, podendo ser criadas pela Câmara dos Deputados e pelo Senado Federal, em conjunto ou separadamente, mediante requerimento de um terço de seus membros".

b) **Função:** investigar, ou seja, coletar dados a respeito de determinado fato. É uma investigação especial (feita por membros do legislativo), transitória (prazo determinado) e informativa. O direito de investigar os órgãos e agentes do Estado deve observar os limites materiais e as exigências formais previstas na CF.

c) **Objeto:** fato de interesse público, que seja determinado, específico.

d) **Prazo:** certo, ou seja, duração determinada.

e) **Prorrogação:** a CPI pode ser prorrogada, quantas vezes forem necessárias, até o limite do final do mandato dos parlamentares responsáveis pela abertura da CPI.

f) **Fato novo:** se no decorrer das investigações for descoberto fato novo, devem ser tomadas as seguintes providências: 1) fato novo conexo: será feito um aditamento ao objeto inicial da CPI; 2) fato novo não conexo: tem que ser aberta nova CPI.

g) **Poderes da CPI:** são os poderes investigatórios do juiz, ou seja, os mesmos poderes que o juiz possui na instrução processual penal. Há uma crítica feita pela doutrina na imprecisão terminológica – poderes investigatórios de juiz –, pois na ordem jurídica não existe a figura do juiz investigador, tarefa da polícia, em face do sistema acusatório que separa as funções do juiz e do acusador; mas se a função do juiz no processo penal é a descoberta da verdade real dos fatos, não há por que não admitir a figura do juiz investigador. O melhor seria falar em poderes instrutórios. Os poderes da CPI não são universais, pois sofrem limites constitucionais e legais. A observância dos direitos e garantias fundamentais constitui fator de legitimação da atividade estatal. Não existe poder absoluto em Estado Democrático de Direito.

Questão de prova

A prova de Procurador do Trabalho/2007 considerou INCORRETA a afirmativa: "As Comissões Parlamentares de Inquérito podem anular atos sob sua investigação, desde que lesivos ao patrimônio público".

- **Poderes proibidos:** decretar prisão, salvo se for em flagrante; determinar busca e apreensão domiciliar; determinar interceptação telefônica; proibir ou restringir a assistência jurídica dos advogados.
- **Poderes permitidos:** determinar quebra de sigilo bancário, fiscal e de dados; ouvir testemunhas; realizar interrogatório do indiciado; transportar-se aos lugares em que for necessário; buscar meios de prova.

h) **Publicidade:** aplica-se por analogia o art. 792 do CPP, que diz que corre em segredo de justiça quando houver inconveniente grave, escândalo ou perturbação da ordem.

i) **Controle judicial:** é possível impugnar abusos ou ilegalidades cometidas pela CPI, não representando violação à separação de poderes. É entendimento do STF que as ações de mandado de segurança e de *habeas corpus* ficam prejudicadas quando tais remédios forem impetrados contra CPI, e esta for declarada extinta, em virtude da conclusão dos trabalhos investigatórios e da aprovação de seu relatório final. Conforme entendimento do STF:

> "A essência do postulado da divisão funcional do poder, além de derivar da necessidade de conter os excessos dos órgãos que compõem o aparelho de Estado, representa o princípio conservador das liberdades do cidadão e constitui o meio mais adequado para tornar efetivos e reais os direitos e garantias proclamados na Constituição. Esse princípio não pode constituir nem qualificar-se como um inaceitável manto protetor de comportamentos abusivos e arbitrários, por parte de qualquer agente do poder público ou de qualquer instituição estatal. O Poder Judiciário, quando intervém para assegurar as franquias constitucionais e para garantir a integridade e a supremacia da Constituição, desempenha, de maneira plenamente legítima, as atribuições que lhe conferiu a própria Carta da República. O regular exercício da função jurisdicional, desde que pautado pelo respeito à Constituição, não transgride o princípio da separação de poderes"[14].

j) **Princípios: 1) federativo:** cada CPI só pode investigar fatos que sejam de matéria de sua competência. As regras de distribuição de competência estão previstas na CF; **2) autonomia parlamentar:** a Câmara dos Deputados não pode investigar fatos de competência do Senado Federal e vice-versa.

k) **Atos de natureza jurisdicional:** não podem ser objeto de investigação pela CPI, pois ofende a separação de poderes. A convocação de juiz para depor em CPI sobre decisão judicial caracteriza indevida ingerência de um poder sobre o outro. No Regimento Interno do Senado Federal, há a previsão de que não se admite CPI para investigar matéria pertinente às atribuições do Poder Judiciário (art. 146, II, do Regimento Interno do SF).

l) **Índio:** pode ser ouvido pela CPI, desde que sejam observados os seguintes requisitos: 1) ser ouvido na sua área indígena; 2) ser ouvido em dia e hora previamente acordados com a comunidade indígena; 3) ser assistido pela FUNAI; 4) presença de um antropólogo para traduzir.

m) **Negócios privados:** em regra, não pode a CPI interferir com a autonomia do indivíduo e das entidades privadas, porém, quando tiver repercussões no interesse público, será objeto de investigação da CPI.

---

[14] *RTJ* 173/805-810, Rel. Min. Celso de Mello.

n) **Poder de convocação:** podem ser convocados pela CPI particulares e autoridades públicas, na condição de testemunhas ou investigados; pode usar polícia judiciária para localizar testemunha; pode determinar condução coercitiva no caso de recusa no comparecimento, salvo em relação ao investigado, em virtude do princípio da não autoincriminação. Cabe ressaltar que parte da doutrina[15] sustenta que compete ao Poder Judiciário aferir a legalidade e determinar a condução coercitiva.

o) **Meios de prova:** pode a CPI determinar diligências, perícias, exames, requisitar informações e buscar todos os meios de prova legalmente admitidos.

p) **Quebra de sigilo:** a CPI pode quebrar o sigilo bancário, o fiscal, o telefônico e o de dados. Porém, como se trata de medida excepcional, deve ter fundamentação legitimadora, suficiente e idônea.

q) **Fundamentação:** a CPI é obrigada a apontar os fundamentos dos seus atos, já que a falta ou a insuficiência comprometem a validade do ato realizado por ela. A fundamentação não pode ser genérica e insuficiente, deve ter suporte fático e idôneo. Devem existir a indicação concreta de fatos específicos e a necessidade da adoção da medida. Formulações padronizadas ou genéricas não veiculam a necessária e específica indicação da causa provável do ato realizado pela CPI.

r) **Conclusões:** conforme a Lei n. 13.367/2016, a Comissão Parlamentar de Inquérito encaminhará o relatório circunstanciado, com suas conclusões, para as devidas providências, entre outros órgãos, ao Ministério Público ou à Advocacia-Geral da União, com cópia da documentação, para que promovam a responsabilidade civil ou criminal por infrações apuradas e adotem outras medidas decorrentes de suas funções institucionais. Em complemento, a Lei n. 10.001/2003 dispõe que os presidentes das respectivas casas legislativas em que foi constituída a CPI encaminharão o relatório e a resolução que o aprovar aos chefes do Ministério Público, ou às autoridades administrativas ou judiciais com poder de decisão, conforme o caso, para a prática de atos de sua competência. A autoridade a quem for encaminhada a resolução informará ao remetente, no prazo de 30 dias, as providências adotadas ou a justificativa pela omissão. A autoridade que presidir processo administrativo ou judicial, instaurado em decorrência de conclusões da CPI, comunicará semestralmente a fase em que se encontra, até sua conclusão. O encaminhamento do relatório para que haja a promoção da devida responsabilidade não constitui indiciamento.

---

[15] FARIA, Cássio Juvenal. *Comissões parlamentares de inquérito*. São Paulo: Paloma, 2002.

s) **Direitos:** é possível ao investigado ou acusado: 1) permanecer em silêncio, evitando-se a autoincriminação[16]; 2) recorrer ao judiciário no caso de violação a direitos; 3) a assistência de advogados.

t) **Origem no Brasil:** surgiu pela primeira vez na Constituição de 1824.

u) **Criação:** precisa de requerimento de 1/3 dos membros da Casa legislativa; se for comissão conjunta, precisa de 1/3 da Câmara dos Deputados e 1/3 do Senado Federal. A limitação regimental na criação da CPI não é inconstitucional, pois revela autonomia administrativa da Casa legislativa. A garantia da instalação da CPI independe de deliberação plenária. O modelo federal de criação das CPIs é matéria de observância obrigatória às Casas legislativas estaduais.

v) **Cláusula de reserva jurisdicional:** há matérias que somente podem ser autorizadas pelo juiz. A intromissão da CPI nesses atos representa desrespeito aos princípios do Estado democrático de direito e da separação de poderes.

11. Uso de algemas e limites constitucionais

O uso de algemas não é disciplinado no Código de Processo Penal, salvo na parte referente ao Tribunal do Júri, nos termos do art. 474, § 3º, do Código de Processo Penal, que dispõe que "não se permitirá o uso de algemas no acusado durante o período em que permanecer no plenário do júri, salvo se absolutamente necessário à ordem dos trabalhos, à segurança das testemunhas ou à garantia da integridade física dos presentes".

Na Lei de Execução Penal, o art. 199 determina que o emprego de algemas seja disciplinado por decreto federal (o referido decreto não existe para regular a matéria). De acordo com as regras internacionais, é vedado o emprego de algemas como forma de sanção ou punição, para fim de constrangimento ou antecipação da pena, já que representa uso abusivo e vexatório em desrespeito à dignidade da pessoa humana. No Código de Processo Militar, é permitido o uso de algemas quando houver perigo de fuga ou agressão da parte do preso, nos termos do art. 234, § 1º. No mesmo diploma legal, há proibição do uso de algemas para os que gozam de prisão especial.

No Estado de São Paulo, vige o Decreto n. 19.903, de 30-10-1950, o qual orienta os policiais no uso de algemas nas hipóteses de tentativa de fuga ou

[16] A circunstância de o convocado, para depor perante a Comissão Parlamentar de Inquérito, ser alvo da própria investigação desobriga-o da assinatura do termo de compromisso, não subsistindo, ante a contrariedade à ordem natural das coisas, de força insuplantável, a ressalva de que não estará compelido a manifestar-se a ponto de incriminar-se (HC 83.703/SP, Rel. Min. Marco Aurélio).

resistência à prisão com violência, exigindo que as ocorrências dessa espécie sejam registradas em livros nas repartições policiais: "Art. 1º O emprego de algemas far-se-á na Polícia do Estado, de regra, nas seguintes diligências: 1º Condução à presença da autoridade dos delinquentes detidos em flagrante, em virtude de pronúncia ou nos demais casos previstos em lei, desde que ofereçam resistência ou tentem a fuga; 2º Condução à presença da autoridade dos ébrios, viciosos e turbulentos, recolhidos na prática de infração e que devam ser postos em custódia, nos termos do Regulamento Policial do Estado, desde que o seu estado extremo de exaltação torne indispensável o emprego de força; 3º Transporte, de uma para outra dependência, ou remoção, de um para outro presídio, dos presos que, pela sua conhecida periculosidade, possam tentar a fuga durante a diligência, ou a tenham tentado, ou oferecido resistência quando de sua detenção".

As algemas devem ser utilizadas para: a) mobilização e neutralização do delinquente; b) garantir a segurança do executor da prisão e de terceiros; c) prevenir, dificultar ou impedir a fuga ou reação indevida do preso; d) garantir a integridade física e moral do executor e dos eventuais auxiliares na efetivação da medida; e) manter a ordem para evitar reação ou inaceitação das providências de segurança. **É proibido o uso indiscriminado de algemas**, em que há ostensiva e excessiva exposição pública dos detidos, com intenção de constranger, emprego desnecessário, em desrespeito aos direitos fundamentais, aplicação em pessoas inofensivas nos casos de não oferecerem risco social potencial, ou periculosidade ou abuso com finalidades sensacionalistas. Sobre o tema, o Superior Tribunal de Justiça manifestou-se:

> "Penal. Réu. Uso de algemas. Avaliação da necessidade. A imposição do uso de algemas ao réu, por constituir afetação aos princípios de respeito à integridade física e moral do cidadão, deve ser aferida de modo cauteloso e diante de elementos concretos que demonstrem a periculosidade do acusado. Recurso provido" (STJ, Recurso Ordinário em Habeas Corpus 5.663/SP, 6ª T., Rel. Min. William Patterson, j. em 19-8-1996, *DJU* 23-9-1996).

Se o uso das algemas for feito pela autoridade pública e seus agentes, o fundamento da utilização é o poder de polícia. Se for caso de flagrante facultativo, o fundamento é autodefesa da sociedade.

A utilização de algemas depende da existência de elementos concretos que demonstrem a periculosidade da pessoa; se a pessoa não apresenta risco, o uso é desnecessário, devendo ser adotado como medida extrema, quando necessário ao interesse social, respeitando, em última análise, a dignidade da pessoa humana. O emprego de algemas, quando desnecessária a força, pode caracterizar tortura (se não física, psíquica), como também desrespeito à integridade moral do preso ou conduzido. Conforme manifestação do STF:

> "No tocante à necessidade ou não do uso de algemas, aduziu-se que esta matéria não é tratada, específica e expressamente, nos Códigos Penal e de Processo Penal vigentes. Entretanto, salientou-se que a Lei de Execução Penal (art. 199) determina que o emprego de algema seja regulamentado por decreto federal, o que ainda não ocorreu. Afirmou-se que, não obstante a omissão legislativa, a utilização de algemas não pode ser arbitrária, uma vez que a forma juridicamente válida do seu uso pode ser inferida a partir da interpretação dos princípios jurídicos vigentes, especialmente o princípio da proporcionalidade e o da razoabilidade. Citaram-se, ainda, algumas normas que sinalizam hipóteses em que aquela poderá ser usada (CPP, arts. 284 e 292; CF, art. 5º, incisos III, parte final, e X; as regras jurídicas que tratam de prisioneiros adotadas pela ONU, n. 33; o Pacto de San José da Costa Rica, art. 5º, 2). Entendeu-se, pois, que a prisão não é espetáculo e que o uso legítimo de algemas não é arbitrário, sendo de natureza excepcional e que deve ser adotado nos casos e com as finalidades seguintes: a) para impedir, prevenir ou dificultar a fuga ou reação indevida do preso, desde que haja fundada suspeita ou justificado receio de que tanto venha a ocorrer; b) para evitar agressão do preso contra os próprios policiais, contra terceiros ou contra si mesmo" (HC 89.429/RO, Rel. Min. Cármen Lúcia, 22-8-2006).

Há constrangimento ilegal, no uso de algemas, quando as condições do réu não oferecem situação de efetiva periculosidade, estando escoltado, existindo policiais fazendo o serviço de revista nas demais pessoas que ingressam no local do julgamento, não se constatando qualquer animosidade por parte do público, inclusive havendo possibilidade de ser requisitado reforço policial. A repercussão do fato e a comoção da comunidade, em si mesmas, não se constituem motivos para a utilização de algemas, medida excepcional e drástica, e que pode ofender a dignidade da pessoa humana, e até interferir, negativamente, na concepção dos jurados, no momento que decidir (HC 70001561562, 1ª Câm. Crim., Dom Pedrito, Tribunal de Justiça/RO, setembro/2001).

A manutenção do réu algemado na presença do juiz é tema controvertido, com os seguintes posicionamentos: a) a manutenção não é constrangimento ilegal, pois incumbe ao juiz prover a regularidade do processo e manter a ordem no curso dos atos processuais, nos termos do art. 251 do Código de Processo Penal; b) as algemas devem ser usadas quando houver a necessidade de garantir a efetividade da operação e a segurança de todos os envolvidos, por constituir afetação aos princípios de respeito à integridade física e moral do cidadão ("Não configura constrangimento ilegal a manutenção do réu algemado durante a Sessão Plenária do Tribunal do Júri se esta medida for necessária ao bom andamento e segurança do julgamento, bem como das pessoas que nele intervêm" – *RT* 675/371-374)[17]; c) é constrangimento ilegal, pois viola a presunção de inocência.

Por unanimidade, os ministros do STF decidiram editar uma súmula determinando que o uso de algemas deve ser uma exceção nas prisões e durante o julgamento[18], ou seja, que as algemas devem ser usadas apenas em caráter de excepcionalidade, urgência ou periculosidade.

No dia 13 de agosto de 2008, foi aprovada pelo STF a Súmula Vinculante 11, estabelecendo o uso de algemas apenas em casos excepcionais: "Só é lícito o uso de algemas em casos de resistência e de fundado receio de fuga ou de perigo à integridade física própria ou alheia, por parte do preso ou de terceiros, justificada a excepcionalidade por escrito, sob pena de responsabilidade disciplinar, civil e penal do agente ou da autoridade e de nulidade da prisão ou do ato processual a que se refere, sem prejuízo da responsabilidade civil do Estado".

De acordo com o texto da referida súmula, é possível estabelecer os seguintes requisitos para o **uso de algemas** durante julgamentos e para detenção e condução dos presos pela polícia: a) motivo: é necessária a existência de uma situação que justifique a utilização das algemas, pois só será lícita em casos justificados; b) motivação: a justificativa do uso de algemas deve ser descrita ou explicitada por escrito; c) necessidade: o uso de algemas só é justificado quando houver risco de fuga, quando o preso colocar em risco a integridade física própria ou de outras pessoas, ou quando houver resistência. Na verdade, é possível afirmar que os casos contidos na súmula não representam um descomedimento sancionatório, mas, sim, meios que guardam proporção com o objetivo da imposição, que é o de respeitar a dignidade da pessoa humana, base do Estado de Direito, princípio norteador e confluente de todos os demais direitos e valores em nosso ordenamento jurídico. O objetivo no uso de algemas é o de respeitar os direitos fundamentais, o mínimo ético e o acesso efetivo às condições mínimas de sobrevivência.

---

17 Em relação ao uso de algemas durante a audiência, é consabido que pode ser determinado pelo magistrado quando presentes concretos riscos à segurança do acusado ou das pessoas presentes ao ato (STJ, HC 148.640/SP, 6ª T., Rel. Min. Sebastião Reis Junior, *Dje* 17-9-2012). O uso de algemas durante a audiência de instrução e julgamento encontra-se devidamente fundamentado, tendo as instâncias ordinárias apontado elementos concretos que demonstraram a real necessidade dessa providência para garantir a segurança na realização do ato, considerando, sobretudo, o perfil violento do menor (STJ, HC 168.874, 5ª T., Rel. Min. Laurita Vaz, *Dje* 5-4-2012).

18 "O ministro Carlos Ayres Britto chegou a comparar o uso de algemas em julgamentos como a apresentação de um troféu de caça. Quando algemado, o preso parece um troféu, produto de uma caça abatida sob ferros" (*O Estado de S. Paulo*, 7-8-2008).

Questão de prova

A prova de Procurador AL/AM/2011 considerou CORRETA a afirmativa: "Só é lícito o uso de algemas em casos de resistência e de fundado receio de fuga ou de perigo à integridade física própria ou alheia, por parte do preso ou de terceiros, justificada a excepcionalidade por escrito, sob pena de responsabilidade disciplinar, civil e penal do agente ou da autoridade e de nulidade da prisão ou do ato processual a que se refere, sem prejuízo da responsabilidade civil do Estado".

A não observância dos requisitos gera as seguintes consequências jurídicas, que visam a manutenção e a reintegração das condições de ordem em relação particular de autoridade: a) punição: o agente ou autoridade responsável pelo uso de algemas pode sofrer pena disciplinar, civil e penal; b) anulação: a prisão ou a ação processual na qual foram usadas as algemas será anulada.

12. Tribunal do Júri

No art. 5º, XXXVIII, da Constituição Federal, existe a previsão do Tribunal do Júri, órgão do Judiciário de primeira instância, com a organização dada pela lei processual penal.

É um órgão jurisdicional que tem competência para julgar os crimes dolosos contra a vida, consumados ou tentados, e os conexos. Nem todo crime doloso contra a vida será julgado pelo Tribunal do Júri. Há duas exceções: a) homicídio de militar contra militar (julgamento pela justiça militar); b) crime doloso contra a vida cometido por pessoa que tem foro por prerrogativa de função, não previsto de forma exclusiva na Constituição Estadual, nos termos da Súmula 721 do STF.

O Tribunal do Júri é composto por 1 (um) juiz togado, seu presidente e por 25 (vinte e cinco) jurados que serão sorteados dentre os alistados, 7 (sete) dos quais constituirão o Conselho de Sentença em cada sessão de julgamento.

São impedidos de servir no mesmo Conselho: a) marido e mulher; b) ascendente e descendente; c) sogro e genro ou nora; d) irmãos e cunhados, durante o cunhadio; e) tio e sobrinho; f) padrasto ou madrasta e enteado. O mesmo impedimento ocorrerá em relação às pessoas que mantenham união estável reconhecida como entidade familiar. Dos impedidos entre si por parentesco ou relação de convivência, servirá o que houver sido sorteado em primeiro lugar.

No Tribunal do Júri, é assegurada plenitude de defesa (ampla defesa e a ideia de que os jurados são escolhidos dentre pessoas de qualquer classe social), sigilo das votações (resguarda a opinião dos jurados) e a **soberania dos veredictos** (não se exclui a possibilidade de recurso da decisão do Tribunal do Júri, mas o órgão *ad quem*, se discordar da decisão recorrida, deve anular o julgamento e mandar que seja feito um novo julgamento).

Questão de prova

A prova de Procurador Fortaleza/2002 considerou INCORRETA a afirmativa: "O princípio constitucional da soberania dos veredictos do júri impede que juízes togados julguem pedido de revisão criminal de condenação proferida em tribunal do júri".

No Tribunal do Júri, há um rito especial dividido em duas fases:

a) **Sumário da culpa:** começa com a denúncia ou queixa subsidiária e termina com uma decisão de pronúncia (quando houver prova da materialidade do fato e da existência de indícios suficientes de autoria ou de participação; o juiz deve declarar o dispositivo legal em que julgar incurso o acusado e especificar as circunstâncias qualificadoras e as causas de aumento de pena), impronúncia (quando não houver prova da materialidade do fato ou da existência de indícios suficientes de autoria ou de participação; enquanto não ocorrer a extinção da punibilidade, poderá ser formulada nova denúncia ou queixa se houver prova nova), desclassificação (dar ao fato definição jurídica diversa da constante da acusação, embora o acusado fique sujeito a pena mais grave) ou absolvição sumária (quando ficar: 1) provada a inexistência do fato; 2) provado não ser ele autor ou partícipe do fato; 3) o fato não constituir infração penal; 4) demonstrada causa de isenção de pena ou de exclusão do crime, salvo inimputabilidade, desde que esta não seja a única tese defensiva).

b) **Julgamento da causa:** começa com o requerimento de oitiva de testemunhas e vai até a sentença final; engloba os atos preparatórios para o feito ir a Plenário, cabendo ao Tribunal do Júri decidir o mérito da causa.

Anualmente, serão alistados pelo presidente do Tribunal do Júri de 800 (oitocentos) a 1.500 (um mil e quinhentos) jurados nas comarcas com mais de 1.000.000 (um milhão) de habitantes, de 300 (trezentos) a 700 (setecentos) nas comarcas com mais de 100.000 (cem mil) habitantes e de 80 (oitenta) a 400 (quatrocentos) nas comarcas com menor população. Nas comarcas onde for necessário, poderá ser aumentado o número de jurados e, ainda, organizada lista de suplentes.

O juiz-presidente requisitará às autoridades locais, associações de classe e de bairro, entidades associativas e culturais, instituições de ensino em geral, universidades, sindicatos, repartições públicas e outros núcleos comunitários a indicação de pessoas que reúnam as condições para exercer a função de jurado.

A lista geral dos jurados, com indicação das respectivas profissões, será publicada pela imprensa até o dia 10 de outubro de cada ano e divulgada em editais afixados à porta do Tribunal do Júri. A lista poderá ser alterada, de ofício ou mediante reclamação de qualquer do povo ao juiz-presidente, até o dia 10 de novembro, data de sua publicação definitiva.

O jurado que tiver integrado o Conselho de Sentença nos 12 (doze) meses que antecederem à publicação da lista geral fica dela excluído.

Depois da organização da pauta, o juiz-presidente determinará a intimação do Ministério Público, da Ordem dos Advogados do Brasil e da Defensoria Pública para acompanharem, em dia e hora designados, o sorteio dos jurados que atuarão na reunião periódica.

O sorteio, presidido pelo juiz, far-se-á a portas abertas, cabendo-lhe retirar as cédulas até completar o número de 25 (vinte e cinco) jurados, para a reunião periódica ou extraordinária. O sorteio será realizado entre o 15º (décimo quinto) e o 10º (décimo) dia útil antecedente à instalação da reunião. A audiência de sorteio não será adiada pelo não comparecimento das partes. O jurado não sorteado poderá ter o seu nome novamente incluído para as reuniões futuras. Os jurados sorteados serão convocados pelos Correios, ou por qualquer outro meio hábil, para comparecer no dia e hora designados para a reunião, sob as penas da lei. Serão afixados na porta do edifício do Tribunal do Júri a relação dos jurados convocados, os nomes do acusado e dos procuradores das partes, além do dia, hora e local das sessões de instrução e julgamento.

O serviço do júri é obrigatório. O alistamento compreenderá os cidadãos maiores de 18 (dezoito) anos de notória idoneidade. Nenhum cidadão poderá ser excluído dos trabalhos do júri ou deixar de ser alistado em razão de cor ou etnia, raça, credo, sexo, profissão, classe social ou econômica, origem ou grau de instrução.

A recusa injustificada ao serviço do júri acarretará multa no valor de 1 (um) a 10 (dez) salários mínimos, a critério do juiz, de acordo com a condição econômica do jurado.

Estão isentos do serviço do júri: a) o Presidente da República e os Ministros de Estado; b) os Governadores e seus respectivos Secretários; c) os membros do Congresso Nacional, das Assembleias Legislativas e das Câmaras Distrital e Municipais; d) os Prefeitos Municipais; e) os Magistrados e membros do Ministério Público e da Defensoria Pública; f) os servidores do Poder Judiciário, do Ministério Público e da Defensoria Pública; g) as autoridades e os servidores da polícia e da segurança pública; h) os militares em serviço ativo; i) os cidadãos maiores de 70 (setenta) anos que requeiram sua dispensa; j) aqueles que o requererem, demonstrando justo impedimento.

A recusa ao serviço do júri fundada em convicção religiosa, filosófica ou política importará no dever de prestar serviço alternativo, sob pena de suspensão dos direitos políticos, enquanto não prestar o serviço imposto. Entende-se por serviço alternativo o exercício de atividades de caráter administrativo, assistencial, filantrópico ou mesmo produtivo, no Poder Judiciário, na Defensoria Pública, no Ministério Público ou em entidade conveniada para esses fins.

O exercício efetivo da função de jurado constituirá serviço público relevante e estabelecerá presunção de idoneidade moral. Constitui direito do jurado preferência, em igualdade de condições, nas licitações públicas e no provimento, mediante concurso, de cargo ou função pública, bem como nos casos de promoção funcional ou remoção voluntária. Nenhum desconto será feito nos vencimentos ou salário do jurado sorteado que comparecer à sessão do júri.

Ao jurado que, sem causa legítima, deixar de comparecer no dia marcado para a sessão ou retirar-se antes de ser dispensado pelo presidente, será aplicada multa de 1 (um) a 10 (dez) salários mínimos, a critério do juiz, de acordo com a sua condição econômica.

Somente será aceita escusa fundada em motivo relevante devidamente comprovado e apresentada, ressalvadas as hipóteses de força maior, até o momento da chamada dos jurados. O jurado somente será dispensado por decisão motivada do juiz-presidente, consignada na ata dos trabalhos.

Não poderá servir o jurado que: a) tiver funcionado em julgamento anterior do mesmo processo, independentemente da causa determinante do julgamento posterior; b) no caso do concurso de pessoas, houver integrado o Conselho de Sentença que julgou o outro acusado; c) tiver manifestado prévia disposição para condenar ou absolver o acusado.

13. Assistência judiciária

O Estado prestará assistência jurídica integral e gratuita aos que comprovarem **insuficiência de recursos**. O órgão incumbido para exercer tal assistência é a Defensoria Pública.

Questão de prova

A prova de Procurador DF/2004 considerou CORRETA a afirmativa: "A configuração constitucional do princípio do acesso à justiça, quanto aos beneficiários do direito à assistência jurídica integral e gratuita prestada pela Defensoria Pública ou quem lhe faça as vezes, apenas obriga o Estado e efetuar esse serviço aos que comprovarem insuficiência de recursos".

A assistência jurídica integral aos necessitados, garantia de dignidade constitucional, tem por desiderato possibilitar o acesso à Justiça aos **economicamente hipossuficientes**, sendo de rigor a observância dos preceitos legais afirmativos dessa franquia democrática[19].

Questão de prova

A prova de Analista MP/RJ/2011 considerou INCORRETA a afirmativa: "a assistência jurídica gratuita é assegurada àqueles que se declararem pobres, sem possibilidade de impugnação por medida de preservação da dignidade da pessoa humana, e sob as penas da legislação criminal na hipótese de falsidade ideológica".

---

[19] REsp 245.663/MG, Rel. Min. Vicente Leal, 2000.

É garantia constitucional a assistência jurídica integral aos necessitados, desde que comprovada a condição de pobreza. Deve o Estado prestar assistência, desde que haja simples afirmação do estado de pobreza; seu deferimento de ofício, pelo juiz ou Tribunal, configura julgamento *extra petita*.

A Lei n. 1.060/50 regulamenta o benefício da justiça gratuita, que pode ser deferido em qualquer fase do processo, inclusive na execução, com reconhecimento até mesmo de ofício, em qualquer grau ou fase de jurisdição, sem que se possa falar em desrespeito à coisa julgada. Aqueles que comprovarem a insuficiência de recursos ficarão isentos do pagamento das despesas processuais e honorários advocatícios. O benefício alcança todos os atos do processo, até decisão final do litígio, em todas as instâncias. O beneficiário da assistência jurídica gratuita, embora isento do pagamento de custas e honorários advocatícios, não está desobrigado dos ônus da sucumbência, se vencido na demanda, devendo arcar com as despesas realizadas pela parte contrária.

De acordo com a Lei n. 1.060/50, há as seguintes diretrizes no cumprimento da assistência jurídica:

a) **Dever do Estado:** os poderes públicos federal e estadual, independentemente da colaboração que possam receber dos municípios e da Ordem dos Advogados do Brasil – OAB, concederão assistência judiciária aos necessitados nos termos da Lei n. 1.060/50 (a pessoa natural ou jurídica, brasileira ou estrangeira, com insuficiência de recursos para pagar as custas, as despesas processuais e os honorários advocatícios tem direito à gratuidade da justiça).

b) **Isenção:** a assistência judiciária compreende as seguintes isenções: A gratuidade da justiça compreende: I – as taxas ou as custas judiciais; II – os selos postais; III – as despesas com publicação na imprensa oficial, dispensando-se a publicação em outros meios; IV – a indenização devida à testemunha que, quando empregada, receberá do empregador salário integral, como se em serviço estivesse; V – as despesas com a realização de exame de código genético – DNA e de outros exames considerados essenciais; VI – os honorários do advogado e do perito e a remuneração do intérprete ou do tradutor nomeado para apresentação de versão em português de documento redigido em língua estrangeira; VII – o custo com a elaboração de memória de cálculo, quando exigida para instauração da execução; VIII – os depósitos previstos em lei para interposição de recurso, para propositura de ação e para a prática de outros atos processuais inerentes ao exercício da ampla defesa e do contraditório; IX – os emolumentos devidos a notários ou registradores em decorrência da prática de registro, averbação ou qualquer outro ato notarial necessário à efetivação de decisão judicial ou à continuidade de processo judicial no qual o benefício tenha sido concedido.

c) **Procedimento:** a parte gozará dos benefícios da assistência judiciária, mediante simples afirmação, na própria petição inicial, de que não está em condições de pagar as custas do processo e os honorários de advogado, sem prejuízo próprio ou de sua família. Presume-se pobre, até prova em contrário, quem afirmar essa condição, sob pena de pagamento até o décuplo das custas judiciais (a apresentação da carteira de trabalho e previdência social, devidamente legalizada, na qual o juiz verificará a necessidade da parte, substituirá os atestados de pobreza). A impugnação do direito à assistência judiciária não suspende o curso do processo e será feita em autos apartados. O juiz, se não tiver fundadas razões para indeferir o pedido, deverá julgá-lo de plano, motivando ou não o deferimento dentro do prazo de setenta e duas horas. Deferido o pedido, o juiz determinará que o serviço de assistência judiciária, organizado e mantido pelo Estado, onde houver, indique, no prazo de dois dias úteis, o advogado que patrocinará a causa do necessitado.

d) **Falta de serviço estatal:** se no Estado não houver serviço de assistência judiciária, por ele mantido, caberá a indicação à Ordem dos Advogados, por suas Seções Estaduais, ou Subseções Municipais. Nos municípios em que não existirem subseções da Ordem dos Advogados do Brasil, o próprio juiz fará a nomeação do advogado que patrocinará a causa do necessitado. Será preferido para a defesa da causa o advogado que o interessado indicar e que declare aceitar o encargo.

e) **Exercício:** nos Estados onde a Assistência Judiciária seja organizada e por eles mantida, o Defensor Público, ou quem exerça cargo equivalente, será intimado pessoalmente de todos os atos do processo, em ambas as instâncias, contando-se-lhes em dobro todos os prazos.

f) **Alcance:** os benefícios da assistência judiciária compreendem todos os atos do processo até a decisão final do litígio, em todas as instâncias. São individuais e concedidos em cada caso ocorrente os benefícios de assistência judiciária, que não se transmitem ao cessionário de direito e se extinguem pela morte do beneficiário, podendo, entretanto, ser concedidos aos herdeiros que continuarem a demanda e que necessitarem de tais favores.

g) **Pagamento das custas:** a concessão de gratuidade não afasta a responsabilidade do beneficiário pelas despesas processuais e pelos honorários advocatícios decorrentes de sua sucumbência. Vencido o beneficiário, as obrigações decorrentes de sua sucumbência ficarão sob condição suspensiva de exigibilidade e somente poderão ser executadas se, nos 5 (cinco) anos subsequentes ao trânsito em julgado da decisão que as certificou, o credor demonstrar que deixou de existir a situação de insuficiência de recursos que justificou a concessão de gratuidade, extinguindo-se, passado esse prazo, tais obrigações do beneficiário. A concessão de gratuidade não afasta o dever de o beneficiário pagar, ao final, as multas processuais que lhe sejam impostas.

h) **Escusa legítima:** são os motivos para a recusa do mandato pelo advogado designado ou nomeado: estar impedido de exercer a advocacia; ser procurador constituído pela parte contrária ou ter com ela relações profissionais de interesse atual; ter necessidade de se ausentar da sede do juízo para atender a outro mandato anteriormente outorgado ou para defender interesses próprios inadiáveis; já haver manifestado por escrito sua opinião contrária ao direito que o necessitado pretende pleitear; haver dado à parte contrária parecer escrito sobre a contenda.

i) **Recurso:** contra a decisão que indeferir a gratuidade ou a que acolher pedido de sua revogação caberá agravo de instrumento, exceto quando a questão for resolvida na sentença, contra a qual caberá apelação. O recorrente estará dispensado do recolhimento de custas até decisão do relator sobre a questão, preliminarmente ao julgamento do recurso. Confirmada a denegação ou a revogação da gratuidade, o relator ou o órgão colegiado determinará ao recorrente o recolhimento das custas processuais, no prazo de 5 (cinco) dias, sob pena de não conhecimento do recurso.

14. Indenização por erro judiciário

Questão de prova

A prova da Magistratura TJ/BA/2012 considera CORRETA a afirmativa: "Se um juiz, ao praticar ato de natureza penal, agir de modo negligente e condenar alguém por sentença que contenha erro judiciário, caberá ao Estado a responsabilidade de indenizar essa pessoa".

De acordo com o art. 5º, LXXV, da Constituição Federal, o Estado indenizará o condenado por erro judiciário, assim como o que ficar preso **além do tempo** fixado na sentença.

Questão de prova

A prova de Procurador AL/AM/2011 considerou CORRETA a afirmativa: "O Estado indenizará o condenado por erro judiciário, assim como o que ficar preso cautelarmente além do tempo razoável de duração do processo".

Em conformidade com a Súmula 7 do STJ, não há como aferir, no âmbito do recurso especial, a ocorrência de erro judiciário, ou irregularidade na prisão.

A jurisprudência brasileira não aceita a responsabilidade do Estado por atos jurisdicionais, fora dos casos expressamente previstos na lei, argumentando que o Poder Judiciário é soberano, que o magistrado não se enquadra na categoria de funcionário público, que os juízes têm que agir com independência no exercício de suas funções e que a indenização por dano decorrente de decisão judicial infringiria o instituto da coisa julgada.

Já os defensores da responsabilidade argumentam que o Poder Judiciário não está acima da lei, que os juízes são agentes públicos e que a sua independência não serve para salvaguardar condutas ilícitas ou arbitrariedades. Maria Emília Mendes Alcântara, citada por Maria Sylvia Zanella Di Pietro[20], menciona algumas hipóteses em que o ato jurisdicional deveria acarretar a responsabilidade do Estado: prisão preventiva decretada contra quem não praticou o crime, causando danos morais; não concessão de liminar nos casos em que seria cabível, em mandado de segurança, fazendo perecer direito; retardamento injustificado de decisão ou despacho interlocutório, causando prejuízo à parte; a própria concessão de liminar ou de medida cautelar em casos em que não seriam cabíveis; dentre vários outros[21].

15. Quebra de sigilo

15.1. Direito à privacidade

A Constituição Federal é formada por normas constitucionais definidoras dos direitos e garantias fundamentais. Os direitos fundamentais são bens ou vantagens que uma pessoa física ou jurídica pode usufruir na vida em sociedade.

Os direitos fundamentais são **direitos humanos positivados**, ou seja, são prerrogativas consagradas na ordem jurídica de determinado Estado estrangeiro, garantidos e limitados no tempo e no espaço. Ferrajoli[22] considera direitos fundamentais todos os direitos subjetivos que correspondem universalmente aos seres humanos enquanto tais, dotados de *status* de pessoa, de cidadão ou de indivíduo com capacidade para trabalhar ou produzir.

O art. 5º, X, da Constituição Federal assegura a todos os brasileiros e estrangeiros que estejam em nosso país o **direito de privacidade** (inviolabilidade da intimidade – o modo de ser de cada pessoa, que diz respeito aos aspectos internos do seu viver; vida privada – o relacionamento da pessoa com familiares e amigos, que diz respeito aos aspectos externos do seu viver; honra – reputação, autoestima; e imagem – reputação e representação gráfica, cinematográfica ou televisionada) como direito individual da pessoa.

---

[20] Maria Emília Mendes Alcântara (1986, p. 75-79), citada por Maria Sylvia Zanella Di Pietro. (*Direito administrativo*. São Paulo: Atlas, 2013).

[21] Ibidem.

[22] FERRAJOLI, Luigi. *Los fundamentos de los derechos fundamentales*. Madrid: Trotta, 2001.

O direito à privacidade é um **direito de personalidade**, ou seja, prerrogativa da ordem jurídica que consiste em reconhecer em favor da pessoa a existência de um espaço indevassável destinado a protegê-la contra indevidas interferências de terceiros na esfera de sua vida privada. Cabe ressaltar, portanto, que ninguém pode ser objeto de ingerências arbitrárias ou abusivas em sua privacidade, sendo um direito inviolável, podendo o interessado, inclusive, requerer ao juiz providências necessárias para impedir ou fazer cessar tais intromissões abusivas e ilícitas.

Uma das garantias constitucionais que torna efetivo o direito à privacidade e concretiza a dignidade da pessoa humana é o direito ao sigilo. Reflete uma expressiva projeção da garantia fundamental da intimidade das pessoas, não se expondo a intervenções desvestidas de causa provável ou destituídas de base jurídica idônea.

15.2. Quebra de sigilo: requisitos e limites

O **princípio constitucional da inviolabilidade das comunicações** não é absoluto. O interesse público, em situações excepcionais, pode se sobrepor à privacidade, para evitar que direitos e garantias fundamentais sejam utilizados para resguardar conduta criminosa. Como já decidiu a Suprema Corte, "a cláusula tutelar da inviolabilidade do sigilo epistolar não pode constituir instrumento de salvaguarda de práticas ilícitas" (HC 70.814, 1ª T., Rel. Min. Celso de Mello, *DJ* 24-6-1994).

Questão de prova

A prova da Magistratura TJ/CE/2012 considerou INCORRETA a afirmativa: "O princípio constitucional da inviolabilidade das comunicações é absoluto, razão pela qual viola o sigilo de correspondência a mera menção, no julgamento em plenário do júri, ao conteúdo de cartas legalmente interceptadas, ainda que relacionadas ao fato criminoso".

A proteção ao sigilo das comunicações e informações pessoais **não é direito absoluto**, podendo ser quebrado quando houver a prevalência do interesse público sobre o privado ou a presença de elementos aptos a indicar a possibilidade de prática delituosa.

Dessa forma, o afastamento do sigilo **é medida excepcional** a ser deferida apenas nas hipóteses previstas em lei, em razão da proteção da privacidade do cidadão, e desde que a decisão esteja adequadamente fundamentada pelo critério da proporcionalidade, pela absoluta necessidade da sua realização e nos limites da competência do órgão investigador.

Na decretação da quebra de sigilo, é necessário ter cautela e prudência, pois há a ruptura da esfera de privacidade individual assegurada no ordenamento jurídico. A submissão da quebra de sigilo às exigências de seriedade e de razoabilidade é manifestação do devido processo legal.

É jurisprudência pacífica do Superior Tribunal de Justiça e do Supremo Tribunal Federal que a legitimidade da quebra de sigilo necessita apoiar-se em decisão revestida de satisfatória fundamentação, ou seja, que encontre apoio concreto em **suporte fático idôneo**, sob pena de invalidade do ato estatal que a decreta.

A quebra de sigilo depende da indicação da sua **causa provável**, pois tal medida excepcional não pode ser manipulada de forma arbitrária pelo Poder Público, como instrumento de busca generalizada e devassa indiscriminada.

É requisito da quebra de sigilo a indispensável particularização ou a apresentação de fato concreto que indique a indispensabilidade da providência para a investigação ou argumento jurídico que torne evidente essa indispensabilidade, sob pena da medida ser considerada abusiva. Quando houver a demonstração das razões para eventual quebra de sigilo, necessárias ao pleno esclarecimento dos fatos delituosos, não constitui constrangimento ilegal o seu deferimento pela autoridade judicial.

É obrigatória a manutenção do sigilo em relação às pessoas estranhas à causa, até porque o servidor público que utilizar ou viabilizar a utilização de qualquer informação obtida em decorrência da quebra de sigilo responde pessoal e diretamente pelos danos decorrentes, sem prejuízo da responsabilidade objetiva da entidade pública, quando comprovado que o servidor agiu de acordo com orientação oficial.

A quebra de sigilo, apesar de constitucionalmente amparada, não é absoluta e pode ser afastada por ordem judicial, determinação de CPI, requisição do Ministério Público ou ainda pedido de autorização fazendária, desde que tal quebra seja concretamente necessária à apuração de fatos delituosos previamente investigados.

No caso da autoridade fazendária, a Lei Complementar n. 105/2001 conferiu a legitimidade para quebrar o sigilo bancário dos contribuintes, desde que no âmbito de um processo administrativo instaurado. Tem o Ministério Público legitimidade para requerer ao Poder Judiciário a quebra de sigilo, porquanto a ordem jurídica confere explicitamente poderes amplos de investigação ao Ministério Público (art. 129, VI e VIII, da Constituição Federal; e art. 8º, II e IV, e § 2º, da Lei Complementar n. 75/93).

Cabe ressaltar que não é possível ao Ministério Público requerer, diretamente, sem prévia autorização judicial, a quebra de sigilo bancário ou fiscal, pois tal quebra configura restrição a uma liberdade pública, além do que o MP, sendo parte no processo penal, não teria isenção na atuação do pedido.

A CPI tem competência para ordenar a quebra de sigilo bancário, fiscal e telefônico da pessoa investigada, desde que fundamente sua decisão em fatos concretos e precisos. A fundamentação genérica, sem indicação da causa provável, gera invalidade da determinação da CPI.

A quebra de sigilo, por ser medida excepcional, exige como requisito a individualização da pessoa investigada e do objeto de investigação.

É possível a quebra de sigilo, desde que se demonstre a indispensabilidade dos dados em poder da Receita Federal ou instituição financeira para a investigação de uma atividade ilícita.

15.3. Espécies de quebra de sigilo

15.3.1. *Quebra de sigilo de correspondência*

Questão de prova

O IX Concurso de Juiz Federal do TRF4 considerou INCORRETA a afirmativa: "O sigilo da correspondência pode ser violado, por ordem judicial, nos casos e formas estabelecidos pela lei, para fins de investigação criminal ou instrução penal".

Em conformidade com a Lei n. 6.538/78, correspondência, para os fins tutelados pela Constituição da República (art. 5º, VII), é toda comunicação de pessoa a pessoa, por meio de carta, da via postal ou telegráfica.

O sigilo da correspondência é inviolável. A ninguém é permitido intervir no serviço postal ou no serviço de telegrama, salvo nos casos e na forma previstos em lei.

Nos termos do art. 7º, II, da Lei n. 8.906/94, o Estatuto da Advocacia garante ao advogado a inviolabilidade de seu escritório ou local de trabalho, bem como de seus instrumentos de trabalho, de sua correspondência escrita, eletrônica, telefônica e telemática, desde que relativas ao exercício da advocacia.

As pessoas encarregadas do serviço postal ou do serviço de telegrama são obrigadas a manter segredo profissional sobre a existência de correspondência e do conteúdo de mensagem de que tenham conhecimento em razão de suas funções.

Não se considera violação do segredo profissional, indispensável à manutenção do sigilo de correspondência, a divulgação do nome do destinatário de objeto postal ou de telegrama que não tenha podido ser entregue por erro ou insuficiência de endereço.

Não constitui violação de sigilo da correspondência postal a abertura de carta: a) endereçada a homônimo, no mesmo endereço; b) que apresente indícios de conter objeto sujeito a pagamento de tributos (a abertura será feita obrigatoriamente na presença do remetente ou do destinatário); c) que apresente indícios de conter valor não declarado, objeto ou substância de expedição, uso ou entrega proibidos (a abertura será feita obrigatoriamente na presença do remetente ou do destinatário); d) que deva ser inutilizada, na forma prevista em regulamento, em virtude de impossibilidade de sua entrega e restituição.

Não constitui violação do sigilo de correspondência o conhecimento do texto de telegrama endereçado a homônimo, no mesmo endereço.

Porém, a inviolabilidade de correspondência não pode ser um instrumento de proteção das condutas ilícitas.

A administração penitenciária, com fundamento em razões de segurança pública, de disciplina prisional ou de preservação da ordem jurídica, pode, excepcionalmente e desde que respeitada a norma inscrita no art. 41, parágrafo único, da Lei n. 7.210/84, proceder à interceptação da correspondência remetida pelos sentenciados, eis que a cláusula tutelar da inviolabilidade do sigilo epistolar não pode constituir instrumento de salvaguarda de práticas ilícitas (HC 70.814, STF).

15.3.2. Quebra de sigilo telefônico

É inviolável o sigilo das comunicações telefônicas, porém é admitida a interceptação "nas hipóteses e na forma que a lei estabelecer". Foi por meio da Lei n. 9.296, de 1996, que o legislador regulamentou o texto constitucional.

Cabe ressalvar que não é necessária a prévia instauração de inquérito ou ação penal para a decretação de **quebra de sigilo** telefônico, já que a interceptação telefônica, disciplinada na Lei n. 9.296/96, tem natureza de medida cautelar preparatória, exigindo-se apenas a demonstração da existência de indícios razoáveis da autoria ou participação em infração penal punida com reclusão (REsp 827.940/SP, Rel. Min. Laurita Vaz, *DJU* 3-3-2008; e HC 20.087/SP, Rel. Min. Gilson Dipp, *DJU* 20-9-2003).

Interceptação telefônica é a interferência de um terceiro na conversa telefônica entre duas ou mais pessoas, a qual capta os dados, gravando ou ouvindo. Quando for feita fora do telefone, em qualquer recinto privado ou público, tem-se a interceptação ambiental.

Escuta telefônica é a captação e a gravação feitas por terceiro com ciência e autorização de um dos interlocutores. Quando for feita fora do telefone, em qualquer recinto privado ou público, tem-se a escuta ambiental. Captação direta ou gravação clandestina é a captação e a gravação feitas por um dos interlocutores sem que o outro saiba.

Constitui prova lícita a gravação ambiental feita por um dos interlocutores, sem o conhecimento do outro, no interior de prédio público, pois não há violação ao direito à intimidade ou à privacidade.

A interceptação telefônica, quando obedecidos os requisitos legais, é prova lícita e é realizada sem que nenhum dos interlocutores saiba da captação ou gravação; dessa forma, não há interceptação quando a conversa é gravada por um dos interlocutores, ainda que com a ajuda de um repórter. Já a gravação clandestina é prova ilícita e é realizada com a ciência de um dos interlocutores.

Os requisitos para a realização da interceptação telefônica são: a) existir indícios razoáveis da autoria ou participação em infração penal; b) a prova não poder ser feita por outros meios disponíveis; c) o fato investigado constituir infração penal punida com pena de reclusão. Na interceptação telefônica, em qualquer hipótese, deve ser descrita com clareza a situação objeto da investigação, inclusive com a indicação e a qualificação dos investigados, salvo impossibilidade manifesta, devidamente justificada.

A interceptação das comunicações telefônicas poderá ser determinada pelo juiz, de ofício ou a requerimento: a) da autoridade policial, na investigação criminal; b) do representante do Ministério Público, na investigação criminal e na instrução processual penal. E isso se aplica a defesa, assistente de acusação e querelante.

Compete à Justiça Estadual Comum julgar e processar delito de **interceptação telefônica** sem autorização judicial, quando não ficar evidenciada qualquer ofensa a bens, serviços ou interesses da União, suas autarquias, ou empresas públicas.

O pedido de interceptação conterá a demonstração de que a sua realização é necessária à apuração de infração penal (só será realizada se não houver outros meios disponíveis para apuração do crime), com indicação dos meios a serem empregados. Excepcionalmente, o juiz poderá admitir que o pedido seja formulado verbalmente, desde que estejam presentes os pressupostos que autorizem a interceptação, caso em que a concessão será condicionada à sua redução a termo. O juiz, no prazo máximo de vinte e quatro horas, decidirá sobre o pedido. A decisão será fundamentada, sob pena de nulidade, indicando também a forma de execução da diligência: necessidade, meios, objetivo, números telefônicos e nome dos envolvidos.

O prazo de duração da interceptação não poderá exceder quinze dias, renovável por igual tempo, uma vez comprovada a indispensabilidade do meio de prova. A jurisprudência admite tantas prorrogações quantas forem necessárias. Deferido o pedido, a autoridade policial conduzirá os procedimentos de interceptação, dando ciência ao Ministério Público, que poderá acompanhar a sua realização. Se a interceptação for realizada sem gravação, poderá valer como prova, podendo-se usar os policiais como testemunhas. No caso de a diligência possibilitar a gravação da comunicação interceptada, será determinada a sua transcrição. Cumprida a diligência, a autoridade policial encaminhará o resultado da interceptação ao juiz, acompanhado de auto circunstanciado, que deverá conter o resumo das operações realizadas. O auto circunstanciado é formalidade essencial à valia da prova resultante de degravações de áudio e interceptação telefônica. O defeito no auto gera nulidade relativa.

Recebidos esses elementos, o juiz determinará que o material colhido seja encartado em autos apartados dos principais, ciente o Ministério Público. A autoridade policial poderá requisitar serviços e técnicos especializados às concessionárias de serviço público (companhias de telefonia fixa ou móvel); se não for atendida restará configurada a desobediência.

O sigilo das diligências (realização da interceptação), gravações e transcrições não é absoluto. O juiz deve, em suas decisões, observar o princípio da proporcionalidade, devendo a intimidade prevalecer sobre o direito público à informação quando a intimidade de alguém for violada pela divulgação da notícia pelos meios de comunicação.

É lícita a prova de crime diverso, obtida por meio de interceptação de ligações telefônicas de terceiro não mencionado na autorização judicial de escuta, desde que relacionada com o fato criminoso objeto da investigação.

O processo da interceptação de comunicação telefônica, de qualquer natureza, ocorrerá em autos apartados, apensados aos autos do inquérito policial ou do processo criminal, preservando-se o sigilo das diligências, gravações e transcrições respectivas. A apensação somente poderá ser realizada imediatamente antes do relatório da autoridade, quando se tratar de inquérito policial ou no processo após as alegações finais e antes de o juiz dar a sua decisão.

Incidente de inutilização é o procedimento para destruição de gravação impertinente. O acompanhamento obrigatório será feito pelo MP. A presença facultativa será do acusado ou indiciado. O recurso cabível contra o referido procedimento é o mandado de segurança. O incidente de inutilização a ser instaurado de ofício depende de requerimento do MP ou da parte interessada (acusado ou indiciado ou terceiro). A decisão será do juiz, com oitiva prévia do MP. O incidente poderá ser instaurado durante o inquérito, a instrução processual ou após esta.

O crime da interceptação indevida é interceptar comunicações telefônicas, de informática (sem telefone) ou telemática (com telefone) sem autorização judicial ou com objetivos não autorizados em lei. Pena: reclusão, de dois a quatro anos, e multa. É crime permanente. O crime da quebra do segredo de justiça é quebrar segredo da justiça sem autorização judicial ou com objetivos não autorizados em lei. Pena: reclusão, de dois a quatro anos, e multa.

No caso do crime apenado com detenção conexo com o crime apenado com reclusão, entendeu-se pela não exclusão precipitada do segundo, pois cabe ao juiz avaliar se há provas e definir eventual condenação, até "porque é impossível em escuta interceptada separar as conversas em razão de os fatos serem apenados de forma mais grave ou mais branda". Já no que se refere à renovação da medida, é admissível por igual prazo, inúmeras vezes, pois a lei não restringe a quantidade de renovações.

É cabível o uso excepcional de **interceptação telefônica** em processo disciplinar, desde que seja também observado no âmbito administrativo o devido processo legal, respeitados os princípios constitucionais do contraditório e da ampla defesa, bem como que haja expressa autorização do Juízo Criminal, responsável pela preservação do sigilo de tal prova, de sua remessa e sua utilização pela Administração.

É válida a prova advinda de **interceptação telefônica** autorizada contra o agente por Juízo diverso buscando apurar outro crime, de idêntica natureza, caso sejam eventualmente colhidos indícios de autoria do delito em apuração na ação penal ora vergastada, notadamente quando lícita a prova originariamente colhida.

15.3.3. Quebra de sigilo bancário

A atividade bancária, dada sua relevância econômico-social, sofre intervenção direta e indireta do Estado, consoante o manifesto interesse público que a envolve, submetendo-se à Lei n. 4.595/64 e à normatização do Conselho Monetário Nacional e do Banco Central.

O sigilo bancário é o lacre da confidencialidade entre as instituições financeiras e os clientes, ou seja, o contribuinte ou o titular de conta bancária tem direito à privacidade em relação aos seus dados pessoais, e as instituições financeiras, o dever de não divulgar as informações sobre a intimidade financeira de seus clientes.

Pode-se analisar o sigilo bancário sob dois aspectos: a) individual: para cada pessoa, é forma de proteger sua privacidade e liberdade, já que pode optar entre divulgar ou não fatos de sua intimidade; b) social: para a sociedade, o sigilo bancário representa fator de segurança coletiva, com possibilidade de desenvolvimento econômico e social.

A doutrina tem procurado justificar o sigilo, de forma que existem as seguintes teorias: a) *teoria do uso:* nos usos e costumes; b) *teoria do contrato:* na relação contratual entre o banco e o cliente; c) *teoria do segredo profissional:* na obrigação de manter o segredo sobre as informações obtidas durante a relação com os clientes; d) *teoria da obrigação jurídica:* norma legal.

O art. 38 da Lei n. 4.595/64, que autorizava a **quebra de sigilo** bancário somente por meio de requerimento judicial, foi revogado pela Lei Complementar n. 105, de 10 de janeiro de 2001, cujo art. 1º, § 4º, permite a quebra do sigilo bancário "quando necessária para apuração de ocorrência de qualquer ilícito, em qualquer fase do inquérito ou do processo judicial, e especialmente nos seguintes crimes: I – de terrorismo; II – de tráfico ilícito de substâncias entorpecentes ou drogas afins; III – de contrabando ou tráfico de armas, munições ou material destinado a sua produção; IV – de extorsão mediante sequestro; V – contra o sistema financeiro nacional; VI – contra a Administração Pública; VII – contra a ordem tributária e a previdência social; VIII – lavagem de dinheiro ou ocultação de bens, direitos e valores; IX – praticado por organização criminosa".

O sigilo bancário não pode ser usado para a prática de atividades ilícitas, de forma que, nesse caso, poderá ser quebrado, em homenagem ao interesse público.

Em seu art. 6º, a Lei Complementar n. 105/2001, dispõe que: "As autoridades e os agentes fiscais tributários da União, dos Estados, do Distrito Federal e dos Municípios somente poderão examinar documentos, livros e registros de instituições financeiras, inclusive os referentes a contas de depósitos e aplicações financeiras, quando houver processo administrativo instaurado ou procedimento fiscal em curso e tais exames sejam considerados indispensáveis pela autoridade administrativa competente. Parágrafo único. O resultado dos exames, as informações e os documentos a que se refere este artigo serão conservados em sigilo, observada a legislação tributária". E, de acordo com o Decreto n. 3.724, também de 10 de janeiro de 2001, que regulamenta o art. 6º da Lei Complementar n. 105/2001, **os exames das informações que caracterizam a quebra de sigilo só poderão se realizar quando houver procedimento de fiscalização em curso e quando tais exames forem considerados indispensáveis**.

15.3.4. Quebra de sigilo fiscal

A autoridade fiscal tem o dever de manter o sigilo sobre as informações que obtém por meio do exercício das suas funções, sendo vedada a divulgação, para qualquer fim, por parte da Fazenda Pública ou de seus funcionários, de qualquer informação, obtida em razão do ofício, sobre a situação econômica ou financeira dos sujeitos passivos ou de terceiros, bem como sobre a natureza e o estado dos seus negócios ou atividades.

As exceções ao sigilo fiscal são: a) requisição regular da autoridade judiciária no interesse da justiça; b) convênio entre as Fazendas da União, dos Estados, do Distrito Federal ou dos Municípios; c) solicitações de autoridade administrativa no interesse da Administração Pública, desde que seja comprovada a instauração regular de processo administrativo, no órgão ou na entidade respectiva, com o objetivo de investigar o sujeito passivo a que se refere a informação, por prática de infração administrativa; d) representações fiscais para fins penais; e) inscrições na Dívida Ativa da Fazenda Pública; f) parcelamento ou moratória.

Segundo entendimento do STJ, não é cabível a **quebra de sigilo fiscal** ou bancário do executado para que a Fazenda Pública obtenha informações acerca da existência de bens do devedor inadimplente, excepcionando-se tal entendimento somente nas hipóteses de estarem esgotadas todas as tentativas de obtenção dos dados pela via extrajudicial.

16. Efetividade processual

Nos dias atuais, a sociedade reclama por um processo de resultado, ou seja, por um método que solucione o litígio, resguarde as coisas e os valores necessários ou úteis à dignidade da pessoa humana, proteja a regularidade procedimental, respeite a Constituição Federal e cumpra seus objetivos institucionais.

A tutela jurisdicional deve resguardar o direito material reclamado, com a solução satisfatória do litígio, de forma a tornar real a pretensão desejada no caso concreto, referente a bens e utilidades da vida, para possibilitar a proteção de quem seja titular de um direito subjetivo ou outra posição jurídica de vantagem, bem como a promoção dos valores supremos da sociedade.

As exigências da sociedade contemporânea na busca de um processo de tutela da segurança e da justiça, como valores essenciais de um Estado Democrático de Direito, devem observar os seguintes instrumentos para execução de um rendimento processual efetivo e satisfatório:

a) **compatibilidade constitucional:** a necessidade de obter satisfação processual não pode descuidar de observar as normas constitucionais, como garantia da supremacia constitucional, já que a compatibilidade com a Lei Maior possibilita não só uma coerência normativa harmônica, como também respeito aos direitos fundamentais da pessoa e a concretização das condições de sobrevivência e aprimoramento do ser humano;

b) **universalização do acesso à justiça:** é possibilitar que os membros da coletividade postulem tutela jurisdicional preventiva, reparatória ou corretiva no Judiciário para a proteção dos direitos fundamentais, com as limitações naturais do exercício do direito de ação e a não existência de expedientes que impeçam ou dificultem a ação ou a defesa no processo;

c) **realização e proteção do direito material:** quando o direito material fica amparado no processo, há o reconhecimento de um direito a ser protegido, e ao Estado Juiz compete concretizar a tutela jurisdicional necessária por meio de procedimentos legais que não dificultem o desenvolvimento do feito e a garantia da concretude dos bens da vida;

d) **celeridade processual:** a composição do litígio no menor tempo possível não pode comprometer o acerto da decisão, no sentido de desviar o processo de uma solução prática, justa e serena;

e) **segurança jurídica:** é mandamento revelado no binômio: certeza do direito e proibição do arbítrio. Tal binômio é fundamentado na supremacia da lei, na estabilidade das relações jurídicas, na previsibilidade de comportamentos, na existência de instituições estatais com poderes e garantias, nos atos do Poder Público com boa-fé e razoabilidade, na existência da Constituição como ordem normativa basilar e adoção de padrões de honestidade e retidão, de forma a não prejudicar ninguém;

f) **tutela jurisdicional adequada:** adotar solução de litígios de acordo com os valores essenciais do Estado Democrático de Direito, adotar solução justa e célere do litígio, atingir a plenitude na consecução dos escopos social, político e jurídico do processo, compatibilizar a tutela pretendida com a posição jurídica na demanda;

g) **realização dos valores:** sendo dever do Estado concretizar no processo os valores determinantes da conduta, com objetivo da paz social.

QUESTÕES DE PROCESSO PENAL CONSTITUCIONAL

1. (87º Concurso de Promotor de Justiça Substituto MP/SP) Assinale a alternativa correta, em relação à interceptação de comunicações telefônicas:

a) não será admitida se a prova puder ser feita por outros meios disponíveis.
b) pode ser deferida para a investigação de infrações penais punidas no máximo com detenção.
c) deve ser concluída no prazo de dez dias, prorrogável por igual período.
d) somente é admitida no curso de uma investigação criminal.
e) o resultado da interceptação, acompanhado de auto circunstanciado, deve ser apensado nos autos do processo criminal, por decisão judicial, após o trânsito em julgado da sentença definitiva.

2. (19º Concurso de Procurador da República MPF) O sigilo bancário:

a) pode ser quebrado pela autoridade policial, judiciária, e pelo representante do Ministério Público, além das Comissões Parlamentares de Inquérito.
b) ao ser quebrado, somente pode ser utilizado na ação ou inquérito que o justificou.
c) não pode ser Administração Pública.
d) depois de quebrado perde seu caráter sigiloso.

3. (TCU/2000) Em relação à supremacia material e formal das constituições, podemos afirmar:

a) a formal é reconhecida nas constituições flexíveis.
b) a material está relacionada à produção de um documento escrito.
c) a material tem a ver com o modo como as normas constitucionais são elaboradas.
d) a formal resulta da situação da Constituição no topo da hierarquia das normas independentemente da matéria tratada.

e) a jurisdição constitucional está concebida para proteger a supremacia material, mas não a supremacia formal da Constituição.

4. (Procurador Municipal PB/2012) Uma lei definiu como crime um fato e estabeleceu no preceito sancionador a pena de no mínimo dois anos de reclusão. Essa lei

a) infringiu o princípio do juiz natural.
b) infringiu o princípio da legalidade.
c) infringiu o princípio da presunção de inocência.
d) infringiu o princípio da culpabilidade.
e) não infringiu nenhum princípio do Direito Penal.

5. (Promotor de Justiça MP/GO/2012) Os princípios constitucionais servem de orientação para a produção legislativa ordinária, atuando como garantias diretas e imediatas aos cidadãos, funcionando como critério de interpretação e integração do texto constitucional. Nesse sentido podemos destacar como princípios constitucionais explícitos os seguintes:

a) legalidade, anterioridade, taxatividade e humanidade;
b) anterioridade, proporcionalidade, individualização da pena e humanidade;
c) retroatividade da lei penal benéfica, individualização da pena, humanidade e proporcionalidade;
d) responsabilidade pessoal, legalidade, anterioridade e individualização da pena.

6. (Promotor de Justiça MP/MG/2011) Sobre as possíveis leituras do garantismo, na perspectiva dos direitos fundamentais, é CORRETO afirmar que

a) a concepção de um "garantismo positivo" alia-se ao princípio da proibição de proteção deficiente, trazendo como consequência a extensão da função de tutela penal aos bens jurídicos de interesse coletivo.
b) o pensamento garantista se funda, em seu modelo clássico, em princípios que se opõem à tradição jurídica do iluminismo e do liberalismo.
c) o garantismo, na concepção de Ferrajoli, tem como objetivo principal edificar um conceito específico para a criminologia, a partir da discussão da legitimidade da intervenção penal, não se ocupando, por isso, do estudo da qualidade, quantidade e necessidade da pena.
d) a proposta do garantismo pode ser sintetizada na tentativa de arrefecer os princípios fundamentais que devem orientar o direito penal em um sistema punitivo democrático.

7. (Delegado Polícia Civil/AP/2010) Quando o Supremo Tribunal Federal editou a Súmula Vinculante n. 11 "Só é lícito o uso de algemas em casos de resistência e de fundado receio de fuga ou de perigo à integridade física própria ou alheia, por parte do preso ou de terceiros, justificada a excepcionalidade por escrito, sob pena de responsabilidade disciplinar, civil e penal do agente ou da autoridade e de nulidade da prisão ou do ato processual a que se refere, sem prejuízo da responsabilidade civil do Estado", o fez com base na interpretação de determinados princípios constitucionais do direito penal. Assinale qual das alternativas a seguir contém um princípio que não foi utilizado como fundamento dessa decisão.

a) "A República Federativa do Brasil, formada pela união indissolúvel dos Estados e Municípios e do Distrito Federal, constitui-se em Estado Democrático de Direito e tem como fundamentos (...) a dignidade da pessoa humana" (art. 1º, III, CF).
b) "Ninguém será privado da liberdade ou de seus bens sem o devido processo legal" (art. 5º, LIV, CF).
c) "São invioláveis a intimidade, a vida privada, a honra e a imagem das pessoas, assegurado o direito a indenização pelo dano material ou moral decorrente de sua violação" (art. 5º, X, CF).
d) "É assegurado aos presos o respeito à integridade física e moral" (art. 5º, XLIX, CF).
e) "Ninguém será submetido a tortura nem a tratamento desumano ou degradante" (art. 5º, III, CF).

8. (Procurador do Estado/PA/2012) Sobre as Comissões Parlamentares de Inquérito, é CORRETO afirmar que:

a) o STF admitiu a possibilidade de elas ordenarem, sem intermediação judicial, a quebra de sigilo bancário, fiscal e telefônico para fins de obtenção de dados e de registros, desde que exista causa provável e motivação prévia.

b) o STF decidiu, para bem da investigação de fato determinado, em especial no que tange à malversação de dinheiro público, pela desnecessidade de delimitação de prazo certo para duração das CPIs.

c) o STF estabeleceu que, apesar de ser uma prerrogativa das minorias parlamentares, o princípio majoritário permite que o requerimento de instalação de uma CPI possa ser rejeitado por maioria absoluta dos membros das Casas do Congresso Nacional, em conjunto ou separadamente, conforme sua proveniência.

d) o STF reconheceu, ao Presidente da Casa legislativa, competência para adotar os procedimentos subsequentes e necessários à efetiva instalação de uma CPI, cabendo-lhe apreciar o mérito sobre o objeto da investigação parlamentar, em especial, quando já instaurados, em torno dos mesmos fatos, inquéritos policiais ou processos judiciais.

e) o STF admitiu que elas devem respeitar o direito de não incriminação e que, excepcionalmente, podem exercer competências decisórias de cunho materialmente jurisdicional, como a decretação de indisponibilidade de bens.

9. (Titular de Serviços de Notas e Registros TJ/RO/2012) Assinale a alternativa FALSA:

a) A lei que isenta os reconhecidamente pobres do pagamento dos emolumentos relativos à expedição de registro civil de nascimento e de óbito e a primeira certidão viola o princípio da proporcionalidade.

b) A fiscalização dos atos notariais e de registro é exercitada pelo Poder Judiciário.

c) Embora tipicamente estatais, as atividades notariais e de registro são exercidas em caráter privado, por delegação do Poder Público.

d) O gerenciamento administrativo e financeiro dos serviços notariais e de registro é da responsabilidade exclusiva do respectivo titular, inclusive no que diz respeito às despesas de custeio, investimento e pessoal, cabendo-lhe estabelecer normas, condições e obrigações relativas à atribuição de funções e de remuneração de seus prepostos de modo a obter a melhor qualidade na prestação dos serviços.

10. (Promotor de Justiça MP/SP/2012) Em observância à inviolabilidade das comunicações telefônicas, prevista no inciso XII, do artigo 5º da Constituição Federal, a interceptação telefônica dependerá de ordem judicial expedida pelo juiz competente para a ação principal, em decisão devidamente fundamentada que demonstre sua conveniência e indispensabilidade para fins de

a) investigação criminal, instrução processual penal ou inquérito civil para apuração de ato de improbidade administrativa, indicando o juiz a forma de execução da diligência, que não poderá exceder o prazo de 15 (quinze) dias, renovável por igual tempo, sempre mediante decisões judiciais fundamentadas.

b) investigação criminal ou instrução processual penal, indicando o juiz a forma de execução da diligência, que não poderá exceder o prazo de 15 (quinze) dias, renovável por igual tempo, sempre mediante decisões judiciais fundamentadas.

c) investigação criminal, instrução processual penal ou inquérito civil para apuração de ato de improbidade administrativa, indicando o juiz a forma de execução da diligência, que não poderá exceder o prazo de 15 (quinze) dias, improrrogável.

d) investigação criminal ou instrução processual penal, indicando o juiz a forma de execução da diligência, que não poderá exceder o prazo de 15 (quinze) dias, improrrogável.

e) inquérito policial, instrução processual penal ou inquérito civil para apuração de ato de improbidade administrativa, indicando o juiz a forma de execução da diligência, que não poderá exceder o prazo de 15 (quinze) dias, renovável por igual tempo, sempre mediante decisões judiciais fundamentadas.

11. (Magistratura Federal TRF 3ª Região/2011) Considerando as disposições constitucionais sobre indenização por dano moral, direito à imagem, direito de invenção e sigilo de fonte e de dados, assinale a opção correta.

a) Não se reconhece a reparabilidade do dano à imagem social de pessoa jurídica, pois somente as pessoas físicas detêm os atributos exteriores com base nos quais se apresentam na vida em sociedade.

b) Cumpre à lei assegurar aos autores de inventos industriais privilégio permanente para a sua utilização, bem como proteção com prazo indeterminado às criações industriais, à propriedade das marcas, aos nomes de empresas e a outros signos distintivos, tendo em vista o desenvolvimento tecnológico e econômico do País.

c) A proteção constitucional do sigilo da fonte impede que um jornalista seja submetido a sanções penais, civis ou administrativas por se negar a revelar o nome do informante ou o local onde conseguiu a notícia, mesmo que esta se caracterize como informação maledicente e unilateral.

d) A jurisprudência do STF é pacífica em admitir que os sigilos bancário, fiscal e de registros telefônicos possam ser quebrados por comissões parlamentares de inquérito.

e) A indenização por danos morais cabe tanto em relação à pessoa física como em relação à pessoa jurídica, mas não em relação às coletividades, já que os interesses difusos ou coletivos não são passíveis de ser indenizados.

12. (Defensor Público PR/2012) Defensor Público em visita de inspeção à Cadeia Pública Feminina recebe pleito das presas de recebimento de visita íntima proibida pelo delegado responsável por ausência de local apropriado e falta de segurança. Ao analisar a reivindicação das presas o Defensor extrai corretamente as seguintes conclusões:

a) A mulher presa está privada da liberdade e compete ao Estado zelar para que a pena não passe de sua pessoa, conforme direito constitucional expresso. Não tendo meios para impedir a reprodução, que pode ocorrer, se faz necessário impedir a realização de visita íntima.

b) Embora legítima, a demanda carece de regulação normativa sob a ótica dos direitos sexuais, o que impede a sua judicialização.

c) Ainda que seja possível extrair os direitos sexuais do sistema constitucional de proteção dos direitos, no caso específico deve prevalecer o interesse público sobre o privado, já que as visitas não se realizam em virtude de não ser possível garantir a segurança do estabelecimento.

d) A Constituição foi detalhista ao estabelecer os direitos da pessoa presa prevendo até mesmo o direito da presa de amamentar seus filhos. A visita íntima de mulher presa não está dentre esse rol de direitos não cabendo à Defensoria se revestir de Poder Constituinte Originário.

e) A demanda se insere na proteção constitucional dos direitos sexuais que podem ser considerados direitos que decorrem do regime e dos princípios constitucionais adotados, em especial, da igualdade, liberdade, intimidade, privacidade e autonomia (parágrafo 2º do art. 5º – direitos implícitos).

13. (Analista MP/PE/2012) Gerson, ao retornar do trabalho, foi surpreendido com a presença dos bombeiros no quintal de sua casa, pois estavam realizando o resgate de cinco pessoas, que foram soterradas pelo deslizamento de terra do morro nos fundos do seu imóvel. Os bombeiros foram obrigados a demolir parte da casa de Gerson para poder posicionar uma máquina a fim de auxiliar no resgate, causando extremo dano no valor de R$ 70.000,00 (setenta mil reais) ao imóvel. Segundo inciso XXV do artigo 5º da Constituição Federal, os danos causados pela autoridade competente na casa de Gerson:

a) não serão indenizados porque era caso de perigo público.

b) serão passíveis de indenização ulterior.

c) não serão indenizados porque os Bombeiros estão autorizados, em caso de perigo público, a ingressar em qualquer imóvel.

d) serão indenizados até o limite máximo de R$ 10.000,00 (dez mil reais).

e) serão indenizados até o limite máximo de R$ 50.000,00 (cinquenta mil reais).

PRESTE ATENÇÃO!

- Há um paralelo íntimo entre o processo penal e a Constituição Federal, sendo o processo penal garantista, com base na tutela ampla dos direitos fundamentais.
- São garantias criminais: legalidade, anterioridade, retroatividade da lei penal mais benéfica, direitos do preso, personalidade da pena, individualização da pena, penas proibidas, extradição, prisão civil, direito à integridade física.
- São garantias jurisdicionais: acesso à justiça, juiz natural e Tribunal do Júri.

PRESTE ATENÇÃO!

- São garantias processuais: devido processo legal, contraditório, ampla defesa, inadmissibilidade de provas ilícitas, presunção de inocência, identificação criminal, ação penal privada subsidiária da pública, indenização do Estado, gratuidade, celeridade processual.
- A Lei n. 12.654/2012 trouxe a disciplina legal da coleta do material biológico para obtenção do perfil genético.
- *Perp walk* gera obrigação de reparação do dano.
- A quebra de sigilo é medida excepcional decretada de forma fundamentada e quando houver necessidade.

CUIDADO!

- O privilégio contra a autoincriminação é direito público subjetivo assegurado a qualquer pessoa que, na condição de testemunha, indiciado ou preso, deva prestar depoimento e possa ficar em silêncio em relação às perguntas cujas respostas possam causar-lhe incriminação.
- A regra é que o civilmente identificado não será submetido a identificação criminal, salvo nos casos previstos na Lei n. 12.037/2009.
- CPI não pode decretar prisão, salvo em flagrante; não pode determinar busca e apreensão domiciliar; não pode determinar poderes cautelares; não pode determinar interceptação telefônica; e não pode proibir ou restringir a assistência jurídica dos advogados.
- A soberania dos veredictos no júri não exclui a possibilidade de recurso das decisões do Tribunal do Júri.
- O Estado prestará assistência jurídica gratuita e integral aos que comprovarem insuficiência de recursos.

IMPORTANTE!

- No Direito Brasileiro, a Constituição é suprema em razão da sua rigidez constitucional (princípio da supremacia formal).
- O promotor natural exige uma designação funcional com base em critérios abstratos e predeterminados estabelecidos em lei.
- Não há como exigir que o indiciado participe da reprodução simulada de fatos, já que é vedada a autoincriminação.
- O uso de algemas somente é possível quando houver risco de fuga, quando colocar em risco a integridade física própria ou de outras pessoas, ou no caso de resistência.

Capítulo 6

PERSECUÇÃO PENAL

1. Direito de punir

Um dos fundamentos da República Federativa do Brasil é a **soberania**[1], **que pode ser analisada em dois aspectos:**

> **Questão de prova**
> A prova da Magistratura Federal TRF 3ª Região/2009 considerou CORRETA a afirmativa: "Na forma de redação do texto constitucional, a República Federativa do Brasil, formada pela união indissolúvel dos Estados e Municípios e do Distrito Federal, constitui-se em Estado Democrático de Direito e tem como princípio fundamental a soberania".

a) **externo**[2]: **soberania** é independência, ou seja, a República Federativa do Brasil relaciona-se com outros Estados estrangeiros na base da igualdade jurídica, de forma que o vínculo internacional é caracterizado como relação de coordenação, e não de subordinação[3];

---

1 Há na doutrina dois posicionamentos a respeito da caracterização conceitual de soberania. O primeiro posicionamento sustenta que soberania, em termos objetivos, possui um aspecto substantivo (poder) e um aspecto adjetivo (qualidade do poder estatal) (RANELLETTI, Oreste. *Instituzioni di Diritto Pubblico.* Milão: Giuffrè, 1955). No segundo posicionamento, há em comum a percepção do aspecto unitário no conceito de soberania; porém existem nele duas vertentes: a) é o poder (JELLINEK, Georg. *Teoria general del estado.* Buenos Aires: Albatroz, 1954); b) é a qualidade do poder estatal (HELLER, Hermann. *Teoria do Estado.* Buenos Aires: Fondo de Cultura Econômica, 1961).

2 DUGUIT, Léon. *Traité de droit constitutionnel.* Paris: Ancienne Librarie e Fontemoing, 1930.

3 "No plano internacional não existe autoridade superior nem milícia permanente. Os Estados se organizam horizontalmente, e dispõem-se a proceder de acordo com normas jurídicas na exata medida em que estas tenham constituído objeto de seu consentimento" (RESEK, Francisco. *Direito internacional público:* curso elementar. São Paulo: Saraiva, 2005).

Questão de prova

A prova do Exame da OAB unificado jan./2010 considerou CORRETA a afirmativa: "No âmbito do direito internacional, a soberania, importante característica do palco internacional, significa a possibilidade de igualdade entre os países, independentemente de sua dimensão ou importância econômica mundial".

b) **interno:** soberania é supremacia interna, ou seja, é o comando que o Estado exerce sobre todas as pessoas e os bens do território nacional, visando o bem comum. Manzini[4] afirma que a relação de submissão de todos à soberania estatal interna é denominada de relação política.

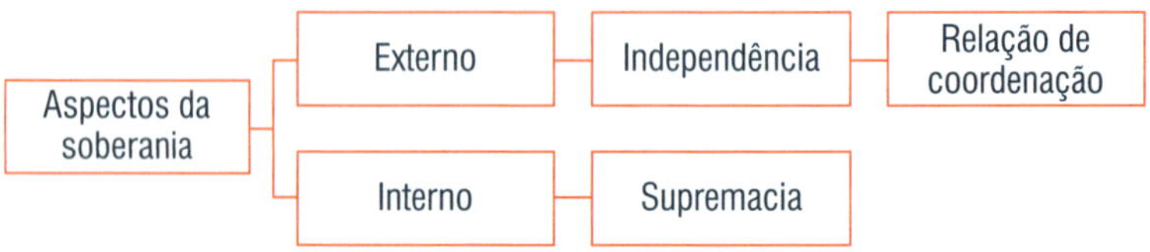

Para manter a supremacia interna, justificando sua própria existência, o Estado realiza atividades que visam ordenar o comportamento das pessoas, de forma a regular a vida em sociedade[5].

Uma das atividades de ordenação social é o **controle social punitivo** realizado por meio do **exercício do direito de punir**[6], um encargo do Estado de punir o infrator da lei penal, mediante um processo criminal (*nulla poena sine juditio*[7]), de forma a disciplinar a liberdade individual em nome do bem-estar coletivo e realizar a defesa da prevenção e a repressão de perigos para a ordem pública.

Questão de prova

A prova de Promotor de Justiça MP/GO/2009 considerou CORRETA a afirmativa: "O controle social pode ser difuso ou institucionalizado. O sistema penal compõe o controle social punitivo institucionalizado e formalmente punitivo".

A violação da norma penal faz surgir o **direito de punir**, ou seja, o direito do Estado de aplicar sanção penal ao infrator da lei penal, por meio do devido processo legal, visando tutelar os bens jurídicos mais relevantes para a vida em sociedade, garantindo, dessa forma, a manutenção da ordem jurídica.

O **direito de punir** do Estado caracteriza-se por ser:

---

4 Entre o Estado e os particulares, surge uma relação política que a todos vincula, subordinados que se acham à soberania dele: obrigação geral de respeitar as leis (MANZINI, Vincenzo. *Tratado de derecho procesal penal*. Buenos Aires: Ejea, 1951).

5 "Toda a ordem jurídica é social, na medida em que voltada à ordenação social" (GRAU, Eros Roberto. *A ordem econômica na Constituição Federal de 1988*. São Paulo: Malheiros, 2005).

6 Parte da doutrina não aceita a expressão direito de punir, mas sim poder-dever, já que a manifestação do exercício da justiça penal é decorrente do poder soberano do Estado.

7 "não pode haver punição sem julgamento".

a) **fragmentário:** a intervenção penal punitiva[8] é fragmentária, pois protege apenas os **bens jurídicos** mais importantes e em casos de lesões de maior gravidade à segurança coletiva e à liberdade pessoal;

> **Questões de prova**
>
> A prova de Delegado da Polícia Civil SP/2011 considerou CORRETA a afirmativa: "A ideia de que o Direito Penal deve tutelar os valores considerados imprescindíveis para a sociedade, e não todos os bens jurídicos, sintetiza o princípio da fragmentariedade".
>
> A prova da Magistratura TJ/BA/2012 considerou CORRETA a afirmativa: "A fragmentariedade do direito penal é corolário dos princípios da proporcionalidade e da culpabilidade, pois, como destacou Binding, o direito penal não constitui um sistema exaustivo de proteção de bens jurídicos, de sorte a abranger todos os bens que constituem o universo de bens do indivíduo, mas representa um sistema descontínuo de seleção de ilícitos decorrentes da necessidade de criminalizá-los ante a indispensabilidade da proteção jurídico-penal".

b) **subsidiário:** pois o Estado deve intervir com a sanção jurídico-penal quando não existam outros meios jurídicos de reprimir a conduta, ou seja, somente quando for absolutamente necessário para a defesa dos bens jurídicos imprescindíveis para a sobrevivência da comunidade;

> **Questão de prova**
>
> A prova de Promotor de Justiça MP/TO/2012 considerou INCORRETA a afirmativa: "Conforme o princípio da subsidiariedade, a norma definidora de um crime constitui meio necessário ou fase normal de preparação ou execução de outro crime, ou seja, na relação os fatos não se apresentam em relação a gênero e espécie, mas de *minus* e *plus*, de continente e conteúdo, de todo e parte, de inteiro e fração".

c) **público:** porque o seu titular exclusivo é o Estado, sendo manifestação da soberania estatal[9]. Na ação de iniciativa privada, o direito de punir continua pertencente ao Estado, que apenas concede ao ofendido a titularidade para fazer atuar o *jus persequendi*, ou *jus accusationis*, em juízo (a investidura do Estado no direito de ação);

d) **um dever-poder:** já que o Estado tem obrigação de tomar providências quando está em jogo o interesse público[10] de manutenção e reintegração da ordem jurídica;

e) **de coação indireta:** será sempre exercido por meio do processo penal adequado, ou seja, com a garantia do juiz natural, assegurados o contraditório, a ampla defesa e a igualdade das partes;

---

8 "A fragmentariedade ou essencialidade impõe que o Direito Penal seja um arquipélago de pequenas ilhas no grande mar do penalmente indiferente" (PRADO, Luiz Regis. *Curso de direito penal brasileiro*. São Paulo: RT, 2007, p. 144).

9 "Cumpre ao Estado, titular do *jus puniendi*, prover os meios necessários à aplicação da lei penal" (HC 52.548/ES, 6ª T., Rel. Min. Paulo Medina, 21-9-2006).

10 "Se para o particular o poder de agir é uma faculdade, para o administrador público é uma obrigação de atuar, desde que se apresente o ensejo de exercitá-lo em benefício da comunidade" (MEIRELLES, Hely Lopes. *Direito administrativo brasileiro*. São Paulo: Malheiros, 2004).

f) **espécie de jurisdição necessária:** pois somente se efetiva mediante decisão judicial (o juiz é o intérprete e mediador da vontade estatal de aplicação concreta da sanção penal junto à comunidade). É possível afirmar que a característica da jurisdição necessária em matéria penal foi atenuada com a edição da Lei n. 9.099/95, uma vez que passou a ser admitida a transação em crimes de menor lesividade social;

g) **limitado:** pelas normas do Direito Penal Objetivo e, principalmente, pela dignidade da pessoa humana consubstanciada no binômio respeito aos direitos e patamar mínimo de sobrevivência, e visto a partir dos postulados constitucionais, no contexto dos direitos e garantias, para evitar abusos do Estado[11].

O direito de punir possui duas classificações:

1ª)[12] **a) positivo:** é o poder que tem o Estado tanto para criar os tipos penais como para executar suas decisões condenatórias; **b) negativo:** faculdade de derrogar preceitos penais ou restringir o alcance das figuras delitivas.

2ª) **a) abstrato:** é previsto na lei penal, no preceito secundário do tipo penal incriminador, que comina uma sanção ou penalidade; **b) concreto:** surge quando alguém, no mundo real, pratica uma conduta proibida pela lei penal.

---

[11] NUCCI, Guilherme de Souza. *Manual de processo e execução penal*. São Paulo: RT, 2013, p. 72-73.

[12] GRECO, Rogério. *Curso de direito penal*. Rio de Janeiro: Impetus, 2007, p. 10.

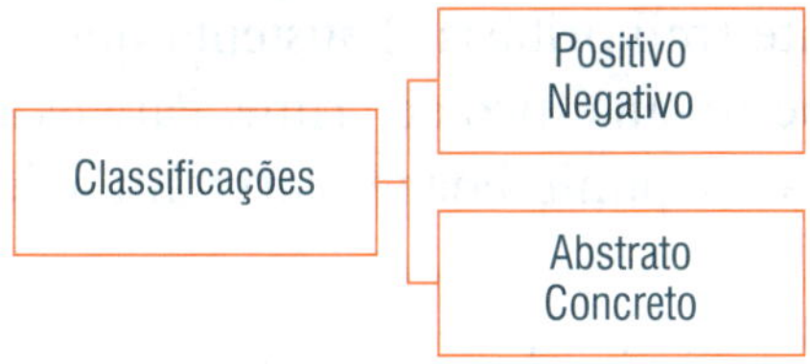

A violação da norma penal faz surgir o *direito de punir*, poder soberano do Estado, um poder jurídico concretizado pela lei penal, para que o Estado cumpra sua função de assegurar as condições de existência e continuidade da organização social. Faz surgir também, para o infrator, o direito subjetivo de liberdade, no sentido de não ser punido senão de acordo com a lei editada pelo Estado. Diante do conflito entre o *jus puniendi* e o *jus libertatis,* a aplicação da norma penal ao infrator da lei penal depende da existência do processo criminal, iniciado com a propositura da ação penal.

A pretensão punitiva surge, pois, no momento em que o *jus puniendi in abstracto* se transfigura no *jus puniendi in concreto*[13]. Cometida a infração, o direito abstrato de punir do ente administrativo convola-se em concreto. Fica instituída uma relação jurídico-punitiva[14], ou seja, o poder de punir, até então genérico, concretiza-se, transformando-se numa pretensão individualizada, dirigida especificamente contra o transgressor.

Quanto à natureza da **punibilidade**, existem duas correntes doutrinárias:

Questão de prova

A prova de Titular de Serviços de Notas e Registros MA/2011 considerou INCORRETA a afirmativa: "A punibilidade é requisito do crime".

a) a primeira corrente (majoritária) sustenta que a punibilidade caracteriza-se como consequência jurídica aplicada ao infrator da lei penal, quando houver violação dos bens jurídicos fundamentais ao convívio social, não sendo requisito da infração penal. Para os autores que adotam essa corrente, a extinção da punibilidade não faz o delito desaparecer, salvo no caso de anistia e da ***abolitio criminis***;

Questão de prova

A prova de Analista Judiciário STM/2011 considerou CORRETA a afirmativa: "Além de conduzir à extinção da punibilidade, a *abolitio criminis* faz cessar todos os efeitos penais e cíveis da sentença condenatória".

---

13 TOURINHO FILHO, Fernando da Costa. *Processo penal*. São Paulo: Saraiva, v. 1, p. 10.

14 STJ, Embargos de Declaração em Mandado de Segurança 13.174/SP, 5ª T., Rel. Min. Gilson Dipp, 2004.

b) a segunda corrente (minoritária[15]) sustenta que a punibilidade é parte integrante do conceito analítico do crime. Para os adeptos dessa posição, as causas extintivas de punibilidade acarretam o desaparecimento da infração penal.

A punibilidade ou o direito de punir possui três momentos: **a) direito de ameaçar com sanção penal**: o direito de o Estado, por meio de lei, ameaçar o cidadão com a aplicação de uma pena, com a finalidade de evitar a violação da norma penal; **b) direito de aplicar a sanção penal**: é a pretensão punitiva, ou seja, com a violação da norma penal o direito de punir em abstrato transforma-se em direito concreto de punir; **c) direito de executar a sanção penal**: é a pretensão executória.

O direito de punir é algo que tem: *como forma*, a existência de um processo (comprovação da responsabilidade), com decisão de órgão jurisdicional[16]; *como conteúdo*, a aplicação da sanção penal; *como fim*, a realização de valores que possibilitem a existência da comunidade; e, *como causa criadora e recriadora*, a prática da infração penal.

A punibilidade é uma determinação de conteúdo jurídico, do Estado, consistente na possibilidade de aplicar uma sanção penal, seja pena ou medida de segurança; a pena, por sua vez, configura uma das formas de realização material ou execução prática ou consequência da decisão estatal punitiva.

2. Noções gerais da persecução penal

2.1. Introdução

Há na doutrina dois posicionamentos a respeito do estudo da **finalidade do Estado**. O primeiro sustenta que a finalidade do Estado não é elemento formador do Estado[17]. O segundo sustenta que a finalidade do Estado é elemento formador do Estado[18].

A **finalidade geral do Estado** é o bem comum alcançado por condições favoráveis ao desenvolvimento integral da segurança, da justiça e do bem-estar de um povo, situado em determinado território. É nesse contexto que surge a necessidade de **segurança interna**.

---

15 ASÚA, Luis Jimenez de. *La ley y el delito:* principios de derecho penal. Caracas: Andreas Bello, 1945; BATAGLINI. *Teoria da infracção criminal.* Tradução de Augusto Victor Velho. Coimbra: Editora Coimbra, 1961.

16 Nenhuma pena pode ser imposta senão pelo Juiz, nenhuma pena pode ser aplicada senão por meio de processo (*nulla poena sine judice, nulla poena sine judicio).*

17 KELSEN, Hans. *Teoria general del Estado.* México: Editora Nacional, 1950.

18 GROPPALI, Alexandre. *Doutrina do Estado.* São Paulo: Saraiva, 1962.

A segurança interna[19], inserida no bem comum, é atividade desenvolvida pelo Estado para garantir a ordem, a estabilidade e a tranquilidade públicas, proteger pessoas e bens, prevenir e reprimir a criminalidade e contribuir para assegurar o normal funcionamento das instituições democráticas, o regular exercício dos direitos, liberdades e garantias fundamentais dos cidadãos e o respeito pela legalidade democrática.

À finalidade de segurança interna, pela qual se busca um controle estatal na prevenção e na repressão de ilícitos penais, corresponde a atividade estatal da "persecução penal", por meio da qual o Estado cumpre o dever de, mediante o devido processo legal, punir o autor da infração penal.

Pode-se dizer que, na persecução penal, o Estado transforma, em concreto, o comando contido nas normas incriminadoras, consubstanciado na abstenção de realizar a conduta prevista na lei penal em vigor, pois sua existência pressupõe violação efetiva do bem jurídico tutelado pela norma penal.

A persecução penal é **função estatal**, pois é uma atividade, exercida em nome próprio, para defender o interesse da sociedade de possuir uma convivência justa. Também é **uma das expressões da soberania do Estado**, exercida em nome do povo, pois a supremacia estatal[20] no âmbito do Estado depende da efetivação da tarefa estatal de punir o autor da infração penal.

2.2. Conceito e características

Persecução vem do latim *persecutione*, que significa "perseguir". Persecução penal é a ação de perseguir o crime, ou seja, é a tarefa ou o caminho que o Estado realiza para punir o autor da infração penal e, com isso, buscar a paz social. Conforme acentua Leib Soibelman:

> "*PERSECUTIO CRIMINIS*. (latim) Persecução penal. Perseguição de crime pelos órgãos estatais para submetê-lo a julgamento. Compreende a fase de investigação do crime (*informatio delicti*) e a fase de acusação em juízo (ação penal). Termina por decisão judicial que absolve, declara extinta a punibilidade, manda arquivar o inquérito ou julga cumprida a condenação. Pre-

[19] Lei portuguesa n. 53, de 29 de agosto de 2008.

[20] A convivência social depende de uma organização estabelecida pela existência de normas jurídicas, pela consagração da liberdade dos cidadãos, e de uma força que seja capaz de fazer cumprir essas normas. Tal força é o poder estatal, supremo no plano interno e independente no plano internacional. A manutenção da supremacia estatal, com a imposição coativa do cumprimento da ordem jurídica, depende de um poder estatal que use meios materiais ou humanos para a consecução do bem comum.

> tensão punitiva do Estado desenvolvida ou posta em andamento contra alguém indiciado como autor de infração penal"[21].

Ao conceituar a persecução penal, pode-se afirmar que se trata de uma atividade pela qual o Estado, com observância da ordem jurídica, em respeito ao devido processo penal, visa punir o autor da infração penal, para pacificação social.

A causa final da persecução penal é a atuação da vontade da lei na punição do criminoso. A causa material é a prática de uma infração penal.

A prática da infração penal faz surgir **relação jurídica punitiva**, decorrente do poder (dever) do Estado de punir violação aos preceitos penais.

Seja crime ou contravenção, a prática da infração penal implica a transformação do direito abstrato e genérico de punir do Estado (**relação jurídico-penal hipotética**) em direito de punir concreto e individualizado (**relação jurídico-penal concreta**).

Na relação jurídico-punitiva, há dois personagens: o Estado, titular da **pretensão punitiva** (exigência de subordinação do interesse do infrator da lei penal ao interesse do Estado de defesa da ordem jurídica e estabilidade coletiva); e o autor da infração penal, com o direito de ser punido com base na lei editada pelo Estado.

Diante da transgressão da norma penal, de um lado aparece o Estado, com o *jus puniendi*; e, de outro, o acusado, com a obrigação de não obstaculizar o direito da sociedade, representada pelo Estado, de impor a sanção penal.

Diante do conflito de interesses qualificado por uma pretensão (punitiva) resistida (infrator em luta pelo ***jus libertatis***), surge a **lide penal**, que somente pode ser solucionada pelo processo penal (procedimento e relação jurídica), cuja finalidade é a aplicação do Direito Penal Objetivo. O Estado, por meio do processo penal, faz valer as normas penais para tutelar os bens jurídicos individuais e coletivos.

Cometida a infração, o direito abstrato de punir do ente estatal convola-se em concreto. Fica instituída uma relação jurídico-punitiva, que, por sua vez, caracteriza-se por ser:

a) **complexa:** desenvolve-se mediante uma multiplicidade de atos e fatos, todos coordenados, em conjunto com o objetivo final de buscar a punição do autor da infração penal;
b) **instrumental:** é meio para a atuação do dever de punir do Estado diante da prática de uma infração penal;

[21] SOIBELMAN, Leib. *Enciclopédia do advogado*. Rio de Janeiro: Thex, 1996.

c) **atividade:** é definida como um complexo de atos coordenados tendentes ao exercício da função estatal de punição criminal;

d) **jurídica:** desenvolve-se com observância da ordem jurídica;

e) **unitária:** a série de atos e fatos se liga a uma única relação de finalidade, e todos, em conjunto, visam manter a ordem jurídica;

f) **concreta:** pois incide ou se forma diante da prática de uma infração penal;

g) **dinâmica:** é tarefa estatal que caminha para a frente, buscando uma punição criminal;

h) **temporária:** já que o dever estatal de punir só pode ser exercido dentro do prazo prescrito em lei;

i) **híbrida:** por ser regulada tanto pelo direito penal como pelo direito processual penal, tendo como ponto de partida a Constituição Federal, que traz em seu bojo garantias constitucionais necessárias para conter os abusos do Estado.

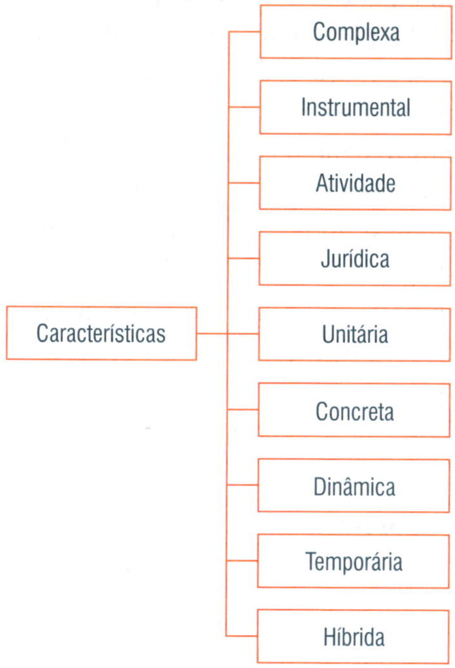

2.3. Objeto e fases

O **objeto imediato** da persecução penal é a averiguação da ocorrência da infração penal e sua respectiva autoria. O **objeto mediato** da persecução penal é buscar a punição do suposto infrator e, dessa forma, atingir a paz social.

A persecução penal é estruturada em fases lógicas e autônomas. Na doutrina, há divergência a respeito da enumeração da referidas fases:

a) **posição bidimensional:** a persecução penal é dividida em duas fases: investigação criminal; e processo penal;

b) **processo tridimensional:** a persecução penal é dividida em três fases: investigatória (coleta de elementos de prova); processual (sequência de atos no Judiciário); execução penal (cumprimento da sanção penal);

c) **posição tetradimensional:** a persecução penal é dividida em: cominação abstrata dos delitos e das penas; da investigação criminal; da fase processual; e da fase da execução penal;

d) **posição pentadimensional:** a persecução penal é dividida em: cominação abstrata dos delitos e das penas; da investigação criminal; da fase processual; fase da execução penal; e fase da reabilitação criminal.

Apesar de haver divergências, a posição tridimensional reflete a essência da persecução penal, já que sua realização pressupõe a prática da infração penal. É o *jus puniendi* no plano concreto. A cominação abstrata de delitos e de penas não é fase da persecução penal, é o direito de punir no plano abstrato. A reabilitação criminal não é fase da persecução penal e está em desuso, pois o objetivo de garantir sigilo da ficha criminal da pessoa pode ser obtido de forma imediata e automática, nos termos do art. 202 da LEP: "Cumprida ou extinta a pena, não constarão da folha corrida, atestados ou certidões fornecidas por autoridade policial ou por auxiliares da Justiça, qualquer notícia ou referência à condenação, salvo para instruir processo pela prática de nova infração penal ou outros casos expressos em lei".

Dessa forma, numa visão tridimensional, a tarefa estatal de punição do infrator é exercida em uma trajetória denominada persecução penal, dividida em três fases:

a) **fase preliminar ou pré-processual:** é a investigação ou averiguação da infração penal, por meio da coleta de dados a respeito da sua autoria e materialidade;

b) **fase processual:** é a realização do processo contra o suposto autor da infração penal; é a apuração da infração penal por meio de uma relação jurídica entre juiz e partes, a qual se desenvolve por uma sequência de atos no Judiciário, até a decisão final, condenatória ou absolutória;

c) **fase executiva:** é o cumprimento da sanção penal.

Com a prática da infração penal, o direito de punir do Estado, que era abstrato, concretiza-se, surgindo a *punibilidade*, ou seja, a possibilidade jurídica de o Estado impor sanção penal ao infrator da lei penal, visando recompor a ordem jurídica. A punibilidade subdivide-se em:

a) **pretensão punitiva:** surge com a prática da infração penal e se estende até a decisão condenatória transitada em julgado, com a imposição da sanção penal;

b) **pretensão executória:** poder-dever do Estado de executar a sanção imposta no *decisum* condenatório passado em julgado; o Estado adquire o direito de executar a sanção imposta pelo Poder Judiciário.

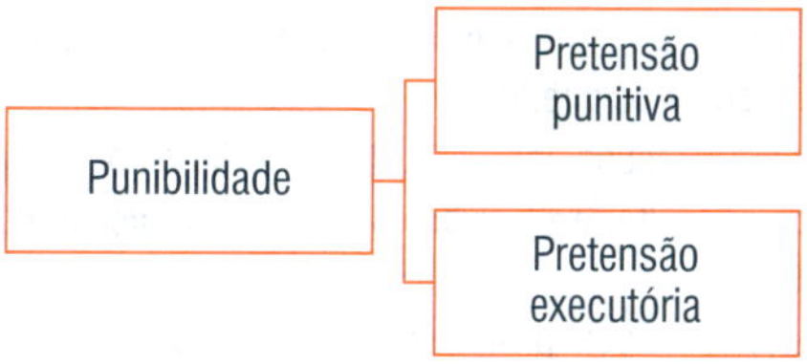

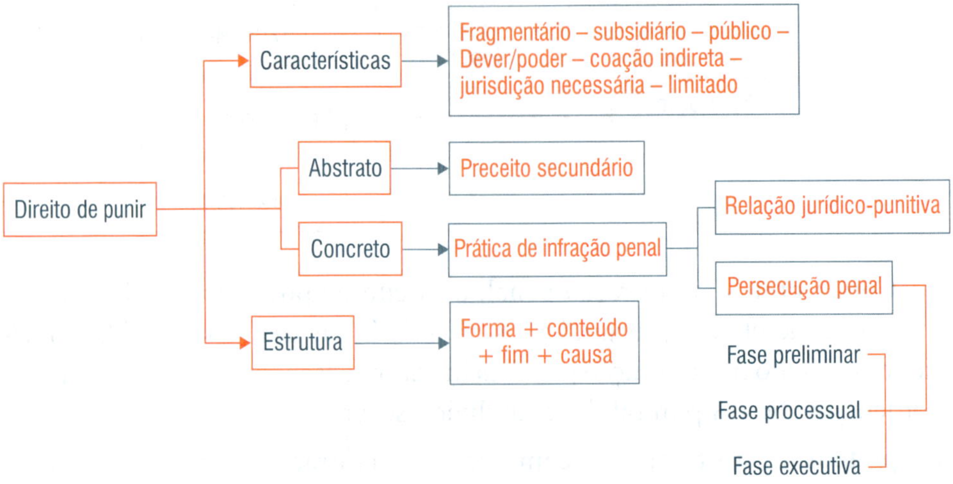

QUESTÕES DE PERSECUÇÃO PENAL

1. (Delegado Polícia Civil/RN/2009) Cabe ao legislador, na sua propícia função, proteger os mais diferentes tipos de bens jurídicos, cominando as respectivas sanções, de acordo com a importância para a sociedade. Assim, haverá o ilícito administrativo, o civil, o penal etc. Este último é o que interessa ao direito penal, justamente por proteger os bens jurídicos mais importantes (vida, liberdade, patrimônio, liberdade sexual, administração pública etc.). O direito penal

a) tem natureza fragmentária, ou seja, somente protege os bens jurídicos mais importantes, pois os demais são protegidos pelos outros ramos do direito.
b) tem natureza minimalista, pois se ocupa, inclusive, dos bens jurídicos de valor irrisório.
c) tem natureza burguesa, pois se volta, exclusivamente, para a proteção daqueles que gerenciam o poder produtivo e a economia estatal.
d) é ramo do direito público e privado, pois protege bens que pertencem ao Estado, assim como aqueles de propriedade individualizada.
e) admite a perquirição estatal por crimes não previstos estritamente em lei, assim como a retroação da *lex gravior*.

2. (Defensor Público SP/2006) Considere as afirmações:

I. No Estado democrático de direito é dada especial relevância à noção de que o direito penal tem como missão a proteção de bens jurídicos e se considera que o conceito de bem jurídico tem por função legitimar e delimitar o poder punitivo estatal.
II. O poder legiferante penal independe dos bens jurídicos postos na Constituição Federal para determinar quais serão os bens tutelados.
III. Só se legitima a intervenção penal nos casos em que a conduta possa colocar em grave risco ou lesionar bem jurídico relevante.

SOMENTE está correto o que se afirma em

a) I.
b) II.
c) III.
d) I e III.
e) II e III.

3. (Auditor Fiscal do Município SP/2012) O juiz de determinada comarca, ao receber a denúncia formulada pelo Ministério Público contra o autor de um crime de peculato, considerou desnecessária a

produção de provas e o interrogatório do réu e julgou antecipadamente a lide, condenando-o à pena de 6 anos de reclusão e multa. Essa decisão violou o princípio constitucional

a) do devido processo legal.
b) da anterioridade da lei penal.
c) da presunção de inocência.
d) do juiz natural.
e) da intervenção mínima.

4. (Analista Judiciário TRF 5ª Região/2012) O princípio, segundo o qual se afirma que o Direito Penal não é o único controle social formal dotado de recursos coativos, embora seja o que disponha dos instrumentos mais enérgicos, é reconhecido pela doutrina como princípio da

a) lesividade.
b) intervenção mínima.
c) fragmentariedade.
d) subsidiariedade.
e) proporcionalidade.

5. (Exame da OAB unificado maio/2009) Acerca do significado dos princípios limitadores do poder punitivo estatal, assinale a opção correta.

a) Segundo o princípio da culpabilidade, o direito penal deve limitar-se a punir as ações mais graves praticadas contra os bens jurídicos mais importantes, ocupando-se somente de uma parte dos bens protegidos pela ordem jurídica.
b) De acordo com o princípio da fragmentariedade, o poder punitivo estatal não pode aplicar sanções que atinjam a dignidade da pessoa humana ou que lesionem a constituição físico-psíquica dos condenados por sentença transitada em julgado.
c) Segundo o princípio da ofensividade, no direito penal somente se consideram típicas as condutas que tenham certa relevância social, pois as consideradas socialmente adequadas não podem constituir delitos e, por isso, não se revestem de tipicidade.
d) O princípio da intervenção mínima, que estabelece a atuação do direito penal como *ultima ratio,* orienta e limita o poder incriminador do Estado, preconizando que a criminalização de uma conduta só se legitima se constituir meio necessário para a proteção de determinado bem jurídico.

6. (Defensor Público SP/2010) O postulado da fragmentariedade em matéria penal relativiza

a) a proporcionalidade entre o fato praticado e a consequência jurídica.
b) a dignidade humana como limite material à atividade punitiva do Estado.
c) o concurso entre causas de aumento e diminuição de penas.
d) a função de proteção dos bens jurídicos atribuída à lei penal.
e) o caráter estritamente pessoal que decorre da norma penal.

7. (Promotor de Justiça MP/CE/2008) Em decorrência de garantias formalizadas ou não na Constituição Federal, o Direito Penal

a) é regido pelos princípios da fragmentariedade e da subsidiariedade, não se submetendo à regra de taxatividade.
b) admite responsabilidade que não seja pessoal.
c) não está submetido ao princípio da intervenção mínima.
d) constitui instrumento de controle social regido pela característica da fragmentariedade.
e) deve obedecer ao princípio da proporcionalidade da pena, sem atentar, porém, para a perspectiva da subsidiariedade.

8. (Defensor Público SP/2009) Assinale a alternativa correta.

a) Compete ao direito penal atender os anseios sociais de punição para pacificar conflitos.
b) O recurso à pena no direito penal garantista está condicionado ao princípio da máxima intervenção, máximas garantias.

c) Cabe ao direito penal limitar a violência da intervenção punitiva do Estado.
d) O discurso jurídico-penal de justificação deve se pautar na ampla possibilidade de solução dos conflitos pelo direito penal.
e) A legitimação da intervenção penal se deve, também, à seletividade do sistema penal.

PRESTE ATENÇÃO!

- O controle social punitivo é feito por meio do direito (dever) de punir do Estado, que é fragmentário, subsidiário, público, de coação indireta, de jurisdição necessária e limitado.
- O direito de punir pode ser positivo/negativo; abstrato e concreto.
- A punibilidade é consequência jurídica do crime. A extinção da punibilidade não faz desaparecer o delito, salvo na anistia e na *abolitio criminis*.

CUIDADO!

- A pretensão punitiva surge no momento em que o *jus puniendi in abstracto* se transfigura no *jus puniendi in concreto*.

IMPORTANTE!

- A persecução penal é divida em três fases: preliminar (investigatória); processual; e executória.

Capítulo 7

SEGURANÇA PÚBLICA

1. Introdução

A segurança pública, direito de todos e dever do Estado, visa a preservação da ordem pública e a incolumidade das pessoas e do patrimônio, prevenindo e controlando manifestações da criminalidade e da violência, efetivas ou potenciais, na busca da paz social.

É uma tarefa do Estado, integra-se na política geral do País, é um direito fundamental e tem como objetivo preservar ou restabelecer a convivência social, mantendo a paz na adversidade e o equilíbrio nas relações sociais.

Com a Constituição Federal de 1988, a **segurança pública** ganhou capítulo próprio, com a previsão de um rol taxativo de **órgãos policiais**: Polícia Federal; Polícia Rodoviária Federal; Polícia Ferroviária Federal; Polícias Civis; Polícias Militares e Corpos de Bombeiros Militares.

Questões de prova

A prova da ABIN/2011 elaborada pelo CESPE considerou INCORRETA a afirmativa: "É permitido a um estado da Federação criar instituto geral de perícias estadual e inseri-lo no rol constitucional dos órgãos encarregados do exercício da segurança pública".

A Prova de Titular de Serviços de Notas e Registros TJ/MA/2008 considerou CORRETA a afirmativa: "A segurança pública, dever do Estado, direito e responsabilidade de todos, é exercida para a preservação da ordem pública e da incolumidade das pessoas e do patrimônio, através dos seguintes órgãos: polícia federal, polícia rodoviária federal, polícia ferroviária federal, polícias civis, polícias militares, corpos de bombeiros militares e guardas municipais".

Dessa forma, a jurisprudência é pacífica no sentido de que os Estados-membros, assim como o Distrito Federal, devem seguir o modelo federal, sendo impossível ampliar o rol dos **órgãos da segurança pública**, que o STF inclusive já firmou ser *numerus clausus*.

Questões de prova

A prova de Analista Judiciário – Área Judiciária STJ/2012 considerou INCORRETA a afirmativa: "O departamento de trânsito é um órgão que tem atribuições inerentes ao exercício da segurança pública".

A prova de Promotor de Justiça MP/AM/2007 considerou INCORRETA a afirmativa: "Constituição estadual pode dar interpretação ampliativa ao conceito de segurança pública dado pela CF a fim de incluir, entre os órgãos encarregados dessa atividade, a chamada polícia penitenciária, a cargo da qual deve estar a vigilância dos estabelecimentos penais".

Há diversas concepções doutrinárias sobre segurança pública, dentre as quais podemos destacar: a) uma forma de combate do criminoso, visto como inimigo interno; b) um serviço público a ser prestado pelo Estado; c) atuação negativa do Estado para limitar as liberdades fundamentais, em nome da defesa da sociedade.

2. Estrutura

Na organização do Estado, a segurança pública é inserida no Poder Executivo, já que, desde Montesquieu, o Poder Executivo é o responsável por uma dupla missão, ou seja, a defesa externa e a manutenção da ordem interna. A ideia de força é inseparável do Executivo. É conhecido como o gládio a serviço da lei, por ser executor e fiscal da execução da atividade administrativa.

O Poder Executivo, órgão político responsável pela condução das atividades de Estado, Governo e Administração Pública, bem como independente, pois tem previsão direta na CF, é formado pelo Governo (que toma as decisões fundamentais no País) e pela Administração Pública (que coloca em prática as decisões tomadas pelo Governo).

A Administração Pública, por sua vez, é composta por: **a) Forças Armadas** (instituições nacionais regulares e permanentes, organizadas com base na hierarquia e na disciplina, destinadas à defesa da pátria, garantia dos poderes constitucionais e, por iniciativa de qualquer destes, da lei e da ordem); **b) burocracia civil ou máquina burocrática** (administração direta e indireta); **c) segurança pública**. "O combate à criminalidade é missão típica e privativa da Administração (não do Judiciário), através da polícia, como se lê nos incisos do art. 144 da Constituição, e do Ministério Público, a quem compete, privativamente, promover a ação penal pública (art. 129, I)" (HC 95.009, Rel. Min. Eros Grau, julgamento em 6-11-2008, Plenário, *DJE* 19-12-2008).

No **sentido etimológico**, "polícia" vem do grego *politeia*, que significa não apenas uma instituição, mas também ação que visa manter a unidade dentro da *pólis* (cidade).

A Polícia, parte da administração, é uma instituição de direito público destinada a manter a ordem pública e a preservar a incolumidade (respeito à integridade) das pessoas e do patrimônio.

Pode-se ver a Polícia de três formas: **a) finalística:** uma instituição destinada a proteger a sociedade contra a desordem pública; **b) formal:** política ou programa de atuação estatal de manutenção da ordem e controle social; **c) subjetiva:** um conjunto de profissionais uniformizados e capacitados a exercer a proteção das pessoas e da propriedade, além da manutenção da ordem pública.

A gestão da segurança pública, como parte integrante da Administração Pública, é **atribuição privativa** do Chefe do Executivo.

Questão de prova

A prova de Promotor de Justiça MP/AM/2007 considerou INCORRETA a afirmativa: "A gestão da segurança pública, como parte integrante da administração pública, é atribuição privativa dos Poderes Legislativos estaduais".

No âmbito estadual, a chefia geral da organização policial é de atribuição da Secretaria de Estado da Segurança Pública, cujo Secretário é escolhido e nomeado pelo Governador do Estado. Como titular da pasta, o Secretário da Segurança Pública é a mais alta autoridade policial na **escala hierárquica**.

Questões de prova

A prova de Delegado da Polícia Civil/ES/2011 considerou INCORRETA a afirmativa: "Segundo o STF, não há subordinação dos organismos policiais civis, que integram a estrutura do Estado, ao chefe do Poder Executivo, razão pela qual considera constitucional lei estadual que estabeleça autonomia administrativa, funcional e financeira à polícia civil".

A prova de Agente da Polícia Civil PC/ES/2009 considerou INCORRETA a afirmativa: "A gestão da segurança pública, nos estados, é atribuição privativa dos delegados de polícia civil".

No âmbito federal, os assuntos relacionados à segurança pública, na definição, na implementação e no acompanhamento da Política Nacional de Segurança Pública e dos Programas Federais de Prevenção Social e Controle da Violência e Criminalidade, constituem área de competência do Ministério da Justiça, por meio da Secretaria Nacional de Segurança Pública.

A União tem competência para estabelecer: a) normas gerais de organização, efetivos, material bélico, garantias, convocação e mobilização das Polícias Militares e Corpos de Bombeiros Militares (art. 22, XXI, da Constituição Federal); b) normas gerais sobre organização, garantias, direitos e deveres das Polícias Civis (art. 24, XVI, da Constituição Federal); c) a organização e a manutenção da Polícia Civil, da Polícia Militar e do Corpo de Bombeiros Militar do Distrito Federal, bem como prestar assistência financeira ao Distrito Federal para a execução de serviços públicos, por meio de fundo próprio (art. 22, XIV, da Constituição Federal).

No âmbito municipal, existe a Guarda Municipal, instituição de segurança pública municipal de caráter civil, subordinada ao prefeito da cidade, com a finalidade de zelar pelos bens, serviços e interesses do município.

3. Função policial

Em relação à **função da Polícia**, existe divergência doutrinária. A maioria dos doutrinadores sustenta que há duas espécies de funções policiais:

a) **administrativa ou de segurança:** é a função preventiva, ou seja, a que visa evitar a ocorrência da infração penal;

b) **judiciária:** é a função auxiliar da justiça de cunho repressivo, ou seja, a que visa coletar informações sobre a materialidade e a autoria da infração penal, para ajuizamento da ação penal.

Porém, há posição minoritária liderada por Tourinho que distingue três espécies de funções policiais:

a) **administrativa ou poder de polícia:** é a função consistente em limitar a liberdade e a propriedade do particular em nome do interesse público;

b) **de segurança:** é a função que impede a ocorrência de infrações penais que possam lesar ou pôr em perigo bens jurídicos;

c) **judiciária:** é a função repressiva, ou seja, a que visa coletar informações sobre a infração penal após sua prática.

Em relação ao **policiamento ostensivo**, há uniformidade de pensamento no sentido de afirmar que o exercício da polícia ostensiva é realizado por policial uniformizado e que seja facilmente identificado por equipamento ou viatura.

Na Constituição Federal, a polícia ostensiva é desempenhada: no âmbito estadual, pela **Polícia Militar** (há inclusive um batalhão específico da Polícia Militar que faz o patrulhamento ostensivo das rodovias estaduais); e, no âmbito federal, pela **Polícia Federal** (exerce a atribuição de polícia marítima, aeroportuária e de fronteiras, bem como a atribuição de prevenir e reprimir o tráfico ilícito de entorpecentes e drogas afins), pela **Polícia Rodoviária Federal** (patrulhamento ostensivo das rodovias federais) e pela **Polícia Ferroviária Federal** (patrulhamento ostensivo das ferrovias federais).

Contudo, a doutrina diverge em relação à **conceituação da polícia ostensiva:** a) uma parte sustenta que a polícia ostensiva tem a função de prevenir e reprimir os delitos; b) outra parte (majoritária) sustenta que polícia ostensiva é a que realiza a prevenção das infrações penais, bem como de violações de normas administrativas em áreas específicas, como o trânsito e o meio ambiente.

Não há controvérsia na doutrina ou jurisprudência no sentido de que o poder de investigação é inerente ao exercício das funções da **polícia judiciária** – Civil e Federal –, nos termos do art. 144, § 1º, IV, e § 4º, da CF.

4. Exercício da função policial

A polícia de segurança[1] é exercida pelos seguintes órgãos: a) âmbito federal: **Polícia Rodoviária Federal; Polícia Ferroviária Federal; Polícia Federal**; b) âmbito estadual: **Polícia Militar**.

A polícia judiciária tem dois tipos de atribuições: **a) principal:** investigação criminal (polícia de investigação); **b) secundárias:** fornecer às autoridades judiciárias as informações necessárias à instrução e ao julgamento dos processos; realizar as diligências requisitadas pelo juiz ou pelo Ministério Público; cumprir os mandados de prisão expedidos pelas autoridades judiciárias; representar acerca da prisão preventiva.

A polícia judiciária é exercida: a) no âmbito federal: pela **Polícia Federal**; b) no âmbito estadual: pela **Polícia Civil**.

5. Organização

A segurança pública é dividida em quatro espécies:

5.1. Segurança pública municipal

É exercida pelas **guardas municipais**, cuja função é proteger o patrimônio municipal, não possuindo a função de polícia judiciária, ou seja, a de investigação de infrações penais.

Questão de prova

A prova de Perito da Polícia Civil/ES/2011 considerou INCORRETA a afirmativa: "Sendo a segurança um dever estatal, direito e responsabilidade de todos, os municípios, em momentos de instabilidade social, podem constituir guardas municipais destinadas ao policiamento ostensivo e à preservação da ordem pública".

Embora a Guarda Municipal não possua a atribuição de polícia ostensiva, pode, assim como qualquer do povo, efetuar a prisão em flagrante e a apreensão de objetos do crime que se encontrem na posse do agente infrator, nos termos do art. 301 do CPP[2].

---

1 A prevenção de delitos é, em última análise, da autoridade pública competente. É, pois, dever do Estado a proteção da sociedade, nos termos do que preconiza o art. 144, da Constituição da República (STJ, REsp 1.243.970/SE, 3ª T., Rel. Min. Massami Uyeda, *Dje* 10-5-2012).

2 A prisão em flagrante efetuada pela Guarda Municipal, ainda que não esteja inserida no rol das suas atribuições constitucionais (art. 144, § 8º, da CF), constitui ato legal, em proteção à segurança social. Se a qualquer do povo é permitido prender quem quer que esteja em flagrante delito, não há falar em proibição ao guarda municipal de proceder à prisão (STJ, HC 129.932/SP, 5ª T., Rel. Min. Arnaldo Esteves Lima, *Dje* 1º-2-2010).

A Guarda Municipal não é órgão policial, sendo inconstitucional lei que lhe permita exercer atividade de polícia, ainda que sob a forma de convênio. A Guarda Municipal, em face da Constituição Federal, é uma guarda patrimonial.

As atribuições de investigação criminal e policiamento ostensivo poderiam fazer parte do rol de atribuições da Guarda Municipal, desde que fosse transformada em órgão policial, seja por Emenda Constitucional ou por nova Constituição Federal.

Em 8 de agosto de 2014, foi publicado o Estatuto dos Guardas Civis (Lei n. 13.022/2014), com objetivo de estabelecer normas gerais para as guardas municipais:

a) **Natureza:** são instituições de caráter civil, uniformizadas e armadas conforme previsto em lei. As guardas municipais utilizarão uniforme e equipamentos padronizados, preferencialmente, na cor azul-marinho. É assegurada a utilização de outras denominações consagradas pelo uso, como guarda civil, guarda civil municipal, guarda metropolitana e guarda civil metropolitana.

b) **Porte de arma:** aos guardas municipais é autorizado o porte de arma de fogo, conforme previsto em lei. Suspende-se o direito ao porte de arma de fogo em razão de restrição médica, decisão judicial ou justificativa da adoção da medida pelo respectivo dirigente. A lei que regulamenta o porte de arma é o Estatuto do Desarmamento que prescreve em seu art. 6º: "É proibido o porte de arma de fogo em todo o território nacional, salvo para os casos previstos em legislação própria e para: III – os integrantes das guardas municipais das capitais dos Estados e dos Municípios com mais de 500.000 (quinhentos mil) habitantes, nas condições estabelecidas no regulamento desta Lei; IV – os integrantes das guardas municipais dos Municípios com mais de 50.000 (cinqüenta mil) e menos de 500.000 (quinhentos mil) habitantes, quando em serviço".

c) **Equipamentos:** a Agência Nacional de Telecomunicações (Anatel) destinará linha telefônica n. 153 e faixa exclusiva de frequência de rádio aos municípios que possuam guarda municipal.

d) **Organização:** a criação é feita pelo município por lei e é subordinada ao chefe do Poder Executivo municipal. É composta de servidores públicos integrantes de carreira única e plano de cargos e salários, conforme disposto em lei municipal.

e) **Função:** proteção municipal preventiva, ressalvadas as competências da União, dos Estados e do Distrito Federal.

f) **Princípios de atuação:** I – proteção dos direitos humanos fundamentais, do exercício da cidadania e das liberdades públicas; II – preservação da vida, redução do sofrimento e diminuição das perdas; III – patrulhamento preventivo; IV – compromisso com a evolução social da comunidade; e V – uso progressivo da força.

g) **Competência geral:** proteção de bens, serviços, logradouros públicos municipais e instalações do município.

h) **Competências específicas:** respeitadas as competências dos órgãos federais e estaduais: I – zelar pelos bens, equipamentos e prédios públicos do município; II – prevenir e inibir, pela presença e vigilância, bem como coibir, infrações penais ou administrativas e atos infracionais que atentem contra os bens, serviços e instalações municipais; III – atuar, preventiva e permanentemente, no território do Município, para a proteção sistêmica da população que utiliza os bens, serviços e instalações municipais; IV – colaborar, de forma integrada com os órgãos de segurança pública, em ações conjuntas que contribuam com a paz social; V – colaborar com a pacificação de conflitos que seus integrantes presenciarem, atentando para o respeito aos direitos fundamentais das pessoas; VI – exercer as competências de trânsito que lhes forem conferidas, nas vias e logradouros municipais, nos termos da Lei n. 9.503, de 23 de setembro de 1997 (Código de Trânsito Brasileiro), ou de forma concorrente, mediante convênio celebrado com órgão de trânsito estadual ou municipal; VII – proteger o patrimônio ecológico, histórico, cultural, arquitetônico e ambiental do município, inclusive adotando medidas educativas e preventivas; VIII – cooperar com os demais órgãos de defesa civil em suas atividades; IX – interagir com a sociedade civil para discussão de soluções de problemas e projetos locais voltados à melhoria das condições de segurança das comunidades; X – estabelecer parcerias com os órgãos estaduais e da União, ou de municípios vizinhos, por meio da celebração de convênios ou consórcios, com vistas ao desenvolvimento de ações preventivas integradas; XI – articular-se com os órgãos municipais de políticas sociais, visando à adoção de ações interdisciplinares de segurança no município; XII – integrar-se com os demais órgãos de poder de polícia administrativa, visando contribuir para a normatização e fiscalização das posturas e ordenamento urbano municipal; XIII – garantir o atendimento de ocorrências emergenciais, ou prestá-lo direta e imediatamente quando deparar-se com elas; XIV – encaminhar ao delegado de polícia, diante de flagrante delito, o autor da infração, preservando o local do crime, quando possível e sempre que necessário; XV – contribuir no estudo de impacto na segurança local, conforme plano diretor municipal, por ocasião da construção de empreendimentos de grande porte; XVI – desenvolver ações de prevenção primária à violência, isoladamente ou em conjunto com os demais órgãos da própria municipalidade, de outros Municípios ou das esferas estadual e federal; XVII – auxiliar na segurança de grandes eventos e na proteção de autoridades e dignatários; e XVIII – atuar mediante ações preventivas na segurança escolar, zelando pelo entorno e participando de ações educativas com o corpo discente e docente das unidades de ensino municipal, de forma a colaborar com a implantação da cultura de paz na comunidade local.

i) **Colaboração:** no exercício de suas competências, a guarda municipal poderá colaborar ou atuar conjuntamente com órgãos de segurança pública da União, dos Estados e do Distrito Federal ou de congêneres de municípios vizinhos e, nas hipóteses previstas nos incisos XIII (garantir o atendimento de ocorrências emergenciais, ou prestá-lo direta e imediatamente quando se deparar com elas) e XIV (encaminhar ao delegado de polícia, diante de flagrante delito, o autor da infração, preservando o local do crime, quando possível e sempre que necessário), diante do comparecimento de órgão descrito nos incisos do *caput* do art. 144 da Constituição Federal, deverá a guarda municipal prestar todo o apoio à continuidade do atendimento.

j) **Efetivo:** as guardas municipais não poderão ter efetivo superior a: I – 0,4% da população, em municípios com até 50.000 habitantes; II – 0,3% da população, em municípios com mais de 50.000 e menos de 500.000 habitantes, desde que o efetivo não seja inferior ao disposto no inciso I; III – 0,2% da população, em municípios com mais de 500.000 habitantes, desde que o efetivo não seja inferior ao disposto no inciso II. Se houver redução da população referida em censo ou estimativa oficial da Fundação Instituto Brasileiro de Geografia e Estatística (IBGE), é garantida a preservação do efetivo existente, o qual deverá ser ajustado à variação populacional, nos termos de lei municipal.

k) **Uso recíproco:** municípios limítrofes podem, mediante consórcio público, utilizar, reciprocamente, os serviços da guarda municipal de maneira compartilhada.

l) **Exigências para investidura:** I – nacionalidade brasileira; II – gozo dos direitos políticos; III – quitação com as obrigações militares e eleitorais; IV – nível médio completo de escolaridade; V – idade mínima de 18 anos; VI – aptidão física, mental e psicológica; e VII – idoneidade moral comprovada por investigação social e certidões expedidas perante o Poder Judiciário estadual, federal e distrital. Outros requisitos poderão ser estabelecidos em lei municipal.

m) **Capacitação:** é específica e com matriz curricular compatível com suas atividades, que poderá ser adaptada à matriz curricular nacional para formação em segurança pública, elaborada pela Secretaria Nacional de Segurança Pública (Senasp) do Ministério da Justiça.

n) **Treinamento:** é facultada ao município a criação de órgão de formação, treinamento e aperfeiçoamento dos integrantes da guarda municipal. Os municípios poderão firmar convênios ou consorciar-se. O Estado poderá, mediante convênio com os municípios interessados, manter órgão de formação e aperfeiçoamento centralizado, em cujo conselho gestor seja assegurada a participação dos municípios conveniados.

o) **Controle interno:** exercido por corregedoria, naquelas com efetivo superior a 50 servidores da guarda e em todas as que utilizam arma de fogo, para apurar as infrações disciplinares atribuídas aos integrantes de seu quadro; Os corregedores e ouvidores terão mandato cuja perda será decidida pela maioria absoluta da Câmara Municipal, fundada em razão relevante e específica prevista em lei municipal.

p) **Controle externo:** exercido por ouvidoria, independente em relação à direção da respectiva guarda, qualquer que seja o número de servidores da guarda municipal, para receber, examinar e encaminhar reclamações, sugestões, elogios e denúncias acerca da conduta de seus dirigentes e integrantes e das atividades do órgão, propor soluções, oferecer recomendações e informar os resultados aos interessados, garantindo-lhes orientação, informação e resposta. Os corregedores e ouvidores terão mandato cuja perda será decidida pela maioria absoluta da Câmara Municipal, fundada em razão relevante e específica prevista em lei municipal.

q) **Controle social:** O Poder Executivo municipal poderá criar órgão colegiado para exercer o controle social das atividades de segurança do município, analisar a alocação e aplicação dos recursos públicos e monitorar os objetivos e metas da política municipal de segurança e, posteriormente, a adequação e eventual necessidade de adaptação das medidas adotadas face aos resultados obtidos.

r) **Disciplina:** a guarda municipal terá código de conduta próprio, conforme dispuser lei municipal. As guardas municipais não podem ficar sujeitas a regulamentos disciplinares de natureza militar.

s) **Cargos em comissão:** deverão ser providos por membros efetivos do quadro de carreira do órgão ou entidade.

t) **Prisão:** é assegurado ao guarda municipal o recolhimento à cela, isoladamente dos demais presos, quando sujeito à prisão antes de condenação definitiva.

u) **Vedação:** a estrutura hierárquica da guarda municipal não pode utilizar denominação idêntica à das forças militares, quanto aos postos e graduações, títulos, uniformes, distintivos e condecorações.

v) **Representação:** é reconhecida a representatividade das guardas municipais no Conselho Nacional de Segurança Pública, no Conselho Nacional das Guardas Municipais e, no interesse dos municípios, no Conselho Nacional de Secretários e Gestores Municipais de Segurança Pública.

5.2. Segurança pública estadual

É exercida pelos seguintes órgãos:

5.2.1. Polícia Militar (Decreto n. 88.777/93)

O comando é exercido por oficial superior do posto de coronel denominado Comandante-Geral. É força auxiliar do Exército. É formada por Militares dos Estados. Foi criada em 15 de dezembro de 1831 por decreto imperial baixado pelo Regente Padre Feijó. O patrono da corporação paulista foi o Brigadeiro Rafael Tobias de Aguiar.

Questão de prova

A prova de Agente da Polícia Federal PF/2012 considerou INCORRETA a afirmativa: "A Polícia Federal, as polícias militares e os corpos de bombeiros militares são forças auxiliares e reserva do exército".

A Polícia Militar exerce a **preservação da ordem pública** (conjunto de regras formais que emanam do ordenamento jurídico da Nação, tendo por escopo regular as relações sociais de todos os níveis, do interesse público, estabelecendo um clima de convivência harmoniosa e pacífica, fiscalizado pelo poder de polícia, e constituindo uma situação ou condição que conduza ao bem comum). É o exercício dinâmico do poder de polícia, no campo da segurança pública, manifestado por atuações predominantemente ostensivas, visando prevenir, dissuadir, coibir ou reprimir eventos que violem a ordem pública.

Na função de preservação da ordem pública, inclui-se o **batalhão de choque** para controlar rebeliões, com o exercício de medidas que visem **conter a perturbação da ordem** (abrange todos os tipos de ação, inclusive as decorrentes de calamidade pública que, por sua natureza, origem, amplitude e potencial, possam vir a comprometer, na esfera estadual, o exercício dos poderes constituídos, o cumprimento das leis e a manutenção da ordem pública, ameaçando a população e propriedades públicas e privadas).

A Polícia Militar realiza **a polícia ostensiva**, ou seja, a ação policial em cujo emprego o homem ou a fração de tropa engajados sejam identificados de relance, quer pela farda, quer pelo equipamento, ou viatura, objetivando a manutenção da ordem pública. São tipos desse policiamento, a cargo das Polícias Militares, ressalvadas as missões peculiares das Forças Armadas, os seguintes: ostensivo geral, urbano e rural; de trânsito; florestal e de mananciais; rodoviário e ferroviário, nas estradas estaduais; portuário; fluvial e lacustre; de radiopatrulha terrestre e aérea; de segurança externa dos estabelecimentos penais do Estado; outros, fixados em legislação da Unidade Federativa, ouvido o Estado-Maior do Exército por intermédio da Inspetoria-Geral das Polícias Militares.

A Polícia Militar poderá ser convocada, total ou parcialmente, nas seguintes hipóteses: a) em caso de guerra externa; b) para prevenir ou reprimir grave perturbação da ordem ou ameaça de sua irrupção, bem como nos casos de calamidade pública declarada pelo Governo Federal e no estado de emergência, de acordo com diretrizes especiais baixadas pelo Presidente da República.

As Polícias Militares, a critério dos Exércitos e Comandos Militares de Área, participarão de exercícios, manobras e outras atividades de instrução necessárias às ações específicas de Defesa Interna ou de Defesa Territorial, com efetivos que não prejudiquem sua ação policial prioritária. Os Comandantes-Gerais das Polícias Militares poderão participar dos planejamentos das Forças Terrestres, que visem a Defesa Interna e a Defesa Territorial.

5.2.2. Polícia Civil

A função da Polícia Civil é **repressiva**, ou seja, investiga infrações penais, que não sejam federais ou militares.

Questão de prova

A prova de Delegado da Polícia Civil/TO/2008 considerou INCORRETA a afirmativa: "As polícias civis estão incumbidas da função de polícia ostensiva e da preservação da ordem pública, além da função de polícia judiciária e da apuração de infrações penais".

A Polícia Civil exerce função de **polícia judiciária**, salvo as de competência da Polícia Federal e as Militares. Cabe, por fim, ressaltar que, conforme o disposto no art. 144, § 4º, da CF, há doutrinadores que diferenciam a função de polícia judiciária da apuração da infração penal (polícia de investigação). A função de polícia judiciária seria a apuração de uma infração penal e sua autoria, dando cumprimento a ordens judiciais. Já a apuração da infração penal e de sua autoria seria investigar sem dar cumprimento a ordem judicial.

Questões de prova

A prova da Magistratura/AL/2008 considerou INCORRETA afirmativa: "Às polícias civis, dirigidas por delegados de polícia de carreira, incumbem, ressalvada a competência da União, as funções de polícia judiciária e a apuração de infrações penais, inclusive eleitorais e militares".

A prova de Perito da Polícia Civil/ES/2011 considerou INCORRETA a afirmativa: "As infrações penais militares cometidas por policiais militares de um estado devem ser apuradas pela polícia civil desse estado".

O local de atuação da Polícia é denominado **circunscrição territorial**. Para praticar ato fora dos limites da circunscrição territorial no interior, a autoridade policial precisa de precatória; já na capital, não precisa. No caso de prisão em flagrante, a autoridade policial competente para lavrar o auto de prisão será a do local da prisão. Os atos subsequentes serão feitos pela autoridade do local da consumação da infração penal.

A autoridade policial não exerce jurisdição, de forma que não existe nos atos policiais o vício decorrente de incompetência *ratione loci*. Os atos de investigação, por serem inquisitórios, não se acham abrangidos pelo juiz natural, em que só a autoridade competente pode julgar o réu.

O chefe da Polícia Civil é o Delegado de Polícia, que atua em Delegacia de Polícia ou Distrito Policial.

É competência concorrente da União e dos Estados legislar sobre organização, garantias, direitos e deveres das Polícias Civis. Enquanto não for editada lei federal, os Estados exercerão na matéria competência legislativa plena.

A unificação das Polícias Civil e Militar (realidade em países como Inglaterra) é tema debatido em nosso país, mas a tese vitoriosa no momento é a manutenção de duas polícias, com funções e estruturas distintas. Há uma proposta de emenda em andamento no Congresso Nacional no sentido de reservar o assunto da unificação ou separação para o âmbito legislativo, e não constitucional.

5.2.3. Bombeiros Militares

Exercem atividades de defesa civil e outras definidas por lei, como apagar incêndios, resgatar pessoas em situação de perigo, fornecer assistência nos desastres naturais e fiscalizar prédios para evitar acidentes, além de realizar o resgate aquático. Não confundir bombeiro militar com bombeiro civil. De acordo com a Lei n. 11.901/2009, bombeiro civil é aquele que, habilitado, exerce, em caráter habitual, função remunerada e exclusiva de prevenção e combate a incêndio, como empregado contratado diretamente por empresas privadas ou públicas, sociedades de economia mista, ou empresas especializadas em prestação de serviços de prevenção e combate a incêndio. o atendimento a sinistros em que atuem, em conjunto, os bombeiros civis e o corpo de bombeiros militar, a coordenação e a direção das ações caberão, com exclusividade e em qualquer hipótese, à corporação militar. As empresas e demais entidades que se utilizem do serviço de bombeiro civil poderão firmar convênios com os corpos de bombeiros militares dos Estados, dos Territórios e do Distrito Federal, para assistência técnica a seus profissionais.

5.3. Segurança pública distrital

A segurança pública no DF é exercida pelos mesmos órgãos da segurança pública estadual: Polícia Militar; Polícia Civil; Bombeiros Militares. Porém, os órgãos da segurança pública distrital são organizados e mantidos pela União, nos termos do art. 21, XIV, da Constituição Federal: "Compete à União organizar e manter a polícia civil, a polícia militar e o corpo de bombeiros militar do Distrito Federal, bem como prestar assistência financeira ao Distrito Federal para a execução de serviços públicos, por meio de fundo próprio".

5.4. Segurança pública federal

A segurança pública federal é exercida pelos seguintes órgãos:

5.4.1. Polícia Ferroviária Federal

A Polícia Ferroviária Federal foi criada por meio do Decreto n. 641, de 26 de junho de 1852, assinado pelo imperador Dom Pedro II, com a responsabilidade de cuidar das riquezas do Brasil, que eram transportadas em trilhos de ferro.

É órgão permanente, organizado e mantido pela União, estruturado em carreira, cuja função é o patrulhamento ostensivo das ferrovias federais.

Em face do Decreto n. 8.868/2016, é assunto inserido na competência do Ministério da Justiça, existindo um Departamento da Polícia Ferroviária Federal. Na prática, a segurança patrimonial das ferrovias é feita pelas empresas concessionárias das ferrovias federais.

5.4.2. Polícia Rodoviária Federal (Lei n. 9.654/98)

É órgão permanente, organizado e mantido pela União, estruturado em carreira, cuja função é o **patrulhamento ostensivo das rodovias federais**[3].

Questão de prova

A prova de Agente Administrativo PRF/2012 elaborada pelo CESPE considerou INCORRETAS as afirmativas: "À PRF destina-se, na forma da lei, o patrulhamento ostensivo das rodovias estaduais e federais"; e "De acordo com a Constituição Federal de 1988 (CF), é atribuição da PRF, na forma da lei, exercer, entre outras funções, a de polícia judiciária".

A carreira de Policial Rodoviário Federal foi criada pela Lei n. 9.654/98 e alterações posteriores, no âmbito do Poder Executivo, com as atribuições pre-

3 O Patrulheiro Rodoviário Federal, muito embora desempenhe, prioritariamente, fiscalização de trânsito nas rodovias federais, também tem por função atuar na repressão de crimes, estando, por isso, enquadrado na hipótese delitiva da facilitação ao contrabando e ao descaminho (STJ, REsp 891.147/RS, 6ª T., Rel. Min. Maria Thereza de Assis Moura, *DJe* 8-11-2010).

vistas na Constituição Federal, no Código de Trânsito Brasileiro e na legislação específica.

O ingresso nos cargos da carreira dar-se-á mediante aprovação em concurso público, constituído de duas fases, ambas eliminatórias e classificatórias, sendo a primeira exame psicotécnico e de provas e títulos, e a segunda, curso de formação. São requisitos para o ingresso na carreira: o diploma de curso superior completo, em nível de graduação, devidamente reconhecido pelo Ministério da Educação; e os demais requisitos estabelecidos no edital do concurso.

A partir de 1º de janeiro de 2013, a carreira composta do cargo de Policial Rodoviário Federal, de nível superior, passou a ser estruturada nas seguintes classes: Especial, Primeira, Segunda e Terceira. As atribuições gerais das classes do cargo de Policial Rodoviário Federal são as seguintes:

a) **Classe Especial:** atividades de natureza policial e administrativa, envolvendo direção, planejamento, coordenação, supervisão, controle e avaliação administrativa e operacional, coordenação e direção das atividades de corregedoria, inteligência e ensino, bem como articulação e intercâmbio com outras organizações e corporações policiais, em âmbito nacional e internacional, além das atribuições da Primeira Classe;

b) **Primeira Classe:** atividades de natureza policial, envolvendo planejamento, coordenação, capacitação, controle e execução administrativa e operacional, bem como articulação e intercâmbio com outras organizações policiais, em âmbito nacional, além das atribuições da Segunda Classe;

c) **Segunda Classe:** atividades de natureza policial, envolvendo execução e controle administrativo e operacional das atividades inerentes ao cargo, além das atribuições da Terceira Classe; e

d) **Terceira Classe:** atividades de natureza policial, envolvendo fiscalização, patrulhamento e policiamento ostensivo, atendimento e socorro às vítimas de acidentes rodoviários e demais atribuições relacionadas com a área operacional do Departamento de Polícia Rodoviária Federal.

A partir de 1º de janeiro de 2013, a investidura no cargo de Policial Rodoviário Federal dar-se-á no padrão inicial da Terceira Classe. O ocupante do cargo de Policial Rodoviário Federal permanecerá preferencialmente no local de sua primeira lotação por um período mínimo de 3 (três) anos, exercendo atividades de natureza operacional voltadas ao patrulhamento ostensivo e à fiscalização de trânsito, sendo sua remoção condicionada a concurso de remoção, permuta ou ao interesse da administração.

Em face do Decreto n. 1.655/95, são atribuições da Polícia Rodoviária Federal:

a) **Patrulhamento ostensivo:** realizar o patrulhamento ostensivo, executando operações relacionadas com a segurança pública, com o objetivo de preservar a ordem, a incolumidade das pessoas, o patrimônio da União e o de terceiros.

b) **Policiamento de trânsito:** exercer os poderes de autoridade de polícia de trânsito, cumprindo e fazendo cumprir a legislação e demais normas pertinentes, inspecionar e fiscalizar o trânsito, assim como efetuar convênios específicos com outras organizações similares; aplicar e arrecadar as multas impostas por infrações de trânsito e os valores decorrentes da prestação de serviços de estadia e remoção de veículos, objetos, animais e escolta de veículos de cargas excepcionais.

c) **Prevenção e atendimento de acidentes nas rodovias federais:** executar serviços de prevenção, atendimento de acidentes e salvamento de vítimas nas rodovias federais.

d) **Atividade probatória:** realizar perícias, levantamentos de locais, boletins de ocorrências, investigações, testes de dosagem alcoólica e outros procedimentos estabelecidos em leis e regulamentos, imprescindíveis à elucidação dos acidentes de trânsito (ADI-MC 1.413).

e) **Fiscalização de serviços de remoção e transporte:** credenciar os serviços de escolta, fiscalizar e adotar medidas de segurança relativas aos serviços de remoção de veículos, escolta e transporte de cargas indivisíveis.

f) **Zelo nas rodovias federais:** assegurar a livre-circulação nas rodovias federais, podendo solicitar ao órgão rodoviário a adoção de medidas emergenciais, bem como zelar pelo cumprimento das normas legais relativas ao direito de vizinhança, promovendo a interdição de construções, obras e instalações não autorizadas.

g) **Deslocamento:** executar medidas de segurança, planejamento e escoltas nos deslocamentos do Presidente da República, Ministros de Estado, Chefes de Estado, diplomatas estrangeiros e outras autoridades, quando necessário e sob a coordenação do órgão competente.

h) **Combater o tráfico de menores:** efetuar a fiscalização e o controle do tráfico de menores nas rodovias federais, adotando as providências cabíveis contidas no Estatuto da Criança e do Adolescente.

i) **Colaboração:** colaborar e atuar na prevenção e na repressão aos crimes contra a vida, os costumes, o patrimônio, a ecologia, o meio ambiente, aos furtos e roubos de veículos e bens, ao tráfico de entorpecentes e drogas afins, ao contrabando, ao descaminho e aos demais crimes previstos em leis (ADI-MC 1.413).

Em face do Código de Trânsito Brasileiro, compete à Polícia Rodoviária Federal, no âmbito das rodovias e estradas federais:

a) **Cumprimento:** cumprir e fazer cumprir a legislação e as normas de trânsito, no âmbito de suas atribuições.

b) **Patrulhamento:** realizar o patrulhamento ostensivo, executando operações relacionadas com a segurança pública, com o objetivo de preservar a ordem, a incolumidade das pessoas, o patrimônio da União e o de terceiros.

c) **Multas:** aplicar e arrecadar as multas impostas por infrações de trânsito, as medidas administrativas decorrentes e os valores provenientes de estada e remoção de veículos, objetos, animais e escolta de veículos de cargas superdimensionadas ou perigosas; integrar-se a outros órgãos e entidades do Sistema Nacional de Trânsito para fins de arrecadação e compensação de multas impostas na área de sua competência, com vistas à unificação do licenciamento, à simplificação e à celeridade das transferências de veículos e de prontuários de condutores de uma para outra unidade da Federação.

d) **Atividade probatória:** efetuar levantamento dos locais de acidentes de trânsito e dos serviços de atendimento, socorro e salvamento de vítimas.

e) **Fiscalização:** credenciar os serviços de escolta, fiscalizar e adotar medidas de segurança relativas aos serviços de remoção de veículos, escolta e transporte de carga indivisível; fiscalizar os níveis de emissão de poluentes e de ruído produzidos pelos veículos automotores ou por sua carga, além de dar apoio, quando solicitado, às ações específicas dos órgãos ambientais.

f) **Zelo:** assegurar a livre-circulação nas rodovias federais, podendo solicitar ao órgão rodoviário a adoção de medidas emergenciais, e zelar pelo cumprimento das normas legais relativas ao direito de vizinhança, promovendo a interdição de construções e instalações não autorizadas.

g) **Coleta:** coletar dados estatísticos e elaborar estudos sobre acidentes de trânsito e suas causas, adotando ou indicando medidas operacionais preventivas e encaminhando-os ao órgão rodoviário federal.

h) **Medidas e programas:** implementar as medidas da Política Nacional de Segurança e Educação de Trânsito; promover e participar de projetos e programas de educação e segurança, de acordo com as diretrizes estabelecidas pelo CONTRAN.

5.4.3. Polícia Federal

O ingresso nos cargos da Carreira Policial Federal far-se-á mediante concurso público, exigido o curso superior completo, em nível de graduação, sempre na 3ª classe. O Ministro de Estado da Justiça estabelecerá programa de capacitação para os integrantes da Carreira Policial Federal, que será desenvolvido pelo Departamento de Polícia Federal. A Carreira é considerada típica de Estado.

À Polícia Federal, cabe exercer as atribuições estabelecidas no § 1º do art. 144 da Constituição e no § 7º do art. 27 da Lei n. 10.683, de 28 de maio de 2003, e, especificamente (art. 29 do Decreto n. 6.061/2007):

a) **Apurar infrações penais contra a ordem política e social ou em detrimento de bens, serviços e interesses da União ou de suas entidades autárquicas e empresas públicas, assim como outras infrações cuja prática tenha repercussão interestadual ou internacional e exija repressão uniforme, segundo se dispuser em lei:**

- **apurar infrações penais contra a ordem política e social:** embora exista uma corrente doutrinária que defende a não tipificação legal dos crimes contra a ordem política e social, prevalece a posição que sustenta que tais crimes estão definidos na Lei n. 7.170/83, cuja caracterização exige lesão ou perigo de lesão à soberania nacional;
- **apurar infrações penais em detrimento de bens, serviços e interesses da União ou de suas entidades autárquicas e empresas públicas:** o termo "União" abrange todos os órgãos, secretarias e subdivisões da Administração Direta; no termo "autarquia", estão incluídas as agências, as fundações públicas e os conselhos de fiscalização profissional; os crimes contra a sociedade de economia mista federal serão de atribuição da **Polícia Civil**; é necessário que exista uma ofensa (lesão ou perigo de lesão) ao bem, serviço ou interesse do **ente federal**;

Questões de prova

A prova da ABIN/2011 elaborada pelo CESPE considerou CORRETA a afirmativa: "Em caso de roubo a agência do Banco do Brasil, o inquérito policial deve ser aberto por delegado da Polícia Civil, e não da Polícia Federal".

A prova de Agente da Polícia Federal/2012 considerou INCORRETA a afirmativa: "Cabe à Polícia Federal apurar infrações penais que atentem contra os bens, serviços e interesses da administração direta, das autarquias e das fundações públicas da União. Às polícias civis dos estados cabem as funções de polícia judiciária das entidades de direito privado da administração indireta federal".

- **apurar infrações penais cuja prática tenha repercussão interestadual ou internacional e exija repressão uniforme, segundo se dispuser em lei:** o art. 144, § 1º, I, na parte das infrações de repercussão interestadual ou internacional que exigem repressão uniforme, é norma não autoaplicável, ou seja, exige regulamentação por lei. A lei regulamentadora é a Lei n. 10.446/2002, que dispõe sobre as referidas infrações. Cabe ressaltar que a investigação das infrações de repercussão interestadual ou internacional que exigem repressão uniforme, conforme a Lei n.

10.446/2002, será feita pela Polícia Federal, sem prejuízo da responsabilidade dos órgãos de segurança pública arrolados no art. 144 da Constituição Federal, em especial das Polícias Militares e Civis dos Estados.

> **Questão de prova**
> A prova da Magistratura/TO/2007 considerou CORRETA a afirmativa: "Conforme entendimento do Superior Tribunal de Justiça (STJ), à Polícia Federal compete, com exclusividade, apurar as infrações penais cuja prática tenha repercussão interestadual ou internacional e exija repressão uniforme".

De acordo com a Lei n. 10.446/2002, são infrações penais de repercussão interestadual ou internacional que exigem repressão uniforme: 1) sequestro, cárcere privado e extorsão mediante sequestro (arts. 148 e 159 do Código Penal), se o agente foi impelido por motivação política ou quando praticado em razão da função pública exercida pela vítima; 2) formação de cartel (incisos I, *a*, II, III e VII do art. 4º da Lei n. 8.137, de 27 de dezembro de 1990); 3) relativas à violação a direitos humanos, que a República Federativa do Brasil se comprometeu a reprimir em decorrência de tratados internacionais de que seja parte; 4) furto, roubo ou receptação de cargas, inclusive bens e valores, transportadas em operação interestadual ou internacional, quando houver indícios da atuação de quadrilha ou bando em mais de um Estado da Federação; 5) falsificação, corrupção, adulteração ou alteração de produto destinado a fins terapêuticos ou medicinais e venda, inclusive pela internet, depósito ou distribuição do produto falsificado, corrompido, adulterado ou alterado; 6) furto, roubo ou dano contra instituições financeiras, incluindo agências bancárias ou caixas eletrônicos, quando houver indícios da atuação de associação criminosa em mais de um Estado da Federação.

Por fim, além das infrações definidas na Lei n. 10.446/2002, o Departamento de Polícia Federal procederá à apuração de outros casos similares, desde que tal providência seja autorizada ou determinada pelo Ministro de Estado da Justiça.

b) Prevenir e reprimir o tráfico ilícito de entorpecentes e drogas afins, o contrabando e o descaminho de bens e valores, sem prejuízo da ação fazendária e de outros órgãos públicos nas respectivas áreas de competência:

> **Questão de prova**
> A prova de Agente da Polícia Federal/2009 considerou INCORRETA a afirmativa: "A Polícia Federal tem competência constitucional para prevenir e reprimir, com exclusividade, o tráfico ilícito de entorpecentes e drogas afins, o contrabando e o descaminho".

- **prevenir e reprimir o tráfico ilícito de entorpecentes e drogas afins:** (Súmula 522 do STF – somente o tráfico internacional), sem prejuízo da ação fazendária e de outros órgãos públicos nas respectivas áreas de competência.

A Lei n. 10.357/2001 estabelece normas de controle e fiscalização sobre produtos químicos (substâncias químicas e as formulações que as contenham, nas concentrações estabelecidas em portaria, em qualquer estado físico, independentemente do nome fantasia dado ao produto e do uso lícito a que se destina) que direta ou indiretamente possam ser destinados à elaboração ilícita de substâncias entorpecentes, psicotrópicas ou que determinem dependência física ou psíquica, bem como define as infrações administrativas e as respectivas penalidades relacionadas com as atividades que envolvem produtos químicos sujeitas a controle e fiscalização.

A competência para definir os produtos químicos a serem controlados, bem como para estabelecer os critérios e as formas de controle, é do Ministro de Estado da Justiça, de ofício ou em razão de proposta do Departamento de Polícia Federal, da Secretaria Nacional Antidrogas ou da Agência Nacional de Vigilância Sanitária. A competência é formalizada por uma portaria.

A competência para exercer o controle e a fiscalização dos produtos químicos definidos na Lei n. 10.357/2001, bem como da aplicação das sanções administrativas, é do Departamento de Polícia Federal. Em razão do princípio da documentação, os procedimentos realizados no exercício da fiscalização deverão ser formalizados mediante a elaboração de documento próprio;

- **prevenir e reprimir o contrabando e o descaminho de bens e valores, sem prejuízo da ação fazendária e de outros órgãos públicos nas respectivas áreas de competência:** os crimes de contrabando e descaminho, apesar de previstos no mesmo artigo (art. 334 do CP), não se confundem: contrabando é importar ou exportar mercadoria proibida; já o descaminho é iludir, no todo ou em parte, o pagamento de direito ou imposto devido pela entrada, pela saída ou pelo consumo de mercadoria permitida.

c) **Exercer as funções de polícia marítima, aeroportuária e de fronteiras:**

- **polícia de fronteiras:** controle da entrada e saída de pessoas e mercadorias do território nacional;
- **polícia marítima:** controle da entrada e saída de pessoas e mercadorias por mar; atua na repressão dos delitos perpetrados em detrimento da normalidade e da segurança das navegações, como os atos de pirataria; fiscalização fluvial;
- **polícia aeroportuária:** controle de pessoas e bens nos portos e aeroportos; a radiopatrulha aérea é o policiamento ostensivo do espaço aéreo em

apoio ao policiamento urbano, de trânsito, de choque, ambiental, rodoviário, Corpo de Bombeiros e outras diversas atividades em prol do bem comum da população de um Estado, devendo ser respeitados os limites das áreas constitucionais das Polícias Federal e Aeronáutica Militar. Tal atividade é atribuição da Polícia Militar e faz parte do poder residual da polícia dos Estados (ADI 132, Rel. Min. Sepúlveda Pertence, *DJ* 30-5-2003).

> **Questão de prova**
> A prova de Promotor de Justiça do MP/AM/2007 considerou INCORRETA a afirmativa: "O âmbito material da polícia aeroportuária confunde-se com o policiamento ostensivo do espaço aéreo. Assim, não pode a polícia militar dos estados exercer a atividade de radiopatrulha aérea, pois essa atividade é privativa da União".

d) **Exercer, com exclusividade, as funções de polícia judiciária da União:** a Polícia Federal exerce tais funções com exclusividade, porém não investiga as contravenções penais, mesmo que praticadas em detrimento da União, nos termos da Súmula 33 do STJ. São crimes inseridos na polícia judiciária da União:

> **Questão de prova**
> A prova de Analista Judiciário – Área Judiciária TJ/AL/2012 considerou CORRETA a afirmativa: "A polícia federal detém competência para exercer, com exclusividade, as funções de polícia judiciária da União".

- **crimes políticos:** crimes contra a segurança nacional ou qualquer atentado à soberania do País, ao regime democrático ou a quaisquer chefes de poderes da União;
- **infrações penais praticadas em detrimento de bens, serviços ou interesses da União, de autarquias federais ou empresas públicas:** abrangem, por exemplo, os crimes eleitorais, crimes contra servidores federais no exercício de suas funções, crimes contra o serviço postal, crimes contra os serviços de telecomunicações.
- **crimes previstos em tratado ou convenção internacional, desde que iniciada a execução no Brasil e o resultado tenha ou devesse ter ocorrido no estrangeiro ou vice-versa:** além de o crime estar previsto em tratado ou convenção internacional, é necessário existir o nexo de internacionalidade na conduta, ou seja, que o crime tenha iniciado sua execução no Brasil e o seu resultado tenha ou devesse ter ocorrido no estrangeiro; ou que o crime tenha iniciado sua execução no exterior e o seu resultado tenha ou devesse ter ocorrido no Brasil. Exemplos: 1) crime de moeda falsa (exceto falsificação grosseira – Súmula 73, STJ); 2) crime de tráfico de mulheres (art. 231 do CP) e menores (art. 239 do ECA); 3) crime de pedofilia; 4) crime de corrupção ativa e tráfico de influência em transações comerciais internacionais, dentre outros;

- **crimes contra a organização do trabalho:** a Polícia Federal investiga quando tenham por objeto a organização geral do trabalho ou direitos dos trabalhadores considerados coletivamente;
- **crimes contra o sistema financeiro e contra a ordem econômico-financeira:** os crimes contra o sistema financeiro nacional estão definidos na Lei n. 7.492/86; há condutas definidas também nas Leis ns. 8.137/90 e 8.176/91.
- **crimes cometidos a bordo de navios ou aeronaves, ressalvada competência militar:** 1) a bordo significa no interior; 2) navio é embarcação de grande porte: que pode navegar em alto-mar; 3) navio ancorado: a Polícia Federal investiga quando o navio estiver em situação de deslocamento internacional ou ao menos em situação de potencial deslocamento (STJ, CC 43.404/SP e CC 106.011/SP); 4) aeronave em solo: a Polícia Federal investiga crime cometido a bordo de aeronave, independentemente de ela se encontrar em solo (STJ, HC 108.478; STF, RHC 86.998/SP); 5) a competência militar abrange navios e aeronaves de natureza pública (os de guerra e os que estão a serviço do governo).
- **crimes de ingresso ou permanência irregular de estrangeiros no País:** há o crime de reingresso de estrangeiro que foi expulso (art. 338 do CP); deportação é a retirada compulsória, do território brasileiro, de estrangeiro que nele tenha entrado clandestinamente ou nele permaneça em situação de irregularidade legal, se do País não se retirar voluntariamente dentro do prazo que lhe for fixado (prazo variável entre 3 e 8 dias, conforme o caso; se os *interesses nacionais* o exigirem, a deportação será efetivada independentemente de ser concedido ao estrangeiro o prazo fixado no Decreto n. 86.715/81, art. 98, § 2º); o regresso regular depende do deportado ressarcir ao Governo brasileiro as despesas efetuadas com sua deportação.
- **crimes contra indígena:** serão investigados pela Polícia Federal quando ocorrer genocídio ou disputa sobre direitos indígenas, não bastando que o crime seja imputado a silvícola, nem que este seja vítima, nem que o crime tenha sido praticado dentro de reserva indígena (STF, RE 419.528, Rel. p/ acórdão Min. Cezar Peluso, Pleno, *DJU* 9-3-2007).

e) **Coibir a turbação e o esbulho possessório dos bens e dos próprios da União e das entidades integrantes da Administração Pública Federal, sem prejuízo da manutenção da ordem pelas Polícias Militares dos Estados.**

f) **Acompanhar e instaurar inquéritos relacionados aos conflitos agrários ou fundiários e os deles decorrentes, quando se tratar de crime de competência federal, bem como prevenir e reprimir esses crimes.**

6. Segurança privada

As atividades de segurança privada serão reguladas, autorizadas e fiscalizadas pelo Departamento de Polícia Federal (DPF) e serão complementares às atividades de segurança pública. Assim, de acordo com a Portaria da PF n. 3.233/2012, são consideradas atividades de segurança privada:

I – vigilância patrimonial: atividade exercida em eventos sociais e dentro de estabelecimentos, urbanos ou rurais, públicos ou privados, com a finalidade de garantir a incolumidade física das pessoas e a integridade do patrimônio;

II – transporte de valores: atividade de transporte de numerário, bens ou valores, mediante a utilização de veículos, comuns ou especiais;

III – escolta armada: atividade que visa garantir o transporte de qualquer tipo de carga ou de valor, incluindo o retorno da equipe com o respectivo armamento e demais equipamentos, com os pernoites estritamente necessários;

IV – segurança pessoal: atividade de vigilância exercida com a finalidade de garantir a incolumidade física de pessoas, incluindo o retorno do vigilante com o respectivo armamento e demais equipamentos, com os pernoites estritamente necessários; e

V – curso de formação: atividade de formação, extensão e reciclagem de vigilantes.

A Lei n. 7.102/83 estabelece normas sobre a segurança para estabelecimentos financeiros, além de normas para constituição e funcionamento das empresas particulares que exploram serviços de vigilância e de transporte de valores, e dá outras providências:

6.1. Estabelecimento financeiro

a) **Existência de sistema de segurança:** é vedado o funcionamento de qualquer estabelecimento financeiro (bancos oficiais ou privados, caixas econômicas, sociedades de crédito, associações de poupança, suas agências, postos de atendimento, subagências e seções, assim como cooperativas singulares de crédito e suas respectivas dependências) onde houver guarda de valores ou movimentação de numerário que não possua sistema de segurança com parecer favorável à sua aprovação, elaborado pelo Ministério da Justiça.

b) **Estrutura adequada:** pessoas adequadamente preparadas (vigilantes); alarme capaz de permitir, com segurança, comunicação entre o estabelecimento financeiro e outro da mesma instituição, empresa de vigilância ou órgão policial mais próximo; e, pelo menos, mais um dos seguintes dispositivos: 1) equipamentos elétricos, eletrônicos e de filmagem que possibilitem a identificação dos assaltantes; 2) artefatos que retardem a ação dos criminosos, permitindo sua perseguição, identificação ou captura; e 3) cabina blindada com permanência ininterrupta de vigilante durante o expediente para o público e enquanto houver movimentação de numerário no interior do estabelecimento.

c) **Cooperativas singulares de crédito e suas dependências:** o Poder Executivo estabelecerá, considerando a reduzida circulação financeira, requisitos próprios de segurança para as cooperativas singulares de crédito e suas dependências, os quais devem contemplar, entre outros, os seguintes procedimentos: dispensa de sistema de segurança para o estabelecimento de cooperativa singular de crédito que se situe dentro de qualquer edificação que já possua estrutura de segurança adequada; necessidade de elaboração e aprovação de apenas um plano de segurança por cooperativa singular de crédito, desde que detalhadas todas as suas dependências; dispensa de contratação de vigilantes, caso isso inviabilize economicamente a existência do estabelecimento. Os processos administrativos em curso no âmbito do Departamento de Polícia Federal observarão os requisitos próprios de segurança para as cooperativas singulares de crédito e suas dependências.

d) **Punição:** o estabelecimento financeiro que infringir disposição da Lei n. 7.102/83 ficará sujeito às seguintes penalidades, conforme a gravidade da infração e levando-se em conta a reincidência e a condição econômica do infrator: 1) advertência; 2) multa, de mil a vinte mil UFIRs; 3) interdição do estabelecimento.

e) **Seguro:** nenhuma sociedade seguradora poderá emitir, em favor de estabelecimentos financeiros, apólice de seguro que inclua cobertura de riscos de roubo e furto qualificado de numerário e outros valores, sem comprovação de cumprimento, pelo segurado, das exigências previstas na Lei n. 7.102/83. As apólices com infringência não terão cobertura de resseguros pelo Instituto de Resseguros do Brasil. Nos seguros contra roubo e furto qualificado de estabelecimentos financeiros, serão concedidos descontos sobre os prêmios aos segurados que possuírem, além dos requisitos mínimos de segurança, outros meios de proteção previstos na Lei n. 7.102/83, na forma de seu regulamento.

6.2. Vigilância ostensiva e transporte de valores

a) **Execução:** 1) por empresa especializada contratada; ou 2) pelo próprio estabelecimento financeiro, desde que organizado e preparado para tal fim, com pessoal próprio, aprovado em curso de formação de vigilante autorizado pelo Ministério da Justiça e cujo sistema de segurança tenha parecer favorável à sua aprovação emitido por esse orgão. Nos estabelecimentos financeiros estaduais, o serviço de vigilância ostensiva poderá ser desempenhado pelas Polícias Militares, a critério do Governo da respectiva Unidade da Federação.

b) **Forma de transporte:** o transporte de numerário em montante superior a vinte mil UFIRs, para suprimento ou recolhimento do movimento diário dos estabelecimentos financeiros, será obrigatoriamente efetuado em veículo especial da própria instituição ou de empresa especializada. O transporte de numerário entre sete mil e vinte mil UFIRs poderá ser efetuado em veículo comum, com a presença de dois vigilantes.

c) **Empresas:** os serviços de vigilância e de transporte de valores poderão ser executados pela mesma empresa. As especializadas em prestação de serviços de segurança, vigilância e transporte de valores, constituídas sob a forma de empresas privadas, além proceder à vigilância patrimonial das instituições financeiras e de outros estabelecimentos, públicos ou privados, bem como a segurança de pessoas físicas e realizar o transporte de valores ou garantir o transporte de qualquer outro tipo de carga, poderão prestar atividades de segurança privada a: pessoas; estabelecimentos comerciais, industriais, de prestação de serviços e residências; entidades sem fins lucrativos; e órgãos e empresas públicas.

   A propriedade e a administração das empresas especializadas que vierem a se constituir são vedadas a estrangeiros. Os diretores e demais empregados não poderão ter antecedentes criminais registrados.

   O capital integralizado das empresas especializadas não pode ser inferior a cem mil UFIRs. São condições essenciais para que operem nos Estados, Territórios e no Distrito Federal: 1) autorização de funcionamento concedida pelo Ministério da Justiça, por intermédio do seu órgão competente ou mediante convênio com as Secretarias de Segurança Pública dos Estados e do Distrito Federal; e 2) comunicação à Secretaria de Segurança Pública do respectivo Estado, Território ou Distrito Federal.

6.3. Segurança privada

Prestação de serviços com a finalidade de: a) proceder à vigilância patrimonial das instituições financeiras e de outros estabelecimentos, públicos ou privados, bem como à segurança de pessoas físicas; b) realizar o transporte de valores ou garantir o transporte de qualquer outro tipo de carga.

6.4. Vigilante

a) **Conceito:** é o empregado contratado para a execução das seguintes atividades: 1) proceder à vigilância patrimonial das instituições financeiras e de outros estabelecimentos, públicos ou privados, bem como à segurança de pessoas físicas; 2) realizar o transporte de valores ou garantir o transporte de qualquer outro tipo de carga; 3) segurança privada a: pessoas; estabelecimentos comerciais, industriais, de prestação de serviços e residências; entidades sem fins lucrativos; e órgãos e empresas públicas.

b) **Requisitos:** para o exercício da profissão, o vigilante preencherá os seguintes requisitos: 1) ser brasileiro; 2) ter idade mínima de 21 (vinte e um) anos; 3) ter instrução correspondente à quarta série do primeiro grau (não vale para os vigilantes admitidos até 21-6-1983 – data da publicação da Lei n. 7.102/83); 4) ter sido aprovado em curso de formação de vigilante, realizado em estabelecimento com funcionamento autorizado nos termos dessa lei; 5) ter sido aprovado em exame de saúde física, mental e psicotécnico; 6) não ter antecedentes criminais registrados; e 7) estar quite com as obrigações eleitorais e militares. O exercício da profissão de vigilante requer prévio registro no Departamento de Polícia Federal, que se fará após a apresentação dos documentos comprobatórios dos requisitos enumerados. O vigilante usará uniforme somente quando em efetivo serviço.

c) **Direitos do vigilante:** é assegurado ao vigilante: 1) uniforme especial às expensas da empresa a que se vincular; 2) porte de arma, quando em serviço – as armas destinadas ao uso dos vigilantes serão de propriedade e responsabilidade: das empresas especializadas; dos estabelecimentos financeiros, quando dispuserem de serviço organizado de vigilância ou mesmo quando contratarem empresas especializadas. Será permitido ao vigilante, quando em serviço, portar revólver calibre 32 ou 38 e utilizar cassetete de madeira ou de borracha. Quando empenhado em transporte de valores, poderá também portar espingarda de uso permitido, de calibre 12, 16 ou 20, de fabricação nacional; 3) prisão especial por ato decorrente do serviço; 4) seguro de vida em grupo, feito pela empresa empregadora.

d) **Punição:** as empresas especializadas e os cursos de formação de vigilantes que infringirem disposições da Lei n. 7.102/83 ficarão sujeitos às seguintes penalidades, aplicáveis pelo Ministério da Justiça ou, mediante convênio, pelas Secretarias de Segurança Pública, conforme a gravidade da infração, levando-se em conta a reincidência e a condição econômica do infrator: 1) advertência; 2) multa de quinhentas até cinco mil UFIRs: 3) proibição temporária de funcionamento; e 4) cancelamento do registro para funcionar. Incorrerão nas penas previstas as empresas e os estabelecimentos financeiros responsáveis pelo extravio de armas e munições.

6.5. Atribuições do Ministro da Justiça

Cabe ao Ministério da Justiça, por intermédio do seu órgão competente ou mediante convênio com as Secretarias de Segurança Pública dos Estados e do Distrito Federal:

a) Em relação às empresas especializadas em serviços de vigilância, às empresas especializadas em transporte de valores e aos cursos de formação de vigilantes: 1) conceder autorização para o funcionamento; 2) fiscalizar; 3) aplicar as penalidades (advertência; multa de quinhentas até cinco mil UFIRs; proibição temporária de funcionamento; e cancelamento do registro para funcionar); 4) rever anualmente a autorização de funcionamento das empresas.

b) Em relação aos vigilantes: 1) aprovar uniforme; 2) fixar o currículo dos cursos de formação de vigilantes; 3) fixar o número de vigilantes das empresas especializadas em cada unidade da Federação.

c) Em relação aos estabelecimentos financeiros: 1) fiscalizar os estabelecimentos financeiros quanto ao cumprimento da Lei n. 7.102/83; 2) encaminhar parecer conclusivo quanto ao prévio cumprimento da Lei n. 7.102/83, pelo estabelecimento financeiro, à autoridade que autoriza o seu funcionamento; 3) aplicar aos estabelecimentos financeiros as penalidades previstas na Lei n. 7.102/83.

d) Outras atribuições: 1) fixar a natureza e a quantidade de armas de propriedade das empresas especializadas e dos estabelecimentos financeiros; 2) autorizar a aquisição e a posse de armas e munições; 3) fiscalizar e controlar o armamento e a munição utilizados.

7. Força Nacional de Segurança Pública

A Força Nacional de Segurança Pública (Decreto n. 5.289/2004) atuará em atividades destinadas à preservação da ordem pública e da incolumidade das pessoas e do patrimônio: a) auxílio às ações de polícia judiciária estadual na função de investigação de infração penal, para a elucidação das causas, circunstâncias, motivos, autoria e materialidade; b) auxílio às ações de inteligência relacionadas às atividades destinadas à preservação da ordem pública e da incolumidade das pessoas e do patrimônio; c) realização de atividades periciais e de identificação civil e criminal destinadas a colher e resguardar indícios ou provas da ocorrência de fatos ou de infração penal; d) auxílio na ocorrência de catástrofes ou desastres coletivos, inclusive para reconhecimento de vitimados; e e) apoio a ações que visem a proteção de indivíduos, grupos e órgãos da sociedade que promovem e protegem os direitos humanos e as liberdades fundamentais.

Nas atividades da Força Nacional de Segurança Pública, serão atendidos, dentre outros, os seguintes princípios: a) respeito aos direitos individuais e coletivos, inclusive à integridade moral das pessoas; b) uso moderado e proporcional da força; c) unidade de comando; d) eficácia; e) pronto-atendimento; f) emprego de técnicas proporcionais e adequadas de controle de distúrbios civis; g) qualificação especial para gestão de conflitos; e h) solidariedade federativa.

A Força Nacional de Segurança Pública poderá ser empregada em qualquer parte do território nacional, mediante solicitação expressa do respectivo Governador de Estado ou do Distrito Federal ou de Ministro de Estado. Compete ao Ministro de Estado da Justiça determinar o emprego da Força Nacional de Segurança Pública, que será episódico e planejado.

O contingente mobilizável da Força Nacional de Segurança Pública será composto por servidores que tenham recebido do Ministério da Justiça treinamento especial para atuação conjunta, integrantes das Polícias Federais e dos órgãos de segurança pública dos Estados que tenham aderido ao programa de cooperação federativa.

Os servidores de órgãos de segurança pública mobilizados para atuar de forma integrada, no programa de cooperação federativa, ficarão sob a coordenação do Ministério da Justiça enquanto durar sua mobilização, mas não deixam de integrar o quadro funcional de seus respectivos órgãos. Os servidores dos Estados mobilizados para atuar em operação da Força Nacional de Segurança Pública serão designados pelo Ministério da Justiça.

A União poderá fornecer recursos humanos e materiais complementares ou suplementares quando forem inexistentes, indisponíveis, inadequados ou insuficientes os recursos dos órgãos estaduais, para o desempenho das atividades da Força Nacional de Segurança Pública.

As Forças Armadas, por autorização específica do Presidente da República, e outros órgãos federais desvinculados do Ministério da Justiça poderão oferecer instalações, recursos de inteligência, transporte, logística e treinamento, de modo a contribuir com as atividades da Força Nacional de Segurança Pública.

Equipamentos, armamentos, munições, veículos, aeronaves e embarcações para uso em treinamento e operações coordenadas da Força Nacional de Segurança Pública serão adquiridas mediante critérios técnicos de qualidade, quantidade, modernidade, eficiência e resistência, apropriados ao uso em ações de segurança destinadas à preservação da ordem pública, com respeito à integridade física das pessoas. Caberá ao Ministério da Justiça estabelecer os parâmetros administrativos e as especificações técnicas.

8. Conselho Nacional de Segurança Pública

De acordo com o art. 19, I, *i*, da Lei n. 8.490/92, o Conselho Nacional de Segurança Pública é órgão do Ministério da Justiça. É reconhecida a representatividade das guardas municipais no Conselho Nacional de Segurança Pública, nos termos do art. 20 da Lei n. 13.022/2014.

Em conformidade com o Decreto n. 7.413/2010, o Conselho Nacional de Segurança Pública (CONASP), órgão colegiado de natureza consultiva e deliberativa que integra a estrutura básica do Ministério da Justiça, tem por finalidade, respeitadas as demais instâncias decisórias e as normas de organização da administração pública, formular e propor diretrizes para as políticas públicas voltadas à promoção da segurança pública, prevenção e repressão à violência e à criminalidade, e atuar em sua articulação e seu controle democrático. A função deliberativa está limitada às decisões adotadas no âmbito do colegiado.

São competências do CONASP: a) atuar na formulação de diretrizes e no controle da execução da Política Nacional de Segurança Pública; b) estimular a modernização institucional para o desenvolvimento e a promoção intersetorial das políticas de segurança pública; c) desenvolver estudos e ações visando o aumento da eficiência na execução da Política Nacional de Segurança Pública; d) propor diretrizes para as ações da Política Nacional de Segurança Pública e acompanhar a destinação e a aplicação dos recursos a ela vinculados; e) articular e apoiar, sistematicamente, os Conselhos de Segurança Pública dos Estados, do Distrito Federal e dos Municípios, com vistas à formulação de diretrizes básicas comuns e à potencialização do exercício das suas atribuições legais e regulamentares; f) propor a convocação e auxiliar na coordenação das Conferências Nacionais de Segurança Pública e outros processos de participação social, bem como acompanhar o cumprimento das deliberações; g) estudar, analisar e sugerir alterações na legislação pertinente; e h) promover a integração entre órgãos de segurança pública federais, estaduais, municipais e do Distrito Federal.

As deliberações do CONASP serão adotadas por consenso ou, na ausência deste, por maioria simples, em processo nominal aberto, observado o quórum mínimo de metade mais um dos seus membros. O CONASP formalizará e aprovará suas propostas e recomendações e as submeterá à apreciação do Ministro de Estado da Justiça para as eventuais providências. As despesas com funcionamento do CONASP correrão por conta dos recursos orçamentários consignados no orçamento do Ministério da Justiça.

9. Segurança pública e Forças Armadas

Questão de prova

A prova de Delegado da Polícia Civil/AP/2011 considerou INCORRETA a afirmativa de que as Forças Armadas é órgão incluído no art. 144 da Constituição como responsável pelo exercício da preservação da ordem pública e da incolumidade das pessoas e do patrimônio.

Em face do art. 142 da CF, uma das funções das Forças Armadas é a garantia da lei e da ordem. Tal função é primariamente exercida pelos órgãos da segurança pública. Apenas diante da omissão ou ineficácia da segurança pública, surge a possibilidade da interferência das Forças Armadas, visando manter uma convivência social justa (o Decreto n. 3.897/2001 fornece diretrizes para orientar o planejamento, a coordenação e a execução das ações das Forças Armadas e de órgãos governamentais federais na garantia da lei e da ordem).

Na hipótese de emprego das Forças Armadas, objetivando a preservação da ordem pública e da incolumidade das pessoas e do patrimônio, porque esgotados os instrumentos para isso previstos no art. 144 da Constituição, incumbirá a elas, sempre que se faça necessário, desenvolver as ações de polícia ostensiva, como as demais, de natureza preventiva ou repressiva, que se incluem na competência constitucional e legal das Polícias Militares, observados os termos e limites impostos a estas últimas pelo ordenamento jurídico. Consideram-se esgotados os meios previstos no art. 144 da Constituição, inclusive no que concerne às Polícias Militares, quando indisponíveis, inexistentes, ou insuficientes ao desempenho regular de sua missão constitucional.

O emprego das Forças Armadas na garantia da lei e da ordem, que deverá ser episódico, em área previamente definida e ter a menor duração possível, abrange, ainda, outras situações em que se presuma ser possível a perturbação da ordem, tais como as relativas a eventos oficiais ou públicos, particularmente os que contem com a participação de Chefe de Estado ou de Governo estrangeiro, e à realização de pleitos eleitorais quando solicitado.

É de competência exclusiva do Presidente da República a decisão de emprego das Forças Armadas na garantia da lei e da ordem. A decisão presidencial poderá ocorrer por sua própria iniciativa, ou dos outros poderes constitucionais, representados pelo Presidente do Supremo Tribunal Federal, pelo Presidente do Senado Federal ou pelo Presidente da Câmara dos Deputados.

O Presidente da República, à vista de solicitação de Governador de Estado ou do Distrito Federal, poderá, por iniciativa própria, determinar o emprego das Forças Armadas. A decisão presidencial será comunicada ao Ministro de Estado da Defesa por meio de documento oficial que indicará a missão, os demais órgãos envolvidos e outras informações necessárias.

Por fim, cabe ressaltar que a Polícia Militar e o Corpo de Bombeiros Militares são forças auxiliares e reserva do Exército Brasileiro. O art. 144, § 6º, da Constituição Federal define as Polícias Militares e os Corpos de Bombeiros Militares como **forças auxiliares do Exército**, subordinados aos governadores dos Estados, do Distrito Federal e dos Territórios.

> **Questões de prova**
>
> A prova de Delegado de Polícia de Alagoas/2012 elaborada pelo CESPE considerou INCORRETA a afirmativa: "Os corpos de bombeiros militares e as polícias militares são forças auxiliares do Exército, não se subordinando aos governadores de estado".
>
> A prova de Agente da Polícia Federal/2012 considerou INCORRETA a afirmativa: "A Polícia Federal, as polícias militares e os corpos de bombeiros militares são forças auxiliares e reserva do exército".

Dessa forma, tanto os policiais militares como os bombeiros poderão ser convocados para missões do Exército, com relação a guerra externa, guerra civil, ou seja, defesa da Pátria, garantia dos poderes constitucionais e, quando for o caso, defesa da lei e da ordem (art. 142 da CF). A hierarquia nas Polícias Militares acompanha modelo semelhante ao do Exército Brasileiro, ou seja, em dois grupos distintos: oficiais e praças. Às Polícias Militares, são aplicados o Código Penal Militar e o Código de Processo Penal Militar aos quais são submetidas as Forças Armadas.

10. Segurança viária

A segurança viária, introduzida na Constituição pela Emenda Constitucional n. 82/2014, possui três aspectos:

a) **finalístico:** exercida para a preservação da ordem pública e da incolumidade das pessoas e do seu patrimônio nas vias públicas;

b) **objetivo:** compreende a educação, a engenharia e a fiscalização de trânsito, além de outras atividades previstas em lei, que assegurem ao cidadão o direito à mobilidade urbana eficiente;

c) **subjetivo:** é componente da segurança pública; compete, no âmbito dos Estados, do Distrito Federal e dos municípios, aos respectivos órgãos ou entidades executivos e seus agentes de trânsito, estruturados em carreira, na forma da lei.

11. Cooperação federativa no âmbito da segurança pública

A União poderá firmar convênio com os Estados e o Distrito Federal para executar atividades e serviços imprescindíveis à preservação da ordem pública e da incolumidade das pessoas e do patrimônio (policiamento ostensivo; cumprimento de mandados de prisão; cumprimento de alvarás de soltura; a guarda, a vigilância e a custódia de presos; os serviços técnico-periciais, qualquer que seja sua modalidade; o registro de ocorrências policiais; as atividades relacionadas à segurança dos grandes eventos). Essa cooperação federativa compreende operações conjuntas, transferências de recursos e desenvolvimento de atividades de capacitação e qualificação de profissionais, no âmbito da Força

Nacional de Segurança Pública e da Secretaria Extraordinária de Segurança para Grandes Eventos. As atividades de cooperação federativa têm caráter consensual e serão desenvolvidas sob a coordenação conjunta da União e do ente convenente.

12. Questões complementares

a) **Sistema Brasileiro de Inteligência:** integra as ações de planejamento e execução das atividades de inteligência do País (objetiva a obtenção, a análise e a disseminação de conhecimentos dentro e fora do território nacional relativos a fatos e situações de imediata ou potencial influência sobre o processo decisório e a ação governamental e sobre a salvaguarda e a segurança da sociedade e do Estado), com a finalidade de fornecer subsídios ao Presidente da República nos assuntos de interesse nacional. Tem como fundamentos a preservação da soberania nacional, a defesa do Estado Democrático de Direito e a dignidade da pessoa humana, devendo ainda cumprir e preservar os direitos e garantias individuais e demais dispositivos da Constituição Federal, os tratados, convenções, acordos e ajustes internacionais em que a República Federativa do Brasil seja parte ou signatário, bem como a legislação ordinária.

b) **Agência Brasileira de Inteligência (ABIN):** órgão da Presidência da República que, na posição de órgão central do Sistema Brasileiro de Inteligência, terá a seu cargo planejar, executar, coordenar, supervisionar e controlar as atividades de inteligência do País, obedecidas a política e as diretrizes superiormente traçadas nos termos do Sistema Brasileiro de Inteligência.

c) **SNIPER:** é o atirador de elite. Segundo Ricardo Ferreira Napoleão[4]: "*Atirador de Escol (ou Elite):* Exímio atirador; *Franco atirador:* Atirador que dispara em alvos aleatórios, de forma independente; *Caçador*: Atirador militar, conhecedor de técnicas individuais de combate, que atua de forma independente, atrás de alvos inimigos específicos ou de oportunidade; *Sniper*: Atirador, conhecedor de técnicas individuais de combate, que tem a missão de executar o tiro de comprometimento ou apoiar grupos de assalto e cobertura de fogo, executando disparos em alvos específicos e mediante ordem; *Tiro de comprometimento*: Tiro efetuado pelo Sniper, a partir do qual deve ser desencadeado o assalto".

d) **Transporte de presos:** é proibido o transporte de presos em compartimento de proporções reduzidas, com ventilação deficiente ou ausência de luminosidade, nos termos da Lei n. 8.653/93. Aliás, o respeito ao preso é

---

4 Disponível em: <http://www.operaçõespeciais.com.br>.

mandamento constitucional (Constituição Federal, art. 5º, *caput*, XLIX), sob pena de caracterizar evidente abuso de autoridade. De acordo com as regras mínimas para tratamento de prisioneiros da ONU: a) quando os presos estiverem sendo transferidos para outro estabelecimento prisional, deverão ser vistos o menos possível pelo público, e medidas apropriadas serão adotadas para protegê-los contra qualquer forma de insultos, curiosidade e publicidade; b) será proibido o traslado de presos em transportes com ventiliação ou iluminação deficientes, ou que de qualquer outro modo possam submetê-los a sacrifícios desnecessários; c) o transporte de presos será efetuado às expensas da administração, em condições iguais para todos eles.

e) **Disque-denúncia:** é um serviço colocado à disposição de qualquer do povo, o qual funciona por meio de uma central comunitária de atendimento telefônico, destinada a receber informações anônimas da população sobre atividades criminosas, que serão entregues aos agentes da polícia para análise e investigação.

f) **Milícias:** grupos ilegais, formados por policiais da ativa ou aposentados, que cobram das pessoas de uma comunidade um valor por uma suposta segurança. Em face da Lei n. 12.720/2012, é crime constituir, organizar, integrar, manter ou custear organização paramilitar, grupo ou esquadrão com a finalidade de praticar qualquer dos crimes previstos no Código Penal. Pena: reclusão, de 4 (quatro) a 8 (oito) anos.

g) **COT:** foi criado em 1987 pelo Ministério da Justiça, com o objetivo inicial de combater atos terroristas que ocorressem em território nacional. Nos dias atuais, o comando de operações táticas vem sendo empregado em todas as grandes operações da Polícia Federal.

h) **BOPE:** é o batalhão de operações especiais da Polícia Militar do Estado do Rio de Janeiro, para ações em locais como favelas e morros. Possui veículos blindados, popularmente conhecidos como "Caveirões".

i) **SINESP:** Sistema Nacional de Informações de Segurança Pública, Prisionais e sobre Drogas, com a finalidade de armazenar, tratar e integrar dados e informações para auxiliar na formulação, implementação, execução, acompanhamento e avaliação das políticas relacionadas com segurança pública; sistema prisional e execução penal e enfrentamento do tráfico de crack e outras drogas ilícitas.

QUESTÕES SOBRE SEGURANÇA PÚBLICA

1. (Delegado Polícia Civil/PA/2009) A Constituição Federal conceitua a "segurança pública" e diz que sua finalidade é a preservação da ordem pública e a incolumidade das pessoas e do patrimônio. Com relação ao que prescreve a Constituição a respeito das polícias civis, assinale a opção correta.

a) As polícias civis possuem atribuição concorrente para apurar crimes de interesse da União, suas autarquias e empresas públicas federais.
b) As polícias civis têm atribuição exclusiva para apurar crimes descritos como condutas típicas nas leis eleitorais, podendo instaurar investigação quando tomar conhecimento do fato em primeiro lugar.
c) Às polícias civis é atribuído o poder para apurar condutas cuja prática tenha repercussão interestadual ou internacional e exija repressão uniforme de acordo com as disposições da lei.
d) As polícias civis que funcionam sob direção de delegados de polícia integrantes de carreira têm incumbência de apurar infrações penais.

2. (Titular de Serviços de Notas e de Registros TJ/MG/2012) Segundo a Constituição Federal e a propósito da atuação das polícias militares, é correto afirmar que:
a) incumbe-lhes a polícia judiciária.
b) subordinam-se ao Presidente da República.
c) são forças auxiliares e de reserva do Exército.
d) respondem pelo patrulhamento ostensivo das ferrovias federais.

3. (Prova de Escrivão Polícia Civil/PA/2009) A Constituição Federal prescreve que, como dever do estado e direito e responsabilidade de todos, a segurança pública é exercida para a preservação da ordem pública e da incolumidade das pessoas e do patrimônio. Nesse sentido, assinale a opção que contempla órgãos com competência definida para cumprir essa norma.
a) polícia federal, juiz de direito da vara criminal e corregedor da polícia civil.
b) polícia civil estadual, juiz de direito criminal e promotor de justiça criminal.
c) corpos de bombeiros militares, polícias civis e polícias militares.
d) Ministério Público, Poder Judiciário Cível e polícia rodoviária.

4. (Defensor Público PR/2012) A Constituição Federal de 1988 trata da segurança como direito fundamental (art. 5º, *caput* e art. 6º, *caput*) e da segurança pública como dever do Estado (art. 144), que deve garantir a preservação da ordem pública e da incolumidade das pessoas e do patrimônio. Especifica órgãos responsáveis atribuindo-lhes competências próprias e vinculação diferenciada aos entes componentes da federação. Nesse arranjo
a) as altas taxas de criminalidade apontam para a necessidade do uso intensivo e extensivo das forças militares como instrumento governamental privilegiado de intervenção no meio urbano. Dessa forma, constitucionais as políticas públicas municipais de uso de policiais militares para fiscalização do comércio ambulante informal.
b) não há competências estanques e isoladas não havendo impedimento constitucional para que todos os entes da federação trabalhem no sentido de garantir a segurança das pessoas estabelecendo políticas de segurança pública numa sociedade em que a violência e a insegurança são avassaladoras.
c) as competências são meramente indicativas nada impedindo que outras sejam acrescidas por legislação infraconstitucional. Assim, não há que se falar em inconstitucionalidade de guarda municipal que tenha por atribuição garantir a incolumidade dos munícipes.
d) compete às polícias militares a polícia ostensiva e a preservação da ordem pública, às polícias civis, as funções de polícia judiciária e a apuração das infrações penais e às guardas municipais a proteção dos bens, serviços e instalações dos municípios.
e) a atribuição de atividades de policiamento ostensivo e de preservação da ordem pública às Forças Armadas, com a possibilidade de revistar pessoas, veículos, embarcações e detenção de indivíduos suspeitos em áreas de fronteira não podem ser consideradas inconstitucionais diante do efetivo absolutamente insuficiente da polícia federal.

5. (Agente Polícia Militar/PI/2012) Órgão permanente, organizado e mantido pela União e estruturado em carreira, destina-se na forma da lei, ao patrulhamento ostensivo das rodovias.
a) Polícia Ferroviária Federal.
b) Polícia Militar.
c) Polícia Federal.

d) Polícia Rodoviária Federal.
e) Polícia Civil.

6. (Delegado Polícia Civil/GO/2008) São atribuições da Polícia Federal:

a) apurar infrações penais contra a ordem pública e social ou em detrimento de bens, serviços e interesses da União ou de suas entidades autárquicas e empresas públicas, assim como outras infrações cuja prática tenha repercussão regional ou interestadual e exija repressão uniforme, segundo se dispuser em lei.
b) prevenir e reprimir o tráfico ilícito de entorpecentes e drogas afins, o contrabando e o descaminho, sem prejuízo da ação fazendária e de outros órgãos públicos nas respectivas áreas de competência.
c) exercer, concorrentemente com as polícias civis e militares, as funções de polícia judiciária da União.
d) exercer as funções de polícia marítima, fluvial, aeroportuária e de fronteiras.

7. (Inspetor Polícia Civil/RJ/2008) Incumbe à Polícia Civil, de acordo com as disposições constitucionais vigentes, a função de:

a) polícia administrativa
b) polícia ostensiva.
c) polícia executiva.
d) polícia judiciária.
e) polícia repressiva.

8. (Delegado Polícia Civil/PR/2007) A segurança pública, dever do Estado, direito e responsabilidade de todos, é exercida para a preservação da ordem pública e da incolumidade das pessoas e do patrimônio. Sobre a matéria, de acordo com a Constituição Federal de 1988, assinale a alternativa correta.

a) O Ministério Público e as Secretarias de Estado de Segurança Pública integram os órgãos mencionados na Constituição Federal de 1988, como responsáveis pela segurança pública dos Estados.
b) A Polícia Federal destina-se a exercer, com exclusividade, as funções de polícia judiciária da União.
c) Às polícias civis, dirigidas por delegados de polícia de carreira, incumbem, ressalvada a competência da União, as funções de polícia judiciária e de apuração de infrações penais, inclusive as militares.
d) A Polícia Rodoviária Federal destina-se, na forma da lei, ao patrulhamento ostensivo das rodovias federais e estaduais.
e) A Polícia Civil destina-se, dentre outras funções, a apurar infrações penais e exercer as funções de polícia de fronteiras.

9. (Oficial Polícia Militar/MG/2011) Analise as afirmativas abaixo:

I. A Polícia Federal possui funções limitadas a crimes de ordem política e social que atentem contra a União, assim como a prevenção e repressão do tráfico de drogas, do contrabando ou descaminho, exercendo a polícia de fronteira e de aeroporto. Não possui, contudo, missões atinentes a crimes de competência estadual.
II. A Polícia Militar cabe a polícia ostensiva, mas suas atribuições são limitadas nos crimes de competência da Polícia Federal.
III. Aos municípios é facultada a criação de Guardas Municipais, que desenvolverão missões, que possuem missões como a proteção de serviços públicos essenciais.

Assinale a alternativa CORRETA.

a) Apenas a afirmativa I está correta.
b) Apenas a afirmativa III está correta.
c) As afirmativas I, II e III estão corretas.
d) As afirmativas I, II e III estão incorretas.

10. (Procurador Autárquico DER/RO/2010) No que concerne às disposições constitucionais referentes à Guarda Municipal, assinale a alternativa correta.

a) Somente pode ser constituída nos municípios com mais de 50.000 habitantes e tem como função suprir omissão do Estado quanto à Segurança Pública.
b) Pode ser constituída em qualquer município com a função de suplementar o policiamento ostensivo e auxiliar na preservação da ordem pública.

c) Somente será constituída por autorização da assembleia legislativa do Estado-Membro no qual se insere o município e destina-se, apenas, à proteção dos bens públicos federais, estaduais e municipais.
d) Pode ser constituída em qualquer município e destina-se, apenas, à proteção de seus bens, serviços e instalações.
e) É vedado ao município constituir Guarda Municipal, eis que a segurança pública ostensiva e a apuração de infrações penais são de competência exclusiva das polícias militares e civis.

11. (Magistratura SP/2011) Leia as afirmativas quanto à segurança pública.

I. É exercida pela polícia federal, polícia rodoviária federal, polícia ferroviária federal, polícias civis, polícias militares e corpos de bombeiros militares.
II. Os Municípios poderão constituir guardas municipais destinadas à proteção de seus bens, serviços e instalações.
III. Compete à União organizar e manter a polícia civil, a polícia militar e o corpo de bombeiros militar do Distrito Federal.
IV. Compete à polícia federal exercer, em concorrência com as polícias civis estaduais, as funções de polícia judiciária da União.

É correto apenas o que se afirma em
a) II, III e IV.
b) I, III e IV.
c) I e II.
d) IV.
e) I, II e III.

12. (Magistratura DF/2007) Sobre Segurança Pública, nos termos da Constituição Federal, é correto afirmar:

a) Compete à Polícia Federal prevenir e reprimir o tráfico ilícito de entorpecentes e drogas afins, o contrabando e o descaminho, sem prejuízo da ação fazendária e de outros órgãos públicos nas respectivas áreas de competência;
b) Os corpos de bombeiros militares são órgãos de segurança pública e não executam atividades de defesa civil;
c) Às polícias civis, dirigidas por delegados de carreira, incumbem, ressalvada a competência da União, as funções de polícia judiciária e a apuração de infrações penais, inclusive as militares;
d) Os Municípios não poderão constituir guardas municipais destinadas à proteção de seus serviços.

13. (Procurador Municipal/PI/2010) A segurança pública é um dever do Estado, direito e responsabilidade de todos, conforme artigo 144 da Constituição Federal. Neste contexto,

a) cada Município deve instituir órgão policial de segurança própria nos termos de sua Lei Orgânica.
b) os Municípios podem constituir guardas municipais destinadas à proteção de seus bens, serviços e instalações, exclusivamente.
c) os Municípios que tiverem capacidade econômica adequada podem estruturar as guardas municipais com equipes especiais de polícia judiciária para apurar infrações penais, exceto as militares.
d) as guardas municipais têm o dever de realizar o policiamento ostensivo para preservar a ordem pública, além de proteger os bens, serviços e instalações de propriedade do Município.
e) nas áreas municipais onde houver necessidade, a guarda municipal pode exercer as funções de polícia marítima ou de fronteira.

14. (Delegado Polícia/RN/2009) Acerca da defesa do Estado e das instituições democráticas, assinale a opção correta.

a) Às polícias civis, dirigidas por delegados de polícia de carreira, incumbem, ressalvada a competência da União, as funções de polícia judiciária e a apuração de infrações penais, inclusive as militares.
b) A Polícia Rodoviária Federal, órgão permanente, organizado e mantido pela União e estruturado em carreira, destina-se, na forma da lei, ao patrulhamento ostensivo das rodovias federais, estaduais e municipais.

c) Tratando-se de diligência determinada judicialmente para a busca e apreensão em residência, a participação da polícia militar não contamina o ato, em que pese não exercer a função de polícia judiciária.
d) Compete à Polícia Federal exercer, com exclusividade, as funções de polícia judiciária da União, sendo certo que cabe às polícias civis exercer as funções de polícia marítima, aeroportuária e de fronteiras.
e) A organização e o funcionamento dos órgãos federais responsáveis pela segurança pública serão disciplinados mediante decreto do presidente da República, de maneira a garantir a eficiência de suas atividades.

15. (Delegado Polícia Civil/AP/2010) Com relação ao tema *Segurança Pública* analise as afirmativas a seguir:

I. Os municípios poderão constituir guardas municipais destinadas à proteção de seus bens, serviços e instalações, conforme dispuser a lei.
II. Às polícias civis, dirigidas por delegados de polícia de carreira, incumbem, ressalvada a competência da União, as funções de polícia judiciária e a apuração de infrações penais, exceto as militares.
III. A polícia federal, instituída por lei como órgão permanente, organizado e mantido pela União e estruturado em carreira, destina-se a prevenir e reprimir o tráfico ilícito de entorpecentes e drogas afins, o contrabando e o descaminho, sem prejuízo da ação fazendária e de outros órgãos públicos nas respectivas áreas de competência.

Assinale:

a) se somente a afirmativa I estiver correta.
b) se somente a afirmativa II estiver correta.
c) se somente a afirmativa III estiver correta.
d) se somente as afirmativas I e II estiverem corretas.
e) se todas as afirmativas estiverem corretas.

16. (Delegado Polícia Civil/DF/2009) Como meio de manutenção da ordem constitucional, a Constituição da República preservou sua integridade de momentos de exacerbada tensão social, disciplinando o que pode ser chamado de legalidade excepcional. Ademais, quando tratou da defesa do Estado e das instituições democráticas, a Constituinte também tratou das Forças Armadas e da segurança pública. A respeito do tema, assinale a alternativa correta.

a) Recente entendimento do Supremo Tribunal Federal, em face da manutenção regular do Estado Democrático de Direito, com respeito aos direitos e às garantias fundamentais dos cidadãos, permite a admissibilidade de requisição de bens municipais pela União, em se tratando de calamidade pública instalada na organização do município, independentemente da instalação de estado de defesa ou de sítio.
b) É garantia dos militares, incluindo as praças prestadoras do serviço militar obrigatório, a percepção de, no mínimo, um salário mínimo mensal.
c) O Departamento de Trânsito faz parte da segurança pública estadual.
d) Os princípios regentes da administração pública não são interpretados extensivamente às militares, federais ou estaduais, mormente após a promulgação da Emenda Constitucional n. 18/1998, com a qual estes últimos não mais passaram a ser denominados servidores públicos militares.
e) A Polícia Penitenciária, encarregada da vigilância dos estabelecimentos penais, não faz parte da segurança pública estadual.

17. (Delegado Polícia Civil/2009) Levando-se em consideração as normas constitucionais que regulam a Defesa do Estado e das instituições democráticas e suas interpretações pelos julgados do Supremo Tribunal Federal acerca da matéria, assinale a alternativa correta.

a) é missão típica do Judiciário o combate à criminalidade, bem como a formulação de políticas públicas neste sentido.
b) a legislação estadual poderá estender a outros órgãos, não mencionados na Constituição Federal, a exemplo dos agentes de trânsito, atribuições de segurança pública.
c) a gestão da segurança pública, como parte integrante da Administração Pública, é atribuição privativa do Governador de Estado.
d) é atividade primária das Forças Armadas o policiamento ostensivo e o combate à criminalidade.
e) a Polícia Rodoviária Federal exerce funções investigativas e judiciárias em relação aos delitos ocorridos nas rodovias federais.

18. (BACEN/2010) De acordo com o art. 144 da Constituição Federal, a segurança pública é uma obrigação do Estado, porém direito e responsabilidade de todos. Ela deve ser exercida para a preservação da ordem pública, da incolumidade das pessoas e do patrimônio. Dentre os diversos organismos de segurança pública, são responsáveis pela apuração das infrações penais de interesse da União e dos entes federados, respectivamente,

a) Agência Brasileira de Inteligência e Polícias Civis.
b) Polícias Civis e Polícias Militares.
c) Polícias Civis e Força Nacional de Segurança.
d) Departamento de Polícia Federal e Agência Brasileira de Inteligência.
e) Departamento de Polícia Federal e Polícias Civis.

19. (PRF/2009) A segurança pública, dever do Estado, direito e responsabilidade de todos, é exercida para a preservação da ordem pública e da incolumidade das pessoas e do patrimônio, através dos seguintes órgãos: I – polícia federal; II – polícia rodoviária federal; III – polícia ferroviária federal; IV – polícias civis; V – polícias militares e corpos de bombeiros militares. Neste sentido, é correto afirmar que incumbe

a) à polícia rodoviária federal, órgão permanente, organizado e mantido pela União e estruturado em carreira, exercer com exclusividade as funções de polícia judiciária da União.
b) à polícia ferroviária federal, órgão permanente, organizado e mantido pela União e estruturado em carreira, exercer as funções de polícia marítima, aeroportuária e de fronteiras.
c) às polícias civis, dirigidas por delegados de polícia de carreira, apurar infrações penais contra a ordem política e social ou em detrimento de bens, serviços e interesses da União ou de suas entidades autárquicas e empresas públicas, assim como outras infrações cuja prática tenha repercussão interestadual ou internacional e exija repressão uniforme, segundo se dispuser em lei.
d) à polícia federal, instituída por lei como órgão permanente, organizado e mantido pela União e estruturado em carreira, prevenir e reprimir o tráfico ilícito de entorpecentes e drogas afins, o contrabando e o descaminho, sem prejuízo da ação fazendária e de outros órgãos públicos nas respectivas áreas de competência.
e) às polícias militares, ressalvada a competência da União, exercer as funções de polícia judiciária e apurar as infrações penais.

20. (Auditor Fiscal do Trabalho MTE/2006) Não se inclui entre as competências constitucionais da Polícia Federal:

a) exercer, com exclusividade, as funções de polícia judiciária da União.
b) prevenir e reprimir o contrabando e o descaminho, sem prejuízo da ação fazendária.
c) exercer as funções de polícia marítima, aeroportuária e de fronteiras.
d) apurar infrações penais em detrimento de bens, serviços e interesses da União, suas entidades descentralizadas e em cooperação.
e) apurar infrações penais cuja prática tenha repercussão interestadual e exija repressão uniforme.

PRESTE ATENÇÃO!

- A segurança pública, direito de todos e dever do Estado, visa a preservação da ordem pública e a incolumidade das pessoas e do patrimônio.
- Polícia é parte da Administração e instituição de direito público.
- Guarda municipal pode efetuar prisão em flagrante.
- A Polícia Civil exerce polícia judiciária, exceto nos casos de crimes federais e militares.
- A Lei n. 7.102/83 estabelece normas sobre segurança privada.
- Apenas diante da omissão ou ineficácia da segurança pública surge a possibilidade de interferência das Forças Armadas na garantia da lei e da ordem.

CUIDADO!

- O rol dos órgãos da segurança pública é TAXATIVO: Polícia Federal, Polícia Rodoviária Federal, Polícia Ferroviária Federal, Polícia Civil, Polícia Militar e Bombeiros Militares. GUARDA MUNICIPAL não é órgão policial.

IMPORTANTE!

- A polícia ostensiva é atribuição da Polícia Militar, Polícia Federal, Polícia Rodoviária Federal e Polícia Ferroviária Federal.
- Polícia Militar e Corpo de Bombeiros Militares são forças auxiliares do Exército, subordinados aos governadores dos Estados, do Distrito Federal e dos Territórios.

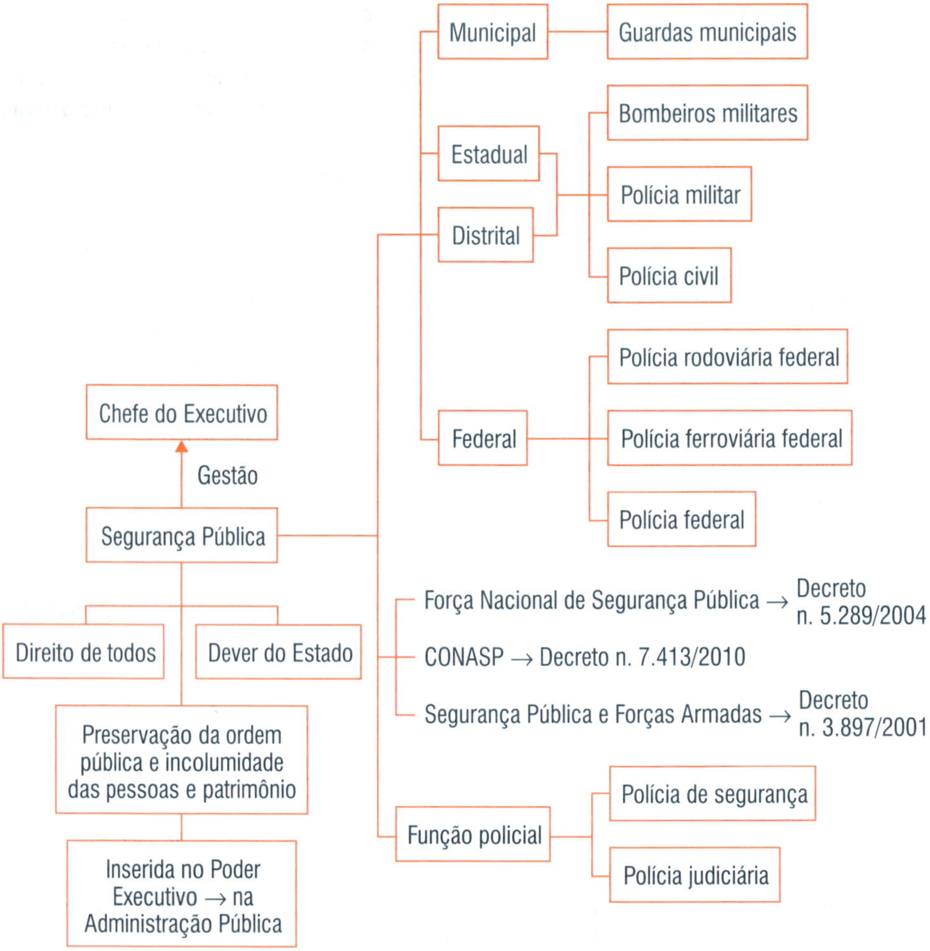

Capítulo 8

INQUÉRITO POLICIAL

1. Introdução

A prática de uma infração penal, seja crime ou contravenção, faz surgir para o Estado o direito de punir o infrator da lei penal, ou seja, o direito de aplicar uma sanção penal ao infrator em nome da ordem pública e da paz social.

A punição criminal, manifestação da soberania estatal, é concretizada pela **persecução penal**, trajetória dividida em três fases: investigatória (coleta de dados ou averiguação da infração penal); processual (sequência ordenada de atos no Judiciário); e execução penal (cumprimento da sanção penal).

Na fase investigatória da persecução penal (momento inicial da *persecutio criminis*), **a finalidade é coletar informações a respeito da materialidade e da autoria da infração penal**, para fornecer ao titular da ação penal elementos necessários para a sua propositura, podendo, inclusive, influenciar o juiz na formação do seu convencimento ao decidir o caso concreto.

A investigação criminal é conduzida por um órgão estatal. Em regra, compete à polícia judiciária (Polícia Civil ou Federal), conforme atribuições de cada uma (*vide* capítulo sobre segurança pública).

Em caráter excepcional, a investigação criminal pode ser conduzida por uma autoridade administrativa, desde que expressamente autorizada por lei, como no caso das infrações criminais de natureza militar investigadas pela Polícia Judiciária Militar, que é constituída pelas autoridades militares e seus auxiliares.

2. Investigação criminal

A investigação criminal é a coleta de dados a respeito da materialidade e da autoria de uma infração penal. Pode ser registrada por vários instrumentos:

a) **Inquérito policial:** feito por autoridade policial (Polícia Civil ou Federal).

b) **Inquérito extrapolicial:** feito por outra autoridade administrativa, a quem por lei seja cometida a mesma função; por exemplo, o inquérito parlamentar, feito pela Comissão Parlamentar de Inquérito (CPI).

c) **Boletim de ocorrência circunstanciado:** quando o menor é apreendido em flagrante por prática de ato infracional sem violência ou grave ameaça a pessoa (art. 173 do ECA).

d) **Auto de apreensão:** quando o menor é apreendido em flagrante por ato infracional praticado com violência ou grave ameaça a pessoa. Alguns o chamam, também, de Boletim de Ocorrência Circunstanciado (art. 173 do ECA).

e) **Relatório de investigação:** em caso de ato infracional praticado por menor infrator, porém não apreendido em flagrante (art. 177 do ECA).

f) **Termo circunstanciado:** procedimento policial simplificado, utilizado para investigação das infrações de menor potencial ofensivo, de competência dos Juizados Especiais Criminais.

g) **Peças de informação:** têm como objeto fato delituoso praticado por ocupante de cargo que lhe permita ser julgado por órgão superior.

3. Inquérito policial

3.1. Origem

O inquérito policial surgiu no Brasil com a Lei n. 2.033, de 20 de setembro de 1871, regulamentada pelo Decreto-lei n. 2.824, de 28 de novembro de 1871.

3.2. Conceito

É importante destacar alguns conceitos doutrinários de inquérito policial:

a) **Tourinho Filho:** é o conjunto de diligências realizadas pela Polícia Judiciária para a apuração de uma infração penal e sua autoria, a fim de que o titular da ação penal possa ingressar em juízo[1].

b) **Eugênio Pacelli:** é atividade específica da polícia judiciária, isto é, da Polícia Civil, no âmbito da Justiça Estadual, e da Polícia Federal, no caso da Justiça Federal; tem por objeto a apuração das infrações penais e de sua autoria[2].

c) **Hidejalma Muccio:** é um instrumento de forma escrita e com caráter informativo, revestido de sigilosidade e inquisitoriedade, no qual, em regra,

---

1 TOURINHO FILHO, Fernando da Costa. *Processo penal*. São Paulo: Saraiva, 2011, v. 1.

2 PACELLI, Eugênio. *Curso de processo penal*. São Paulo: Atlas, 2012.

tem lugar a primeira fase da persecução penal – a *persecutio criminis* –, consistente na apuração da infração penal e da sua autoria, sem prejuízo da colheita de outras provas que guardem relação com o fato[3].

d) **Carlos Frederico Coelho Nogueira:** é um procedimento administrativo, realizado pela polícia judiciária, de caráter preparatório e investigatório, destinado à apuração das infrações penais[4].

e) **Fernando Capez:** é o conjunto de diligências realizadas pela polícia judiciária para a apuração de uma infração penal e de sua autoria, a fim de que o titular da ação penal possa ingressar em juízo[5].

Apesar de cada doutrinador possuir um conceito de inquérito policial, podemos extrair duas dimensões que formam sua essência:

a) **Dimensão objetiva:** na sua **forma**, o inquérito é um conjunto de diligências cuja **finalidade** é apurar a ocorrência da uma infração penal e sua respectiva autoria, para fornecer elementos de prova, de forma a viabilizar o exercício da ação penal, podendo também influenciar o convencimento judicial.

b) **Dimensão subjetiva:** é um procedimento conduzido pela **polícia judiciária**, ou seja, pela Polícia Civil, no âmbito estadual, ou pela Polícia Federal, no âmbito federal. Cabe registrar que "polícia judiciária" é uma expressão com duplo sentido: 1) de função de reprimir delitos; 2) como corporação destinada à repressão de delitos.

3.3. Características

O inquérito policial possui as seguintes características:

a) **Escrito:** todas as peças do inquérito policial serão, num só processo, reduzidas a escrito ou datilografadas e, neste caso, rubricadas pela autoridade, nos termos do art. 9º do CPP. Não se aplica ao inquérito policial o princípio da oralidade, já que não existe investigação verbal, devendo todos os atos ser consubstanciados em peça escrita, para garantia do investigado e do controle da legalidade. É aplicada ao inquérito a interpretação progressiva, de forma a abranger outras formas de documentação dos atos investigatórios, de acordo com a evolução da sociedade, como a digitação. Alguns autores[6] sustentam que a característica da forma escrita foi mitigada com a nova

---

3 MUCCIO, Hidejalma. *Curso de processo penal*. São Paulo: Método, 2012.

4 NOGUEIRA, Carlos Frederico Coelho. *Comentários ao Código de Processo Penal*. São Paulo: Edipro, 2002.

5 CAPEZ, Fernando. *Curso de processo penal*. São Paulo: Saraiva, 2012.

6 DEMERCIAN, Pedro Henrique; MALULY, Jorge Assaf. *Curso de processo penal*. Rio de Janeiro: Forense, 2009, p. 40.

redação dada ao art. 405, § 1º, do CPP. O rigor formal só será exigido quando estabelecido por lei, como no caso da prisão em flagrante.

b) **Dispensabilidade:** o inquérito policial acompanhará a denúncia ou queixa, sempre que servir de base a uma ou outra, conforme os arts. 12, 27, 39, § 5º, 46, § 1º, todos do CPP. Quando o titular da ação penal tiver elementos suficientes para promover peça inicial acusatória (existência do fato criminoso e indícios suficientes de autoria), o inquérito será dispensável. A viabilidade da acusação é evidenciada pela existência de indícios de autoria e prova da materialidade da infração penal no próprio inquérito policial ou em outras peças de informação, demonstrando justa causa necessária para o exercício da ação penal.

c) **Inquisitivo:** no inquérito policial, não existe contraditório nem ampla defesa, porém há divergência a respeito de sua admissibilidade, de forma que existem dois posicionamentos:

   1º) é possível, nos termos do art. 5º, LV, da CF, já que o inquérito é um procedimento administrativo e como tal deve garantir o contraditório. Nesse sentido, há também divergência quanto ao início do contraditório: a partir do indiciamento; ou a partir da instauração do inquérito;

   2º) não é possível (posição majoritária), uma vez que: a natureza do inquérito é inquisitiva; não há partes nem processo; e o contraditório aplica-se aos processos em que há litígio, que podem terminar, inclusive, com punição, o que não acontece com o inquérito policial, mero procedimento administrativo, cujo objetivo é formar a convicção do titular da ação penal sobre a materialidade e a autoria da infração penal.

Há inquéritos que admitem contraditório, como é o caso do inquérito instaurado pela Polícia Federal, a pedido do Ministro da Justiça, visando a expulsão de estrangeiro.

A natureza inquisitiva do inquérito produz os seguintes efeitos:

- **oficiosidade:** a possibilidade de o Delegado de Polícia instaurar o inquérito policial de ofício (*ex officio*), nos casos em que tomar conhecimento da ocorrência de crime inserido no rol de delitos sujeitos a ação penal pública incondicionada;
- **discricionariedade:** a discricionariedade da autoridade policial de empreender quaisquer investigações que considere necessárias para a elucidação do fato infringente da norma e para a descoberta do respectivo autor;
- **suspeição:** proibição da arguição de suspeição das autoridades policiais, nos termos do art. 107 do CPP;
- **unilateralidade:** as atividades de investigação se concentram nas mãos de uma só pessoa, ou seja, da autoridade policial;

- **Indeferimento:** a possibilidade de a autoridade policial indeferir qualquer diligência requerida pelo ofendido ou indiciado, com exceção do exame de corpo de delito (art. 184 do CPP), nos termos do art. 14 do CPP.

> **Questão de prova**
> A prova do IX Concurso de Juiz Substituto do Tribunal Regional Federal da 3ª Região considerou INCORRETA a afirmativa: "é vedado ao Juiz sob qualquer condição indeferir pedido de retorno do inquérito à polícia para novas diligências".

d) **Procedimento administrativo investigatório:** é uma sucessão de atos que visam a coleta de informações a respeito da infração penal e sua respectiva autoria, realizado pela polícia judiciária.

e) **Peça informativa:** visa fornecer informações aos destinatários do inquérito: 1) imediato: titular da ação penal; 2) mediato: juiz.

f) **Procedimento preparatório da ação penal:** visa fornecer os elementos necessários para que o titular da ação penal tenha em mãos o *fumus boni iuris* para promover a ação penal.

g) **Indisponibilidade:** a autoridade policial não poderá mandar arquivar autos de inquérito, nos termos do art. 17 do CPP, já que o arquivamento somente pode ser ordenado pelo Judiciário, a requerimento fundamentado do Ministério Público.

h) **Sigilo:** "o sigilo da investigação é a essência do inquérito. Não guardá-lo é, muitas vezes, fornecer armas e recursos aos delinquentes, para frustrar a atuação da autoridade na apuração do crime e de sua autoria"[7]. O inquérito policial não adota o princípio da publicidade, o qual se harmoniza com o processo penal. A autoridade policial assegurará no inquérito o sigilo necessário à elucidação do fato ou exigido pelo interesse da sociedade, nos termos do art. 20 do CPP, em respeito à imagem e à honra do indiciado. A previsão legal do sigilo necessário à elucidação dos fatos visa possibilitar a apuração da infração penal, em busca da verdade e para preservar a segurança do Estado e da sociedade.

Nos atestados de antecedentes que lhe forem solicitados, a autoridade policial não poderá mencionar quaisquer anotações referentes à instauração de inquérito contra os requerentes, salvo no caso de existir condenação anterior.

O sigilo, todavia, não se estende ao Ministério Público e ao Poder Judiciário, que podem acompanhar a investigação criminal. O Estatuto da Ordem dos Advogados do Brasil permite que o advogado do indiciado tenha acesso ao inquérito policial, podendo manusear, consultar os autos, salvo em caso de decretação de segredo de justiça, ato que desautoriza o acompanhamento dos

---

7 NORONHA, Edgard Magalhães. *Curso de direito processual penal*. São Paulo: Saraiva, 1978.

atos procedimentais pelo advogado (art. 7º, XIV, da Lei n. 8.906/94), pois o interesse público de segurança prevalece sobre o individual. Cabe ressaltar que parte da doutrina e da jurisprudência sustenta que o sigilo não prevalece em face do direito fundamental e da prerrogativa profissional do advogado de ter não só o acesso, mas também o acompanhamento da produção dos elementos de prova do inquérito policial.

i) **Discricionariedade:** a autoridade policial tem liberdade de agir no procedimento investigatório, dentro dos limites da lei. Não há um rito preestabelecido na lei processual; no andamento da investigação criminal, a sequência das diligências será determinada pela autoridade policial como melhor lhe aprouver, de acordo com as circunstâncias do caso concreto.

j) **Oficialidade:** o inquérito é feito pela Polícia, órgão oficial, pertencente ao Estado.

k) **Autoritariedade:** o inquérito policial é presidido por uma autoridade pública, qual seja, o Delegado de Polícia.

l) **Valor probatório relativo:** os elementos de informação colhidos no inquérito policial podem ser elementos de convicção judicial, desde que sejam confirmados em juízo, salvo perícia, por ser elemento probatório de ordem técnica com valor idêntico ao da prova colhida em juízo.

m) **Vícios:** vícios existentes no inquérito policial não afetam a ação penal nem o próprio inquérito, já que é um procedimento informativo, e não ato de jurisdição. Eventuais irregularidades podem diminuir o valor do inquérito. Não há **nulidades** processuais em inquérito. Se a **irregularidade** for muito séria e o indiciado estiver preso, há ilegalidade da prisão, devendo ser relaxada.

Questões de prova

O 20º Concurso de Procurador da República MPF considerou INCORRETA a afirmativa: "em sede de inquérito policial vale a afirmação de que há vícios (nulidades) procedimentais".

A prova de Escrivão PC/DF/2000 considerou INCORRETA a afirmativa: "Por terem ocorrido em circunscrição diversa da sua, a autoridade policial não poderia ter investigado os fatos, sob pena de nulidade relativa".

O 23º Concurso de Procurador da República MPF considerou INCORRETA a afirmativa: "sendo constatadas irregularidades no inquérito policial, reconhece-se a contaminação da ação penal respectiva, que pode ser anulada".

n) **Temporariedade:** o inquérito policial tem prazo de duração:

- **réu preso (flagrante ou preventiva):** prazo de 10 (dez) dias, contado a partir do dia em que se executar a ordem de prisão. Se o inquérito não for concluído dentro do prazo legal e o réu estiver preso, cabe *habeas corpus*, nos termos do art. 648, II, do CPP;

- **réu solto (com ou sem fiança):** no prazo de 30 (trinta) dias. Caso o inquérito não seja concluído dentro do prazo legal, pode solicitar o juiz a sua dilação, nos termos do art. 10, § 3º, do CPP;

> **Questão de prova**
> A prova de Técnico Judiciário AC/2012 considerou CORRETA a afirmativa: "O inquérito deverá terminar no prazo de dez dias caso o indiciado tiver sido preso em flagrante ou estiver preso preventivamente, contado o prazo, nesta hipótese, a partir do dia em que se executar a ordem de prisão. Se o indiciado estiver solto mediante fiança ou sem ela, o prazo será de trinta dias".

- **crimes contra a economia popular:** 10 (dez) dias, independentemente de o indiciado estar preso ou solto (art. 10, § 1º, da Lei n. 1.521/51);
- **crimes de drogas:** se o indiciado estiver preso, o inquérito policial será concluído no prazo de 30 (trinta) dias e, se estiver solto, no prazo de 90 (noventa) dias, nos termos do art. 51 da Lei n. 11.343/2006. Tais prazos podem ser duplicados pelo juiz, ouvido o Ministério Público, mediante pedido justificado de autoridade de polícia judiciária;
- **crime de Justiça Federal:** 15 (quinze) dias, prorrogáveis por mais 15 (quinze) dias, na Justiça Federal (art. 66 da Lei n. 5.010/66).

> **Questão de prova**
> A prova do X Concurso de Juiz Substituto do Tribunal Regional Federal da 3ª Região considerou CORRETA a afirmativa: "nos inquéritos policiais instaurados pela Polícia Federal para apuração de crimes comuns, de competência da Justiça Federal, o prazo para conclusão, havendo réu preso, é de quinze dias, prorrogáveis por mais quinze, após apresentação do preso ao Juízo".

o) **Incomunicabilidade do indiciado:** impede a comunicação do indiciado com terceiros, salvo com as autoridades incumbidas das investigações e com seu advogado. A incomunicabilidade será permitida quando houver exigência por interesse da sociedade ou conveniência da investigação.

A **incomunicabilidade** depende sempre de despacho judicial fundamentado nos autos. A incomunicabilidade não excederá de 3 (três) dias e depende de requerimento da autoridade policial ou do órgão do Ministério Público.

> **Questão de prova**
> A prova de Promotor de Justiça Adjunto MPU/MPDF/2002 considerou INCORRETA a afirmativa: "Durante o inquérito policial, poderá ser decretada, pela autoridade judiciária, a incomunicabilidade do indiciado, por até três dias, período em que não poderá entrevistar-se com familiares nem com seu advogado constituído".

Há posição doutrinária que sustenta a revogação da incomunicabilidade, em razão do art. 136, § 3º, IV, da CF, que prescreve a suspensão das garantias individuais durante o Estado de Defesa. Dessa forma, caso seja decretada a incomunicabilidade do preso, é cabível mandado de segurança.

p) **Obrigatoriedade:** a autoridade policial tem o dever legal de instaurar o inquérito policial ao tomar conhecimento da ocorrência de um crime de ação penal pública incondicionada, nos termos do art. 5º, *caput*, do CPP.

q) **Autoexecutoriedade:** em regra, os atos realizados pela Polícia Judiciária não dependem de ordem judicial. Tal característica depende de previsão legal ou da ocorrência de motivo de urgência.

r) **Procedimento:** é uma reunião de elementos, atos, diligências, informações, que visam a apuração da infração penal e sua respectiva autoria.

3.4. Finalidade

O inquérito policial possui as seguintes finalidades:

a) **Apuração:** visa coletar dados ou elementos do fato com caracterização da infração penal e respectiva autoria.

b) **Reunião:** visa reunir elementos, informações e diligências, sem rito preestabelecido, para a persecução penal.

c) **Viabilização:** visa propiciar o início da ação penal, fornecendo informações para o seu titular, bem como influenciar o convencimento judicial no julgamento do caso concreto.

4. Procedimento do inquérito policial

4.1. Início

4.1.1. Notitia criminis

Quando a autoridade policial toma conhecimento de uma infração penal, diz-se que recebeu a **notícia do crime (*notitia criminis*)**.

A doutrina define a *notitia criminis* como o conhecimento (espontâneo ou provocado), pela autoridade policial, de um fato aparentemente criminoso.

A notícia do crime pode chegar à autoridade policial pelas seguintes formas:

a) **Coercitiva:** por meio da condução e da apresentação à Delegacia de uma pessoa presa em flagrante.

b) **Imediata ou direta ou espontânea ou inqualificada:** por meio das atividades rotineiras (por exemplo, ronda) ou de comunicação não formal, como no caso de denúncia anônima ou feita pela imprensa falada ou escrita.

Sobre **denúncia anônima**, há dois posicionamentos: 1) não impede a instauração do inquérito policial, desde que a autoridade policial se certifique da idoneidade da comunicação; 2) impede a instauração do inquérito policial, sendo inconstitucional, por violar o art. 5º, IV, que prevê a livre-manifestação do pensamento, vedando o anonimato.

Questões de prova

A prova de Papiloscopista PC/DF/2000 considerou INCORRETA a afirmativa: "Em razão da proibição constitucional do anonimato na manifestação de pensamento, a autoridade policial não poderia ter efetuado investigações preliminares com base em notícia anônima de crime, mesmo existindo indícios da ocorrência do ilícito".

A prova do 23º Concurso de Procurador da República MPF considerou CORRETA a afirmativa: "quanto ao inquérito, não obstante a vedação contida no inciso IV do artigo 5º da Constituição, a autoridade policial pode proceder à investigação a partir de uma *notitia criminis* anônima".

c) **Mediata ou indireta ou provocada ou qualificada:** por meio de comunicação formal, como requisição do juiz, requerimento ou representação da vítima.

Quando a **comunicação da infração penal for verbal**, será lavrado um Boletim de Ocorrência. **Se a comunicação for escrita**, deverá ser protocolizada. Cabe ressaltar que, mesmo quando o autor do fato é desconhecido, isso não impede a instauração do inquérito policial, cuja finalidade é a apuração da infração penal e de sua autoria.

Questão de prova

A prova de Técnico Judiciário AC/2012 considerou CORRETA a afirmativa: "A comunicação de uma ocorrência policial só deve ser realizada por escrito".

Em regra, a notícia do crime é levada ao conhecimento da autoridade policial; porém, nada impede que a comunicação da ocorrência de um fato aparentemente delituoso seja levada ao Ministério Público ou ao Juiz. No caso do MP, ou oferece denúncia (se for ação penal pública condicionada à representação, será necessário para o oferecimento da denúncia que o membro do MP tenha em mãos a representação do ofendido ou do seu representante legal), ou remete para autoridade policial (para que esta proceda ao inquérito), ou ainda requisita instauração do inquérito policial, nos termos do art. 5º, II, do CPP. No caso do Juiz, ou remete para autoridade policial (para que esta proceda ao inquérito), ou requisita sua instauração, nos termos do art. 5º, II, do CPP.

A notícia do crime pode ser levada ao conhecimento da autoridade policial pela vítima ou por qualquer do povo ou interessado. No caso de comunicação verbal, deve ser o relato reduzido a termo.

Quando, em autos ou papéis de que conhecerem, os juízes ou tribunais verificarem a existência de crime de ação pública, remeterão ao Ministério Público as cópias e os documentos necessários ao oferecimento da denúncia.

4.1.2. Instauração

Após tomar conhecimento da ocorrência de uma infração penal, pela notícia do crime, a autoridade policial formalizará: o início das investigações, ou seja, **determinará a instauração do inquérito policial**, procedimento administrativo, preparatório da ação penal, realizado pela polícia judiciária, que visa apurar infração penal e sua respectiva autoria (se não for infração de menor potencial ofensivo); ou o termo circunstanciado (se for infração de menor potencial ofensivo).

A formalização da instauração do inquérito policial depende do tipo de infração praticada:

a) **Crime de ação penal privada:** a **instauração do inquérito** depende de requerimento da vítima ou do seu representante legal, conforme prescreve o art. 5º, § 5º, do CPP. O requerimento pode ser escrito ou verbal. Se for indeferido, cabe recurso administrativo ao Chefe da Polícia. No caso de morte ou ausência, o direito passará para o cônjuge, ascendente, descendente ou irmão. Se o inquérito policial for instaurado sem o requerimento, o prejudicado com a situação poderá discutir a instauração indevida por meio judicial cabível, qual seja: ao indiciado, o *habeas corpus*; e ao ofendido, o mandado de segurança.

Questão de prova

A prova de Promotor de Justiça Adjunto MPU/MPDF/1999 considerou CORRETA a afirmativa: "É defeso à autoridade policial instaurar, de ofício, inquérito relativo a crime em que somente se procede mediante queixa".

b) **Crime de ação penal pública condicionada à representação:** a instauração do inquérito depende da representação da vítima ou do seu representante legal, conforme prescreve o art. 5º, § 4º, do CPP. No caso de morte ou ausência, o direito passará para o cônjuge, ascendente, descendente ou irmão. A polícia poderá instaurá-lo quando houver requisição do MP ou juiz e se à representação for anexado o ofício requisitório. A representação é a *delatio criminis* postulatória, na qual a vítima comunica um crime e requer a providência do Estado para punir o seu responsável. É condição de procedibilidade, requisito para propositura da ação penal e, se não oferecida no prazo legal, gera extinção da punibilidade, nos termos do art. 107, IV, do CP.

Questão de prova

A prova de Investigador da Polícia Civil/PA/2009 considerou CORRETA a afirmativa: "O inquérito policial, nos crimes em que a ação pública depender de representação, não poderá sem ela ser iniciado".

c) **Crime de ação penal pública condicionada à requisição do Ministro da Justiça:** a instauração do inquérito depende da requisição do Ministro da Justiça nos casos de: crimes cometidos por estrangeiro contra brasileiro, fora do Brasil; crimes contra a honra, pouco importando se cometidos publicamente ou não, contra Chefe de Governo estrangeiro; crimes contra a honra em que o ofendido for o Presidente da República; entre outros casos legais.

d) **Crime de ação penal pública incondicionada:** a instauração do inquérito pode ser feita:

- de ofício, ou seja, por iniciativa da própria autoridade policial, por meio de portaria, ato administrativo em que deve constar menção do fato com circunstâncias, bem como a determinação das diligências necessárias à sua apuração (art. 5º, I, do CPP);
- por **requisição do Ministério Público ou do juiz** (art. 5º, II, do CPP);

Questão de prova

O 22º Concurso de Procurador da República MPF considerou CORRETA a afirmativa: "quanto ao inquérito, a sua presidência cabe à autoridade policial, que deve instaurá-lo quando houver requisição do Juiz ou do Ministério Público, salvo se a solicitação for manifestamente ilegal ou desmotivada, devendo o Delegado, nestas hipóteses, comunicar a razão que inviabiliza o atendimento".

- por requerimento da vítima ou do seu representante legal (art. 5º, II, c/c §§ 1º a 3º, todos do CPP – *delatio criminis* postulatória);
- por ato não formal de comunicação, feito por qualquer do povo (*delatio criminis* simples), nos termos do art. 5º, § 3º, do CPP. Em regra, é uma faculdade, salvo quando a lei exige obrigatoriedade de comunicação (por exemplo, art. 269 do CP).

No caso da **ocorrência de um flagrante**, a autoridade policial lavrará o auto de prisão em flagrante, dando início ao inquérito policial. Nas hipóteses de crime de ação penal privada e de crime de ação penal pública condicionada, pode a autoridade policial efetuar a prisão em flagrante, mas a instauração do inquérito policial e da futura ação penal dependerão da manifestação de vontade do ofendido ou seu representante legal.

A ocorrência de um **crime de ação penal pública incondicionada** gera a obrigatoriedade de instauração do inquérito policial, de modo que a autoridade policial não pode deixar de instaurá-lo, sob pena de responsabilização administrativa e criminal.

No caso de crime de ação penal pública condicionada à requisição do Ministro da Justiça, é importante ressaltar que a autoridade policial não poderá rejeitar requisição para instaurar inquérito, porque requisição "é a exigência legal ou ordem emanada da autoridade para que se cumpra, para que se faça ou para que se preste o que é exigido, ordenado ou pedido"[8], ou seja, exigência que deve ser cumprida. Caso não o instaure, poderá sofrer responsabilização funcional e criminal. Se a requisição não contiver indícios de autoria e materialidade, caberá à autoridade policial devolvê-la, com comunicação da impossibilidade de instauração do inquérito e solicitação de novas informações.

Por fim, se a instauração do inquérito policial depender de requerimento (ação penal privada ou pública incondicionada) ou representação (ação penal pública condicionada à representação), a autoridade policial pode indeferir requerimento ou representação para instaurar inquérito, porque requerer ou representar não possui caráter vinculante. Tourinho[9] assevera que a autoridade policial só poderá indeferir em alguns casos: a) extinção da punibilidade; b) falta de indícios; c) autoridade incompetente para instaurar inquérito; d) fato atípico; e) requerente incapaz. Caso seja indeferido o requerimento ou a representação, pode o prejudicado apresentar recurso administrativo ao Chefe da Polícia (área estadual: Secretário de Segurança Pública; área federal: Ministro da Justiça), nos termos do art. 5º, § 2º, do CPP.

4.2. Desenvolvimento

Após a instauração do inquérito policial, a autoridade policial deverá:

a) dirigir-se ao local, providenciando para que não se alterem o estado e a conservação das coisas, até a chegada dos peritos criminais. Em caso de acidente de trânsito, a autoridade policial que primeiro tomar conhecimento do fato poderá autorizar a imediata remoção das pessoas que tenham sofrido lesão, bem como dos veículos nele envolvidos, se estiverem no leito da via pública e prejudicarem o tráfego, nos termos do art. 1º da Lei n. 5.970/73;

---

8 SILVA, De Plácido. *Vocabulário jurídico*. São Paulo: Saraiva, 1963.

9 TOURINHO FILHO, Fernando da Costa. *Manual de processo penal*. 5. ed. São Paulo: Saraiva, 2003, p. 74.

b) apreender os objetos que tiverem relação com o fato, após liberados pelos peritos criminais; ou seja, realizar a busca e apreensão no próprio local do crime (*locus delicti*);

c) coletar todas as provas que servirem para o esclarecimento do fato e suas circunstâncias; há casos em que é necessária prévia autorização judicial, como na busca e apreensão domiciliar, na decretação de uma prisão (salvo flagrante), na interceptação telefônica;

d) ouvir o ofendido: deve ser uma oitiva aceita com reserva; quando for regularmente notificado e injustificadamente não comparecer, pode ter condução coercitiva, nos termos do art. 201, § 1º, do CPP; a Lei n. 9.807/99 estabelece normas de proteção à vítima;

e) ouvir o indiciado, com observância, no que for aplicável, do disposto nos arts. 185 a 196 do CPP, devendo o respectivo termo ser assinado por 2 (duas) testemunhas que lhe tenham ouvido a leitura; deve ser assegurado o direito ao silêncio sem decorrer prejuízo, pois ninguém pode ser obrigado à autoincriminação;

f) proceder a reconhecimento de pessoas e coisas e a acareações;

g) determinar, se for o caso, que se proceda a exame de corpo de delito e a quaisquer outras perícias;

h) ordenar a **identificação do indiciado** pelo processo datiloscópico (coleta de impressões digitais), se possível, e fazer juntar aos autos sua folha de antecedentes;

> **Questão de prova**
> O 22º Concurso de Procurador da República MPF considerou INCORRETA a afirmativa: "quanto ao inquérito não há possibilidade de a autoridade submeter à identificação criminal o indiciado civilmente identificado por documento original".

i) averiguar a vida pregressa do indiciado, sob o ponto de vista individual, familiar e social, sua condição econômica, sua atitude e seu estado de ânimo antes, durante e depois do crime, bem como quaisquer outros elementos que contribuam para a apreciação do seu temperamento e caráter;

j) colher informações sobre a existência de filhos, respectivas idades e se possuem alguma deficiência e o nome e o contato de eventual responsável pelos cuidados dos filhos, indicado pela pessoa presa;

k) e, para verificar a possibilidade de a infração ter sido praticada de determinado modo, a autoridade policial poderá proceder à **reprodução simulada** dos fatos, desde que esta não contrarie a moralidade ou a ordem pública. O indiciado não está obrigado a participar da **reconstituição do crime**, já que **não é obrigado** a **produzir prova contra si** mesmo.

Questões de prova

A prova de Escrivão PCDF/2000 considerou CORRETA a afirmativa: "O indiciado não poderia ser compelido a participar da reprodução simulada do fato delituoso".

A prova do 84º Concurso de Promotor de Justiça MP/SP considerou INCORRETA a afirmativa: "O suposto autor do delito está obrigado a participar da reconstituição simulada dos fatos".

O 23º Concurso de Procurador da República MPF considerou CORRETA a afirmativa: "quanto ao inquérito não pode o acusado ser compelido a participar da reprodução simulada do crime, embora a diligência tenha sido deferida pelo juiz no curso do inquérito, para atender a requerimento do Ministério Público".

A prova de Delegado Civil MA/2012 considerou CORRETA a afirmativa: "O réu não é obrigado a participar da reconstituição do crime, pois ninguém é obrigado a produzir prova contra si".

O 22º Concurso de Procurador da República MPF considerou INCORRETA a afirmativa: "quanto ao inquérito, em face do interesse do Estado na elucidação do ilícito e na punição de seu autor, não pode o indiciado recusar-se a participar da reconstituição do crime determinada pela autoridade policial, pois a simulação, em determinados casos, é importante fonte de prova, capaz de revelar como realmente ocorreu a infração".

4.3. Fim

4.3.1. Encerramento do inquérito policial

O encerramento do inquérito policial se dá com a conclusão das investigações, por meio de um minucioso relatório do que tiver sido apurado nele.

No relatório, a autoridade policial poderá indicar testemunhas que não tiverem sido inquiridas, mencionando o lugar onde podem ser encontradas (art. 10, § 2º, do CPP), bem como as diligências não realizadas. Como peça informativa, o Ministério Público não fica vinculado à classificação dada no inquérito policial.

Em caso de drogas, a autoridade policial deve estabelecer o enquadramento no art. 28 (usuário) ou no art. 33 (traficante), nos termos da Lei n. 11.343/2006, que revoga a Lei n. 6.368, de 21 de outubro de 1976, e a Lei n. 10.409, de 11 de janeiro de 2002. De acordo com o art. 52, I, da Lei n. 11.343/2006, no relatório devem constar de forma sumária as circunstâncias do fato, a classificação do delito, indicando-se a quantidade e a natureza da substância ou do produto apreendido, o local e as condições em que se desenvolveu a ação criminosa, as circunstâncias da prisão, a conduta, a qualificação e os antecedentes do agente.

4.3.2. Trancamento do inquérito policial

O trancamento do inquérito ocorre quando alguém ajuíza *habeas corpus*, alegando o não cabimento da instauração do inquérito policial.

É medida excepcional, ou seja, somente pode ser decretado quando houver evidente falta de justa causa, caracterizada quando se verifica a atipicidade do fato investigado ou evidente impossibilidade de o indiciado ser o autor da infração, ou quando já tiver ocorrido extinção da punibilidade ou investigação infundada, ou seja, sem a menor base de prova.

É importante ressaltar que, existindo indícios da ocorrência de delito em tese a demandar apuração do evento em inquérito policial, não há que se falar em falta de justa causa para sua instauração, nem de se reconhecer a existência de qualquer constrangimento ilegal imposto ao paciente.

4.3.3. Arquivamento do inquérito policial

Questão de prova	O 20º Concurso de Procurador da República MPF considerou INCORRETA a afirmativa: "em sede de inquérito policial, o arquivamento, motivado em deficiência do quadro apuratório, *rebus sic standibus*, é definitivo".

O inquérito policial somente pode ser arquivado por determinação judicial, a requerimento do Ministério Público, quando houver **justa causa**. Não existe a possibilidade do arquivamento de inquérito **de ofício**. Se o juiz determinar o arquivamento sem pedido do Ministério Público, caberá correição parcial. Se for caso de arquivamento e o MP não o pedir e prosseguir com o inquérito, caberá *habeas corpus* por parte do prejudicado.

Questões de prova	A prova de Promotor de Justiça Adjunto MPU/MPDF/1998 considerou INCORRETA a afirmativa: "Em regra, não pode a autoridade policial arquivar autos de inquérito policial, mas poderá fazê-lo, se ficar demonstrada, por prova cabal, a inexistência do crime". A prova do Segundo Concurso de Juiz Substituto do Tribunal Regional Federal da 3ª Região considerou INCORRETA a afirmativa: "No processo penal, o juiz pode determinar de ofício o arquivamento do inquérito policial".

A **autoridade policial não pode arquivar o inquérito**, devido a sua característica de indisponibilidade, prevista no art. 17 do CPP. Convém ressaltar que não cabe ação penal privada subsidiária da pública se o Ministério Público pede arquivamento do inquérito policial, pois não houve inércia.

Questão de prova	A prova de Delegado da Polícia Civil/PA/2009 considerou INCORRETA a afirmativa: "Apenas o delegado de polícia poderá mandar arquivar os autos de inquérito policial, sendo vedado tal ato ao juiz".

O juiz pode tomar as seguintes atitudes, frente ao pedido ministerial de arquivamento:

a) **concordância:** nesse caso, há o arquivamento direto, pois o juiz concorda com o pedido formulado pelo órgão do Ministério Público;

b) **discordância:** nesse caso, o juiz remete os autos do inquérito e o pedido do arquivamento à autoridade competente, que varia conforme quem o tenha formulado (quando a autoridade competente o analisar, não fará avaliação discricionária, mas uma análise de legalidade e justa causa):

> **Questão de prova**
> A prova do X Concurso de Juiz Substituto do Tribunal Regional Federal da 3ª Região considerou INCORRETA a afirmativa: "o Juiz não está obrigado a atender pedido de arquivamento de inquérito policial formulado pelo Procurador-Geral, nos termos do art. 28 do Código de Processo Penal".

- **se for promotor de justiça (membro do Ministério Público Estadual):** ao Procurador-Geral de Justiça, nos termos do art. 28 do CPP combinado com o art. 10, IX, *d*, da Lei n. 8.625/93, o qual poderá oferecer a denúncia, designar outro órgão do Ministério Público que esteja obrigado a oferecer a denúncia, ou insistir no arquivamento. Cabe ressalvar que, se o Procurador-Geral insistir no arquivamento, deverá fundamentá-lo, sendo o juiz obrigado a acatá-lo. Quando designar outro membro do MP para oferecer denúncia, haverá uma delegação administrativa. O membro designado não sofre violação em sua independência funcional, pois age por delegação. Se houver recusa por parte dele, restará caracterizada falta funcional;
- **se for Procurador-Geral de Justiça (chefe do MP estadual):** ao Colégio de Procuradores, nos termos do art. 12, XI, da Lei n. 8.625/93, compete: "rever, mediante requerimento de legítimo interessado, nos termos da Lei Orgânica, decisão de arquivamento de inquérito policial ou peças de informação determinada pelo Procurador-Geral de Justiça, nos casos de sua atribuição originária";
- **se for membro do Ministério Público Federal:** à Câmara de Coordenação e Revisão, nos termos do art. 62, IV, da Lei Complementar n. 75/93: "Compete às Câmaras de Coordenação e Revisão: (...) IV – manifestar-se sobre o arquivamento de inquérito policial, inquérito parlamentar ou peças de informação, exceto nos casos de competência originária do Procurador-Geral", combinado com o art. 171, V, da mesma LC;
- **se for competência originária do STF:** estará obrigado a determinar o arquivamento quando requerido pelo Procurador-Geral da República.

A decisão judicial sobre o arquivamento faz coisa julgada formal, pois pode o **inquérito ser desarquivado**, diante do aparecimento de novas provas, nos termos do art. 18 do CPP e da Súmula 524 do STF. Novas provas são as substancialmente novas, ou seja, os elementos de prova não integrantes do material recolhido durante o inquérito.

Questão de prova A prova da AGU/2004 considerou INCORRETA a afirmativa: "Um procurador da República requereu fundamentadamente o arquivamento de um inquérito policial por entender que a conduta do indiciado, um servidor público, era atípica. O juiz federal acatou as razões invocadas e determinou o arquivamento do inquérito. Posteriormente, ao ser divulgada uma matéria jornalística sobre o arquivamento, um outro membro do Ministério Público federal ofertou denúncia contra o servidor público, sem a existência de novas provas, asseverando que a conduta do réu tipificava crime de peculato. Nessa situação, não há óbice para a instauração da ação penal, uma vez que um representante do Ministério Público pode reconsiderar pedido de arquivamento de inquérito policial e oferecer denúncia".

Cabe ressalvar que não é possível reabertura de inquérito policial quando houver sido arquivado a pedido do Ministério Público e mediante decisão judicial, com apoio na **extinção de punibilidade do indiciado ou na atipicidade penal da conduta a ele imputada**.

Questão de prova A prova do XII Concurso de Juiz Substituto do Tribunal Regional Federal da 3ª Região considerou INCORRETA a afirmativa: "O arquivamento do inquérito, baseado em atipicidade da conduta, impede a propositura da ação civil".

Em regra, a decisão de arquivamento é **irrecorrível**, exceto:

Questão de prova A prova do Segundo Concurso de Juiz Substituto do Tribunal Regional Federal da 3ª Região considerou INCORRETA a afirmativa: "Cabe recurso de ofício da decisão que determina o arquivamento de inquérito por crime de tráfico de entorpecentes".

a) nos crimes de **economia popular** ou contra a saúde pública: o recurso cabível é o de ofício, em face da sentença absolutória e do despacho de arquivamento do inquérito policial (art. 7º, Lei n. 1.521/51);

Questão de prova A prova do Primeiro Concurso de Juiz Substituto do Tribunal Regional Federal da 3ª Região considerou INCORRETA a afirmativa: "Não cabe recurso de ofício da decisão que determina o arquivamento de inquérito por crime contra a economia popular".

b) nas contravenções previstas nos arts. 58 e 60, ambos do Decreto-lei n. 6.259/44 (art. 6º, parágrafo único, da Lei n. 1.508/51): o recurso cabível é o recurso em sentido estrito;

c) há também a possibilidade de recurso dentro do procedimento previsto no art. 28 do CPP, definido no art. 12, XI, da Lei n. 8.625/93.

O controle do arquivamento do inquérito policial é feito pelo Poder Judiciário. Se for crime de ação penal pública, a atuação do juiz é administrativa, ou seja, sua função é analisar se o pedido de arquivamento do MP está fundamentado ou não. O juiz exerce uma função anômala, já que age como fiscal do princípio da obrigatoriedade da ação penal pública.

Na ação penal privada, não há necessidade do pedido de arquivamento, basta o curso do prazo decadencial do direito de queixa. Caso seja requerido, o arquivamento deve ser recebido como renúncia tácita ao direito de queixa, dando ensejo à extinção da punibilidade. Dessa forma, se for crime de ação penal privada, a atuação do juiz é jurisdicional, pois homologa a extinção da punibilidade (em caso tanto de decadência quanto de renúncia).

É atribuição do MP oferecer *sursis* processual aos crimes para os quais a pena mínima cominada seja igual ou inferior a um ano. Se o membro do MP se recusar a propor o *sursis* processual, mesmo quando reunidos os pressupostos legais, cabe aplicação por analogia do art. 28 do CPP, nos termos da Súmula 696 do STF.

Há as seguintes espécies de arquivamento do inquérito policial:

a) **Implícito ou tácito:** ocorre quando existem vários crimes ou indiciados em apuração no mesmo inquérito e o MP oferece denúncia em relação a um delito, deixando de oferecê-la em relação a outro, sem se manifestar expressamente quanto ao arquivamento. Não é admitido, em face dos princípios da obrigatoriedade e da indisponibilidade da ação penal, sendo certo que, na ação penal pública, não vigora o princípio da indivisibilidade.

b) **Provisório:** é a hipótese do art. 72 da Lei n. 9.099/95, quando não houver localização da vítima.

c) **Explícito ou direto:** quando o MP diz os motivos do arquivamento.

d) **Indireto:** ocorre quando o membro do Ministério Público reconhece a ausência de atribuição para oferecimento da denúncia, por entender que o juiz é incompetente para a ação penal. No caso, alguns sustentam a inadmissibilidade do arquivamento indireto, afirmando que o MP deve agir e remeter o inquérito policial ao juízo competente.

4.4. Destino do inquérito policial

Após concluído, o inquérito será remetido ao Poder Judiciário competente. Os instrumentos do crime, bem como os objetos que interessarem à prova, acompanharão os autos do inquérito.

Nos crimes em que não couber ação pública, os autos do inquérito serão remetidos ao juízo competente, onde aguardarão a iniciativa do ofendido ou de seu representante legal, ou serão entregues ao requerente, se o pedir, mediante traslado.

Ao fazer a remessa dos autos do inquérito ao juiz competente, a autoridade policial oficiará ao Instituto de Identificação e Estatística, ou repartição congênere, mencionando o juízo a que tiverem sido distribuídos e os dados relativos à infração penal e à pessoa do indiciado.

5. Indiciamento

É a imputação a alguém, no inquérito policial, da prática de uma infração penal, sempre que houver razoáveis indícios de autoria. É um rascunho da acusação. No indiciamento, a pessoa é declarada mero suspeito ou provável autor ou averiguado. "O indiciamento é o ato pelo qual a autoridade policial aponta determinada pessoa como a autora do ilícito em apuração, configurando-se legítimo quando realizado em inquérito no qual existam fundadas suspeitas de participação ou autoria delitiva, tratando-se de ato inserido dentro da esfera de atribuições da autoridade policial" (HC 190.507/SP, STJ).

Segundo a jurisprudência do Superior Tribunal de Justiça, indiciamento em inquéritos policiais não constituem maus antecedentes, nos termos da Súmula 444 do STJ. O indiciamento não constitui constrangimento ilegal a ser sanado por ***habeas corpus***, salvo se não baseado em razoáveis indícios de autoria.

Questão de prova

A prova do 23º Concurso de Procurador da República MPF considerou CORRETA a afirmativa: "quanto ao inquérito, quando há indícios de autoria e materialidade de fato penal típico, o ato de indiciamento em inquérito policial não configura constrangimento ao direito de locomoção do investigado sanável por *habeas corpus*".

O indiciamento possui as seguintes características:

a) **ato policial:** é ato da autoridade policial;

b) **caráter não vinculante:** o indiciamento do investigado não vincula a futura atuação do Órgão Ministerial;

c) **ato da primeira fase da persecução penal:** o indiciamento é ato próprio da fase inquisitorial da *persecutio criminis*, ao término das investigações policiais, sendo constrangimento ilegal a determinação do indiciamento em outra fase da persecução penal processual (com o recebimento da denúncia, encontra-se encerrada a fase investigatória ou fase da execução penal). "O mero indiciamento em inquérito policial, desde que não abusivo e posterior ao recebimento da denúncia, não configura constrangimento ilegal" (HC 229.206/SP, STJ).

6. Questões complementares

6.1. Garantias do investigado

A investigação policial, apesar de possuir caráter inquisitivo, não autoriza a prática de arbitrariedades, de forma que o indiciado deve ser considerado sujeito de direitos e garantias plenamente oponíveis ao poder do Estado (*RTJ* 168/896-897).

A unilateralidade da investigação penal preparatória da ação penal não autoriza a Polícia Judiciária a desrespeitar as garantias jurídicas que assistem ao indiciado, que não mais pode ser considerado mero objeto de investigação (há na doutrina quem entenda que o indiciado deve ser visto como objeto da ação investigatória[10]).

O indiciado é sujeito de direitos e dispõe de garantias, legais e constitucionais, cuja inobservância, pelos agentes do Estado, além de eventualmente induzi-los à responsabilidade penal por abuso de poder, pode gerar a absoluta desvalia das provas ilicitamente obtidas no curso da investigação policial (*RTJ* 168/896-897, Rel. Min. Celso de Mello).

A desconsideração das garantias do investigado compromete a eficácia das investigações penais, colocando em evidência a censurável face arbitrária do Estado.

6.2. Direito de acesso ao inquérito policial

É direito do investigado, por intermédio de seu advogado regularmente constituído, o acesso aos autos do inquérito policial.

> **Questão de prova**
> O 22º Concurso de Procurador da República MPF considerou INCORRETA a afirmativa: "quanto ao inquérito, o advogado pode ser impedido de examinar os respectivos autos porque se cuida de peça de natureza administrativa, inquisitiva e sigilosa, não sujeita à mesma publicidade que informa a ação penal".

O direito abrange o poder de examiná-los, extrair cópias ou tomar apontamentos (Lei n. 8.906/94, art. 7º, XIV), mesmo quando a investigação esteja sendo processada em caráter sigiloso, hipótese em que o **advogado do investigado** poderá ter acesso às peças que digam respeito à pessoa do seu cliente e que instrumentalizem prova já produzida nos autos (as provas já produzidas e formalmente incorporadas ao procedimento investigatório, excluídas, consequentemente, as informações e providências investigatórias ainda em curso de execução e não documentadas no próprio inquérito) (*RTJ* 191/547-548).

De acordo com a Súmula Vinculante 14 do STF, é direito do defensor, no interesse do representado, ter acesso amplo aos elementos de prova que, já documentados em procedimento investigatório realizado por órgão com competência de polícia judiciária, digam respeito ao exercício do direito de defesa. Cabe ressaltar que a súmula não alcança sindicância que objetiva elucidação de fatos sob o ângulo do cometimento de infração administrativa.

---

[10] BARBOSA, Manoel Messias. *Inquérito policial*. São Paulo: Método, 2009.

> **Questão de prova**
> O 20º Concurso de Procurador da República MPF considerou INCORRETA a afirmativa: "em sede de inquérito policial é ilimitado o acesso do advogado aos autos do mesmo".

6.3. Investigação criminal direta pelo Ministério Público

No STJ, há posicionamento favorável pela possibilidade do MP investigar de forma direta os crimes, podendo requisitar esclarecimentos ou diligenciar diretamente, visando a instrução de seus procedimentos administrativos, para fins de oferecimento da peça acusatória. A ordem jurídica, aliás, confere explicitamente poderes de investigação ao Ministério Público (art. 129, VI, VIII, da Constituição Federal; e art. 8º, II e IV, e § 2º, da Lei Complementar n. 75/93). A participação de membro do Ministério Público na fase investigatória criminal não acarreta o seu impedimento ou suspeição para o oferecimento da denúncia (Súmula do STJ, Enunciado 234).

Já o STF sustenta que o Ministério Público, embora titular da ação penal, não possui competência para realizar diretamente investigações na esfera criminal, mas apenas de requisitá-las à autoridade policial competente, nos termos do art. 129, VIII, da CF. A titularidade da ação penal implica a dos meios necessários ao alcance do seu múnus, estando esses meios previstos no texto constitucional (CF, art. 129, IX) e legalmente (LC n. 75/93, art. 8º, V; Lei n. 8.625/93, art. 26). O Ministério Público não tem competência para presidir o inquérito policial, de monopólio da polícia.

Os doutrinadores contrários à investigação direta pelo MP fundamentam suas alegações nos seguintes argumentos: a) ofensa ao princípio da equidade; b) ausência de previsão expressa da Constituição; c) monopólio da investigação criminal pela polícia.

Cabe ressalvar que a Constituição atribui ao Ministério Público a função de exercer o controle externo da atividade policial (CF, art. 129, VII), não de substituí-la. Cabe ao Ministério Público acompanhar o trabalho da polícia, buscando evitar ofensas às garantias dos acusados, bem como orientar as apurações para que cumpram seu fim.

De acordo com o julgamento do STF proferido em 18-5-2005, foi reconhecido o poder de investigação do Ministério Público, desde que respeitados os direitos e as garantias que assistem a qualquer pessoa sob investigação do Estado, a reserva constitucional de jurisdição, as prerrogativas profissionais dos advogados (RE 593.727/MG, Rel. Min. Gilmar Mendes).

6.4. Inquérito extrapolicial

O **inquérito é extrapolicial** quando for realizado por autoridade administrativa que não seja a policial, desde que autorizada por lei, nos termos do art. 4º, parágrafo único, do CPP. A tarefa é investigar infração penal e sua respectiva autoria.

Questão de prova

A prova de Analista Processual TJ/RO/2012 considerou INCORRETA a afirmativa: "Somente a autoridade policial – delegados de polícia e delegados federais – tem primazia e exclusividade na investigação de fatos alegadamente criminosos, cabendo a estes, por força constitucional, promover atividade pré-processual por meio do inquérito policial".

ITENS	SUJEITO ATIVO	FINALIDADE	OBSERVAÇÃO
Inquérito policial militar	Autoridade policial militar	Apurar infração de competência da Justiça Militar	Previsão no CP Militar
Inquérito civil	Ministério Público	Coletar informações para propositura da ação civil pública	Art. 129, III, da CF; e Lei n. 7.347/85
Inquérito administrativo	Autoridade administrativa	Apurar responsabilidade de funcionário público	Legislação administrativa
Inquérito parlamentar	Comissão Parlamentar de Inquérito	Investigar fato determinado	Lei n. 1.579/52
Inquérito do STF	STF	Apurar infração cometida na sede ou dependência do STF	Art. 43 do Regimento Interno do STF
Inquérito do Legislativo Federal	Câmara dos Deputados ou Senado Federal	Apurar infração cometida na sede ou dependência da Casa Legislativa Federal	Regimento interno da Casa Legislativa e Súmula 397 do STF

6.5. Inquérito policial e foro por prerrogativa de função

No caso de pessoa que goze de foro por prerrogativa de função, há necessidade de autorização do "foro privilegiado" para que haja o indiciamento.

Na visão técnica, quando a investigação tem como objeto um fato criminoso praticado por pessoa que tem foro por prerrogativa de função, a sua documentação é feita por peças de informação, e não por inquérito policial.

6.6. *Delatio criminis*

É a comunicação feita por qualquer do povo da existência de infração penal em que caiba ação pública à autoridade policial. Nada impede que o destinatário seja o Ministério Público ou autoridade judiciária.

A *delatio criminis* é uma faculdade de comunicar uma *notitia criminis* nos crimes de ação penal pública incondicionada e pode ser feita de forma verbal (será reduzida a termo) ou escrita.

É **simples**, quando se limita à comunicação; e **postulatória**, quando além da comunicação há pedido de providências, como a instauração do próprio inquérito policial. É **qualificada**, quando quem comunica é identificado; e **inqualificada**, quando anônimo.

Mesmo se a *delatio criminis* for anônima, não há impedimento para instauração de inquérito policial ou na deflagração da ação penal, desde que haja investigações preliminares acerca da existência de indícios da veracidade dos fatos noticiados (VPI – instauração da verificação de procedência das informações).

Em caráter excepcional, a *delatio criminis* é medida compulsória: a) art. 269 do CP: "Deixar o médico de denunciar à autoridade pública doença cuja notificação é compulsória: Pena – detenção, de 6 (seis) meses a 2 (dois) anos, e multa"; b) art. 66 do Decreto-lei n. 3.688/41: "Deixar de comunicar à autoridade competente: I – crime de ação pública, de que teve conhecimento no exercício de função pública, desde que a ação penal não dependa de representação; II – crime de ação pública, de que teve conhecimento no exercício da medicina ou de outra profissão sanitária, desde que a ação penal não dependa de representação e a comunicação não exponha o cliente a procedimento criminal: Pena – multa"; c) art. 45 da Lei n. 6.538/78: "A autoridade administrativa, a partir da data em que tiver ciência da prática de crime relacionado com o serviço postal ou com o serviço de telegrama, é obrigada a representar, no prazo de 10 (dez) dias, ao Ministério Público Federal contra o autor ou autores do ilícito penal, sob pena de responsabilidade".

6.7. Juizado de instrução

Não há inquérito. No juizado de instrução, há duas fases: em uma delas, o juiz instrutor efetua prisões, coleta provas e, se constatar indícios de autoria e materialidade, reconhece a procedência da acusação; já a outra é uma audiência de julgamento. "É uma instrução criminal prévia a desenvolver-se no inquérito judicial com o objetivo de descobrir todas as circunstâncias, colher todos os documentos e provocar todas as medidas conservatórias necessárias à segurança dos fatos incriminados e da ação da Justiça, evitando-se a dupla colheita de prova na polícia. A investigação de certos crimes, portanto, desde a abertura do inquérito, estaria sob a responsabilidade de um juiz instrutor"[11].

---

[11] José Arnaldo, STJ. Disponível em: <http://www.stj.gov.br/portal_stj/publicacao/engine.wsp?tmp.area=368&tmp.texto=72233&tmp.area_anterior=44&tmp>.

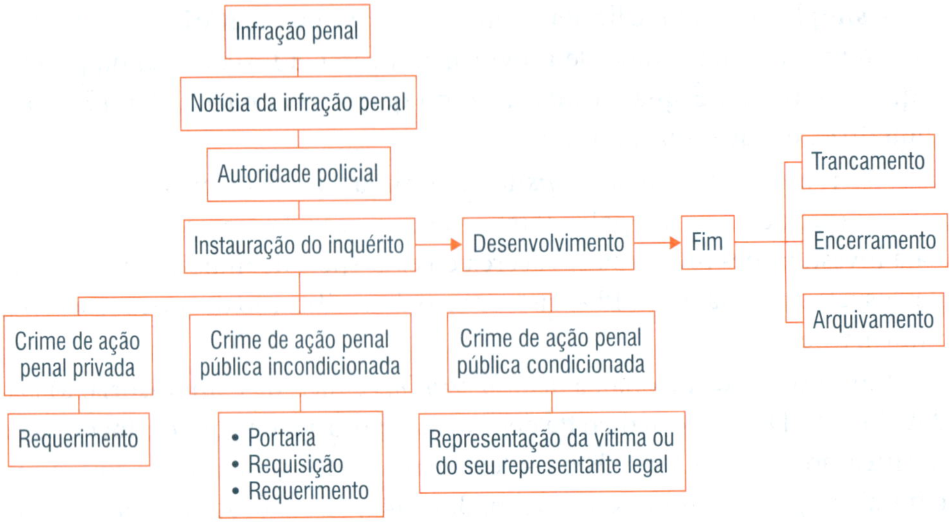

QUESTÕES SOBRE INQUÉRITO POLICIAL

1. (23º Concurso de Procurador da República MPF) Quanto ao inquérito, marque a alternativa INCORRETA:

a) sendo constatadas irregularidades no inquérito policial, reconhece-se a contaminação da ação penal respectiva, que pode ser anulada.

b) não obstante a vedação contida no inciso IV do artigo 5º da Constituição, a autoridade policial pode proceder à investigação a partir de uma *notitia criminis* anônima.

c) não pode o acusado ser compelido a participar da reprodução simulada do crime, embora a diligência tenha sido deferida pelo juiz no curso do inquérito, para atender a requerimento do Ministério público.

d) quando há indícios de autoria e materialidade de fato penal típico, o ato de indiciamento em inquérito policial não configura constrangimento ao direito de locomoção do investigado sanável por *habeas corpus*.

2. (84º Concurso de Promotor de Justiça Substituto MP/SP) De acordo com entendimento jurisprudencial pacífico, decorrente de lógica de interpretação de texto legal, o inquérito policial

a) é imprescindível ao oferecimento da denúncia.

b) está, obrigatoriamente, sujeito ao princípio constitucional do contraditório.

c) autoriza a prolação de decisão condenatória cujo único suporte seja ele próprio.

d) deve assegurar o princípio constitucional da ampla defesa.

e) é procedimento administrativo, de caráter investigatório, informativo e inquisitorial, destinado a subsidiar a atuação do Ministério Público.

3. (85º Concurso de Promotor de Justiça Substituto MP/SP) Assinale a afirmação correta.

a) A autoridade policial pode indeferir a instauração de inquérito policial por entender de difícil apuração o fato criminoso noticiado.

b) O juiz deve arquivar o inquérito policial, de ofício, quando se convença da falta de justa causa para a persecução penal.

c) O Delegado de Polícia deve arquivar o inquérito policial quando as investigações tornem patente a inexistência de crime.

d) A requisição de inquérito pelo Ministério Público é modalidade de delação postulatória.

e) Nos crimes de ação penal pública incondicionada o inquérito policial é dispensável quando o Ministério Público dispõe de elementos informativos idôneos para embasar a denúncia.

4. (87º Concurso de Promotor de Justiça Substituto MP/SP) Assinale a afirmativa incorreta, em relação ao inquérito policial:

a) nos crimes de ação penal privada, a autoridade policial somente pode instaurar o inquérito policial a requerimento do ofendido.
b) o inquérito policial é imprescindível para instruir o oferecimento da denúncia.
c) a autoridade policial não pode determinar o arquivamento do inquérito policial.
d) a autoridade policial pode indeferir o pedido de instauração de inquérito policial feito pelo ofendido.
e) segundo entendimento do Supremo Tribunal Federal, consolidado em Súmula Vinculante, o defensor do investigado pode ter acesso aos elementos de convencimento já documentados em procedimento investigatório realizado por órgão da polícia judiciária, desde que digam respeito ao exercício da defesa e no interesse do seu representado.

5. (19º Concurso de Procurador da República MPF) O inquérito policial, a cargo da Polícia Federal:

a) sempre acompanhará a denúncia ou queixa.
b) deve dar-se através do contraditório.
c) não tem prazo para seu término quando solto o réu.
d) deve ser concluído no prazo de 15 dias prorrogáveis por igual prazo se preso o indiciado.

6. (III Concurso de Juiz Substituto TRF3) Do despacho que indeferir o requerimento de instauração de inquérito policial formulado pelo ofendido:

a) cabe agravo ao juiz competente para conhecer do inquérito;
b) cabe reclamação ao órgão do Ministério Público competente;
c) cabe recurso ao Chefe de Polícia;
d) a autoridade policial não pode indeferir o pedido.

7. (II Concurso de Juiz Substituto TRF3) Assinale a alternativa correta. Arquivado o inquérito policial, por despacho do juiz, a requerimento do Ministério Público:

a) não pode ser proposta ação civil de reparação do dano causado pelo delito;
b) sem novas provas, não pode o inquérito ser desarquivado e a ação penal iniciada;
c) não pode a ação penal ser, em qualquer caso, iniciada, por força da coisa julgada material;
d) será cabível ação penal privada subsidiária da pública.

8. (83º Concurso de Promotor de Justiça Substituto MP/SP) Sendo o inquérito policial referente a crime de ação penal pública arquivado pelo Juiz de Direito, sem a manifestação do representante do Ministério Público, caberá

a) pedido de reconsideração.
b) recurso em sentido estrito.
c) *habeas corpus*.
d) mandado de segurança.
e) correição parcial.

9. (20º Concurso de Procurador da República MPF) Em relação à atuação de membro do Ministério Público

a) pode o Procurador-Geral, provocado por aplicação analógica do artigo 28 pelo juiz, discordar do pedido de baixa dos autos do inquérito, subscrito por Procurador da República, e designar outro membro da Instituição a formalizar a acusação.
b) a hipótese anterior só é possível no caso do juízo, que é exclusivo, não delegado, do Procurador-Geral, pelo arquivamento.
c) o juiz prescinde da decisão do Procurador-Geral e pode, a seu juízo, indeferir o pedido de baixa, encaminhando os autos a outro membro do Ministério Público para denunciar.
d) há ofensa ao princípio do promotor natural quando o Procurador-Geral, invocando a aplicação analógica do artigo 28, decide sobre pedido de baixa dos autos à complementação de diligências.

10. (21º Concurso de Procurador da República MPF) A construção jurisprudencial que sacramentou o chamado "pedido de arquivamento indireto"

a) lastreou-se em interpretação extensiva do artigo 28 do CPP.
b) lastreou-se em interpretação analógica do artigo 28 do CPP.
c) lastreou-se em interpretação restritiva do artigo 28 do CPP.
d) lastreou-se em integração analógica do artigo 28 do CPP.

11. (V Concurso de Juiz Substituto TRF3) A decisão do juiz federal que concede "habeas corpus" para trancar inquérito policial:

a) pode ser impugnada pelo Ministério Público através de apelação;
b) pode ser impugnada pelo assistente do Ministério Público através de recurso em sentido estrito;
c) pode ser impugnada pela autoridade policial através de apelação;
d) está sujeita a recurso de ofício para o Tribunal Regional Federal.

12. (20º Concurso de Procurador da República MPF) Em tema de investigação criminal

a) está a mesma monopolizada no trabalho policial.
b) o inquérito civil público é bastante a embasar a persecução criminal judicial.
c) ainda que o inquérito civil público preencha adequadamente o *fumus boni iuris* a legitimar a persecução criminal, é imperativa a formalização do procedimento criminal no próprio Ministério Público para ajuizamento da denúncia.
d) cabe ao Juiz, rejeitando a denúncia, indicar os dados de investigação, ausentes na peça acusatória, e então devolver os autos ao Ministério Público à complementação das investigações.

13. (I Concurso de Juiz Substituto TRF3) Assinale a alternativa correta. O prazo para conclusão do inquérito policial instaurado para a apuração de crime cujo processo e julgamento compete à Justiça Federal, quando o indiciado estiver preso, é, de regra, de:

a) 15 (quinze) dias;
b) 10 (dez) dias;
c) 30 (trinta) dias;
d) 20 (vinte) dias;
e) 05 (cinco) dias.

14. (Magistratura BA/2012) Considerando os institutos aplicáveis ao direito processual penal, assinale a opção correta.

a) Segundo o entendimento dos tribunais superiores, em hipótese nenhuma, é admitida a persecução penal iniciada com base em denúncia anônima.
b) De acordo com o entendimento dos tribunais superiores, em face do princípio da ampla defesa, é direito do defensor, no interesse do representado, ainda que em fase inquisitorial, ter acesso a procedimento investigativo referente à medida de busca e apreensão domiciliar a ser executada.
c) Consoante o entendimento dos tribunais superiores, o arquivamento de inquérito policial com base na atipicidade do fato tem eficácia de coisa julgada material, exceto se emanada a decisão de juiz absolutamente incompetente.
d) Segundo entendimento dos tribunais superiores, caso o MP não ofereça a suspensão condicional prevista na Lei n. 9.099/1995, o magistrado deve fazê-lo de ofício.
e) O juiz pode determinar, de ofício, a reconstituição do crime durante a fase inquisitorial.

15. (Inspetor Polícia Civil/RJ/2012) "Todo o poder de direção do inquérito se concentra nas mãos da autoridade policial". A definição corresponde à característica da:

a) inquisitorialidade.
b) formalidade.
c) sistematicidade.

d) unidirecionalidade.
e) sigilosidade.

16. (Titular de Serviços de Notas e Registro RJ/2012) Sobre o inquérito policial, é correto afirmar que

a) a autoridade policial poderá arquivar autos de inquérito.
b) o ofendido, ou seu representante legal, e o indiciado poderão requerer qualquer diligência, que deve ser cumprida pela autoridade policial.
c) nos crimes em que não couber ação pública, os autos do inquérito serão arquivados na delegacia de polícia até a provocação do interessado.
d) a autoridade policial depende de autorização judicial para poder realizar a reprodução simulada dos fatos.
e) no relatório do que tiver sido apurado, a autoridade policial poderá indicar testemunhas que não foram inquiridas, mencionando o lugar onde possam ser encontradas.

17. (Advogado SPTrans/2012) Analise as seguintes assertivas acerca do inquérito policial:

I. o despacho que indeferir o requerimento de abertura de inquérito é irrecorrível;
II. visando assegurar o sigilo necessário, a autoridade policial pode inadmitir, ao defensor, o acesso ao inquérito policial;
III. nos atestados de antecedentes é vedado à autoridade policial mencionar quaisquer anotações referentes à instauração de inquérito, salvo no caso de existir condenação anterior;
IV. a autoridade policial não pode instaurar inquérito policial, de ofício, nos crimes em que a ação pública depender de representação.

É correto apenas o que se afirma em

a) IV.
b) I e II.
c) I e IV.
d) II e III.
e) III e IV.

18. (Delegado Polícia Civil/RJ/2012) A autoridade policial, ao chegar no local de trabalho como de costume, lê o noticiário dos principais jornais em circulação naquela circunscrição. Dessa forma, tomou conhecimento, através de uma das reportagens, que o indivíduo conhecido como "José da Carroça", mais tarde identificado como José de Oliveira, teria praticado um delito de latrocínio. Diante da notícia da ocorrência de tão grave crime, instaurou o regular inquérito policial, passando a investigar o fato. Após reunir inúmeras provas, concluiu que não houve crime. Nesse caso, deverá a autoridade policial:

a) relatar o inquérito policial, requerendo o seu arquivamento e encaminhando-o ao juízo competente.
b) determinar o arquivamento dos autos por falta de justa causa para a propositura da ação.
c) encaminhar os autos ao Ministério Público para que este determine o seu arquivamento.
d) relatar o inquérito policial, sugerindo ao Ministério Público seu arquivamento, o que será apreciado pelo juiz.
e) relatar o fato a Chefe de Polícia, solicitando autorização para arquivar os autos por ausência de justa causa para a ação penal.

19. (Defensor Público SE/2012) Durante interrogatório, Juvenal, processado criminalmente pelo crime de furto, confessou ter praticado, também, o crime de roubo em outras oportunidades. Sabendo da notícia, o juiz que presidia a audiência expediu ofício à delegacia de polícia, requisitando a instauração de inquérito policial para apurar os delitos cometidos. Após receber a requisição judicial, Aderbal, delegado de polícia que já investigara Juvenal em outras ocasiões, instaurou o inquérito policial, determinando a oitiva de testemunhas. No dia dos testemunhos, Juvenal compareceu à delegacia, acompanhado de advogado, com o objetivo de indagar as testemunhas, o que foi indeferido pelo delegado. Em seguida, o causídico requereu vistas do inquérito policial, o que também não foi permitido pela autoridade policial. Revoltado com a atuação de seu patrono, Juvenal demitiu, ofendeu e agrediu fisicamente o advogado na frente do delegado, que entendeu por bem agir de ofício, lavrando termo circunstanciado e instaurando inquérito policial para apuração do crime de injúria, com o objetivo de

apurar o conteúdo das ofensas proferidas. Verificando a ausência de suporte probatório mínimo, o MP requereu o arquivamento do inquérito policial relativo ao delito de furto, o que foi acatado pelo juízo. Posteriormente, outro membro do *Parquet*, reexaminando os autos, ofereceu denúncia contra Juvenal pelo crime de roubo. Juvenal procurou a DP para obter orientação jurídica sobre o caso.

Com base na situação hipotética acima apresentada, assinale a opção correta a respeito do inquérito policial.

a) De acordo com a jurisprudência do STF, o arquivamento do inquérito policial por ausência de suporte probatório mínimo ao início da ação penal não impede o posterior oferecimento de denúncia em caso de reexame do acervo de provas produzidas, independentemente do surgimento de novas evidências.

b) O delegado de polícia agiu corretamente ao instaurar de ofício inquérito policial para a investigação do crime de injúria, visto que tem o dever de assim agir quando na presença de crime.

c) O CPP proíbe a apresentação de exceção de suspeição contra a autoridade policial que preside o inquérito. Assim, não seria possível arguir a suspeição do delegado de polícia que investiga os crimes supostamente cometidos por Juvenal.

d) O delegado de polícia não agiu corretamente ao indeferir a participação do acusado nos atos instrutórios do inquérito, desrespeitando os princípios constitucionais do contraditório e da ampla defesa.

e) Não constitui violação do princípio acusatório, princípio constitucional implícito, o fato de a autoridade judiciária ter requisitado a instauração de inquérito policial contra Juvenal.

20. (Delegado Polícia Civil/MA/2012) Com relação ao prazo para a conclusão do inquérito policial instaurado para apurar a prática do crime de tráfico de entorpecentes, de acordo com a Lei n. 11.343, de 23 de agosto de 2006, assinale a afirmativa correta.

a) Será de 10 (dez) dias, se o indiciado estiver preso, e de 30, na hipótese de o indiciado estar solto.

b) Não poderá ultrapassar 30 dias, se o indiciado estiver preso.

c) Será de 30 dias, se o indiciado estiver preso, e de 90 dias, quando estiver solto, podendo o juiz, ouvido o Ministério Público, mediante pedido justificado da autoridade de polícia judiciária, triplicar tal prazo.

d) Excepcionalmente, quando requerido de forma fundamentada pela autoridade de polícia judiciária, ouvido o Ministério Público, poderá ser de 180 dias, se o indiciado estiver solto.

e) Será de 30 dias, se o indiciado estiver preso, e de 60 dias, quando estiver solto, podendo o juiz, ouvido o Ministério Público, mediante pedido justificado da autoridade de polícia judiciária, duplicar tal prazo.

21. (Juiz de Direito TJ/PA/2014) Salvo exceções expressamente previstas em leis especiais, o prazo para a conclusão do inquérito policial cujo indiciado estiver preso, que tramita junto à Polícia Civil (Estadual) e à Polícia Federal é, respectivamente, de

a) 10 dias; 10 dias.

b) 10 dias, prorrogáveis por mais 10 dias; 15 dias.

c) 10 dias; 15 dias prorrogáveis por mais 15 dias.

d) 5 dias, prorrogáveis por mais 5 dias; 10 dias.

e) 5 dias; 10 dias.

22. (Procurador PG/DF/2013) Considerando as normas referentes ao inquérito policial, julgue os itens a seguir.

Segundo as normas processuais penais vigentes, a autoridade policial não pode determinar o arquivamento do inquérito, salvo se o MP, previamente consultado, concordar com tal determinação.

( ) Certo ( ) Errado

23. (Delegado da Polícia Federal PF/2013)) Considerando as normas referentes ao inquérito policial, julgue os itens a seguir.

Uma quadrilha, em determinado lapso temporal, realizou, em larga escala, diversos roubos de cargas e valores transportados por empresas privadas em inúmeras operações interestaduais, o que ensejou a atuação da Polícia Federal na coordenação das investigações e a instauração do competente inqué-

rito policial. Nessa situação hipotética, findo o procedimento policial, os autos deverão ser remetidos à justiça estadual, pois a atuação da Polícia Federal não transfere à justiça federal a competência para processar e julgar o crime.

( ) Certo ( ) Errado

PRESTE ATENÇÃO!

- O inquérito policial é um dos meios da investigação criminal.
- O inquérito policial possui as seguintes características: escrito, dispensabilidade, inquisitivo, procedimento administrativo investigatório e preparatório da ação penal, peça informativa, indisponibilidade, sigilo, discricionariedade, oficialidade, autoritariedade, valor probatório relativo, temporariedade, obrigatoriedade e autoexecutoriedade.
- O inquérito policial somente pode ser arquivado por determinação judicial, a requerimento do MP, quando houver justa causa.
- O indiciamento é ato policial de caráter não vinculante e integrante da primeira fase da persecução penal.

CUIDADO!

- Os vícios no inquérito podem diminuir seu valor probatório e relaxar prisão.
- A incomunicabilidade do indiciado será permitida quando houver exigência por interesse da sociedade ou conveniência da investigação, não excederá a 3 (três) dias e depende de requerimento da autoridade policial ou do MP.

IMPORTANTE!

- É possível desarquivamento do inquérito quando aparecerem novas provas e desde que não esteja extinta a punibilidade.
- O indiciado não pode ser considerado mero objeto de investigações, mas titular de direitos e garantias.

Capítulo
9

AÇÃO PENAL

1. Conceito

Ação penal é o direito de pedir ao juiz a aplicação do Direito Penal Objetivo a um caso concreto, visando a satisfação da pretensão punitiva. Sua propositura depende da ocorrência de uma infração penal, gerando, por consequência, o processo penal, que visa a aplicação da devida sanção.

> **Questão de prova**
> A prova de Analista Judiciário TRE/SC/2009 considerou CORRETA a afirmativa: "A ação penal pode ser conceituada como o direito público subjetivo de pleitear ao Estado-Juiz a aplicação do direito penal objetivo ao caso concreto".

Para o Direito Romano, a ação penal era conferida a qualquer cidadão, porque não havia um órgão específico para impetrá-la. O *Corpus Juris Civilis* define a ação como o *jus persequendi in judicio quod sibi debeatur* (direito de perseguir em juízo o que se nos deve). Os romanos distinguiam os delitos em públicos (*delicta publica*) e privados (*delicta privata*); em ambos os casos, a ação pertencia ao cidadão.

No Direito Brasileiro, a ação penal foi normatizada inicialmente com a promulgação do Código de Processo Penal de 1830. A ação manifestava-se sob duas espécies: a primeira era a queixa, que só competia ao ofendido, seu pai, mãe, tutor, curador ou cônjuge; a segunda era a denúncia, que competia ao Ministério Público ou a qualquer do povo. Com o advento do Código Penal republicano de 1890, manteve-se a ação penal sob as espécies de denúncia e queixa. No Código Penal de 1940, foi dividida em pública e privada; a pública continuava a ser a regra, só sendo privadas as expressamente declaradas por lei.

2. Natureza jurídica

A ação penal é um instituto previsto não só no Código de Processo Penal, mas também no Código Penal. Questiona-se sua natureza: se instituto penal, processual penal ou misto. O entendimento majoritário é o de ser a ação penal um instituto misto.

3. Características

a) **Fundamento constitucional:** a ação penal tem como base o devido processo legal e a inafastabilidade da jurisdição (art. 5º, XXXV, CF), já que o seu exercício é necessário para a aplicação do Direito Penal Objetivo (não há jurisdição sem ação).

b) **Direito público:** é exercido em face do Estado.

c) **Direito subjetivo:** consiste no direito de exigir do Estado-juiz o exercício da jurisdição criminal, com a aplicação do Direito Objetivo.

d) **Direito determinado e específico:** tem como objeto uma pretensão criminal envolvida em um caso concreto.

e) **Direito autônomo:** independe da existência do direito material.

f) **Direito abstrato:** independe do resultado final do processo.

g) **Direito instrumental:** é meio para satisfazer a pretensão ligada a um caso concreto.

4. Condições da ação penal

Questão de prova

A prova de Técnico do MPE/PE/2012 considerou CORRETA a afirmativa: "A possibilidade jurídica do pedido, o interesse de agir e a legitimidade *ad causam* são condições da ação".

4.1. Condições gerais

São requisitos para o exercício do direito de ação:

a) **Possibilidade jurídica do pedido:** o fato narrado deve ser típico, ou seja, previsto na lei como infração penal. A pretensão deduzida em juízo visa a aplicação de uma sanção penal prevista na ordem jurídica, diante da ocorrência de uma infração descrita na lei como crime ou contravenção.

b) **Interesse de agir: 1) viabilidade:** a ação só pode ser movida se houver a presença de indícios suficientes de autoria e materialidade do crime; **2) punibilidade:** só é possível promover a ação enquanto não for extinta a punibilidade. Há doutrinadores que afirmam que o interesse de agir é demonstrado pela **necessidade** (sem ajuizar a ação, não é possível a satisfação da pretensão punitiva com aplicação da sanção penal), **adequação** (o provimento jurisdicional deve ser apto a atender ao caso concreto) e **utilidade** (o uso da ação deve ser relevante, ou seja, trazer algum proveito para o autor da ação penal).

c) **Legitimação para agir ou *ad causam*: 1) ativa:** é manifestada pela titularidade da ação, ou seja, o legitimado ativo é o Ministério Público, quando a ação for penal pública, e será o ofendido, quando a ação for penal privada; **2) passiva:** a ação só pode ser movida contra quem praticar a infração penal, ou seja, o autor, coautor ou partícipe. Existe a legitimidade ativa concorrente, ou seja, a possibilidade de mais de um autor ajuizar ação penal. Cabe ressalvar que, se um dos legitimados propuser a ação, os demais ficarão impedidos de propô-la.

No Brasil, é adotada a teoria da asserção, em que as condições da ação são aferidas de acordo com o que foi afirmado na inicial acusatória, dispensando-se dilação probatória.

4.2. Condições específicas

São as exigidas para o exercício de certas espécies de ação penal. São chamadas de "condições de procedibilidade". Podemos citar como exemplos: requisição do Ministro da Justiça; representação da vítima ou do seu representante legal; certidão do trânsito em julgado da sentença anulatória de casamento (art. 236 do CP); **entrada do agente no território nacional** no caso de crime praticado no exterior.

Questão de prova

A prova de Delegado da Polícia Civil/MG/2011 considerou CORRETA a afirmativa: "Não é condição geral ou especial da ação penal a entrada do agente no território nacional em caso de extraterritorialidade da lei penal".

Há na doutrina quem faça distinção entre condição de procedibilidade própria (exigida para o exercício da ação penal) e imprópria (exigida para validade do ato processual)[1].

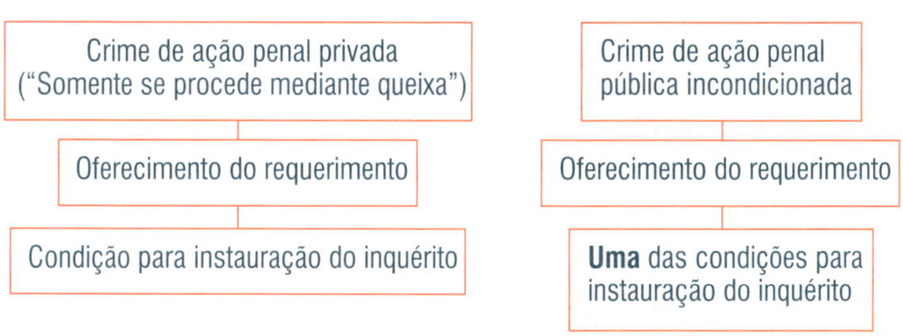

---

[1] MUCCIO, Hidejalma. *Curso de processo penal*. São Paulo: Método, 2012.

5. Carência da ação penal

É a falta de condição exigida pela lei para o exercício da ação penal. O juiz deve rejeitar a denúncia ou queixa. Se o juiz receber a exordial acusatória, poderá reconhecer a carência em momento posterior, a qualquer tempo, em qualquer instância, por ser matéria de ordem pública. Uma vez reconhecida, ocorrerá nulidade absoluta do processo.

6. Classificação da ação penal

6.1. Critério da tutela jurisdicional

As ações penais podem ser classificadas em:

a) **Ações de conhecimento:** aquelas em que se busca decisão de um caso concreto no Direito Penal. Podem ser:
   - **declaratórias:** visam a declaração da existência ou inexistência de uma situação jurídica;
   - **constitutivas:** visam a criação, modificação ou extinção de uma situação jurídica;
   - **condenatórias:** visam a satisfação da pretensão punitiva em face do infrator da lei penal, com a consequente aplicação da sanção penal.

b) **Ações de execução:** são aquelas nascidas da sentença condenatória, visando a atuação da sanção penal. Cabe ressaltar que a ação penal executiva só ocorrerá quando o objeto for a pena de multa. Na execução das penas privativas de liberdade e restritivas de direito, não há ação de execução, mas um prolongamento da relação existente na ação penal condenatória.

c) **Ações cautelares:** são as que determinam providências urgentes e provisórias que visam assegurar a eficácia da decisão final.

6.2. Legitimidade para promover a ação penal

As ações penais podem ser classificadas em:

a) **Ação de iniciativa privada ("ação privada"):** quando proposta pelo ofendido. A iniciativa pode ser do ofendido quando a lei considerar que cabe a ele decidir sobre a conveniência de submeter o conflito a julgamento. O ofendido pode, ainda, propor **ação penal subsidiária da pública**, quando o representante do Ministério Público se omitir, for negligente. É o que está no art. 5º, LIX, da Constituição: "Será admitida ação privada nos crimes de ação pública, se esta não for intentada no prazo legal".

Questão de prova

A prova do Exame da OAB unificado/2012 considerou CORRETA a afirmativa: "Tício está sendo investigado pela prática do delito de roubo simples, tipificado no artigo 157, *caput*, do Código Penal. Concluída a investigação, o Delegado Titular da 41ª Delegacia Policial envia os autos ao Ministério Público, a fim de que este tome as providências que entender cabíveis. O *Parquet*, após a análise dos autos, decide pelo arquivamento do feito, por falta de provas de autoria. A vítima ingressou em juízo com uma ação penal privada subsidiária da pública, que foi rejeitada pelo juiz da causa, que, no caso acima, agiu corretamente, pois a vítima não tem legitimidade para ajuizar ação penal privada subsidiária da pública".

b) **Ação de iniciativa pública ("ação pública"):** quando promovida pelo Ministério Público. Entre as ações penais públicas propriamente ditas, há as incondicionadas e as condicionadas. As primeiras independem do preenchimento de condição; já as ações condicionadas são movidas pelo Ministério Público depois da representação do ofendido ou de seu representante legal ou da requisição do Ministro da Justiça. Cabe ressaltar que, é possível a qualquer do povo provocar o Ministério Público fornecendo informações sobre infração penal, nos termos do art. 27 do CPP.

Na verdade, as ações penais são sempre públicas, pois são propostas em face do Estado.

A identificação da ação penal, se pública ou privada, depende do exame do texto legal. No caso de crime praticado em detrimento do patrimônio ou interesse da União, dos Estados e Municípios, a ação será pública, nos termos do art. 24, § 2º, do CPP. Dessa forma, não havendo expressa disposição legal sobre a forma de proceder, a ação será **pública incondicionada**; se houver expressa disposição legal, a ação será pública condicionada (somente se procede mediante representação do ofendido ou requisição do Ministro da Justiça) ou privada (somente se procede mediante queixa).

Questão de prova

A prova de Analista Judiciário TRF 2ª Região/2012 considerou CORRETA a afirmativa: "Quando a lei penal incriminadora silencia a respeito da ação penal cabível para determinada infração penal, entende-se que a ação penal é pública incondicionada".

6.3. Outras classificações

a) **Ação penal *ex officio*:** é ação penal iniciada a partir do auto de prisão em flagrante ou por meio de portaria expedida pela autoridade judicial ou policial nos crimes culposos e contravenções penais. Não mais prevalece, em face do art. 129, I, da CF.

b) **Ação penal adesiva:** é ação penal em que há litisconsórcio ativo facultativo entre o Ministério Público e o querelante, em razão da existência de crimes conexos, cada qual sujeito a uma espécie diferente de ação.

c) **Ação penal popular:** é o pedido de *habeas corpus* formulado por qualquer pessoa do povo ou a denúncia formulada por qualquer cidadão nos crimes de responsabilidade.

d) **Ação penal de impugnação:** meio de impugnação de atos jurisdicionais que gera nova relação processual. É o caso do *habeas corpus* e da revisão criminal. O mandado de segurança é ação civil de impugnação.

e) **Ação penal secundária:** é aquela em que as circunstâncias do caso concreto fazem variar a modalidade da ação penal.

f) **Ação penal de prevenção geral:** é aquela em que o pedido é a aplicação da medida de segurança.

g) **Ação penal concorrente:** é a prevista para crime contra a honra de servidor público em razão do exercício de suas funções. Nesse caso, é possível a legitimidade do ofendido, mediante queixa, e do Ministério Público, condicionada à representação do ofendido, nos termos da Súmula 714 do STF.

7. Ação penal pública

7.1. Titularidade e espécies

A ação penal pública tem como **titular exclusivo** o Ministério Público. Trata-se de **legitimação ordinária**, porque o *parquet* promove a ação penal em nome próprio e para proteger interesse próprio do Estado.

Nessa espécie de ação penal, o Ministério Público é o ***dominus litis***, ou seja, o seu titular, cabendo-lhe a função de promovê-la privativamente (art. 129, I, da CF), além de velar pela observância da lei.

O Ministério Público é **órgão imparcial**, pois visa defender os interesses da sociedade na fiscalização da aplicação regular da lei e na busca da justiça.

Na ação penal pública, a petição inicial é a denúncia, regulada entre os arts. 24 e 62 do Código de Processo Penal e no art. 100 do Código Penal.

Há duas espécies de ação penal pública: a) condicionada: depende de condição exigida na lei, ou seja, representação da vítima ou de seu representante legal, ou de requisição do Ministro da Justiça; b) incondicionada: independe de condição exigida na lei.

7.2. Princípios

A ação penal pública é regida pelos seguintes princípios:

a) **obrigatoriedade:** havendo indícios de autoria e materialidade do crime, o Ministério Público é obrigado a promover a ação penal. Na Lei n. 9.099/95, tal princípio é denominado "discricionariedade regrada", uma vez que o Ministério Público tem a liberdade de dispor da ação penal nas hipóteses legais, pois há possibilidade de transação penal;

b) **indisponibilidade:** o Ministério Público não pode desistir da ação penal ou do recurso interposto. Na Lei n. 9.099/95, tal princípio é denominado "disponibilidade mitigada", ou seja, o Ministério Público tem a possibilidade de, preenchidos os requisitos legais, propor ao acusado, após o oferecimento da denúncia, a suspensão condicional do processo, por um prazo de dois a quatro anos. Súmula 723 do STF: "Não se admite a suspensão condicional do processo por crime continuado, se a soma da pena mínima da infração mais grave com o aumento mínimo de um sexto for superior a um ano";

> **Questão de prova**
> A prova de Técnico Judiciário TJ/AC/2012 considerou CORRETA a afirmativa: "O Ministério Público não poderá desistir da ação penal".

c) **intranscendência:** a ação penal só pode ser movida contra o coautor ou partícipe da infração penal;

d) **indivisibilidade:** "...o oferecimento da denúncia contra um acusado ou mais não impossibilita a posterior acusação de outros" (STF, REsp 388.473). O Ministério Público não pode escolher quem vai processar; pode excluir infrator, desde que haja justificativa;

e) **oficialidade:** a ação penal deve ser promovida por órgão oficial, estatal, ou seja, o Ministério Público;

f) **oficiosidade:** o Ministério Público age de ofício, independentemente de provocação, salvo nas hipóteses em que a ação penal for pública condicionada;

g) **autoritariedade:** a ação penal é promovida por autoridade pública, qual seja, membro do Ministério Público.

8. Ação penal pública condicionada

É a ação penal que depende de condição exigida em lei, ou seja, da representação do ofendido ou requisição do Ministro da Justiça.

8.1. Representação

A representação é a manifestação de vontade da vítima ou de seu representante legal. A finalidade é comunicar infração penal e pedir providências para o Ministério Público (apurar a ocorrência e, se for o caso, exercer a pretensão punitiva em face do respectivo infrator). Na representação, devem constar: nome do ofendido, nome do ofensor e menção do fato criminoso (informações sobre indícios de autoria e materialidade do crime, nos termos do art. 39, § 2º, do CPP); se há vestígios, juntar laudo; rol de testemunhas.

A ação penal pelo Ministério Público é impedida pela falta de representação, que é causa de nulidade no processo, mas pode ser suprida a qualquer tempo, antes da sentença final (art. 564, III, *a*, do CPP). No caso de oferecimento da ação penal sem representação, haverá ilegitimidade de parte. Na hipótese de não oferecimento da representação no prazo legal, ocorrerá decadência, ou seja, extinção de punibilidade, nos termos do art. 107, VI, do CP c/c o art. 38 do CPP.

A representação é condição de **procedibilidade** (autorização para agir) e instituto híbrido, pois regulado no direito processual penal e no direito penal. Há quem sustente ser condição objetiva de punibilidade, como elemento essencial do crime.

Questão de prova

A prova da Magistratura TJ/ES/2011 considerou CORRETA a afirmativa: "A representação, condição de procedibilidade exigida nos crimes de ação penal pública condicionada, só se aperfeiçoa com a inequívoca manifestação de vontade, formal e escrita, da vítima ou de seu representante legal no sentido de que se promova a responsabilidade penal do agente".

Na decisão de oferecimento da denúncia, a representação não vincula o Ministério Público, de forma que: a) se estiverem presentes os indícios de autoria e materialidade do crime, é obrigado a oferecer a denúncia; b) se não estiverem presentes os indícios, pode promover o arquivamento.

A representação não tem forma especial, bastando intenção inequívoca de querer processar o suspeito. Não tem rigor formal; pode ser escrita ou verbal; basta que haja manifestação não duvidosa da vontade da vítima, ou do seu representante legal, em querer a responsabilização criminal do infrator, por meio da apuração da autoria e da materialidade do crime.

Pode ser endereçada ao juiz (que a remete ao representante do Ministério Público), delegado (que a remete ao representante do Ministério Público) ou promotor (que, se tiver elementos suficientes para a propositura da ação penal, oferece denúncia; se não tiver, remete-a para a autoridade policial).

Após o oferecimento da denúncia, a representação torna-se **irretratável**. É possível retratação da retratação, desde que seja feita no prazo decadencial. É possível renúncia ao direito de representação quando houver a composição dos danos civis homologada pelo juiz mediante sentença irrecorrível, nos termos do art. 74, parágrafo único, da Lei n. 9.099/95. Existe a retratação tácita, que é a reconciliação da vítima com o infrator da lei penal. Há discussão doutrinária a respeito da sua admissibilidade, existindo dois posicionamentos: a) é permitida, pois a vítima demonstra não mais ter interesse na punição; b) não é permitida, pois falta previsão legal.

Questão de prova A prova de Defensor Público SP/2012 considerou INCORRETA a afirmativa: "Tratando-se de ação penal pública condicionada, e havendo representação da vítima, poderá ocorrer retratação caso a vítima a oferte até o recebimento da denúncia, haja vista que a lei processual prevê hipótese de arrependimento do ofendido".

O fundamento é evitar que o escândalo do processo provoque no ofendido um mal maior do que a impunidade do criminoso. A necessidade da representação fundamenta-se no princípio da oportunidade, ou seja, no interesse da vítima de decidir processar o criminoso ou não, de acordo com sua vontade.

Em regra, o prazo é de seis meses, a contar da ciência, do dia em que o titular do direito de representação soube quem é o autor do crime (art. 103 do CP; e art. 38 do CPP); trata-se de prazo de natureza decadencial, penal e improrrogável.

A **representação**, denominada *delatio criminis* postulatória, é um pedido-autorização do ofendido ou representante legal. Pode ser feita por procurador (não precisa ser advogado), desde que seja maior de 18 anos e tenha poderes especiais. No caso de morte ou ausência, o direito passará para o cônjuge, ascendente, descendente ou irmão. O representante legal é o responsável (pai, tutor, curador, parentes em geral). Em face do princípio da igualdade jurídica dos pais, se houver divergência entre eles, a solução cabe ao juiz. Há algumas situações específicas:

a) ofendido menor de 18 anos: representante legal;

b) ofendido menor de 21 anos e maior de 18 anos: ofendido;

c) ofendido sem representante legal: curador especial nomeado pelo juiz;

d) ofendido enfermo mental: representante legal;

e) ofendido com interesses colidentes com o do representante: curador especial nomeado pelo juiz;

f) mulher casada: pode exercer o direito de representação sem o consentimento do marido, em razão do princípio constitucional da igualdade jurídica entre os cônjuges.

Questão de prova A prova de Promotor de Justiça MPE/MG/2012 considerou INCORRETA a afirmativa: "A representação é condição objetiva de punibilidade exigida do ofendido ou de quem tiver qualidade para representá-lo e, no caso de morte, pode ser exercida pelo cônjuge, ascendente, descendente ou irmão".

A representação tem efeito extensivo, ou seja, se for feita contra um infrator e no decorrer das investigações forem descobertos indícios de participação de outros infratores, não será necessária nova representação para inclusão deles, pois a original é estendida para todo o fato criminoso.

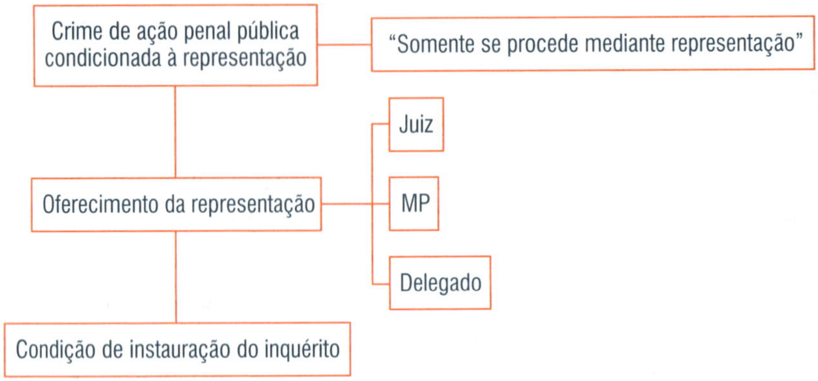

8.2. Requisição do Ministro da Justiça

A requisição é autorização política para processar.

É formal, devendo ser endereçada ao Ministério Público, contendo nome do ofendido, nome do ofensor e menção do fato criminoso.

Não obriga o Ministério Público a **oferecer a ação penal** e é irretratável. A requisição pode ser oferecida enquanto não houver extinção da punibilidade. Em relação ao efeito extensivo existente na representação, há divergência da sua existência na requisição.

> **Questão de prova**
> O IX Concurso de Juiz Federal do TRF4 considerou INCORRETA a afirmativa: "A requisição do Ministro da Justiça, exigida em lei, como condição para o oferecimento de denúncia, obriga o Ministério Público a promover a ação penal".

O fundamento é a ocorrência de crimes em que haja conveniência política: a) crime contra a honra do Presidente da República ou chefe de governo estrangeiro; b) crime praticado por estrangeiro contra brasileiro fora do Brasil.

A falta de requisição impede a ação penal pelo Ministério Público. É causa de nulidade no processo, mas pode ser suprida a qualquer tempo, antes da sentença final (art. 564, III, *a*, do CPP). No caso de oferecimento da ação penal sem requisição, haverá ilegitimidade de parte.

9. Ação penal privada

9.1. Conceito, fundamento e espécies

A **ação penal privada** é a promovida pela vítima (pessoa física ou jurídica) ou por seu representante legal, salvo no crime previsto no art. 236 do Código Penal, em que somente pode ser promovida pela vítima.

Questão de prova

A prova de Auxiliar Judiciário TJ/AL/2012 considerou INCORRETA a afirmativa: "Nas hipóteses de ação penal privada, se o ofendido morrer ou for declarado ausente por decisão judicial, a ação será extinta, uma vez que não haverá mais legitimidade processual que justifique o seu prosseguimento".

Na ação penal privada, há a substituição processual, já que a vítima ingressa com a ação em nome próprio, para defender interesse alheio (o de punir do Estado).

Sua petição inicial é a queixa-crime, regulada entre os arts. 24 e 62 do Código de Processo Penal e no art. 100 do Código Penal.

A ação penal privada pode ser:

a) **privada ou exclusiva ou principal ou propriamente dita:** proposta pela vítima ou seu representante legal; no caso de morte ou ausência, os legitimados são o cônjuge, ascendente, descendente ou irmão;

b) **personalíssima:** proposta somente pela vítima; no caso de sua morte ou ausência, haverá extinção da punibilidade; admitida apenas na hipótese prevista no art. 236, § 2º, do CP;

c) **subsidiária ou supletiva (5º, LIX, da CF):** é a proposta pela vítima ou seu representante legal quando houver **inércia do Ministério Público**. A inércia ministerial é constatada quando, diante do inquérito policial ou outras peças de informação sobre a autoria e a materialidade da infração penal, o Ministério Público não pede arquivamento, não oferece denúncia, nem pede novas diligências.

Questões de prova

A prova de Analista Processual TRE/RJ/2012 considerou INCORRETA a afirmativa: "Se o promotor de justiça, após analisar as conclusões do inquérito policial, não apresentar denúncia, mas, ao contrário, pedir o arquivamento do inquérito, o juiz, se entender improcedentes as razões do promotor, deverá indeferir o pedido e determinar o imediato início da ação penal".

A prova de Promotor de Justiça Adjunto MPU/MPDF/1999 considerou INCORRETA a afirmativa: "O membro do Ministério Público designado pelo procurador-geral para oferecer a denúncia não é obrigado a propor a ação penal, vez que goza de independência funcional".

9.2. Titularidade

Na ação penal privada, o titular varia conforme a espécie da ação, de forma que na personalíssima o titular é somente a vítima e nas demais pode ser a vítima ou o representante legal (se menor de 18 anos, somente o representante legal pode propor ação; se maior, somente o ofendido).

O curador especial será nomeado em dois casos: a) quando o ofendido for menor de 18 anos, mentalmente enfermo ou retardado mental e não tiver representante legal; b) quando os interesses do ofendido menor de 18 anos, mentalmente enfermo ou retardado mental colidirem com os interesses do representante legal.

A mulher casada não precisa mais do consentimento do marido para exercer o direito de queixa, em razão do princípio da igualdade jurídica dos cônjuges.

No caso de pessoa jurídica, há representação por quem os respectivos contratos ou estatutos designarem; no silêncio, pelos seus diretores ou sócios-gerentes.

9.3. Princípios

A ação penal privada é regida pelos seguintes princípios:

a) **oportunidade:** cabe ao titular do direito de agir a faculdade de concordar ou não com a lavratura do auto de prisão em flagrante, com a instauração do inquérito e com a propositura da ação penal privada ou queixa-crime;

b) **disponibilidade:** cabe ao titular do direito de agir a faculdade de prosseguir ou não com a ação penal até o final;

c) **indivisibilidade:** o titular do direito de agir não pode deixar de incluir na queixa-crime todos os coautores ou partícipes do fato;

d) **intranscendência:** a ação penal é limitada aos responsáveis pela infração.

9.4. Atuação do Ministério Público

Na ação penal privada exclusiva e personalíssima, o MP atua como **fiscal da lei**, cabendo-lhe intervir em todos os termos do processo, conforme o previsto no art. 45 do CPP. A falta de intervenção do MP na ação penal privada gera nulidade relativa do processo (art. 564, III, do CPP). Tal nulidade será sanada se não for convalidada em nome próprio (art. 572 do CPP).

Questão de prova

A prova de Promotor de Justiça MPDFT/2011 considerou CORRETA a afirmativa: "O órgão do Ministério Público oficia na ação penal privada como *custos legis*, cabendo-lhe precipuamente zelar pela observância do princípio da indivisibilidade".

Na **ação penal privada subsidiária**, o **MP** funciona como interveniente adesivo obrigatório ou assistente litisconsorcial, cabendo-lhe aditar, repudiar e oferecer denúncia substitutiva, intervir em todos os termos do processo, fornecer elementos de prova, interpor recurso e retomar ação quando houver negligência pelo querelante.

Questões de prova

A prova de Papiloscopista PCDF/2000 considerou INCORRETA a afirmativa: "Uma vez que a legislação pátria adota o sistema de monopólio da ação penal pública em favor do Ministério Público, não poderia o particular, na hipótese, a esposa da vítima do homicídio, iniciar a persecução penal em juízo".

A prova de Analista Judiciário TER/PE/2011 considerou CORRETA a afirmativa: "A respeito da ação penal privada subsidiária, é correto afirmar que o Ministério Público NÃO pode deixar de funcionar quando discordar dos termos da queixa".

O IX Concurso de Juiz Federal TRF4 considerou INCORRETA a afirmativa: "No caso de queixa subsidiária, o Ministério Público poderá aditá-la, repudiá-la ou oferecer denúncia substitutiva".

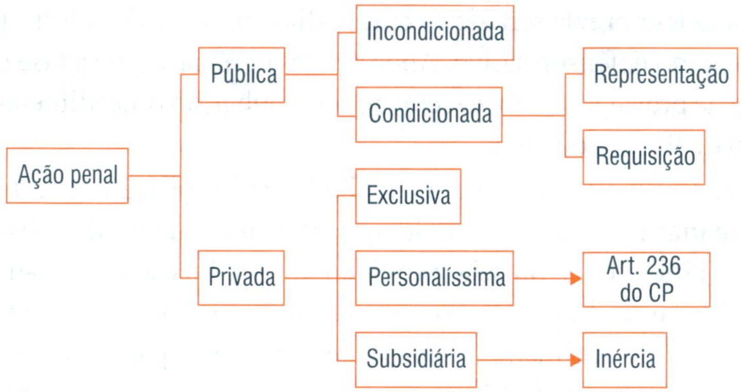

10. Ação penal originária

10.1. Conceito

É a ação penal pública (denúncia) ou privada (queixa) proposta diretamente no Tribunal. O prazo para o Ministério Público oferecer denúncia, pedir arquivamento do inquérito ou das peças informativas ou pedir novas diligências será de 15 (quinze) dias, no caso de o indiciado estar solto, ou de 5 (cinco) dias, se o indiciado estiver preso.

10.2. Procedimento

Apresentada a denúncia ou a queixa ao Tribunal, será notificado o acusado para oferecer resposta no prazo de 15 (quinze) dias, por meio da entrega de uma via da denúncia ou da queixa, do despacho do relator e dos documentos por ele indicados. A notificação do acusado será feita por edital em dois casos: a) paradeiro desconhecido; b) acusado criar dificuldades para que o oficial cumpra a diligência. No edital, constará o teor resumido da acusação, e o prazo da resposta será de 15 (quinze) dias.

Em homenagem ao princípio do contraditório, se com a resposta forem apresentados novos documentos, será intimada a parte contrária para sobre eles se manifestar, no prazo de 5 (cinco) dias. No caso de queixa, o membro do MP será ouvido no prazo de 5 (cinco) dias. Apresentada a resposta do acusado, o relator pedirá dia para que o Tribunal delibere sobre o recebimento, a rejeição da denúncia ou da queixa, ou a improcedência da acusação, se a decisão não depender de outras provas.

Recebida a denúncia ou a queixa, o relator designará dia e hora para o interrogatório, mandando citar o acusado ou querelado e intimar o órgão do Ministério Público, bem como o querelante ou o assistente, se for o caso. O prazo para defesa prévia será de 5 (cinco) dias, contado do interrogatório ou da intimação do defensor dativo. Após a defesa prévia, segue a fase da instrução (coleta de provas), que obedecerá, no que couber, ao procedimento comum do Código de Processo Penal.

Encerrada a instrução, com a conclusão da inquirição de testemunhas, serão intimadas a acusação e a defesa, para requerimento de diligências no prazo de 5 (cinco) dias, ou seja, providências em busca da verdade real dos fatos. Realizadas as diligências, ou não sendo requeridas nem determinadas pelo relator, serão intimadas a acusação e a defesa para, sucessivamente, apresentarem, no prazo de 15 (quinze) dias, alegações escritas. Será comum o prazo do acusador e do assistente, bem como o dos corréus. Na ação penal de iniciativa privada, o Ministério Público terá vista, por igual prazo, após as alegações das partes. Após a fase das alegações, o relator determinará de ofício a realização de provas reputadas imprescindíveis para o julgamento da causa.

Após a fase das diligências do relator, o Tribunal procederá ao julgamento, na forma determinada pelo regimento interno, observando-se o seguinte: a) a acusação e a defesa terão, sucessivamente, nessa ordem, prazo de 1 (uma) hora para sustentação oral, assegurado ao assistente 1/4 (um quarto) do tempo da acusação; b) encerrados os debates, o Tribunal passará a proferir o julgamento, podendo o Presidente limitar a presença no recinto às partes e seus advogados, ou somente a estes, se o interesse público exigir. No julgamento, será facultada sustentação oral pelo prazo de 15 (quinze) minutos, primeiro à acusação, depois à defesa.

10.3. Papel do relator

O relator, na ação penal originária, poderá exercer os seguintes poderes: a) ser escolhido na forma regimental; b) ser o juiz da instrução, tendo as mesmas atribuições que a legislação processual confere aos juízes singulares; c) determinar o arquivamento do inquérito ou de peças informativas, quando o requerer o Ministério Público, ou submeter o requerimento à decisão competente do Tribunal; d) decretar a extinção da punibilidade, nos casos previstos em lei; e) delegar a realização do interrogatório ou de outro ato da instrução ao juiz ou membro de tribunal com competência territorial no local de cumprimento da carta de ordem; f) determinar que as intimações sejam feitas por carta registrada com aviso de recebimento.

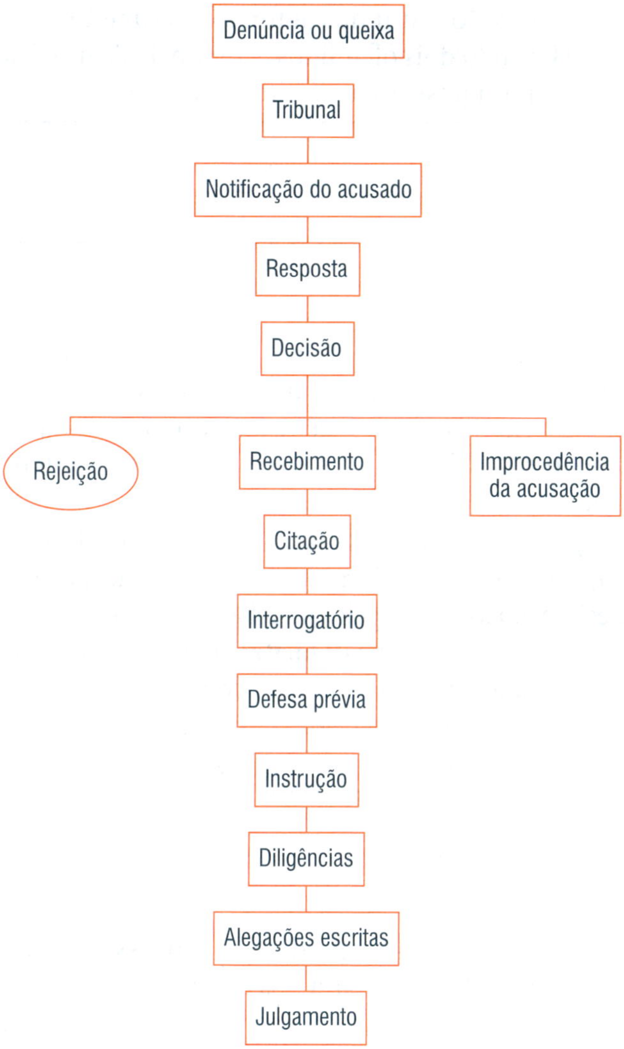

11. Renúncia, perdão, perempção, decadência

11.1. Renúncia

Renunciar é abrir mão do direito de oferecer a ação penal privada ou a representação na ação penal pública condicionada à representação. A renúncia é causa de extinção da punibilidade pelo disposto no art. 107, V, primeira parte, do Código Penal. É ato unilateral e vale antes de proposta ação penal.

Há duas espécies: **a) renúncia expressa:** constará de declaração assinada pelo ofendido, por seu representante legal ou procurador com poderes especiais; **b) renúncia tácita:** é a prática de ato incompatível com a vontade de exercer o direito de queixa ou representação. Não implica renúncia o fato de o ofendido receber indenização de dano causado pelo crime.

A renúncia em relação a um dos autores do crime **a todos se estenderá** (art. 49 do CPP). Havendo dois ofendidos, a renúncia de um deles não implica a do outro, pois cada um possui seu direito de queixa.

> **Questão de prova**
> A prova de Técnico Judiciário TJ/AC/2012 considerou CORRETA a afirmativa: "A renúncia ao exercício do direito de queixa, em relação a um dos autores do crime, será estendida a todos".

11.2. Perdão

É a desistência do querelante de prosseguir na ação penal privada. O perdão é causa de extinção da punibilidade pelo disposto no art. 107, V, primeira parte, do Código Penal. A exigência da aceitação do perdão se justifica porque o perdão é ato bilateral e o querelado pode ter interesse em provar a sua inocência.

A aceitação pode ser: a) **processual:** quando realizada nos autos da ação penal; b) **extraprocessual:** feita fora dos autos da ação penal; c) **expressa:** é constante de declaração assinada pelo querelado, por seu representante legal ou procurador com **poderes especiais**; d) **tácita:** quando consiste em ato praticado pelo querelado incompatível com a vontade de não aceitar o perdão. O perdão só pode ser concedido depois de iniciada a ação penal privada e, de acordo com o art. 106, II, § 2º, do CP, até o trânsito em julgado da sentença condenatória.

> **Questão de prova**
> A prova de Procurador TCE/SP/2011 considerou INCORRETA a afirmativa: "O perdão, nos crimes de ação penal privada, não poderá ser aceito por procurador com poderes especiais".

Há também quatro formas de perdão: a) **processual:** ocorre dentro dos autos; b) **extraprocessual:** ocorre fora dos autos; c) **expresso:** concedido por meio de declaração ou termo assinado pelo ofendido, seu representante legal ou procurador especialmente habilitado; d) **tácito:** quando resulta da prática de ato incabível com a vontade de prosseguir na ação.

Se o ofendido é menor de 18 anos de idade, a concessão do perdão cabe ao seu representante legal. Caso haja pluralidade de ofendidos, o perdão concedido por um não prejudica o direito do outro. Quando houver dois ou mais querelados, o **perdão concedido** a um deles se estende a todos, sem que produza, entretanto, efeitos em relação ao que o recusa. Todavia, quando há mais de um querelante, o perdão dado por um deles não prejudica o direito dos outros ofendidos de prosseguir com a ação.

> **Questão de prova**
> A prova de Delegado da Polícia Civil/AL/2012 considerou INCORRETA a afirmativa: "No caso de o querelado, na ação penal privada, se manifestar no sentido de perdoar um dos réus, o perdão oferecido se estenderá a todos quantos alegadamente hajam intervindo no cometimento da infração penal, independentemente de aceitação ou não".

11.3. Perempção

É a perda do direito de prosseguir na ação penal privada por negligência do querelante. Trata-se de causa extintiva de punibilidade, nos termos do art. 107, IV, 3ª figura, do CP. É instituto de direito material, cabível após iniciada a ação penal privada.

Os casos são: **a) abandono do processo:** quando o querelante deixa de promover o andamento do processo durante 30 (trinta) dias seguidos; **b) não prosseguimento do processo:** quando, falecendo o querelante ou sobrevindo sua incapacidade, não comparecer em juízo, para prosseguir no processo, dentro do prazo de 60 (sessenta) dias, cônjuge, ascendente, descendente ou irmão; **c) ausência:** quando o querelante deixar de comparecer, sem motivo justificado, a qualquer ato do processo a que deva estar presente, ou deixar de formular o pedido de condenação nas alegações finais; **d) desaparecimento:** quando o querelante, sendo pessoa jurídica, extinguir-se sem deixar **sucessor**; **e) morte:** morte do querelante nos delitos que são objeto de ação privada personalíssima, como nos casos de induzimento a erro essencial e ocultação de impedimento (art. 236).

Questão de prova

A prova de Delegado da Polícia Civil/SP/2011 considerou CORRETA a afirmativa: "Ocorre a perempção com a extinção de pessoa jurídica querelante, desde que não deixe sucessor".

11.4. Decadência

A decadência é prevista no art. 107, IV, como causa de extinção da punibilidade. Existem duas formas: a) direta: nos casos de ação privada; b) indireta: nos casos de ação penal pública. É fatal e improrrogável o prazo de decadência, não estando sujeito a interrupções ou suspensões.

Em regra, o prazo é de seis meses, contados do dia em que se soube quem é o autor do crime. Na hipótese de ação penal privada subsidiária (CP, art. 100, § 3º), o prazo de seis meses conta-se do dia em que se esgota o prazo para o Ministério Público oferecer denúncia. De acordo com o art. 10 do Código Penal, conta-se o dia do início do prazo; regra também estabelecida para a contagem do prazo de decadência. O inquérito policial, a interpelação judicial e o pedido de explicações não interrompem nem suspendem o prazo de decadência.

ITENS	RENÚNCIA	PERDÃO	PEREMPÇÃO	DECADÊNCIA
Ação penal	Privada e pública condicionada à representação	Privada	Privada	Privada e pública condicionada à representação

Momento	Antes da propositura da ação penal	Após início da ação penal	Após início da ação penal	Antes da propositura da ação penal
Característica	Ato unilateral	Ato bilateral	Ato unilateral	Ato unilateral
Motivo	Titular abre mão de oferecer ação	Desistência do querelante	Negligência do querelante	Não exercício no prazo legal

12. Trancamento da ação penal

O trancamento da ação penal é medida excepcional, viabilizada por meio de *habeas corpus* e cabível nas hipóteses em que se comprove de forma evidente a atipicidade da conduta, a extinção da punibilidade ou a ausência de indícios de autoria ou de prova sobre a materialidade do delito.

13. Ação penal no Código Penal – parte especial

A ação é penal pública incondicionada nos crimes contra a Administração Pública, contra a fé pública, contra a paz pública, contra a organização do trabalho, contra o sentimento religioso, contra o respeito aos mortos e contra a incolumidade pública.

CRIMES CONTRA A PESSOA	
REGRA	Ação penal pública incondicionada
EXCEÇÃO	Ação penal pública condicionada à representação: violação de segredo profissional ou correspondência comercial, impedimento de comunicação ou conversação, violação de comunicação telegráfica, radioelétrica ou telefônica, ameaça, perigo de contágio venéreo, lesão corporal culposa e lesão corporal simples ou leve

CRIMES CONTRA A FAMÍLIA	
REGRA	Ação penal pública incondicionada
EXCEÇÃO	Ação penal privada personalíssima: nos crimes de induzimento a erro essencial e ocultação de impedimento, nos termos do art. 236 do CP

CRIMES CONTRA A HONRA	
REGRA	Ação penal privada
EXCEÇÃO	Ação penal pública condicionada à representação: a) calúnia/difamação: quando a ofensa é praticada contra funcionário público, em razão de suas funções; b) injúria: no caso de injúria real, se da violência resultar lesão corporal leve, e no caso de injúria com preconceito
EXCEÇÃO	Ação penal pública condicionada à requisição do Ministro da Justiça: a) calúnia/difamação: quando o crime for praticado contra o Presidente da República ou contra Chefe de governo estrangeiro
EXCEÇÃO	Ação penal pública incondicionada na injúria real, desde que da violência não resulte lesão corporal leve

CRIMES CONTRA O PATRIMÔNIO	
REGRA	Ação penal pública incondicionada
EXCEÇÃO	Ação penal pública condicionada à representação: furto de coisa comum, fraude em refeição, alojamento ou transporte; fraude à execução, se o crime é praticado em prejuízo de cônjuge desquitado ou judicialmente separado, de irmão e de tio ou sobrinho com quem o agente habite (não se aplica se o crime é de roubo ou extorsão; se houver emprego de grave ameaça ou violência à pessoa ou se o crime é praticado contra pessoa com idade igual ou superior a 60 anos)
EXCEÇÃO	Ação penal privada: no crime de introdução ou abandono de animais em propriedade alheia; no crime de dano simples; no crime de dano qualificado por motivo egoístico ou prejuízo considerável; nos crimes de usurpação, se a propriedade é particular e não há emprego de violência contra a pessoa

CRIMES CONTRA A DIGNIDADE SEXUAL	
Nos crimes de estupro, violação sexual mediante fraude, estupro de vulnerável, satisfação de lascívia na presença de criança ou adolescente e favorecimento de prostituição ou outra forma de exploração sexual de vulnerável	A regra é ação penal pública condicionada à representação. Exceção: ação penal pública incondicionada: se a vítima é menor de 18 anos; se a vítima é vulnerável (se houver lesão grave ou morte por estupro, ainda que a vítima seja maior de 18 anos e não seja vulnerável, a ação será pública incondicionada)
Nos crimes de lenocínio e de tráfico de pessoa para fim de prostituição ou outra forma de exploração sexual; nos crimes de ultraje público ao pudor	Ação penal pública condicionada

QUESTÕES SOBRE AÇÃO PENAL

1. (84º Concurso de Promotor de Justiça Substituto MP/SP) Assinale a alternativa incorreta.

a) O Ministério Público poderá aditar a queixa-crime, quer na ação privada exclusiva, quer na ação subsidiária, mas não torna o referido Órgão o titular da ação penal.

b) Nos crimes que se procedem mediante representação, estando esta formalmente perfeita, o Ministério Público não está obrigado a oferecer denúncia.

c) Arquivado o inquérito policial, por despacho do juiz, a requerimento do Promotor de Justiça, poderá a vítima ou seu representante legal, mesmo sem novas provas, ingressar com ação privada subsidiária da pública.

d) Nos crimes que se procedem mediante representação ou nos crimes que só se procedem mediante queixa, a nomeação de curador especial ao ofendido absolutamente incapaz que não tiver representante legal ou no caso de colidirem os interesses deste com os daquele, constitui substituição processual.

e) A representação será irretratável, depois de oferecida a denúncia.

2. (20º Concurso de Procurador da República MPF) Em tema de ação penal

a) o princípio de sua indivisibilidade alcança tanto a ação penal privada quanto a pública.

b) a *delatio criminis* – representação – no plano subjetivo vincula a pretensão punitiva a ser posta em juízo.

c) a queixa subsidiária oferecida pode ser, imediata e subsequentemente, inviabilizada por promoção do Ministério Público, assim limitada à apresentação de denúncia substitutiva.

d) o aditamento da peça acusatória não conduz, necessariamente, à nova citação do réu.

3. (84º Concurso de Promotor de Justiça Substituto MP/SP) Os princípios da ação penal pública são:

a) obrigatoriedade, indisponibilidade, oficialidade, indivisibilidade e intranscendência.

b) obrigatoriedade, disponibilidade, oficialidade, indivisibilidade e intranscendência.
c) oportunidade, disponibilidade, oficialidade, indivisibilidade e transcendência.
d) oportunidade, disponibilidade, iniciativa da parte, indivisibilidade e transcendência.
e) oportunidade, indisponibilidade, iniciativa da parte, individualidade e intranscendência.

4. (83º Concurso de Promotor de Justiça Substituto MP/SP) *Delatio criminis* postulatória é

a) inquérito judicial.
b) requisição.
c) representação.
d) requerimento.
e) auto de prisão em flagrante.

5. (87º Concurso de Promotor de Justiça Substituto MP/SP) São princípios que regem a ação penal privada:

a) disponibilidade e indivisibilidade.
b) obrigatoriedade e intranscendência.
c) indivisibilidade e obrigatoriedade.
d) oportunidade e indisponibilidade.
e) intranscendência e indisponibilidade.

6. (23º Concurso de Procurador da República MPF) Em tema de ação penal privada:

I. o perdão e a perempção são institutos condicionados à existência de uma ação em curso, enquanto a renúncia precede a propositura e o recebimento da queixa;
II. ao contrário da renúncia, o perdão é um ato bilateral, não produzindo efeito se o querelado não aceita;
III. para aceitar validamente o perdão, ofendido maior de 18 e menor de 21 anos precisa do consentimento do seu representante legal;
IV. embora duas pessoas sejam responsáveis pelas ofensas, pode o ofendido promover ação privada contra uma delas.

Analisando as assertivas acima, pode-se afirmar que:

a) estão erradas as de números I e II.
b) estão erradas as de números II e III.
c) estão erradas as de números III e IV.
d) todas são corretas.

7. (20º Concurso de Procurador da República MPF) O ministro da Justiça formaliza requisição fora do prazo decadencial

a) não há que se cogitar de prazo decadencial em hipótese de requisição.
b) fora do prazo, como diz a afirmação, há decadência, e a questão está encerrada.
c) a requisição constitui-se em condição objetiva da punibilidade.
d) na hipótese aventada na afirmação o prazo decadencial é o prazo prescricional.

8. (Inspetor Polícia Civil/RJ/2012) Após obter o seu primeiro emprego, Amanda aborda a primeira recrutadora da empresa, que opinara desfavoravelmente a sua contratação, e lhe pergunta o porquê da avaliação negativa. Irritada pela abordagem, a mulher lhe responde, de maneira agressiva, que "nunca iria dar uma chance a uma negrinha favelada" e que "era melhor que ela não a abordasse mais, porque ela não gostava de trabalhar com macacos". O crime cometido pela recrutadora é de ação penal:

a) pública incondicionada.
b) pública condicionada a representação.
c) pública condicionada a requisição.
d) privada propriamente dita.
e) privada personalíssima.

9. (Delegado Polícia Civil/RJ/2012) O senhor Rui dos Santos, após ser vítima do delito de roubo perpetrado por Nei da Silva, preso em flagrante delito, ao tomar conhecimento de que o Promotor de Justiça havia perdido o prazo de cinco dias (art. 46, do CPP) para oferecer denúncia, resolve intentar ação privada subsidiária da pública, por meio de queixa-crime. Decorridos alguns dias, incomodado pelo trabalho e pelo desgaste emocional, o querelante resolve desistir da ação. Esta medida acarretará:

a) a decadência do direito de ação.
b) a perempção da ação.
c) a extinção da punibilidade.
d) a renúncia tácita do querelante.
e) a retomada da titularidade da ação pelo Ministério Público, que já atuava como assistente litisconsorcial.

10. (Delegado Polícia Civil/MA/2012) Nas ações penais de natureza privada, os princípios a seguir são aplicáveis, à exceção de um. Assinale-o.

a) Oportunidade.
b) Conveniência.
c) Indivisibilidade.
d) Indisponibilidade.
e) Intranscendência.

11. (Promotor de Justiça Substituto MP/SP/2012) É correto afirmar:

a) O direito de queixa na ação penal privada subsidiária não se sujeita à decadência.
b) O princípio da indivisibilidade não se aplica à ação penal privada exclusiva.
c) A retratação da renúncia ao direito de queixa é possível se ainda em curso o prazo decadencial.
d) A atuação do órgão do Ministério Público, nas ações penais públicas condicionadas à representação do ofendido, não é regida pelo princípio da obrigatoriedade.
e) A extinção da pessoa jurídica querelante em ação penal privada exclusiva, na ausência de sucessor, é causa de perempção.

12. (Promotor de Justiça MP/PR/2012) Sobre a perempção é incorreto afirmar que:

a) É causa extintiva da punibilidade, relacionada ao princípio da disponibilidade da ação penal;
b) Não incide na ação penal pública, exceto quando cabível a queixa subsidiária da pública;
c) Materializa-se quando o querelante, em exclusiva ação penal privada, deixa de comparecer, sem motivo justificado, à audiência de reconhecimento pessoal do executor material do crime;
d) É uma consequência da morte do querelante da ação penal personalíssima já recebida pelo juiz;
e) Não ocorre, se sobrevindo incapacidade do querelante, em exclusiva ação privada, o cônjuge comparece em juízo para prosseguir no processo antes de transcorridos 30 (trinta) dias.

13. (Defensor Público RO/2012) Com base exclusivamente nas regras previstas no CPP, assinale a opção correta acerca da ação penal.

a) O MP pode, a qualquer tempo, desistir da ação penal.
b) O perdão concedido a um dos querelados não aproveita aos demais.
c) Quando o MP dispensar o inquérito policial, o prazo para o oferecimento da denúncia deve ser contado da data em que tiver recebido as peças de informações ou a representação.
d) A representação pode ser retratada mesmo depois de oferecida a denúncia.
e) A queixa, quando a ação penal for privativa do ofendido, não pode ser aditada pelo MP.

14. (Juiz Federal TRF 3ª Região/2011) Com referência à ação penal, assinale a opção correta.

a) De acordo com súmula do STF, a ação penal por crime contra a honra de servidor público, em razão do exercício de suas funções, é condicionada à representação do ofendido, que não tem legitimidade para propor queixa.
b) A ação penal é de natureza pública, mas sua iniciativa é, em alguns casos, atribuída por lei ao particular – em regra o ofendido –, por intermédio de queixa ou representação.

c) O direito de representação, em caso de morte ou ausência do ofendido, passa ao ascendente, descendente, cônjuge ou irmão, nesta ordem.
d) A queixa pode ser dirigida à autoridade policial, ao juiz ou ao MP.
e) A ação penal por injúria consistente na utilização de elementos referentes a raça, cor, etnia, religião, origem ou condição de pessoa idosa ou portadora de deficiência, se não configurar crime de racismo, é pública condicionada.

15. (Promotor de Justiça MPE/TO/2012) Jair, dirigindo de maneira imprudente, causou a colisão de seu veículo com o de Maria, que sofreu lesão corporal grave, consistente na amputação de membro inferior, conforme comprovado por laudo produzido pelo perito que realizou seu exame de corpo de delito.

Com base nessa situação hipotética, assinale a opção correta no que concerne à ação penal.

a) Em razão da gravidade das lesões sofridas por Maria, o titular da ação penal, nesse caso, é o MP, que deve oferecer denúncia independentemente de manifestação da ofendida.
b) Maria ou seu representante legal têm o prazo de até seis meses, contado da data do acidente, para oferecer queixa-crime contra Jair, podendo dela se retratar a qualquer tempo.
c) A ação penal, nessa situação, só pode ser proposta por Maria, não se admitindo a propositura por representante legal nem por seus sucessores, no caso de sua morte ou ausência.
d) Maria poderá representar criminalmente contra Jair se o MP deixar de oferecer a denúncia no prazo decadencial, caso em que poderá ingressar na relação processual como assistente de acusação.
e) Nesse caso, a ação penal é pública condicionada à representação da vítima, tendo Maria o prazo decadencial de seis meses, contado da data em que tomou conhecimento de que o autor da lesão foi Jair, para contra ele representar.

16. (Juiz Substituto TJ/RS/2009) Acerca da ação penal, assinale a assertiva correta.

a) Na contagem do prazo decadencial, inclui-se o dia do começo.
b) A decadência atinge o direito de queixa-crime exclusiva e o direito de representação, mas não afeta o direito ao exercício da ação penal privada subsidiária da pública.
c) A perempção atinge o direito de representação e o direito de prosseguir na queixa-crime pela falta de cumprimento de formalidades legais.
d) O perdão extrajudicial é inadmissível no processo penal.
e) No procedimento dos crimes contra a propriedade imaterial, a denúncia pode ser recebida sem o exame pericial dos objetos que constituam o corpo de delito, mesmo que a infração tenha deixado vestígios.

17. (Juiz Substituto TJ/PR/2012) Identifique as afirmativas a seguir como verdadeiras (V) ou falsas (F):

I. O Ministério Público pode, a qualquer tempo, desistir da ação penal, uma vez que é o *dominus litis* e dispõe da ação.
II. O Ministério Público não pode desistir da ação penal depois da denúncia ter sido recebida, devendo se considerar, porém, a hipótese de transação penal para os delitos de menor potencial ofensivo.
III. A queixa, na ação penal privada, não poderá ser aditada pelo Ministério Público, por se tratar de manifestação expressa e exclusiva da vontade da parte, inadmitindo-se qualquer interferência externa, salvo as decisões judiciais.
IV. Para a propositura da queixa, não basta a outorga de poderes *ad juditia* por instrumento de mandato, mas também poderes especiais para o ajuizamento, devendo constar do instrumento o nome do querelado e resumo dos fatos, quando possível.

Assinale a alternativa que apresenta a sequência correta, de cima para baixo.

a) F – V – F – V.
b) V – F – F – F.
c) F – V – V – F.
d) V – F – V – V.

18. (Promotor de Justiça MPE/AP/2012) Sobre a ação penal, é correto afirmar que

a) a ação penal de iniciativa privada, subsidiária da pública, pode ser intentada por qualquer do povo quando o requerimento de arquivamento, formulado pelo Ministério Público, não for acolhido pelo juiz.
b) no caso de ação penal pública condicionada, a representação é retratável até o recebimento da denúncia.
c) no caso de ação penal de iniciativa privada, o Ministério Público pode recorrer se o acusado for absolvido.
d) o princípio da indivisibilidade da ação penal de iniciativa privada obriga a que todos os querelantes exerçam a ação penal.
e) o perdão poderá ser aceito por procurador com poderes especiais.

19. (Juiz Substituto TJ/MS/2012) Analise as proposições acerca da ação penal.

I. Estão legitimados a ajuizar a ação penal privada o ofendido, seu representante legal e, na hipótese do artigo 31 do Código de Processo Penal, o cônjuge, ascendente, descendente e irmão. Em regra, o prazo decadencial para o exercício do direito de queixa é de 06 (seis) meses contados da data em que se consumou a infração penal.
II. Não se admite, como regra, a denúncia alternativa ou queixa-crime alternativa sob o argumento de que dificulta a ampla defesa do réu. Contudo, a jurisprudência do STJ aponta exceções no sentido de sua admissibilidade quando eventual dúvida quanto à conduta ilícita praticada for satisfatoriamente suprida pela descrição circunstanciada dos fatos ou quando houver imputação de crime de ação múltipla.
III. É cabível o perdão na ação penal privada desde que manifesto, expressa ou tacitamente, depois do recebimento da queixa-crime e antes do trânsito em julgado da sentença. Trata-se de ato bilateral que, concedido apenas a um querelado, a todos alcança, dependendo de aceitação para se efetivar. Por imposição legal, o silêncio do querelado é interpretado como aceitação tácita do perdão e só pode ser aceito por procurador com poderes especiais.
IV. Para a maioria da doutrina é aceitável a retratação da retratação, nas hipóteses de processamento e julgamento por meio de ação penal pública condicionada à representação, desde que realizada dentro do prazo decadencial, antes do oferecimento da denúncia e não configurar má-fé do ofendido.
V. São princípios que regem as ações penais públicas a obrigatoriedade, a indisponibilidade, a oficialidade e a indivisibilidade.

Estão CORRETA(S):

a) Apenas as proposições I, II e III.
b) Apenas as proposições II, III e V.
c) Apenas as proposições I, III e IV.
d) Apenas as proposições III, IV e V.
e) Apenas as proposições II, III e IV.

20. (Juiz Substituto TJ/GO/2012) No tocante à ação penal,

a) a representação é retratável até o recebimento da denúncia.
b) o acusador não poderá desistir da ação penal.
c) em regra, o ofendido ou seu representante tem prazo de 30 (trinta) dias para oferecimento de queixa.
d) no caso de morte do ofendido, extingue-se imediatamente a punibilidade do autor do fato.
e) as fundações, associações e sociedades legalmente constituídas poderão exercer ação penal.

21. (Delegado da Polícia Civil PC/CE/2015) No caso de morte do ofendido

a) o direito de oferecer queixa passará ao cônjuge, ascendente, descendente ou irmão; nos crimes de ação privada, o juiz, a requerimento da parte que comprovar a sua pobreza, instaurará de ofício a ação penal.
b) o direito de oferecer queixa se extinguirá; nos crimes de ação privada, o juiz, a requerimento da parte que comprovar a sua pobreza, instaurará de ofício a ação penal.
c) o direito de oferecer queixa passará ao cônjuge, ascendente, descendente ou irmão; nos crimes de ação privada, o juiz, a requerimento da parte que comprovar a sua pobreza, nomeará advogado para promover a ação penal.

d) no curso da ação privada, declarar-se-á a extinção da punibilidade do ofensor; nos crimes de ação pública condicionada, o juiz, a requerimento da parte que comprovar a sua pobreza, nomeará advogado para promover a ação penal.

e) no curso da ação pública condicionada, declarar-se-á a extinção da punibilidade do ofensor; nos crimes de ação pública condicionada, o juiz, a requerimento da parte que comprovar a sua pobreza, nomeará advogado para promover a ação penal.

PRESTE ATENÇÃO!

- Na ação penal pública, a legitimação é ordinária; na ação penal privada, é extraordinária.
- Na ação penal privada subsidiária, o MP funciona como interveniente adesivo obrigatório ou assistente litisconsorcial.
- É possível sustentação oral na ação penal originária.
- Perdão e perempção são fenômenos ligados à ação penal privada.

CUIDADO!

- O interesse de agir no processo penal é manifestado pela viabilidade (presença de indícios suficientes de autoria e materialidade) e pela punibilidade (não estar extinta).
- São princípios da ação penal pública: obrigatoriedade, indisponibilidade, intranscendência, indivisibilidade, oficialidade, oficiosidade e autoritariedade.
- São princípios da ação penal privada: oportunidade, disponibilidade, indivisibilidade e intranscendência.

IMPORTANTE!

- Após o oferecimento da denúncia, a representação torna-se irretratável.
- Na ação penal privada subsidiária, o MP pode aditar, repudiar e oferecer denúncia substitutiva, intervir em todos os termos do processo, fornecer elementos de prova, interpor recurso e retomar a ação quando houver negligência do querelante.

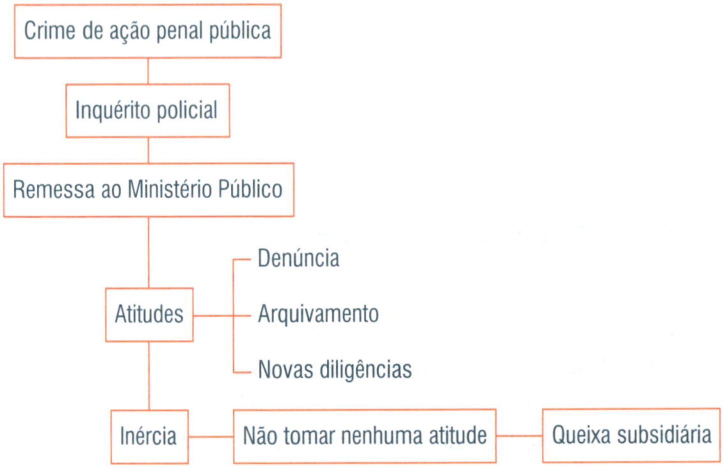

Capítulo 10

DENÚNCIA E QUEIXA-CRIME

1. Aspectos gerais

A denúncia é peça inicial da ação penal pública, e a queixa é a peça inicial da ação penal privada. Tais peças processuais são técnicas, pois devem observar requisitos legais, a saber:

a) exposição do fato, com todas as suas circunstâncias:

1) o fato narrado deve constituir crime ou contravenção, devendo ser descrito de **forma especificada e individualizada**;

2) não pode a imputação da infração penal ser vaga, imprecisa, lacônica, confusa, indeterminada, omissa, ambígua; 3) a descrição deve ser **precisa**, com exposição circunstanciada e clara das circunstâncias suficientes para determinar a materialidade da infração e sua respectiva autoria;

4) devem ser descritos **todos os elementos do tipo penal**, ou seja, devem constar de forma clara o sujeito ativo do crime, os autores e meios empregados, o mal produzido, o lugar e os motivos do crime, a maneira como foi praticado e o tempo do fato;

5) a deficiência da denúncia que não dificultar o entendimento da acusação não enseja nulidade processual;

6) a peça acusatória deve ser **sucinta**, sem valoração, doutrina e jurisprudência;

7) a imputação vaga, incompleta e que não permite adequação típica torna a denúncia ou queixa inepta. Não basta reproduzir os dizeres da lei, sendo necessário mencionar os indícios suficientes de autoria e materialidade do delito. As circunstâncias agravantes podem ficar de fora da peça acusatória, mas é importante ressaltar algumas situações específicas:

- **concurso de pessoas:** deve ser feita a individualização da conduta de cada agente;
- **crime tentado:** descrever o início da execução da infração, bem como a circunstância alheia que impediu a consumação;
- **crime de desacato e injúria:** devem ser descritas as expressões injuriosas;
- **crime culposo:** deve ser descrita a modalidade da culpa no caso concreto;
- **crime de estelionato:** deve ser descrito o meio fraudulento para obtenção da vantagem ilícita;
- **crime de autoria coletiva e multitudinário:** pode ser feita a narrativa genérica e afirmação de prévio ajuste entre os agentes;

> **Questão de prova**
> A prova do 18º Concurso de Procurador da República considerou INCORRETA a afirmativa: "Em termos de denúncia nos crimes multitudinários, não se admite a narração fática genérica da conduta dos agentes".

- **crime societário:** a denúncia não pode ser genérica e deve ser demonstrada a condição de sócio, bem como o vínculo do fato descrito com a pessoa do denunciado.

b) **Qualificação do acusado** ou esclarecimentos pelos quais se possa identificá-lo: apontamento das qualidades que possibilitem a individualização e a identificação da pessoa do acusado. Será desnecessária quando for possível obter a identidade física dele.

> **Questão de prova**
> A prova de Analista Judiciário TRE/SC/2009 considerou INCORRETA a afirmativa: "A denúncia é considerada a peça acusatória da ação penal pública, e sempre deverá apresentar a qualificação do acusado e a classificação do crime".

c) **Classificação jurídica do crime**: indicação do artigo da lei penal violado pelo acusado. Não basta o *nomen iuris* da infração penal. No caso de indicação incorreta, o juiz não pode rejeitar a peça acusatória por inépcia, já que é uma irregularidade sanável até a sentença. A classificação jurídica do crime apresenta três características:

1) não vinculante, pois o juiz pode dar definição jurídica diversa ao fato narrado na peça acusatória;

2) não definitiva, pois pode ser alternada no decorrer do processo;

3) não essencial, pois o acusado se defende dos fatos descritos na peça acusatória, e não da classificação jurídica do crime.

> **Questão de prova**
> A prova de Advogado da INFRAERO/2011 considerou INCORRETA a afirmativa: "o erro quanto à classificação do crime na denúncia implica sua rejeição e consequente extinção do processo sem resolução do mérito".

d) Rol de testemunhas, quando necessário: o momento próprio para juntar o rol de testemunhas é o oferecimento da denúncia ou queixa, sob pena de preclusão (perda do direito de produzir prova testemunhal). Se houver preclusão, podem as testemunhas ser ouvidas pelo juiz como testemunhas do juízo. Arrolar testemunhas possui duas características:

1) é uma faculdade;

2) possui um limite legal máximo definido pelo rito procedimental, o qual, se ultrapassado, gera mera irregularidade.

e) **Outros requisitos**:

1) **endereçamento da petição**: indicação do juiz ou tribunal competente; o erro não gera inépcia, sendo mera irregularidade, sanável com a remessa ao juízo competente;

2) indicação de nome, cargo, posição funcional e assinatura do **prolator da denúncia**; a ausência da assinatura só invalida a peça acusatória se houver dúvida de sua autenticidade;

3) **o pedido de condenação** está implícito no pedido de aplicação da lei penal;

4) **o requerimento da citação** do réu está implícito;

5) **especificação das provas** que se pretendem produzir, requerendo as diligências que se entendem convenientes, nos termos do art. 399 do CPP.

Questão de prova

A prova de Advogado IBRAM/DF/2009 considerou INCORRETA a afirmativa: "A queixa ou denúncia será instruída com documentos ou justificação que façam presumir a existência do delito ou com declaração fundamentada da impossibilidade de apresentação de qualquer dessas provas".

2. Denúncia

2.1. Prazo da denúncia

A regra é de 5 dias, quando o indiciado estiver preso, e de 15 dias, quando o indiciado estiver solto. Porém, há prazos previstos em leis especiais: a) crime eleitoral: 10 dias (art. 357 do Código Eleitoral); b) crime de economia popular: 2 dias (art. 10, § 2º, da Lei n. 1.521/51); c) abuso de autoridade: 48 horas (art. 13 da Lei n. 4.898/65); e) drogas: 10 dias (Lei n. 11.343/2006).

O início do prazo se dá na data em que o MP receber os autos do inquérito policial. Quando dispensar o inquérito, o início será do recebimento das peças de informação ou da representação que contiver os elementos indispensáveis à propositura da ação penal. Se houver devolução do inquérito para novas diligências, o início do prazo será com o novo recebimento dos autos do inquérito pelo MP.

2.2. Excesso de prazo da denúncia

O prazo para oferecimento da denúncia é estabelecido em lei. Sua não observância pelo representante do Ministério Público não gera consequência processual, tratando-se de prazo impróprio. A qualquer momento, pode o MP oferecer a denúncia, mesmo que intempestiva, desde que não esteja extinta a punibilidade. Porém, há efeitos com o **excesso de prazo da denúncia**: a) relaxamento da prisão do acusado; b) possibilidade de oferecimento da ação penal privada subsidiária da pública; c) responsabilização administrativa do membro do MP desidioso.

2.3. Aditamento da denúncia

É possível o aditamento da denúncia a qualquer tempo, até a sentença, nos termos do art. 569 do CPP. O aditamento abrange desde a retificação de dados acessórios até a inclusão de novos acusados ou crimes. Cabe ressalvar que o assistente do MP não tem direito de aditar a denúncia, pois não há permissivo legal, nos termos do art. 271 do CPP.

2.4. Denúncia genérica

É a que não descreve os fatos na sua devida conformação. Trata-se de uma peça acusatória que imputa conduta penalmente típica narrada de forma imprecisa, prejudicando o direito à ampla defesa. A peça acusatória deve conter a exposição do fato delituoso em toda a sua essência e com todas as suas circunstâncias, de forma clara e objetiva.

A denúncia genérica é **inepta**, por não descrever clara e especificamente a conduta delituosa do réu, que fica impossibilitado de se defender, frustrando o estabelecimento do contraditório em termos positivos, com evidente prejuízo para a defesa, sujeita a vagas acusações, consoante precedente do STF. Tratando-se de crimes societários, de difícil individualização da conduta de cada participante, admite-se a denúncia de forma mais ou menos genérica, por interpretação pretoriana do art. 41 do CPP.

Segundo posição do STF e do STJ, a denúncia genérica não se coaduna com os postulados básicos do Estado de Direito, de forma a representar uma violação ao princípio da dignidade da pessoa humana (HC 86.000/PE, 2ª T., Rel. Min. Gilmar Mendes, *DJU* 2-2-2007).

2.5. Denúncia alternativa

É a que atribui ao réu mais de uma conduta penalmente relevante. Sobre sua admissibilidade, há dois posicionamentos: **a) majoritário**: inadmissível, em nome da ampla defesa, já que torna a acusação incerta; b) **minoritário** (Afrânio Jardim): admissível, por não existir vedação legal e por não violar a ampla defesa, já que atribui ao réu fatos certos e determinados.

2.6. Denúncia idônea

É a denúncia formal e materialmente **apta** a abranger uma acusação. A idoneidade formal consiste na tipicidade. A idoneidade material consiste na presença de indícios suficientes de autoria e materialidade da infração penal.

3. Queixa-crime

3.1. Prazo da queixa

Em regra, é de 6 meses, a partir do dia em que o ofendido tomar conhecimento da autoria do fato. Na ação penal privada subsidiária da pública, conta-se do dia em que se esgotar o prazo para oferecer a denúncia.

Nos crimes de propriedade imaterial, o prazo é de 30 dias, contados da homologação do laudo, nos termos do art. 529 do CPP. No caso de crime de induzimento a erro essencial e ocultação de impedimento, previsto no art. 236 do CP, o prazo de 6 meses começa a contar da data do trânsito em julgado da sentença que, por motivo de erro ou impedimento, anule o casamento.

É um **prazo penal**, em que se inclui o dia do começo e se exclui o dia do fim. O prazo não se prorroga, não se suspende e nem se interrompe.

Questão de prova

O IX Concurso de Juiz Federal TRF4 considerou INCORRETA a afirmativa: "Se o prazo decadencial para oferecimento de queixa-crime findar em feriado ou domingo, pode o querelante ajuizar a inicial acusatória no primeiro dia em que o foro estiver funcionando".

3.2. Omissões na queixa

As omissões na queixa podem ser sanadas no curso da ação, desde que no prazo decadencial. Porém, em relação às omissões de formalidades secundárias, há divergência. Para alguns, tais omissões podem ser sanadas a qualquer tempo até a sentença. Na visão majoritária, prevalece a possibilidade do saneamento dentro do prazo decadencial.

3.3. Documento indispensável na queixa

A queixa deve ser instruída de **procuração com poderes especiais**, ou seja, que extrapolem os poderes gerais para o foro (outorgados por meio da cláusula *ad judicia*). No instrumento do mandato, devem constar o nome do querelado e a menção do fato criminoso, para evitar que o querelante seja responsabilizado por denunciação caluniosa. No caso de comprovada pobreza, o juiz nomeia advogado para promover ação penal. O laudo pericial só será juntado nos crimes que deixarem vestígios.

Questão de prova

A prova do 23º Concurso de Procurador da República considerou CORRETA a afirmativa: "A jurisprudência do Supremo Tribunal Federal proclama que a queixa deve ser dada por procurador com poderes especiais, mas, se o querelante assina a respectiva petição, fica suprida a deficiência do instrumento procuratório".

3.4. Aditamento da queixa

Na ação penal privada exclusiva e personalíssima, o Ministério Público pode aditar a peça acusatória, nos termos do art. 45 do CPP. O aditamento é facultativo e limitado a correção de falhas formais, não sendo possível incluir novos crimes ou novos coautores, sob pena de caracterizar ofensa à legitimidade para a causa do ofendido. A interferência do MP apenas em relação a dados acessórios indica que seu representante atua como assistente do querelante.

Tourinho, por sua vez, sustenta a possibilidade de aditamento feito pelo MP no sentido de incluir novo coautor, para evitar a consagração do direito de vingança por parte da vítima e consagrar a ideia de que a queixa deve ser oferecida contra todos os que participaram do crime.

No caso de exclusão injustificada do coautor pelo querelante, ocorre renúncia tácita, que se comunica aos demais querelados. Na hipótese de não inclusão intencional de coautor pelo querelante, o MP deve manifestar-se pela renúncia tácita, em nome do princípio da indivisibilidade, nos termos dos arts. 48, 49 e 54, todos do CPP.

Se a identidade de um dos coautores for desconhecida pelo querelante, o MP deve indicar o infrator omisso. A não inclusão na queixa não gera renúncia tácita, pois a omissão não foi por vontade do querelante. O querelante deve aditar a queixa, sob pena de caracterizar renúncia tácita.

O prazo do aditamento é de 3 dias, contados da data do recebimento dos autos pelo MP. O silêncio do MP no prazo gera o não aditamento e o não prosseguimento.

3.5. Queixa no júri

A propositura de queixa-crime no Tribunal do Júri é possível em dois casos:

a) inércia do MP frente ao inquérito policial ou outras peças de informação: é demonstrada quando o MP não pedir arquivamento, não pedir novas diligências ou não oferecer denúncia;

b) conexão de crimes, nos termos do art. 74, I, do CPP: se houver conexão entre crime de ação penal privada e crime doloso contra a vida, haverá um litisconsórcio ativo entre o querelante, que promoverá a queixa, e o MP, que promoverá a denúncia. Verificada a presença de crimes conexos em relação ao delito doloso contra a vida, o juiz natural da causa será o Tribunal do Júri.

4. Análise judicial

4.1. Recebimento da denúncia ou queixa

O recebimento da denúncia ou queixa pelo juiz é feito por **decisão interlocutória simples**, que pressupõe a observância de três requisitos: a) aspecto formal da peça acusatória em ordem; b) viabilidade do direito de ação (presença das condições da ação); c) viabilidade da relação processual (presença dos pressupostos processuais).

Questão de prova

A prova de Analista Judiciário TRF 1ª Região considerou CORRETA a afirmativa: "O recebimento da denúncia é decisão interlocutória simples".

O recebimento da denúncia ou queixa gera dois efeitos: **a) efeito material**: interrupção do prazo prescricional, nos termos do art. 117, I, do CPP. O STJ sustenta que não haverá a interrupção se a decisão de recebimento for proferida por juiz absolutamente incompetente; **b) efeito processual**: gera a possibilidade de impetração de *habeas corpus*, já que o recebimento da peça acusatória pode representar para o acusado uma coação ilegal indireta. Se for ação penal de competência originária, cabe agravo, nos termos do art. 39 da Lei n. 8.038/90.

O juiz, após receber a denúncia ou queixa, não pode reconsiderar sua decisão e rejeitar a peça acusatória, pois implicaria a situação de conceder *habeas corpus* contra si mesmo. No caso da ocorrência da reconsideração pelo juiz, há divergência a respeito do meio que o prejudicado pode utilizar para questionar a referida decisão. Para alguns, o meio é o recurso em sentido estrito, com fundamento no art. 581, XIII, do CPP, já que a reconsideração implica a anulação do processo. Para outros, o meio seria o recurso em sentido estrito, mas com fundamento no art. 581, I, do CPP, por analogia. Há, ainda, quem sustente que o meio cabível seria a correição parcial, já que ocorreria inversão tumultuária do processo.

A fundamentação ou não da decisão de recebimento da denúncia ou queixa gera **divergência doutrinária** e jurisprudencial, de forma que há vários posicionamentos: a) é necessária a fundamentação, pois é uma exigência constitucional, nos termos do art. 93, X, da CF; a decisão de recebimento tem carga decisória, por aceitar pedido de processo e julgamento da pretensão punitiva; b) não é necessária a fundamentação, por falta de exigência legal, ausência de carga decisória e por indevida antecipação de mérito; c) a posição do STF é pela não necessidade; d) não é necessária fundamentação, salvo na hipótese do art. 6º da Lei n. 8.038/90; e) é necessária a fundamentação diante do fato de o acusado ter que apresentar defesa inicial.

Questão de prova	A prova do IX Concurso de Juiz Federal TRF da 1ª Região considerou CORRETA a afirmativa: "Conforme jurisprudência dominante, o despacho de recebimento da denúncia não é ato decisório, por isso não se sujeita ao disposto no art. 93, IX, da Constituição Federal".

4.2. Rejeição da denúncia ou queixa

É uma **decisão interlocutória mista terminativa** que implica o não recebimento da acusação, desde que esteja presente um dos motivos enumerados no art. 395 do CPP. **Da rejeição**, cabe recurso em sentido estrito (no caso de ação penal originária, cabe agravo; no caso do JECRIM, cabe apelação). Importante ressaltar que constitui nulidade a falta de intimação do denunciado para oferecer contrarrazões ao recurso interposto da rejeição da denúncia, não a suprindo a nomeação de defensor dativo, nos termos da Súmula 707 do Supremo Tribunal Federal. Se for infração de menor potencial ofensivo, cabe apelação. Se for crime de competência originária de tribunal, cabe agravo. Nos termos da Súmula 709 do STF: "Salvo quando nula a decisão de primeiro grau, o acórdão que provê o recurso contra a **rejeição da denúncia** vale, desde logo, pelo recebimento dela".

Os motivos da rejeição são:

a) **inépcia da inicial:** ocorre diante da não observância dos requisitos ou formalidades legais. A inépcia da peça acusatória representa desrespeito ao devido processo legal. A peça acusatória é uma peça técnica que deve velar pela observância dos requisitos do art. 41 do CPP, com exposição clara e objetiva de todos os elementos estruturais, de forma a possibilitar a efetiva plenitude da defesa por parte do acusado. A inépcia da denúncia ocorre quando há irregularidade que impeça a compreensão da acusação, em flagrante prejuízo à defesa do acusado;

Questão de prova	A prova do 17º Concurso de Procurador da República considerou INCORRETA a afirmativa: "denúncia inepta é aquela cuja narração deficiente ou omissa impede ou dificulta o exercício da defesa bem como aquela que não tem respaldo".

b) **falta de condição da ação:** é a não presença da legitimidade de agir (ativa e passiva) ou do interesse de agir ou da possibilidade jurídica do pedido (*vide* explicação no capítulo da ação penal); a participação de membro do Ministério Público na fase investigatória criminal não acarreta o seu impedimento ou suspeição para o oferecimento da denúncia (Súmula 234, STJ);

Questão de prova

A prova de Analista Judiciário TRE/MS/2007 considerou INCORRETA a afirmativa: "É certo que a denúncia deverá ser recebida pelo juiz na hipótese de estar extinta a punibilidade pela prescrição, uma vez que a prescrição deverá ser declarada por sentença".

c) **falta de pressuposto processual:** requisitos de existência ou validade da relação processual;

Questão de prova

A prova de Delegado da Polícia Civil/RJ/2012 considerou INCORRETA a afirmativa: "A denúncia ou queixa não será rejeitada quando faltar pressuposto processual".

d) **falta de justa causa:** é a falta do suporte mínimo necessário que comprove os indícios da materialidade da infração penal e sua respectiva autoria, para a viabilidade e a seriedade da acusação. A imputação penal contida na peça acusatória não pode ser o resultado da vontade pessoal e arbitrária do órgão acusador. Este, para validamente formular a denúncia, deve ter por suporte necessário uma base empírica idônea, a fim de que a acusação penal não se converta em expressão ilegítima da vontade arbitrária do Estado (STF).

Questão de prova

A prova do 18º Concurso de Procurador da República considerou CORRETA a afirmativa: "O Promotor de Justiça G, além de denunciar pessoa não constante da *delatio criminis* que lhe foi entregue à persecução de delito de corrupção passiva, apoditicamente afirma que, por ter sido determinado imóvel de entidade estatal alienado por preço inferior ao seu valor real, 'em casos tais é certo o pagamento de propinas'. Há falta de justa causa, por ausência de tipicidade no fato descrito".

5. Peça acusatória e aplicação do princípio da insignificância

A atipicidade da conduta é reconhecida pela doutrina e pela jurisprudência na comprovação da ocorrência dos requisitos do princípio da insignificância[1], assumindo a natureza jurídica de causa excludente de tipicidade. Dessa forma, a denúncia ou queixa que contenha conduta irrelevante deve ser rejeitada por falta de possibilidade jurídica do pedido, ou seja, ausência de subsunção da conduta ao tipo penal.

---

1 O princípio da insignificância exige a aferição da presença de certos vetores, "tais como (a) a mínima ofensividade da conduta do agente, (b) a nenhuma periculosidade social da ação, (c) o reduzidíssimo grau de reprovabilidade do comportamento e (d) a inexpressividade da lesão jurídica provocada" (HC 84.412/SP, 2ª Turma, Rel. Min. Celso de Mello, *DJ* 19-10-2004).

QUESTÕES SOBRE DENÚNCIA E QUEIXA-CRIME

1. (23º Concurso de Procurador da República MPF) A jurisprudência do Supremo Tribunal Federal proclama que:

a) em homenagem às garantias da defesa, a alegação da inépcia da denúncia pode ser atacada depois de prolatada a sentença de mérito.

b) a queixa deve ser dada por procurador com poderes especiais, mas, se o querelante assina a respectiva petição, fica suprida a deficiência do instrumento procuratório.

c) o erro referente ao enquadramento da conduta do infrator torna a denúncia inepta, pois a legislação determina que a referida peça apresente a classificação do crime.

d) nos crimes de ação penal pública condicionada, arquivado o inquérito policial por despacho do juiz, em atenção a requerimento tempestivamente formulado pelo procurador da república, cabe o oferecimento de queixa para inaugurar ação penal privada subsidiária da pública, pois o ofendido é o maior interessado na preservação da própria honra.

2. (Analista Judiciário TRF 2ª Região/2012) A respeito da denúncia e da queixa, é correto afirmar:

a) A renúncia ao exercício do direito de queixa a um dos autores do crime não impedirá a propositura da ação penal privada contra os demais.

b) Na ação penal privada, oferecida a queixa, o querelado pode apresentar reconvenção.

c) A queixa em ação penal privativa do ofendido não poderá ser aditada pelo Ministério Público.

d) A exposição do fato criminoso com todas as suas circunstâncias é um dos elementos tanto da denúncia como da queixa.

e) A queixa é ato personalíssimo do ofendido, não podendo ser dada por procurador com poderes gerais, nem especiais.

3. (Promotor de Justiça MPE/SP/2012) É correto afirmar:

a) O prazo para o oferecimento da denúncia, como regra geral, é de 5 (cinco) dias se o réu estiver preso e de 15 (quinze) dias se estiver solto ou afiançado; tratando-se de crime de tráfico de entorpecentes descrito na Lei n. 11.343/2006, o prazo é de 10 (dez) dias se o réu estiver preso e de 30 (trinta) dias se estiver solto.

b) O prazo para o aditamento pelo Ministério Público da queixa oferecida na ação penal privada subsidiária é de 5 (cinco) dias.

c) O número máximo de testemunhas a serem arroladas na denúncia é 8 (oito) no procedimento ordinário e no procedimento relativo aos processos de competência do Tribunal do Júri e 3 (três) no procedimento sumário.

d) A descrição na denúncia de um fato típico acobertado por uma causa de exclusão da antijuridicidade constitui razão suficiente para sua rejeição.

e) A ausência de representação do ofendido, nas ações públicas condicionadas, não impede o oferecimento da denúncia, admitindo-se que a omissão seja suprida a qualquer tempo, antes da sentença final.

4. (Promotor de Justiça Substituto MPE/AM/2007) Uma denúncia está assim redigida: "José da Silva, no mês de agosto de 2011, praticou crime de peculato. Denuncio-o, por isso, como incurso no art. 312 do Código Penal". Essa denúncia deve ser

a) recebida, porque contém dados suficientes para que o réu possa dela se defender.

b) recebida, porque menciona a época aproximada do fato, o nome do réu e o delito de que é acusado.

c) rejeitada, porque não contém o rol de testemunhas.

d) recebida, porque os detalhes e circunstâncias do fato constam do inquérito policial.

e) rejeitada, por inépcia, uma vez que não descreve o fato criminoso com todas as suas circunstâncias.

5 (Magistratura TJ/MG/2008) Oferecida a queixa-crime, com materialidade e autoria comprovadas, foram os autos com vista ao Promotor de Justiça, tendo este do exame dos autos verificado tratar-se de crime de ação pública. Que providência deve o Dr. Promotor adotar:

a) aditar a queixa.

b) oferecer denúncia.

c) pedir o prosseguimento do feito.

d) requerer diligências.

6. (Promotor de Justiça MPE/PR/2008) Sobre a denúncia, assinale a alternativa *correta*

a) Havendo erro na classificação jurídica do fato imputado ao acusado a denúncia deve ser rejeitada.

b) Desconhecida a identidade física dos demais participantes do fato delituoso, a denúncia do único indiciado conhecido não se apresenta, por essa circunstância, viciada, de sorte a ensejar nulidade.

c) A denúncia deve trazer, necessariamente, o rol de testemunhas.

d) A denúncia deve, necessariamente, estar acompanhada do inquérito policial.

e) É inepta a denúncia que contém erro gráfico quanto ao patronímico do acusado, ainda que na exposição do fato delituoso ou em outras peças do inquérito policial seja declinado o nome correto do acusado, pois a denúncia é acusação formal feita pelo Estado contra uma pessoa, razão pela qual esta deve estar corretamente identificada.

7. (Magistratura TJ/MG/2006) No processo penal, é INCORRETO afirmar que a decisão:

a) que rejeita a denúncia, por ilegitimidade de parte ou por ausência das condições exigidas na lei para o exercício da ação penal, faz coisa julgada formal;

b) que determina o arquivamento do inquérito, a requerimento do Órgão Ministerial, faz coisa julgada formal;

c) que extingue a punibilidade, pela ocorrência da prescrição, faz coisa julgada material;

d) que rejeita a denúncia, por manifesta atipicidade da conduta, faz coisa julgada formal.

8. (Escrevente Técnico Judiciário TJ/SP/2012). Nos estritos termos do art. 395 do Código de Processo Penal, a denúncia ou queixa será rejeitada quando

a) o agente for inimputável.

b) faltar justa causa para o exercício da ação penal.

c) existir manifesta causa excludente de ilicitude do fato.

d) ficar patente a incompetência do juízo a que fora oferecida.

e) existir manifesta causa excludente da culpabilidade do agente.

9. (Magistratura TJ/PR/2010) Da análise das assertivas abaixo referentes à denúncia nos Juizados Especiais Criminais, assinale a alternativa CORRETA:

I. Para o oferecimento da denúncia será dispensado o exame do corpo de delito quando a materialidade do crime estiver aferida por boletim médico ou prova equivalente.

II. Oferecida a denúncia, será reduzida a termo, entregando-se cópia ao acusado, que, com ela, ficará citado e imediatamente cientificado da designação de dia e hora para a audiência de instrução e julgamento.

III. Se a complexidade ou circunstâncias do caso não permitirem a formulação da denúncia, o Ministério Público poderá requerer à autoridade policial o encaminhamento das peças do inquérito.

IV. Da decisão de rejeição da denúncia não caberá recurso.

a) Somente as assertivas II e III estão corretas.

b) Somente as assertivas I e II estão corretas.

c) Somente as assertivas I e III estão corretas.

d) Todas as assertivas estão corretas.

10. (Magistratura TJ/DF/2007) Assinale a alternativa correta:

a) Recebido o aditamento, que corresponde ao recebimento da inicial da denúncia, pode o magistrado voltar à capitulação anterior, já que isso não representa revogação do despacho que recebeu a denúncia original.

b) A ausência de fundamentação do despacho de recebimento de denúncia por crime falimentar enseja nulidade processual, mesmo se já houver sentença condenatória.

c) Omissão de formalidade essencial do ato, como o recebimento de denúncia sem manifestação e assinatura do juiz, induz a ideia de ato praticado por outrem, gerando, por isso, nulidade *ab initio* do processo.

d) Depois de oferecida a denúncia e antes de decidir se a recebe, cabe ao juiz sobrestar a persecução até que o Ministério Público tenha vista de documento juntado pela defesa.

11. (Agente Penitenciário BA/2010) Sobre a denúncia, estabelece o Código de Processo Penal que

a) dela deve constar, obrigatoriamente, o rol de testemunhas.

b) o prazo para seu oferecimento, estando o réu preso, é de quinze dias.

c) o seu oferecimento depende, necessariamente, de prévio inquérito policial.

d) trata-se da petição inicial da ação penal pública e em nenhuma hipótese poderá ser rejeitada.

e) após oferecida, e instaurada a ação penal, o Ministério Público não poderá dela desistir.

12. (Magistratura SP/2008) É correto afirmar que a impossibilidade de identificar o acusado com o seu nome e outros dados qualificativos

a) impede o oferecimento de denúncia.

b) obsta a prolação da sentença.

c) constitui obstáculo à execução da sentença.

d) não retarda a ação penal quando certa a identidade física do acusado.

13. (Defensor Público MT/2009) A denúncia

a) nos crimes de ação pública condicionada à representação da vítima deve ser subscrita pelo advogado desta.
b) não precisa expor o fato criminoso com todas as suas circunstâncias, porque isso já consta do inquérito e do relatório da autoridade policial.
c) só poderá ser oferecida pelo Ministério Público se estiver embasada em inquérito policial.
d) pode ser rejeitada liminarmente pelo juiz.
e) pode ser substituída por portaria judicial quando ocorrer inércia do Ministério Público e houver risco de prescrição da pretensão punitiva.

14. (Magistratura SP/2008) No caso de denúncia que imputa crime de roubo simples (CP, art. 157, *caput*), narrando que, em dia, mês e horário indeterminados do ano de 2007, no local nela mencionado, o réu, mediante grave ameaça e emprego de violência física, reduziu a vítima à incapacidade de defesa e subtraiu-lhe os bens (contendo o rol de testemunhas e sendo endereçada ao juiz competente), é correto afirmar que

a) a denúncia é apta ao reconhecimento de crime diverso do capitulado, em razão de não descrever, com fatos, elemento essencial do roubo.
b) a denúncia é apta ao reconhecimento do roubo, descrevendo suficientemente os elementos que o integram.
c) a denúncia é apta ao reconhecimento de crime diverso do capitulado, em razão de não descrever precisamente o tempo do delito capitulado.
d) a denúncia é manifestamente inepta.

15. (Procurador BACEN/2009) No que concerne à denúncia, assinale a opção correta.

a) A denúncia deve conter a identificação e qualificação do denunciado, de maneira que não haja dúvida sobre a autoria, e a descrição pericial do fato criminoso em todas as circunstâncias agravantes e atenuantes contidas no tipo.
b) A denúncia deve conter o histórico da vida pregressa do denunciado, descrevendo todos os dados fáticos necessários à determinação da infração penal, a *opinio doctorum* sobre o delito, tipificando o delinquente e a vítima e estabelecendo as medidas de controle social cabíveis.
c) Na denúncia, os dados fáticos que correspondem aos elementos do tipo penal são considerados circunstâncias identificadoras de tipo, enquanto os elementos que correspondem à identificação do denunciado são chamados de circunstâncias identificadoras do agente.
d) A falta de descrição de uma elementar na denúncia provoca sua inépcia.
e) Quando inepta, a denúncia não pode ser rejeitada, mas é possível trancar a ação penal por meio de *habeas corpus*.

16. (Analista MPE/SE/2009) Admitido o aditamento da denúncia, as partes poderão arrolar até

a) cinco testemunhas, realizando-se novo interrogatório do acusado.
b) oito testemunhas, realizando-se novo interrogatório do acusado.
c) três testemunhas, dispensado novo interrogatório do acusado.
d) três testemunhas, realizando-se novo interrogatório do acusado.
e) cinco testemunhas, dispensado novo interrogatório do acusado.

17. (Promotor de Justiça GO/2009) Leia as afirmativas sobre a Denúncia e, após, escolha a alternativa correta:

I. Será inepta, mesmo que parcialmente, quando a peça, embora descreva os elementos do tipo, não narre a circunstância qualificadora, mesmo que a capitule ao final da exordial acusatória.
II. Pode narrar a conduta de forma genérica, quando tratar-se de concurso de agentes, quando não se conseguir, por absoluta impossibilidade, identificar claramente a conduta de cada um.
III. A inicial acusatória deve constar as agravantes e as minorantes.
IV. Deverão constar em seu corpo, todas as circunstâncias, inclusive as causas de aumento e de diminuição de pena.
V. Deverão constar em seu texto as circunstâncias agravantes e atenuantes, causas de aumento e de diminuição de pena.

VI. Nos delitos de homicídio não poderão constar na Denúncia as circunstâncias agravantes, visto que tais igualmente não constarão da Pronúncia.

VII. Não poderá constar da Denúncia qualificadoras e agravantes genéricas idênticas por constituir *bis in idem*.

a) Todas as afirmativas são falsas.

b) Apenas duas afirmativas são verdadeiras.

c) Apenas três afirmativas são verdadeiras.

d) Existem apenas quatro afirmativas verdadeiras.

18. (Delegado Polícia Civil/DF/2005) O Ministério Público Estadual denunciou Serafim pela prática do fato descrito no art. 157 do Código Penal. O Juiz, observando a ausência de justa causa, rejeitou a denúncia. Pode-se afirmar que:

a) como não houve ainda a citação, não se formou a relação processual, não havendo necessidade de intimação de Serafim para apresentação de Contrarrazões do recurso interposto;

b) como o ato de recebimento ou rejeição da denúncia não possui força decisória, não haverá necessidade de fundamentação pelo juiz;

c) dando provimento ao recurso ministerial, haverá a produção dos efeitos do recebimento da denúncia, inclusive para interromper o curso prescricional;

d) interposto recurso contra ato de rejeição da denúncia, não haverá a produção do efeito regressivo;

e) como o juiz não está adstrito à classificação jurídica do fato, sua ausência na denúncia causará mera irregularidade, podendo ser corrigida até a decisão final.

19. (Analista de Finanças e Controle CGU/2006) As omissões da denúncia não podem ser supridas após

a) o recebimento.

b) a defesa prévia.

c) o encerramento da instrução.

d) a sentença final.

e) durante a instrução.

PRESTE ATENÇÃO!

- A denúncia e a queixa devem conter a exposição do fato criminoso com todas as suas circunstâncias, qualificação do acusado ou esclarecimentos pelos quais se possa identificá-lo, classificação jurídica do crime e rol de testemunhas, quando necessário.
- Contra o recebimento da denúncia/queixa, cabe *habeas corpus*; no caso de competência originária de tribunal, cabe agravo.
- Contra a rejeição da denúncia/queixa, cabe RESE; no caso de competência originária de tribunal, cabe agravo; no caso do JECRIM, cabe apelação.

CUIDADO!

- A não observância do prazo pelo representante do MP pode gerar relaxamento da prisão do acusado, possibilidade da queixa subsidiária e responsabilização administrativa do membro desidioso.
- A não observância do prazo na queixa-crime gera decadência; se for queixa subsidiária, pode gerar a retomada pelo MP.

IMPORTANTE!

- É possível o aditamento da denúncia a qualquer tempo, até a sentença. As omissões na queixa podem ser sanadas no curso da ação, desde que no prazo decadencial.
- É posição majoritária ser inadmissível tanto a denúncia genérica como a denúncia alternativa, pois ambas prejudicam a ampla defesa.

Capítulo 11

AÇÃO CIVIL *EX DELICTO*

1. Ilícito penal e civil

Não há diferença ontológica, de essência, porque ambos são atos ilícitos, fatos que violam a lei. No entanto, podem-se estabelecer algumas diferenças, conforme o quadro a seguir:

ITENS	ILÍCITO PENAL	ILÍCITO CIVIL
Efeito	Pena ou medida de segurança	Reparação do dano
Conduta	Especificada na lei	Estabelecida na lei de maneira genérica
Existência de dano	Nem sempre	Necessária para gerar responsabilização
Avaliação da culpa	Rigorosa	Menos rigorosa

As infrações penais podem ser divididas de acordo com os seguintes sistemas:

a) **dicotômico:** infração penal é gênero, do qual são espécies crime ou delito e contravenção penal;

b) **tricotômico:** infração penal é gênero, do qual são espécies crime, delito e contravenção penal.

O Brasil adota o sistema dicotômico; não há diferença ontológica entre crime e contravenção penal, porque ambos são atos ilícitos, fatos violadores da lei penal. No entanto, podem ser estabelecidas as seguintes diferenças:

ITENS	CRIME OU DELITO	CONTRAVENÇÃO PENAL
Elemento subjetivo	Dolo ou culpa	Voluntariedade
Tentativa	É possível	Não é possível
Ação penal	Pública ou privada	Pública incondicionada
Peça inicial	Denúncia ou queixa	Denúncia
Prática no exterior	Pode ser punida no Brasil	Nunca pode ser punida no Brasil

2. Reparação do dano

2.1. Formas

A reparação do dano pode ser feita pelas seguintes formas:

a) **restituição:** quando a lesão do bem jurídico constitui-se na privação de um objeto;

b) **ressarcimento:** pagamento do dano patrimonial, que abrange dano emergente, lucro cessante, juros e correção monetária (Súmula 562, STF: "Na indenização de danos materiais decorrentes de ato ilícito cabe a atualização de seu valor, utilizando-se, para esse fim, dentre outros critérios, os índices de correção monetária"; Lei n. 6.899/81: aplicação da correção monetária nos débitos oriundos de decisão judicial; Súmula 186, STJ: "Nas indenizações por ato ilícito, os juros compostos somente são devidos por aquele que praticou o crime");

c) **reparação:** pagamento do dano moral (Súmula 227, STJ: "A pessoa jurídica pode sofrer dano moral");

d) **indenização:** compensação de dano de ato lícito do Estado que é lesivo ao particular.

Na linguagem do Código de Processo Penal, não há uma precisão terminológica a respeito da espécie de reparação do dano, de forma que a ideia é a satisfação do dano decorrente da infração penal.

2.2. Sistemas

Existem vários sistemas sobre o relacionamento entre a responsabilidade civil e a penal:

a) **separação ou independência:** ações civil e penal são julgadas por juízes diferentes; não há vinculação procedimental, nem probatória, nem de prejudicialidade;

b) **solidariedade ou união:** ações civil e penal são julgadas pelo mesmo juiz; são desenvolvidas no mesmo processo; podem ser motivadas por diferentes pessoas contra responsáveis diversos; as pretensões punitiva e de satisfação do dano são exercidas perante o mesmo juiz e no mesmo processo criminal;

c) **confusão:** ação proposta visa imposição da sanção penal e a reparação civil; na decisão da ação penal, o juiz fala sobre o ressarcimento do dano;

Obs.: A diferença entre o sistema da solidariedade e o da confusão é que no primeiro a pretensão punitiva e a de ressarcimento são exercidas em ações diferentes em um mesmo processo; no sistema da confusão, as pretensões são exercidas na mesma ação e no mesmo processo.

d) **livre-escolha ou interdependência:** ofendido ou herdeiros podem escolher promover a reparação do dano no juízo cível ou penal (cumular ação penal e civil em um dos juízos) ou optar em separar as demandas em processos diferentes e em juízos diversos.

2.3. Sistema brasileiro

O Brasil adota o **sistema da separação**, nos termos do art. 935 do Código Civil, já que a pretensão de ressarcimento do dano deve ser exercida no juízo cível, seja por meio da ação civil *ex delicto*, seja por meio da ação de execução *ex delicto*.

Cabe ressaltar que, diante da possibilidade da influência da decisão criminal no juízo cível, parte da doutrina[1] sustenta que o sistema é da autonomia entre as jurisdições civil e penal, pois há uma independência relativa, sujeita a certas vinculações.

3. Reparação do dano no âmbito criminal

3.1. Introdução

A prática de uma infração penal gera dois efeitos: **a) obrigatório**: surgimento do direito de punir (poder-dever) do Estado; **b) eventual**: reparação civil do dano: depende da comprovação de dano ou efetiva lesão ao bem jurídico. "Quando a infração penal produz dano a alguém constitui **conduta de incidência múltipla**, pois sua prática faz nascer duas pretensões: a punitiva e a de ressarcimento ou reparação ou indenização do dano"[2].

Dessa forma, em razão do efeito eventual surgido com a ocorrência da infração penal (quando a infração resultar obrigação de reparação do dano), o titular do direito de ressarcimento no juízo cível tem duas opções:

a) esperar o trânsito em julgado da sentença e promover a execução civil *ex delicto*;

b) não esperar o trânsito em julgado e ingressar com a ação civil *ex delicto*, independente de ter sido ou não ajuizada ação penal contra o autor do fato.

3.2. Ação civil *ex delicto*

É ação ajuizada pelo ofendido na esfera cível para obter indenização pelo dano causado pelo crime.

---

1 NOGUEIRA, Carlos Frederico Coelho. *Comentários ao Código de Processo Penal*. São Paulo: Edipro, 2002.

2 Idem.

Trata-se de ação de cunho cognitivo, modalidade de ação de ressarcimento do dano que visa a obtenção de um título executivo judicial.

Se a vítima optar por ingressar com a ação civil *ex delicto*, tal ação pode ser promovida pelo ofendido, seu representante legal ou seus herdeiros; se houver aplicação da prestação pecuniária, o valor será descontado, desde que coincidentes os benefícios.

A **ação deve ser proposta no juízo cível** (sendo opção o foro do domicílio da vítima, o do local do fato ou do domicílio do réu), contra o autor do crime, seu responsável civil ou seu herdeiro.

Questão de prova

A prova de Defensor Público CE/2008 considerou CORRETA a afirmativa: "Apesar do princípio da intranscendência, segundo o qual a pena não passará da pessoa do condenado, a ação civil para ressarcimento do dano poderá ser proposta, no juízo cível, contra o autor do crime e, se for o caso, contra o responsável civil".

O prazo prescricional é de 3 anos e só começa a correr quando a vítima completar 16 anos. O termo *a quo* para ajuizamento da ação somente começa a fluir a partir do trânsito em julgado da ação penal. A jurisprudência do Superior Tribunal de Justiça é assente no sentido de que, "em se tratando de **ação civil *ex delicto***, com o objetivo de reparação de danos, o termo *a quo* para ajuizamento da ação somente começa a fluir a partir do trânsito em julgado da ação penal" (AgRg no Ag 951.232/RN, Rel. Min. Eliana Calmon, 2ª T., *DJe* 5-9-2008).

Questão de prova

A prova de Analista Judiciário TRE/RJ/2012 considerou INCORRETA a afirmativa: "As esferas cível e penal são independentes, razão por que o prazo prescricional para o ajuizamento da ação civil *ex delicto* começa a fluir a partir do fato criminoso".

Se o condenado no juízo penal for incapaz, somente responderá com os seus bens pessoais se os responsáveis não tiverem obrigação de fazer ou não tiverem meios suficientes. O valor não pode privar o incapaz ou seus dependentes do necessário para sua subsistência.

Intentada a ação penal, o juiz da ação civil poderá **suspender o curso desta** até o julgamento definitivo daquela, para evitar decisões contraditórias, nos termos do art. 64, parágrafo único, do CPP.

Questão de prova

A prova do 88º Concurso de Promotor de Justiça MP/SP considerou INCORRETA a afirmativa: "intentada a ação penal, o juiz deverá suspender o curso da ação civil para ressarcimento do dano decorrente da infração penal até o julgamento definitivo daquela".

A suspensão da ação civil *ex delicto* é uma faculdade do julgador que não pode exceder ao prazo de um ano, por aplicação analógica do art. 265, § 5º, do CPP. Torna-se prejudicado o julgamento da ação civil com o trânsito em julgado da ação penal condenatória.

Não impedem a ação civil *ex delicto* os seguintes casos: a) despacho de arquivamento do inquérito ou das peças de informação; b) decisão que julgar extinta a punibilidade; c) sentença absolutória que decidir que o fato imputado não constitui crime; d) sentença absolutória imprópria; e) sentença de extinção de punibilidade: não impede a execução, salvo se houver prescrição punitiva; f) anistia; g) absolvição criminal com fundamento em causa excludente de culpabilidade. Porém, impedem a ação civil *ex delicto*: a) sentença absolutória no caso de inexistência de fato; b) sentença absolutória no caso de negativa de autoria.

Questão de prova

A prova Defensor Público DPE/SP/2013 considerou INCORRETA a afirmativa: "Não cabe ação civil *ex delicto* quando houver o arquivamento do inquérito policial por manifesta atipicidade do fato praticado".

O Ministério Público tem legitimidade para promover ação de indenização de dano causado por ato ilícito, **se a vítima for pobre** e não existir serviço de assistência jurídica com organização suficiente para atender à demanda. Enquanto o Estado não instituir e organizar a Defensoria Pública local, tal como previsto na Constituição da República (art. 134), subsistirá íntegra a regra inscrita no art. 68 do CPP, na condição de norma ainda constitucional.

Questão de prova

A prova da Magistratura PB/2011 considerou INCORRETA a afirmativa: "É concorrente a legitimidade do MP e da DP para a representação de hipossuficiente em ação civil de reparação por dano decorrente de conduta criminosa, inclusive em estado onde haja DP organizada".

Dessa forma, a atuação do MP tem caráter subsidiário e natureza de substituição processual. Decorre de lei a legitimidade do Ministério Público para a propositura da ação civil *ex delicto*; e não se trata de exercício de advocacia, uma vez que substitui a parte hipossuficiente por permissivo legal específico, e não por mandato outorgado particularmente pelo detentor do direito a ser defendido.

3.3. Execução civil *ex delicto*

Após o trânsito em julgado de uma sentença condenatória, o legitimado a obter reparação do dano solicita certidão do inteiro teor da sentença e do trânsito em julgado. Com as certidões, o legitimado ingressa com a ação de execução *ex delicto* no juízo cível competente.

A **execução civil *ex delicto*** pode ser promovida pela vítima (sujeito passivo ou terceiro prejudicado), seu representante legal ou seus herdeiros. Cabe litisconsórcio ativo, nos termos do art. 46, II, do CPC.

> **Questão de prova**
>
> A prova de Delegado de Polícia Civil/ES/2011 considerou INCORRETA a afirmativa: "Rose recebeu sentença penal condenatória transitada em julgado pela prática do crime de roubo qualificado pelo uso de arma de fogo. Nessa situação, considerando que Lina tenha sido a única vítima do delito, a correspondente ação civil *ex delicto* somente poderá ser promovida pela ofendida".

O Ministério Público pode propor a execução quando o titular do direito à reparação do dano for pobre, nos termos do art. 68 do CPP.

Os bens do responsável pela ofensa ou violação do direito de outrem ficam sujeitos à reparação do dano causado; e, se a ofensa tiver mais de um autor, todos responderão solidariamente pela reparação.

No caso de morte, o direito de exigir reparação e a obrigação de prestá-la transmitem-se com a herança. Durante o inventário, a legitimidade é do espólio, representado pelo inventariante.

Nos termos dos arts. 475-N, II, e 575, IV, ambos do CPC, a sentença criminal condenatória transitada em julgado é título executivo judicial.

A sentença penal condenatória transitada em julgado faz coisa julgada no cível, ou seja, no juízo cível não se pode mais discutir a questão sobre a responsabilidade civil, mas apenas o montante da indenização, o *quantum* devido a título de reparação do dano.

O juiz deve fixar na sentença condenatória um valor mínimo para a reparação dos danos causados pela infração penal, levando em conta os prejuízos sofridos pela vítima. Ao fixar tal valor, o juiz torna a sentença em parte líquida. Porém, nada impede que a parte busque a liquidação para apuração do **dano efetivo**.

> **Questões de prova**
>
> A prova de Defensor Público AL/2009 considerou INCORRETA a afirmativa: "Com o trânsito em julgado da sentença penal condenatória, o ofendido deve promover a liquidação do dano para fins de propositura da ação civil *ex delicto*, pois é vedado ao juiz fixar valor para reparação dos danos causados pela infração".
>
> A prova do 88º Concurso de Promotor de Justiça MP/SP considerou INCORRETA a afirmativa: "a execução da sentença penal condenatória transitada em julgado pelo valor mínimo fixado para reparação dos danos causados pela infração impede a liquidação para apuração do dano efetivamente sofrido pelo ofendido".

O prejudicado pode executar a sentença com base no valor mínimo fixado no juízo criminal, nos termos do art. 387, IV, do CPP, ou pode, antes de executar a sentença, promover prévia liquidação no cível, visando apurar um valor mais adequado na satisfação do dano decorrente da infração penal.

No caso da necessidade de liquidação para apuração do dano efetivamente sofrido, será, em regra, na modalidade liquidação por artigos e, excepcionalmente, por arbitramento.

Na apuração do dano, incide correção monetária (Súmula 562, STF) a partir da data do efetivo prejuízo (Súmula 43, STJ), e os juros moratórios fluem a partir do evento danoso (Súmula 54, STJ).

Se o prejudicado ingressar com ação de conhecimento no lugar da execução, o juiz julga o processo extinto sem resolução do mérito por falta de interesse de agir, pois já existe o título executivo. A competência para execução da sentença penal condenatória será feita perante o mesmo juiz cível da liquidação.

Não é possível execução contra responsável civil, já que ofende o devido processo legal; a execução somente pode ser feita contra o condenado, pois ele é que foi parte no processo penal. No caso do responsável civil, deve ser proposta ação de conhecimento.

4. A sentença criminal e a reparação do dano

4.1. Sentença condenatória

Quando a pessoa pratica uma infração penal, sofrerá um processo criminal que culminará numa sentença, que pode ser absolutória ou condenatória. Se condenatória, o juiz imporá sanção penal ao autor da infração, possuindo a natureza de sentença declaratória da obrigação de reparar o dano[3].

Em razão da condenação penal irrecorrível, surgem efeitos que atingem, de modo direito ou indireto, a vida do condenado. Um dos efeitos da sentença penal condenatória é tornar certa a obrigação de reparar o dano causado pelo crime (art. 91, I, do Código Penal). Trata-se de **efeito genérico** que não precisa ser declarado na sentença penal.

A sentença criminal condenatória transitada em julgado é título executivo judicial, nos termos dos arts. 475-N, II, e 575, IV, ambos do CPC. A sentença que homologa a composição dos danos civis é título judicial executivo no cível, nos termos do art. 74 da Lei n. 9.099/95. Não constitui título executório no juízo cível, em razão de se tratar de sentença condenatória: sentença absolutória, sentença terminativa de mérito, sentença que concede perdão judicial, sentença que homologa transação penal e decisão de pronúncia.

4.2. Sentença absolutória

Quando a pessoa pratica uma infração penal, sofrerá um processo criminal que culminará numa sentença, que pode ser absolutória ou condenatória. Se absolutória, o juiz ou apenas rejeita a pretensão punitiva (sentença absolutória própria), ou rejeita a pretensão punitiva e aplica medida de segurança (sentença absolutória imprópria).

---

[3] FRAGOSO, Heleno Claudio. *Lições de direito penal*. Rio de Janeiro: Forense, 1991.

A sentença absolutória transitada em julgado faz coisa julgada no cível quando reconhece a inexistência material do fato ou a negativa de autoria, nos termos do **art. 66 do CPP**.

Questões de prova

A prova de Promotor de Justiça MPE/RR/2012 considerou INCORRETA a afirmativa: "A absolvição sumária prevista no CPP, por qualquer de seus fundamentos, obsta o ajuizamento da ação civil".

A prova de Defensor Público DPE/DF/2013 considerou INCORRETA a afirmativa: "Mesmo que tenha sido reconhecida categoricamente a inexistência material do fato pelo juízo criminal, sendo proferida sentença absolutória, poderá ser proposta a ação civil *ex delicto*, dada a possibilidade de que a mesma prova seja valorada de outra forma no juízo cível".

A **sentença absolutória** pode gerar pretensão de ressarcimento do dano, dependendo do fundamento da absolvição utilizado pelo juiz, de forma que:

a) **impede reparação do dano se:** 1) restar provada a inexistência do fato (art. 386, I, do CPP); 2) estiver provado que o réu não concorreu para a infração penal (art. 386, IV, do CPP);

b) **não impede a reparação do dano se:** 1) não houver prova da existência do fato (art. 386, II, do CPP); 2) não constituir o fato infração penal (art. 386, III, do CPP); 3) não existir prova de ter o réu concorrido para a infração penal (art. 386, V, do CPP); 4) não existir prova suficiente para condenação (art. 386, VII, do CPP).

Questões de prova

A prova de Defensor Público CE/2008 considerou INCORRETA a afirmativa: "A sentença penal absolutória que decidir que o fato imputado ao acusado não constitui crime impede a propositura da ação civil".

A prova da Magistratura BA/2012 considerou INCORRETA a afirmativa: "A ação civil *ex delicto* não poderá ser proposta caso a sentença absolutória tenha decidido que o fato imputado ao réu não constitui crime, ante a eficácia preclusiva de coisa julgada".

Em relação à sentença absolutória com fundamento em excludentes de ilicitude ou de culpabilidade, cabe registrar:

a) quanto às dirimentes (excludentes de culpabilidade): não há impedimento para ressarcimento do dano;

b) quanto às excludentes de ilicitude: impedem a ação civil de reparação do dano, salvo nos casos previstos na lei civil:

- **estado de necessidade agressivo**: agente sacrifica bem de terceiro inocente; o causador do dano pode entrar com regressiva contra o provocador do perigo (arts. 929 e 930 do Código Civil de 2002);

Questão de prova

O IX Concurso de Juiz Federal TRF4 considerou INCORRETA a afirmativa: "A sentença que absolver o réu, por ter agido em estado de necessidade, impedirá que se pleiteie no cível indenização pelo dano causado pelo necessitado".

- **legítima defesa:** por erro de execução, atinge-se terceiro inocente; resta ação regressiva contra o agressor; legítima defesa putativa: é cabível ação de reparação de dano (parágrafo único do art. 930 c/c o art. 188, I, do novo Código Civil).

Questão de prova

O IX Concurso de Juiz Federal TRF4 considerou INCORRETA a afirmativa: "A sentença que absolver o réu por ter agido em legítima defesa não apresenta eficácia vinculante do juízo cível em processo indenizatório".

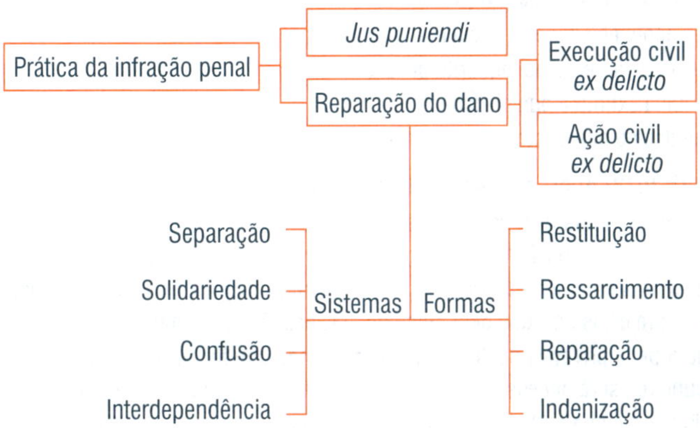

QUESTÕES SOBRE AÇÃO CIVIL *EX DELICTO*

1. (Defensor Público GO/2010) Adão Desafortunado, vítima de crime de lesões corporais e hipossuficiente, procurou o Promotor de Justiça específico da Comarca de Goiânia-GO, local do crime, a quem solicitou o ajuizamento de ação civil *ex delicto*. Compete ao Promotor de Justiça

a) ajuizar a ação referida, se for o caso, pois ainda dispõe de legitimidade extraordinária para a causa, devendo prosseguir no polo ativo até final julgamento, mesmo que no curso da ação venham a entrar em exercício os defensores públicos aprovados no presente concurso.

b) informar à vítima que nada pode fazer, pois, atualmente, apenas a Defensoria Pública tem legitimidade extraordinária para a referida ação, por força do disposto no art. 4º, III, LC 80/94 e art. 134 da Constituição Federal, sendo inconstitucional o art. 68 do CPP.

c) ajuizar a ação, porém haverá a perda da legitimidade no momento que entrarem em exercício os Defensores Públicos do Estado de Goiás.

d) ajuizar a ação e comunicar à Defensoria Pública, após entrarem em exercício os seus membros, podendo continuar no polo ativo, até final julgamento, se a Defensoria portar-se inerte.

e) deixar de ajuizar a ação, mesmo presentes todos os elementos e prestes a prescrever a pretensão do autor, sob o fundamento de que já se encontra em andamento concurso da Defensoria Pública, o que é suficiente para interromper o prazo prescricional.

2. (Promotor de Justiça TO/2012) Assinale a opção correta a respeito da ação civil.

a) A responsabilidade civil decorrente da prática de um crime depende da conclusão da ação penal, de modo a afastar o risco de decisões contraditórias, possível se ocorressem paralelamente uma ação penal e uma ação civil sobre o mesmo fato.

b) Diante de uma causa de excludente de ilicitude reconhecida pela sentença criminal, como, por exemplo, a legítima defesa, afasta-se a possibilidade de ressarcimento, mesmo que o terceiro lesado não tenha sido o causador do perigo.

c) Não são causas impeditivas da reparação civil as decisões do juízo penal que determinem o arquivamento do inquérito policial, que declarem extinta a punibilidade do réu ou que absolvam o réu por não ser o fato infração penal.
d) A reparação do dano causado pelo crime pode ser proposta contra o réu do processo criminal, ou contra o seu responsável civil, no caso da impossibilidade de o réu arcar financeiramente com o prejuízo causado.
e) Poderá o ofendido promover a execução da sentença penal condenatória perante o juízo cível tomando como base, exclusivamente, o valor mínimo fixado na sentença criminal, não cabendo a liquidação da sentença para a apuração do dano efetivamente sofrido.

3. (Promotor de Justiça MG/2012) Assinale a alternativa CORRETA. Impede o ajuizamento da ação civil para reparação do dano causado por crime:

a) O acórdão que reconhece a inexistência material do fato.
b) O despacho de arquivamento do inquérito policial.
c) A decisão que julga extinta a punibilidade.
d) A sentença que decide que o fato não constitui crime.

4. (Magistratura PI/2012) Acerca da ação civil *ex delicto*, assinale a opção correta.

a) Violação dos direitos fundamentais da pessoa humana enseja ação de reparação *ex delicto*, cujo prazo prescricional se inicia com o trânsito em julgado da sentença penal condenatória.
b) Fixado na sentença penal condenatória valor mínimo para reparação dos danos causados pela infração e considerados os prejuízos sofridos pelo ofendido, a execução civil estará limitada ao mínimo.
c) Na hipótese de a pena privativa de liberdade, na sentença condenatória, ser substituída pela restritiva de prestação pecuniária, será necessária a prévia liquidação da quantia indenizatória devida à vítima.
d) O fato praticado sob alguma excludente de ilicitude não enseja reparação civil, exceto na hipótese de estado de necessidade agressivo e de legítima defesa, no caso de ser atingido, por erro na execução, terceiro inocente.
e) O termo *a quo* para o ajuizamento da ação civil *ex delicto* começa a fluir, em regra, a partir do ajuizamento da ação penal.

5. (Exame da OAB unificado jan./2010) Impede a propositura da ação civil para a reparação do dano causado pelo fato delituoso

a) o despacho de arquivamento do inquérito ou das peças de informação.
b) a decisão que julgar extinta a punibilidade.
c) a sentença penal que reconhecer ter sido o ato praticado em estrito cumprimento de dever legal.
d) a sentença absolutória que decidir que o fato imputado não constitui crime.

6. (Exame da OAB unificado jun./2010) Acerca da ação civil *ex delicto*, assinale a opção correta.

a) A execução da sentença penal condenatória no juízo cível é ato personalíssimo do ofendido e não se estende aos seus herdeiros.
b) Ao proferir sentença penal condenatória, o juiz fixará valor mínimo para a reparação dos danos causados pela infração, considerando os prejuízos sofridos pelo ofendido, sem prejuízo da liquidação para apuração do dano efetivamente sofrido.
c) Segundo o CPP, a sentença absolutória no juízo criminal impede a propositura da ação civil para reparação de eventuais danos resultantes do fato, uma vez que seria contraditório absolver o agente na esfera criminal e processá-lo no âmbito cível.
d) O despacho de arquivamento do inquérito policial e a decisão que julga extinta a punibilidade são causas impeditivas da propositura da ação civil.

7. (Técnico Judiciário TJ/SC/2010) É correto afirmar quanto aos efeitos da decisão criminal na esfera civil:

a) A ação penal suspende a tramitação da ação civil até o seu julgamento em primeira instância.
b) A decisão que julga extinta a punibilidade impede a propositura de ação civil quanto ao mesmo fato.
c) A sentença penal que reconhecer ter sido o ato praticado em legítima defesa não faz coisa julgada na esfera civil.

d) A sentença absolutória que decidir que o fato imputado não constitui crime não impede a propositura de ação civil.

e) A morte do acusado no curso da ação penal impede a propositura ou a continuidade da ação civil.

8. (Exame da OAB unificado set./2010) Relativamente às regras sobre ação civil fixadas no Código de Processo Penal, assinale a alternativa correta.

a) São fatos que impedem a propositura da ação civil: o despacho de arquivamento do inquérito ou das peças de informação, a decisão que julgar extinta a punibilidade e a sentença absolutória que decidir que o fato imputado não constitui crime.

b) Sobrevindo a sentença absolutória no juízo criminal, a ação civil não poderá ser proposta em nenhuma hipótese.

c) Transitada em julgado a sentença penal condenatória, a execução só poderá ser efetuada pelo valor fixado na mesma, não se admitindo, neste caso, a liquidação para a apuração do dano efetivamente sofrido.

d) Transitada em julgado a sentença penal condenatória, poderão promover-lhe a execução, no juízo cível, para o efeito da reparação do dano, o ofendido, seu representante legal ou seus herdeiros.

9. (Magistratura MG/2005) Segundo o Código de Processo Penal, a Ação Civil:

a) não pode ser proposta se houve despacho de arquivamento do inquérito.

b) deve ser extinta em caso de extinção da punibilidade pela prescrição.

c) pode ser proposta mesmo em caso de sentença absolutória no juízo criminal.

d) deve ser extinta, no caso de a sentença penal absolutória decidir que o fato imputado ao denunciado não constitui crime.

10. (Procurador BACEN/2006) Em matéria relativa à influência do julgado penal na área cível, é INCORRETO afirmar que

a) faz coisa julgada no cível a sentença que reconhecer ter sido o ato praticado em exercício regular de direito.

b) não obstante a sentença absolutória no juízo criminal, a ação civil poderá ser proposta quando não tiver sido, categoricamente, reconhecida a inexistência material do fato.

c) não impede a propositura da ação civil a decisão que julga extinta a punibilidade.

d) transitada em julgado a sentença condenatória, poderão promover-lhe a execução, no juízo cível, para efeito de reparação do dano, o ofendido, seu representante legal ou seus herdeiros.

e) impede a propositura da ação civil a sentença absolutória que decidir que o fato imputado não constitui crime.

11. (Defensor Público MT/2009) A ação civil

a) não poderá, após o trânsito em julgado da sentença penal condenatória, ser proposta pelos herdeiros do ofendido.

b) poderá ser proposta quando a sentença absolutória no juízo criminal decidir que o fato imputado não constitui crime.

c) não poderá ser proposta se o juízo criminal ordenar o arquivamento do inquérito policial relativo ao mesmo fato por falta de prova da autoria.

d) não poderá ser proposta se o juízo criminal, no processo relativo ao mesmo fato, julgar extinta a punibilidade do réu.

e) não poderá ser suspensa pelo juiz da ação civil até o julgamento definitivo da ação penal relativa ao mesmo fato.

12. (Magistratura PA/2008) Assinale a afirmativa incorreta.

a) Intentada a ação penal, o juiz da ação civil, visando ao ressarcimento do dano, poderá suspender o curso do processo civil.

b) Não faz coisa julgada no cível a sentença penal que reconhecer ter sido o ato praticado em estrito cumprimento de dever legal.

c) É cabível a indenização ao dono de animal que é morto em quintal da casa do seu proprietário por pessoa que invade o mencionado quintal para fugir de roubo.

d) A decisão que julga extinta a punibilidade do crime não impede a propositura da ação civil.

e) Não obstante a sentença absolutória no juízo criminal, a ação civil poderá ser proposta quando não tiver sido, categoricamente, reconhecida a inexistência material do fato.

13. (OAB/SP 127º) Sobre a influência do julgado penal no cível, assinale a alternativa correta:

a) não impede a propositura da ação civil a decisão que julgar extinta a punibilidade.

b) impede a propositura da ação civil a sentença que decidir que o fato imputado não constitui crime.

c) não faz coisa julgada no cível a sentença penal que reconhecer ter sido o ato praticado em estrito cumprimento do dever legal.

d) faz coisa julgada no cível a sentença penal que absolver por insuficiência de provas.

14. (Magistratura TJ/AP/2014) Acerca da ação civil *ex delicto*, é correto afirmar:

a) Transitada em julgado a sentença condenatória, a execução poderá ser efetuada pelo valor mínimo para reparação dos danos causados pela infração, considerando os prejuízos sofridos pelo ofendido, fixado pelo Juiz na decisão condenatória, sem prejuízo da liquidação para a apuração do dano efetivamente sofrido.

b) O ofendido poderá optar por promover a execução, para o efeito da reparação do dano, no juízo cível ou criminal.

c) A execução da sentença penal condenatória, para efeito da reparação do dano, é ato personalíssimo do ofendido e não se estende aos seus herdeiros.

d) A ação para ressarcimento do dano não poderá ser proposta no juízo cível contra o autor do crime e o responsável civil enquanto pendente ação penal para apuração dos mesmos fatos.

e) De acordo com o Código de Processo Penal, a decisão que julga extinta a punibilidade é causa impeditiva da propositura da ação civil.

PRESTE ATENÇÃO!

- O sistema de reparação dos danos civis adotado no Direito Brasileiro é o da SEPARAÇÃO.
- O estado de necessidade agressivo e a legítima defesa com erro de execução impedem a ação civil de reparação do dano.

CUIDADO!

- A sentença absolutória faz coisa julgada no cível quando reconhecer a inexistência material do fato ou a negativa da autoria.

IMPORTANTE!

- O juiz deve fixar na sentença condenatória um valor mínimo de reparação dos danos causados pela infração penal, o que não impede a posterior liquidação do dano.

Capítulo 12

SUJEITOS PROCESSUAIS

1. Introdução

A relação jurídica processual é caracterizada pela presença dos sujeitos, do objeto e de seus pressupostos. Dessa forma, pode ser analisada sob dois aspectos:

a) **subjetivo:** é a existência dos sujeitos processuais, ou seja, das pessoas entre as quais se constitui, desenvolve e completa a relação jurídica processual[1];

b) **objetivo:** desenvolve-se por um procedimento e tem como objeto um pedido do autor formulado no processo, que pode ser imediato (provimento jurisdicional) ou mediato (bem da vida).

Em relação à posição dos sujeitos processuais, existem as seguintes teorias:

a) **triangular (Wach):** a relação processual é estabelecida entre as partes e entre elas e o juiz;

b) **linear (Kollher):** a relação processual é estabelecida entre autor e réu, sem a presença do juiz;

c) **angular (Hellwi):** a relação processual é estabelecida entre o autor e o juiz.

Existem duas espécies de sujeitos processuais:

a) **principais ou essenciais ou diretos:** são aqueles cuja ausência torna impossível a existência da relação processual, já que conduzem de forma ativa o processo, com função determinante para o alcance da decisão final: 1) imparcial: juiz; 2) parciais: partes (acusação – Ministério Público ou querelante; e defesa – defensor e réu);

b) **acessórios ou colaterais ou processuais em sentido impróprio ou meros participantes processuais:** são aqueles tidos como não indispensáveis ao

---

1 MIRABETE, *Processo penal*, 1998.

processo, mas que fazem intervenção no sentido de colaborar na relação processual: 1) assistente de acusação; 2) auxiliares da justiça (escrivão, distribuidor, porteiro, oficial de justiça, contador); 3) terceiros interessados (ofendido, representante legal ou seus herdeiros, as pessoas enumeradas no art. 31 do CPP); 4) terceiros não interessados (testemunhas, peritos, tradutores, intérpretes).

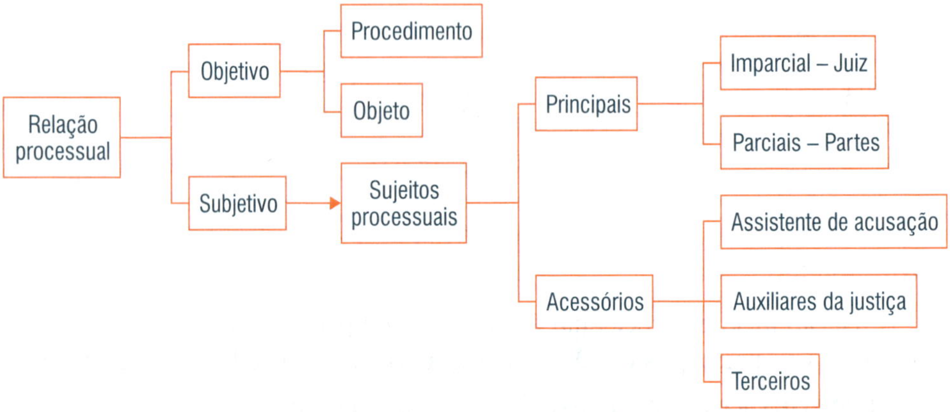

2. Do Juiz

2.1. Poder Judiciário

> **Questão de prova**
> A prova de Analista Legislativo da Câmara dos Deputados 2012 considerou CORRETA a afirmativa "O Conselho Nacional de Justiça integra a estrutura do Poder Judiciário".

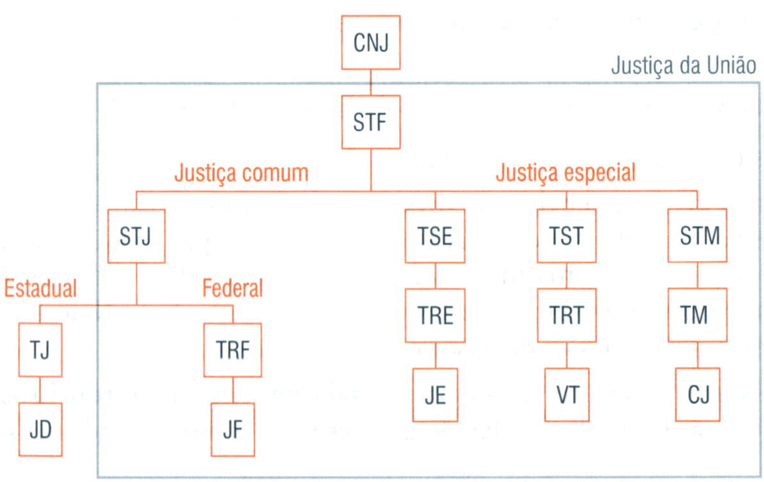

2.2. Garantias da magistratura

A magistratura possui garantias, ou seja, prerrogativas para o bom exercício da função jurisdicional. Podem ser:

2.2.1. Garantias institucionais

São as do Poder Judiciário como um todo:

a) **autonomia administrativa:** capacidade de criar sua própria organização interna;

b) **autonomia financeira:** capacidade de elaborar suas próprias propostas orçamentárias;

c) **autonomia funcional:** capacidade de tomar decisões sem subordinação a nenhum órgão ou poder;

d) **capacidade normativa interna:** capacidade para elaborar seu regimento interno;

e) **autogoverno:** capacidade de eleger seus próprios órgãos diretivos (Presidente, Vice-Presidente e Corregedor).

2.2.2. Garantias funcionais

São as de cada membro do Poder Judiciário:

2.2.2.1. Garantias de independência

a) **vitaliciedade:** no primeiro grau, só será adquirida após dois anos de exercício, dependendo a perda do cargo, nesse período, de deliberação do tribunal a que o juiz estiver vinculado e, nos demais casos, de sentença judicial transitada em julgado. Os Ministros do STF possuem vitaliciedade abrandada, já que podem sofrer perda do cargo pela prática de crime de responsabilidade. Constitui etapa obrigatória do processo de vitaliciamento a participação em curso oficial ou reconhecido por escola nacional de formação e aperfeiçoamento de magistrados;

Questão de prova

A prova de Delegado da Polícia Civil RJ/2012 considerou CORRETA a afirmativa: "Diz-se garantia de independência dos órgãos judiciários porque, com a vitaliciedade, os magistrados só perdem o cargo havendo sentença judicial transitada em julgado".

b) **inamovibilidade:** o juiz não pode ser removido de um local funcional para outro a não ser por vontade própria; porém, por decisão de maioria absoluta do Tribunal a que estiver vinculado ou do Conselho Nacional de Justiça, desde que haja interesse público, pode ser removido de um local funcional para outro, de forma compulsória;

c) **irredutibilidade de subsídio:** os vencimentos dos juízes não podem ser reduzidos de nenhuma forma, a não ser pela tributação ou inflação.

2.2.2.2. Garantias de imparcialidade (proibições a que se sujeitam os juízes)

> **Questão de prova**
>
> A prova da magistratura TRT 24ª Região/MS/2012 considerou CORRETA a afirmativa: "Aos juízes é vedado: exercer, ainda que em disponibilidade, outro cargo ou função, salvo uma de magistério; receber, a qualquer título ou pretexto, custas ou participação em processo; dedicar-se à atividade político-partidária; receber, a qualquer título ou pretexto, auxílios ou contribuições de pessoas físicas, entidades públicas ou privadas, ressalvadas as exceções previstas em lei; exercer a advocacia no juízo ou tribunal do qual se afastou, antes de decorridos três anos do afastamento do cargo por aposentadoria ou exoneração".

Além das vedações contidas na LOMAN (Lei Complementar n. 35/79), existem as previstas na Constituição Federal, que são:

a) **exercer**, ainda que em disponibilidade, outro cargo ou função, salvo uma de magistério (Resolução n. 34, de 24 de abril de 2007, do CNJ);

b) **receber**, a qualquer título ou pretexto, custas ou participação em processo;

c) **dedicar-se** à atividade político-partidária;

d) **receber**, a qualquer título ou pretexto, auxílios ou contribuições de pessoas físicas, entidades públicas ou privadas, ressalvadas as exceções previstas em lei;

e) **exercer** a advocacia no juízo ou tribunal do qual se afastou, antes de decorridos três anos do afastamento do cargo por aposentadoria ou exoneração (quarentena).

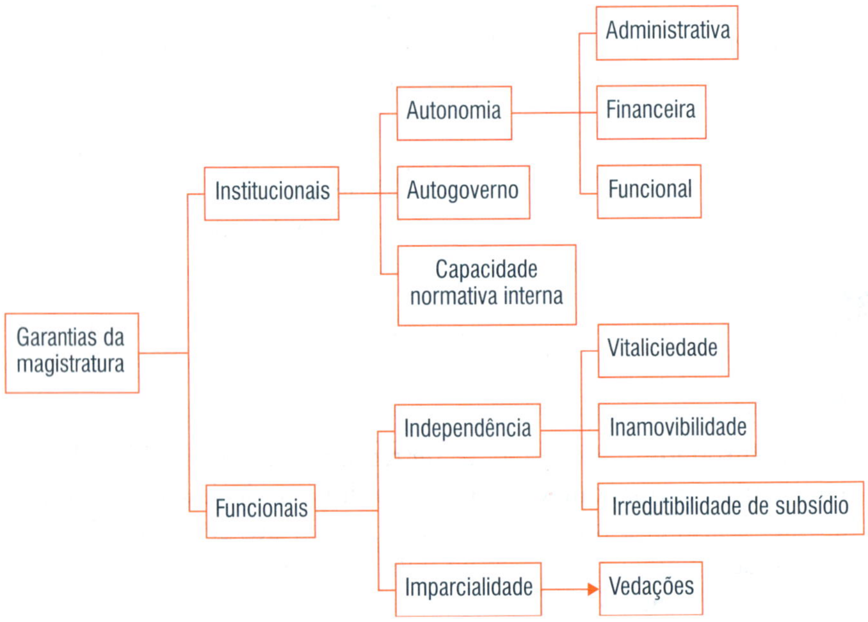

2.3. Estatuto da magistratura

As regras que regem a carreira do juiz estão contidas numa lei complementar de iniciativa do STF (LC n. 35/79), denominada Estatuto da Magistratura:

a) **Ingresso na carreira:** o cargo inicial será o de juiz substituto, mediante concurso público de provas e títulos, com a participação da Ordem dos Advogados do Brasil em todas as fases, exigindo-se do bacharel em Direito, no mínimo, três anos de atividade jurídica e obedecendo-se, nas nomeações, à ordem de classificação. A Resolução n. 75, de 12 de maio de 2009, uniformizou as regras sobre os concursos públicos na carreira da magistratura em todos os ramos do Poder Judiciário Nacional. Atividade jurídica é a exercida com exclusividade por bacharel em Direito; o exercício efetivo de advocacia, inclusive voluntária, mediante participação anual mínima em 5 atos privativos de advogados em causas ou questões distintas; o exercício de cargos, empregos ou funções, inclusive de magistério superior, que exija utilização preponderante de conhecimento jurídico; o exercício da função de conciliador junto a tribunais judiciais, juizados especiais, varas especiais, anexos de juizados especiais ou de varas judiciais, no mínimo por 16 horas mensais e durante um ano; o exercício da atividade de mediação ou arbitragem na composição de litígios.

Questão de prova

A prova da Magistratura BA/2012 considerou INCORRETA a afirmativa: "O ingresso na carreira da magistratura, cujo cargo inicial é o de juiz substituto, depende de aprovação em concurso de provas e títulos organizado e realizado, ao menos em sua fase preliminar, com a participação do conselho seccional da OAB".

b) **Promoção na carreira:** promoção de entrância para entrância, alternadamente, por antiguidade e merecimento, atendidas as seguintes normas: 1) é obrigatória a promoçao do juiz que figure por três vezes consecutivas ou cinco alternadas em lista de merecimento; 2) a promoção por merecimento pressupõe dois anos de exercício na respectiva entrância e integrar o juiz a primeira quinta parte da lista de antiguidade desta, salvo se não houver com tais requisitos quem aceite o lugar vago; 3) aferição do merecimento conforme o desempenho e pelos critérios objetivos de produtividade e presteza no exercício da jurisdição e pela frequência e aproveitamento em cursos oficiais ou reconhecidos de aperfeiçoamento; 4) na apuração de antiguidade, o tribunal somente poderá recusar o juiz mais antigo pelo voto fundamentado de dois terços de seus membros, conforme procedimento próprio e assegurada a ampla defesa, repetindo-se a votação até fixar-se a indicação; 5) não será promovido o juiz que, injustificadamente, retiver autos em seu poder além do prazo legal, não podendo devolvê-los ao cartório sem o devido despacho ou decisão; 6) o acesso aos tribunais de segundo grau far-se-á por antiguidade e merecimento, alternadamente, apurados na última ou única entrância.

c) **Subsídio:** o subsídio dos Ministros dos Tribunais Superiores corresponderá a 95% do subsídio mensal fixado para os Ministros do Supremo Tribunal Federal; e os subsídios dos demais magistrados serão fixados em lei e escalonados, em nível federal e estadual, conforme as respectivas categorias da estrutura judiciária nacional, não podendo a diferença entre uma e outra ser superior a 10% ou inferior a 5% nem exceder a 95% do subsídio mensal dos Ministros dos Tribunais Superiores.

d) **Remoção compulsória:** o ato de remoção, disponibilidade e aposentadoria do magistrado, por interesse público, fundar-se-á em decisão por voto da maioria absoluta do respectivo tribunal ou do Conselho Nacional de Justiça, assegurada ampla defesa.

Questão de prova

A prova da Magistratura BA/2012 considerou INCORRETA a afirmativa: "O ato de remoção do magistrado por interesse público depende de decisão tomada pelo voto de dois terços do respectivo tribunal, conforme procedimento próprio, e desde que lhe seja assegurada a ampla defesa".

e) **Fundamentação e publicidade nos julgamentos do Poder Judiciário:** todos os julgamentos dos órgãos do Poder Judiciário serão públicos, e fundamentadas todas as decisões, sob pena de nulidade, podendo a lei limitar a presença, em determinados atos, às próprias partes e a seus advogados, ou somente a estes, em casos nos quais a preservação do direito à intimidade do interessado no sigilo não prejudique o interesse público à informação.

Questão de prova

A prova da magistratura TRT 24ª Região/MS/2012 considerou CORRETA a afirmativa: "Todos os julgamentos dos órgãos do Poder Judiciário serão públicos, e fundamentadas todas as decisões, sob pena de nulidade, podendo a lei limitar a presença, em determinados atos, às próprias partes e a seus advogados, ou somente a estes, em casos nos quais a preservação do direito à intimidade do interessado no sigilo não prejudique o interesse público à informação".

f) **Decisões administrativas dos tribunais:** as decisões administrativas dos tribunais serão motivadas e em sessão pública, sendo as disciplinares tomadas pelo voto da maioria absoluta de seus membros.

g) **Órgão especial:** nos tribunais com mais de 25 julgadores, poderá ser constituído órgão especial, com o mínimo de 11 e o máximo de 25 membros, para o exercício das atribuições administrativas e jurisdicionais delegadas da competência do tribunal pleno, provendo-se metade das vagas por antiguidade e a outra metade por eleição pelo tribunal pleno.

Questão de prova A prova da magistratura TRT 24ª Região/MS/2012 considerou CORRETA a afirmativa: "Nos tribunais com número superior a vinte e cinco julgadores, deverá ser constituído órgão especial, com o mínimo de onze e o máximo de vinte e cinco membros, para o exercício das atribuições administrativas e jurisdicionais delegadas da competência do tribunal pleno, provendo-se a metade das vagas por antiguidade e a outra metade por eleição pelo tribunal pleno".

h) **Não interrupção da atividade jurisdicional:** a atividade jurisdicional será ininterrupta, sendo vedadas férias coletivas nos juízos e tribunais de segundo grau, e trabalhando, nos dias em que não houver expediente forense normal, juízes em plantão permanente. A Resolução n. 36, de 24 de abril de 2007, do CNJ dispõe sobre parâmetros mínimos a serem observados na regulamentação da prestação jurisdicional ininterrupta por meio de plantão permanente.

i) **Número de juízes:** o número de juízes na unidade jurisdicional será proporcional à efetiva demanda judicial e à respectiva população.

j) **Prática de atos pelos servidores:** os servidores receberão delegação para a prática de atos de administração e atos de mero expediente sem caráter decisório.

k) **Distribuição de processos:** a distribuição de processos será imediata, em todos os graus de jurisdição.

2.4. O juiz no processo penal

2.4.1. Funções

No processo penal, é possível mencionar as seguintes funções para o juiz:

a) **Função processual:** prover a regularidade do processo com observância da lei, a fim de buscar a verdade real dos fatos. A função processual abrange:

- **Atividade probatória do juiz:** podemos enumerar de forma exemplificativa alguns dispositivos do CPP que demonstram essa atividade:

> Art. 156. (...) I – é facultado ao juiz de ofício ordenar, mesmo antes de iniciada a ação penal, a produção antecipada de provas consideradas urgentes e relevantes, observando a necessidade, adequação e proporcionalidade da medida; II – é facultado ao juiz de ofício determinar, no curso da instrução, ou antes de proferir sentença, a realização de diligências para dirimir dúvida sobre ponto relevante.
>
> Art. 168. Em caso de lesões corporais, se o primeiro exame pericial tiver sido incompleto, proceder-se-á a exame complementar por determinação da autoridade policial ou judiciária, de ofício, ou a requerimento do Ministério Público, do ofendido ou do acusado, ou de seu defensor.

> Art. 174. No exame para o reconhecimento de escritos, por comparação de letra, observar-se-á o seguinte: (...) III – a autoridade, quando necessário, requisitará, para o exame, os documentos que existirem em arquivos ou estabelecimentos públicos, ou nestes realizará a diligência, se daí não puderem ser retirados; IV – quando não houver escritos para a comparação ou forem insuficientes os exibidos, a autoridade mandará que a pessoa escreva o que lhe for ditado. Se estiver ausente a pessoa, mas em lugar certo, esta última diligência poderá ser feita por precatória, em que se consignarão as palavras que a pessoa será intimada a escrever.
>
> Art. 176. A autoridade e as partes poderão formular quesitos até o ato da diligência.
>
> Art. 177. No exame por precatória, a nomeação dos peritos far-se-á no juízo deprecado. Havendo, porém, no caso de ação privada, acordo das partes, essa nomeação poderá ser feita pelo juiz deprecante.
>
> Art. 196. A todo tempo o juiz poderá proceder a novo interrogatório de ofício ou a pedido fundamentado de qualquer das partes.
>
> Art. 209. O juiz, quando julgar necessário, poderá ouvir outras testemunhas, além das indicadas pelas partes.
>
> Art. 234. Se o juiz tiver notícia da existência de documento relativo a ponto relevante da acusação ou da defesa, providenciará, independentemente de requerimento de qualquer das partes, para sua juntada aos autos, se possível.
>
> Art. 404. Ordenado diligência considerada imprescindível, de ofício ou a requerimento da parte, a audiência será concluída sem as alegações finais.
>
> Art. 423. Deliberando sobre os requerimentos de provas a serem produzidas ou exibidas no plenário do júri, e adotadas as providências devidas, o juiz-presidente: I – ordenará as diligências necessárias para sanar qualquer nulidade ou esclarecer fato que interesse ao julgamento da causa.

- **Atividade fiscalizatória do juiz:** coordenação e inspeção da atividade das partes; podemos enumerar de forma exemplificativa alguns dispositivos do CPP que demonstram essa atividade:

> Art. 184. Salvo o caso de exame de corpo de delito, o juiz ou a autoridade policial negará a perícia requerida pelas partes, quando não for necessária ao esclarecimento da verdade.
>
> Art. 201. Sempre que possível, o ofendido será qualificado e perguntado sobre as circunstâncias da infração, quem seja ou presuma ser o seu autor, as provas que possa indicar, tomando-se por termo as suas declarações.
>
> Art. 212. As perguntas serão formuladas pelas partes diretamente à testemunha, não admitindo o juiz aquelas que puderem induzir a resposta, não tiverem relação com a causa ou importarem na repetição de outra já respondida.

Art. 213. O juiz não permitirá que a testemunha manifeste suas apreciações pessoais, salvo quando inseparáveis da narrativa do fato.

Art. 218. Se, regularmente intimada, a testemunha deixar de comparecer sem motivo justificado, o juiz poderá requisitar à autoridade policial a sua apresentação ou determinar seja conduzida por oficial de justiça, que poderá solicitar o auxílio da força pública.

Art. 230. Se ausente alguma testemunha, cujas declarações divirjam das de outra, que esteja presente, a esta se darão a conhecer os pontos da divergência, consignando-se no auto o que explicar ou observar. Se subsistir a discordância, expedir-se-á precatória à autoridade do lugar onde resida a testemunha ausente, transcrevendo-se as declarações desta e as da testemunha presente, nos pontos em que divergirem, bem como o texto do referido auto, a fim de que se complete a diligência, ouvindo-se a testemunha ausente, pela mesma forma estabelecida para a testemunha presente. Esta diligência só se realizará quando não importe demora prejudicial ao processo e o juiz a entenda conveniente.

Art. 233. As cartas particulares, interceptadas ou obtidas por meios criminosos, não serão admitidas em juízo.

Art. 260. Se o acusado não atender à intimação para o interrogatório, reconhecimento ou qualquer outro ato que, sem ele, não possa ser realizado, a autoridade poderá mandar conduzi-lo à sua presença.

Art. 442. Ao jurado que, sem causa legítima, deixar de comparecer no dia marcado para a sessão ou retirar-se antes de ser dispensado pelo presidente será aplicada multa de 1 (um) a 10 (dez) salários mínimos, a critério do juiz, de acordo com a sua condição econômica.

Art. 497. São atribuições do juiz-presidente do Tribunal do Júri, além de outras expressamente referidas neste Código: (...) III – dirigir os debates, intervindo em caso de abuso, excesso de linguagem ou mediante requerimento de uma das partes; IV – resolver as questões incidentes que não dependam de pronunciamento do júri.

- **Atividade de impulsão:** atividade de movimentação legal e regular do processo; podemos enumerar de forma exemplificativa alguns dispositivos do CPP que demonstram essa atividade:

Art. 32. Nos crimes de ação privada, o juiz, a requerimento da parte que comprovar a sua pobreza, nomeará advogado para promover a ação penal.

Art. 33. Se o ofendido for menor de 18 (dezoito) anos, ou mentalmente enfermo, ou retardado mental, e não tiver representante legal, ou colidirem os interesses deste com os daquele, o direito de queixa poderá ser exercido por curador especial, nomeado, de ofício ou a requerimento do Ministério Público, pelo juiz competente para o processo penal.

Art. 82. Se, não obstante a conexão ou continência, forem instaurados processos diferentes, a autoridade de jurisdição prevalente deverá avocar os processos que corram perante os outros juízes, salvo se já estiverem com sentença definitiva. Neste caso, a unidade dos processos só se dará, ulteriormente, para o efeito de soma ou de unificação das penas.

Art. 91. Quando incerta e não se determinar de acordo com as normas estabelecidas nos arts. 89 e 90, a competência se firmará pela prevenção.

Art. 94. A suspensão do curso da ação penal, nos casos dos artigos anteriores, será decretada pelo juiz, de ofício ou a requerimento das partes.

Art. 97. O juiz que espontaneamente afirmar suspeição deverá fazê-lo por escrito, declarando o motivo legal, e remeterá imediatamente o processo ao seu substituto, intimadas as partes.

Art. 109. Se em qualquer fase do processo o juiz reconhecer motivo que o torne incompetente, declará-lo-á nos autos, haja ou não alegação da parte, prosseguindo-se na forma do artigo anterior.

Art. 112. O juiz, o órgão do Ministério Público, os serventuários ou funcionários de justiça e os peritos ou intérpretes abster-se-ão de servir no processo, quando houver incompatibilidade ou impedimento legal, que declararão nos autos. Se não se der a abstenção, a incompatibilidade ou impedimento poderá ser arguido pelas partes, seguindo-se o processo estabelecido para a exceção de suspeição.

Art. 115. O conflito poderá ser suscitado: (...) III – por qualquer dos juízes ou tribunais em causa.

Art. 116. Os juízes e tribunais, sob a forma de representação, e a parte interessada, sob a de requerimento, darão parte escrita e circunstanciada do conflito, perante o tribunal competente, expondo os fundamentos e juntando os documentos comprobatórios. § 1º Quando negativo o conflito, os juízes e tribunais poderão suscitá-lo nos próprios autos do processo.

Art. 149. Quando houver dúvida sobre a integridade mental do acusado, o juiz ordenará, de ofício ou a requerimento do Ministério Público, do defensor, do curador, do ascendente, descendente, irmão ou cônjuge do acusado, seja este submetido a exame médico-legal. (...) § 2º O juiz nomeará curador ao acusado, quando determinar o exame, ficando suspenso o processo, se já iniciada a ação penal, salvo quanto às diligências que possam ser prejudicadas pelo adiamento.

Art. 159. O exame de corpo de delito e outras perícias serão realizados por perito oficial, portador de diploma de curso superior. § 1º Na falta de perito oficial, o exame será realizado por 2 (duas) pessoas idôneas, portadoras de diploma de curso superior preferencialmente na área específica, dentre as que tiverem habilitação técnica relacionada com a natureza do exame.

Art. 263. Se o acusado não o tiver, ser-lhe-á nomeado defensor pelo juiz, ressalvado o seu direito de, a todo tempo, nomear outro de sua confiança, ou a si mesmo defender-se, caso tenha habilitação. Parágrafo único. O acusado, que não for pobre, será obrigado a pagar os honorários do defensor dativo, arbitrados pelo juiz.

Art. 396-A. Na resposta, o acusado poderá arguir preliminares e alegar tudo o que interesse à sua defesa, oferecer documentos e justificações, especificar as provas pretendidas e arrolar testemunhas, qualificando-as e requerendo sua intimação, quando necessário. (...) § 2º Não apresentada a resposta no prazo legal, ou se o acusado, citado, não constituir defensor, o juiz nomeará defensor para oferecê-la, concedendo-lhe vista dos autos por 10 (dez) dias.

Art. 423. Deliberando sobre os requerimentos de provas a serem produzidas ou exibidas no plenário do júri, e adotadas as providências devidas, o juiz presidente: I – ordenará as diligências necessárias para sanar qualquer nulidade ou esclarecer fato que interesse ao julgamento da causa.

b) **Função administrativa:** manter a ordem no curso dos respectivos atos, podendo, para tal fim, requisitar a força pública; podemos enumerar de forma exemplificativa alguns dispositivos do CPP que demonstram essa atividade:

Art. 794. A polícia das audiências e das sessões compete aos respectivos juízes ou ao presidente do tribunal, câmara, ou turma, que poderão determinar o que for conveniente à manutenção da ordem. Para tal fim, requisitarão força pública, que ficará exclusivamente à sua disposição.

Art. 795. Os espectadores das audiências ou das sessões não poderão manifestar-se. Parágrafo único. O juiz ou o presidente fará retirar da sala os desobedientes, que, em caso de resistência, serão presos e autuados.

c) **Outras funções:** requisição de instauração de inquérito policial; requisição de diligências à autoridade policial; fiscalização do princípio da obrigatoriedade da ação penal pública; remessa ao MP de informações de crime do qual tome conhecimento nos autos etc.

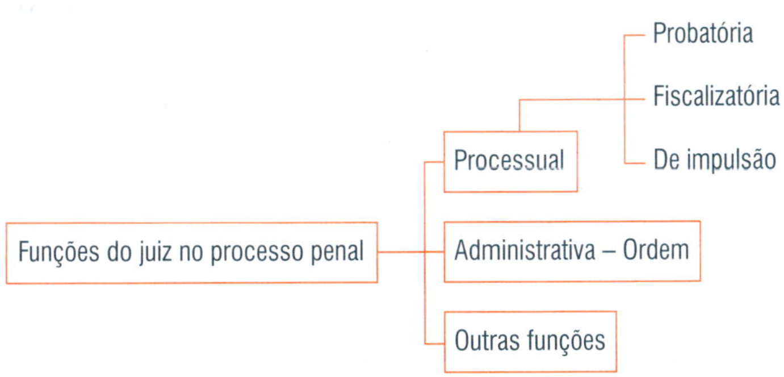

2.4.2. Impedimento e suspeição

a) Impedimento

O juiz não poderá exercer jurisdição no processo em que: 1) tiver atuado seu cônjuge ou parente, consanguíneo ou afim, em linha reta ou colateral até o terceiro grau, inclusive, como defensor ou advogado, órgão do Ministério Público, autoridade policial, auxiliar da justiça ou perito; 2) ele próprio houver desempenhado qualquer dessas funções ou servido como testemunha; 3) tiver funcionado como juiz de outra instância, pronunciando-se, de fato ou de direito, sobre a questão; 4) ele próprio ou seu cônjuge ou parente, consanguíneo ou afim, em linha reta ou colateral até o terceiro grau, inclusive, for parte ou diretamente interessado no feito. Nos **juízos coletivos**, não poderão servir no mesmo processo os juízes que forem entre si parentes, consanguíneos ou afins, em linha reta ou colateral até o terceiro grau, inclusive.

b) Suspeição

O juiz dar-se-á por suspeito, e se não o fizer poderá ser recusado por qualquer das partes, se: 1) for amigo íntimo ou inimigo capital de qualquer delas; 2) ele, seu cônjuge, ascendente ou descendente, estiver respondendo a processo por fato análogo, sobre cujo caráter criminoso haja controvérsia; 3) ele, seu cônjuge, ou parente, consanguíneo, ou afim, até o terceiro grau, inclusive, sustentar demanda ou responder a processo que tenha de ser julgado por qualquer das partes; 4) tiver aconselhado qualquer das partes; 5) for credor ou devedor, tutor ou curador, de qualquer das partes; 6) for sócio, acionista ou administrador de sociedade interessada no processo.

Questão de prova

A prova de Analista Judiciário TRE/PB/2007 considerou INCORRETA a afirmativa: "O juiz não poderá exercer jurisdição no processo em que for amigo íntimo, bem como credor ou devedor de qualquer das partes".

O impedimento ou **suspeição** decorrente de parentesco por afinidade cessará pela dissolução do casamento que lhe tiver dado causa, salvo sobrevindo descendentes; mas, ainda que dissolvido o casamento sem descendentes, não funcionará como juiz o sogro, o padrasto, o cunhado, o genro ou enteado de quem for parte no processo. A suspeição não poderá ser declarada nem reconhecida, quando a parte injuriar o juiz ou de propósito der motivo para criá-la.

Questão de prova

A prova de Analista Judiciário TRF 2ª Região/2007 considerou CORRETA a afirmativa: "A suspeição do juiz não poderá ser declarada nem reconhecida, quando a parte injuriar o juiz ou de propósito der motivo para criá-la".

IMPEDIMENTO	SUSPEIÇÃO
Incapacidade objetiva do juiz	Incapacidade subjetiva do juiz
Arts. 252 e 253, ambos do CPP	Art. 254 do CPP
Inexistência do ato	Nulidade do ato

3. Do Ministério Público

3.1. Introdução

As **funções essenciais** à justiça são profissões públicas ou privadas que ajudam no funcionamento do Judiciário: Ministério Público, Advocacia Pública, Advocacia Privada e Defensoria Pública.

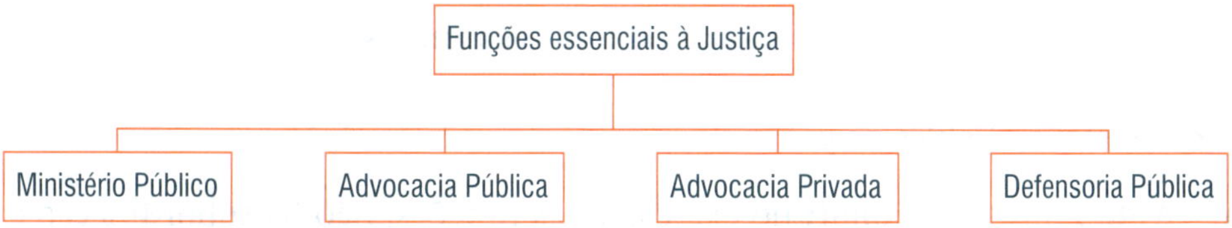

ITENS	FUNÇÃO	UNIÃO	ESTADO	DISTRITO FEDERAL	MUNICÍPIO	TERRITÓRIO FEDERAL
Defensoria Pública	Orientação jurídica e defesa dos necessitados	DPU	DPE (alguns)	DPDF	NÃO TEM	+ 100.000 habitantes
Advocacia Pública	Representação judicial/extrajudicial Consultoria	PFN AGU	PGE	PGDF	PGM	Pode ter
Ministério Público	Art. 129 da CF	MPU	MPE	MPDF	NÃO TEM	+ 100.000 habitantes

O Ministério Público é **instituição permanente**, **essencial** à função jurisdicional do Estado, incumbindo-lhe a defesa da ordem jurídica, do regime democrático e dos interesses sociais e individuais indisponíveis. Não pode ser dissolvido, a não ser diante de uma nova Constituição. O **ingresso na carreira** do Ministério Público é feito mediante **concurso público** de provas e títulos, assegurada a participação da OAB em sua realização, exigindo-se do bacharel em Direito, no mínimo, três anos de atividade jurídica.

As funções do Ministério Público só podem ser exercidas por integrantes da carreira. Em relação à **posição do MP**, existe divergência doutrinária: alguns afirmam que o MP é parte do Poder Executivo; outros, que é um quarto poder. A tese dominante é considerar a instituição como um órgão do Estado, independente e autônomo, com orçamento, carreira e administração próprios.

3.2. Princípios institucionais

O Ministério Público é regido pelos seguintes princípios institucionais:

a) **unidade:** dentro de cada Ministério Público existe uma direção única;

b) **indivisibilidade:** os membros do Ministério Público podem ser substituídos uns pelos outros, pois agem em nome da instituição;

c) **independência funcional:** no exercício funcional, o MP não deve subordinação a nenhum outro órgão ou pessoa;

d) **promotor natural:** o membro do MP deve ser designado de acordo com o critério legal.

3.3. Garantias

O Ministério Público possui as seguintes garantias:

3.3.1. Garantias institucionais

a) **Autonomia funcional:** no exercício das funções, não há subordinação a nenhum órgão ou poder; deve submissão apenas às leis e a sua própria consciência.

b) **Autonomia administrativa:** o MP pode propor ao Poder Legislativo: **a criação e a extinção de seus cargos e serviços** auxiliares, provendo-os por concurso; a política remuneratória; e os planos de carreira.

c) **Autonomia financeira:** o Ministério Público elaborará sua proposta orçamentária dentro dos limites da lei de diretrizes orçamentárias.

Questões de prova

A prova de Defensor Público RO/2012 considerou CORRETA a afirmativa: "Entre os princípios institucionais do MP, destaca-se a autonomia funcional, segundo a qual seus membros não se submeterão a nenhum dos três Poderes, a órgão ou a autoridade pública, mas tão somente à CF, às leis e à sua própria consciência".

A prova de Promotor de Justiça MP/SP/2012 considerou CORRETA a afirmativa: "É garantia institucional dos Ministérios Públicos estaduais, visando a sua independência de atuação, o modo de nomeação e destituição do Procurador-Geral de Justiça, que será nomeado livremente pelo Chefe do Poder Executivo, dentre integrantes da carreira, para mandato de dois anos, permitida uma recondução e que somente poderá ser destituído por deliberação da maioria absoluta do Poder Legislativo, na forma da lei complementar respectiva".

3.3.2. Garantias funcionais

São as asseguradas aos membros do Ministério Público para que possam cumprir suas funções em proveito do próprio interesse público:

a) **independência:** 1) *vitaliciedade:* é adquirida após 2 anos de exercício, não se podendo perder o cargo senão por sentença judicial transitada em julgado; os membros do Ministério Público da União, durante o estágio probatório, somente poderão perder o cargo mediante decisão da maioria absoluta do respectivo Conselho Superior; 2) *inamovibilidade:* o membro do MP não pode ser removido de um local para outro, salvo por vontade própria ou por motivo de interesse público, mediante decisão do órgão colegiado competente do Ministério Público, por voto de maioria absoluta de seus membros, assegurada ampla defesa; 3) *irredutibilidade de subsídio*;

b) **imparcialidade** (vedações): 1) *receber*, a qualquer título e sob qualquer pretexto, honorários, percentagens ou custas processuais, bem como auxílios ou contribuições de pessoas físicas, entidades públicas ou privadas, ressalvadas as exceções previstas em lei; 2) *exercer* a advocacia; 3) *participar* de sociedade comercial, na forma da lei; 4) *exercer*, ainda que em disponibilidade, qualquer outra função pública, salvo uma de magistério; ou atividade político-partidária.

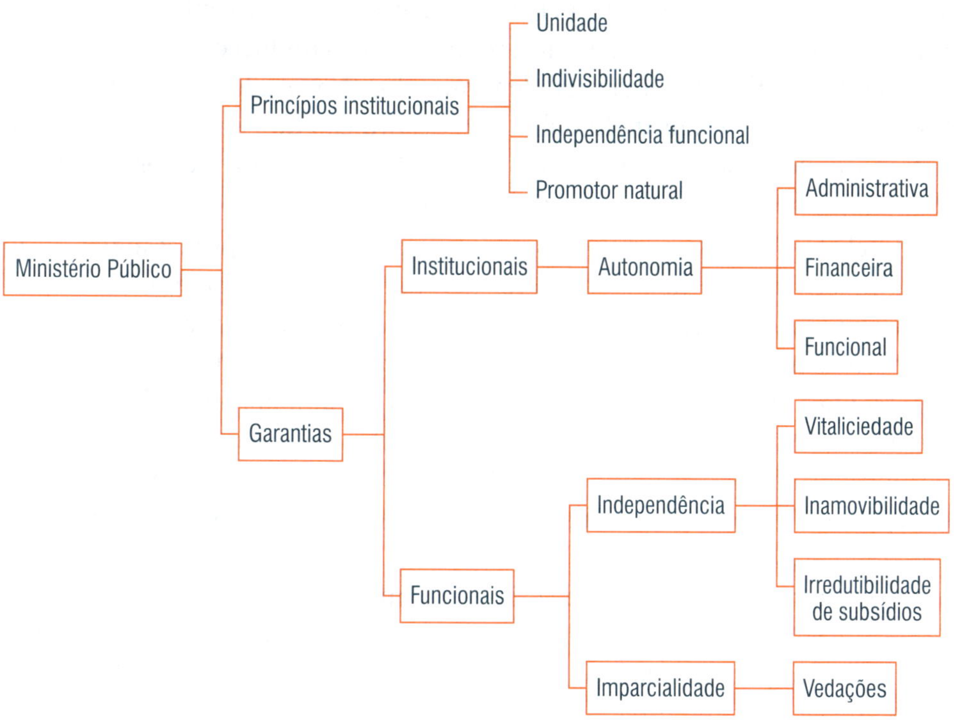

3.4. Organização

O Ministério Público é formado por duas partes:

a) o Ministério Público da União, que compreende: o Ministério Público Federal; o Ministério Público do Trabalho; o Ministério Público Militar; e o Ministério Público do Distrito Federal e Territórios; e

b) os Ministérios Públicos dos Estados.

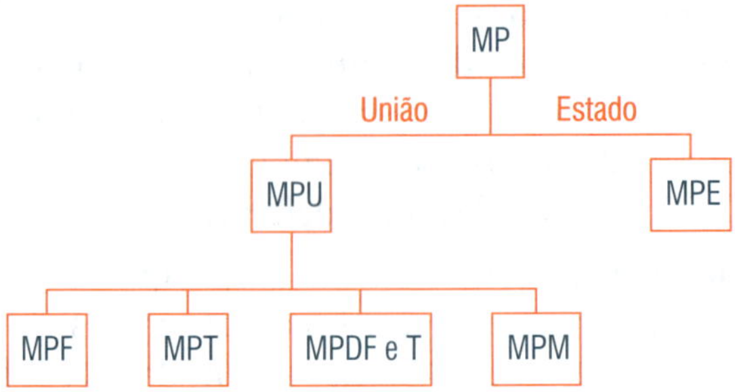

3.4.1. Ministério Público da União

O MPU tem por chefe o Procurador-Geral da República, nomeado pelo Presidente da República dentre integrantes da carreira, maiores de 35 anos, após a aprovação de seu nome pela maioria absoluta dos membros do Senado Federal, para mandato de dois anos, permitida a recondução. Os membros do Ministério Público da União são denominados Procuradores da República e Procuradores Regionais da República. A destituição do Procurador-Geral da República, por iniciativa do Presidente da República, deve ser precedida de autorização da maioria absoluta do Senado Federal.

O chefe do MPU possui as seguintes **prerrogativas processuais**: a) do Procurador-Geral da República, para ser processado e julgado, nos crimes comuns, pelo STF e pelo Senado Federal, nos crimes de responsabilidade; b) do membro do Ministério Público da União que oficie perante tribunais, para ser processado e julgado, nos crimes comuns e de responsabilidade, pelo STJ; c) do membro do Ministério Público da União que oficie perante juízos de primeira instância, para ser processado e julgado, nos crimes comuns e de responsabilidade, pelos Tribunais Regionais Federais, ressalvada a competência da Justiça Eleitoral; d) ser preso ou detido somente por ordem escrita do tribunal competente ou em razão de flagrante de crime inafiançável, caso em que a autoridade fará imediata comunicação àquele tribunal e ao Procurador-Geral da República, sob pena de responsabilidade; e) ser recolhido à prisão especial ou à sala especial de Estado-Maior, com direito a privacidade e à disposição do tribunal competente para o julgamento, quando sujeito a prisão antes da decisão final; e a dependência separada no estabelecimento em que tiver de ser cumprida a pena; f) não ser indiciado em inquérito policial; g) ser ouvido, como testemunha, em dia, hora e local previamente ajustados com o magistrado ou a autoridade competente; h) receber intimação pessoalmente nos autos em qualquer processo e grau de jurisdição nos feitos em que tiver que oficiar.

3.4.2. *Ministério Público Estadual*

O Ministério Público Estadual tem por chefe o Procurador-Geral de Justiça, nomeado pelo Governador do Estado. Os candidatos ao cargo de Procurador-Geral de Justiça são escolhidos dentre os integrantes da carreira para compor uma lista tríplice, na forma da lei respectiva. À vista dos nomes apresentados nessa lista, o Governador pode escolher e nomear qualquer um deles, para mandato de dois anos, permitida uma recondução.

Os membros do Ministério Público dos Estados e do Distrito Federal são denominados Promotores de Justiça (atuam em primeira instância) e Procuradores de Justiça (atuam em segunda instância, junto aos tribunais estaduais).

ITENS	PROCURADOR-GERAL DA REPÚBLICA	PROCURADOR-GERAL DE JUSTIÇA
Escolha	Presidente da República	Governador do Estado
Alvo	Integrantes da carreira maiores de 35 anos	Lista tríplice formada por integrantes da carreira na forma da lei
Nomeação	Presidente da República	Governador do Estado
Legislativo	Submissão da escolha ao Senado Federal, que aprova por maioria absoluta	Não há participação do Legislativo
Mandato	Dois anos	Dois anos
Recondução	Não há limite; para cada nova recondução, deve o Senado aprovar por maioria absoluta	Possível uma única recondução sucessiva
Destituição	Iniciativa do Presidente da República, precedida da autorização da maioria absoluta do Senado Federal	Deliberação da maioria absoluta do poder legislativo na forma da lei complementar

Questão de prova

A prova de Analista Judiciário TRF 5ª Região/2012 considerou CORRETA a alternativa: "O Ministério Público da União tem por chefe o Procurador-Geral da República, nomeado pelo Presidente da República dentre integrantes da carreira, maiores de trinta e cinco anos, após a aprovação de seu nome pela maioria absoluta dos membros do Congresso Nacional, para mandato de dois anos, permitida a recondução".

3.5. Funções institucionais

O MP tanto pode agir por iniciativa própria quanto por provocação de qualquer cidadão que considerar que algum direito ou princípio jurídico esteja sob ameaça.

a) **Promover:**

- **privativamente, a ação penal pública**, na forma da lei. A ação penal pública tem como titular exclusivo o Ministério Público. Trata-se de legitimação ordinária, porque o *parquet* promove a ação penal em nome próprio para proteger interesse próprio do Estado. Na ação penal pública, a petição inicial é a denúncia, regulada entre os arts. 24 e 62 do CPP e no art. 100

do CP. A ação penal pública tem duas espécies: 1) condicionada: depende de condição exigida na lei, ou seja, representação da vítima ou de seu representante legal, ou de requisição do Ministro da Justiça; 2) incondicionada: independe de condição exigida na lei. Na ação penal pública, havendo indícios de autoria e materialidade do crime, o Ministério Público é obrigado a promover a ação penal (na Lei n. 9.099/95, tal princípio chama-se discricionariedade regrada, pois há possibilidade de transação penal); o Ministério Público não pode desistir da ação penal ou do recurso interposto (na Lei n. 9.099/95, tal princípio chama-se disponibilidade mitigada, pois há possibilidade de suspensão condicional do processo);

- **o inquérito civil e a ação civil pública**, para a proteção do patrimônio público e social, do meio ambiente e de outros interesses difusos e coletivos: a ação civil pública protege o meio ambiente, o consumidor, a ordem urbanística, os bens e direitos de valor artístico, estético, histórico, turístico e paisagístico, por infração da ordem econômica e da economia popular.

Não será cabível ação civil pública para veicular pretensões que envolvam tributos, contribuições previdenciárias, o Fundo de Garantia do Tempo de Serviço (FGTS) ou outros fundos de natureza institucional cujos beneficiários possam ser individualmente determinados.

A ação civil pública é proposta no foro do local onde ocorrer o dano, cujo juízo terá competência funcional para processar e julgar a causa. A propositura da ação civil pública prevenirá a jurisdição do juízo para todas as ações posteriormente intentadas que possuam a mesma causa de pedir ou o mesmo objeto. A ação civil poderá ter por objeto a condenação em dinheiro ou o cumprimento de obrigação de fazer ou não fazer. Os legitimados para a propositura da ação civil pública são: 1) o Ministério Público; 2) a Defensoria Pública; 3) a União, os Estados, o Distrito Federal e os Municípios; 4) a autarquia, empresa pública, fundação ou sociedade de economia mista; 5) a associação que, concomitantemente: esteja constituída há pelo menos 1 (um) ano nos termos da lei civil (o requisito da pré-constituição poderá ser dispensado pelo juiz, quando houver manifesto interesse social evidenciado pela dimensão ou característica do dano, ou pela relevância do bem jurídico a ser protegido); inclua-se, entre suas finalidades institucionais, a proteção ao meio ambiente, ao consumidor, à ordem econômica, à livre-concorrência ou ao patrimônio artístico, estético, histórico, turístico e paisagístico.

Na ação civil pública, quando o MP não intervir no processo como parte, atuará obrigatoriamente como fiscal da lei. Em caso de desistência infundada ou abandono da ação por associação legitimada, o Ministério Público ou outro legitimado assumirá a titularidade ativa. Na ação civil pública, é possível o litisconsórcio facultativo entre os Ministérios Públicos da União, do Distrito Federal e dos Estados na defesa dos interesses e direitos difusos e coletivos.

O Ministério Público poderá instaurar, sob sua presidência, inquérito civil, ou requisitar, de qualquer organismo público ou particular, certidões, informações, exames ou perícias, no prazo que assinalar, o qual não poderá ser inferior a dez dias úteis. Somente nos casos em que a lei impuser sigilo, poderá ser negada certidão ou informação, hipótese em que a ação poderá ser proposta desacompanhada daqueles documentos, cabendo ao juiz requisitá-los. Se o órgão do Ministério Público, esgotadas todas as diligências, convencer-se da inexistência de fundamento para a propositura da ação civil, promoverá o arquivamento dos autos do inquérito civil ou das peças informativas, fazendo-o fundamentadamente.

Os autos do inquérito civil ou das peças de informação arquivadas serão remetidos, no prazo de três dias, ao Conselho Superior do Ministério Público, sob pena de se incorrer em falta grave. Até que, em sessão do Conselho Superior do Ministério Público, seja homologada ou rejeitada a promoção de arquivamento, poderão as associações legitimadas apresentar razões escritas ou documentos, que serão juntados aos autos do inquérito ou anexados às peças de informação. A promoção de arquivamento será submetida a exame e deliberação do Conselho Superior do Ministério Público, conforme dispuser o seu Regimento. Deixando o Conselho Superior de homologar a promoção de arquivamento, designará, desde logo, outro órgão do Ministério Público para o ajuizamento da ação;

- **a ação de inconstitucionalidade** ou representação para fins de intervenção da União e dos Estados, nos casos previstos na Constituição: é a ADIN interventiva que visa não só a declaração da inconstitucionalidade de lei ou ato normativo, mas também a decretação de intervenção. Pode ser federal, quando ajuizada pelo Procurador-Geral da República, no caso de violação dos princípios sensíveis, ao STF; ou estadual, quando ajuizada pelo Procurador-Geral de Justiça, no caso de violação dos princípios previstos na Constituição Estadual, ao Tribunal de Justiça.

b) **Zelar** pelo efetivo respeito dos Poderes Públicos e dos serviços de relevância pública aos direitos assegurados na Constituição, promovendo as medidas necessárias a sua garantia: a primeira Turma do STF entende pela legitimidade ativa do Ministério Público para propor ação civil pública em favor de determinados cidadãos que necessitam do fornecimento de remédios por parte do Estado. Zelar pelo efetivo respeito é buscar proteger e efetivar os direitos assegurados na CF relativos às ações, aos serviços de saúde e à educação, bem como os princípios da legalidade, da impessoalidade, da moralidade e da publicidade.

c) **Defender** judicialmente os direitos e interesses das populações indígenas: a atuação do MP não exclui a possibilidade de os próprios índios, suas comunidades e suas organizações defenderem em juízo seus direitos e interesses.

d) **Expedir** notificações nos procedimentos administrativos de sua competência, requisitando informações e documentos para instruí-los, na forma da lei complementar respectiva: pode notificar testemunhas e requisitar sua condução coercitiva, no caso de ausência injustificada; requisitar informações, exames, perícias e documentos de autoridades da Administração Pública direta ou indireta; requisitar da Administração Pública serviços temporários de seus servidores e meios materiais necessários para a realização de atividades específicas; requisitar informações e documentos a entidades privadas; expedir notificações e intimações necessárias aos procedimentos e inquéritos que instaurar; ter acesso incondicional a qualquer banco de dados de caráter público ou relativo a serviço de relevância pública; requisitar o auxílio de força policial; ter livre acesso a qualquer local público ou privado, respeitadas as normas constitucionais pertinentes à inviolabilidade do domicílio.

e) **Requisitar** diligências investigatórias e a instauração de inquérito policial, indicados os fundamentos jurídicos de suas manifestações processuais: no caso de instauração do inquérito, o MP só pode requisitar quando for crime de ação penal pública incondicionada. A ocorrência de um crime desse tipo gera a obrigatoriedade de instauração do inquérito policial, de modo que a autoridade policial não pode deixar de instaurá-lo, sob pena de responsabilização administrativa e criminal. Diligências investigatórias são providências em busca da verdade real dos fatos.

f) **Exercer:**

- **o controle externo da atividade policial:** 1) ter livre ingresso em estabelecimentos policiais ou prisionais; 2) ter acesso a quaisquer documentos relativos à atividade-fim policial; 3) representar à autoridade competente pela adoção de providências para sanar a omissão indevida, ou para prevenir ou corrigir ilegalidade ou abuso de poder; 4) requisitar à autoridade competente a instauração de inquérito policial sobre a omissão ou fato ilícito ocorrido no exercício da atividade policial; 5) promover a ação penal por abuso de poder;
- **outras funções** que lhe forem conferidas, desde que compatíveis com sua finalidade, sendo-lhe *vedada* a representação judicial e a consultoria jurídica de entidades públicas.

3.6. Conselho Nacional do Ministério Público

a) **Finalidade:** controle da atuação administrativa e financeira do Ministério Público e do cumprimento dos deveres funcionais de seus membros.

b) **Instalação:** em junho de 2005.

c) **Sede:** em Brasília.

d) **Composição:** o Conselho Nacional do Ministério Público é formado por 14 membros, incluindo-se o Procurador-Geral da República, que o preside, quatro membros do Ministério Público da União, três membros do Ministério Público dos Estados, dois juízes, indicados um pelo STF e outro pelo STJ, dois advogados, indicados pelo Conselho Federal da Ordem dos Advogados do Brasil e dois cidadãos de notável saber jurídico e reputação ilibada, indicados um pela Câmara dos Deputados e outro pelo Senado Federal.

e) **Competências:** 1) zelar pela autonomia funcional e administrativa do Ministério Público, podendo expedir atos regulamentares, no âmbito de sua competência, ou recomendar providências; 2) zelar pela observância do art. 37 da CF e apreciar a legalidade dos atos administrativos praticados por membros ou órgãos do Ministério Público da União e dos Estados; 3) receber reclamações contra membros ou órgãos do Ministério Público da União ou dos Estados, inclusive contra seus serviços auxiliares, sem prejuízo da competência disciplinar e correcional da instituição, podendo avocar processos disciplinares em curso, determinar a remoção, a disponibilidade ou a aposentadoria com subsídios ou proventos proporcionais ao tempo de serviço e aplicar outras sanções administrativas, assegurada a ampla defesa; 4) rever os processos disciplinares de membros do Ministério Público da União ou dos Estados julgados há menos de um ano; 5) elaborar relatório anual, propondo as providências que julgar necessárias sobre a situação do Ministério Público no País e as atividades do Conselho.

f) **Corregedor:** o Conselho escolherá, em votação secreta, um Corregedor nacional, dentre os membros do Ministério Público que o integram, vedada a recondução, competindo-lhe, além das atribuições que lhe forem conferidas pela lei, as seguintes: 1) receber reclamações e denúncias, de qualquer interessado, relativas aos membros do Ministério Público e dos seus serviços auxiliares; 2) exercer funções executivas do Conselho, de inspeção e correição geral; 3) requisitar e designar membros do Ministério Público, delegando-lhes atribuições, e requisitar servidores de órgãos do Ministério Público.

g) **Participação:** o Presidente do Conselho Federal da Ordem dos Advogados do Brasil oficiará junto ao Conselho.

3.7. Ministério Público no processo penal

O **Ministério Público** promoverá e fiscalizará a execução da lei, bem como promoverá, privativamente, a ação penal pública.

> **Questão de prova**
> A prova de Analista do MPU/2007 considerou INCORRETA a afirmativa: "Em matéria processual penal, o Ministério Público não pode pedir a absolvição do réu, pois deve zelar pela pretensão acusatória".

O Ministério Público **é parte**, pois é autor da ação penal pública; **é parte formal ou instrumental**, pois visa atuar na pretensão punitiva do Estado; **é parte material**, pois representa o Estado na sua função de punir, com aplicação do Direito Penal Objetivo.

Na ação subsidiária, o MP intervirá em todos os termos do processo, sob pena de nulidade, conforme dispõe o art. 564, III, *d*, do CPP (é um interveniente adesivo obrigatório ou parte adjunta).

A participação de membro do Ministério Público na **fase investigatória** criminal não acarreta o seu impedimento ou suspeição para o oferecimento da denúncia, nos termos da Súmula 254 do STJ.

> **Questão de prova**
> A prova da Magistratura TJ/MS/2012 considerou INCORRETA a afirmativa: "Segundo orientação do STJ, o órgão ministerial que atuou ativamente na fase investigatória, tendo realizado atos de investigação e requisitado diligências à polícia, não poderá promover a ação penal, vez que sua participação na fase pré-processual inquisitiva acarreta seu impedimento ou suspeição para o oferecimento da denúncia".

O não comparecimento injustificado do Ministério Público implica suspensão do ato, nomeação de um substituto e comunicação ao chefe da instituição.

Os órgãos do Ministério Público não funcionarão nos processos em que o juiz ou qualquer das partes for seu cônjuge ou parente, consanguíneo ou afim, em linha reta ou colateral, até o terceiro grau, inclusive, e a eles se estendem, no que lhes for aplicável, as prescrições relativas à suspeição e aos impedimentos dos juízes.

4. Do acusado

4.1. Conceito

No **sentido material**, acusado é o sujeito ativo da infração penal. No **sentido formal**, é o sujeito passivo da ação penal, aquele contra quem se deduz uma pretensão punitiva.

A expressão "acusado" é usada no processo penal a partir do oferecimento da denúncia ou queixa até o trânsito em julgado da sentença penal, momento em que passa a ser "sentenciado".

4.2. Capacidade

> **Questão de prova**
>
> A prova da Magistratura TJ/MS/2012 considerou INCORRETA a afirmativa: "Não têm capacidade ou legitimidade para figurar como réu em uma ação penal as pessoas falecidas, os menores de 18 anos e pessoas portadoras de gravíssima doença mental à época da prática criminosa".

No polo passivo da relação processual penal, só pode figurar quem tem capacidade, que é revelada pelos seguintes critérios:

a) **idade:** o sujeito passivo precisa ter no mínimo 18 anos na data da infração penal para figurar como réu no processo penal. O menor de 18 anos, quando cometer ato infracional, pode ser sujeito passivo de um processo especial regido pelo Estatuto da Criança e do Adolescente. Se o menor de 18 anos figurar no polo passivo de um processo penal comum, ocorrerá ilegitimidade *ad processum*, nos termos do art. 564, II, do CPP;

b) **capacidade mental:** mesmo que seja portadora de enfermidade mental, a pessoa pode figurar no polo passivo do processo penal, pois há previsão na ordem jurídica não apenas de incidente de insanidade mental, mas a possibilidade de aplicação de medida de segurança;

c) **ser humano:** o acusado não pode estar morto, ser animal ou ente inanimado. Quanto à questão de a pessoa jurídica poder figurar como acusada, há dois posicionamentos: 1) não pode, pois não há culpabilidade nem o elemento subjetivo, itens necessários para configurar fato típico; 2) pode, nos termos dos arts. 173, § 5º, e 223, § 5º, ambos da CF. Cabe ressaltar que não possuem capacidade de figurar no polo passivo os que gozem de imunidade diplomática ou parlamentar.

4.3. Identificação

A ação penal deve mencionar a identificação do acusado, ou seja, os elementos e as qualidades inerentes a sua pessoa, permitindo sua individualização, nos termos do art. 41 do CPP.

O acusado ser uma pessoa certa é condição que não só permite a distinção de outras pessoas, mas também garante um processo penal justo, movido contra o real autor da infração penal.

É possível a propositura da ação penal quando houver a impossibilidade de identificação do acusado com o seu verdadeiro nome ou outros qualificativos. Não retardará a ação penal, quando certa a identidade física.

A eventual ausência de algum dos dados qualificadores não essenciais não inviabiliza a ação penal, se por outro meio é possível a identificação dos acusados (REsp 285.188/ES).

4.4. Erro na identificação

O processo penal deve ser movido contra o acusado que seja uma pessoa certa.

No caso de erro em qualquer elemento ou qualidade que individue a pessoa do acusado, é possível sua correção, a qualquer tempo, nos termos do art. 569 do CPP, sem que disso resulte nulidade.

O erro na identificação do acusado não gera inépcia da denúncia se, do defeito, não advém prejuízo à sua defesa ou à sua identificação (Ap 300/ES, STJ).

A qualquer tempo, no curso do processo, do julgamento ou da execução da sentença, se for descoberta a sua qualificação, far-se-á a retificação, por termo, nos autos, sem prejuízo da validade dos atos precedentes.

O erro na identidade física implica em nulidade absoluta *ab initio.*

4.5. Presença do acusado

A presença do acusado no processo penal é um **ônus processual**, já que não é indispensável, ficando a seu critério.

O não comparecimento injustificado do acusado quando citado ou intimado pessoalmente para qualquer ato do processo, implica revelia, com dispensa da notificação ou intimação do acusado para os demais atos do processo, exceto da sentença.

Se o acusado, citado por edital, não comparecer nem constituir advogado, ficarão suspensos o processo e o curso do prazo prescricional, podendo o juiz determinar a produção antecipada das provas consideradas urgentes e, se for o caso, decretar prisão preventiva, nos termos do disposto no art. 312 do CPP.

O não comparecimento justificado gera adiamento do ato processual.

No júri, o julgamento não será adiado pelo não comparecimento do acusado solto, do assistente ou do advogado do querelante, que tiver sido regularmente intimado. Os pedidos de adiamento e as justificações de não comparecimento deverão ser, salvo comprovado motivo de força maior, previamente submetidos à apreciação do juiz-presidente do Tribunal do Júri. Se o acusado preso não for conduzido, o julgamento será adiado para o primeiro dia desimpedido da mesma reunião, salvo se houver pedido de dispensa de comparecimento subscrito por ele e seu defensor.

4.6. Condução coercitiva

Se o acusado não atender à intimação para interrogatório, reconhecimento ou qualquer outro ato que sem ele não possa ser realizado, a autoridade poderá mandar conduzi-lo à sua presença.

O comparecimento do réu aos atos processuais, em princípio, é um direito, e não um dever, sem embargo da possibilidade de sua condução coercitiva.

Trata-se de **ato judicial**, pois somente o juiz pode determiná-la.

Em relação ao não comparecimento imotivado do acusado ao interrogatório judicial, há dois posicionamentos: a) é possível a condução coercitiva, pois o interrogatório é meio de defesa e de prova; b) não é possível a condução coercitiva, pois, além de se tratar de uma faculdade, o réu tem direito ao silêncio; as respostas às perguntas formuladas ficam ao seu alvedrio.

Quanto à presença do acusado na audiência de instrução, o entendimento do STJ é de que, embora recomendável, não é essencial para a validade do ato, tratando-se de nulidade relativa, cujo reconhecimento depende da comprovação concreta do prejuízo, mormente se a oitiva das testemunhas foi acompanhada pelo defensor por ele constituído (HC 62.238).

4.7. Direitos do acusado

O acusado possui, de forma exemplificativa, os seguintes direitos: a) juiz natural; b) devido processo legal; c) contraditório; d) ampla defesa; e) inadmissibilidade de provas obtidas por meios ilícitos; f) presunção de inocência; g) identificação criminal nos casos previstos em lei; h) sigilo dos atos processuais quando a defesa da intimidade ou o interesse social o exigirem; i) os relativos à prisão (necessidade de mandado judicial, em regra; informação de seus direitos; assistência da família e de advogado; identificação dos responsáveis por sua prisão ou por seu interrogatório policial; respeito à integridade física e moral; liberdade provisória); j) o Estado prestará assistência jurídica integral e gratuita aos que comprovarem insuficiência de recursos; k) o Estado indenizará o condenado por erro judiciário, assim como o que ficar preso além do tempo fixado na sentença; l) celeridade processual; m) excepcionalmente, o juiz, por decisão fundamentada, de ofício ou a requerimento das partes, poderá realizar o interrogatório do réu preso por sistema de videoconferência ou outro recurso tecnológico de transmissão de sons e imagens em tempo real, desde que a medida seja necessária; n) direito ao silêncio, que não importará em confissão e não poderá ser interpretado em prejuízo da defesa.

5. Defensor

5.1. Direito de defesa

O direito de defesa possui três aspectos: **a) formal:** é uma condição de regularidade do processo; **b) subjetivo:** é direito e garantia para o acusado de um processo justo; **c) social:** é fator legitimador da jurisdição.

Com previsão expressa no art. 5º, LV, da CF, o direito de defesa abrange: a) **informação:** o direito do acusado de conhecer a imputação criminal; **b) bilateralidade:** o direito de resposta à acusação e recurso; **c) elemento probatório:** direito de acompanhar a produção da prova, podendo fazer contraprova.

O direito de defesa possui dois sentidos: **a) no sentido amplo**, é atuação em prol ou em oposição à pretensão punitiva (a defesa pode ser exercida pelo acusado e titular da ação penal); **b) no sentido restrito**, é a resposta à acusação (será exercida pelo acusado).

Possui duas espécies: **a) defesa técnica ou processual ou específica** é a feita por pessoa legalmente habilitada; **b) autodefesa ou defesa material ou genérica** é a realizada pela parte em prol de seus interesses no processo penal, abrangendo o direito de presença (acompanhar o desenvolvimento regular do processo) e o de audiência (direito de ser ouvido e de se manifestar no processo).

A defesa no processo penal pode ser: **a) direta**, quando atacar o mérito da acusação; **b) indireta**, quando atacar vícios processuais.

5.2. Conceito

Defensor é **um profissional**, ou seja, uma pessoa com habilitação, encarregada de exercer a defesa técnica em prol do acusado.

É **um representante legal da parte**, ou seja, sua função é dar assistência técnica à parte.

É **um representante *sui generis***, já que o defensor do acusado não está vinculado à vontade dele, podendo, inclusive, atuar contra ela.

Trata-se de um **múnus público**, pois tem o compromisso de atuar nos limites da lei, de defender, conservar e aprimorar os interesses do acusado. Cabe ressaltar que o defensor constituído pode renunciar.

5.3. Defesa técnica

5.3.1. Conceito e características

A defesa técnica é a realizada por profissional legalmente habilitado.

É **necessária**, já que o contraditório só será efetivo se houver equilíbrio entre os ofícios da defesa e da acusação. "Não se pode imaginar defesa ampla sem defesa técnica, essencial para se garantir a paridade de armas"[2].

O processo penal sem defesa técnica é nulo, nos termos do art. 564, III, *c*, do CPP.

---

[2] FERNANDES, Antonio Scarance. *Processo penal constitucional*. São Paulo: RT, 2009.

A necessidade da defesa técnica não é apenas uma exigência constitucional (arts. 133 e 134 da CF), um postulado internacional, mas uma norma processual penal prevista no art. 261 do CPP.

A defesa técnica é **indeclinável**, ou seja, insuscetível de renúncia pelo acusado. Aliás, a defesa técnica pode ser exercida ainda que contra a vontade do representado ou na sua ausência.

Deve ser plena, ou seja, exercida durante todo o *iter* procedimental. Na fase do inquérito policial, apesar de não existir acusação nem defesa, entendemos pela necessidade de assistência técnica do advogado ao investigado ou indiciado. É importante ressaltar que, na **falta do defensor** na realização de algum ato, há a possibilidade de o juiz nomear um substituto, ainda que provisoriamente ou só para o ato, nos termos do art. 265, § 2º, do CPP (defensor *ad hoc*).

> **Questão de prova**
> A prova de Analista Jurídico TJ/SC/2009 considerou CORRETA a afirmativa: "Nenhum acusado, ainda que ausente ou foragido, será processado ou julgado sem defensor. Por isso, se o acusado não o tiver, ser-lhe-á nomeado defensor pelo juiz".

A defesa técnica **deve ser efetiva**, ou seja, realizada com assistência técnica e jurídica do profissional habilitado, sempre exercida por meio de manifestação fundamentada, nos termos do art. 261, parágrafo único, do CPP. A efetividade na defesa impede um único defensor na defesa de corréus quando colidentes os interesses das defesas, sob pena de nulidade. O próprio STF proclama que a deficiência na defesa gera nulidade, nos termos da Súmula 523.

5.3.2. Espécies

A defesa técnica é realizada por um profissional habilitado, chamado defensor, que pode ser:

a) **constituído ou procurador:** é o escolhido de forma voluntária pelo acusado. A escolha é documentada pela procuração, instrumento do mandato, a qual pode ser genérica ou exigir poderes especiais, conforme dispuser a lei. A constituição de defensor independerá de instrumento de mandato se o acusado o indicar por **ocasião do interrogatório**. Nesse caso, o juiz faz constar a nomeação no termo da audiência (constituição *apud acta* – nos autos). Em nome da ampla defesa, o revel pode ter defensor constituído;

> **Questão de prova**
> A prova de Defensor Público ES/2009 considerou INCORRETA a afirmativa: "ainda que o acusado indique seu defensor por ocasião de seu interrogatório, a constituição regular desse defensor depende do instrumento de mandato, que, nessa situação, deve ser juntado aos autos no prazo de cinco dias, se outro prazo não for fixado pelo juiz".

b) **dativo:** é o nomeado pelo juiz quando o acusado não possuir ou constituir defensor. Nada impede que o acusado possa, a qualquer tempo, nomear outro defensor de sua confiança, nos termos do art. 263 do CPP;

c) ***ad hoc*:** é o nomeado em substituição ao defensor do acusado para atuação provisória ou realização de certos atos processuais.

5.4. Autodefesa

É a defesa realizada pelo próprio acusado. A autodefesa pode ser: **a) técnica:** quando o acusado é advogado, possuindo capacidade postulatória; **b) jurídica:** quando o acusado, sem estar representado por profissional habilitado, apresenta ao juiz sua versão dos fatos, na tentativa de influenciar o seu convencimento, seja no interrogatório ou na audiência.

Na visão jurídica, a autodefesa é garantida por: **a) direito de presença:** direito do acusado de acompanhar o *iter* procedimental no desenvolvimento regular do processo criminal; **b) direito de audiência:** direito do acusado de se manifestar e de ser ouvido no processo penal.

A autodefesa é facultativa ao acusado, que pode renunciá-la, mas para o juiz é obrigatória, já que tem o dever de garantir defesa plena e eficiente.

5.5. Questões complementares

a) **Impedimento do advogado:** o advogado que for cônjuge ou parente, consanguíneo ou afim, em linha reta ou colateral, até o terceiro grau, do magistrado não pode atuar como defensor na relação processual, nos termos do art. 267 do CPP.

b) **Abandono do processo pelo defensor:** o defensor não poderá abandonar o processo senão por motivo imperioso, comunicado previamente ao juiz, sob pena de multa de 10 a 100 salários mínimos, sem prejuízo das demais sanções cabíveis. O advogado que renunciar ao mandato continuará, durante os dez dias seguintes à notificação da renúncia, a representar o mandante, salvo se for substituído antes do término desse prazo, nos termos do art. 5º, § 3º, da Lei n. 8.906/94. Se o juiz não aceitar a justificativa do defensor, o fato será comunicado à OAB para deliberação.

Questão de prova

A prova de Defensor Público ES/2009 considerou INCORRETA a afirmativa: "O defensor pode abandonar o processo por qualquer motivo, desde que comunique previamente ao juiz sua decisão".

c) **Não comparecimento do defensor:** se o defensor não puder comparecer na audiência por motivo justificado, a audiência poderá ser adiada. O impedimento para comparecer deve ser comprovado até a abertura da audiência, sob pena de o juiz nomear defensor substituto provisório ou só para efeito do ato. No júri, se a falta, sem escusa legítima, for do advogado do acusado e se outro não for por este constituído, o fato será imediatamente comunicado ao presidente da seccional da Ordem dos Advogados do Brasil, com a data designada para a nova sessão, nos termos do art. 456 do CPP. Em relação a outros atos processuais, o juiz suspende a audiência e notifica o defensor constituído. No caso da inércia do defensor, notifica o réu para constituir outro; se este também for inerte, o juiz nomeará defensor.

d) **Curador:** o art. 194 do CPP (que estabelecia que se procederia ao interrogatório na presença de curador se o acusado fosse menor) foi revogado pela Lei n. 10.792/2003. Há a previsão de curador no incidente de insanidade mental. A não revogação do art. 262 do CPP ("Ao acusado menor dar-se-á curador") foi um lapso legislativo.

e) **Acusado pobre:** se o acusado não puder constituir advogado, será nomeado pelo juiz um defensor dativo. O acusado que não for pobre será obrigado a pagar os honorários do defensor dativo, arbitrados pelo juiz.

f) **Renúncia do defensor constituído:** o advogado poderá, a qualquer tempo, renunciar ao mandato, provando que cientificou o mandante, a fim de que este nomeie substituto. Durante os 10 (dez) dias seguintes, o advogado continuará a representar o mandante, desde que necessário para lhe evitar prejuízo (aplicação analógica do art. 45 do CPC).

g) **Aceitação do defensor dativo:** defensor dativo é o nomeado pelo juiz, que só pode recusar por motivo justificado, sob pena de infração disciplinar (art. 34 da Lei n. 8.906/94: "Constitui infração disciplinar: (...) XII – recusar-se a prestar, sem justo motivo, assistência jurídica, quando nomeado em virtude de impossibilidade da Defensoria Pública").

h) **Defensoria Pública:** é instituição permanente, essencial à função jurisdicional do Estado, incumbindo-lhe, como expressão e instrumento do regime democrático, fundamentalmente, a orientação jurídica, a promoção dos direitos humanos e a defesa, em todos os graus, judicial e extrajudicial, dos direitos individuais e coletivos, de forma integral e gratuita, aos necessitados. Abrange: a Defensoria Pública da União; a Defensoria Pública do Distrito Federal e dos Territórios; as Defensorias Públicas dos Estados. São princípios institucionais da Defensoria Pública: a unidade; a indivisibilidade; e a independência funcional. São objetivos da Defensoria Pública: a primazia da dignidade da pessoa humana e a redução das desigualdades sociais; a afirmação do Estado Democrático de Direito; a prevalência e efetividade dos direitos humanos; e a garantia dos princípios constitucionais da ampla defesa e do contraditório. A assistência jurídica integral e gratuita custeada ou fornecida pelo Estado será exercida pela Defensoria Pública. A capacidade postulatória do Defensor Público decorre exclusivamente de sua nomeação e posse no cargo público. Aos membros da Defensoria Pública é garantido sentar-se no mesmo plano do Ministério Público. Se o Defensor Público entender inexistir hipótese de atuação institucional, dará imediata ciência ao Defensor Público-Geral, que decidirá a controvérsia, indicando, se for o caso, outro Defensor Público para atuar. O **exercício do cargo de Defensor Público** é indelegável e privativo de membro da carreira.

Questões de prova

A prova de Defensor Público ES/2009 considerou CORRETA a afirmativa: "Considere que Maria, uma rica empresária, tenha sido denunciada pela prática de estelionato, e que, recebida a denúncia, tenha sido iniciada a ação penal. Maria negou-se a contratar advogado para o patrocínio de sua defesa e, por determinação do juízo, os autos foram encaminhados à defensoria pública estadual. Nessa situação, o defensor público designado pode negar a atuação no feito, e, se aceitar o encargo, pode, ao final da demanda, postular a condenação da ré ao pagamento de honorários a serem arbitrados pelo juiz".

A prova de Defensor Público CE/2008 considerou INCORRETA a afirmativa: "O defensor público do estado do Ceará que atuar em nome de pessoa com assistência judiciária não está dispensado de juntar aos autos instrumento de mandato para pedido de abertura de inquérito por crime de ação penal privada".

6. Ofendido

No **conceito material**, é o sujeito passivo da infração penal, o titular do bem jurídico lesado ou posto em perigo de lesão pela prática delituosa.

É o sujeito particular, específico, eventual, pois é a vítima do crime, não se confundindo com o sujeito passivo geral, genérico ou constante, que é o Estado, titular do poder-dever de punir.

No **conceito processual**, o ofendido pode ser: a) querelante: titular da ação penal privada; b) assistente de acusação: assistente do MP em todos os termos da ação pública, que será o ofendido ou seu representante legal, ou, na falta deste, o cônjuge, ascendente, descendente ou irmão. Pode atuar em causa própria, se for advogado ou estiver representado por um profissional habilitado.

ITENS	AÇÃO PENAL PRIVADA	AÇÃO PENAL PÚBLICA
Vítima	Titular	Assistente de acusação
Vítima incapaz	Representante legal	Representante legal
Morte ou ausência da vítima	Cônjuge, ascendente, descendente ou irmão	Cônjuge, ascendente, descendente ou irmão
Postura da vítima	Autor	Interveniente

7. Assistente de acusação

7.1. Natureza jurídica

É parte secundária, adesiva, eventual e desnecessária ao processo. É parte contingente, pois o processo existirá com ou sem sua presença.

7.2. Admissão

7.2.1. Momento

O **assistente será admitido** no curso do processo enquanto não transitar em julgado a sentença. O marco inicial é **após o recebimento da denúncia**. No júri, o assistente somente será admitido se tiver requerido sua habilitação até 5 (cinco) dias antes da data da sessão na qual pretenda atuar, nos termos do art. 430 do CPP. Não cabe na fase da execução criminal.

Questões de prova

A prova do Defensor Público da União 2010 considerou INCORRETA a afirmativa: "Nos termos da legislação processual penal vigente, admite-se, no curso regular da persecução penal, na fase pré-processual, em feito de ação penal privada, a possibilidade de habilitar-se como assistente de acusação a companheira do ofendido. Pode esta, por intermédio do advogado regularmente constituído, caso não possua capacidade postulatória, valer-se das garantias estabelecidas pela lei quanto à prova técnica pericial e apresentar assistente técnico, na sobredita fase, a fim de acompanhar a elaboração de exame pericial de alta complexidade que abranja mais de uma área de conhecimento especializado, oferecendo, desde logo, quesitos a serem respondidos pelo perito e pelo assistente técnico".

A prova da Magistratura MG/2005 considerou INCORRETA a afirmativa: "o assistente pode ser admitido na fase de inquérito policial".

A prova de Promotor de Justiça MT/2008 considerou CORRETA a afirmativa: "a figura do assistente somente é admitida após o início da ação penal, podendo habilitar-se no processo enquanto não transitar em julgado a sentença".

7.2.2. Habilitação

A competência para decidir é do juiz da causa; em segunda instância, é do relator da causa. A forma é um requerimento ou petição. A capacidade postulatória é comprovada pela procuração, salvo se postular em causa própria.

7.2.3. Requisito

O **MP será ouvido** previamente na admissão do assistente, sobre os aspectos da legalidade. Não é necessária a oitiva do defensor do acusado no processo de habilitação do assistente de acusação. O MP é ouvido como fiscal da lei.

Questão de prova

A prova de Analista Judiciário TRF 4ª Região considerou INCORRETA a afirmativa: "o Ministério Público não será ouvido sobre a admissão do assistente".

7.2.4. *Impugnação da decisão*

Da decisão que admite ou não o assistente de acusação, cabe mandado de segurança, nos termos do art. 5º, II, da Lei n. 12.016/2009; da decisão que excluir assistente habilitado, cabe correição parcial, nos termos dos arts. 93 a 96 do Decreto-lei n. 3/69.

> **Questões de prova**
>
> A prova da Magistratura TJ/GO/2012 considerou INCORRETA a afirmativa: "da decisão que admitir o assistente de acusação caberá recurso em sentido estrito".
>
> A prova Defensor Público Federal DPU/2015 considerou INCORRETA a afirmativa: "Júlio foi preso em flagrante pela prática de furto de um caixa eletrônico da CEF. Júlio responde a outros processos por crime contra o patrimônio. O representante da CEF poderá habilitar-se como assistente da acusação a partir da instauração do inquérito policial, não cabendo impugnação da decisão judicial que negar a habilitação".

7.2.5. *Cabimento*

É admitido na ação penal pública, condicionada ou incondicionada. Não cabe na ação penal privada, pois nessa ação o ofendido é parte necessária e titular.

7.2.6. *Legitimidade*

Poderá intervir, como assistente do MP, o ofendido ou seu representante legal, ou, na falta deles, o cônjuge, ascendente, descendente ou irmão. É rol taxativo, porém parte da doutrina equipara companheiro a cônjuge.

7.3. Função

Há divergência a respeito da função do assistente de acusação no processo penal:

a) Parte da doutrina e da jurisprudência sustenta que sua atuação é direcionada a buscar uma indenização do dano *ex delicto*, ou seja, uma reparação civil pelos danos decorrentes da infração penal; nessa posição, o assistente não pode recorrer para aumentar a pena imposta ao réu: "Não há ilegitimidade do assistente de acusação para interpor recurso de apelação diante de sentença condenatória, para o fim de aumentar pena" (HC 99.857/SP, STJ).

b) Porém, outra parte sustenta que a função é auxiliar a acusação na aplicação da lei penal, de modo a cooperar com a justiça penal e apenas de forma secundária buscar a indenização civil dos danos causados pela infração penal. Nessa posição, o assistente pode recorrer para aumentar a pena imposta ao réu: "Havendo absolvição, ainda que parcial, ou sendo possível o agravamento da pena imposta ao acusado, o assistente de acusação possui efetivo interesse recursal, em busca da verdade substancial, com reflexos na amplitude da condenação ou no *quantum* da pena" (REsp 605.302, STJ); "A legitimidade do assistente de acusação para apelar, quando inexistente recurso do Ministério Público, é ampla, podendo impugnar tanto a sentença absolutória quanto a condenatória, visando ao aumento da pena imposta, já que a sua atuação justifica-se pelo desejo legítimo de buscar justiça, e não apenas eventual reparação cível" (HC 137.339/RS, STJ).

7.4. Vedações

O corréu, no mesmo processo, não poderá intervir como assistente do MP, nos termos do art. 270 do CPP, pois ambos (réu e corréu) têm o mesmo interesse contra a acusação.

Não há assistência em ação penal privada, pois a vítima, nesse tipo de ação, é a parte principal.

Questão de prova

A prova de Delegado de Polícia DP/PC/2014 considerou INCORRETA a afirmativa: "Ao corréu, no mesmo processo, será facultado intervir como assistente do Ministério Público".

7.5. Intimação

Quando o assistente de acusação, intimado, deixar de comparecer a qualquer dos atos de instrução ou do julgamento sem motivo de força maior devidamente comprovado, o processo prosseguirá, independentemente de nova intimação. Se não for encontrado, será intimado por edital em 20 dias.

Quando habilitado, será intimado na forma do art. 370, §§ 1º e 2º, do CPP: "§ 1º A intimação do defensor constituído, do advogado do querelante e do assistente far-se-á por publicação no órgão incumbido da publicidade dos atos judiciais da comarca, incluindo, sob pena de nulidade, o nome do acusado. § 2º Caso não haja órgão de publicação dos atos judiciais na comarca, a intimação far-se-á diretamente pelo escrivão, por mandado, ou via postal com comprovante de recebimento, ou por qualquer outro meio idôneo".

Mesmo no caso de motivo de força maior, nenhum ato será adiado, pois o assistente é parte contingente.

No júri, o julgamento não será adiado pelo não comparecimento do acusado solto, do assistente ou do advogado do querelante, que tiver sido regularmente intimado, nos termos do art. 457 do CPP.

7.6. Atividades

Questão de prova

A prova de Promotor de Justiça MP/RR/2008 considerou INCORRETA a afirmativa: "O ofendido ou seu representante legal poderão oficiar como assistentes de acusação, podendo propor meios de prova, apresentar perguntas às testemunhas, participar dos debates orais e arrazoar os recursos apresentados pelo Ministério Público. Poderão, ainda, interpor recursos, mas, nesse caso, será imprescindível demonstrar que promoveram sua habilitação como assistentes antes de ser proferida a sentença".

O assistente receberá a causa no estado em que se achar, assumindo os seguintes poderes processuais (trata-se de rol taxativo, que não admite analogia nem interpretação extensiva; quanto à admissão do assistente de acusação no processo penal, o STJ tem decidido que "o assistente de acusação detém legitimidade restrita às hipóteses taxativamente previstas no art. 271 do Código de Processo Penal", conforme AgRg no Ag 1.156.187/RJ, Min. Adilson Macabu, Desembargador Convocado do TJ/RJ, *DJe* 16-12-2011):

a) **propor meios de prova:** o juiz, ouvido o Ministério Público, decidirá acerca da realização das provas propostas pelo assistente; em relação à possibilidade de arrolar testemunhas, há dois entendimentos: 1) é impossível, pois o momento próprio para apresentar o rol é o do oferecimento da denúncia e o assistente só pode intervir na causa após recebimento da denúncia; 2) possível, desde que a soma do número de testemunhas arroladas pelo assistente e o MP fique dentro do limite máximo legal; no procedimento comum, produzidas as provas, ao final da audiência do Ministério Público, o querelante, o assistente e, a seguir, o acusado poderão requerer diligências cuja necessidade se origine de circunstâncias ou fatos apurados na instrução;

b) **requerer perguntas às testemunhas:** abrange testemunhas de acusação e defesa; se for testemunha de acusação, a ordem é MP – assistente – defensor; se for testemunha de defesa, a ordem é defensor – MP – assistente;

c) **aditar o libelo:** não é possível, pois, com a Lei n. 11.689/2008, houve a extinção do libelo como peça inaugural da fase do julgamento da causa no procedimento do júri;

d) **aditar os articulados:** trata-se de oferecer, após o MP, suas alegações finais;

e) **participar do debate oral:** depois do MP; no júri, o tempo destinado à acusação e à defesa será de uma hora e meia para cada uma, e de uma hora para a réplica e outro tanto para a tréplica. Havendo mais de um acusador ou mais de um defensor, combinarão entre si a distribuição do tempo, que, na falta de acordo, será dividido pelo juiz-presidente, de forma a não exceder o tempo estipulado. Havendo mais de um acusado, o tempo para a acusação e a defesa será acrescido de uma hora, bem como elevado ao dobro o da réplica e da tréplica, observado o tempo estipulado.

Nos processos perante o STJ e o STF regulados pela Lei n. 8.038/90, finda a instrução, o Tribunal procederá ao julgamento, na forma determinada pelo regimento interno, observando-se para a acusação e a defesa, sucessivamente e nessa ordem, prazo de uma hora para sustentação oral, assegurado ao assistente um quarto do tempo da acusação;

f) **arrazoar os recursos interpostos pelo Ministério Público:** apelação no prazo de 3 (três) dias (art. 600, § 1º, do CPP); recurso em sentido estrito no prazo de 2 (dois) dias (art. 588 do CPP);

g) **contra-arrazoar os recursos da defesa:** embora não tenha previsão expressa, é possível, por motivo de paridade de armas, sendo incluído no poder processual de aditar articulados;

h) **arrazoar seus próprios recursos:** só nas hipóteses previstas; o MP terá vista após razões do assistente; o assistente pode interpor os seguintes recursos: 1) apelação da sentença de impronúncia; 2) recurso em sentido estrito da decisão de extinção da punibilidade; 3) apelação da sentença de absolvição sumária; 4) embargos de declaração; 5) recurso em sentido estrito da decisão que denegar ou julgar deserta a apelação; e 6) carta testemunhável; o assistente do Ministério Público pode recorrer, inclusive extraordinariamente, na ação penal, nos casos dos arts. 584, § 1º, e 598 do Código de Processo Penal (Súmula 210 do STF); o assistente do Ministério Público não pode recorrer, extraordinariamente, de decisão concessiva de *habeas corpus* (Súmula 208 do STF).

Cabe ressaltar que o assistente de acusação tem legitimidade para recorrer nos casos de absolvição, impronúncia e extinção da punibilidade (arts. 584, § 1º, e 598, ambos do Código de Processo Penal), em caráter supletivo, ou seja, somente quando o Ministério Público abstiver-se de fazê-lo, ou ainda, quando o seu recurso for parcial, não abrangendo a totalidade das questões discutidas[3].

Nos crimes de competência do Tribunal do Júri, ou do juiz singular, se da sentença não for interposta apelação pelo Ministério Público no prazo legal, o ofendido ou qualquer das pessoas enumeradas no art. 31, ainda que não se tenha habilitado como assistente, poderá interpor apelação, que não terá, porém, efeito suspensivo.

---

[3] REsp 828.418/AL, Rel. Min. Laurita Vaz, *DJ* 23-4-2007.

O prazo para o assistente recorrer, supletivamente, começa a correr imediatamente após o transcurso do prazo do Ministério Público, nos termos da Súmula 448 do STF. Conforme a jurisprudência do STF e do STJ, se o ofendido já estiver habilitado no processo o prazo para apelar é de 5 (cinco) dias, não se aplicando o prazo de 15 (quinze) dias previsto no art. 598, parágrafo único, do CPP.

i) **Requerer decretação de prisão preventiva:** art. 311 do CPP: "Em qualquer fase da investigação policial ou do processo penal, caberá a prisão preventiva decretada pelo juiz, de ofício, se no curso da ação penal, ou a requerimento do Ministério Público, do querelante ou do assistente, ou por representação da autoridade policial".

7.7. Questões complementares

a) **Assistência conjunta:** há divergência, mas a posição majoritária sustenta pela não possibilidade, em face do art. 36 do CPP.

b) **Crimes de responsabilidade dos prefeitos (Decreto-lei n. 201/67):** os órgãos federais, estaduais ou municipais, interessados na apuração da responsabilidade do Prefeito, podem requerer a abertura do inquérito policial ou a instauração da ação penal pelo Ministério Público, bem como intervir, em qualquer fase do processo, como assistente da acusação.

c) **Crime contra o sistema financeiro (Lei n. 7.492/86):** será admitida a assistência da Comissão de Valores Mobiliários (CVM), quando o crime tiver sido praticado no âmbito de atividade sujeita à disciplina e à fiscalização dessa autarquia, e do Banco Central do Brasil, quando, fora daquela hipótese, houver sido cometido na órbita de atividade sujeita a sua disciplina e fiscalização.

d) **Contravenção penal:** parte da doutrina não admite assistente, pois a finalidade é perseguir a satisfação do dano; outra parte sustenta que é possível assistente, sendo admitido depois de recebida a inicial;

e) **Inquérito policial:** não há assistente, pois o ofendido só pode se habilitar como assistente de acusação após o recebimento da denúncia e até o trânsito em julgado da sentença. "É verdade ser inadmissível a intervenção do assistente de acusação na fase inquisitorial, o que somente poderá ocorrer após o recebimento da denúncia, quando então se instaura a ação penal, conforme dispõe o art. 268 do CPP" (HC 123.365/SP, STJ).

f) **Prévia habilitação:** em regra, é necessária para a prática dos atos processuais, salvo na interposição de recursos nos casos previstos em lei (art. 598

do CPP), em que sua admissão será avaliada quando do juízo de delibação do juiz *a quo*.

g) **ECA:** a figura do assistente de acusação é estranha aos procedimentos recursais da Justiça da Infância e da Adolescência, que possui caráter especial. "Falta legitimidade recursal ao assistente de acusação para a interposição de apelo em procedimento regido pelo Estatuto da Criança e do Adolescente" (REsp 1.089.564, STJ).

h) ***Habeas corpus*:** nos termos da orientação jurisprudencial dominante, não se admite o ingresso do assistente de acusação em sede de *habeas corpus*. Porém, parte da doutrina sustenta a possibilidade, pois não haveria impedimento legal.

8. Dos auxiliares da justiça

8.1. Introdução

Os auxiliares da justiça não exercem jurisdição, não têm faculdades de iniciativa ou decisão em relação ao processo penal e não possuem ônus processual. São pessoas que colaboram para a formação e o desenvolvimento do processo, com o encargo de realizar atribuições complementares à jurisdição.

São **sujeitos imparciais** (estão submetidos à arguição de impedimento ou suspeição), responsáveis por condutas ilícitas praticadas no exercício de suas atribuições, subordinados ao juiz e ao Corregedor-Geral da Justiça e ocupantes de cargos criados pelas leis de organização judiciária.

São **sujeitos impessoais**, pois, como agentes públicos, devem atuar em nome do interesse público, e os que possuem funções certificadoras gozam de fé pública.

Podem ser: **a) eventuais**: os que colaboram em alguns processos, atuando quando convocados pelo juízo; **b) permanentes**: os que colaboram em todo e qualquer processo.

8.2. Auxiliares permanentes da justiça

8.2.1. Escrivão

O escrivão é o chefe do cartório judicial e fiscaliza a atividade dos funcionários que compõem o cartório.

Exerce funções variadas, algumas autônomas, como a documentação dos atos processuais, outras vinculadas às determinações do juiz, como a comunicação dos atos processuais.

Incumbe ao escrivão, além de outras atribuições definidas pelas normas de organização judiciária: a) redigir, em forma legal, os ofícios, mandados, cartas precatórias e mais atos que pertençam ao seu ofício (lançamentos que não exijam redação, como depoimentos); b) executar as ordens judiciais, promovendo citações e intimações; c) comparecer às audiências ou, não podendo fazê-lo, designar, para substituí-lo, escrevente juramentado, de preferência datilógrafo ou taquígrafo; d) ter, sob sua guarda e responsabilidade os autos; e) dar, independentemente de despacho, certidão de qualquer ato ou termo do processo, observado o segredo de justiça.

No impedimento do escrivão, o juiz convocar-lhe-á o substituto, e, não havendo, nomeará pessoa idônea para o ato.

8.2.2. Oficial de justiça

Os oficiais de justiça são os sujeitos responsáveis por executar ordens judiciais. Incumbe ao oficial de justiça: a) fazer pessoalmente as citações, prisões, penhoras, arrestos e mais diligências próprias do seu ofício, certificando no mandado o ocorrido, com menção de lugar, dia e hora; b) executar as ordens do juiz a que estiver subordinado; c) entregar, em cartório, o mandado, logo depois de cumprido; d) estar presente às audiências e coadjuvar o juiz na manutenção da ordem; e) efetuar avaliações.

8.2.3. Distribuidor

Todos os processos estão sujeitos a registro, devendo ser distribuídos onde houver mais de um juiz ou mais de um escrivão. Daí surge a figura do distribuidor, auxiliar responsável pelo registro e pela repartição das causas entre os juízos, podendo sua função ser fiscalizada pelas partes e pelos procuradores.

8.2.4. Contador judicial

É o auxiliar da justiça responsável pelos cálculos referentes a direitos ou obrigações, em favor das partes ou do juízo.

8.3. Auxiliares eventuais da justiça

8.3.1. Depositário público

O depositário é o auxiliar da justiça responsável pela guarda e conservação de bens penhorados, arrestados, sequestrados ou arrecadados, salvo disposição legal em contrário.

8.3.2. Intérprete

O juiz nomeará intérprete toda vez que repute necessário para: a) analisar documento de entendimento duvidoso, redigido em língua estrangeira; b) verter em português as declarações das partes e das testemunhas que não conhecerem o idioma nacional; c) traduzir a linguagem mímica dos surdos-mudos, que não puderem transmitir a sua vontade por escrito.

8.3.3. Perito

Quando a prova do fato depender de conhecimento técnico ou científico, o juiz será assistido por perito, que uma vez nomeado assume um múnus público, ou seja, um encargo legal, de auxiliar técnico do juiz, em busca da descoberta da verdade real dos fatos.

O perito, auxiliar da justiça, pode ser: **a) oficial**: é o investido no cargo criado por lei, mediante concurso público (de acordo com a Lei n. 12.030/2009, no exercício da atividade de perícia oficial de natureza criminal, é assegurada autonomia técnica, científica e funcional); **b) não oficial**: deve ser portador de diploma de curso superior, preferencialmente na área específica sobre a qual vai se manifestar. O perito, ainda quando não oficial, estará sujeito à disciplina judiciária.

As partes não intervirão na nomeação do perito. Cabe ressaltar que podem escolher a autoridade competente para nomeação do perito nas ações penais privadas em que a perícia for realizada por precatória (art. 177 do CPP: "No exame por precatória, a **nomeação dos peritos** far-se-á no juízo deprecado. Havendo, porém, no caso de ação privada, acordo das partes, essa nomeação poderá ser feita pelo juiz deprecante").

Questão de prova

A prova de Técnico Judiciário TRF 2ª Região/2012 considerou CORRETA as afirmativa: "As partes poderão intervir na nomeação de peritos, indicando nomes para o exercício dessa função; não poderão ser peritos os que tiverem prestado depoimento no processo; não poderão ser peritos os que tiverem opinado anteriormente sobre o objeto da perícia; os intérpretes são, para todos os efeitos, equiparados aos peritos".

O perito nomeado pela autoridade sofrerá responsabilização (administrativa, civil e penal, conforme o caso) nos seguintes casos: a) quando não alegar escusa atendível para não aceitar o encargo; b) quando, sem justa causa, provada imediatamente, deixar de acudir à intimação ou ao chamado da autoridade; c) quando, sem justa causa, provada imediatamente, não comparecer no dia e local designados para o exame; d) quando, sem justa causa, provada imediatamente, não der o laudo, ou concorrer para que a perícia não seja feita, nos prazos estabelecidos.

No caso de não comparecimento do perito, sem justa causa, a autoridade poderá determinar a sua condução.

Não podem ser peritos: a) os que estiverem sujeitos à interdição de direito; b) os que tiverem prestado depoimento no processo ou opinado anteriormente sobre o objeto da perícia; c) os analfabetos e os menores de 21 (vinte e um) anos.

É extensivo aos peritos, no que lhes for aplicável, o disposto sobre suspeição dos juízes. As prescrições sobre suspeição dos juízes estendem-se aos serventuários e funcionários da justiça, no que lhes for aplicável.

8.4. Outros órgãos não vinculados ao Judiciário

São considerados auxiliares da justiça, embora não estejam vinculados ao Judiciário: Correios, Bancos, Imprensa Oficial, Polícia Militar, Departamentos, Institutos, entre outros.

QUESTÕES DE SUJEITOS PROCESSUAIS

1. (83º Concurso de Promotor de Justiça Substituto MP/SP) Interveniente adesivo obrigatório é o

a) defensor público na ação penal privada.
b) assistente da acusação na ação penal pública.
c) promotor de justiça na ação penal privada subsidiária.
d) curador na ação penal condicionada.
e) curador especial na ação penal condicional à representação.

2. (20º Concurso de Procurador da República MPF) Em relação ao magistrado:

a) não pode votar em pleito de *habeas corpus*, cujo fundamento está na nulidade da citação editalícia quando, na instância *a quo*, presidira a produção da prova testemunhal.
b) o princípio da identidade física do juiz funda-se na concentração dos atos processuais, e não em sua oralidade.
c) se declarada a insubsistência da nomeação do magistrado, que haja participado do julgamento, mesmo assim não há nulidade do julgamento.
d) cabe o trato regimental para o sistema de substituição externa nos Tribunais.

3. (19º Concurso de Procurador da República MPF) Ao acusado sem defensor constituído:

a) será, sempre, dado defensor público.
b) será, sempre, dado defensor dativo.
c) é facultado, a qualquer momento, constituir um, afastando-se, desde então, aquele que esteja promovendo a defesa.
d) será dado defensor público ou defensor dativo, indistintamente.

4. (Analista Judiciário TRF 2ª Região/2007) Se o Assistente da Acusação deixar de comparecer a qualquer ato de instrução ou do julgamento, sem motivo de força maior devidamente comprovado,

a) o juiz o declarará revel.
b) o juiz designará nova data para o ato, intimando o assistente.
c) o processo prosseguirá independentemente de nova intimação deste.
d) o processo será sumariamente arquivado.
e) o ato será realizado e o assistente será intimado para os próximos atos do processo.

5. (Técnico Judiciário TRF 4ª Região/2007) A respeito do acusado e seu defensor é correto afirmar:

a) Se o réu for advogado, não poderá defender a si próprio, nem defender corréu no mesmo processo.
b) Se o acusado estiver ausente ou foragido poderá ser processado e julgado sem defensor.
c) Se tiver sido nomeado defensor pelo juiz não poderá o acusado constituir outro advogado de sua confiança.

d) O juiz pode nomear o mesmo defensor para dois ou mais acusados no mesmo processo, ainda que sejam conflitantes as respectivas defesas.
e) A constituição de defensor independe de instrumento de mandato se o acusado o indicar por ocasião do interrogatório judicial.

6. (Magistratura TJ/MG/2009) Marque a opção CORRETA.

a) O Código de Processo Penal permite ao Juiz determinar diligências apenas antes do encerramento da instrução.
b) O Código de Processo Penal permite ao Juiz determinar diligências, de ofício, no curso do processo ou antes de proferir sentença, desde que seja para dirimir dúvida sobre ponto relevante ao julgamento da causa.
c) O Código de Processo Penal não permite ao Juiz, de ofício, determinar diligências.
d) Nenhuma das hipóteses é verdadeira.

7. (Promotor de Justiça MP/CE/2008) Contra a decisão do juiz que não admitir o assistente de acusação

a) não caberá recurso, nem será admissível *habeas corpus* ou mandado de segurança.
b) caberá recurso em sentido estrito.
c) caberá agravo, observado o procedimento do Código de Processo Civil.
d) não caberá recurso, mas será cabível mandado de segurança.
e) caberá apelação.

8. (Analista Judiciário PA/2009) A impossibilidade da identificação do indiciado, preso, com seu verdadeiro nome ou outros qualificativos implicará

a) na devolução do inquérito policial à polícia para diligências no sentido de esclarecer a verdadeira identificação do indiciado.
b) no não retardamento da propositura da ação penal.
c) no arquivamento do inquérito policial, até que se descubra a verdadeira identificação do indiciado.
d) na rejeição da denúncia que vier a ser ofertada pelo Ministério Público.
e) na remessa dos autos, pelo Juiz, à consideração do Procurador-Geral de Justiça.

9. (Promotor de Justiça MP/PE/2008) O ofendido ou seu representante legal poderá intervir no processo como assistente do Ministério Público. Quanto a essa intervenção, é correto afirmar:

a) O assistente poderá ser admitido em qualquer fase da ação penal pública, enquanto não transitar em julgado a sentença.
b) O assistente não poderá ser admitido após a prolação da sentença, ainda que pendente recurso da acusação.
c) O assistente tem direito de pedir a repetição de prova produzida antes da sua admissão.
d) Se o assistente, devidamente intimado, deixar de comparecer a qualquer ato de instrução, a audiência será redesignada, sendo ele intimado para a nova audiência, independentemente do motivo alegado para a ausência.
e) Do despacho que não admitir a admissão do assistente cabe recurso em sentido estrito, nos termos do Código de Processo Penal.

10. (Defensor Público MS/2008) Leia as afirmações quanto ao acusado no processo penal brasileiro.

I. O acusado, na relação jurídica processual, pode ser chamado de sujeito do processo.
II. O acusado possui direitos no processo penal, entre eles: de ser processado e julgado por autoridade competente, à assistência jurídica gratuita no caso de não dispor de recursos e de não ser submetido à identificação criminal, quando civelmente identificado.
III. O acusado será declarado revel e terá seu processo suspenso, sempre que não seja encontrado para a citação pessoal.

Está correto o contido em

a) I e II, apenas.
b) I e III, apenas.
c) II e III, apenas.
d) I, II e III.

11. (Defensor Público SP/2006) O juiz, a requerimento do Ministério Público, decretou a incomunicabilidade do indiciado preso através de despacho fundamentado, como determina a Constituição Federal e o Código de Processo Penal. O defensor público

a) não poderá proceder entrevista pessoal e reservada com o acusado.
b) não poderá proceder entrevista pessoal e reservada com o acusado somente pelo prazo de três dias, período máximo da incomunicabilidade.
c) poderá proceder entrevista pessoal e reservada com o acusado.
d) poderá proceder entrevista pessoal e reservada, desde que obtida a autorização judicial.
e) poderá proceder entrevista pessoal, todavia com escuta ambiental.

12. (Promotor de Justiça MP/PE/2002) Se o ofendido, no processo criminal,

a) ingressar como assistente do Ministério Público, poderá arrolar testemunhas em número idêntico ao permitido para o Ministério Público.
b) não for admitido como assistente do Ministério Público, não poderá recorrer da decisão, mas poderá impetrar mandado de segurança.
c) for irmão do acusado, por ser suspeito, não poderá depor.
d) apresentar queixa subsidiária porque o inquérito foi arquivado, estará amparado por orientação do Supremo Tribunal Federal.
e) for mulher, dependerá de autorização do marido, para ajuizar queixa, quando houver implicação de bens patrimoniais.

13. (Técnico Judiciário TJ/SE/2009) É função do Ministério Público, no Processo Penal:

a) Promover a ação penal pública, condicionada e incondicionada.
b) Promover a ação penal privada, se a vítima não o fizer no prazo legal.
c) Promover apenas a ação penal pública incondicionada.
d) Desistir da ação penal em curso quando não houver interesse público.
e) Promover o andamento da ação penal no caso de inércia do Juiz.

14. (Analista MPU/2007) A respeito do acusado e de seu defensor, é correto afirmar que o

a) acusado, ainda que seja revel, pode constituir advogado da sua confiança para atuar no processo.
b) advogado, no processo penal, só pode ser constituído pelo réu através da outorga de procuração.
c) acusado só pode contratar advogado após a citação e o interrogatório judicial.
d) juiz pode destituir o advogado constituído pelo acusado e, desde logo, nomear defensor dativo para substituí-lo.
e) acusado deverá ser defendido por advogado, ainda que tenha habilitação e deseje atuar em causa própria.

15. (Magistratura TJ/PA/2008) Sobre o tema relativo aos sujeitos processuais e à assistência, assinale a alternativa correta.

a) O assistente do Ministério Público pode aditar a denúncia.
b) Os Presidentes dos Conselhos e das Subseções da OAB têm legitimidade para intervir como assistentes do Ministério Público em processos em que sejam ofendidos os inscritos na OAB.
c) Em crime de ação penal pública com pluralidade de vítimas, não é possível que cada uma delas, isoladamente, seja admitida como assistente do Ministério Público.
d) O corréu no mesmo processo pode intervir como assistente do Ministério Público.
e) O assistente do Ministério Público não pode formular perguntas às testemunhas arroladas pela Defesa.

16. (Procurador TCE/AP/2010) No que concerne aos sujeitos processuais, é correto afirmar que

a) é suspeito o juiz que for amigo íntimo ou inimigo capital do defensor do acusado.
b) é cabível recurso em sentido estrito da decisão que não admite o assistente do Ministério Público.
c) ocorre suspeição do juiz, se este for administrador de sociedade interessada no processo.

d) poderá ser perito no processo aquele que tiver opinado anteriormente sobre o objeto da perícia, desde que tal ressalva conste do preâmbulo do laudo.

e) a defesa técnica, quando realizada por defensor público ou constituído, será sempre exercida através de manifestação fundamentada.

17. (Defensor Público PI/2009) Assinale a opção correta quanto às prerrogativas do acusado no processo penal.

a) O acusado, embora preso, tem o direito de assistir e de presenciar, sob pena de nulidade relativa, os atos processuais, notadamente aqueles que se produzem na fase de instrução do processo penal, que se realiza, sempre, sob a égide do contraditório; porém, são relevantes, para esse efeito, as alegações do poder público concernentes à dificuldade ou inconveniência de proceder à remoção de acusados presos a outros pontos da própria comarca, do estado ou do país.

b) O acusado tem direito ao contraditório e à plenitude de defesa, sendo que esta última se restringe ao direito à defesa técnica.

c) O réu pode ser processado e julgado com base em leis *ex post facto*.

d) O comportamento do réu durante o processo, na tentativa de defender-se, presta-se a agravar-lhe a pena, pois a CF não consagra o princípio *nemo tenetur se detegere*.

e) O réu tem direito de presença e de participação ativa nos atos de interrogatório judicial dos demais litisconsortes penais passivos, quando existentes.

18. (Técnico Judiciário TRF 1ª Região/2011) O acusado NÃO

a) é o sujeito passivo da pretensão punitiva.

b) é parte na relação processual.

c) será considerado culpado até o trânsito em julgado da sentença penal condenatória.

d) terá direito a defensor se estiver ausente ou foragido.

e) tem o direito de permanecer calado, cumprindo-lhe prestar todos os esclarecimentos solicitados pelo juiz.

19. (Promotor de Justiça MP/SP/2008) Assinale a alternativa incorreta.

a) Admite-se a intervenção do assistente do Ministério Público após a sentença absolutória, na ausência do trânsito em julgado.

b) Na ausência de recurso do Ministério Público, pode o assistente de acusação recorrer da decisão que rejeita a denúncia por inépcia.

c) Não cabe recurso em sentido estrito da decisão que admitir ou não admitir o assistente de acusação.

d) Pode o ofendido, particular, habilitar-se como assistente do Ministério Público em crimes contra a Administração Pública.

e) Não se aplicam ao assistente de acusação os impedimentos previstos em lei para o juiz e o órgão do Ministério Público.

20. (Exame da OAB unificado/maio/2008) Acerca dos sujeitos processuais, assinale a opção correta.

a) O juiz deve declarar-se suspeito caso seja amigo ou inimigo das partes, esteja interessado no feito ou quando a parte o injuriar de propósito.

b) A participação de membro do Ministério Público no inquérito policial acarreta o seu impedimento para o oferecimento da denúncia.

c) A vítima pode intervir no processo penal por intermédio de advogado, como assistente da acusação, depois de iniciada a ação penal e enquanto não transitada em julgado a decisão final.

d) O assistente da acusação pode arrolar testemunhas e recorrer da decisão que rejeita a denúncia, pronuncia ou absolve sumariamente o réu, tendo o recurso efeito suspensivo.

21. (Magistratura TJ/CE/2014) Quanto à assistência da acusação, é correto afirmar que

a) do despacho que admitir, ou não, o assistente, não caberá impugnação por qualquer meio, segundo a doutrina e a jurisprudência.

b) pode propor meios de prova, dispensada a oitiva do Ministério Público acerca de sua realização.

c) o corréu pode intervir como assistente.

d) o assistente receberá a causa no estado em que se achar, mesmo após o trânsito em julgado

e) o prazo para o assistente recorrer supletivamente começa a correr imediatamente após o transcurso do prazo do Ministério Público.

PRESTE ATENÇÃO!

- Os sujeitos principais são o juiz (imparcial) e as partes (parciais). Os sujeitos acessórios são o assistente de acusação, os auxiliares da justiça, os terceiros interessados e os terceiros não interessados.
- A eventual ausência de algum dos dados qualificadores não essenciais do acusado não inviabiliza a ação penal, se por outro meio é possível a sua identificação.
- A defesa no processo penal abrange a defesa técnica (necessária, indeclinável, plena e efetiva) e a autodefesa (direito de presença e de audiência).
- Na ação penal privada, o ofendido é titular; na ação penal pública, pode ser assistente da acusação.
- Ao assistente, será permitido propor meios de prova, requerer perguntas às testemunhas, aditar o libelo e os articulados, participar do debate oral e arrazoar os recursos interpostos pelo Ministério Público ou por ele próprio, nos casos dos arts. 584, § 1º, e 598, ambos do CPP.

CUIDADO!

- O juiz pode de ofício determinar, no curso da instrução ou antes de proferir sentença, a realização de diligências para dirimir dúvida sobre ponto relevante.
- O MP promoverá e fiscalizará a execução da lei, bem como promoverá, privativamente, a ação penal pública.
- O erro na identidade física do acusado implica em nulidade absoluta *ab initio.*
- Abandono do processo pelo defensor deve ser por motivo imperioso, comunicado previamente ao juiz, sob pena de multa e outras sanções cabíveis.
- Da decisão que admite ou não assistente de acusação, cabe mandado de segurança.

IMPORTANTE!

- A suspeição não poderá ser declarada nem reconhecida quando a parte injuriar o juiz ou de propósito der motivo para criá-la.
- A participação do membro do MP na fase investigatória criminal não acarreta o seu impedimento ou suspeição para o oferecimento da denúncia.
- No processo penal, a falta da defesa constitui nulidade absoluta, mas a sua deficiência só o anulará se houver prova de prejuízo para o réu.
- O corréu no mesmo processo não poderá intervir como assistente do MP.
- As partes não intervirão na nomeação do perito.

Capítulo 13

JURISDIÇÃO E COMPETÊNCIA

I – Jurisdição

1. Fluxograma

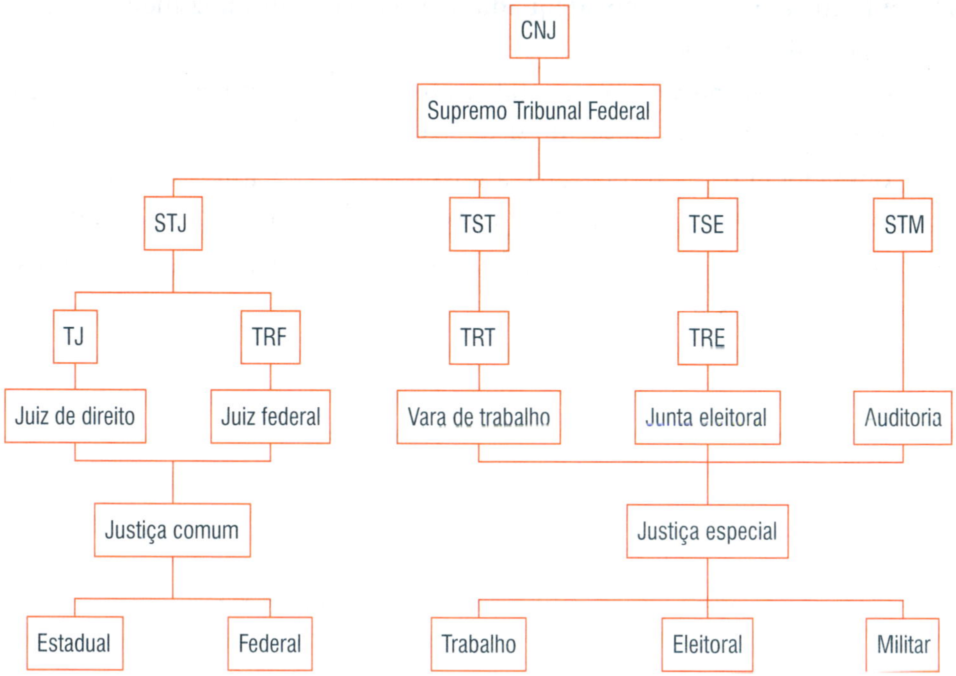

2. Características

A jurisdição apresenta as seguintes características essenciais:

a) **definitividade:** em regra, a decisão do juiz assume em determinado momento o caráter de imutável pela coisa julgada ou eficácia vinculativa plena;

b) **substitutividade ou secundária:** a declaração do juiz substitui a vontade das partes, sendo vedada a justiça com as próprias mãos;

> **Questão de prova**
>
> A prova da Magistratura Federal TRF 5ª Região/2011 considerou CORRETA a afirmativa: "Uma das características da jurisdição é a substitutividade, segundo a qual o Poder Judiciário, por meio do Estado-juiz, substitui as partes em litígio para pôr fim aos conflitos de interesse nas relações sociais; de acordo com o princípio da imutabilidade, ou definitividade, após a ocorrência da coisa julgada, salvo a hipótese de revisão criminal, a sentença não pode ser alterada".

c) **pública:** trata-se de atividade exercida por órgão estatal adequado, qual seja, o juiz independente e imparcial;

d) **existência de contraditório regular:** permite às partes lutar por seus interesses em pé de igualdade;

e) **procedimento preestabelecido:** observa as regras estabelecidas, assegura livre desenvolvimento e garante justa composição da lide;

f) **existência de um órgão adequado:** existência de um juiz independente, imparcial e competente;

g) **função soberana:** encargo estatal na atuação do Direito no caso concreto, assumido com a superação do sistema da Justiça Privada;

h) **complementar:** quando exerce a jurisdição, o juiz atua como um *longa manus* do legislador, já que aplica a vontade da lei no caso concreto;

i) **poder-dever do Estado:** é manifestação da soberania estatal na administração da Justiça.

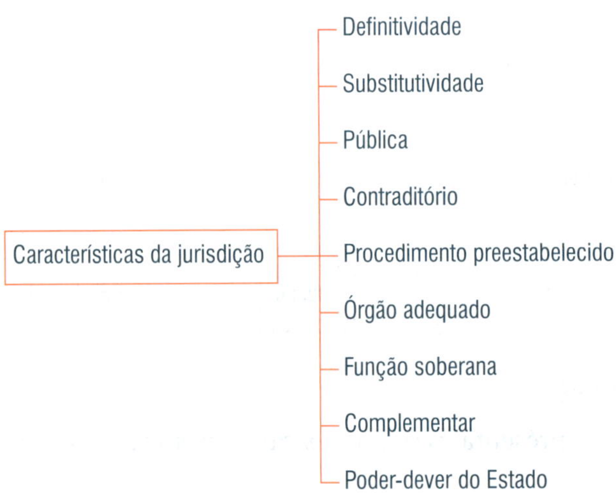

3. Princípios

a) **Juiz natural ou constitucional ou competente ou legal:** ninguém será processado nem julgado senão pela autoridade competente; é proibido criar tribunais de exceção; não é violado pelo "foro privilegiado", que é outorgado em razão da relevância da função exercida; é um juiz imparcial, com investidura e competente.

b) **Investidura:** a jurisdição só pode ser exercida por quem for regularmente investido na função de julgar (nomeação ou concurso) e estiver no exercício dela; a falta de investidura gera inexistência do ato (falta de pressuposto processual de existência) e responsabilidade criminal, nos termos do art. 328 do Código Penal.

c) **Devido processo legal:** ninguém será privado da sua liberdade ou dos seus bens sem o devido processo legal. Nenhuma pena pode ser imposta senão por meio de processo, com ampla defesa e respeito ao contraditório.

d) **Indeclinabilidade:** a lei não excluirá da apreciação do judiciário lesão ou ameaça de lesão a direito.

e) **Indelegabilidade:** um juiz não pode delegar sua jurisdição a outro, pois existiria ofensa indireta ao juiz natural, salvo nos casos previstos e taxativos. Apesar disso, existe divergência acerca da possibilidade ou não de delegação. Para alguns, há possibilidade em caso carta precatória e de ordem. Para outros, não há possibilidade, vislumbrando-se na carta precatória e de ordem atos de cooperação jurisdicional. Por fim, Tourinho Filho sustenta a possibilidade da delegação de jurisdição apenas na carta de ordem.

f) **Improrrogabilidade ou aderência:** um juiz não pode invadir a competência do outro, salvo em caso de prorrogação de competência; as partes não podem escolher um juiz distinto daquele previamente disposto por lei. Exceções: conexão, continência, art. 74, § 2º ("Se, iniciado o processo perante um juiz, houver desclassificação para infração da competência de outro, a este será remetido o processo, salvo se mais graduada for a jurisdição do primeiro, que, em tal caso, terá sua competência prorrogada"), art. 85 ("Nos processos por crime contra a honra, em que forem querelantes as pessoas que a Constituição sujeita à jurisdição do Supremo Tribunal Federal e dos Tribunais de Apelação, àquele ou a estes caberá o julgamento, quando oposta e admitida a exceção da verdade") e art. 427 (desaforamento), todos do CPP.

g) **Inevitabilidade ou irrecusabilidade:** as partes não podem recusar o juiz, salvo se impedido, suspeito ou incompetente; a vontade do Estado prevalece sobre a vontade das partes quando proferida a decisão judicial.

h) **Inércia ou titularidade ou iniciativa das partes:** não há jurisdição sem ação, não podendo o juiz proceder de ofício.

i) **Correlação ou relatividade:** não deve haver julgamento *extra*, *citra* ou *ultra petita*; deve existir correspondência entre o pedido e a sentença; a acusação determina a amplitude e o conteúdo da prestação jurisdicional.

j) **Unidade e identidade:** a jurisdição é una, pois tem finalidade única, que é a aplicação do direito objetivo no caso concreto; as divisões da jurisdição visam racionalização e melhoria na prestação da tutela jurisdicional.

k) ***Nulla poena sine judicio*:** não há sanção penal sem processo.

4. Jurisdição penal

Trata-se do poder de dirimir o conflito entre a pretensão punitiva e os direitos relacionados com a liberdade do indivíduo. "A jurisdição penal, monopolizada pelo Estado, realiza, portanto, a relevante função de aplicação do Direito Penal aos fatos violadores de bens, direitos e valores reconhecidos pelo corpo social, na exata medida e proporção previamente indicadas em lei"[1].

É encarregada e especializada em matéria criminal, visando aplicar norma de direito penal ou direito processual penal. Pode ser repartida, levando-se em conta critérios como a titularidade do bem, o valor ou interesse jurídico atingido ou a natureza do crime.

1 PACELLI, *Curso de processo penal*. São Paulo: Atlas, 2012.

É exercida pela Justiça Comum (Federal/Estadual) e pela Justiça Especial (Eleitoral/Militar).

5. Elementos

Os elementos da jurisdição são atos processuais que devem ser praticados para que se chegue a uma decisão; possibilitam o desenvolvimento regular do processo e a preparação da decisão final:

a) ***notio ou cognitio*** (conhecimento): é o poder do juiz de conhecer dos litígios, prover a regularidade do processo, investigar a presença dos pressupostos de existência e de validade da relação processual, das condições de procedibilidade, das condições da ação, bem como recolher o material probatório;

b) ***vocatio*** (chamamento): é o poder do juiz de fazer comparecer em juízo todo aquele cuja presença seja necessária ao regular desenvolvimento do processo;

c) ***coertio*** (coerção): é o poder do juiz de aplicar medidas de coação processual para garantir a função jurisdicional, como o de obrigar testemunhas;

d) ***juditio*** (julgamento): é o poder do juiz de julgar o processo;

e) ***executio*** (execução): é o poder do juiz de executar a sentença, inclusive com o uso da força.

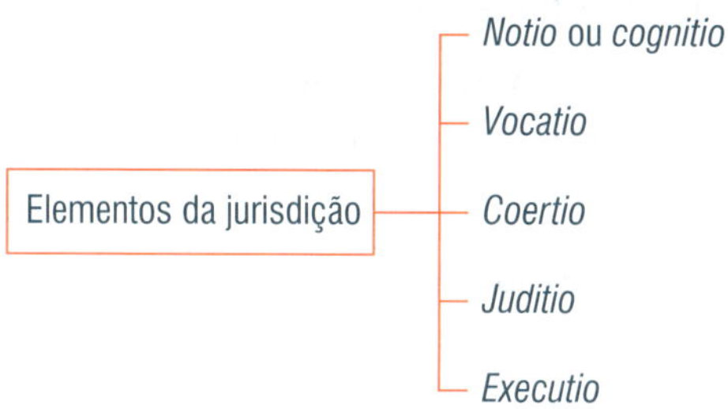

6. Sistema de jurisdição única

No Direito Brasileiro, a Constituição Federal, em seu art. 5º, XXXV, adota o sistema originado na Inglaterra segundo o qual assiste exclusivamente ao Poder Judiciário decidir, com força definitiva, toda e qualquer contenda surgida nas relações da vida social sobre a adequada aplicação do direito a um caso concreto.

7. Desconcentração

A jurisdição é repartida e distribuída, por lei, a diferentes órgãos do Poder Judiciário, visando melhoria na administração da Justiça.

A repartição segue critérios constitucionais. As parcelas de jurisdição são denominadas de competência. Porém, na essência, a jurisdição é una e indivisível, já que todos os órgãos judiciários exercem uma única função: a função jurisdicional. As divisões são as seguintes:

a) **quanto à categoria ou graduação:** 1) **inferior**: 1º grau de jurisdição ou anterior instância; 2) **superior**: 2º grau de jurisdição e outras instâncias integradas por tribunais que apreciam recursos. Cabe acentuar que o duplo grau de jurisdição, apesar dos argumentos contrários à sua existência (desnecessidade, inutilidade e desprestígio), é princípio previsto pela Constituição Francesa de 1975 e mantido por todos os povos civilizados. Sua existência se justifica pela tendência do espírito humano de não se conformar com apenas uma opinião ou decisão, a falibilidade humana, além de estimular e advertir o juiz de primeiro grau para o aperfeiçoamento e precisão de suas decisões. É previsto pelo art. 93, III, da CF e pelo art. 8º, n. 2, *h*, do Pacto de San José Costa Rica. Em regra, a jurisdição inferior é exercida por órgãos de primeira instância, porém há exceções: competência originária dos tribunais; competência recursal nos juizados especiais criminais;

b) **quanto à matéria:** as competências variam pela natureza da causa a ser julgada: 1) **penal**; 2) **civil**; 3) **eleitoral**; 4) **militar**;

c) **quanto ao organismo:** 1) **estadual**: é exercida por juízes estaduais; 2) **federal**: julga causas de interesse da União;

d) **quanto ao objeto ou forma:** 1) **contenciosa**: há litígio; 2) **voluntária**: homologatória da vontade ou acordo das partes (atividade judiciária em sentido estrito);

e) **quanto à função:** 1) **ordinária ou comum**: Justiça Comum (residual); 2) **Especial ou Extraordinária**: outro órgão ou o judiciário em questões específicas. A Justiça Comum Federal é comum em relação às demais justiças mantidas pela União, mas especialmente em relação à Justiça Estadual;

f) **quanto à competência (lei de organização judiciária):** 1) **plena**: juízes nas pequenas comarcas (todos os casos); 2) **limitada**: juízes nas grandes comarcas, onde as competências estão separadas;

g) **quanto à competência para julgar crimes:** 1) **exclusiva**: determinados crimes (júri); 2) **cumulativa**: não delimita;

h) **quanto à origem:** 1) **legal ou permanente**: exercida pelo Judiciário; 2) **convencional ou momentânea**: exercida pelos árbitros.

- Classificação da jurisdição
  - a) Categoria
    - 1) Inferior
    - 2) Superior
  - b) Matéria
    - 1) Penal
    - 2) Civil
    - 3) Eleitoral
    - 4) Militar
  - c) Organismo
    - 1) Estadual
    - 2) Federal
  - d) Objeto
    - 1) Contenciosa
    - 2) Voluntária
  - e) Função
    - 1) Ordinária
    - 2) Extraordinária
  - f) Competência
    - 1) Plena
    - 2) Limitada
  - g) Competência para julgar
    - 1) Exclusiva
    - 2) Cumulativa
  - h) Origem
    - 1) Legal
    - 2) Convencional

8. Questões complementares

a) **Jurisdição penal e administrativa:** com a independência das instâncias administrativa e penal, a sentença criminal somente afastará a responsabilização administrativa quando ficar comprovada a inexistência do fato ou a negativa de autoria.

b) **Equivalentes jurisdicionais ou substitutivos da jurisdição:** são atos não praticados por autoridades judiciárias, mas que possibilitam o alcance do mesmo resultado da jurisdição, que é a composição da lei, mediante aplicação do direito no caso concreto.

c) **Jurisdição de equidade:** é a exercida sem vinculação aos critérios da legalidade estrita, podendo o julgador adotar uma solução que considere justa, ainda que não aplique o direito objetivo. Há uma corrente doutrinária que sustenta a jurisdição de equidade como regra (Escola do Direito Alternativo). Em processo penal, parte da doutrina sustenta que o juízo de equidade é a regra (individualização judiciária da pena); outra parte sustenta que não existe, visto que o Direito Penal se sujeita ao princípio da legalidade estrita.

d) **Tutela jurisdicional:** é a proteção adequada, feita em juízo, do direito material lesado ou ameaçado de lesão: cognitiva (reconhecimento de direito); executiva (satisfação de um direito reconhecido); cautelar (assegura efetividade do resultado do processo); comum (é desenvolvida por um procedimento comum); diferenciada (é desenvolvida em um procedimento especial); satisfativa (atuação prática do direito material); plena ou limitada, conforme o alcance da satisfação do direito material.

e) **Instância e grau de jurisdição:** instância é relação processual; grau de jurisdição é termo ligado à organização judiciária.

II – Competência

1. Conceito

A competência é a medida da jurisdição, ou seja, a delimitação da atuação jurisdicional nos casos concretos submetidos à apreciação do Poder Judiciário. Enrico Tullio Liebman afirma que "a **competência** é a quantidade de jurisdição cujo exercício é atribuído a cada órgão, ou seja, a medida da jurisdição. Em outras palavras, ela determina em que casos e com relação a que controvérsias tem cada órgão em particular o poder de emitir provimentos, ao mesmo tempo em que delimita, em abstrato, o grupo de controvérsias que lhe são atribuídas"[2].

---

[2] LIEBMAN, Enrico Tullio. *Manuale di diritto processuale civile*. Milão: Giuffrè, 1983.

Questão de prova

A prova de Agente Penitenciário PI/2010 considerou CORRETA a afirmativa: "A competência é a delimitação do poder jurisdicional".

2. Espécies

A competência pode ser de três espécies: a) *in ratione materiae*, que ocorre pela natureza da infração penal praticada; b) *in ratione persona*, relativa à importância do cargo exercido por determinadas pessoas; c) *in ratione loci*, é determinada pelo local onde foi praticada ou consumada a infração penal e a residência do réu, que formam a chamada competência de foro, sendo estabelecida de acordo com o lugar onde foi consumado o delito, em conformidade com art. 70 do CPP.

O Código de Processo Penal, em seu art. 69, estabelece que a **competência criminal será fixada** atentando-se para o lugar da infração (I), o domicílio ou residência do réu (II), a natureza da infração (III), a distribuição (IV), a conexão ou continência (V), a prevenção (VI) e a prerrogativa de função (VII). A rigor, a conexão e a continência não são formas de delimitação da competência, mas critérios de modificação dela.

Questão de prova

A prova de Promotor de Justiça MPE/PR/2008 considerou CORRETA a afirmativa: "Entre os critérios de fixação de competência jurisdicional previstos no Código de Processo Penal, não se inclui a nacionalidade do réu".

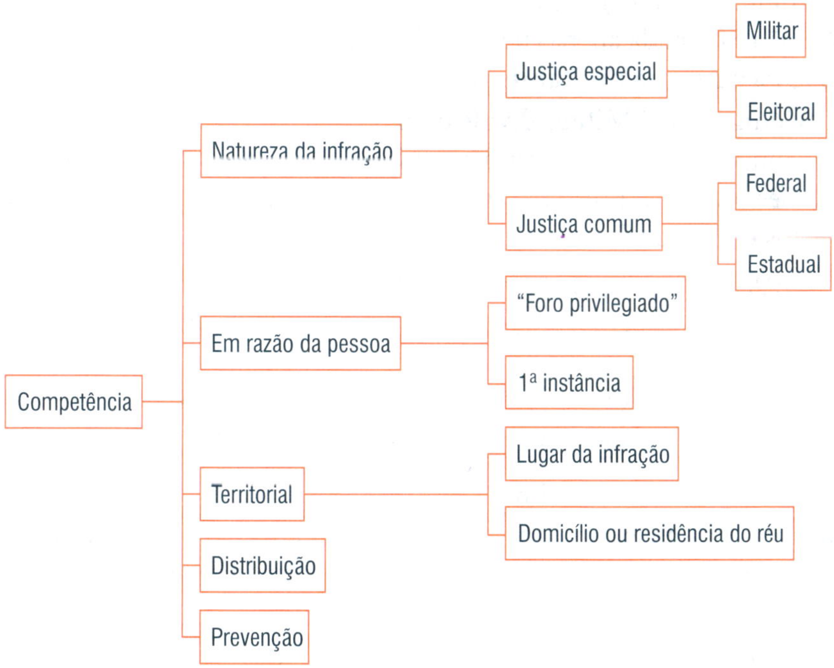

3. Competência pela natureza da infração

3.1. Introdução

O Código de Processo Penal, em seu art. 69, III, trata da competência *in ratione materiae*: "Art. 69. Determinará a competência jurisdicional: (...) III – a natureza da infração".

Em primeiro lugar, é necessário verificar se o caso concreto é de competência da Justiça Especial (Militar e Eleitoral) ou Comum. Verificado que não se trata da competência da Justiça Especial, será competência da Justiça Comum, que pode ser federal ou estadual.

Para decidir se a competência é da Justiça Federal ou Estadual Comum, é necessário consultar a Constituição Federal. Se o caso concreto for enquadrado no art. 109 da CF, será competência da Federal Comum, pois a competência da Justiça Federal é expressamente descrita no artigo citado. Aquilo que não lhe couber caberá, por exclusão, à Justiça Estadual, que tem competência residual.

3.2. Competência criminal da Justiça Militar

A Justiça Militar tem competência para julgar crimes militares definidos no Código Penal Militar (Decreto-lei n. 1.001/69), nos termos do art. 124 da Constituição Federal.

A competência da Justiça Militar está exaustivamente listada no art. 9º do CPM e não é firmada apenas pela condição pessoal de militar do infrator, mas **decorre da natureza militar da infração**.

O Código Penal Militar divide os crimes militares em: em tempo de paz; e em tempo de guerra. Os crimes militares em tempo de paz, por sua vez, podem ser próprios (previstos apenas no Código Penal Militar) e impróprios (previstos na lei penal militar e na lei penal comum).

ITENS	CRIME MILITAR PRÓPRIO	CRIME MILITAR IMPRÓPRIO
Tipificação	Código Penal Militar	Código Penal Militar e/ou lei penal comum
Agente	Militar	Militar ou civil
Conduta	Violação dos deveres funcionais	Lesiona bens ou interesses militares

Romeiro[3] diferencia crime militar próprio do crime próprio militar: o crime militar próprio é que só pode ser praticado por militar e que consiste na violação dos deveres funcionais; o crime próprio militar é que o exige quali-

---

3 ROMEIRO, Jorge Alberto. *Curso de direito penal militar*. São Paulo: Saraiva, 1994.

dade especial do agente, como no caso do artigo 198 do CPM que exige a condição de comandante.

A Justiça Militar da União tem competência para julgar crimes militares praticados por: a) membros integrantes das Forças Armadas; b) civis, quando coautores ou partícipes de delito praticado por militar ou quando autor de delito praticado contra instituição militar, nos termos do art. 9º do CPM.

A título de esclarecimento, **militar na reserva ou reformado** é considerado civil para fins de aplicação da lei penal militar. Já **militar na ativa**, temos duas espécies: a) **militar estadual**: abrange integrante da polícia militar e bombeiro militar; e b) **militar federal**: abrange o integrante das Forças Armadas.

A Justiça Militar Estadual tem competência para julgar crimes militares praticados por **militares dos Estados** (membros da Polícia Militar ou do Corpo de Bombeiros Militar).

Na primeira instância da Justiça Militar Estadual, o juiz singular tem competência para julgar crimes militares praticados contra civis e todas as ações judiciais propostas em face de atos administrativos que determinem consequências disciplinares para os Policiais Militares, cabendo ao Conselho de Justiça, sob a presidência do juiz de direito, processar e julgar os demais crimes militares.

A Justiça Militar Federal tem autorização constitucional (implícita) para julgar civis (autores de crimes militares). O mesmo não ocorre, contudo, com a **Justiça Militar Estadual**, nos termos da Súmula 53 do STJ.

Questão de prova

A prova de Delegado da Polícia Civil RN/2009 considerou CORRETA a afirmativa: "A justiça militar estadual só julga réus militares. Por isso, o civil que praticar um crime contra as instituições militares estaduais será processado na justiça comum estadual, não na justiça militar".

ITENS	JUSTIÇA MILITAR DA UNIÃO	JUSTIÇA MILITAR ESTADUAL
Civis	Pode julgar (Súmula 298, STF)	Não pode julgar (Súmula 53, STJ)

Órgãos jurisdicionais	Primeira instância: Conselhos ou Auditorias Segunda instância: Superior Tribunal Militar	Primeira instância: no caso das ações judiciais contra atos disciplinares militares, será o juiz de direito do juízo militar; demais casos: conselhos ou auditorias. Segunda instância: Tribunal de Justiça ou Tribunal de Justica Militar nos Estados em que o efetivo da polícia militar seja superior a 20 mil integrantes
Definição da competência	Em razão da matéria	Em razão da matéria e da pessoa
Fórmula	Crime militar	Crime militar + agente (art. 9º, II, CPM)
Competência material	Crimes militares	Crimes militares e ações judiciais contra atos disciplinares militares

No **crime de falso testemunho**, se prestado perante a Justiça Militar da União, a competência é da Justiça Militar da União; se prestado perante a Justiça Militar Estadual, a competência é da Justiça Militar Estadual; se for praticado por civil, a competência será da Justiça Estadual Comum, nos termos da Súmula 53 do STJ.

No **crime de promoção ou facilitação de fuga de preso praticado por policial militar**, a competência é da Justiça Comum Estadual, nos termos da Súmula 75 do STJ ("Compete à Justiça Comum Estadual processar e julgar o policial militar por crime de promover ou facilitar a fuga de preso de estabelecimento penal") e da Súmula 233 do antigo TFR ("Compete à Justiça Comum Estadual processar e julgar o policial militar por crime de promover ou facilitar fuga de preso de cadeia pública").

No crime de **lesão corporal praticado por policial militar no exercício da função**, ainda que contra vítima civil, a competência é da Justiça Militar Estadual (em sentido contrário: Capez).

No caso de **tiro de abate**, a competência é da Justiça Militar da União, nos termos do art. 303 do Código Brasileiro de Aeronáutica e da Lei n. 12.432/2011.

No caso de **crime de lesão corporal seguida de morte praticado por militar em serviço ou atuando em razão da função**, a competência é da Justiça Militar.

No caso de **militar da reserva ou reformado**, só comete crime militar quando o ato delituoso for praticado contra as instituições militares (art. 9º, III, do CPM).

No caso de **crime militar praticado por civil contra militar em formatura ou durante o período de prontidão, vigilância, observação, exploração,**

exercício, acampamento, acantonamento ou manobras, a competência é da Justiça Militar, nos termos do art. 9º, III, *c*, do CPM.

No **crime praticado por policial militar no exercício funcional civil**, a competência é mais da Justiça Comum Estadual, nos termos da Súmula 297 do STF: "Oficiais e praças das milícias dos estados, no exercício de função policial civil, não são considerados militares para efeitos penais, sendo competente a justiça comum para julgar os crimes cometidos por ou contra eles" (superada pelo RHC 56.049, *RTJ* 87/47; e pelo HC 82.142, *RTJ* 187/670).

No **crime de trânsito com viatura militar**, a competência é da Justiça Comum.

No **crime praticado por policial militar em Estado diverso daquele em que exerce suas funções**, a competência é da Justiça Militar, nos termos da Súmula 78 do STJ ("Compete à Justiça Militar processar e julgar policial de corporação estadual, ainda que o delito tenha sido praticado em outra unidade federativa").

No **crime de abuso de autoridade**, a competência é da Justiça Comum, nos termos da Súmula 172 do STJ, já que não é crime militar ("Compete à Justiça Comum processar e julgar militar por crime de abuso de autoridade, ainda que praticado em serviço").

Questão de prova

A prova de Promotor de Justiça MP/SP/2006 considerou CORRETA a afirmativa: "Compete à Justiça Comum Estadual o julgamento de policial militar pelo crime de abuso de autoridade cometido no exercício de função de policiamento civil".

No **crime praticado por militar com uso de arma de sua corporação**, a competência é da Justiça Comum, com a revogação do art. 9º, II, *f*, do Código de Processo Penal Militar pela Lei n. 9.299/96. Não mais prevalece a Súmula 199 do antigo TFR nem a Súmula 47 do STJ.

No **crime de militar contra civil**, desde a vigência da Lei n. 9.299/96 os crimes dolosos contra a vida praticados por policial militar contra civil passam a ser de competência da Justiça Comum. Por ser norma de direito processual, a referida lei foi aplicada de imediato, com remessa dos autos à Justiça Comum, salvo se houvesse sentença na data da entrada em vigor da lei (HC 76.883, STF). Havendo dúvida sobre a existência do elemento subjetivo do crime de homicídio, deverá tramitar na justiça comum – e não na Justiça Militar – o processo que apure a suposta prática do crime cometido, em tempo de paz, por militar contra civil, nos termos do *Informativo* 550/2014 do STJ.

Questão de prova

A prova do Exame da OAB unificado maio/2008 considerou INCORRETA a afirmativa: "O militar que, no exercício da função, pratica crime doloso contra a vida de um civil deve ser processado perante a justiça militar".

No **crime praticado por civil contra militar**, a competência é da Justiça Comum, observada a Súmula 147 do STJ ("Compete à Justiça Federal processar e julgar os crimes praticados contra funcionário público federal, quando relacionados com o exercício da função").

No **crime de segurança nacional**, a competência é da Justiça Federal, nos termos do art. 109, IV, da CF. O art. 30 da Lei n. 7.170/83 não foi recepcionado pela CF de 1988. No entanto, no caso de crime praticado contra a segurança externa do País, tipificado como crime militar, a competência é da Justiça Militar, nos termos da Súmula 298 do STF ("O legislador ordinário só pode sujeitar civis à Justiça Militar, em tempo de paz, nos crimes contra a segurança externa do País ou as instituições militares").

No **crime de tortura praticado por policial militar**, a competência é da Justiça Comum Estadual, nos termos do HC 70.389 do STF.

No **crime praticado por membro das Forças Armadas contra policial militar no exercício da função civil**, a competência é da Justiça Comum, nos termos da Súmula 55 do antigo TFR: "Compete à Justiça Comum o julgamento de militar das Forças Armadas que, não se encontrando numa das situações previstas no art. 9º do Código Penal Militar, praticar delito contra integrante da Polícia Militar em função policial civil".

No **crime do art. 313-A do Código Penal Comum** (alterar dados corretos em sistemas informatizados e bancos de dados da Administração Pública com o fim de obter vantagem indevida para si e para outrem) **praticado por militar**, a competência é da justiça comum estadual.

No **crime de tráfico de drogas praticado por militar em área sujeita à administração militar**, a competência é da Justiça Militar, nos termos do art. 290 do Código Penal Militar.

No **crime de homicídio praticado por militar em serviço contra militar reformado**, a competência é da Justiça Militar.

Questão de prova

A prova de Procurador da República PGR/2015 considerou CORRETA a afirmativa: "A Justiça Militar é competente para julgar crime de homicídio praticado por militar em serviço contra militar reformado".

No **crime cometido em lugar sujeito à administração militar**, a competência é da Justiça Militar.

No **crime praticado com o fim de burlar a execução criminal militar**, a competência é da Justiça Militar. Compete à Justiça Militar processar e julgar estelionato cometido por militar mediante a emissão, em favor de entidade filantrópica, de cheque sem provisão de fundos com o fim de burlar obrigação de doar cestas básicas assumida por ocasião do recebimento de pena alternativa imposta em substituição a condenação proferida pela Justiça Militar, nos termos do *Informativo* 545/2014 do STJ.

No **crime de favorecimento pessoal**, a competência será da Justiça Militar quando se imputar ao favorecido um crime militar.

No **crime de disparo de arma de fogo praticado por policial militar**, a competência é da Justiça Comum Estadual, nos termos do CC 90.131 do STJ. A mesma competência é aplicada no caso de guarda de arma particular sem porte e sem registro.

No **crime de desacato contra militar que esteja realizando policiamento naval**, a competência é da Justiça Militar da União (*Informativo* 544/2014 do STJ).

No **crime militar praticado contra instituição militar federal por militar ou civil**, a competência é da Justiça Militar Federal.

No **crime militar praticado contra instituição militar estadual**, a competência é da Justiça Comum Estadual, nos termos da Súmula 53 do STJ ("Compete à Justiça Comum Estadual processar e julgar civil acusado de prática de crime contra instituições militares estaduais").

No **crime militar praticado por civil em coautoria com militar estadual**, há separação do feito; se for com militar federal, a competência é da Justiça Militar Federal.

No caso de conexão ou continência, a regra é a unidade de processo e julgamento. Porém, no concurso entre a jurisdição comum e a militar não haverá a unidade, nos termos do art. 79, I, do CPP. Conforme a Súmula 90 do STJ: "Compete à Justiça Estadual Militar processar e julgar o policial militar pela prática do crime militar, e à Comum pela prática do crime comum simultâneo àquele".

Compete à Justiça Comum Estadual – e não à Justiça Militar Estadual – processar e julgar suposto **crime de desacato praticado por policial militar de folga contra policial militar de serviço em local estranho à administração militar**, nos termos do *Informativo* 553/2015 do STJ.

No caso de **crime relacionado ao uso de artefato incendiário contra o edifício-sede da Justiça Militar da União, quando o delito ainda não possua autoria estabelecida e não tenha sido cometido contra servidor do Ministério Público Militar ou da Justiça Militar**, a competência é da Justiça Comum Federal, nos termos do *Informativo* 559/2015 do STJ.

3.3. Competência criminal da Justiça Eleitoral

Lei complementar disporá sobre a organização e a competência dos tribunais, dos juízes de direito e das juntas eleitorais. O Código Eleitoral foi recepcionado como lei complementar, salvo nos crimes eleitorais (continua como *status* de lei ordinária).

Das decisões dos Tribunais Regionais Eleitorais, somente caberá recurso quando: a) forem proferidas contra disposição expressa da Constituição ou de lei; b) ocorrer divergência na interpretação de lei entre dois ou mais tribunais eleitorais; c) versarem sobre inelegibilidade ou expedição de diplomas nas eleições federais ou estaduais; d) anularem diplomas ou decretarem a perda de mandatos eletivos federais ou estaduais; e) denegarem *habeas corpus*, mandado de segurança, *habeas data* ou mandado de injunção.

A Súmula 374 do STJ atribui à Justiça Eleitoral a competência para anular débito decorrente de multa eleitoral.

O órgão máximo é o *Tribunal Superior Eleitoral*, composto por, no mínimo, sete membros: cinco deles são escolhidos por meio de votação entre os ministros; e os outros dois são nomeados pelo Presidente da República.

Na competência criminal, a Justiça Eleitoral pode processar e julgar os crimes eleitorais e os comuns que lhes forem conexos, nos termos do art. 35 do Código Eleitoral. Existem crimes eleitorais previstos no Código Eleitoral (arts. 289 a 354) e também na legislação esparsa.

No caso de **concurso entre crime eleitoral e crime de competência do júri**, prevalece a competência da Justiça Eleitoral, nos termos do art. 78, IV, do CPP. Porém, há divergência, uma parte da doutrina sustenta que deveria ocorrer separação de processos (Joel Cândido); e outra parte sustenta a prevalência da competência do júri (Luiz Carlos dos Santos Gonçalves).

A **conexão e a continência entre crime eleitoral e crime da competência da Justiça Federal** não importam em unidade de processo e julgamento.

No caso de **agente com "foro privilegiado"**, prevalece a competência por prerrogativa de função. Por exemplo: compete ao Tribunal de Justiça Estadual julgar Promotor de Justiça que cometer crime comum ou de responsabilidade, exceto os crimes eleitorais, *ex vi* do art. 96, III, da Carta Magna.

Quanto à **conexão entre crime eleitoral e infração de menor potencial ofensivo**, prevalece a competência da Justiça Eleitoral, com aplicação dos institutos da Lei n. 9.099/95 (em sentido contrário, ou seja, a favor da separação: Antonio Carlos da Ponte).

No caso de **crime eleitoral impróprio** (o não previsto em lei eleitoral, mas que lesa ou expõe a perigo um bem jurídico eleitoral), a competência é da Justiça Federal, nos termos do art. 109, IV, da CF.

No **crime de falso testemunho** praticado em processo eleitoral, a competência é da Justiça Federal, nos termos do art. 109, IV, da CF, pois a União tem interesse na administração da Justiça Eleitoral.

Questão de prova A prova de Promotor de Justiça MP/SP/2006 considerou INCORRETA a afirmativa: "Compete à Justiça Estadual julgar o falso testemunho prestado perante juiz estadual no exercício de jurisdição eleitoral".

No **crime praticado contra juiz eleitoral**, ou seja, contra órgão jurisdicional de cunho federal, evidencia-se o interesse da União em preservar a própria administração, nos termos do art. 109, IV, da CF, sendo a competência da Justiça Comum Federal.

3.4. Competência criminal da Justiça Federal

Compete à Justiça Federal processar e julgar:

a) **Os crimes políticos:** a materialidade da conduta deve lesar real ou potencialmente ou expor a perigo de lesão a soberania nacional e a ordem política. Nos dias atuais, os crimes políticos são os previstos na Lei n. 7.170/83. A configuração do crime político depende não apenas da ofensa à segurança do Estado, mas também de uma motivação política ou ideológica. Os crimes políticos não são considerados para fins de reincidência, nos termos do art. 64, II, do CP. Não admitem a concessão de extradição de estrangeiro pelo Brasil, nos termos do art. 5º, LI, e do art. 77, VII, da Lei n. 6.815/80. Permitem a concessão de asilo político. Não são crimes políticos o genocídio, o terrorismo, a tortura, os crimes de preconceito, os crimes eleitorais.

Questão de prova A prova da ABIN/2008 elaborada pela CESPE considerou INCORRETA a afirmativa: "Compete à justiça militar, ressalvada a competência originária do STF nos casos previstos na CF, processar e julgar os crimes contra a segurança nacional e a ordem política e social".

O julgamento dos crimes políticos caberá sempre à Justiça Federal, ressalvados, por sua natureza específica, os crimes tipicamente militares, definidos no Código Penal Militar, e os crimes propriamente eleitorais, descritos no Código Eleitoral, conquanto tenham eles natureza política indireta. O recurso a ser impetrado pela parte não será a apelação, mas sim o recurso ordinário, dirigido ao Supremo Tribunal Federal, como dispõe o art. 102, II, *b*, da CF.

b) **As infrações penais praticadas em detrimento de bens, serviços ou interesse da União ou de suas entidades autárquicas ou empresas públicas, excluídas as contravenções e ressalvada a competência da Justiça Militar e da Justiça Eleitoral:** estão abrangidos: 1) todos os órgãos, secretarias e subdivisões da Administração Direta da União; 2) as agências reguladoras ou executivas; 3) as fundações públicas; 4) os conselhos de fiscalização profissional; 5) não inclui sindicatos, partidos políticos e empresas concessionárias ou permissionárias de serviços públicos federais (nesse caso, há divergência).

Questões de prova

A prova da Magistratura TJ/TO/2007 considerou INCORRETA a afirmativa: "Compete à justiça comum estadual processar e julgar crime de saque de conta bancária com uso de documento falso, junto à Caixa Econômica Federal".

A prova da Magistratura TJ/SP/2009 considerou INCORRETA a afirmativa: "No caso de roubo praticado na cidade de São Paulo contra agência bancária da Caixa Econômica Federal, em que tenha havido a subtração de dinheiro do caixa, a competência para a ação penal é da Justiça Federal ou da Justiça Estadual, observada a regra da prevenção".

É necessária a existência de reflexo do delito em bem, interesse ou serviço do ente federal. Bens significam patrimônio. Serviço é aquilo de que o ente federal é encarregado. Interesse deve ser direto e específico, delimitado. O dano ou prejuízo causado pela conduta criminosa a ente federal pode ser econômico e/ou moral.

- **Crime de incolumidade pública (art. 273 do CP):** é da competência da Justiça Federal a apuração do crime de incolumidade pública (art. 273 do CP) quando caracterizada a procedência internacional do medicamento.
- **Crime de esbulho possessório de assentamento em terras do Incra (art. 161, § 1º, II, do CP):** compete à justiça estadual o julgamento de ação penal em que se apure crime de esbulho possessório efetuado em terra de propriedade do Incra na hipótese em que a conduta delitiva não tenha representado ameaça à titularidade do imóvel e em que os únicos prejudicados tenham sido aqueles que tiveram suas residências invadidas.
- **Crime de terrorismo:** é de competência da justiça federal, pois é praticado contra o interesse da União, nos termos do art. 190, IV, c.c. o art. 11 da Lei n. 13.260/2016.
- **Crime de importação de anabolizantes sem registro da Anvisa:** se constatada a lesão a bens, interesses e serviços da União, verificada na internacionalidade da conduta criminosa, firma-se a competência da Justiça Federal.
- **Ações penais relativas a desvio de verbas originárias do Sistema Único de Saúde (SUS):** são da competência da justiça federal, pois há interesse da União. Independentemente de se tratar de valores repassados aos Estados ou Municípios por meio da modalidade de transferência "fundo a fundo" ou mediante realização de convênio.
- **Crimes contra a ordem tributária:** são da competência da Justiça Federal quando envolvem tributos ou contribuições federais. Compete à Justiça Estadual – e não à Justiça Federal – o julgamento de ação penal em que se

apure a possível prática de sonegação de ISSQN pelos representantes de pessoa jurídica privada, ainda que esta mantenha vínculo com entidade da administração indireta federal.

- **Crime de violação do direito autoral (art. 184, § 2º, do CP):** Não comprovada a procedência estrangeira de DVDs em laudo pericial, a confissão do acusado de que teria adquirido os produtos no exterior não atrai, por si só, a competência da Justiça Federal.
- **Crime de exploração ilegal de loteria:** sendo a exploração de loterias serviço público **federal** executado pela Caixa Econômica **Federal**, na letra dos arts. 1º e 2º do Decreto-lei n. 204/67, é da **competência** da Justiça **Federal**, a teor do contido no art. 109, IV, da Constituição.
- **Crimes contra sociedade de economia mista:** nos termos da Súmula 42 do STJ, compete à Justiça Comum Estadual o processo e o julgamento de crimes relativos a sociedades de economia mista. Dessa forma, sendo o Banco do Brasil, a Rede Ferroviária Federal e a Petrobras (sociedade por ações criada pela Lei n. 2.004/53) sociedades de economia mista, não incluídas na relação prevista no art. 109, IV, da Constituição da República, estão excluídas da competência da Justiça Federal.

Questões de prova

A prova da AGU/2004 considerou CORRETA a afirmativa: "Adão e Bento, previamente ajustados e com unidade de desígnios, adentraram em uma agência de uma sociedade de economia mista e, mediante graves ameaças exercidas com o emprego de revólveres municiados, subtraíram do interior do cofre a importância de 100 mil reais. Nessa situação, de acordo com a orientação do STJ, será competente a justiça comum estadual para processar e julgar o crime de roubo qualificado".

A prova de Defensor Público MA/2011 considerou INCORRETA a afirmativa: "A presença de sociedade de economia mista federal em procedimento investigatório acarreta, por si só, a presunção de violação de interesse da União a impor a atuação do Ministério Público Federal".

- **Contravenção penal, ainda que praticada em detrimento de bens, serviços ou interesses da União ou de suas entidades:** compete à Justiça Estadual o processamento e julgamento de feito que busca aferir a ocorrência de contravenção penal, nos termos do art. 109, IV, da CF e da Súmula 38 do STJ (as contravenções, mesmo que praticadas em detrimento de interesse da União, são apreciadas na Justiça Estadual).

Questões de prova

A prova da Magistratura TJ/SE/2008 considerou INCORRETA a afirmativa: "O processo por contravenção penal praticada em detrimento de bens da União compete à justiça federal".

A prova de Delegado da Polícia Civil PC/DF/2015 considerou CORRETA a afirmativa: "É de competência da justiça comum estadual o julgamento de contravenções penais, mesmo que conexas com crimes de competência da justiça comum federal de primeiro grau".

Na hipótese de conexão ou continência, prevalece a regra constitucional (art. 109, IV), indicando a necessidade do desmembramento. Em posicionamento contrário, há jurisprudência os seguintes posicionamentos: a) no sentido de que, na conexão entre crime federal e contravenção penal, a competência é da Justiça Federal (CC 24.215, STJ); b) é da competência da Justiça estadual o julgamento de contravenções penais, mesmo que conexas com delitos de competência da Justiça Federal. A Constituição Federal expressamente excluiu, em seu art. 109, IV, a competência da Justiça Federal para o julgamento das contravenções penais, ainda que praticadas em detrimento de bens, serviços ou interesse da União (CC 120.406, STJ).

Não cabe à União autorizar ou fiscalizar a **exploração de máquinas de "caça-níqueis" e similares**, pois é prática contravencional, motivo pelo qual não há que se falar em intervenção daquele ente federal no feito, a justificar a competência da Justiça Federal. A jurisprudência do STJ firmou-se no sentido de que compete à Justiça Estadual processar e julgar ações que questionam a exploração de máquinas caça-níqueis, videopôquer, videobingo e equivalentes.

- **Atos infracionais:** a competência é da Justiça Comum Estadual, mesmo que praticados em detrimento de bens, serviços ou interesses da União, suas entidades autárquicas ou empresas públicas.
- **Execução penal:** a competência é do Juízo da Execução da Pena do estabelecimento prisional em que o preso se encontra recolhido, nos termos da Súmula 192 do STJ.
- **Crime praticado contra empresa pública de correios e telégrafos:** o julgamento dos crimes contra o serviço postal, previstos nos arts. 36 a 46 da Lei n. 6.538/78, também deve pertencer à seara da Justiça Federal, tanto pelo fato de ser a Empresa Brasileira de Correios e Telégrafos uma empresa pública federal quanto pelo fato de o serviço postal ser mantido pela União, consoante o art. 21, X, da CF.
- **Crimes de falso relativos a estabelecimentos particulares de ensino:** de acordo com a Súmula 104 do STJ, compete à Justiça Estadual o processo e o julgamento dos crimes de falsificação e uso de documento falso relativo a estabelecimento particular de ensino.

Questão de prova	A prova da Magistratura TJ/GO/2009 considerou INCORRETA a afirmativa: "De acordo com entendimento sumulado do Superior Tribunal de Justiça, NÃO compete à Justiça Comum Estadual processar e julgar os crimes de falsificação e uso de documento falso relativo a estabelecimento particular de ensino".

- **Crimes ambientais:** sendo a proteção ao meio ambiente matéria de competência comum da União, dos Estados, do Distrito Federal e dos Municípios, bem como inexistindo, quanto aos crimes ambientais, dispositivo constitucional ou legal expresso sobre qual a Justiça competente para o seu julgamento, tem-se que, em regra, o processo e o julgamento dos crimes ambientais é de competência da Justiça Comum Estadual.

Questão de prova

A prova de Procurador do Estado PGE/ES/2008 considerou CORRETA a afirmativa: "Agentes do IBAMA abordaram um caminhão que transportava toras de madeira das espécies jacarandá e sucupira, retiradas em propriedade particular, sem cobertura de autorização para transporte de produto florestal. Nessa situação, de acordo com o entendimento jurisprudencial dominante, caberá à justiça comum a competência para processar e julgar futura ação penal por crime ambiental".

É da Justiça Federal a competência para processamento de ação penal cujo objeto seja a apuração de **crimes praticados com o fim de ludibriar e dificultar a atividade fiscalizatória da autarquia federal IBAMA**. Porém, cabe ressaltar que o fato de o IBAMA ser responsável pela fiscalização das áreas e pela expedição de autorização de desmatamento não indica, por si só, que exista interesse direto da autarquia se o crime é cometido em terra particular e, principalmente, fora de Unidade de Conservação da Natureza (Lei n. 9.985/2000).

Conforme disposto no art. 54 da Lei n. 9.985/2000, cabe ao IBAMA autorizar a captura de exemplares de espécies ameaçadas de extinção destinada a programas de criação em cativeiro ou formação de coleções científicas. Compete à Justiça Federal, dado o manifesto interesse do IBAMA, o processamento e o julgamento de ação penal cujo objeto seja a suposta prática de crime ambiental que envolva animais em perigo de extinção.

A partir do **cancelamento do Enunciado n. 91 do STJ** editado com base na Lei n. 5.197/67, em face da superveniência da Lei n. 9.605/98, a competência da Justiça Federal restringe-se aos casos em que os crimes ambientais foram perpetrados em detrimento de bens, serviços ou interesses da União, suas autarquias ou empresas públicas.

No **crime de pesca predatória em rio interestadual** (que banha mais de um Estado da federação), a competência para o processamento e o julgamento do feito é da Justiça Federal.

É competência da Justiça Federal o **crime de pesca cometido no mar territorial, nos lagos e rios pertencentes à União e nas unidades de conservação da União**.

Nos **crimes contra a flora**, a competência será da Justiça Federal se for praticado em detrimento de bem da União, como no caso de crime praticado contra o patrimônio nacional previsto no art. 225, § 4º, da CF.

Nos **crimes contra animais silvestres**, a competência é da Justiça Federal; no caso de animais domésticos, a competência é da Justiça Estadual.

Apenas o fato de ser de propriedade da Marinha do Brasil, o produto tóxico transportado, sem observância das normas de segurança (art. 56 da Lei n. 9.605/98), não tem o condão de deslocar a competência da ação penal para a Justiça Federal, já que o bem jurídico tutelado é o meio ambiente, nos termos do *Informativo* 499/2012 do STJ.

- **Crimes dolosos contra a vida:** será da competência do júri federal o julgamento dos crimes dolosos contra a vida praticados por ou contra servidores públicos ou agentes da administração quando, no exercício da função estatal, suas ações refletirem no interesse da União e entes autárquicos federais (CF, art. 5º, XXXVIII, *b*; art. 109, IV; e art. 37, § 6º). No caso de homicídio praticado por quadrilha com o intuito de impedir investigações desenvolvidas pelo Conselho de Defesa dos Direitos da Pessoa Humana (CDDPH), órgão do Ministério da Justiça, a competência é da justiça federal, pois há o interesse federal.
- **Falsificação de título de eleitor ou da carteira da OAB:** a competência é da Justiça Federal, por violar interesse federal.
- **Crime de falso testemunho cometido na Justiça Trabalhista:** a competência é da Justiça Federal, nos termos da Súmula 165 do STJ ("Compete à Justiça Federal processar e julgar crime de falso testemunho cometido no processo trabalhista").
- **Crime de uso de documento falso junto à Polícia Rodoviária Federal:** compete à Justiça Federal o julgamento de crime consistente na apresentação de Certificado de Registro e Licenciamento de Veículo (CRLV) falso à Polícia Rodoviária Federal.
- **Crime de falsificação ou uso de certificado de conclusão de curso de 1º e 2º graus:** a competência é da Justiça Comum Estadual, desde que não se refira a estabelecimento federal de ensino ou a falsidade não seja de assinatura de funcionário federal, nos termos da Súmula 31 do extinto TFR.
- **Crime contra fé pública e aplicação da consunção:** a competência será determinada pelo sujeito passivo do crime patrimonial. O simples fato de o órgão expedidor das certidões falsificadas ser federal não atrai a competência, pois não houve efetivo prejuízo da União, suas autarquias ou empresas Públicas.
- **Crime de falsificação de documento público emitido pela união:** compete à Justiça estadual processar e julgar crime de falsificação de documento público emitido pela União na hipótese em que a pessoa efetivamente lesada com a suposta prática delituosa seja apenas o particular.

- **Crime de falsa anotação de carteira de trabalho e previdência social atribuído a empresa privada:** pela Súmula 62 do STJ, a competência é da Justiça Comum Estadual. Porém no Conflito de Competência 58.443 o STJ entendeu ser competência da Justiça Comum Federal, pois há ofensa ao interesse da autarquia previdenciária.
- **Estelionato praticado mediante falsificação de cheque:** a utilização de papel-moeda grosseiramente falsificado configura, em tese, o crime de estelionato, da competência da Justiça Estadual. A competência é do juízo do local da obtenção da vantagem ilícita.

Questão de prova — A prova da Magistratura TJ/TO/2007 considerou INCORRETA a afirmativa: "Compete à justiça federal processar e julgar crime de estelionato praticado mediante a utilização de papel-moeda grosseiramente falsificado".

– **Crime de estelionato praticado mediante falsificação das guias de recolhimento das contribuições previdenciárias:** compete à Justiça Comum Estadual processar e julgar crime de estelionato praticado mediante falsificação das guias de recolhimento das contribuições previdenciárias, quando não ocorrente lesão à autarquia federal (Súmula 107, STJ).

Questão de prova — A prova da Magistratura TJ/PR/2008 considerou INCORRETA a afirmativa: "Compete a Justiça Federal processar e julgar crime de estelionato praticado mediante falsificação das guias de recolhimento das contribuições previdenciárias, ainda que não ocorra lesão direta à autarquia Federal".

- **Crime de extração ilegal de minérios:** competem à Justiça Federal o processo e o julgamento do crime de extração ilegal de minérios, tipificado no art. 55 da Lei n. 9.605/98, visto que os recursos minerais, mesmo estando no subsolo, são bens da União (art. 20, IX, CF).
- **Crime de extração ilegal de areia:** é crime definido no art. 2º da Lei n. 8.176/91, sendo competência da Justiça Federal, já que areia é mineral pertencente à União.
- **O crime previsto no art. 183 da Lei n. 9.472/96:** compete à Justiça Federal o seu julgamento, visto que é da competência da União explorar diretamente ou mediante concessão, permissão ou autorização os serviços de telecomunicações e radiodifusão, segundo o art. 21, XI e XII, *a*, da Constituição. A conduta de transmitir sinal de internet, via rádio, de forma clandestina, configura, em tese, o delito previsto no art. 183 da Lei n. 9.472/97 (desenvolvimento clandestino de atividade de telecomunicações), de competência da Justiça Federal, uma vez que se trata de serviço cuja exploração é atribuída à União, ainda que se reconheça possível prejuízo a ser suportado pela

empresa de telefonia. A conduta do acusado de clonar telefone não se subsume ao tipo penal do art. 183 da Lei n. 9.472/97, uma vez que não houve o desenvolvimento clandestino de atividades de telecomunicação, mas apenas a utilização de linha preexistente e pertencente a outro usuário, com a finalidade de obter vantagem patrimonial indevida, às custas dele e das concessionárias de telefonia móvel que exploram legalmente o serviço (*Informativo* 484/2011 do STJ).

- **O crime de contrabando ou descaminho:** tratado no art. 334 do Código Penal, mereceu tratamento sumular, por parte do STJ, com a edição da Súmula 151: "A competência para o processo e julgamento por crime de contrabando ou descaminho define-se pela prevenção do Juízo Federal do lugar da apreensão dos bens". É da competência da Justiça Federal, como espécie de contrabando, o tráfico internacional de armas de fogo. A saída de veículo furtado para o exterior não configura o crime de descaminho ou contrabando, competindo à Justiça Comum Estadual o processo e o julgamento dos delitos dela decorrentes (Súmula 238 do antigo TFR).
- **Crimes praticados em ações de acidente de trabalho:** a competência é da Justiça Federal, pois há lesão aos interesses e ao patrimônio do INSS.
- **Crimes praticados por prefeitos municipais:** pela Súmula 208 do STJ, compete à Justiça Federal processar e julgar Prefeito Municipal por desvio de verba sujeita a prestação de contas perante órgão federal.
- **Crime de tráfico internacional de drogas:** a competência é da Justiça Federal, nos termos da Súmula 522 do STF ("Salvo ocorrência de tráfico para o exterior, quando então a competência será da Justiça Federal, compete à Justiça dos Estados o processo e o julgamento dos crimes relativos a entorpecentes"). O juízo estadual exercerá jurisdição federal, por delegação, no caso de crime de tráfico internacional de drogas, se o lugar em que tiver sido praticado o delito for município que não seja sede de vara da Justiça Federal (art. 70, parágrafo único, da Lei n. 11.343/2006).
- **Crime praticado contra funcionário público federal:** Súmula 98 do extinto TFR: "Compete à Justiça Federal processar e julgar os crimes praticados contra servidor público federal no exercício de suas funções e com estas relacionados"; Súmula 147 do colendo STJ: "Compete à Justiça Federal processar e julgar os crimes praticados contra funcionário público federal, quando relacionados com o exercício da função"; Súmula 254 do TFR: "Compete à Justiça Federal processar e julgar os delitos praticados por funcionário público federal, no exercício de suas funções e com estas relacionados". Compete à Justiça Federal processar e julgar crime de latrocínio no

qual tenha havido troca de tiros com policiais rodoviários federais que, embora não estivessem em serviço de patrulhamento ostensivo, agiam para reprimir assalto a instituição bancária privada, nos termos do *Informativo* 559/2015 do STJ. A competência para processar e julgar crimes praticados contra a honra de promotor de justiça do Distrito Federal no exercício de suas funções é da Justiça Comum do DF, visto que, embora organizado e mantido pela União, o Ministério Público do Distrito Federal e Territórios não é órgão federal. Isso porque o MPDFT faz parte da estrutura orgânica do DF, entidade política equiparada aos Estados-Membros (art. 32, § 1º, da CF), nos termos do *Informativo* 496/2012 do STJ.

- **Crime de licitações e contratos administrativos:** estão definidos na Lei n. 8.666/93 e serão de competência da Justiça Federal quando realizados pela Administração Pública Federal. O fato de licitação estadual envolver recursos repassados ao Estado-Membro pelo Banco Nacional de Desenvolvimento Econômico e Social (BNDES) por meio de empréstimo bancário (mútuo feneratício) não atrai a competência da Justiça Federal para processar e julgar crimes relacionados a suposto superfaturamento na licitação, nos termos do *Informativo* 555/2015 do STJ.

c) **Os crimes previstos em tratado ou convenção internacional, quando, iniciada a execução no País, o resultado tenha ou devesse ter ocorrido no estrangeiro, ou reciprocamente:** são necessários dois requisitos: 1) ocorrência de conduta criminosa prevista em tratado ou convenção internacional; 2) nexo de internacionalidade, ou seja, que a conduta ocorra no Brasil e o resultado no exterior, ou vice-versa.

   Podemos apontar alguns exemplos:

- **Crime de envio ilegal e tráfico de menores** (Convenção sobre os Direitos da Criança, aprovada pelo Decreto Legislativo n. 28/90 e promulgada pelo Decreto n. 99.710/90): está previsto no art. 239 do Estatuto da Criança e do Adolescente ("Promover ou auxiliar a efetivação de ato destinado ao envio de criança ou adolescente para o exterior com inobservância das formalidades legais ou com o fito de obter lucro: Pena – reclusão de quatro a seis anos, e multa. Parágrafo único. Se há emprego de violência, grave ameaça ou fraude: Pena – reclusão, de 6 (seis) a 8 (oito) anos, além da pena correspondente à violência").
- **Crime de tráfico de mulheres** (Convenção para Repressão ao Tráfico de Mulheres e Crianças de *Lake Success*, Estados Unidos, 1947, aprovada pelo Decreto Legislativo n. 7/50): está previsto no Código Penal, art. 231 ("Promover ou facilitar a entrada, no território nacional, de alguém que nele venha a

exercer a prostituição ou outra forma de exploração sexual, ou a saída de alguém que vá exercê-la no estrangeiro: Pena – reclusão, de 3 (três) a 8 (oito) anos").

- **Crime de pornografia infantil e pedofilia** (Convenção sobre os Direitos da Criança, aprovada pelo Decreto Legislativo n. 28/90 e promulgada pelo Decreto n. 99.710/90): "Art. 241. Apresentar, produzir, vender, fornecer, divulgar ou publicar, por qualquer meio de comunicação, inclusive rede mundial de computadores ou internet, fotografias ou imagens com pornografia ou cenas de sexo explícito envolvendo criança ou adolescente: (Redação dada pela Lei n. 10.764, de 12-11-2003) Pena – reclusão de 2 (dois) a 6 (seis) anos, e multa. § 1º Incorre na mesma pena quem: (Incluído pela Lei n. 10.764, de 12-11-2003) I – agencia, autoriza, facilita ou, de qualquer modo, intermedeia a participação de criança ou adolescente em produção referida neste artigo; II – assegura os meios ou serviços para o armazenamento das fotografias, cenas ou imagens produzidas na forma do *caput* deste artigo; III – assegura, por qualquer meio, o acesso, na rede mundial de computadores ou internet, das fotografias, cenas ou imagens produzidas na forma do *caput* deste artigo. § 2º A pena é de reclusão de 3 (três) a 8 (oito) anos: (Incluído pela Lei n. 10.764, de 12-11-2003) I – se o agente comete o crime prevalecendo-se do exercício de cargo ou função; II – se o agente comete o crime com o fim de obter para si ou para outrem vantagem patrimonial".
- **Crime de tráfico internacional de moeda falsa:** (Convenção Internacional para a Repressão da Moeda Falsa, Protocolo e Protocolo Facultativo, firmados em Genebra em 20 de abril de 1929): art. 289, § 1º, do CP (importar e exportar).
- **Crime envolvendo minas antipessoal:** (Convenção sobre a Proibição do Uso, Armazenamento, Produção e Transferência de Minas Antipessoal e sobre sua Destruição, aberta a assinaturas em Ottawa em 3 de dezembro de 1997): no Brasil, há a Lei n. 10.300/2001.

d) **Os crimes contra a organização do trabalho:** tratando-se de interesses individuais dos trabalhadores, a competência para julgamento é da Justiça Estadual. Não havendo lesão aos direitos de trabalhadores coletivamente considerados ou à organização geral do trabalho, não há que se falar na competência da Justiça Federal, prevista no art. 109, VI, da CF/88 (Súmula 115 do TFR: "Compete à Justiça Federal processar e julgar os crimes contra a organização do trabalho, quando tenham por objeto a organização geral do trabalho ou direitos dos trabalhadores considerados coletivamente").

Questão de prova

A prova da Magistratura TJ/PB/2011 considerou INCORRETA a afirmativa: "Compete à justiça federal o julgamento dos crimes contra a organização do trabalho, independentemente de lesão a direito dos trabalhadores coletivamente considerados ou à organização geral do trabalho".

O delito de redução à condição análoga à de escravo, consistente em subjugar alguém, ainda que praticado contra determinado grupo de trabalhadores, enquadra-se na categoria dos crimes contra a organização do trabalho, de competência da Justiça Federal (art. 109, VI, da CF; precedente e *Informativo* 378 do Pretório Excelso). Trabalho prestado em condições subumanas, análogas às de escravo, sem observância das leis trabalhistas e previdenciárias, configura crime federal, pois vai além da liberdade individual. O crime de redução à condição análoga à de escravo fere a dignidade da pessoa humana, bem como coloca em risco a manutenção da Previdência Social e as instituições trabalhistas, evidenciando a ocorrência de prejuízo a bens, serviços ou interesses da União.

e) **Nos casos determinados por lei, contra o sistema financeiro e a ordem econômico-financeira:** a delimitação da competência da Justiça Federal depende da ofensa ao bem jurídico-financeiro ou econômico-financeiro (havendo interesse da União na higidez, confiabilidade e equilíbrio do **sistema financeiro**, tem-se que a prática ilícita configura matéria de **competência** da Justiça Federal) e previsão expressa da sua competência na lei que regule o crime.

Questão de prova

A prova da AGU/2012 considerou INCORRETA a afirmativa: "Consoante a jurisprudência do STJ, compete, em regra, à justiça estadual processar e julgar os casos que envolvam crimes previstos nas Leis n. 8.137/1990 e n. 8.176/1991, quando relacionados à adulteração de combustível".

Os crimes contra o sistema financeiro estão definidos na Lei n. 7.492/86, a famosa Lei do Colarinho Branco, que prescreve em seu art. 26, *caput*: "A ação penal, nos crimes previstos nesta Lei, será promovida pelo Ministério Público Federal, perante a Justiça Federal". Os crimes contra a ordem econômico-financeira também estão definidos na referida lei.

Em compasso com a Súmula 122 do STJ, havendo conexão entre crime contra o Sistema Financeiro Nacional e crime da competência do Juízo Estadual, prevalece a competência federal.

Não há falar em crime **contra** o **Sistema Financeiro** Nacional, previsto na Lei n. 7.492/86, quando a conduta delituosa tem projeção apenas no âmbito dos particulares, sem qualquer lesão a serviços, bens ou interesses da União.

Competem à Justiça dos Estados, em ambas as instâncias, o processo e o julgamento dos **crimes contra** a **economia popular** (Súmula 498, STF). A cobrança de juros extorsivos em empréstimo de dinheiro realizado por particular, com recursos próprios, configura, em tese, o crime de usura, descrito no art. 4º da Lei de **Economia Popular**, a ser julgado pela Justiça

Estadual, não se amoldando à Lei n. 7.492/86, que prevê os **crimes contra o Sistema Financeiro Nacional.**

> **Questão de prova**
> A prova da AGU/2007 considerou CORRETA a afirmativa: "Competem à justiça estadual o processo e o julgamento dos crimes contra a economia popular".

As outras leis sobre o assunto, como a Lei n. 8.137/90, serão de competência da Justiça Federal quando forem afetadas a ordem econômica e financeira da União e de seus entes ou quando forem violados bens, serviços ou interesses destes e haja previsão legal da competência da Justiça Federal.

No tocante aos delitos de lavagem de dinheiro, a Lei n. 9.613/98, em seu art. 2º, dispõe expressamente que: "III – são da competência da Justiça Federal: *a)* quando praticados contra o sistema financeiro e a ordem econômico-financeira, ou em detrimento de bens, serviços ou interesses da União, ou de suas entidades autárquicas ou empresas públicas; *b)* quando a infração penal antecedente for de competência da Justiça Federal".

No caso de crimes contra o mercado de capitais, a competência é da Justiça Estadual ou Distrital, conforme o caso.

No caso de crime de quebra indevida de sigilo bancário, previsto no art. 10 da Lei Complementar n. 105/2001, a competência é da Justiça Federal.

f) **Os *habeas corpus*, em matéria criminal de sua competência ou quando o constrangimento provier de autoridade cujos atos não estejam diretamente sujeitos a outra jurisdição:** a matéria criminal a ser julgada pela Justiça Federal se encontra nos incisos IV, V, VI, IX, X e XI do art. 109 da CF. Devem ser excluídos da competência da Justiça Federal os *habeas corpus* contra atos praticados por autoridades federais submetidas ao STF (art. 101, I, *d* e *i*, da CF), ao STJ (art. 105, I, *c*, da CF), aos TRFs (art. 108, I, *d*, da CF), à Justiça Militar e à Justiça Eleitoral. Compete ao Tribunal Regional Federal conhecer de *habeas corpus* quando o coator for juiz do trabalho ou membro do Ministério Público da União.

g) **Os crimes cometidos a bordo de navios ou aeronaves, ressalvada a competência da Justiça Militar:** o julgamento dos crimes em aeronaves e navios militares é feito pela Justiça Militar. A jurisprudência entende que a embarcação de pequeno porte não deve ser entendida como navio[4], mas so-

[4] "A expressão 'a bordo de navio', constante do art. 109, inciso IX, da CF/88, significa interior de embarcação de grande porte. Realizando-se uma interpretação teleológica da locução, tem-se que a norma visa abranger as hipóteses em que tripulantes e passageiros, pelo potencial

mente as embarcações de navegação em alto-mar, por essa razão a Justiça Federal não tem competência para julgar crimes ocorridos em embarcações de pequeno porte. No caso de crime contra a segurança do transporte marítimo, a competência é da Justiça Federal. A jurisprudência do STJ também tem exigido, para fins de competência da justiça federal, que a embarcação de grande porte se encontre em situação de deslocamento internacional ou em situação de potencial deslocamento (CC 116.011/SP, 3ª S., *DJe* 1º-12-2011).

Questão de prova

A prova da Magistratura Federal TRF 5ª Região/2011 considerou INCORRETA a afirmativa: "O crime de roubo cometido no interior de aeronave que se encontre em solo não atrai a competência da justiça federal para processá-lo e julgá-lo".

No Código da Aeronáutica, aeronave é todo aparelho manobrável em voo, que possa sustentar-se e circular no espaço aéreo, mediante reações aerodinâmicas, apto a transportar pessoas ou coisas. O porte e a autonomia da aeronave não importam para fixação da competência da Justiça Federal (em sentido contrário: Carlos Frederico Coelho Nogueira). Ante a ausência de previsão legal, não é possível o exercício da jurisdição federal pelo juiz estadual, por delegação, em caso de crime cometido a bordo de aeronave.

A competência territorial será a seção judiciária definida pelo primeiro porto brasileiro em que o navio atracar, ou em que a aeronave pousar, após a prática do delito, nos termos dos arts. 89 e 90 do Código de Processo Penal.

h) **Os crimes de ingresso ou permanência irregular de estrangeiro:** estão previstos no Código Penal (arts. 309 e 338), bem como no Estatuto do Estrangeiro (art. 125, XII e XIII). A competência da Justiça Federal decorre da competência constitucional privativa da União de legislar sobre a entrada de estrangeiros, nos termos do art. 22, XIII e XIV, da CF.

i) **A disputa sobre direitos indígenas (crimes relativos a indígenas):** nos termos do art. 109, XI, da Constituição Federal, a competência para processar e julgar a "disputa sobre direitos indígenas" é da Justiça Federal. Os crimes que envolvam os direitos indígenas, por se verificar ofensa aos interesses coletivos da comunidade indígena, nos termos constitucionais, são de interesse específico da União, de forma que não se aplica a Súmula 140 do STJ: "Compete à Justiça Comum Estadual processar e julgar crime em que o indígena figure como autor ou vítima", remanescendo a compe-

marítimo do navio, possam ser deslocados para águas territoriais internacionais" (CC 43.404/SP, Rel. Ministro Arnaldo Esteves Lima, Terceira Seção do STJ, *DJ* 2-3-2005).

tência federal. A regra de competência inscrita no art. 109, XI, da Constituição, que atribui à Justiça Federal o processo e o julgamento das demandas sobre direitos indígenas, não alcança as ações penais fundadas em crimes praticados contra silvícola que figure como autor ou vítima, mesmo no interior da reserva indígena. Compete à Justiça Federal – e não à Justiça Estadual – processar e julgar ação penal referente aos crimes de calúnia e difamação praticados no contexto de disputa pela posição de cacique em comunidade indígena. A competência da Justiça Federal para processar e julgar ações penais de delitos praticados contra indígena somente ocorre quando o processo versa sobre questões ligadas à cultura e aos direitos sobre suas terras.

Questões de prova

A prova da Magistratura TJ/GO/2009 considerou INCORRETA a afirmativa: "De acordo com entendimento sumulado do Superior Tribunal de Justiça, NÃO compete à Justiça Comum Estadual processar e julgar o crime em que indígena figure como autor ou vítima".

A prova do Promotor de Justiça MP/SP/2015 considerou INCORRETA a afirmativa: "Crime praticado contra indígena deverá, necessariamente, ser julgado pela Justiça Federal".

j) **Nas hipóteses de grave violação de direitos humanos:** o Procurador-Geral da República, com a finalidade de assegurar o cumprimento de obrigações decorrentes de tratados internacionais de direitos humanos dos quais o Brasil seja parte, poderá suscitar, perante o Superior Tribunal de Justiça, em qualquer fase do inquérito ou processo, incidente de deslocamento de competência para a Justiça Federal.

k) **Crimes cometidos por internet:** evidenciando-se que os crimes não se deram além das fronteiras nacionais, restringindo-se a uma comunicação eletrônica entre duas pessoas residentes no Brasil, não há como afirmar a competência da Justiça Federal para o processo e o julgamento do feito; se as ultrapassar, serão da competência da Justiça Federal, sendo competente o local da sede do provedor do site (CC 97.201, STJ). Compete à Justiça Comum Estadual processar e julgar acusado da prática de conduta criminosa consistente na captação e armazenamento, em computadores de escolas municipais, de vídeos pornográficos oriundos da internet, envolvendo crianças e adolescentes. Compete à Justiça Federal processar e julgar as ações penais que envolvam suposta divulgação de imagens com pornografia infantil em redes sociais na internet.

Questão de prova

A prova de Promotor de Justiça MP/RR/2012 considerou CORRETA a afirmativa: "A competência para conhecer, processar e julgar crime contra a honra, com ofensas de caráter exclusivamente pessoal e praticado por meio da rede mundial de computadores, em páginas eletrônicas hospedadas em provedores estrangeiros, é da justiça federal, consoante entendimento consolidado no STJ".

4. Competência *in ratione persona*

O Código de Processo Penal, em seu art. 69, VII, trata da competência *in ratione persona*: "Art. 69. Determinará a competência jurisdicional: (...) VII – a prerrogativa de função".

"Foro privilegiado" é o direito de uma pessoa, ocupante de determinado cargo, ser julgada e processada criminalmente por órgãos jurisdicionais superiores, distintos do foro comum, quando cometer uma infração penal. O emprego do termo "foro privilegiado" entre aspas, justifica-se, pois foro privilegiado é criado após a prática do fato a ser julgado, com a finalidade de beneficiar ou prejudicar pessoas determinadas.

Trata-se de prerrogativa estabelecida em norma constitucional decorrente da função ou cargo público exercido por determinada pessoa, de especial importância e dignidade no cenário político-jurídico do nosso país.

O "foro privilegiado" não é privilégio pessoal, de forma que, não há, em sua aplicação, qualquer ofensa ao princípio da isonomia, nem ao **juiz natural**. Só prevalece durante o exercício do mandato, o que preserva a independência do agente político, consubstanciada na imparcialidade de atuação.

Questão de prova

A prova de Promotor de Justiça TO/2012 considerou INCORRETA a afirmativa: "Não consubstanciam transgressão ao princípio do juiz natural as regras que estabelecem a competência originária dos tribunais para o processo e o julgamento de determinadas pessoas em razão de prerrogativa de função".

O foro especial por prerrogativa de função representa execução material do princípio da igualdade, na medida em que objetiva conferir a tutela adequada ao exercício da função pública e somente pode ser reconhecido nas situações específicas constitucionalmente previstas.

Uma vez determinada a Justiça competente, será necessário verificar se a competência é do juiz de primeira instância ou se é caso de competência originária do Tribunal integrante da referida Justiça. Em outros termos, cumpre observar o grau do órgão jurisdicional que será competente para julgar a matéria.

No caso de infração de menor potencial ofensivo praticada por agente com "foro privilegiado", ele será julgado pelo "foro privilegiado", com aplicação da transação penal e da composição dos danos civis. "Os preceitos de caráter penalmente benéficos da Lei n. 9.099/95 aplicam-se a qualquer processo penal, inclusive nos Tribunais" (HC 77.303, STF).

A verificação será feita pela consulta ao texto constitucional que, por sua vez, estabelece o foro por prerrogativa de função. Dessa forma, temos as seguintes regras de "foro privilegiado":

a) **STF:** compete ao Supremo Tribunal Federal processar e julgar, originariamente, "nas infrações penais comuns, o Presidente da República, o Vice-Presidente, os membros do Congresso Nacional, seus próprios Ministros e o Procurador-Geral da República" (art. 102, I, *b*, CF/88) e, "nas infrações penais comuns e nos crimes de responsabilidade, os Ministros de Estado e os Comandantes da Marinha, do Exército e da Aeronáutica, ressalvado o disposto no art. 52, I, os membros dos Tribunais Superiores, os do Tribunal de Contas da União e os chefes de missão diplomática de caráter permanente" (art. 102, I, *c*, CF/88).

Questões de prova

A prova de Analista Judiciário TRF 1ª Região/2006 considerou INCORRETA a afirmativa: "Compete ao Superior Tribunal de Justiça processar e julgar originariamente os *habeas corpus*, quando o paciente for membro do Congresso Nacional".

A prova da Magistratura TJ/RR/2015 considerou INCORRETA a afirmativa: "Conforme a Constituição Federal, caberá ao STF julgar, nas infrações penais comuns e nos crimes de responsabilidade, o Presidente da República, o Vice-presidente, os membros do Congresso Nacional, os Ministros de Estado, os comandantes da Marinha, do Exército e da Aeronáutica".

b) **STJ:** compete-lhe processar e julgar, originariamente, nos termos do art. 105, I, *a*, da Lei Maior: nos crimes comuns, os Governadores dos Estados e do Distrito Federal; e, nestes e nos de responsabilidade, os desembargadores dos Tribunais de Justiça dos Estados e do Distrito Federal, os membros dos Tribunais de Contas dos Estados e do Distrito Federal, os dos Tribunais Regionais Federais, dos Tribunais Regionais Eleitorais e do Trabalho, os membros dos Conselhos ou Tribunais de Contas dos Municípios e os do Ministério Público da União que oficiem perante tribunais. No crime eleitoral, prevalece a competência da Justiça Eleitoral.

c) **TRF:** compete-lhe processar e julgar, originariamente, conforme o art. 108, I, *a*, da CF/88, os juízes federais da área de sua jurisdição, incluídos os da Justiça Militar e da Justiça do Trabalho, nos crimes comuns e de responsabilidade, e os membros do Ministério Público da União, ressalvada a competência da Justiça Eleitoral.

d) **Tribunais Estaduais:** compete-lhes o julgamento dos prefeitos municipais (art. 29, X, CF/88, e Súmula 702 do STF: "A competência do **Tribunal de Justiça** para julgar Prefeitos restringe-se aos crimes de competência da Justiça comum estadual; nos demais casos, a competência originária caberá ao respectivo tribunal de segundo grau") e dos juízes estaduais e do Distrito Federal e Territórios, bem como dos membros do Ministério Público, nos crimes comuns e de responsabilidade, ressalvada a competência da Justiça Eleitoral (art. 96, III, CF/88). Ainda em relação aos Tribunais Estaduais, dispõe o art. 125 da Carta Magna que aos Estados, observados os preceitos constitucionalmente firmados, incumbe a organização de sua Justiça e que "§ 1º a competência dos tribunais será definida na Constituição do Estado, sendo a lei de organização judiciária de iniciativa do Tribunal de Justiça".

> **Questões de prova**
>
> A prova do Exame da OAB unificado/2012 considerou CORRETA a afirmativa: "A Constituição do Estado X estabeleceu foro por prerrogativa de função aos prefeitos de todos os seus Municípios, estabelecendo que 'os prefeitos serão julgados pelo Tribunal de Justiça'. José, Prefeito do Município Y, pertencente ao Estado X, está sendo acusado da prática de corrupção ativa em face de um policial rodoviário federal. Com base na situação acima, o órgão competente para o julgamento de José é o Tribunal de Justiça".
>
> A prova de Delegado da Polícia Civil RN/2009 considerou CORRETA a afirmativa: "A competência do tribunal de justiça para julgar prefeitos restringe-se aos crimes de competência da justiça comum estadual; nos demais casos, a competência originária caberá ao respectivo tribunal de segundo grau".

Delegado de Polícia não tem "foro privilegiado", pois não há previsão constitucional. Em relação aos Defensores Públicos, o entendimento é de que possuem "foro privilegiado" no Tribunal respectivo (HC 45.604, STJ).

Os arts. 86 e 87 do CPP sobre competência por prerrogativa de função não foram recepcionados pela CF.

A competência por prerrogativa de função, no caso de concurso de pessoas, abrangerá também, nos termos dos arts. 77, I, e 78, III, do CPP, aquelas que não gozam de foro especial.

O art. 85 do Código de Processo Penal prevê que, nos processos por crime contra a honra em que forem querelantes as pessoas que tiverem foro por prerrogativa de função, quando oposta e admitida a exceção da verdade, o seu julgamento será feito pelo Tribunal respectivo.

Nos casos de crime doloso contra a vida, em que o réu gozar de foro especial por prerrogativa, a competência para o processo e o julgamento será do foro especial, e não do Tribunal do Júri, desde que a prerrogativa de função não esteja prevista de forma exclusiva em Constituição Estadual, nos termos da Súmula 721 do STF.

Para o STF, a competência por prerrogativa de função atinge também crime eleitoral e até mesmo a contravenção penal. No que concerne aos crimes eleitorais, o entendimento do próprio STJ é no sentido de que prevalece a competência da Justiça Eleitoral, em particular a do Tribunal Superior Eleitoral, para o processo e o julgamento do delito, uma vez que se trata de órgão jurisdicional especializado para conhecimento da matéria.

A Súmula 394 do STF enunciava que "cometido o crime durante o exercício funcional, prevalece a competência especial por prerrogativa de função, ainda que o inquérito ou a ação penal sejam iniciados após a cessação daquele exercício".

No Inquérito 687/SP/97, a referida súmula foi cancelada, por votação unânime em sessão plenária. No dia 24 de dezembro de 2002, foi promulgada a Lei n. 10.628, que alterou o art. 84 do Código de Processo Penal, restabelecendo o teor da súmula ora cancelada, ou seja, a previsão de foro privilegiado mesmo após a cessação do exercício funcional.

Em 27 de dezembro de 2002, foi ajuizada ADIN pela Associação Nacional dos Membros do Ministério Público (CONAMP), pleiteando a declaração de inconstitucionalidade dos novos §§ 1º e 2º do art. 84 do CPP. No mérito, o STF reconheceu a inconstitucionalidade, de forma que não é possível ter foro privilegiado após cessação do exercício funcional (Súmula 451 do STF: "A competência especial por prerrogativa de função não se estende ao crime cometido após a **cessação definitiva do exercício funcional**").

Questão de prova

A prova da Magistratura CE/2012 considerou CORRETA a afirmativa: "A competência do STF cessa a partir do exaurimento do mandato de parlamentar federal do denunciado, inclusive quanto ao julgamento dos embargos declaratórios contra o acórdão do tribunal pleno mediante o qual seja recebida a denúncia, que caberá à autoridade judiciária de primeiro grau".

5. Competência *in ratione loci*

O Código de Processo Penal, em seu art. 69, I e II, trata da competência *in ratione loci*: "Art. 69. Determinará a competência jurisdicional: I – o lugar da infração; II – o domicílio ou residência do réu".

A competência *in ratione loci* é a competência de foro, sendo estabelecida de acordo com o lugar em que se consumar a infração ou, **no caso de tentativa**, com o lugar em que for praticado o último ato de execução, em conformidade com o *caput* do art. 70 do CPP. Foi adotada a teoria do resultado.

Questão de prova

A prova do Exame da OAB/SP/2008 considerou INCORRETA a afirmativa: "O foro competente no caso de tentativa é o local onde o agente praticou o primeiro ato executório".

Entenda-se *foro* como o território dentro de cujos limites o juiz exerce a jurisdição.

Nas Justiças dos Estados, o foro é *comarca*; na Justiça Federal, é *seção judiciária*; na Justiça Eleitoral, é *zona eleitoral*; na Justiça Militar, é *circunscrição militar*.

O foro do Tribunal de Justiça de um Estado é todo o Estado; o dos Tribunais Regionais Federais é a sua *região*, definida em lei, ou seja, o conjunto de unidades da Federação sobre as quais cada um deles exerce jurisdição; o do Supremo Tribunal Federal, do Superior Tribunal de Justiça e de todos os demais tribunais superiores é todo o território nacional.

No caso de "foro privilegiado", a regra da competência por prerrogativa de função prevalece sobre a competência territorial.

No **crime de furto praticado pela internet**, a competência segue a regra do local da consumação, ou seja, do lugar de onde o dinheiro foi retirado.

No **crime de emissão dolosa de cheque sem fundos**, a competência territorial é do local onde se deu a recusa do pagamento pelo sacado (Súmula 244 do STJ: "Compete ao foro do local da recusa processar e julgar o crime de estelionato mediante cheque sem provisão de fundos"; Súmula 521 do STF: "O foro competente para o processo e julgamento dos crimes de estelionato, sob a modalidade de emissão dolosa de cheque sem provisão de fundos, é o do local onde se deu a recusa do pagamento pelo sacado").

Questão de prova

A prova de Delegado da Polícia Federal/2004 considerou INCORRETA a afirmativa: "Se um indivíduo praticar crime de estelionato mediante uso de cheque sem provisão de fundos, a competência para processar e julgar o crime será do foro do local em que o cheque foi emitido, e não o do local da recusa ao pagamento".

No **crime de estelionato praticado mediante falsificação de cheque**, a competência territorial é do local da obtenção da vantagem ilícita, nos termos da Súmula 48 do STJ: "Compete ao juízo do local da obtenção da vantagem ilícita processar e julgar crime de estelionato cometido mediante falsificação de cheque".

No **crime de uso de passaporte falso**, a competência territorial é do lugar da consumação do crime, nos termos da Súmula 200 do STJ: "O Juízo Federal competente para processar e julgar acusado de crime de uso de passaporte falso é o do lugar onde o delito se consumou".

No **crime de falso testemunho praticado em carta precatória**, a competência é do local de consumação do crime, ou seja, o juízo deprecado.

Questão de prova

A prova da Magistratura TJ/SP/2009 considerou CORRETA a afirmativa: "No caso de depoimento de testemunha ouvida por meio de carta precatória, a competência para a ação penal por crime de falso testemunho é do Juízo deprecado".

Nos **crimes de aborto, homicídio e menor potencial ofensivo**, a competência territorial é do **local da prática da infração penal**.

Questão de prova

A prova de Delegado de Polícia/PA/2009 considerou INCORRETA a afirmativa: "Antônio, com intenção homicida, desfechou dois tiros de pistola em Bruno, na cidade de Altamira-PA. Gravemente ferido, Bruno foi levado para Belém, onde foi internado em unidade hospitalar com melhor estrutura que aquela do município onde ocorreram os disparos. Apesar do esforço dos integrantes da equipe médica, Bruno veio a falecer seis meses após o fato, em consequência dos ferimentos provocados pela arma de Antônio. Nessa situação, a competência para processar e julgar o delito será determinada pela prevenção, ou seja, a autoridade judicial que primeiro tomar conhecimento do fato delituoso será competente para dar início à persecução criminal".

No **crime cometido a bordo de embarcação ou aeronave**, a competência territorial é do último ou do primeiro porto ou aeroporto.

No **crime previsto no art. 241 do ECA**, não tendo sido identificado o responsável e o local em que ocorrido o ato de publicação de imagens pedófilo-pornográficas em *site* de relacionamento de abrangência internacional, competirá ao juízo federal que primeiro tomar conhecimento do fato apurar o suposto crime de publicação de pornografia envolvendo criança ou adolescente.

No **crime praticado no exterior**, a competência é do juízo da capital do Estado onde houver por último residido o acusado; se nunca tiver residido no Brasil, será competente o juízo da capital da república.

Nos **crimes de contrabando e descaminho**, a competência territorial é do local da apreensão dos bens, nos termos da Súmula 151 do STJ: "A competência para o processo e julgamento por crime de contrabando ou descaminho define-se pela prevenção do Juízo Federal do lugar da apreensão dos bens".

Questão de prova

A prova de Inspetor da Polícia Civil/CE/2012 considerou INCORRETA a afirmativa: "Considere que um agente tenha sido surpreendido por inspetores civis, na cidade de Fortaleza – CE, com mercadorias que adentraram no Brasil, por meio de contrabando, pela cidade de Foz do Iguaçu – PR. Nesse caso, a competência da justiça federal será determinada pelo local de entrada dos produtos, e não pelo local da apreensão".

Nos **crimes a distância** (a execução ocorre em um país e a consumação em outro), se, iniciada a execução no território nacional, a infração se consumar fora dele, a competência será determinada pelo lugar em que tiver sido praticado, no Brasil, o último ato de execução. Quando o último ato de execução for praticado fora do território nacional, será competente o juiz do lugar em que o crime, embora parcialmente, tenha ou devesse ter produzido seu resultado.

Questão de prova

A prova de Promotor de Justiça MP/SP/2005 considerou CORRETA a afirmativa: "Nos crimes a distância, se, iniciada a execução no território nacional, a infração se consumar fora dele, a competência será determinada pelo lugar em que tiver sido praticado, no Brasil, o último ato de execução".

Quando incerto o limite territorial entre duas ou mais jurisdições, ou quando incerta a jurisdição por ter sido a infração consumada ou tentada nas divisas de duas ou mais jurisdições, a competência firmar-se-á pela prevenção.

A fixação de competência relativa aos crimes continuados e permanentes, praticados em duas ou mais áreas distintas de exercício jurisdicional, é tratada com bastante clareza no art. 71 do Código Processual Penal, no qual está previsto o critério da prevenção para sua determinação.

Quanto aos **delitos qualificados pelo resultado**, a consumação ocorre onde se verifica um dos eventos que majoram a pena.

Questão de prova

A prova da Magistratura TJ/MS/2012 considerou INCORRETA a afirmativa: "Nos delitos plurilocais qualificados pelo resultado, a competência para julgamento do crime consumado será firmada, como regra, pelo local onde fora praticada a ação ou omissão penalmente relevante (teoria da atividade), haja vista que em tal *locus* será mais fácil e célere a coleta de provas e, por conseguinte, mais eficiente a instrução do processo".

A incompetência *ratione loci* é, portanto, causa de nulidade relativa e, como tal, deve ser arguida em momento oportuno.

6. Competência pelo domicílio ou residência do réu

A competência será firmada pelo domicílio ou pela residência do réu quando for desconhecido o lugar da infração, nos termos do art. 72 do CPP. É conhecido na doutrina como foro secundário ou supletivo.

Quando houver incerteza sobre o limite territorial entre duas circunscrições, será aplicado o critério da prevenção, nos termos do art. 70, § 3º, do CPP.

Caso o réu possua várias residências, considerar-se-á seu domicílio qualquer uma delas. Na hipótese de não ter residência habitual, o foro competente será aquele onde for encontrado. Em último caso, não se sabendo seu paradeiro, a competência será fixada por prevenção.

Nas ações de iniciativa exclusivamente privadas, ao querelante é dado optar entre o foro do local da infração e o **foro do domicílio do réu** (art. 73 do CPP). É o denominado foro facultativo.

Questão de prova

A prova de Analista Judiciário TJ/AC/2012 considerou CORRETA a afirmativa: "Admite-se a fixação da competência *ratione loci* pelo domicílio ou pela residência do réu quando não for conhecido o lugar da infração ou nos casos de exclusiva ação privada, em que o querelante poderá preferir o foro do domicílio ou da residência do réu, ainda quando conhecido o lugar da infração".

7. Competência por distribuição

O Código de Processo Penal, em seu art. 69, IV, trata da competência pela distribuição: "Art. 69. Determinará a competência jurisdicional: (...) IV – a distribuição".

Após a fixação do foro competente, quando na mesma circunscrição judiciária houver mais de um juiz competente, será necessário determinar-se um deles. De acordo com o art. 75 do CPP, a precedência da distribuição fixará a competência.

A distribuição realizada para o **efeito da concessão de fiança ou da decretação de prisão preventiva ou de qualquer diligência anterior à denúncia ou queixa** prevenirá a da ação penal, nos termos do art. 75, parágrafo único. A enumeração dos atos anteriores à ação penal é exemplificativa.

Não haverá distribuição nos seguintes casos: a) nos crimes dolosos contra a vida, já que o julgamento fica afeto ao Tribunal do Júri; b) quando, em razão da continência ou conexão, as infrações devam ser apuradas em processo em que já haja autoridade judicial prevalente (arts. 76 a 78); c) quando houver prevenção (art. 83).

8. Competência por prevenção

O Código de Processo Penal, em seu art. 69, VI, trata da competência pela prevenção: "Art. 69. Determinará a competência jurisdicional: (...) VI – a prevenção".

A prevenção constitui critério de fixação da competência, nas seguintes hipóteses legais:

a) Quando incerto o limite territorial entre duas ou mais jurisdições, ou quando incerta a jurisdição por ter sido a infração consumada ou tentada nas divisas de duas ou mais jurisdições, a competência firmar-se-á pela prevenção, nos termos do art. 70, § 3º, do CPP.

b) Não sendo conhecido o lugar da infração, se o réu não tiver residência certa ou for ignorado o seu paradeiro, será competente o juiz que primeiro tomar conhecimento do fato, nos termos do art. 72, § 2º, do CPP.

c) Não sendo conhecido o lugar da infração, se o réu tiver mais de uma residência, a competência firmar-se-á pela prevenção, nos termos do art. 72, § 1º, do CPP.

d) Tratando-se de **infração continuada ou permanente**, praticada em território de duas ou mais jurisdições, a competência firmar-se-á pela prevenção, nos termos do art. 71 do CPP.

> **Questão de prova**
> A prova de Titular de Serviços de Notas e Registro TJ/RJ/2012 considerou CORRETA a afirmativa: "Tratando-se de infração continuada ou permanente, praticada em território de duas ou mais jurisdições, a competência firmar-se-á pela prevenção".

e) Na determinação da competência por conexão ou continência, no concurso de jurisdições da mesma categoria: 1) preponderará a do lugar da infração à qual for cominada a pena mais grave; 2) prevalecerá a do lugar em que houver ocorrido o maior número de infrações, se as respectivas penas forem de igual gravidade; 3) firmar-se-á a competência pela prevenção, nos outros casos, nos termos do art. 78 do CPP.

f) A precedência da distribuição fixará a competência quando, na mesma circunscrição judiciária, houver mais de um juiz igualmente competente. A distribuição realizada para o efeito da concessão de fiança ou da decretação de prisão preventiva ou de qualquer diligência anterior à denúncia ou queixa prevenirá a da ação penal, nos termos do art. 75 do CPP.

g) Quando incerta e não se determinar de acordo com as normas estabelecidas para fixação de competência nas infrações penais cometidas a bordo de embarcações e aeronaves (arts. 89 e 90, ambos do CPP), a competência se firmará pela prevenção.

Nos termos do art. 83 do Código de Processo Penal, há **competência por prevenção** quando um dos juízes houver antecedido aos outros na prática de alguma medida relativa ao processo, ainda que anterior ao oferecimento da denúncia ou da queixa.

Questão de prova

A prova de Analista Judiciário TRE/RJ/2012 considerou CORRETA a afirmativa: "A competência será determinada pela prevenção se houver dois ou mais juízes competentes e um deles tiver antecedido aos outros na prática de alguma medida relativa ao processo, ainda que em fase anterior ao oferecimento da denúncia ou da queixa".

A inobservância da regra de competência por prevenção do Juízo configura **nulidade relativa**, que deve ser suscitada na forma e no momento processual adequado, com a demonstração do efetivo prejuízo, nos termos da Súmula 706 do STF.

Questões de prova

A prova da Magistratura TJ/SP/2009 considerou CORRETA a afirmativa: "A inobservância da competência penal por prevenção constitui nulidade relativa".

A prova de Escrivão de Polícia PC/ES/2011 considerou INCORRETA a afirmativa: "A competência estabelecida pela prevenção é absoluta, sob pena de ofender o princípio constitucional do juízo natural".

9. Competência nas infrações penais cometidas a bordo de embarcações

> Art. 89. Os crimes cometidos em qualquer embarcação nas águas territoriais da República, ou nos rios e lagos fronteiriços, bem como a bordo de embarcações nacionais, em alto-mar, serão processados e julgados pela justiça do primeiro porto brasileiro em que tocar a embarcação, após o crime, ou, quando se afastar do País, pela do último em que houver tocado[5].

Embarcação é qualquer veículo que possa se locomover ou flutuar sobre as águas. É toda construção utilizada como meio de transporte por água e destinada à indústria da navegação, quaisquer que sejam as suas características e o seu lugar de tráfego, nos termos do art. 11 da Lei n. 2.189/54.

---

5 Decreto-lei n. 3.689/41.

Navio é uma das espécies do gênero embarcação, como toda construção náutica, destinada à navegação de longo curso, de grande e pequena cabotagem, apropriada ao transporte marítimo ou fluvial (Decreto-lei n. 15.788/22). É embarcação de qualquer tipo que opere no ambiente aquático, inclusive hidrofólios, veículos a colchão de ar, submersíveis, e outros engenhos flutuantes, nos termos da Lei n. 9.966/2000.

Águas territoriais da República são o mar territorial brasileiro, que, por sua vez, compreende uma faixa de doze milhas marítimas de largura, medidas a partir da linha de baixa-mar do litoral continental e insular, tal como indicado nas cartas náuticas de grande escala, reconhecidas oficialmente no Brasil.

Rios ou lagos fronteiriços são os que separam o território de dois ou mais países.

Alto-mar abrange as zonas marítimas que não se encontram sob jurisdição de nenhum Estado.

Porto abrange as reentrâncias da costa (baías, cabos, enseadas, estuários) ou ilhas que possibilitem abrigo às embarcações.

Em relação à Justiça Competente, é importante ressaltar que será a Justiça Federal Comum, quando o crime for cometido a bordo de navio, entendido como embarcação de grande porte, apta à navegação em alto-mar. Quando o crime for praticado nas demais embarcações, a competência é da Justiça Estadual Comum.

A competência é determinada pela Justiça do primeiro porto brasileiro em que tocar a embarcação, após o crime, ou quando se afastar do País, pelo último porto brasileiro em que houver tocado.

No caso de dúvida sobre a competência em relação ao crime praticado em rios e lagos fronteiriços, prevalece a regra da prevenção.

10. Competência nas infrações penais cometidas a bordo de aeronaves

> Art. 90. Os crimes praticados a bordo de aeronave nacional, dentro do espaço aéreo correspondente ao território brasileiro, ou ao alto-mar, ou a bordo de aeronave estrangeira, dentro do espaço aéreo correspondente ao território nacional, serão processados e julgados pela justiça da comarca em cujo território se verificar o pouso após o crime, ou pela da comarca de onde houver partido a aeronave.[6]

Aeronave é todo aparelho manobrável em voo, que possa sustentar-se e circular no espaço aéreo, mediante reações aerodinâmicas, apto a transportar pessoas ou coisas, nos termos do art. 106 do Código Brasileiro de Aeronáutica.

---

[6] Decreto-lei n. 3.689/41.

No caso de crime praticado em aeronave que esteja sob a soberania do Brasil, a competência será fixada pela Justiça da comarca em cujo território se verificar o pouso após crime, ou pela comarca de onde houver partido a aeronave.

Se houver dúvida sobre a competência em relação ao crime praticado em aeronaves, prevalece a regra da prevenção.

11. Competência por conexão ou continência

11.1. Introdução

A conexão e a continência são hipóteses de **modificação da competência** que permitem a **união no mesmo processo** de fatos criminosos e agentes (*simultaneus processus*), visando promover a celeridade processual e evitar decisões contraditórias. "A conexão e a continência têm como finalidade garantir a união dos processos de forma a propiciar ao julgador uma melhor visão do quadro probatório, permitindo-lhe entregar a melhor prestação jurisdicional e evitando-se, com isso, a existência de decisões conflitantes" (HC 73.038/SP, STJ).

A unidade de processo e julgamento será realizada no **foro prevalente ou de atração**, ou seja, na Justiça que chama para si a competência de julgar os fatos criminosos e os agentes no caso de conexão ou continência.

Em relação à decisão judicial que defere ou indefere o pedido de reunião de processo e julgamento em razão da conexão ou continência, há divergência a respeito do recurso cabível para sua impugnação, de forma que surgiram os seguintes posicionamentos: a) trata-se de uma decisão irrecorrível, pois não há previsão legal de recurso adequado; b) cabe apelação, pois é decisão com força de definitiva.

11.2. Competência por conexão

A competência será determinada pela conexão (quando duas ou mais infrações estão ligadas por um vínculo que aconselha a reunião dos processos num mesmo juízo), podendo ser:

a) **intersubjetiva:** união de infrações penais praticadas por determinados sujeitos em certas circunstâncias:

- **por concurso:** duas ou mais infrações penais praticadas por várias pessoas em concurso;
- **por reciprocidade:** duas ou mais infrações penais cometidas por duas ou mais pessoas, umas contra as outras;
- **por simultaneidade ou ocasional:** duas ou mais infrações penais praticadas, ao mesmo tempo, por várias pessoas reunidas, sem qualquer ajusto prévio (sem uma saber da outra);

Questões de prova

A prova da Magistratura TJ/PI/2007 considerou INCORRETA a afirmativa: "Ocorre conexão intersubjetiva por simultaneidade quando vários agentes cometem crimes, uns contra os outros".

A prova de Defensor Público AM/2011 considerou INCORRETA a afirmativa: "O concurso formal de crimes é apontado pela doutrina como hipótese de conexão intersubjetiva por simultaneidade".

b) **objetiva (lógica ou material ou causal):**

- **teleológica:** é revelada quando o crime é praticado para facilitar a execução de outro;
- **consequencial:** é revelada quando o crime é praticado para ocultar outro ou garantir a manutenção da sua vantagem;
- **instrumental (probatória ou processual):** é concretizada quando a prova de uma infração penal ou de qualquer de suas circunstâncias elementares influencia na prova de outra infração penal.

11.3. Competência por continência

A competência será determinada pela continência ("quando um fato contém vários crimes", conforme define Tornagui (*Curso de processo penal*)) em dois casos:

a) **cumulação subjetiva ou concursal:** quando duas ou mais pessoas são acusadas pela mesma infração; trata-se de infração penal praticada em concurso de pessoas (coautoria ou participação); há multiplicidade de acusados no mesmo processo (litisconsórcio passivo);

b) **cumulação objetiva:** no caso de infração cometida nas condições de concurso formal de crimes, erro na execução (*aberratio ictus*) e resultado diverso do pretendido (*aberratio criminis*).

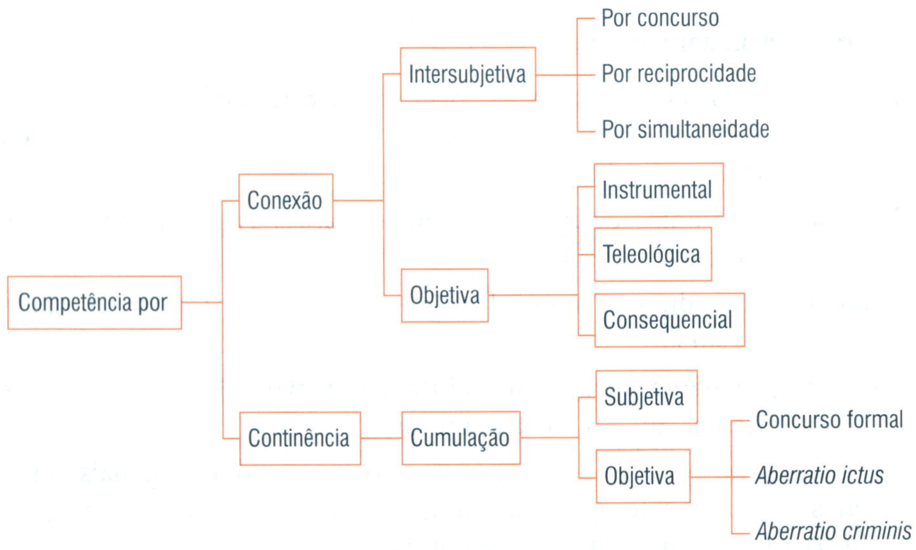

11.4. Foro prevalente

Em face da unidade de processo e julgamento gerada pela conexão e continência, surge o foro prevalente, nas seguintes hipóteses legais:

a) **No concurso entre a competência do júri e a de outro órgão da jurisdição comum:** prevalecerá a competência do júri, pois tem base constitucional, nos termos do art. 5º, XXXVIII, *d*, da CF. Cabe ressaltar que a competência do júri fixada na Constituição Federal é mínima, podendo ser ampliada pelo legislador constitucional ou infraconstitucional. O Tribunal do Júri tem competência para julgar crimes dolosos contra a vida, tentados ou consumados, bem como os conexos. O latrocínio (Súmula 603, STF) não é da competência do júri, pois é crime contra o patrimônio.

   No caso de desclassificação para infração de competência de juiz singular: a) se for determinada pelo juiz da pronúncia: o próprio juiz da pronúncia remete os autos ao juiz singular, nos termos do art. 74, § 3º, 1ª parte, do CPP; b) se for determinada no plenário: o juiz-presidente profere sentença, inclusive com julgamento de eventual crime conexo. Quando a desclassificação é para infração que não seja do júri, diz-se desclassificação própria; quando é para infração do júri, diz-se desclassificação imprópria.

b) **No concurso entre a competência do júri e infração de menor potencial ofensivo:** prevalece a competência do júri, mas serão aplicados os institutos da composição civil e da transação penal.

> **Questão de prova**
> A prova da Magistratura TJ/MS/2012 considerou INCORRETA a afirmativa: "No caso de conexão entre crime de menor potencial ofensivo e crime doloso contra a vida, a cisão torna-se obrigatória".

c) **No concurso entre a competência do júri e crime eleitoral:** há dois posicionamentos: 1) prevalece a competência da Justiça Eleitoral, com fundamento no art. 78, IV, do CPP ("no concurso entre a jurisdição comum e a especial, prevalecerá esta"); 2) separação dos processos, pois ambas as competências possuem assento constitucional.

d) **No concurso entre a competência do júri e crime militar:** separação dos processos, nos termos do art. 79, I, do CPP.

e) **No concurso entre a competência do júri e a competência por prerrogativa de função:** em regra, prevalece a competência por prerrogativa de função, salvo se esta for prevista de forma EXCLUSIVA na Constituição Estadual. Nesta última hipótese, prevalecerá, diante do conflito entre Constituição Federal (júri) e Constituição Estadual ("foro privilegiado"), a Constituição Federal e, portanto, a competência exercida pelo Tribunal do Júri, nos termos da Súmula 721 do STF.

Questão de prova

A prova de Delegado da Polícia Civil/TO/2008 considerou INCORRETA a afirmativa: "Um juiz de direito, por motivo fútil, praticou um homicídio doloso, restando devidamente apurada a sua responsabilidade pelo crime. Nessa situação, será competente para o processo e o julgamento do crime o tribunal do júri do local onde ocorreu o delito, pois incide a norma constitucional quanto à competência do júri para o julgamento dos crimes dolosos contra a vida".

f) **No concurso de jurisdições da mesma categoria (mesma graduação):** 1) preponderará a do lugar da infração para a qual for cominada a pena mais grave; 2) prevalecerá a do lugar em que houver ocorrido o maior número de infrações, se as respectivas penas forem de igual gravidade; 3) firmar-se-á a competência pela prevenção, nos outros casos.

Questão de prova

A prova de Promotor de Justiça MP/SP/2008 considerou INCORRETA a afirmativa: "Nas hipóteses de conexão e continência, quando se verificar o concurso de jurisdições de mesma categoria, o lugar onde houver ocorrido o maior número de infrações prevalece sobre o lugar onde foi praticado o crime mais grave, na determinação do foro prevalente".

g) **No concurso de jurisdições de diversas categorias:** predominará a de maior graduação; pela Súmula 704 do STF, não há violação a nenhum princípio constitucional o fato de pessoas comuns serem julgadas por foros privilegiados quando praticam condutas em concurso com autoridades.

Questão de prova

A prova de Analista Judiciário TJ/AL/2012 considerou INCORRETA a afirmativa: "Se uma pessoa sem foro privativo praticar homicídio em concurso com deputado federal, ambos serão julgados pelo STJ".

h) **No concurso entre infração de competência da Justiça Federal e infração de competência da Justiça Estadual:** prevalece a competência da Justiça Federal, nos termos da Súmula 122 do STJ: "Compete à Justiça Federal o processo e julgamento unificado dos crimes conexos de **competência federal e estadual**, não se aplicando a regra do art. 78, II, *a*, do Código de Processo Penal".

Questão de prova

A prova de Defensor Público MT/2009 considerou CORRETA a afirmativa: "Compete à Justiça Federal o processo e o julgamento unificado dos crimes conexos de competência federal e estadual".

i) **No concurso entre a jurisdição comum e a especial:** na ocorrência de crimes conexos da competência da Justiça Federal e da Justiça Militar, não é permitida a junção de processos para julgamento, conforme determinado pelo art. 79, I, do CPP.

Não havendo foro prevalente, o juiz que primeiro conhecer de uma das causas se tornará prevento para as demais. Verificar-se-á a competência por prevenção toda vez que, concorrendo dois ou mais juízes igualmente competentes ou com jurisdição cumulativa, um deles tiver antecedido aos outros na prática de algum ato do processo ou de medida a este relativa, ainda que anterior ao oferecimento da denúncia ou da queixa.

11.5. Separação do processo

11.5.1. Obrigatória

a) **No concurso entre a jurisdição comum e a militar:** nos termos da Súmula 90 do STJ: "Compete à Justiça Estadual Militar processar e julgar o policial militar pela prática do crime militar, e à Comum pela prática do crime comum simultâneo àquele" (*vide* art. 102, *a*, do Código de Processo Penal Militar). No caso de crime doloso contra a vida praticado por militar contra militar, o julgamento será feito pela Justiça Militar; no caso de crime doloso contra a vida praticado por militar contra civil, a competência será da Justiça Comum, nos termos do art. 82, § 2º, do CPP.

b) **No concurso entre a jurisdição comum e a do juízo de menores:** a separação ocorre em razão de o menor de 18 anos ser submetido a uma legislação especial quando praticar ato infracional.

c) **No caso de corréus, sobrevindo doença mental a um deles:** cessará, em qualquer caso, a unidade do processo. No processo do corréu acometido de doença mental, ocorrerá a suspensão do processo, até que haja restabelecimento de sua saúde mental, nos termos do art. 152 do CPP.

d) **No caso de corréus, em que um deles tenha empreendido fuga:** a unidade do processo não importará a do julgamento, se houver corréu foragido que não possa ser julgado à revelia.

e) **Na incompatibilidade entre as recusas dos jurados:** se forem 2 (dois) ou mais os acusados, as recusas poderão ser feitas por um só defensor. A separação dos julgamentos somente ocorrerá se, em razão das recusas, não for obtido o número mínimo de 7 (sete) jurados para compor o Conselho de Sentença. Determinada a separação dos julgamentos, será julgado em primeiro lugar o acusado a quem foi atribuída a autoria do fato ou, em caso de coautoria, aplicar-se-á o critério de preferência disposto no art. 429 do Código de Processo Penal ("Salvo motivo relevante que autorize alteração na ordem dos julgamentos, terão preferência: I – os acusados presos; II – dentre os acusados presos, aqueles que estiverem há mais tempo na prisão; III – em igualdade de condições, os precedentemente pronunciados").

11.5.2. Facultativa

Quando as infrações tiverem sido praticadas em circunstâncias de tempo ou de lugar diferentes, ou quando (pelo excessivo número de acusados e para não lhes prolongar a prisão provisória, ou por outro motivo relevante) o juiz reputar conveniente a separação. A jurisprudência fixa como critérios cumulativos para realização da separação facultativa: a brevidade judicial; e a não ocorrência de qualquer prejuízo à ampla defesa ou ao contraditório.

Questões de prova

A prova de Promotor de Justiça MP/AP/2012 considerou INCORRETA a afirmativa: "É necessária a separação dos processos quando, por motivo relevante, o juiz reputar conveniente a separação".

A prova de Promotor de Justiça SC/2012 considerou INCORRETA a afirmativa: "No caso da competência por conexão ou continência, será facultativa a separação dos processos quando as infrações tiverem sido praticadas em circunstâncias de tempo ou de lugar diferentes, ou, quando pelo excessivo número de acusados e para não lhes prolongar a prisão provisória, ou por outro motivo relevante, o juiz reputar conveniente a separação".

11.6. Perpetuação da jurisdição na conexão e na continência

Verificada a reunião dos processos por conexão ou continência, o juiz ou tribunal, ainda que no processo da sua competência venha a proferir **sentença absolutória ou que desclassifique a infração para outra que não se inclua na sua competência**, continuará competente em relação aos demais processos.

Reconhecida inicialmente ao júri a competência por conexão ou continência, o juiz, se vier a desclassificar a infração ou impronunciar ou absolver o acusado, de maneira que exclua a competência do júri, remeterá o processo ao juízo competente.

Se houver desclassificação da infração para outra, de competência do juiz singular, ao presidente do Tribunal do Júri caberá proferir sentença em seguida, aplicando-se, quando o delito resultante da nova tipificação for considerado pela lei como infração penal de menor potencial ofensivo, o disposto nos arts. 69 e seguintes da Lei n. 9.099, de 26 de setembro de 1995. Em caso de desclassificação, o crime conexo que não seja doloso contra a vida será julgado pelo juiz-presidente do Tribunal do Júri.

11.7. Avocação

Questão de prova

A prova da Magistratura TJ/MT/2009 considerou INCORRETA a afirmativa: "Conforme o disposto pelo art. 82 do Código de Processo Penal se, não obstante a conexão ou continência, forem instaurados processos diferentes, a autoridade de jurisdição prevalente deverá avocar os processos que corram perante os outros juízes, salvo se já estiverem com sentença definitiva. Neste caso, a unidade dos processos só se dará, ulteriormente, para efeito de diminuição e separação das penas".

Se, apesar da conexão ou continência, forem instaurados processos diferentes, a autoridade de jurisdição prevalente deverá avocar os processos que corram perante os outros juízes, **salvo se já estiverem com sentença definitiva** (sentença de mérito ou recorrível, que define a lide penal), mormente quando já transitada em julgado. Nesse caso, a unidade dos processos só se dará, ulteriormente, para o efeito de soma ou de unificação das penas. "A conexão não determina a reunião dos processos, se um deles já foi julgado" (Súmula 235, STJ).

12. Delegação de competência

É a cooperação judicial entre os vários juízos e tribunais, delegando atribuições jurisdicionais de um a outro. Há duas espécies de delegação: **a) externa:** os atos são praticados em juízos diferentes; exemplos: cartas precatórias citatórias, instrutórias e cartas de ordem (dos tribunais para os juízes); **b) interna:** os atos são praticados dentro do mesmo juízo; exemplos: delegação feita aos juízes substitutos ou auxiliares. Cabe ressaltar que, **na delegação externa, é possível carta precatória entre Justiça Federal e Estadual:** é possível, já que é finalidade do processo penal realizar os atos da forma mais simples, rápida e barata, ainda mais que o juízo deprecado, em nenhuma hipótese, poderá proferir decisões de mérito (CComp. 17.551-SC, STJ).

13. Perpetuação da competência

Proposta a demanda (no momento do registro ou da distribuição da petição inicial), as modificações posteriores ao longo do curso do processo são indiferentes para alterar o juízo processante, salvo em dois casos: a) supressão do órgão judiciário; e b) alteração da competência absoluta.

Embora o Código de Processo Penal seja omisso no tocante à perpetuação da competência, seu art. 3º admite a utilização de "interpretação extensiva e aplicação analógica, bem como o suplemento dos princípios gerais de direito". Como decorrência, mostra-se perfeitamente possível aplicar o Código de Processo Civil, para, de forma subsidiária, reconhecer a possibilidade da perpetuação prevista no art. 43 do CPC ("Determina-se a competência no momento do registro ou da distribuição da petição inicial, sendo irrelevantes as modificações do estado de fato ou de direito ocorridas posteriormente, salvo quando suprimirem órgão judiciário ou alterarem a competência absoluta").

Em face da jurisprudência do STJ, não ofende os princípios do juiz natural e da perpetuação da jurisdição a redistribuição de processo pela criação de nova vara especializada na comarca com consequente alteração da competência em razão da matéria, para fins de melhor prestar a jurisdição (HC 322.632).

Em face da jurisprudência do STF: **a) júri:** dadas as peculiaridades do processo nos crimes dolosos contra a vida, contudo, somente se justifica a aplicação do princípio da *perpetuatio jurisditionis* na fase anterior ao julgamento pelo júri (HC 89.849); **b) criação de novas varas:** A criação de novas varas, em virtude de modificação da Lei de Organização Judicial local, não implica incompetência superveniente do juízo em que se iniciou a ação penal. O art. 87 do Código de Processo Civil, aplicável subsidiariamente ao processo penal, leva à perpetuação do foro, em respeito ao princípio do juiz natural (HC 83.181).

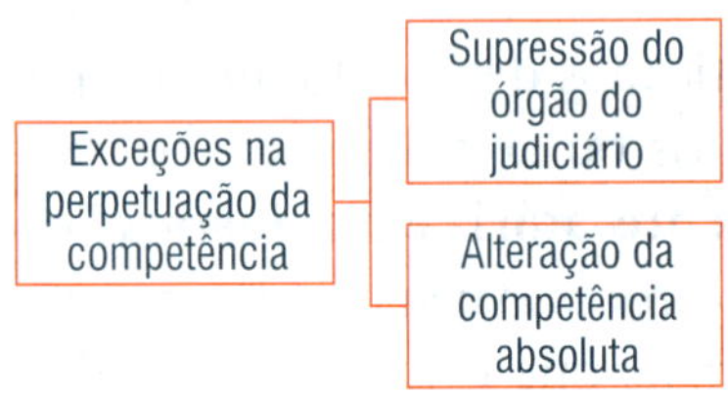

14. Prorrogação da competência

A **competência absoluta** é fixada por razões de interesse público, é improrrogável e diz respeito aos casos de competência *ratione materiae e personae.*

Já a **competência relativa** é fixada por interesse das partes, é prorrogável e diz respeito aos casos de competência *ratione loci.*

A competência de um determinado juízo passa a incluir causas que, originariamente, não seriam dele. Esse alargamento da competência só poderá se dar por permissão de lei.

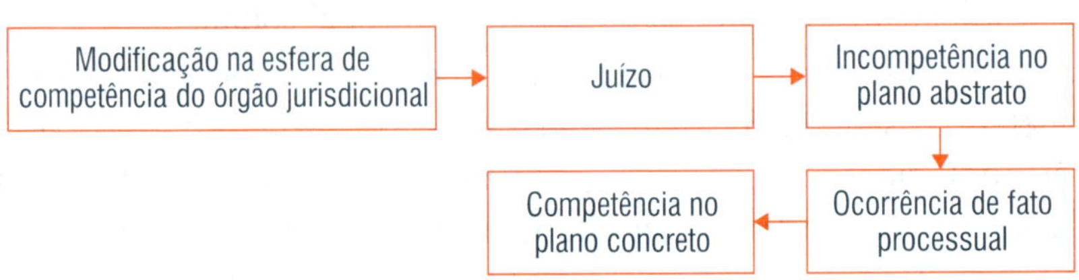

Pode ocorrer de **forma voluntária** (depende da iniciativa ou vontade da parte), que pode ser: **a) expressa:** depende de requerimento da parte, como no caso do pedido de desaforamento previsto no art. 427 do CPP ("Se o interesse da ordem pública o reclamar ou houver dúvida sobre a imparcialidade do júri ou a segurança pessoal do acusado, o Tribunal, a requerimento do Ministério Público, do assistente, do querelante ou do acusado ou mediante representação do juiz competente, poderá determinar o desaforamento do julgamento para outra comarca da mesma região, onde não existam aqueles motivos, preferindo-se as mais próximas"); **b) tácita:** é a que ocorre diante do silêncio da parte, como no caso em que a parte não propõe exceção de incompetência territorial nos prazos legais (art. 108 do CPP).

A prorrogação da competência também pode ocorrer **de forma necessária**, como nas hipóteses de conexão e continência. Outros exemplos de prorrogação necessária de competência, segundo Mirabete (*Processo penal*), são a "desclassificação para infração de competência de juízo inferior, permanecendo a anterior (art. 74, § 2º), de *exceptio veritatis* nos crimes contra a honra de pessoas sujeitas à competência originária da jurisdição superior (art. 85)".

QUESTÕES SOBRE JURISDIÇÃO E COMPETÊNCIA

1. (IX Concurso Juiz Federal TRF4) Indique a afirmativa inteiramente correta:

a) A competência de tribunal por prerrogativa de função fica estabelecida pelo fato de a infração penal ter sido praticada durante o exercício funcional, pouco importando que a ação penal se inicie após cessado aquele exercício.

b) Em crime cuja atividade é realizada totalmente em território estrangeiro e o resultado vem a ocorrer, em parte, no Brasil, é competente juízo da Capital do Estado onde por último residiu o acusado ou o da Capital da República, se nunca teve residência em território nacional.

c) As regras sobre prevenção somente se aplicam, se configurada concorrência de juízos igualmente competentes.

d) Tendo "A" matado "B" com um golpe de uma determinada faca e, posteriormente, em novas condições de tempo e lugar, praticado, com o mesmo instrumento, lesões corporais simples em "C", desta vez sem o ânimo de matar, prevalecerá a competência do júri, por ser caso de conexão probatória.

2. (86º Concurso de Promotor de Justiça Substituto MP/SP) Assinale a alternativa correta.

a) O critério geral para a fixação da competência territorial é o do lugar onde foi praticada a infração penal, mas a Lei n. 9.099, de 26.09.1995, contém regra especial, referindo-se ao local onde a infração se consumou.

b) Nas hipóteses de conexão e continência, constatada, em incidente próprio, a insanidade mental de um dos acusados, superveniente à infração, impõe-se a separação dos processos.

c) Na hipótese de infração única, atribuída a duas ou mais pessoas, a unidade do processo e do julgamento dos autores e partícipes decorre da conexão intersubjetiva por concurso, também denominada conexão subjetiva concursal.

d) A lei não admite a reunião dos processos na hipótese de conexão entre infração de menor potencial ofensivo, da competência dos Juizados Especiais Criminais, e crime que se insere na competência do Tribunal do Júri.

e) Nas hipóteses de conexão e continência, quando se verificar o concurso de jurisdições de mesma categoria, o lugar onde houver ocorrido o maior número de infrações prevalece sobre o lugar onde foi praticado o crime mais grave, na determinação do foro prevalente.

3. (85º Concurso de Promotor de Justiça Substituto MP/SP) Assinale a afirmação incorreta.

a) Compete à Justiça Estadual processar e julgar crime de roubo contra agência do Banco do Brasil estabelecida neste Estado.
b) O desaforamento é causa modificativa da competência.
c) Compete à Justiça Comum Estadual o julgamento de policial militar pelo crime de abuso de autoridade cometido no exercício de função de policiamento civil.
d) Compete ao Tribunal de Justiça o julgamento de crime contra a administração pública imputado a ex-Prefeito Municipal, se proposta a ação penal ainda no curso do mandato eletivo.
e) Os incidentes da execução são julgados pelo juiz competente do local em que está sendo cumprida a pena.

4. (85º Concurso de Promotor de Justiça Substituto MP/SP) Assinale a afirmação correta.

a) Compete à Justiça Estadual julgar o falso testemunho prestado perante juiz estadual no exercício de jurisdição eleitoral.
b) Compete ao Tribunal de Justiça com jurisdição sobre o território onde consumado o crime julgar Juiz de Direito e Promotor de Justiça de outro Estado.
c) Compete ao Tribunal de Justiça julgar a exceção da verdade interposta em processo por crime de calúnia imputado a Juiz de Direito sujeito à sua jurisdição.
d) Compete à Justiça Militar Estadual julgar policial militar acusado de homicídio doloso, cometido no exercício da função de policiamento civil.
e) Compete ao Tribunal de Justiça o julgamento do autor de crime doloso contra a vida que não goza de foro privilegiado por prerrogativa de função, quando praticado o crime em concurso com pessoa com direito àquele foro privilegiado.

5. (84º Concurso de Promotor de Justiça Substituto MP/SP) Assinale a alternativa incorreta.

a) Tratando-se de infração permanente, praticada em diversas comarcas, a competência firmar-se-á pela prevenção.
b) A regra de competência, quando se tratar de crime tentado, é o local onde foi praticado o último ato de execução.
c) Não sendo conhecido o lugar da infração, a competência regular-se-á pelo domicílio ou residência da vítima.
d) Tratando-se de infração continuada, praticada em diversas comarcas, a competência firmar-se-á pela prevenção.
e) Nos crimes a distância, se, iniciada a execução no território nacional, a infração se consumar fora dele, a competência será determinada pelo lugar em que tiver sido praticado, no Brasil, o último ato de execução.

6. (87º Concurso de Promotor de Justiça Substituto MP/SP) Ocorre a derrogação da competência territorial:

a) nos casos de conexão.
b) nos casos de continência.
c) na hipótese de prevenção.
d) quando o crime é praticado fora do território nacional, em embarcações e aeronaves.
e) na hipótese de desaforamento.

7. (84º Concurso de Promotor de Justiça Substituto MP/SP) Haverá conexão material quando

a) a prova de uma infração ou de qualquer circunstância influir na prova de outra.
b) os crimes forem praticados para facilitar ou ocultar outros, ou para se conseguir vantagem ou impunidade de outros.
c) duas ou mais infrações forem praticadas por várias pessoas reunidas.
d) uma única conduta delituosa gerar pluralidade de eventos típicos.
e) houver pluralidade de agentes e unidade de infração.

8. (Inspetor Polícia Civil/RJ/2012) Crime de roubo praticado contra o Banco do Brasil; crime de roubo praticado contra a Caixa Econômica Federal:

a) este é da competência da Justiça Estadual; aquele, da Justiça Federal.
b) aquele é da competência da Justiça Estadual; este, da Justiça Federal.
c) ambos são da competência da Justiça Estadual.
d) ambos são da competência da Justiça Federal.
e) ambos são, parcialmente, da competência da Justiça Estadual.

9. (Procurador da República 2012) Assinale a alternativa falsa:

a) Para que se afirme a competência federal para processar e julgar os crimes previstos em tratados ou convenções internacionais não basta a mera previsão do delito em tais diplomas, sendo necessária a presença de uma relação de transnacionalidade;
b) A Emenda Constitucional n. 45/04, comumente chamada de Reforma do Judiciário, estabeleceu a competência exclusiva da Justiça Federal para processar e julgar os crimes contra os direitos humanos;
c) A Justiça Federal é competente para processar e julgar, ressalvada a competência da Justiça Militar, os crimes cometidos a bordo de navios ou aeronaves, entendendo-se por navio apenas as embarcações de grande porte, aptas a realizar viagens marítimas. No que se refere às aeronaves, a jurisprudência tende a incluir na competência federal quaisquer delitos cometidos a bordo de aviões que estejam realizando transporte aéreo entre aeroportos;
d) Compete à Justiça Federal processar e julgar os crimes contra a organização do trabalho nos quais tenham sido afetadas as instituições do trabalho ou os direitos dos trabalhadores coletivamente considerados.

10. (Titular de Serviços de Notas e Registro TJ/RJ/2012) Sobre competência no Direito Processual Penal, é correto afirmar que

a) a competência será, via de regra, determinada pelo lugar em que se consumar a infração, ou, no caso de tentativa, pelo lugar em que for praticado o primeiro ato de execução.
b) nos casos de ação exclusivamente privada, o foro competente será sempre o do lugar da infração.
c) não sendo conhecido o lugar da infração, a competência regular-se-á pelo domicílio ou residência do réu.
d) ao Supremo Tribunal Federal competirá, privativamente, processar e julgar os seus ministros nos crimes de responsabilidade.
e) quando o último ato de execução for praticado fora do território nacional, será competente o juiz que primeiro receber a denúncia.

11. (Delegado Polícia Civil/RJ/2012) É INCORRETO afirmar que a competência será determinada pela conexão:

a) Se, ocorrendo duas ou mais infrações, houverem sido praticadas, ao mesmo tempo, por várias pessoas reunidas (conexão intersubjetiva por simultaneidade).
b) Quando a prova de uma infração ou de qualquer de suas circunstâncias elementares influir na prova de outra infração (conexão instrumental ou probatória).
c) Se, ocorrendo duas ou mais infrações, houverem sido umas praticadas para facilitar ou ocultar as outras, ou para conseguir impunidade ou vantagem em relação a qualquer delas (conexão lógica ou teleológica).
d) Quando duas ou mais pessoas forem acusadas pela mesma infração (conexão por intersubjetividade formal).
e) Se, por várias pessoas em concurso, embora diverso o tempo e o lugar, ou por várias pessoas, umas contra as outras, forem praticadas duas ou mais infrações (conexão intersubjetiva por concurso).

12. (Delegado Polícia Civil/MA/2012) Em respeito ao princípio do juiz natural, o julgamento de determinado processo deve ser realizado por um juiz competente, de acordo com as regras constitucionais e legais sobre o tema. De acordo com a Constituição da República, com a legislação em matéria penal e com a jurisprudência dominante do Superior Tribunal de Justiça em matéria de competência, assinale a afirmativa correta.

a) Para a definição do momento da prática de um crime, adota-se a Teoria da Atividade. Contudo, no momento de definir a competência territorial para julgamento, qualquer que seja o crime cometido, o critério adotado é o da Teoria do Resultado.

b) O juiz de direito vinculado ao Tribunal de Justiça do Maranhão que cometer um crime de homicídio doloso na Bahia deverá ser julgado pelo Tribunal do Júri do Maranhão, tendo em vista que o critério da territorialidade fica afastado diante da existência de foro por prerrogativa de função.
c) Eventualmente, para facilitar a instrução probatória, poderá ser competente o juízo do local em que o crime foi praticado, ainda que o local da consumação seja diverso.
d) O Delegado de Polícia do Maranhão que cometer um crime de homicídio doloso na Bahia deverá ser julgado pelo Tribunal de Justiça do Maranhão, tendo em vista que o critério da territorialidade fica afastado diante da existência de foro por prerrogativa de função.
e) Tratando-se de infração continuada ou permanente, praticada em território de duas ou mais jurisdições, a competência será definida pelo local em que foi iniciada a prática da conduta criminosa.

13. (Promotor de Justiça SP/2012) A respeito das normas relativas à fixação da competência, contidas no Código de Processo Penal, considere:

I. A competência territorial será, de regra, determinada pelo lugar em que se consumar a infração ou, no caso de tentativa, pelo lugar em que for praticado o último ato de execução; não sendo este conhecido, regular-se-á pelo domicílio ou residência do réu e se este tiver mais de uma residência pela prevenção.
II. É relativa a nulidade decorrente da inobservância da competência firmada pela prevenção.
III. Excetuados os casos de competência do Tribunal do Júri, verificada a reunião dos processos por conexão ou continência, se o juiz, no processo de sua competência, proferir sentença absolutória ou desclassificatória da infração para outra que não se inclua na sua competência, cessará a competência em relação aos demais processos, impondo-se a remessa dos autos ao juiz competente.
IV. Entre outras hipóteses, a competência será determinada pela continência quando duas ou mais pessoas forem acusadas da mesma infração e nos casos de concurso formal e crime continuado.

Está correto o que se afirma APENAS em

a) I e II.
b) I e III.
c) II e III.
d) II e IV.
e) III e IV.

14. (Promotor de Justiça PR/2012) Acerca de competência é incorreto afirmar que:

a) Consumados vários delitos de roubo simples (art. 157, "caput", CP), conexos entre si, em comarcas contíguas, de igual jurisdição, ausente a prevenção, é competente o juiz do local onde ocorreram mais infrações;
b) Se a infração de quadrilha armada (art. 288, parágrafo único, CP) ocorreu no território de duas comarcas, de igual jurisdição, a competência se firmará pela prevenção;
c) Compete à Justiça Federal processar e julgar crime contra funcionário público federal, que foi vítima de lesões corporais graves em circunstância fática relacionada ao exercício regular de sua função pública;
d) Ainda que encerrada a instrução do processo, se o juiz reconhecer motivo que o torne incompetente, expressá-la-á nos autos e ouvirá o Ministério Público a respeito;
e) Desconhecido o local da infração, no caso de exclusiva ação penal privada, é competente o juízo do domicílio do querelante.

15. (Promotor de Justiça DF/2011) Foi instaurado inquérito policial para apurar a prática de crimes de quadrilha, furto, roubo e receptação, supostamente praticados por indivíduos que agiam em cidades satélites do Distrito Federal e cidades próximas no estado de Goiás. O inquérito foi distribuído à Primeira Vara Criminal de Taguatinga/DF, Juízo esse que decidiu acerca dos requerimentos ministeriais pela busca e apreensão e interceptação telefônica. Encerradas as investigações, o órgão do Ministério Público ofereceu denúncia imputando a três pessoas a prática, em concurso de agentes, de um delito de roubo praticado na cidade de Luziânia/GO e de um crime de furto praticado no Gama/DF, promo-

vendo o arquivamento quanto às infrações ocorridas em Taguatinga/DF, em razão da falta de justa causa para a ação penal. Diante da situação hipotética, assinale o item incorreto:

a) O Juízo da Primeira Vara Criminal de Taguatinga/DF é competente para o processamento da ação penal, pois tornou-se prevento em razão de ter presidido medidas como a busca e apreensão e a interceptação telefônica.

b) Considerando que os crimes são conexos, a competência será do foro em que se consumou o delito mais grave, no caso, o da comarca de Luziânia/GO.

c) Se o órgão ministerial, em vez de oferecer denúncia, requerer o declínio de competência, em caso de discordância do juiz, este deverá remeter os autos ao Procurador-Geral de Justiça, aplicando-se o artigo 28 do Código de Processo Penal por analogia.

d) Se um dos denunciados for eleito e diplomado Deputado Distrital no curso da ação penal, o Tribunal de Justiça do Distrito Federal e Territórios será competente para o julgamento de todos os corréus.

e) Posterior declinação de competência não tem o condão de, por si só, invalidar prova colhida mediante interceptação telefônica, deferida pela autoridade judiciária competente até então, de maneira fundamentada e em observância às exigências legais.

16. (Analista Judiciário RS/2012) Sobre a competência no direito processual penal, considere as afirmações abaixo.

I. A competência do Juizado Especial Criminal é determinada pelo domicílio do réu.

II. O membro do Ministério Público estadual que pratica crime doloso contra a vida será submetido a julgamento perante o respectivo Tribunal de Justiça, por força de prerrogativa de função.

III. Na reunião dos processos perante a Vara do Júri, decorrente da aplicação das regras de conexão, os institutos da composição civil dos danos e da transação devem ser observados no que tange à infração de menor potencial ofensivo conexa com o crime doloso contra a vida.

IV. O funcionário público federal que, no exercício de suas funções, comete crime da esfera da Justiça Estadual será processado e julgado pela Justiça Federal, por força de prerrogativa de função.

Quais estão corretas?

a) Apenas I e II.

b) Apenas I e III.

c) Apenas II e III

d) Apenas I, II e III.

e) Apenas II, III e IV.

17. (Exame da OAB unificado/2012) A Constituição do Estado "X" estabeleceu foro por prerrogativa de função aos Prefeitos de todos os seus Municípios, estabelecendo que "os prefeitos serão julgados pelo Tribunal de Justiça". José, Prefeito do Município "Y", pertencente ao Estado "X", mata João, amante de sua esposa. Pergunta-se, qual o órgão competente para o julgamento de José?

a) Justiça Estadual de 1ª Instância;

b) Tribunal de Justiça;

c) Tribunal Regional Federal;

d) Justiça Federal de 1ª Instância.

18. (Magistratura Federal TRF 3ª Região/2011) Relativamente à jurisdição e à competência, com base no entendimento sumulado pelo STJ, assinale a opção correta.

a) É da competência da justiça militar julgar o servidor militar por abuso de autoridade praticado em serviço.

b) A justiça federal tem competência para julgar os crimes cometidos por servidor público federal em detrimento de bens, serviços ou interesses da União, mas não para os crimes praticados contra o referido servidor, ainda que relacionados ao exercício da função.

c) Compete ao STJ decidir conflito de competência entre juizado especial federal e juízo federal da mesma seção judiciária.

d) Compete à justiça federal processar e julgar prefeito municipal por desvio de verba sujeita a prestação de contas perante órgão federal.

e) A regra expressa no art. 78, inciso II, alínea "a", do CPP aplica-se aos crimes conexos de competência federal e estadual, preponderando a competência da jurisdição à qual couber o julgamento da infração punida com a pena mais grave.

19. (Magistratura RS/2009) Sobre competência, assinale a assertiva incorreta.

a) Nos casos de exclusiva ação penal privada, o querelante pode ajuizar a queixa-crime no foro do domicílio ou da residência do réu, mesmo sendo conhecido o lugar da infração.

b) Nos casos em que deveriam ter sido aplicadas as regras do concurso material, formal ou do crime continuado no juízo de conhecimento e não o foram, é possível a unidade ulterior dos processos no juízo da execução penal, para fins de soma ou de unificação das penas.

c) Nos casos de número excessivo de acusados, com o intuito de evitar a prorrogação indevida da prisão cautelar de um ou de vários imputados, é facultado ao magistrado separar os processos, mesmo nas hipóteses de conexão e continência.

d) Na reunião dos processos perante a Vara do Júri, decorrente da aplicação das regras da conexão, observar-se-ão os institutos da composição dos danos civis e da transação penal no que tange à infração penal de menor potencial ofensivo conexa com o homicídio.

e) No tráfico de entorpecentes envolvendo vários países, definida a competência da Justiça Comum Federal e não havendo no Município em que foi praticado o delito sede de Vara da Justiça Federal, o processo e o julgamento caberão à Justiça Estadual.

20. (Delegado Polícia Civil/MA/2012) Com relação ao instituto da competência, analise as afirmativas a seguir.

I. Na continência, existe pluralidade de agentes e unidade de crime. Já a conexão pode ser identificada em situações de pluralidade de crimes e unidade ou pluralidade de agentes.

II. A conexão intersubjetiva por reciprocidade é aquela em que duas ou mais infrações são praticadas ao mesmo tempo, por várias pessoas reunidas.

III. A conexão intersubjetiva concursal ocorre quando duas ou mais infrações forem cometidas por várias pessoas em concurso, ainda que não estejam na mesma situação de tempo e lugar.

Assinale:

a) se somente as afirmativas I e II estiverem corretas.

b) se somente as afirmativas I e III estiverem corretas.

c) se somente as afirmativas II e III estiverem corretas.

d) se somente a afirmativa I estiver correta.

e) se somente a afirmativa II estiver correta.

21. (Procurador da República 2011) Sobre matéria de competência derivada da prerrogativa da função vejam-se as seguintes assertivas:

I. O foro por prerrogativa de função fixado em Constituição Estadual, em favor de vereador, não deve prevalecer sobre a competência do tribunal do júri, consoante entendimento sedimentado pelo STF.

II. Prefeitos e Deputados Estaduais têm foro junto ao TRF respectivo, no caso de crimes da competência da justiça federal, consoante entendimento sumulado pelo STF.

III. Prefeitos têm foro por prerrogativa de função fixado no Tribunal de Justiça, mesmo para crimes da competência da justiça federal, por força do disposto no artigo 29, X da Constituição, consoante entendimento sedimentado no STF.

IV. Consoante entendimento sedimentado pelo STF, Prefeitos têm foro perante o TRF nos casos de crimes da competência da justiça federal, embora o princípio da simetria venha sendo também estendido aos Deputados Estaduais, pela jurisprudência.

V. Pelo princípio da simetria, Promotores de Justiça têm foro por prerrogativa de função perante o Tribunal de Justiça e Procuradores de Justiça, perante o STJ.

a) III está correta.

b) I e IV estão corretas.

c) I, IV e V estão corretas.

d) I e II estão corretas.

22. (Magistratura ES/2011) Assinale a opção correta com relação à competência no âmbito do direito processual penal.

a) Compete à justiça estadual processar e julgar crimes contra a propriedade intelectual quando não praticados em detrimento de bens, serviços ou interesse da União ou de suas entidades autárquicas e empresas públicas, ainda que os produtos tenham sido adquiridos no exterior.

b) Compete à justiça castrense processar e julgar crime de homicídio culposo decorrente de acidente automobilístico em que acusado e vítima sejam militares, ainda que não se encontrem em serviço nem estejam em local sujeito à administração militar ou atuando em razão da função.

c) Tratando-se de delito praticado por policial militar, compete à justiça militar a decretação da perda da função pública, como efeito secundário da condenação, ainda que a ação penal não se refira a crime militar.

d) A Emenda Constitucional n. 45 inovou o ordenamento jurídico brasileiro ao atribuir à justiça do trabalho competência para processar e julgar ações penais.

e) O STJ é competente para apreciar pedido de aplicação de lei nova mais benigna a qualquer momento, e não apenas no exercício de sua competência funcional (originária ou recursal).

23. (Defensor Público SP/2012) Assinale a alternativa correta

a) Não se aplicam as regras de conexão de natureza objetiva ao tribunal do júri, em razão de expressa previsão constitucional de sua competência para o julgamento de crimes dolosos contra a vida.

b) O princípio do juiz natural, instituído *ratione personae* e *ratione materiae*, configura hipótese de competência absoluta, inafastável por vontade das partes processuais, somente se admitindo a sua flexibilização por oportunidade da aplicação de norma constitucional.

c) A expedição de mandado de busca e apreensão não configura ato de prevenção do juízo, tendo em vista a ausência de conteúdo decisório deste ato judicial.

d) A competência inicialmente atribuída à Justiça Federal para o julgamento dos crimes de competência da Justiça Estadual em razão de conexão de natureza objetiva é cessada caso haja absolvição em relação ao único crime conexo de competência da Justiça Federal, devendo o juiz federal encaminhar o processo remanescente para a Justiça Estadual competente.

e) Viola as garantias fundamentais do juiz natural e do devido processo legal a atração por continência ou conexão do processo do corréu ao foro por prerrogativa de função de um dos denunciados, por tratar-se de regra de prorrogação de competência de natureza infraconstitucional.

24. (Magistratura Federal TRF 2ª Região/2011) Em cada uma das opções abaixo, é apresentada uma situação hipotética seguida de uma assertiva a ser julgada, no que diz respeito à competência. Assinale a opção correta com base no entendimento firmando nos tribunais superiores.

a) Jorge, agente de polícia federal, suspeitando de traição de sua companheira, efetivou, fora das atribuições institucionais e sem autorização, interceptação telefônica da mulher e do suposto amante. Nessa situação, competem à justiça federal comum o processo e o julgamento do delito de interceptação telefônica sem autorização judicial, pois se evidencia ofensa a bens, serviços ou interesses do poder público federal, no caso, o sistema de telecomunicações.

b) Jurandir, morador da cidade de Duque de Caxias/RJ, enviou a Gabriel, residente em São Paulo/SP, mensagem eletrônica, pela Internet, com conteúdo pornográfico envolvendo adolescentes. Nessa situação, como o crime ocorreu entre estados da Federação, firma-se a competência da justiça federal.

c) Foi divulgada, pela Internet, carta publicada em blog de conhecido jornalista, na qual se imputava, falsamente, fato definido como crime a funcionário público federal, em razão do exercício de suas funções institucionais. Nessa situação, o foro para julgar a ação será somente o do lugar do ato delituoso, que se considera como aquele de onde partiu a publicação do texto, isto é, o lugar onde está hospedado o servidor de Internet, ainda que fora do território nacional.
d) Rogério foi denunciado pela prática de crime praticado por meio da Internet, por ter subtraído valores da conta corrente de clientes de determinado banco, mediante operações de transferência e saque, sem o consentimento dos correntistas. Nessa situação, há crime de furto qualificado pela fraude, sendo competente para julgamento do feito o juízo federal com jurisdição sobre o lugar da agência da conta lesada.
e) Maria, brasileira, maior, capaz, ao requerer visto de entrada nos Estados Unidos da América, na seção consular da embaixada desse país, no Rio de Janeiro/RJ, foi presa em flagrante por utilizar documentos falsos – contracheque de empresa pública federal, extrato bancário e declaração de imposto de renda – para instruir o requerimento, com passaporte nacional verdadeiro, tendo sido comprovado que a documentação falsificada fora utilizada única e exclusivamente para esse fim. Nessa situação, a competência é da justiça federal para processar e julgar o feito.

25. (Promotor de Justiça GO/2012) A respeito da união e da separação de processos em virtude de conexão e de continência, é correto dizer que:

a) apesar da conexão ou da continência, se forem instaurados processos diversos, a união destes processos no juízo prevalente somente será possível até a realização da audiência de instrução e julgamento;
b) se forem instaurados processos diversos, apesar da conexão ou da continência, e o juízo prevalente for o do Tribunal do Júri, se já prolatada decisão de pronúncia será impossível a unificação ulterior;
c) ainda que sedimentado na jurisprudência dos tribunais superiores o entendimento de que na hipótese de conexão intersubjetiva, havendo corréu com foro por prerrogativa de função, deve prevalecer este foro, isto é, o foro fixado *ratione personae*, admite-se, porém, como medida que busca garantir a celeridade e a razoável duração do processo, além de tornar exequível a própria instrução criminal, a separação dos processos;
d) havendo dois ou mais acusados a serem submetidos a julgamento pelo Tribunal do Júri, em uma mesma sessão, com defensores diferentes, bastará para determinar a separação de processos o fato dos defensores não concordarem a respeito daquele a quem caberá exercer a recusa peremptória de jurado.

26. (Promotor de Justiça MPE/SP/2015) Assinale a alternativa correta:

a) Crime praticado contra indígena deverá, necessariamente, ser julgado pela Justiça Federal.
b) A competência do Tribunal do Júri não prevalece sobre a prerrogativa de função estabelecida, exclusivamente, em Constituição Estadual.
c) Nas ações de iniciativa privada, a queixa poderá ser aforada no domicílio ou residência do ofendido, posto que outro seja o local da consumação.
d) A competência é pressuposto processual de validade da instância, ou seja, requisito indispensável à instauração e ao desenvolvimento regular do processo.
e) É competente para o processo e julgamento de Promotor de Justiça o Tribunal de Justiça do Estado onde foi praticada a infração.

27. (Procurador da República PGR/2015) No que tange a competência no processo penal, assinale a alternativa incorreta:

a) A Justiça Militar é competente para julgar crime de homicídio praticado por militar em serviço contra militar reformado.
b) O delito de deixar de comunicar óbito de pensionista militar e a ulterior apropriação indevida da pensão até então auferida e de competência da Justiça Federal, pois se trata de crime praticado contra a União.
c) Conforme entendimento do Supremo Tribunal Federal, a prática do crime previsto no art. 297, § 4°, do CP, viola interesse da União, sendo da Justiça Federal a competência para processar e julgar a respectiva ação penal, nos termos do art. 109, IV, da CF/88.
d) É de competência da Justiça Estadual o julgamento de contravenções penais mesmo que conexas com crimes de competência da Justiça Federal de primeiro grau.

PRESTE ATENÇÃO!

- Na substitutividade da jurisdição, ao decidir o caso concreto o juiz substitui a vontade das partes.
- Desde a vigência da Lei n. 9.299/96, os crimes dolosos contra a vida praticados por militar contra civil são julgados pela Justiça Comum.
- Na conexão entre crime eleitoral e infração do JECRIM, prevalece a competência da Justiça Eleitoral, com aplicação dos institutos despenalizadores da Lei n. 9.099/95.
- Na ação penal privada exclusiva, o querelante pode optar entre o foro do local da infração e o foro do domicílio do réu.

CUIDADO!

- A falta de investidura gera inexistência do ato e responsabilidade criminal, nos termos do art. 328 do CP.
- Competem à Justiça Comum Estadual o processo e o julgamento de crimes relativos a sociedades de economia mista.
- A inobservância da regra da competência por prevenção do Juízo gera nulidade relativa.

IMPORTANTE!

- A Justiça Militar Estadual não tem autorização para julgar civis.
- No crime eleitoral impróprio, a competência é da Justiça Federal Comum.
- Contravenção penal é competência da Justiça Comum Estadual.
- Nos crimes cometidos pela internet, a competência será da Justiça Comum Federal se forem ultrapassadas fronteiras nacionais.

Capítulo 14

COMUNICAÇÃO DOS ATOS PROCESSUAIS

I – Citação

1. Introdução

O princípio do devido processo legal, diretriz informadora e fundante na ordem jurídica, busca conceber um **processo adequado**, ou seja, um processo marcado pelos valores da celeridade, efetividade e segurança, bem como por normas que visem assegurar as garantias processuais mínimas consubstanciadas nas exigências da ampla defesa, do contraditório, da igualdade processual e da razoabilidade na aplicação da lei e no trato das demandas.

A doutrina divide o devido processo legal em dois sentidos: **a) formal**: existência da regularidade do processo, com observância da legalidade, do contraditório, da ampla defesa e de outras garantias constitucionais; **b) material**: o processo deve respeitar os direitos fundamentais da pessoa, com resguardo, em especial, da vida, da liberdade e da propriedade.

É exigência do princípio do devido processo legal, assegurado pela Constituição Federal, realizar a citação. Conforme Ada Pellegrini Grinover, Antonio Scarance Fernandes e Antonio Magalhães Gomes Filho[1]:

> "É exigência fundamental ao exercício do contraditório o conhecimento, pelos interessados, de todos os dados do processo, pois sem a completa e adequada informação a respeito dos diversos atos praticados, das provas produzidas, dos argumentos apresentados pelo adversário, a participação seria ilusória e desprovida de aptidão para influenciar o convencimento do juiz. A efetividade dos diversos atos de comunicação processual representa

---

1 GRINOVER, Ada Pellegrini; FERNANDES, Antonio Scarance; GOMES FILHO, Antonio Magalhães. *As nulidades no processo penal*. São Paulo: RT, 1998.

condição indispensável ao pleno exercício dos direitos e faculdades conferidos às partes; sua falta ou imperfeição implica sempre prejuízo ao contraditório, comprometendo toda a atividade subsequente".

2. Conceito

Citação é o **ato processual** (manifestação de vontade que produz efeitos no processo) **oficial** (determinada por ordem do juiz, salvo no Juizado Especial, em que pode ser determinada de viva voz na Secretaria), pelo qual se chama o acusado, denunciado ou querelado a juízo (é ato de comunicação processual) para apresentação da defesa, ou seja, para responder à acusação por escrito no prazo de 10 dias, possibilitando o exercício da ampla defesa e do contraditório efetivo.

A citação possui **três elementos**: a) dar ciência ou conhecimento ao acusado da acusação contra ele proposta; b) chamar o acusado para se defender; c) dar oportunidade de exercer a ampla defesa e o contraditório.

No Processo Penal, não existe citação no inquérito policial nem em processo de execução penal (a execução é prosseguimento da relação processual já instaurada).

É possível o conhecimento de imputação antes da citação, quando o réu é notificado a apresentar defesa escrita antes do recebimento da denúncia ou queixa, em três casos: a) competência originária dos tribunais (art. 4º da Lei n. 8.038/90); b) crimes de funcionários públicos (arts. 513 e seguintes do CPP); c) crimes previstos na Lei de Drogas (art. 55 da Lei n. 11.343/2006).

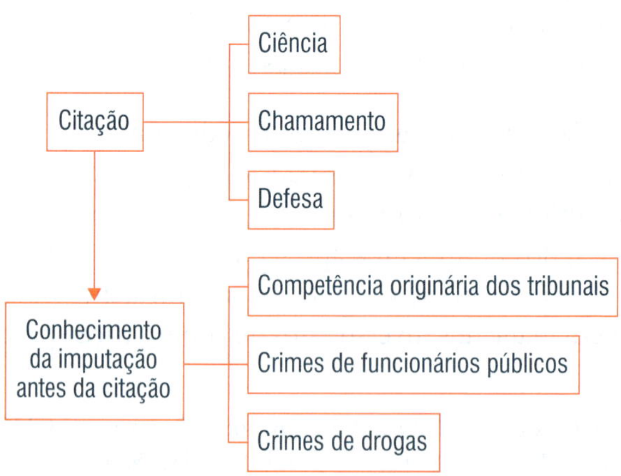

3. Características

A citação tem as seguintes características:

a) **ato judicial:** é ordenada pela autoridade judiciária, salvo no Juizado Especial, em que a citação pode ser feita de viva voz na Secretaria;

b) **ato de comunicação processual:** é ato de chamamento do réu para apresentação de defesa;

c) **ato de conhecimento:** dá ciência ao acusado da existência e do desenvolvimento do processo;

d) **ato finalístico:** possibilita a defesa do acusado (autodefesa e defesa técnica);

e) **ato pessoal:** outorga ao demandado a qualidade de parte no processo;

f) **ato processual:** manifestação de vontade que produz efeitos no processo;

g) **ato oficial:** determinada por ordem do juiz, salvo no Juizado Especial, em que pode ser determinada de viva voz na Secretaria;

h) **ato bilateral:** pois viabiliza tanto o contraditório como a ampla defesa, dando ao acusado ciência sobre a imputação;

i) **ato formal:** a citação deve conter o fim para que é feita, dando ao acusado conhecimento sobre o teor da acusação, a indicação de juízo, lugar e prazo para oferecimento da defesa, indicação do nome do réu ou, se for desconhecido, de seus sinais característicos e a indicação do nome e rubrica do juiz;

j) **ato garantista:** a citação é uma garantia fundamental da pessoa, inerente ao devido processo legal.

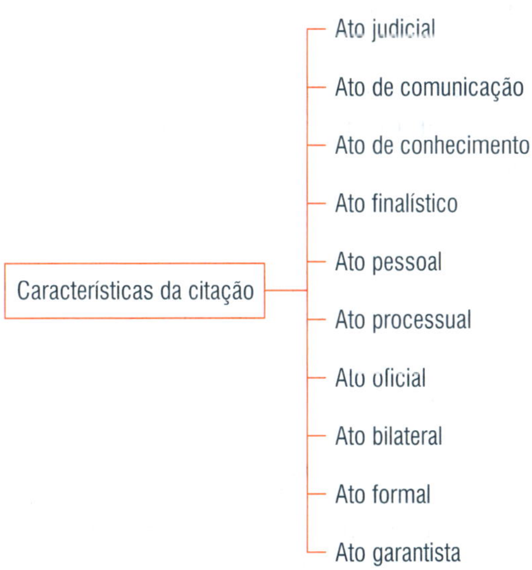

4. Sujeito passivo

O sujeito passivo da citação é o acusado (denunciado ou querelado). No caso de insano mental, a citação será feita na própria pessoa do insano, salvo no caso de insanidade mental reconhecida em juízo, em que a citação será feita na pessoa do curador nomeado. No caso de pessoa jurídica, a citação será feita na pessoa do representante legal.

5. Nulidades

Gera nulidade absoluta **a falta da citação**[2], já que é indispensável ao pleno exercício do direito de defesa e pressuposto essencial da observância do contraditório e do devido processo legal, nos termos do art. 564, III, *e*, do CPP. Tratando-se de nulidade absoluta, não tem aplicação o princípio da instrumentalidade das formas[3-4].

Citação circunduta é a citação anulada ou destituída de eficácia. "O ato pelo qual se julga nula ou de nenhuma eficácia a citação é chamado de 'circundução'; quando anulada diz-se que há 'citação circunduta'"[5].

No caso de **omissão de formalidade**, que constitui elemento essencial do ato citatório, haverá nulidade relativa, que será sanada quando não for arguida nas alegações finais.

Cabe ressaltar que, para a **declaração da nulidade da citação**, não basta a mera alegação da ausência de alguma formalidade na sua execução, sendo imperiosa a demonstração do eventual prejuízo concreto suportado pela parte na sua omissão, mormente quando se alcança a finalidade que lhe é intrínseca, conforme dispõe o art. 563 do Código de Processo Penal (Súmula 523 do STF). Por exemplo, se num caso concreto o ato foi denominado intimação em vez de citação, mas a finalidade de dar ciência da acusação ao réu, para chamá-lo a juízo para se defender, foi mantida, não há que se falar em nulidade, já que no processo penal pátrio, desde que alcançada a finalidade, o vício de forma não é preponderante.

---

2 Posição minoritária: atualmente, até mesmo em casos de nulidade absoluta, doutrina e jurisprudência têm exigido a comprovação de prejuízo para que a mácula possa ser reconhecida.

3 "É cediço que no terreno das nulidades no âmbito do processo penal vige o sistema da instrumentalidade das formas, no qual se protege o ato praticado em desacordo com o modelo legal caso tenha atingido a sua finalidade, cuja invalidação é condicionada à demonstração do prejuízo causado à parte, ficando a cargo do magistrado o exercício do juízo de conveniência acerca da retirada da sua eficácia, de acordo com as peculiaridades verificadas no caso concreto" (HC 175.612/SP, 5ª T., Rel. Min. Jorge Mussi, STJ, *DJe* 19-12-2011).

4 Atingida a finalidade essencial, não há nulidade do ato processual, ainda que realizado de forma diversa da preconizada pela lei. Incidência da Súmula 83, STJ.

5 CAPEZ, Fernando. *Curso de processo penal*. São Paulo: Saraiva, 2012.

O **comparecimento espontâneo do réu** supre ou sana a falta ou a nulidade da citação, da intimação ou notificação, desde que o interessado compareça antes de o ato consumar-se, embora declare que o faz para o único fim de argui-la[6]. O comparecimento espontâneo supre a falta da citação quando garantir o conhecimento antecipado da imputação. O juiz ordenará, todavia, a suspensão ou o adiamento do ato quando reconhecer que a irregularidade poderá prejudicar direito da parte.

6. Efeitos

No processo penal, a citação produz os seguintes efeitos:

6.1. Efeitos positivos

a) **Expresso:** integrar a instância, ou seja, a citação tem como efeito principal completar a instância, completar a relação jurídica processual, nos termos do art. 363 do CPP: "O processo terá completada a sua formação quando realizada a citação do acusado".

b) **Tácito ou presumido:** produzir a concretização do contraditório (informação, reação e debate).

c) **Regular:** com a citação tem-se uma demanda pendente de julgamento. Em sentido contrário: "a lide reputa-se pendente com a propositura da demanda"[7].

6.2. Efeitos negativos

a) **Não prevenção:** a citação no processo penal não torna prevento o juízo no processo penal. A prevenção ocorrerá com a distribuição ou a prática de qualquer ato, ainda que anterior ao recebimento da denúncia ou queixa.

b) **Não interrupção:** a citação no processo penal não interrompe a prescrição. A interrupção da prescrição ocorre nos casos taxativos previstos no art. 117 do CP: recebimento da denúncia ou queixa; pela pronúncia; pela decisão confirmatória da pronúncia; pela publicação da sentença condenatória ou acórdão condenatórios recorríveis; início e continuação do cumprimento da pena; reincidência.

---

[6] "Embora realizada a citação em nome de quem não está legitimado para responder à demanda, se o verdadeiro legitimado comparece espontaneamente para arguir a nulidade, é licito que se considere devidamente citado, a partir do seu comparecimento" (REsp 602.038/RS, 2ª T., Rel. Min. Eliana Calmon, julgado em 2-3-2004, *DJ* 17-5-2004).

[7] CAPEZ, Fernando. *Curso de processo penal*. São Paulo: Saraiva, 2012.

7. Espécies

Existem duas espécies de citação no Direito Brasileiro:

a) **Real ou direta:** feita na pessoa do acusado; há certeza de que ele toma conhecimento da ação proposta. A citação real abrange:

- **a citação por mandado:** quando o réu estiver em local certo e sabido dentro do território do juízo processante; será cumprida pelo oficial de justiça;
- **carta precatória:** quando o réu estiver em local certo e sabido fora da comarca do juízo processante;
- **carta rogatória:** quando o réu estiver no exterior, em local certo e sabido, ou em legação estrangeira (sede de embaixada e consulado);
- **carta de ordem:** é a citação determinada de tribunal para juiz ou de tribunal superior para tribunal de segundo grau.

b) **Ficta ou presumida ou indireta:** há presunção de que o acusado tenha tomado conhecimento da ação proposta. A citação ficta sofreu alteração com a reforma processual penal de 2008, já que foi introduzida no Direito Processual Penal uma forma de citação que até então não existia, a citação por hora certa, ao lado da já existente citação por edital. Dessa forma, há duas espécies de citação ficta:

- **citação por edital:** ocorre quando não for possível a citação pessoal nem por carta, sendo concretizada por editais, ou seja, comunicação escrita afixada em local de acesso público ou divulgada pela imprensa, para conhecimento geral ou de interessados;
- **citação por hora certa:** ocorre quando, por três vezes, o oficial de justiça tiver procurado o réu em seu domicílio ou residência, sem o encontrar, e ainda estiver com suspeita de ocultação do réu.

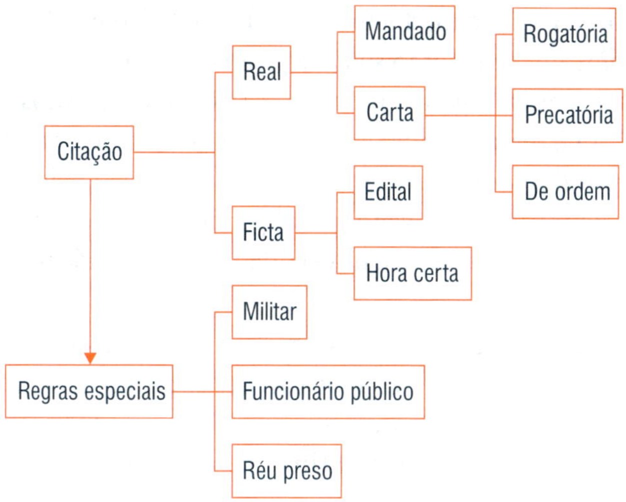

8. Citação por mandado

A citação por mandado é feita quando o réu estiver em local certo e sabido dentro do território do juízo processante, nos termos do art. 351 do CPP. Será cumprida pelo oficial de justiça.

O mandado de citação possui **requisitos intrínsecos** (a inexistência de qualquer requisito que impeça o conhecimento da citação gera sua nulidade): a) o nome do juiz (menção do cargo); b) o nome do querelante nas ações iniciadas por queixa (ofendido ou representante legal ou sucessor; quando é denúncia, não se exige menção do subscritor); c) o nome do réu, ou, se for desconhecido, os seus sinais característicos (servem para individualizar a pessoa do acusado); d) a residência do réu, se for conhecida; e) o fim para que é feita a citação (esclarecimento sobre o teor da imputação); f) prazo de 10 (dez) dias para resposta escrita, o juízo e o lugar da apresentação; g) a subscrição do escrivão e a rubrica do juiz (apócrifo sem qualquer valor).

O oficial de justiça deve procurar o acusado nos endereços constantes dos autos:

a) **Não encontrando o citando:** se o oficial não encontrar o citando no endereço constante no mandado e obtiver informações do seu paradeiro, deve procurar no local informado; caso contrário, devolve ao juízo para providências.

b) **Encontrando o citando:** se encontrar o citando, o oficial lhe faz a leitura do mandado e a entrega da contrafé (cópia do mandado e da acusação), na qual se mencionam dia e hora da citação. Após esse procedimento, o oficial elabora a certidão, documentando a citação e a declaração da entrega da contrafé, bem como sua aceitação ou recusa. O descumprimento da entrega da contrafé gera nulidade. Nos demais requisitos, o descumprimento é mera irregularidade. A falta da assinatura do citando no mandado não gera nulidade. A deficiência da descrição feita pelo oficial de justiça é causa de nulidade: devendo a diligência ser repetida. A ausência de assinatura do oficial de justiça na certidão gera nulidade relativa se houver prejuízo para a defesa.

Existem casos de imunidade da citação, ou seja, casos em que não será feita, salvo para evitar o perecimento do direito: a) de quem estiver participando de ato de culto religioso; b) de cônjuge, de companheiro ou de qualquer parente do morto, consanguíneo ou afim, em linha reta ou na linha colateral em segundo grau, no dia do falecimento e nos 7 (sete) dias seguintes; c) de noivos, nos 3 (três) primeiros dias seguintes ao casamento; d) aos doentes, enquanto grave o seu estado.

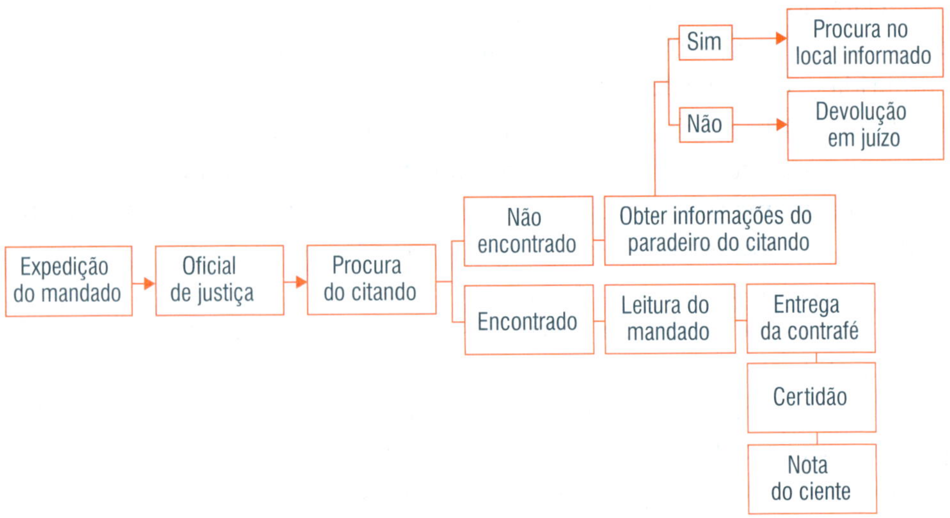

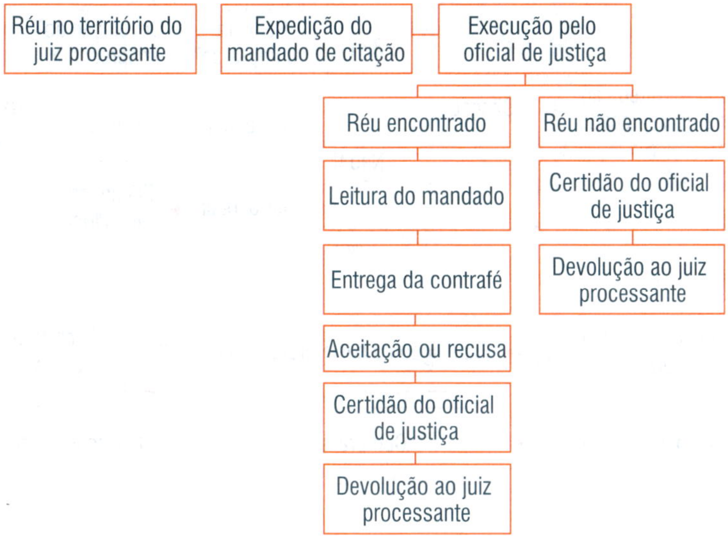

9. Citação por precatória

A citação por precatória é feita quando o réu estiver em local certo e sabido fora do território do juízo processante.

A precatória possui os seguintes **requisitos intrínsecos**: a) o juiz deprecado e o juiz deprecante; b) a sede da jurisdição de um e de outro; c) o fim para o qual é feita a citação, com todas as especificações; d) o juízo do lugar, o dia e a hora em que o réu deverá comparecer.

O juízo deprecante expede a carta precatória ao juízo deprecado que, ao recebê-la, determina a citação. Após cumprida a precatória, o deprecado registra o "cumpra-se" e a devolve ao juiz deprecante, independentemente de traslado. Se o réu estiver em comarca distinta da do juízo deprecado, o próprio juiz deprecado encaminha a carta precatória para novo local (caráter itinerante da precatória). Se na comarca do juiz deprecado o oficial de justiça certificar-se de que o réu se oculta para não ser citado, a precatória será imediatamente devolvida para o juízo deprecante. O deprecado não pode se recusar a cumprir a precatória, salvo quando não for revestida dos requisitos legais.

Se houver **urgência**, a precatória, que conterá em resumo os requisitos intrínsecos, poderá ser expedida por via telegráfica, depois de reconhecida a firma do juiz, o que a estação expedidora mencionará, além de poder ser expedida, outrossim, por telegrama, telex, fax ou telefone.

O interrogatório por precatória é possível pelo juízo deprecado, nos termos do Provimento n. 793/2003 do Conselho Superior da Magistratura do Estado de São Paulo. A Resolução n. 93/95 do TJ/SP determina que a citação seja feita por mandado quando forem comarcas contíguas, para agilizar o serviço.

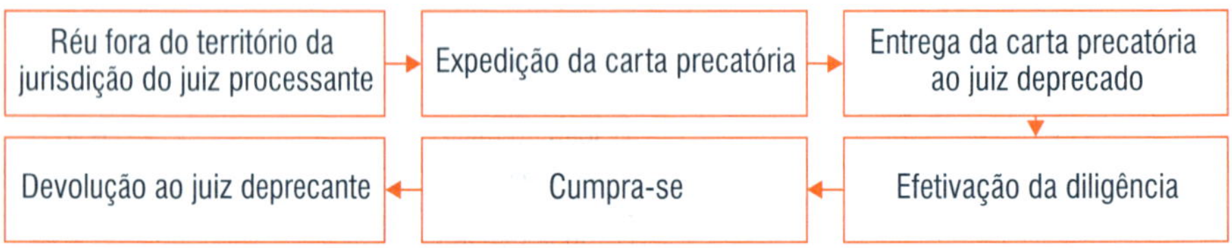

10. Citação do militar

> **Questão de prova**
>
> A prova da Magistratura SC/2009 considerou INCORRETA a afirmativa: "Conforme o Código de Processo Penal, o militar será citado por mandado a ser cumprido pelo oficial de justiça".

O militar é a pessoa que está na ativa e integra as Forças Armadas (Exército, Marinha ou Aeronáutica), a Polícia Militar ou o Corpo de Bombeiros Militares.

A citação do militar será feita por intermédio do chefe do respectivo serviço, em razão dos pressupostos da organização militar, baseados na hierarquia e na disciplina.

Quando o militar estiver na:

a) **mesma comarca do juízo processante:** o juízo processante expede ofício requisitório e remete para o chefe de serviço onde se encontra o militar. O chefe recebe o ofício e faz a citação; após realizada a citação, encaminha ao juiz processante comprovação de que o militar tomou ciência do ofício requisitório, bem como a autorização para comparecer em juízo, em local, dia e hora designados, para oferecer defesa escrita;

b) **fora da comarca do juízo processante:** carta precatória; cabe ao juiz deprecado a expedição do ofício requisitório.

Os requisitos intrínsecos e extrínsecos do ofício requisitório são os mesmos da citação por mandado. A respeito de a requisição dispensar a citação pessoal, há dois posicionamentos: a) não dispensa, em homenagem ao contraditório; b) dispensa, pois não há previsão legal.

11. Citação do funcionário público

No caso de o funcionário público exercer funções na comarca do juízo processante, a citação será por mandado, com notificação ao chefe da repartição para promover substituição; se exercer funções fora da comarca do juízo processante, a citação será por precatória, com notificação ao chefe da repartição para promover substituição quando tiver de comparecer em juízo para oferecer defesa escrita.

A notificação é dispensável se o funcionário estiver afastado do serviço. Se o funcionário for juiz, a notificação será dirigida ao presidente do Tribunal; se for membro do Ministério Público, ao procurador-geral.

12. Citação do réu preso

Nos termos do art. 360 do Código de Processo Penal (Lei n. 10.792/2003), a citação ao acusado preso será pessoal, não sendo mais permitida a sua simples requisição para ser interrogado em juízo.

No caso de réu preso na mesma comarca do juízo processante, a citação será feita por mandado e executada por oficial de justiça.

Quando o réu estiver preso fora da comarca do juízo processante, a citação será feita por precatória.

No caso de réu preso em outro Estado da Federação, aplica-se a Súmula 351 do STF: "É nula a citação por edital de réu preso na mesma unidade da Federação em que o Juiz exerce a sua jurisdição".

A ausência de citação do acusado que se encontra preso é causa de nulidade absoluta (HC 69.838/PI, Rel. Min. Arnaldo Esteves Lima, 5ª T., julgado em 28-5-2008, *DJe* 4-8-2008).

13. Citação por edital

A citação por edital é realizada por meio de publicação e afixação de edital na entrada do fórum, havendo presunção de que o réu dela tomou conhecimento.

Só será realizada após **esgotamento de todos os meios** para localizar o acusado. No caso de réu preso no mesmo Estado em **comarca diversa**, não cabe edital, nos termos da Súmula 351 do STF.

Questões de prova

A prova de Promotor de Justiça MPE/RR/2008 considerou CORRETA a afirmativa: "Cristiano, ao ser indiciado em inquérito policial, compareceu para prestar depoimento acompanhado de seu advogado, que apresentou procuração, que foi juntada aos autos do procedimento de investigação. Cristiano foi denunciado e o oficial de justiça, ao comparecer no endereço indicado no interrogatório realizado na delegacia, apurou que o acusado havia se mudado. O promotor de justiça, então, requereu a citação do réu por edital, o que foi deferido pelo juiz. Nessa situação, é correto afirmar que a citação editalícia foi nula".

Questões de prova

A prova da Magistratura TJ/SE/2008 considerou INCORRETA a afirmativa: "É válida a citação, por edital, de réu preso na mesma unidade da Federação em que o juiz exerce a sua jurisdição".

A citação por edital será realizada quando o **réu não for encontrado para citação pessoal**, situação documentada em certidão lavrada pelo oficial de justiça encarregado da execução do mandado de citação pessoal, sob pena de nulidade. A certidão do oficial de justiça tem fé pública, salvo prova em contrário. O prazo do edital é de 15 dias.

Apesar da revogação do art. 363, I, do CPP ("A citação ainda será feita por edital: I – quando inacessível, em virtude de epidemia, de guerra ou por outro motivo de força maior, o lugar em que estiver o réu") pela Lei n. 11.719/2008, é ainda cabível a citação por edital do réu nessa condição, por aplicação analógica do art. 231, II, do CPC, que dispõe ser cabível a citação por edital quando inacessível o lugar em que se encontrar o réu. Em sentido contrário, Hidejalma Muccio[8].

São **requisitos intrínsecos** do edital: a) o nome do juiz que determinar a citação; b) o nome do réu ou, se não for conhecido, os seus sinais característicos, bem como sua residência e profissão, se constarem do processo; c) o fim para que é feita a citação; d) o juízo e o dia, a hora e o lugar em que o réu deverá comparecer; e) o prazo, que será contado do dia da publicação do edital na imprensa, se houver, ou da sua afixação. **Não é necessário transcrever a ação penal**, bastando indicar o dispositivo legal do crime, nos termos da Súmula 366 do STF. O dia do começo do prazo do edital é o da publicação ou da afixação; mas o prazo começa a contar a partir do primeiro dia útil seguinte ao da publicação ou afixação.

Questão de prova

A prova de Analista TRE/GO/2009 considerou INCORRETA a afirmativa: "O réu que não for encontrado deverá ser citado por edital, sendo imprescindível a transcrição da denúncia ou queixa ou que seja feito resumo dos fatos em que esta se baseia".

São **requisitos extrínsecos** da citação por edital: a) o edital será afixado à porta do edifício onde funcionar o juízo e será publicado pela imprensa, onde houver, devendo a afixação ser certificada pelo oficial que a tiver feito e a publicação provada por exemplar do jornal ou certidão do escrivão, da qual conste a página do jornal com a data da publicação; b) publicação obrigatória no diário oficial; se não houver diário oficial, será feita no jornal local; se não houver verba para fazê-la no jornal local, a publicação será dispensada. A falta de afixação gera nulidade relativa. A falta de certificação gera nulidade se gerar dúvida na publicação e afixação.

[8] MUCCIO, Hidejalma. *Curso de processo penal*. São Paulo: Método, 2011.

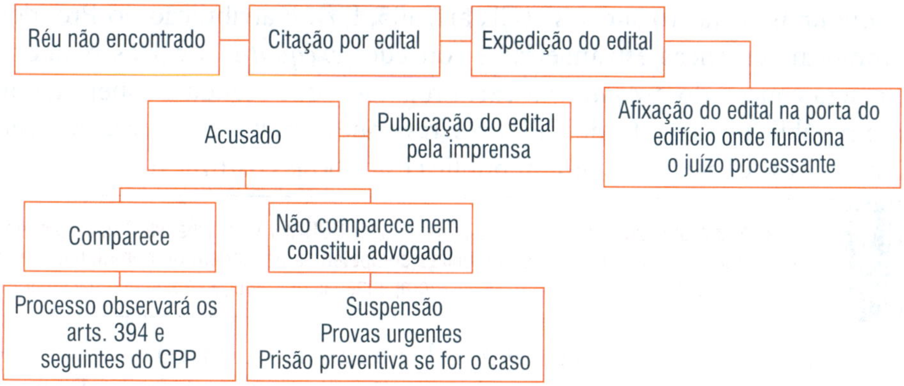

14. Citação por carta rogatória

Questão de prova

A prova de Analista Judiciário TRF 4ª Região/2007 considerou INCORRETA a afirmativa: "Tício está residindo na França, mas em endereço desconhecido. Nesse caso, a sua citação far-se-á por carta rogatória".

A citação do réu no estrangeiro será feita por carta rogatória em dois casos: a) réu no exterior em local certo e sabido (se o réu estiver no exterior em local incerto e não sabido, a citação será por edital de 15 dias); b) réu em legação estrangeira (sede de embaixada e consulado).

A regra da citação em legação estrangeira só é aplicada para os funcionários do consulado ou embaixada; não abrange os empregados particulares, que serão citados por mandado ou precatória.

Na carta rogatória, há dois personagens: a) juízo rogante: que expede a carta rogatória; b) juízo rogado: que recebe a carta rogatória.

As cartas rogatórias só serão expedidas se demonstrada previamente a sua imprescindibilidade, arcando a parte requerente com os custos de envio.

A expedição da rogatória não suspenderá a instrução criminal. Findo o prazo marcado, poderá realizar-se o julgamento, mas, a qualquer tempo, a rogatória, uma vez devolvida, será juntada aos autos.

Sem prejuízo de convenções ou tratados, são aplicados à expedição e ao cumprimento de cartas rogatórias para citações, inquirições e outras diligências necessárias à instrução de processo penal, o CPP e a Resolução n. 9 do STJ.

O juízo rogante expede a carta rogatória e a remete ao Ministro da Justiça, que solicita ao Ministro das Relações Exteriores o seu cumprimento, ou seja, o envio, por via diplomática, às autoridades estrangeiras competentes. No exterior, a carta rogatória é cumprida segundo a lei do país rogado.

"Compete ao **Superior Tribunal de Justiça** (...) processar e julgar, originariamente: (...) a homologação de sentenças estrangeiras e a concessão de *exequatur* às cartas rogatórias" (CF, art. 105, I, *i*). É atribuição do Presidente homologar sentenças estrangeiras e conceder *exequatur* a cartas rogatórias. Não será concedido *exequatur* a carta rogatória que ofenda a soberania ou a ordem pública (o art. 781 do CPP prescreve que as cartas rogatórias não serão cumpridas se contrárias à ordem pública e aos bons costumes).

Questão de prova

A prova de Analista Judiciário STJ/2008 considerou INCORRETA a afirmativa: "As cartas rogatórias emanadas de autoridades estrangeiras competentes dependem de homologação pelo STF para serem cumpridas e devem estar acompanhadas de tradução em língua nacional".

As cartas rogatórias podem ter por objeto atos decisórios ou não decisórios. Os pedidos de cooperação jurídica internacional que tiverem por objeto atos que não ensejem juízo de delibação pelo Superior Tribunal de Justiça, ainda que denominados carta rogatória, serão encaminhados ou devolvidos ao Ministério da Justiça para as providências necessárias ao cumprimento por auxílio direto.

Constatada a situação legal da citação por carta rogatória, será esta expedida. A parte interessada será intimada para, no prazo de 15 (quinze) dias, impugnar a carta rogatória. A medida solicitada poderá ser realizada sem que seja ouvida a parte interessada quando sua intimação prévia puder resultar na ineficácia da cooperação internacional.

A defesa somente poderá versar sobre autenticidade dos documentos, inteligência da decisão e observância dos requisitos da Resolução n. 9 do STJ (procedimento das cartas rogatórias).

Havendo impugnação às cartas rogatórias decisórias, o processo poderá, por determinação do Presidente, ser distribuído para julgamento pela Corte Especial. Revel ou incapaz o requerido, dar-se-lhe-á curador especial, que será pessoalmente notificado. O Ministério Público terá vista dos autos nas cartas rogatórias pelo prazo de 10 (dez) dias, podendo impugná-las. Das decisões do Presidente nas cartas rogatórias, cabe agravo regimental.

A carta rogatória, depois de concedido o *exequatur*, será remetida para cumprimento pelo Juízo Federal competente. "Aos juízes federais compete processar e julgar: (...) a execução de carta rogatória, após o *exequatur*, e de sentença estrangeira, após a homologação" (CF, art. 109, X).

No cumprimento da carta rogatória pelo Juízo Federal competente, cabem embargos relativos a quaisquer atos que lhe sejam referentes, opostos no prazo de 10 (dez) dias, por qualquer interessado ou pelo Ministério Público, julgando-os o Presidente. Da decisão que julgar os embargos, cabe agravo regimental. Quando cabível, o Presidente ou o Relator do Agravo Regimental poderá ordenar diretamente o atendimento à medida solicitada. Cumprida a carta rogatória, será devolvida ao Presidente do STJ, no prazo de 10 (dez) dias, e por este remetida, em igual prazo, por meio do Ministério da Justiça ou do Ministério das Relações Exteriores, à autoridade judiciária de origem.

15. Citação por hora certa[9]

> **Questão de prova**
> A prova da AGU/2010 considerou CORRETA a afirmativa: "É cabível a citação por hora certa no processo penal, desde que o oficial de justiça verifique e certifique que o réu se oculta para não ser citado. Nessa situação, para que se complete a citação com hora certa, o escrivão deve enviar ao réu carta, telegrama ou radiograma, dando-lhe ciência de tudo".

A **citação por hora certa**, introduzida no processo penal pela Lei n. 11.719/2008[10], ocorre quando o oficial de justiça, por três vezes, procurar o réu em seu domicílio ou residência para citação pessoal, não o encontrar, e constatar suspeita de ocultação.

> **Questão de prova**
> A prova de Promotor de Justiça MG/2010 considerou INCORRETA a afirmativa: "A citação por hora certa é instituto típico do direito processual civil, não tendo previsão no direito processual penal".

Na citação por hora certa[11], além do requisito objetivo (ausência do réu para citação pessoal, após três tentativas de procura, com a informação de que

9 O Supremo Tribunal Federal reconheceu, por meio de votação no Plenário Virtual, a existência de repercussão geral no Recurso Extraordinário (RE) 635.145, em que se discute a constitucionalidade ou não da citação por hora certa prevista no Código de Processo Penal. Assim, a questão será levada ao Plenário do STF para julgamento. A decisão tomada será aplicada a todos os demais processos sobre a matéria em trâmite nos tribunais brasileiros. O recurso contesta a aplicabilidade do art. 362 do CPP, à luz dos princípios constitucionais do contraditório e da ampla defesa (art. 5º, LV) e do art. 8º, item 2, *b*, da Convenção Americana sobre Direitos Humanos. O recorrente sustenta "a existência de cerceamento à própria defesa ante a continuidade do feito", uma vez que "o acusado tem o direito de ser pessoalmente informado da acusação que lhe é imputada para, assim, poder exercer plenamente sua defesa".

10 CPP: "Art. 362. Verificando que o réu se oculta para não ser citado, o oficial de justiça certificará a ocorrência e procederá à citação com hora certa, na forma estabelecida nos arts. 227 a 229 da Lei n. 5.869, de 11 de janeiro de 1973 – Código de Processo Civil". CPC: "Art. 227. Quando, por três vezes, o oficial de justiça houver procurado o réu em seu domicílio ou residência, sem o encontrar, deverá, havendo suspeita de ocultação, intimar a qualquer pessoa da família, ou em sua falta a qualquer vizinho, que, no dia imediato, voltará, a fim de efetuar a citação, na hora que designar. Art. 228. No dia e hora designados, o oficial de justiça, independentemente de novo despacho, comparecerá ao domicílio ou residência do citando, a fim de realizar a diligência. § 1º Se o citando não estiver presente, o oficial de justiça procurará informar-se das razões da ausência, dando por feita a citação, ainda que o citando se tenha ocultado em outra comarca. § 2º Da certidão da ocorrência, o oficial de justiça deixará contrafé com pessoa da família ou com qualquer vizinho, conforme o caso, declarando-lhe o nome. Art. 229. Feita a citação com hora certa, o escrivão enviará ao réu carta, telegrama ou radiograma, dando-lhe de tudo ciência".

11 Antes do advento da Lei n. 11.719/2008, verificando-se que o réu se oculta para não ser citado, a citação era feita por edital com prazo de 5 (cinco) dias.

foram empreendidas todas as diligências necessárias para a sua localização), é necessário o requisito subjetivo (suspeita de ocultação do réu constatada pelo oficial de justiça).

A validade da citação por hora certa depende da presença dos requisitos objetivo e subjetivo[12]. A análise dos referidos requisitos (de que não teriam sido esgotados todos os meios de localização do réu e/ou de que não foi evidenciada a intenção de ocultação) depende de dilação probatória, incompatível com a via do *habeas corpus*.

Presentes os requisitos, o oficial deve intimar pessoa da família ou, em sua falta, qualquer vizinho, informando que, no dia seguinte, voltará, a fim de efetuar a citação, na hora designada.

No dia e hora designados, o oficial de justiça, independentemente de novo despacho, comparecerá ao domicílio ou residência do citando, a fim de efetuar a citação. Se ele estiver presente, o oficial realiza a citação e documenta a diligência. Se não estiver presente, informa-se da ausência, dando por feita a citação, ainda que o citando se tenha ocultado em outra comarca. O oficial documentará a citação por meio de certidão, deixando a contrafé com pessoa da família ou qualquer vizinho. O escrivão enviará ao réu carta, telegrama ou radiograma dando-lhe ciência da citação[13].

Completada a citação com hora certa, se o acusado não comparecer, ser-lhe-á nomeado defensor dativo, nos termos do art. 362, parágrafo único, do CPP.

A jurisprudência do STJ[14] sustenta nulidade na citação feita por hora certa nos seguintes casos: a) se o oficial de justiça deixa de consignar na certidão os horários em que realizou as diligências; b) se o oficial de justiça não atestar de forma pormenorizada, com a indicação dos motivos da suspeita de ocultação do réu; c) se não houver remessa pelo escrivão de carta, telegrama ou radiograma, dando ciência ao réu da citação feita por hora certa.

---

12 RHC 31.421/SP, 5ª T., STJ, Rel. Min. Laurita Vaz, *DJe* 21-5-2012.

13 "**Carta.** O envio, pelo escrivão, da carta de hora certa ao citando é condição para o aperfeiçoamento da citação, sem o que não é válida nem regular" (NERY JÚNIOR, Nelson. *Código de Processo Civil comentado e legislação extravagante*. São Paulo: Revista dos Tribunais, 2010).

14 REsp 687.115/GO, 3ª T., STJ, Rel. Min. Nancy Andrighi, 3ª T., STJ, *DJ* 1º-8-2007; REsp 473.080/RJ, Rel. Min. Ari Pargendler, *DJ* 24-3-2003.

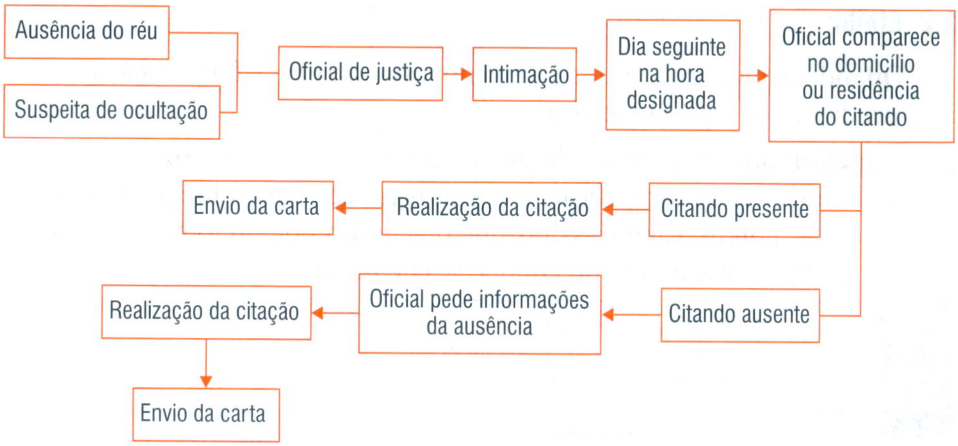

16. Citação por carta de ordem

A citação por carta de ordem é a citação determinada de tribunal para juiz ou de tribunal superior para tribunal de segundo grau para cumprimento de ato processual.

II – Revelia

1. Contumácia

A contumácia é o não comparecimento da parte em juízo, pode ser do autor, do réu ou de ambos. A contumácia do réu gera revelia.

2. Revelia

2.1. Cabimento

A revelia no processo penal ocorre nos seguintes casos:

a) **ausência do acusado:** ausência do acusado no processo, quando citado ou intimado pessoalmente para qualquer ato, deixar de comparecer, de oferecer defesa escrita, sem motivo justificado;

b) **mudança de endereço:** no caso de mudança de residência, não comunicar o novo endereço ao juízo; parte da doutrina entende que não basta a alteração da residência, sem comunicação ao juízo, sendo necessária a ausência do réu na realização de ato processual em que seja exigida sua presença[15].

[15] PACELLI, Eugênio. *Curso de processo penal*. São Paulo: Atlas, 2012.

2.2. Efeitos

Quando o juiz reconhecer a revelia no processo penal, tal situação processual produzirá os seguintes efeitos:

a) **dispensa:** prosseguimento do processo à revelia do acusado, com dispensa de intimação ou notificação dos atos processuais subsequentes, salvo sentença; porém, cabe ressaltar que o acusado pode retomar o processo em qualquer fase no estado em que se encontrar;

> **Questão de prova** A prova da Magistratura TJ/SP/2008 considerou CORRETA a afirmativa: "No tocante ao acusado que, citado pessoalmente, muda de residência e, sem motivo justificado, não comunica ao juiz o novo endereço, a revelia torna desnecessária a intimação do acusado para os demais atos do processo até a sentença".

b) **defesa:** terá defensor nomeado pelo juiz, uma vez que seus direitos são sempre indisponíveis; deve ter atuação eficiente, sob pena de ser afastado e substituído por outro juiz;

c) **benefícios:** não impede a concessão de suspensão condicional da pena; não impede a possibilidade de concessão do direito de apelar em liberdade; ocorre quebra da fiança e revogação da liberdade provisória;

d) **confissão:** no processo penal, a revelia **não gera confissão ficta**, ou seja, a presunção de veracidade dos fatos alegados pelo autor.

2.3. Decretação

Se houver decretação errônea da revelia, haverá nulidade dos atos praticados durante o período em que foi considerado revel e repetição dos atos.

A revelia pode não ser decretada ou ser relevada quando houver justa causa aceita pelo juiz.

3. Revelia e art. 366 do CPP

Se o acusado, **citado por edital, não comparecer nem constituir advogado**, ficarão suspensos o processo e o curso do prazo prescricional, podendo o juiz determinar a produção antecipada das provas consideradas urgentes e, se for o caso, decretar prisão preventiva.

> **Questão de prova** A prova de Analista de Finanças e Controle CGU/2004 considerou INCORRETA a afirmativa: "T é citado por edital para a ação penal. Não comparece nem constitui advogado. Pode-se afirmar que o processo, nesse caso, deve prosseguir em seus ulteriores termos, nomeando-se, porém, advogado dativo para realizar a defesa, porque o acusado é revel".

O processo pode retomar seu desenvolvimento regular, cessando a suspensão, quando houver o comparecimento do réu em juízo ou com a constituição do advogado.

Na Lei n. 9.613/98, há a previsão de que, no processo por crime de lavagem de dinheiro, não se aplica o disposto no art. 366 do CPP. Parte da doutrina entende que, com o advento da Lei n. 11.719/2008, o art. 366 do CPP seria aplicável a todos os procedimentos penais de primeira instância, inclusive o da lavagem de dinheiro.

A situação não é aplicada ao processo militar, nos termos do Código de Processo Penal Militar.

A suspensão do processo depende do pronunciamento judicial. Já a suspensão da prescrição é consequência natural da suspensão do processo.

A decisão judicial de suspensão é recorrível. A doutrina diverge: a) uns dizem que o recurso cabível é o RESE (art. 581, XVI, do CPP)[16]; outros falam em correição parcial[17]; outros afirmam que cabe apelação, nos termos do art. 593, II, do CPP[18].

No curso da suspensão do processo, o juiz poderá determinar a produção antecipada das provas consideradas urgentes, na presença da acusação e da defesa. Contra o indeferimento da produção da prova, para alguns cabe mandado de segurança, para outros, correição parcial. No caso de prova testemunhal urgente, há uma divergência sobre a conceituação: a) testemunha velha ou enferma, nos termos do art. 225 do CPP; b) qualquer, já que o passar do tempo acarreta perda da memória da testemunha; c) depende da análise do caso concreto, sendo uma faculdade conferida ao julgador, sob pena de ofensa ao devido processo legal (HC 239.034, STJ). Em face da Súmula 455 do STJ, a decisão que determina a produção antecipada de provas com base no art. 366 do CPP deve ser concretamente fundamentada, não a justificando unicamente o mero decurso do tempo.

No curso da suspensão do processo, o juiz poderá decretar prisão preventiva. Cabe ressaltar que não é medida obrigatória, de forma que depende da presença dos requisitos e motivos que ensejam sua decretação.

Questão de prova

A prova da Magistratura TJ/PI/2007 considerou INCORRETA a afirmativa: "O acusado revel que, citado por edital, não compareceu nem nomeou advogado poderá, nos termos do art. 366 do Código de Processo Penal, ter sua prisão preventiva decretada, com fundamento na própria revelia".

---

16 CAPEZ, Fernando. *Curso de processo penal*. São Paulo: Saraiva, 2012.

17 NUCCI, Guilherme. *Manual de processo penal e execução penal*. São Paulo: RT, 2011.

18 RANGEL, Paulo. *Direito processual penal*. São Paulo: Atlas, 2012.

Em relação ao período de suspensão da prescrição, a regra é observar o prazo máximo da prescrição da pretensão punitiva, qual seja, 20 (vinte) anos, nos termos do art. 109, I, do CP (Súmula 415, STJ).

A norma contida no art. 366 do CPP é norma híbrida, pois contém disposições de caráter penal e processual penal. Dessa forma, aos processos instaurados antes de 17 de junho de 1996, o juiz não determina a suspensão do processo. Assim, o art. 366 do CPP só é aplicável aos crimes praticados após a vigência da Lei n. 9.271/96.

III – Intimação

1. Conceito

Intimação é dar ciência de um ato passado, cuja falta gera nulidade por cerceamento de defesa. Ao procedimento da intimação, são aplicadas as regras de citação. Intimação difere de notificação: intimação refere-se a ato passado; e notificação é dar ciência de ato futuro.

2. Regras gerais

2.1. Intimação do defensor constituído, do advogado do querelante e do assistente

Será feita por publicação no órgão incumbido da publicidade dos atos judiciais da comarca, incluindo, sob pena de nulidade, o nome do acusado. Caso não haja órgão de publicação dos atos judiciais na comarca, a **intimação será feita pelo escrivão**: a) por mandado ou intimação pessoal: no balcão do ofício judicial quando o advogado lá comparece; b) via postal, com comprovante de recebimento; c) qualquer outro meio idôneo.

Questões de prova

A prova da Magistratura TJ/MT/2009 considerou INCORRETA a afirmativa: "Devem ser intimados pessoalmente o Ministério Público e o advogado do assistente".

A prova da Magistratura TJ/GO/2009 considerou CORRETA a afirmativa: "Podem ser intimados por publicação no órgão incumbido da publicidade dos atos judiciais da Comarca o advogado do querelante e o constituído, mas não o nomeado".

A prova de Delegado da Polícia Civil AP/2010 considerou CORRETA a afirmativa: "na comarca, a intimação far-se-á diretamente pelo escrivão, por mandado, ou via postal com comprovante de recebimento, ou por qualquer outro meio idôneo".

2.2. Intimação do Ministério Público e do defensor nomeado

Será pessoal a intimação do Ministério Público, com a entrega dos autos com vista. Defensor nomeado abrange defensor público (art. 5º, § 5º, da Lei n. 1.060/50), procurador de assistência judiciária e defensor dativo.

Questões de prova

A prova de Defensor Público DP/ES/2009 considerou INCORRETA a afirmativa: "Se, em determinado processo criminal findo, em que a defesa estava sendo patrocinada pela defensoria pública estadual, houver a intimação pessoal do corregedor-geral dessa instituição, na data de julgamento do recurso de apelação da defesa, sem que seja feita a intimação do defensor que efetivamente atuava no feito, não se poderá falar em nulidade por ausência de intimação pessoal, pois as prerrogativas inerentes à mencionada função foram devidamente respeitadas".

A prova de Defensor Público DP/ES/2009 considerou CORRETA a afirmativa: "Na hipótese de assistência judiciária gratuita, o defensor público e o advogado particular no exercício de defesa dativa possuem as prerrogativas de intimação pessoal, contando-se em dobro os prazos processuais".

2.3. Intimação de testemunha

É pessoal. Em São Paulo, é possível intimar testemunha por via postal, nos termos da Lei Estadual n. 3.947/83. No julgamento do Tribunal do júri, o julgamento não será adiado se a testemunha deixar de comparecer, salvo se uma das partes tiver requerido a sua intimação por mandado, na oportunidade da preparação do processo para julgamento em Plenário, declarando não prescindir do depoimento e indicando a sua localização. Se, intimada, a testemunha não comparecer, o juiz-presidente suspenderá os trabalhos e mandará conduzi-la, ou adiará o julgamento para o primeiro dia desimpedido, ordenando a sua condução. O julgamento será realizado mesmo na hipótese de a testemunha não ser encontrada no local indicado, se assim for certificado por oficial de justiça.

2.4. Intimação do jurado

É feita pelos Correios, ou por qualquer outro meio hábil, para comparecer no dia e na hora designados para reunião, sob as penas da lei. É possível a intimação por telefone ou meio eletrônico, nos termos da Lei n. 11.419/2006. No instrumento de convocação dos jurados, devem constar os requisitos para ser jurado, os deveres, as vantagens e as causas de isenção.

2.5. Intimação do réu

a) Réu na comarca: intimação por mandado.
b) Réu fora do território do juízo processante: por precatória (o prazo se conta a partir da data da intimação, nos termos da Súmula 710 do STF).
c) Réu em local certo e sabido no exterior ou em legação estrangeira: por rogatória.
d) Réu preso: mandado.

2.6. Intimação na sexta-feira

O prazo terá início na segunda-feira, salvo se não houver expediente, caso em que começará no primeiro dia útil seguinte.

2.7. Intimação de acórdão

É feita por imprensa oficial, salvo no caso do Ministério Público, que é pessoal.

2.8. Intimação por despacho judicial na petição

a) Leitura da petição ao intimando ou notificando pelo oficial ou escrivão e entrega da contrafé, na qual se mencionarão dia e hora da citação.

b) Declaração do oficial, na certidão, da entrega da contrafé e de sua aceitação ou recusa.

2.9. Intimação da expedição da carta precatória

Em face do art. 222 do CPP, é necessária a intimação da expedição da carta precatória; pela Súmula 273 do STJ, quando houver a referida intimação, é desnecessária a intimação da data da audiência no juízo deprecado.

2.10. Adiamento de audiência

O juiz marcará desde logo, na presença das partes e testemunhas, dia e hora para seu prosseguimento, do que se lavrará termo nos autos.

3. Intimação da sentença

Questão de prova

A prova de Promotor de Justiça RR/2008 considerou CORRETA a afirmativa: "Para a validade da decisão a ser proferida em recurso criminal, será imprescindível a intimação do defensor do réu da sessão de julgamento, sob pena de nulidade".

É ato que possibilita não apenas o conhecimento da decisão, mas convoca o interessado para oferecer recurso se quiser:

a) **intimação do Ministério Público:** é pessoal, com vista dos autos, feita pelo escrivão, no prazo de três dias após a publicação da sentença, sob pena de suspensão de cinco dias;

b) **intimação do defensor:** tanto para o nomeado como para o dativo, a intimação é pessoal. O defensor constituído será intimado pela Imprensa Oficial;

c) **intimação do querelante e assistente do Ministério Público:** é pessoal ou na pessoa do seu advogado. Se nenhum deles for encontrado na sede do juízo, a intimação será feita por edital no prazo de 10 (dez) dias. Tourinho Filho sustenta aplicação analógica do art. 237, II, do CPC, devendo haver intimação com aviso de recebimento;

d) **intimação do réu e defensor:** há dupla intimação, no caso de sentença condenatória, para o condenado e para o defensor, em homenagem à ampla defesa. O prazo recursal será iniciado a partir da última intimação. O réu será intimado pessoalmente, não importando a infração penal praticada, em homenagem à ampla defesa. Se o réu não for encontrado, a intimação será feita por edital: se for condenado a pena privativa de liberdade igual ou superior a um ano, o prazo do edital será de 90 dias; nos demais casos, o prazo será de 60 dias;

e) **intimação por precatória:** o prazo do recurso começa a contar da intimação, nos termos da Súmula 710 do STF.

4. Intimação da decisão de pronúncia

Questão de prova A prova de Oficial de Justiça TJ/SP/2009 considerou CORRETA a afirmativa: "Quanto à intimação da decisão de pronúncia, pode-se afirmar que o acusado solto que não for encontrado será intimado por edital".

a) **Acusado, defensor nomeado e Ministério Público:** a intimação será pessoal.

b) **Defensor constituído, querelante e assistente do Ministério Público:** será feita por publicação no órgão incumbido da publicidade dos atos judiciais da comarca, incluindo, sob pena de nulidade, o nome do acusado. Caso não haja órgão de publicação dos atos judiciais na comarca, a intimação será feita pelo escrivão: 1) por mandado ou intimação pessoal: no balcão do ofício judicial quando o advogado lá comparece; 2) via postal, com comprovante de recebimento; 3) qualquer outro meio idôneo.

c) **Acusado solto não encontrado:** será intimado por edital. No procedimento relativo aos processos de competência do Tribunal do Júri, não é admitido que a intimação da decisão de pronúncia seja realizada por edital quando o processo houver transcorrido desde o início à **revelia** do réu que também fora citado por edital, nos termos do *Informativo* 537/2014 do STJ.

5. Regras especiais

5.1. Intimação para interrogatório

Se o acusado não atender à intimação para o interrogatório, reconhecimento ou qualquer outro ato que, sem ele, não possa ser realizado, a autoridade poderá mandar conduzi-lo à sua presença.

5.2. Intimação do assistente

O processo prosseguirá independentemente de nova intimação do assistente, quando este, intimado, deixar de comparecer a qualquer dos atos da instrução ou do julgamento, sem motivo de força maior devidamente comprovado.

5.3. Intimação do perito

O perito que, sem justa causa, provada imediatamente, deixar de acudir à intimação ou ao chamado da autoridade sofrerá punição disciplinar e criminal, se for o caso.

5.4. Intimação nas medidas cautelares diversas da prisão

Ressalvados os casos de urgência ou de perigo de ineficácia da medida, o juiz, ao receber o pedido de medida cautelar, determinará a intimação da parte contrária, acompanhada de cópia do requerimento e das peças necessárias, permanecendo os autos em juízo.

5.5. Intimação na prisão em domicílio

Se o executor do mandado verificar, com segurança, que o réu entrou ou se encontra em alguma casa, o morador será intimado a entregá-lo, à vista da ordem de prisão. Se não for obedecido imediatamente, o executor convocará duas testemunhas e, sendo dia, entrará à força na casa, arrombando as portas, se preciso; sendo noite, o executor, depois da intimação ao morador, se não for atendido, fará guardar todas as saídas, tornando a casa incomunicável, e, logo que amanheça, arrombará as portas e efetuará a prisão. O morador que se recusar a entregar o réu oculto em sua casa será levado à presença da autoridade, para que se proceda contra ele como for de direito.

5.6. Intimação na defesa inicial (procedimento comum e do júri)

Na resposta à acusação, o acusado poderá arguir preliminares e alegar tudo o que interesse à sua defesa, oferecer documentos e justificações, especificar as provas pretendidas e arrolar testemunhas, qualificando-as e requerendo sua intimação, quando necessário.

5.7. Intimação para audiência de instrução e julgamento

Recebida a denúncia ou queixa, o juiz designará dia e hora para a audiência, ordenando a intimação do acusado, de seu defensor, do Ministério Público e, se for o caso, do querelante e do assistente.

5.8. Intimação na fase preparatória do julgamento do júri

Na preparação do processo para julgamento em plenário, ao receber os autos, o presidente do Tribunal do Júri determinará a intimação do órgão do Ministério Público ou do querelante, no caso de queixa, e do defensor, para, no prazo de 5 (cinco) dias, apresentarem rol de até 5 (cinco) testemunhas que deporão em plenário, oportunidade em que poderão juntar documentos e requerer diligência. Depois da organização da pauta, o juiz-presidente determinará a intimação do Ministério Público, da Ordem dos Advogados do Brasil e da Defensoria Pública para acompanharem, em dia e hora designados, o sorteio dos jurados que atuarão na reunião periódica.

5.9. Nulidade na intimação

A nulidade ocorrerá por falta da intimação do réu para a sessão de julgamento, pelo Tribunal do Júri, quando a lei não permitir o julgamento à revelia; da não intimação, nas condições estabelecidas pela lei, para ciência de sentenças e despachos de que caibam recursos. A falta ou a nulidade da intimação estará sanada, desde que o interessado compareça, antes de o ato consumar-se, embora declare que o faz para o único fim de argui-la. O juiz ordenará, todavia, a suspensão ou o adiamento do ato, quando reconhecer que a irregularidade poderá prejudicar direito da parte.

6. Intimação por meio eletrônico

6.1. Introdução

O uso de meio eletrônico (qualquer forma de armazenamento ou tráfego de documentos e arquivos digitais) na tramitação de processos judiciais, comunicação de atos e transmissão (toda forma de comunicação a distância com a utilização de redes de comunicação, preferencialmente a rede mundial de computadores) de peças processuais é admitido, nos termos da Lei n. 11.419/2006, e aplicado, indistintamente, aos processos civil, penal e trabalhista, bem como aos juizados especiais, em qualquer grau de jurisdição.

O envio de petições, de recursos e a prática de atos processuais em geral por meio eletrônico serão admitidos mediante uso de assinatura eletrônica, sendo obrigatório o credenciamento prévio no Poder Judiciário, o qual será realizado mediante procedimento em que esteja assegurada a adequada identificação presencial do interessado. Ao credenciado, será atribuído registro e meio de acesso ao sistema, de modo a preservar o sigilo, a identificação e a autenticidade de suas comunicações. Os órgãos do Poder Judiciário poderão criar um cadastro único para o credenciamento.

Os atos processuais são realizados por meio eletrônico no dia e na hora do seu envio ao sistema do Poder Judiciário, do que deverá ser fornecido protocolo eletrônico. Quando a petição eletrônica for enviada para atender a prazo processual, serão consideradas tempestivas as transmitidas até as 24 (vinte e quatro) horas do seu último dia.

6.2. Comunicação eletrônica dos atos processuais

Os tribunais poderão criar ***Diário da Justiça eletrônico***, disponibilizado em sítio da rede mundial de computadores, para publicação de atos judiciais e administrativos próprios e dos órgãos a eles subordinados, bem como comunicações em geral. O sítio e o conteúdo das publicações deverão ser assinados digitalmente, com base em certificado emitido por autoridade certificadora credenciada na forma da lei específica. Nesse caso, a publicação eletrônica substitui qualquer outro meio e publicação oficial, para quaisquer efeitos legais, à exceção dos casos que, por lei, exigem intimação ou vista pessoal. A criação do *Diário da Justiça eletrônico* deverá ser acompanhada de ampla divulgação, e o ato administrativo correspondente será publicado durante 30 (trinta) dias no *Diário Oficial* em uso.

Considera-se como **data da publicação** o primeiro dia útil seguinte ao da disponibilização da informação no *Diário da Justiça eletrônico.* Os **prazos processuais** terão início no primeiro dia útil que se seguir ao considerado como data da publicação.

As intimações serão feitas por meio eletrônico, em portal próprio, aos que se cadastrarem na forma do credenciamento no Poder Judiciário, dispensando-se a publicação no órgão oficial, inclusive eletrônico. Considerar-se-á realizada no dia em que o intimando efetivar a consulta eletrônica ao teor da intimação, certificando-se nos autos a sua realização. Nos casos em que a consulta se dê em dia não útil, a intimação será considerada como realizada no primeiro dia útil seguinte. A consulta deverá ser feita em até 10 (dez) dias corridos, contados da data do envio da intimação, sob pena de considerar-se a intimação automaticamente realizada na data do término desse prazo. Em caráter informativo, poderá ser efetivada remessa de correspondência eletrônica, comunicando o envio da intimação e a abertura automática do prazo processual, aos que manifestarem interesse por esse serviço. Nos casos urgentes em que a intimação possa causar prejuízo a quaisquer das partes ou nos casos em que for evidenciada qualquer tentativa de burla ao sistema, o ato processual deverá ser realizado por outro meio que atinja a sua finalidade, conforme determinado pelo juiz. As intimações feitas na forma eletrônica, inclusive da Fazenda Pública, serão consideradas pessoais para todos os efeitos legais. As citações, inclusive da Fazenda Pública, excetuadas as dos direitos processuais criminal e infracional, poderão ser feitas por meio eletrônico, desde que a íntegra dos autos seja acessível ao citando, obedecidas as formalidades da intimação.

As cartas precatórias, rogatórias, de ordem e, de modo geral, todas as comunicações oficiais que transitem entre órgãos do Poder Judiciário, bem como entre os deste e os dos demais Poderes, serão feitas preferencialmente por meio eletrônico.

6.3. Do processo eletrônico

6.3.1. Atos processuais

Os órgãos do Poder Judiciário poderão desenvolver sistemas eletrônicos de processamento de ações judiciais por meio de autos total ou parcialmente digitais, utilizando, preferencialmente, a rede mundial de computadores e o acesso por meio de redes internas e externas. Todos os atos processuais do processo eletrônico terão assinatura eletrônica.

No processo eletrônico, todas as citações, intimações e notificações, inclusive da Fazenda Pública, serão feitas por meio eletrônico. As citações, intimações, notificações e remessas que viabilizem o acesso à íntegra do processo correspondente serão consideradas vista pessoal do interessado para todos os efeitos legais.

Quando, por motivo técnico, for inviável o uso do meio eletrônico para a realização de citação, intimação ou notificação, esses atos processuais poderão ser praticados segundo as regras ordinárias, digitalizando-se o documento físico, que deverá ser posteriormente destruído.

A distribuição da petição inicial e a juntada da contestação, dos recursos e das petições em geral, todos em formato digital, nos autos de processo eletrônico, podem ser feitas diretamente pelos advogados públicos e privados, sem necessidade da intervenção do cartório ou secretaria judicial, situação em que a autuação deverá se dar de forma automática, fornecendo-se recibo eletrônico de protocolo.

Quando o ato processual tiver que ser praticado em determinado prazo, por meio de petição eletrônica, serão considerados tempestivos os efetivados até as 24 (vinte e quatro) horas do último dia. Se o sistema do Poder Judiciário se tornar indisponível por motivo técnico, o prazo fica automaticamente prorrogado para o primeiro dia útil seguinte à resolução do problema.

Os órgãos do Poder Judiciário deverão manter equipamentos de digitalização e de acesso à rede mundial de computadores à disposição dos interessados para distribuição de peças processuais.

6.3.2. Documentos

Os documentos produzidos eletronicamente e juntados aos processos eletrônicos com garantia da origem e de seu signatário serão considerados originais para todos os efeitos legais. Os extratos digitais e os documentos digitalizados e juntados aos autos pelos órgãos da Justiça e seus auxiliares, pelo Ministério Público e seus auxiliares, pelas procuradorias, pelas autoridades policiais, pelas repartições públicas em geral e por advogados públicos e privados têm a mesma força probante dos originais, ressalvada a alegação motivada e fundamentada de adulteração antes ou durante o processo de digitalização.

A arguição de falsidade do documento original será processada eletronicamente na forma da lei processual em vigor.

Os originais dos documentos digitalizados deverão ser preservados pelo seu detentor até o trânsito em julgado da sentença ou, quando admitida, até o final do prazo para interposição de ação rescisória.

Nos casos em que a digitalização for tecnicamente inviável, devido ao grande volume ou por motivo de ilegibilidade, os documentos deverão ser apresentados ao cartório ou secretaria no prazo de 10 (dez) dias contados do envio de petição eletrônica comunicando o fato e serão devolvidos à parte após o trânsito em julgado.

Os documentos digitalizados juntados em processo eletrônico somente estarão disponíveis para acesso por meio da rede externa para suas respectivas partes processuais e para o Ministério Público, respeitado o disposto em lei para as situações de sigilo e de segredo de justiça.

6.3.3. Conservação dos autos

A conservação dos autos do processo poderá ser efetuada total ou parcialmente por meio eletrônico. Os autos dos processos eletrônicos deverão ser protegidos por meio de sistemas de segurança de acesso e armazenados em meio que garanta a preservação e a integridade dos dados, sendo dispensada a formação de autos suplementares.

Os autos de processos eletrônicos que tiverem de ser remetidos a outro juízo ou instância superior que não disponham de sistema compatível deverão ser impressos em papel, autuados na forma da lei processual civil, ainda que de natureza criminal ou trabalhista, ou pertinentes a juizado especial. O escrivão ou o chefe de secretaria certificará os autores ou a origem dos documentos produzidos nos autos, acrescentando, ressalvada a hipótese de existir segredo de justiça, a forma pela qual o banco de dados poderá ser acessado para aferir a autenticidade das peças e das respectivas assinaturas digitais. Feita a autuação, o processo seguirá a tramitação legalmente estabelecida para os processos físicos.

A digitalização de autos em mídia não digital, em tramitação ou já arquivados, será precedida de publicação de editais de intimações ou da intimação pessoal das partes e de seus procuradores, para que se manifestem, no prazo preclusivo de 30 (trinta) dias, sobre o desejo de manterem pessoalmente a guarda de algum dos documentos originais.

O magistrado poderá determinar que sejam realizados por meio eletrônico a exibição e o envio de dados e de documentos necessários à instrução do processo. Consideram-se cadastros públicos, dentre outros existentes ou que venham a ser criados, ainda que mantidos por concessionárias de serviço público ou empresas privadas, os que contenham informações indispensáveis ao exercício da função judicante. O acesso dar-se-á por qualquer meio tecnológico disponível, preferencialmente o de menor custo, considerada sua eficiência.

QUESTÕES SOBRE COMUNICAÇÃO DOS ATOS PROCESSUAIS

1. (IX Concurso Juiz Federal TRF4) Indique a alínea em que se encontra a afirmativa inteiramente correta:

a) No caso de residir o denunciado no exterior, em lugar sabido, a carta rogatória para citá-lo suspende o prazo da prescrição.

b) Residindo o denunciado em legação estrangeira sediada em território nacional, sua citação será feita por mandado ou precatória, conforme o caso, e não por carta rogatória.

c) Sendo o réu citado por edital e não comparecendo à audiência de interrogatório, o processo ficará suspenso, e interrompido o curso do prazo prescricional.

d) No processo penal, a citação de funcionário público civil será feita por intermédio de sua chefia imediata, a ela se comunicando o dia em que deverá o réu comparecer em juízo.

2. (83º Concurso de Promotor de Justiça Substituto MP/SP) Citação, Notificação e Intimação são meios que estimulam o princípio

a) do contraditório.

b) da oralidade.

c) da oportunidade.

d) da livre-convicção.

e) da publicidade.

3. (84º Concurso de Promotor de Justiça Substituto MP/SP) O ato de comunicação processual que convoca as testemunhas para depor e a ciência dos atos processuais que se dá ao réu preso intitulam-se, respectivamente:

a) intimação e requisição.

b) notificação e intimação.

c) notificação e citação.

d) deliberação e intimação.

e) convocação e requisição.

4. (86º Concurso de Promotor de Justiça Substituto MP/SP) Considere as seguintes assertivas:

I. Admitem-se no processo penal a citação com hora certa e a citação por meio eletrônico.

II. É nula a citação por edital se este indica o dispositivo da lei penal, mas não transcreve a denúncia ou queixa nem resume os fatos em que se baseia a imputação.

III. A Lei n. 9.099, de 26.09.1995, não prevê a possibilidade de citação por correspondência, com aviso de recebimento pessoal, do autor de infração de menor potencial ofensivo.

Assinale, agora, a alternativa correta.

a) Somente I é verdadeira.
b) Somente II é verdadeira.
c) Somente III é verdadeira.
d) Somente I e II são verdadeiras.
e) Somente II e III são verdadeiras.

5. (Analista Judiciário TRF 5ª Região/2012) Sobre a citação no processo penal é correto afirmar:

a) Não existe previsão legal de citação com hora certa na forma estabelecida pelo Código de Processo Civil.
b) A apresentação do réu preso será requisitada à autoridade que o custodia, servindo esse chamamento como citação.
c) A citação do militar será sempre pessoal nos crimes comuns e independente de comunicação ao superior hierárquico.
d) A citação por edital será feita sempre que o réu estiver fora do território da jurisdição do juiz processante.
e) A citação do funcionário público far-se-á pessoalmente e a notificação para comparecimento a juízo a ele e ao chefe de sua repartição.

6. (Promotor de Justiça MPE/AP/2012) Quando o acusado é citado por hora certa e não comparece ao processo, na fase seguinte,

a) se não for apresentada defesa no prazo legal, será decretada a revelia do acusado e nomeado defensor dativo para representá-lo na audiência de instrução e julgamento.
b) será suspenso o processo e o curso do prazo prescricional e não será praticado qualquer ato processual até que o acusado se faça presente, quer pessoalmente, quer por meio de seu defensor constituído.
c) será suspenso o processo e o curso do prazo prescricional até que o acusado se faça presente, quer pessoalmente, quer por meio de seu defensor constituído, e será produzida prova antecipada a pedido do Ministério Público.
d) se não for apresentada defesa no prazo legal, será nomeado defensor para oferecer defesa escrita e o processo seguirá à revelia do acusado.
e) o acusado será citado por edital e, se não for oferecida defesa no prazo legal, será nomeado defensor dativo para apresentar defesa escrita e o processo seguirá à revelia do acusado.

7. (Defensor Público PR/2012) Astolfo, réu preso, é pronunciado pela prática do crime do art. 121, § 2º, I do Código Penal. Um mês antes da realização do plenário e já observados todos os atos processuais e prazos respectivos, o seu advogado peticiona nos autos renunciando ao mandato, oportunidade em que o Juiz nomeia, de plano, a Defensoria Pública para assistir aos interesses do réu. Ao receber os autos, à luz da jurisprudência dos tribunais superiores e das disposições do Código de Processo Penal, o Defensor Público deverá

a) tomar ciência da data do julgamento e aguardar a sessão plenária.
b) requisitar o acusado para entrevista e traçar a tese de defesa para apresentação em plenário, eis que a Defensoria Pública não teve contato com o réu.
c) requerer a intimação de Astolfo para indicar as provas que pretende produzir em plenário, na forma do art. 422 do CPP.
d) requerer a intimação do antigo advogado para ciência da data da sessão plenária.

e) requerer a intimação de Astolfo para ciência da renúncia a consequente oportunização de prazo para indicação de outro advogado ou pleitear a assistência da Defensoria Pública para a defesa.

8. (Analista MPE/AP/2012) Plínio é denunciado pelo Ministério Público como incurso no artigo 121, do Código Penal (homicídio). Expedido mandado para citação pessoal, o Oficial de Justiça verifica que o réu Plínio se oculta para não ser citado, certificando nos autos. Neste caso,

a) o réu deverá ser citado por hora certa, de acordo com as normas preconizadas pelo Código de Processo Civil.
b) a citação do réu deverá ser feita via correio com aviso de recebimento.
c) o réu deverá ser citado por edital.
d) a citação do réu deverá ser feita na pessoa de um vizinho, familiar ou funcionário da empresa ou edifício onde reside.
e) o Oficial de Justiça deverá solicitar ao juiz a Força Policial para que o mandado citatório seja cumprido, com o uso da força necessária e moderada.

9. (Analista Judiciário TRF 2ª Região/2012) No que concerne à intimação, considere:

I. Far-se-á pessoalmente a intimação do Ministério Público.
II. A intimação do defensor nomeado será feita pelo Diário Oficial.
III. Observados os requisitos legais, será admissível a intimação por despacho, na petição em que for requerida.

Está correto o que consta SOMENTE em

a) I e II.
b) I e III.
c) II e III.
d) I.
e) III.

10. (Analista Judiciário TRE/PE/2011) A respeito da citação, considere:

I. Não cabe citação com hora certa no processo penal.
II. A citação do militar far-se-á por intermédio do chefe do respectivo serviço.
III. Se o réu estiver preso, será pessoalmente citado.

Está correto o que consta SOMENTE em

a) I.
b) I e II.
c) I c III.
d) II e III.
e) III.

11. (Procurador TCE/SP/2011) Em relação à citação, segundo a legislação processual penal em vigor analise as seguintes assertivas:

I. Estando o acusado no estrangeiro, em lugar sabido, será citado mediante carta rogatória, suspendendo-se o curso do prazo de prescrição até o seu cumprimento.
II. Se o réu não for encontrado, será citado por edital, com o prazo de 30 (trinta) dias.
III. Verificando que o réu se oculta para não ser citado, o oficial de justiça certificará a ocorrência e procederá à citação com hora certa, na forma estabelecida pelo Código de Processo Civil.

Está correto o que se afirma APENAS em

a) I.
b) III.
c) I e II.
d) I e III.
e) II e III.

12. (Titular de Serviços de Notas e de Registros TJ/AP/2011) Se o acusado, citado por edital, não comparecer, nem constituir advogado,

a) o processo será arquivado e será extinto quando se expirar o prazo prescricional.
b) será decretada a revelia e o processo prosseguirá com a nomeação de defensor dativo.
c) o processo será julgado extinto sem julgamento do mérito.
d) será obrigatoriamente decretada a sua prisão preventiva.
e) ficarão suspensos o processo e o curso do prazo prescricional.

13. (Magistratura TJ/PE/2011) A citação

a) é admissível por hora certa, estabelecendo a legislação processual penal forma específica e determinada.
b) do réu preso é dispensável, bastando a requisição.
c) procedida por edital de réu preso em outra unidade da federação é nula, segundo entendimento sumulado do Supremo Tribunal Federal.
d) procedida pessoalmente não conduz à suspensão do processo se o réu deixar de comparecer a algum ato.
e) é inadmissível por carta precatória.

14. (Magistratura TJ/GO/2009) Podem ser intimados por publicação no órgão incumbido da publicidade dos atos judiciais da Comarca

a) o advogado do querelante e o constituído, mas não o nomeado.
b) o advogado do querelante e o do assistente, mas não o constituído.
c) o defensor nomeado e o do assistente.
d) o advogado constituído e o do querelante, mas não o do assistente.
e) o advogado constituído e o do assistente, mas não o do querelante.

15. (Analista Judiciário TRF 2ª Região/2007) Expedida carta precatória para citação do réu, se ele estiver em território sujeito a outro juiz que não o deprecado, este

a) devolverá os autos da precatória ao juízo deprecante com a informação sobre o paradeiro do réu, mesmo que haja tempo para fazer a citação.
b) remeterá os autos para o juiz da comarca onde se encontra o réu, para que seja efetivada a diligência, desde que haja tempo para fazer a citação.
c) mandará o oficial de justiça cumprir a precatória na comarca onde o réu se encontra.
d) expedirá ofício ao juízo deprecante solicitando aditamento da precatória com o novo endereço do réu.
e) expedirá ofício ao juízo deprecante comunicando a circunstância e aguardará resposta com as providências que deva tomar.

16. (Magistratura MG/2009) Marque a alternativa CORRETA. A intimação da testemunha funcionária pública, para fins de audiência, será efetivada:

a) Através de requisição ao seu superior hierárquico.
b) Pessoalmente, via mandado.
c) Pelo correio, via AR (aviso de recebimento).
d) Pessoalmente, via mandado, com comunicação ao chefe da repartição em que servir.

17. (Defensor Público SP/2009) Com relação aos efeitos da citação no processo penal, a citação válida

a) induz litispendência, torna prevento o juízo, faz litigioso o fato imputado e completa a formação do processo. A prescrição é interrompida pelo recebimento da denúncia ou queixa.
b) torna litigioso o fato imputado. Prevenção, litispendência, interrupção da prescrição e a formação da relação processual não dependem da citação.
c) completa a formação do processo. Litispendência, prevenção, interrupção da prescrição e litigiosidade não dependem da citação.

d) interrompe a prescrição. O fato é sempre litigioso. A litispendência e a prevenção são definidas na distribuição. A relação processual se completa com o recebimento da denúncia ou queixa.
e) torna prevento o juízo. A formação da relação processual, a litispendência, prescrição e litigiosidade não dependem da citação.

18. (Oficial de Justiça RS/2009) O mandado de citação indicará, nos termos do Código de Processo Penal:

a) o nome do juiz; o nome do querelante nas ações iniciadas por queixa; o nome do réu, ou, se for desconhecido, os seus sinais característicos; a residência do réu, se for conhecida; o fim para que é feita a citação; o juízo e o lugar, o dia e a hora em que o réu deverá comparecer; a subscrição do escrivão e a rubrica do juiz.
b) o nome do juiz; o nome do querelante nas ações iniciadas por queixa; o nome do réu, ou, se for desconhecido, os seus sinais característicos; a residência do réu, se for conhecida; o fim para que é feita a citação; o juízo e o lugar, o dia e a hora em que o réu deverá comparecer; o nome do promotor de justiça que subscreveu a denúncia; a subscrição do escrivão e a rubrica do juiz.
c) o nome do juiz; o nome do querelante nas ações iniciadas por queixa; o nome do réu, ou, se for desconhecido, os seus sinais característicos; a residência do réu, se for conhecida; o fim para que é feita a citação; o juízo e o lugar, o dia e a hora em que o réu deverá comparecer; a pena em abstrato para o delito de que o réu está sendo acusado; a subscrição do escrivão e a rubrica do juiz.
d) o nome do juiz; o nome do querelante nas ações iniciadas por queixa; o nome do réu, ou, se for desconhecido, os seus sinais característicos; a residência do réu, se for conhecida; o fim para que é feita a citação; o juízo e o lugar, o dia e a hora em que o réu deverá comparecer; a indicação dos nomes das testemunhas de acusação, se houver; a subscrição do escrivão e a rubrica do juiz.
e) o nome do juiz; o nome do querelante nas ações iniciadas por queixa; o nome do réu, ou, se for desconhecido, os seus sinais característicos; a residência do réu, se for conhecida; o fim para que é feita a citação; o juízo e o lugar, o dia e a hora em que o réu deverá comparecer; a subscrição do escrivão, do oficial de justiça que procederá a citação e a rubrica do juiz.

19. (Magistratura PA/2009) Antônio Pereira é denunciado por crime de roubo. Recebendo a denúncia, o juiz determina a citação do réu para oferecimento de resposta escrita preliminar, no endereço indicado pelo próprio réu em seu interrogatório policial. O mandado de citação é negativo, tendo o oficial de justiça certificado que Antônio não reside naquele local há um mês, sendo que o atual morador não soube informar seu novo endereço.

Assinale a alternativa que indique como deve agir o juiz.

a) O juiz, como o réu mudou de endereço sem comunicar o juízo, deve decretar sua revelia e nomear-lhe um advogado dativo para apresentar a resposta escrita preliminar, prosseguindo-se nos demais termos do processo.
b) O juiz deve esgotar os meios disponíveis para localizar o réu. Frustrada sua localização, deve citá-lo por edital, com prazo de quinze dias. Se o réu não comparecer e não constituir advogado, o juiz deve decretar sua revelia e suspender o processo e o curso da prescrição pelo prazo máximo de 90 dias, devendo decretar sua prisão preventiva.
c) O juiz deve citar o réu por edital, com prazo de quinze dias. Se o réu não comparecer e não constituir advogado, o juiz deve decretar sua revelia e suspender o processo e o curso da prescrição, podendo decretar sua prisão preventiva.
d) O juiz deve esgotar os meios disponíveis para localizar o réu. Frustrada sua localização, deve citá-lo por edital, com prazo de quinze dias. Se o réu não comparecer e não constituir advogado, o juiz deve decretar sua revelia e nomear-lhe um defensor dativo para apresentar a resposta escrita preliminar, prosseguindo-se nos demais termos do processo.
e) O juiz deve esgotar os meios disponíveis para localizar o réu. Frustrada sua localização, deve citá-lo por edital, com prazo de quinze dias. Se o réu não comparecer e não constituir advogado, o juiz deve decretar sua revelia e suspender o processo e o curso da prescrição, podendo decretar sua prisão preventiva.

20. (Analista Judiciário TRF 4ª Região/2010) Considere as seguintes assertivas sobre as citações e intimações:

I. Verificando-se que o réu se oculta para não ser citado, a citação far-se-á por edital, com o prazo de 5 (cinco) dias.

II. A intimação do defensor constituído, do advogado do querelante e do assistente far-se-á, em regra, pessoalmente, mas poderá ser feita por publicação no órgão incumbido da publicidade dos atos judiciais da comarca, se assim for requerido.

III. O processo seguirá sem a presença do acusado que, citado ou intimado pessoalmente para qualquer ato, deixar de comparecer sem motivo justificado, ou, no caso de mudança de residência, não comunicar o novo endereço ao juízo.

IV. Adiada, por qualquer motivo, a instrução criminal, o juiz marcará desde logo, na presença das partes e testemunhas, dia e hora para seu prosseguimento, do que se lavrará termo nos autos.

De acordo com o Código de Processo Penal, está correto o que consta APENAS em

a) III e IV.
b) I, II e III.
c) II, III e IV.
d) I e II.
e) I, III e IV.

PRESTE ATENÇÃO!

- É exigência do princípio do devido processo legal a realização da citação.
- A citação é determinada por ordem do juiz, salvo no JECRIM, em que pode ser determinada de viva voz pela Secretaria.
- A citação no processo penal não interrompe a prescrição.
- A citação do militar será feita por intermédio do chefe do respectivo serviço. No caso do funcionário público, há notificação ao chefe da repartição. A citação do réu preso é pessoal.
- A revelia no processo penal não gera confissão ficta.
- Se o acusado citado por edital não comparecer nem constituir advogado, ficarão suspensos o processo e o curso do prazo prescricional, podendo o juiz determinar a produção antecipada das provas consideradas urgentes e, se for o caso, decretar prisão preventiva.

CUIDADO!

- É possível conhecer imputação antes da citação na competência originária dos tribunais, nos crimes de funcionários públicos e nos crimes de drogas.
- Se o réu estiver no exterior em local incerto e não sabido, a citação será por edital, no prazo de 15 (quinze) dias.
- No processo penal, contam-se os prazos da data da intimação, e não da juntada aos autos do mandado ou da carta precatória ou de ordem.

IMPORTANTE!

- A falta de citação gera nulidade absoluta; a omissão de formalidade que constitui elemento essencial do ato citatório gera nulidade relativa.
- É possível citação por hora certa no processo penal.
- A expedição da rogatória não suspenderá a instrução criminal.
- Acusado solto não encontrado será intimado da decisão de pronúncia por edital.

Capítulo 15

PROCEDIMENTOS CRIMINAIS

1. Generalidades

1.1. Conceito de procedimento

Procedimento é a sequência ordenada de atos do processo. É a exteriorização do processo. É um conjunto de atos que permitem o desenvolvimento regular do processo e que seguem uma marcha ordenada para a decisão final de um caso concreto. É estudar o processo na perspectiva dinâmica, ou seja, estudar os atos do processo num conjunto harmonioso e ordenado (marcha do processo), com o fim de buscar a decisão.

1.2. Características do procedimento

O procedimento possui as seguintes características:

a) **variado:** o legislador tem liberdade para prescrever diversas espécies, levando em conta características, partes ou a natureza da infração penal;

b) **legalidade:** o procedimento é estabelecido pelo legislador; há subordinação do procedimento às normas legais;

c) **ordem pública:** as partes e o juiz não podem escolher o rito mais agradável, pois é imposto por lei; a adoção de procedimento diverso do imposto só gera nulidade quando houver efetivo prejuízo à defesa;

d) **integração:** há uma concatenação ordenada de atos; os atos processuais posteriores são ordenados de tal forma que dependem dos atos anteriores; há uma ligação por interdependência.

1.3. Procedimento e rito

A doutrina majoritária considera rito e procedimento como expressões sinônimas, significando a sequência de atos que visam um ato final. Porém, parte da doutrina sustenta que procedimento é a exteriorização do processo e que rito é a sequência de atos que visa o resultado final.

1.4. Fases do procedimento

As fases do procedimento criminal são:

a) **fase postulatória:** é a formulação e a propositura da denúncia ou queixa, além da eventual defesa ou resposta inicial do acusado. É possível que a fase postulatória seja encerrada antes da resposta do réu, quando o juiz indeferir a peça acusatória;

b) **fase de julgamento conforme o estado do processo:** poderá ocorrer: 1) julgamento antecipado da lide ou absolvição sumária nos casos previstos no art. 397 do CPP; 2) designação de audiência de instrução e julgamento: havendo a necessidade da produção de prova oral ou pericial, passa-se para a fase instrutória, que vai das declarações do ofendido na audiência até as alegações finais;

c) **fase decisória:** o juiz proferirá sentença.

1.5. Concurso de procedimentos

> **Questão de prova**
> A prova de Defensor Público AL/2009 considerou INCORRETA a afirmativa: "Na hipótese de o réu ser processado por mais de um crime, cada um deles com procedimento diverso, deve ser seguido o procedimento mais genérico possível para todos os delitos".

Trata-se do caso de concurso entre infrações penais sujeitas a procedimentos diversos, que devam observar unidade de processo e julgamento. A orientação jurisprudencial é a prevalência do que oferecer **mais ampla defesa ao acusado**.

1.6. Preferência na tramitação

Os processos que apurem a prática de crime hediondo terão prioridade de tramitação em todas as instâncias, nos termos da Lei n. 13.285/2016.

2. Espécies de procedimento

O sistema do procedimento brasileiro é o rígido e de legalidade de formas, devendo os atos processuais obedecer às formalidades legais.

O rito a ser adotado no procedimento criminal tem como referência a natureza da infração penal ou a qualidade da pessoa infratora da lei penal. Existem três classificações de procedimento:

a) **Quanto à necessidade de decisão intermediária entre as fases de instrução e julgamento:**

- **monofásico:** não há necessidade;
- **bifásico:** há necessidade; é a exceção; a função é avaliar se a acusação está fundamentada em elementos incriminatórios suficientes, relevantes e congruentes.

b) **Quanto à competência:**

- **infração de foro privilegiado:** se for crime comum, será observado o rito da Lei n. 8.038/90; se for crime de responsabilidade federal, o rito da Lei n. 1.079/50; se for crime de responsabilidade municipal, Decreto-lei n. 201/67;
- **infração sem foro privilegiado:** leva em conta o máximo da pena abstrata: se for igual ou superior a 4 (quatro) anos, será o rito ordinário; se for inferior a 4 (quatro) anos e superior a 2 (dois) anos, será o rito sumário; se for igual ou inferior a 2 (dois) anos, o rito será sumaríssimo.

c) **Quanto ao Código de Processo Penal:**

- **comum:** pode ser **ordinário, sumário e sumaríssimo**, levando-se em conta o máximo da pena abstrata: se for igual ou superior a 4 (quatro) anos, será o rito ordinário; se for inferior a 4 (quatro) anos e superior a 2 (dois) anos, será o rito sumário; se for igual ou inferior a 2 (dois) anos, o rito será sumaríssimo.

Questões de prova

A prova de Defensor Público GO/2010 considerou CORRETA a afirmativa: "Em relação à instrução criminal no Código de Processo Penal, há os seguintes procedimentos comuns, que se classificam em sumaríssimo, sumário e ordinário, sendo que o sumaríssimo se aplica quando tiver por objeto infrações penais cuja pena privativa de liberdade não seja inferior a dois anos".

A prova de Promotor de Justiça MP/CE/2011 considerou CORRETA a afirmativa: "No âmbito do Código de Processo Penal o procedimento comum é dividido segundo os seguintes critérios: ordinário, quando tiver por objeto crime cuja sanção máxima cominada for igual ou superior a 4 (quatro) anos de pena privativa de liberdade; sumário, quando tiver por objeto crime cuja sanção máxima cominada seja inferior a 4 (quatro) anos de pena privativa de liberdade; e sumaríssimo, para as infrações penais de menor potencial ofensivo".

No procedimento comum, cabem todas as causas para que a lei não preveja um procedimento especial.

As normas do procedimento ordinário têm caráter de normas subsidiárias em relação aos procedimentos especial, sumário e sumaríssimo, pois são mais completas e abarcam maior número de situações.

É importante ressaltar que as qualificadoras, causas de aumento e causas de diminuição de pena interferem nos limites mínimo e máximo da pena abstrata. No entanto, as agravantes e atenuantes não interferem nesses limites.

Quanto à infração de menor potencial ofensivo, há duas circunstâncias em que o juiz deverá encaminhar o caso concreto ao Juízo comum para adoção do procedimento sumário: 1) se não encontrado o acusado para ser citado (art. 66, § 2º, da Lei n. 9.099/95); 2) se a complexidade ou as circunstâncias do caso não permitirem a formulação da denúncia, quando então o Ministério Público poderá requerer ao Juiz o encaminhamento das peças existentes (art. 77, § 2º, da Lei n. 9.099/95);

- **especial:** podem ser os previstos no Código de Processo Penal e os previstos nas leis processuais penais esparsas, como a Lei de Drogas. Os processos que apurem a prática de crime hediondo terão prioridade de tramitação em todas as instâncias.

3. Atos do procedimento comum

3.1. Peça inicial acusatória

É o oferecimento da denúncia ou queixa ao Juiz ou Tribunal Competente. É uma peça técnica, que deve preencher os requisitos do art. 41 do CPP ("A denúncia ou queixa conterá a exposição do fato criminoso, com todas as suas circunstâncias, a qualificação do acusado ou esclarecimentos pelos quais se possa identificá-lo, a classificação do crime e, quando necessário, o rol das testemunhas") e não conter os vícios do art. 395 do CPP ("I – for manifestamente inepta; II – faltar pressuposto processual ou condição para o exercício da ação penal; ou III – faltar justa causa para o exercício da ação penal").

3.2. Citação do acusado

É o chamamento do réu para vir a juízo apresentar a sua **defesa**. Ao tomar conhecimento da imputação que lhe é feita na peça acusatória inicial, o acusado pode se defender dos fatos alegados. A citação, uma vez feita, completa a relação jurídica processual.

Questão de prova

A prova de Procurador da República 2011 considerou INCORRETA a afirmativa: "no processo comum, o juiz, depois de receber a denúncia, designa audiência de instrução devendo determinar a intimação, dentre outros, do ofendido".

3.3. Defesa inicial ou resposta à acusação

É a peça processual escrita que deve ser apresentada no prazo de 10 (dez) dias. No caso de citação por edital, o prazo para a defesa começará a fluir a partir do comparecimento pessoal do acusado ou do defensor constituído.

Questão de prova

A prova de Delegado da Polícia Civil AL/2012 considerou INCORRETA a afirmativa: "Nos procedimentos ordinário e sumário, após o interrogatório do réu em juízo, este deverá, por intermédio de seu advogado, apresentar defesa prévia, no prazo de 10 dias, ocasião em que poderão ser arguidas preliminares, teses defensivas, arrolar testemunhas e oferecer documentos".

Na resposta, o acusado poderá arguir preliminares e alegar tudo o que interesse à sua defesa, oferecer documentos e justificações, especificar as provas pretendidas e arrolar testemunhas, qualificando-as e requerendo sua intimação, quando necessário.

Não apresentada a resposta no prazo legal, ou se o acusado, citado, não constituir defensor, o juiz nomeará defensor para oferecê-la, concedendo-lhe vista dos autos por 10 (dez) dias. Após a apresentação da resposta à acusação, apesar de não prevista em lei no procedimento ordinário, é imperiosa a oitiva do Ministério Público, mormente no caso de apresentação de fatos novos ou provas novas, em homenagem ao princípio do contraditório.

Apresentada resposta pelo réu nos termos do art. 396-A do CPP, não verificando o julgador ser o caso de absolvição sumária, dará prosseguimento ao feito, designando data para a audiência de instrução e julgamento a ser realizada.

3.4. Absolvição sumária

É o julgamento antecipado da lide no âmbito criminal, nos seguintes casos: a) a existência manifesta de causa excludente da ilicitude do fato; b) a existência manifesta de causa excludente da culpabilidade do agente, salvo **inimputabilidade**; c) que o fato narrado evidentemente não constitui crime; d) extinta a punibilidade do agente.

Questões de prova

A prova de Promotor de Justiça MP/SP/2010 considerou INCORRETA a afirmativa: "No processo comum, o acusado pode ser absolvido sumariamente (art. 397, Código de Processo Penal) quando a denúncia for inepta".

A prova de Promotor de Justiça MG/2010 considerou INCORRETA a afirmativa: "No curso do processo de rito ordinário, realizado o exame pericial para aferir a inimputabilidade do agente (exame de insanidade mental) e verificando-se que a doença mental sobreveio à data da consumação da infração penal versada nos autos, o Juiz de Direito ***DEVERÁ*** proferir decisão de absolvição sumária, quando essa for a única tese sustentada na defesa preliminar".

É uma decisão de mérito, passível de coisa julgada material, que enseja apelação, salvo no caso de extinção da punibilidade, em que o recurso oponível continua sendo o recurso em sentido estrito, nos termos do art. 581, VIII, do CPP.

3.5. Audiência de instrução e julgamento

Em homenagem ao princípio da identidade física do julgador, o juiz que presidiu a instrução deverá proferir a sentença.

Na **audiência de instrução e julgamento**, a ser realizada no prazo máximo de 60 (sessenta) dias, serão realizados os seguintes atos processuais: a) tomada de declarações do ofendido; b) **inquirição das testemunhas** arroladas pela acusação e pela defesa, nessa ordem (poderão ser inquiridas até 8 (oito) testemunhas arroladas pela acusação e 8 (oito) pela defesa; nesse número, não se compreendem as que não prestem compromisso nem as referidas; a parte poderá desistir da inquirição de qualquer das testemunhas arroladas, podendo o juiz, quando julgar necessário, ouvir tais testemunhas como do juízo); c) os esclarecimentos dos peritos (dependerão de prévio requerimento das partes); d) as acareações e o reconhecimento de pessoas e coisas; e) interrogatório do acusado.

Questões de prova

A prova de Promotor de Justiça MS/2011 considerou CORRETA a afirmativa: "O Código de Processo Penal estabelece a seguinte ordem a ser observada na audiência de instrução e julgamento nos procedimentos sumário e ordinário: tomada de declarações do ofendido, inquirição das testemunhas arroladas pela acusação e pela defesa, nesta ordem, bem como o reconhecimento de pessoas e coisas, acareações, esclarecimentos dos peritos, interrogando-se, em seguida, o acusado".

A prova da Magistratura TJ/RS/2009 considerou CORRETA a afirmativa: "Na instrução do procedimento comum ordinário, poderão ser inquiridas até oito testemunhas arroladas pela acusação e oito pela defesa. Nesse número não se compreendem as que não prestarem compromisso nem as referidas".

As provas serão produzidas numa só **audiência**, podendo o juiz indeferir as consideradas irrelevantes, impertinentes ou protelatórias.

Questão de prova

A prova do 88º Concurso de Promotor de Justiça MP/SP considerou CORRETA a afirmativa: "no procedimento comum previsto no Código de Processo Penal, a audiência de instrução e julgamento será única".

3.6. Fase das diligências

Produzidas as provas, ao final da audiência o Ministério Público, o querelante, o assistente e, a seguir, o acusado poderão requerer diligências cuja necessidade se origine de circunstâncias ou fatos apurados na instrução.

Ordenada diligência considerada imprescindível, de ofício ou a requerimento da parte, a audiência será concluída sem as alegações finais. Realizada, em seguida, a diligência determinada, as partes apresentarão, no prazo sucessivo de 5 (cinco) dias, suas alegações finais, por memorial; no prazo de 10 (dez) dias, o juiz proferirá a sentença.

3.7. Alegações finais

Não havendo requerimento de diligências, ou sendo indeferido, serão oferecidas alegações finais orais por 20 (vinte) minutos, respectivamente, pela acusação e pela defesa, prorrogáveis por mais 10 (dez) minutos, proferindo o juiz, a seguir, a sentença. Havendo mais de um acusado, o tempo previsto para a defesa de cada um será individual. Ao assistente do Ministério Público, após a manifestação deste, serão concedidos 10 (dez) minutos, prorrogando-se por igual período o tempo de manifestação da defesa. O juiz poderá, considerada a complexidade do caso ou o número de acusados, conceder às partes o prazo de 5 (cinco) dias sucessivamente para a apresentação de memoriais. Nesse caso, terá o prazo de 10 (dez) dias para proferir a sentença.

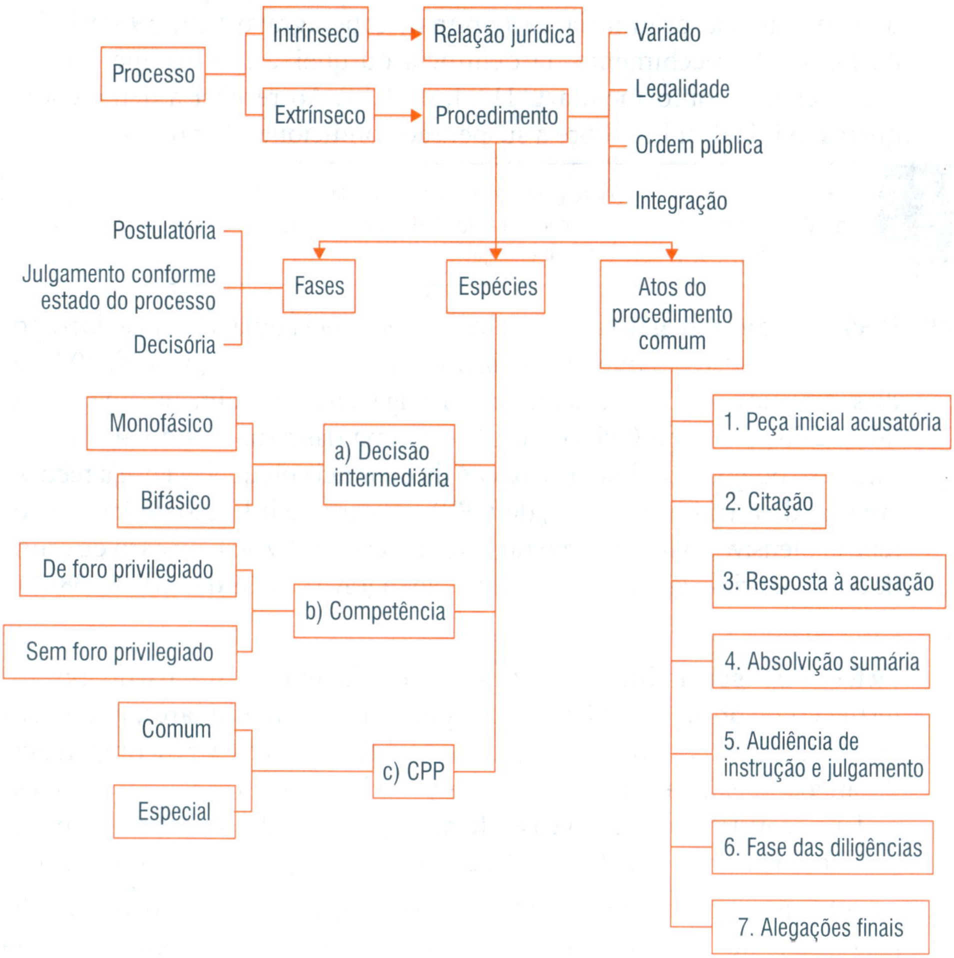

4. Procedimento comum

4.1. Procedimento ordinário

É o previsto nos arts. 394 a 405 do CPP, que têm por objeto crimes com pena máxima em abstrato igual ou superior a 4 (quatro) anos. Nesse procedimento, os atos processuais são:

a) Oferecimento da denúncia ou queixa.

b) **Decisão judicial positiva:** é o recebimento da denúncia ou queixa pelo juiz, por meio de uma decisão interlocutória simples, a ser proferida no prazo de 5 (cinco) dias. No despacho de recebimento, o juiz expede mandado de citação do acusado, que é citado para apresentar defesa ou resposta inicial, por escrito, no prazo de 10 (dez) dias. A decisão de recebimento é irrecorrível, possibilitando-se ao acusado o *habeas corpus*; se for crime de competência originária de tribunal, cabe agravo (art. 39 da Lei n. 8.038/90). O recebimento da denúncia ou queixa interrompe o prazo prescricional, conforme o art. 117, I, do CPP. Ao receber a denúncia ou queixa, o juiz decidirá sobre a suspensão condicional do processo.

Questão de prova

A prova do Delegado da Polícia Civil DP/DF/2015 considerou INCORRETA a afirmativa: "No procedimento ordinário, após o oferecimento da denúncia, o juiz, recebendo-a, mandará desde logo designar dia e hora para o interrogatório do réu".

c) **Decisão judicial negativa:** é a rejeição da denúncia ou queixa pelo juiz, por meio de uma decisão interlocutória mista terminativa, no prazo de 10 (dez) dias. A rejeição da denúncia ou queixa exige o não atendimento das formalidades do art. 41 do CPP ou incide em uma das situações do art. 395 do mesmo Código. A decisão de rejeição da denúncia ou queixa enseja recurso em sentido estrito (art. 581, I, do CPP); no caso de infração de menor potencial ofensivo, cabe apelação (art. 82 da Lei n. 9.099/95); no caso de crime de competência originária de tribunal, cabe agravo (art. 39 da Lei n. 8.038/90).

d) **Citação do réu.**

e) **Defesa ou resposta inicial:** é uma peça escrita em que o acusado, por intermédio de profissional habilitado, pode arguir preliminares, juntar documentos, arrolar testemunhas, requerer diligências, alegar incompetência do juízo, especificar provas, mencionar tudo o que interesse à sua defesa e oferecer justificações. No caso de não apresentação da defesa no prazo legal, o juiz nomeará defensor para oferecê-la no prazo de 10 (dez) dias.

f) **Absolvição sumária:** é a possibilidade de julgamento antecipado da lide, prevista no art. 397 do CPP, nos seguintes casos: 1) existência manifesta de causa excludente da ilicitude do fato (art. 23 do CP); 2) existência manifesta de causa excludente da culpabilidade do agente, salvo inimputabilidade; 3) o fato narrado evidentemente não constitui crime (ausência de tipicidade, impossibilidade jurídica do pedido); 4) extinção da punibilidade do agente.

g) **Não decretação de absolvição sumária:** o juiz designará dia e hora para a audiência, ordenando a intimação do acusado, de seu defensor, do Ministério Público e, se for o caso, do querelante e do assistente. Se o acusado estiver fora do território do juízo processante, a intimação será feita por precatória. Se o réu estiver preso, haverá a requisição de sua apresentação em juízo, em dia, hora e local designados.

h) **Audiência de instrução e julgamento:** é o momento em que o juiz analisará as provas do processo. Será realizada no prazo máximo de *60 (sessenta) dias*. Os atos processuais a serem realizados na audiência são: 1) declarações do ofendido; 2) inquirição das testemunhas arroladas pela acusação e pela defesa, nessa ordem; 3) esclarecimentos dos peritos; 4) acareações; 5) reconhecimento de pessoas e coisas; e 6) interrogatório do acusado. As provas serão produzidas numa só audiência. O juiz pode indeferir as provas consideradas irrelevantes, impertinentes ou protelatórias. Se forem necessários esclarecimentos dos peritos, as partes deverão requerê-los previamente. Tudo o que for realizado na audiência será documentado por termo lavrado em livro próprio, assinado pelo juiz e pelas partes, contendo breve resumo dos fatos relevantes nela ocorridos. Sempre que possível, os depoimentos do investigado, do indiciado, do ofendido e das testemunhas será feito por meios ou recursos de gravação magnética, digital, estenotipia ou técnica similar, inclusive audiovisual, destinada a obter mais fidelidade das informações. No caso de registro por meio audiovisual, será encaminhada às partes cópia do registro original, sem necessidade de transcrição.

i) **Fase do art. 402 do CPP:** é a fase das diligências requeridas pelas partes, cuja necessidade se origine das circunstâncias ou de fatos apurados na instrução. A ordem no requerimento será: Ministério Público – querelante – assistente – defesa. O juiz decidirá sobre a realização das diligências por meio de decisão interlocutória simples, a ser proferida em 5 (cinco) dias.

j) **Fase do art. 403 do CPP:** é a fase das alegações finais, em que as partes deduzem suas pretensões e apreciam as provas. A ordem na apresentação das alegações será: Ministério Público – querelante – assistente – defesa. As alegações são orais, pelo prazo de 20 (vinte) minutos, prorrogáveis por mais 10 (dez) minutos. Será usada a forma escrita (memoriais) em dois casos: 1) **caso complexo**; 2) número elevado de acusados. O prazo é de 5 (cinco) dias para apresentação de memoriais. Se houver mais de um réu, *o tempo previsto para a defesa de cada um será individual*. Se houve assistente de acusação, o prazo será de 10 (dez) minutos, após as alegações finais do Ministério Público.

Questão de prova

A prova do Exame da OAB unificado janeiro/2010 considerou CORRETA a afirmativa: "Conforme a complexidade do caso, após a audiência de instrução e julgamento, poderá o juiz conceder às partes prazo de cinco dias sucessivamente para a apresentação de memoriais".

k) **O juiz profere a sentença:** quando houver apresentação de memoriais, o prazo para proferir a sentença é de 10 (dez) dias. O CPP estabelece que: "O juiz que presidiu a instrução deverá proferir a sentença" (art. 399, § 2º), adotando de forma expressa o princípio da identidade física do julgador, ou seja, o juiz que colher a prova deve julgar o processo.

Quanto ao procedimento ordinário, cabe ressaltar que o *caput* do art. 399 do CPP, ao estabelecer ato de recebimento da denúncia ou queixa, gerou divergência na doutrina. Para alguns, o primeiro recebimento (previsto no art. 396 do CPP) tem natureza provisória, enquanto o segundo (previsto no art. 399 do CPP) tem natureza definitiva, que gera a interrupção do prazo prescricional. Para outros, o segundo recebimento é apenas uma ratificação do primeiro, de forma que não gera a interrupção do prazo prescricional. Adotamos a posição de que existe apenas um recebimento, que é o previsto no art. 396 do CPP.

FLUXOGRAMA DO PROCEDIMENTO ORDINÁRIO

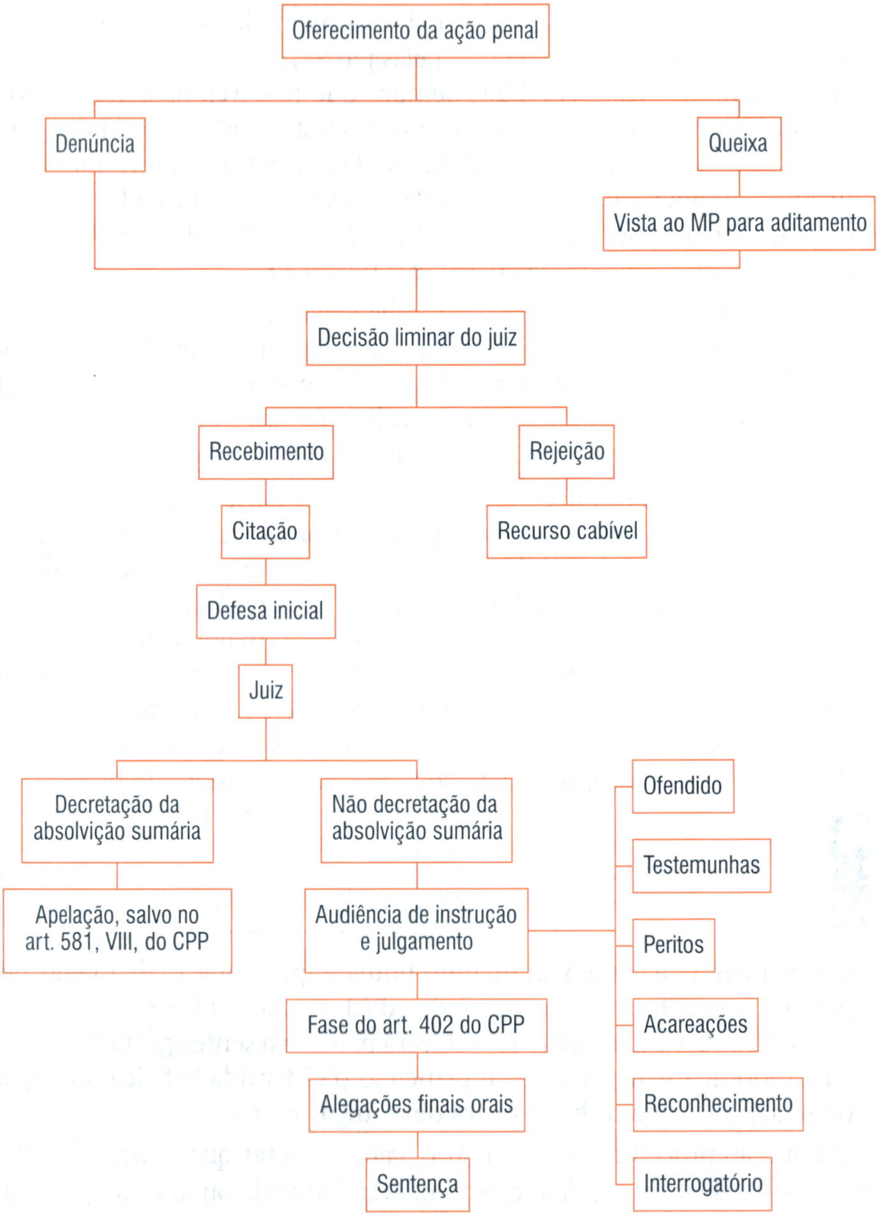

4.2. Procedimento sumário

É o previsto nos arts. 531 a 538 do CPP, que têm por objeto crimes com pena máxima em abstrato superior a 2 (dois) anos e inferior a 4 (quatro) anos. Nesse procedimento, os atos processuais são:

a) Oferecimento da denúncia ou queixa.

b) Decisão judicial positiva: é o recebimento da denúncia ou queixa pelo juiz, por meio de uma decisão interlocutória simples, a ser proferida no prazo de 5 (cinco) dias. No despacho de recebimento: 1) o juiz expede mandado de citação do acusado; 2) o acusado é citado para apresentar defesa ou resposta inicial, por escrito, no prazo de 10 (dez) dias.

c) Decisão judicial negativa: é a rejeição da denúncia ou queixa pelo juiz, por meio de uma decisão interlocutória mista terminativa, no prazo de 5 (cinco) dias.

d) Citação do réu.

e) Defesa ou resposta inicial: no prazo de 10 (dez) dias.

f) Absolvição sumária: é a possibilidade de julgamento antecipado da lide, prevista no art. 397 do CPP.

g) Não decretação de absolvição sumária: o juiz designará dia e hora para a audiência, ordenando a intimação do acusado, de seu defensor, do Ministério Público e, se for o caso, do querelante e do assistente.

h) **Audiência de instrução e julgamento:** 1) declarações do ofendido; 2) inquirição das **testemunhas arroladas pela acusação e pela defesa**, nesta ordem; 3) esclarecimentos dos peritos; 4) acareações; 5) reconhecimento de pessoas e coisas; e 6) interrogatório do acusado.

Questões de prova

A prova da Magistratura TJ/SC/2010 considerou CORRETA a afirmativa: "Quanto ao procedimento sumário, na audiência de instrução e julgamento, a ser realizada no prazo máximo de 30 (trinta) dias, proceder-se-á à tomada de declarações do ofendido, se possível, à inquirição das testemunhas arroladas pela acusação e pela defesa, nesta ordem, ressalvado o disposto no Código de Processo Penal, bem como aos esclarecimentos dos peritos, às acareações e ao reconhecimento de pessoas e coisas, interrogando-se, em seguida, o acusado e procedendo-se, finalmente, aos debates".

A prova de Escrevente Técnico Judiciário TJ/SP/2010 considerou CORRETA a afirmativa: "O aspecto que diferencia o procedimento comum ordinário do procedimento comum sumário é o número máximo de testemunhas a serem ouvidas a requerimento da acusação e da defesa".

i) Fase do art. 402 do CPP: é a fase das diligências requeridas pelas partes, cuja necessidade se origine das circunstâncias ou de fatos apurados na instrução. Não há no procedimento sumário.

j) Fase do art. 403 do CPP: é a fase das alegações finais, em que as partes deduzem suas pretensões e apreciam as provas. As alegações são orais, pelo prazo de 20 (vinte) minutos, prorrogáveis por mais 10 (dez) minutos.

k) O juiz profere sentença.

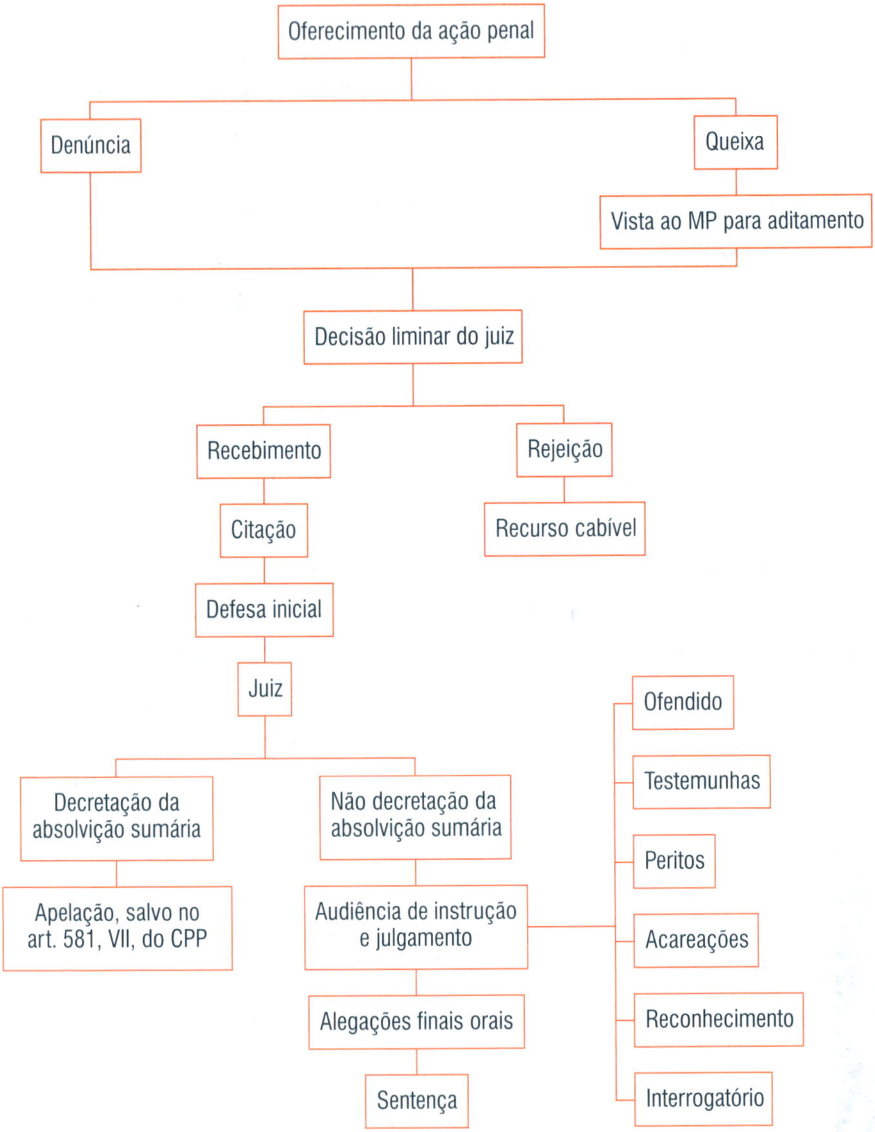

ITENS	ORDINÁRIO	SUMÁRIO
Número máximo de testemunhas	Até 8	Até 5
Prazo máximo para conclusão da audiência de instrução e julgamento	60 dias	30 dias
Fase das diligências	Existe previsão no art. 402 do CPP	Não há
Memoriais	Há previsão no art. 403, § 3º, do CPP	Não há previsão
Pena máxima cominada	Igual ou superior a 4 anos	Acima de 2 anos e inferior a 4 anos

4.3. Procedimento sumaríssimo

É o que tem por objeto as infrações de menor potencial ofensivo, ou seja, todas as contravenções penais e todos os crimes que tenham pena máxima em abstrato igual ou inferior a 2 (dois) anos. É regulado pelas Leis ns. 9.099/95 e 10.259/2001. O procedimento é feito pelo seguinte rito:

a) Praticada a infração de menor potencial ofensivo: será lavrado o Termo Circunstanciado, com encaminhamento imediato do autor do fato e do ofendido ao juizado.

b) Audiência preliminar.

c) No caso de acordo na composição civil dos danos: o acordo será reduzido a termo e o juiz proferirá sentença homologatória, que se tornará sentença irrecorrível e com eficácia de título executivo; se for crime de ação penal privada ou condicionada à **representação**, a composição dos danos é causa extintiva de punibilidade.

Questão de prova

A prova de Promotor de Justiça MP/SP/2012 considerou INCORRETA a afirmativa: "A prévia composição dos danos civis homologada pelo juiz não impede a transação penal nos crimes de ação penal pública condicionada à representação do ofendido".

d) No caso de não acordo na composição civil dos danos: 1) se for crime de ação penal privada ou condicionada à representação: o ofendido exercerá o direito de queixa ou representação verbal; 2) se for crime de ação penal pública incondicionada: surgirá a possibilidade de transação penal.

e) Transação penal: 1) *se houver aceitação da transação penal pelo autor do fato*, o juiz aplica a pena por sentença; se o juiz não concordar, deve aplicar o art. 28 do CPP; 2) *se não houver aceitação da transação penal pelo autor do fato*, o termo circunstanciado será analisado pelo Ministério Público:

se não houver indícios de autoria e materialidade: promove arquivamento; se presentes indícios: promove denúncia.

f) Quando o infrator não comparecer à audiência preliminar ou não for possível transação penal: há a sequência de atos em juízo:
   - oferecimento da denúncia ou queixa;
   - citação do acusado, com entrega da cópia contendo data da audiência de instrução e julgamento: se o réu estiver em local incerto, remessa ao juízo comum para citação por edital;
   - audiência de instrução e julgamento: 1) nova tentativa de conciliação e de oferecimento de transação penal; 2) palavra ao defensor para a resposta à acusação;
   - decisão liminar do juiz: 1) positiva: recebimento da denúncia ou queixa; atos processuais da audiência: oitiva da vítima; oitiva das testemunhas de acusação; oitiva das testemunhas de defesa; interrogatório do acusado; debates orais de 20 (vinte) minutos, prorrogáveis por mais 10 (dez) minutos; sentença; 2) negativa: rejeição da denúncia ou queixa, da qual cabe apelação em 10 (dez) dias, cujo julgamento será feito pela turma julgadora por três juízes de primeiro grau.

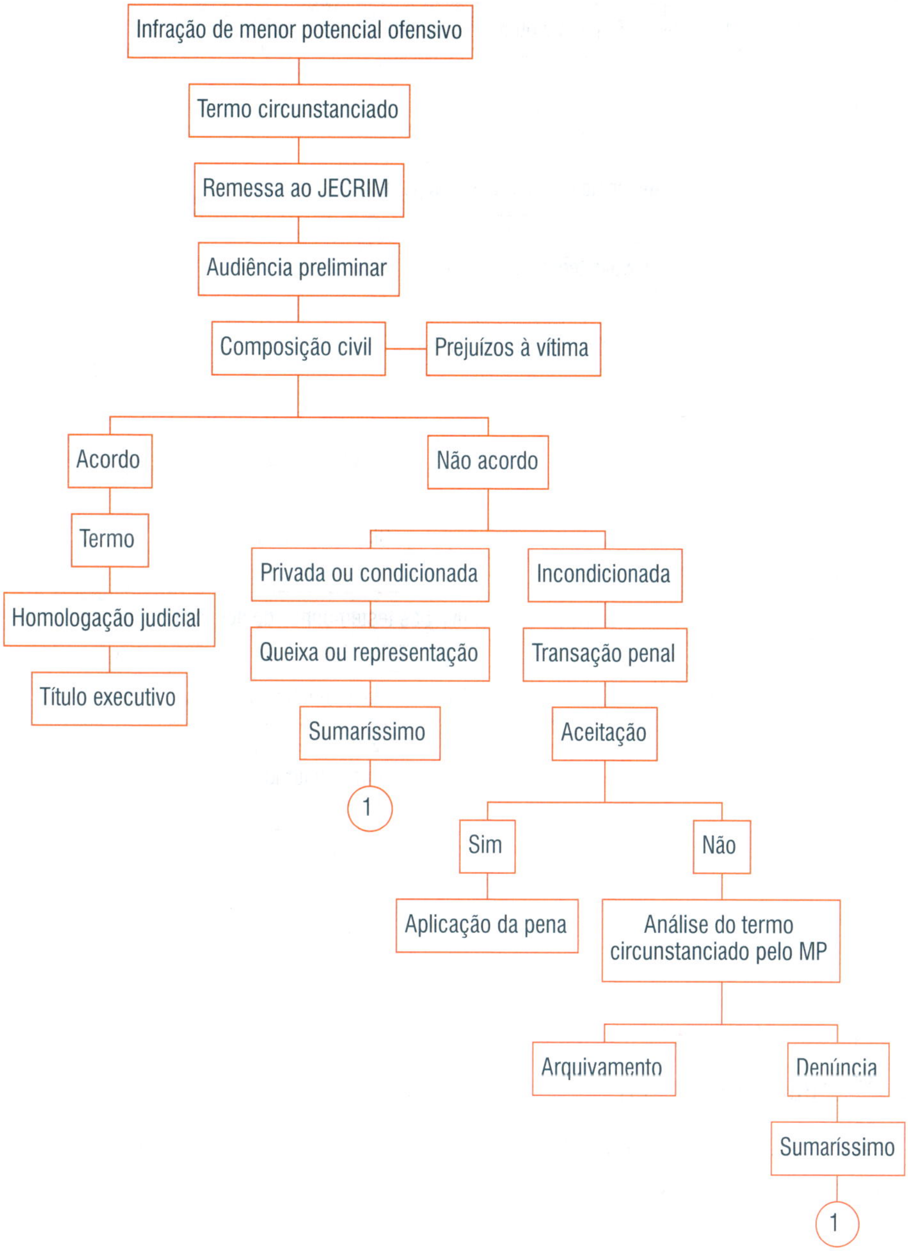
Infração de menor potencial ofensivo
Termo circunstanciado
Remessa ao JECRIM
Audiência preliminar
Composição civil
Prejuízos à vítima
Acordo
Não acordo
Termo
Homologação judicial
Título executivo
Privada ou condicionada
Incondicionada
Queixa ou representação
Transação penal
Sumaríssimo
Aceitação
1
Sim
Não
Aplicação da pena
Análise do termo circunstanciado pelo MP
Arquivamento
Denúncia
Sumaríssimo
1

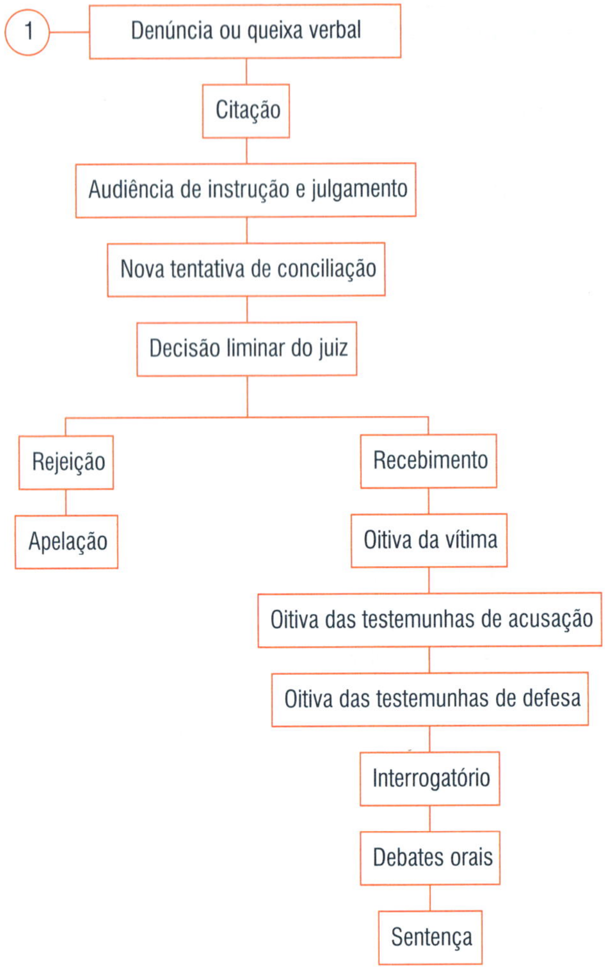

5. Procedimentos especiais do Código de Processo Penal

5.1. Procedimento do júri

É o regulado nos arts. 406 a 497, todos do CPP, do tipo escalonado, isto é, dividido em duas fases:

5.1.1. Sumário da culpa

Tem início com o oferecimento da denúncia ou queixa e termina com a decisão de pronúncia:

Questão de prova

A prova da Magistratura/BA/2012 considerou CORRETA a afirmativa: "No rito do tribunal do júri, no sumário da culpa, as dúvidas resolvem-se contra o réu e a favor da sociedade".

a) Oferecimento da denúncia ou queixa.

b) Decisão liminar do juiz: 1) positiva: recebimento da denúncia ou queixa; 2) negativa: rejeição da denúncia ou queixa.

c) Citação do réu.

d) Defesa inicial.

e) Decretação de absolvição sumária e fim do processo.

f) Não decretação da absolvição sumária: será realizada audiência una de instrução, debates e julgamento.

g) Audiência de instrução, debates e julgamento: 1) tomada de declarações do ofendido; 2) oitiva das testemunhas de acusação; 3) oitiva das testemunhas de defesa; 4) esclarecimentos dos peritos, desde que requeridos pelas partes; 5) acareações; 6) reconhecimento de pessoas e coisas; 7) interrogatório do acusado.

h) Alegações orais de 20 (vinte) minutos, prorrogáveis por mais 10 (dez) minutos: se for complexa a causa ou elevado o número de acusados, haverá possibilidade de memoriais no prazo de 5 (cinco) dias.

i) Decisão, que pode ser:

- **Pronúncia:** presentes indícios de autoria e materialidade do crime, o juiz pronuncia o acusado, nos termos do art. 413 do CPP. É uma decisão interlocutória mista não terminativa, processual, em que há um juízo de prelibação na verificação da viabilidade da acusação. Nessa fase, vigora o *in dubio pro societate.*

A fundamentação da pronúncia consiste na indicação da materialidade do fato e da existência de indícios suficientes de autoria ou de participação, devendo o juiz declarar o dispositivo legal em que julgar incurso o acusado e especificar as circunstâncias qualificadoras e as causas de aumento de pena.

Se o crime for afiançável, o juiz arbitrará o valor da fiança para a concessão ou manutenção da liberdade provisória. O juiz decidirá, motivadamente, no caso de manutenção, revogação ou substituição da prisão ou medida restritiva de liberdade anteriormente decretada, bem como, tratando-se de acusado solto, sobre a necessidade da decretação da prisão ou imposição de quaisquer medidas cautelares alternativas da prisão.

Se houver indícios de autoria ou de participação de outras pessoas não incluídas na acusação, o juiz, ao pronunciar ou impronunciar o acusado, determinará o retorno dos autos ao Ministério Público, por 15 (quinze) dias, aplicáveis, no que couber, as regras de separação do processo, nos termos do art. 80 do CPP.

A intimação da decisão de pronúncia será feita: 1) pessoalmente ao acusado, ao defensor nomeado e ao Ministério Público; 2) ao defensor constituído, ao querelante e ao assistente do Ministério Público, por publicação no órgão incumbido da publicidade dos atos judiciais da comarca, incluindo, sob pena de nulidade, o nome do acusado. Caso não haja órgão de publicação dos atos judiciais na comarca, a intimação far-se-á diretamente pelo escrivão, por mandado, ou via postal com comprovante de recebimento, ou por qualquer outro meio idôneo. Será intimado por edital o acusado solto que não for encontrado.

Preclusa a decisão de pronúncia, os autos serão encaminhados ao juiz-presidente do Tribunal do Júri. Ainda que preclusa a decisão de pronúncia, havendo circunstância superveniente que altere a classificação do crime, o juiz ordenará a remessa dos autos ao Ministério Público. Em seguida, os autos serão conclusos ao juiz para decisão.

Da sentença de pronúncia, cabe recurso em sentido estrito, nos termos do art. 581, IV, do CPP.

- **Impronúncia:** não presentes indícios de autoria e materialidade; admite-se desarquivamento, mediante novas provas, enquanto não ocorrer extinção da punibilidade. É uma decisão interlocutória mista terminativa. Da decisão de impronúncia, cabe apelação, nos termos do art. 416 do CPP. No caso de decisão de impronúncia, o juiz não pode manifestar-se sobre os crimes conexos. Despronúncia é a decisão do Tribunal que julga procedente o recurso interposto contra sentença de pronúncia. Da decisão de impronúncia, cabe apelação, nos termos do art. 416 do CPP.
- **Absolvição sumária:** quando houver *prova plena* de excludente de ilicitude ou culpabilidade; prova da inexistência do fato; prova de não ser o réu autor ou partícipe do fato; o fato não constituir infração penal. No caso de excludente de culpabilidade, não se aplica a possibilidade de decretação de absolvição sumária ao caso de inimputabilidade, salvo quando esta for a única tese defensiva. É uma sentença definitiva de mérito e faz coisa julgada material. No caso de absolvição sumária, o juiz não pode manifestar-se sobre os crimes conexos.
- **Desclassificação:** quando houver a prova de crime não doloso contra a vida; remessa ao juízo competente, com a reabertura do prazo de defesa do acusado, nos termos do art. 419 do CPP. Remetidos os autos do processo a outro juiz, à disposição dele ficará o acusado preso. Da decisão de desclassificação, cabe recurso em sentido estrito, nos termos do art. 581, II ou IV, do CPP.

5.1.2. Julgamento da causa

a) Ao receber os autos, o presidente do Tribunal do Júri determinará a intimação do órgão do Ministério Público ou do querelante, no caso de queixa, e do defensor, para, no prazo de 5 (cinco) dias, apresentarem rol das testemunhas que deporão em plenário, até o máximo de 5 (cinco), oportunidade em que poderão juntar documentos e requerer diligência.

b) O juiz-presidente ordenará as diligências necessárias para sanar qualquer nulidade ou esclarecer fato que interesse ao julgamento da causa e fará relatório sucinto do processo, determinando sua inclusão em pauta da reunião do Tribunal do Júri.

c) Elaboração da lista dos jurados.

d) Pode ocorrer o desaforamento (ou seja, a realização do júri em localidade diferente daquela da consumação ou execução do crime), quando houver interesse de ordem pública, dúvida sobre a imparcialidade do júri, dúvida sobre a segurança do réu. O desaforamento também poderá ser determinado em razão do comprovado excesso de serviço, ouvidos o juiz-presidente e a parte contrária, se o julgamento não puder ser realizado no prazo de 6 (seis) meses, contado do trânsito em julgado da decisão de pronúncia. Quem determinará o desaforamento é o Tribunal, a requerimento do Ministério Público, do assistente, do querelante ou do acusado, ou mediante representação do juiz competente. O pedido será distribuído imediatamente e terá preferência de julgamento na Câmara ou Turma competente.

e) Estando o processo em ordem, o juiz-presidente mandará intimar as partes, o ofendido, se for possível, as testemunhas e os peritos, quando houver requerimento, para a sessão de instrução e julgamento.

f) Sorteio dos jurados, sendo que o Tribunal do Júri é composto por 1 (um) juiz togado, seu presidente e por 25 (vinte e cinco) jurados, que serão sorteados entre os alistados, 7 (sete) dos quais constituirão o Conselho de Sentença em cada sessão de julgamento.

g) Convocação dos jurados sorteados e abertura da sessão de julgamento, desde que compareçam pelo menos 15 (quinze) jurados.

h) Constituição do Conselho de Sentença: sete jurados; recusas imotivadas: três para cada parte; recusas motivadas: sem limite.

i) Após o sorteio, os jurados ficam incomunicáveis e ocorre a exortação, com o juramento.

j) Instrução em plenário: 1) declarações do ofendido; 2) oitiva das testemunhas de acusação; 3) oitiva das testemunhas de defesa; 4) acareações; 5) reconhecimento de pessoas e coisas; 6) esclarecimentos de perito; 7) leitura de peças; 8) interrogatório do réu.

Para a inquirição das testemunhas arroladas pela defesa, o defensor do acusado formulará as perguntas antes do Ministério Público e do assistente. Os jurados poderão formular perguntas ao ofendido e às testemunhas, por intermédio do juiz-presidente. As partes e os jurados poderão requerer acareações, reconhecimento de pessoas e coisas e esclarecimento dos peritos, bem como a leitura de peças que se refiram, exclusivamente, às provas colhidas por carta precatória e às provas cautelares, antecipadas ou não repetíveis.

No interrogatório do acusado, o Ministério Público, o assistente, o querelante e o defensor, nessa ordem, poderão formular, diretamente, perguntas ao acusado. Os jurados formularão perguntas por intermédio do juiz-presidente.

Não se permitirá o uso de algemas no acusado durante o período em que permanecer no plenário do júri, salvo se absolutamente necessário à ordem dos trabalhos, à segurança das testemunhas ou à garantia da integridade física dos presentes.

k) Relatório do juiz-presidente.

l) Debates orais: 1) duração: acusação, 1h30; defesa, 1h30; se houver mais de 1 (um) acusado, o tempo para a acusação e a defesa será acrescido de 1 hora; 2) ordem: Ministério Público – assistente de acusação – defesa.

m) Réplica: duração: 1 hora; se houver mais de um réu, o prazo será dobrado, sendo admitida a reinquirição de testemunha já ouvida em plenário.

n) Tréplica: em 1 hora, sendo admitida a reinquirição de testemunha já ouvida em plenário.

o) Formulação e leitura dos quesitos: Conselho de Sentença será questionado sobre matéria de fato e se o acusado deve ser absolvido.

Os quesitos serão redigidos em proposições afirmativas, simples e distintas, de modo que cada um deles possa ser respondido com suficiente clareza e necessária precisão. Na sua elaboração, o presidente levará em conta os termos da pronúncia ou das decisões posteriores que julgaram admissível a acusação, do interrogatório e das alegações das partes.

Os quesitos serão formulados na seguinte ordem, indagando sobre: 1) a materialidade do fato; 2) a autoria ou participação; 3) se o acusado deve ser absolvido; 4) se existe causa de diminuição de pena alegada pela defesa; 5) se existe circunstância qualificadora ou causa de aumento de pena reconhecidas na pronúncia ou em decisões posteriores que julgaram admissível a acusação.

A resposta negativa de mais de 3 (três) jurados, a qualquer dos quesitos da materialidade do fato e da autoria ou participação, encerra a votação e implica a absolvição do acusado.

Respondidos afirmativamente por mais de 3 (três) jurados os quesitos relativos à materialidade do fato e da autoria ou participação, será formulado quesito com a seguinte redação: "O jurado absolve o acusado?".

Decidindo os jurados pela condenação, o julgamento prossegue, devendo ser formulados quesitos sobre: 1) causa de diminuição de pena alegada pela defesa; 2) circunstância qualificadora ou causa de aumento de pena, reconhecidas na pronúncia ou em decisões posteriores que julgarem admissível a acusação.

Sustentada a desclassificação da infração para outra de competência do juiz singular, será formulado quesito a respeito, para ser respondido após o 2º (segundo) ou 3º (terceiro) quesito, conforme o caso.

Sustentada a tese de ocorrência do crime na sua forma tentada ou havendo divergência sobre a tipificação do delito, sendo este da competência do Tribunal do Júri, o juiz formulará quesito acerca dessas questões, para ser respondido após o segundo quesito.

Havendo mais de um crime ou mais de um acusado, os quesitos serão formulados em séries distintas.

A seguir, o presidente lerá os quesitos e indagará das partes se têm requerimento ou reclamação a fazer, devendo qualquer deles, bem como a decisão, constar da ata. Ainda em plenário, o juiz-presidente explicará aos jurados o significado de cada quesito.

p) Votação: não havendo dúvida a ser esclarecida, o juiz-presidente, os jurados, o Ministério Público, o assistente, o querelante, o defensor do acusado, o escrivão e o oficial de justiça dirigir-se-ão à sala especial, a fim de que seja procedida a votação.

Na falta de sala especial, o juiz-presidente determinará que o público se retire, permanecendo somente o Ministério Público, o assistente, o querelante, o defensor do acusado, o escrivão e o oficial de justiça.

O juiz-presidente advertirá as partes de que não será permitida qualquer intervenção que possa perturbar a livre manifestação do Conselho e fará retirar da sala quem se portar inconvenientemente.

Antes de proceder-se à votação de cada quesito, o juiz-presidente mandará distribuir aos jurados pequenas cédulas, feitas de papel opaco e facilmente dobráveis, contendo 7 (sete) delas a palavra *sim* e 7 (sete) a palavra *não*.

Para assegurar o sigilo do voto, o oficial de justiça recolherá em urnas separadas as cédulas correspondentes aos votos e as não utilizadas.

Após a resposta, verificados os votos e as cédulas não utilizadas, o presidente determinará que o escrivão registre no termo a votação de cada quesito, bem como o resultado do julgamento. Do termo, também constará a conferência das cédulas não utilizadas.

As decisões do Tribunal do Júri serão tomadas por maioria de votos.

Se a resposta a qualquer dos quesitos estiver em contradição com outra ou outras já dadas, o presidente, explicando aos jurados em que consiste a contradição, submeterá novamente à votação os quesitos a que se referirem tais respostas. Se, pela resposta dada a um dos quesitos, o presidente verificar que ficam prejudicados os seguintes, assim o declarará, dando por finda a votação.

q) Sentença: 1) no caso de condenação: fixará a pena-base; considerará as circunstâncias agravantes ou atenuantes alegadas nos debates; imporá os aumentos ou diminuições da pena, em atenção às causas admitidas pelo júri; observará as demais disposições do art. 387 do CPP; mandará o acusado recolher-se ou recomendá-lo-á à prisão em que se encontra, se presentes os requisitos da prisão preventiva; estabelecerá os efeitos genéricos e específicos da condenação; 2) no caso de absolvição: mandará colocar em liberdade o acusado se por outro motivo não estiver preso; revogará as medidas restritivas provisoriamente decretadas; imporá, se for o caso, a medida de segurança cabível.

   Se houver desclassificação da infração para outra, de competência do juiz singular, ao presidente do Tribunal do Júri caberá proferir sentença em seguida, aplicando-se, quando o delito resultante da nova tipificação for considerado pela lei como infração penal de menor potencial ofensivo, o disposto nos arts. 69 e seguintes da Lei n. 9.099, de 26 de setembro de 1995. Em caso de desclassificação, o crime conexo que não seja doloso contra a vida será julgado pelo juiz-presidente do Tribunal do Júri.

r) Leitura da sentença: a sentença será lida em plenário pelo presidente antes de encerrada a sessão de instrução e julgamento.

s) Ata da sessão: será lavrada em cada sessão de julgamento pelo escrivão e assinada pelo presidente e pelas partes. A ata descreverá fielmente todas as ocorrências, mencionando obrigatoriamente: 1) a data e a hora da instalação dos trabalhos; 2) o magistrado que presidiu a sessão e os jurados presentes; 3) os jurados que deixaram de comparecer, com escusa ou sem ela, e as sanções aplicadas; 4) o ofício ou requerimento de isenção ou dispensa; 5) o sorteio dos jurados suplentes; 6) o adiamento da sessão, se houver ocorrido, com a indicação do motivo; 7) a abertura da sessão e a presença do Ministério Público, do querelante e do assistente, se houver, e a do defensor do acusado; 8) o pregão e a sanção imposta, no caso de não comparecimento; 9) as testemunhas dispensadas de depor; 10) o recolhimento das testemunhas a lugar de onde umas não pudessem ouvir o depoimento das outras; 11) a verificação das cédulas pelo juiz-presidente; 12) a formação do Conselho de Sentença, com o registro dos nomes dos jurados sorteados e recusas; 13) o compromisso e o interrogatório, com simples referência ao termo; 14) os debates e as alegações das partes com os respectivos fundamentos; 15) os incidentes; 16) o julgamento da causa; 17) a publicidade dos atos da instrução plenária, das diligências e da sentença. A falta da ata sujeitará o responsável a sanções administrativa e penal.

ITENS	CONSEQUÊNCIAS
Ausência do acusado solto	O julgamento não será adiado pelo não comparecimento do acusado solto.
Ausência do defensor ou curador	a) motivo justificado: adiamento; b) se a falta, sem escusa legítima, for do advogado do acusado, e se outro não for por este constituído, o fato será imediatamente comunicado ao presidente da seccional da Ordem dos Advogados do Brasil, com a data designada para a nova sessão. Não havendo escusa legítima, o julgamento será adiado somente uma vez, devendo o acusado ser julgado quando chamado novamente. O juiz intimará a Defensoria Pública para o novo julgamento, que será adiado para o primeiro dia desimpedido, observado o prazo mínimo de 10 dias.
Ausência do promotor	a) motivo justificado: adiamento para o primeiro dia desimpedido da mesma reunião, cientificadas as partes e as testemunhas; b) motivo injustificado: se a ausência não for justificada, o fato será imediatamente comunicado ao Procurador-Geral de Justiça, com data designada para a nova sessão.
Ausência de assistente de acusação	O julgamento não será adiado pelo não comparecimento do assistente que tiver sido regularmente intimado.
Ausência do advogado do querelante	O julgamento não será adiado pelo não comparecimento do advogado do querelante que tiver sido regularmente intimado.

FLUXOGRAMA DO PROCEDIMENTO DO JÚRI

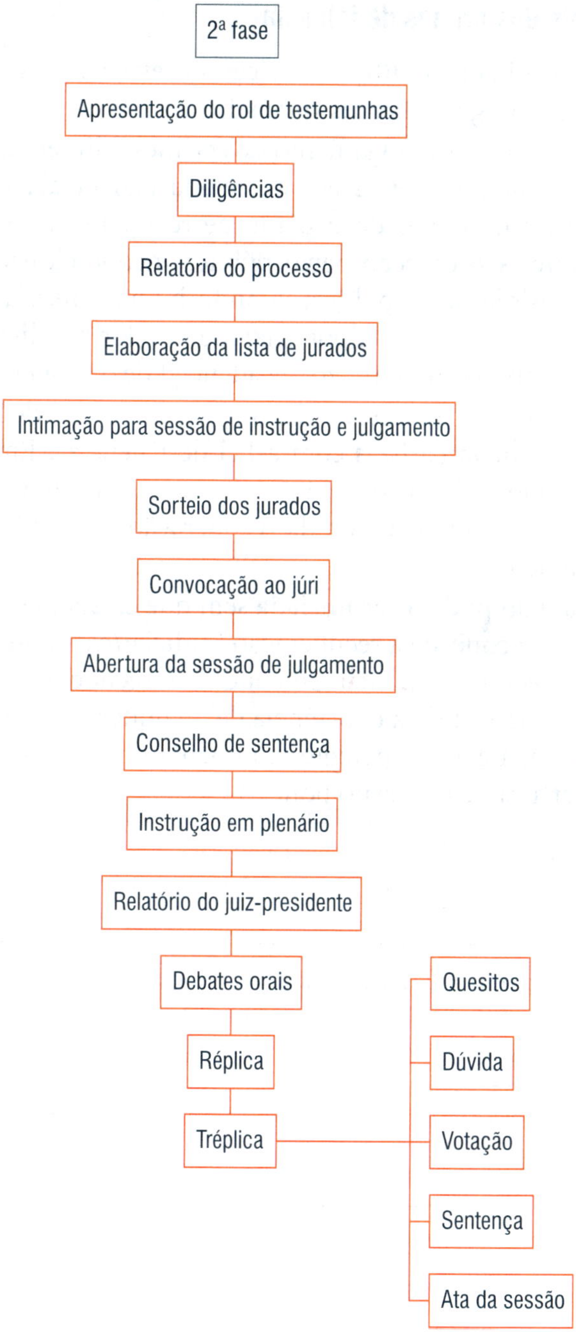
2ª fase
Apresentação do rol de testemunhas
Diligências
Relatório do processo
Elaboração da lista de jurados
Intimação para sessão de instrução e julgamento
Sorteio dos jurados
Convocação ao júri
Abertura da sessão de julgamento
Conselho de sentença
Instrução em plenário
Relatório do juiz-presidente
Debates orais
Réplica
Tréplica
Quesitos
Dúvida
Votação
Sentença
Ata da sessão

5.2. Procedimento dos crimes de falência

É regulado pela Lei n. 11.101/2005, ficando revogadas as disposições dos arts. 503 a 512 do Código de Processo Penal.

O foro competente para julgamento dos crimes falimentares é o do juízo criminal da jurisdição onde tenha sido decretada a falência, concedida a recuperação judicial ou homologado o plano de recuperação extrajudicial. Os crimes falimentares são de ação penal pública incondicionada. Será a ação penal privada subsidiária da pública quando houver inércia do Ministério Público, podendo ser promovida por qualquer credor habilitado ou o administrador judicial, observado o prazo decadencial de 6 (seis) meses.

Aplicam-se subsidiariamente as disposições do Código de Processo Penal, no que não forem incompatíveis com a Lei de Falências. Em qualquer fase processual, surgindo indícios da prática dos crimes falimentares, o juiz da falência, da recuperação judicial ou da recuperação extrajudicial cientificará o Ministério Público.

A ação penal não poderá ser iniciada sem que exista prévia sentença que decrete a falência ou conceda a recuperação (judicial/extrajudicial). Intimado da sentença que **decreta a falência** ou concede a recuperação judicial, o Ministério Público, verificando a ocorrência de qualquer crime falimentar, promoverá imediatamente a competente ação penal ou, se entender necessário, requisitará a abertura de inquérito policial.

Questão de prova

A prova de Promotor de Justiça Substituto MP/SP/83º considerou INCORRETA a afirmativa: "A ação penal poderá iniciar-se antes de declarada a falência e extinguir-se-á quando reformada a sentença que a tiver decretado".

Após recebida a denúncia ou queixa, o rito a ser observado será o sumário, previsto nos arts. 531 a 538 do Decreto-lei n. 3.689, de 3 de outubro de 1941 (Código de Processo Penal).

Questão de prova

A prova do Promotor de Justiça MPE/RO/2013 considerou INCORRETA a afirmativa: "Por expressa disposição legal, é aplicável aos crimes falimentares o procedimento comum ordinário".

FLUXOGRAMA DO PROCEDIMENTO DOS CRIMES DE FALÊNCIA

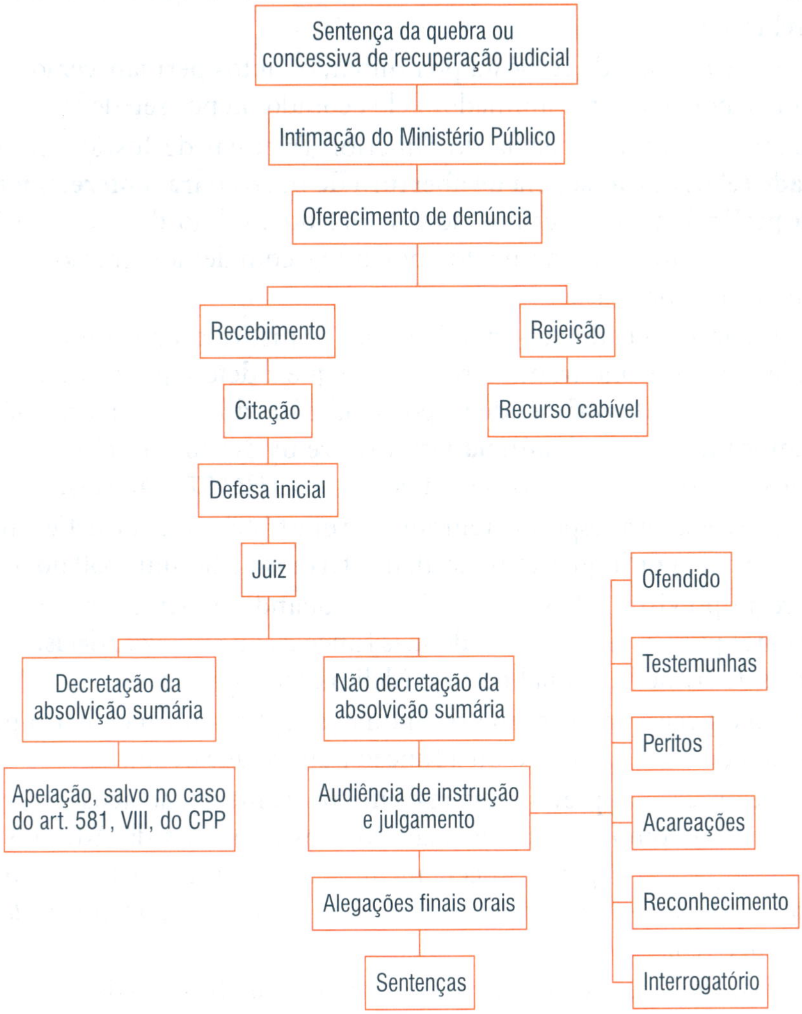

5.3. Procedimento dos crimes de responsabilidade dos funcionários públicos

É regulado entre os arts. 513 e 518 do CPP e não aplicável aos **crimes inafiançáveis**.

> **Questão de prova**
> A prova de Procurador do TCE/AL/2008 considerou CORRETA a afirmativa: "O Código de Processo Penal prevê rito especial para o processo e o julgamento dos crimes de responsabilidade dos funcionários públicos. Esse rito especial permite ao acusado se defender antes de ser recebida a denúncia, se o crime for afiançável".

Oferecida a denúncia ou queixa, o acusado será notificado para oferecer defesa preliminar em 15 (quinze) dias. A resposta pode ser instruída com documentos e justificações.

Não conhecida a residência do acusado ou no caso de ele estar fora da jurisdição do juiz processante, será nomeado defensor, que apresentará a defesa preliminar.

Durante o prazo da resposta preliminar, os autos permanecerão em cartório, onde poderão ser examinados pelo acusado ou por seu defensor.

Segundo a jurisprudência do Superior Tribunal de Justiça, configura **nulidade relativa a ausência de abertura de prazo para o oferecimento de defesa preliminar**, nos termos do art. 514 do Código de Processo Penal, devendo ser arguida em momento oportuno e com demonstração de prejuízo, sob pena de preclusão.

A jurisprudência do Superior Tribunal de Justiça e a do Supremo Tribunal Federal se consolidaram no sentido de que a defesa preliminar prevista no procedimento dos crimes de responsabilidade dos funcionários públicos **só se aplica quando a denúncia versa sobre os delitos funcionais típicos** previstos nos arts. 312 a 326 do Código Penal (RHC 57.524, STJ).

É desnecessária a resposta preliminar de que trata o referido artigo, na ação penal instruída por inquérito policial, nos termos da Súmula 330 do STJ.

A regra prevista nele só tem aplicação quando o crime é praticado por funcionário público no exercício de suas funções, ou em razão delas, e apenas nos casos de crime funcional próprio (delito especial próprio).

O rito especial previsto no art. 514 não se aplica ao funcionário público que deixou de exercer o cargo ou a função pública que ocupava.

A fase processual prevista diz respeito, tão somente, ao acusado servidor público; e tem como finalidade resguardar os interesses da Administração Pública, no que diz respeito, especialmente, à segurança e ao decoro do serviço público. Dessa forma, não se estende ao acusado que não tenha o *status* de servidor público.

No caso de concurso de crimes funcionais e não funcionais, não se aplica o procedimento previsto no art. 513 e seguintes do CPP (RHC 127.296, STF).

O juiz rejeitará a denúncia ou queixa, em decisão fundamentada, se convencido, pela resposta do acusado ou do seu defensor, da **inexistência do crime ou da improcedência da ação**.

Questão de prova	A prova de Analista Judiciário TRE/RJ/2012 considerou CORRETA a afirmativa: "Ao julgar processos que discutam crimes de responsabilidade dos funcionários públicos, o juiz deverá rejeitar a denúncia, em despacho fundamentado, se estiver convencido, pela resposta do acusado ou do seu defensor, da inexistência do crime ou da improcedência da ação".

Se recebida a denúncia ou queixa, o rito a ser seguido será o ordinário.

FLUXOGRAMA DO PROCEDIMENTO DOS CRIMES DE RESPONSABILIDADE DOS FUNCIONÁRIOS PÚBLICOS

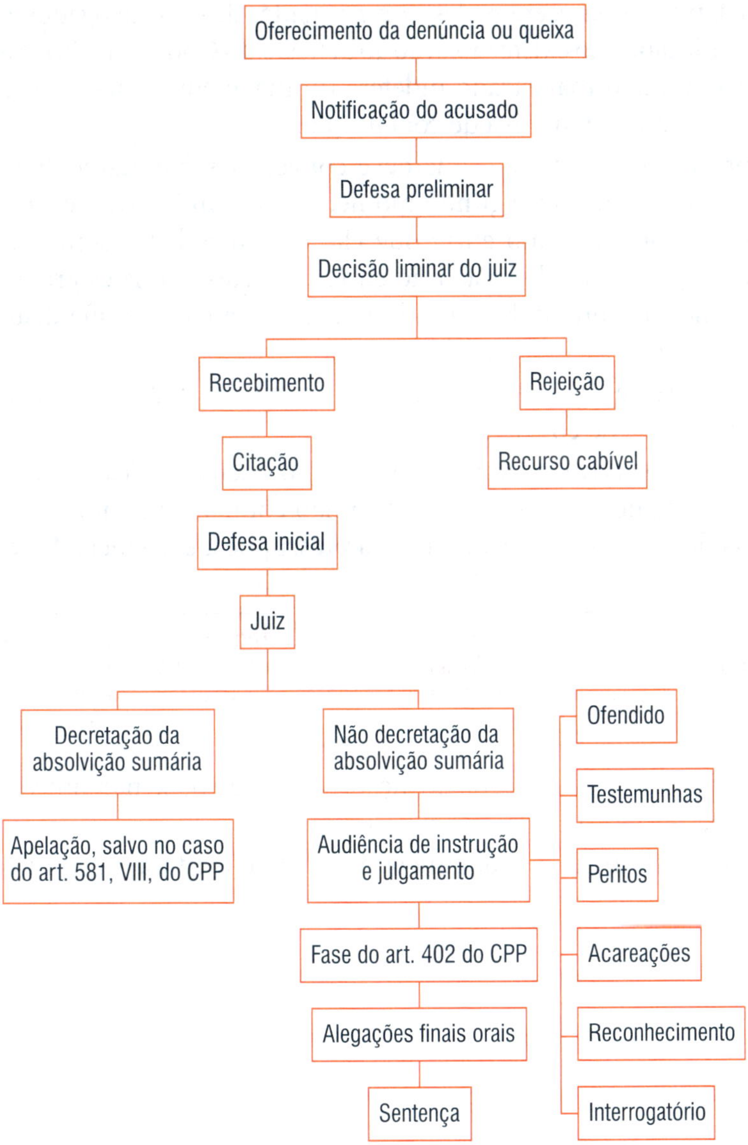

5.4. Procedimento dos crimes contra a honra

Oferecida queixa-crime, o juiz determinará notificação do querelante e do querelado para comparecerem, desacompanhados de seus advogados, à audiência de conciliação. Não existe violação ao art. 520 do Código de Processo Penal, nos casos em que o magistrado indefere liminarmente a queixa-crime, sem marcar audiência de tentativa de conciliação.

No primeiro momento, o juiz deve conversar separadamente com cada uma das partes e, em um segundo momento, avistando possível conciliação, promoverá o entendimento entre querelante e querelado. Somente quando vislumbrar a possibilidade de acordo entre as partes, o Juiz estará obrigado a realizar audiência com ambas simultaneamente, a teor do que dispõe o art. 521 do Código de Processo Penal.

Tratando-se de ação penal privada sujeita à Lei n. 8.038/90, não há que se falar em audiência de conciliação.

Não é indispensável o comparecimento do querelante à audiência de conciliação prevista no art. 520 do CPP. Seu não comparecimento não implica a ocorrência da perempção, visto que esta pressupõe a existência de ação penal privada em curso.

Questão de prova	A prova do Procurador do BACEN 2013 considerou CORRETA a afirmativa: "Nos crimes de ação penal privada contra a honra, após o oferecimento da queixa-crime pelo querelante, o juiz poderá marcar audiência de tentativa de conciliação entre as partes, antes do recebimento da peça acusatória".

Se houver acordo, ocorrerá extinção do processo; se não houver acordo, ocorrerá análise judicial da queixa-crime.

Após o recebimento da denúncia ou queixa, o rito a ser seguido será o ordinário.

FLUXOGRAMA DO PROCEDIMENTO DOS CRIMES CONTRA A HONRA

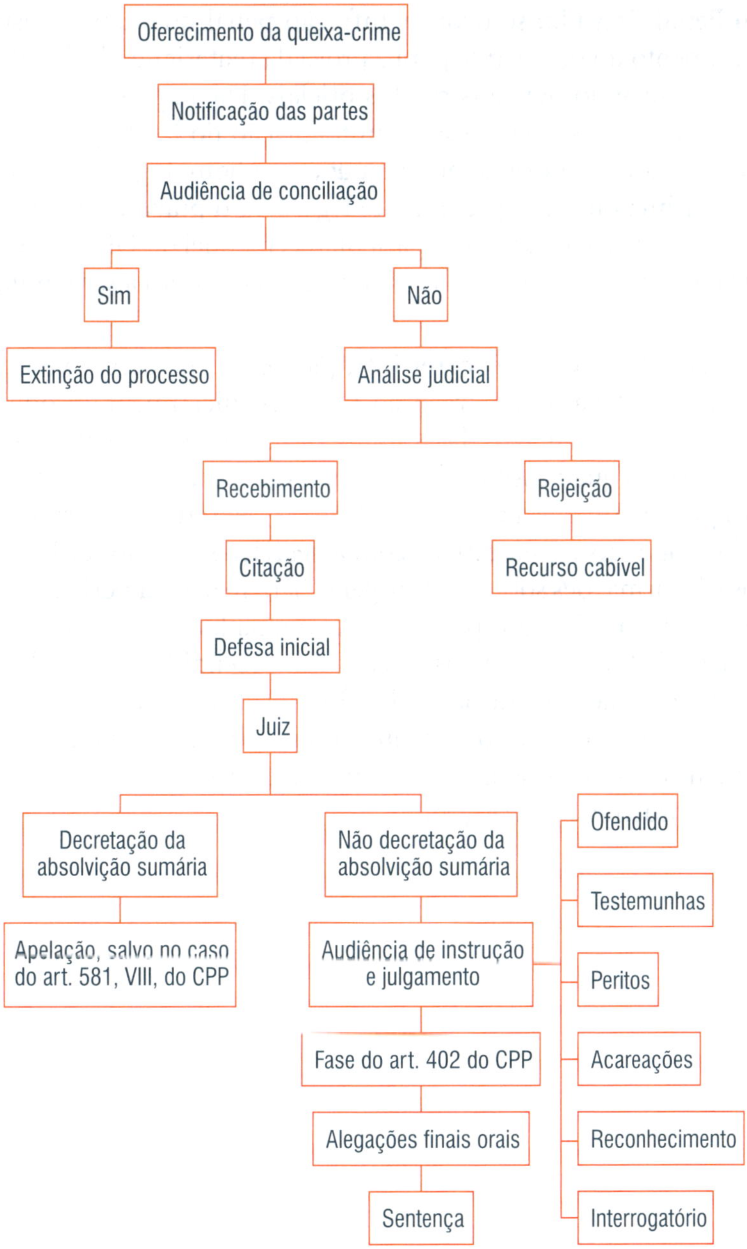

5.5. Procedimento dos crimes contra a propriedade imaterial

a) **Ação Penal Privada:** se ocorrer infração penal que deixar vestígios: 1) requerimento do querelante para a prova da materialidade da infração; 2) busca e apreensão por dois peritos oficiais. Há a apresentação do laudo pericial em 3 (três) dias. Após a impugnação do laudo pelo requerente. Depois do contraditório sobre o laudo, há a homologação do laudo pelo juiz. A vítima ou seu representante legal tem o prazo de 30 (trinta) dias após a homologação do laudo para oferecer a queixa. Oferecida a queixa, o juiz decidirá se a recebe ou rejeita. Se receber, o rito a ser seguido será o ordinário.

b) **Ação Penal Pública:** se ocorrer infração penal que deixar vestígios: 1) a autoridade policial fará apreensão dos bens ilicitamente produzidos ou reproduzidos em sua totalidade, juntamente com os equipamentos, suportes e materiais que possibilitaram a sua existência, desde que estes se destinem precipuamente à prática do ilícito; 2) lavratura do termo, assinado por duas ou mais testemunhas, com a descrição de todos os bens apreendidos e informações sobre suas origens. Será realizada perícia sobre todos os bens apreendidos, por perito oficial ou, na falta deste, por pessoa tecnicamente habilitada. Os bens e materiais apreendidos serão colocados em depósito em mãos dos titulares dos direitos de autor e conexo. Há a possibilidade de destruição da produção ou reprodução apreendida ou sua manutenção. No caso se sentença condenatória, ocorrerá confisco, podendo haver ordem de destruição.

FLUXOGRAMA DO PROCEDIMENTO DOS CRIMES CONTRA A PROPRIEDADE IMATERIAL

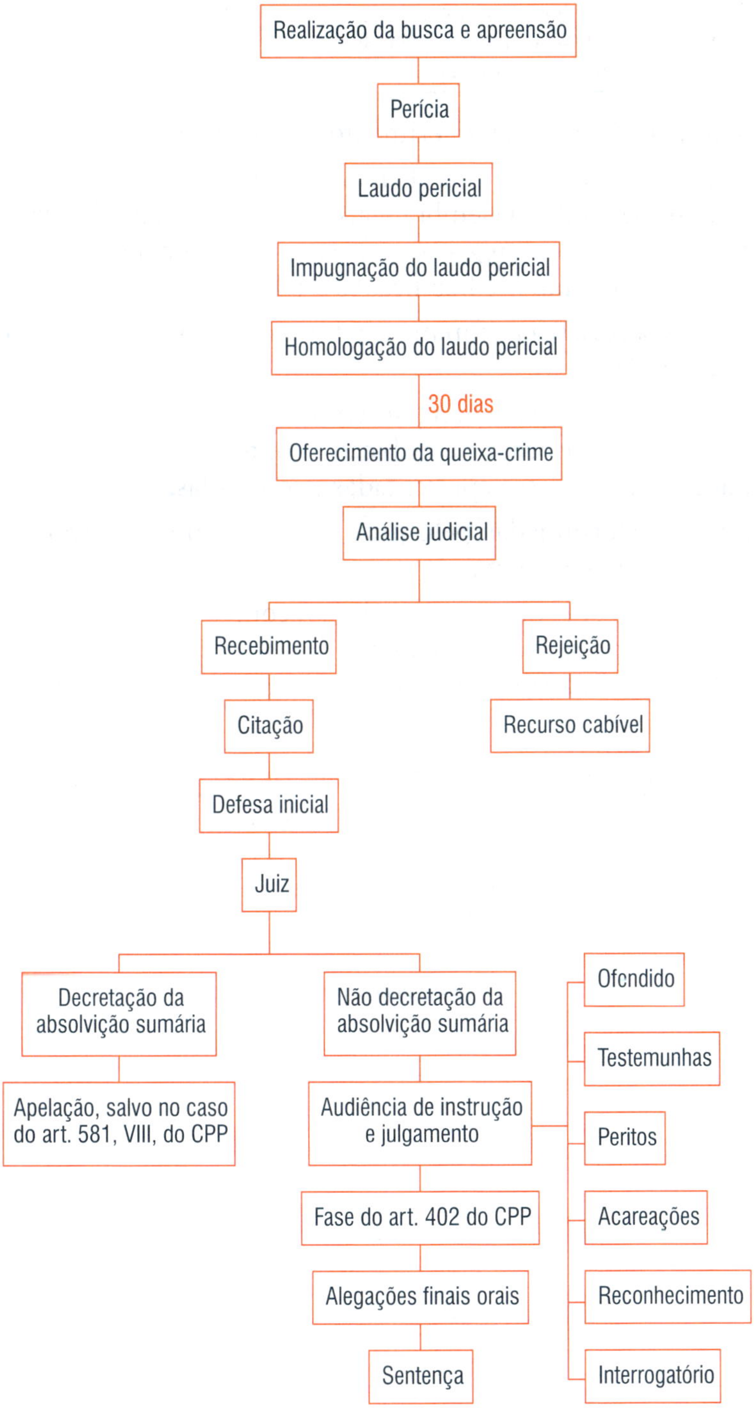

5.6. Procedimento de restauração de autos extraviados ou destruídos

> **Questão de prova**
> A prova da Magistratura BA/2012 considerou INCORRETA a afirmativa: "No processo de restauração de autos extraviados, o magistrado determina, de ofício, que se reproduza o que houver a respeito desses autos, juntando-se cópias que valerão como originais, não sendo necessária a repetição da citação pessoal".

a) Iniciativa: de ofício ou a requerimento de qualquer das partes.

b) Providências judiciais iniciais: 1) manda-se o escrivão certificar o estado do processo, segundo sua lembrança, e reproduz-se o que houver a respeito em seus protocolos e registros; 2) requisitam-se cópias do que constar a respeito no Instituto Médico Legal e estabelecimentos congêneres.

c) Citação das partes: se não forem encontradas, serão citadas por edital com prazo de 10 (dez) dias.

d) Audiência: as partes mencionarão em termo circunstanciado os pontos em que estiverem acordes e a exibição e conferência das certidões e mais reproduções no processo apresentadas e conferidas.

e) Diligências determinadas pelo juiz, que deverão ser concluídas em 20 (vinte) dias, salvo força maior.

f) Decisão em 10 (dez) dias: cabe apelação; com a sentença de restauração, os novos autos passam a valer como se fossem os originais perdidos. Se no curso do processo aparecerem os autos originais, os de restauração serão apensados a eles.

FLUXOGRAMA DO PROCEDIMENTO DE RESTAURAÇÃO DE AUTOS EXTRAVIADOS OU DESTRUÍDOS

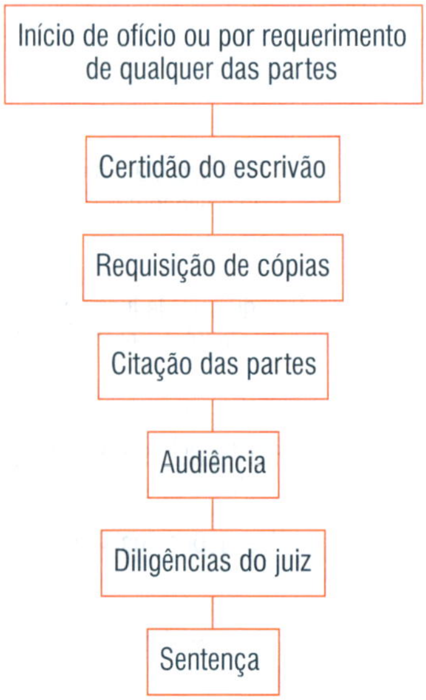

QUESTÕES SOBRE PROCEDIMENTOS CRIMINAIS

1. (86º Concurso de Promotor de Justiça Substituto MP/SP) Assinale a alternativa correta.

a) O procedimento comum sumário deve ser observado nos processos por crimes aos quais a lei comina pena máxima igual ou inferior a 4 (quatro) anos.
b) Nos processos de competência do tribunal do júri, provada nos autos a inexistência do fato, deve o juiz impronunciar o acusado.
c) A oitiva do ofendido e das testemunhas antecede ao interrogatório do acusado no procedimento comum ordinário, mas não no procedimento previsto para os processos de competência do tribunal do júri.
d) Compõem o tribunal do júri 1 (um) juiz togado e 21 (vinte e um) jurados, com idade mínima de 18 (dezoito) anos, dos quais 7 (sete) constituirão o conselho de sentença.
e) O tempo destinado à acusação e à defesa, nos debates na sessão de julgamento do tribunal do júri, é de uma hora e meia para cada, e de uma hora para a réplica e outro tanto para a tréplica.

2. (87º Concurso de Promotor de Justiça Substituto MP/SP) No processo comum, o acusado pode ser absolvido sumariamente (art. 397, Código de Processo Penal) quando:

a) a denúncia for inepta.
b) o autor da infração penal agiu manifestamente em legítima defesa.
c) não existirem suficientes indícios de autoria ou prova da materialidade do fato.
d) o Ministério Público for parte ilegítima para o exercício da ação penal.
e) houver dúvida sobre a sua inimputabilidade.

3. (83º Concurso de Promotor de Justiça Substituto MP/SP) Dados os enunciados:

I. Cabe exceção da verdade no procedimento dos crimes contra a honra e no procedimento dos crimes funcionais.
II. Cabe audiência de reconciliação no procedimento dos crimes falitários e no procedimento dos crimes contra a honra.
III. Cabe defesa preliminar no procedimento comum sumário e no procedimento dos crimes funcionais.
IV. Cabe despacho saneador no procedimento dos crimes de tóxicos e no procedimento dos crimes falitários.

São INCORRETOS:

a) somente III e IV.
b) somente II e III.
c) somente I e IV.
d) somente I e III.
e) I, II, III e IV.

4. (87º Concurso de Promotor de Justiça Substituto MP/SP) No procedimento do júri, presentes indícios da autoria e prova da materialidade, se ao término da instrução do sumário de culpa ficar provado tecnicamente que o acusado é semi-imputável, o juiz deverá:

a) pronunciá-lo.
b) absolvê-lo sumariamente.
c) impronunciá-lo.
d) remeter os autos para o juízo comum para a prolação da sentença.
e) declarar nulo o processo e remeter os autos para o juízo comum.

5. (86º Concurso de Promotor de Justiça Substituto MP/SP) Considerando as disposições de natureza processual penal contidas na Lei n. 11.101, de 09.02.2005 (Lei de Falência e Recuperação Judicial e Extrajudicial), aplicáveis aos crimes nela descritos, é incorreto afirmar que

a) a ação penal pública será sempre incondicionada.
b) a ação penal privada subsidiária pode ser ajuizada pelo administrador judicial e por qualquer credor habilitado.
c) embora prevista a competência do juiz criminal para o processo e julgamento da ação penal, admite-se que a prisão preventiva do falido e de seus administradores seja decretada na sentença de falência.

d) a impossibilidade de gerir empresa por mandato ou por gestão de negócio é um dos efeitos automáticos da condenação.
e) os efeitos da condenação perdurarão até 5 (cinco) anos após a extinção da punibilidade, salvo se antes concedida a reabilitação penal.

6. (Inspetor Polícia Civil RJ/2012) De acordo com o Código de Processo Penal, nos crimes de responsabilidade de funcionários públicos, quando afiançáveis, o prazo de resposta do acusado, antes do recebimento da denúncia ou queixa, é de:

a) trinta dias.
b) cinco dias.
c) dez dias.
d) vinte dias.
e) quinze dias.

7. (Magistratura TJ/CE/2012) Com relação aos processos criminais comuns e especiais, assinale a opção correta.

a) No curso do processo de restauração de autos extraviados ou destruídos, depois de subirem os autos conclusos para sentença, o juiz não poderá mais requisitar de autoridades ou de repartições esclarecimentos para a restauração.
b) No procedimento sumário, as provas devem ser produzidas em uma só audiência, podendo o juiz indeferir as consideradas irrelevantes, impertinentes ou protelatórias, e os esclarecimentos dos peritos sujeitam-se ao prévio requerimento das partes.
c) Se a autoridade policial tomar conhecimento de fato que, não constituindo infração penal, possa determinar a aplicação de medida de segurança, ela deve abster-se de instaurar inquérito e encaminhar os elementos de prova ao MP.
d) A fundamentação da sentença de pronúncia deve limitar-se à indicação da prova da materialidade do fato e da autoria ou participação do acusado, cabendo ao juiz declarar o dispositivo legal em que julgar incurso o acusado e especificar as circunstâncias qualificadoras e as causas de aumento de pena.
e) Nas infrações penais de menor potencial ofensivo, quando o juizado especial criminal encaminhar ao juízo comum as peças existentes para a adoção de outro procedimento, deve-se obedecer ao procedimento ordinário.

8. (Exame da OAB unificado set./2009) Acerca das normas aplicáveis ao processo e ao julgamento dos crimes de calúnia e injúria, previstas no CPP, assinale a opção correta.

a) O juiz, antes de receber a queixa, oferece às partes oportunidade para se reconciliarem, fazendo-as comparecer em juízo para serem ouvidas, separadamente, na presença, obrigatória, dos seus advogados, lavrando-se o termo respectivo.
b) No caso de reconciliação, depois de assinado pelo querelante termo de desistência da queixa, esta será suspensa pelo prazo de dois anos, e o juiz fixará as condições a serem respeitadas pelo querelado para que se opere a extinção da punibilidade após o decurso do referido prazo.
c) É pública incondicionada a ação penal por crime contra a honra de funcionário público em razão do exercício de suas funções.
d) Caso seja oferecida a exceção da verdade ou da notoriedade do fato imputado, poderá o querelante contestar a exceção, podendo ser inquiridas as testemunhas arroladas na queixa.

9. (Magistratura TJ/PR/2010) Acerca do processo comum e dos processos especiais, analise as questões abaixo.

I. No processo comum ordinário, recebida a denúncia ou queixa, o juiz designará dia e hora para a audiência, ordenando a intimação do acusado, de seu defensor, do Ministério Público e, se for o caso, do querelante e do assistente.
II. No processo de competência do Tribunal do Júri, o juiz, ao receber a denúncia ou a queixa, ordenará a citação do acusado para responder à acusação, por escrito, no prazo de 10 (dez) dias. Ao receber os autos,

o presidente do Tribunal do Júri determinará a intimação do órgão do Ministério Público ou do querelante, no caso de queixa, e do defensor, para, no prazo de 5 (cinco) dias, apresentarem rol de testemunhas que irão depor em plenário, até o máximo de 5 (cinco), oportunidade em que poderão juntar documentos e requerer diligência.

III. No processo dos crimes contra a propriedade imaterial, o juiz, ao prolatar a sentença condenatória, poderá determinar a destruição dos bens ilicitamente produzidos ou reproduzidos e o perdimento dos equipamentos apreendidos, desde que precipuamente destinados à produção e reprodução dos bens, em favor da Fazenda Nacional, que deverá destruí-los ou doá-los aos Estados, Municípios e Distrito Federal, a instituições públicas de ensino e pesquisa ou de assistência social, bem como incorporá-los, por economia ou interesse público, ao patrimônio da União, que não poderão retorná-los aos canais de comércio.

IV. No processo sumário, a audiência de instrução e julgamento, a ser realizada no prazo máximo de 30 (trinta) dias, proceder-se-á à tomada de declarações do ofendido, se possível, à inquirição das testemunhas arroladas pela acusação e pela defesa, nesta ordem, ressalvada a hipótese de a testemunha morar fora da jurisdição, bem como aos esclarecimentos dos peritos, às acareações e ao reconhecimento de pessoas e coisas, interrogando-se, em seguida, o acusado e procedendo-se, finalmente, ao debate.

Escolha a alternativa CORRETA.

a) Apenas as assertivas II e III estão corretas.
b) Apenas as assertivas I e IV estão corretas.
c) Apenas as assertivas II, III e IV estão corretas.
d) Todas as assertivas estão corretas.

10. (Procurador do Estado RR/2006) No processo e julgamento dos crimes de responsabilidade dos funcionários públicos,

a) nos crimes afiançáveis e inafiançáveis, após a denúncia, o juiz ordenará a notificação do acusado para responder por escrito, dentro do prazo de 15 (quinze) dias.
b) nos crimes inafiançáveis, após a denúncia, o juiz ordenará a notificação do acusado para responder por escrito, dentro do prazo de 15 (quinze) dias.
c) nos crimes afiançáveis e inafiançáveis, o eventual recebimento da denúncia é feito depois da notificação do acusado e, caso existente, de sua resposta.
d) nos crimes afiançáveis, o eventual recebimento da denúncia é feito depois da notificação do acusado e, caso existente, de sua resposta.
e) a falta de notificação do acusado para, se quiser, responder à acusação causa nulidade absoluta, conforme súmulas do Superior Tribunal de Justiça e do Supremo Tribunal Federal.

11. (Magistratura TJ/MG/2009) Em se tratando de crimes contra a propriedade industrial, de exclusiva ação penal privada, é CORRETO afirmar:

a) Fazendo-se necessária a apreensão e perícia, o laudo só terá valor se tiver sido homologado dentro dos 30 (trinta) dias anteriores à apresentação da queixa.
b) O laudo deverá acompanhar a queixa, independente da data de sua homologação.
c) O laudo deverá ser homologado dentro dos 15 (quinze) dias anteriores à apresentação da queixa.
d) Nenhuma das hipóteses é verdadeira.

12. (Magistratura PR/2011) Segundo o Código de Processo Penal, assinale a única alternativa CORRETA:

a) O procedimento comum será tão somente ordinário ou sumário.
b) No caso de citação por edital, o prazo para a defesa começará a fluir apenas e tão somente a partir do comparecimento pessoal do acusado acompanhado de seu defensor.
c) O juiz que presidiu a instrução deverá proferir a sentença.
d) A denúncia ou queixa não poderá ser rejeitada quando: for manifestamente inepta; faltar pressuposto processual ou condição para o exercício da ação penal; faltar justa causa para o exercício da ação penal.

13. (Procurador da República 2011) Considere as assertivas a seguir:

I. no processo comum, o juiz, depois de receber a denúncia, designa audiência de instrução devendo determinar a intimação, dentre outros, do ofendido.

II. a jurisprudência consolidada no STF não admite a suspensão condicional do processo em caso de crime continuado.
III. o Ministério Público pode desistir de suas testemunhas sem a anuência prévia da defesa.
IV. se o juiz, após a defesa preliminar, reconhecer a existência de doença mental do acusado, comprovada por sentença judicial de interdição, deverá absolver sumariamente o acusado, embora se trate de absolvição imprópria, tendo em vista a possibilidade de imposição de medida de segurança.
V. no procedimento comum, o ofendido, mesmo que não habilitado como assistente, poderá requerer a admissão de assistentes técnicos.

Pode-se a firmar que:

a) I, II e III estão incorretas.
b) III e V estão incorretas.
c) II e IV estão incorretas.
d) todas estão incorretas.

14. (Defensor Público AM/2011) Assinale a alternativa correta. No processo comum, o Juiz absolverá sumariamente o réu:

a) provado não ser ele apenas partícipe do fato.
b) quando verificar a existência de causa excludente de ilicitude, ainda que dependa de dilação probatória prévia.
c) quando verificar a existência manifesta de causa excludente da culpabilidade do agente, salvo inimputabilidade, se esta for a única tese defensiva.
d) quando verificar que o fato narrado possa não vir a constituir crime.
e) extinta a punibilidade do agente, exceto nos casos de prescrição, decadência ou perempção.

15. (Advogado Metrô/SP/2010) A respeito do procedimento ordinário, é correto afirmar que

a) terá início com o interrogatório do réu.
b) a defesa prévia será apresentada até três dias após o interrogatório.
c) serão ouvidas, na instrução, até cinco testemunhas.
d) as alegações finais orais serão oferecidas no prazo de duas horas.
e) o juiz que presidiu a instrução deverá proferir a sentença.

16. (Delegado Polícia Civil/PB/2009) No que concerne ao processo comum, assinale a opção correta.

a) A falta de justa causa para o exercício da ação penal, considerada por muitos doutrinadores como a quarta condição da ação, não é hábil a ensejar a rejeição da denúncia por parte do juiz. Isso porque, sendo o MP o titular da ação penal pública, não é dado ao magistrado analisar a viabilidade da denúncia sob o aspecto da justa causa, nesse momento processual.
b) Nos crimes de ação penal pública incondicionada, após o oferecimento da denúncia, o juiz a recebe e ordena a citação do acusado para ser interrogado, no prazo máximo de dez dias, em se tratando de réu preso.
c) A absolvição sumária é instituto exclusivo do procedimento do júri, cabendo nas hipóteses de existência manifesta de causa excludente da ilicitude do fato ou da culpabilidade ou punibilidade do agente.
d) Finda a instrução, as partes têm o prazo de 24 horas para requererem diligências que reputem imprescindíveis ao deslinde da causa.
e) Vigora no processo penal o princípio da identidade física do juiz, segundo o qual o juiz que presidiu a instrução deve proferir a sentença.

17. (Delegado Polícia Civil/PI/2009) De acordo com Código de Processo Penal, aplicar-se-á o procedimento sumário quando tiver por objeto crime cuja sanção máxima:

a) seja a pena de detenção.
b) seja pena superior a dois anos e inferior a quatro anos de detenção.
c) seja pena inferior a dois anos de reclusão.
d) seja inferior a quatro anos de pena privativa de liberdade.
e) seja aquela correspondente às infrações de menor potencial ofensivo.

18. (Promotor de Justiça SE/2010) Considerando a reforma parcial do CPP ocorrida em 2008 e o atual entendimento do STJ, assinale a opção correta quanto ao procedimento comum ordinário.

a) O recebimento da denúncia somente pode ocorrer após a apresentação da defesa escrita do acusado.

b) Foi abolida a suspensão do curso prescricional no caso de réu citado por edital que não comparece nem nomeia advogado, mantendo-se apenas a suspensão do processo.

c) A citação pode ocorrer por hora certa, não se aplicando, todavia, os dispositivos do CPC quanto à formalização dessa espécie de citação.

d) Não foi alterado o prazo para apresentação da resposta escrita do réu, antes denominada defesa prévia.

e) O juiz deve formular perguntas às testemunhas após as partes, já que foi abolido o sistema presidencialista de inquirição.

19. (Magistratura TJ/MG/2009) Em se tratando de processo sumário, marque a opção CORRETA.

a) Se a audiência for suspensa, a testemunha que compareceu será ouvida, desde que obedecida a ordem prevista no Código de Processo Penal.

b) Se a audiência for suspensa, a testemunha que compareceu para o ato não será inquirida.

c) Se a audiência for suspensa, a testemunha que compareceu para o ato será inquirida independentemente da ordem estabelecida no Código de Processo Penal.

d) Nenhuma das hipóteses é verdadeira.

20. (Delegado de Polícia PC/SC/2014) Ante as disposições do Código de Processo Penal, analise as afirmações a seguir.

I. O procedimento comum será ordinário, sumário ou sumaríssimo.

II. O procedimento será ordinário quando tiver por objeto crime cuja sanção máxima cominada for igual ou superior a 3 (três) anos de pena privativa de liberdade.

III. O procedimento será sumário sempre que tiver por objeto crime cuja sanção máxima cominada seja inferior a 3 (três) anos de pena privativa de liberdade.

IV. O procedimento será sumaríssimo para as infrações penais de menor potencial ofensivo, na forma da lei.

Assinale a alternativa **correta**.

a) Apenas I, II e III estão corretas.

b) Apenas II e III estão corretas.

c) Apenas II, III e IV estão corretas.

d) Apenas I e IV estão corretas.

e) Todas as afirmações estão corretas.

PRESTE ATENÇÃO!

- No concurso entre infrações penais com procedimentos diferentes, prevalece o que oferecer mais ampla defesa ao acusado.
- As agravantes e atenuantes não interferem nos limites das penas.
- A absolvição sumária é o julgamento antecipado da lide no processo penal, decretada nas hipóteses do art. 397 do CPP.
- Após recebimento da denúncia ou queixa: a) nos crimes falimentares, o rito é o sumário; b) nos crimes de responsabilidade dos funcionários públicos (afiançáveis) e nos crimes contra a honra, é o ordinário.

CUIDADO!

- A adoção de procedimento diverso do imposto pela lei só gera nulidade quando houver prejuízo à defesa.
- Não há previsão de memoriais no procedimento sumário.
- No procedimento dos crimes de falência, a ação penal não pode ser iniciada sem que exista prévia decretação da quebra ou concessão da recuperação judicial.

IMPORTANTE!

- Se a pena máxima abstrata for igual ou superior a 4 anos, o rito será o ordinário; se for inferior a 4 anos e superior a 2 anos, o rito será o sumário; se for igual ou inferior a 2 anos, o rito será o sumaríssimo.
- O prazo para realização da audiência de instrução e julgamento no rito ordinário é de 60 dias; no rito sumário, é de 30 dias.
- Da decisão de impronúncia ou absolvição sumária no júri cabe apelação.

Capítulo 16

QUESTÕES E PROCESSOS INCIDENTES

I – Introdução

1. Conceito

As questões e os processos incidentes (a palavra "incidente" vem do latim "*incidentis*" e significa a existência de um fato secundário que sobrevém no decurso de um fato principal) são as controvérsias que surgem no curso do processo penal e devem ser resolvidas antes da questão principal.

2. Características

a) **Incidentais:** surgem no curso de um procedimento criminal principal.

b) **Anteriores ou prévias:** devem ser solucionadas pelo julgador antes da decisão do mérito da causa.

c) **Obstáculos:** são controvérsias que interferem no curso normal do processo.

3. Espécies

São espécies de questões e processos incidentes: a) questões prejudiciais; b) processos incidentes: exceções; incompatibilidades e impedimentos; conflito de jurisdição; restituição de coisa apreendida; medidas assecuratórias; incidente de falsidade; incidente de insanidade mental.

Segundo Mirabete, os incidentes (*lato sensu*) podem ser divididos em dois ramos: **a) questões prejudiciais**, que se ligam ao mérito da questão principal; **b) processos incidentais** (*stricto sensu*), que dizem respeito ao processo. Outros juristas utilizam uma classificação diferente para os incidentes, mas é apenas uma questão de nomenclatura, o conteúdo é basicamente o mesmo.

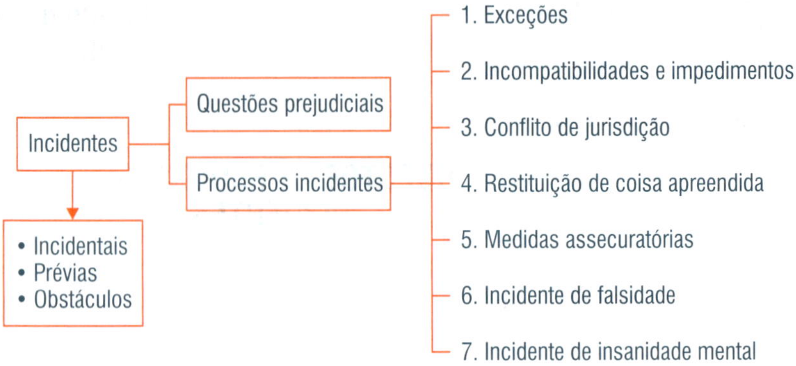

II – Espécies

1. Das questões prejudiciais

1.1. Conceito e características

A questão prejudicial é uma infração penal ou uma relação jurídica civil, cuja existência ou inexistência condiciona a existência da infração penal que está sob o julgamento do juiz. Exemplo de questão prejudicial é a análise da existência de matrimônio anterior no crime de bigamia, já que é elemento essencial para a configuração do delito.

As **questões prejudiciais** estão reguladas nos arts. 92 e 93, ambos do Código de Processo Penal.

> **Questão de prova**
> A prova de Defensor Público da União 2010 considerou CORRETA a afirmativa: "Vigora, no Brasil, o sistema eclético ou misto, segundo o qual, em relação às questões prejudiciais heterogêneas relativas ao estado civil das pessoas, aplica-se o sistema da prejudicialidade obrigatória, de forma que compete ao juízo cível resolver a questão, ao passo que, no que concerne às demais questões heterogêneas, utiliza-se o sistema da prejudicialidade facultativa".

As questões prejudiciais possuem as seguintes características:

a) **caráter excepcional:** já que são hipóteses legais que configuram exceções à regra da independência da instância penal em relação ao juízo cível;

b) **efeito suspensivo:** já que acarretam a suspensão do processo até que haja solução da questão ou controvérsia surgida no curso do processo criminal; cabe ressaltar que a suspensão é processual, pois não há previsão de interferência da questão prejudicial sobre o inquérito policial; após reconhecida a questão prejudicial, há a suspensão do prazo prescricional, nos termos do art. 116, I, do Código Penal;

c) **anterioridade:** já que a questão prejudicial deve ser decidida antes da questão prejudicada; apresenta-se naquele determinado processo como ponto duvidoso na discussão da questão principal;

d) **interdependência ou necessidade:** já que o mérito da ação principal depende da resolução da questão prejudicial;

e) **autonomia:** já que a questão prejudicial pode ser objeto de uma ação autônoma; a questão prejudicial refere-se a outros estados ou relações jurídicas, que não dizem respeito à relação jurídica controvertida, mas que podem ser, por si só, objeto de um processo independente.

Características das questões prejudiciais
- Caráter excepcional
- Efeito suspensivo
- Anterioridade
- Necessidade
- Autonomia

1.2. Questão prejudicial e questão preliminar

A questão prejudicial não se confunde com a questão preliminar, que é um fato processual ou de mérito que impede que o juiz aprecie o fato principal.

ITENS	QUESTÃO PREJUDICIAL	QUESTÃO PRELIMINAR
Direito	Material – refere-se ao direito material, objeto da ação penal.	Processual – refere-se aos pressupostos processuais ou condições da ação.
Matéria	Funciona como elementar da infração penal.	Diz respeito ao desenvolvimento da relação processual.
Juízo	Pode ser decidida tanto por juízo penal quanto pelo juízo extrapenal.	É decidida pelo juízo penal.
Processo	Autonomia.	Não autonomia – vinculação ao processo.

1.3. Espécies

As questões prejudiciais podem ser:

1.3.1. Quanto ao caráter

a) **Homogêneas ou comuns ou imperfeitas:** são decididas no juízo penal; pertencem ao mesmo ramo do direito da questão prejudicada; a competência será determinada pela conexão quando a prova de uma infração ou de qualquer de suas circunstâncias elementares influir na prova de outra infração, nos termos do art. 76, III, do CPP.

b) **Heterogêneas ou imperfeitas:** resolvidas fora do juízo penal; pertencem a outro ramo do direito.

1.3.2. Quanto aos efeitos

> **Questão de prova**
>
> A prova de Analista Judiciário TJ/PI/2009 considerou CORRETA a afirmativa: "Quanto aos efeitos, as questões prejudiciais podem ser obrigatórias e facultativas".

a) **Obrigatórias:** versam sobre o estado civil das pessoas e tornam imperativa a suspensão do processo.

b) **Facultativas:** abordam outras relações jurídicas civis, sendo permitido ao juiz suspender ou não o processo.

ITENS	QUESTÃO PREJUDICIAL OBRIGATÓRIA	QUESTÃO PREJUDICIAL FACULTATIVA
Suspensão do processo	O juiz deve suspender o processo até que a questão controvertida seja decidida pelo juízo competente.	O juiz poderá suspender o processo.
Matéria	Estado civil das pessoas.	Toda questão diversa da do estado civil das pessoas e que afete obrigatoriamente a qualificação da **infração penal**.
Requisito	A controvérsia deve ser séria e fundada. Precisa do trânsito em julgado da sentença cível.	Questão de difícil solução, cuja prova a lei civil não limita. Prescindem do trânsito em julgado da sentença cível, dependendo apenas da decisão.
Tempo da suspensão	Tempo indeterminado.	O juiz deverá estabelecer prazo, que pode ser prorrogado a seu critério.

> **Questão de prova**
>
> A prova de Promotor de Justiça MP/ES/2010 considerou INCORRETA a afirmativa: "Se, para o reconhecimento da existência da infração penal, houver a dependência de decisão da competência do juízo cível que diga respeito à propriedade do objeto material do crime, será obrigatória a suspensão do curso da ação penal até que a controvérsia seja dirimida no juízo cível por sentença passada em julgado".

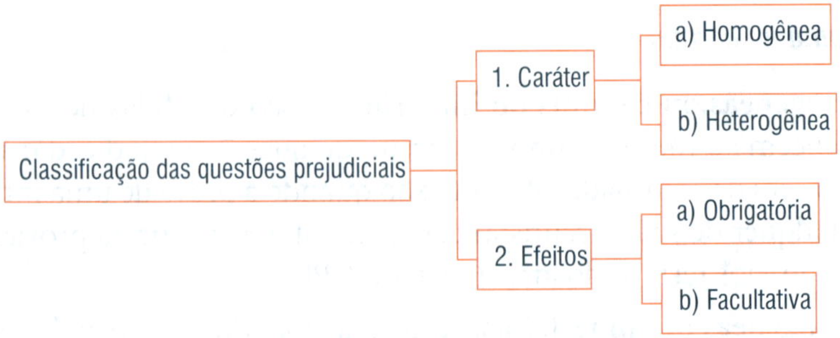

1.4. Suspensão do processo

1.4.1. Introdução

A suspensão pode ser **requerida pelas partes ou decretada pelo juiz**, de ofício, nos termos do art. 94 do Código de Processo Penal.

> **Questão de prova**
> A prova de Analista Administrativo da Fundação Casa/2010 considerou CORRETA a afirmativa: "A suspensão do curso da ação penal, nas hipóteses de *questões prejudiciais*, será decretada pelo juiz, de ofício, ou a requerimento das partes".

Para que ocorra a suspensão, é imprescindível que já exista uma ação referente à matéria prejudicial em curso no juízo cível.

Da decisão que determina a suspensão do processo por questão prejudicial, caberá recurso em sentido estrito, nos termos do art. 581, XVI, do CPP.

Do despacho que denegar a suspensão, não caberá recurso (pode-se incluir em preliminar de apelação), nos termos do art. 93, § 2º, do CPP.

Durante o prazo de suspensão, não corre a prescrição. O juiz penal pode praticar atos processuais urgentes durante o período de suspensão.

1.4.2. Suspensão obrigatória

> **Questão de prova**
> A prova da Magistratura MG/2007 considerou CORRETA a afirmativa: "Quando a decisão sobre a existência da infração penal depender do reconhecimento do estado civil das pessoas, o juiz de direito determinará a suspensão da ação penal, até que no juízo cível seja a controvérsia dirimida por sentença passada em julgado".

O juiz penal não pode pronunciar-se sobre questão de **estado civil**, de forma que deve aguardar o resultado da questão no juízo cível em sentença transitada em julgado.

> **Questão de prova**
> A prova do 85º Concurso de Promotor de Justiça MP/SP considerou CORRETA a afirmativa: "O estado das pessoas deve ser provado por certidão do assento do registro civil".

A decisão sobre a existência da infração penal (elemento do tipo) depende da solução da controvérsia, que o juiz considere séria e fundada, sobre o estado civil das pessoas.

Os requisitos da suspensão obrigatória são: a) que a relação jurídica civil seja elementar do crime e condição de existência da infração penal; b) que sobre a relação jurídica civil exista controvérsia que o juiz repute séria e fundada; c) que a questão seja sobre o estado civil das pessoas (parentesco e casamento).

Se for o crime de ação pública, o Ministério Público, quando necessário, promoverá a ação civil ou prosseguirá na que tiver sido iniciada, com a citação dos interessados.

1.4.3. Suspensão facultativa

Se o reconhecimento da existência da infração penal depender de decisão, na esfera civil, sobre questão diversa da do estado civil das pessoas, da competência do juízo cível, e se neste houver sido proposta ação para resolvê-la, o juiz criminal poderá, desde que essa questão seja de difícil solução e não verse sobre direito cuja prova a lei civil limite, suspender o curso do processo, após a inquirição das testemunhas e a realização das outras provas de natureza urgente.

A suspensão fica a critério do juiz. Ao decidir pela suspensão, deve fixar um prazo. O prazo da suspensão poderá ser razoavelmente prorrogado se a demora não for imputável à parte.

Expirado o prazo sem que tenha sido proferida sentença no juízo cível, o juiz criminal retomará o curso do processo penal, reassumindo sua competência para resolver, de fato e de direito, toda a matéria da acusação ou da defesa. Se for proferida sentença, o juiz criminal não pode decidir em sentido contrário. Durante o prazo de suspensão, o Ministério Público intervirá no processo cível para velar pelo seu rápido andamento.

Os requisitos necessários são: a) que a relação jurídica seja elementar do crime; b) que tenha sido proposta ação no juízo cível; c) que a questão seja de difícil solução; d) que seja ação de prova possível perante juízo cível; e) que a questão não verse sobre direito cuja prova a lei civil limite.

2. Das exceções

Questão de prova

A prova de Analista Processual MPU/2010 considerou INCORRETA a afirmativa: "As exceções têm como limite processual para oferecimento a fase da resposta preliminar. Não suspendem a tramitação da ação penal e possibilitam a retratação do julgador".

2.1. Introdução

Questão de prova

A prova da Magistratura TJ/AL/2008 considerou INCORRETA a afirmativa: "As exceções processuais penais são processadas em autos apartados e sempre suspendem o andamento da ação penal".

As exceções estão reguladas nos arts. 95 a 112 do Código de Processo Penal. Trata-se de uma forma de defesa indireta do réu, que visa atacar os vícios nos pressupostos processuais ou nas condições da ação.

Podem ser de duas **espécies**: **a) dilatórias:** visam alongar o processo (são as de ilegitimidade de parte, suspeição e incompetência); **b) peremptórias:** visam finalizar o processo (são as de coisa julgada e litispendência).

Questões de prova

A prova de Promotor de Justiça MP/CE/2011 considerou CORRETA a afirmativa: "O Código de Processo Penal prevê as seguintes espécies de exceções: impedimento; suspeição; incompetência de juízo; litispendência; ilegitimidade de parte; coisa julgada e da verdade".

A prova de Delegado da Polícia Civil MG/2008 considerou CORRETA a afirmativa: "As exceções de ilegitimidade de parte e incompetência são consideradas dilatórias".

A prova da Magistratura TJ/DF/2007 considerou CORRETA a afirmativa: "Constitui exceção peremptória litispendência".

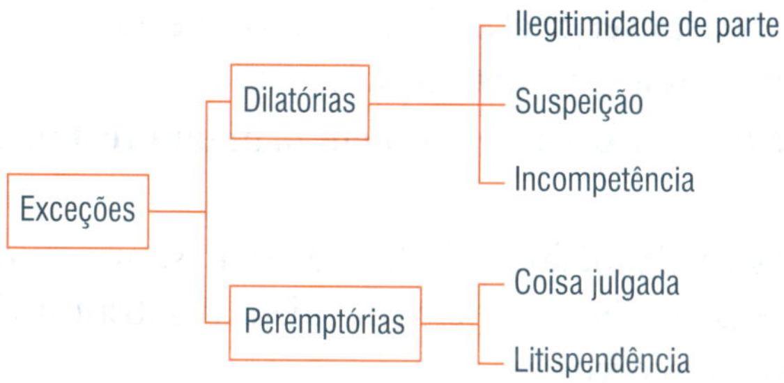

2.2. Modalidades de exceção

2.2.1. Exceção de suspeição

2.2.1.1. Noções gerais

A exceção de suspeição está regulada nos arts. 96 a 107 do Código de Processo Penal, em que se alega falta de imparcialidade ou falta de isenção por sentimentos ou interesses pessoais.

Tem preferência sobre as demais exceções. É dilatória, pois somente no caso de sua procedência ocorrerá suspensão do processo e anulação de atos.

Pode ser proposta pelas partes, inclusive pelo assistente de acusação, de forma pessoal ou por procurador com poderes especiais.

É alegada pelo acusado na defesa inicial e pelo querelante na petição inicial, salvo se o motivo da suspeição for descoberto em momento posterior.

2.2.1.2. Espécies

a) Magistrado

No caso de magistrado, as causas de suspeição estão previstas no rol taxativo do art. 254 do CPP: 1) se for amigo íntimo ou inimigo capital de qualquer das partes; 2) se ele, seu cônjuge, ascendente ou descendente estiver respondendo a processo por fato análogo, sobre cujo caráter criminoso haja controvérsia; 3) se ele, seu cônjuge, ou parente, consanguíneo, ou afim, até o terceiro grau, inclusive, sustentar demanda ou responder a processo que tenha de ser julgado por qualquer das partes; 4) se tiver aconselhado qualquer das partes;

5) se for credor ou devedor, tutor ou curador, de qualquer das partes; 6) se for sócio, acionista ou administrador de sociedade interessada no processo.

O impedimento ou suspeição decorrente de parentesco por afinidade cessará pela dissolução do casamento que lhe tiver dado causa, salvo sobrevindo descendentes; mas, ainda que dissolvido o casamento sem descendentes, não funcionará como juiz o sogro, o padrasto, o cunhado, o genro ou enteado de quem for parte no processo.

A suspeição não poderá ser declarada nem reconhecida quando a parte injuriar o juiz ou de propósito der motivo para criá-la.

No que diz respeito ao **processamento em primeira instância**, pode-se dizer que:

1) **se o juiz afirmar suspeição:** fará a declaração por escrito, com a especificação do motivo legal; haverá a remessa imediata ao substituto legal; trata-se de uma decisão irrecorrível;
2) **se não se reconhecer suspeito:** a parte pode propor exceção de suspeição:
   - **se o juiz aceitar a suspeição:** mandará juntar aos autos a petição do recusante com os documentos e, por despacho, declarar-se-á suspeito, com remessa dos autos ao substituto; não cabe recurso;
   - **se o juiz não aceitar a suspeição:** a petição será autuada em separado, será apresentada resposta escrita em 3 dias e haverá remessa ao tribunal em 24 horas. O tribunal remete para distribuição, quando então é feito o sorteio da Câmara ou Turma. Feito este, será remetida para o relator, que poderá deferi-la, mandar citar as partes, marcar dia e hora para ouvir testemunhas, seguindo-se o julgamento: improcedente: os autos serão devolvidos para o juiz e, se houver má-fé, haverá multa; procedente: serão remetidos para o substituto legal e serão nulos os atos processuais até o momento; o juiz substituto poderá rejeitar a suspeição se a achar infundada.

No que diz respeito ao **processamento em segunda instância**, pode-se afirmar que: se a suspeição não for reconhecida de imediato pelo exceto, será aplicável o procedimento previsto nos arts. 98 a 101 e nos regimentos internos; o julgamento será feito pelo tribunal pleno, funcionando como relator o presidente ou o vice-presidente (no caso de o presidente ser recusado). No caso do revisor, passa-se o feito para o seu substituto na ordem de precedência; no caso do relator, apresentará os autos em mesa para nova distribuição; no caso de juiz que não for revisor nem relator, deve se declarar suspeito na sessão de julgamento; no caso de presidente do Tribunal, substituto designará e presidirá o julgamento.

b) **Membros da Polícia**

> **Questão de prova**
> A prova da Magistratura TJ/AL/2008 considerou CORRETA a afirmativa: "É incabível a oposição de suspeição às autoridades policiais nos atos do inquérito".

No caso de **membros da Polícia**, a autoridade policial tem que se declarar suspeita, quando ocorrer motivo legal; não é possível arguição de suspeição no inquérito policial.

c) **Auxiliares da Justiça**

> **Questão de prova**
> A prova do Exame da OAB unificado set./2009 considerou INCORRETA a afirmativa: "As partes não poderão arguir de suspeição os serventuários ou funcionários da justiça e os peritos não oficiais, pois tais servidores exercem atividade meramente administrativa".

No caso dos **auxiliares da justiça**, as partes poderão arguir os peritos, os intérpretes e os serventuários ou funcionários de justiça, decidindo o juiz de plano e sem recurso, à vista da matéria alegada e prova imediata.

d) **Ministério Público**

Em relação ao **Ministério Público**, é possível a arguição de suspeição. Se for arguida a suspeição do órgão do Ministério Público, o juiz, depois de ouvi-lo, decidirá, sem recurso, podendo antes admitir a produção de provas no prazo de 3 dias. Cabe ressaltar que a participação do Ministério Público na investigação criminal não acarreta o seu impedimento ou suspeição para o oferecimento da denúncia, nos termos da Súmula 234 do STJ.

FLUXOGRAMA DA EXCEÇÃO DE SUSPEIÇÃO

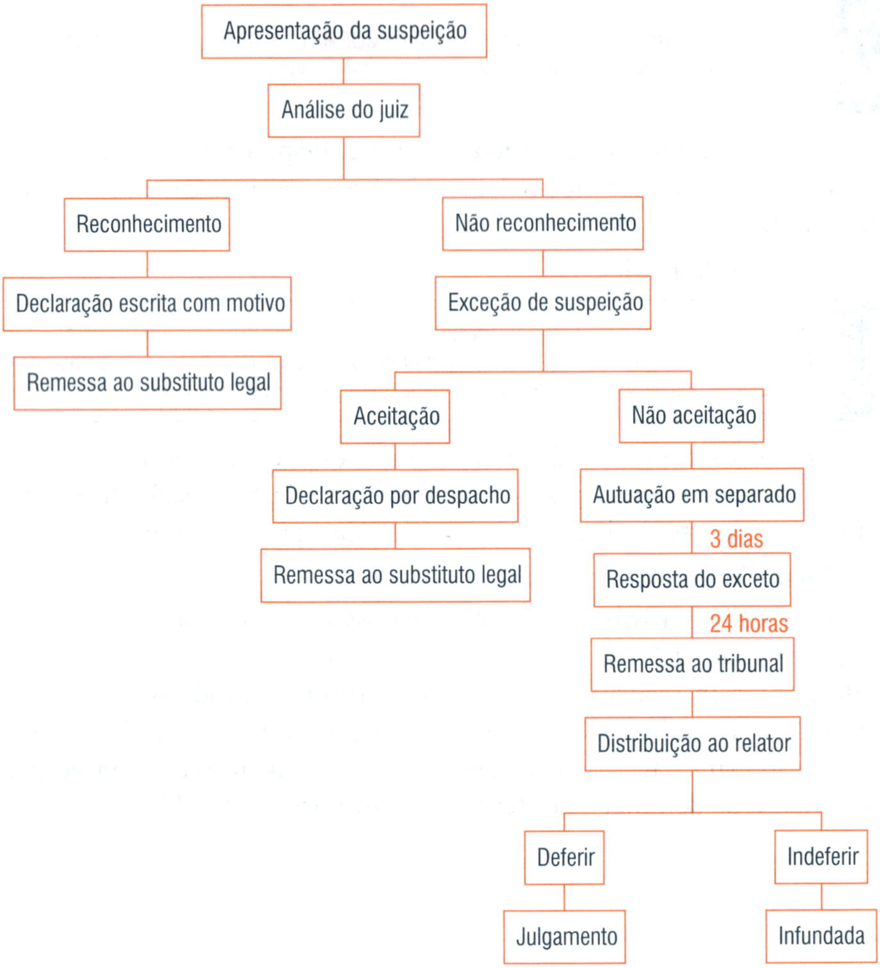

2.2.2. Exceção de incompetência

A exceção de incompetência está regulada no art. 108 do Código, que visa alegar incompetência relativa ou territorial do juízo.

Deve ser oferecida no prazo da defesa inicial, ou seja, no **prazo de 10 dias** contados da citação.

> **Questão de prova**
>
> A prova da Magistratura TJ/AL/2008 considerou INCORRETA a afirmativa: "A exceção de incompetência do juízo poderá ser oposta, verbalmente ou por escrito, a qualquer momento".

Apresentada a exceção, será autuada em apartado, sem suspensão do processo. Após a autuação, será ouvido o MP. Em seguida, os autos vão conclusos ao juiz para decisão, que pode ser: improcedente: o juiz continuará no feito, fazendo tomar por termo a declinatória, se formulada verbalmente; cabe *habeas corpus* ou alegação da matéria em preliminar de apelação; procedente: há remessa do feito ao juízo competente; o processo prosseguirá, mas com a **ratificação** dos atos anteriores (os atos decisórios devem ser refeitos, pois são considerados nulos, nos termos dos arts. 564, I, e 567 do CPP). Da procedência, cabe recurso em sentido estrito (art. 581, II, do CPP).

Questão de prova

A prova do Exame da OAB unificado maio/2009 considerou INCORRETA a afirmativa: "Tratando-se da exceção de incompetência do juízo, uma vez aceita a declinatória, o feito deve ser remetido ao juízo competente, onde deverá ser declarada a nulidade absoluta dos atos anteriores, não se admitindo a ratificação".

A exceção de incompetência pode ser proposta pelo réu, pelo querelado e pelo Ministério Público, de forma escrita. Não obstante o art. 108 do Código de Processo Penal admitir que a exceção de incompetência possa ser oferecida de forma verbal, pode-se afirmar que não é possível, diante do art. 396-A, que prescreve que, no prazo da resposta ESCRITA à acusação, deve constar toda a matéria de defesa do acusado, inclusive as exceções, sob pena de preclusão.

É tema divergente a aplicação do art. 109 do CPP na incompetência relativa. Em face do referido artigo, o juiz, reconhecendo motivo que o torne incompetente, pode declarar nos autos sua incompetência, em qualquer fase do processo, independentemente de alegação das partes, devendo o processo ser remetido ao juízo competente. Do reconhecimento oficial, cabe recurso em sentido estrito, com fundamento no art. 581, II, do CPP.

A maior parte da doutrina é favorável à incidência do art. 109 do CPP na incompetência relativa; porém, em face da Súmula 33 do STJ, não é possível a aplicação, devendo o referido artigo ser aplicado apenas no caso de incompetência absoluta.

No caso de não oposição da exceção de incompetência no prazo da defesa ou enquanto o juiz criminal não declarar de ofício a incompetência, ocorrerá a prorrogação da competência penal.

2.2.3. Exceção de litispendência

A exceção de litispendência, regulada no art. 110 do Código de Processo Penal, é proposta quando uma ação repete outra em curso: mesmo fato, mesmo pedido e mesmo réu.

Do acolhimento, cabe recurso em sentido estrito, com fundamento no art. 581, III, do CPP. Da denegação, cabe *habeas corpus*, visando trancamento da ação penal.

O processamento da exceção de litispendência é o mesmo da exceção de incompetência.

No caso da litispendência, o juiz pode reconhecê-la de ofício, pois é matéria de ordem pública relacionada com os pressupostos processuais. Do reconhecimento oficial, cabe apelação.

2.2.4. Ilegitimidade de parte

A exceção de ilegitimidade de parte, regulada no art. 110 do Código de Processo Penal, é proposta diante da alta capacidade processual ou titularidade da ação.

No caso de a exceção ser acolhida, se for: a) *ad causam*: haverá anulação *ab initio*, por falta da legitimidade de parte; b) *ad processum*: a nulidade poderá ser sanada a qualquer tempo, mediante ratificação dos atos processuais, nos termos do art. 568 do CPP. No caso de rejeição da exceção, cabe alegá-la em preliminar de apelação ou *habeas corpus*.

O processamento da exceção de ilegitimidade de parte é o mesmo da exceção de incompetência.

No caso da ilegitimidade de parte, o juiz pode reconhecê-la de ofício, pois é matéria de ordem pública relacionada com os pressupostos processuais. Do reconhecimento oficial, cabe recurso em sentido estrito, com fundamento no art. 581, I, do CPP.

2.2.5. Coisa julgada

A exceção de coisa julgada está regulada no art. 110 do Código de Processo Penal, sendo proposta quando uma ação repete outra transitada em julgado.

No caso de acolhimento: a ação principal será extinta; cabe recurso em sentido estrito. Da denegação: a ação principal continua e pode-se usar *habeas corpus*.

O processamento da exceção de coisa julgada é o mesmo da exceção de incompetência.

No caso da coisa julgada, o juiz pode reconhecê-la de ofício, pois é matéria de ordem pública relacionada com os pressupostos processuais. Do reconhecimento oficial, cabe recurso em sentido estrito, com fundamento no art. 581, I, do CPP.

FLUXOGRAMA DA EXCEÇÃO DE INCOMPETÊNCIA, LITISPENDÊNCIA, ILEGITIMIDADE DE PARTE E COISA JULGADA

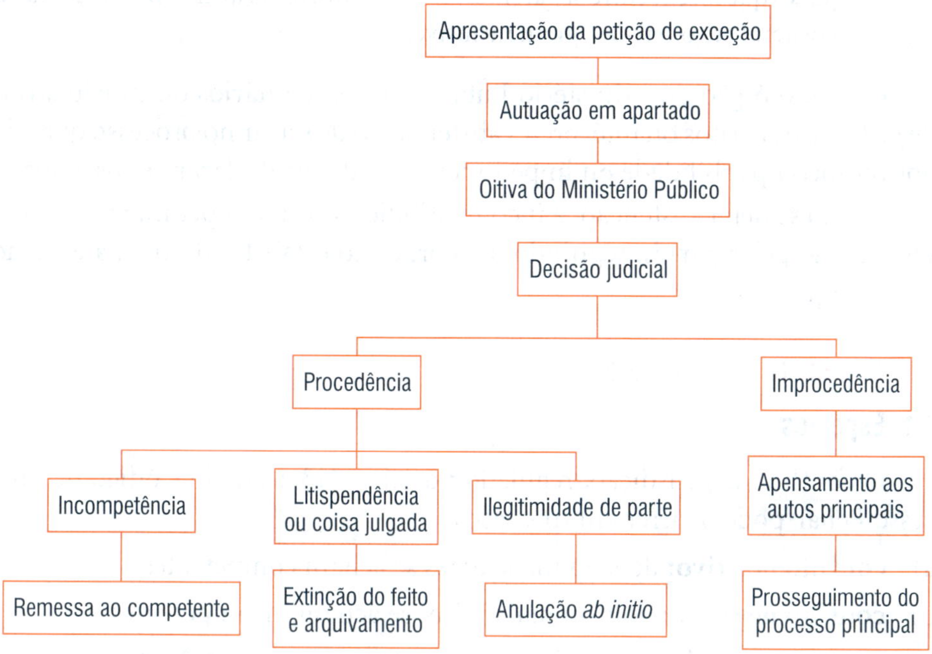

3. Das incompatibilidades e impedimentos

O tema das incompatibilidades e impedimentos está regulado no art. 112 do Código de Processo Penal e visa **preservar a imparcialidade do julgador, do órgão do Ministério Público e dos auxiliares da justiça**.

Incompatibilidade é a afirmação de suspeição de ofício, sem provocação da parte. Já o **impedimento** é uma forma mais grave, por evidenciar maior ligação do juiz, do promotor, do perito ou do serventuário com a causa.

No âmbito do processo penal, as circunstâncias ensejadoras da declaração de impedimento do julgador, por serem de **direito estrito**, são enumeradas taxativamente, de modo exaustivo, nos arts. 252 e 253 do CPP:

> Art. 252. O juiz não poderá exercer jurisdição no processo em que: I – tiver funcionado seu cônjuge ou parente, consanguíneo ou afim, em linha reta ou colateral até o terceiro grau, inclusive, como defensor ou advogado, órgão do Ministério Público, autoridade policial, auxiliar da justiça ou perito; II – ele próprio houver desempenhado qualquer dessas funções ou servido como testemunha; III – tiver funcionado como juiz de outra instância, pronunciando-se, de fato ou de direito, sobre a questão; IV – ele próprio ou seu cônjuge ou parente, consanguíneo ou afim em linha reta ou colateral

> até o terceiro grau, inclusive, for parte ou diretamente interessado no feito.
>
> Art. 253. Nos juízos coletivos, não poderão servir no mesmo processo os juízes que forem entre si parentes, consanguíneos ou afins, em linha reta ou colateral até o terceiro grau, inclusive.

O juiz, o órgão do Ministério Público, os serventuários ou funcionários de justiça e os peritos ou intérpretes abster-se-ão de servir no processo quando houver incompatibilidade ou impedimento legal, que declararão nos autos.

Se não se der a abstenção, a incompatibilidade ou o impedimento poderá ser arguido pelas partes, seguindo-se o processo estabelecido para a exceção de suspeição.

4. Do conflito de jurisdição

4.1. Espécies

O conflito de jurisdição, regulado nos arts. 113 a 117 do Código de Processo Penal, pode ocorrer em três casos:

a) **conflito positivo:** dois ou mais juízes se acham competentes;

b) **conflito negativo:** dois ou mais juízes se acham incompetentes;

c) **controvérsia sobre unidade de juízo, junção ou separação de processos.**

ITENS	CONFLITO POSITIVO	CONFLITO NEGATIVO
Juízes	Competentes.	Incompetentes.
Efeito	Não é obrigatória a suspensão.	Suspende o processo até a decisão do conflito.
Autos	Próprios.	Do processo principal.

Não há conflito de jurisdição se uma decisão já transitou em julgado, nos termos da Súmula 59 do STJ e dos arts. 105, I, *d*, e 102, I, *o*, ambos da Constituição Federal.

4.2. Confronto

4.2.1. Conflito de jurisdição e conflito de atribuições

Conflito de jurisdição ocorre entre autoridades judiciárias. **Conflito de atribuições** ocorre entre órgão do Poder Judiciário e de outros Poderes, entre autoridades judiciárias e administrativas ou entre autoridades administrativas.

4.2.2. Conflito de jurisdição e conflito de competência

Conflito de jurisdição é divergência entre órgãos de jurisdição distinta. **Conflito de competência** é divergência entre órgãos da mesma justiça.

Em outros termos, **conflito de competência** ocorre quando dois ou mais juízes pertencentes à mesma justiça se consideram competentes ou incompetentes para conhecer do mesmo fato criminoso; e **conflito de jurisdição** ocorre entre juízes de justiças diferentes.

4.3. Legitimidade ativa

O conflito de jurisdição pode ser suscitado pela parte interessada, pelos órgãos do Ministério Público ou por qualquer dos juízes ou tribunais em causa, no prazo da defesa inicial.

4.4. Regularidade formal

4.4.1. Momento

No caso de incompetência absoluta, pode ser feita em qualquer tempo. No caso de incompetência relativa, há divergência: uns sustentam que é possível nos prazos do art. 571 do CPP; outros sustentam que no prazo da defesa inicial.

4.4.2. Forma

Para narrar o conflito, os juízes e tribunais atuarão por representação, e a parte interessada e o MP, por requerimento, expondo os fundamentos e juntando documentos comprobatórios; deve ser escrito e circunstanciado.

Se o conflito for negativo, pode ocorrer nos próprios autos; se positivo, serão formados autos em separado.

4.5. Procedimento

O conflito de jurisdição tem o seguinte procedimento: a) apresentação do requerimento (quando for parte interessada ou MP) ou de representação (juiz ou tribunal); b) o relator requisita informações das autoridades em conflito, que serão prestadas no prazo fixado pelo relator; c) oitiva do procurador-geral; d) decisão do feito na primeira sessão, salvo se a instrução depender de diligência; e) remessa para execução.

Depois da distribuição do processo, quando for conflito positivo, pode o relator suspender o andamento do processo; quando for conflito negativo, o processo fica suspenso.

4.6. Avocatória

É um incidente em que o Supremo Tribunal Federal exerce o controle de sua jurisdição. Avocar é chamar para si a decisão de uma demanda.

Não há possibilidade de conflito entre o STF e outro órgão, de forma que, mediante avocatória, restabelecerá sua jurisdição, sempre que exercida por qualquer dos juízes ou tribunais inferiores.

Sobre a existência da avocatória na ordem jurídica, há os seguintes posicionamentos: a) foi extinta, pois não há previsão constitucional; b) é possível, pois, embora não haja previsão constitucional, está prevista no art. 117 do CPP; c) é possível, não só para o STF, mas também para o STJ em relação aos processos de sua competência originária.

4.7. Competência

a) Ministério Público

SITUAÇÕES DE CONFLITO	COMPETÊNCIA PARA RESOLUÇÃO	FUNDAMENTO LEGAL
MPU *x* MPU	Procurador-Geral da República	Art. 26, VII, da LC n. 75/93
MPF *x* MPF	Câmara de Coordenação e Revisão	Art. 62, VII, da LC n. 75/93
MP Trabalho *x* MP Trabalho	Câmara de Coordenação e Revisão	Art. 103, VI, da LC n. 75/93
MP Militar *x* MP Militar	Câmara de Coordenação e Revisão	Art. 136, VI, da LC n. 75/93
MP Eleitoral *x* MP Eleitoral do mesmo Estado	Procurador-Geral da República	Art. 75, III, da LC n. 75/93
MPDF *x* MPDF	Câmara de Coordenação e Revisão	Art. 171, VIII, da LC n. 75/93
MP Estadual *x* MP Federal	Supremo Tribunal Federal	Art. 102, I, *f*, da CF
MP Estadual *x* MP Estadual de Estados diferentes	Supremo Tribunal Federal	Art. 102, I, *f*, da CF
Promotor de Justiça *x* Promotor de Justiça do mesmo Estado	Procurador-Geral de Justiça	Art. 10, X, da Lei n. 8.625/93

b) Poder Judiciário (Primeira Instância)

SITUAÇÕES DE CONFLITO	COMPETÊNCIA PARA RESOLUÇÃO	FUNDAMENTO LEGAL
Juiz Federal *x* Juiz Estadual	Superior Tribunal de Justiça	Art. 105, I, *d*, da CF
Juiz Federal *x* Juiz Estadual investido na Jurisdição Federal	Tribunal Regional Federal	Súmula 3 do STJ: Compete ao Tribunal Regional Federal dirimir conflito de competência verificado, na respectiva Região, entre Juiz Federal e Juiz Estadual investido de jurisdição federal.
Juiz Federal *x* Juiz Federal	Tribunal Regional Federal	Art. 108, I, *e*, da CF
Juiz da Execução Penal *x* Juiz da Execução Penal de Estados diferentes	Superior Tribunal de Justiça	Art. 105, I, *d*, da CF
Juiz de Direito *x* Juiz Auditor	Superior Tribunal de Justiça	Art. 105, I, *d*, da CF

Juiz de Direito *x* Juiz Militar local	Tribunal de Justiça	Súmula 555 do STF: É competente o Tribunal de Justiça para julgar conflito de jurisdição entre juiz de direito do estado e a justiça militar local. (Revisado pelo CJ 6.155-*RTJ* 90/20 – CJ 6.195-*RTJ* 94/1034; em face da EC n. 7/77, entende-se que não mais vigora o princípio contido, quando há, no Estado-membro, Tribunal Militar de segundo grau.)
Juiz Eleitoral *x* Juiz Eleitoral de Estados diferentes	Tribunal Superior Eleitoral	Art. 22, I, *d*, do Código Eleitoral
Juiz Eleitoral *x* Juiz Eleitoral do mesmo Estado	Tribunal Regional Eleitoral	Art. 29, I, *b*, do Código Eleitoral
Juiz de Direito *x* Juiz de Direito vinculados ao mesmo Tribunal de Justiça	Tribunal de Justiça	Art. 11, II, da LC n. 35/79
Juiz Federal *x* Juiz do Juizado Especial Federal	Tribunal Regional Federal	Súmula 428 do STJ: Compete ao Tribunal Regional Federal decidir os conflitos de competência entre juizado especial federal e juízo federal da mesma seção judiciária.

c) Poder Judiciário (Tribunais)

SITUAÇÕES DE CONFLITO	COMPETÊNCIA PARA RESOLUÇÃO	FUNDAMENTO LEGAL
STJ *x* qualquer outro Tribunal	Supremo Tribunal Federal	Art. 102, I, *o*, da CF
Tribunal Superior *x* Tribunal Superior	Supremo Tribunal Federal	Art. 102, I, *o*, da CF
Tribunal Superior *x* qualquer outro Tribunal	Supremo Tribunal Federal	Art. 102, I, *o*, da CF
TRE *x* TRE	Tribunal Superior Eleitoral	Art. 22, I, *d*, do Código Eleitoral
Tribunal *x* Tribunal	Superior Tribunal de Justiça	Art. 105, I, *d*, da CF
Tribunal *x* juiz não vinculado ao Tribunal	Superior Tribunal de Justiça	Art. 105, I, *d*, da CF

FLUXOGRAMA DO CONFLITO DE JURISDIÇÃO

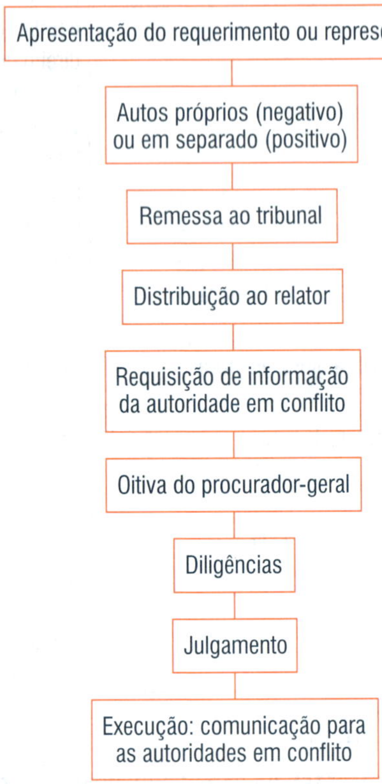

5. Da restituição das coisas apreendidas

É procedimento regulado entre os arts. 118 e 124 do CPP, cujo objetivo é a devolução de objeto apreendido a quem de direito, quando não mais interesse a sua retenção. Pode ocorrer na fase policial ou na fase judicial. O *habeas corpus* não é a via processual adequada à **restituição de coisas apreendidas**.

Antes de transitar em julgado a **sentença final**, as coisas apreendidas não poderão ser restituídas, enquanto interessarem ao processo. Esse interesse se dá tanto se o bem apreendido, de algum modo, servir para a elucidação do crime ou de sua autoria como para assegurar eventual reparação do dano, em caso de condenação, ou quando foi obtido em razão da prática de crime.

Questão de prova

A prova de Promotor MP/RO/2008 considerou CORRETA a afirmativa: "Antes de transitar em julgado a sentença final, as coisas apreendidas não poderão ser restituídas enquanto interessarem ao processo".

Os instrumentos do crime, quando seu porte, uso, fabricação constituírem fato ilícito, bem como os produtos ou valores resultantes do crime, não podem ser objeto de restituição, mesmo depois de transitar em julgado a sentença final, salvo se pertencerem ao lesado ou a terceiro de boa-fé. Nos demais casos, é cabível restituição, sendo que, como já observado, antes de transitar em julgado a sentença final, as coisas apreendidas não poderão ser restituídas enquanto interessarem ao processo.

Existem três formas de restituição:

a) **No caso de dúvida acerca do direito do reclamante ou apreensão da coisa com terceiro de boa-fé:** **só o juiz pode decidir** sobre a restituição. O incidente de restituição será autuado em apartado, tendo o requerente o prazo de 5 dias para apresentar provas sobre o direito reclamado (art. 120, § 1º), o Ministério Público deve ser ouvido (§ 3º), só então o juiz deve decidir. Se o caso for de difícil solução para o juiz penal, deve ser enviado ao juiz civil, ordenando o depósito das coisas em mãos de depositário ou do próprio terceiro que as detinha, se for pessoa idônea. Da decisão que defere ou indefere a restituição, cabe apelação fundamentada no art. 593, II, do CPP. A decisão judicial que resolve questão incidental de **restituição de coisa apreendida** tem natureza definitiva (decisão definitiva em sentido estrito ou terminativa de mérito). O mandado de segurança não é sucedâneo de recurso, sendo imprópria a sua impetração contra decisão judicial passível de recurso previsto em lei, consoante o disposto na Súmula 267 do STF.

Questão de prova

A prova de Promotor de Justiça MP/RO/2010 considerou CORRETA a afirmativa: "O incidente de restituição de coisas apreendidas, nos termos do CPP, somente poderá ser resolvido pela autoridade judicial, com a prévia oitiva do MP, e, caso haja complexidade na definição da titularidade do bem apreendido, o juiz deverá remeter as partes ao juízo cível competente e ordenar o depósito do bem até solução definitiva".

b) **No caso de não existir dúvida acerca do direito do reclamante ou apreensão da coisa com terceiro de boa-fé:** a restituição, quando cabível, poderá ser ordenada pela autoridade policial ou juiz, mediante termo nos autos.

c) **No caso de apreensão de coisas em poder de terceiro de boa-fé:** o incidente será autuado em apartado e só a autoridade judicial o resolverá. O terceiro de boa-fé será intimado para alegar e provar o seu direito, em prazo igual e sucessivo ao do reclamante, tendo um e outro 2 dias para arrazoar.

No caso de coisas facilmente deterioráveis, serão avaliadas e levadas a leilão público, depositando-se o dinheiro apurado, ou serão entregues ao terceiro que as detinha, se este for pessoa idônea e assinar termo de responsabilidade.

No caso de apreensão de coisa adquirida com os proventos da infração, o juiz, de ofício ou a requerimento do interessado, determinará a avaliação e a venda dos bens em leilão público. Do dinheiro apurado, será recolhido ao Tesouro Nacional o que não couber ao lesado ou a terceiro de boa-fé.

O prazo máximo para requerer a restituição é de 90 dias, após transitar em julgado a sentença condenatória. Se não requerido no prazo, o juiz decretará, se for o caso, a perda, em favor da União, das coisas apreendidas e ordenará que sejam vendidas em leilão público. Do dinheiro apurado, será recolhido ao Tesouro Nacional o que não couber ao lesado ou a terceiro de boa-fé. Se no prazo de 90 dias, a contar da data em que transitar em julgado a sentença final, condenatória ou absolutória, os objetos apreendidos não forem reclamados ou não pertencerem ao réu, serão vendidos em leilão, depositando-se o saldo à disposição do juízo de ausentes.

Os instrumentos do crime, cuja perda em favor da União for decretada, bem como as coisas confiscadas, serão inutilizados, ou recolhidos a museu criminal se houver interesse na sua conservação.

A decisão judicial que resolve questão incidental de restituição de coisa apreendida tem natureza definitiva (decisão definitiva em sentido estrito ou terminativa de mérito), sujeitando-se, assim, ao reexame da matéria por meio de recurso de apelação, nos termos do art. 593, II, do Código de Processo Penal. O mandado de segurança não é sucedâneo de recurso, sendo imprópria a sua impetração contra decisão judicial passível de recurso previsto em lei, consoante o disposto na Súmula 267 do STF, a não ser diante de lesão grave e de difícil reparação, devidamente comprovada.

FLUXOGRAMA DA RESTITUIÇÃO DE COISA APREENDIDA

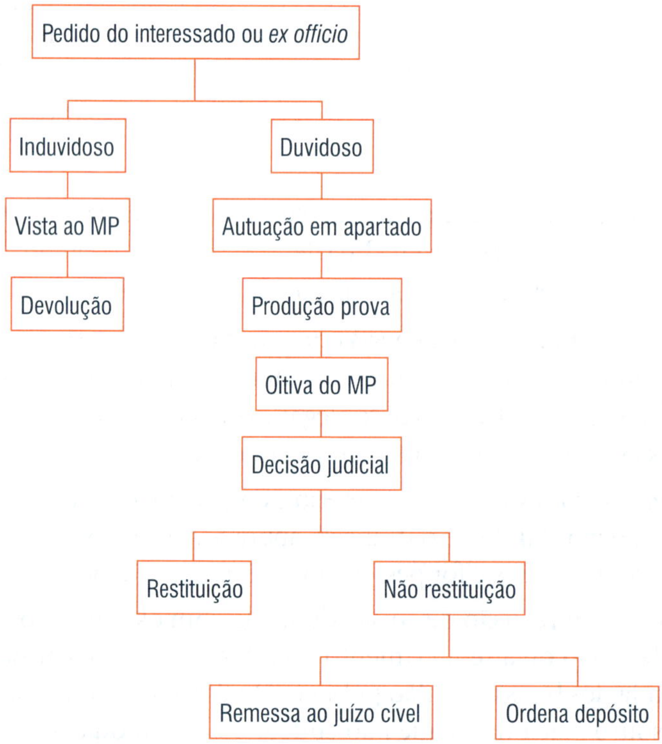

6. Das medidas assecuratórias

6.1. Introdução

As medidas assecuratórias são as providências tomadas, no processo criminal, para garantir futura indenização ou reparação à vítima da infração penal, pagamento das despesas processuais ou penas pecuniárias ao Estado, ou mesmo para evitar que o acusado obtenha lucro com a prática criminosa.

Têm natureza patrimonial, pois visam preservar bens para garantir a reparação civil e o pagamento de custas. As espécies são: sequestro, arresto e hipoteca legal.

6.2. Espécies

6.2.1. Sequestro

Questão de prova	A prova de Promotor MP/RO/2008 considerou CORRETA a afirmativa: "De acordo com o CPP, caberá o sequestro dos bens imóveis, adquiridos pelo indiciado com os proventos da infração, ainda que já tenham sido transferidos a terceiro, bastando, para isso, a existência de indícios veementes da proveniência ilícita dos bens. Poderá o sequestro ser decretado pelo juiz, de ofício, a requerimento do MP ou do ofendido, ou mediante representação da autoridade policial, em qualquer fase do processo ou mesmo antes de oferecida a denúncia ou queixa".

a) **Conceito e finalidade**

É medida que visa tornar indisponíveis os bens móveis ou imóveis do acusado advindos da prática da infração penal, com o objetivo de confisco ou devolução para a vítima, ou seja, visa a retenção judicial dos bens **adquiridos com os proventos** (proveito) do crime, ainda que já tenham sido transferidos para terceiros.

Questão de prova	A prova da Magistratura Federal TRF 2ª Região/2009 considerou INCORRETA a afirmativa: "O sequestro é medida assecuratória específica para os bens imóveis adquiridos com os proventos da infração; portanto, não cabe para bens móveis assim adquiridos".

É medida: criminal, já que é resolvida no juízo criminal; *inaudita altera pars*, já que é concedida sem oitiva da parte contrária; restritiva, já que visa a retenção judicial de bens móveis ou imóveis havidos com os proventos do crime; específica, pois visa a retenção de um bem determinado; cautelar, pois pode ser revogada ou substituída a qualquer tempo; acautelatória, pois visa garantir o confisco e o ressarcimento da vítima.

O sequestro tem como objetivo preservar os bens tidos como produto ou provento do crime, retirando-os da esfera de liberdade do agente até que acertada a pretensão acusatória.

b) **Momento processual**

O sequestro pode ser determinado em qualquer fase do processo, ou antes de oferecida a denúncia ou queixa. Não exige o legislador a existência de inquérito policial.

c) Objeto

O sequestro tem por objeto bens imóveis e móveis (não sujeitos à apreensão) adquiridos com os proventos da infração. No caso de bem imóvel, o juiz deve determinar sua inscrição no Registro de Imóveis: "Apenas o sequestro deve recair sobre os produtos, diretos ou indiretos, do crime, pois seu escopo é o de propiciar o perdimento desses bens; inteligência do artigo 125 do Código de Processo Penal" (RMS 23.044/PR).

A impenhorabilidade é oponível em qualquer processo de execução civil, fiscal, previdenciária, trabalhista ou de outra natureza, salvo se movido por ter sido adquirido com produto de crime ou para execução de sentença penal condenatória a ressarcimento, indenização ou perdimento de bens, nos termos do art. 3º, VI, da Lei n. 8.009/90.

d) Legitimidade ativa

O sequestro, requerido pelo Ministério Público, vítima ou representante legal ou herdeiros, representação policial, ou determinado pelo juiz de ofício, no curso do inquérito ou em qualquer fase do processo, será autuado em apartado.

e) Decretação

A decretação do sequestro é decisão do juiz criminal, por meio de mandado, diante da demonstração de indícios veementes da proveniência ilícita dos bens. Indícios veementes são os que geram, pelo menos, graves suspeitas contra o acusado[1].

A competência é do juiz criminal; se o processo estiver em curso, é do juiz da demanda; se não tiver processo, é a distribuição do pedido que gera prevenção para recebimento da denúncia ou queixa.

f) Efeitos

O sequestro, por ser medida cautelar, pode ser revogado ou substituído a qualquer tempo. Após o trânsito em julgado, as coisas sequestradas serão avaliadas e levadas a leilão. Os autos serão remetidos ao juízo cível. Não se pode realizar sequestro de produto do crime, uma vez que já existe busca e apreensão, nem sobre bem em poder de terceiro de boa-fé.

g) Procedimento

O procedimento do sequestro tem início com a apresentação da petição dirigida ao juiz criminal, contendo indícios veementes da proveniência ilícita dos bens adquiridos como produto da infração penal. A petição será autuada em apartado.

A petição do sequestro será analisada pelo juiz criminal, que poderá: 1) indeferir; 2) deferir: decreta o sequestro, expede o mandado (se imóvel, deter-

---

1 MIRABETE, Julio Fabbrini. *Código de Processo Penal interpretado*. São Paulo: Atlas, 2000. p. 367.

mina a inscrição no registro; se móvel, remete ao depósito); o juiz determina que dois oficiais de justiça compareçam ao local da situação do bem para fazer auto de sequestro.

Após realizado o auto de sequestro (e a inscrição no registro de imóveis, se for o caso), o juiz intima a pessoa do bem atingido para oferecer embargos.

h) Embargos

> **Questão de prova**
> A prova de Promotor de Justiça MP/RO/2010 considerou INCORRETA a afirmativa: "Da medida assecuratória de sequestro admite-se a impugnação por intermédio de embargos de terceiro, sendo vedada decisão neste, em qualquer caso, antes de passar em julgado a sentença condenatória".

Os embargos de terceiro podem ser oferecidos:

- pelo acusado: que deve demonstrar que os bens não foram adquiridos com os proventos da infração;
- por terceiro de boa-fé: que deve demonstrar que houve aquisição de boa-fé;
- por terceiro senhor e possuidor: que pode apresentar qualquer defesa cabível, pois se afirma como proprietário do bem.

A decisão nos embargos somente pode ser proferida após o trânsito em julgado da sentença condenatória, salvo quanto ao terceiro estranho.

Os embargos sofrem aplicação subsidiária do CPC, não têm efeito suspensivo; da decisão, cabe apelação, nos termos do art. 593, II, do CPP.

No caso dos embargos de terceiro de boa-fé, ocorrerá produção de provas e ficam suspensos até a sentença transitar em julgado: 1) se absolutória, há o levantamento do sequestro; 2) se for extinção da punibilidade, há o levantamento do sequestro; 3) se for condenatória, há o julgamento dos embargos suspensos: se procedentes, há o levantamento do sequestro; se improcedentes, há a venda do bem sequestrado, cujo valor reverterá à vítima, sendo eventual resíduo revertido à União.

i) Levantamento do sequestro

> **Questão de prova**
> A prova do Exame da OAB unificado jan./2009 considerou CORRETA a afirmativa: "Se for julgada extinta a punibilidade ou absolvido o réu, por sentença transitada em julgado, o sequestro será levantado".

Levantamento do sequestro é a **perda da eficácia** dele: "O levantamento do sequestro impõe-se como efeito acessório da não incriminação" (REsp 733.455/RS, Rel. Min. Arnaldo Esteves Lima, 5ª T., *DJ* 7-11-2005), que pode ocorrer nos seguintes casos:

1) se a ação penal não for intentada em 60 dias, contados da data em que ficar concluída a diligência (ultrapassado o lapso temporal legal,

mostra-se despiciendo o levantamento do sequestro, acaso permaneçam os fundamentos da medida assecuratória, porque esta pode ser reiterada; trata-se de uma verificação à luz do princípio da razoabilidade, segundo as circunstâncias detalhadas de cada caso concreto – REsp 1.057.650/RS);

2) se o terceiro prestar caução;

3) em caso de sentença transitada em julgado de extinção da punibilidade ou absolvição do réu.

Em face da decisão de levantamento, para alguns cabe apelação; para outros, mandado de segurança. Diante do não levantamento, o juiz criminal, de ofício ou a requerimento do interessado, determinará avaliação e venda dos bens em leilão público. O produto com desconto das despesas será entregue ao lesado ou terceiro de boa-fé e o saldo ao Tesouro Nacional. Se não houver licitante no leilão público, o bem pode ser adjudicado à vítima.

j) **Adesão ao REFIS**

A adesão ao Programa de Recuperação Fiscal implica a suspensão da pretensão punitiva, e não a extinção da punibilidade, que só ocorre com o pagamento integral dos tributos. A garantia prestada para a homologação da opção pelo REFIS é de natureza administrativa. Dessa forma, tal adesão não gera o levantamento ou o cancelamento do sequestro ou da hipoteca, medidas assecuratórias judiciais que, por sua vez, só serão possíveis após o trânsito em julgado de sentença absolutória ou de extinção da punibilidade, nos termos do art. 141 do Código de Processo Penal.

Em relação ao sequestro, há as seguintes questões:

a) **resistência do acusado:** parte da doutrina sustenta que, numa visão técnica, a medida cabível é uma contestação, e não embargos, pois se trata de medida cautelar;

b) **termo "sequestro":** não é empregado no CPP no sentido técnico, já que sequestro recai sobre coisa certa, cuja propriedade é controvertida, e o arresto tem por objeto qualquer bem do devedor para impedir dilapidação patrimonial;

c) **produto do crime:** nesse caso, é busca e apreensão, nos termos do art. 240, § 1º, do CPP;

d) **efeito suspensivo:** não há, mas é possível mediante ajuizamento do mandado de segurança;

e) **bem adquirido com o provento da infração e objeto de desapropriação:** há divergência: uma posição sustenta que é possível o sequestro, pois a medida ocorre mesmo que o bem tenha sido transferido a terceiro; outra posição sustenta que não é possível, pois o eventual leilão público frustraria o ato de desapropriação, restando ao terceiro direito de regresso;

f) **competência para avaliação, leilão e levantamento:** há divergência: uma posição sustenta o juízo cível, pois a finalidade é patrimonial; outra sustenta o juiz criminal até que o interessado proponha demanda cível.

FLUXOGRAMA DO SEQUESTRO

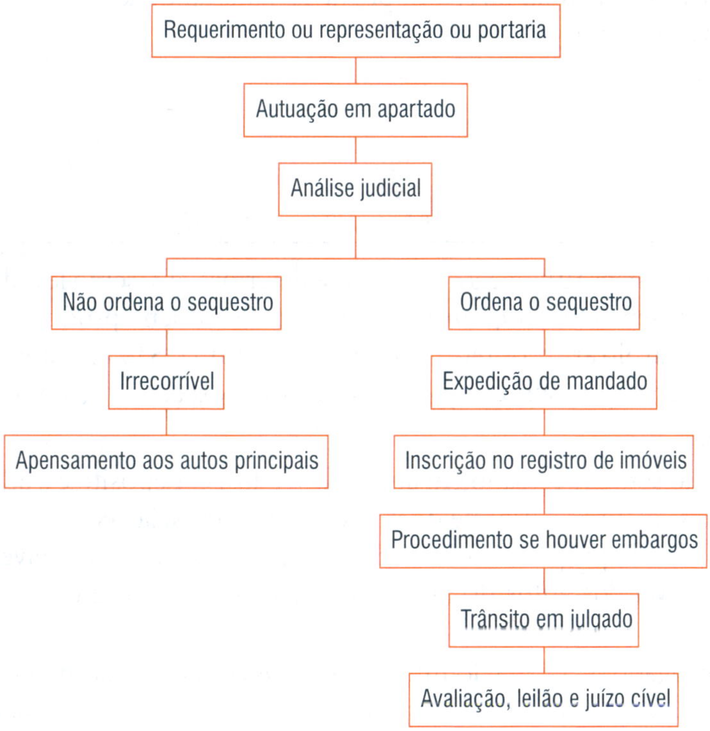

6.2.2. Arresto

a) Conceito e finalidade

Arresto é apreensão de quaisquer bens do indiciado ou acusado para garantir o **ressarcimento de danos**. Tem por objeto bens móveis ou imóveis de origem ilícita, ainda que transferidos a terceiros.

Questão de prova

A prova de Analista Judiciário TRE/RJ/2012 considerou CORRETA a afirmativa: "O arresto pressupõe a origem ilícita dos bens móveis, sendo determinado com o objetivo de garantir a satisfação, em caso de condenação, de eventual pena de multa, custas processuais e ressarcimento dos danos causados pela perpetração delitiva".

O arresto é cabível diante da inexistência de bens imóveis suficientes para garantir a execução civil. As garantias do ressarcimento do dano alcançarão também as despesas processuais e as penas pecuniárias, tendo preferência sobre estas a reparação do dano ao ofendido.

É cabível quando for incabível a apreensão prevista no art. 240 do CPP, bem como a especificação da hipoteca legal.

b) Legitimidade ativa

O arresto pode ser requerido pela parte ou MP (quando a parte for pobre e requerer, ou houver interesse do Fisco), após instauração do processo, ou seja, durante a ação penal, quando reunir prova da materialidade do crime e indícios suficientes de autoria.

c) Bens fungíveis e facilmente deterioráveis

Questão de prova

A prova de Delegado da Polícia Civil AP/2010 considerou CORRETA a afirmativa: "Quando os bens arrestados forem coisas fungíveis e facilmente deterioráveis, serão avaliados e levados a leilão público, depositando-se o dinheiro apurado, ou entregue as coisas ao terceiro que as detinha, se este for pessoa idônea e assinar termo de responsabilidade".

No caso de bens fungíveis e facilmente deterioráveis, serão levados a leilão público com depósito do *quantum* apurado. Se os bens produzirem renda, poderá o juiz arbitrar valor para manter réu e família. São aplicadas ao arresto todas as disposições sobre sequestro de imóveis, exceto o registro de imóveis.

d) Forma

O arresto será processado em autos apartados. O depósito e a administração dos bens seguirão o regime do processo civil, ou seja, as coisas arrestadas saem do poder do proprietário e ficam com terceiro estranho. Haverá remessa ao juízo cível dos autos do arresto quando passar em julgado a sentença condenatória.

Será revogado o arresto do imóvel, se no prazo de 15 dias não for promovido o processo de inscrição da hipoteca legal. O arresto não suspende o andamento do processo. Os bens arrestáveis são os suscetíveis de penhora; os não arrestáveis são os produtos de crime, proventos de crime e sequestro.

e) Levantamento

O levantamento se dará quando, por sentença definitiva, ocorrer absolvição do réu ou extinção da punibilidade.

6.2.3. Pedido de especialização de hipoteca legal

a) Conceito e finalidade

O pedido de especialização de hipoteca legal é **direito real de garantia** que tem por objeto **bens imóveis** pertencentes ao devedor que, embora continuem em seu poder, asseguram a satisfação do crédito, que visa **reparação do dano causado à vítima**, bem como **pagamento de eventual pena de multa e despesas processuais**.

O pedido de especialização tem como objeto o patrimônio lícito do réu ou indiciado.

b) Legitimidade ativa

Questão de prova	A prova de Delegado da Polícia Civil AP/2010 considerou INCORRETA a afirmativa: "A hipoteca legal sobre os imóveis do indiciado poderá ser decretada pelo juiz, de ofício, a requerimento do Ministério Público ou do ofendido, ou mediante representação da autoridade policial, desde que haja certeza da infração e indícios suficientes da autoria".

O pedido de especialização de hipoteca legal pode ser requerido pelo ofendido, representante legal ou herdeiros.

O Ministério Público pode requerer especialização da hipoteca legal em dois casos: 1) ofendido pobre; 2) interesse da Fazenda Pública.

c) Requisitos

O pedido será feito em qualquer fase do processo, desde que preenchidos dois requisitos: 1) prova cabal da existência material do fato criminoso; 2) indícios suficientes de autoria.

d) Procedimento

O procedimento abrange os seguintes atos: 1) requerimento; 2) autuação em apartado; 3) despacho do juiz arbitrando o valor da responsabilidade e a avaliação dos imóveis; 4) apresentação do laudo pericial; 5) oitiva das partes sobre laudo pericial em 2 dias; 6) julgamento: se presentes os requisitos, determina-se a inscrição (o juiz autorizará somente a inscrição da hipoteca do imóvel ou imóveis necessários à garantia da responsabilidade), tornando o bem inalienável.

O juiz pode deixar de fazer inscrição quando o réu oferecer caução suficiente, equivalente a responsabilidade civil, despesas processuais e eventuais penas pecuniárias. A caução pode ser em dinheiro ou em títulos de dívida pública, pelo valor de sua cotação em Bolsa.

Passando em julgado a sentença condenatória, serão os autos de hipoteca remetidos ao juiz do cível (CPP, art. 63).

e) Forma do requerimento

O pedido de especialização será feito mediante requerimento, em que a parte estimará o valor da responsabilidade civil, designará e estimará o imóvel ou imóveis que terão de ficar especialmente hipotecados, e o juiz mandará logo proceder ao arbitramento do valor da responsabilidade e à avaliação do imóvel ou imóveis.

A petição será instruída com as provas ou a indicação das provas em que se fundar a estimação da responsabilidade, com a relação dos imóveis que o responsável possuir, se tiver outros além dos indicados no requerimento, e com os documentos comprobatórios do domínio.

O processo de especialização da hipoteca correrá em autos apartados.

f) Arbitramento do valor

O arbitramento do valor da responsabilidade e a avaliação dos imóveis serão realizados por avaliador judicial; na falta deste, por perito nomeado pelo juiz, sendo-lhe facultada a consulta dos autos do processo respectivo.

O juiz, ouvidas as partes no prazo de 2 dias, que correrá em cartório, poderá corrigir o arbitramento do valor da responsabilidade, se lhe parecer excessivo ou deficiente.

O valor da responsabilidade será liquidado definitivamente após a condenação, podendo ser requerido novo arbitramento se qualquer das partes não se conformar com o arbitramento anterior à sentença condenatória.

g) Cancelamento

Acontecerá se, por sentença irrecorrível, o réu for absolvido ou tiver sua punibilidade extinta. O recurso cabível é apelação.

h) Arresto prévio de bem imóvel

Promovido pelo ofendido, o arresto prévio cautelar é medida preparatória, cuja finalidade é preservar imóvel para fins de inscrição da hipoteca legal, diante da demora na especificação de imóveis e na inscrição no cartório.

Os requisitos são a prova da infração penal e indícios suficientes de autoria, independentemente da origem lícita ou não dos bens.

O arresto será revogado se, no prazo de 15 dias, não for promovido o processo de inscrição da hipoteca legal.

i) Alienação antecipada

Será determinada pelo juiz a alienação antecipada para preservação do valor dos bens sempre que estiverem sujeitos a qualquer grau de deterioração ou depreciação, ou quando houver dificuldade para sua manutenção.

O leilão far-se-á preferencialmente por meio eletrônico. Os bens deverão ser vendidos pelo valor fixado na avaliação judicial ou por maior. Não alcançado o valor estipulado pela administração judicial, será realizado novo leilão, em até 10 dias, contados da realização do primeiro, podendo os bens ser alienados por não menos que 80% do estipulado na avaliação judicial.

O produto da alienação ficará depositado em conta vinculada ao juízo até a decisão final do processo, procedendo-se, no caso de condenação, à sua conversão em renda para a União, o Estado ou o Distrito Federal; ou, no caso de absolvição, à sua devolução ao acusado.

Quando a indisponibilidade recair sobre dinheiro, inclusive moeda estrangeira, títulos, valores mobiliários ou cheques emitidos como ordem de pagamento, o juízo determinará a conversão do numerário apreendido em moeda nacional corrente e o depósito das correspondentes quantias em conta judicial.

No caso da alienação de veículos, embarcações ou aeronaves, o juiz ordenará, à autoridade de trânsito ou ao equivalente órgão de registro e controle, a expedição de certificado de registro e licenciamento em favor do arrematante, ficando este livre do pagamento de multas, encargos e tributos anteriores, sem prejuízo de execução fiscal em relação ao antigo proprietário.

O valor dos títulos da dívida pública, das ações das sociedades e dos títulos de crédito negociáveis em bolsa será o da cotação oficial do dia, provada por certidão ou publicação no órgão oficial.

FLUXOGRAMA DA HIPOTECA LEGAL

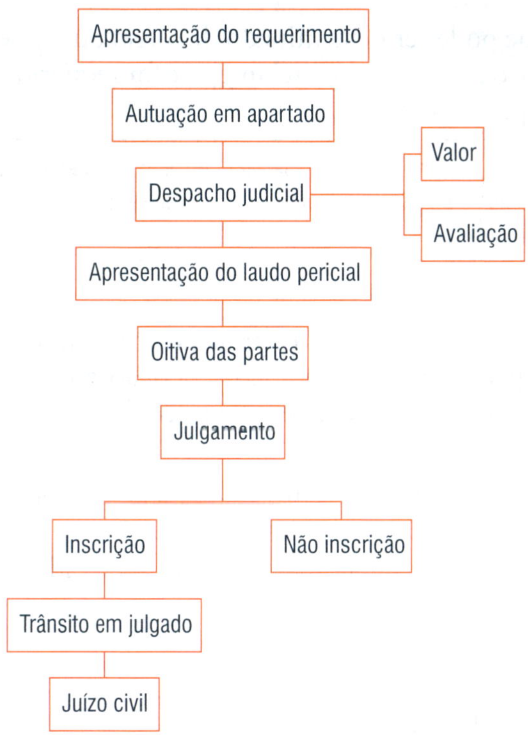

7. Incidente de falsidade

a) Natureza

O incidente de falsidade é procedimento regulado entre os arts. 145 e 148 do Código de Processo Penal.

b) Finalidade

Visa apurar a veracidade ou a falsidade de um documento constante dos autos de um processo, de forma a eliminar dúvida sobre sua autenticidade. É a verificação da idoneidade do documento.

c) Objeto

A jurisprudência majoritária sustenta que a falsidade abrange a material e a ideológica.

d) Momento processual

O incidente de falsidade pode ser suscitado a qualquer tempo e em qualquer instância, em face do art. 231 do CPP. Não há previsão legal da sua instauração na fase do inquérito policial.

e) Cabimento

Será instaurado quando houver dúvida acerca da autenticidade de um documento.

f) Legitimidade ativa

É incidente que pode ser determinado de ofício ou requerido pelas partes (acusado, Ministério Público ou querelante). Se for requerido por **procurador**, serão necessários poderes especiais.

Questão de prova

A prova da Magistratura TJ/AL/2008 considerou INCORRETA a afirmativa: "A arguição de falsidade de documento constante dos autos não precisa ser feita por procurador com poderes especiais".

g) Forma

O incidente de falsidade é escrito e processado em autos apartados. Quando for requerido pelas partes, depende de petição escrita e fundamentada. Quando for determinado de ofício pelo juiz, será baixada portaria.

h) Procedimento

O procedimento abrange a seguinte sequência de atos: 1) apresentação do incidente; 2) autuação em apartado; 3) resposta em 48 horas; 4) 3 dias para produção de provas; 5) diligências necessárias e ordenadas pelo juiz; 6) oitiva do Ministério Público; 7) sentença.

i) Decisão

A decisão visa declarar se o documento é falso ou verdadeiro, para mantê-lo ou não nos autos da ação principal.

No caso de decisão de procedência, há o reconhecimento da falsidade e, por consequência, ocorrerá o desentranhamento do documento e a remessa com os autos ao Ministério Público para apuração de crime de falso, sendo que cada uma das folhas do documento será rubricada pelo juiz e pelo escrivão, nos termos do art. 15 da Lei de Introdução ao Código de Processo Penal.

No caso de decisão de improcedência, há o reconhecimento da autenticidade e, por consequência, manutenção do documento nos autos.

j) Recurso

Da decisão final, cabe recurso em sentido estrito, nos termos do art. 581, XVIII, do CPP, o qual não tem efeito suspensivo e subirá ao tribunal nos próprios autos.

k) Coisa julgada

Questão de prova

A prova da Magistratura TJ/AL/2008 considerou INCORRETA a afirmativa: "A decisão do juiz criminal acerca da arguição de falsidade documental faz coisa julgada em ulterior processo civil".

A decisão no incidente de falsidade não faz coisa julgada em ulterior processo penal ou civil, pois só tem importância no processo em que foi arguida e reconhecida. É uma decisão incidental.

l) Questões complementares

- **Relevância:** o incidente somente pode ser levantado contra documentos ou atos judiciais que possam influir na decisão da causa[2]. Conforme jurisprudência: "Sendo o pleito de instauração do incidente indeferido em razão de ser dispensável diante da inexistência de poder o seu resultado causar qualquer influência no deslinde da questão, não há o que se falar em cerceamento por ofensa aos princípios constitucionais do contraditório e da ampla defesa" (AgRg no Ag 1.068.638/MG, STJ).
- **Documento falso como objeto do crime:** nesse caso, haverá perícia para verificação da existência do crime, pois o incidente de falsidade não visa apuração de delito de falsidade.
- **Efeito suspensivo:** embora o CPP seja silente, é possível afirmar que há suspensão do processo principal quando for questão prejudicial (em sentido contrário: ocorre sempre suspensão[3]).
- **Falsidade após trânsito em julgado:** se a sentença foi condenatória ou absolutória imprópria, há possibilidade de revisão criminal, nos termos do art. 621, II, do CPP.
- **Assistente de acusação:** há divergência a respeito de o assistente poder suscitar o incidente de falsidade.
- **Confissão da falsidade:** embora a parte confesse que o documento é falso, compete ao juiz ordenar diligências para evitar conluio entre as partes.

---

2 MIRABETE, Julio Fabbrini. *Código Penal interpretado*. São Paulo: Atlas, 2000.

3 CAPEZ, *Curso de processo penal*, 2012.

FLUXOGRAMA DO INCIDENTE DE FALSIDADE

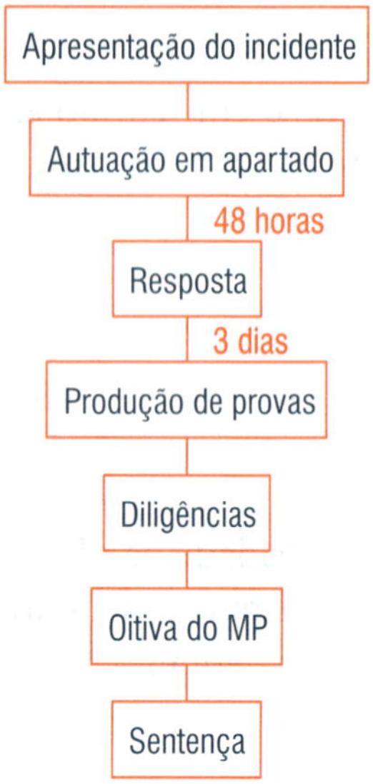

8. Incidente de insanidade mental

a) **Cabimento**

O incidente de insanidade mental é tema regulado entre os arts. 149 e 154 do Código de Processo Penal. Trata-se da submissão a exame médico-legal quando houver dúvida sobre a integridade mental do autor do crime.

b) **Finalidade**

Visa apurar a sanidade mental do agente.

c) **Momento processual**

> **Questão de prova**
> A prova de Delegado da Polícia Civil AP/2010 considerou INCORRETA a afirmativa: "O exame de sanidade mental somente poderá ser ordenado após iniciada a ação penal".

Pode ser determinado em qualquer fase do processo criminal ou do inquérito.

No caso de incidente instaurado após o início do processo penal, ocorrerá suspensão do processo a partir do deferimento do pedido, sendo necessário dar oportunidade para a defesa formular quesitos aos peritos. Mesmo suspenso, o juiz poderá ordenar diligências reputadas urgentes e necessárias.

No caso de incidente instaurado durante o inquérito policial, não ocorrerá suspensão, pois não há previsão legal, sendo que MP e juiz formulam quesitos aos peritos.

No caso de incidente instaurado antes da decisão de pronúncia, ocorrerá suspensão do processo e instauração do incidente, sob pena de nulidade. Se ocorrer após a pronúncia, o exame deve ser feito antes do julgamento no júri.

d) Legitimidade ativa

O incidente de insanidade será determinado pelo juiz de ofício, ou a **requerimento do MP**, defensor, curador, cônjuge, ascendente, descendente, irmão, ou por representação da autoridade policial.

> **Questão de prova**
> A prova do 84º Concurso de Promotor de Justiça MP/SP considerou INCORRETA a afirmativa: "O incidente de insanidade mental do acusado não poderá ser instaurado a pedido do Ministério Público".

e) Forma

É incidente que será processado em autos apartados e apensado ao processo principal após a apresentação do laudo. A instauração será por portaria, com nomeação de curador.

f) Denegação da instauração

O requerimento de instauração do incidente pode ser denegado: 1) quando for protelatório ou tumultuário; 2) quando não houver dúvida sobre a integridade mental do acusado (não basta a gravidade do delito).

O recurso da decisão que determina ou não a instauração do incidente de insanidade é o *habeas corpus* ou a correição parcial; porém, há doutrina minoritária sustentando a apelação.

g) Perícia

A perícia será realizada da seguinte forma:

1) em até 45 dias, salvo se houver necessidade de maior prazo; no caso de demora injustificada, cabe *habeas corpus*;
2) para facilitar o exame, o juiz pode determinar a entrega dos autos aos peritos;
3) se o acusado estiver preso, será internado em manicômio; se estiver solto, será recolhido em estabelecimento designado pelo juiz;
4) não há previsão legal de assistente técnico;
5) é inadmissível a intervenção das partes na nomeação dos peritos;
6) em relação aos quesitos, a intimação das partes é obrigatória e o oferecimento é facultativo;
7) após o término da perícia, os peritos realizam o devido laudo, que deve ser fundamentado e com respostas aos quesitos propostos; se faltar fundamentação, deve ser refeito; não vincula o juiz.

h) **Conclusão**

O destino do acusado após a realização do incidente depende do resultado da perícia:

1) no caso de aquisição da doença mental após o crime: **suspensão do processo** até o restabelecimento, salvo quanto às diligências que possam ser prejudicadas pelo adiamento. O juiz pode ordenar a internação. No caso de restabelecimento, o processo retoma seu curso, tendo a possibilidade de reinquirir as testemunhas que houverem prestado depoimento sem a sua presença;

Questão de prova

A prova de Promotor de Justiça MP/RO/2010 considerou CORRETA a afirmativa: "Quando, em incidente de insanidade mental do acusado, verificar-se que a doença mental sobreveio à infração, o processo penal deverá continuar suspenso até que o réu se restabeleça".

2) no caso de a insanidade surgir no curso da execução penal: será recolhido em hospital de custódia e tratamento psiquiátrico ou, à sua falta, em estabelecimento adequado; no caso de doença permanente, haverá conversão da pena em medida de segurança;

3) no caso de reconhecer-se a insanidade ao tempo da infração: o processo prosseguirá com a presença do **curador**, tanto se o acusado for inimputável quanto semi-imputável; se for absolvido, sofrerá medida de segurança.

Questão de prova

A prova de Promotor de Justiça MG/2011 considerou CORRETA a afirmativa: "Há necessidade de curador no Processo Penal no incidente de sanidade mental".

i) **Questões processuais**

1) **Fase recursal:** não é possível, pois em segundo grau haveria supressão de grau de jurisdição.

2) **Natureza do rol de legitimados ativos:** há divergência sobre ser o rol taxativo ou exemplificativo.

3) **Natureza da decisão:** quando o juiz decidir o incidente, sua decisão será homologatória e irrecorrível.

4) **Duração da suspensão:** não há previsão legal; uma parte da doutrina sustenta o prazo de 1 ano, por aplicação analógica do art. 265 do CPC.

5) **Realização do exame:** não é automática ou obrigatória, dependendo da existência de **dúvida plausível** acerca da higidez mental do acusado. O requerimento pela defesa, por si só, não obriga o juiz a determinar a sua realização, tampouco a instauração do procedimento de ofício.

FLUXOGRAMA DO INCIDENTE DE INSANIDADE

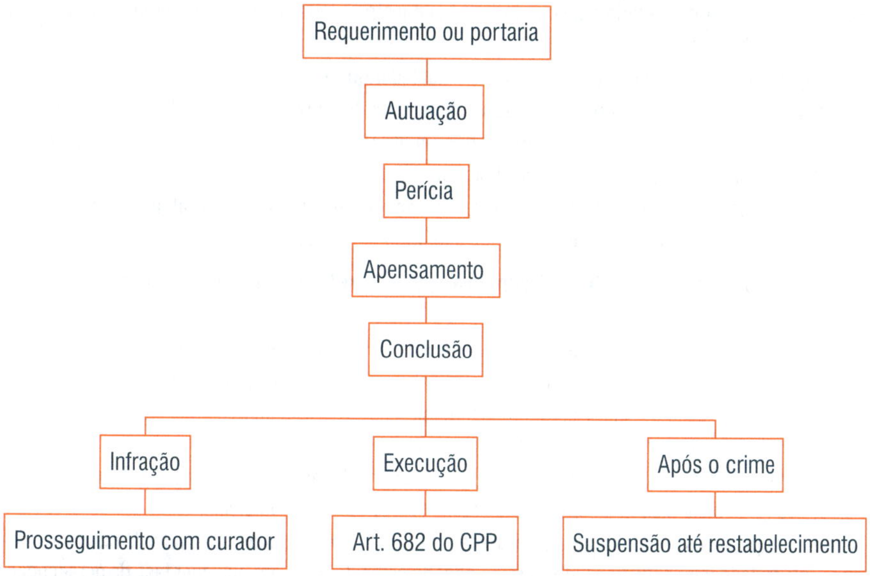

RECONHECIMENTO DA INSANIDADE MENTAL NO PROCESSO PENAL

MOMENTO DO RECONHECIMENTO	EFEITO DO RECONHECIMENTO
Ao tempo da infração	Prosseguimento do processo com presença de curador
Após infração	Suspensão do processo até restabelecimento do acusado
Curso da execução penal	Transitória – Hospital de custódia e tratamento psiquiátrico, ou, à falta, a outro estabelecimento adequado Permanente – O juiz poderá substituir a pena por medida de segurança

QUESTÕES SOBRE QUESTÕES E PROCESSOS INCIDENTES

1. (Delegado de Polícia MA/2012) As medidas assecuratórias possuem uma natureza acautelatória. Buscam proteger a efetividade do procedimento ou garantir o ressarcimento ou reparação civil do dano causado pela infração penal.

A esse respeito, assinale a afirmativa correta.

a) De acordo com o CPP, a restituição de coisas apreendidas poderá ser feita pela autoridade policial quando não existir dúvida acerca do direito do reclamante, ainda que as coisas sejam apreendidas em poder de terceiro de boa-fé.

b) Não poderá ser feito o sequestro de bens imóveis adquiridos com proveito do crime quando transferidos para terceiros.

c) A hipoteca legal, que poderá ser requerida pelo ofendido em qualquer fase do processo, exige a certeza da infração e indícios suficientes da autoria.

d) O mandado que autoriza realização de busca e apreensão em determinada favela, sem especificar as casas atingidas, pode ser considerado válido.

e) A autoridade policial poderá adentrar na residência de determinada pessoa, a qualquer hora do dia ou da noite, se houver consentimento do morador, flagrante delito, situação de desastre ou mandado judicial.

2. (Magistratura TJ/AC/2012) À luz do CPP, assinale a opção correta a respeito de questões e processos incidentes.

a) Para a decretação da medida assecuratória do sequestro, basta a existência de indícios veementes da proveniência ilícita dos bens sequestrados.

b) A exceção por incompetência de juízo precede a qualquer outra.

c) O juiz deve declarar-se suspeito no processo em que parente consanguíneo seu for parte interessada.

d) Em processo penal por crime contra a propriedade imaterial, a declaração da nulidade de registro ou patente é classificada como questão prejudicial homogênea.

e) O terceiro cujos bens imóveis tenham sido transferidos a título oneroso ou gratuito pode embargar o sequestro dos bens, sob o fundamento de tê-los adquirido de boa-fé.

3. (Promotor de Justiça MP/RR/2012) Assinale a opção correta com referência a questões e processos incidentes.

a) Considera-se questão prejudicial homogênea a exceção da verdade no crime de calúnia.

b) A medida assecuratória de sequestro tem como finalidade precípua a garantia de ressarcimento dos danos causados pela infração penal à vítima, do pagamento das penas pecuniárias e das despesas do processo, recaindo sobre qualquer bem do réu, móveis ou imóveis.

c) O incidente de falsidade tem por escopo exclusivo o exame de falsidade material e, qualquer que seja a decisão, não fará coisa julgada em prejuízo de ulterior processo penal ou civil.

d) Constitui requisito essencial de admissibilidade de incidente de insanidade mental a dúvida manifesta acerca da integridade mental do acusado ou réu, podendo ser instaurado em qualquer fase da persecução penal, ensejando a suspensão do processo e do prazo prescricional.

e) As questões prejudiciais, controvérsias que se apresentam tanto na fase investigativa quanto na etapa processual e das quais depende a existência do crime, demandam solução antecipada.

4. (Magistratura TJ/RS/2009) Sobre as medidas assecuratórias no Código de Processo Penal, assinale a assertiva incorreta.

a) Não caberá sequestro de bens imóveis, adquiridos pelo indiciado com os proventos da infração, quando já tenham sido transferidos a terceiros.

b) O arresto de bens imóveis é medida preparatória da hipoteca legal.

c) A especialização em hipoteca legal também é um meio de assegurar o direito da vítima à futura reparação do dano *ex delicto*.

d) O sequestro de bens é cabível quando o objetivo é a retenção de determinados bens adquiridos com o produto da infração criminal praticada.

e) Os embargos de terceiro constituem uma das medidas judiciais que possui o terceiro de boa-fé, alheio à prática da infração criminal, contra o sequestro de seus bens.

5. (Analista MP/AP/2012) Ricardo, funcionário público, responde a processo criminal em liberdade, acusado de praticar crime de prevaricação. No curso do processo, após instauração de incidente de sanidade mental, os peritos concluem pela semi-imputabilidade do agente. Neste caso, o juiz

a) não poderá determinar a internação provisória do acusado, porque o crime não foi cometido com violência ou grave ameaça.

b) poderá determinar a internação provisória do acusado, havendo risco de reiteração da conduta.

c) não poderá determinar a internação provisória do acusado, porque o laudo concluiu que ele é semi-imputável, sendo necessário aguardar o desfecho da ação penal para eventual internação.

d) poderá determinar a internação provisória do acusado, pelo prazo máximo de sessenta dias, havendo risco de reiteração da conduta.

e) não poderá determinar a internação provisória do acusado, porque a pena mínima cominada ao crime não é igual ou superior a quatro anos.

6. (Delegado de Polícia SP/2011) Quando, no curso da investigação, houver motivo para duvidar da integridade mental do investigado, a autoridade policial deverá

a) concluir a investigação e, no relatório, informar tal circunstância, que será apreciada pelo Ministério Público e pelo Magistrado.

b) requisitar de ofício, exame de sanidade mental junto ao Instituto Médico-Legal.

c) representar à autoridade judiciária para que o investigado seja submetido a exame médico-legal.

d) oficiar ao Ministério Público, noticiando o fato e representando pela realização de exame para verificar a sanidade do investigado.

e) poderá nomear mais de um perito para a realização do exame mental, em virtude de sua complexidade.

7. (Magistratura TJ/CE/2012) No que diz respeito a questões e processos incidentes, assinale a opção correta.

a) Nos tribunais de segundo grau, o juiz que se julgar suspeito deverá declarar o fato nos autos e, se for revisor, passar o feito ao seu substituto na ordem da precedência, ou, se for relator, apresentar os autos em mesa para nova distribuição.

b) Se o reconhecimento da existência da infração penal depender de decisão sobre questão da competência do juízo cível e se neste houver sido proposta ação para resolvê-la, o juiz criminal deverá suspender o curso do processo.

c) Se, no prazo de cento e oitenta dias a contar da data em que transitar em julgado a sentença final, condenatória ou absolutória, os objetos apreendidos em poder do réu não forem reclamados ou não pertencerem a ele, haverá a perda em favor da União.

d) O juiz, de ofício, a requerimento do MP ou do ofendido, ou mediante representação da autoridade policial, poderá ordenar o sequestro de bens, em qualquer fase do processo, desde que já oferecida denúncia ou queixa.

e) A dúvida sobre a integridade mental do acusado serve de motivação para a instauração do incidente de insanidade mental, sendo o respectivo requerimento, por si só, suficiente para obrigar o juiz a determinar a sua caracterização, sob pena de nulidade, uma vez que se trata de prova exclusivamente técnica.

8. (Magistratura TJ/PI/2012) Assinale a opção correta a respeito de questões e processos incidentes.

a) A decisão que acolhe incidente de falsidade documental faz coisa julgada em prejuízo de ulterior processo penal ou civil.

b) Viola o princípio do juiz natural o julgamento proferido na pendência de exceção de suspeição do magistrado sentenciante.

c) A exceção de incompetência do juízo pode ser oposta, verbalmente ou por escrito, no prazo de defesa.

d) Sendo o inquérito mero procedimento administrativo, não se pode opor suspeição às autoridades policiais nem devem elas declarar-se suspeitas.

e) No CPP, as causas de impedimento e suspeição de magistrado judicial estão dispostas de forma apenas exemplificativa.

9. (Magistratura TRF 2ª Região/2011) No que se refere às questões prejudiciais, aos processos incidentes, às exceções e às medidas assecuratórias, assinale a opção correta.

a) A restituição de coisas apreendidas pode ser intentada a qualquer tempo, antes de transitar em julgado a sentença penal, e deve ser ordenada pela autoridade policial ou juiz, mediante termo nos autos, ainda que as coisas estejam em poder de terceiros de boa-fé; após essa fase, haverá a perda em favor da União.

b) No que diz respeito ao incidente de falsidade documental, pode o juiz, de ofício, ordenar a verificação de idoneidade de documento, com autuação em autos apartados; não fará a decisão, ao final, coisa julgada em ulterior processo, penal ou civil. Em situações excepcionais, pode ocorrer a suspensão do processo principal, salvo quanto às provas de natureza urgente.

c) As exceções e os incidentes são procedimentos de natureza eminentemente processual, porque dizem respeito à validade e ao regular desenvolvimento do processo, necessitam, como regra, de pronunciamento prévio do juízo, processam-se em autos apartados, apensos à ação penal, no próprio juízo criminal, e não suspendem o curso da ação.

d) Nas questões prejudiciais heterogêneas obrigatórias, há imperativa suspensão do processo ou inquérito para dirimir controvérsia acerca do estado civil da pessoa, de modo que não haja repercussão na própria existência do crime ou de circunstância agravante; igualmente se suspende o prazo prescricional enquanto não resolvida a questão no juízo cível.

e) Para a decretação do sequestro de bens imóveis, basta a existência de indícios veementes da proveniência ilícita dos bens, adquiridos com os proventos da infração, ainda que já transferidos a terceiro, admitindo-se embargos; em nenhuma hipótese poderá ser pronunciada decisão antes de transitada em julgado a sentença da ação penal.

10. (Delegado Polícia Civil/GO/2008) Sobre os processos incidentes, é CORRETO afirmar:

a) a mera gravidade do delito já induz à necessidade de instauração de incidente de insanidade mental.

b) a arguição de falsidade de documento constante nos autos da ação penal poderá ser feita por advogado constituído pelo acusado, independentemente de poderes especiais para tanto.

c) configura cerceamento de defesa o indeferimento do requerimento de instauração de incidente de insanidade mental do investigado, uma vez que, assim como o exame de corpo de delito, o exame de sanidade mental é de realização obrigatória.

d) a finalidade do incidente de falsidade documental é unicamente a de constatar a idoneidade do documento como elemento probatório; não é seu objeto a apuração de possível delito de falsidade.

11. (Defensor Público MA/2011) Acerca das questões e processos incidentes, assinale a opção correta.

a) O arresto pressupõe a origem ilícita dos bens móveis, e a constrição, nessa hipótese, é determinada com o objetivo de garantir a satisfação, em caso de condenação, de eventual pena de multa, de custas processuais e o ressarcimento dos danos causados pela perpetração delitiva.

b) As causas de impedimento e suspeição de magistrado estão dispostas de forma exemplificativa no CPP, comportando interpretação ampliativa, de acordo com a jurisprudência do STJ.

c) Se for arguida a suspeição do órgão do MP em primeiro grau de jurisdição, o desembargador relator, depois de ouvi-lo, decidirá, sem recurso, podendo, antes, admitir a produção de provas no prazo de três dias.

d) Não viola o princípio do juiz natural o julgamento proferido na pendência de exceção de suspeição de magistrado, não constituindo, de acordo com o CPP, causa obrigatória da suspensão do curso do processo principal.

e) Nas hipóteses de apreensão de bem em sede de processo penal, cuja propriedade não restar, de plano, comprovada, devem os réus ou indiciados valer-se do procedimento de restituição de coisas apreendidas, que não pode ser manejado pelo terceiro de boa-fé.

12. (Exame da OAB/SP/2007) A propósito da restituição de bens apreendidos no processo penal, assinale a opção correta.

a) Tratando-se de coisas facilmente penhoráveis, não se admite a realização de leilão público, pois a aplicação da lei processual civil é subsidiária.

b) Não se admite a tutela de interesse de terceiros de boa-fé no bem apreendido.

c) Antes do trânsito em julgado de decisão inserta em sentença, os bens apreendidos só podem ser restituídos se não mais interessarem ao processo e aos efeitos penais de uma condenação.

d) Em caso de dúvida sobre quem seja o verdadeiro dono do bem apreendido, o juízo criminal é o competente para solucioná-la.

13. (83º Concurso de Promotor de Justiça Substituto MP/SP) Se alguém está sendo processado criminalmente e para o julgamento do seu processo é relevante o deslinde de questão civil referente ao conhecimento do estado civil da pessoa, estamos diante de questão prejudicial

a) obrigatória heterogênea.

b) obrigatória homogênea.

c) mista.

d) facultativa homogênea.
e) facultativa heterogênea.

14. (IX Concurso Juiz Federal do TRF4) Indique a afirmativa inteiramente correta:

a) A hipoteca legal se destina a arrecadar bens adquiridos com proveito da infração penal, ao passo que sequestro de bens imóveis se destina a proceder ao ressarcimento dos prejuízos causados pelo delito.
b) O sequestro de móveis é medida assecuratória, destinada a preservar, perante o juízo, os bens adquiridos com proveito da infração penal, ao passo que a busca e apreensão se destina a resguardar a inteireza da prova.
c) Julgada procedente, em incidente próprio, em juízo penal, a falsidade documental arguida pela parte, juízo civil ou criminal ulterior ficará vinculado a essa decisão, por ser portadora do efeito de coisa julgada.
d) Deferida a instauração de incidente de insanidade mental de acusado em processo-crime, a parte inconforme com a decisão poderá impugná-la mediante recurso em sentido estrito.

15. (86º Concurso de Promotor de Justiça Substituto MP/SP) Assinale a alternativa incorreta.

a) A questão prejudicial facultativa que enseja a suspensão do processo pressupõe que a decisão sobre a matéria controvertida a ser dirimida no juízo cível possa influir na final classificação jurídica do fato objeto do processo penal, mas não no reconhecimento da existência da infração penal.
b) A questão prejudicial obrigatória que enseja a suspensão do processo penal pressupõe que a matéria controvertida recaia sobre o estado civil das pessoas e que de sua solução dependa o reconhecimento da existência da infração penal.
c) A suspensão do processo em razão de questão prejudicial facultativa somente pode ser determinada pelo juiz se já proposta no juízo cível a ação que vise solucioná-la.
d) A suspensão do processo em razão de questão prejudicial obrigatória pode ser determinada pelo juiz ainda que não tenha sido proposta no juízo cível a ação que vise solucionar a matéria controvertida.
e) A decisão irrecorrível do juízo cível que soluciona a questão prejudicial obrigatória no sentido da atipicidade dos fatos descritos na denúncia vincula o juiz do processo penal.

16. (83º Concurso de Promotor de Justiça Substituto MP/SP) Tratando-se de suspeição é correto afirmar que

a) a recusa do Juiz leigo deve ser arguida oralmente, com motivação, ao Juiz-Presidente do Júri. O não reconhecimento da suspensão é irrecorrível.
b) a recusa do Juiz leigo deve ser requerida por escrito, com motivação, ao Juiz-Presidente do Júri. O não reconhecimento da suspeição é recorrível.
c) não é possível opor exceção.
d) a recusa do Juiz leigo deve ser requerida por escrito, sem motivação ao Juiz-Presidente do Júri. O não reconhecimento da suspeição é irrecorrível.
e) a recusa do Juiz leigo deve ser arguida oralmente, sem motivação ao Juiz-Presidente do Júri. O não reconhecimento da suspeição é recorrível.

17. (84º Concurso de Promotor de Justiça Substituto MP/SP) A decisão que reconhece a exceção de coisa julgada, extinguindo o processo sem julgamento do mérito, denomina-se

a) absolvição da instância.
b) cessação da instância.
c) substituição da instância.
d) prejudicial de mérito.
e) disjunção processual.

18. (21º Concurso de Procurador da República MPF) Por entender que carece de titularidade para exame de quadro investigatório que lhe chegou por *delatio criminis*, o Procurador-Geral da República envia aos autos respectivos a Procurador-Geral da Justiça de determinado Estado-Membro. O Procurador-Geral de Justiça, ao discordar da orientação do Procurador-Geral da República, há de propor:

a) conflito de jurisdição a ser decidido pelo Supremo Tribunal Federal.
b) conflito de jurisdição a ser decidido pelo Superior Tribunal de Justiça, pela incidência do artigo 105, I, *g*, da Constituição Federal.

c) conflito de atribuições a ser decidido pelo próprio Procurador-Geral da República.

d) conflito de atribuições a ser decido pelo Supremo Tribunal Federal.

19. (Promotor de Justiça AM/2007) Poderá ser levantado o sequestro de bens

I. se a ação penal não for intentada no prazo de 60 dias, a contar da data da conclusão da diligência.

II. se o terceiro, a quem tiverem sido transferidos os bens, prestar caução idônea.

III. se for extinta a punibilidade do réu, por sentença definitiva.

IV. se o réu for absolvido por sentença definitiva.

A quantidade de itens certos é igual a

a) 0.

b) 1.

c) 2.

d) 3.

e) 4.

20. (Exame da OAB julho/2011) Em relação ao incidente de falsidade, é correto afirmar que

a) se reconhecida a falsidade por decisão irrecorrível, mandará desentranhar o documento e remetê-lo, com os autos do processo incidente, ao Ministério Público.

b) arguida, por escrito, a falsidade de documento constante dos autos, o juiz observará o seguinte processo: mandará autuar em apartado a impugnação e em seguida ouvirá a parte contrária, que, num prazo de 24 (vinte e quatro) horas, oferecerá resposta.

c) a arguição de falsidade, feita por procurador, não exige poderes especiais.

d) o juiz não poderá, de ofício, proceder à verificação da falsidade.

PRESTE ATENÇÃO!

- Na questão prejudicial obrigatória, o juiz DEVE suspender o processo; na questão prejudicial facultativa, o juiz PODE suspender o processo.
- O sequestro tem por objeto bens adquiridos com os proventos da infração penal.
- São exceções dilatórias: a de ilegitimidade de parte, a de suspeição e a de incompetência; são peremptórias: a de coisa julgada e a da litispendência.

CUIDADO!

- A questão prejudicial obrigatória é relacionada com o estado civil das pessoas; a questão prejudicial facultativa é outra que afeta a qualificação da infração penal.
- O sequestro pode ser determinado de ofício pelo juiz.
- Não é possível arguição de suspeição no inquérito policial.
- No caso de insanidade ao tempo da infração, o processo prosseguirá com a presença do curador.

IMPORTANTE!

- Da decisão que determina a suspensão do processo por questão prejudicial, cabe RESE.
- Da decisão proferida em embargos no sequestro, cabe apelação.
- Da decisão final no incidente de falsidade, cabe RESE.

Capítulo 17

TEORIA GERAL DA PROVA

I – Introdução

1. Direito probatório

1.1. Conceito

É o conjunto de normas jurídicas que regem a prova. É formado por duas partes: a) teoria geral da prova; b) provas em espécie.

1.2. Característica

É **matéria processual**, pois se trata de instrumento usado pelo Estado para que possa exercer a jurisdição.

1.3. Fase instrutória e instrução probatória

Fase instrutória é o momento em que as partes apresentam suas alegações, versões e provas no processo; já instrução probatória é uma parte da fase instrutória em que as partes produzirão apenas as provas que serão usadas para formar o convencimento do juiz.

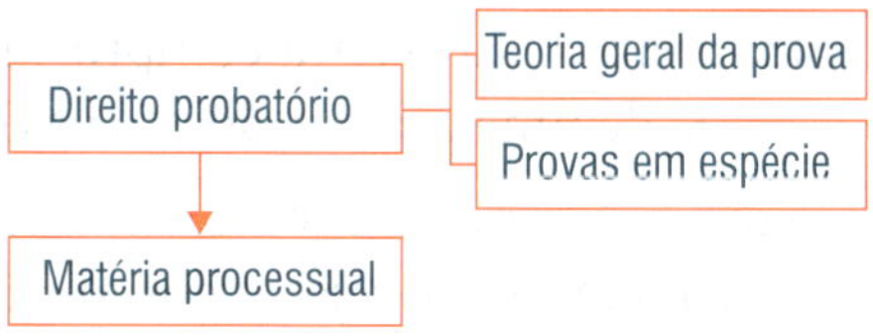

II – Da Prova

"Prova é a soma dos fatos produtores da convicção dentro do processo"[1].

1. Conceito

O termo "prova" vem do latim "*probatio*", que significa "demonstrar", "confirmar". A expressão "prova" é um termo equívoco, ou seja, possui vários significados; porém, numa análise profunda e detalhada das acepções do vocábulo, podemos dizer que todos os seus significados giram em torno de uma ideia básica, qual seja, uma atividade formada por meios ou instrumentos usados para comprovar um fato ou ato, visando o convencimento do julgador no caso concreto.

No conceito de prova, combinam-se três elementos:

a) **material:** são elementos, dados, meios ou instrumentos produzidos para demonstrar a existência ou veracidade de um fato ou ato; para negar ou confirmar a alegação ou assertiva a respeito de um fato ou ato; para comprovar um fato ou ato;

b) **subjetivo:** são elementos produzidos pelas partes ou terceiros, ou determinados pelo juiz;

c) **finalístico:** são dados que visam fundamentar as alegações das partes e influenciar na convicção do juiz a respeito do julgamento do caso concreto: "A prova é, assim, elemento instrumental para que as partes influam na convicção do juiz e o meio de que este se serve para averiguar sobre os fatos em que as partes fundamentam suas alegações"[2].

2. Finalidade

A prova possui as seguintes finalidades:

a) **conhecimento:** permite que o juiz tenha acesso aos fatos ou atos objeto do caso concreto;

b) **convencimento:** formar o convencimento do juiz a respeito da existência ou veracidade de um fato ou ato para que possa decidir o objeto do processo;

c) **demonstração:** instrumento usado para comprovar os fatos da causa ou demonstrar a veracidade de uma afirmação ou a existência de um fato;

d) **reconstrução:** tenta reconstruir a verdade dos fatos; a verdade que se busca no processo penal é a material, ou seja, a reprodução dos fatos que foram

---

1 SANTOS, Moacyr Amaral. *Prova judiciária no cível e no comercial*. São Paulo: Max Limonad, 1952.

2 MARQUES, José Frederico. *Elementos de direito processual penal*. Campinas: Bookseller, 1997.

realizados e que podem ou não estar inseridos na pretensão punitiva formulada pelo acusador.

3. Princípios

a) **Comunhão das provas:** a prova pertence ao processo, mesmo que levada por uma das partes.

b) **Não autoincriminação:** o acusado não é obrigado a produzir prova contra si mesmo (*nemo tenetur se detegere*).

c) **Audiência contraditória:** toda prova trazida aos autos deve ser submetida à outra parte.

d) **Autorresponsabilidade:** compete às partes produzir as provas que lhe favorecerem.

e) **Oralidade:** em regra, as provas devem ser realizadas mediante palavra falada.

f) **Identidade física:** o juiz que conduzir a instrução deve julgar, salvo no caso de aposentadoria ou transferência, nos termos do art. 132 do CPC, por analogia.

g) **Publicidade:** a audiência será realizada de portas abertas, salvo no caso de perturbação da ordem, inconveniente grave ou escândalo.

h) **Concentração:** as provas devem ser produzidas em ato único, salvo urgência ou necessidade de realização antecipada.

4. Objeto

Em **sentido amplo**, o objeto da prova *thema probandum* é o fato ou ato que deve ser demonstrado no processo penal em busca da verdade real. Em **sentido restrito**, o objeto da prova é a afirmação sobre um fato.

O **objeto da prova** é a coisa, o acontecimento ou a circunstância que se deve provar no processo. **Meio de prova** é a forma ou a maneira de trazer a prova no processo. **Objeto de prova** é identificar quais fatos devem ser provados no processo (ex.: os fatos evidentes dispensam prova).

São objeto da prova todos os fatos, **mesmo os incontroversos**, ou seja, os admitidos ou aceitos por ambas as partes, salvo os que independem de prova. Devem ser relevantes para o deslinde da causa.

Em Direito Probatório, é possível afirmar que existem fatos que independem de prova, quais sejam:

a) **fatos axiomáticos ou intuitivos:** são os fatos evidentes;

> **Questão de prova**
> A prova de Delegado da Polícia Civil RN/2009 considerou INCORRETA a afirmativa: "Os fatos axiomáticos dependem de prova".

b) **fatos notórios** (*notorim non eget probatione* – "o que é notório dispensa prova"): são os fatos conhecidos de todos, inseridos na cultura de uma sociedade (não se confundem com o fato popularmente conhecido – *vox populi* –, que não dispensa a produção de prova);

c) **presunções legais:** são verdades que decorrem da lei ou da ordem normal das coisas;

d) **fatos inúteis:** são os que não têm influência na decisão da causa;

e) **máximas de experiência:** "juízos formados na observação do que comumente acontece e que, como tais, podem ser formados em abstrato por qualquer pessoa de cultura média"[3].

A prova precisa preencher os seguintes requisitos: a) possível de realizar; b) concludente; c) pertinente; d) admissível pela lei ou costumes judiciários.

3 SANTOS, Moacyr Amaral. *Prova judiciária no cível e no comercial*. São Paulo: Max Limonad, 1952.

5. Ônus

A prova da alegação **incumbe a quem a fizer**, de forma que, para a acusação, cabe provar os fatos constitutivos da pretensão punitiva e, para a defesa, os fatos impeditivos, modificativos ou extintivos da pretensão punitiva. É um ônus da parte, que não será beneficiada se não o comprovar.

> **Questão de prova**
> A prova da Magistratura TJ/SP/2011 considerou INCORRETA a afirmativa: "O ônus da prova cabe a quem fizer a alegação, sendo vedado ao juiz determinar a produção de provas de ofício, diante do princípio da inércia da jurisdição".

A realização das provas é presidida pelo juiz no curso do processo. O juiz pode determinar de ofício a produção antecipada de provas urgentes e relevantes, mesmo antes de iniciada a ação penal, desde que observada a necessidade, a adequação e a proporcionalidade da medida. O juiz **pode determinar**, no curso da instrução ou antes de proferir sentença, a realização de diligências para dirimir dúvida sobre ponto relevante.

> **Questão de prova**
> A prova de Promotor de Justiça MP/SP/2006 considerou INCORRETA a afirmativa: "A imparcialidade do juiz é incompatível com sua iniciativa na produção de prova".

6. Destinatários

a) **Direto:** é o juiz, já que a produção de prova visa auxiliar na formação do convencimento no julgamento de um caso concreto.

b) **Indiretos:** são as partes, que produzem ou requerem a produção das provas no sentido de fundamentar suas pretensões deduzidas em juízo.

7. Sistemas de valoração

a) **Étnico ou pagão:** o juiz leva em conta a sua própria experiência ou impressões, num estado empírico.

b) **Religioso:** é feito pelas ordálias, pelos duelos judiciários e pelos juízos de Deus; a parte com razão estava protegida pela divindade.

c) **Íntima convicção ou da certeza moral:** o juiz tem ilimitada liberdade para decidir; não é vinculado às provas produzidas.

d) **Prova legal, tarifada, da verdade legal, da verdade formal ou da certeza moral:** a lei fixa o valor atribuído a cada meio de prova.

e) **Persuasão racional, da livre-convicção, da verdade real ou do livre-convencimento:** é o livre-convencimento motivado do juiz.

Questão de prova

A prova de Defensor Público MA/2011 considerou INCORRETA a afirmativa: "Para a comprovação da prática de crimes contra a dignidade sexual, a palavra da vítima, ainda que corroborada por provas testemunhais idôneas e harmônicas, não autoriza a condenação, uma vez que o exame pericial é imprescindível nesses casos".

No Brasil, a regra é a adoção do sistema da persuasão racional, que possui as seguintes características: a) livre-apreciação da prova; b) o juiz fica adstrito às provas constantes dos autos (o que não está nos autos não está no mundo); c) não há critério legal de prefixação de valores probatórios; d) o juiz deve fundamentar sua decisão; e) não pode fundamentar sua decisão com base na prova colhida de forma exclusiva na fase investigatória, salvo **provas cautelares não repetíveis e antecipadas**; f) o rol dos meios de prova é exemplificativo.

Questão de prova

A prova de Delegado da Polícia Civil SP/2011 considerou CORRETA a afirmativa: "Para formar seu juízo de convicção a respeito de fato submetido a julgamento, o juiz poderá considerar elementos colhidos na investigação policial, desde que em consonância com provas produzidas sob o contraditório".

Porém, por exceção, adota-se o sistema da íntima convicção, no procedimento do júri, pois os jurados dão o voto sem precisar fundamentar; e o sistema da prova legal, nos crimes que deixam vestígios, no **estado de pessoas** e na proibição de juntada de documentos.

Questão de prova

O IX Concurso de Juiz Federal do TRF4 considerou CORRETA a afirmativa: "Em juízo penal, não se observam, na produção de provas, as restrições da lei civil, salvo quanto ao estado das pessoas".

8. Classificação

a) **Forma ou aparência**

- Prova documental é a afirmação escrita ou gravada.
- Prova testemunhal é a afirmação oral.
- Prova material é o meio físico, químico ou biológico.

b) **Sujeito ou causa**

- **Prova real** é a coisa externa e distinta da pessoa.

Questão de prova

A prova de Promotor de Justiça GO/2009 considerou INCORRETA a afirmativa: "Prova real é aquela decorrente dos vestígios deixados pelo crime, não necessariamente o objeto material do delito".

- Prova pessoal é a afirmação consciente de uma pessoa.

c) **Efeito ou valor**

- Prova plena é a que produz juízo de certeza no julgador.
- Prova não plena ou indiciária é a que produz juízo de probabilidade na procedência da alegação.

d) **Objeto**

- Prova direta é a que diz respeito ao fato que se pretende demonstrar.
- Prova indireta é a que diz respeito a outros fatos, dos quais, por meio de raciocínio dedutivo, o juiz presume a existência do fato que se pretende demonstrar.

e) **Preparação**

- Prova casual é a produzida no curso do processo.
- Prova pré-constituída é a produzida antes da propositura da ação.

9. Procedimento probatório

É a sequência observada para a produção da prova. É composto pelos seguintes atos:

a) **proposição:** é o momento da produção da prova;

b) **admissão:** é a fase em que o juiz defere ou não a prova. A regra é que toda prova requerida pelas partes deve ser deferida, salvo quando irrelevante, impertinente ou protelatória;

c) **produção:** é o momento de realização da prova em juízo;

d) **valoração:** é a fase da formação da convicção judicial sobre as provas produzidas;

10. Direito à prova

É um direito subjetivo decorrente do devido processo legal, que compreende o direito de requerer a realização de qualquer prova, desde que não proibida por lei, o direito de participar e acompanhar a produção da prova, bem como a possibilidade de avaliar a prova e, inclusive, oferecer contraprova.

A parte tem o direito de que o juiz se manifeste sobre as provas na sua decisão. Para ser aceita no processo, a prova deve ser admissível (lícita), pertinente (relacionada aos fatos que se pretende demonstrar) e relevante (útil para o desenrolar da causa).

11. Questões complementares

11.1. Prova do direito

Questão de prova

A prova de Procurador do BACEN/2009 considerou INCORRETA a afirmativa: "A prova do direito estrangeiro só pode ser aceita quando submetida à apreciação do Tribunal Penal Internacional".

O juiz conhece o direito (*iura novit curia*), porém caberá à parte alegante a prova quando o direito invocado for estadual, municipal, estrangeiro (documento ou publicação oficial do país estrangeiro, ou ainda parecer de jurista especializado) ou consuetudinário (pode ser usado qualquer meio de prova).

No caso de direito estadual ou municipal, deve ser juntado o *Diário Oficial* em que foi publicada a lei ou certidão do órgão legislativo respectivo que ateste o teor e a vigência da lei.

11.2. Prova emprestada

Questões de prova

A prova de Analista do MP/PI/2012 considerou INCORRETA a afirmativa: "A jurisprudência tem acolhido a prova emprestada no processo penal, desde que seja produzida em outro processo judicial, apenas, e extraída por meio de documentos hábeis a comprovar a alegação da parte requerente, inserindo-a em outro feito, ressalvado o contraditório e a ampla defesa".

A prova da Magistratura TJ/PI/2007 considerou INCORRETA a afirmativa: "A prova emprestada, ao ser transportada para o novo processo, continua com a natureza jurídica da prova originariamente produzida. Assim, se a prova emprestada era uma prova testemunhal, com tal natureza será admitida no novo processo".

Prova emprestada é a oriunda de outro processo e sua natureza é documental.

Sua admissibilidade necessita do preenchimento dos seguintes requisitos: a) que a prova tenha sido produzida perante as mesmas partes; b) que a prova tenha sido produzida sob o crivo do contraditório: "A jurisprudência do STJ está consolidada no sentido de que, respeitado o contraditório e a ampla defesa, é possível a utilização de prova emprestada, devidamente autorizada na esfera criminal" (MS 14.226/DF, STJ); c) que a transferência de um processo para outro seja feita por qualquer meio autenticatório, como certidão.

Segundo entendimento do STJ, é possível utilizar, em processo administrativo disciplinar, na qualidade de "prova emprestada", a interceptação telefônica produzida em ação penal, desde que devidamente autorizada pelo juízo criminal e com observância às diretrizes da Lei n. 9.296/96 (*Informativo* 505).

11.3. Prova *prima facie*

É a que, desde logo, deixa no espírito do juiz a convicção da veracidade de um fato, embora possa ser infirmada por outras palavras (Tornaghi). É a prova de primeira aparência.

11.4. Prova negativa (álibi)

Questão de prova

A prova do Exame da OAB/SP/2008 considerou INCORRETA a afirmativa: "Considera-se álibi a circunstância conhecida e provada que, tendo relação com o fato, autorize, por indução, concluir-se a existência de outra ou outras circunstâncias".

É a demonstração feita pelo acusado da impossibilidade material na participação no crime. Quem alega deve comprovar a veracidade do álibi.

12. Provas ilícitas

A Constituição Federal prevê a inadmissibilidade no processo das provas obtidas por meios ilícitos. Prova proibida, defesa ou vedada é a que não pode ser admitida ou valorada no processo.

A prova ilícita é gênero, do qual são espécies: a) a prova ilegal: obtida em desacordo com o direito material; b) e a prova ilegítima: obtida em desacordo com o direito processual.

Em sentido amplo, prova ilícita é a proibida pela moral, pelos bons costumes e princípios gerais do direito; em sentido restrito, é a proibida em lei. Violar o direito material é violar a forma de obter a prova (escuta telefônica não autorizada, por exemplo). Violar o direito processual é violar a forma de introduzir a prova no processo (prova da morte da vítima pela simples confissão do réu).

As **provas ilícitas** por derivação são lícitas em si mesmas, mas produzidas a partir de um fato ilícito. Não são admitidas como válidas no processo penal. A teoria dos frutos da árvore envenenada ou do efeito a distância é a que prega a prova ilícita por derivação, originária do preceito bíblico de que a árvore envenenada não pode dar bons frutos. Se a prova é ilícita, tudo o que dela decorrer será ilícito. A teoria da proporcionalidade, da razoabilidade ou do interesse predominante, originária do Direito Processual Penal alemão, é a que prega o equilíbrio entre os direitos individuais e os interesses da sociedade. Será admitida a prova ilícita para legítima defesa dos direitos fundamentais e para provar a inocência de um acusado.

> **Questões de prova**
>
> A prova de Investigador da Polícia Civil PA/2009 considerou INCORRETA a afirmativa: "As provas consideradas ilícitas são inadmissíveis no processo penal, mas é defensável pela legislação a produção de provas derivadas das ilícitas".
>
> A prova de Promotor de Justiça MP/SC considerou INCORRETA a afirmativa: "De acordo com o Código de Processo Penal são inadmissíveis as provas derivadas das ilícitas, inclusive aquelas que puderem ser obtidas por uma fonte independente das primeiras".

III – Dos Meios de Prova

1. Introdução

São os instrumentos que visam demonstrar a ocorrência de fatos alegados e perseguidos no processo. Trata-se de elementos que permitem ao julgador formar sua convicção; recursos usados para buscar a verdade dos fatos no processo.

Todas as provas que não contrariem o ordenamento jurídico podem ser produzidas no processo penal, salvo as que disserem respeito ao estado de pessoas, pois nesse caso devem ser respeitadas as restrições da lei civil.

A **menoridade** será provada para efeitos penais por documento hábil.

> **Questão de prova**
>
> A prova de Procurador do TCE/BA/2010 considerou INCORRETA a afirmativa: "Nos termos de entendimento sumulado do STJ, para efeitos penais, o reconhecimento da menoridade do réu prescinde de prova documental hábil".

A inspeção judicial pode ser usada no processo penal por analogia. O rol legal dos meios de prova é exemplificativo. O exame de corpo de delito não pode ser suprido pela confissão do acusado.

Os meios de prova podem ser: a) legais ou típicos: são os definidos em lei; b) moralmente legítimos: não violam a moral e os bons costumes.

2. Provas em espécie

2.1. Prova pericial

a) Conceito

É exame feito por profissional com conhecimentos técnicos, científicos, artísticos ou práticos, visando auxiliar o julgador na formação de sua convicção.

O juiz ou a autoridade policial negará a perícia requerida pelas partes quando não for necessária ao esclarecimento da verdade, salvo exame de corpo de delito.

b) Laudo pericial

O documento que registra a prova pericial é o laudo pericial (em que os peritos descreverão minuciosamente o que examinarem e responderão aos quesitos formulados), o qual deve ser elaborado no prazo de 10 dias. Tal prazo pode ser prorrogado em casos excepcionais, a requerimento dos peritos. No caso de inobservância de formalidades, ou se houver omissões, obscuridades ou contradições, a autoridade judiciária mandará suprir a formalidade, complementar ou esclarecer o laudo.

A autoridade poderá também ordenar que se proceda a novo exame, por outros peritos, se julgar conveniente. Na apreciação do laudo, é adotado o sistema liberatório, em que **o juiz não ficará adstrito ao laudo**, podendo aceitá-lo ou rejeitá-lo, no todo ou em parte.

> **Questão de prova**
> A prova de Delegado da Polícia Civil/MA/2012 considerou CORRETA a afirmativa: "Admite-se a prova pericial, apesar de o juiz não ficar adstrito ao laudo, podendo aceitá-lo ou rejeitá-lo, no todo ou em parte".

Os laudos, que poderão ser digitados, serão subscritos e rubricados em suas folhas por todos os peritos. Sempre que conveniente, serão ilustrados com provas fotográficas, ou microfotográficas, desenhos ou esquemas.

c) Local e momento da perícia

A prova pericial pode ser realizada no inquérito ou no processo, em qualquer dia e horário. No local onde houver sido praticada a infração, a autoridade providenciará imediatamente para que não se altere o estado das coisas até a chegada dos peritos, que poderão instruir seus laudos com fotografias, desenhos ou esquemas elucidativos.

Os peritos registrarão, no laudo, as alterações do estado das coisas e discutirão, no relatório, as consequências dessas alterações na dinâmica dos fatos.

d) Realização da perícia

O exame de corpo de delito e outras perícias serão realizados por perito oficial, portador de diploma de curso superior.

Na falta de perito oficial, o exame será realizado por 2 pessoas idôneas, portadoras de diploma de curso superior, preferencialmente na área específica, dentre as que tiverem habilitação técnica relacionada com a natureza do exame. Os peritos não oficiais prestarão o compromisso de bem e fielmente desempenhar o encargo.

No processo penal, é nulo o exame realizado por um só perito, considerando-se impedido o que tiver funcionado anteriormente na diligência de apreensão, nos termos da Súmula 361 do STF.

> **Questão de prova**
> A prova de Agente da Polícia Federal/2012 considerou INCORRETA a afirmativa: "De acordo com inovações na legislação específica, a perícia deverá ser realizada por apenas um perito oficial, portador de diploma de curso superior; contudo, caso não haja, na localidade, perito oficial, o exame poderá ser realizado por duas pessoas idôneas, portadoras de diploma de curso

> **Questão de prova**
> superior, preferencialmente na área específica. Nessa última hipótese, serão facultadas a participação das partes, com a formulação de quesitos, e a indicação de assistente técnico, que poderá apresentar pareceres, durante a investigação policial, em prazo máximo a ser fixado pela autoridade policial".

e) Assistente técnico

Serão facultadas ao Ministério Público, ao assistente de acusação, ao ofendido, ao querelante e ao acusado a formulação de quesitos e a **indicação de assistente técnico**.

> **Questão de prova**
> O IX Concurso de Juiz Federal do TRF4 considerou INCORRETA a afirmativa: "O Código de Processo Penal estabelece, de forma expressa, que os assistentes técnicos do perito serão indicados pelas partes".

O assistente técnico atuará a partir de sua admissão pelo juiz e após a conclusão dos exames e a elaboração do laudo pelos peritos oficiais, sendo as partes intimadas desta decisão. A autoridade e as partes poderão formular quesitos até o ato da diligência.

f) Direitos das partes

Durante o curso do processo judicial, é permitido às partes, quanto à perícia: 1) requerer a oitiva dos peritos para esclarecer a prova ou para responder a quesitos, desde que o mandado de intimação e os quesitos ou questões a serem esclarecidas sejam encaminhados com antecedência mínima de 10 dias, podendo apresentar as respostas em laudo complementar; 2) indicar assistentes técnicos que poderão apresentar pareceres em prazo a ser fixado pelo juiz ou ser inquiridos em audiência.

g) Material pericial

Havendo requerimento das partes, o material probatório que serviu de base à perícia será disponibilizado no ambiente do órgão oficial, que manterá sempre sua guarda, e na presença de perito oficial, para exame pelos assistentes, salvo se for impossível a sua conservação.

Nas perícias de laboratório, os peritos guardarão material suficiente para a **eventualidade de nova perícia**.

> **Questão de prova**
> A prova de Delegado da Polícia Civil MG/2012 considerou CORRETA a afirmativa: "Nas perícias de laboratório, os peritos guardarão material suficiente para a eventualidade de nova perícia".

h) Perícia complexa

É a que abrange mais de uma área de conhecimento especializado. Nesse caso, é possível designar a atuação de mais de um perito oficial, bem como a parte indicar mais de um assistente técnico.

i) Exame necroscópico

> **Questões de prova**
>
> A prova de Delegado da Polícia Civil/AL/2012 considerou INCORRETA a afirmativa: "Um indivíduo, penalmente imputável, foi preso em flagrante pela prática de homicídio. Após cinco dias do recebimento do inquérito policial pelo MP, o laudo de exame cadavérico da vítima ainda não havia sido anexado aos autos. Nessa situação, a falta do laudo cadavérico impedirá a propositura da ação penal por parte do MP".
>
> A prova do 85º Concurso de Promotor de Justiça MP/SP considerou INCORRETA a afirmativa: "O exame necroscópico é a única prova admissível da materialidade do crime de homicídio".

A autópsia será feita pelo menos **seis horas depois do óbito**, salvo se os peritos, pela evidência dos sinais de morte, julgarem que possa ser feita antes daquele prazo, o que declararão no auto.

> **Questão de prova**
>
> A prova de Técnico Judiciário TJ/MG considerou CORRETA a afirmativa: "Havendo necessidade de realização de autópsia, os trabalhos respectivos serão realizados com pelo menos seis horas depois de ocorrido o óbito, exceto quando os peritos, pela evidência dos sinais de morte, julgarem que possam ser procedidos antes daquele prazo, devendo declarar a respeito no respectivo auto".

Nos casos de **morte violenta**, bastará o simples exame externo do cadáver, quando não houver infração penal que apurar, ou quando as lesões externas permitirem precisar a causa da morte e não houver necessidade de exame interno para a verificação de alguma circunstância relevante: "A realização do exame cadavérico devidamente detalhado – art. 162, parágrafo único, do Código de Processo Penal – dispensa a juntada do atestado de óbito para fins de comprovação da materialidade do homicídio" (HC 49.406/MT, STJ).

> **Questão de prova**
>
> A prova da Magistratura TJ/CE/2012 considerou INCORRETA a afirmativa: "Nos casos de morte violenta, desde que as lesões externas permitam precisar a causa da morte, basta o simples exame externo do cadáver, ainda que haja infração penal a apurar".

Os cadáveres serão sempre fotografados na posição em que forem encontrados, bem como, na medida do possível, todas as lesões externas e vestígios deixados no local do crime. Para representar as lesões encontradas no cadáver, os peritos, quando possível, juntarão ao laudo do exame provas fotográficas, esquemas ou desenhos, devidamente rubricados.

j) Exumação

Em caso de exumação para exame cadavérico, a autoridade providenciará para que, em dia e hora previamente marcados, realize-se a diligência, da qual se lavrará auto circunstanciado.

O administrador de cemitério público ou particular indicará o lugar da sepultura, sob pena de desobediência.

No caso de recusa ou de falta de quem indique a sepultura, ou de encontrar-se o cadáver em lugar não destinado a inumações, a autoridade procederá às pesquisas necessárias, e tudo constará do auto.

Havendo dúvida sobre a identidade do cadáver exumado, será feito o reconhecimento, pelo Instituto de Identificação e Estatística, por repartição congênere ou pela inquirição de testemunhas, lavrando-se auto de reconhecimento e de identidade, no qual se descreverá o cadáver, com todos os sinais e indicações. Em qualquer caso, serão arrecadados e autenticados todos os objetos encontrados que possam ser úteis para a identificação do cadáver.

k) Lesão corporal

Em caso de lesões corporais, se o primeiro exame pericial tiver sido incompleto, será feito exame complementar por **determinação** da autoridade policial ou judiciária, de ofício, ou a requerimento do Ministério Público, do ofendido ou do acusado, ou de seu defensor.

Questão de prova

A prova do 84º Concurso de Promotor de Justiça MP/SP considerou INCORRETA a afirmativa: "Tratando-se de lesões corporais, a realização do exame complementar só poderá ser determinada pela autoridade policial".

No exame complementar, os peritos terão presente o auto de corpo de delito, a fim de suprir-lhe a deficiência ou retificá-lo. Se o exame tiver por fim precisar a classificação do delito de lesão corporal grave, deverá ser feito **logo que decorra o prazo de 30 dias**, contado da data do crime. A falta de **exame complementar** poderá ser suprida pela prova testemunhal.

Questões de prova

A prova de Defensor Público MA/2011 considerou CORRETA a afirmativa: "Vítima do delito de lesão corporal incapacitada para as ocupações habituais por mais de trinta dias deve submeter-se a exame pericial logo que decorra esse prazo, contado da data do crime, dado o caráter peremptório do prazo".

A prova do 85º Concurso de Promotor de Justiça MP/SP considerou INCORRETA a afirmativa: "A incapacidade para as ocupações habituais por mais de trinta dias, para o fim do art. 129, § 1º, I, do Código Penal só pode ser provada por exame complementar realizado no trigésimo primeiro dia após o fato".

As jurisprudências do Superior Tribunal de Justiça e do Supremo Tribunal Federal firmaram o entendimento de que o simples fato de o laudo ter sido realizado além dos 30 dias, por si só, não o descredencia, quando devidamente comprovada nos autos a incapacidade para o trabalho, mesmo porque o prazo estabelecido no § 2º do art. 168 do CPP não é peremptório.

O STJ tem afirmado ser desnecessário o laudo complementar do art. 168, § 2º, do CPP quando se cuidar da hipótese do inciso II do § 1º do art. 129 do CP (perigo de vida), conforme HC 108.265/MS, Rel. Min. Laurita Vaz, *DJe* 30-11-2009, e REsp 598.716/SC, Rel. Min. Arnaldo Esteves Lima, *DJ* 2-5-2006.

l) Destruição ou rompimento de obstáculo

Nos crimes de subtração da coisa cometidos com destruição ou rompimento de obstáculo, ou por meio de escalada, os peritos, além de descrever os vestígios, indicarão com que instrumentos, por que meios e em que época presumem ter sido o fato praticado: "Para a configuração da qualificadora do furto pela escalada, é necessária a realização do exame pericial, nos termos do art. 171 do Código de Processo Penal" (HC 182.769/MG, STJ).

m) Deterioração ou destruição de coisas

Será realizada, quando necessário, a avaliação de coisas destruídas, deterioradas ou que constituam produto do crime. Se impossível a avaliação direta, os peritos procederão à avaliação por meio dos elementos existentes nos autos e dos que resultarem de diligências.

n) Incêndio

No caso de incêndio, os peritos verificarão a causa e o lugar em que houver começado, o perigo que dele tiver resultado para a vida ou para o patrimônio alheio, a extensão do dano e o seu valor, bem como as demais circunstâncias que interessarem à elucidação do fato.

o) Grafotécnico

Questão de prova	A prova de Agente da Polícia Civil RN/2009 considerou INCORRETA a afirmativa: "Na perícia grafotécnica, a pessoa a quem se atribua o escrito será intimada a comparecer e a autoridade mandará que escreva as palavras ditadas, sob pena de se não o fizer incorrer no crime de desobediência".

No exame para o reconhecimento de escritos, por comparação de letra, observar-se-á o seguinte: 1) a pessoa a quem se atribua ou se possa atribuir o escrito será intimada para o ato, se for encontrada; 2) para a comparação, poderão servir quaisquer documentos que a dita pessoa reconhecer ou que já tiverem sido judicialmente reconhecidos como de seu punho, ou sobre cuja autenticidade não houver dúvida; 3) a autoridade, quando necessário, requisitará, para o exame, os documentos que existirem em arquivos ou estabelecimentos públicos, ou nestes realizará a diligência, se daí não puderem ser retirados; 4) quando não houver escritos para a comparação ou forem insuficientes os exibidos, a autoridade mandará que a pessoa escreva o que lhe for ditado. Se estiver ausente, mas em lugar certo, esta última diligência poderá ser feita por precatória, em que se consignarão as palavras que a pessoa será intimada a escrever.

p) Instrumentos do crime

Questão de prova	A prova de Analista Judiciário TRE/RJ/2012 considerou INCORRETA a afirmativa: "Firme e coeso depoimento da vítima é suficiente para comprovar o emprego de arma de fogo pelo réu no delito de roubo".

Serão sujeitos a exame os instrumentos empregados para a prática da infração, a fim de se lhes verificar **a natureza e a eficiência**.

Questão de prova

A prova de Promotor de Justiça MP/SC considerou CORRETA a afirmativa: "O laudo sobre a arma de fogo, emitido por um perito não oficial, deverá verificar a natureza e a eficiência do artefato".

q) Perícia por precatória

No exame por precatória, a **nomeação dos peritos** será feita no juízo deprecado. Havendo, porém, no caso de ação privada, acordo das partes, essa nomeação poderá ser feita pelo juiz deprecante. Os quesitos do juiz e das partes serão transcritos na precatória.

r) Exame de corpo de delito

Questão de prova

A prova do 84º Concurso de Promotor de Justiça MP/SP considerou CORRETA a afirmativa: "O exame de corpo de delito é obrigatório, mas, quanto às demais perícias, há uma faculdade da autoridade policial ou judiciária na sua realização".

É o **exame** realizado nos vestígios deixados pelo crime. É feito, portanto, nos delitos não transeuntes, ou seja, nas infrações que deixarem **vestígios**. Pode ser feito em qualquer dia e a qualquer hora, nos termos do art. 161 do CPP.

Questões de prova

A prova de Delegado da Polícia Civil TO/2008 considerou INCORRETA a afirmativa: "Não se faz distinção entre corpo de delito e exame de corpo de delito, pois ambos representam o próprio crime em sua materialidade".

A prova da Magistratura TJ/MT/2009 considerou CORRETA a afirmativa: "Cuidando-se da prova pericial, as infrações que não deixam vestígios são denominadas pela *communis opinio doctorum* de *delicta factis transeuntis*".

A prova da AGU/2012 considerou CORRETA a afirmativa: "De acordo com o entendimento do STJ, é desnecessária a realização de perícia para a caracterização do delito consistente na venda de mercadoria em condições impróprias ao consumo".

Existem duas espécies: **1) o direto:** feito no próprio corpo de delito; **2) o indireto:** feito quando não for possível o exame de corpo de delito direto, por haverem desaparecido os vestígios; a falta será suprida pela prova testemunhal, e não pela **confissão do acusado**.

Questão de prova

A prova de Investigador da Polícia Civil PA/2009 considerou INCORRETA a afirmativa: "Será indispensável o exame de corpo de delito quando a infração penal deixar vestígios, podendo a ausência desse exame ser suprida pela confissão do acusado".

O exame, quando realizado pelo perito oficial, será requisitado pela autoridade ao diretor da repartição, juntando-se ao processo o laudo assinado pelo perito.

No caso do exame feito por perito não oficial, o escrivão lavrará o respectivo auto, que será assinado pelo perito e, se presente ao exame, também pela autoridade.

s) **Divergência entre peritos**

Se houver divergência entre os peritos, serão consignadas no auto do exame as declarações e respostas de um e de outro, ou cada um redigirá separadamente o seu laudo, e a autoridade nomeará um terceiro; se este divergir de ambos, a autoridade poderá mandar proceder a novo exame por outros peritos.

2.2. Interrogatório do réu

2.2.1. Conceito

É o momento em que o réu ou acusado apresenta ao juiz a sua versão dos fatos narrados na denúncia ou queixa. Trata-se de um contato pessoal do juiz com o acusado (meio de prova) e também de uma oportunidade do réu para apresentar sua autodefesa (meio de defesa).

Importante ressaltar que **o interrogatório não é fase da persecução penal**, pois fase engloba um conjunto de atos em sequência; dessa forma, o interrogatório é ato instrutório.

2.2.2. Características

O interrogatório apresenta as seguintes características:

a) **ato personalíssimo:** só o réu pode ser interrogado;

b) **ato público:** qualquer pessoa pode assistir;

c) **ato judicial:** somente o juiz pode interrogar, incluindo a segunda instância;

> **Questão de prova**
> A prova de Promotor de Justiça MP/RO/2010 considerou INCORRETA a afirmativa: "O interrogatório é ato privativo do juiz, que, durante sua realização, assegurará o direito do réu ao silêncio e ao privilégio de não ser obrigado a produzir prova contra si, razão pela qual é vedada à acusação e à defesa a elaboração de perguntas".

d) **ato não preclusivo:** pode ser realizado em qualquer momento;

> **Questão de prova**
> A prova de Delegado da Polícia Civil PR/2007 considerou CORRETA a afirmativa: "A todo tempo o juiz poderá proceder a novo interrogatório, de ofício ou a pedido fundamentado de qualquer das partes".

e) **ato obrigatório:** é obrigatória sua realização, nos termos do art. 564, III, *e*, do CPP;

f) **ato individual:** no caso de dois ou mais acusados, serão ouvidos em separado, não sendo possível que um assista ao interrogatório do outro, nos termos do art. 191 do CPP.

> **Questão de prova**
> A prova de Delegado da Polícia Civil/MA/2012 considerou CORRETA a afirmativa: "Havendo mais de um réu, cada um deles deverá ser interrogado separadamente, podendo a defesa e a acusação formular perguntas ao final".

2.2.3. Presença

Na audiência, a presença do defensor é obrigatória durante o interrogatório, sob pena de nulidade. Já a presença do Ministério Público é facultativa.

2.2.4. Direitos do acusado

No interrogatório, o acusado tem os seguintes direitos: confessar, negar, silenciar e mentir. Porém, se o acusado se negar a responder a perguntas de qualificação, cometerá a contravenção do art. 68, prevista no Decreto-lei n. 3.688, de 3 de outubro de 1941.

2.2.5. Espécies

Existem as seguintes espécies de interrogatório: a) **analfabeto** com deficiência de se comunicar: intervenção de intérprete; b) estrangeiro: intérprete; c) mudo: perguntas orais e respostas escritas; d) surdo: perguntas escritas e respostas orais; e) surdo-mudo: perguntas e respostas escritas. É possível interrogatório por precatória.

Questão de prova

> A prova de Promotor de Justiça MP/SP/2011 considerou CORRETA a afirmativa: "Se o interrogado não souber escrever, não puder ou não quiser assinar, o termo será assinado a rogo, subscrevendo-o duas testemunhas".

2.2.6. Procedimento

Questão de prova

> A prova da Magistratura TJ/CE/2012 considerou INCORRETA a afirmativa: "Depois de devidamente qualificado e cientificado do inteiro teor da acusação, o réu será informado pelo juiz, antes de iniciar o interrogatório, do seu direito de permanecer calado; o silêncio não importa em confissão, mas poderá ser interpretado em prejuízo da defesa".

O procedimento tem a seguinte sequência de atos: a) qualificação; b) ciência da acusação; c) **silêncio** (o juiz informa o direito de permanecer calado e de não responder a perguntas que lhe são formuladas); d) mérito (segue-se o roteiro do art. 187 do CPP).

Questão de prova

> A prova de Promotor de Justiça MP/RO/2010 considerou INCORRETA a afirmativa: "O interrogatório é ato privativo do juiz, que, durante sua realização, assegurará o direito do réu ao silêncio e ao privilégio de não ser obrigado a produzir prova contra si, razão pela qual é vedada à acusação e à defesa a elaboração de perguntas".

O **interrogatório de mérito** é dividido em duas partes:

a) **parte subjetiva:** o interrogando será perguntado sobre residência, meios de vida ou profissão, oportunidades sociais, lugar onde exerce a sua atividade, vida pregressa, notadamente se foi preso ou processado alguma vez e, em caso afirmativo, qual o juízo do processo, se houve suspensão condicional ou condenação, qual a pena imposta, se a cumpriu, entre outros dados familiares e sociais;

b) **parte objetiva:** será perguntado sobre: 1) ser verdadeira a acusação que lhe é feita; 2) não sendo verdadeira a acusação, se tem algum motivo particular ao qual atribuí-la, se conhece a pessoa ou as pessoas a quem deva ser imputada a prática do crime, quais são e se com elas esteve antes da prática da infração ou depois dela; 3) onde estava ao tempo em que foi cometida a infração e se teve notícia dela; 4) as provas já apuradas; 5) se conhece as vítimas e testemunhas já inquiridas ou por inquirir, desde quando, e se tem o que alegar contra elas; 6) se conhece o instrumento com que foi praticada a infração, ou qualquer objeto que com esta se relacione e tenha sido apreendido; 7) todos os demais fatos e pormenores que conduzam à elucidação dos antecedentes e circunstâncias da infração; 8) se tem algo mais a alegar em sua defesa.

A defesa e o Ministério Público podem fazer perguntas no final do interrogatório em caráter complementar; o juiz pode indeferir as impertinentes e irrelevantes.

No interrogatório realizado no curso do processo, as partes fazem as perguntas por meio do juiz. Na sessão de julgamento do júri, as partes podem fazer as perguntas de forma direta ao réu. Do interrogatório deverá constar a informação sobre a existência de filhos, respectivas idades e se possuem alguma deficiência e o nome e o contato de eventual responsável pelos cuidados dos filhos, indicado pela pessoa presa.

2.2.7. *Interrogatório por videoconferência*

Questão de prova

A prova de Defensor Público SP/2012 considerou CORRETA a afirmativa: "O interrogatório por videoconferência, a partir do advento da lei federal n. 11.900/2009, foi incorporado à legislação processual brasileira como regra a ser obedecida pelo Poder Judiciário, a fim de reduzir os custos com o transporte dos presos provisórios, desde que garantido o direito de entrevista prévia e reservada com o defensor".

O interrogatório do réu preso pode ser feito por videoconferência ou outro recurso tecnológico de transmissão de sons e imagens em tempo real.

No caso de interrogatório de réu preso por sistema de videoconferência, sua realização é feita em **caráter excepcional**, por determinação do juiz, em decisão fundamentada, de ofício ou a requerimento das partes.

Questão de prova

A prova de DPU/2010 considerou INCORRETA a afirmativa: "O interrogatório, na atual sistemática processual penal, deve ser realizado, como regra geral, por intermédio da videoconferência, podendo o juiz, por decisão fundamentada, nos expressos casos legais, decidir por outra forma de realização do ato. O CPP estabelece, de forma expressa, o uso da videoconferência ou de recurso tecnológico similar para oitiva do ofendido e de testemunhas, inclusive nos casos em que se admite a utilização de carta rogatória".

O interrogatório por videoconferência será realizado para: a) prevenir risco à segurança pública, quando exista fundada suspeita de que o preso integre organização criminosa ou de que, por outra razão, possa fugir durante o deslocamento; b) viabilizar a participação do réu no referido ato processual, quando haja relevante dificuldade para seu comparecimento em juízo, por enfermidade ou outra circunstância pessoal; c) impedir a influência do réu no ânimo de testemunha ou da vítima, desde que não seja possível colher o depoimento delas por videoconferência, nos termos do art. 217 do CPP; d) responder a gravíssima questão de ordem pública.

Da decisão que determinar a realização de interrogatório por videoconferência, as partes serão intimadas com 10 dias de antecedência.

Antes do interrogatório por videoconferência, o preso poderá acompanhar, pelo mesmo sistema tecnológico, a realização de todos os atos da audiência única de instrução e julgamento.

No interrogatório realizado por videoconferência, fica também garantido o acesso a canais telefônicos reservados para comunicação entre o defensor que esteja no presídio e o advogado presente na sala de audiência do Fórum, e entre este e o preso.

A sala reservada no estabelecimento prisional para a realização de atos processuais por sistema de videoconferência será fiscalizada pelos corregedores e pelo juiz de cada causa, bem como pelo Ministério Público e pela Ordem dos Advogados do Brasil.

2.2.8. *Interrogatório do réu preso*

Questão de prova	A prova de Delegado da Polícia Civil PR/2007 considerou CORRETA a afirmativa: "O interrogatório do acusado preso será feito no estabelecimento prisional em que se encontrar, desde que estejam garantidas a segurança do juiz e auxiliares, a presença do defensor e a publicidade do ato".

O réu preso será interrogado no estabelecimento carcerário, se forem preenchidas três condições: a) garantia da presença do defensor; b) garantia da segurança para o juiz, o membro do Ministério Público e os auxiliares; c) garantia da publicidade do ato.

No interrogatório, o réu preso tem os seguintes direitos: a) entrevista prévia e reservada com o seu defensor; b) acesso a canais telefônicos reservados para comunicação entre o defensor que esteja no presídio e o advogado presente na sala de audiência do Fórum, e entre este e o preso.

A sala reservada no estabelecimento prisional para a realização de atos processuais por sistema de videoconferência será fiscalizada pelos corregedores e pelo juiz de cada causa, bem como pelo Ministério Público e pela Ordem dos Advogados do Brasil.

Do interrogatório deverá constar a informação sobre a existência de filhos, respectivas idades e se possuem alguma deficiência e o nome e o contato de eventual responsável pelos cuidados dos filhos, indicado pela pessoa presa.

2.3. Confissão do acusado

2.3.1. Conceito

É o reconhecimento ou aceitação feita pelo acusado, indiciado ou suspeito sobre a sua própria responsabilidade pelos fatos que lhe são atribuídos, capazes de ocasionar consequências jurídicas desfavoráveis sobre a autoria da infração penal.

É a admissão da autoria do fato imputado, o reconhecimento do agente sobre a imputação ou acusação que lhe é feita no processo penal. Não é meio idôneo para provar a existência do fato.

Não é admitida tortura para obter confissão, nos termos do art. 5º, II, da Constituição Federal. Se for obtida por coação, será prova ilícita.

A confissão pode ser feita a qualquer momento no processo; é meio de prova previsto no Código de Processo Penal, pois funciona como instrumento de convencimento judicial.

2.3.2. Requisitos

Questão de prova	A prova de Promotor de Justiça GO/2009 considerou INCORRETA a afirmativa: "São características da confissão no processo penal a retratabilidade, a relatividade de valor e a indivisibilidade".

A confissão deve preencher os seguintes requisitos:

a) **Pessoalidade:** é ato personalíssimo, pois o sujeito ativo é o autor da prática criminosa; nao se admite confissao por procuraçao.

b) **Sanidade mental:** a confissão não pode ser fruto de imaginação ou delírios do réu.

c) **Espontaneidade:** a confissão deve ser fruto de manifestação de vontade livre e consciência, sem pressão externa.

d) **Expresso:** feita por termo nos autos de forma evidente e clara; o silêncio do acusado não importará confissão, mas poderá constituir elemento para a formação do convencimento do juiz.

e) **Formal:** feita perante juiz competente, ou seja, o que está oficiando no processo criminal.

f) **Divisibilidade:** a confissão pode ser aceita em parte.

g) **Verossimilhança:** na confissão, deve existir a probabilidade de o fato ter ocorrido como relatado pelo réu.

h) **Clareza:** a confissão deve consistir numa narrativa compreensível, com coerência entre os motivos e fatos objeto da confissão.

i) **Persistência:** deve existir repetição, especialmente dos detalhes, nos argumentos contidos na confissão, ao longo do processo.

j) **Coincidência:** a confissão deve estar em consonância com os demais elementos de prova.

2.3.3. *Valor probatório*

Questão de prova

A prova de Defensor Público MA/2011 considerou INCORRETA a afirmativa: "Caso a confissão do réu, no bojo do inquérito policial, seja utilizada como prova para a condenação na ação penal, é obrigatória a sua consideração como circunstância atenuante na segunda fase de aplicação da pena, exceto se houver retratação em juízo".

> CPP, art. 197. O valor da confissão se aferirá pelos critérios adotados para os outros elementos de prova, e para a sua apreciação o juiz deverá confrontá-la com as demais provas do processo, verificando se entre ela e estas existe compatibilidade ou concordância.

Na antiguidade, a confissão era tida como a **rainha das provas** (*regina probationum*), ou seja, o réu confesso era culpado; a confissão tinha o caráter de prova plena ou absoluta.

Questão de prova

A prova de Titular de Serviços de Notas e Registros TJ/MS/2009 considerou INCORRETA a afirmativa: "A confissão do réu é a rainha das provas e dispensa o exame de corpo de delito".

Nos dias atuais, tem **valor probatório relativo**, ou seja, permitirá condenação ser for livre, espontânea (ou voluntária, conforme exigência da lei) e amparada por outros elementos de prova: "No contexto do Estado Democrático de Direito, não há falar em caráter tarifário da prova. Assim, o juízo de certeza que deve embasar a condenação criminal lastreia-se no **conjunto probatório**" (HC 135.236, STJ).

Questões de prova

A prova do Exame da OAB/SP/2008 considerou INCORRETA a afirmativa: "Se o acusado confessa o crime perante o juiz, na presença de seu advogado, é desnecessário confrontar a confissão com as demais provas do processo para a verificação de compatibilidade ou concordância".

A prova de Defensor Público MA/2009 considerou INCORRETA a afirmativa: "O valor da confissão se aferirá pelos critérios adotados para os outros elementos de prova, e para a sua apreciação o juiz deverá confrontá-la com as demais provas do processo, estabelecendo escala de preponderância para as provas periciais e verificando se entre ela e estas existe compatibilidade ou concordância, sendo que o silêncio do acusado não importará confissão e nem poderá constituir elemento para a formação do convencimento do juiz".

No caso concreto, se o juiz utilizar a confissão do agente como fundamento da condenação criminal, a atenuante prevista no art. 65, III, *d*, do CP deve ser aplicada em seu favor, pouco importando se a admissão da prática do ilícito foi espontânea ou não, integral ou parcial.

Cabe ressaltar que: a) a confissão qualificada não pode ensejar o reconhecimento da atenuante prevista no art. 65, III, *d*, do Código Penal, pelo fato de o agente alegar teses defensivas descriminantes ou exculpantes; b) a circunstância atenuante de confissão espontânea é de caráter subjetivo, não se estendendo a outros corréus.

2.3.4. Classificação

a) Quanto ao reconhecimento

- **Explícita:** a pessoa reconhece de forma expressa e espontânea, de forma inequívoca, sem rodeios.
- **Implícita:** por meio de atos ou comportamentos, decorre a admissão da autoria pelo agente, como no caso do infrator que procura ressarcir o ofendido dos prejuízos causados pela infração.

b) Quanto ao conteúdo

- **Simples:** o infrator só reconhece a prática criminosa.
- **Qualificada:** o infrator reconhece a prática criminosa e acrescenta uma excludente na sua responsabilidade criminal.
- **Complexa:** incide sobre vários fatos confessados.

c) Quanto ao momento

- **Judicial:** feita perante o juiz ou em juízo (se competente, é própria; se incompetente, é imprópria); se feita fora do interrogatório, será obtida por termo nos autos.
- **Extrajudicial:** feita perante outras autoridades, que não sejam o juiz; ou em outra sede, que não seja o juízo.

d) Quanto à forma

- **Escrita:** é a que consta em documento escrito.
- **Oral:** é a feita perante o juiz por meio de palavra falada ou a registrada por interceptações telefônicas ou ambientais.

e) Quanto à natureza

- Real: é a confissão propriamente dita, que depende do reconhecimento pelo réu da autoria de um fato delituoso. Nesse caso, o juiz pergunta os motivos, as circunstâncias e se existem coautores.
- Ficta: a confissão ficta não tem amparo no processo penal.

f) Quanto à vontade

- Espontânea: é a que resulta da manifestação livre e consciente do acusado, sem pressão externa.
- Voluntária: é a feita sem a presença da vontade íntima do acusado.

2.3.5. Retratação

Questão de prova	A prova do Exame da OAB/SC/2007 considerou INCORRETA a afirmativa: "A confissão será divisível e irretratável".

É direito do acusado a retratação, ou seja, desdizer-se na confissão feita. A retratação tem valor probatório relativo e não pode ser indeferida; pode ser total ou parcial; e decorre da ampla defesa.

2.3.6. Delação

Na delação, o acusado atribui a terceiro a participação no crime. Trata-se de prova anômala e admitida, mesmo sem previsão legal, e tem valor de prova testemunhal. Em homenagem ao contraditório e à ampla defesa, admite perguntas do delatado.

2.3.7. Delação premiada

É um benefício concedido ao criminoso que colaborar com a justiça, em busca da verdade real dos fatos. Tem valor probatório relativo, pois depende, para formar o convencimento judicial, do amparo em outros elementos de prova.

Na delação premiada, a exigência de espontaneidade ou voluntariedade depende de previsão legal. O delator tem que ser coautor ou partícipe do delito em relação ao qual foi feita a colaboração.

Feita após o trânsito em julgado, a delação premiada depende de alegação em sede de revisão criminal, nos termos do art. 621, III, do CPP.

É prevista em diversas leis esparsas, conforme discriminado a seguir:

ITENS	PREVISÃO LEGAL	REQUISITOS	BENEFÍCIO
Crimes contra o sistema financeiro nacional	Art. 25, § 2º, da Lei n. 7.492/96	Nos crimes cometidos contra o sistema financeiro nacional em quadrilha ou coautoria, o coautor ou partícipe que, por meio de confissão espontânea, revelar à autoridade policial ou judicial toda a trama delituosa:	terá a sua pena reduzida de um a dois terços.
Crimes hediondos	Art. 8º, parágrafo único, da Lei n. 8.072/90	O participante e o associado que denunciar à autoridade o bando ou quadrilha, possibilitando seu desmantelamento:	terão a pena reduzida de um a dois terços.
Crimes contra a ordem tributária, econômica e contra as relações de consumo	Art. 16, parágrafo único, da Lei n. 8.137/90	Nos crimes cometidos em quadrilha ou coautoria, o coautor ou partícipe que, por meio de confissão espontânea, revelar à autoridade policial ou judicial toda a trama delituosa:	terá a sua pena reduzida de um a dois terços.
Crime de lavagem de dinheiro	Art. 1º, § 5º, da Lei n. 9.613/98	Se o autor, coautor ou partícipe colaborar espontaneamente com as autoridades, prestando esclarecimentos que conduzam à apuração das infrações penais, à identificação dos autores, coautores e partícipes, ou à localização dos bens, direitos ou valores objeto do crime:	a pena poderá ser reduzida de um a dois terços e ser cumprida em regime aberto ou semiaberto, facultando-se ao juiz deixar de aplicá-la ou substituí-la, a qualquer tempo, por pena restritiva de direitos.
Crime de droga	Art. 41 da Lei n. 11.343/2006	O indiciado ou acusado que colaborar voluntariamente com a investigação policial e o processo criminal na identificação dos demais coautores ou partícipes do crime e na recuperação total ou parcial do produto do crime, no caso de condenação:	terá pena reduzida de um terço a dois terços.
Crime de extorsão mediante sequestro	Art. 159, § 4º, do CP	Se o crime é cometido em concurso, o concorrente que o denunciar à autoridade, facilitando a libertação do sequestrado:	terá sua pena reduzida de um a dois terços.

2.4. Declarações do ofendido

2.4.1. Conceito

É o momento em que o ofendido será qualificado e perguntado sobre as circunstâncias da infração, quem é (ou ele presuma que seja) o seu autor e as provas que possa indicar. Trata-se de meio de prova, pois funciona como instrumento para convencimento judicial a respeito da verdade dos fatos.

As declarações do ofendido possuem valor probatório relativo, devendo ser examinadas em conjunto com os demais elementos de prova e analisadas de forma cuidadosa, em razão da proximidade da vítima com os fatos. Não são obrigatórias, sendo que na sua falta não há nulidade.

Assumem especial relevo no esclarecimento do fato criminoso, especialmente em crimes com autoria desconhecida, cometidos às ocultas ou **contra a dignidade sexual**, em que a palavra da vítima é essencial na caracterização do crime:

Questão de prova	A prova de Defensor Público MA/2011 considerou INCORRETA a afirmativa: "Para a comprovação da prática de crimes contra a dignidade sexual, a palavra da vítima, ainda que corroborada por provas testemunhais idôneas e harmônicas, não autoriza a condenação, uma vez que o exame pericial é imprescindível nesses casos".

> "Embora existam críticas acerca do valor das declarações prestadas pelo ofendido da ação criminosa, é certo que tal elemento de prova é admitido para embasar o édito condenatório, mormente em casos nos quais a conduta delituosa é praticada na clandestinidade, desde que sopesada a credibilidade do depoimento" (HC 192.013, STJ).
>
> "A palavra da vítima, nos crimes às ocultas, em especial, tem relevância na formação da convicção do Juiz sentenciante, dado o contato direto que trava com o agente criminoso" (HC 143.681, STJ).
>
> "As declarações da vítima, apoiadas nos demais elementos dos autos, em se tratando de crimes cometidos sem a presença de outras pessoas, é prova válida para a condenação, mesmo ante a palavra divergente do réu" (HC 83.479, STJ).
>
> "A palavra da vítima, em sede de crime de estupro ou atentado violento ao pudor, em regra, é elemento de convicção de alta importância, levando-se em conta que estes crimes, geralmente, não há testemunhas ou deixam vestígios" (HC 135.972, STJ).

2.4.2. Características

As declarações do ofendido possuem as seguintes características:

a) **formalismo:** as suas declarações serão registradas por escrito; não há previsão legal de declarações da vítima por videoconferência;

b) **estatalidade:** as declarações são tomadas pelo juiz e pela autoridade policial;

c) **oficialidade:** é dever do juiz determinar de ofício a oitiva do ofendido;

d) **contraditório:** podem as partes formular perguntas diretamente ao ofendido no procedimento do júri, nos termos do art. 473 do CPP; parte da doutrina sustenta que tal possibilidade também se aplica ao procedimento comum;

e) **individualidade:** no caso de dois ou mais ofendidos, cada vítima será ouvida em separado.

2.4.3. *Dever de comparecimento*

Questão de prova

A prova da Magistratura TJ/AL/2008 considerou INCORRETA a afirmativa: "Ainda que devidamente intimado, se o ofendido deixa de comparecer à audiência de instrução e julgamento, não pode o juiz determinar sua condução coercitiva, considerando que não se trata de testemunha compromissada".

O comparecimento do ofendido depende de intimação para prestar suas declarações. Seu não comparecimento injustificado poderá gerar condução à **presença da autoridade**, nos termos do art. 201, § 1º, do CPP (responsabilização por crime de desobediência e busca e apreensão).

Questão de prova

A prova da Magistratura TJ/MG/2009 considerou CORRETA a afirmativa: "Se o ofendido for intimado para prestar declarações e não comparecer, sem motivo justo, poderá ser conduzido coercitivamente".

É motivo de não comparecimento justificado a impossibilidade de locomoção por doença ou velhice. Nesse caso, o ofendido será ouvido onde estiver.

Se precisar ausentar-se ou, por enfermidade ou velhice, inspirar receio de que ao tempo da instrução criminal já não exista, o juiz poderá, de ofício ou a requerimento de qualquer das partes, tomar-lhe antecipadamente as declarações.

No caso de o ofendido comparecer em juízo, será qualificado e indagado sobre as circunstâncias da infração e sua autoria, podendo indicar as provas de que tenha conhecimento. A acusação e a defesa podem formular perguntas de forma direta à vítima.

2.4.4. *Ofendido e testemunha*

O ofendido não é testemunha, pois não presta compromisso de dizer a verdade; é o titular do direito lesado ou colocado a perigo pela infração penal; não se confunde com prejudicado, titular do direito à indenização civil.

Pode responder por denunciação caluniosa, se der causa a investigação policial, processo judicial, instauração de investigação administrativa, inquérito civil ou ação de improbidade administrativa contra alguém, imputando-lhe crime de que o saiba inocente.

Não pode responder por falso testemunho, pois não é considerado testemunha, tendo, inclusive, direito ao silêncio. Pelo mesmo motivo, não é computado no limite máximo do rol de testemunhas.

ITENS	OFENDIDO	TESTEMUNHA
Meio de prova	Declarações.	Depoimento.
Compromisso de dizer a verdade	Não presta.	Presta, nos termos do art. 203 do CPP.
Posição processual	Tem interesse, seja na punição criminal, seja na reparação civil.	Deve ser desinteressada.
Sujeito ativo	Se mentir, pode responder por falsa comunicação de crime ou denunciação caluniosa.	Se mentir, pode responder por **falso testemunho**.
Recusa de depor	Não há possibilidade.	Há possibilidade, nos termos do art. 206 do CPP.
Posição material	É o sujeito passivo da infração penal.	É terceiro que não seja sujeito ativo ou passivo do crime.

Questão de prova

A prova de Analista Processual MP/RJ/2007 considerou INCORRETA a afirmativa: "A vítima do crime que faz afirmação falsa, nega ou cala a verdade em juízo pode ser sujeito ativo do crime de falso testemunho".

2.4.5. *Direitos do ofendido*

Questão de prova

A prova de Agente da Polícia Federal/2012 considerou CORRETA a afirmativa: "O sistema processual vigente prevê tratamento especial ao ofendido, especialmente no que se refere ao direito de ser ouvido em juízo e de ser comunicado dos atos processuais relativos ao ingresso e à saída do acusado da prisão, à designação de data para audiência e à sentença e respectivos acórdãos. Além disso, ao ofendido é conferido o direito da preservação da intimidade, da vida privada, da honra e da imagem, o que, entretanto, não obsta a acareação entre ele e o acusado".

O ofendido será comunicado dos atos processuais relativos ao ingresso e à saída do acusado da prisão, à designação de data para audiência e à sentença e respectivos acórdãos que a mantenham ou modifiquem.

As comunicações ao ofendido deverão ser feitas no endereço por ele indicado, admitindo-se, por opção dele, o uso de meio eletrônico.

Antes do início da audiência e durante a sua realização, será reservado espaço separado para o ofendido, a fim de preservar sua integridade e evitar qualquer tipo de constrangimento.

Se o juiz verificar que a **presença do réu** poderá causar humilhação, temor, ou sério constrangimento ao ofendido, de modo que prejudique a verdade do depoimento, fará a inquirição por videoconferência e, somente na impossibilidade dessa forma, determinará a retirada do réu, prosseguindo na inquirição, com a presença do seu defensor. Nesse caso, tal situação deve constar do termo, assim como os motivos que a determinaram.

Questão de prova

A prova do 88º Concurso de Promotor de Justiça MP/SP considerou CORRETA a afirmativa: "Se o Juiz verificar que a presença do réu poderá causar humilhação à testemunha, de modo que prejudique a verdade do depoimento, fará a inquirição por videoconferência".

Se o juiz entender necessário, poderá encaminhar o ofendido para atendimento multidisciplinar, especialmente nas áreas psicossocial, de assistência jurídica e de saúde, a expensas do ofensor ou do Estado.

Em nome da preservação da intimidade, vida privada, honra e imagem do ofendido, o juiz pode determinar o segredo de justiça em relação aos dados, depoimentos e outras informações constantes dos autos a seu respeito, para evitar sua exposição aos meios de comunicação.

2.4.6. Proteção da vítima ameaçada

As medidas de proteção requeridas por vítimas de crimes que estejam coagidas ou expostas a grave ameaça em razão de colaborarem com a investigação ou processo criminal serão prestadas pela União, pelos Estados e pelo Distrito Federal, no âmbito das respectivas competências, na forma de programas especiais, organizados com base nas disposições da Lei n. 9.807/99.

A proteção concedida pelos programas e as medidas dela decorrentes levarão em conta a gravidade da coação ou da ameaça à integridade física ou psicológica, a dificuldade de preveni-las ou reprimi-las pelos meios convencionais e a sua importância para a produção da prova. A proteção poderá ser dirigida ou estendida ao cônjuge ou companheiro, ascendentes, descendentes e dependentes que tenham convivência habitual com a vítima ou testemunha, conforme o especificamente necessário em cada caso.

Estão excluídos da proteção os indivíduos cuja personalidade ou conduta seja incompatível com as restrições de comportamento exigidas pelo programa, os condenados que estejam cumprindo pena e os indiciados ou acusados sob prisão cautelar em qualquer de suas modalidades. Tal exclusão não trará prejuízo a eventual prestação de medidas de preservação da integridade física desses indivíduos por parte dos órgãos de segurança pública.

O ingresso no programa, as restrições de segurança e demais medidas por ele adotadas terão sempre a anuência da pessoa protegida ou de seu representante legal. Após ingressar no programa, o protegido ficará obrigado ao cumprimento das normas por ele prescritas.

As medidas e providências relacionadas com os programas serão adotadas, executadas e mantidas em sigilo pelos protegidos e pelos agentes envolvidos em sua execução.

Toda admissão no programa ou exclusão dele será precedida de consulta ao Ministério Público e deverá ser subsequentemente comunicada à autoridade policial ou ao juiz competente.

Os programas compreendem, dentre outras, as seguintes medidas, aplicáveis isolada ou cumulativamente em benefício da pessoa protegida, segundo a gravidade e as circunstâncias de cada caso: a) segurança na residência, incluindo o controle de telecomunicações; b) escolta e segurança nos deslocamentos da residência, inclusive para fins de trabalho ou para a prestação de depoimentos; c) transferência de residência ou acomodação provisória em local compatível com a proteção; d) preservação da identidade, imagem e dados pessoais; e) ajuda financeira mensal para prover as despesas necessárias à subsistência individual ou familiar, no caso de a pessoa protegida estar impossibilitada de desenvolver trabalho regular ou de inexistência de qualquer fonte de renda; f) suspensão temporária das atividades funcionais, sem prejuízo dos respectivos vencimentos ou vantagens, quando servidor público ou militar; g) apoio e assistência social, médica e psicológica; h) sigilo em relação aos atos praticados em virtude da proteção concedida; i) apoio do órgão executor do programa para o cumprimento de obrigações civis e administrativas que exijam o comparecimento pessoal.

2.5. Prova testemunhal

2.5.1. Conceito

É quem relata ao juiz as suas percepções sensoriais sobre fato relevante do processo; é pessoa estranha ao feito e equidistante das partes, capaz de depor e que atesta a existência de um fato objeto da causa.

Trata-se de meio de prova, por ser instrumento que serve de convencimento judicial a respeito da verdade do caso concreto.

2.5.2. Características

Questão de prova

A prova de Analista Judiciário TJ/PI/2009 considerou CORRETA a afirmativa: "A doutrina aponta como característica do depoimento prestado pela testemunha a judicialidade, a oralidade, a objetividade e a retrospectividade".

a) **Judicialidade:** é prestado em juízo.

b) **Oralidade:** é prestado de forma verbal, salvo no caso do surdo, do mudo e do surdo-mudo, bem como no caso do art. 221, § 1º, do CPP, em que a lei permite **consulta a apontamentos** (para o **Presidente** e o Vice-Presidente da República, os presidentes do Senado Federal, da Câmara dos Deputados e do Supremo Tribunal Federal).

Questões de prova

A prova do 88º Concurso de Promotor de Justiça MP/SP considerou INCORRETA a afirmativa: "É vedada à testemunha a consulta a apontamentos".

A prova da Magistratura TJ/GO/2012 considerou CORRETA a afirmativa: "Em relação às testemunhas, será permitida à testemunha breve consulta a apontamentos".

A prova de Inspetor da Polícia Civil/CE/2012 considerou CORRETA a afirmativa: "Inquirido o presidente da República como testemunha, poderá ele optar pela prestação de depoimento por escrito, caso em que as perguntas, formuladas pelas partes e deferidas pelo juiz, lhes serão transmitidas por ofício".

c) **Objetividade:** é prestado sem juízo de valor, salvo quando esse for inseparável da narrativa do fato.

Questão de prova

A prova de Promotor de Justiça MP/SP/2010 considerou CORRETA a afirmativa: "A regra da objetividade do depoimento (art. 213 do CPP) pressupõe que a testemunha não manifeste opiniões pessoais, salvo quando inseparáveis da narrativa do fato".

d) **Retrospectividade:** é feito sobre fatos passados.

e) **Imediação:** é o que captou pelos sentidos.

f) **Individualidade:** cada depoimento deve ser isolado.

g) **Subjetividade:** testemunha é pessoa humana, estranha e equidistante das partes, com capacidade jurídica e mental, que deve ser convocada para depor.

2.5.3. *Declarantes ou informantes*

Questão de prova

A prova de Papiloscopista da Polícia Federal/2012 considerou CORRETA a afirmativa: "De acordo com o sistema processual penal brasileiro, qualquer pessoa poderá ser testemunha e a ninguém que tenha conhecimento dos fatos será dado o direito de se eximir da obrigação de depor, com exceção das pessoas proibidas de depor porque, em razão de função, ministério, ofício ou profissão, devam guardar segredo, salvo se desobrigadas pela parte interessada, e dos doentes e deficientes mentais e menores de quatorze anos de idade".

Declarantes ou informantes são as pessoas que não prestam compromisso de dizer a verdade: a) menores de 14 anos; b) doentes e deficientes mentais; c) os dispensados de testemunhar.

2.5.4. *Dispensa e proibição*

Em regra, toda pessoa pode ser testemunha; mas há exceções.

São **dispensados de testemunhar** (é opção, desde que não seja possível obter ou descobrir a prova do fato e de suas circunstâncias): a) ascendente; b) descendente; c) afim em linha reta; d) cônjuge; e) irmão; f) **filho adotivo**.

> **Questão de prova**
> A prova de Promotor de Justiça MP/MG/2010 considerou CORRETA a afirmativa: "Salvo quando não for possível, por outro modo, obter-se ou integrar-se a prova do fato e de suas circunstâncias, poderá recusar a obrigação de prestar depoimento o filho adotivo do acusado".

São **proibidos de testemunhar**: pessoas que têm obrigação de sigilo profissional, em razão de função, ministério, ofício ou profissão, salvo se, desobrigadas pela parte interessada, quiserem dar seu testemunho. Essa proibição é estendida para o advogado (que mesmo autorizado pelo cliente não pode testemunhar), o juiz e o Ministério Público.

> **Questão de prova**
> A prova da Magistratura TJ/CE/2012 considerou INCORRETA a afirmativa: "São proibidas de depor as pessoas que, em razão de função, ministério, ofício ou profissão, devam guardar segredo, salvo se liberadas pela parte interessada, quando serão obrigadas a dar o seu testemunho".

Não são obrigados a testemunhar sobre as informações recebidas ou prestadas em razão do exercício do mandato, bem como suas fontes, os deputados e senadores, nos termos do art. 53, § 6º, da CF.

2.5.5. Lugar do depoimento

Em regra, o lugar do depoimento é o foro do juízo; em caráter excepcional, é possível ser feito fora da sede do juízo: a) na hipótese de pessoas impossibilitadas por enfermidade ou velhice, será o local onde estiverem; b) as **autoridades** do art. 221 do CPP podem marcar dia, hora e local para inquirição.

> **Questão de prova**
> A prova de Promotor de Justiça MP/SC considerou INCORRETA a afirmativa: "O Código de Processo Penal estabelece que os Membros do Ministério Público serão inquiridos em local, dia e hora previamente ajustados entre eles e o Juiz".

2.5.6. Precatória e rogatória

> **Questão de prova**
> A prova de Promotor de Justiça MP/PR/2011 considerou INCORRETA a afirmativa: "A oitiva de testemunha por videoconferência, na forma do art. 222 § 3º do Código de Processo Penal exige a designação de defensores nos dois locais (no juízo deprecante e no juízo deprecado)".

Quando a testemunha residir fora do juízo processante, será ouvida pelo juízo do local de sua residência; as partes devem ser intimadas da **expedição da carta** precatória (Súmula 155 do STF).

Questão de prova	A prova de Promotor de Justiça MP/ES/2010 considerou INCORRETA a afirmativa: "Se, no curso da ação penal, houver a necessidade da oitiva de uma testemunha arrolada pela acusação por intermédio de carta precatória, então, para não haver nulidade, será necessária a intimação das partes da expedição da precatória, bem como do dia designado para a oitiva da testemunha perante o juízo deprecado".

Se residir fora do País, pode ser expedida carta rogatória se demonstrada previamente a sua imprescindibilidade, arcando a parte requerente com os custos de envio. Tanto a expedição da precatória como a da rogatória não suspenderão a instrução criminal.

2.5.7. *Necessidade de intérprete*

Quando a testemunha não conhecer a língua oficial, será nomeado intérprete para traduzir as perguntas e respostas.

2.5.8. *Produção antecipada ou depoimento "ad perpetuam rei memoriam"*

Haverá produção antecipada do depoimento testemunhal quando houver fundado receio de que a prova desaparecerá (morte, ausência ou esquecimento) na época da instrução criminal. O depoimento será feito de ofício ou a requerimento de qualquer das partes.

2.5.9. *Procedimento*

O procedimento para o depoimento da testemunha é composto pelos seguintes atos:

a) **comparecimento:** a testemunha tem o dever de comparecer ao local, em dia e hora designados, sob pena de condução coercitiva;

b) **qualificação:** a testemunha será indagada de seus dados pessoais; no caso de dúvida sobre a identidade, o juiz fará a verificação pelos meios ao seu alcance; se não a esclarecer, tomará o depoimento e depois fará diligências; se ficar comprovada a falsidade, responderá por crime de falso testemunho;

c) **contradita:** é arguição da suspeição ou da inidoneidade da pessoa da testemunha (o juiz escuta a testemunha, ouve a parte contrária e depois decide: se aceitar a contradita, escuta a testemunha sem tomar compromisso de dizer a verdade; se não aceitar, escuta a testemunha com compromisso de dizer a verdade);

d) **compromisso:** será tomado compromisso de dizer a verdade, salvo em casos de dispensa;

e) **inquirição:** é o relato sobre os fatos, não podendo indicar suas apreciações pessoais, salvo quando inseparáveis da narrativa do fato;

f) **perguntas das partes:** **inquirição direta**, ou seja, as partes perguntam de forma direta às testemunhas; permanecendo com um papel de fiscalizador, **o juiz pode indeferir perguntas** que não tiverem relação com a causa, impertinentes ou já respondidas; a ordem das perguntas é: sempre em primeiro lugar, a parte que arrolou a testemunha; depois, a parte contrária;

> **Questões de prova**
>
> A prova de Delegado da Polícia Civil/MA/2012 considerou CORRETA a afirmativa: "De acordo com o Art. 212, do CPP, as perguntas serão formuladas pelas partes diretamente às testemunhas, podendo o juiz complementar a inquirição formulando perguntas sobre pontos não esclarecidos".
>
> A prova de Analista Judiciário TRE/SP/2012 considerou INCORRETA a afirmativa: "Em regular audiência de instrução e julgamento está sendo ouvida testemunha arrolada pela acusação. O juiz não poderá indeferir perguntas formuladas pelo advogado do réu, mesmo se não tiverem relação com o processo".

g) **formalização:** na redação do depoimento, o juiz deverá cingir-se, tanto quanto possível, às expressões usadas pelas testemunhas, reproduzindo fielmente as suas frases. O depoimento da testemunha será reduzido a termo, assinado por ela, pelo juiz e pelas partes. Se a testemunha não souber assinar, ou não puder fazê-lo, pedirá a alguém que o faça por ela, depois de lido na presença de ambos. Sempre que possível, nas audiências, o registro dos depoimentos das testemunhas será feito pelos meios ou recursos de gravação magnética, estenotipia, digital ou técnica similar, inclusive audiovisual, destinada a obter mais fidelidade das informações.

2.5.10. Deveres e sanções

A testemunha possui os seguintes deveres: a) comparecer ao local no dia e hora designados; b) identificar-se; c) prestar depoimento; d) dizer a verdade; e) comunicar ao juiz dentro de um ano qualquer mudança de residência.

Se a testemunha for intimada e não comparecer por **motivo injustificado**, o juiz pode: a) determinar a sua condução coercitiva (art. 218 do CPP); b) aplicar-lhe a multa do art. 453 do CPP; c) processá-la por crime de desobediência; d) condená-la ao pagamento das custas da diligência.

> **Questão de prova**
>
> A prova do 88º Concurso de Promotor de Justiça MP/SP considerou INCORRETA a afirmativa: "a testemunha não poderá eximir-se da obrigação de depor, exceto se estiver impossibilitada por enfermidade".

O prazo da oitiva será de 20 dias, quando o réu estiver preso, ou de 40 dias, quando o réu estiver solto.

Antes do início da audiência e durante a sua realização, serão reservados espaços para a garantia da incolumidade das testemunhas.

2.5.11. Videoconferência

A oitiva de testemunha poderá ser realizada por meio de videoconferência ou outro recurso tecnológico de transmissão de sons e imagens em tempo real, permitida a presença do defensor e podendo ocorrer, inclusive, durante a audiência de instrução e julgamento.

2.5.12. Testemunhas de defesa

A audiência para oitiva das testemunhas de defesa segue o mesmo procedimento da oitiva das testemunhas de acusação. Não pode ocorrer inversão na oitiva das testemunhas; em primeiro lugar, sempre será ouvida a acusação, sob pena de nulidade absoluta.

2.5.13. Casos especiais

No caso de **testemunha militar**, será necessário requisição ao superior hierárquico; se for funcionário público, será preciso comunicação ao chefe da repartição.

O **depoimento infantil** é admitido como prova, mas tem valor probatório relativo.

No caso de **testemunho de policiais**, há divergência sobre o valor probatório, de forma que existem os seguintes posicionamentos: a) inválido, pois são pessoas que participaram da investigação; b) tem valor relativo, pois os policiais têm interesse na validade da diligência; c) só não tem valor quando for demonstrado interesse na investigação e não for corroborado com outros elementos probatórios.

Questão de prova

A prova de Defensor Público MA/2011 considerou INCORRETA a afirmativa: "Conforme entendimento do STJ, ante a evidente violação ao princípio da imparcialidade, o depoimento de policiais responsáveis pela prisão em flagrante do acusado não constitui meio de prova idôneo a embasar o édito condenatório, mesmo que corroborado em juízo".

2.5.14. Valor probatório

O valor probatório da prova testemunhal é relativo, devendo ser analisada em cotejo com todo o conjunto probatório. Uma só testemunha faz prova bastante para a decisão quando seu depoimento se harmoniza com os demais elementos probatórios colhidos no processo (*testi unus, testis nulus*).

2.5.15. Número máximo

O número máximo de testemunhas é definido de acordo com o procedimento previsto em lei, de forma que: a) no ordinário, é de 8; b) no sumário e no sumário da culpa, é de 5; c) no sumaríssimo, é de 3.

Cabe ressalvar que não são computados no número máximo o ofendido, o informante, o referido e o que nada souber para decisão da causa.

No caso do assistente de acusação, a soma das suas testemunhas com as do MP não pode ultrapassar o máximo, sob pena de violar o princípio da igualdade das partes.

No caso de concurso de crimes, o número máximo é observado para cada fato. No caso de concurso de pessoas, é observado para cada réu.

2.5.16. Classificação

a) **Numerária:** é arrolada pela parte, dentro do número máximo, e compromissada.
b) **Extranumerária**: determinada por iniciativa do juiz.
c) **Informante:** extranumerária e não compromissada.
d) **Referida:** citada em outros depoimentos.
e) **Própria:** depõe sobre fato litigioso.
f) **Imprópria:** depõe sobre fatos secundários.
g) **Direta:** depõe sobre fatos que presenciou.
h) **Indireta:** depõe sobre fatos sobre os quais ouviu dizer.
i) **De antecedente:** depõe sobre a vida pregressa da pessoa.
j) **Visual:** depõe sobre o que viu.
k) **Auricular:** depõe sobre o que ouviu.

2.5.17. Observações finais

a) **Testemunhas referidas e do juízo:** serão ouvidas após a inquirição das testemunhas das partes.
b) **Excesso do número máximo legal:** o juiz determina a redução, sob pena de ter que cancelar as testemunhas excedentes.
c) **Documentação:** deve existir reprodução fiel das frases e expressões usadas pelas testemunhas; há termo escrito próprio precedido de assentada no qual se mencionam o lugar, o dia, a hora e as pessoas.
d) **Presença do réu no depoimento:** se o juiz verificar que a presença do réu poderá causar humilhação, temor ou sério constrangimento à testemunha

ou ao ofendido, de modo que prejudique a verdade do depoimento, fará a inquirição por videoconferência e, somente na impossibilidade dessa forma, determinará a retirada do réu, prosseguindo com a inquirição, na presença do seu defensor. A adoção de qualquer das medidas previstas deverá constar do termo, assim como os motivos que a determinaram.

e) **Surdo:** serão apresentadas por escrito as perguntas, às quais responderá oralmente.

f) **Mudo:** as perguntas serão feitas oralmente, respondendo-as por escrito.

g) **Surdo-mudo:** as perguntas lhe serão formuladas por escrito e do mesmo modo dará as respostas.

h) **Crime de falso testemunho:** é posição majoritária que a configuração do crime de falso testemunho depende da existência do compromisso de dizer a verdade.

2.6. Reconhecimento de pessoas e coisas

É possível o reconhecimento por fotografia ou de voz, pois no sistema brasileiro vigora o livre-convencimento motivado. No Direito Processual Penal brasileiro, há três espécies de reconhecimento:

a) **Reconhecimento de pessoas**: é a verificação da pessoa do acusado, do ofendido ou de uma testemunha. O CPP estabelece o seguinte procedimento:

> **Questão de prova**
> A prova de Agente da Polícia Civil RN/2009 considerou INCORRETA a afirmativa: "No procedimento de reconhecimento de indiciado, este deve ser colocado ao lado de, no mínimo, três pessoas que tenham com ele grande semelhança física".

- **descrição da pessoa:** a pessoa que tiver de fazer o reconhecimento será convidada a descrever a pessoa que deva ser reconhecida;
- **reconhecimento:** a pessoa a ser reconhecida será colocada, se possível, ao lado de outras que com ela tiverem qualquer semelhança, convidando-se quem tiver de fazer o reconhecimento a apontá-la; se houver razão para recear que a pessoa chamada para o reconhecimento, por efeito de intimidação ou outra influência, não diga a verdade em face da pessoa que deve ser reconhecida, a autoridade providenciará para que esta não veja aquela;

> **Questão de prova**
> A prova de Defensor Público ES/2009 considerou INCORRETA a afirmativa: "Quando for necessário fazer o reconhecimento judicial do acusado, não é obrigatório que ele seja colocado ao lado de outras pessoas que com ele guardem semelhança".

- **documentação:** do ato de reconhecimento será lavrado um auto pormenorizado, subscrito pela autoridade, pela pessoa chamada para proceder ao reconhecimento e por duas testemunhas presenciais.

b) **Reconhecimento de objeto:** será feito com as cautelas estabelecidas no reconhecimento de pessoas, no que for aplicável.

c) **Reconhecimento plurissubjetivo:** se várias forem as pessoas chamadas a efetuar o reconhecimento de pessoa ou de objeto, cada uma fará a prova em separado, evitando-se qualquer comunicação entre elas.

2.7. Acareações

2.7.1. *Conceito*

Questão de prova

A prova de Agente da Polícia Civil RN/2009 considerou INCORRETA a afirmativa: "A acareação é uma confrontação entre acusado e vítima, quando há dúvida acerca da existência do crime e permite que se esclareça qual versão é a verdadeira".

A acareação é meio de prova que visa estabelecer uma harmonia nas informações sobre o fato criminoso, diante das divergências nas declarações das testemunhas, acusados e ofendidos.

2.7.2. *Sujeito passivo*

Questão de prova

A prova da Magistratura TJ/MG/2006 considerou INCORRETA a afirmativa: "A acareação pode dar-se entre todos os sujeitos envolvidos no processo, inclusive entre os acusados".

A acareação será admitida entre acusados, entre acusado e testemunha, entre testemunhas, entre acusado ou testemunha e a pessoa ofendida, bem como entre as pessoas ofendidas, sempre que divergirem, em suas declarações, sobre fatos ou circunstâncias **relevantes**.

Questão de prova

A prova de Agente da Polícia Federal/2009 considerou INCORRETA a afirmativa: "Não se admite a acareação entre o acusado e a pessoa ofendida, considerando-se que o acusado tem o direito constitucional ao silêncio, e o ofendido não será compromissado".

2.7.3. *Cabimento*

A acareação será realizada quando houver divergência ou contradição em depoimentos ou interrogatórios ou nas declarações sobre os fatos relevantes para o deslinde da causa. As pessoas envolvidas devem ter prestado suas declarações no mesmo juízo e sobre os mesmos fatos.

Pode ser indeferida por decisão fundamentada do juiz, tendo em vista que cabe ao juiz da causa decidir acerca da necessidade dessa diligência: "O Julgador pode indeferir, de maneira fundamentada, diligências que considere protelatórias ou desnecessárias, tendo em vista um juízo de conveniência quanto à necessidade de sua realização, que é próprio do seu regular poder discricionário" (HC 225.060/MG, STJ).

Nesse caso, o indeferimento motivado não implica nulidade por cerceamento de defesa: "O indeferimento da acareação, por si, não implica em violação ao direito de ampla defesa, tendo em vista que cabe ao juiz da causa decidir acerca da necessidade dessa diligência" (HC 39.542/SP, STJ).

2.7.4. Procedimento

Na acareação, os divergentes são colocados face a face. Os acareados serão reperguntados, para que expliquem os pontos de divergência, reduzindo-se a termo o ato de acareação.

Se ausente alguma testemunha, cujas declarações divirjam das de outra, que esteja presente, a esta se darão a conhecer os pontos da divergência, consignando-se no auto o que explicar ou observar. Se subsistir a discordância, expedir-se-á precatória à autoridade do lugar onde resida a testemunha ausente, transcrevendo-se as declarações desta e as da testemunha presente, nos pontos em que divergirem, bem como o texto do referido auto, a fim de que se complete a diligência, ouvindo-se a testemunha ausente, pela mesma forma estabelecida para a testemunha presente. Essa diligência só se realizará quando não importar em demora prejudicial ao processo e o juiz a entender conveniente.

2.8. Dos documentos

2.8.1. Momento

As partes poderão apresentar documentos em qualquer fase do processo, salvo nos casos expressos em lei, como na proibição de apresentá-los em plenário do júri sem dar ciência à parte contrária pelo menos 3 dias antes do julgamento.

2.8.2. Contraditório

Questão de prova	A prova de Analista Judiciário TRE/SC/2011 considerou INCORRETA a afirmativa: "No processo penal os documentos poderão ser acostados aos autos a qualquer momento, sendo prescindível a intimação da outra parte acerca da juntada".

Em homenagem ao contraditório, todo documento apresentado no processo deve ser submetido à apreciação da parte contrária.

2.8.3. Conceito

Em sentido amplo, documento é o escrito ou objeto que possa representar um fato. Em sentido restrito, documentos são quaisquer escritos, instrumentos ou papéis, públicos ou particulares.

Quando o juiz tiver notícia da existência de documento relativo a ponto relevante da acusação ou da defesa, providenciará, independentemente de requerimento de qualquer das partes, sua juntada aos autos, se possível.

2.8.4. Documento autenticado

À fotografia do documento, devidamente autenticada (reconhecida por agente do serviço público), dar-se-á o mesmo valor do original.

As públicas-formas, ou seja, cópias autenticadas por oficial público de papel avulso, só terão valor quando conferidas com o original, em presença da autoridade.

2.8.5. Cartas particulares

Questão de prova

A prova de Delegado da Polícia Civil RN/2009 considerou CORRETA a afirmativa: "As cartas poderão ser exibidas em juízo pelo respectivo destinatário, para a defesa de seu direito, ainda que não exista consentimento do signatário".

As cartas particulares, interceptadas ou obtidas por meios criminosos, não serão admitidas em juízo. Apenas poderão ser exibidas em juízo pelo respectivo destinatário, para a defesa de seu direito, ainda que não haja consentimento do signatário.

2.8.6. Exame grafotécnico

A letra e a firma dos documentos particulares serão submetidas a exame pericial, ou seja, ao exame grafotécnico, quando contestada a sua autenticidade.

2.8.7. Documentos em língua estrangeira

Questão de prova

A prova de Promotor de Justiça MP/SP/2008 considerou CORRETA a afirmativa: "Os documentos em idioma estrangeiro somente devem ser juntados aos autos após a sua tradução por tradutor público, ou, na falta, por pessoa idônea nomeada pela autoridade".

Os documentos em língua estrangeira, sem prejuízo de sua juntada imediata, serão, se necessário, traduzidos por tradutor público, ou, na sua falta, por pessoa idônea nomeada pela autoridade.

2.8.8. Documentos originais constantes de autos findos

Os documentos originais, anexados a processo com decisão judicial transitada em julgado, quando não exista motivo relevante que justifique a sua conservação nos autos, poderão, mediante requerimento e ouvido o Ministério Público, ser entregues à parte que os produziu, ficando o fato traslado nos autos.

2.9. Dos indícios

Indício é a circunstância conhecida e provada, que, tendo **relação com o fato**, autorize, por indução, concluir-se a existência de outra ou outras circunstâncias.

É prova indireta, válida como qualquer outra prova e chamada de circunstancial.

Questões de prova

A prova de Promotor de Justiça MP/CE/2011 considerou INCORRETA a afirmativa: "A circunstância conhecida e provada, que, tendo relação com o fato, autorize, por indução, concluir-se a existência de outra ou outras circunstâncias, no âmbito do processo penal, não tem qualquer valor legal por vedar a Constituição Federal qualquer espécie de presunção por ofensa ao princípio do contraditório".

A prova de Escrivão da Polícia Civil/PA/2009 considerou CORRETA a afirmativa: "Considera-se indício a circunstância conhecida e provada, que, relacionada com o fato, autorize, por indução, concluir-se a existência de outra ou outras circunstâncias".

2.10. Da busca e da apreensão

É uma medida cautelar, preparatória ou incidental, que visa a preservação da prova (evitar o seu desaparecimento ou adulteração) imprescindível à apuração do corpo de delito e necessária para a busca da verdade material no processo penal.

A busca pode ser pessoal ou domiciliar. A **busca pessoal** é feita pela Polícia (exceto Guarda Municipal), que manifestará o contato físico com a pessoa e seus pertences.

Questão de prova

A prova da Magistratura TJ/SE/2008 considerou INCORRETA a afirmativa: "A busca pessoal inclui bolsas e malas, bem como o veículo que esteja na posse da pessoa, sendo indispensável o mandado judicial".

A busca domiciliar é a que se realiza em casas ou compartimentos de residência particular, habitação coletiva, ou em que alguém exerce profissão ou atividade, remunerada ou não.

Serve para: a) prender criminosos; b) apreender coisas achadas ou obtidas por meios criminosos; c) apreender instrumentos de falsificação ou de contrafação e objetos falsificados ou contrafeitos; d) apreender armas e munições, instrumentos utilizados na prática de crime ou destinados a fim delituoso; e) descobrir objetos necessários à prova de infração ou à defesa do réu; f) apreender cartas, abertas ou não, destinadas ao acusado ou em seu poder, quando haja suspeita de que o conhecimento do seu conteúdo possa ser útil à elucidação do fato; g) apreender pessoas vítimas de crimes; h) colher qualquer elemento de convicção.

A **busca domiciliar** necessita, em regra, de ordem judicial, salvo: a) quando houver consentimento do morador; b) em caso de flagrante delito; c) quando realizada pela própria autoridade judiciária. A busca poderá ser determinada de ofício ou a requerimento de qualquer das partes.

Questão de prova A prova de Promotor de Justiça MP/CE/2009 considerou INCORRETA a afirmativa: "A busca domiciliar, por ser medida de natureza cautelar, só se justifica quando fundadas razões a autorizarem e, se realizada para prender pessoas condenadas, poderá ser feita em qualquer momento".

A busca domiciliar quando feita sem mandado judicial, nos casos em que a exibição do referido mandado é necessária, representa violação das normas constitucionais (art. 5º, XI e LVI) e processuais penais (arts. 240 e 241).

A busca pessoal independerá de mandado, no caso de prisão ou quando houver fundada suspeita de que a pessoa esteja na posse de arma proibida ou de objetos ou papéis que constituam corpo de delito, ou quando a medida for determinada no curso de busca domiciliar.

A busca em mulher será feita por outra mulher, se não importar retardamento ou prejuízo da diligência.

Em casos de **crimes permanentes**, não se faz necessária a expedição de mandado de busca e apreensão, podendo, pois, a autoridade policial ingressar no interior do domicílio, a qualquer hora do dia ou da noite. Enquanto o crime permanente estiver na fase da consumação, fica evidenciada a possibilidade do flagrante delito, o que, a teor do disposto no art. 5º, XI, da Constituição Federal, autoriza o ingresso, ainda que sem mandado judicial, no domicílio alheio.

O mandado de busca deverá: a) indicar, o mais precisamente possível, a casa em que será realizada a diligência e o nome do respectivo proprietário ou morador; ou, no caso de busca pessoal, o nome da pessoa que terá de sofrê-la ou os sinais que a identifiquem; b) mencionar o motivo e os fins da diligência; c) ser subscrito pelo escrivão e assinado pela autoridade que o fizer expedir.

Nos termos do art. 243 do CPP, não constitui requisito do mandado de busca detalhamento do que pode ou não ser arrecadado, até porque o referido detalhamento só será possível após a verificação do que foi encontrado no local em que cumprida a medida, ou do que foi localizado em poder do indivíduo que sofreu a busca pessoal.

Se houver ordem de prisão, constará do próprio texto do mandado de busca. Não será permitida a apreensão de documento em poder do defensor do acusado, salvo quando constituir elemento do corpo de delito.

A **busca domiciliar** será feita pelo seguinte procedimento:

> **Questão de prova**
> A prova de Escrivão da Polícia Civil RN/2009 considerou CORRETA a afirmativa: "A medida de busca e apreensão pode ser domiciliar, podendo ser realizada durante a noite mediante exibição de ordem judicial".

- **Momento:** as buscas domiciliares serão executadas de dia, salvo se o morador consentir que se realizem à noite.
- **Antes da entrada na casa:** os executores mostrarão e lerão o mandado ao morador, ou a quem o represente, intimando-o, em seguida, a abrir a porta. Se a própria autoridade der a busca, declarará previamente sua qualidade e o objeto da diligência.
- **Desobediência:** será arrombada a porta e forçada a entrada. Recalcitrando o morador, será permitido o emprego de força contra coisas existentes no interior da casa, para o descobrimento do que se procura. Quando ausentes os moradores, será intimado a assistir à diligência qualquer vizinho, se houver e estiver presente.
- **Execução:** se é determinada a pessoa ou coisa que se vai procurar, o morador será intimado a mostrá-la. Descoberta a pessoa ou coisa que se procura, será imediatamente apreendida e posta sob custódia da autoridade ou de seus agentes. Não sendo encontrada a pessoa ou coisa procurada, os motivos da diligência serão comunicados a quem tiver sofrido a busca, se o requerer. Em casa habitada, a busca será feita de modo que não moleste os moradores mais do que o indispensável para o êxito da diligência.
- **Auto circunstanciado:** finda a diligência, os executores lavrarão auto circunstanciado, assinando-o com duas testemunhas presenciais. Quando se tiver de proceder a busca em compartimento habitado ou em aposento ocupado de habitação coletiva ou em compartimento não aberto ao público, onde alguém exercer profissão ou atividade, haverá auto circunstanciado, assinado por duas testemunhas presenciais.

No caso de **encontro fortuito**, ou seja, o encontro de documentos ou objetos relacionados a crime diverso do caso concreto que deu origem à busca e apreensão, o que foi achado constitui prova ilícita.

2.10.1. Busca em território de jurisdição alheia

A autoridade ou seus agentes poderão penetrar no território de jurisdição alheia, ainda que de outro Estado, quando, para o fim de apreensão, forem no seguimento de pessoa ou coisa, devendo apresentar-se à competente autoridade local, antes ou depois da diligência, conforme a urgência desta.

Entender-se-á que a autoridade ou seus agentes estão em seguimento da pessoa ou coisa quando: a) tendo conhecimento direto de sua remoção ou transporte, seguirem-na sem interrupção, embora depois a percam de vista; b) ainda que não a tenham avistado, mas sabendo, por informações fidedignas ou circunstâncias indiciárias, que está sendo removida ou transportada em determinada direção, forem ao seu encalço.

Se as autoridades locais tiverem fundadas razões para duvidar da legitimidade das pessoas que, nas referidas diligências, entrarem pelos seus distritos, ou da legalidade dos mandados que apresentarem, poderão exigir as provas dessa legitimidade, mas de modo que não se frustre a diligência.

IV – Dos Meios de Obtenção de Prova

1. Introdução

Os meios de obtenção de prova são instrumentos que visam recolher ou coletar meios de prova (elementos para servir de convencimento judicial) no processo. Precisam estar previstos na Constituição ou em lei, já que importam em restrição de direitos e garantias fundamentais.

2. Exames

Os exames funcionam como meio de obtenção de prova, já que permitem aos personagens da persecução penal a percepção necessária e direta dos elementos úteis para a descoberta da verdade real. Possibilitam a reconstituição dos fatos, tendo por objeto pessoas, lugares ou coisas.

Quando o exame necessita ser feito por pessoas com conhecimentos técnicos, temos a perícia.

O **exame de DNA** (é a sigla para ácido desoxirribonucleico, que é um composto orgânico cujas moléculas contêm as instruções genéticas) possibilita a identificação das pessoas, para fins de verificação de sua participação em crimes ou ainda para atestar paternidade. Com exceção de gêmeos univitelinos, o DNA de cada indivíduo é exclusivo, cada ser humano possui duas formas de cada gene, uma que recebe da mãe e outra que recebe do pai.

Há também o **exame de dosagem alcoólica**, pelo qual se verifica a concentração de álcool por litro de sangue. No Código de Trânsito Brasileiro, o crime de embriaguez ao volante resta caracterizado quando se constatar: a) concentração igual ou superior a 6 decigramas de álcool por litro de sangue ou igual ou superior a 0,3 miligrama de álcool por litro de ar alveolar; ou b) sinais que indiquem, na forma disciplinada pelo Contran, alteração da capacidade psicomotora. Ausente a sujeição a etilômetro ou a exame de sangue, torna-se inviável a responsabilização criminal.

3. Revistas

É o exame numa pessoa, a fim de verificar e apreender objetos que nela estão escondidos ou ocultos. Exige indícios de que a pessoa esteja ocultando objetos que podem estar relacionados com a prática de uma infração penal.

4. Buscas

A busca visa a detenção de pessoa ou descoberta de objetos relacionados com a prática da infração penal. Sua análise já foi feita em item específico.

5. Escutas telefônicas

No caso das escutas, remetemos o leitor ao capítulo do Processo Penal Constitucional, no item Quebra de sigilo.

QUESTÕES SOBRE TEORIA GERAL DA PROVA

1. (86º Concurso de Promotor de Justiça Substituto MP/SP) De acordo com o que dispõe o Código de Processo Penal, é correto afirmar que

a) as provas ilícitas são inadmissíveis, salvo se constatado que poderiam ter sido obtidas a partir de uma fonte independente.
b) no interrogatório em plenário do tribunal do júri, as partes e os jurados podem formular perguntas diretamente ao acusado.
c) o ascendente e o descendente do ofendido podem se recusar a depor como testemunhas.
d) em caso de lesões corporais, a falta de exame pericial complementar pode ser suprida pela prova testemunhal.
e) os documentos em idioma estrangeiro somente devem ser juntados aos autos após a sua tradução por tradutor público, ou, na falta, por pessoa idônea nomeada pela autoridade.

2. (88º Concurso de Promotor de Justiça Substituto MP/SP) Analise as seguintes assertivas com relação ao interrogatório judicial do acusado preso:

I. determinado o interrogatório por videoconferência, é defeso ao réu acompanhar, pelo mesmo sistema, os atos anteriores da audiência de instrução e julgamento prevista no procedimento comum;
II. o juiz garantirá ao réu o direito de entrevista prévia e reservada com seu defensor, ainda que o interrogatório seja realizado por videoconferência;
III. a fiscalização da sala reservada no estabelecimento prisional para a realização de atos processuais por sistema de videoconferência é atribuição exclusiva do Ministério Público;
IV. no caso de enfermidade do réu, que dificulte seu comparecimento em juízo, o juiz poderá determinar a realização do interrogatório por videoconferência;
V. se o interrogado não souber escrever, não puder ou não quiser assinar, o termo será assinado a rogo, subscrevendo-o duas testemunhas.

Está correto apenas o que se afirma em

a) I e IV.
b) I e V.

c) II e IV.
d) III e IV.
e) III e V.

3. (83º Concurso de Promotor de Justiça Substituto MP/SP) Para arguir a suspeição da testemunha em Juízo deve-se

a) reperguntar.
b) contestar.
c) impugnar.
d) interpelar.
e) contraditar.

4. (87º Concurso de Promotor de Justiça Substituto MP/SP) A regra da objetividade do depoimento (art. 213 do CPP) pressupõe que a testemunha:

a) Não possa depor sobre o fato de que teve conhecimento por "*ouvir dizer*".
b) deponha apenas sobre o fato principal, vedado o testemunho de circunstâncias secundárias.
c) não manifeste opiniões pessoais, salvo quando inseparáveis da narrativa do fato.
d) relate apenas os fatos passados, sem considerações futuras.
e) não possa se eximir da obrigação de depor.

5. (19º Concurso de Procurador da República MPF) O reconhecimento de acusados feito através de álbuns de fotografias de marginais encontrados nas delegacias de polícia:

a) é precário e não pode conduzir à condenação.
b) somente é válido se obedeceu os requisitos do art. 226 do CPP.
c) basta para servir de base exclusiva de decisão condenatória.
d) é válido, desde que em consonância com os demais elementos do conjunto probatório.

6. (21º Concurso de Procurador da República MPF) Decisão concessiva de mandado de segurança, na esfera cível, considerou ilegal elementos de prova objeto de busca e apreensão, por isso invalidada. Assinale a opção correta:

a) aplica-se ao caso, sem restrições a doutrina do *fruits of the poisonous tree.*
b) a investigação criminal permanece válida, se não for inequivocamente demonstrado que todos os dados de prova emanam da busca e apreensão.
c) a decisão proclamada na esfera cível não pode repercutir no âmbito criminal.
d) a ulterior instrução criminal, com dados novos, poderá convalidar a denúncia ajuizada.

7. (Analista Processual MP/RJ/2011) Quanto ao tema "teoria da prova penal", assinale a alternativa na qual terminologia e conceito explicitado complementam-se corretamente:

a) "meios de prova" são os procedimentos probatórios, pessoais ou materiais, por intermédio dos quais se levam ao processo os dados probatórios;
b) "elemento de prova" é cada um dos dados objetivos que confirmam ou negam uma asserção a respeito de um fato que interessa à decisão da causa;
c) "fonte de prova" é a previsão de um procedimento probatório típico para a produção de um determinado elemento de prova;
d) "prova irritual" é aquela prova típica, utilizada ou para fins diversos daqueles que lhes são próprios, ou para fins característicos de outras provas típicas;
e) "prova anômala" é aquela prova típica produzida sem a observância de seu procedimento probatório.

8. (Delegado Polícia Civil/RJ/2012) Em matéria de prova, disciplinada pelo Código de Processo Penal, é correto afirmar:

a) Quando a infração deixar vestígios, o exame de corpo de delito poderá ser dispensado a pedido da parte interessada.

b) O juiz julga conforme seu livre-convencimento e sem obrigação de fundamentar a sua convicção, porém com base na prova existente nos autos.
c) O silêncio do acusado não importará confissão, e tampouco poderá constituir elemento para a formação do convencimento do juiz.
d) O maior de quatorze anos e menor de dezoito anos não prestará compromisso como testemunha, quando desacompanhado do responsável legal.
e) Consideram-se documentos somente os escritos ou papéis, públicos ou particulares.

9. (Promotor de Justiça MP/AL/2012) No tocante à prova no processo penal, é INCORRETO afirmar que

a) é facultado ao juiz determinar, no curso da instrução, ou antes de proferir sentença, a realização de diligências para dirimir dúvida sobre ponto relevante.
b) o juiz formará sua convicção pela livre-apreciação da prova produzida em contraditório judicial, não podendo fundamentar sua decisão exclusivamente nos elementos informativos colhidos na investigação, ressalvadas as provas cautelares, não repetíveis ou antecipadas.
c) o exame de corpo de delito realizado por perito oficial somente poderá ser feito durante o dia.
d) quando a infração deixar vestígios, será indispensável o exame de corpo de delito, direto ou indireto, não podendo supri-lo a confissão do acusado.
e) durante o curso do processo judicial, é permitido às partes, quanto à perícia, requerer a oitiva dos peritos para esclarecerem a prova ou para responderem a quesitos, desde que o mandado de intimação e os quesitos ou questões a serem esclarecidos sejam encaminhados com antecedência mínima de dez dias, podendo apresentar as respostas em laudo complementar.

10. (Delegado Polícia Civil/MA/2012) Analise as afirmativas a seguir.

I. Desde a reforma do Código de Processo Penal realizada pela Lei 11.690 de 2008, as perguntas às testemunhas devem ser formuladas diretamente pelas partes. Contudo, de acordo com a jurisprudência majoritária dos Tribunais Superiores, se o magistrado iniciar as perguntas haverá apenas nulidade relativa.
II. Conferindo efetividade ao princípio de que ninguém é obrigado a produzir prova contra si e ao direito ao silêncio, o Superior Tribunal de Justiça decidiu que o condutor de veículo automotor não é obrigado a se submeter ao teste do bafômetro e que tal recusa não pode implicar consequências penais.
III. De acordo com o Código de Processo Penal, entendendo conveniente, o juiz poderá ouvir as pessoas referidas pelas testemunhas, ainda que não constassem originalmente do rol indicado pelas partes.

Assinale:

a) se somente a afirmativa I estiver correta.
b) se somente a afirmativa II estiver correta.
c) se somente as afirmativas I e II estiverem corretas.
d) se somente as afirmativas II e III estiverem corretas.
e) se todas as afirmativas estiverem corretas.

11. (Defensor Público AC/2012) Admite-se a acareação entre testemunhas que divergirem, em seus depoimentos, a respeito de circunstâncias de fatos relevantes. No caso de uma dessas testemunhas residir fora da comarca do juízo, deve o juiz

a) deferir a realização da acareação e determinar o comparecimento das testemunhas; ausente testemunha cujas declarações divirjam das da que esteja presente, a esta se deve dar a conhecer os pontos de divergência, colhendo-se seu depoimento. Em seguida, deve o magistrado determinar a expedição de carta precatória para inquirição da testemunha residente fora da comarca do juízo a fim de completar o ato.
b) deferir a realização da acareação, determinando o comparecimento da testemunha residente fora da comarca, sob pena de condução coercitiva.
c) deferir a realização da acareação, determinando o comparecimento da testemunha residente em outra localidade; na hipótese de apenas uma das testemunhas objeto da acareação comparecer, o juiz deverá declarar prejudicado o ato.
d) indeferir a realização da acareação, por ser esta prejudicial ao processo, e por não ser possível determinar o comparecimento em juízo de testemunhas residentes fora da comarca do juízo.

e) indeferir a acareação, dada a inconveniência de realizá-la entre testemunhas residentes e não residentes na comarca do juízo.

12. (Promotor de Justiça MP/SP/2012) Considerando as normas do Código de Processo Penal que regulam a produção das provas pericial e testemunhal, é INCORRETO afirmar:

a) A faculdade de formular quesitos e indicar assistente técnico, na produção da prova pericial, é conferida ao Ministério Público, ao assistente de acusação, ao ofendido, ao querelante e ao acusado.

b) A nomeação dos peritos, no exame pericial realizado por carta precatória, far-se-á no juízo deprecante; havendo, porém, no caso de ação privada, acordo entre as partes, essa nomeação poderá ser feita pelo juiz deprecado.

c) A inquirição da testemunha ou do ofendido que esteja preso pode ser realizada pelo sistema de videoconferência.

d) O ascendente, o descendente, o afim em linha reta, o cônjuge, o irmão e o pai, a mãe, ou o filho adotivo do acusado podem se recusar a depor como testemunhas.

e) O defensor do acusado formulará as perguntas antes do Ministério Público na inquirição das testemunhas arroladas pela defesa no plenário do Tribunal do Júri.

13. (Promotor de Justiça MP/RR/2012) Em relação à prova no processo penal, assinale a opção correta.

a) As justificações, disciplinadas no estatuto processual penal, incluem-se entre as provas documentais produzidas na esfera civil e apresentadas ao juízo criminal por meio dos documentos juntados aos autos.

b) O CPP, atualmente, dá especial relevância à participação do ofendido na formação do convencimento do julgador, elencando-o entre os meios de provas; entretanto, conforme dispõe o referido código, o ofendido não prestará compromisso nem se sujeitará a processo por falso testemunho, podendo, contudo, ser conduzido à presença da autoridade, caso, intimado para esse fim, deixe de comparecer sem motivo justo.

c) Entre os meios de prova, que consistem em tudo que possa ser útil para a elucidação dos fatos no processo, destaca-se a denúncia.

d) A prova emprestada é admitida no processo penal desde que, quando de sua produção, tenham sido observados os princípios indisponíveis do contraditório e da ampla defesa, o que torna prescindível a renovação destes no feito para o qual tenha sido transladada.

e) No sistema processual brasileiro, é adotada a regra da liberdade probatória, admitindo-se todos os meios de prova legais e moralmente legítimos, ainda que não especificados no CPP, sendo a única restrição probatória o estado das pessoas, salvo a obtenção dessa prova por fonte independente.

14. (Exame da OAB unificado/2012) De acordo com o Código de Processo Penal, quanto ao interrogatório judicial, assinale a afirmativa INCORRETA.

a) O silêncio do acusado não importará confissão e não poderá ser interpretado em prejuízo da defesa, mesmo no caso de crimes hediondos.

b) A todo tempo o juiz poderá, atendendo pedido fundamentado das partes, ou mesmo de ofício, proceder a novo interrogatório, mesmo quando os autos já se encontrarem conclusos para sentença.

c) O mudo será interrogado oralmente, devendo responder às perguntas por escrito, salvo quando não souber ler e escrever, situação em que intervirá no ato, como intérprete e sob compromisso, pessoa habilitada a entendê-lo.

d) O juiz, por decisão fundamentada, poderá realizar o interrogatório do réu preso por sistema de videoconferência, desde que a medida seja necessária para reduzir os custos para a Administração Pública.

15. (Magistratura TJ/RS/2009) Segundo o Código de Processo Penal, acerca das provas, assinale a assertiva correta.

a) Na falta de perícia oficial, o magistrado pode utilizar, na sentença penal condenatória, para demonstrar a materialidade do delito que deixou vestígios, a perícia realizada e firmada por uma pessoa idônea, portadora de diploma de curso superior, com conhecimento e habilitação técnicos relacionados à natureza do exame.

b) A prova ilícita inadmissível, uma vez constante nos autos, neles permanecerá para que o magistrado e o Tribunal a valorizem ou não, ao proferirem as suas decisões.

c) É vedado ao próprio magistrado proferir sentença quando tomar conhecimento do conteúdo da prova declarada inadmissível.

d) A previsão do interrogatório do réu por videoconferência afastou a possibilidade de tomada do depoimento das testemunhas por essa metodologia de busca da prova.
e) São admitidas provas derivadas das ilícitas quando não evidenciado o nexo de causalidade entre umas e outras, ou quando as derivadas puderem ser obtidas por uma fonte independente das primeiras.

16. (Promotor de Justiça MP/TO/2012) No que se refere à prova no processo penal, assinale a opção correta.

a) É absoluta a isenção do dever de depor estabelecida em razão do parentesco da testemunha com o acusado.
b) Se o acusado, por ocasião de seu interrogatório, assumir a imputação a ele atribuída pela acusação, bem como concordar integralmente com a classificação dos fatos narrados na denúncia, poderá o juiz, por economia processual, antecipar o julgamento da lide.
c) Como o réu não pode intervir nem formular quesitos na fase inquisitorial, é improcedente pedido da defesa – sob o argumento de desrespeito ao contraditório – para que, em juízo, seja repetido exame pericial, por perito particular por ela indicado, realizado durante o inquérito policial.
d) Vigora, no Brasil, o sistema de valoração de provas vinculatório em relação ao laudo pericial que instrui os autos.
e) O arrolamento, por exemplo, de onze testemunhas na denúncia e a oitiva, a critério do juiz da causa, dessas testemunhas na fase de instrução acarretarão a nulidade do processo se a lei processual penal fixar um número inferior de testemunhas para o procedimento.

17. (Magistratura TJ/PR/2012) A prova, no Processo Penal, incumbirá a quem alega (CPP, art. 156). Contudo, é correto afirmar:

a) As provas derivadas daquelas consideradas ilícitas são sempre válidas e devem ser recepcionadas sem ressalvas, sendo inadmissíveis só aquelas efetivamente ilícitas.
b) Quando a infração deixa vestígios, a confissão do acusado supre o exame de corpo de delito.
c) O juiz, de ofício, não pode ordenar a realização de provas antes do início da ação penal, porque passa a presidi-la apenas depois do recebimento da denúncia.
d) O juiz pode determinar, no curso da instrução, a realização de diligências para dirimir dúvida sobre ponto relevante da causa.

18. (Promotor de Justiça MP/AP/2012) Em relação à busca e à apreensão, é INCORRETO afirmar que

a) a expedição de mandado é dispensada quando a própria autoridade judiciária a realizar pessoalmente.
b) se ausentes os moradores, impossível a realização da busca.
c) as buscas domiciliares devem ser executadas de dia, salvo se o morador consentir que se realizem à noite.
d) o mandado precisa ser específico e indicar o fundamento e a finalidade da busca.
e) não é permitida a apreensão de documento em poder do defensor do acusado, salvo quando constitui elemento do corpo de delito.

19. (Magistratura TJ/GO/2012) Em relação à prova no processo penal, é correto afirmar que

a) não sendo possível o exame de corpo de delito, por haverem desaparecido os vestígios, a prova testemunhal não poderá suprir-lhe a falta.
b) a autópsia será feita até 6 (seis) horas depois do óbito.
c) o interrogatório do réu preso será realizado obrigatoriamente em sala própria no estabelecimento em que estiver recolhido ou por sistema de videoconferência.
d) a confissão é divisível e retratável.
e) havendo mais de um acusado, serão interrogados conjuntamente.

20. (Delegado Polícia Civil/SP/2011) Quanto aos sistemas de avaliação da prova, o Brasil adota

a) a livre-convicção.
b) somente a persuasão racional.
c) a persuasão racional, em regra; e a prova legal, excepcionalmente.
d) a persuasão racional, a íntima convicção e a prova legal.
e) a persuasão racional, em regra; e a íntima convicção, excepcionalmente.

PRESTE ATENÇÃO!

- Na comunhão das provas, a prova pertence ao processo.
- Não dependem de prova: fatos axiomáticos, fatos notórios, presunções legais, fatos inúteis e máximas de experiência.
- Na apreciação do laudo pericial, o sistema adotado é o liberatório.
- O interrogatório por videoconferência é feito em caráter excepcional por ordem do juiz de ofício ou a requerimento das partes.
- A confissão será divisível e retratável, sem prejuízo do livre-convencimento do juiz, fundado no exame das provas em conjunto.
- A acareação será admitida entre acusados, entre acusado e testemunha, entre testemunhas, entre acusado ou testemunha e a pessoa ofendida, e entre as pessoas ofendidas, sempre que divergirem, em suas declarações, sobre fatos ou circunstâncias relevantes.

CUIDADO!

- No Brasil, o sistema de valoração de prova é o da persuasão racional; no júri, é adotado o sistema da íntima convicção; e nos crimes que deixam vestígios, no estado de pessoas e na proibição de juntada de documentos, o sistema da prova legal.
- No processo penal, é nulo o exame realizado por um só perito.
- Se, intimado para depor, deixar de comparecer sem motivo justo, o ofendido poderá ser conduzido à presença da autoridade.
- Se várias forem as pessoas chamadas a efetuar o reconhecimento de pessoa ou de objeto, cada uma fará a prova em separado, evitando-se qualquer comunicação entre elas.
- A busca em mulher será feita por outra mulher, se não importar retardamento ou prejuízo da diligência.

IMPORTANTE!

- A prova emprestada será admissível quando tenha sido produzida perante as mesmas partes, sob o crivo do contraditório e transferida por qualquer meio autenticatório.
- A falta de exame de corpo de delito direto será suprida pela prova testemunhal, e não pela confissão do acusado.
- Não será vedada à testemunha breve consulta a apontamentos.

Capítulo 18

NULIDADES

I – Teoria Geral das Nulidades

1. Conceito

O processo é composto por uma sequência de atos processuais que devem ser realizados de acordo com a lei. A prática desses atos em conformidade com a lei implica um procedimento com **desenvolvimento normal e regular**, que busca a certeza dos fatos e a realização da justiça.

A inobservância das exigências legais, com a realização dos atos processuais em desconformidade com o modelo legal, gera a invalidade do processo no todo ou em parte. O desacordo com as condições de validade impostas pelo direito objetivo que gera a imperfeição jurídica do ato ou sua inviabilidade jurídica é a **nulidade**. A ausência de nulidade processual é condição para o regular desenvolvimento do processo. O formalismo exacerbado representa obstáculo para um provimento jurisdicional final justo. **Nulidade do processo** é a que atinge todo o processo; já **nulidade do procedimento** é a que atinge parte da atividade processual ou ato ou parte do ato processual.

A prática de atos processuais em conformidade com a lei implica um procedimento capaz de produzir efeitos jurídicos. A compatibilidade da relação ou ato processual com o modelo legal gera a **tipicidade formal**. A desconformidade com o modelo legal é **a atipicidade processual ou a imperfeição jurídica**, que, por sua vez, pode gerar a inexistência, a irregularidade ou a nulidade (absoluta ou relativa) do ato ou processo.

A conformidade do ato processual com as formas regulamentares na ordem jurídica gera **ato processual perfeito**; já a desconformidade gera **o ato imperfeito**.

A **nulidade substancial** é a desconformidade do ato com as normas do Direito Penal; **a formal** é a desconformidade do ato com as normas do Direito

Processual Penal. A **intrínseca** ocorre nos sujeitos processuais; a **extrínseca** ocorre nos atos processuais.

2. Natureza jurídica

Quanto à natureza jurídica, há divergência doutrinária. Para alguns, nulidade é um **vício, defeito, falha ou imperfeição**, capaz de invalidar o processo no todo ou em parte. Para outros, nulidade é uma **sanção, ou seja, a consequência** que deriva da imperfeição jurídica. A **posição majoritária** é considerar nulidade tanto um vício como uma sanção.

3. Atipicidade constitucional

É a desconformidade do ato processual com a norma constitucional, gerando: a) processo injusto e ilegal; b) exercício incorreto e parcial da função jurisdicional; c) desrespeito aos direitos fundamentais e normas de ordem pública; d) insegurança jurídica.

A sanção imposta ao desrespeito à Constituição Federal gera inexistência ou nulidade absoluta, em homenagem ao devido processo legal.

4. Sistemas

a) **Formalista:** nulidade surge com a inobservância das exigências legais.

b) **Legalista:** nulidade depende de expressa previsão legal.

c) **Instrumental:** se o ato não observou as exigências legais, mas atingiu sua finalidade, deve ser válido. O fim prevalece sobre a forma do ato.

d) **Privatista:** só se decreta nulidade quando o ato resultar em prejuízo e a parte reclamar.

e) **Sistema da má-fé:** só se decreta a nulidade quando existente a má-fé.

No Direito Brasileiro, é adotado **o sistema misto**, pois há distinção entre as irregularidades de acordo com sua gravidade (inexistência, nulidade ou mera irregularidade).

5. Vícios processuais

5.1. Irregularidade

É a violação a normas infraconstitucionais que não acarreta prejuízo para o processo ou a parte. Não gera invalidade. Não influencia ou tem relevância no desenvolvimento do processo (vício irrelevante ou sem gravidade). É defeito superficial ou de pequena monta.

Convalida-se pelo prosseguimento do processo. Pode gerar sanção para o responsável pelo ato irregular. Trata-se de vício que afeta elementos acidentais de ato, não precisa ser declarado, nem reconhecido pelo juiz, sendo que o seu eventual refazimento ficará a critério dele.

5.2. Nulidade

5.2.1. Nulidade absoluta

Questão de prova

A 78ª prova de Promotor de Justiça MP/SP considerou CORRETA a afirmativa: "Em processo por crime de roubo duplamente qualificado, a defesa, em alegações finais, argui preliminar de nulidade processual, por vício de citação e, no mérito, pugnou pela desclassificação do delito para figura simples. O juiz, deixando de fazer referência às teses defensivas, quer no relatório, quer na fundamentação, condenou o réu pela figura qualificada. Diante dessas circunstâncias deve ser decretada a nulidade da sentença por falta de motivação".

É a violação a normas constitucionais ou infraconstitucionais garantidoras de interesse público, considerada vício grave e manifesto. Depende de **reconhecimento judicial** (declaração). O prejuízo é presumido. Deve ser reconhecido de ofício. Não admite convalidação. Pode ser declarada a **qualquer tempo**. Não ocorre preclusão.

Questões de prova

A V prova da Magistratura Federal TRF 4ª Região considerou CORRETA a afirmativa: "Se o juiz, em processo-crime apenado com reclusão, depois de ouvir as testemunhas de defesa, constata nulidade absoluta e insanável do ato de citação que resultou na decretação da revelia do réu, deve decretar a nulidade e dar ciência à parte".

A prova de Técnico Judiciário TJ/MG/2005 considerou CORRETA a afirmativa: "A nulidade absoluta ocorrida no curso de um processo penal pode ser suscitada pela Defesa, após o trânsito em julgado de sentença condenatória".

5.2.2. Nulidade relativa

É a violação a normas infraconstitucionais garantidoras de interesse das partes. Depende de reconhecimento judicial (decretação). O prejuízo deve ser demonstrado. Deve ser arguida em momento oportuno, sob pena de preclusão. Admite-se convalidação.

ITENS	NULIDADE ABSOLUTA	NULIDADE RELATIVA
Interesse	Público	Da parte
Reconhecimento de ofício pelo juiz	Sim	Não
Prejuízo	Presumido	Demonstrado
Momento	Qualquer tempo	Momento oportuno
Convalidação	Não	Sim

5.3. Anulabilidade

É a violação a normas legais. Não pode ser reconhecida de ofício. O ato gera efeitos até que ocorra a anulação.

ITENS	NULIDADE RELATIVA	ANULABILIDADE
Validade e eficácia do ato	Depende de condição suspensiva – saneamento.	Até a ocorrência de condição resolutiva – anulação.
Saneamento	É possível com a prática de certos atos.	Não é possível.

5.4. Inexistência

É uma ofensa aguda ou grotesca à lei, sem cumprir o mínimo necessário para o preenchimento das formalidades legais. É vício gravíssimo, que pode gerar prejuízo, enquanto não percebido ou reconhecido.

O ato não precisa ser declarado nulo ou inválido. Não admite convalidação. Não depende de reconhecimento judicial. O prejuízo é presumido, pois há violação a elementos constitutivos, essenciais do ato.

Trata-se da ausência de elemento essencial. É um não ato. É ato que possui existência material, mas não tem significado jurídico, devendo ser desconsiderado. É vício que pode ser reconhecido a qualquer tempo e de ofício.

6. Eficácia

Enquanto não declarada a nulidade, o ato produz efeitos; após a declaração, será reconhecida a invalidade *ex tunc*.

7. Princípios

Questão de prova

A prova de Defensor Público RS/2011 considerou CORRETA a afirmativa: "Sobre a teoria dos vícios processuais o Código de Processo Penal adota destacadamente os princípios do prejuízo, da causalidade, do interesse e da convalidação".

a) **Instrumentalidade das formas:** não se declara a nulidade de ato processual que não houver influído na apuração da verdade real ou na decisão da causa, nos termos do art. 566 do CPP, sob pena de configurar excesso de formalismo. A influência só pode ser constatada pela análise do conjunto fático-probatório do caso concreto.

Questão de prova

A prova de Promotor de Justiça MP/SP/2005 considerou CORRETA a afirmativa: "O princípio da instrumentalidade das formas não admite o reconhecimento da nulidade que não tenha influído na apuração da verdade substancial ou na decisão da causa".

Se o ato processual não observar a forma prescrita em lei, mas tiver atingido seu fim, não será declarada a nulidade nas seguintes hipóteses (serão consideradas sanadas):

- falta de intervenção do MP em todos os termos da ação por ele intentada e nos da intentada pela parte ofendida, quando se tratar de crime de ação penal pública;
- falta de intimação do réu para a sessão do julgamento pelo Tribunal do Júri, quando a lei não permitir o julgamento à revelia;
- por omissão de formalidade que constitua elemento essencial do ato;
- não abertura dos prazos concedidos à acusação e à defesa.

b) **Prejuízo ou *pas de nullité sans grief*:** não se declara nulidade de ato processual que não resulte prejuízo para uma das partes. Não se declara nulidade processual por mera presunção. O prejuízo é avaliado de acordo com o grau de comprometimento do contraditório e da correta aplicação do direito.

Questões de prova

A prova da AGU/2010 considerou INCORRETA a afirmativa: "Nenhum ato deve ser declarado nulo se, da nulidade, não resultar prejuízo para a acusação ou a defesa".

A prova de Delegado de Polícia PC/SP/2014 considerou CORRETA a afirmativa: "Segundo o princípio da *pas de nullité sans grief*, nenhum ato será declarado nulo, se da nulidade não resultar prejuízo".

O princípio da ***pas de nullité sans grief*** não se aplica no caso de nulidade absoluta, pois o prejuízo é presumido. Em sentido contrário, a jurisprudência do STF: "Para reconhecimento de eventual nulidade, ainda que absoluta, faz-se necessária a demonstração do prejuízo" (HC 82.899/SP, HC 112.191/SP, HC 85.155/SP).

Questão de prova

A prova de Defensor Público CE/2008 considerou INCORRETA a afirmativa: "Considere a seguinte situação hipotética. Marcelo foi denunciado pelo Ministério Público pela prática de homicídio qualificado pelo emprego de meio cruel. Após o curso da instrução probatória, sem quaisquer vícios, o promotor apresentou as alegações finais, requerendo a pronúncia de Marcelo nos mesmos termos da denúncia. Remetidos os autos ao defensor público, este elaborou manifestação de uma lauda na qual afirmou se reservar o direito de apresentar as teses defensivas no plenário do tribunal do júri. Nessa situação, há nulidade absoluta do processo, que pode ser arguida a qualquer tempo e grau de jurisdição, independentemente da comprovação de prejuízo para o réu".

Assim, o referido princípio é aplicado apenas nos casos de nulidade relativa, em que o prejuízo deverá ser provado pela parte que a invocar: "Para a declaração da nulidade de determinado ato processual, não basta a mera alegação da ausência de alguma formalidade na sua execução, sendo imperiosa a demonstração do eventual prejuízo concreto suportado pela parte na sua omissão, mormente quando se alcança a finalidade que lhe é intrínseca, conforme dispõe o art. 563 do Código de Processo Penal" (HC 248.392/RS, STJ).

c) **Interesse:** somente a parte prejudicada pode alegar nulidade; a parte não pode arguir nulidade a que haja dado causa (indicação de má-fé) ou que só interesse à parte contrária (indicação de intento procrastinatório), nos termos do art. 565 do CPP. Ninguém pode se beneficiar da própria torpeza.

   A parte que invocar a nulidade deve ser aquela que obtenha alguma vantagem ou resultado favorável, demonstrando interesse processual no caso concreto. O Ministério Público, como fiscal da lei, tem interesse no desenvolvimento regular do processo.

d) **Causalidade, consequencialidade ou sequencialidade:** a nulidade de um ato, uma vez declarada, acarreta a nulidade de outros que dele decorram ou dependam, já que os atos do procedimento formam **um elo lógico causal** que visa uma sentença final. Os efeitos da nulidade de um ato somente maculam aos demais diretamente **dependentes ou consequentes**, nos termos do art. 573, § 1º, do CPP. Tourinho afirma que a extensão da nulidade é denominada de **ineficácia contagiosa**, nos termos do art. 573, § 1º, do CPP.

Questão de prova

O 19º Concurso de Procurador da República considerou CORRETA a afirmativa: "Quanto às nulidades processuais se decretadas ocasionam a nulidade dos atos subsequentes".

Assim, a invalidade de um ato provoca a invalidação daqueles que dele dependam, de modo que os atos posteriores **podem ser preservados se não dependerem logicamente do ato anulado** (não se justifica anulação de atos que não dependam diretamente ou não sejam consequência de um vício existente no processo).

É importante ressaltar que o juiz que pronunciar a nulidade declara os atos atingidos. Em outros termos, a extensão da nulidade deverá ser declarada pelo órgão julgador. Em relação ao tema, há as seguintes discussões:

- **nulidade da citação:** parte da doutrina e a jurisprudência do STJ sustentam que, no caso de nulidade de citação, serão anulados os atos seguintes, em razão da dependência. "A princípio, a declaração da nulidade do processo a partir da citação editalícia, acarreta a nulidade, por derivação, de todos os atos processuais subsequentes" (HC 28.830/SP, STJ);
- **nulidade do interrogatório judicial (quando anterior à audiência de instrução):** sendo o interrogatório uma parte da instrução probatória,

só haverá nulidade quando essa parte macular toda a instrução. Tal verificação será feita na análise do caso concreto.

e) **Conservação ("o útil não é viciado pelo inútil"):** não haverá contaminação dos atos que não dependam de ato viciado, por motivo de economia processual. É admitida nulidade parcial ou total. É abrangido pela instrumentalidade das formas e pelo princípio da causalidade.

f) **Convalidação:** é a possibilidade de o ato imperfeito ter aproveitamento no processo. Só vale para as nulidades relativas. Os atos cuja nulidade não tiver sido sanada serão renovados ou retificados. Também aqui o fundamento é a economia processual. Se a nulidade relativa não for arguida no momento oportuno, ocorrerá preclusão.

Convalidação das nulidades relativas é a correção do vício processual. O saneamento ocorre em três casos: 1) não alegação em momento oportuno; 2) o ato foi praticado de outra forma, mas atingiu seu fim; 3) se a parte, ainda que tacitamente, tiver aceitado os seus efeitos.

As **nulidades relativas** devem ser alegadas em momento oportuno, sob pena de serem consideradas sanadas. Ex.: 1) falta da intervenção do Ministério Público em todos os termos da ação por ele intentada e nos da intentada pela parte ofendida, quando se tratar de crime de ação privada; 2) falta de concessão de prazo à acusação e à defesa; 3) falta de intimação do réu para sessão de julgamento, pelo tribunal do júri, quando a lei não permitir o julgamento à revelia; 4) falta de intimação das testemunhas, nos termos estabelecidos em lei; 5) omissão de formalidade que constitua elemento essencial do ato.

Questão de prova

A prova de Promotor de Justiça MP/SP/2010 considerou CORRETA a afirmativa: "É considerada nulidade relativa, que pode ser sanada, a falta de concessão de prazos à acusação e à defesa".

Existem regras especiais de convalidação:

- **as omissões da denúncia ou da queixa e da representação:** poderão ser supridas a qualquer tempo, antes da sentença final; o aditamento da denúncia é perfeitamente admissível, desde que ocorra antes da sentença final e seja garantido o exercício da ampla defesa e do contraditório;
- **a falta ou a nulidade da citação, da intimação ou notificação:** estará sanada, desde que o interessado compareça, antes de o ato consumar-se, embora declare que o faz para o único fim de argui-la. O juiz ordenará, todavia, a suspensão ou o adiamento do ato, quando reconhecer que a irregularidade poderá prejudicar direito da parte;

- **nulidade por ilegitimidade de parte:** o saneamento é feito com a ratificação dos atos processuais. A falha na representação processual do querelante pode ser sanada a qualquer tempo, desde que dentro do prazo decadencial.

> **Questão de prova**
> A prova de Defensor Público CE/2008 considerou CORRETA a afirmativa: "A nulidade por ilegitimidade do representante da parte poderá ser sanada a qualquer tempo, mediante ratificação dos atos processuais".

É importante ressaltar que existe momento de arguição da nulidade:

1) **nulidades absolutas:** em qualquer tempo, mesmo após o trânsito em julgado;

2) **nulidades relativas:**

- **as da instrução criminal dos processos da competência do júri:** nos prazos dos debates orais ou em memoriais, caso haja a admissão no procedimento;

> **Questão de prova**
> A prova de Analista Judiciário TJ/ES/2011 considerou INCORRETA a afirmativa: "A nulidade da instrução criminal dos processos de competência do júri deverá ser arguida até o encerramento da instrução, no momento dos debates finais, ao passo que a nulidade da instrução criminal dos processos de competência do juiz singular deverá ser arguida no encerramento da instrução, quando das alegações finais orais ou da apresentação de memoriais".

- **as da instrução criminal dos processos de competência do juiz singular e dos processos especiais:** dos debates orais ou em memoriais, caso seja admitido no procedimento;

> **Questão de prova**
> A XLI prova de Promotor de Justiça RS considerou CORRETA a afirmativa: "As nulidades ocorridas na instrução do crime de induzimento, instigação ou auxílio ao suicídio (art. 122 do CP) deverão ser arguidas no prazo das alegações finais".

- **as ocorridas posteriormente à pronúncia:** logo depois de anunciado o julgamento e apregoadas as partes;

> **Questão de prova**
> A XLI prova de Defensor Público DPE/PE/2015 considerou INCORRETA a afirmativa: "Nulidade ocorrida após a pronúncia deverá ser arguida na fase de especificação das provas que serão produzidas em plenário, sob pena de preclusão".

- **as de instrução criminal dos processos de competência do Supremo Tribunal Federal e dos Tribunais de Apelação:** nos prazos das alegações finais;
- **se verificadas após a decisão da primeira instância:** nas razões de recurso ou logo depois de anunciado o julgamento do recurso e apregoadas as partes;

- **as do julgamento em plenário:** em audiência ou em sessão do tribunal, logo depois de ocorrerem. Assim, nulidade ocorrida no julgamento pelo Júri Popular deve, necessariamente, ser objeto de impugnação pela parte interessada e constar em ata de julgamento, sob pena de preclusão. Podemos citar como exemplos: as possíveis irregularidades na quesitação (formulação de quesitos no procedimento do júri) devem ser arguidas no momento oportuno, sob pena de preclusão, salvo quando causem perplexidade aos jurados, ressalvadas as nulidades absolutas; ausência de protesto acerca da suspeição ou impedimento de jurados no momento oportuno, qual seja, durante a sessão de julgamento, acarreta preclusão.

Questão de prova

A prova de Analista Judiciário TJ/AP/2009 considerou CORRETA a afirmativa: "As nulidades ocorridas durante o julgamento em plenário do júri devem ser arguidas logo depois de ocorrerem".

g) **Não preclusão e pronunciamento *ex officio*:** as nulidades absolutas podem ser reconhecidas de ofício pelo juiz ou mediante arguição das partes e constituem vícios insanáveis, não estando sujeitas à preclusão. As nulidades relativas dependem de provocação do interessado e, se não arguidas em momento oportuno, ocorre preclusão.

No caso de recurso exclusivo da defesa, o tribunal poderá reconhecer nulidade absoluta, mesmo que a nulidade não tenha sido alegada, nos termos da Súmula 160 do STF: "É nula a decisão do tribunal que acolhe contra o réu nulidade não arguida no recurso da acusação, ressalvados os casos de recurso de ofício". Segundo Fernando Capez[1], o tribunal deverá reconhecer a nulidade absoluta de ofício, haja ou não prejuízo à defesa, quando se tratar de incompetência absoluta.

h) **Legalidade:** as formas processuais são reguladas pela lei, colaborando no convencimento judicial e na busca da verdade dos fatos.

II – Nulidades em Espécie

1. Art. 564 do CPP

a) **Por incompetência:** a incompetência territorial gera nulidade relativa; as demais incompetências geram nulidade absoluta. No caso de nulidade relativa, a incompetência do juízo anula somente os atos decisórios, devendo o processo, quando for declarada a nulidade, ser remetido ao juiz competente; na nulidade absoluta, todos os atos serão invalidados.

1 CAPEZ, Fernando. *Curso de processo penal*. São Paulo: Saraiva, 2012.

b) **Por suspeição:** a suspeição do juiz gera nulidade absoluta; o impedimento, por sua vez, gera inexistência do ato e não pode ser sanado.

c) **Por suborno do juiz:** ocorre quando o juiz não cumpre com os deveres inerentes ao seu ofício, constituindo o fato concussão, corrupção ou prevaricação.

d) **Por ilegitimidade de parte:** se for *ad causam* ativa ou passiva, gera nulidade absoluta; se for *ad processum*, gera nulidade relativa; se for falta de capacidade postulatória, gera nulidade relativa. A **nulidade por ilegitimidade** do representante da parte poderá ser a qualquer tempo sanada, mediante **ratificação dos atos processuais**. A ilegitimidade do assistente de acusação gera nulidade relativa.

> **Questões de prova**
>
> A prova da AGU/2010 considerou INCORRETA a afirmativa: "A nulidade por ilegitimidade do representante da parte não pode ser sanada mediante ratificação dos atos processuais, sendo necessária a renovação dos atos processuais realizados pelo representante ilegítimo".
>
> A prova do Procurador do TCE/AP/2010 considerou CORRETA a afirmativa: "A nulidade por ilegitimidade do representante da parte poderá ser a todo tempo sanada, mediante ratificação dos atos processuais".

e) **Por falta das fórmulas ou dos seguintes termos:**

- **a denúncia ou a queixa e a representação:** nulidade absoluta; é posição majoritária a inclusão por analogia da requisição do Ministro da Justiça. A jurisprudência firmada é no sentido da não necessidade de formalismo na representação, de forma que falhas ou omissões não geram nulidade, desde que inequívoca a intenção da vítima de querer processar o infrator da lei penal. É posição do STF que o representante legal pode ser qualquer pessoa com relação de parentesco ou de dependência econômica com a vítima.

Irregularidades: erro de endereçamento, erro de capitulação jurídica, ausência de pedido de citação, ausência na indicação do rito, falta de assinatura do promotor, erro na qualificação do acusado, desde que seja possível identificação física;

- **o exame do corpo de delito nos crimes que deixam vestígios, ressalvado o disposto no art. 167 do CPP:** nos crimes não transeuntes ou que deixam vestígios, é indispensável o exame de corpo de delito (perícia). No desaparecimento dos vestígios, será realizado o exame de corpo de delito indireto (prova testemunhal). A não realização do exame gera nulidade absoluta. Já exame em desacordo com formalidades legais gera nulidade relativa;

- **a nomeação de defensor ao réu presente, que o não tiver, ou ao ausente, e de curador ao menor de 21 anos:** em relação à nomeação do curador, o art. 564 do CPP foi derrogado pelo novo Código Civil. Na falta de defensor ao acusado, deve ser dada oportunidade de escolha. Se o acusado não o escolher, será nomeado um defensor, pois ninguém poderá ser processado ou julgado sem um defensor, nos termos do art. 261 do CPP. O acusado pode atuar em defesa própria, se tiver habilitação técnica. A falta de defesa gera nulidade absoluta. A deficiência de defesa gera nulidade relativa;

- **a intervenção do Ministério Público em todos os termos da ação por ele intentada e nos da intentada pela parte ofendida, quando se tratar de crime de ação pública:** na ação penal pública, o fundamento da intervenção é o princípio da indisponibilidade e a falta de intervenção gera nulidade absoluta. Na ação penal privada, o fundamento é o seu papel de fiscal da lei e a falta de intervenção gera nulidade relativa;
- **a citação do réu para ver-se processar o seu interrogatório, quando presente, e os prazos concedidos à acusação e à defesa:** a falta de citação gera nulidade absoluta. Porém, a falta ou nulidade da citação estará sanada, desde que o interessado compareça, antes de o ato consumar-se, embora declare que o faz para o único fim de argui-la. O juiz ordenará, todavia, a suspensão ou o adiamento do ato, quando reconhecer que a irregularidade poderá prejudicar direito da parte. No caso de interrogatório e supressão de prazos, para alguns a falta gera nulidade absoluta, para outros gera nulidade relativa. Ainda que o réu tenha constituído advogado antes do oferecimento da denúncia – na data da prisão em flagrante – e o patrono tenha atuado, por determinação do juiz, durante toda a instrução criminal, é nula a **ação penal** que tenha condenado o réu sem a sua presença, o qual não foi citado nem compareceu pessoalmente a qualquer ato do processo, inexistindo prova inequívoca de que tomou conhecimento da denúncia (*Informativo* 580/2016);
- **a sentença de pronúncia, o libelo e a entrega da respectiva cópia, com o rol de testemunhas, nos processos perante o Tribunal do Júri:** a falta de sentença de pronúncia gera nulidade absoluta. O libelo e a respectiva contrariedade foram revogados;
- **a intimação do réu para a sessão de julgamento, pelo Tribunal do Júri, quando a lei não permitir o julgamento à revelia:** gera nulidade absoluta;
- **a intimação das testemunhas arroladas no libelo e na contrariedade, nos termos estabelecidos pela lei:** a falta de intimação das testemunhas gera nulidade relativa. As peças de libelo e contrariedade foram revogadas pela Lei n. 11.689/2008;

- **a presença pelo menos de 15 jurados (art. 447 do CPP) para a constituição do júri:** a não presença do número mínimo para instalação da sessão do júri gera nulidade absoluta;
- **o sorteio dos jurados do conselho de sentença em número legal e sua incomunicabilidade:** o não sorteio ou Conselho formado por menos de 7 jurados implica gerar nulidade absoluta do julgamento. A quebra da incomunicabilidade entre jurados gera a exclusão do jurado e a dissolução do Conselho;
- **os quesitos e as respectivas respostas:** a ausência de quesito obrigatório ou a inversão da ordem estabelecida em lei gera nulidade absoluta, nos termos da Súmula 156 do STF;
- **a acusação e a defesa, na sessão de julgamento:** a acusação deve pleitear a condenação ou absolvição do acusado; já a defesa só pode pedir algo que favoreça o acusado. No caso de acusado indefeso, o juiz-presidente do tribunal do júri nomeia outro defensor. A falta de defesa gera nulidade absoluta e sua deficiência gera nulidade relativa;
- **a sentença:** a falta de sentença gera nulidade absoluta. A falta de relatório, fundamentação, dispositivo, data e assinatura do juiz também podem gerar nulidade absoluta;
- **o recurso de ofício, nos casos em que a lei o tenha estabelecido:** a falta de recurso de ofício impede que a decisão transite em julgado, nos termos da Súmula 453 do STF;
- **a intimação, nas condições estabelecidas pela lei, para ciência de sentenças e despachos de que caiba recurso:** para alguns, a falta de intimação é causa de nulidade absoluta; para outros, é de nulidade relativa; preso o réu durante o prazo do edital, deverá ser intimado pessoalmente do r. decreto condenatório, na forma do art. 392, I, do CPP, restando prejudicada a intimação editalícia (*Informativo* 583/2016). Na intimação pessoal do acusado acerca de sentença de pronúncia, a ausência de apresentação do termo de recurso ou de renúncia não gera nulidade do ato (*Informativo* 579/2016);

- **no Supremo Tribunal Federal e nos Tribunais de Apelação, o quórum legal para o julgamento:** a violação do número mínimo necessário para instalar sessão de julgamento gera nulidade absoluta;
- **por omissão de formalidade que constitua elemento essencial do ato:** gera nulidade relativa, sendo necessária a demonstração do prejuízo. Elemento essencial é o elemento sem o qual o ato não conseguiria cumprir sua finalidade;

- **por deficiência dos quesitos ou das suas respostas, e contradição entre estas:** gera nulidade absoluta. Quando os quesitos de defesa não precedem aos das circunstâncias agravantes, ocorre nulidade absoluta do julgamento pelo júri, nos termos da Súmula 162 do STF.

2. Nulidades no processo penal (rol exemplificativo)

Questão de prova

A prova de Defensor Público da União/2010 considerou CORRETA a afirmativa: "Segundo entendimento sumulado do STF, o advogado de defesa não pode pedir, em alegações finais, a qualquer título, a condenação do acusado, sob pena de nulidade absoluta, por violação ao princípio da ampla defesa".

- **Nulidades em inquérito policial:** as irregularidades constantes no inquérito policial não contaminam o processo, já que se trata de peça informativa, podendo acarretar redução no seu valor probatório, relaxamento ou revogação da prisão e responsabilidade administrativa da autoridade responsável.

Questões de prova

A prova de Analista Judiciário TRE/ES/2011 considerou INCORRETA a afirmativa: "Eventuais nulidades ocorridas na fase inquisitorial contaminam o desenvolvimento da ação penal respectiva, haja vista ser o inquérito policial peça probatória com a finalidade de fornecer ao Ministério Público os elementos necessários para a propositura da ação penal".

A prova de Delegado da Polícia Federal/2004 considerou CORRETA a afirmativa: "Considere que o delegado de polícia de determinada circunscrição tenha ordenado diligências em outra, sem ter expedido carta precatória, requisições ou solicitações. Nessa situação, não houve nulidade no inquérito policial respectivo".

- **Nulidades em procedimento criminal:** falta de intimação do **defensor**; falta de afixação do edital de citação no átrio do Fórum (constitui mera irregularidade, que não conduz à nulidade da instrução criminal); inobservância da competência por prevenção; a não observância do art. 55 da Lei n. 11.343/2006, que determina a apresentação de defesa preliminar antes do recebimento da denúncia; a falta de intimação pessoal do acusado acerca da sentença absolutória não é causa de nulidade processual, mormente quando a defesa toma ciência inequívoca do seu teor e o impugna; ausência de intimação do acusado e de seu defensor para a sessão em que se delibere acerca do recebimento ou rejeição da denúncia, nos casos de ação penal **originária**; não concessão do prazo para resposta preliminar do **art. 514 do CPP**.

Questões de prova

A prova de Técnico Judiciário TJ/MG/2007 considerou CORRETA a afirmativa: "A nomeação de defensor *ad hoc* em razão do não comparecimento do defensor constituído, regularmente intimado, à audiência de ouvida de testemunha, não é causa de nulidade".

A prova de Analista/STJ/2008 considerou INCORRETA a afirmativa: "Não gera nulidade a ausência de intimação do acusado e de seu defensor, para sessão em que se delibere acerca do recebimento ou rejeição da denúncia, nos casos de ação penal originária".

Questões de prova

A prova de Promotor de Justiça MP/RR/2008 considerou CORRETA a afirmativa: "Ana, servidora pública, foi indiciada pelo cometimento do crime de prevaricação, crime afiançável, praticado contra a administração pública. Não sendo cabíveis os benefícios previstos na Lei n. 9.099/1995, foi oferecida a denúncia. O juiz determinou a citação da ré para o interrogatório e não concedeu prazo para a apresentação da resposta prévia, prevista no art. 514 do Código de Processo Penal. Nessa situação, operou-se nulidade absoluta, devendo ser declarada a nulidade de todos os atos decisórios proferidos no processo".

- **Nulidade no juizado especial criminal:** os atos processuais que não observarem a forma prevista em lei, mas atingirem sua finalidade, serão válidos; não se pronunciará qualquer nulidade sem que tenha havido qualquer prejuízo.
- **Nulidades em prisão:** não fundamentação na decretação da prisão cautelar; não observância das formalidades da prisão em flagrante; excesso injustificado (injustificável e desarrazoado) do prazo de prisão;
- **Nulidades em matéria probatória:** negar para ambas as partes todos os recursos para oferecimento da matéria probatória; prova colhida sem a presença do juiz ou das partes; condenação com base em elementos de prova do inquérito policial ou de quaisquer outros procedimentos administrativos prévios; prova emprestada com violação do contraditório; quando o juiz deixar de apreciar provas ou questões de fato ou de direito decisivas para o julgamento; não comunicação do direito ao **silêncio** no interrogatório.

Questão de prova

A prova de Promotor de Justiça MP/RR/2008 considerou INCORRETA a afirmativa: "Alex, ao ser interrogado em processo penal, não foi comunicado pelo juiz acerca de seu direito constitucional de se manter em silêncio. Durante seu interrogatório, confessou as infrações penais que lhe foram imputadas. Nessa situação, mesmo sendo considerado o interrogatório como meio de prova e de defesa, configura-se causa de nulidade relativa, em razão da aplicação do princípio *nemo tenetur se detegere*".

- **Nulidades em recursos criminais:** *habeas corpus* substitutivo do recurso ordinário; ausência do juízo de retratação quando exigido por lei; supressão de instância; não intimação das partes ou publicação da pauta no julgamento do recurso criminal (Súmula 431 do STF); não juízo de admissibilidade do recurso pelo juiz *a quo* (Súmula 123 do STJ); não presença de razões recursais; reexame de provas (Súmula 7 do STJ); não indicação do dispositivo violado; não observância das seguintes súmulas: inadmissível recurso especial quanto à questão que, a despeito da oposição de embargos declaratórios, não foi apreciada pelo tribunal *a quo* (Súmula 211 do STJ); é deserto o recurso interposto para o Superior Tribunal de Justiça, quando o recorrente não recolhe, na origem, a importância das despesas de remessa e retorno dos autos (Súmula 187 do STJ); a divergência entre julgados do mesmo Tribunal não enseja recurso especial (Súmula 13 do STJ); não se conhece do recurso especial pela divergência, quando a orientação do Tribunal se firmou no mesmo sentido da decisão recorrida (Súmula 83 do STJ); é inadmissível o recurso extraordinário, quando a deficiência na sua fundamentação não permitir a exata compreensão da controvérsia (Súmula 284 do STF); é inadmissível o recurso extraordinário, quando couber, na justiça de origem, recurso ordinário da decisão impugnada (Súmula 281 do STF); para simples reexame de prova não cabe recurso extraordinário (Súmula 279 do STF); o efeito devolutivo da apelação contra decisões do Júri é adstrito aos fundamentos da sua interposição (Súmula 713 do STF); é nulo o julgamento da apelação se, após a manifestação nos autos da renúncia do único defensor, o réu não foi previamente intimado para constituir outro (Súmula 708 do STF); constitui **nulidade** a falta de intimação do denunciado para oferecer contrarrazões ao recurso interposto da rejeição da denúncia, não a suprindo a nomeação de defensor dativo (Súmula 707 do STF); a renúncia do réu ao direito de apelação, manifestada sem a assistência do defensor, não impede o conhecimento da apelação por este interposta (Súmula 705 do STF).

Questões de prova

A prova de Defensor Público ES/2009 considerou INCORRETA a afirmativa: "Nas hipóteses de atuação de defensor público, não prevalece o princípio da voluntariedade dos recursos, o que leva à conclusão de que a falta de interposição de apelo em ataque à decisão contrária aos interesses do réu, por si só, acarreta nulidade".

A prova de Analista Judiciário STJ/2011 considerou CORRETA a afirmativa: "Em decorrência da aplicação do princípio do contraditório, constitui nulidade a falta de intimação do denunciado para oferecer contrarrazões ao recurso interposto da rejeição da denúncia, não suprindo a nomeação de defensor dativo".

- **Nulidades em ações impugnativas autônomas:** análise profunda de provas em sede de *habeas corpus*.
- **Nulidades em execução penal:** falta de intimação das partes nas decisões proferidas na execução penal; falta de prova e fundamentação na decisão de progressão ou regressão de regime; fundamento insuficiente ou falta de fundamentação nas decisões da execução penal; concessão de benefícios sem o devido processo legal; não oitiva do Ministério Público, sentenciado e defesa técnica; não produção de prova, salvo prova irrelevante ou impertinente, com decisão fundamentada.

III – Questões Complementares

- **Recurso:** a decisão anulatória do processo, no todo ou em parte, enseja recurso em sentido estrito, nos termos do art. 581, XIII, da CF. A decisão que rejeita a anulação do processo enseja alegação em preliminar de recurso.
- **Reconhecimento da nulidade: a)** ***habeas corpus*:** é possível utilizar para pedir a nulidade do processo, no todo ou em parte, desde que a ilegalidade ou abuso atinja de forma direta ou indireta a liberdade ambulatória; **b) mandado de segurança:** é possível utilizar para o reconhecimento da nuli-

dade, desde que: 1) exista ação ou omissão da autoridade coatora; 2) conduta da autoridade coatora seja ilegal ou abusiva; 3) ocorra lesão ou ameaça de lesão; 4) haja direito líquido e certo; **c) revisão criminal:** é possível utilizar para anular o processo, já que, se for julgada procedente, o art. 626 do CPP permite que o Tribunal anule o processo. No caso de dúvida entre *habeas corpus* e revisão criminal, deve-se verificar se o caso exige exame aprofundado de provas; se exigir, usa-se revisão; se não exigir, usa-se *habeas corpus*; **d) sentença:** antes de o juiz singular analisar a pretensão deduzida em juízo, deve resolver as preliminares, ou seja, as questões ligadas à regularidade formal, tendo em mira a ideia de que a realização da justiça deve prevalecer sobre o excessivo formalismo.

IV – Súmulas Aplicáveis

- **Súmula 155 do STF** – É relativa a nulidade do processo criminal por falta de intimação da expedição de **precatória** para inquirição de **testemunha.**

Questões de prova

A prova de Procurador TCE/AP/2010 considerou CORRETA a afirmativa: "Intimada a defesa da expedição de carta precatória, torna-se desnecessária a intimação da data da audiência no juízo deprecado".

A prova de Analista Judiciário TRE/BA/2010 considerou CORRETA a afirmativa: "A intimação do advogado para a inquirição de testemunhas no juízo deprecado é desnecessária, sendo imprescindível apenas a intimação do patrono por ocasião da expedição da carta precatória. Dessa forma, cabe à defesa o ônus do acompanhamento do ato no juízo deprecado".

A prova da Magistratura TJ/DF/2007 considerou CORRETA a afirmativa: "Expedida carta precatória para oitiva de testemunhas da acusação, foram intimadas as partes, bem como o Ministério Público e a defesa técnica. As testemunhas foram ouvidas pelo juízo deprecado, sem que este tenha feito qualquer intimação da data e horário da respectiva audiência. Na ausência do advogado do acusado, designou o juízo deprecado defensor dativo, que assistiu a oitiva das testemunhas. Juntada a precatória aos autos, proferiu o juiz sentença, condenando o réu. Este, no recurso de apelação, levantou preliminar de nulidade do processo, em razão da falta de intimação pelo juízo deprecado da data e horário da audiência de oitiva das testemunhas. Esta preliminar de nulidade deve ser rejeitada, porque o que a lei exige é a intimação da expedição da carta precatória para oitiva das testemunhas, não da data e horário em que se realizarão as audiências no juízo deprecado".

- **Súmula 156 do STF** – É absoluta a nulidade do julgamento, pelo júri, por falta de quesito obrigatório.
- **Súmula 160 do STF** – É nula a decisão do **tribunal** que acolhe, contra o réu, nulidade não arguida no recurso da acusação, ressalvados os casos de recurso de ofício.

Questão de prova

A prova da Magistratura TJ/SP/2011 considerou CORRETA a afirmativa: "É nula a decisão do Tribunal que acolhe, contra o réu, nulidade não arguida no recurso da acusação, exceto nos casos de recurso de ofício".

- **Súmula 162 do STF** – É absoluta a nulidade do julgamento pelo júri, quando os quesitos da defesa não precedem aos das circunstâncias agravantes.
- **Súmula 206 do STF** – É nulo o julgamento ulterior pelo júri com a participação de jurado que funcionou em julgamento anterior do mesmo processo.
- **Súmula 351 do STF** – É nula a citação por edital de réu preso na mesma unidade da federação em que o juiz exerce a sua jurisdição.
- **Súmula 352 do STF** – Não é nulo o processo penal por falta de nomeação de curador ao réu menor que teve a assistência de defensor dativo.
- **Súmula 361 do STF** – No processo penal, é nulo o exame realizado por um só perito, considerando-se impedido o que tiver funcionado, anteriormente, na diligência de apreensão.
- **Súmula 366 do STF** – Não é nula a citação por edital que indica o dispositivo da lei penal, embora não transcreva a denúncia ou queixa, ou não resuma os fatos em que se baseia.
- **Súmula 431 do STF** – É nulo o julgamento de recurso criminal, na segunda instância, sem prévia intimação, ou publicação da pauta, salvo em "habeas corpus".
- **Súmula 523 do STF** – No processo penal, a **falta da defesa** constitui nulidade absoluta, mas a sua deficiência só o anulará se houver prova de prejuízo para o réu.

> **Questão de prova**
> A prova de Procurador TCE/AP/2010 considerou CORRETA a afirmativa: "No processo penal, a falta da defesa constitui nulidade absoluta, mas a sua deficiência só o anulará se houver prova de prejuízo para o réu".

- **Súmula 564 do STF** – A ausência de fundamentação do despacho de recebimento de denúncia por crime falimentar enseja nulidade processual, salvo se já houver sentença condenatória.
- **Súmula 704 do STF** – Não viola as garantias do **juiz natural**, da ampla defesa e do devido processo legal a atração por continência ou conexão do processo do corréu ao foro por prerrogativa de função de um dos denunciados.

> **Questão de prova**
> A prova de Defensor Público RS/2011 considerou CORRETA a afirmativa: "Não viola as garantias do juiz natural, da ampla defesa e do devido processo legal a atração por continência ou conexão do processo do corréu ao foro por prerrogativa de função de um dos denunciados".

- **Súmula 706 do STF** – É **relativa** a nulidade decorrente da inobservância da competência penal por prevenção.

Questões de prova

A prova de Delegado da Polícia Federal/2004 considerou INCORRETA a afirmativa: "A inobservância da competência penal por prevenção gera nulidade absoluta do processo".

A prova de Procurador TCE/AP/2010 considerou CORRETA a afirmativa: "É relativa a nulidade decorrente da inobservância da competência penal por prevenção".

A prova de Promotor de Justiça MPE/PA/2014 considerou INCORRETA a afirmativa: "É absoluta a nulidade decorrente da inobservância da competência penal por prevenção".

- **Súmula 707 do STF** – Constitui nulidade a falta de intimação do denunciado para oferecer contrarrazões ao recurso interposto da rejeição da denúncia, não a suprindo a nomeação de defensor dativo.
- **Súmula 708 do STF** – É nulo o julgamento da apelação se, após a manifestação nos autos da renúncia do único defensor, o réu não foi previamente intimado para constituir outro.
- **Súmula 709 do STF** – Salvo quando nula a decisão de **primeiro grau**, o acórdão que provê o recurso contra a rejeição da denúncia vale, desde logo, pelo recebimento dela.

Questão de prova

A prova de Procurador TCE/AP/2010 considerou CORRETA a afirmativa: "Salvo quando nula a decisão de primeiro grau, o acórdão que provê o recurso contra a rejeição da denúncia vale, desde logo, pelo recebimento dela".

- **Súmula 712 do STF** – É nula a decisão que determina o desaforamento de processo da competência do Júri sem audiência da defesa.

QUESTÕES SOBRE NULIDADES

1. (84º Concurso de Promotor de Justiça Substituto MP/SP) Assinale a alternativa incorreta.

a) A nulidade relativa pode ser reconhecida pelo juiz, de ofício, a qualquer tempo do processo.

b) A nulidade pode atingir todo o processo, desde o seu início, parte do processo ou apenas um ato, sem reflexo em qualquer outro.

c) A nulidade relativa considera-se sanada pelo silêncio das partes, pela efetiva consecução do escopo visado pelo ato não obstante sua irregularidade e pela aceitação, ainda que tácita, dos efeitos do ato irregular.

d) O princípio da instrumentalidade das formas não admite o reconhecimento da nulidade que não tenha influído na apuração da verdade substancial ou na decisão da causa.

e) Nos termos da Súmula 156 do Supremo Tribunal Federal, é absoluta a nulidade do julgamento, pelo Júri, por falta de quesito obrigatório.

2. (87º Concurso de Promotor de Justiça Substituto MP/SP) É considerada nulidade relativa, que pode ser sanada:

a) a falta de concessão de prazos à acusação e à defesa.

b) a ilegitimidade de parte.

c) a falta de nomeação de defensor ao réu presente, que o não tiver.

d) a violação à incomunicabilidade dos jurados.

e) a suspeição do juiz.

3. (Analista Judiciário TJ/PE/2007) A incompetência do juízo anula

a) os atos processuais posteriores ao recebimento da denúncia.
b) os atos processuais posteriores ao oferecimento da denúncia.
c) somente os atos decisórios.
d) os atos processuais posteriores à citação do acusado.
e) os atos processuais posteriores à defesa prévia.

4. (Promotor de Justiça MP/CE/2008) Em relação ao sistema de nulidades no processo penal, pode-se afirmar que a

a) falha na procuração para apresentação de queixa não poderá ser suprida.
b) falta de defesa constitui nulidade absoluta, mas a sua deficiência só anulará o processo se houver prova de prejuízo para o réu.
c) falta do exame de corpo de delito direto nos crimes que deixam vestígios causará nulidade absoluta, não se admitindo suprimento por qualquer outro meio de prova.
d) declaração de nulidade por vício na inquirição de uma testemunha sempre causará a dos atos de inquirição posteriores de outras testemunhas.
e) realização de citação por hora certa causará nulidade do processo, por não ser admitida.

5. (Analista Judiciário TJ/PA/2009) A nulidade absoluta pode ser decretada

a) somente pelo Supremo Tribunal Federal.
b) somente até o trânsito em julgado da sentença condenatória.
c) somente até a prolação da sentença condenatória de primeira instância.
d) somente a requerimento do Ministério Público.
e) mesmo após o trânsito em julgado da decisão condenatória.

6. (Analista Judiciário TRE/PB/2007) A respeito das Nulidades, considere:

I. Em regra, nenhum ato será declarado nulo, se da nulidade não resultar prejuízo para a acusação ou para a defesa.
II. As omissões da denúncia ou da queixa ou da representação poderão ser supridas a todo o tempo, antes da sentença final.
III. As partes poderão arguir a nulidade a qualquer tempo, inclusive, a que haja dado causa, ou para que tenha concorrido.
IV. A incompetência do juízo anula todos os atos realizados, devendo o processo, quando for declarada a nulidade, ser remetido ao juiz competente.

De acordo com o Código de Processo Penal, está correto o que consta APENAS em:

a) I, II e IV.
b) II, III e IV
c) II e III.
d) I e IV.
e) I e II.

7. (Agente Polícia Civil/DF/2009) Oferecida denúncia por crime de ação pública incondicionada, o Ministério Público arrolou testemunha residente em comarca diversa, tendo sido expedida carta precatória para realização de sua oitiva, com o prazo de noventa dias, intimadas as partes. Encerrada a instrução após tal prazo, sem que fosse informada a data da inquirição da testemunha, ou mesmo a devolução da precatória, foi aberta vista às partes para memoriais, que alegaram a nulidade do feito pela não comunicação da data de oitiva da testemunha e que, até aquela data, a carta não foi juntada aos autos. O magistrado superou as nulidades alegadas e condenou o réu. Tendo em vista essa situação hipotética, assinale a alternativa correta.

a) O feito está eivado de nulidade, principalmente porque não foi concedida ao réu a possibilidade de inquirição da testemunha, ofendendo seu direito ao contraditório, principalmente pelo prejuízo advindo de sua condenação.

b) A nulidade no caso é relativa e, por ter sido alegada na oportunidade própria, deverá ser declarada pelo tribunal.
c) Não há nulidade alguma a ser sanada, porque a obrigação do juízo era a de intimar as partes da intimação da precatória e do prazo estabelecido para o cumprimento, cabendo às partes as demais diligências de seu interesse, inclusive procurar saber da data da audiência.
d) O Ministério Público não pode alegar tal nulidade, uma vez que não sofreu prejuízo, em virtude da condenação superveniente.
e) O magistrado poderá juntar aos autos a carta precatória após a sentença, e a nulidade poderá ser arguida pela defesa caso o depoimento da testemunha tenha relevância na situação fática, que lhe seja de qualquer forma favorável.

8. (Analista Judiciário TJ/AP/2009) Sobre as nulidades no processo penal, é correto afirmar que

a) nenhuma das partes poderá arguir nulidade a que tenha dado causa, mas se apenas concorreu para que ela se verificasse, pode alegar o vício desde que o faça no momento oportuno.
b) sendo o exame de corpo de delito indispensável nas infrações que deixam vestígios, a sua ausência é causa de nulidade nada podendo suprir-lhe a falta.
c) a falta de intervenção do Ministério Público na ação penal privada subsidiária da pública é causa de nulidade absoluta.
d) a falta de citação do réu é causa de nulidade, não a sanando o seu comparecimento ainda que declare que o faz apenas com o fim de arguir o vício.
e) as incompetências *ratione personae* e *ratione materiae* são absolutas e, por isso, podem ser alegadas a qualquer tempo, implicando nulidade do processo.

9. (Técnico Judiciário TJ/MG/2007) Analise as seguintes afirmativas a respeito das nulidades no Processo Penal.

I. O art. 185 do Código de Processo Penal exige, como forma de resguardar os direitos constitucionais do acusado, que o interrogatório se realize na presença de um defensor e do representante do Ministério Público, cujas ausências causam nulidade ao processo.
II. Em tema de nulidades processuais, o nosso Código de Processo Penal acolheu o princípio *pas de nullité sans grief*, do qual se dessume que somente há de se declarar a nulidade do feito, quando, além de alegada *opportune tempore*, reste comprovado o efetivo prejuízo dela decorrente.
III. Decretada a nulidade do processo por incompetência absoluta do Juízo, que pode ser reconhecida em qualquer tempo e grau de jurisdição, o novo *decisum* a ser proferido pelo Órgão judicante competente está adstrito ao entendimento firmado no julgado anterior, sob pena de violação indireta do princípio *ne reformatio in pejus*.
IV. A constatação de desempenho insatisfatório do defensor dativo, caracterizando deficiência de defesa técnica, é causa de nulidade do processo somente quando demonstrado prejuízo à defesa do acusado.

A partir dessa análise, pode-se concluir que

a) apenas as afirmativas I e II estão corretas.
b) apenas as afirmativas III e IV estão corretas.
c) apenas as afirmativas I e III estão corretas.
d) apenas as afirmativas II e IV estão corretas.

10. (Promotor de Justiça MP/MG/2010) Sobre o tema das NULIDADES no Código de Processo Penal, é *CORRETO* afirmar:

I. O acórdão que decreta a nulidade por reconhecer que o Juiz de Direito foi subornado é dotado de efeitos *ex nunc* (a partir de agora), devendo ser preservados os atos não atingidos pela mácula processual.
II. A inépcia da denúncia não afetará os atos que lhe sucedem, uma vez que a inobservância de formalidade extrínseca do ato processual forja nulidade relativa.
III. Não tendo sido arguida em momento oportuno a nulidade por falta de citação editalícia válida, o trânsito em julgado da sentença não obsta o réu de buscar a invalidação do processo penal.

IV. O sistema das nulidades orienta-se pelo princípio da instrumentalidade das formas, que preconiza caber ao Juiz de Direito decretar a invalidade do ato processual sempre que a lei prescrever a pena de nulidade.

a) somente a alternativa I está correta.
b) somente a alternativa II está correta.
c) somente a alternativa III está correta.
d) somente a alternativa IV está correta.
e) todas as alternativas estão incorretas.

11. (Promotor de Justiça MP/GO/2009) Sobre as nulidades no processo penal brasileiro pode-se afirmar o seguinte:

I. Nenhum ato será declarado nulo, se da nulidade não resultar prejuízo para acusação ou para defesa.

II. Não será declarada a nulidade de ato processual que não houver influído na apuração da verdade substancial ou na decisão da causa.

III. Nenhuma das partes poderá arguir nulidade a que haja dado causa, ou para que tenha concorrido, ou referente à formalidade cuja observância só à parte contrária interesse.

IV. A inobservância às prescrições constitucionais constituem nulidades que podem ser alvo de convalidação em casos especiais, como por exemplo, nos casos em que não há prejuízo para a acusação e para a defesa.

a) Apenas uma proposição está correta.
b) Apenas duas proposições estão corretas.
c) Apenas três proposições estão corretas.
d) As quatro proposições estão corretas.

12. (Procurador do Estado RR/2006) Aponte, dentre as apresentadas, a assertiva que corresponde ao que dispõe o Código de Processo Penal sobre nulidade.

a) A nulidade por ilegitimidade de parte considerar-se-á sanada se a parte, ainda que tacitamente, tiver aceito os seus efeitos.
b) A nulidade por ilegitimidade do representante da parte poderá ser a todo tempo sanada, mediante ratificação dos atos processuais.
c) A nulidade em virtude de suspeição do juiz considerar-se-á sanada se não for arguida em tempo oportuno.
d) A nulidade de um ato, uma vez declarada, causará sempre a nulidade dos atos posteriores.
e) A incompetência do juízo anula não somente os atos decisórios, mas também os atos de instrução.

13. (Analista do MP/SE/2009) NÃO constitui nulidade

a) o julgamento de *habeas corpus* em segunda instância, sem prévia intimação ou publicação de pauta.
b) a citação por edital de réu preso na mesma unidade da Federação
c) a falta de intimação do advogado dativo para os atos instrutórios.
d) a não apreciação na sentença de tese subsidiária constante das alegações finais defensivas.
e) o patrocínio de defesas colidentes pelo mesmo advogado constituído.

14. (Promotor de Justiça MP/ES/2010) A respeito de nulidades, assinale a opção correta.

a) Se, em determinado processo, o réu tiver deixado de ser intimado da sentença condenatória, vindo a comparecer no processo após a fluência do prazo recursal, a falta de intimação do acusado caracterizará nulidade absoluta e irreversível por cerceamento de defesa.
b) Nos processos da competência do tribunal do júri, as nulidades relativas ocorridas na fase da instrução criminal devem ser arguidas no prazo das alegações antecedentes à pronúncia. Se posteriores à pronúncia, devem ser alegadas a qualquer tempo, desde que demonstrado o efetivo prejuízo.
c) Considere que um promotor de justiça tenha recebido um inquérito policial por crime de furto e, após qualificar o réu, tenha se manifestado sucintamente na denúncia, referindo-se apenas à data do fato e à subtração de coisa alheia móvel, não descrevendo a conduta do réu, o local e o horário do crime, tampouco outras circunstâncias a ele inerentes. Considere, ainda, que, na fase das alegações finais, outro promotor com atribuições no feito, ao se manifestar, tenha aditado a denúncia, fazendo dela constar as informações faltantes. Nessa situação, uma vez retificada a peça acusatória, todos os atos dela decorrentes serão convalidados.

d) Se um deputado federal, com prerrogativa de foro, for denunciado pela prática de crime de extorsão em juízo de primeiro grau e o juiz receber a denúncia, determinando a citação do acusado, então os atos em referência serão absolutamente nulos, sem possibilidade de validação.

e) Caso, no curso de uma ação penal, em virtude de competência territorial, tenha havido alteração de foro, e, encaminhado o feito ao foro competente, o representante do MP não tenha ratificado a denúncia anteriormente ofertada, a falta de ratificação da denúncia em razão da alteração de foro não caracterizará nulidade.

15. (Magistratura TJ/SP/2008) Assinale a alternativa incorreta.

a) O juiz deve proclamar nulidade absoluta resultante de cerceamento defensivo ao invés de absolver o réu, ainda que esteja convencido de sua inocência, em virtude da possibilidade de o Ministério Público, em eventual recurso, obter decisão de mérito desfavorável ao acusado.

b) Depois de recebida a denúncia, o juiz não pode reconsiderar o seu despacho e rejeitá-la, ainda que se convença de ter errado.

c) O princípio contido no art. 565 CPP, no sentido de que nenhuma das partes poderá arguir nulidade cuja observância só à parte contrária interesse, impede o Ministério Público de arguir a invalidade da citação.

d) Não é nula a sentença que contém motivação deficiente.

16. (Defensor Público MT/2009) A incompetência do juízo anula

a) o processo, desde a citação do acusado.

b) a ação penal, desde o inquérito policial.

c) o processo, desde o recebimento da denúncia.

d) somente os atos decisórios.

e) a prova colhida na instrução.

17. (Procurador do Estado SE/2005) Tendo em conta os princípios constitucionais do contraditório e da ampla defesa, é possível afirmar que NÃO constitui nulidade

a) a realização de audiência sem a presença de defensor, se intimado para o ato o advogado constituído ou dativo.

b) a incompetência territorial do juízo, se não arguida na defesa prévia.

c) a não apreciação, pela sentença, de tese relevante suscitada em alegações finais.

d) a não concessão de prazo para apresentação de defesa prévia.

e) a não intimação da sentença.

18. (Analista Judiciário TRE/SP/2006) Considere as seguintes proposições:

I. A omissão de formalidade que constitua elemento essencial do ato é causa de nulidade relativa e pode ser sanada se a parte, ainda que tacitamente, tiver aceito os seus efeitos.

II. A incompetência do juízo anula somente os atos decisórios, devendo o processo, quando for declarada a nulidade, ser remetido ao Juiz competente.

III. Não será declarada a nulidade de ato processual que não houver influído na apuração da verdade substancial ou na decisão da causa.

IV. A ausência de exame de corpo de delito nos crimes que deixam vestígios é causa de nulidade absoluta e jamais poderá ser suprida pela prova testemunhal.

De acordo com o Código de Processo Penal, é correto o que consta APENAS em

a) I, III e IV.

b) I, II e III.

c) I, II e IV.

d) II, III e IV.

e) I e IV.

19. (Defensor Público PI/2009) Silvana impetrou *habeas corpus* alegando a nulidade absoluta de processo criminal em que foi condenada, porque sua defesa foi realizada por advogado licenciado da OAB, e, por conseguinte, seriam nulos os atos por ele praticados. Registra-se que os poderes de re-

presentação judicial outorgados ao advogado, ainda que licenciado da OAB, foram ampla e livremente conferidos por Silvana, ciente de sua licença, mediante instrumento de procuração. Considerando a situação hipotética acima e o entendimento atual do STF, assinale a opção correta.

a) No processo penal, tanto a falta da defesa quanto a deficiência de defesa constituem nulidade absoluta.

b) Na via eleita, Silvana pode tentar demonstrar que não sabia que o patrono constituído estava impossibilitado de exercer a advocacia.

c) O princípio da falta de interesse, tal como estabelecido no CPP, não admite arguição da nulidade por quem tenha dado causa ou concorrido para a existência do vício.

d) O *habeas corpus* deve ser concedido, porque o patrono de Silvana estava impossibilitado de exercer a advocacia e, por conseguinte, seriam nulos os atos por ele praticados.

e) O *habeas corpus* deve ser concedido, porque a ilegitimidade do representante da parte é causa de nulidade absoluta.

20. (Delegado Polícia Civil DF/2009) A tarefa de aplicar o direito às situações concretas não é realizada aleatoriamente pelos órgãos estatais; ao contrário, a atividade processual também é regulada pelo ordenamento jurídico, por meio de formas que devem ser obedecidas pelos que nela intervêm. Nesse contexto, a regulamentação das formas processuais, longe de representar um mal, constitui para as partes a garantia de uma efetiva participação na série de atos necessários à formação do convencimento judicial e, para o próprio juiz, instrumento útil para alcançar a verdade acerca dos fatos que deve decidir.

Ada Pellegrini Grinover, Antonio Scarance Fernandes e Antonio Magalhães Gomes Filho. *As nulidades no processo penal* (com adaptações).

Considerando o texto acima, assinale a alternativa correta acerca das nulidades.

a) O Código de Processo Penal, para a apreciação das nulidades, adotou o critério formalista.

b) As irregularidades eventualmente detectadas no inquérito policial contaminam o processo, ensejando a sua anulação.

c) Considerando que a citação do acusado para se ver processar é indispensável, o comparecimento do réu a juízo não sana a falta ou defeito do ato.

d) É relativa a nulidade decorrente da inobservância da competência penal por prevenção.

e) É nulo o auto de prisão em flagrante lavrado por uma autoridade policial em área diversa da sua zona de atuação.

PRESTE ATENÇÃO!

- É nula a decisão que determina o desaforamento de processo da competência do Júri sem audiência da defesa.
- É relativa a nulidade do processo criminal por falta de intimação da expedição de precatória para inquirição de testemunha.
- É absoluta a nulidade do julgamento, pelo júri, quando os quesitos da defesa não precedem aos das circunstâncias agravantes.

CUIDADO!

- É relativa a nulidade decorrente da inobservância da competência penal por prevenção.
- É absoluta a nulidade do julgamento, pelo júri, por falta de quesito obrigatório.
- É nulo o julgamento ulterior pelo júri com a participação de jurado que funcionou em julgamento anterior do mesmo processo.

IMPORTANTE!

- É nula a decisão do tribunal que acolhe, contra o réu, nulidade não arguida no recurso da acusação, ressalvados os casos de recurso de ofício.
- É nulo o julgamento de recurso criminal, na segunda instância, sem prévia intimação, ou publicação da pauta, salvo em *habeas corpus*.
- A ausência de fundamentação do despacho de recebimento de denúncia por crime falimentar enseja nulidade processual, salvo se já houver sentença condenatória.

Capítulo 19

PRISÃO E LIBERDADE PROVISÓRIA

I – Prisão

1. Conceito

No **sentido etimológico**, prisão vem do latim "*prehendere*", que significa "estar preso". No **sentido jurídico**, prisão é a privação da liberdade de locomoção por motivo ilícito ou por ordem legal. Conforme acentua José Frederico Marques[1]: "Prisão é a pena privativa de liberdade imposta ao delinquente, cumprida, mediante clausura, em estabelecimento penal para esse fim destinado".

A **prisão por ordem legal** é forma de punição estatal, consequência da prática da infração penal, que visa retirada da liberdade da pessoa para possibilitar sua reintegração ao convívio social.

Já a **prisão por motivo ilícito** é a prisão indevida, passível de gerar danos e, por consequência, a garantia da indenização como proteção da dignidade da pessoa humana e da boa aplicação do Direito.

A privação da liberdade de locomoção, em face de sua extensão, pode ser total ou parcial (a prisão é a privação, mais ou menos intensa, da liberdade ambulatória[2]). Ocorrerá a primeira quando a privação abranger a totalidade da liberdade de locomoção e a segunda quando a privação abranger somente parte da liberdade de locomoção.

A prisão constitui **medida excepcional**, somente decretada quando for necessária para a defesa social e a mantença do bem comum, e é caracterizada pela **privação de um bem jurídico**, pois importa no cerceamento da liberdade

---

1 MARQUES, José Frederico. *Elementos de direito processual penal*. Campinas: Bookseller, 1997. v. I.

2 TOURINHO FILHO, Francisco da Costa. *Processo penal*. 28. ed. São Paulo: Saraiva, 2006. v. 3, p. 391.

individual de ir e vir. É eficaz como **medida punitiva**, pois visa restabelecer a ordem jurídica violada ou ameaçada pela prática da infração penal, no sentido de garantir a harmonia social.

Em face da dignidade humana, a prisão deve ser vista como uma **medida social**, pois o Estado deve garantir ao preso, sob sua custódia, condições de respeitabilidade, de modo a atender às suas necessidades básicas e, por consequência, garantir o normal e necessário funcionamento das regras mínimas de tratamento do preso. Tais regras estão previstas na Resolução n. 14, de 11 de novembro de 1994, publicada no *Diário Oficial da União* em 2 de dezembro de 1994, pelo Presidente do Conselho Nacional de Política Criminal e Penitenciária (CNPCP), no uso de suas atribuições legais e regimentais, considerando a recomendação aprovada na sessão de 26 de abril a 6 de maio de 1994, pelo Comitê Permanente de Prevenção ao Crime e Justiça Penal das Nações Unidas, do qual o Brasil é membro, bem como o disposto na Lei n. 7.210, de 11 de julho de 1984 (Lei de Execução Penal).

A palavra "prisão" é empregada, na ordem jurídica brasileira, com vários significados, tais como: **a) custódia:** é manter alguém em local de prisão ou seu recolhimento ao cárcere. Custodiar é conservar a pessoa em prisão com vigilância e cuidado; **b) captura:** é o ato de prender em flagrante ou em cumprimento de mandado judicial. Efetuar a captura é prender ou deter alguém; é o momento inicial da privação da liberdade; **c) detenção:** é a privação efêmera da liberdade de locomoção que serve para cumprir determinado ato judicial; **d) sanção penal:** é a pena privativa de liberdade imposta após o trânsito em julgado da sentença condenatória; **e) cárcere:** é o estabelecimento prisional em que a pessoa é recolhida.

Todas essas acepções são analógicas, pois exprimem uma ideia básica comum, consistente na *supressão da liberdade pessoal em determinado local*.

Cabe ressalvar que prisão é medida privativa de liberdade, e não restritiva da liberdade. Privação é impedir locomoção mediante prisão. A restrição, por sua vez, é impedir locomoção por outra forma que não seja a prisão, por exemplo: banimento (expulsão de brasileiro do território nacional); desterro (expulsão da comarca da vítima); degredo ou confinamento (fixação de residência em local determinado pela sentença). A Constituição proíbe a pena de banimento (art. 5º, XLVII, *d*).

2. Regra geral

Na linguagem do Código, a prisão é **providência extrema ou excepcional,** pois só será possível quando houver indeclinável necessidade e base legal. Como observa Grandinetti[3]: "A liberdade é um direito natural, e a prisão, embora necessária como instrumento de defesa social, uma medida excepcional. Por sua excepcionalidade, para vingar, para ser legítima, deve preencher os requisitos legais de validade. Caso contrário será inócua para constranger a liberdade individual".

Nem toda decretação de prisão depende de mandado judicial, ou seja, de uma ordem escrita e fundamentada da autoridade judiciária competente. Em algumas hipóteses, é dispensável mandado judicial:

a) prisão em flagrante;

b) prisão durante o estado de sítio;

c) prisão durante o estado de defesa[4]: existem dois casos: 1) por crime contra o Estado, determinada pelo executor da medida, comunicada imediatamente ao juiz competente, acompanhada de declaração, pela autoridade, do estado físico e mental do detido no momento de sua autuação; 2) por outros motivos que não o crime contra o Estado, não podendo ser superior a 10 dias, salvo quando autorizada pelo Poder Judiciário;

d) prisão disciplinar: aplicável em dois casos: 1) transgressões militares, cujo permissivo legal está nos arts. 5º, LXI, e 142, § 2º, ambos da Constituição Federal, e no art. 18 da Lei n. 1.002/69; 2) crimes militares próprios;

e) recaptura do foragido.

3. Momento da prisão

A prisão poderá ser efetuada em qualquer dia e a qualquer hora, nos termos do art. 283 do CPP, respeitadas as seguintes restrições:

3.1. Imunidade prisional eleitoral

As hipóteses excepcionais de cabimento da prisão admitida no período eleitoral estão referidas no art. 236 do Código Eleitoral[5], em homenagem à

---

3 CARVALHO, Luis Gustavo Grandinetti de. *O processo penal em face da Constituição*. Rio de Janeiro: Forense, 1992, p. 87.

4 CF, art. 136, § 3º: "Na vigência do estado de defesa: I – a prisão por crime contra o Estado, determinada pelo executor da medida, será por este comunicada imediatamente ao juiz competente, que a relaxará, se não for legal, facultado ao preso requerer exame de corpo de delito à autoridade policial; II – a comunicação será acompanhada de declaração, pela autoridade, do estado físico e mental do detido no momento de sua autuação; III – a prisão ou detenção de qualquer pessoa não poderá ser superior a dez dias, salvo quando autorizada pelo Poder Judiciário; IV – é vedada a incomunicabilidade do preso".

5 Código Eleitoral, art. 236: "Nenhuma autoridade poderá, desde 5 (cinco) dias antes e até 48 (quarenta e oito) horas depois do encerramento da eleição, prender ou deter qualquer eleitor, salvo em flagrante delito ou em virtude de sentença criminal condenatória por crime inafian-

garantia eleitoral de que ninguém poderá impedir ou atrapalhar o direito de votar do cidadão.

A prisão ou detenção do eleitor, membro da mesa receptora, fiscal, delegado de partido ou candidato, com violação ao disposto no art. 236 do Código Eleitoral, atinge a liberdade de votação, configurando o crime previsto no art. 298 do mesmo diploma legal[6].

O primeiro caso do art. 236 do Código Eleitoral é a prisão em flagrante, cujas situações configuradoras estão previstas no art. 302, I a IV, do CPP. No caso de crime permanente, em que a consumação se prolonga no tempo, como no caso de sequestro, a situação antijurídica perdura por vontade do próprio agente. Enquanto a situação ilícita se prolonga no tempo, há situação de flagrante delito.

O segundo caso é a sentença condenatória por crime inafiançável. Não é exigido que a sentença tenha transitado em julgado, bastando que nela não tenha sido reconhecido o direito de o acusado aguardar em liberdade o julgamento do apelo.

O terceiro caso é o desrespeito a salvo-conduto, cuja finalidade é garantir que o eleitor não sofra qualquer espécie de coação ou constrangimento quando está se dirigindo a sua seção de votação, enquanto vota e após ter votado. No art. 235, o Código Eleitoral autoriza ao Juiz Eleitoral ou ao Presidente da mesa receptora de votos expedir salvo-conduto – com cominação de prisão de até 5 dias em caso de desobediência – em favor de eleitor que sofrer violência, moral ou física, na liberdade de votar, ou pelo fato de ter votado. O salvo-conduto é válido desde 72 horas antes do início da votação até 48 horas depois do seu encerramento.

Na análise do art. 236 do Código Eleitoral, é importante ressaltar que a proibição prisional atinge eleitor, que é o brasileiro maior de 18 anos que se alistou na forma da lei. O alistamento se faz mediante a qualificação e a inscrição da pessoa como eleitor perante a Justiça Eleitoral.

Dessa forma, é possível no período eleitoral a prisão de indivíduo que não se alistou como eleitor, como no caso dos conscritos[7] ou daqueles que estão com o alistamento eleitoral cancelado.

çável, ou, ainda, por desrespeito a salvo-conduto. § 1º Os membros das mesas receptoras e os fiscais de partido, durante o exercício de suas funções, não poderão ser detidos ou presos, salvo o caso de flagrante delito; da mesma garantia gozarão os candidatos desde 15 (quinze) dias antes da eleição. § 2º Ocorrendo qualquer prisão o preso será imediatamente conduzido à presença do juiz competente que, se verificar a ilegalidade da detenção, a relaxará e promoverá a responsabilidade do coator".

[6] Código Eleitoral, art. 298: "Prender ou deter eleitor, membro de mesa receptora, fiscal, delegado de partido ou candidato, com violação do disposto no art. 236: Pena – reclusão até 4 (quatro) anos".

[7] Conscritos são aqueles que prestam o serviço militar obrigatório, abrangendo, inclusive, aluno de órgão de formação da reserva, médicos, dentistas, farmacêuticos e veterinários que

Quanto aos membros da mesa receptora de votos, fiscais de partidos ou coligações e candidatos, não podem ser presos, salvo em caso de flagrante delito, enquanto estiverem no efetivo exercício de suas funções. Fora delas, a situação equipara-se a de um eleitor comum, aplicando-se a regra contida no *caput* do art. 236 do Código Eleitoral.

Os candidatos a cargos eletivos não podem ser presos desde 15 dias antes da data prevista para as eleições, com exceção da hipótese de flagrante delito.

Em consequência do que foi exposto, estão vedadas as prisões temporárias; as prisões preventivas; a prisão do devedor de alimentos, **no seu cumprimento, mas é possível na sua decretação.** Conforme acentua Marcos Ramayana[8]: "O Juiz Eleitoral ou criminal poderá decretar a prisão temporária ou preventiva, mas o cumprimento fica postergado até o término do prazo de 48 (quarenta e oito horas) após a eleição".

Parte da doutrina entende que o art. 236 do Código Eleitoral viola o princípio da isonomia[9], ou que não foi recepcionado pela Constituição Federal.

3.2. Imunidade prisional em domicílio

> "Todos são iguais perante a lei, sem distinção de qualquer natureza, garantindo-se aos brasileiros e aos estrangeiros residentes no País a inviolabilidade do direito à vida, à liberdade, à igualdade, à segurança e à propriedade, nos termos seguintes: (...) XI – a casa é asilo inviolável do indivíduo, ninguém nela podendo penetrar sem consentimento do morador, salvo em caso de flagrante delito ou desastre, ou para prestar socorro, ou, durante o dia, por determinação judicial" (CF, art. 5º).

Conforme entendimento do Supremo Tribunal Federal, a expressão "domicílio" é todo local, delimitado e separado, que alguém ocupa, com direito exclusivo e próprio, a qualquer título. O conceito normativo de casa revela-se abrangente, compreendendo até mesmo o local onde se exerce a profissão ou a atividade, desde que constitua um ambiente de acesso restrito ao público, como é o caso típico dos escritórios profissionais.

Dessa forma, o conceito de "casa", para os fins da proteção jurídico-constitucional a que se refere o art. 5º, XI, da Constituição Federal, reveste-se

---

prestam serviço militar obrigatório, a teor da Lei n. 5.292/67. Também aos que prestam serviço militar na condição de prorrogação de engajamento incidem restrições da Constituição Federal, com base no art. 14, § 2º (Resolução TSE n. 15.850/89, Rel. Min. Roberto Rosas). MORAES, Alexandre. *Direito constitucional*. São Paulo: Atlas, 2004, p. 541-542.

8 RAMAYANA, Marcos. *Código Eleitoral comentado*. Rio de Janeiro: Roma Victor, 2005, p. 353.

9 "Deve o Direito ser interpretado inteligentemente: não de modo que a ordem legal envolva um absurdo, prescreva inconveniências, vá ter a conclusões inconsistentes ou impossíveis."

de caráter amplo, pois compreende: a) qualquer compartimento habitado; b) qualquer aposento ocupado de habitação coletiva; e c) qualquer compartimento não aberto ao público, onde alguém exerce profissão ou atividade. Nesse sentido, da noção de casa fazem parte ideias de âmbito espacial, direito de exclusividade em relação a todos, direito à privacidade e à não intromissão[10].

O conceito amplo de "casa", compatível com a exigência constitucional de proteção à esfera de liberdade individual e de privacidade pessoal[11], é protegido pelo princípio constitucional da inviolabilidade domiciliar (CF, art. 5º, XI), de forma que ninguém pode invadir domicílio alheio, sem a prévia e necessária existência de ordem judicial, ressalvada a ocorrência das demais exceções constitucionais. Cabe ressalvar que constitui abuso de autoridade qualquer atentado à inviolabilidade do domicílio, nos termos do art. 3º da Lei n. 4.898/65.

Para esclarecimento, dia é considerado o período entre as 6 horas da manhã e as 18 horas, sendo que há outros entendimentos quanto ao período do dia e da noite: a) é o período do alvorecer ao anoitecer (Guilherme Nucci); b) é o período da aurora ao crepúsculo (José Celso de Mello Filho).

A prisão em domicílio **com o consentimento do morador** pode ser feita em qualquer dia e horário. No caso de tráfico de drogas, por ser um delito permanente, pode a autoridade policial ingressar no interior do domicílio do agente, a qualquer hora do dia ou da noite, para fazer cessar a prática criminosa e apreender a substância entorpecente que nele for encontrada, sem que, para tanto, seja necessária a expedição de mandado de busca e apreensão (HC 222.173/DF, Rel. Min. Laurita Vaz, 5ª T., j. 22-11-2011, *DJe* 1-12-2011; HC 183.110/SP, Rel. Min. Gilson Dipp, 5ª T., j. 4-8-2011, *DJe* 17-8-2011).

A prisão em domicílio **sem o consentimento do morador e sem ordem judicial** pode ser feita em qualquer dia e horário, desde que haja situação de flagrante delito, desastre ou socorro. Quanto ao flagrante, há uma divergência doutrinária a respeito da espécie: a) qualquer modalidade de flagrante, pois, se a Constituição Federal não restringe, não é dado ao intérprete restringir; b) só na modalidade própria, em que o agente é surpreendido quando está cometendo ou acaba de cometer a infração penal.

A prisão em domicílio **sem o consentimento do morador e com ordem judicial** só pode ocorrer durante o dia. O executor do mandado intima o morador a entregar o infrator. Se não for obedecido imediatamente, o executor convocará duas testemunhas e, sendo dia, entrará à força na casa, arrombando as portas, se preciso.

---

10 CARVALHO, Kildare Gonçalves. *Direito constitucional*. 10. ed. Belo Horizonte: Del Rey, 2004, p. 386.

11 STF, Decisão proferida na Suspensão de Segurança 1.203/DF, Min. Celso de Melo, *DJU* 15-9-1997, p. 44.222.

Se o morador não deixar a autoridade entrar no domicílio ou não oferecer resistência, quando a autoridade entrar à força, não estará cometendo o delito de *resistência*. Se realizar oposição ativa, por meio de violência ou ameaça à autoridade quando esta adentrar a residência, praticará o delito de *resistência*. Não é necessário para a consumação do delito que o morador consiga obstar a execução da ordem pela autoridade competente. Conforme jurisprudência:

> "Não há crime de resistência (artigo 329 do Código Penal), sem violência ou ameaça a funcionário público competente a execução de ato legal, ou a quem lhe esteja prestando auxílio" (HC 59.449/RJ, Rel. Min. Firmino Paz, Julgamento: 23-3-1982, Órgão Julgador: 2ª T. do STF).
>
> "Cuidando-se de mandado judicial formalmente perfeito, lavrado a pedido da parte legitimada a tanto e entregue para cumprimento a funcionário competente, somente seria viável oposição a ordem 'se clara e inconteste a ilegitimidade ou arbitrariedade nele contida'" (REsp 52.392/SP, Recurso Especial 1994/0024336-7, Rel. Min. Anselmo Santiago, Julgamento: 1º-10-1996, Órgão Julgador: 6ª T. do STJ).

Quanto à *desobediência*, o delito já estará consumado antes mesmo do momento da entrada forçada da autoridade. O crime de desobediência representa uma resistência passiva ou, quando comissiva, desacompanhada de violência ou grave ameaça. Conforme jurisprudência:

> "No delito de desobediência, o bem jurídico tutelado é o prestígio e a dignidade da Administração, representada pelo funcionário que age em seu nome. É a defesa do princípio da autoridade que não deve ser ofendido" (*RT* 378/308).

O crime de favorecimento pessoal pode ficar caracterizado se presentes os requisitos de sua configuração legal: a) o asilado ter cometido delito anterior apenado com reclusão, do qual o morador não teve participação alguma; b) não ocorrência da extinção da punibilidade do delito; c) morador deve saber que o auxiliado é autor de crime e o auxílio visar a subtração à ação da autoridade; d) não pode o agente do favorecimento pessoal ser ascendente, descendente, cônjuge ou irmão do criminoso favorecido.

Como vimos, a prisão em domicílio **sem o consentimento do morador e com ordem judicial** só pode ocorrer durante o dia. Nesse sentido, é a jurisprudência:

> "Sem que ocorra qualquer das situações excepcionais taxativamente previstas no texto constitucional (art. 5º, XI), nenhum agente público poderá, contra a vontade de quem de direito (*invito domino*), ingressar, durante o dia, sem mandado judicial, em aposento ocupado de habitação coletiva, sob pena de a prova resultante dessa diligência de busca e apreensão reputar-se

> inadmissível, porque impregnada de ilicitude originária. Doutrina. Precedentes (STF)" (RHC 90.376, Rel. Min. Celso de Mello, Julgamento: 3-4-2007, *DJ* 18-5-2007).

Porém, se for durante a noite, o executor da ordem intima o morador; se não for atendido, fará guardar todas as saídas, tornando a casa incomunicável, e, logo que amanheça, arrombará as portas e efetuará a prisão. Cabe ressalvar que impedir a entrada da polícia à noite, em domicílio, não é crime, constituindo exercício regular do direito. Não pode o executor adentrar a residência à força, sob pena de cometer abuso de autoridade. Se o executor entrar à força e o morador resistir, este não comete crime algum, agindo no exercício regular do direito de defesa do seu domicílio.

No caso de a autoridade adentrar de forma ilegal, sem obedecer ao disposto no art. 293 do Código de Processo Penal, estará cometendo o crime de abuso de autoridade, consistente em "...executar medida privativa da liberdade individual, sem as formalidades legais ou com abuso de poder" (art. 4º, *a*, da Lei n. 4.898, de 9-12-1965).

4. Emprego da força

A regra prevista no art. 284 do CPP[12] é a da não permissão do emprego da força, somente ocorrendo se indispensável, nos casos legais e taxativos, quais sejam, resistência e tentativa de fuga do preso, que colocam em conflito o direito, a dignidade, a incolumidade física do preso e a segurança da sociedade. O art. 284 do Código de Processo Penal é norma de exceção, enquanto permissiva de emprego de força contra preso, que não admite, por sua natureza, interpretação extensiva (REsp 402.419/RO, Rel. Min. Hamilton Carvalhido, 6ª T., *DJ* 15-12-2003, p. 413).

O uso da força fora dos casos legais gera o crime de abuso de autoridade, nos termos do art. 4º, *a*, da Lei n. 4.898/65, pois o desrespeito na execução da medida privativa de liberdade individual implica uma conduta atentatória a um dos direitos fundamentais do homem e, por consequência, o exercício funcional irregular e ilícito do responsável pela supressão da liberdade ambulatória. Conforme a jurisprudência:

> "Assim, responde por abuso de autoridade o policial que, pretexto injustificado, detém alguém mediante emprego de força física e agressões, máxime porque, embora possa o agente da lei, nas hipóteses legais, suprimir a liber-

---

12 CPP, art. 284: "Não será permitido o emprego de força, salvo a indispensável no caso de resistência ou de tentativa de fuga do preso".

dade do cidadão, impõe-se o respeito à incolumidade física e às condições primárias de vida do detido" (*JUTACRIM* 44/425).

"Não há que se falar em abuso de autoridade, se o agente do poder, no exercício de suas funções, se vê obrigado ao emprego de força e a usa moderadamente" (*RT* 601/348).

"Mas, se excede os justos limites, resultando vexames e restrições às liberdades dos indiciados e suspeitos, que poderiam ser evitados, quem a isso der causa deve ser responsabilizado civil e criminalmente" (*JUTACRIM* 92/127).

É importante ressalvar que, além de pelo crime de abuso de autoridade, o executor da prisão pode responder pelo crime correspondente à violência utilizada contra a pessoa, quer seja moral, consubstanciada na grave ameaça, ou física, consistente no emprego de força bruta.

Se a efetivação da prisão com emprego de força nos exatos termos da lei gerar dano ao preso, a autoridade executora poderá alegar estrito cumprimento do dever legal, salvo se ocorrer morte do procurado.

A força usada para efetivação da prisão, para ser legítima, deve preencher os seguintes requisitos:

a) necessidade: o executor deve usar apenas a força indispensável (eficaz e suficiente) para conter tentativa de fuga ou resistência;

b) proporcionalidade: o meio coercitivo usado deve ser moderado, ou seja, a escolha do meio e o seu uso devem ser compatíveis com a situação concreta para vencer a resistência ou impedir a tentativa de fuga, privilegiando a menor carga ofensiva possível. Como observa Guilherme Nucci: "Não há cálculo preciso no uso dos meios necessários, sendo indiscutivelmente fora de propósito pretender construir uma relação perfeita entre ataque e defesa"[13];

c) adequação: o uso da força deve ter como finalidade a prevista na lei, ou seja, para a defesa, para vencer resistência ou para evitar fuga; a busca teleológica representa, além de harmonia com o sistema jurídico, a ponderação regular da medida.

5. Resistência à prisão[14]

Resistência é a oposição ou a não aceitação da execução de uma prisão legal. O art. 292 do CPP assegura a possibilidade do uso da força para conter a resistência.

---

13 NUCCI, 2013, p. 249.

14 CPP: "Art. 291. A prisão em virtude de mandado entender-se-á feita desde que o executor, fazendo-se conhecer do réu, lhe apresente o mandado e o intime a acompanhá-lo. Art.

A lei processual penal exige que o combate preencha as seguintes características:

a) proporcionalidade: deve ser empregada a força suficiente para que se cumpra a ordem de prisão;
b) legalidade: a ordem de prisão a ser resistida deve ser legal, ou seja, ordenada por autoridade competente, no tempo, do modo e com as cautelas determinadas por lei;
c) necessidade: o uso da força será justificado somente para vencer a resistência e evitar a fuga;
d) atualidade: a resistência tem que ser atual ou iminente para não configurar descabida vingança e, por consequência, o crime de exercício arbitrário das próprias razões previsto no art. 345 do CP.

Cabe ressalvar que a resistência ativa à prisão configura crime, nos termos do art. 329 do Código Penal: "Opor-se à execução de ato legal, mediante violência ou ameaça a funcionário competente para executá-lo ou a quem lhe esteja prestando auxílio".

Se a pessoa que será presa empregar violência ou grave ameaça na resistência, o crime será de resistência; se houver uma resistência passiva, desacompanhada de força física ou coação moral, será o crime de desobediência, nos termos do art. 330 do CPP: "Desobedecer a ordem legal de funcionário público".

A fuga diante da ordem de prisão é impulso de liberdade, não configurando crime de desobediência. O particular que auxilia a autoridade competente na execução da prisão pode usar da força necessária para conter a resistência da prisão. Caso tenha ocorrido resistência à prisão, a autoridade executora da ordem de prisão deve lavrar um auto de resistência, com esclarecimentos do ocorrido.

---

292. Se houver, ainda que por parte de terceiros, resistência à prisão em flagrante ou à determinada por autoridade competente, o executor e as pessoas que o auxiliarem poderão usar dos meios necessários para defender-se ou para vencer a resistência, do que tudo se lavrará auto subscrito também por duas testemunhas. Art. 293. Se o executor do mandado verificar, com segurança, que o réu entrou ou se encontra em alguma casa, o morador será intimado a entregá-lo, à vista da ordem de prisão. Se não for obedecido imediatamente, o executor convocará duas testemunhas e, sendo dia, entrará à força na casa, arrombando as portas, se preciso; sendo noite, o executor, depois da intimação ao morador, se não for atendido, fará guardar todas as saídas, tornando a casa incomunicável, e, logo que amanheça, arrombará as portas e efetuará a prisão. Parágrafo único. O morador que se recusar a entregar o réu oculto em sua casa será levado à presença da autoridade, para que se proceda contra ele como for de direito. Art. 294. No caso de prisão em flagrante, observar-se-á o disposto no artigo anterior, no que for aplicável".

6. Uso de algemas

O uso de algemas não é disciplinado no Código de Processo Penal, salvo na parte referente ao Tribunal do Júri, nos termos do art. 474, § 3º, do Código de Processo Penal, que dispõe que: "Não se permitirá o uso de algemas no acusado durante o período em que permanecer no plenário do júri, salvo se absolutamente necessário à ordem dos trabalhos, à segurança das testemunhas ou à garantia da integridade física dos presentes".

Na Lei de Execução Penal, o art. 199 determina que o emprego de algemas seja disciplinado por decreto federal (o referido decreto, entretanto, não existe para regular a matéria).

De acordo com as regras internacionais, é vedado o emprego de algemas como forma de sanção ou punição, para fim de constrangimento ou antecipação da pena, já que representa uso abusivo e vexatório em desrespeito à dignidade da pessoa humana. No Código de Processo Militar, é permitido o uso de algemas quando houver perigo de fuga ou agressão da parte do preso, nos termos do art. 234, § 1º. No mesmo diploma legal, há proibição do uso de algemas para os que gozam de prisão especial.

As algemas devem ser utilizadas para: a) mobilização e neutralização do delinquente; b) garantir a segurança do executor da prisão e de terceiros; c) prevenir, dificultar ou impedir a fuga ou reação indevida do preso; d) garantir a integridade física e moral do executor e dos eventuais auxiliares na efetivação da medida; e) manter a ordem para evitar reação ou inaceitação das providências de segurança.

É proibido o uso indiscriminado de algemas, em que haja ostensiva e excessiva exposição pública dos detidos, com a intenção de constranger, emprego desnecessário, em desrespeito aos direitos fundamentais, aplicação em pessoas inofensivas que não oferecerem risco social potencial, periculosidade ou abuso, com finalidades sensacionalistas.

Se o uso das algemas for feito pela autoridade pública e seus agentes, o fundamento da utilização é o poder de polícia. Se for caso de flagrante facultativo, o fundamento é autodefesa da sociedade.

O uso de algemas depende da existência de elementos concretos que demonstrem a periculosidade da pessoa; se o indivíduo não apresenta risco, seu uso é desnecessário, devendo ser adotado como medida extrema, quando necessário ao interesse social, respeitando, em última análise, a dignidade da pessoa humana. O emprego de algemas, quando desnecessária a força, pode caracterizar tortura, física e psíquica, bem como desrespeito à integridade moral do preso ou conduzido.

No dia 13 de agosto de 2008, foi aprovada a súmula vinculante sobre o tema. De acordo com o texto da referida súmula, são requisitos para o uso de algemas: a) motivo: é necessária a existência de uma situação que justifique o uso de algemas; b) motivação: a justificativa do uso deve ser explicitada por escrito; c) necessidade: demonstrada pelo risco de fuga, resistência ou fundado receio de fuga ou de perigo à integridade física própria ou alheia, por parte do preso ou de terceiros.

A não observância dos requisitos gera as seguintes consequências: a) punição: o responsável sofrerá responsabilidade penal, civil e administrativa; b) anulação: a prisão ou ação processual na qual foram usadas as algemas será anulada.

7. Mandado de prisão

O mandado de prisão é um documento escrito que formaliza a ordem de prisão, contendo a ordem de captura, redigido pelo escrivão, por determinação da autoridade judiciária competente (aquela que ordenar a prisão fará expedir o respectivo mandado).

Visa evitar abusos em face da liberdade ambulatória e dar legitimação formal na prisão de uma pessoa, sendo executado por oficial de justiça, autoridade policial e seus agentes, além de assinado pelo juiz, o que implica sua autenticidade e sua veracidade.

O mandado de prisão deve conter requisitos formais mínimos, a fim de garantir ao acusado o conhecimento dos motivos de sua prisão e para que possa exercer o direito de defesa à sua liberdade física: a) designará a autoridade que cumprirá a ordem; b) designará a pessoa que deve ser presa, por seu nome, alcunha ou sinais característicos; c) mencionará a infração penal que motivar a prisão, com menção do nome, artigo, data e local da infração penal, possibilitando a defesa pelo preso; d) declarará o valor da fiança arbitrada, quando afiançável a infração; e) será dirigido a quem tiver qualidade para dar-lhe execução: oficial de justiça, autoridade policial e seus agentes.

Se o mandado de prisão for feito pelo escrevente, haverá mera irregularidade.

A expedição de mandado de prisão, antes do trânsito em julgado da condenação, sem amparo em dados concretos de cautelaridade, viola a garantia constitucional inserta no art. 5º, LVII, da Constituição Federal.

O juiz competente, ao constatar o trânsito em julgado da condenação, deve determinar a expedição de mandado de prisão contra o agente, a fim de que seja iniciada a execução definitiva da pena, mesmo que o agente tenha permanecido solto durante o trâmite processual.

A autoridade policial poderá expedir quantos mandados forem necessários às diligências, devendo neles ser fielmente reproduzido o teor do mandado original, nos termos do art. 297 do CPP.

Em seguida, a ordem é passada para que um funcionário ou agente estatal realize seu cumprimento e alcance a captura da pessoa para posterior recolhimento ao cárcere. A efetivação da prisão é feita desde que o executor, fazendo-se conhecer do réu, apresente-lhe o mandado e o intime a acompanhá-lo.

O mandado será passado em duplicata, ou seja, é necessário que existam duas vias originais, e o executor entregará uma delas ao preso, logo depois da prisão, com declaração de dia, hora e lugar da diligência.

Se o executor não entregar ao preso uma cópia, sofrerá responsabilidade funcional. A cópia entregue ao preso serve para informar o motivo da prisão, identificar os responsáveis por ela e fixar o início do cumprimento de eventual pena futura.

Após entrega de uma das cópias do mandado, o preso deve dar recibo na outra; se recusar, não souber ou não puder escrever, o fato será mencionado em declaração, assinada por duas testemunhas da entrega do mandado de prisão ao capturado.

Se a infração for inafiançável, a falta de exibição do mandado não obstará à prisão, e o preso será imediatamente apresentado ao juiz que tiver expedido o documento. Nesses casos (crimes mais graves, inafiançáveis), a lei permite a captura sem exibição do mandado, pois prevalece a tutela do interesse social da celeridade e da segurança, desde que haja condução imediata ao juiz que tenha ordenado a prisão.

Ninguém será recolhido à prisão sem que seja exibido o mandado ao respectivo diretor ou carcereiro, a quem será entregue cópia assinada pelo executor ou apresentada a guia expedida pela autoridade competente, devendo ser passado recibo da entrega ao preso, com declaração de dia e hora.

O recibo poderá ser passado no próprio exemplar do mandado, se este for o documento exibido.

Se o diretor ou carcereiro do estabelecimento prisional receber preso sem exibição do mandado de prisão, sofrerá responsabilidade disciplinar e criminal.

8. Casos especiais de prisão

a) Prisão por precatória

Quando o réu estiver no território nacional, em lugar estranho ao da jurisdição, ou seja, fora dos limites territoriais da comarca ou seção onde corre o processo, será deprecada a sua prisão, devendo constar da precatória o inteiro teor do mandado.

É necessária a expedição da carta precatória, dirigida ao juiz de mesma categoria jurisdicional. A precatória deve conter o nome do juiz deprecante (o que a expede) e o do juiz deprecado (o que a recebe), as sedes dos juízos de cada um, a qualificação do réu, a finalidade da diligência, o lugar e o momento de seu comparecimento, a subscrição do escrivão e a assinatura do juiz.

b) **Prisão urgente**

Havendo urgência, o juiz poderá requisitar a prisão por qualquer meio de comunicação, do qual deverá constar o motivo da prisão, bem como, se afiançável a infração, o valor da fiança. A autoridade requisitada tomará as precauções necessárias para averiguar a autenticidade da comunicação.

c) **Prisão em perseguição**[15]

Se o réu, sendo perseguido, passar ao território de outro município ou comarca, o executor poderá efetuar-lhe a prisão no lugar onde o alcançar, apresentando-o imediatamente à autoridade local, que, depois de lavrado o auto de flagrante, se for o caso, providenciará sua remoção.

Entender-se-á que o executor vai em perseguição do réu, quando:

1) tendo-o avistado, persegui-lo sem interrupção, embora depois o perca de vista;
2) sabendo, por indícios ou informações fidedignas, que o réu passou, há pouco tempo, em tal ou qual direção, pelo lugar em que o procure, for no seu encalço.

Se o réu, suspeito ou indiciado, quando perseguido, for capturado:

1) deve haver apresentação imediata à autoridade local (com mandado: exibição do mandado; sem mandado: exibição do detido);
2) autoridade local pode liberá-lo para transferência; se duvidar da legalidade do ato, pode colocar o preso sob custódia em local seguro.

9. Prisão especial

Determinadas pessoas, em razão do cargo ou função pública que ocupam no cenário político-jurídico do Brasil, pela atividade desempenhada na sociedade ou pelo grau de instrução, desfrutam da possibilidade de gozarem de

---

[15] CPP, Art. 290: "Se o réu, sendo perseguido, passar ao território de outro município ou comarca, o executor poderá efetuar-lhe a prisão no lugar onde o alcançar, apresentando-o imediatamente à autoridade local, que, depois de lavrado, se for o caso, o auto de flagrante, providenciará para a remoção do preso. § 1º Entender-se-á que o executor vai em perseguição do réu, quando: *a)* tendo-o avistado, for perseguindo-o sem interrupção, embora depois o tenha perdido de vista; *b)* sabendo, por indícios ou informações fidedignas, que o réu tenha passado, há pouco tempo, em tal ou qual direção, pelo lugar em que o procure, for no seu encalço. § 2º Quando as autoridades locais tiverem fundadas razões para duvidar da legitimidade da pessoa do executor ou da legalidade do mandado que apresentar, poderão pôr em custódia o réu, até que fique esclarecida a dúvida".

prisão especial, ou seja, do direito ao recolhimento em local distinto da prisão comum até o julgamento final.

No entanto, há uma divergência doutrinária a respeito da constitucionalidade da prisão especial, prevista no art. 295 do Código de Processo Penal, de forma que há dois posicionamentos:

a) **não viola o princípio da isonomia:** pois não é um privilégio da pessoa, mas um direito que decorre da dignidade do cargo ou função, da relevância da atividade ou do grau de escolaridade. A prisão especial não é uma regalia atentatória ao princípio da isonomia jurídica, mas consubstanciada providência, que tem por objetivo resguardar a integridade física do preso, afastando-o da promiscuidade com outros detentos comuns (HC 6.420/SC; HC 1.997/0073312-2; HC 3.848/ES; HC 1.995/0043570-5, STJ);
b) **viola o princípio da isonomia:** pois é um privilégio concedido para algumas pessoas, violando a igualdade de todos perante a lei.

Sendo a prisão especial uma exceção, deve ser sua aplicação interpretada restritivamente, para que o direito não se transforme em privilégio. Objetiva assegurar ao preso o direito de não ser misturado com os sentenciados comuns, que já não gozam da presunção de inocência[16].

Não havendo estabelecimento específico para o preso especial, este será recolhido em cela distinta do mesmo estabelecimento. A cela especial poderá consistir em alojamento coletivo, atendidos os requisitos de salubridade do ambiente, pela concorrência dos fatores de aeração, insolação e condicionamento térmico adequados à existência humana.

O direito do preso especial é a garantia de recolhimento em local distinto da prisão comum. Como mencionado, não havendo estabelecimento específico, poderá o preso ser recolhido a cela distinta do mesmo estabelecimento, observadas as condições mínimas de salubridade e dignidade da pessoa humana. Se o preso estiver em cela distinta com as garantias mencionadas, não pode alegar constrangimento ilegal na liberdade de locomoção, sanável por *habeas corpus*.

> "A teor do art. 295, §§ 1º, 2º e 3º, do Código de Processo Penal, com a redação dada pela Lei n. 10.258/2001, a garantia reservada para aqueles que têm direito à prisão especial está adstrita ao recolhimento em local distinto da prisão comum ou, inexistindo estabelecimento específico, em cela distinta, garantida a salubridade do ambiente. Assim, não havendo vagas ou inexistindo na localidade unidades prisionais que se prestam exclusivamente para a guarda de presos especiais, a manutenção do acautelamento em acomo-

[16] RHC 3.836/PR, Rel. Min. Edson Vidigal, 5ª T., 15-8-1994.

> dações que atendam esses requisitos cumpre as exigências legais" (HC 231.768/SP, Rel. Min. Laurita Vaz, 5ª T., *DJe* 6-11-2012).
>
> "Encontrando-se o paciente – advogado – preso na enfermaria do Centro de Detenção Provisória, com instalações condignas e separado dos demais detentos, não há falar em constrangimento ilegal, sendo descabido o deferimento da **prisão** domiciliar, sob o argumento de inexistência de Sala do Estado-Maior das Forças Armadas" (HC 62.867/SP, Rel. Min. Laurita Vaz, 5ª T., 20-11-2007).
>
> "Recolhido o paciente em cela distinta de estabelecimento de prisão comum, consistindo em alojamento coletivo para os internos que se encontram na mesma condição, ou seja, com direito à **prisão especial**, não há falar em constrangimento ilegal a ser sanado, uma vez que atendidos os requisitos do art. 295 do CPP" (HC 56.160/RN, Rel. Min. Arnaldo Esteves Lima, 5ª T., 3-4-2007).
>
> "Não há falar em constrangimento ilegal, sanável via *habeas corpus*, na manutenção do recorrido em cela especial no Quartel do Comando-Geral da Polícia Militar do Estado, local reconhecidamente destinado a custodiados em idêntica situação, com condições ideais de salubridade e segurança, devidamente separado dos detentos comuns" (REsp 493.134/AC, Rel. Min. Hamilton Carvalhido, 6ª T., 25-11-2003).
>
> "Não havendo vagas nos quartéis e nas unidades que se prestam para a guarda de presos especiais, a manutenção do acautelamento em acomodações que atendam os requisitos de salubridade do ambiente, com aeração, insolação e temperaturas adequadas à existência humana, devidamente separadas da prisão comum, ao que se me afigura, cumpre as exigências legais, como no caso vertente em que o ora Paciente está alojado em uma Igreja existente no Presídio Ary Franco, aguardando transferência já solicitada" (HC 24.554/RJ, Rel. Min. Laurita Vaz, 5ª T., 24-6-2003).

A prisão especial é um direito e somente se aplica aos presos submetidos à prisão provisória até o julgamento final. O benefício da prisão especial não será concedido se o preso já desfruta de prisão domiciliar.

A única exceção a essa regra é quanto aos funcionários da administração da Justiça Criminal, conforme art. 84 da Lei de Execução Penal, os quais deverão cumprir sua pena em local separado mesmo após o trânsito em julgado da condenação. A execução de suas penas será feita em estabelecimento penal sujeito ao mesmo sistema disciplinar e carcerário de outros presos com o mesmo regime prisional, em dependência isolada dos demais reclusos, nos termos do § 2º do art. 84 da Lei n. 7.210/84[17].

---

[17] REsp 744.857/RN, Rel. Min. Laurita Vaz, 5ª T., 6-12-2005.

O preso especial não será transportado com o preso comum. Os demais direitos e deveres do preso especial serão os mesmos do preso comum.

Quanto aos oficiais inferiores e praças de pré, onde for possível, serão recolhidos à prisão em estabelecimentos militares, de acordo com os respectivos regulamentos. Em hipóteses extremas e em atenção ao princípio constitucional que assegura a "integridade física e moral dos presos" (CF, art. 5º, XLIX), razão não há para negar, ao praça reformado, a extensão do benefício da prisão especial, disposto no art. 296 do CPP.

As pessoas que gozam da prisão especial serão, conforme o art. 295 do CPP, recolhidas a quartéis ou a prisão especial, à disposição da autoridade competente, quando sujeitos a prisão antes de condenação definitiva (trata-se de rol taxativo – interpretação restritiva):

a) **os ministros de Estado:** ocupantes de cargos em comissão, são auxiliares imediatos do Presidente da República, por ele livremente nomeados e exonerados. Devem ser brasileiros (o da defesa tem que ser nato), maiores de 21 anos e estar no gozo dos direitos políticos. Exercem as seguintes funções: supervisionar, orientar e coordenar os órgãos da administração pública federal; referendar os atos do Presidente da República; expedir instruções normativas; exercer atribuições outorgadas ou delegadas pelo Presidente da República. No caso de praticar crime comum, será julgado pelo Supremo Tribunal Federal; se praticar crime de responsabilidade sozinho, será julgado pelo Supremo Tribunal Federal; se for crime conexo com os do Presidente da República, será julgado pelo Senado Federal. No caso de **Mandado de Segurança ou *habeas data* contra ato de Ministro de Estado**, será julgado pelo STJ (art. 105, I, *b*, da CF). No caso de **Ministro de Estado como autoridade coatora** em *habeas corpus*, será julgado pelo STJ (art. 105, I, *c*, da CF). No caso de **Deputado Federal ou Senador nomeado para Ministro de Estado**, não ocorrerá perda do mandato de parlamentar, porém terá que optar por uma remuneração. Pela Lei n. 11.036/2004, o cargo de Presidente do Banco Central é equiparado ao de Ministro de Estado;

b) **os governadores ou interventores de Estados ou Territórios, o prefeito do Distrito Federal, seus respectivos secretários, os prefeitos municipais, os vereadores e os chefes de polícia:** o prefeito do Distrito Federal foi substituído pela figura do governador, nos termos do art. 32, § 2º, da Constituição Federal (a eleição do governador e do vice-governador, observadas as regras do art. 77, bem como dos deputados distritais, coincidirá com a dos governadores e deputados estaduais, para mandato de igual duração). Os secretários do governador são seus auxiliares diretos e de confiança. O prefeito municipal é o chefe do Executivo no município, nos termos do art. 29 da Constituição Federal. O vereador é membro do Poder Legislativo Municipal, nos termos do art. 29 da Constituição Federal. O interventor é pessoa nomeada pelo Chefe do Executivo para restabelecer o equilíbrio federativo, no caso de decretação de intervenção federal[18]. Chefe de polícia é o delegado-geral da polícia;

c) **os membros do Parlamento Nacional, do Conselho de Economia Nacional e das Assembleias Legislativas dos Estados:** membros do Parlamento Nacional são os deputados federais e senadores; o Conselho de Economia Nacional, previsto na Constituição de 1946 e regulamentado pela Lei n. 970/49 para deliberar assuntos econômicos, foi extinto pela Constituição de 1967, não existindo nos dias atuais. Os membros das Assembleias Legislativas são os deputados estaduais;

d) **os cidadãos inscritos no "Livro de Mérito"[19]:** a Ordem será conferida a cidadãos brasileiros que, pelas suas virtudes e mérito excepcional, tenham se tornado merecedores dessa distinção, bem como a estrangeiros, por atos de excepcional relevância, que, a critério do Governo, dela se fizerem dignos. A Ordem constará de cinco classes: Grã-Cruz, Grande Oficial, Comendador, Oficial e Cavaleiro. As nomeações para as diferentes classes serão feitas por decreto do Presidente da República, na qualidade de Grão-Mestre, e mediante proposta do Conselho da Ordem.

O decreto que conferir essa condecoração a cidadão brasileiro ou estrangeiro residente no País será referendado pelo Ministro de Estado da Justiça. Quando se tratar de estrangeiro residente fora do País, será referendado pelo Ministro de Estado das Relações Exteriores. Lavrado o decreto, o chanceler da Ordem mandará expedir o competente diploma, que será por ele assinado.

O Presidente da República, ou por delegação um dos membros do Conselho da Ordem, procederá à entrega da insígnia e do diploma aos agraciados. Quando o agraciado residir no estrangeiro, caberá à respectiva missão diplomática brasileira entregar-lhe o diploma e a insígnia.

O Conselho da Ordem tem a seguinte composição: 1) o Chefe do Estado; 2) o presidente da Comissão do Livro do Mérito, que o presidirá, na au-

---

18 "É figura constitucional e autoridade federal, cujas atribuições dependem do ato interventivo e das instruções que receber da autoridade interventora. Suas funções, limitadas ao ato de intervenção, são federais. Mas também pratica atos de governo estadual, dando continuidade à administração do Estado nos termos da Constituição das leis deste" (SILVA, José Afonso. *Curso de direito constitucional positivo*. São Paulo: Malheiros, 1989).

19 Decreto-lei n. 9.732/46 e Decreto n. 203/91.

sência do Chefe de Estado; 3) o ministro de Estado da Justiça; 4) o ministro de Estado das Relações Exteriores; 5) o secretário-geral da Presidência da República; 6) o chefe do Gabinete Militar da Presidência da República.

Sua sede será no Palácio da Presidência da República, por onde correrá o seu expediente, a cargo de um Secretário. Os membros do Conselho da Ordem e o seu Secretário não perceberão qualquer remuneração e os seus serviços serão considerados relevantes. Ninguém poderá ser nomeado para a ordem com menos de 25 anos de idade.

Os militares e os funcionários públicos brasileiros só poderão ser nomeados para a Ordem se contarem os seguintes anos de serviço: 1) Cavaleiro – 10 anos; 2) Oficial – 15 anos; 3) Comendador – 20 anos; 4) Grande-Oficial – 25 anos; 5) Grã-Cruz – 30 anos. Os membros da Ordem só poderão ser promovidos ao grau imediato quando houverem permanecido 5 anos na sua classe;

e) **os oficiais das Forças Armadas e os militares dos Estados, do Distrito Federal e dos Territórios:** as Forças Armadas são constituídas por três ramos: Marinha, Exército e Força Aérea. Os militares dos Estados, Distrito Federal e dos Territórios são os membros das Polícias Militares e Corpos de Bombeiros Militares, nos termos do art. 42 da Constituição Federal. O recolhimento a estabelecimento prisional destinado a militares é exclusivo para os integrantes da Polícia Militar, condição não ostentada por quem tenha sido regularmente excluído dessa corporação;

f) **os magistrados:** conforme Lei Complementar n. 35 (Lei Orgânica da Magistratura), de 14-3-1979, em seu art. 33: "São prerrogativas do magistrado: (...) III – ser recolhido a prisão especial, ou a **sala especial de Estado-Maior**, por ordem e à disposição do Tribunal ou do órgão especial competente, quando sujeito a prisão antes do julgamento final";

g) **os diplomados por qualquer das faculdades superiores da República:** o diplomado em curso superior tem direito à **prisão especial**, no correr do processo criminal, feita prova de qualificação profissional. Não comprovada a condição de possuidor de título de formação profissional superior, indefere-se o pedido de remoção do preso para cela especial;

h) **os ministros de confissão religiosa:** ministro de confissão religiosa é a pessoa vocacionada para serviços relacionados com a sua confissão, como os padres, pastores, rabinos;

i) **os ministros do Tribunal de Contas:** o Tribunal de Contas da União tem sede no Distrito Federal e é integrado por nove Ministros, que são nomeados dentre brasileiros com mais de 35 e menos de 65 anos de idade, que tenham idoneidade moral, reputação ilibada, notórios conhecimentos jurídicos, contábeis, econômicos e financeiros ou de administração pública e mais de 10 anos de exercício de função ou de efetiva atividade profissional que exija os conhecimentos mencionados. Abrange, outrossim, os membros dos Tribunais de Contas dos Estados, Distrito Federal e Municípios;

j) **os cidadãos que já tiverem exercido efetivamente a função de jurado, salvo quando excluídos da lista por motivo de incapacidade para o exercício daquela função:** o benefício da prisão especial ao jurado dependia do efetivo exercício dessa função, ou seja, tinha que ter participado de algum julgamento pelo júri, não bastava a mera inclusão de seu nome na lista geral de jurados. Entretanto, com a nova redação dada pela Lei n. 12.403/2011, não há mais a prerrogativa da prisão especial para jurado;

k) **os delegados de polícia e os guardas-civis dos Estados e Territórios, ativos e inativos:** delegado de polícia é quem dirige a carreira policial. Não há guardas-civis dos Estados e Territórios desde o Decreto-lei n. 667/69, que atribui à Polícia Militar a função de executar o policiamento ostensivo, ressalvadas missões especiais das Forças Armadas;

l) **os juízes de Paz:** juiz de Paz é quem tem competência somente para o processo de habilitação e a celebração do casamento. Será nomeado pelo Governador, mediante escolha em lista tríplice, organizada pelo presidente do Tribunal de Justiça, ouvido o Juiz de Direito da Comarca, e composta de eleitores residentes no Distrito, não pertencentes a órgão de direção ou de ação de partido político. Os demais nomes constantes da lista tríplice serão nomeados primeiro e segundo suplentes. A impugnação à regularidade do processo de habilitação matrimonial e a contestação a impedimento oposto serão decididas pelo Juiz de Direito. O exercício efetivo da função de juiz de Paz constitui serviço público relevante e assegurará prisão especial, em caso de crime comum, até definitivo julgamento;

m) **defensores públicos:** são prerrogativas dos membros da Defensoria Pública da União, dentre outras, serem recolhidos a prisão especial ou a sala especial de Estado-Maior, com direito a privacidade e, após sentença condenatória transitada em julgado, serem recolhidos em dependência separada, no estabelecimento em que tiver de ser cumprida a pena, nos termos do art. 44, III, da Lei Complementar n. 80, de 12 de janeiro de 1994;

n) **membro do Conselho Tutelar da Criança e do Adolescente:** o Conselho Tutelar é órgão permanente e autônomo, não jurisdicional, encarregado pela sociedade de zelar pelo cumprimento dos direitos da criança e do adolescente, existente em cada Município. "O exercício efetivo da função de conselheiro constituirá serviço público relevante e estabelecerá presunção de idoneidade moral", nos termos do art. 135 da Lei n. 8.069, de 13 de julho de 1990;

o) **membros do Ministério Público Estadual:** conforme a Lei n. 8.625 (Lei Orgânica Nacional do Ministério Público Estadual), de 12 de fevereiro de 1983, em seu art. 40: "Constituem prerrogativas dos membros do Ministério Público, além de outras previstas na Lei Orgânica: (...) V – ser custodiado ou recolhido **à prisão domiciliar ou à sala especial de Estado-Maior**, por ordem e à disposição do Tribunal competente, quando sujeito a prisão antes do julgamento final";

p) **os membros do Ministério Público da União:** conforme a Lei Complementar n. 75, de 20 de maio de 1993, em seu art. 18: "São prerrogativas dos membros do Ministério Público da União: (...) II – processuais: (...) *e)* ser recolhido à prisão especial ou à **sala especial de Estado-Maior**, com direito a privacidade e à disposição do tribunal competente para julgamento, quando sujeito a prisão antes da decisão final; e a dependência separada no estabelecimento em que tiver de ser cumprida a pena";

q) **os advogados:** conforme art. 7º, V, da Lei n. 8.906 (Estatuto da Advocacia), de 4 de julho de 1994, é direito do advogado: "não ser recolhido preso, antes de sentença transitada em julgado, **senão em sala de Estado-Maior**, com instalações e comodidades condignas, e, na sua falta, em prisão domiciliar". Em outras palavras, o Estatuto da Ordem dos Advogados do Brasil garante a todos os advogados, enquanto inscritos em seus quadros, o direito de serem cautelarmente constritos em sala de Estado-Maior ou, em sua falta, em prisão domiciliar. O Supremo Tribunal Federal, nos autos das ADIs 1.105/DF e 1.127/DF, reconheceu a constitucionalidade dessa prerrogativa, que não foi derrogada pela Lei n. 10.258/2001[20].

A prerrogativa que confere prisão especial aos advogados objetiva proteger o profissional que exerce atividade essencial à administração da justiça, segundo o cânon do art. 133, *caput*, da Constituição Federal. Cabe ressalvar que, se não houver sala de Estado-Maior, mas recolhimento em cela separada dos demais detentos com condições de salubridade e dignidade, não há razão para alegar constrangimento ilegal sanável por HC, nem conversão em prisão domiciliar.

A privação da liberdade do advogado em cela de Delegacia de Polícia não atende à exigência de prisão especial, na forma preconizada no art. 7º, V,

[20] Por maioria, foi declarada a inconstitucionalidade da expressão "assim reconhecidas pela OAB", constante do dispositivo impugnado, vencidos os ministros Marco Aurélio, Eros Grau e Carlos Ayres Britto, que julgavam improcedente o pedido formulado na ação. O artigo questionado foi o art. 7º do Estatuto da OAB: "São direitos do advogado: (...) V – não ser recolhido preso, antes de sentença transitada em julgado, senão em sala de Estado Maior, com instalações e comodidades condignas, *assim reconhecidas pela OAB*, e, na sua falta, em prisão domiciliar".

da Lei n. 8.906/94[21]. Porém, a privação da liberdade do advogado em estabelecimento prisional do batalhão da Polícia Militar atende à exigência da prisão especial, mesmo porque a prisão domiciliar somente é deferida no caso de inexistir estabelecimento prisional adequado para o preso. Aliás, é o entendimento dominante na jurisprudência:

> "O advogado tem direito à prisão especial, enquanto não transitar em julgado a sentença penal condenatória. A sala especial do Estado-Maior das Forças Armadas não é absoluta. Desde que possível, isso sim satisfaz a condição legal lugar condigno, separado dos demais detentos. A ausência não implica direito a prisão domiciliar" (RHC 719/PE; Recurso Ordinário em Habeas Corpus 1998/0002395-0, Rel. Min. Luiz Vicente Cernicchiaro, 6ª T., Julgamento: 3-3-1998).

O advogado que tenha contra si decretada prisão civil por inadimplemento de obrigação alimentícia não tem direito a ser recolhido em sala de Estado Maior ou, na sua ausência, em prisão domiciliar, nos termos do *Informativo* 551/2014 do STJ.

9.1. Progressão de regime e prisão especial

A progressão de regime não exige prisão especial, nos termos da Súmula 717 do STF: "Não impede a progressão de regime de execução da pena, fixada em sentença não transitada em julgado, o fato de o réu se encontrar em prisão especial".

9.2. Prisão especial e regime domiciliar

Prisão especial não se confunde com regime domiciliar, este excepcionalmente admitido pela lei e pela jurisprudência em raras hipóteses. Prisão domiciliar é o cumprimento da pena em residência particular. A sua admissibilidade é restrita aos seguintes casos:

a) nas hipóteses previstas no art. 117 da Lei de Execução Penal: "Somente se admitirá o recolhimento do beneficiário de regime aberto em residência particular quando se tratar de: I – condenado maior de 70 (setenta) anos; II – condenado acometido de doença grave; III – condenada com filho menor ou deficiente físico ou mental; IV – condenada gestante".

b) em situações excepcionais: o Superior Tribunal de Justiça tem admitido, excepcionalmente, o cumprimento da pena em residência particular nos

---

[21] RHC 10.442/SP, Rel. Min. Vicente Leal, 6ª T., 5-4-2001.

casos em que o réu é acometido de doença grave e diante da absoluta inexistência de estabelecimento especial adequado à sua condição pessoal. Cabe ressalvar que a pessoa com doença grave somente tem direito à **prisão especial** quando demonstra, inequivocamente, a inadequabilidade do estabelecimento em que cumpre pena[22].

> "PROCESSUAL PENAL. *HABEAS CORPUS*. PRISÃO ESPECIAL (CPP, ART. 295). TRANSFORMAÇÃO EM PRISÃO DOMICILIAR. RÉ ACOMETIDA DE DOENÇA GRAVE. AIDS. IMPOSSIBILIDADE. O cumprimento da pena em residência particular somente é admissível, além das hipóteses previstas no art. 117, da Lei de Execução Penal, em situações excepcionais. O Superior Tribunal de Justiça tem admitido, excepcionalmente, o cumprimento da pena em residência particular nos casos em que o réu é acometido de doença grave e diante da absoluta inexistência de estabelecimento especial adequado à sua condição pessoal. Não obstante ser a paciente portadora do vírus HIV, moléstia considerada grave, este fato, por si só, não enseja a concessão da prisão domiciliar, sendo necessária prova inconteste no sentido de que a condenada não está tendo a devida assistência médica no estabelecimento penal em que se encontra" (HC 24.256/SP, Rel. Min. Vicente Leal, 6ª T., STJ, *DJe* 17-2-2003).
>
> "Processual penal. *Habeas corpus*. Prisão especial (CPP, art. 295). Transformação em prisão domiciliar. Réu septuagenário e acometido de doença grave. Possibilidade. O cumprimento da pena em residência particular somente é admissível, além das hipóteses previstas no art. 117 da Lei de Execução Penal, em situações excepcionais. O Superior Tribunal de Justiça tem admitido, excepcionalmente, o cumprimento da pena em residência particular nos casos em que o paciente é septuagenário, acometido de doença grave e diante da absoluta inexistência de estabelecimento especial adequado à sua condição pessoal" (RHC 9.255/SP, Rel. Min. Vicente Leal, 6ª T., STJ, 21-3-2000).

Cabe ressalvar também a controvérsia a respeito da inexistência da casa de albergado destinada à execução do regime aberto de cumprimento da pena privativa de liberdade:

a) o condenado deve aguardar, no regime semiaberto, fechado ou em cadeia pública, a vaga em casa de albergado, pois o cabimento da prisão domiciliar é taxativo, cabível somente nas hipóteses do art. 117 da Lei de Execução Penal; segundo jurisprudência do STF, a impossibilidade material de o Estado instituir casa de albergado não autoriza o poder judiciário a con-

[22] RHC 12.736/PR, Rel. Min. Hamilton Carvalhido, 6ª T., 1º-10-2002.

ceder a prisão domiciliar fora das hipóteses do art. 117 da Lei de Execução Penal (HC 68.012-7/SP; HC 72.997/SP);

b) o condenado poderá cumprir o regime albergue em prisão domiciliar até que surja vaga em estabelecimento próprio. Segundo jurisprudência do STJ, não havendo casa de albergado na comarca, admite-se a concessão de prisão domiciliar ao apenado, configurando constrangimento ilegal a imposição do cumprimento da pena em estabelecimento destinado a regime carcerário mais rigoroso (HC 62.277/MG, HC 54.583/MG, HC 44.390/MG, HC 48.629/MG, HC 40.727/RS).

Além dos casos de prisão especial do art. 295 do Código de Processo Penal, há outros previstos em leis esparsas, como o dos pilotos de aeronaves mercantes nacionais (Lei n. 3.988/61) e o dos dirigentes de entidades sindicais de qualquer grau, representativas de empregados, empregadores, profissionais liberais, agentes e trabalhadores autônomos (Lei n. 2.860/56).

10. Prisão cautelar

10.1. Introdução

A prisão cautelar, processual ou provisória é a efetuada antes do trânsito em julgado da sentença penal condenatória[23]. A finalidade da custódia cautelar não pode ser deturpada a ponto de configurar uma antecipação do cumprimento de pena. No Direito Brasileiro, existem cinco modalidades, quais sejam, prisão em flagrante, prisão temporária, prisão preventiva, prisão por pronúncia e prisão por sentença condenatória recorrível.

A **prisão** cautelar deve ser considerada exceção, já que, por meio dessa medida, priva-se o réu de seu *jus libertatis* antes do pronunciamento condenatório definitivo, consubstanciado na sentença transitada em julgado. A prisão processual reveste-se de caráter excepcional[24], deve ser configurada no caso de situações extremas, em meio a dados sopesados da experiência concreta[25], porquanto o instrumento posto a cargo da jurisdição reclama, antes de tudo, o respeito à liberdade[26]. É por isso que tal medida constritiva só pode ser decretada se expressamente for justificada sua real indispensabilidade.

---

[23] A prisão cautelar deve ser considerada exceção, já que, por meio desta medida, priva-se o réu de seu *jus libertatis* antes do pronunciamento condenatório definitivo, consubstanciado na sentença transitada em julgado, nos termos do *Informativo* 554/2015 do STJ; a prisão provisória é providência excepcional no Estado Democrático de Direito, só sendo justificável quando atendidos os critérios de adequação, necessidade e proporcionalidade, nos termos do *Informativo* 523/2013 do STJ.

[24] HC 90.398/SP, Rel. Min. Ricardo Lewandowski, 1ª T., *DJU* 17-5-2007.

[25] HC 91.729/SP, Rel. Min. Gilmar Mendes, 1ª T., *DJU* 11-10-2007.

[26] A prisão processual tem proclamado com insistência a doutrina e a jurisprudência; está associada indelevelmente à ideia de necessidade, vale dizer, que se deixe evidenciado que se

Em razão disso, não se justifica a manutenção em cárcere daquele que pratica crime somente porque de natureza hedionda, ou mesmo porque se possa extrair, genericamente, com a não residência no distrito da culpa, a suposição de fuga do acusado[27].

A decretação da prisão processual exige que o juiz indique circunstância específica que justifique a necessidade da segregação do paciente. Se fizer apenas referência genérica aos pressupostos ensejadores da custódia cautelar, elencados no art. 312 do Código de Processo Penal, fica evidenciado o constrangimento ilegal.

Alguns doutrinadores[28] diferenciam a prisão cautelar da prisão provisória, afirmando que a cautelar é a prisão preventiva, e a provisória é a prisão decorrente de uma sentença penal condenatória ou decisão de pronúncia, atos impugnáveis por meio de recursos.

10.2. Prisão temporária

10.2.1. Histórico

A prisão temporária surgiu no Direito Brasileiro com a Medida Provisória n. 111, de 24 de novembro de 1989, posteriormente convertida na Lei n. 7.960, de 21 de dezembro de 1989, que entrou em vigor no dia 22 de dezembro de 1989, visando regularizar e coibir a prisão para averiguações. A Medida Provisória n. 111/89 foi inspirada no projeto de reforma do Código de Processo Penal n. 1.655, B/83, que se baseou, por sua vez, no anteprojeto elaborado por José Frederico Marques, em 1970.

A criação da prisão temporária por medida provisória representou uma resposta legítima ao combate da criminalidade organizada e foi permitida porque, àquela época, não figurava a vedação constitucional de legislar sobre matéria processual penal por meio de medida provisória.

O instituto da prisão temporária foi introduzido no Direito Brasileiro sob a influência do movimento político-criminal conhecido como "lei e ordem", verdadeira mobilização social de aniquilamento do crime e do criminoso, como medida a ser tomada quando a liberdade do investigado prejudicasse a investigação policial e, por consequência, o esclarecimento da verdade real dos fatos.

Atualmente, o art. 62 da Constituição da República, com a redação da Emenda Constitucional n. 32, de 11 de setembro de 2001, que cuida da edição

---

mostra indispensável, processualmente falando, a segregação do réu antes do trânsito em julgado da sentença condenatória (HC 24.976/SP, Rel. Min. Paulo Gallotti, 6ª T., 2-9-2003).

27 HC 96.356/SP, Rel. Min. Maria Thereza de Assis Moura, 6ª T., 25-2-2008.

28 NERY JUNIOR, Nelson. *Constituição Federal comentada e legislação constitucional*. São Paulo: RT, 2006, p. 136.

de medidas provisórias, veda expressamente que nessa espécie legislativa sejam veiculadas matérias que digam respeito a direito penal e processual (§ 1º, I, do art. 62).

10.2.2. Natureza jurídica, característica e finalidade

A **prisão temporária** é uma espécie de prisão cautelar, decretada pelo juiz durante o inquérito policial, por tempo determinado, contra o suspeito indiciado (**é importante ressaltar que a referida prisão só pode atingir indiciado**) de um crime grave, para possibilitar as investigações policiais (**providência ínsita à investigação criminal**).

Questão de prova

A prova de Analista Judiciário STF/2008 considerou CORRETA a afirmativa: "A prisão temporária deve ser decretada pelo juiz, após representação da autoridade policial ou de requerimento do MP, não sendo permitida a sua decretação de ofício. Em caso de representação da autoridade policial, o juiz, antes de decidir, deve ouvir o MP e, em qualquer caso, deve decidir fundamentadamente sobre o decreto de prisão temporária dentro do prazo de 24 horas, contadas a partir do recebimento da representação ou do requerimento".

A **prisão temporária**, medida judicial de natureza cautelar que deve ser provida de necessária e suficiente fundamentação, tem caráter provisório e transitório, visando atender às circunstâncias de momento determinado das investigações no inquérito policial.

A expressão "prisão temporária", para alguns, não é a mais acertada, pois toda prisão no nosso sistema jurídico é temporária; outros, como Valdir Szinick[29], sustentam que é a mais acertada, pois o termo "prisão cautelar" ou "prisão provisória" representa o gênero das prisões processuais, e "prisão policial" traz a ideia das épocas passadas de prisão ilegal ou arbitrária.

Trata-se de autêntica **prisão para investigações**, com natureza de medida cautelar preventiva, já que, para sua decretação, além de necessária a presença dos pressupostos do *periculum in mora* (imprescindibilidade para o prosseguimento das investigações policiais) e do *fumus boni iuris* (fundadas razões de autoria ou participação em um ou mais dos tipos penais enumerados no inciso III do art. 1º da Lei n. 7.960/89), a privação da liberdade do investigado será utilizada para descobrir elementos que indiquem a autoria e a materialidade de crimes graves.

Visando a coleta de elementos tendentes à elucidação da autoria e da materialidade de determinada infração penal, a prisão temporária tem como finalidade tutelar o inquérito policial, de forma que resta destacado seu caráter

---

29 SZINICK, Valdir. *Liberdade, prisão cautelar e temporária*. São Paulo: Editora Universitária de Direito, 1995.

de **medida instrumental** ("A prisão temporária, por sua própria natureza instrumental, é permeada pelos postulados da não culpabilidade e da razoabilidade, de modo que sua decretação só pode ser considerada legítima caso constitua medida comprovadamente adequada e necessária ao acautelamento da fase pré-processual, não servindo para tanto a mera suposição de que o suspeito virá a comprometer a atividade investigativa" – HC 280.999/GO, STJ).

Conforme Jaime W. de Freitas[30]: "Tem o propósito de instrumentalizar o inquérito policial com manancial probatório concernente à autoria ou participação do suspeito ou indiciado em grave infração penal e fornecer cabedal probante que subsidie a futura denúncia ou queixa".

É importante ressalvar que a prisão temporária não é medida exclusiva da legislação brasileira, sendo caracterizada como medida **judicial** (pois decretada pelo juiz), **precária** (pois, além de transitória, pode ser revogada a qualquer tempo) e **acessória** (pois é decretada quando restar comprovado que a liberdade do suspeito pode prejudicar o prosseguimento do inquérito policial).

A prisão temporária possibilita a investigação de crimes graves, para garantir eficácia na apuração da infração penal pela polícia, permitindo o esclarecimento da verdade real, garantindo a tutela da persecução extrajudicial e resguardando elementos de provas, pessoas e situações durante o inquérito policial.

10.2.3. Prazo de duração

Questão de prova	A prova do 83º Concurso de Promotor de Justiça Substituto MP/SP considerou CORRETA a afirmativa: "O prazo da prisão temporária decretada pelo Juiz de Direito não se computa naquele que deve ser respeitado para a conclusão da instrução criminal".

De acordo com as leis mencionadas, é possível afirmar que existem prazos distintos para a duração da prisão temporária, de forma que, nos crimes hediondos e equiparados, o prazo é de 30 dias e, nos demais casos, de 5 dias. A prisão temporária é uma **medida transitória,** pois tem prazo certo, tempo determinado. Conforme orientação do Superior Tribunal de Justiça:

> "A prisão temporária é excepcional, de curta duração, e objetiva garantir a integridade da investigação criminal, mas não é cumprimento antecipado de condenação e nem pode estender-se ou prolongar-se no tempo, transpondo o limite que a lei lhe estabelece" (HC 78.376/SC, Habeas Corpus 2007/0048671-9, Rel. Min. Napoleão Nunes Maia Filho, 5ª T., Julgamento: 13-9-2007).

---

30 FREITAS, Jayme Walmer de. *Prisão temporária*. São Paulo: Saraiva, 2004, p. 98.

O prazo de duração (quando não houver prorrogação) representa o limite máximo de tempo da prisão temporária. O tema prisão é matéria penal, pois envolve o direito de liberdade; dessa forma, a maneira de contagem do prazo da prisão temporária segue a regra prevista no art. 10 do CP, que inclui o dia do começo (data em que o suspeito é recolhido ao estabelecimento criminal) e exclui o dia do vencimento. O prazo da custódia temporária começa a fluir a partir da efetiva prisão do acusado.

No caso de prorrogação do prazo de duração da prisão temporária, é necessária a presença de dois requisitos:

a) a existência de um motivo de comprovada e extrema necessidade, que é, por sua vez, manifestada pela demonstração de que a prorrogação é imprescindível para as investigações policiais. É importante ressalvar que não consubstancia constrangimento ilegal, suscetível de ataque por meio de *habeas corpus*, a ordem de prorrogação de prisão temporária provida de fundamentos indicativos da presença efetiva de sua necessidade; porém, não demonstrada a extrema e comprovada necessidade da prorrogação da prisão temporária, a mantença em cárcere representará um constrangimento ilegal sanável por *habeas corpus*;

b) o prazo de prorrogação é o mesmo prazo de duração da prisão temporária: nos crimes hediondos e equiparados, é de 30 dias; nos demais casos, é de 5 dias. O juiz deve, em cada caso concreto, fixar o *quantum* do prazo de prorrogação. A prorrogação só é permitida uma vez.

A iniciativa na prorrogação enseja dois posicionamentos: a) majoritário: depende de requerimento do MP ou representação da autoridade policial; se o juiz concordar, dará despacho fundamentado fixando o prazo de duração da prorrogação; b) minoritário: pode ser feita de ofício pelo juiz, pois se trata da mesma prisão em continuidade; o despacho deve ser fundamentado, com a fixação do prazo de duração da prorrogação.

Após o término do prazo de duração/prorrogação da **prisão temporária**, o preso deve ser colocado em liberdade, salvo se houve a decretação da sua prisão preventiva, sob pena de configurar crime de abuso de autoridade, nos termos do art. 4º, *i*, da Lei n. 4.898/65: "Constitui também abuso de autoridade: (...) prolongar a execução de prisão temporária, de pena ou de medida de segurança, deixando de expedir em tempo oportuno ou de cumprir imediatamente ordem de liberdade".

Questão de prova

A prova de Agente da Polícia Federal/2004 considerou CORRETA a afirmativa: "Na prisão temporária, decorrido o prazo de 5 dias de detenção, o preso deverá ser posto imediatamente em liberdade, salvo se já tiver sido decretada sua prisão preventiva".

Em relação à liberação do preso **após o término do prazo de duração da prisão temporária**, há dois posicionamentos: a) a liberação não depende de ordem judicial, ou seja, de alvará de soltura; deverá ser posto em liberdade pela autoridade policial, bastando a comunicação imediata ao juiz e ao membro do MP; a providência de colocar o preso em liberdade é automática; b) a liberação do preso depende de ordem judicial; a autoridade policial manda ofício para o juiz mencionando a não necessidade de mantença da custódia do indiciado e aguarda resposta, no sentido de revogar a prisão e liberá-lo.

Em relação à liberação do preso **antes do término do prazo de duração da prisão temporária**, há dois posicionamentos: a) a liberação do preso depende de ordem judicial; a autoridade policial ou o Ministério Público formulam pedido de liberação, e o juiz, se concordar com a desnecessidade do encarceramento prévio, concede alvará de soltura; se o alvará for concedido pelo Delegado sem ordem judicial, haverá responsabilização dele por crime de desobediência; b) a liberação do preso independe de ordem judicial, pois a lei não estabelece, em nenhum dos seus dispositivos, a necessidade da referida ordem; assim, a própria autoridade policial poderá conceder o alvará de soltura.

10.2.4. Momento de decretação

A prisão temporária somente pode ser efetivada na fase pré-processual, ou seja, durante o inquérito policial. Após o término do inquérito, seja por encerramento (relatório da autoridade policial), trancamento (ajuizamento de *habeas corpus* com fundamento na atipicidade do fato investigado ou evidente impossibilidade de o indiciado ser autor da infração penal ou quando já tiver ocorrido extinção da punibilidade)[31] ou arquivamento, não é mais possível a decretação da prisão temporária. Conforme jurisprudência do Superior Tribunal de Justiça:

> "Uma vez oferecida a denúncia não mais subsiste o decreto de prisão temporária, que visa resguardar, tão somente, a integridade das investigações" (HC 78.437/SP, 2007/0050077-9, Rel. Min. Laurita Vaz, 5ª T., 28-6-2007).
>
> "Uma vez recebida a denúncia não mais subsiste o decreto de prisão temporária, que visa resguardar, tão somente, a integridade das investigações. *Writ* concedido para declarar a insubsistência da ordem de prisão temporária proferida nos autos do processo n. 29/03 que tramita junto a Vara Criminal da Comarca de Serrinha/BA" (HC 44.987/BA, Rel. Min. Felix Fischer, Julgamento: 5ª T., 2-2-2006, *DJ* 13-3-2006, p. 341).

---

[31] MESSA, Ana Flávia. *Prática penal*. 2. ed. São Paulo: Atlas, 2007, p. 95-97.

10.2.5. Competência para decretação

A prisão temporária não é medida administrativa, já que é decretada por órgão estatal pertencente ao Poder Judiciário, ou seja, somente é decretada pela autoridade judiciária, nos termos do art. 5º, LXI, combinado com o art. 2º da Lei n. 7.960/89, por ordem escrita e fundamentada. A prisão temporária está inserida na **cláusula de reserva jurisdicional**, pois somente a autoridade judiciária tem competência exclusiva para sua competência decretação.

O juiz tem 24 horas para decidir sobre a decretação ou não da prisão temporária. O prazo começa a contar do recebimento da representação ou requerimento.

Em relação à competência para decretação da prisão temporária, há divergência doutrinária, de forma que há dois posicionamentos: a) o juiz competente será o que tiver competência potencial para apurar o feito e exercer o controle jurisdicional do inquérito policial[32]; b) qualquer juiz pode decretar prisão temporária, pois, durante o inquérito policial, ainda não existe competência, que só é fixada com o início da ação penal.

10.2.6. Mandado de prisão temporária

Questão de prova

A prova de Analista Judiciário TRF 4ª Região/2007 considerou CORRETA a afirmativa: "A prisão temporária somente poderá ser executada depois da expedição de mandado judicial".

O mandado é uma ordem escrita e fundamentada da autoridade judiciária competente, que deve ser expedida em duas vias, sendo que uma delas será entregue ao preso, servindo como nota de culpa. A nota de culpa funcionará como documento informativo sobre o motivo da prisão e a identificação dos responsáveis por ela.

São os seguintes os requisitos do mandado de prisão temporária: a) identificação da pessoa a ser presa; b) menção da infração penal: descrição do fato e indicação da capitulação legal do crime; c) menção do valor da fiança a ser arbitrada; d) assinatura da autoridade: garante autenticidade da ordem e existência do mandado; e) endereçamento por quem tem a qualidade de executar: oficiais de justiça ou autoridades policiais.

A lavratura do mandado será feita pelo escrivão, escrevente ou qualquer outra pessoa que possa atestar sua veracidade ou autenticidade. A prisão temporária somente poderá ser executada após a expedição do mandado judicial, por oficial de justiça ou autoridade policial (art. 297 do CPP).

32 KAUFFMANN, Carlos. *Prisão temporária*. São Paulo: Quartier Latin, 2006, p. 148.

10.2.7. Fundamentação

A decretação da prisão temporária, feita por decisão judicial, deve ser fundamentada, nos termos do princípio da motivação das decisões judiciais, previsto no art. 93, IX, da CF, sob pena de nulidade, ensejando *habeas corpus*; a fundamentação significa indicar os motivos e a necessidade da cautela para o esclarecimento dos fatos apurados em inquérito policial.

O despacho que decreta a prisão temporária evidencia legalidade quando o juiz expressa os índices de autoria e materialidade e enfatiza a necessidade de constrição ao exercício de liberdade[33]. Cabe ressalvar que a fundamentação sucinta não constitui coação ilegal.

Para a fundamentação, não bastam expressões formais ou repetição dos dizeres da lei. A fundamentação pode ser sucinta. O juiz deve indicar as razões de fato e de direito que embasaram a decisão. A decisão que decreta a **prisão temporária**, lastreando-se apenas na gravidade do delito, encontra-se sem a devida fundamentação. Tal medida é de natureza excepcional e deve conter elementos concretos que ensejem sua adoção.

O juiz deve indicar os fatos que demonstram: a) a necessidade: imprescindibilidade para as investigações; b) pertinência: fundadas razões de autoria ou participação nos crimes indicados no art. 1º da Lei n. 7.960/89, da decretação da prisão temporária. Conforme orientação jurisprudencial do STJ:

> "A determinação de prisão temporária deve ser fundada em fatos concretos que indiquem a sua real necessidade, atendendo-se aos termos descritos na lei. O fato de o paciente se encontrar em lugar incerto e não sabido, tanto que não há nos autos notícias de que o decreto prisional tenha sido cumprido, é suficiente para fundamentar a segregação provisória, tendo em vista a dificuldade de investigação e conclusão do inquérito quando ausente o indiciado".

A decretação da **prisão temporária**, como qualquer outra prisão cautelar, deve estar amparada em um dos motivos constantes do art. 312 do Código de Processo Penal e, por força do art. 5º, XLI, e do art. 93, IX, da Constituição da República, o magistrado está obrigado a apontar os elementos concretos ensejadores da medida.

A necessidade da fundamentação é uma garantia: a) das partes, pois possibilita o pedido de reexame da matéria, por meio do recurso; b) da sociedade, já que lhe permite avaliar e fiscalizar a atuação jurisdicional e sua compatibilidade com a imparcialidade e a justiça.

---

33 HC 1.738/RJ, STJ, 1993.

Há divergência doutrinária a respeito da possibilidade de o juiz adotar os argumentos do MP ou da autoridade policial como as suas razões de decidir. O STJ já manifestou julgado contrário à possibilidade da fundamentação por remissão a despachos anteriores:

> "Ementa: Constitucional e Processual Penal. *Habeas Corpus*. Crime Hediondo. Prisão preventiva resultante de convolação de prisão temporária: necessidade de efetivação por parte do juiz. Não basta a remissão a despachos anteriores e dizer que a prisão se faz para a 'contenção da escalada criminosa'. A exigência da concreção de ato judicial além de ser direito fundamental do jurisdicionado (Brasil, art. 93, IX; Itália, art. 111; Portugal, 210, 1), também se presta para o controle por parte dos órgãos recursais. Recurso provido" (HC 5.378/SP, Rel. Adhemar Maciel, 6ª T., 22-4-1996).

10.2.8. Iniciativa

Questão de prova — A prova de Analista do TRF 3ª Região/2007 considerou INCORRETA a afirmativa: "A prisão temporária pode ser decretada pela autoridade policial ou judicial, por representação do Ministério Público e pelo tempo que durar o inquérito policial".

A **decretação** da prisão temporária depende de representação da autoridade policial ou de requerimento do Ministério Público, nos termos do art. 2º, *caput*, da Lei n. 7.960/89. A representação ou requerimento será feito por escrito. Em ambos, é necessário que o autor do pedido exponha de forma clara e precisa os requisitos legais motivadores da prisão, com base nos elementos dos autos do inquérito policial, para comprovar a necessidade e a conveniência da medida privativa de liberdade.

Questão de prova — A prova de Agente da Polícia Federal/2009 considerou INCORRETA a afirmativa: "Assemelham-se as prisões preventiva e temporária porque ambas podem ser decretadas em qualquer fase da investigação policial ou da ação penal. No entanto, a prisão preventiva pressupõe requerimento das partes, ao passo que a prisão temporária pode ser decretada de ofício pelo juiz".

É importante ressalvar que não é possível a decretação *ex officio*, já que a decretação da prisão temporária depende de provocação da autoridade policial ou do Ministério Público. É o princípio da inércia, sobre o qual afirma Antonio Carlos Marcato[34]: "A todos, independentemente de qualquer condição, é conferido o poder de retirar a jurisdição da inércia. Trata-se de garantia constitucional da ação, segundo o qual não se pode subtrair à apreciação do Poder Judiciário lesão ou ameaça de lesão a direito (artigo 5º, XXXV da CF)".

---

34 MARCATO, Antonio Carlos et al. (Coord.). *Código de Processo Civil interpretado*. São Paulo: Atlas, 2004, p. 38.

A prisão temporária não pode ser decretada de ofício em face do artigo 282, § 2º, do CPP ("Art. 282. As medidas cautelares previstas neste Título deverão ser aplicadas observando-se a: [...] § 2º As medidas cautelares serão decretadas pelo juiz, de ofício ou a requerimento das partes ou, quando no curso da investigação criminal, por representação da autoridade policial ou mediante requerimento do Ministério Público"), pois a decretação referida no dispositivo do CPP se aplica apenas às medidas cautelares previstas no CPP (prisão temporária está regulada pela Lei n. 7.960/89), e no curso da ação penal (a prisão temporária é medida decretada na fase investigatória).

A oitiva do Ministério Público pode ser determinada pelo juiz antes da sua decisão de decretação ou não da prisão temporária, no caso de representação da autoridade policial, conforme art. 2º, § 1º, da Lei n. 7.960/89.

Assistente de acusação não tem legitimidade para requerer decretação de prisão temporária por três motivos: a) falta de previsão na Lei n. 7.960/89; b) tal tarefa não está incluída nas suas atribuições; e c) porque só atua na fase processual.

10.2.9. Detração penal

O prazo de prisão temporária será computado no prazo da pena privativa de liberdade ou medida de segurança, nos termos do art. 42 do Código Penal.

10.2.10. Prazo da conclusão do inquérito policial de réu preso

Há dois posicionamentos: a) o prazo de prisão temporária não pode ultrapassar o prazo de conclusão do inquérito policial, sob pena de constrangimento ilegal sanável por *habeas corpus*[35]; b) o prazo de prisão temporária e o da conclusão do inquérito são prazos distintos e contados de forma separada. A nossa posição é que a duração do prazo não é contada no prazo de conclusão do inquérito policial, nem para conclusão da instrução no processo criminal.

10.2.11. Conversão da prisão temporária em prisão preventiva

Após o término do prazo de duração da prisão temporária, o preso será colocado em liberdade, salvo se já tiver sido decretada sua prisão preventiva, que não é consequência lógica da prisão temporária, devendo sua decretação exigir os requisitos legais específicos.

Eventual alegação de ilegalidade da **prisão temporária** resta superada pela superveniência de decreto de prisão preventiva suficientemente fundamentado.

---

[35] LINO, Bruno Teixeira. *Prisão temporária:* Lei 7.960, de 21 de dezembro de 1989. Belo Horizonte: Mandamentos, 2000, p. 68.

Com a decretação da prisão preventiva do paciente, ocorre alteração no título judicial da custódia. A superveniência da prisão preventiva torna sem objeto a irresignação quanto à **prisão temporária**.

Interessante acórdão estabelece diferença entre prisão temporária e preventiva:

> "HC – CONSTITUCIONAL – PROCESSUAL PENAL – PRISÃO PREVENTIVA – PRISÃO TEMPORÁRIA – A prisão preventiva não se confunde com a prisão temporária. A primeira é cautela relativa ao processo penal; a segunda visa ao recolhimento de dados para o inquérito policial" (HC 9.112/RJ, Rel. Min. Luiz Vicente Cernicchiaro, 6ª T., 1º-6-1999).

Exaurido o prazo estipulado para a prisão temporária e sobrevindo decreto de prisão preventiva, desaparece o alegado constrangimento ilegal, objeto do pedido de *habeas corpus* formulado em face da decretação da prisão temporária, por achar-se o paciente custodiado por novo título, inatacado na impetração (TJGO, HC 13734.2.217, Rel. Des. João Canedo Machado, Julgamento: 27-8-1996, *DJ* 9-9-1996, p. 9; TJDFT, HC 6.187/93, Rel. Des. Estevam Carlos Lima Maia, Julgamento: 15-4-1993, *DJ* 2-6-1993, p. 21.010).

10.2.12. Local do preso temporário

O preso temporário fica separado dos outros detentos, sejam condenados ou submetidos às demais espécies de prisão provisória. A não separação do preso temporário enseja *habeas corpus*, por violação à integridade moral do preso (art. 5º, XLIX, CF). A colocação do preso temporário em cela separada é justificada pelas seguintes razões: a) facilitar a investigação policial; b) evitar a promiscuidade carcerária; c) proteger a integridade do preso; d) facilitar a obtenção dos elementos de prova.

10.2.13. Providências da prisão temporária

a) **Da autoridade policial:** advertir o preso do seu direito constitucional de permanecer calado e dos outros direitos previstos no art. 5º da CF, como o direito à assistência por advogado e o da identificação dos responsáveis pela prisão.

b) **Da autoridade judicial:** determinar que o preso lhe seja apresentado, solicitar informações da autoridade policial ou submeter o preso a exame de corpo de delito. Tais providências são feitas de ofício pelo juiz ou a requerimento do MP ou do advogado. Como observa Carlos Kauffman[36]: "A

[36] KAUFFMAN, Carlos. *Prisão temporária*. São Paulo: Quartier Latin, 2006, p. 160.

apresentação do preso à autoridade, facultativa pela Lei da Prisão temporária, tornou-se obrigatória por força do artigo 9º, número 3 do Pacto Internacional sobre direitos civis e políticos... sendo a única forma de evitar-se, ou pelo menos procurar evitar-se, a prisão desnecessária de quem poderia permanecer ainda em liberdade".

O exame de corpo de delito deve ser exigido não só no momento da prisão, como também após o término da prisão.

10.2.14. Requisitos

> "Art. 1º Caberá prisão temporária: I – quando imprescindível para as investigações do inquérito policial; II – quando o indicado não tiver residência fixa ou não fornecer elementos necessários ao esclarecimento de sua identidade; III – quando houver fundadas razões, de acordo com qualquer prova admitida na legislação penal, de autoria ou participação do indiciado nos seguintes crimes: *a)* homicídio doloso (art. 121, *caput*, e seu § 2º); *b)* sequestro ou cárcere privado (art. 148, *caput*, e seus §§ 1º e 2º); *c)* roubo (art. 157, *caput*, e seus §§ 1º, 2º e 3º); *d)* extorsão (art. 158, *caput*, e seus §§ 1º e 2º); *e)* extorsão mediante sequestro (art. 159, *caput*, e seus §§ 1º, 2º e 3º); *f)* estupro (art. 213, *caput*, e sua combinação com o art. 223, *caput*, e parágrafo único); *g)* atentado violento ao pudor (art. 214, *caput*, e sua combinação com o art. 223, *caput*, e parágrafo único); *h)* rapto violento (art. 219, e sua combinação com o art. 223, *caput*, e parágrafo único); *i)* epidemia com resultado de morte (art. 267, § 1º); *j)* envenenamento de água potável ou substância alimentícia ou medicinal qualificado pela morte (art. 270, *caput*, combinado com art. 285); *l)* quadrilha ou bando (art. 288), todos do Código Penal; *m)* genocídio (arts. 1º, 2º e 3º da Lei n. 2.889, de 1º-10-1956), em qualquer de sua formas típicas; *n)* tráfico de drogas (art. 12 da Lei n. 6.368, de 21-10-1976); *o)* crimes contra o sistema financeiro" (Lei n. 7.492, de 16 de junho de 1986).

a) Fundadas razões (elementos concretos constantes dos autos contra o indiciado suspeito) de autoria ou participação do indiciado nos crimes enumerados no art. 1º da Lei n. 7.960/89. É o *fumus boni iuris* da prisão temporária, consubstanciado nos elementos concretos constantes dos autos, idôneos e precisos, de autoria ou participação do indiciado suspeito. O rol de crimes é taxativo, não admitindo interpretação extensiva ou analógica.

b) Requisitos alternativos: 1) imprescindibilidade da medida para as investigações. É o *periculum in mora* da prisão temporária demonstrado pela indispensabilidade da restrição da liberdade ambulatória para possibilitar a coleta de informações sobre a materialidade e a autoria da infração penal.

Segundo Carlos Kauffman[37]: "se, mentalmente, perante a ocorrência verificada, se abstrair a contribuição causal a que se quer dar o valor da condição, e se concluir que, suprimida a prisão, a investigação policial ficaria impossibilitada, a prisão será imprescindível para as investigações do inquérito policial"; 2) ausência de residência fixa do indiciado; 3) não esclarecimento da identidade do indiciado. Se ficar evidenciada a intenção do indiciado de furtar-se a fornecer esclarecimento ao inquérito policial e afastar-se do local do crime, será mantida a prisão temporária[38].

É importante ressaltar que a análise de alguns elementos no caso concreto evidencia a não necessidade da prisão temporária, como no caso de o réu ser primário, ter bons antecedentes, não apresentar periculosidade para a sociedade e comparecer normalmente ao ser convocado pela autoridade policial[39].

São as seguintes as posições relacionadas aos requisitos de admissibilidade: a) é necessário apenas um dos requisitos do art. 1º da Lei n. 7.960/89 para decretar prisão temporária; b) é necessária a presença de todos os requisitos do art. 1º da Lei n. 7.960/89 para decretar prisão temporária; c) o inciso III é obrigatório e os incisos I e II são alternativos; d) são necessários, além dos requisitos do art. 1º da Lei n. 7.960/89, os pressupostos da prisão preventiva previstos no art. 312 do CPP.

10.2.15. Plantão permanente

Em todas as comarcas e seções judiciárias, deve haver um plantão permanente (de 24 horas) do Poder Judiciário e do Ministério Público, para apreciação da prisão temporária. É irrelevante se o juiz atua na área criminal ou não.

A análise do juiz de plantão sobre o pedido de prisão temporária não gera prevenção da jurisdição. O pedido, após analisado, deverá ser encaminhado ao Distribuidor, que fará o sorteio para a escolha do juiz competente para conduzir e presidir o processo criminal.

O plantão é permanente e abrange não só a primeira, mas também a segunda instância do Judiciário.

10.2.16. Incomunicabilidade

O preso temporário não está sujeito à incomunicabilidade, devendo respeitar os regulamentos penitenciários. Embora não exista previsão a respeito na lei que regula a prisão temporária, há posição sustentando ser possível, nos termos do art. 21 do CPP.

---

37 KAUFFMAN, Carlos. *Prisão temporária*. São Paulo: Quartier Latin, 2006, p. 127.

38 RHC 6.348/RJ, Rel. Min. Luiz Vicente Cernicchiaro, 6ª T., 20-5-1997.

39 RHC 6.610/PA, Rel. Min. Anselmo Santiago, 6ª T., 1º-9-1997.

10.2.17. Recurso contra prisão temporária

A decisão que decreta ou não a prisão temporária pode ser questionada em juízo. No caso de despacho que decreta prisão temporária, há possibilidade de *habeas corpus*; e no despacho que rejeita prisão temporária, há dois posicionamentos: a) cabe recurso em sentido estrito, por analogia ao art. 581, V, do CPP; b) é irrecorrível, pois não há previsão legal.

10.2.18. Inconstitucionalidade da prisão temporária

O tema da inconstitucionalidade da prisão temporária gera divergência doutrinária, de forma que há dois posicionamentos:

a) o majoritário, já pacífico nos Tribunais, sustenta a constitucionalidade da prisão temporária;

b) uma parte da doutrina, minoritária, sustenta a inconstitucionalidade da prisão temporária nos seguintes termos: 1) a matéria prisão, referente ao direito penal e ao direito processual penal, não possui as características de urgência e relevância, pressupostos autorizadores da medida provisória; 2) a matéria foi criada e regulada por medida provisória, violando os arts. 22, I, e 48, ambos da CF, já que a matéria penal e a processual penal são de reserva legal; 3) violação ao princípio da presunção de inocência, pois transforma a pessoa em objeto de investigações, não sendo respeitada em seus direitos; a prisão é do simples suspeito, sem indiciamento.

10.2.19. Revogação da prisão temporária

A revogação da prisão temporária é possível quando desaparecer a necessidade da prisão para as investigações do inquérito policial, ou seja, pode ser reconsiderada quando desaparecerem os fatos que ensejaram sua decretação. Dessa forma, o requisito para a revogação da prisão temporária **é a não demonstração da necessidade da restrição da liberdade para possibilitar as investigações durante o inquérito policial**.

Cabe ressalvar que não há previsão na Lei n. 7.960/89 sobre a possibilidade de revogação da prisão temporária, mas é cabível por analogia à prisão preventiva, nos termos do art. 3º, combinado com o art. 316, ambos do CPP[40].

A prisão temporária deve ser fundada em fatos concretos que indiquem a sua real necessidade, atendendo-se aos termos descritos na lei, em homenagem ao princípio da não culpabilidade. Não servem como fundamento da prisão

[40] KAUFFMAN, Carlos. *Prisão temporária*. São Paulo: Quartier Latin, 2006.

temporária elementos abstratos e genéricos referentes a circunstâncias pessoais dos investigados. Conforme jurisprudência:

> "*HABEAS CORPUS*. PROCESSUAL PENAL. CRIMES DE FURTO, RECEPTAÇÃO E QUADRILHA. PRISÃO TEMPORÁRIA SUFICIENTEMENTE FUNDAMENTADA. PRESENÇA DOS REQUISITOS AUTORIZATIVOS EXPRESSOS NA LEI N. 7.960/89. PACIENTE FORAGIDO. PRECEDENTES DO STJ. 1. O decreto de prisão temporária foi satisfatoriamente motivado pelo juízo processante, ao atender o requerimento policial, pois consignou fatos concretos que revelam a imprescindibilidade da prisão do paciente, a teor do disposto art. 1º, incisos I e III, alínea 'l', da Lei n. 7.960/89. 2. A invocação, também, de fundamentos próprios da prisão preventiva, no decreto de prisão temporária, não macula a decisão judicial, ao contrário, apenas a reforça, mormente se o paciente se encontra foragido do distrito da culpa. 3. Precedentes do STJ. 4. Ordem denegada" (HC 42.942/MG, Rel. Min. Laurita Vaz, 5ª T., Julgamento: 14-6-2005, *DJ* 1º-8-2005, p. 500).

A revogação é uma decisão judicial de ofício ou a requerimento da parte, durante o inquérito policial, no curso do prazo da prisão temporária. Se o requerente do pedido da revogação de prisão temporária estiver em liberdade, resta prejudicado o referido pedido.

O pedido de revogação da prisão temporária resta prejudicado quando: a) a pessoa a ser beneficiada no pedido já estiver em liberdade; e b) se já tiver sido decretada prisão preventiva.

10.2.20. Prisão preventiva e temporária

ITENS	PRISÃO PREVENTIVA	PRISÃO TEMPORÁRIA
Momento	Qualquer fase da investigação ou processo penal.	Somente na fase investigatória.
Finalidade	Garantia da ordem pública, da ordem econômica, por conveniência da instrução criminal, ou para assegurar a aplicação da lei penal; e ainda em caso de descumprimento de qualquer das obrigações impostas por força de outras medidas cautelares.	Possibilitar a investigação de crimes graves durante a investigação criminal.
Iniciativa	Pelo juiz, de ofício, se no curso da ação penal, ou a requerimento do Ministério Público, do querelante ou do assistente, ou por representação da autoridade policial.	Requerimento do MP ou representação da autoridade policial.

10.3. Prisão em flagrante

Questão de prova	A prova de Analista Judiciário TRE/RS/2010 considerou INCORRETA a afirmativa: "Para estar caracterizado o estado de flagrância, exige-se que entre o crime e a prisão de seu autor não tenham transcorrido mais de 24 horas".

10.3.1. Conceito, características e finalidade

Flagrante vem do latim "*flagrare*", que significa "queimar"; a expressão "flagrante delito" é usada para designar o crime que está acontecendo, ainda queimante, evidente; é a certeza visual do crime. Como observa Nogent Saint Laurents[41]: "Assim, flagrante delito significa o delicto ainda *queimante*, o momento mesmo da perpetração – a plena posse da evidencia, a evidencia absoluta, o facto que acaba de cometer-se, que acaba de ser provado, que foi visto e ouvido e, em presença do qual, seria absurdo ou impossível nega-lo".

A prisão em flagrante é medida privativa de liberdade, de **natureza cautelar ou provisória** (antes do trânsito em julgado), que independe de ordem judicial, decretada diante da ocorrência de uma infração penal, visando evitar o perecimento de direitos e restabelecer a paz social.

Questão de prova	A prova de Delegado da Polícia Civil/BA/2008 considerou INCORRETA a afirmativa: "Prisão em flagrante delito é considerada processual, sendo o prazo para a conclusão do Inquérito contado a partir do dia seguinte à efetivação da prisão".

Trata-se de **um autêntico sistema de autodefesa da sociedade**, ou seja, é uma forma de o Estado cessar a atividade criminosa e proteger os valores sociais, de forma a restaurar a confiança na ordem jurídica e na autoridade.

Tem **caráter preservativo**, já que visa preservar a prova da materialidade do crime e sua respectiva autoria, bem como salvaguardar a pessoa autora do fato contra represálias do ofendido, de parentes e da própria sociedade. Tem *cunho probatório*, pois visa apreender os elementos probatórios da materialidade e da autoria do crime para o futuro da ação penal.

A prisão em flagrante é uma resposta eficaz, imediata e atual em face da evidência plena e da certeza visual da materialidade e da autoria do crime, visando proteger a segurança pública, a ordem social e a tranquilidade dos bens jurídicos diante do ataque atual ou iminente.

Como **medida excepcional**, só ocorre quando for necessária, sendo uma exceção ao regime de tutela de liberdades individuais; **é ato de coerção tem-**

---

41 Apud MALTA, Tostes. Flagrante delito. Rio de Janeiro: Edição da Revista *Época*, 1930, p. 17.

porária, pois tem duração limitada e imediata; exige apenas a aparência de tipicidade, não se exigindo valoração sobre a ilicitude e a culpabilidade.

> **Questão de prova** A prova da Magistratura TJ/RJ/2011 considerou CORRETA a afirmativa: "A autoridade policial pode determinar a soltura de indivíduo preso em flagrante e conduzido à sua presença, se das respostas das pessoas ouvidas no auto não resultar fundada a suspeita contra o conduzido".

A caracterização do flagrante depende da ocorrência dos seguintes elementos: a) atualidade do crime; b) viabilidade do crime; c) conhecimento do crime por outrem.

Salvo a prisão em flagrante delito, qualquer outra modalidade de prisão cautelar deve ser motivada com base nos requisitos do art. 312 do Código de Processo Penal, sob pena de antecipação da sanção penal, o que afronta diretamente o princípio constitucional da presunção de não culpabilidade.

É pacífico o entendimento da doutrina quanto à natureza jurídica precautelar da prisão em flagrante, o que tem sido confirmado pela jurisprudência do Superior Tribunal de Justiça.

10.3.2. Situações de flagrante

> **Questão de prova** A prova de Analista Judiciário TJ/PI/2009 considerou CORRETA a afirmativa: "Segundo a lei processual penal, são consideradas espécies de prisão em flagrante: próprio, impróprio e presumido".

Não caracterizada qualquer das hipóteses de flagrância previstas no art. 302 do Código de Processo Penal, cujo rol é taxativo, há de ser considerada ilegal a prisão em flagrante do preso. Existem três espécies de situações de flagrante:

a) **Próprio, real, verdadeiro, propriamente dito, perfeito ou efetivo:** é aquele em que o agente é surpreendido quando está cometendo ou acaba de cometer (relação de absoluta imediatidade) a infração penal.

b) **Impróprio, quase flagrante ou imperfeito:** é aquele em que o agente é perseguido, logo após o crime, em situação que faça presumir ser ele o autor da infração penal.

   São os seguintes os requisitos da perseguição: 1) insistente e contínua, nos termos do art. 290, § 1º, do CPP; 2) não é necessário contato visual entre os perseguidores e o agente perseguido; 3) deve ser iniciada logo após o crime; 4) é necessário que o agente perseguido seja identificado. A interpretação do lapso de tempo entre o fato delituoso e a captura do infrator fica a critério do juiz. Conforme orientação jurisprudencial:

"Não se configura o flagrante impróprio, nem qualquer outra sua forma, se os pacientes são presos três dias após o crime, sem que tenha havido sua perseguição ou tenham sido presos em situação que faça presumir terem sido autores da infração" (HC 71.667/AM, 2006/0267553-5, Rel. Min. Jane Silva, 5ª T., STJ, 6-9-2007).

Questões de prova

A prova de Analista Judiciário TRE/RS/2010 considerou INCORRETA a afirmativa: "Ocorre flagrante impróprio quando o agente é preso, logo depois do crime, em situação que faça presumir ser ele o autor da infração".

A prova de Escrivão da Polícia Civil ES/2011 considerou INCORRETA a afirmativa: "Ronaldo e Ricardo praticaram crime de latrocínio e, logo após a execução do delito, foram perseguidos pela polícia por dois dias consecutivos, de forma ininterrupta, sendo alcançados e presos. Nessa situação, a legislação permite a prisão e apresentação dos acusados, mas veda a lavratura do auto de prisão em flagrante em face do transcurso de lapso temporal superior a vinte e quatro horas do crime".

c) **Ficto ou presumido:** é aquele em que o agente é encontrado, logo depois, com objetos ou papéis que façam presumir ser ele o autor da infração penal. Não importa se foi encontrado por acaso ou fruto de investigações. O que importa é a **apreensão em poder da pessoa** de instrumentos, armas, objetos ou papéis que guardem relação direta com a infração penal praticada. Conforme orientação jurisprudencial:

Questões de prova

A prova de Analista Judiciário TRF 1ª Região/2006 considerou CORRETA a afirmativa: "Se o agente é preso em flagrante, sem perseguição, uma hora após a prática de crime, de posse de instrumentos, armas e objetos que façam presumir ser ele o autor da infração, ocorre o chamado flagrante presumido".

A prova de Defensor Público CE/2008 considerou CORRETA a afirmativa: "Embora sem testemunhas presenciais do fato, deverá o delegado prender em flagrante, lavrando o respectivo auto e tomando as demais providências legalmente previstas, a pessoa encontrada, logo depois da prática do delito, com instrumentos, armas, objetos ou papéis que façam presumir ser ela autora da infração".

"É válido o flagrante presumido quando o objeto furtado é encontrado, após a prática do crime, na residência do acusado" (RHC 21.326/PR, 2007/0111448-8, Rel. Min. Jane Silva, 5ª T., STJ, 25-10-2007).

"A jurisprudência desta Corte Superior de Justiça firmou já entendimento no sentido de que a expressão 'logo depois', constante no inciso IV do artigo 302 do Código de Processo Penal, deve ser lida como tempo razoável, não havendo cogitar, pois, em intervalo temporal fixo a configurar o estado de flagrância" (HC 49.323/PE, 2005/0180547-4, Rel. Min. Hamilton Carvalhido, 6ª T., STJ, 9-5-2006).

"Para a caracterização do flagrante presumido, não há a necessidade de se demonstrar a perseguição imediatamente após a ocorrência do fato-crime, mas, sim, o encontro do autor, 'logo depois', em condições de se presumir sua ação (artigo 302, inciso IV, do Código de Processo Penal)" (REsp 147.839, 1997/0064119-8, Rel. Min. Hamilton Carvalhido, 6ª T., STJ, 1º-3-2001).

"Estando o presumível delinquente na posse de coisas ou traços que apontem como autor ou coautor do delito que acabou de ser cometido, e estando os policiais na captura de algum suspeito do mesmo delito, considera-se a situação como de flagrância presumida, autorizada a lavratura do auto de prisão em flagrante" (RHC 6.935/RJ 1997/0077372-8, Rel. Min. Anselmo Santiago, 6ª T., STJ, 1º-12-1997).

10.3.3. Espécies de flagrante

a) **Flagrante em crime permanente:** a situação de flagrante delito persiste **enquanto não cessar a permanência**. Noutros termos, a prisão em flagrante é permitida enquanto durar a ação criminosa por vontade do agente, nos termos do art. 303 do CPP.

Questões de prova

A prova de Defensor Público ES/2009 considerou INCORRETA a afirmativa: "Setores da doutrina entendem que, nas infrações permanentes, é incabível a prisão em flagrante, pois seria necessário, para tanto, prova de uma duração mínima do crime".

A prova de Promotor de Justiça MP/PR/2008 considerou CORRETA a afirmativa: "Nas infrações permanentes, entende-se o agente em flagrante delito enquanto não cessar a permanência".

A prova de Papiloscopista da Polícia Federal/2012 considerou CORRETA a afirmativa: "Considere que, no curso de investigação policial para apurar a prática de crime de extorsão mediante sequestro contra um gerente do Banco X, agentes da Polícia Federal tenham perseguido os suspeitos, que fugiram com a vítima, por dois dias consecutivos. Nessa situação, enquanto mantiverem a privação da liberdade da vítima, os suspeitos poderão ser presos em flagrante, por se tratar de infração permanente".

A prova de Delegado da Polícia Federal/2004 considerou INCORRETA a afirmativa: "Considere a seguinte situação. Em crime de extorsão mediante sequestro, a vítima foi abordada pelos sequestradores e consequentemente privada de sua liberdade no dia 2/2/2004, tendo o crime perdurado até 30/8/2004, quando a vítima foi posta em liberdade após o pagamento do preço do resgate. Nessa situação, de acordo com o Código de Processo Penal, a prisão em flagrante só poderia ser feita até o dia 12/2/2004, após o que seria necessária ordem judicial para se efetuar a prisão".

b) **Flagrante em contravenção penal:** é possível, salvo se o autor da contravenção penal, após a lavratura do termo circunstanciado for imediatamente encaminhado ao Juizado ou assumir o compromisso de comparecer ao Juizado, nos termos dos arts. 61 e 69, parágrafo único, da Lei n. 9.099/95.

Questão de prova

A prova de Analista MPU/2010 considerou INCORRETA a afirmativa: "Tratando-se de crimes de menor potencial ofensivo para os quais não haja previsão de pena privativa de liberdade, em hipótese alguma se imporá a prisão em flagrante ao autor da infração".

c) **Flagrante em crime de ação penal privada:** é possível, uma vez que o art. 301 do CPP não o distingue; porém, para a lavratura do auto de prisão em flagrante, é necessário: 1) se for crime previsto no art. 236 do Código Penal: requerimento da vítima; em caso de morte ou ausência, ocorrerá extinção da punibilidade; 2) se for crime de ação penal privada exclusiva ou propriamente dita: requerimento da vítima ou de seu representante legal; em caso de morte ou ausência, o direito passará para o cônjuge, ascendente, descendente ou irmão. O requerimento deve ser dado em até 24 horas após a prisão, sob pena de relaxamento da prisão, o qual não impedirá a queixa-crime, desde que respeitado o prazo decadencial. O requerimento deve ser dado no corpo do auto de prisão em flagrante ou em separado e é exigido para a lavratura do auto; a captura em si não depende da autorização.

Questão de prova

A prova de Analista Judiciário TRE/RS/2010 considerou INCORRETA a afirmativa: "É possível a prisão em flagrante em crime de ação penal privada, caso em que a queixa-crime deverá ser oferecida no prazo de cinco dias, sob pena de relaxamento da prisão".

d) **Flagrante em crime de ação penal pública condicionada:** é possível; porém, para a lavratura do auto de prisão em flagrante, é necessário: 1) se for crime de ação penal pública condicionada à representação: representação da vítima ou de seu representante legal; 2) se for crime de ação penal pública condicionada à requisição do Ministro da Justiça: requisição do Ministro da Justiça.

e) **Flagrante em crime continuado:** é possível sobre cada crime de forma isolada.

f) **Flagrante em crime habitual:** há dois posicionamentos: 1) é possível, desde que seja conseguida, no momento em que se surpreender um dos atos ou ações do crime, a habitualidade que configure um estilo de vida; 2) não é possível, já que a comprovação da reiteração da conduta criminosa não é conseguida num só ato ou ação; o flagrante funcionaria como uma fotografia, de forma que registraria apenas um momento ou ação; não é possível verificar a reiteração da conduta em um ato ou momento isolado (não há retrato do corpo inteiro).

g) **Flagrante prorrogado ou retardado ou ação controlada:** é possível no crime organizado e no crime de drogas. A autoridade policial tem **discricionariedade** para escolher o melhor momento de efetuar a prisão em flagrante. A finalidade é conseguir a responsabilização criminal de todos os integrantes da organização criminosa. O momento da intervenção policial é aquele em que há a reunião eficaz de provas e fornecimento de informações.

A autoridade policial tem liberdade de agir, de acordo com os critérios de conveniência e oportunidade, na escolha do momento da prisão, podendo retardar ou prorrogar para reunir mais provas contra a organização criminosa. Não tem liberdade para escolher entre agir ou não, pois se trata de dever funcional, cuja omissão pode gerar responsabilização administrativa, disciplinar e até criminal.

h) **Flagrante forjado, fabricado, maquinado ou urdido:** é aquele em que há a criação de provas de um crime inexistente. Como não há crime real, consumado ou tentado, o flagrante é **insubsistente**. As pessoas que efetuaram o flagrante forjado responderão por crime de abuso de autoridade. Como observa Daniela Cristina R. Gonçalves[42]: "Ocorre, portanto, apenas uma encenação criminosa, mero simulacro da ocorrência de um delito. Em verdade, o detido não cometeu crime algum, mas projeta-se sobre seus ombros, por ocasião do flagrante, responsabilidade sobre fato típico inexistente, forjado e criado por agentes policiais com o fim de justificar a privação de liberdade".

Questão de prova

A prova de Agente da Polícia Federal/2009 considerou CORRETA a afirmativa: "Por completa falta de amparo legal, não se admite o flagrante forjado, que constitui, em tese, crime de abuso de poder, podendo ser penalmente responsabilizado o agente que forjou o flagrante".

i) **Flagrante preparado ou provocado:** é aquele em que o agente é induzido ou instigado a praticar a infração penal; será conduta atípica, por ausência de vontade livre e espontânea do infrator e ocorrência de crime impossível. O flagrante preparado não é válido e torna impossível a consumação do crime. Não existe flagrante preparado quando o crime não resulta da ação direta do agente provocador. Conforme jurisprudência:

> "Inexiste flagrante preparado quando a atividade policial não provoca ou induz ao cometimento do crime, sobretudo em relação ao tipo do crime de tráfico, que é de ação múltipla, consumando-se, apenas, com a guarda da substância entorpecente com o propósito de venda" (HC 59.247/MT, Rel. Min. Laurita Vaz, 5ª T., 20-11-2006).
>
> "RHC. TRÁFICO DE ENTORPECENTES. CRIME DE EFEITO PERMANENTE. FLAGRANTE PREPARADO. IRRELEVÂNCIA PARA CARACTERIZAÇÃO DO DELITO. SÚMULA 145/STF. 1. Não há falar em nulidade do flagrante, sob a alegação de ter sido preparado ou provocado, pois o crime

[42] GONÇALVES, Daniela Cristina Rios. *Prisão em flagrante.* São Paulo: Saraiva, 2004, p. 112.

tráfico de entorpecentes, de efeito permanente, gera situação ilícita que se prolonga com o tempo, consumando-se com a mera guarda ou depósito para fins de comércio, restando inaplicável o verbete da súmula 145/STF. 2. RHC improvido" (RHC 9.839, Rel. Fernando Gonçalves, 6ª T., 8-8-2000).

Conforme a **Súmula 145 do STF**, não há crime quando a **preparação do flagrante pela polícia** torna impossível a sua consumação. A iniciativa do flagrante é do provocador. O crime é o delito de ensaio ou experiência ou putativo por obra do agente provocador. O agente provocador ao instigar ou induzir a praticar a infração, toma providências para impossibilitar a consumação do crime.

Questão de prova

A prova de Agente da Polícia Federal/2009 considerou CORRETA a afirmativa: "Não há crime quando a preparação do flagrante pela polícia torna impossível a sua consumação".

O agente provocado é um protagonista inconsciente de uma comédia. Conforme observa Nélson Hungria[43]: "...que somente na aparência é que ocorre um crime exteriormente perfeito. Na realidade, o seu autor é apenas o protagonista inconsciente de uma comédia".

j) **Flagrante esperado ou campana:** é aquele em que a polícia é avisada de antemão da prática da infração penal; dirige-se ao local e fica na espreita esperando o crime acontecer para efetuar o flagrante. Pode a polícia conseguir evitar a consumação do crime; nesse caso, o agente não será preso em flagrante. Não decorrendo a prática delituosa de induzimento ou provocação da autoridade policial, que apenas se assenhorou de informações que possibilitaram a prisão em flagrante, tem-se por caracterizado o flagrante esperado, e não o preparado (HC 640/PB, 1990).

Questão de prova

A prova DPU/2007 considerou INCORRETA a afirmativa: "Ocorre o flagrante esperado quando alguém provoca o agente à prática do crime e, ao mesmo tempo, toma providência para que tal crime não se consume. Nesse caso, entende o STF que há crime impossível".

k) **Flagrante obrigatório, compulsório ou necessário:** é aquele efetuado pela autoridade policial e seus agentes. É dever funcional, cuja omissão pode gerar responsabilidade administrativa e criminal (por prevaricação e pelo resultado causado pelo agente, se a consumação do crime podia ser evita-

---

43 HUNGRIA, Nélson; FRAGOSO, Heleno. *Comentários ao Código Penal*. Rio de Janeiro: Forense, 1977, v. 1, t. 1, p. 107.

da). Não há discricionariedade na efetivação da prisão em flagrante, salvo no crime organizado.

l) **Flagrante facultativo:** é aquele efetuado por qualquer pessoa do povo; é uma faculdade, cuja omissão não gera responsabilidade administrativa, nem criminal; há discricionariedade na efetivação da prisão em flagrante. O flagrante por qualquer do povo é um caso especial de exercício de função pública transitória. O fundamento é o exercício regular de um direito.

m) **Flagrante em determinadas espécies de crimes**

- **Crimes formais:** o flagrante deve ser realizado após a conduta. O resultado será exaurimento do crime.
- **Falso testemunho:** há dois posicionamentos: 1) após assinatura do termo de audiência pela testemunha, nos termos do art. 342, § 2º, do Código Penal; 2) com a publicação da sentença no processo em que foi verificada a falsidade das declarações ou omissão.
- **Prisão em flagrante na eleição:** o eleitor, os membros das mesas receptoras, fiscais de partidos e candidatos poderão, em época de eleição, sofrer prisão em flagrante, nos termos do art. 236 do Código Eleitoral.

10.3.4. Sujeitos do flagrante

a) **Sujeito ativo:** é quem efetua a prisão em flagrante; será facultativo, quando feito por qualquer do povo, ou necessário, quando feito pela autoridade policial.

ITENS	FLAGRANTE FACULTATIVO	FLAGRANTE NECESSÁRIO
Sujeito ativo	Qualquer do povo	Autoridade policial e seus agentes
Atributo	Discricionariedade	Vinculado, salvo no crime organizado
Caráter	Há faculdade de agir	Há dever de agir
Não efetivação da prisão	Não gera responsabilização	Gera responsabilização
Fundamento	Exercício regular do direito	Estrito cumprimento do dever legal
Verbo	Poderá	Deverá
Característica	Exercício da cidadania em nome das leis do País	É dever inerente do cargo

b) **Sujeito passivo** é a pessoa que sofre a prisão em flagrante. Em regra, qualquer pessoa pode ser presa em flagrante. Alienado mental pode ser preso em flagrante, pois sofre medida de segurança e incidente de insanidade.

Excepcionalmente, há pessoas que não podem sofrer, em nenhum caso, a prisão em flagrante delito (**imunidade ao flagrante**):

- **menores de 18 anos:** os adolescentes infratores estão submetidos à legislação especial. No ECA, há previsão de apreensão em flagrante quando houver prática de ato infracional cometido com violência ou grave ameaça à pessoa;
- **diplomatas estrangeiros:** desde que haja um tratado ou convenção internacional nesse sentido;
- **Presidente da República:** não pode ser preso em flagrante, pois é Chefe de Estado, representante do País na órbita internacional, nos termos do art. 86, § 3º, da CF;
- **Código de Trânsito:** o autor de crime de trânsito que socorre de forma imediata e integral a vítima do acidente, nos termos do art. 301 do CTB;
- **apresentação espontânea à autoridade:** não há intenção de fuga; a autoridade deve lavrar o auto de apresentação.

Há pessoas que só podem ser presas em flagrante por crime inafiançável (**imunidade ao flagrante somente de crime afiançável**):

- Membros do Congresso Nacional, nos termos do art. 53, § 2º, da CF;
- Deputados Estaduais, nos termos do art. 27, § 1º, combinado com o art. 53, § 1º, ambos da CF;
- Magistrados, nos termos do art. 33, II, da Lei Complementar n. 35/79;
- Membros do Ministério Público, nos termos do art. 40, III, da Lei n. 8.625/93;
- Advogado, por motivo de exercício da profissão, nos termos do art. 7º, § 3º, da Lei n. 8.906/94.

10.3.5. Autoridade competente

a) **Regra:** a do local em que foi efetivada a prisão; se não houver autoridade no local, será apresentado à autoridade do lugar mais próximo. Cabe ressalvar que os demais atos, inclusive inquérito e ação, serão realizados pela autoridade do local da consumação do crime.

Questão de prova

A prova de Analista Judiciário TRE/RS/2010 considerou INCORRETA a afirmativa: "Para a lavratura do auto de prisão em flagrante, será competente, em regra, a autoridade policial do lugar onde foi perpetrado o delito e, não, da circunscrição onde foi efetuada a prisão".

b) **Fato praticado na presença ou contra autoridade no exercício das funções:** a própria autoridade lavra o auto e depois o remete à autoridade competente.

c) **Crime cometido nas dependências da Câmara dos Deputados ou Senado Federal:** a Mesa ou autoridade indicada no regimento interno lavra o auto e preside o inquérito, nos termos da Súmula 397 do STF.

d) **Crime cometido perante a CPI:** a própria CPI lavra o auto de prisão em flagrante.

e) **Infração prevista no Código Penal Militar:** a lavratura do auto será feita pelo oficial militar (preside o inquérito) designado para a função.

f) **Decretação da prisão em flagrante compulsório:** em regra, a autoridade policial; excepcionalmente, outra autoridade administrativa pode fazê-la, desde que autorizada por lei.

g) **Local diverso:** se o auto de prisão em flagrante for lavrado em local diverso do correto, não há nulidade, pois a polícia não exerce jurisdição. Se a autoridade policial que presidiu a lavratura do auto de prisão em flagrante não foi a mesma que participou das diligências que efetivaram a custódia, não há que se falar em nulidade da prisão em flagrante.

10.3.6. Procedimento

a) **Apresentação do preso em flagrante**

A pessoa apresentada é denominada "conduzido"; após a apresentação do preso, a autoridade policial fará a lavratura de um documento para registrar a prisão em flagrante, denominado "auto de prisão em flagrante".

b) **Comunicação da prisão em flagrante**

A prisão de qualquer pessoa e o local onde se encontre serão **comunicados imediatamente** ao juiz competente e à família do preso ou à pessoa por ele indicada. A comunicação possui as seguintes características: **1) juridicidade:** é medida que possibilita o controle judicial de verificação da compatibilidade da prisão com o ordenamento jurídico, no sentido de fiscalizar e corrigir os abusos cometidos na liberdade de locomoção, tudo em conformidade com os postulados do Estado Democrático de Direito; **2) imediatidade:** a comunicação deve ser feita logo após a lavratura do auto de prisão em flagrante, com a entrega da nota de culpa. A doutrina diz que o prazo é de 24 horas.

Questão de prova	A prova de Delegado da Polícia Civil RJ/2009 considerou CORRETA a afirmativa: "Toda prisão deve ser comunicada de forma imediata ao Juiz e familiares do preso, além da Defensoria Pública, quando o preso não tiver advogado".

Em relação à comunicação à família do preso ou à pessoa por ele indicada, a finalidade é possibilitar ao preso assistência moral, material e afetiva. A exigência é que haja a comunicação, não sendo necessária a presença na lavratura do auto de prisão em flagrante. Há uma discussão a respeito da possibilidade de a assistência do advogado no momento da lavratura do auto suprir a falta da comunicação da prisão: para alguns, supre; para outros, não supre, pois é direito subjetivo do preso ter assistência material e afetiva da família ou de um amigo. O STJ possui julgado sobre a questão (RHC 2.526/MG).

Em relação à comunicação da prisão ao juiz, a finalidade é a verificação da regularidade da prisão. No sentido de proteger e resguardar a liberdade de locomoção, a Constituição Federal, em seu art. 5º, LXII, determinou a obrigação da imediata comunicação da prisão de qualquer pessoa ao Poder Judiciário. Na Lei Complementar n. 75/93, em seu art. 10, é necessário que a prisão de qualquer pessoa, por parte de autoridade federal ou do Distrito Federal e Territórios, seja comunicada imediatamente ao Ministério Público competente, com indicação do lugar onde se encontra o preso e cópia dos documentos comprobatórios da legalidade da prisão. O Judiciário e o Ministério Público serão os competentes para receber a comunicação, de acordo com o crime praticado.

No âmbito estadual, vigora a Lei n. 8.625/93, cujo art. 2º prescreve que: "Lei complementar, denominada Lei Orgânica do Ministério Público, cuja iniciativa é facultada aos Procuradores-Gerais de Justiça dos Estados, estabelecerá, no âmbito de cada uma dessas unidades federativas, normas específicas de organização, atribuições e estatuto do respectivo **Ministério Público**. Parágrafo único. A organização, atribuições e estatuto do Ministério Público do Distrito Federal e Territórios serão objeto da Lei Orgânica do Ministério Público da União".

Questão de prova

A prova de Inspetor da Polícia Civil CE/2012 considerou INCORRETA a afirmativa: "A imediata comunicação da prisão de pessoa é obrigatória ao juiz competente, à família do preso ou à pessoa por ela indicada, mas não necessariamente ao MP, titular da ação penal".

Ao receber o auto de prisão em flagrante, o juiz abre vista ao Ministério Público. Após abertura de vista, o juiz fará uma análise do documento enviado para verificar sua legalidade e a necessidade da medida. Como observam Ada Pellegrini e outros[44]: "Mais importante do que a comunicação em si, no conjunto das garantias constitucionais, é a inafastabilidade da efetiva apreciação judicial sobre os pressupostos da privação cautelar do direito à liberdade de locomoção".

Dessa forma, o juiz poderá tomar as seguintes atitudes:

- se presentes os requisitos, manterá a prisão em flagrante; a decisão que homologa o flagrante não exige fundamentação extensa, bastando análise da

44 GRINOVER, Ada Pellegrini et al. *As nulidades no processo penal*. São Paulo: RT, 1998.

legitimidade da prisão e da obediência das garantias constitucionais. Há julgados que sustentam a não necessidade de fundamentação no referido despacho homologatório do auto de prisão em flagrante, salvo se ordenar o relaxamento da prisão[45];

- se faltar requisito de ordem material ou formal, deve relaxar a prisão com a consequente expedição do alvará de soltura, sob pena de incidir em crime de abuso de autoridade, nos termos do art. 4º, *d*, da Lei n. 4.898/65;
- pode conceder liberdade provisória, com ou sem fiança, nos termos do art. 5º, LXVI, da CF. A falta ou demora na comunicação da prisão ao juiz gera abuso de autoridade; para e quanto à validade do auto de prisão em flagrante, há dois posicionamentos: 1) não invalida, pois a comunicação é forma de impedir abusos nas prisões; 2) invalida, pois a comunicação é requisito de legalidade da prisão;
- converter a prisão em flagrante em prisão preventiva.

c) Lavratura do auto de prisão em flagrante

A documentação da prisão em flagrante serve para assegurar a legalidade do ato, proteger a liberdade ambulatória contra abusos e possibilitar o direito de defesa do interessado. O auto de prisão em flagrante é, assim, instrumento de segurança do preso contra abusos e arbitrariedades[46]. Dá início ao inquérito policial; a notícia do crime chega ao conhecimento da autoridade policial pela cognição coercitiva, ou seja, com a própria apresentação do preso em flagrante.

É formado por duas partes: **1) preâmbulo:** composto por data e local da lavratura, autoridade presidente e qualificação do condutor. No conteúdo, deve ser mencionada a infração penal praticada, bem como uma das situações de flagrante previstas no art. 302 do CPP; **2) corpo:** há uma sucessão de atos: oitiva do condutor, oitiva das testemunhas, oitiva do indiciado, remessa do auto de prisão em flagrante, participação de defesa técnica e nota de culpa.

A lavratura de auto de prisão em flagrante em local diverso daquele onde foi efetuada a prisão não gera nulidade, pois a autoridade policial não exerce função jurisdicional.

Da lavratura do auto de prisão em flagrante deverá constar a informação sobre a existência de filhos, respectivas idades e se possuem alguma deficiência e o nome e o contato de eventual responsável pelos cuidados dos filhos, indicado pela pessoa presa.

---

45 STJ, HC 47.545/RN, HC 41.455/SC.

46 BAPTISTA, Fernando Pavan. *As garantias da liberdade individual no Código de Processo Penal brasileiro.* Dissertação (Mestrado) – Faculdade de Direito da Universidade de São Paulo, 1993, p. 90.

d) **Oitiva do condutor**

Condutor é a pessoa que apresenta o preso à autoridade; será indagada sobre o fato que motivou a prisão e as circunstâncias em que esta se verificou. Após seu depoimento, a autoridade policial colherá, desde logo, sua assinatura, entregando-lhe cópia do termo e recibo de entrega do preso. É pacífico o entendimento na doutrina e na jurisprudência de que o policial que participou do flagrante não está impedido de assinar o auto como testemunha.

e) **Oitiva das testemunhas**

A lei exige que sejam ouvidas no mínimo duas testemunhas. De preferência, é necessária a oitiva das testemunhas da infração. Caso não haja tais testemunhas, podem ser ouvidas testemunhas que tenham presenciado a **apresentação do preso** à autoridade **(indiretas ou instrumentárias)**. Não há constrangimento ilegal quando o auto de prisão em flagrante for lavrado na presença de duas testemunhas indiretas, estando o auto formalmente compatível com o disposto no art. 304 do CPP.

Questões de prova

A prova de Analista Judiciário TRE/SE/2007 considerou CORRETA a afirmativa: "Se a prisão em flagrante feita por agente policial não contar com testemunhas da infração, apresentado o preso à Autoridade Policial esta lavrará o auto de prisão em flagrante ouvindo o condutor e colherá as assinaturas de duas pessoas que tenham testemunhado a apresentação do preso à autoridade".

A prova de Promotor de Justiça PB/2010 considerou CORRETA a afirmativa: "Comunicada da prática de um crime de furto, ocorrido em via pública, uma guarnição da polícia militar se dirigiu ao local, colhendo informações sobre o suspeito, e, ato contínuo, saiu em diligência, terminando por prender Antônio, ainda na posse dos objetos subtraídos, conduzindo-o para a Delegacia de Polícia. Neste caso, a ausência de testemunhas que tenham presenciado a prática da infração não constitui óbice à lavratura de auto de prisão em flagrante, dada a possibilidade de ser suprida por duas testemunhas fedatárias".

Após cada oitiva das testemunhas, a autoridade policial colherá suas respectivas assinaturas, lavrando, afinal, o auto.

Condutor pode ser testemunha? Há dois posicionamentos: 1) para Tourinho, não é possível, pois a lei o distingue; 2) para outros, é possível, pois não há impedimento jurídico. O STJ admite policiais como testemunhas de apresentação do preso[47]. Por construção jurisprudencial, aceita-se o condutor da prisão em flagrante como uma das testemunhas, a fim de integrar a exigência numérica legal, prevista no art. 304 do CPP, de oitiva de pelo menos duas testemunhas.

A oitiva da testemunha sem a presença de advogado não gera nulidade, salvo se houver comprovação de prejuízo para o réu.

---

[47] É possível aos policiais servirem como testemunhas da apresentação do preso durante a lavratura do **auto de prisão em flagrante** delito, conforme HC 58.127, Rel. Jane Silva, 5ª T., 28-11-2007.

O membro do Ministério Público que exercer a fiscalização da legalidade da lavratura do auto de prisão em flagrante, em cumprimento à sua condição de *custos legis* ou fiscal da ordem jurídica, não fica impedido de ser testemunha na fase da instrução criminal. Conforme decisão do STF:

> "O Membro do Ministério Público Estadual que assiste a lavratura do auto de prisão em flagrante, convidado pela autoridade policial para assegurar a legalidade do ato, não está impedido de prestar depoimento, na fase da instrução penal, reportando-se aos fatos que ouviu quando dos depoimentos prestados na fase investigatória" (HC 73.425-1/PR, Rel. Min. Maurício Corrêa, 2ª T., *DJ* 18-6-2001).

f) Oitiva do indiciado

A oitiva do indiciado é dividida em duas partes: 1) qualificação: será indagado sobre os dados pessoais; 2) mérito: será indagado sobre o fato. Quando o acusado se recusar a assinar, não souber ou não puder fazê-lo, o auto de prisão em flagrante será assinado por duas testemunhas, que tenham ouvido sua leitura na presença dele. A **recusa do acusado** em assinar o auto de prisão em flagrante não o torna inválido, desde que assinado por duas testemunhas, nos termos do art. 304, § 3º, do Código de Processo Penal. A apresentação de documento de identidade falso no momento da prisão em flagrante caracteriza a conduta descrita no art. 304 do CP (uso de documento falso) e não constitui um mero exercício do direito de autodefesa (*Informativo* 487/2011 do STJ).

Questão de prova

A prova de Analista do TRF 3ª Região/2007 considerou CORRETA a afirmativa: "No caso de o acusado se recusar a assinar, ou não souber ou não puder fazê-lo, o auto de prisão em flagrante será assinado por duas testemunhas, que lhe tenham ouvido a leitura, na presença do acusado".

É possível a lavratura do auto de prisão em flagrante sem a oitiva do preso? Sim, quando estiver impedido de falar por algum motivo, como a embriaguez; nesse caso, a autoridade deve registrar o motivo no auto e proceder à oitiva em momento oportuno. **É ilícita a gravação de conversa informal entre os policiais e o conduzido ocorrida quando da lavratura do auto de prisão em flagrante, se não houver prévia comunicação do direito de permanecer em silêncio**, nos termos do *Informativo* 505/2012 do STJ.

g) Remessa do auto de prisão em flagrante

Em até **24 horas** depois da prisão, será **encaminhado** ao juiz competente o auto de prisão em flagrante, acompanhado de todas as oitivas colhidas e, caso o autuado não informe o nome de seu advogado, cópia integral para a Defensoria Pública. Prisão em flagrante não comunicada em até 24 horas para o juiz é ilegal.

Há doutrinadores, como Tourinho Filho, que sustentam que o prazo só será superior a 24 horas quando houver algum motivo ponderável para o atraso.

> **Questões de prova**
>
> A prova da DPU/2007 considerou INCORRETA a afirmativa: "A autoridade policial que lavrar prisão em flagrante deverá remeter cópia integral de todos os autos, no prazo de 24 horas, à Defensoria Pública".
>
> A prova da Magistratura TJ/MT/2009 considerou CORRETA a afirmativa: "Dentro de 24h (vinte e quatro horas) depois da prisão, será encaminhado ao juiz competente o auto de prisão em flagrante acompanhado de todas as oitivas colhidas e, caso o autuado não informe o nome de seu advogado, cópia integral para a Defensoria Pública".

No mesmo prazo de 24 horas, será entregue ao preso, mediante recibo, a nota de culpa, assinada pela autoridade, com o motivo da prisão, o nome do condutor e o das testemunhas.

h) Nota de culpa

É um documento que visa comunicar ao preso o motivo da prisão em flagrante, o nome da autoridade responsável pela prisão, do condutor e das testemunhas. Deve ser entregue ao preso como garantia da legalidade da prisão no prazo improrrogável de 24 horas (o início do prazo se dá com a prisão).

A nota de culpa possibilita que o preso tome conhecimento da imputação, para que possa se defender, e serve como controle na ilegalidade das prisões. É expedida em duas vias: a original é entregue ao preso; e a segunda é assinada por ele como recibo e anexada ao auto de prisão em flagrante. Quando o preso não puder, não souber ou não quiser assinar, haverá assinatura de duas testemunhas.

O erro na data do crime configura erro material que não invalida a prisão em flagrante.

Cabe ressalvar que, no caso de omissão ou entrega de forma tardia, o juiz deve relaxar a prisão, sob pena de o preso impetrar *habeas corpus*. A inexistência ou irregularidade na nota de culpa gera a invalidade do auto de prisão em flagrante. Sobre a espécie da invalidade, existem dois posicionamentos:

- acarreta nulidade relativa, já que não é formalidade essencial e depende da demonstração de prejuízo. Conforme jurisprudência:

> "O atraso na entrega da nota de culpa ao investigado preso em flagrante, embora constitua irregularidade, não determina a nulidade do ato processual regularmente válido. É princípio basilar do processo penal a assertiva de que não se declara nulidade de ato, se dele não resultar prejuízo comprovado para o réu, nos termos do art. 563 do Código de Processo Penal" (RHC 21.532/PR, Rel. Min. Laurita Vaz, 5ª T., 18-10-2007).

- acarreta nulidade absoluta, já que é formalidade essencial, que possibilita a aferição da legalidade e da regularidade da prisão, possibilitando o exercício do direito de defesa.

i) Nulidade do auto de prisão em flagrante

A não observância das formalidades do auto de prisão em flagrante não gera nulidade no inquérito policial ou processo-crime, originando apenas a invalidade do auto com o consequente relaxamento da prisão em flagrante[48]. A alegação da ilegalidade do decreto de prisão em flagrante por ocorrência de vícios formais torna-se preclusa com a prolação da sentença que condena o réu, amparada em provas colhidas durante a instrução criminal[49].

As formalidades do auto de prisão em flagrante são essenciais para justificar a regularidade e a legalidade da restrição antecipada da liberdade ambulatória[50], sendo certo que seu desatendimento resulta na nulidade absoluta, nos termos do art. 564, IV, do CPP, atingindo o valor do auto de prisão em flagrante como instrumento de coação cautelar, sem repercussão no processo-crime[51].

Sobrevindo decretação da custódia preventiva, resta superado eventual constrangimento ilegal decorrente do auto de prisão em flagrante. Nada impede que o juiz, ao reconhecer a nulidade da prisão em flagrante, possa decretar a prisão preventiva do acusado, desde que demonstre a necessidade da custódia cautelar. Cabe ressalvar que situações semelhantes entre réus não podem obrigar o juiz a relaxar a prisão em flagrante, até porque cada acusado deve ser examinado de maneira individual e de acordo com os fatos e as circunstâncias do seu caso concreto.

10.4. Prisão preventiva

Em **sentido amplo**, prisão preventiva é toda privação de liberdade efetuada antes do trânsito em julgado da sentença penal condenatória; é o gênero das prisões anteriores à sentença definitiva.

Em **sentido restrito**, prisão preventiva é medida cautelar, processual penal, típica, pessoal, privativa de liberdade individual, consistente no encarceramen-

---

48 O STJ tem posição aceitando o reconhecimento de nulidade no auto de prisão em flagrante (RHC 886, segundo o qual a declaração da nulidade do auto de prisão em flagrante tem, como efeito, apenas a restituição da liberdade do acusado, não ferindo a integridade do inquérito policial).

49 "Proferida a sentença penal condenatória, que, inclusive, transitou em julgado, restam prejudicadas as alegações de nulidade do **auto de prisão em flagrante** e de falta dos requisitos autorizadores da custódia cautelar" (RHC 13.921/SP, Rel. Min. Paulo Gallotti, 6ª T., 12-11-2007).

50 "O auto de prisão em flagrante delito, porque constitucionalmente equiparado ao mandado judicial de prisão (Constituição da República, artigo 5º, inciso LXI), deve observar estritamente os requisitos legais da sua lavratura" (HC 29.019/PE, Rel. Hamilton Carvalhido, 6ª T., 27-10-2004).

51 GRINOVER, Ada Pellegrini et al. *As nulidades no processo penal*. São Paulo: RT, 1998.

to do indivíduo antes do trânsito em julgado da sentença condenatória, decretável pela autoridade judiciária competente, de ofício ou mediante provocação, em qualquer fase do inquérito policial ou da instrução criminal, estando devidamente preenchidos os pressupostos e requisitos legais e restando evidenciada sua necessidade, idoneidade e proporcionalidade, com o escopo de acautelar o processo criminal[52].

A **prisão preventiva** é **medida excepcional**, que só ocorre em situação de real necessidade fundamentada. Visando o desenvolvimento do processo criminal, sem aplicar punição antecipada ao réu ou ao indiciado, resta evidenciado seu **caráter *rebus sic standibus***, ou seja, a manutenção da prisão preventiva fica condicionada à existência concreta dos requisitos autorizadores da custódia. Dessa forma, nos termos do art. 316 do CPP: "O juiz poderá revogar a prisão preventiva se, no correr do processo, verificar a falta de motivo para que subsista, bem como de novo decretá-la, se sobrevierem razões que a justifiquem".

Questão de prova

A prova da AGU/2010 considerou INCORRETA a afirmativa: "O juiz não pode, caso o réu tenha respondido ao processo solto, impor prisão preventiva quando da prolação da sentença penal condenatória".

A prisão preventiva é **ato judicial**, pois sua decretação depende de ordem judicial, nos termos do art. 311 do CPP: "...caberá a prisão preventiva decretada pelo juiz...". Não obstante a decretação exigir ordem judicial da autoridade judiciária competente, nos termos do art. 5º, LXI, da CF, combinado com o art. 311 do CPP, a iniciativa pode ser de ofício, a requerimento do MP ou querelante, ou por representação da autoridade policial. A CPI não pode decretar a prisão preventiva, devendo encaminhar pedido aos legitimados. O assistente de acusação não pode requerer a decretação da prisão preventiva, pois o seu objetivo é a formação do título executivo para futura indenização na esfera cível.

A **apresentação espontânea** não impede a **decretação da prisão preventiva**. Quando houver dúvida na sua decretação, a interpretação deve ser *in dubio pro* sociedade. A prisão preventiva pode ser decretada **em qualquer fase do inquérito policial** ou do processo criminal. Na fase pré-processual, só pode ser decretada quando houver **inquérito policial instaurado**. Na fase processual, pode ser decretada em qualquer fase da ação penal.

---

52 FERRAZ, Leslie Sherida. *Prisão preventiva e direitos e garantias individuais*. Dissertação (Mestrado) – Faculdade de Direito da Universidade de São Paulo, 2003, p. 12.

> **Questões de prova**
>
> A prova de Analista do TRF 3ª Região/2007 considerou CORRETA a afirmativa: "A apresentação espontânea do acusado à autoridade não impedirá a decretação da prisão preventiva nos casos em que a lei a autoriza".
>
> A prova de Escrivão da Polícia Civil PA/2009 considerou INCORRETA a afirmativa: "A apresentação espontânea do acusado à autoridade competente obstará a decretação da sua prisão preventiva".
>
> A prova de Procurador Municipal RO/2010 considerou INCORRETA a afirmativa: "A prisão preventiva somente poderá ser decretada, mediante ordem judicial devidamente fundamentada, no curso de ação penal regularmente instaurada perante o juízo competente".
>
> A prova de Analista do TRF 3ª Região/2007 considerou INCORRETA a afirmativa: "A prisão preventiva do autor do fato é incabível após recebida a denúncia ou queixa pelo juiz, cabendo apenas na fase extrajudicial para resguardar a segurança da vítima".

A decretação da prisão preventiva exige a presença de pressupostos (***fumus boni iuris***), que são requisitos concomitantes ou cumulativos:

a) **prova da materialidade (existência) do crime:** é a certeza da ocorrência da infração penal; é demonstrada por meio do exame de corpo de delito; se não deixar vestígios ou desaparecerem, supre a falta do exame a prova testemunhal;

b) **indícios suficientes de autoria:** é necessário existência de indícios (fato conhecido e provado que, por raciocínio, leve ao conhecimento de um fato desconhecido) convincentes que conduzam a uma suspeita fundada, e não à prova plena da culpa. É a probabilidade de ser o acusado ou indiciado o autor do crime. A lei processual penal exige indícios sólidos de autoria, e não a sua prova cabal, que somente poderá ser verificada em eventual *decisum* condenatório, após a devida instrução dos autos.

É possível questionar a prisão preventiva, uma vez que: contra a decisão que decreta, não cabe recurso, porém é admitido *habeas corpus*; contra a que denega, cabe *habeas corpus*; da decisão que revoga, cabe RESE, nos termos do art. 581, V, do CPP; no caso de nova decretação da prisão preventiva após revogação, será admitido *habeas corpus.*

Não é possível decretar a prisão preventiva quando houver excludente de ilicitude, nos termos do art. 314 do CPP: "A prisão preventiva em nenhum caso será decretada se o juiz verificar pelas provas constantes dos autos ter o agente praticado o fato nas condições previstas nos incisos I, II e III do *caput* do art. 23 do Decreto-lei n. 2.848 de 7 de dezembro de 1940 – Código Penal".

10.4.1. Fundamentos da prisão preventiva

Cabe ressalvar que inexiste constrangimento ilegal se o decreto de prisão preventiva mostra-se suficientemente **fundamentado**, em consonância com o que dispõe o art. 312 do Código de Processo Penal.

Questão de prova — A prova de Analista Judiciário TRF 1ª Região/2001 considerou CORRETA a afirmativa: "a prisão preventiva é de natureza processual e cautelar; e o despacho que a decretar ou denegá-la, será sempre fundamentado".

A decretação da prisão preventiva é uma decisão judicial que deve ser fundamentada, nos termos do art. 93, IX, da Constituição Federal, combinado com o art. 315 do CPP: "A decisão que decretar, substituir ou denegar a prisão preventiva será sempre motivada".

A decretação deve ser fundamentada de forma efetiva, não bastando mera referência quanto à gravidade genérica do delito ou à aplicação da lei penal. É necessário demonstrar, com dados concretos extraídos dos autos, a necessidade da custódia.

A fundamentação deve ser baseada em motivos concretos e sólidos, com razões fáticas e jurídicas justificadoras para a medida. Não é ilegal a **prisão** preventiva que se funda em dados concretos a indicar a necessidade da medida cautelar (HC 68.596/RJ, Rel. Min. Maria Thereza de Assis Moura, 6ª T., 6-11-2007). O decreto prisional deve ser necessariamente fundamentado, não bastando mera referência quanto à gravidade genérica do delito ou à aplicação da lei penal. É dever do magistrado demonstrar, com dados concretos extraídos dos autos, a necessidade da custódia do paciente.

Conforme orientação da Suprema Corte, a **prisão** preventiva se justifica, desde que demonstrada a sua real necessidade, com a satisfação dos pressupostos a que se refere o art. 312 do Código de Processo Penal, não bastando, frise-se, a mera explicitação textual de tais requisitos. Não se exige, contudo, fundamentação exaustiva, bastando que o decreto constritivo, ainda que de forma sucinta, concisa, analise a presença, no caso, dos requisitos legais ensejadores da **prisão** preventiva[53].

A Suprema Corte tem reiteradamente reconhecido como ilegais as prisões preventivas decretadas com base, por exemplo: na **gravidade abstrata do delito** (HC 90.858/SP, Rel. Min. Sepúlveda Pertence, 1ª T., *DJU* 21-6-2007; HC 90.162/RJ, Rel. Min. Carlos Britto, 1ª T., *DJU* 28-6-2007); na periculosidade presumida do agente (HC 90.471/PA, Rel. Min. Cezar Peluso, 2ª T., *DJU* 13-9-2007); no clamor social decorrente da prática da conduta delituosa (HC 84.311/SP, Rel. Min. Cezar Peluso, 2ª T., *DJU* 6-6-2007); ou, ainda, na afirmação genérica de que a **prisão** é necessária para acautelar o meio social (HC 86.748/RJ, Rel. Min. Cezar Peluso, 2ª T., *DJU* 6-6-2007).

---

53 HC 90.862/SP, Rel. Min. Eros Grau, 2ª T., *DJU* 27-4-2007; HC 92.069/RJ, Rel. Min. Gilmar Mendes, 2ª T., *DJU* 9-11-2007; RHC 89.972/GO, Rel. Min. Cármen Lúcia, 1ª T., *DJU* 29-6-2007.

Questão de prova

A prova de Defensor Público SP/2010 considerou INCORRETA a afirmativa: "A gravidade em abstrato do delito capitulado na denúncia, quando significativa, é fundamento que pode ser suficiente para fundamentar a prisão preventiva".

Cabe ressalvar que não é recomendável a fundamentação *per relazione*, em que o juiz fundamenta indicando os motivos alegados pelo Ministério Público.

A fundamentação deve ser relacionada com o **caso concreto**, não bastando meras conjecturas ou fatos abstratos invocados pelo magistrado. A decretação da prisão preventiva deve reger-se sempre pela demonstração da efetiva necessidade da medida no caso em concreto, não se confundindo com a simples reprodução de expressões ou termos legais ou com a demonstração de argumentos abstratos, desprovidos de qualquer suporte fático.

Questão de prova

A prova de Defensor Público ES/2009 considerou INCORRETA a afirmativa: "Quando há elementos suficientes a fundamentar a constrição da liberdade, tal como a gravidade em concreto da conduta delituosa, a prisão preventiva pode ser decretada mesmo que o réu seja primário, possua bons antecedentes e exerça profissão lícita".

Conforme jurisprudência do STJ:

> "DECISÃO DA QUINTA TURMA. HC. PRISÃO PREVENTIVA. AUSÊNCIA DE FUNDAMENTAÇÃO – A simples reprodução das expressões ou dos termos legais expostos na norma de regência, divorciada dos fatos concretos ou baseada em meras suposições, não é suficiente para atrair a incidência do art. 312 do Código de Processo Penal, tendo em vista que o referido dispositivo legal não admite conjecturas. A decretação da referida medida restritiva de liberdade antecipada deve reger-se sempre pela demonstração da efetiva necessidade no caso concreto" (HC 49.681/GO, Rel. Min. Arnaldo Esteves Lima).

São fundamentos da prisão preventiva:

a) **Garantia da ordem pública:** a expressão "ordem pública" é termo amplo, indeterminado, variável no tempo e no espaço, que implica a ausência de perturbação na paz pública e na harmonia social. Trata-se de impedir que a pessoa cometa novos crimes para manter a tranquilidade no meio social, garantindo a credibilidade da justiça em face da gravidade do crime e de sua repercussão.

Não resta caracterizada a garantia da ordem pública apenas pela comoção social causada nem pela gravidade genérica do delito. A justificativa em garantir a ordem pública na decretação da prisão preventiva ocorre quando ficam demonstradas, **com base nos elementos concretos constantes dos autos**: a periculosidade do réu e de seus eventuais comparsas; a crueldade, revelada pelo *modus operandi* do crime e pela habitualidade da conduta; bem como a necessidade de fazer cessar a reiteração criminosa.

As condições pessoais do acusado, quando favoráveis, não são aptas, por si sós, a impedir prisão preventiva; já quando desfavoráveis, são acatadas como justificativas para a adoção dessa medida.

A prática de atos infracionais não serve de lastro para a análise de uma pretensa personalidade voltada à prática de crimes hábil a justificar ameaça a garantia da ordem pública, nos termos do *Informativo* 576/2016 do STJ.

b) **Conveniência da instrução criminal:** é a cautela instrumental, pois visa assegurar o correto desenvolvimento da fase processual de coleta de provas, necessárias ao esclarecimento da verdade real, impedindo a destruição de provas ou a intimidação de testemunhas, peritos, terceiros ou vítimas. A tutela probatória, como fundamento da prisão preventiva, deve ser baseada em elementos concretos, que demonstrem a possibilidade efetiva de lesão ou turbação no conjunto probatório por parte do acusado ou indiciado, se mantido em liberdade.

A decretação da prisão preventiva é justificada pela necessidade de acautelar o conjunto probatório no sentido de conservação da prova, evitando obstáculos ou dificuldades no estabelecimento da verdade. Não é fundamento da prisão preventiva quando já encerrada a fase instrutória.

Há divergência a respeito da possibilidade de a prisão preventiva ser justificada para garantir a presença do acusado em atos de instrução, formando-se duas correntes: 1) não é possível, em virtude do direito ao silêncio e da garantia da não autoincriminação; 2) é possível (HC 74.839, STF).

Pode-se arrolar as seguintes justificativas na conveniência da instrução criminal: 1) proteger a integridade da testemunha ou vítima; 2) impedir a adulteração, ocultação, destruição, alteração, falsificação, remoção ou supressão de provas; 3) impedir intimidação, ameaça, suborno ou conluio com testemunha ou perito; 4) impedir influência sobre coacusados, testemunhas ou peritos.

c) **Garantia da aplicação da lei penal:** significa impedir a fuga ou o perigo de fuga do indiciado ou acusado. A fuga do réu, no caso concreto, constitui motivo suficiente para embasar a prisão preventiva. Cabe ressaltar que o estado de fuga deve ser real, comprovado com base em provas concretas seguras, não bastando como fundamentação a gravidade do crime ou outras presunções. A comprovação do estado de fuga depende da análise das condições do agente, bem como das circunstâncias do fato concreto.

É a cautela final, que visa impedir a fuga do indiciado ou acusado para garantir o resultado do processo. O perigo de fuga deve ser baseado em razoável probabilidade, consubstanciada em fatos e circunstâncias concretas de subtração do acusado do procedimento persecutório criminal.

Como já mencionado, a mera reprodução do texto legal não é motivo bastante para a decretação da prisão preventiva (STJ, HC 41.651, Rel. Min. Arnaldo Esteves de Lima, 5ª T., *DJ* 29-8-2005).

A fuga do agente, para caracterizar fundamento da prisão preventiva, deve possuir algumas características: a) ser anterior à decretação da prisão; b) ser ilegítima.

d) **Garantia da ordem econômica:** a prisão preventiva é decretada em razão do temor social de que o infrator volte a cometer delitos econômicos (que abalam a ordem social em sua parcela econômica), provocando grave dano social.

e) **Descumprimento de obrigações impostas por medidas cautelares diversas da prisão.**

f) **Clamor público:** é o estado de comoção social e indignação popular com a ocorrência da infração penal. A jurisprudência diverge a respeito de o clamor público ser fundamento suficiente para decretação da prisão preventiva, formando dois posicionamentos:

- clamor é fundamento suficiente, com base, por exemplo, na gravidade dos fatos, na intensa revolta causada pelo crime ou na comoção social causada pelo delito na sociedade para a decretação da prisão preventiva (*RT* 656/374, *RT* 691/314).
- **clamor público** não é fundamento suficiente para decretação da prisão preventiva, já que: 1) gera insegurança jurídica, pois visa satisfazer sentimento de justiça; 2) viola o princípio da legalidade processual da repressão, já que o clamor público não está previsto no Código de Processo Penal como fundamento da prisão preventiva, sendo tal conceito disposto no art. 323, V, do CPP, na denegação da liberdade provisória com fiança; 3) descaracteriza a prisão preventiva, pois sua finalidade não é a de antecipar a pena, mas garantir a efetividade do processo, concretizada numa tutela protetiva do direito material lesado ou ameaçado de lesão, nascida em um processo que tem observância plena do direito constitucional e tutela efetiva da justiça[54]; 4) viola o princípio constitucional da presunção de inocência e compromete o postulado fundamental da liberdade.

---

[54] MESSA, Ana Flávia. *Algumas considerações sobre a busca do processo efetivo no contexto das reformas processuais civis.* Terceira etapa da reforma do Código de Processo Civil. Estudos em homenagem ao Ministro José Augusto Delgado. Salvador: JusPodivm, 2007, p. 43.

Questão de prova

A prova de Delegado da Polícia Civil/DF/2005 considerou INCORRETA a afirmativa: "O clamor público deve ser considerado como um dos requisitos da prisão preventiva, autorizando, por si só, sua decretação".

A jurisprudência assevera a inidoneidade da prisão preventiva, quando decretada diante do clamor público, com ou sem estrépito da mídia (HC 79.281, Sepúlveda Pertence, 1ª T., 18-4-1999, *DJ* 9-6-2000). Conforme *Boletim Informativo* 241 do STJ:

> "DECISÃO DA 5ª T. *HC*. PRISÃO PREVENTIVA. AUSÊNCIA. FUNDAMENTAÇÃO. Distanciados dos fatos concretos e respaldados em suposições, os argumentos de existência de prova de materialidade, indícios de autoria do crime, *COMOÇÃO SOCIAL, CREDIBILIDADE DA JUSTIÇA E GRAVIDADE DO DELITO NÃO SÃO SUFICIENTES PARA JUSTIFICAR A CUSTÓDIA CAUTELAR NEM A MANUTENÇÃO NA PRISÃO DE PACIENTE* primário com bons antecedentes e residência fixa. Com esse *reiterado entendimento*, a Turma concedeu a ordem de *habeas corpus*, o que não impede a decretação de nova prisão preventiva com base em elementos concretos que a justifiquem" (HC 41.601/MG, Rel. Min. Gilson Dipp, Julgamento: 7-4-2005).

g) **Finalidades não cautelares:** tais finalidades violam os princípios constitucionais da presunção de inocência e do devido processo legal, dando à medida cautelar um fim exclusivo de sanção penal: 1) proteção da integridade física do indiciado ou acusado para evitar represálias ou linchamento; 2) prevenção geral: evitar que outras pessoas venham a praticar delitos diante da intimidação da prisão preventiva; 3) prevenção especial: evitar que o indiciado ou acusado cometa novos delitos; 4) reação ao alarme social: visa satisfazer o sentimento social de justiça imediata.

h) **Condições de admissibilidade:** significa analisar qual modalidade de infração penal pode sofrer prisão preventiva; é um rol taxativo, cabendo apenas nas seguintes hipóteses legais: 1) crimes dolosos punidos com pena privativa de liberdade máxima superior a 4 anos; 2) identidade duvidosa: não há elementos de identificação e qualificação que forneçam a real identidade da pessoa que está respondendo a inquérito ou processo criminal; 3) reincidência em crime doloso; 4) se o crime envolver violência doméstica e familiar contra a mulher, nos termos da lei específica, para garantir a execução das medidas protetivas de urgência.

Questões de prova

A prova de Delegado da Polícia Federal/2004 considerou CORRETA a afirmativa: "Em face de crime de ação penal privada, é cabível a decretação de prisão preventiva".

A prova de Analista de Finanças e Controle CGU/2006 considerou CORRETA a afirmativa: "A prisão preventiva não é admitida quando a infração penal configurar crime culposo".

i) **Excesso de prazo:** a revogação da prisão preventiva em razão do reconhecimento do excesso prazo no oferecimento da denúncia não enseja o direito à liberdade incondicionada do acusado, se existe nos autos fundamentação concreta para imposição de medidas cautelares, em razão da reiteração delitiva do acusado, não havendo que se falar em ilegalidade (RHC 68.494/STJ).

j) **Regime semiaberto:** a prisão preventiva pode ser mantida por ocasião da sentença condenatória recorrível que aplicou o regime semiaberto para o cumprimento da pena, desde que persistam os motivos que inicialmente a justificaram e que seu cumprimento se adeque ao modo de execução intermediário aplicado (*Informativo* 560/2015 do STJ).

11. Prisão administrativa

Existem dois critérios para a conceituação de prisão administrativa:

a) **critério subjetivo:** prisão administrativa é a decretada por autoridade administrativa. No direito brasileiro, existe um caso que adota o critério subjetivo, que é a prisão em flagrante. Conforme observa Hidejalma Muccio, "...a prisão em flagrante é uma prisão administrativa, porque pode ser feita pela autoridade policial e seus agentes (...) à exceção da prisão em flagrante, nenhuma outra poderá ser determinada pela autoridade administrativa"[55];

b) **critério teleológico:** prisão administrativa é a decretada pela autoridade judiciária competente, em certos casos previstos em lei, para atender a finalidades administrativas. Tal prisão não é mais admitida no CPP.

No critério teleológico, a prisão administrativa era prevista no art. 319 do CPP contra aqueles que retardam a entrega do que é seu dever de ofício recolher aos cofres públicos e àqueles que não os entrega e contra estrangeiro desertor de navio de guerra ou mercante, surto em porto nacional. A Lei n. 12.403/2011 revogou o art. 319 do CPP.

Em relação ao art. 319, III, do CPP, era possível a prisão administrativa nos demais casos previstos em lei. Essa lei era o Estatuto do Estrangeiro, nos arts. 61 e 69 da Lei n. 6.815/80. Em relação ao inciso III, que autorizava nos demais casos previstos em lei, para alguns tornou-se inviável a decretação da medida com base no Estatuto do Estrangeiro; para outros ainda continua permitida a prisão administrativa com base no Estatuto do Estrangeiro.

Na opinião de Mirabete, a lei adota um conceito amplo de prisão administrativa como prisão extrapenal, que se divide em duas espécies: a prisão administrativa em sentido restrito; e a prisão civil (art. 5º, LXVII, da CF/88).

---

55 MUCCIO, Hidejalma. *Curso de processo penal*. São Paulo: Método, 2012.

12. Prisão civil

A Constituição Federal assegura como fundamento da República Federativa do Brasil a dignidade da pessoa humana (art. 1º, III, da CF), manifestada pela necessidade de assegurar para os indivíduos condições mínimas de sobrevivência, das quais se destacam os alimentos, indispensáveis na vida de uma pessoa.

Nossa Constituição exige que, na prisão civil, no caso de devedor de alimentos, tenha ocorrido o inadimplemento voluntário e inescusável de obrigação alimentícia pelo responsável. Assim, é possível a prisão civil quanto ao devedor de alimentos, não havendo dúvida do seu cabimento, por força do art. 19 da Lei de Alimentos (Lei n. 5.478/68) e do art. 528 do Código de Processo Civil.

O inadimplemento dos alimentos provisórios, provisionais ou definitivos surge depois de realizado o procedimento previsto no art. 528 do Código de Processo Civil, que prescreve que, no cumprimento de sentença que condene ao pagamento de prestação alimentícia ou de decisão interlocutória que fixe alimentos, o juiz, a requerimento do exequente, mandará intimar o executado pessoalmente para, em três dias, pagar o débito, provar que o fez ou justificar a impossibilidade de efetuá-lo. Caso o executado não efetue o pagamento, não prove que o efetuou ou não apresente justificativa da impossibilidade de efetuá-lo, o juiz mandará protestar o pronunciamento judicial. Somente a comprovação de fato que gere a impossibilidade absoluta de pagar justificará o inadimplemento. Se o executado não pagar ou se a justificativa apresentada não for aceita, o juiz, além de mandar protestar o pronunciamento judicial, decretar-lhe-á a prisão pelo prazo de 1 (um) a 3 (três) meses.

A execução de alimentos visa satisfazer a obrigação alimentar, pelos seguintes meios: a) desconto em folha de pagamento; b) descontos de alugueres ou quaisquer rendimentos do devedor; c) execução por quantia certa contra devedor solvente; d) prisão do devedor. A Lei n. 5.478/68 prevê, em seu art. 19, a possibilidade de o juiz, para instrução da causa ou na execução da sentença ou do acordo, tomar todas as providências necessárias para seu esclarecimento ou para o cumprimento do julgado ou do acordo, **inclusive a decretação de prisão do devedor por até 60 dias**.

Há um conflito quanto ao prazo máximo de prisão entre o CPC e a Lei de Alimentos, ressalvando que o previsto no CPC, de 3 (três) meses, é aplicado para alimentos provisionais; já o da Lei de Alimentos, de 60 dias, é aplicado aos definitivos. A resolução do conflito na execução de alimentos depende da aplicação do princípio da economia da execução, pelo qual a execução deve ser realizada de forma que, satisfazendo o direito do credor, seja a menos prejudicial possível ao devedor. Dessa forma, deve ser aplicada a Lei de Alimentos em face do CPC, nos termos do art. 620 desse Código.

É importante ressalvar que a prisão visa constranger o devedor a cumprir a obrigação, de forma que pode ser decretada sempre que necessário. Como observa o saudoso Celso Ribeiro Bastos[56]: "A prisão (...) não visa à aplicação de uma pena, mas tão somente a sujeição do devedor a um meio extremamente violento de coerção, diante do qual, é de presumir, cedam as resistências do inadimplente".

A prisão será cumprida em regime fechado, devendo o preso ficar separado dos presos comuns. O cumprimento da pena não exime o executado do pagamento das prestações vencidas e vincendas. Pela dívida alimentar não paga, só pode ser preso uma vez. O cumprimento da prisão permite o prosseguimento da execução por quantia certa, nos termos do art. 528 do CPC. Paga a prestação alimentícia, o juiz suspenderá o cumprimento da ordem de prisão.

A prisão civil somente poderá ser decretada em relação aos débitos alimentares atuais. Nesse sentido, é a jurisprudência:

> "ALIMENTOS – PRISÃO CIVIL – NECESSIDADE DE PROVA DE DÉBITO ATUAL – Recurso em 'Habeas Corpus' – Obrigação alimentar – Prisão Civil – A decretação da prisão civil deve fundamentar-se na necessidade de socorro ao alimentando e referir-se a débito atual, por isso que os débitos em atraso já não têm caráter alimentar. Precedente. Recurso provido" (STJ, Rec. em HC 4.745/SP, Rel. Min. Anselmo Santiago, 6ª T., Julgamento: 10-6- 1996, AASP, *Ementário*, 2005/44e).

A Súmula 309 do STJ explicita a atualidade do débito alimentar: "o débito alimentar que autoriza prisão civil do alimentante é o que compreende as três prestações anteriores ao ajuizamento da execução e as que vencerem no curso do processo". A doutrina (como o juiz de Direito Pablo Stolze Gagliano) critica a referida súmula, sustentando que o juiz, atuando com a devida cautela, **pode, no caso concreto, decretar a prisão civil em face de mais de três prestações em atraso**, respeitado, é claro, o limite máximo da prescrição da pretensão condenatória da dívida alimentar. O novo CPC prevê que o débito alimentar que autoriza a prisão civil do alimentante é o que compreende até as 3 (três) prestações anteriores ao ajuizamento da execução e as que se vencerem no curso do processo, nos termos do art. 527, § 8º.

O devedor de alimentos não se livra da prisão civil pelo pagamento parcial do débito alimentar.

Quem deixa de pagar débito alimentar decorrente de ato ilícito não está sujeito à **prisão civil**.

---

56 BASTOS, Celso Ribeiro. *Comentários à Constituição do Brasil*. São Paulo: Saraiva, 1989, v. 2.

Em relação ao inadimplemento de pensão alimentícia decorrente de acidente de trânsito, há dois posicionamentos: a) não pode ser decretada a prisão civil do paciente, uma vez que a referida pensão somente pode ser deferida na hipótese de dívida de direito de família; b) pode ser decretada a prisão civil por falta de pagamento de prestação alimentícia decorrente de ação de responsabilidade *ex delito*.

O *habeas corpus* só pode ser aceito para discutir a prisão civil do ponto de vista formal; não é meio idôneo para discussão de arbitramento da pensão, nem de condições financeiras do devedor paciente para satisfação da dívida alimentar.

12.1. Revogação da prisão do depositário infiel pelo Pacto de São José de Costa Rica

A Constituição Federal de 1988 admitiu expressamente a possibilidade da prisão civil em dois casos: depositário infiel e devedor de alimentos, nos termos do art. 5º, LXVII, da CF: "não haverá prisão civil por dívida, salvo a do responsável pelo inadimplemento voluntário e inescusável de obrigação alimentícia e a do depositário infiel".

Em 22 de novembro de 1969, foi assinado o Pacto de San José, que foi ratificado pelo Brasil em 25 de setembro de 1992 e trouxe, em seu art. 7º, VII, um dos direitos à liberdade pessoal, pelo qual ninguém deve ser detido por dívidas. Esse princípio não limita os mandatos de autoridade judiciária competente expedidos em virtude de inadimplemento de obrigação alimentar.

Em razão do advento da Convenção Interamericana, incorporada em nosso direito positivo pelo Decreto n. 678/92, que somente admitiu a prisão civil em caso de **débito alimentar**, surgiu uma discussão doutrinária e jurisprudencial a respeito da constitucionalidade da prisão civil do depositário infiel, pacificada pelo STF, que firmou orientação no sentido de que o Pacto não prevalece, já que, como tratado internacional, aprovado como lei ordinária federal, não pode contrariar a Constituição Federal, por questão de hierarquia normativa. A lei ordinária é um ato normativo primário, contém normas gerais e abstratas e é aprovada por maioria simples ou relativa do Legislativo. Em regra, o tratado internacional vale no Brasil como lei ordinária federal; só valerá como emenda constitucional se preencher dois requisitos: a) material: o conteúdo deve versar sobre direitos humanos; b) formal: deve ser obedecido o processo legislativo da emenda constitucional previsto no art. 60, § 2º, da CF, nos termos do art. 5º, § 3º, também da CF: "Os tratados e convenções internacionais sobre direitos humanos que forem aprovados, em cada Casa do Congresso Nacional, em dois turnos, por três quintos dos votos dos respectivos membros, serão equivalentes às emendas constitucionais".

O Pacto de São José da Costa Rica não derrogou as normas infraconstitucionais sobre a prisão civil de depositário infiel. A vedação à **prisão civil** encartada no referido Pacto não se aplica às hipóteses de descumprimento de depósito judicial.

13. Prisão disciplinar

Não cabe *habeas corpus* em relação a punições disciplinares militares, competindo tão somente ao Poder Judiciário, sem apreciar a justiça ou injustiça da punição, examinar a inconstitucionalidade ou ilegalidade do ato, especialmente quando implique restrição à liberdade individual, quando será apreciada nos limites da jurisdição penal militar. Somente se invocará a jurisdição penal (comum ou militar) quando o poder disciplinar se exercitar em perturbação ou privação da liberdade do indivíduo, pois haverá um conflito entre o poder estatal e o estado de liberdade individual. A lição é de Pontes de Miranda: "o Poder Judiciário só aprecia a inconstitucionalidade ou a ilegalidade dos atos dos poderes públicos, não a injustiça intrínseca, naquilo em que qualquer dos poderes obrar discricionariamente"[57].

14. Prisão e CPI

No regime constitucional de separação de funções, o equilíbrio entre os poderes impõe controle de um pelo outro, nos limites previstos na Constituição Federal. Segundo o art. 15 da Declaração dos Direitos dos Homens e do Cidadão, a sociedade tem o direito de pedir contas, a todo agente público, quanto à sua administração.

Um dos controles é o parlamentar ou legislativo, desempenhado pelo Poder Legislativo sobre os órgãos do Poder Executivo, as entidades da Administração indireta e o próprio Judiciário, quando exerce função administrativa.

A função do Legislativo de fiscalizar é típica e visa fazer com que a Administração Pública atue com legitimidade, de acordo com a lei e o interesse público, para a consecução de um governo probo, transparente e eficiente. Como observa o saudoso Raul Machado Horta: "...desde as origens do sistema representativo, a função de investigação e controle vem integrando a fisionomia institucional das assembleias políticas"[58].

Dentre os órgãos internos do Poder Legislativo, destacam-se as comissões temporárias ou especiais, que são organizadas para opinarem sobre determi-

---

[57] PONTES DE MIRANDA. *História e prática do habeas corpus*. São Paulo: Bookseller, 1999.

[58] HORTA, Raul Machado. *Direito constitucional*. Belo Horizonte: Del Rey, 2010.

nado assunto, após o que deixam de existir ou, pelo decurso do prazo que lhe foi dado, dissolvem-se automaticamente.

Uma das comissões especiais é a CPI, órgão do Legislativo colegiado que realiza uma investigação especial (seus atos são praticados por integrantes do Poder Legislativo), informativa e transitória (seus atos não se perpetuam no tempo) sobre fatos relevantes e determinados, objetivando fiscalizar a conduta administrativa do governo e manter o Congresso e a opinião pública informados sobre a situação do País.

O poder de fiscalizar da CPI não é universal ou ilimitado, devendo concentrar-se em fatos determinados, concretos e individuados, que sejam de relevante interesse para a vida política, econômica, jurídica e social do Estado. Não se concebe que a CPI possa investigar fatos ligados à vida privada de uma pessoa, dissociados de qualquer interesse público.

A CPI tem poderes investigatórios próprios de autoridade judiciária, nos termos do art. 58, § 3º, da CF. O STF interpretou os poderes e estabeleceu as seguintes conclusões: a) o parâmetro é o juiz criminal; b) terá os mesmos poderes que o juiz possui na fase da instrução criminal (fase de coleta de provas), relacionados à dilação probatória, em busca da verdade real; c) existem determinadas atividades para cuja realização a CPI precisa de ordem judicial (cláusula de reserva jurisdicional), que são: busca e apreensão domiciliar; poderes cautelares; decretação da prisão, salvo em flagrante; interceptação telefônica.

A doutrina diverge no tocante à possibilidade de a CPI decretar a prisão em flagrante: a) é possível, pois, se existe o flagrante facultativo, realizado por qualquer do povo, não há que se negar o direito da CPI de decretar a prisão em flagrante; b) não é possível, pois o assunto prisão não está ligado à atividade investigativa. Conforme Luiz Carlos dos Santos Gonçalves[59]: "não podem, efetivamente, os membros da CPI processar, julgar ou determinar a prisão, como podem os juízes. Estas não são atividades de natureza investigativa. Eles só se equiparam às autoridades judiciárias na atividade de investigação".

15. Prisão do Presidente da República

O Presidente da República tem imunidade formal prisional, que consiste na garantia de não sofrer qualquer prisão processual ou cautelar, pela prática de crime comum (infração penal).

Porém, em relação à possibilidade de o Presidente da República sofrer prisão por sentença condenatória recorrível, é colocado em confronto o art.

---

59 GONÇALVES, Luiz Carlos dos Santos. *Poderes de investigação das comissões parlamentares de inquérito.* São Paulo: Juarez de Oliveira, 2001, p. 71.

86, § 3º, da CF, que faz previsão expressa da possibilidade da decretação da prisão, nos seguintes termos: "Enquanto não sobrevier sentença condenatória, nas infrações comuns, o Presidente da República não estará sujeito a prisão". Confronta-se também a característica marcante do foro por prerrogativa de função, qual seja, a ausência do duplo grau de jurisdição, pela presunção do acerto das decisões proferidas por um órgão colegiado da superior instância.

Para atingir uma solução compatível com o Estado Democrático de Direito, sem perder de vista as peculiaridades da previsão constitucional adotamos a posição de que o Presidente da República não pode sofrer nenhuma espécie de prisão cautelar, processual ou provisória, pois, como Chefe de Estado, tem a função de representar a permanência e a integridade do Estado, a qual não pode ser comprometida, em face da sua peculiar importância social e política. Não há dúvida a respeito da sua prisão definitiva, que ocorre após o trânsito em julgado da sentença criminal condenatória.

O Presidente da República não pode sofrer prisão militar, por questão da hierarquia, uma vez que é comandante-geral das Forças Armadas.

Em relação à prisão civil, há duas posições: a) é possível, já que não há proibição expressa; b) não é possível, já que é Chefe de Estado.

Governadores e Prefeitos não possuem a imunidade formal do Presidente da República, pois não exercem a Chefia de Estado.

16. Prisão do parlamentar

Os Deputados Federais e Senadores, desde a expedição do diploma, e os membros do Congresso Nacional não poderão ser presos, salvo em flagrante de crime inafiançável. Nesse caso, os autos serão remetidos dentro de 24 horas à Casa respectiva, para que, pelo voto da maioria de seus membros, resolva sobre a prisão.

Sobre o alcance da garantia da não prisão do parlamentar federal, há os seguintes posicionamentos: a) não pode sofrer nenhum tipo de prisão provisória, definitiva ou civil, salvo a prisão em flagrante; b) pode sofrer prisão definitiva ou civil, pois o alcance do art. 53 da Constituição Federal é para a prisão processual; dentre as modalidades de prisões cautelares, o parlamentar só pode sofrer prisão em flagrante por crime inafiançável.

Aos Deputados Estaduais, aplica-se a imunidade formal prisional, nos termos do art. 27, § 1º, da CF: "Será de quatro anos o mandato dos Deputados Estaduais, aplicando-se-lhes as regras desta Constituição sobre sistema eleitoral, inviolabilidade, imunidades, remuneração, perda de mandato, licença, impedimentos e incorporação às Forças Armadas".

Aos Deputados Distritais, também se aplica a imunidade formal prisional, nos termos do art. 32, § 3º, da CF: "Aos Deputados Distritais e à Câmara Legislativa aplica-se o disposto no art. 27".

Os Vereadores podem sofrer qualquer tipo de prisão, pois não possuem imunidade formal prisional.

17. Prisão domiciliar

Com o advento da Lei n. 12.403/2011, existem duas espécies de prisão domiciliar: a) a prevista no art. 117 da LEP como forma de cumprimento de pena; b) a prevista como medida cautelar.

17.1. Prisão albergue domiciliar

Sua admissibilidade é restrita nos seguintes casos:

a) nas hipóteses previstas no art. 117 da LEP: "Somente se admitirá o recolhimento do beneficiário de regime aberto em residência particular quando se tratar de: I – condenado maior de 70 (setenta) anos; II – condenado acometido de doença grave; III – condenada com filho menor ou deficiente físico ou mental; IV – condenada gestante";

b) em situações excepcionais: o Superior Tribunal de Justiça tem admitido, excepcionalmente, o cumprimento da pena em residência particular nos casos em que o réu é acometido de doença grave e diante da absoluta inexistência de estabelecimento especial adequado à sua condição pessoal.

Cabe ressalvar a controvérsia a respeito da inexistência de casa de albergado destinada à execução do regime aberto de cumprimento da pena privativa de liberdade:

a) o condenado deve aguardar, no regime semiaberto, fechado ou em cadeia pública, a vaga em casa de albergado, pois o cabimento da prisão domiciliar é taxativo, cabível somente nas hipóteses do art. 117 da LEP. Segundo jurisprudência do STF, a impossibilidade material de o Estado instituir casa de albergado não autoriza o poder judiciário a conceder a prisão domiciliar fora das hipóteses do art. 117 da LEP (HC 68.012-7-SP; HC 72.997);

b) o condenado poderá cumprir o regime albergue em prisão domiciliar, até que surja vaga em estabelecimento próprio. Segundo a jurisprudência do STJ, não havendo casa de albergado na comarca, admite-se a concessão de prisão domiciliar ao apenado, configurando constrangimento ilegal a imposição do cumprimento da pena em estabelecimento destinado a regime carcerário mais rigoroso (HC 62.277, HC 54.583/MG, HC 44.390/MG, HC 48.629/MG, HC 40.727/RS).

17.2. Prisão domiciliar cautelar

a) Substitutiva: é a que visa substituir a prisão preventiva por razões humanitárias. É decretada nas seguintes hipóteses legais: 1) maior de 80 anos; 2) extremamente debilitado por motivo de doença grave; 3) imprescindível aos cuidados especiais de pessoa menor de 6 anos de idade ou com deficiência; 4) gestante; 5) mulher com filho de até 12 anos de idade incompletos; 6) homem, caso seja o único responsável pelos cuidados do filho de até 12 anos de idade incompletos. Para a substituição, o juiz exigirá prova idônea dos requisitos estabelecidos na lei.

2) Alternativa: concedida sempre que for adequada ao caso concreto e a prisão preventiva se mostrar muito gravosa.

18. Das medidas cautelares diversas da prisão

18.1. Introdução

No Direito Processual Penal, há duas espécies de medidas cautelares:

a) patrimoniais: são as que visam garantir às vítimas ou a seus sucessores direito à reparação do dano causado com a prática da infração penal. São as medidas assecuratórias: arresto, sequestro e especialização de hipoteca legal;

b) pessoais: são as que visam garantir a eficácia da atividade estatal de persecução penal. Abrange a prisão cautelar e as medidas cautelares diversas da prisão.

18.2. Espécies

a) **Características:**

– **Essência:** a prisão só será imposta quando as medidas alternativas não se mostrarem suficientes à repressão e à reprovabilidade do delito. Conforme entendimento do STJ, com o advento da Lei n. 12.403/2011, externaram-se os comandos constitucionais que identificam na prisão provisória o caráter de *ultima ratio* (HC 353.167, STJ).

– **Fundamentação:** para a aplicação das medidas cautelares diversas da prisão, exige-se fundamentação específica que demonstre a necessidade da medida em relação ao caso concreto.

– **Aplicação:** podem ser aplicadas de forma autônoma ou como medida substitutiva de prisão cautelar.

– **Adequação:** devem ser adequadas à gravidade do crime, circunstâncias do fato e condições pessoais do indiciado ou acusado.

– **Vedação:** não podem ser aplicadas às contravenções penais.

– **Motivação:** são decretadas em caso de necessidade para aplicação da lei penal, para a investigação ou a instrução criminal e, nos casos expressamente previstos, para evitar a prática de infrações penais.

– **Decretação:** pelo juiz, de ofício ou a requerimento das partes ou, quando no curso da investigação criminal, por representação da autoridade policial ou mediante requerimento do Ministério Público.

– **Descumprimento:** no caso de descumprimento de qualquer das obrigações impostas, o juiz, de ofício ou mediante requerimento do Ministério Público, de seu assistente ou do querelante, poderá substituir a medida, impor outra em cumulação, ou, em último caso, decretar a prisão preventiva (art. 312, parágrafo único).

– **Revogação/substituição:** o juiz poderá revogar a medida cautelar ou substituí-la quando verificar a falta de motivo para que subsista, bem como voltar a decretá-la, se sobrevierem razões que a justifiquem.

– **Contraditório:** ressalvados os casos de urgência ou de perigo de ineficácia da medida, o juiz, ao receber o pedido de medida cautelar, determinará a intimação da parte contrária, acompanhada de cópia do requerimento e das peças necessárias, permanecendo os autos em juízo.

b) **Enumeração:** em relação à natureza do rol existem dois posicionamentos: 1) **é taxativo**, pois as medidas são de cunho restritivo: "não se pode cogitar em matéria criminal de um poder geral de cautela, como sucede no âmbito da jurisdição civil"[60]; 2) **é exemplificativo**, pois o juiz penal tem poder geral de cautela[61].

São medidas cautelares diversas da prisão:

1) **comparecimento periódico em juízo, no prazo e nas condições fixadas pelo juiz, para informar e justificar atividades:** não é uma novidade no direito processual penal, já que o referido comparecimento é previsto em lei como condição de *sursis*. A ideia do comparecimento é evitar a fuga e possibilitar o andamento do processo, bem como comprovar ocupação lícita;

2) **proibição de acesso ou frequência a determinados lugares quando, por circunstâncias relacionadas ao fato, deva o indiciado ou acusado permanecer distante desses locais:** a ideia da proibição é evitar a prática de novas infrações;

3) **proibição de manter contato com pessoa determinada quando, por circunstâncias relacionadas ao fato, deva o indiciado ou acusado permanecer**

---

[60] GOMES FILHO, Antônio Magalhães. *Direito à prova no processo penal*. São Paulo: RT, 1997, p. 57.

[61] LIMA, Marcellus Polastri. *A tutela cautelar no processo penal*. Rio de Janeiro: Lumen Juris, 2005.

distante dela: o objetivo da proibição é possibilitar o andamento do processo e proteger a vítima contra novas infrações do acusado ou indiciado;

4) **proibição de ausentar-se da Comarca quando a permanência seja conveniente ou necessária para a investigação ou instrução:** a proibição de ausentar-se do País será comunicada pelo juiz às autoridades encarregadas de fiscalizar as saídas do território nacional, intimando-se o indiciado ou acusado para entregar o passaporte, no prazo de 24 horas. A permanência é justificada por dois motivos: necessidade (quando a ausência puder causar prejuízos ao andamento do processo); conveniência (quando for verificado no caso concreto que a permanência é uma providência oportuna e razoável para o andamento do processo);

5) **recolhimento domiciliar no período noturno e nos dias de folga quando o investigado ou acusado tenha residência e trabalho fixos:** é uma medida que serve tanto para garantir a ordem pública, evitando novas infrações penais, como para garantir a aplicação da lei penal, evitando a fuga do investigado ou indiciado;

6) **suspensão do exercício de função pública ou de atividade de natureza econômica ou financeira quando houver justo receio de sua utilização para a prática de infrações penais:** são medidas que visam garantir a ordem pública ou econômica;

7) **internação provisória do acusado nas hipóteses de crimes praticados com violência ou grave ameaça, quando os peritos concluírem ser inimputável ou semi-imputável (art. 26 do Código Penal) e houver risco de reiteração: a internação depende de três requisitos:** crimes praticados com violência física ou moral à pessoa; o acusado ser inimputável ou semi-imputável; risco de reiteração demonstrado por prova pericial;

8) **fiança, nas infrações que a admitem, para assegurar o comparecimento a atos do processo, evitar a obstrução do seu andamento ou em caso de resistência injustificada à ordem judicial:** a fiança é uma caução destinada a garantir o comparecimento a atos do processo, evitar a obstrução do seu andamento ou em caso de resistência injustificada à ordem judicial. É uma caução destinada a garantir o cumprimento das obrigações processuais do réu.

c) **Momento:** a fiança pode ser concedida em qualquer fase do inquérito ou do processo, até o trânsito em julgado da sentença. É incabível na fase da execução da pena, nos termos do art. 334 do Código de Processo Penal[62]:

---

[62] A fiança poderá ser prestada em qualquer termo do processo, enquanto não transitar em julgado a sentença condenatória.

Processual penal. Fiança. Pedido de fiança formulado após o trânsito em julgado da sentença, inviável a discussão do seu cabimento, ante os expressos termos do art. 334 do Código de Processo Penal (RHC 2.798/DF, Rel. Min. Assis Toledo, 5ª T., 16-8-1993).

d) **Tipo de garantia:** é uma garantia real, pois a caução pode consistir no pagamento em dinheiro ou na entrega de valores ao Estado. É uma garantia individual, de forma que, se o acusado cumprir todos os requisitos legais, a fiança deve ser concedida, já que é um direito subjetivo do acusado, sob pena de configurar constrangimento ilegal sanável por *habeas corpus*, nos termos do art. 648, V, do Código de Processo Penal.

e) **Natureza:** a fiança é uma *contracautela à prisão provisória*, pois substitui a prisão provisória, no sentido de assegurar que o indiciado ou acusado permaneça em liberdade durante o transcorrer do processo criminal, evitando que a dilação processual cause prejuízos ao *status libertatis*. Ademais, a fiança se destina ao pagamento das custas do processo, de uma eventual pena de multa ou para garantir o ressarcimento da vítima diante do crime que foi praticado[63].

f) **Aspectos subjetivos:** a fiança é prestada pelo indiciado ou réu, ou qualquer pessoa, a benefício do indiciado ou réu. A fiança será arbitrada pela autoridade policial nos casos de infração punida com pena privativa de liberdade máxima não superior a 4 anos, sendo concedida pelo juiz nos demais casos ou relator, nos termos do art. 2º da Lei n. 8.038/90, num prazo de 48 horas. Recusando ou retardando a autoridade policial a concessão da fiança, o preso, ou alguém por ele, poderá prestá-la, mediante simples petição, perante o juiz competente, que decidirá em 48 horas. Em caso de prisão em flagrante, será competente para conceder a fiança a autoridade que presidir ao respectivo auto, e, em caso de prisão por mandado, o juiz que o houver expedido, ou a autoridade judiciária ou policial a quem tiver sido requisitada a prisão.

g) **Prestação:** a fiança pode ser prestada de duas formas: 1) **por depósito:** consiste no depósito de dinheiro, pedras, objetos, metais preciosos ou títulos da dívida pública. Se a fiança consistir em pedras, objetos ou metais preciosos, o juiz determinará a venda por leiloeiro ou corretor; 2) **por hipoteca:** não há limitação do seu objeto. Nos casos em que a fiança tiver sido

[63] Art. 336 do CPP "O dinheiro ou objetos dados como fiança ficarão sujeitos ao pagamento das custas, da indenização do dano e da multa, se o réu for condenado. Parágrafo único. Este dispositivo terá aplicação ainda no caso da prescrição depois da sentença condenatória (art. 110 do CP)".

prestada por hipoteca, a execução será promovida no juízo cível pelo órgão do Ministério Público. Exige-se, entretanto, avaliação por perito nomeado pela autoridade e inscrição em primeiro lugar. O dinheiro ou objetos dados como fiança servirão como pagamento das custas, da indenização do dano, da prestação pecuniária e da multa, se o réu for condenado.

h) **Documentação:** a fiança é documentada em livro especial, com termos de abertura e de encerramento, numerado e rubricado em todas as suas folhas pela autoridade, destinado especialmente aos termos de fiança. O termo será lavrado pelo escrivão e assinado pela autoridade. *Termo de fiança* é a documentação escrita da fiança. Nos juízos criminais e delegacias de polícia, haverá um livro especial, com termos de abertura e de encerramento, numerado e rubricado em todas as suas folhas pela autoridade, destinado especialmente aos termos de fiança.

i) **Obrigações:** o réu e quem prestar a fiança serão pelo escrivão notificados das obrigações e da sanção previstas nos arts. 327 ("A fiança tomada por termo obrigará o afiançado a comparecer perante a autoridade, todas as vezes que for intimado para atos do inquérito e da instrução criminal e para o julgamento. Quando o réu não comparecer, a fiança será havida como quebrada") e 328 ("O réu afiançado não poderá, sob pena de quebramento da fiança, mudar de residência, sem prévia permissão da autoridade processante, ou ausentar-se por mais de 8 dias de sua residência, sem comunicar àquela autoridade o lugar onde será encontrado"), o que constará dos autos.

j) **Destino da fiança:** é o local de recolhimento da fiança. Uma vez paga a fiança, será recolhida à repartição arrecadadora federal ou estadual, ou entregue ao depositário público, juntando-se aos autos os respectivos conhecimentos. Nos lugares em que o depósito não se puder fazer de pronto, o valor será entregue ao escrivão ou pessoa abonada, a critério da autoridade, e dentro de três dias será recolhido à repartição ou entregue ao depositário público, o que constará do termo de fiança.

k) **Participação do Ministério Público:** o Ministério Público participa somente nos casos de liberdade provisória com fiança. Depois de prestada a fiança, que será concedida independentemente de audiência do Ministério Público, este terá vista do processo a fim de requerer o que julgar conveniente.

Questão de prova

A prova da Magistratura TJ/SE/2008 considerou CORRETA a afirmativa: "A liberdade provisória com fiança pode ser concedida independentemente de oitiva do Ministério Público".

l) **Valor da fiança** é o *quantum* devido a título de fiança. Será fixado pela autoridade que a conceder, nos limites estabelecidos no Código de Processo Penal. O **arbitramento da fiança** leva em consideração a natureza da infração, as condições pessoais de fortuna e vida pregressa do acusado, as circunstâncias indicativas de sua periculosidade, bem como a importância provável das custas do processo, até final julgamento.

Questão de prova

A prova do Exame da OAB unificado (set./2008) considerou CORRETA a afirmativa: "Os parâmetros previstos no CPP para que a autoridade determine o valor da fiança não incluem o grau de instrução do acusado".

O valor da fiança é fixado com base na pena mínima e máxima cominada abstratamente à infração penal, podendo variar: de 1 a 100 salários mínimos, quando se tratar de infração cuja pena privativa de liberdade máxima não for superior a 4 anos; de 10 a 200 salários mínimos, quando se tratar de infração cuja pena privativa de liberdade máxima for superior a 4 anos. Esse valor poderá ainda ser reduzido até o máximo de dois terços ou aumentado em até 1.000 vezes, se assim o recomendar a situação econômica do réu ou do indiciado, ou ainda ser dispensado, quando for pobre.

m) **Quebra da fiança:** é o descumprimento injustificado das condições impostas para usufruir a liberdade provisória. Se for alegado motivo justo, não haverá quebra. A quebra só pode ocorrer durante a vigência da fiança. São casos de quebra: I – regularmente intimado para ato do processo, deixar de comparecer, sem motivo justo; II – deliberadamente praticar ato de obstrução ao andamento do processo; III – descumprir medida cautelar imposta cumulativamente com a fiança; IV – resistir injustificadamente a ordem judicial; V – praticar nova infração penal dolosa; VI – quando o réu não comparecer perante a autoridade, todas as vezes que for intimado para atos do inquérito e da instrução criminal e para o julgamento; VII – o réu afiançado mudar de residência, sem prévia permissão da autoridade processante, ou ausentar-se por mais de 8 dias de sua residência, sem comunicar àquela autoridade o lugar onde será encontrado.

Como consequência, o acusado perderá metade do valor pago e o juiz decidirá sobre a imposição de outra medida cautelar ou decretação da prisão preventiva. As fianças quebradas passam a fazer parte do Fundo Penitenciário Nacional (Funpen) – conforme dispõe o art. 2º, VI, da Lei Complementar n. 79, de 7 de janeiro de 1994 – deduzidas as custas e mais encargos a que o acusado estiver obrigado. Se vier a ser reformado o julgamento em que se declarou quebrada a fiança, esta subsistirá para todos os efeitos. Não cabe *habeas corpus* em face do recolhimento da prisão gerado com quebra da fiança, pois não há constrangimento ilegal. Conforme já decidido pelo STJ:

> Não há constrangimento ilegal quando o juiz determina o recolhimento a prisão do paciente pronunciado por delito de homicídio, que se achava em liberdade provisória, quando verificada a quebra do compromisso, com a mudança de residência onde não foi encontrado para ser intimado do oferecimento de libelo (RHC 118/DF, Rel. Min. Dias Trindade, 6ª T., 28-8-1989).

n) **Perda da fiança:** é a supressão total do valor recolhido a título de fiança. A perda da fiança ocorre quando o réu, uma vez condenado, não se apresentar à prisão. O valor da fiança, deduzidas as custas e mais encargos a que o acusado estiver obrigado, será recolhido ao fundo penitenciário, na forma da lei.

A fiança, não havendo quebramento ou perda, será restituída sem desconto, transitada em julgado a sentença que houver absolvido o réu ou declarada extinta a ação penal, salvo no caso de prescrição depois da sentença condenatória.

o) **Cassação da fiança:** é a situação de não cabimento da fiança. A cassação da fiança ocorre quando a fiança é concedida por engano da autoridade; quando a imputação passa de um delito afiançável para outro inafiançável. Como consequência, o valor pago a título de fiança é integralmente devolvido e o réu terá de se recolher à prisão.

p) **Reforço da fiança:** é a necessidade de complementação no valor insuficiente da fiança, após o preso ter obtido a liberdade provisória. Será exigido o reforço da fiança quando: I – a autoridade tomar, por engano, fiança insuficiente; II – houver depreciação material ou perecimento dos bens hipotecados ou caucionados, ou depreciação dos metais ou pedras preciosas; III – for inovada a classificação do delito. São, assim, casos em que o valor arbitrado se mostra insuficiente ou inexato. A fiança ficará sem efeito e o réu será recolhido à prisão.

q) **Fiança sem efeito:** é a que ocorre quando é necessário o reforço da fiança e este não é feito.

r) **Fiança inidônea:** é a fiança proibida por lei ou por não preenchimento dos requisitos legais de concessão.

s) **Não cabimento da fiança:** 1) nos crimes de racismo; 2) nos crimes de tortura, tráfico ilícito de entorpecentes e drogas afins, terrorismo e nos definidos como crimes hediondos; 3) nos crimes cometidos por grupos armados, civis ou militares, contra a ordem constitucional e o Estado; 4) aos que, no mesmo processo, tiverem quebrado fiança anteriormente concedida ou infringido, sem motivo justo, a obrigação de comparecimento perante a autoridade, todas as vezes que for intimado para atos do inquérito e da instrução criminal e para o julgamento e de não mudar de residência, sem prévia permissão da autoridade processante, nem se ausentar por mais de 8 dias de sua residência, sem comunicar àquela autoridade o lugar onde será encontrado; 5) em caso de prisão civil ou militar (art. 324, II); 6) quando presentes os motivos que autorizam a decretação da prisão preventiva (art. 324, IV, c/c o art. 312).

t) **Não condições financeiras:** não é possível a manutenção da custódia cautelar tão somente em razão do não pagamento do valor arbitrado a título de fiança, a teor do art. 350 do Código de Processo Penal. Declarado não ter condições financeiras de arcar com o valor arbitrado como fiança, ausentes os requisitos autorizadores do art. 312 do Código de Processo Penal, deverá ser colocado em liberdade, uma vez que não se justifica a manutenção da custódia cautelar exclusivamente pelo seu não pagamento (HC 308.307/SP, Rel. Min. Felix Fischer, 5ª T., *DJe* 4-2-2015).

A Lei n. 11.464/2007 retirou, do art. 2º, inciso II, da Lei n. 8.072/90, a vedação *expressa* à liberdade provisória aos crimes hediondos ou equiparados a tais. Nesse diapasão, com o advento da Lei n. 11.464/2007, apenas a inafiançabilidade dos crimes hediondos e equiparados a tais remanesceu prevista na Lei n. 8.072/90, art. 2º, inciso II – em consonância, aliás, com mandamento constitucional (CF, art. 5º, XLIII). A vedação de concessão de liberdade provisória, na hipótese de acusados da prática de tráfico ilícito de entorpecentes, encontra amparo no art. 44 da Lei n. 11.343/2006 (Lei de Tóxicos), que é norma especial em relação ao Código de Processo Penal e à Lei de Crimes Hediondos, com a sua nova redação dada pela Lei n. 11.464/2007.

u) **Monitoração eletrônica:** é a vigilância telemática posicional a distância de pessoas presas sob medida cautelar ou condenadas por sentença transitada em julgado, executada por meios técnicos que permitam indicar a sua localização. O equipamento de monitoração eletrônica deverá ser utilizado de modo a respeitar a integridade física, moral e social da pessoa monitorada. A responsabilidade pela administração, execução e controle da monitoração eletrônica caberá aos órgãos de gestão penitenciária[64].

---

[64] São funções dos órgãos de gestão penitenciária: I – verificar o cumprimento dos deveres legais e das condições especificadas na decisão judicial que autorizar a monitoração eletrônica; II – encaminhar relatório circunstanciado sobre a pessoa monitorada ao juiz competente na

Apresenta as seguintes características:

– **judicialidade:** depende de determinação judicial;

– **legalidade:** o juiz poderá definir a fiscalização por meio da monitoração eletrônica quando: autorizar a saída temporária no regime semiaberto ou quando determinar a prisão domiciliar;

– **formalismo:** a pessoa monitorada deverá receber documento no qual constem, de forma clara e expressa, seus direitos e os deveres a que estará sujeita, o período de vigilância e os procedimentos a serem observados durante a monitoração. O condenado será instruído acerca dos cuidados que deverá adotar com o equipamento eletrônico e dos seguintes deveres: I – receber visitas do servidor responsável pela monitoração eletrônica, responder aos seus contatos e cumprir suas orientações; II – abster-se de remover, de violar, de modificar, de danificar de qualquer forma o dispositivo de monitoração eletrônica ou de permitir que outrem o faça. A violação comprovada dos deveres poderá acarretar, a critério do juiz da execução, ouvidos o Ministério Público e a defesa: I – a regressão do regime; II – a revogação da autorização de saída temporária; III – a revogação da prisão domiciliar; IV – advertência, por escrito, para todos os casos em que o juiz da execução decida não aplicar alguma dessas medidas.

– **revogabilidade:** a monitoração eletrônica poderá ser revogada: I – quando se tornar desnecessária ou inadequada; ou II – se o acusado ou condenado violar os deveres a que estiver sujeito durante a sua vigência ou cometer falta grave. No caso da ocorrência de fato que possa dar causa à revogação da medida, caberá aos órgãos de gestão penitenciária comunicar o ocorrido de forma imediata ao juiz competente;

– **sigilosidade:** o sistema de monitoramento será estruturado de modo a preservar o sigilo dos dados e das informações da pessoa monitorada. O acesso aos dados e informações da pessoa monitorada ficará restrito aos servidores expressamente autorizados que tenham necessidade de conhecê-los em virtude de suas atribuições.

---

periodicidade estabelecida ou, a qualquer momento, quando por este determinado ou quando as circunstâncias assim o exigirem (a elaboração e o envio de relatório circunstanciado poderão ser feitos por meio eletrônico certificado digitalmente pelo órgão competente); III – adequar e manter programas e equipes multiprofissionais de acompanhamento e apoio à pessoa monitorada condenada; IV – orientar a pessoa monitorada no cumprimento de suas obrigações e auxiliá-la na reintegração social, se for o caso; V – comunicar, imediatamente, ao juiz competente sobre fato que possa dar causa à revogação da medida ou modificação de suas condições.

II – Liberdade Provisória

1. Conceito

É o direito de aguardar o processo criminal em liberdade, com ou sem o pagamento de fiança, até o trânsito em julgado da sentença final que, se condenatória, torna possível a efetivação da sanção penal imposta por meio do processo de execução penal e, se absolutória, transforma a liberdade em definitiva, consagrando o respeito ao princípio da dignidade da pessoa humana[65], previsto no art. 1º, III, da Constituição Federal.

A liberdade provisória é vinculada ou não a certas obrigações que visam garantir o comparecimento do acusado ao processo e ao juízo, sem que seja recolhido à prisão. Sobrevindo o trânsito em julgado da condenação, resta prejudicado o pedido de deferimento de liberdade provisória.

2. Característica

É **medida judicial**, por ser concedida pelo juiz competente. É **medida provisória**, pois pode ser revogada a qualquer tempo, desde que desapareçam os pressupostos autorizadores da concessão da medida ou quando ficar caracterizada a possibilidade de prisão preventiva ou em razão de futura condenação com prisão ou absolvição.

Trata-se de **contracautela**, pois, como medida cautelar, visa colocar em liberdade pessoa presa em flagrante, não se cogitando da sua incidência quando se tratar de prisão preventiva ou temporária, que somente admitem a revogação.

A liberdade provisória é **antítese da prisão cautelar**, pois só pode ser decretada quando não for o caso de prisão provisória, ou seja, somente será aplicada quando for necessária aos interesses do processo e da ordem social[66]. É **medida excepcional**, pois a regra é a liberdade, e a exceção, prisão.

Trata-se ainda de **medida legal**, pois é a lei que define as hipóteses em que é possível conceder liberdade provisória com ou sem fiança. Instituto previsto na Constituição Federal (art. 5º, LXVI: "ninguém será levado à prisão ou nela

---

65 GEMAQUE, Sílvio Cezar Arouk. *Dignidade da pessoa humana e prisão cautelar*. São Paulo: RCS, 2006 ("A liberdade e igualdade são os pressupostos de qualquer garantia mínima à dignidade humana").

66 TOURINHO FILHO, Fernando da Costa. *Processo penal*. 28. ed. São Paulo: Saraiva, 2006, v. 3, p. 528 ("...todas as legislações do mundo admitem, em maior ou menor intensidade, a prisão provisória como um mal necessário. Mal, porque põe em perigo um dos direitos fundamentais do homem que a Lei Maior protege e preserva. Necessário, porque, sem ela, muitas vezes não se asseguraria a manutenção da ordem, a regular colheita do material probatório e o império efetivo da lei penal").

mantido, quando a lei admitir a liberdade provisória, com ou sem fiança") e decretada pelo juiz criminal no exercício regular de sua jurisdição, é ato cautelar que visa assegurar a regularidade processual e a defesa do réu ou indiciado em prol da sua liberdade pessoal durante o processo, evitando consequências negativas do cárcere em relação a honra, patrimônio e família da pessoa.

De acordo com a natureza de medida legal, é possível afirmar que o juiz concederá liberdade provisória nos crimes afiançáveis, quando houver sido paga a fiança; nos crimes afiançáveis, quando o preso for pobre (art. 350); nos crimes inafiançáveis, quando: a) verificar pelo auto de prisão em flagrante que o agente praticou o fato sob o amparo de excludente de ilicitude; b) não estiverem presentes os requisitos da prisão preventiva (art. 321).

A liberdade provisória é substitutivo ou sucedâneo da prisão provisória, pois, como observa Mirabete[67]: "Sabido que é um mal a prisão do acusado antes do trânsito em julgado da sentença condenatória, o direito objetivo tem procurado estabelecer institutos e medidas que assegurem o desenvolvimento regular do processo com a presença do imputado sem o sacrifício da custódia, que só deve ocorrer em casos de absoluta necessidade. Tenta-se assim conciliar os interesses sociais, que exigem a aplicação e a execução da pena ao autor do crime, e os do acusado, de não ser preso senão quando considerado culpado por sentença condenatória transitada em julgado".

3. Concessão

A concessão da liberdade provisória pela autoridade judiciária competente **é ato vinculado**, pois depende do preenchimento dos requisitos previstos em lei, de forma que, uma vez preenchidos, o juiz deve concedê-la; não se trata de mera faculdade judicial, mas de **direito público subjetivo do réu ou indiciado**.

É incabível conceder liberdade provisória quando presentes os pressupostos autorizadores do decreto de prisão preventiva; noutros termos, o indeferimento do pedido da liberdade provisória não é ilegal ou não padece de qualquer irregularidade quando presentes os requisitos que autorizam a decretação da prisão preventiva. Superados tais pressupostos, a liberdade provisória deve ser imediatamente concedida. Segundo jurisprudência do STF, o indeferimento de liberdade provisória deve basear-se na existência dos pressupostos autorizadores da prisão preventiva, razão pela qual se exige fundamentação lastreada em elementos concretos e objetivos que justifiquem a medida cautelar (HCs 92.133, 84.029, 85.868, 87.003, 87.794, 89.900, 90.063, 90.064).

---

[67] MIRABETE, Julio Fabbrini. *Processo penal*. 8. ed. São Paulo: Atlas, 1998, p. 402.

É inidônea a decisão que, para indeferir a liberdade provisória, socorre-se de presunções e da gravidade abstrata do delito narrado na denúncia. O juízo de que a liberdade de determinada pessoa encerra verdadeiro risco à coletividade só deve ser feito no âmbito factual da causa.

A gravidade do delito, aliada à presunção de possível ameaça à ordem pública, dissociada de elementos concretos, não constitui fundamentos suficientes que impeçam a concessão de **liberdade provisória**, sendo indispensável a demonstração de ao menos um dos pressupostos autorizadores da prisão preventiva (deve ser evidenciado, no caso concreto, que a soltura do réu possa ser prejudicial à garantia da ordem pública, da ordem econômica, por conveniência da instrução criminal, ou para assegurar a aplicação da lei penal), além da prova da materialidade e dos indícios de autoria, nos termos do art. 312 do Código de Processo Penal. É o que ocorre, por exemplo, em caso de prova da materialidade e dos indícios de autoria aliados com a demonstração da necessidade da garantia da ordem pública, por meio da grande possibilidade de reiteração de condutas criminosas, considerando-se, sobretudo, a existência de indícios de que o acusado faz do crime o seu meio de vida. Nesse sentido, a jurisprudência:

> "PROCESSUAL PENAL. *HABEAS CORPUS* PREVENTIVO. APROPRIAÇÃO INDÉBITA E ABUSO DE INCAPAZ. VÍTIMA MENOR. INDEFERIMENTO DO PEDIDO DE LIBERDADE PROVISÓRIA. GARANTIA DA INSTRUÇÃO CRIMINAL E APLICAÇÃO DA LEI PENAL. CONSTRANGIMENTO ILEGAL INEXISTENTE. *HABEAS CORPUS* DENEGADO. 1. A prova da materialidade do delito e os veementes indícios de autoria, aliados à necessidade de se preservar a instrução criminal e garantir a aplicação da lei penal, justificam o indeferimento do pedido de liberdade provisória, tendo em vista a demonstração da necessidade de prisão cautelar, ante a fuga da Paciente, informando endereço fictício para não ser encontrada pela justiça, assim que soube da instauração de inquérito policial, não havendo falar em constrangimento ilegal" (HC 90.465/PE, Rel. Min. Carlos Fernando Mathias, 6ª T., 13-12-2007).

As circunstâncias de primariedade, bons antecedentes, emprego (ocupação lícita) e residência fixa no distrito da culpa, por si sós, não constituem motivo bastante para justificar a concessão do benefício de liberdade provisória, sendo necessário, outrossim, inocorrer qualquer das hipóteses da prisão preventiva ou elementos hábeis a recomendar a manutenção da custódia cautelar. Dessa forma, **as supostas condições favoráveis do agente não constituem circunstâncias garantidoras da liberdade provisória, quando demonstrada a presença de outros elementos que justifiquem a medida constritiva excepcional**.

A vedação da liberdade provisória não pode estar fundamentada apenas na gravidade abstrata do crime. A concessão depende da presença de alguns pressupostos: a) primariedade: o réu primário é o que não possui na data do crime condenação anterior transitada em julgado. A primariedade não gera direito subjetivo à fixação da pena-base no mínimo legal; b) bons antecedentes: os antecedentes são todos os fatos ou episódios da vida do agente antes da prática do fato criminoso. A análise dos antecedentes é feita sobre o comportamento social, familiar, profissional, judicial, policial e cotidiano do agente; c) residência fixa; d) ocupação lícita.

Em relação aos bons antecedentes, cabe ressalvar que o simples fato de o réu ter contra si outros processos penais em andamento não constitui indicativo de má personalidade. Nesse sentido, a Suprema Corte:

> "EMENTA: *HABEAS CORPUS*. PENAL. ROUBO QUALIFICADO (CP, ART. 157, § 2º, II). FIXAÇÃO DE CUMPRIMENTO DE PENA. REGIME SEMIABERTO. INTELIGÊNCIA DAS SÚMULAS 718 E 719 DO STF. GRAVIDADE EM ABSTRATO DO DELITO. ORDEM CONCEDIDA. I – A gravidade em abstrato do delito de roubo qualificado, mesmo havendo causa de aumento de pena (concurso de pessoas), não pode ser considerada para fins de fixação do regime de cumprimento de pena. II – Ausente o trânsito em julgado em processos-crime não podem ser considerados como antecedentes criminais. III – Ordem concedida" (HC 89.330/SP, Rel. Min. Ricardo Lewandowski, 1ª T., 29-8-2006).

De fato, a existência de ações penais ou mesmo inquéritos policiais em curso contra o réu não induz, automaticamente, à conclusão de que possui maus antecedentes, em nome da presunção da inocência. A análise do caso concreto pelo julgador determinará se a existência de diversos procedimentos criminais autoriza o reconhecimento de maus antecedentes. Os elementos contidos nos autos, corroborados com a análise da personalidade do agente concretizada na maneira de ser da pessoa, no aspecto individual, familiar, profissional e social, permitirão formar o convencimento sobre os fatos maus e bons no comportamento anterior da vida do réu. Conforme orientação do STF:

> "O Juiz, na avaliação dos antecedentes do réu, não fica sujeito às informações sobre a sua vida pregressa, vale dizer, se já foi preso ou respondeu a inquéritos policiais ou processos judiciais anteriormente, podendo, à vista das circunstâncias do crime e de sua personalidade, medir seu grau de periculosidade e concluir não ter ele bons antecedentes, assim sem o direito de apelar em liberdade. Precedentes do STF" (HC 83.791/RS, Rel. Min. Carlos Velloso, 2ª T., 11-5-2004).

A **liberdade provisória** é uma decorrência da presunção da inocência. Toda pessoa acusada de delito tem direito à presunção de inocência (art. 5º, LVII, da CF: "ninguém será considerado culpado até o trânsito em julgado de sentença penal condenatória"). Trata-se do princípio da inocência ou da não culpabilidade[68]. É uma garantia processual penal, pois só é admitida nos processos criminais. É uma presunção relativa ou *juris tantum*, pois admite prova em contrário. O ônus da prova é da acusação, que terá que comprovar a materialidade e a autoria do crime.

A prisão processual não ofende a presunção de inocência, nos termos da Súmula 9 do STJ: "A exigência da prisão provisória, para apelar, não ofende a garantia constitucional da presunção de inocência". Cabe ressalvar que, para que não ocorra a referida ofensa, é imprescindível a presença do requisito **necessidade** da medida coercitiva à liberdade para evitar perturbação na instrução criminal ou para assegurar a efetivação da pena. O lançamento do nome do réu no rol dos culpados (arquivo dos casos já transitados em julgado) será feito em momento próprio, qual seja, após o trânsito em julgado da sentença penal condenatória.

A existência de recurso especial ou extraordinário pendente de apreciação não assegura o direito do acusado de aguardar o julgamento em liberdade, porque tais recursos não têm efeito suspensivo, nos termos do art. 27, § 2º, da Lei n. 8.038/90: "Art. 27. Recebida a petição pela Secretaria do Tribunal e aí protocolada, será intimado o recorrido, abrindo-se-lhe vista pelo prazo de 15 (quinze) dias para apresentar contrarrazões. (...) § 2º Os recursos extraordinário e especial serão recebidos no efeito devolutivo".

Na liberdade provisória, a prisão é legal; no relaxamento de prisão em flagrante, a prisão é ilegal. Na liberdade provisória, o indivíduo que estiver no gozo do benefício fica vinculado ao processo, cumprindo as obrigações que lhe forem impostas, sob pena de revogação; no relaxamento de prisão em flagrante, o preso não fica sujeito às obrigações.

São espécies de liberdade provisória:

a) **liberdade provisória sem medida cautelar diversa da prisão, mas vinculada:** é concedida quando o juiz verificar pelo auto de prisão em flagrante que o agente praticou o fato sob o amparo de uma excludente de ilicitude. O indiciado ou acusado terá obrigação de comparecer a todos os atos processuais;

---

[68] Alguns doutrinadores diferenciam a presunção de inocência da regra da não culpabilidade: a) a não culpabilidade é mais restrita que a presunção de inocência; b) presunção de inocência é regra de tratamento; a não culpabilidade é regra probatória; c) presunção de inocência é princípio; a não culpabilidade é regra positivada.

b) **liberdade provisória sem fiança, vinculada e com possibilidade de outra medida cautelar diversa da prisão:** é a cabível nos crimes afiançáveis, quando o preso for pobre. O acusado ou indiciado fica dispensado das obrigações de comparecimento aos atos do processo e de não mudar de residência sem avisar o juízo;

c) **liberdade provisória permitida com ou sem medida cautelar diversa da prisão:** é cabível quando não houver a presença dos requisitos da decretação da prisão preventiva;

d) **liberdade provisória sem fiança:** 1) infrações penais em que não se comine pena privativa de liberdade; 2) quando o juiz verificar pelo auto de prisão em flagrante que o agente praticou o fato sob o amparo de uma excludente de ilicitude; 3) quando a parte se comprometer a comparecer à sede do juizado especial criminal nas infrações de menor potencial ofensivo.

Questões de prova

A prova de Delegado da Polícia Civil RJ/2009 considerou CORRETA a afirmativa: "O fato da liberdade com fiança não ser permitida para determinados crimes não significa a impossibilidade da aplicação da liberdade provisória sem fiança".

A prova de Promotor de Justiça MP/SP/2010 considerou CORRETA a afirmativa: "A liberdade provisória sem exigência de fiança, mediante termo do beneficiário de comparecer a todos os atos do processo onde sua presença for exigida, pode ser concedida quando o agente, por motivo de pobreza, embora afiançável a infração penal, não puder prestá-la".

A prova de Promotor de Justiça MP/SC/2012 considerou CORRETA a afirmativa: "Se o juiz verificar, pelo auto de prisão em flagrante, que o agente praticou o fato nas condições constantes dos incisos I a III do *caput* do art. 23 do Decreto-Lei n. 2.848, de 7 de dezembro de 1940 – Código Penal, poderá, fundamentadamente, relaxar a prisão, mediante termo de comparecimento a todos os atos processuais, sob pena de revogação".

A prova de Analista MP/PI/2012 considerou CORRETA a afirmativa: "A fiança, nos casos em que é admitida, será prestada enquanto não transitar em julgado a sentença condenatória e tem por finalidade, se o réu for condenado, o pagamento das custas, da indenização do dano, da prestação pecuniária e da multa".

Em face da concessão da liberdade provisória, cabe **recurso** em sentido estrito; em face da não concessão ou não revogação, cabe *habeas corpus*.

Questão de prova

A prova da Magistratura TJ/SE/2008 considerou INCORRETA a afirmativa: "Da decisão que concede ou nega o pedido de liberdade provisória cabe o recurso de agravo".

Nos **crimes hediondos e equiparados**, com o advento da Lei n. 11.464/2007, que alterou a redação do inciso II do art. 2º da Lei n. 8.072/90, surgiu o posicionamento segundo o qual é admitida a liberdade provisória em crimes hediondos e equiparados, desde que ausentes os fundamentos autorizadores da prisão preventiva.

Questão de prova

A prova de Delegado da Polícia Civil ES/2011 considerou CORRETA a afirmativa: "Os crimes de racismo, tortura, tráfico ilícito de entorpecentes e drogas afins, o terrorismo e os crimes definidos como hediondos, assim como a ação de grupos armados, civis ou militares, contra a ordem constitucional e o estado democrático podem ser compreendidos na categoria de delitos inafiançáveis por disposição constitucional expressa".

III – PRISÃO DETERMINADA PELO TRIBUNAL APÓS O JULGAMENTO DA APELAÇÃO

O Plenário do Supremo Tribunal Federal, por maioria de votos, entendeu que a execução provisória de acórdão penal condenatório proferido em grau de apelação, ainda que sujeito a recurso especial ou extraordinário, não compromete o princípio constitucional da presunção de inocência (STF, HC 126.292, Rel. Min. Teori Zavascki, Tribunal Pleno, *DJe* 17-5-2016). Tese confirmada pelo Pleno do Pretório Excelso, em sede de ação declaratória de constitucionalidade (ADCs 43 e 44), na sessão do dia 5-10-2016. No STF, a Ministra Rosa Weber e os Ministros Marco Aurélio, Celso de Mello e Ricardo Lewandowski, presidente da Corte, ficaram vencidos. Eles votaram pela manutenção da jurisprudência do Tribunal que exige o trânsito em julgado para cumprimento de pena e concluíram pela concessão do *habeas corpus*.

QUESTÕES SOBRE PRISÃO E LIBERDADE PROVISÓRIA

1. (84º Concurso de Promotor de Justiça Substituto MP/SP) A prisão temporária (Lei n. 7.960/89) não poderá ser decretada no crime de

a) tráfico de drogas.
b) sequestro ou cárcere privado.
c) epidemia com resultado morte.
d) genocídio.
e) perigo de desastre ferroviário.

2. (83º Concurso de Promotor de Justiça Substituto MP/SP) Orientação dada pela Autoridade Policial para que a vítima fotocopiasse as cédulas dadas em pagamento ao agente preso em flagrante delito, por extorsão. Caracteriza

a) flagrante preparado.
b) flagrante presumido.
c) flagrante esperado.
d) flagrante compulsório.
e) quase flagrante.

3. (Procurador da República/2012) De acordo com a disciplina legal da fiança, é indiscutível o seu caráter cautelar, sendo igualmente verdadeira a seguinte assertiva:

a) a fiança somente será concedida aos que, no mesmo processo, não tiverem quebrado fiança anterior ou infringido as obrigações de comparecimento perante a autoridade, de não mudar de residência sem prévia permissão e de não se ausentar por mais de oito dias sem prévia comunicação;

b) a fiança somente pode ser fixada como contracautela, ou seja, em substituição da prisão em flagrante ou prisão preventiva anteriormente decretada;
c) a fiança somente pode ser prestada enquanto não transitada em julgado a sentença condenatória, não sendo possível sua concessão na pendência de recurso extraordinário ou especial;
d) a fiança somente é cabível nas infrações penais cometidas sem violência ou grave ameaça à pessoa.

4. (Promotor de Justiça MP/TO/2012) Com relação ao benefício da liberdade provisória e seus fundamentos, assinale a opção correta.

a) Não será concedida liberdade provisória mediante fiança ao suspeito da prática de crime punido com pena privativa de liberdade, se ele já tiver sido condenado, em sentença transitada em julgado, por outro crime doloso ou culposo.
b) O direito de livrar-se solto, assim como a liberdade provisória sem fiança, vincula o agente ao processo e o obriga a cumprir as condições estipuladas pelo juiz, a exemplo do comparecimento em todos os atos processuais.
c) A afiançabilidade de infração penal, depois de prolatada a sentença condenatória, verifica-se em função da pena aplicada *in concreto*.
d) A fiança será cassada caso o representante do MP, no oferecimento da denúncia, tipifique como crime inafiançável conduta provisoriamente considerada afiançável, na fase de inquérito policial inaugurado por força de auto de prisão em flagrante.
e) Conforme a situação econômica do réu, o juiz, ao fixar o valor da fiança, poderá reduzi-lo até o máximo de dois terços e aumentá-lo até a metade do valor fixado em lei.

5. (Delegado Polícia Civil/SP/2011) São circunstâncias legais que deverão ser consideradas pela autoridade policial ou judiciária para fixar o valor da fiança:

a) repercussão social do crime, vida pregressa do agente e importância provável das custas do processo.
b) condições pessoais de fortuna do agente, sua vida pregressa e a natureza da infração.
c) natureza da infração, prejuízo causado à vítima e condições pessoais de fortuna do agente.
d) prejuízo causado à vítima, natureza da infração e periculosidade do agente.
e) importância provável das custas do processo, natureza da infração e condições de fortuna da vítima.

6. (Analista Judiciário TRE/CE/2012) O valor da fiança, medida cautelar substitutiva da prisão, quando se tratar de infração cuja pena privativa de liberdade, em grau máximo, for superior a quatro anos será fixado de

a) 10 a 200 salários mínimos e, se assim recomendar a situação econômica do preso, a fiança poderá ser dispensada, nos termos da lei, reduzida até o máximo de 1/2 (metade) ou aumentada em até 2000 vezes.
b) 1 a 100 salários mínimos e, se assim recomendar a situação econômica do preso, a fiança poderá ser dispensada, nos termos da lei, reduzida até o máximo de 1/2 (metade) ou aumentada em até 2000 vezes.
c) 10 a 200 salários mínimos e, se assim recomendar a situação econômica do preso, a fiança poderá ser dispensada, nos termos da lei, reduzida até o máximo de 2/3 ou aumentada em até 1000 vezes.
d) 1 a 100 salários mínimos e, se assim recomendar a situação econômica do preso, a fiança poderá ser dispensada, nos termos da lei, reduzida até o máximo de 2/3 ou aumentada em até 1000 vezes.
e) 1 a 100 salários mínimos e, se assim recomendar a situação econômica do preso, a fiança poderá ser dispensada, nos termos da lei, reduzida até o máximo de 1/3 ou aumentada em até 500 vezes.

7. (Delegado Polícia Civil/MG/2011) Não haverá o quebramento da fiança quando:

a) Deliberadamente o afiançado praticar ato de obstrução ao andamento do inquérito/processo.
b) Descumprir medida cautelar imposta cumulativamente com a fiança.
c) Resistir injustificadamente a ordem judicial.
d) Deixar de comparecer, por justo motivo, quando regularmente intimado para ato processual.

8. (Magistratura TJ/PB/2011) Assinale a opção correta com referência a prisões e liberdade provisória.

a) Conforme a jurisprudência do STJ, mesmo com o advento da Lei n. 11.464/2007, que alterou a lei que trata dos crimes hediondos, não se tornou possível a liberdade provisória nos crimes hediondos ou equiparados, ainda no caso de não estarem presentes os requisitos da prisão preventiva.
b) A prisão temporária, regulada pela Lei n. 7.960/1989, é prevista no caso de ela ser imprescindível para as investigações e de haver fundadas razões, de acordo com prova cabal, de autoria ou participação do investigado nos crimes listados na referida lei, entre os quais não se inclui o crime de quadrilha.
c) Conforme a pacífica jurisprudência dos tribunais superiores, a vedação legal da liberdade provisória ao acusado de tráfico ilícito de entorpecentes não é motivo suficiente para impedir a sua concessão ao réu preso em flagrante pela prática daquele delito.
d) Ainda que o acórdão da apelação interposta contra sentença que tenha imposto medida de segurança transite em julgado, não fica prejudicada a impetração de *habeas corpus* quanto ao pedido de liberdade provisória, pois ambos os institutos baseiam-se em fundamentos distintos.
e) Conforme entendimento do STJ, é imprescindível, mesmo no caso de crimes hediondos, a demonstração, com base em elementos concretos, da necessidade da custódia preventiva do acusado, incluindo-se os de tráfico ilícito de entorpecentes presos em flagrante, não obstante a vedação da Lei n. 11.343/2006 – Lei de Drogas.

9. (Magistratura TJ/PR/2010) Sabemos que o instituto da prisão e da liberdade provisória tem sido objeto de muito debate e aprofundamento do tema no mundo jurídico. Diante dessa matéria, analise as questões e marque a alternativa CORRETA.

I. João Tergino roubou uma agência do Banco do Brasil no centro de Curitiba. Perseguido, passou para o município de Araucária, e, nesta cidade, fora preso em flagrante delito. Sendo apresentado imediatamente à autoridade local, não poderá ser autuado em flagrante em Araucária, pois o crime ocorreu em Curitiba, para onde deve ser encaminhado nos termos do Código de Processo Penal e pela teoria do resultado.
II. Considera-se em flagrante presumido quem é perseguido, logo após, pela autoridade, pelo ofendido ou por qualquer pessoa, em situação que faça presumir ser autor da infração.
III. Em qualquer fase do inquérito policial ou da instrução criminal, caberá a prisão temporária decretada pelo juiz, de ofício, a requerimento do Ministério Público, ou do querelante, ou mediante representação da autoridade policial.
IV. A apresentação espontânea do acusado à autoridade não impedirá a decretação da prisão preventiva nos casos em que a lei a autoriza.

a) Apenas a assertiva IV está correta.
b) Apenas as assertivas II e III estão corretas.
c) Apenas as assertivas I e II estão corretas.
d) Apenas as assertivas III e IV estão corretas.

10. (Magistratura TJ/MG/2009) Marque a opção CORRETA. Não poderá ser autuado em flagrante, em qualquer hipótese:

a) Os magistrados.
b) Os familiares de agentes diplomáticos.
c) Os membros do congresso nacional.
d) Os delegados de polícia no específico exercício da função.

11. (Polícia Rodoviária Federal/2008) Julgue os itens a seguir, relativos à prisão em flagrante.

I. A prisão em flagrante tem natureza administrativa, mas, uma vez mantida e homologado o auto de prisão em flagrante pelo juiz, ela assume natureza jurisdicional.
II. Ocorre o chamado quase flagrante quando, tendo o agente concluído os atos de execução do crime e se posto em fuga, inicia-se ininterrupta perseguição, até que ocorra a prisão.
III. Não há crime e, portanto, o agente não pode ser preso, quando a preparação do flagrante pela polícia torna impossível a consumação desse crime.
IV. Ocorre flagrante forjado quando o fato típico não foi praticado, sendo simulado pela autoridade policial com o objetivo direto de incriminar alguém. Nesse caso, há absoluta ilegalidade e o responsável pelo ato responderá penal e administrativamente pela própria conduta.

V. Flagrante retardado é aquele no qual a polícia tem a faculdade de retardar a prisão em flagrante, visando obter maiores informações a respeito da ação dos criminosos.

A quantidade de itens certos é igual a

a) 1.
b) 2.
c) 3.
d) 4.
e) 5.

12. (Magistratura TJ/PA/2009) Manoela de Jesus foi presa em flagrante, quando estava em sua casa assistindo à televisão, porque supostamente teria jogado um bebê recém-nascido no rio. Os responsáveis pela prisão foram dois policiais civis que realizavam diligências no local a partir de uma denúncia anônima. Ao realizar a prisão os policiais identificaram Manoela a partir da descrição fornecida pela denúncia anônima. A esse respeito, assinale a alternativa correta.

a) Trata-se de flagrante próprio, previsto no art. 302, I, do Código de Processo Penal.
b) Trata-se de flagrante próprio, previsto no art. 302, II, do Código de Processo Penal.
c) A prisão é ilegal, pois não está presente nenhuma das situações autorizadoras da prisão em flagrante.
d) Trata-se de flagrante presumido, previsto no art. 302, IV, do Código de Processo Penal.
e) Trata-se de flagrante impróprio, previsto no art. 302, III, do Código de Processo Penal.

13. (Defensor Público SP/2006) A falta de testemunhas da infração penal

a) impede a lavratura da prisão em flagrante, impondo-se o seu relaxamento.
b) não impede a lavratura da prisão em flagrante.
c) não impede a lavratura da prisão em flagrante, mas é necessária a assinatura de duas pessoas que tenham testemunhado a apresentação do preso.
d) não impede a lavratura da prisão em flagrante, devendo o condutor prestar o compromisso legal para o ato.
e) impede a lavratura da prisão em flagrante, devendo a autoridade policial instaurar inquérito, ouvindo o acusado e os condutores.

14. (Delegado Polícia Civil/AP/2010) Roberto entra em uma agência bancária e efetua o saque de quinhentos reais da conta corrente de terceiro, utilizando um cheque falsificado. De posse do dinheiro, Roberto se retira da agência. Quinze minutos depois, o caixa do banco observa o cheque com mais cuidado e percebe a falsidade. O segurança da agência é acionado e consegue deter Roberto no ponto de ônibus próximo à agência. O segurança revista Roberto e encontra os quinhentos reais em seu bolso. Roberto é conduzido pelo segurança à Delegacia de Polícia mais próxima. Considerando a narrativa acima, assinale a alternativa correta.

a) O Delegado de Polícia deve baixar a portaria de instauração do inquérito policial, tomar o depoimento de Roberto, lavrar termo de apreensão do dinheiro que havia sido sacado por ele na agência bancária, e liberá-lo, já que a situação narrada não caracterizou flagrante delito. Encerradas as investigações, deve remeter os autos do inquérito policial ao Ministério Público para que ofereça denúncia.
b) O Delegado de Polícia a quem Roberto é apresentado deve lavrar o auto de prisão em flagrante, sendo-lhe vedado tomar o depoimento do preso sem que esteja assistido por advogado. Se o autuado não informar o nome de seu advogado, o Delegado deverá solicitar a presença de um defensor público ou nomear um advogado dativo para proceder à oitiva. Após a lavratura do auto, deve comunicar a prisão ao juiz competente e entregar nota de culpa ao preso.
c) O Delegado de Polícia a quem Roberto é apresentado deve lavrar o auto de prisão em flagrante, comunicar a prisão imediatamente ao juiz competente e à família do preso ou à pessoa por ele indicada, bem como entregar a nota de culpa ao preso. Se o juiz constatar a desnecessidade da decretação de prisão cautelar, deverá conceder liberdade provisória ao preso, com ou sem fiança, independentemente de manifestação do Ministério Público ou da defensoria pública.
d) O Delegado de Polícia a quem Roberto é apresentado deve lavrar o auto de prisão em flagrante, comunicar a prisão imediatamente ao juiz competente e à família do preso ou à pessoa por ele indicada, devendo ainda

remeter, em vinte e quatro horas, o auto de prisão em flagrante acompanhado de todas as oitivas colhidas ao juiz competente e, caso o autuado não informe o nome de seu advogado, cópia integral do auto à Defensoria Pública, e entregar nota de culpa ao preso.

e) O Delegado de Polícia a quem Roberto é apresentado deve lavrar o auto de prisão em flagrante, comunicar a prisão imediatamente ao juiz competente e à família do preso ou à pessoa por ele indicada, devendo ainda remeter, em vinte e quatro horas, o auto de prisão em flagrante acompanhado de todas as oitivas colhidas ao juiz competente e entregar nota de culpa ao preso. Caberá ao juiz abrir vista dos autos de comunicação de prisão ao Ministério Público e, caso o preso tenha declarado não possuir advogado, à defensoria pública.

15. (Magistratura TJ/SP/2008) Quanto à prisão em flagrante, assinale a alternativa correta.

a) A falta de testemunha da infração impede a lavratura do auto de prisão em flagrante.

b) A omissão de interrogatório do conduzido no auto de prisão em flagrante não acarreta, necessariamente, a nulidade do ato, dependendo do motivo da abstenção.

c) A nomeação de curador não advogado ao preso maior de 18 (dezoito) e menor de 21 (vinte e um) anos no auto de flagrante constitui causa de nulidade absoluta do ato.

d) A apresentação do conduzido obriga à lavratura da prisão em flagrante, não podendo a autoridade policial, em nenhum caso, determinar a soltura do preso.

16. (Magistratura TJ/SP/2011) Analise as proposições seguintes, a respeito da prisão em flagrante.

I. Quem, logo após o cometimento de furto, é encontrado na posse do bem subtraído, pode ser preso em flagrante delito, ainda que inexistam testemunhas da infração.

II. Nos crimes permanentes, entende-se que o agente está em flagrante delito enquanto não cessar a permanência.

III. Qualquer do povo deverá prender quem quer que seja encontrado em flagrante delito.

IV. Na falta ou impedimento do escrivão, qualquer pessoa designada pela autoridade policial lavrará o auto de prisão em flagrante, depois de prestado o compromisso legal.

V. Apresentado o preso, a autoridade competente deverá interrogá-lo e entregar-lhe a nota de culpa, e em seguida proceder às ouvidas do condutor e das testemunhas que o acompanham, colhendo, no final, as assinaturas de todos.

Estão corretas somente as proposições

a) I, III e IV.

b) I, II e IV.

c) I, II e V.

d) III, IV e V.

e) II, III e V.

17. (Magistratura TJ/RO/2011) O flagrante presumido consiste na prisão do agente que:

a) É encontrado logo depois do fato, com instrumentos, armas ou objetos que estejam relacionados com o fato.

b) É surpreendido na prática efetiva do crime.

c) É surpreendido logo depois do fato.

d) É perseguido e encontrado logo depois do fato.

e) É preso logo após o fato e reconhecido por testemunhas.

18. (Delegado Polícia Civil/RO/2009) Semprônio, apreendido em flagrante pela prática do crime de lesão corporal leve, foi encaminhado para a Delegacia de Polícia em que você, candidato, está lotado como Delegado de Polícia. Assinale a alternativa que está de acordo com o procedimento a ser adotado.

a) Deverá ser lavrado o termo circunstanciado, concedendo ao réu a liberdade provisória, depois de ouvir o Ministério Público.

b) Deverá ser lavrado o auto de prisão em flagrante, com a oitiva do condutor, remetendo-se o auto lavrado dentro de 24 (vinte a quatro) horas, ao juiz competente.

c) Deverá ser lavrado o termo circunstanciado, encaminhando-o imediatamente ao Juizado, com o autor do fato e a vítima, providenciando-se as requisições dos exames periciais necessários.
d) Deverá ser lavrado o auto de prisão em flagrante, com a oitiva do condutor, remetendo-se o auto lavrado, dentro de 72 (setenta e duas) horas, ao juiz competente.
e) Verificando a natureza do delito, deverá a autoridade policial liberar o preso, mediante o compromisso de comparecer a todos os atos do processo.

19. (Magistratura TJ/MS/2012) Analise as proposições acerca do novo regime jurídico da prisão processual.

I. Irdônio, dono de um estabelecimento comercial, foi preso em flagrante por ter impedido o acesso à sua loja e ter se negado a atender a uma cliente afrodescendente, conduta essa tipificada no artigo 5º da Lei n. 7.716/89 e com pena cominada de reclusão de um a três anos. Diante dos fatos, seria cabível à autoridade policial arbitrar fiança a Irdônio, haja vista tratar-se de ilícito criminal cuja pena privativa de liberdade é inferior a quatro anos.
II. Não havendo hipótese para relaxamento da prisão em flagrante e não sendo o caso de arbitramento de fiança, seja pela autoridade policial, seja pelo juiz, impõe-se a manutenção do custodiado no cárcere até que seu defensor requeira a liberdade provisória de seu cliente.
III. Julgar-se-á quebrada a fiança quando o acusado: I – regularmente intimado para ato do processo, deixar de comparecer, sem motivo justo; II – deliberadamente praticar ato de obstrução ao andamento do processo; III – descumprir medida cautelar imposta cumulativamente com a fiança; IV – resistir injustificadamente à ordem judicial; V – praticar nova infração penal dolosa. Quebrada a fiança, deverá o acusado, por força de lei, recolher-se ao cárcere, onde permanecerá até o julgamento do processo, em virtude de sua deliberada desobediência às regras impostas quando da aplicação da medida cautelar alternativa à sua prisão.
IV. Em hipótese alguma poderá o juiz decretar a prisão preventiva do agente se verificar, a partir das provas coligidas aos autos, que o fato foi praticado sob o amparo de uma excludente de ilicitude.
V. Mesmo sendo o agente maior de 80 (oitenta) anos, extremamente debilitado por motivo de doença grave ou gestante em gravidez de alto risco, o juiz não está legalmente obrigado a substituir eventual prisão preventiva decretada por prisão domiciliar.

Estão CORRETAS:

a) Apenas as proposições II, IV e V.
b) Apenas as proposições I, II e IV.
c) Apenas as proposições I, III e V.
d) Apenas as proposições I, II e III.
e) Apenas as proposições IV e V.

20. (Promotor de Justiça MP/SP/2012) É correto afirmar:

a) A prisão em flagrante não é cabível nas infrações de menor potencial ofensivo, se o autor do fato assumir o compromisso de comparecer ao juizado especial criminal, e nos crimes de homicídio e lesão corporal culposos, se o agente prestar imediato e integral socorro à vítima.
b) A prisão preventiva não pode ser decretada de ofício pelo juiz no inquérito policial, não é admissível em crimes culposos e pode ser substituída pela liberdade provisória se demonstrado por prova idônea que o indiciado ou acusado é maior de 80 anos de idade.
c) A fiança não pode ser concedida sem a prévia oitiva do Ministério Público, pode ser prestada após a sentença condenatória e cassada no curso do processo se a inovação na classificação do delito a tornar incabível.
d) A prisão temporária pode ser decretada pelo juiz de ofício ou em face de representação da autoridade policial ou requerimento do Ministério Público, caso em que prevê a lei o prazo de 48 (quarenta e oito) horas para a prolação da decisão.
e) O comparecimento periódico em juízo, a suspensão do exercício de função pública ou de atividade de natureza econômica ou financeira, a internação provisória e a fiança incluem-se entre as medidas cautelares diversas da prisão.

21. (Promotor de Justiça MP/TO/2012) Assinale a opção correta acerca de custódia cautelar e suas modalidades.

a) A falta de inquérito policial impede a decretação de prisão preventiva, mesmo que embasada em peças de informação oferecidas pelo MP suficientes para demonstrar a existência do crime e de indícios de autoria.

b) O agente que mantém em depósito substância entorpecente destinada ao tráfico só pode ser preso em flagrante se for encontrado no local em que a droga estiver armazenada.

c) O flagrante esperado, também conhecido como delito putativo por obra do agente provocador, é aquele em que a vítima ou terceiro provoca ou induz o sujeito à prática do fato delituoso, de modo a tornar impossível a sua consumação.

d) Ainda que o autor da infração penal demonstre ter bons antecedentes, residência fixa e trabalho lícito no distrito da culpa, poderá ser decretada a sua prisão preventiva se estiver presente um dos requisitos autorizadores da custódia cautelar e restar comprovada a sua real necessidade.

e) Em se tratando de homicídio culposo, a prisão temporária é cabível se houver, com base em qualquer meio de prova admitida na legislação penal, fundadas razões de autoria ou participação do indiciado.

22. (Delegado Polícia Civil/DF/2005) Em matéria de prisão cautelar, pode-se afirmar que:

a) já que vigora o princípio da jurisdicionalidade em todas as prisões cautelares, poderá o juiz, de ofício, decretar a prisão temporária;

b) ultrapassado o prazo máximo da prisão temporária, o indiciado será posto em liberdade pela autoridade policial, necessitando da expedição de alvará de soltura da autoridade judicial;

c) não haverá possibilidade de prisão administrativa, por completa vedação constitucional, salvo nos casos de transgressão militar definidos em lei. Haverá possibilidade de impetração de *Habeas Corpus* para impugnar a legalidade dessa prisão, não obstante a vedação constitucional;

d) não estando presente o *periculum libertatis* da prisão em flagrante, o juiz deverá revogá-la;

e) na prática de crime de ação penal pública condicionada à representação, a autoridade policial diante de estado flagrancial deverá lavrar o auto de prisão em flagrante, independentemente da manifestação de vontade do ofendido.

23. (Procurador BACEN/2009) Acerca da prisão preventiva, assinale a opção correta.

a) É decretada para garantir a ordem pública, a ordem econômica, por necessidade da instrução criminal e para a segurança da aplicação da pena.

b) Para que seja decretada, é necessário que haja indícios do fato e suspeita fundada acerca da autoria.

c) Para o juiz fundamentar sua decisão, basta a remissão genérica às hipóteses legais.

d) A falta de fundamentação da decisão que a decreta poderá ser suprida sem representação da autoridade ou requerimento do MP.

e) É decretada imediatamente, sempre que for possível a condução coercitiva do acusado para submeter-se ao reconhecimento das vítimas e testemunhas.

24. (Defensor Público MT/2009) A decisão que decreta a prisão preventiva do acusado classifica-se doutrinariamente como

a) despacho de mero expediente.

b) interlocutória mista terminativa.

c) interlocutória simples.

d) interlocutória mista não terminativa.

e) definitiva.

25. (Procurador do Estado SP/2002) A prisão temporária decretada no curso de inquérito policial instaurado para investigar crime de epidemia com resultado morte, artigo 267, § 1º, do Código Penal, tem prazo limite de

a) cinco dias prorrogáveis por mais cinco.

b) dez dias prorrogáveis por mais dez.

c) quinze dias prorrogáveis por mais quinze.

d) vinte dias prorrogáveis por mais vinte.
e) trinta dias prorrogáveis por mais trinta.

PRESTE ATENÇÃO!

- A proibição de ausentar-se do País será comunicada pelo juiz às autoridades encarregadas de fiscalizar as saídas do território nacional, intimando-se o indiciado ou acusado para entregar o passaporte, no prazo de 24 (vinte e quatro) horas.
- Será admitida a prisão preventiva quando houver dúvida sobre a identidade civil da pessoa ou quando esta não fornecer elementos suficientes para esclarecê-la, devendo o preso ser colocado imediatamente em liberdade após a identificação, salvo se outra hipótese recomendar a manutenção da medida.

CUIDADO!

- Recusando ou retardando a autoridade policial a concessão da fiança, o preso, ou alguém por ele, poderá prestá-la, mediante simples petição, perante o juiz competente, que decidirá em 48 (quarenta e oito) horas.
- A prisão preventiva também poderá ser decretada em caso de descumprimento de qualquer das obrigações impostas por força de outras medidas cautelares.

IMPORTANTE!

- O quebramento injustificado da fiança importará na perda de metade do seu valor, cabendo ao juiz decidir sobre a imposição de outras medidas cautelares ou, se for o caso, sobre a decretação da prisão preventiva.
- A prisão temporária será decretada pelo juiz, em face da representação da autoridade policial ou de requerimento do Ministério Público, e terá o prazo de 5 (cinco) dias, prorrogável por igual período em caso de extrema e comprovada necessidade.

Capítulo 20

SENTENÇA

1. Conceito

Na etimologia, "sentença" vem do latim "*sententia*", "*sentiendo*", gerúndio do verbo "*sentire*"; nela, o juiz declara o que sente.

Na visão processual, sentença, em sentido amplo, é o julgamento proferido pelo juiz no curso do processo. Em sentido restrito, é a decisão do juiz que solucione a causa.

Na visão processual penal, sentença, em sentido amplo, é a decisão definitiva e terminativa do processo, condenatória, absolutória ou que resolva o mérito, sem condenar ou absolver (como a sentença que declara extinção da punibilidade). Em sentido restrito, é a decisão definitiva e terminativa do processo, acolhendo ou rejeitando a imputação formulada pela acusação.

A doutrina entende a **sentença como um silogismo:** a) premissa maior (lei); b) premissa menor (fato); c) conclusão (subsunção do fato à lei).

A sentença é a declaração de vontade do julgador, resultado de uma atividade mental, em que há a aplicação da lei ao caso concreto, baseada no livre-convencimento motivado.

É **ato processual de inteligência** do juiz, em observância à vontade estatal (Lei), por meio da apreciação do órgão jurisdicional (conforme Chiovenda[1]).

A sentença não é só um trabalho intelectual do juiz, mas um ato de inteligência (espírito do juiz – *jurisdictio*: que é o poder de dizer o direito), somado ao ato de vontade do Estado (soberania – *imperium*: que é o poder de mando); somadas, essas duas figuras distintas se materializam na figura do juiz.

---

1 CHIOVENDA, Giuseppe. *Instituições de direito processual civil*. Campinas: Bookseller, 2009.

A natureza jurídica da sentença é **declaratória**, pois o juiz aplica a lei ao caso concreto, declarando o direito aplicável na espécie.

A sentença é um **ato político**, já que representa a jurisdição, função soberana do Estado, em que há aplicação da lei ao caso concreto.

O juiz, ao gerenciar o processo, ordenando e impulsionando os atos processuais, profere sentença, de forma a materializar o princípio constitucional da inafastabilidade da jurisdição, bem como a paz social.

2. Características

A sentença apresenta as seguintes características: a) é ato do juiz; b) extingue o processo em primeiro grau; c) decide questão posta em juízo; d) resolve conflito de interesses ou controvérsia sobre a imputação criminal; e) é ato de autoridade, dotado de eficácia vinculante, como formulação normativa do Estado para o caso submetido a Juízo; f) é aplicação da norma ao caso concreto; g) decide quais são a tutela jurídica e o direito objetivo concernentes a determinado interesse; h) é o pronunciamento judicial sobre a legitimidade da pretensão do autor; i) é uma operação de caráter crítico, por meio da qual o juiz escolhe, entre a tese do autor ou a do réu (ou eventualmente uma terceira), a solução que lhe parece ajustada ao direito e à justiça.

3. Classificação

3.1. Teorias

Existem duas grandes teorias sobre a classificação das sentenças: **a) trinária:** divide as sentenças em constitutiva, declaratória e condenatória; **b) quinária:** divide as sentenças em constitutiva, declaratória, mandamental, executiva *lato sensu* e condenatória.

Na sentença condenatória[2], há a imposição de uma prestação: no âmbito civil, a prestação consiste numa obrigação de dar, de fazer ou de não fazer; no âmbito criminal, a prestação consiste na aplicação de uma pena.

A sentença mandamental declara e contém ordem.

Na sentença declaratória, declara-se a existência ou inexistência de uma relação jurídica.

Na sentença constitutiva, cria-se ou modifica-se uma relação jurídica. Há constituição de um novo estado jurídico.

---

[2] A sentença condenatória tem duplo conteúdo e dupla função: declara o direito existente e faz vigorar para o caso concreto as forças coativas latentes da ordem jurídica, mediante aplicação da sanção adequada ao caso examinado – e nisto reside a sua função específica, que a diferencia das outras sentenças (função sancionadora) (LIEBMAN, Enrico Tullio. *Processo de execução*. São Paulo: Saraiva, 1968).

Na sentença executiva, determina-se o cumprimento de uma prestação.

Na sentença *citra petita*, o juiz não examina tudo o que foi pedido.

Na sentença *ultra petita*, o juiz examina além do que foi pedido.

Na sentença *extra petita*, o juiz decide coisas diversas da postulada pelas partes.

3.2. Espécies

a) **Vazia:** sem fundamentação.

> **Questão de prova**
> A prova de Promotor de Justiça MP/AM/2007 considerou INCORRETA a afirmativa: "Chama-se de sentença suicida a que não possui fundamentação".

b) **Suicida:** há contradição entre a fundamentação e o dispositivo.

> **Questão de prova**
> A prova de Analista Judiciário TJ/BA/2010 considerou INCORRETA a afirmativa: "A sentença que concede perdão judicial é denominada pela doutrina de sentença suicida".

c) **Subjetivamente simples:** proferida por uma pessoa.

d) **Subjetivamente plúrima:** proferida por um órgão colegiado.

> **Questão de prova**
> A prova de Promotor de Justiça MP/PE/2002 considerou CORRETA a afirmativa: "No aspecto criminal, as sentenças são chamadas de subjetivamente plúrimas quando proferidas por tribunal do júri".

e) **Subjetivamente complexa:** proferida por mais de um órgão.

f) **Despacho de mero expediente:** não tem conteúdo decisório; visa dar impulso processual.

g) **Interlocutória simples:** é a que resolve questão processual sem julgamento de mérito.

> **Questão de prova**
> A prova de Técnico Judiciário TJ/PE/2012 considerou INCORRETA a afirmativa: "As decisões interlocutórias simples são as que encerram uma etapa do procedimento ou a própria relação processual, sem o julgamento do mérito da causa".

h) **Interlocutória mista ou com força definitiva:** encerra o processo (terminativa) ou uma etapa processual (não terminativa), sem julgamento do mérito.

> **Questão de prova**
> A prova de Analista Judiciário TJ/ES/2011 considerou CORRETA a afirmativa: "A sentença de pronúncia, que possui natureza de decisão interlocutória mista terminativa, é uma das decisões que encerra a primeira fase do rito especial do júri, denominada ***judicium accusationis***".

i) **Sentença própria ou em sentido estrito:** soluciona a causa com julgamento do mérito; **1) condenatória:** procedência da pretensão punitiva; **2) absolutória própria:** improcedência da pretensão punitiva; **3) absolutória imprópria:** improcedência da pretensão punitiva, com imposição de medida de segurança; **4) terminativa de mérito:** julga mérito, sem absolver ou condenar.

Questão de prova

A prova de Defensor Público MS/2008 considerou CORRETA a afirmativa: "Podem ser consideradas sentenças de mérito para o processo penal as sentenças absolutórias e condenatórias".

j) **Completa ou acabada:** é a publicada.

k) **Executável:** pode ser executada de imediato.

l) **Não executável:** pendente de recurso.

m) **Condicional:** pendente de acontecimento futuro para execução.

n) **Dual:** na mesma decisão, pronuncia e condena; não é admitida em nossa legislação processual.

o) **Acórdão:** é o julgamento colegiado proferido pelos tribunais.

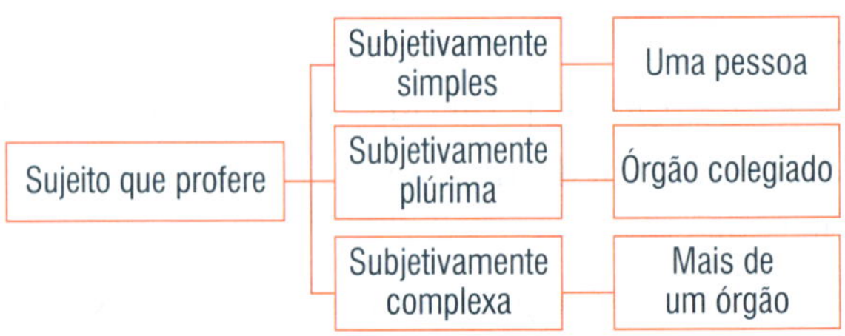

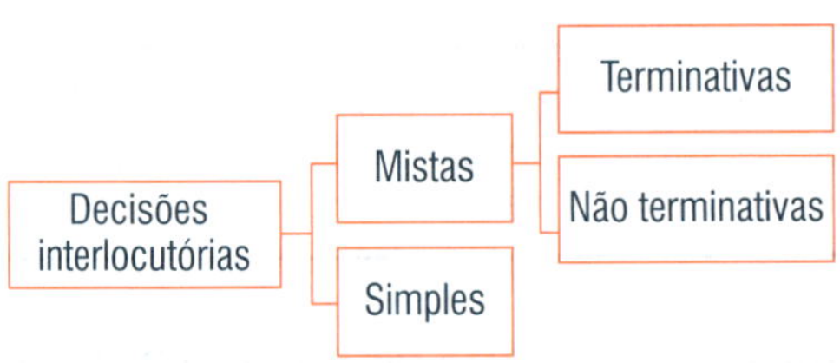

4. Requisitos da sentença

O art. 381 do CPP determina que requisitos devem ser observados na prolação de uma sentença criminal, regras que valem para os acórdãos proferidos pelos tribunais. Em regra, a inobservância de quaisquer das normas do art. 381 do CPP acarreta a sua nulidade, nos termos do art. 564, IV, do CPP. Cabe ressalvar que é possível a inversão dos requisitos essenciais, sem que acarrete nulidade da sentença. A sentença deve preencher os seguintes requisitos processuais:

a) **Relatório:** é a história relevante do processo. É um resumo do que contêm os autos, desde a propositura da ação penal até o momento em que a sentença é proferida; é o transcurso do processo em termos essenciais. É a garantia de que o juiz realmente leu o processo e permite que as partes vejam uma síntese ou histórico deste.

   O relatório **pode ser sucinto**, contendo um breve resumo dos atos processuais praticados no curso do processo, mas deve conter os elementos necessários à compreensão da causa.

   No relatório, o juiz **deve mencionar**: 1) o nome das partes ou, quando impossível, as indicações necessárias para identificá-las; 2) exposição sucinta das alegações da acusação (descrição do fato objeto da acusação) e da defesa; 3) incidentes relevantes para o deslinde da causa.

Questão de prova

A prova de Técnico Judiciário TJ/SE/2009 considerou CORRETA a afirmativa: "São requisitos formais da sentença, dentre outros, exposição sucinta da acusação e da defesa, nomes das partes e dispositivo".

   O entendimento pretoriano, capitaneado pelo Supremo Tribunal Federal, direciona-se no sentido de que a falta ou deficiência da exposição das teses articuladas pelas partes somente nulifica a sentença se provado prejuízo para o réu. Afasta-se ainda a mácula de nulidade se, mesmo existente o defeito no relatório, o *decisum* analisa em seu bojo a prova coletada em face dos argumentos oferecidos pela defesa (RHC 7.934/MG, Rel. Min. Fernando Gonçalves, 6ª T., *DJU* 9-11-1998).

   A falta do relatório gera nulidade, salvo no juizado especial criminal em que há a dispensa, nos termos do art. 31, § 3º, da Lei n. 9.099/95.

b) **Fundamentação:** indicação dos motivos de fato e de direito, com a apreciação de toda a matéria da acusação e da defesa; são as razões de decidir; é a argumentação usada pelo juiz; serve para avaliar a persuasão racional e a lógica da decisão.

Questão de prova

A prova de Defensor Público MA/2009 considerou CORRETA a afirmativa: "Para prolação de sentença condenatória o juiz formará sua convicção, de acordo com o teor de nova regra processual penal trazida pela Lei n. 11.719, de 20/06/2008, segundo livre-apreciação da prova produzida em contraditório judicial, não podendo fundamentar sua decisão exclusivamente nos elementos informativos colhidos na investigação, ressalvadas as provas cautelares, não repetíveis e antecipadas".

A fundamentação é uma **garantia constitucional**, nos termos do art. 93, X, da Constituição Federal. É requisito exigido pela lei processual penal, nos termos do art. 381, III, do CPP.

Nela, o juiz garante à parte o exercício do direito de recurso, além de aperfeiçoar o trabalho do próprio juiz *a quo* na exposição dos motivos de sua decisão.

Representa uma garantia contra o arbítrio estatal e uma racionalização na aplicação do direito. Deve ser usada terminologia técnica, linguagem da lei, precisão, objetividade e clareza: "A sentença não é obra literária ou dissertação acadêmica. O Poder Judiciário é um serviço público, destinado à solução de casos concretos"[3].

Necessitarão de fundamentação os despachos de mero expediente quando tiverem caráter decisório.

Na fundamentação, o juiz forma sua convicção pela **livre-apreciação da prova**, com base nos elementos constantes dos autos.

Questão de prova

O IX Concurso de Juiz Federal do TRF4 considerou INCORRETA a afirmativa: "Segundo o Código de Processo Penal, o juiz, ao sentenciar, utilizará o princípio da íntima convicção".

Na fundamentação, o juiz define as razões de seu convencimento, analisando as questões preliminares, prejudiciais e as de mérito da causa. Deve apreciar toda a matéria alegada pela acusação e defesa, sob pena de nulidade.

É vedada a **motivação *per relationem***, que ocorre quando o juiz adota como razões de decidir as alegações de uma das partes.

A falta de motivação na sentença impede o controle democrático da atividade jurisdicional, não bastando uma fundamentação implícita, que inexiste no processo penal.

---

3 BALTAZAR JUNIOR, José Paulo. *Sentença penal*. Porto Alegre: Verbo Jurídico, 2007.

A **motivação sucinta não se confunde com ausência de fundamentação**. A motivação concisa não é capaz de gerar nulidade, mas a **falta de motivação** ou motivação insuficiente gera nulidade absoluta.

Questão de prova

A prova do Exame da OAB unificado fev./2011 considerou CORRETA a afirmativa: "Como é causa de nulidade absoluta da sentença, a falta de fundamentação não precisa ser arguida nem por meio de embargos de declaração, nem no recurso de apelação, podendo ser conhecida de ofício pelo Tribunal".

A diferença entre **fundamentação concisa e insuficiente** reside no fato de que, enquanto naquela o juiz trata de todos os pontos relevantes do processo, expondo de forma concisa, mas clara, sua motivação, nesta não há análise de todas as questões de fato e de direito expostas no processo; nesse caso, haverá prolação de sentença *citra petita*, gerando nulidade absoluta.

Na motivação de fato, há reconstrução da verdade dos fatos por meio das provas. Segundo Antonio Gomes Magalhães Filho[4], são requisitos da motivação: 1) integridade: expor o percurso argumentativo; 2) dialeticidade: enfrentamento de todas as teses de acusação e de defesa; 3) correção: ter como base os elementos dos autos; 4) racionalidade interna: não existência de contradição entre as proposições; 5) racionalidade externa: existência de congruência narrativa (versão razoável dos fatos) e congruência normativa (conclusão com sentido).

Na motivação de direito, é necessário a individualização da norma penal, por meio da definição do delito, e a formulação da norma concreta com interpretação razoável.

c) **Dispositivo:** é a decisão propriamente dita, com o resultado final e a indicação dos artigos de lei de fundamentação da decisão; é a conclusão ou tópico final da sentença.

O dispositivo cria norma jurídica *in concreto*, ou seja, faz lei entre as partes; em caso de execução, é essa parte da sentença que será efetivada; deve ser interpretada literalmente.

A falta de dispositivo leva à inexistência da sentença, pois é parte que contém o julgamento do pedido.

d) **Parte autenticativa:** é a data (a falta acarreta mera irregularidade) e a assinatura do juiz (a falta gera inexistência da sentença). Se for digitada, devem ser rubricadas todas as folhas. A sentença deve ser assinada pelo juiz; sentença apócrifa será considera inexistente.

---

4 MAGALHÃES FILHO, Antonio Gomes. *A motivação das decisões penais*. São Paulo: RT, 2001.

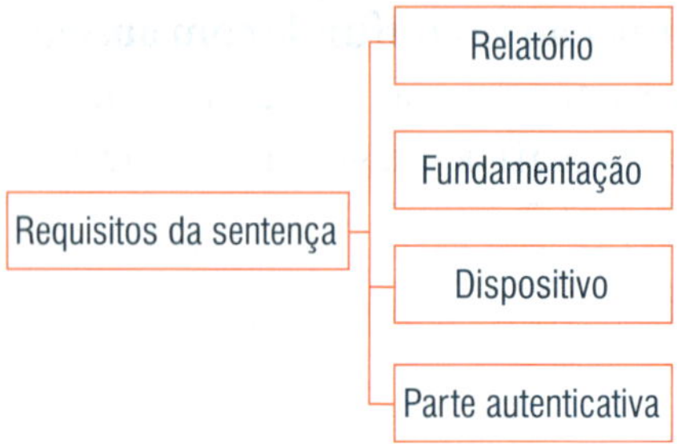

5. Sentença criminal

5.1. Preâmbulo

É o cabeçalho da sentença criminal, com os dados identificadores do caso concreto em análise no Judiciário: identificação do juízo; número dos autos do processo; nomes das partes; nome do juiz; data; e menção da infração penal.

5.2. Ementa

É requisito não obrigatório, cujo objetivo é mencionar os pontos principais da sentença criminal. A ementa é formada por duas partes: a) verbetação: são as expressões que indicam as questões analisadas e discutidas na sentença criminal; b) dispositivo: norma criada pelo julgador para decidir o caso concreto.

5.3. Relatório

É a exposição circunstanciada do histórico do processo. É usual a expressão "Vistos etc." como frase inicial do relatório.

No relatório da sentença criminal, devem constar os seguintes requisitos: a) os nomes das partes ou, quando não for possível, as indicações necessárias para identificá-las (a falta do nome gera nulidade da sentença; erro material do nome não gera nulidade, se for possível estabelecer a identidade física da parte); b) exposição sucinta da acusação e da defesa: devem ser mencionados todos os argumentos das partes.

Os atos processuais devem ser mencionados numa ordem cronológica e sucinta, com os pontos essenciais de cada um deles.

5.4. Fundamentação

A motivação da sentença criminal é dividida nas seguintes partes:

a) **preliminares:** 1) competência do julgador; desclassificação (pode vir antes da competência, se resultar no reconhecimento da incompetência); 2) extinção da punibilidade; 3) pressupostos processuais e condições da ação; 4) nulidades;

b) **mérito:** 1) preliminares de mérito: decadência e prescrição; 2) questões prejudiciais; 3) mérito propriamente dito (materialidade – autoria – elemento subjetivo – tipicidade – ilicitude – culpabilidade).

5.5. Dispositivo

5.5.1. Requisitos gerais

Os dispositivos legais aplicáveis, sob pena de nulidade; o comando da sentença: absolvição ("julgo improcedente a pretensão punitiva"), condenação ("julgo procedente a pretensão punitiva") ou no caso de sentença terminativa de mérito ("declaro a extinção de punibilidade"); determinação para publicação, registro e intimação; data e assinatura do juiz.

5.5.2. Requisitos específicos

a) **Sentença absolutória:** fundamento da absolvição; mandará, se for o caso, pôr o réu em liberdade; ordenará a cessação das medidas cautelares e provisoriamente aplicadas; aplicará medida de segurança, se cabível.

b) **Sentença condenatória:** dosimetria da pena; fixação do **valor mínimo** para reparação dos danos causados pela infração, considerando os prejuízos sofridos pelo ofendido; **manutenção** ou, se for o caso, imposição de prisão preventiva ou de outra medida cautelar, sem prejuízo do conhecimento de apelação que vier a ser interposta; menção da detração penal; o tempo de prisão provisória, de prisão administrativa ou de internação, no Brasil ou no estrangeiro, será computado para fins de determinação do regime inicial de pena privativa de liberdade.

Questões de prova

A prova de Promotor de Justiça MP/RR/2012 considerou CORRETA a afirmativa: "Na sentença absolutória imprópria, poderá o juiz fixar valor mínimo para reparação dos danos causados pela infração, considerando os prejuízos sofridos pelo ofendido, independentemente de pedido expresso na peça acusatória".

A prova de Analista Judiciário TRF 5ª Região/2012 considerou CORRETA a afirmativa: "A sentença penal condenatória poderá fixar valor mínimo para reparação dos danos causados pela infração, considerando os prejuízos sofridos pelo ofendido".

A prova da Magistratura Federal TRF 4ª Região/2010 considerou CORRETA a afirmativa: "Na sentença o juiz decidirá, fundamentadamente, sobre a manutenção ou, se for o caso, imposição de prisão preventiva ou de outra medida cautelar, sem prejuízo do conhecimento da apelação que vier a ser interposta".

6. Sentença condenatória

A sentença condenatória é a que tem como **fundamento** a prova suficiente de autoria e materialidade da infração penal, ou seja, prova plena e idônea, capaz de gerar o convencimento do julgador e a certeza absoluta da infração penal.

Tem função declaratória, já que declara a existência do direito de punir do Estado, e **sancionadora**, pois aplica a sanção penal adequada ao infrator da lei penal. É a que julga procedente a pretensão punitiva, reconhecendo a responsabilidade do réu, que receberá do Estado-juiz uma sanção penal concreta.

Na sentença condenatória, o juiz fixa a pena privativa de liberdade, observando critério trifásico (pena-base; agravantes e atenuantes; causas de aumento e de diminuição da pena), sob pena de nulidade, salvo em caso de não ocorrência de prejuízo ao condenado.

Entre essas fases, o juiz só pode fixar a pena fora dos limites mínimo e máximo quando aplicar as causas de aumento e de diminuição. Segundo posição do STJ, a pena deve ser estabelecida com fundamentação concreta e vinculada, tal como exige o próprio princípio do livre-convencimento motivado.

É **nula a sentença condenatória, por ausência de fundamentação**, quando não há exteriorização dos fatos e motivos que embasaram a convicção do julgador acerca da existência do crime e dos indícios suficientes de sua autoria.

Na fixação da pena de multa, o sistema é bifásico: a) fixação do número de dias-multa (entre 10 e 360), levando-se em conta as circunstâncias judiciais do art. 59 do CP; b) fixação do valor do dia-multa (de 1/30 a 5 salários mínimos), levando-se em conta a situação econômica do condenado no momento da sentença.

A pena de multa é considerada dívida de valor, de forma que o não pagamento gera execução fiscal. No concurso formal e material de crimes, as penas de multa são aplicadas de forma distinta e integral. O valor do dia-multa pode ser aumentado até o triplo quando, em virtude da situação econômica do réu, seja considerado ineficaz, embora aplicado no máximo. A atualização monetária do valor do dia-multa leva em conta a data do fato.

A sentença condenatória tem como efeitos: a) o lançamento do nome do réu no rol dos culpados, após o trânsito em julgado; b) obrigação de indenizar; c) confisco: perda dos instrumentos e produtos do crime; d) suspensão dos direitos políticos, enquanto durarem os efeitos da condenação; e) efeitos secundários do art. 92 do CPP; f) suspensão ou proibição de obter permissão ou habilitação para dirigir veículo automotor, de dois meses a cinco anos, após trânsito em julgado, por crime de trânsito; g) está obrigado a recolher taxa judiciária de 100 UFESPs, salvo JECRIM.

7. Sentença absolutória

A sentença absolutória é a que julga improcedente a pretensão punitiva. Deve estar fundamentada nas hipóteses legais do art. 386 do CPP:

a) **inexistência do fato;**

b) **não prova da existência do fato:** o fato existe, mas não há prova de sua ocorrência;

c) **fato atípico:** quando não houver enquadramento da conduta praticada com a lei penal abstrata;

d) **não prova de ter o réu concorrido para a infração penal:** não existe prova da autoria ou participação do réu na infração penal;

e) **estar provado que o réu não concorreu para a infração penal;**

f) **existência de circunstância excludente de ilicitude ou de isenção de pena:** as **causas excludentes de ilicitude** são as causas em que não há crime, previstas no art. 23 do CP (estado de necessidade, legítima defesa, estrito cumprimento do dever legal e exercício regular de direito); já as **causas excludentes da culpabilidade** estão previstas nos arts. 21 e 22, 26 e 28 do CP (coação irresistível, obediência hierárquica, inimputabilidade por doença mental, desenvolvimento mental incompleto ou retardado e embriaguez fortuita completa);

g) **não prova suficiente para condenação.** A sentença absolutória pode ser: **a) própria**, quando não aplica ao agente medida de segurança; ou **b) imprópria**, quando aplica ao agente medida de segurança.

Possui os seguintes efeitos: **a) libertação:** mandar colocar o réu em liberdade, salvo se houver necessidade de prisão por outro motivo; ordenar a cessação das medidas cautelares e provisoriamente aplicadas; **b) curativo:** aplicar medida de segurança, quando for o caso.

A absolvição criminal não prejudica a medida de segurança, quando couber, ainda que importe privação de liberdade, nos termos da Súmula 422 do STF. Cabe ressaltar que o juiz da execução aplicará medida de segurança apenas no caso de superveniência de doença mental, nos termos do art. 183 da LEP.

A medida de segurança não será aplicada em segunda instância, quando só o réu tenha concorrido, nos termos da Súmula 525 do STF.

A **sentença absolutória** faz coisa julgada material, sendo inadmissível revisão *pro societate*.

Questões de prova

A prova de Promotor de Justiça MP/AM/2007 considerou INCORRETA a afirmativa: "Prevalece na doutrina o entendimento de que o réu em nenhuma hipótese pode apelar da própria sentença absolutória".

A prova de Procurador TCE/AL/2008 considerou INCORRETA a afirmativa: "Em caso de sentença absolutória, se o fundamento for atipicidade, não poderá ser promovida ação civil para reparação do dano".

A sentença absolutória imprópria, ou seja, aquela que aplica ao agente medida de segurança, não tem o condão de gerar maus antecedentes; e não pode tal anotação ser sopesada para fins de reincidência.

O direito brasileiro reconhece a independência entre a instância cível/ administrativa e a penal. Por essa razão, suas decisões não se influenciam, exceto no caso de absolvição na instância penal, quando reconhecida a **negativa de autoria ou inexistência do fato.**

8. Fenômenos da sentença criminal

8.1. Princípio da correlação

O juiz tem que julgar o acusado pelos fatos narrados na ação penal, devendo existir precisa correspondência entre o fato imputado ao réu e a sua responsabilidade penal reconhecida na sentença.

O acusado se defende dos fatos alegados, e não da capitulação legal da infração penal. "O princípio da correlação compõe um dos sustentáculos do devido processo legal, já que assegura o direito à ampla defesa e ao contraditório na medida em que permite ao réu se defender dos fatos narrados na denúncia" (HC 91.474/RJ, STJ).

No momento do oferecimento da ação penal, o titular tem a prerrogativa de realizar a capitulação legal dos fatos imputados do infrator da lei penal. É uma tipificação provisória, que pode ser alterada, na fase da sentença, diante dos fenômenos da *emendatio libelli* e da *mutatio libelli.*

8.2. *Emendatio libelli*

Questão de prova

A prova da Magistratura TJ/AC/2012 considerou INCORRETA a afirmativa: "Na hipótese de *emendatio libelli*, ainda que a infração seja da competência de outro juízo, o juiz permanecerá, por celeridade e economia processual, competente para julgar o feito".

É dar ao fato definição jurídica diversa (mudar o artigo de lei), **sem modificar a descrição de fato** contida na denúncia ou queixa.

Questão de prova

A prova da Magistratura TJ/AC/2012 considerou INCORRETA a afirmativa: "O juiz, sem modificar a descrição do fato contida na denúncia, poderá atribuir-lhe definição jurídica diversa, ainda que tenha de aplicar pena mais grave, devendo, nessa situação, ouvir o defensor do acusado no prazo de cinco dias".

O STJ sustenta: a) que o juiz pode, **mesmo antes da sentença**, proceder à correta adequação típica dos fatos narrados na denúncia para viabilizar, desde logo, o reconhecimento de direitos do réu caracterizados como temas de ordem pública decorrentes da reclassificação do crime; b) não é possível que o magistrado, ao receber a denúncia, altere a capitulação jurídica dos fatos a fim de justificar a inocorrência de prescrição da pretensão punitiva e, consequentemente, viabilizar o prosseguimento da ação penal.

A correção da capitulação legal pode ser feita mesmo quando causar aplicação de pena mais grave, nos termos do art. 383 do CPP.

A *emendatio libelli* pode ser aplicada em segunda **instância**, salvo se for recurso exclusivo da defesa.

Questão de prova

A prova de Promotor de Justiça MP/AM/2007 considerou INCORRETA a afirmativa: "Não cabe *emendatio libelli* no segundo grau de jurisdição".

É possível que, com a nova capitulação legal, surja proposta de suspensão condicional do processo. Nesse caso, o juiz deve aplicar a suspensão. Se implicar competência de outro juízo, deve remeter a ele. Se o MP não quiser fazer proposta de *sursis* processual, será aplicado o art. 28 do CPP, nos termos da Súmula 696 do STF.

8.3. *Mutatio libelli*

Questão de prova

A prova de Promotor de Justiça MP/AM/2007 considerou INCORRETA a afirmativa: "Ocorrerá a *mutatio libelli* sem aditamento quando o juiz der ao fato definição jurídica diversa da que constar na denúncia, ainda que, em consequência, tenha de aplicar pena mais grave".

Trata-se da nova definição jurídica do fato, diante de prova da infração penal não contida na acusação.

Não ocorre *mutatio libelli* quando o magistrado de primeiro grau de jurisdição desclassifica o crime, sem modificar os fatos dos quais o réu tinha que se defender (o fato típico é o mesmo e todas as suas circunstâncias elementares estão contidas na exordial acusatória). Em outros termos, a *mutatio libelli* depende da mudança dos fatos narrados na peça acusatória, no curso do processo, pela existência de novas provas contra o réu que possam levar a uma condenação por delito diverso.

Com aditamento, o Ministério Público deverá aditar a denúncia ou queixa, no prazo de 5 dias. Em seguida, será ouvido o defensor do acusado no prazo de 5 dias e, aceito o aditamento, o juiz, a requerimento de qualquer das partes, designará dia e hora para a continuação da audiência, com inquirição de até 3 testemunhas, novo interrogatório do acusado, realização de debates e julgamento.

Sem aditamento, o juiz atua de acordo com o art. 28 do CPP. Não recebido o aditamento, o processo prosseguirá.

A *mutatio libelli* não pode ser aplicada em segunda instância, conforme Súmula 453 do STF.

Se, com a mudança da acusação, surgir proposta de suspensão condicional do processo, o juiz deve aplicar a suspensão. Se implicar competência de outro juízo, deve remeter ao juízo competente.

É firme a jurisprudência do Superior Tribunal de Justiça no sentido de que inexiste nulidade em *mutatio libelli* quando oportunizado à defesa o direito de se manifestar e produzir provas.

Segundo o STJ, quando na denúncia não houver descrição sequer implícita de circunstância elementar da modalidade culposa do tipo penal, o magistrado, ao proferir a sentença, não pode desclassificar a conduta dolosa do agente – assim descrita na denúncia – para a forma culposa do crime, sem a observância do regramento previsto no art. 384, *caput*, do CPP.

ITENS	***EMENDATIO LIBELLI***	***MUTATIO LIBELLI***
Terminologia	Emenda na acusação.	**Mudança na acusação.**
Conceito	Dar ao fato definição jurídica diversa, sem modificar o fato descrito na denúncia ou queixa.	Nova definição jurídica do fato, diante de prova da infração penal não contida na acusação.
Providência	Nenhuma, mesmo se implicar pena mais grave.	Sem aditamento, o juiz atua de acordo com o art. 28 do CPP; com aditamento, há aditamento da peça acusatória, defesa, instrução, debates e julgamento.
Segunda instância	Pode ser aplicada.	Não pode ser aplicada em face da Súmula 453 do STF.

Questão de prova

A prova de Promotor de Justiça MP/RR/2012 considerou INCORRETA a afirmativa: "Caso o juiz, antes de proferir sentença, verifique a possibilidade de atribuir ao fato nova definição jurídica, diversa da capitulação encetada pelo órgão de acusação, sem, contudo, modificar a descrição fática contida na denúncia, ainda que, em consequência, tenha de aplicar pena mais grave, deverá ele baixar os autos para manifestação das partes, por expressa disposição legal, devendo haver produção probatória somente nos casos de *mutatio libelli*".

9. Efeitos da sentença

a) Esgotamento da jurisdição do juiz prolator da sentença.

b) Impedimento para o juiz prolator, pois não pode oficiar no processo na instância recursal.

10. Publicação

Questão de prova

A prova da Magistratura TJ/SE/2008 considerou INCORRETA a afirmativa: "A publicação da sentença ocorre pela imprensa ou pela afixação à porta do edifício onde funcionar o juízo, e a intimação sempre pessoal".

10.1. Momento

A sentença é um ato processual e, como tal, há que respeitar o princípio da publicidade, que implica sua publicação. A publicação é a melhor garantia da própria justiça[5].

Sentença não publicada é uma expectativa de pronunciamento jurisdicional; criação intelectual do juiz; não é ato processual; não tem valor jurídico; **sentença publicada** é ato completo, formalizado e apto a produzir efeitos para as partes e terceiros.

No processo penal, o momento em que se considera publicada a sentença varia, dependendo de como foi proferida, de forma que há duas hipóteses:

a) **Sentença proferida em audiência:** a sentença é considerada publicada com sua leitura em audiência; nesse caso, as partes presentes saem intimadas da sentença ditada pelo juiz, porém o prazo recursal se inicia com a sua documentação.

b) **Sentença não proferida em audiência:** a sentença é considerada publicada com a sua entrega em cartório ao escrivão. É importante a data da entrega em cartório. Aliás, a publicação da sentença em cartório é um dos marcos interruptivos da prescrição da pretensão punitiva.

Após a entrega da sentença em cartório, o escrivão lavra o termo de publicação com a data. No caso de omissão, a sentença deve ser considerada publicada na data da prática do ato subsequente que, de maneira inequívoca, demonstre a publicidade da sentença.

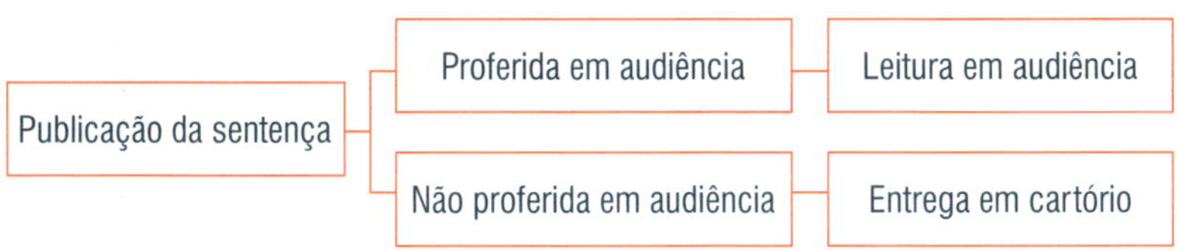

10.2. Providências administrativas

Ao receber a sentença em cartório, o escrivão promove sua juntada aos autos, lavrando, em seguida, o termo ou certidão nos autos.

O termo ou certidão de publicação é o atestado do serventuário de que a sentença se tornou pública. Não é formalidade essencial para existência regular, nem para sua autenticidade; visa apenas conservação, afastando possíveis dúvidas quando suscitadas. A falta de certidão não gera nulidade.

---

5 FARIA, Bento de. *Código de Processo Penal*. Rio de Janeiro: Livraria Jacintho, 1942.

Após lavratura do termo, o escrivão promoverá o registro da sentença no Livro de Registro de Sentença. No caso de ter sido proferida em audiência, será providenciada a inserção da cópia no Livro de Registro de Audiência. O registro serve para garantir a existência da decisão e possibilitar o conhecimento a qualquer pessoa.

10.3. Efeitos da publicação da sentença

Com a publicação, a sentença torna-se irretratável, ou seja, o juiz não pode modificar a prestação jurisdicional, salvo em dois casos:

a) **Erros materiais:** "toda divergência ocasional entre a ideia e sua representação, objetivamente reconhecível, que demonstre não traduzir o pensamento ou a vontade do prolator"[6]. No caso de erros materiais: 1) podem ser corrigidos de ofício; 2) podem ser corrigidos a qualquer tempo; 3) são erros evidentes (reconhecidos *primu ictu oculi*), enganos de redação, erros de cálculo; 4) não anulam a decisão; 5) não transitam em julgado; 6) não estão sujeitos à preclusão; 7) sua correção, sem prévia manifestação da parte contrária, não viola o princípio do contraditório; 8) não têm conteúdo decisório.

b) **Oposição de embargos de declaração:** em relação aos embargos de declaração, qualquer das partes poderá, no prazo de 2 dias, pedir ao juiz que declare a sentença, sempre que nela houver obscuridade, ambiguidade, contradição ou omissão. É chamado de *embarguinho*.

Questão de prova

A prova de Analista Judiciário TRE/MT/2010 considerou INCORRETA a afirmativa: "Não há previsão de cabimento de embargos de declaração da sentença no processo penal, aplicando-se analogicamente as regras do CPC nesse sentido, admitindo a jurisprudência os embargos de declaração em face de sentença penal condenatória".

11. Intimação da sentença

Para a sentença ser conhecida, não basta a publicação e o registro, sendo necessária a intimação das partes.

Intimação da sentença é ato que não apenas possibilita o conhecimento da decisão, mas convoca o interessado para, se quiser, oferecer recurso. "A sentença é ato pronto e acabado quando o juiz a publica em mão do escrivão. A intimação das partes é providência posterior, que serve somente para o conhe-

---

6 WAMBIER, Teresa Arruda Alvim. *Omissão judicial e embargos de declaração*. São Paulo: RT, 2005.

cimento da decisão, a fim de possibilitar o transcurso do prazo para eventuais recursos, como também o trânsito em julgado na hipótese de ausência de impugnação" (REsp 17.213/ES, STJ).

A intimação do Ministério Público é pessoal, com vista dos autos, feita pelo escrivão, no prazo de 3 dias após publicação da sentença, sob pena de suspensão de 5 dias (art. 18, II, *h*, da Lei Complementar n. 75/93; art. 128, I, da Lei Complementar n. 80/94). A doutrina questiona a validade da previsão na legislação processual penal de punição administrativa. Nessa esteira, Eugênio Pacelli[7] sustenta ser inaceitável tal previsão, já que as faltas e as infrações constam de legislação própria.

Questão de prova

A prova de Analista Judiciário TJ/RS/2010 considerou INCORRETA a afirmativa: "No que diz respeito à sentença, o representante do Ministério Público deve ser intimado da sentença, pessoalmente ou por meio de publicação pela imprensa oficial".

A intimação do querelante e assistente do Ministério Público é pessoal ou na pessoa do seu advogado (em relação ao advogado, a intimação será feita por publicação na Imprensa Oficial, nos termos do art. 370, § 1º, c/c art. 390, ambos do CPP). Se nenhum deles for encontrado na sede do juízo, a intimação será feita por edital no prazo de 10 dias. Tourinho Filho sustenta aplicação analógica do art. 237, II, do CPC, devendo haver intimação com aviso de recebimento.

Há dupla intimação, no caso de sentença condenatória, para o condenado e para o defensor, em homenagem à ampla defesa (não importa a ordem no processamento da intimação). O prazo recursal será iniciado a partir da última intimação.

O réu (preso ou solto) será intimado pessoalmente, não importando a infração penal praticada, em homenagem à ampla defesa. Se não for encontrado, a intimação será feita por edital: a) se for condenado a pena privativa de liberdade igual ou superior a um ano, o **prazo do edital** será de 90 dias; b) nos demais casos, o prazo será de 60 dias.

Questão de prova

A prova da Magistratura TJ/AC/2012 considerou CORRETA a afirmativa: "O prazo da intimação da sentença por edital será de noventa dias, se tiver sido imposta ao condenado pena privativa de liberdade por tempo igual ou superior a um ano, e de sessenta dias, nos outros casos".

Cabe ressaltar que a intimação por edital ocorre em três casos: a) réu não encontrado; b) defensor constituído não encontrado; c) réu e defensor constituído não encontrados. O prazo do edital é o mesmo nas três hipóteses, ainda

[7] PACELLI, Eugênio. *Curso de processo penal*. São Paulo: Atlas, 2012.

que a pena privativa de liberdade seja convertida em restritiva de direitos. O prazo recursal será iniciado após o término do prazo do edital, salvo se no curso deste foi feita intimação pessoal.

É entendimento do STJ e do STF que a intimação pessoal do acusado é indispensável apenas sobre o teor da sentença condenatória proferida no primeiro grau de jurisdição. Tal obrigatoriedade não se verifica com relação aos acórdãos proferidos pelos Tribunais pátrios, cuja publicidade se satisfaz com a publicação do seu teor na Imprensa Oficial em nome do defensor do acusado, ou mediante intimação pessoal, caso se trate de defensor público ou dativo.

O defensor dativo terá intimação pessoal, e o constituído terá intimação pela Imprensa Oficial. A intimação pessoal é prerrogativa deferida apenas a defensores públicos ou dativos.

Se a intimação for por precatória, o prazo do recurso começa a contar da intimação no juízo deprecado, nos termos da Súmula 710 do STF. Se a intimação tiver lugar na sexta-feira, o prazo judicial terá início no primeiro dia útil que se seguir, nos termos da Súmula 310 do STF.

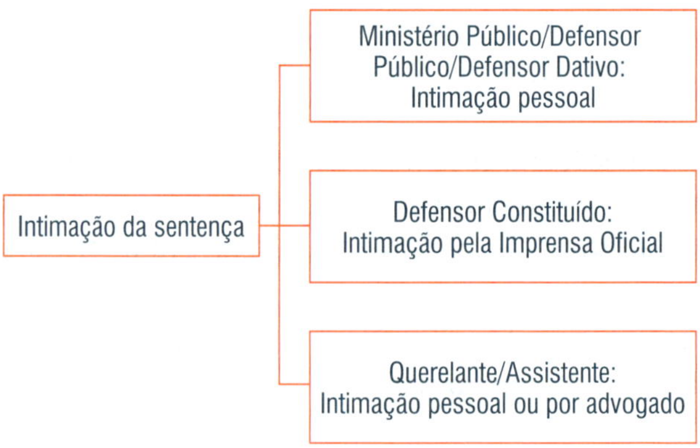

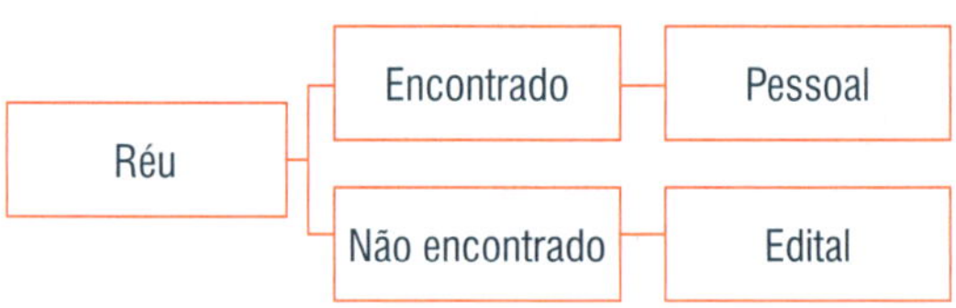

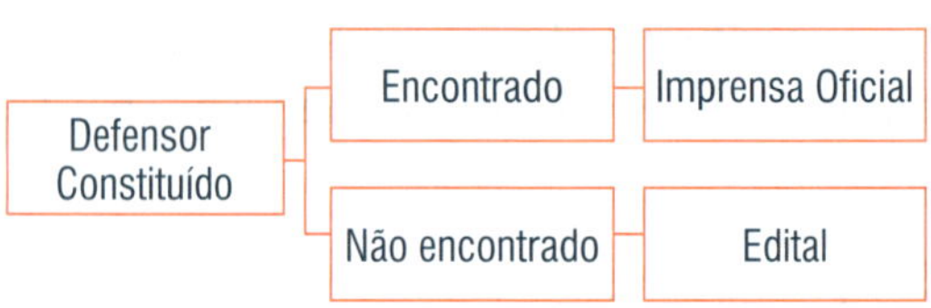

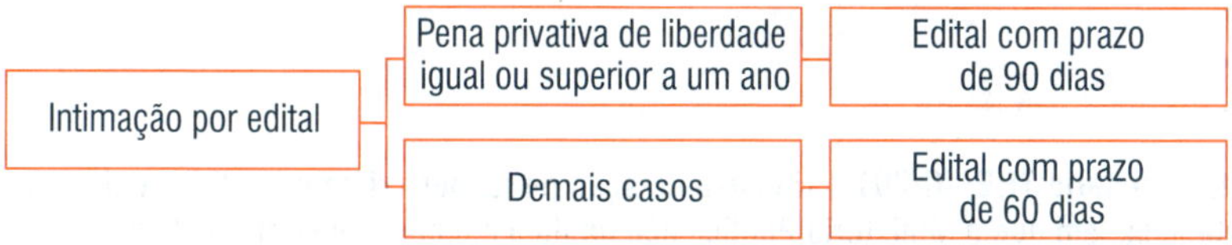

12. Coisa julgada

A coisa julgada formal decorre da imutabilidade da sentença, pela impossibilidade de interposição de recursos, porque a lei não mais os admite, ou por decurso do prazo, ou por desistência ou renúncia à sua interposição[8]. Denomina-se coisa julgada material a eficácia que torna imutável e indiscutível a sentença, não mais sujeita a recurso ordinário ou extraordinário. A coisa julgada formal é garantia da imutabilidade da sentença dentro do mesmo processo; já a coisa julgada material é fenômeno quando houver equívocos materiais[9], erros de cálculo e lei penal nova favorável ao réu.

Questão de prova

A prova de Defensor Público MT/2009 considerou CORRETA a afirmativa: "A decisão irrecorrível, cujo efeito se irradia para fora do processo, impedindo, no futuro, nova decisão sobre a mesma lide, denomina-se coisa julgada material".

QUESTÕES SOBRE SENTENÇA

1. (85º Concurso de Promotor de Justiça Substituto MP/SP) Assinale a resposta incorreta. O juiz não pode na sentença:

a) Condenar, nos crimes de ação pública, se o Ministério Público opinou pela absolvição.
b) Condenar, nos crimes de ação privada, se o querelante não formulou pedido de condenação nas alegações finais.
c) Reconhecer agravante não alegada.
d) Dar ao fato definição jurídica diversa da que constar da denúncia ou queixa quando tenha de aplicar pena mais grave.
e) Dar ao fato definição jurídica diversa da denúncia ou queixa ainda que a pena a ser aplicada seja menos grave.

2. (83º Concurso de Promotor de Justiça Substituto MP/SP) Réu revel, condenado a pena privativa de liberdade por tempo igual a 1 (um) ano, não tendo constituído defensor, será intimado da sentença por edital no prazo de

a) 5 dias.
b) 15 dias.

---

8 THEODORO JÚNIOR, Humberto. *Curso de direito processual civil*. v. 1: Teoria geral do direito processual civil e processo de conhecimento. Rio de Janeiro: Forense, 2006.

9 O erro material passível de ser corrigido de ofício e não sujeito à preclusão é o reconhecido ***primu ictu oculi***, consistente em equívocos materiais sem conteúdo propriamente dito (*Informativo* 507 do STJ).

c) 20 dias.
d) 60 dias.
e) 90 dias.

3. (Analista Judiciário TRE/AC/2010) No caso de ação penal por crime cometido contra vítima maior de sessenta anos, em que o Ministério Público não pediu a aplicação de agravante por tal circunstância, o Juiz, ao proferir sentença,

a) não considerará a circunstância, porque não prevista na lei penal.
b) pode levar em conta a agravante, desde que não contestada pela defesa na primeira oportunidade de manifestação nos autos.
c) não pode reconhecer a agravante, porque não invocada pela acusação, em face do princípio do contraditório.
d) pode levar em conta a agravante e aumentar a pena.
e) não pode reconhecer a agravante, pois se trata de circunstância qualificadora, que implica em *mutatio libelli*.

4. (Analista Judiciário TRE/AM/2010) No que diz respeito à Sentença, é correto afirmar que

a) transitada em julgado a decisão absolutória, poderá o Ministério Público propor outra ação penal contra o mesmo réu pelo mesmo fato, se houver provas novas.
b) não será proferida sentença condenatória caso o Ministério Público tenha opinado pela absolvição.
c) poderá ser decretada a improcedência da ação penal em outras hipóteses, além daquelas previstas no artigo 386 do Código de Processo Penal.
d) deve conter o relatório, a motivação, o dispositivo e a parte autenticativa.
e) proferida a sentença condenatória, torna-se certa a obrigação de satisfazer o dano *ex delicto*.

5. (Analista Judiciário TRF 4ª/2010) No que se refere à sentença, de acordo com o Código de Processo Penal, é certo que:

a) O juiz, sem modificar a descrição do fato contida na denúncia ou queixa, poderá atribuir-lhe definição jurídica diversa, ainda que, em consequência, tenha de aplicar pena mais grave.
b) O querelante ou o assistente será intimado da sentença, pessoalmente ou na pessoa de seu advogado; mas, se nenhum deles for encontrado no lugar da sede do juízo, a intimação será feita mediante edital com o prazo de 30 dias, afixado no lugar de costume.
c) Havendo aditamento, cada parte poderá arrolar até 2 (duas) testemunhas, no prazo de 5 (cinco) dias, ficando o juiz, na sentença, adstrito aos termos do aditamento.
d) Nos crimes de ação pública, o juiz poderá proferir sentença condenatória, ainda que o Ministério Público tenha opinado pela absolvição, mas não poderá reconhecer agravantes que não foram alegadas.
e) Qualquer das partes poderá, no prazo de 5 (cinco) dias, pedir ao juiz que declare a sentença, sempre que nela houver obscuridade, ambiguidade, contradição ou omissão.

6. (Analista Judiciário TRE/MS/2009) Considere as afirmativas abaixo a respeito da sentença.

I. Ao proferir a sentença, o juiz poderá dar ao fato definição jurídica diversa da que constar da queixa ou da denúncia, ainda que, em consequência, tenha de aplicar pena mais grave.
II. Nos crimes de ação pública, o juiz poderá proferir sentença condenatória, ainda que o Ministério Público tenha opinado pela absolvição.
III. A sentença conterá a indicação dos motivos de fato e de direito em que se fundar a decisão, sendo desnecessária a indicação dos artigos de lei aplicados.
IV. A sentença condenatória deverá sempre ser publicada na íntegra por expressa disposição legal.

É correto o que se afirma APENAS em:

a) I e II.
b) I e IV.
c) II e III.
d) II, III e IV.
e) III e IV.

7. (Analista Judiciário TJ/PA/2009) Sentença absolutória imprópria é a que

a) concede ao acusado a suspensão condicional da pena.
b) impõe ao acusado somente medida de segurança.
c) substitui a pena privativa da liberdade por multa.
d) substitui a pena privativa da liberdade por pena restritiva de direitos.
e) estabelece o regime prisional aberto para o cumprimento da pena privativa da liberdade.

8. (Magistratura TJ/RS/2009) Conclusos os autos para sentença, o magistrado resolveu condenar o acusado pelo delito de roubo simples, afastando a tese defensiva de ausência de provas. Sobre este caso, considere as assertivas abaixo.

I. O valor fixado na sentença penal condenatória, a título de reparação de danos causados pelo delito, não impede a liquidação desta, no juízo cível, após o trânsito em julgado, para apuração do dano efetivamente sofrido.
II. Na sentença penal, o juiz decidirá, fundamentadamente, sobre a manutenção ou não da prisão decretada quando do recebimento da denúncia, sem prejuízo do conhecimento da apelação que vier a ser interposta.
III. A intimação da sentença será feita por hora certa quando verificado que o réu se oculta para não ser intimado.

Quais são corretas?

a) Apenas I.
b) Apenas II.
c) Apenas III.
d) Apenas I e II.
e) I, II e III.

9. (Promotor de Justiça MP/TO/2012) Com relação a sentença e coisa julgada, assinale a opção correta.

a) São requisitos mínimos para a sentença de pronúncia a certeza da autoria e a prova da existência do crime.
b) A coisa julgada formal impede, no âmbito processual penal, que qualquer outro juízo ou tribunal reexamine a causa já decidida.
c) A sentença absolutória imprópria é assim conceituada pela doutrina porque o juiz, ao prolatá-la, apesar de absolver o réu, impõe-lhe o cumprimento de medida de segurança, que é, em sentido amplo, uma sanção penal.
d) O relatório, requisito formal da sentença, seja qual for o procedimento processual penal, deverá conter, resumidamente, as teses desenvolvidas pelas partes, sob pena de nulidade do ato decisório.
e) A sentença absolutória que reconheça ter o réu agido com amparo em qualquer uma das causas excludentes de ilicitude faz coisa julgada no juízo cível, afastando a obrigação de reparação do dano eventualmente causado.

10. (Defensor Público PR/2012) Sobre a *emendatio* e a *mutatio libelli* no Código de Processo Penal é correto afirmar:

a) A ausência de aditamento, mesmo após a remessa dos autos ao Procurador-Geral de Justiça, na forma do art. 384, § 1º do CPP, obrigará o Juiz a absolver o acusado, em razão da ausência de correlação.
b) Quando na instrução advir fato diverso não contido na denúncia, deve o Ministério Público, em alegações finais, requerer a condenação do acusado pelo novo crime.
c) A alteração na definição jurídica do fato, mesmo sem alteração em sua descrição, exige aditamento da imputação.
d) Após o oferecimento do aditamento a defesa terá o prazo de 10 (dez) dias para se manifestar, podendo arrolar testemunhas, requerer diligências e proceder a novo interrogatório do réu.
e) O Tribunal de Justiça pode receber aditamento em grau de recurso, determinando o retorno dos autos à origem para a nova instrução do feito.

11. (Procurador da República 2011) Josué Sálvia, servidor público, foi condenado à pena de 6 anos de reclusão por violação do artigo 317 do Código Penal. Recorre a defesa, pleiteando a absolvição e

também o Ministério Público, requerendo o reconhecimento de circunstância agravante não contemplada na sentença. O Tribunal, ao examinar os recursos, decide, *ex officio*, pela nulidade absoluta da sentença, decorrente de insuficiente fundamentação. Retornando os autos ao juízo de origem, a nova sentença, se condenatória:

a) deverá ater-se ao limite de 06 anos imposto na primeira sentença, em virtude do princípio da *non reformatio in pejus* expresso no artigo 617 do CPP.
b) deverá ater-se ao limite de 06 anos imposto na primeira sentença, em virtude do princípio da *non reformatio in pejus* indireta consagrado em matéria sumulada pelo STF interpretado extensivamente.
c) não poderá ultrapassar o limite de 06 anos, o que somente seria possível se a nulidade reconhecida decorresse de incompetência absoluta.
d) nenhuma das respostas acima.

12. (Magistratura TJ/GO/2012) No tocante à sentença, é INCORRETO afirmar que

a) qualquer das partes poderá, no prazo de 2 (dois) dias, pedir ao juiz que esclareça a sentença, se houver obscuridade.
b) na sentença absolutória, o juiz aplicará medida de segurança, se cabível.
c) o juiz, sem modificar a descrição do fato contida na denúncia, poderá atribuir-lhe definição jurídica diversa, ordenando, neste caso, que o Ministério Público adite a denúncia.
d) na sentença condenatória, o juiz fixará o valor mínimo para reparação dos danos.
e) a sentença conterá a exposição sucinta da defesa.

13. (Magistratura TJ/MG/2012) Assinale a alternativa correta.

a) Qualquer das partes poderá, no prazo de 5 (cinco) dias, pedir ao juiz que declare a sentença sempre que nela houver obscuridade, contradição, ambiguidade ou omissão.
b) Ainda que preclusa a decisão de pronúncia, havendo circunstância superveniente que altere a classificação do crime, caberá ao próprio juiz de primeiro grau fazê-la, respeitado o contraditório.
c) Nos crimes de ação pública, conforme previsão legal, não poderá o juiz reconhecer circunstâncias agravantes que não tenham sido alegadas pelo Ministério Público.
d) A violação da regra da correlação entre acusação e sentença é causa de nulidade relativa.

14. (Magistratura TJ/CE/2012) A respeito da sentença e da coisa julgada, assinale a opção correta.

a) É inadmissível ao magistrado processante antecipar o juízo desclassificatório antes da sentença, ainda que da qualificação jurídica do fato imputado dependa a fixação da competência.
b) Segundo a jurisprudência do STJ, é vedada a realização da *emendatio libelli* no segundo grau de jurisdição, ainda que se trate apenas da incidência de circunstância agravante que venha a ser requerida por ocasião das alegações finais do MP.
c) Na segunda fase do júri (*judicium causae*), não é permitido alterar as teses balizadas pelas partes na primeira fase (*judicium accusationis*), não dispondo o conselho de sentença dos amplos poderes da *mutatio libelli* conferidos ao juiz togado.
d) Tratando-se de delito de roubo qualificado, o juiz poderá proferir sentença condenatória, ainda que o MP tenha opinado pela absolvição do réu, bem como reconhecer agravantes, desde que tenham sido alegadas pela acusação.
e) O acórdão condenatório que reforma sentença penal absolutória não se reveste de eficácia interruptiva da prescrição penal, visto que não se equipara, para tal fim, à sentença condenatória recorrível.

15. (Analista Judiciário TRE/PR/2012) A decisão que julga extinta a punibilidade do acusado classifica-se como sentença

a) absolutória.
b) condenatória.
c) declaratória.
d) constitutiva.
e) mandamental.

16. (Defensor Público MA/2011) A respeito da sentença, assinale a opção correta.

a) O juiz pode dar nova classificação jurídica ao fato definido na denúncia ao prolatar a sentença (*emendatio libelli*), desde que mediante o prévio aditamento da denúncia e abertura de prazo para a defesa se manifestar.

b) O réu se defende dos fatos narrados na denúncia e não da classificação a eles atribuída pelo órgão acusador, podendo o julgador, no momento da sentença, corrigir a tipificação, atribuindo-lhe definição jurídica diversa, desde que não aplique pena mais grave que a contida na denúncia.

c) É lícito ao juiz, no ato de recebimento da denúncia, conferir definição jurídica aos fatos narrados na peça acusatória diversa da atribuída pelo MP, podendo, ainda, fazê-lo no momento da prolação da sentença, ocasião em que poderá haver *emendatio libelli* ou *mutatio libelli*.

d) Caso as circunstâncias dos delitos narradas na denúncia sejam idênticas às consideradas na sentença condenatória, alterada apenas a tipificação dos crimes, a hipótese é de impor as regras do instituto da *mutatio libelli*.

e) Não fere o princípio da correlação a inclusão na sentença de agravante legal não descrita na denúncia, mas demonstrada durante a instrução do feito, mormente se suscitada em sede de alegações finais da acusação pública.

17. (Exame da OAB/SP/2007) A sentença penal absolutória transitada em julgado, proferida por juiz incompetente, é

a) nula.

b) válida.

c) anulável.

d) inexistente.

18. (Magistratura TJ/RJ/2011) Tício foi denunciado por homicídio doloso, por ter causado a morte de Alberto durante uma competição não autorizada de veículos. Ao término da instrução na primeira fase, restou demonstrado que o acidente ocorreu por imperícia de Tício. O juiz deve

a) absolver Tício porque, pelo princípio da correlação/congruência entre denúncia e sentença, não pode o juiz reconhecer o dolo eventual não provado.

b) pronunciar Tício, pois, denunciado por crime doloso contra a vida, o órgão constitucionalmente competente para decidir é o Tribunal do Júri.

c) condenar Tício por homicídio culposo porque tem pena menos grave do que a do homicídio doloso.

d) abrir vista ao Ministério Público para aditamento da denúncia, no prazo de 5 (cinco) dias.

19. (Magistratura Federal TRF 1ª Região/2011) No que diz respeito às decisões, à sentença penal e à fixação de penas, assinale a opção correta.

a) Encerrada a instrução probatória, se entender cabível nova definição jurídica do fato, em consequência de prova, nos autos, de elemento ou circunstância da infração penal não contida na acusação, o juiz deve determinar o retorno dos autos, com vista ao MP, para que este examine a possibilidade de aditamento da peça acusatória e, se isso ocorrer, cada parte poderá arrolar testemunhas, ficando o juiz, na sentença, adstrito aos termos do aditamento, o que implica a ocorrência de *mutatio libelli*, procedimento que não se aplica às ações penais exclusivamente privadas.

b) A atual sistemática processual veda ao juiz, ao proferir sentença condenatória, independentemente da pena imposta, a possibilidade de impor prisão preventiva ou outra medida cautelar, caso não tenham sido cominadas no curso da instrução do processo, em face da ausência dos requisitos da necessidade e da proporcionalidade, permitindo-se, apenas, o reexame da manutenção de medida anteriormente determinada, sem prejuízo do conhecimento da apelação que vier a ser interposta.

c) O CPP estabelece, de forma expressa, três modalidades de sentença absolutória: a sumária ou antecipada, a definitiva e a absolutória imprópria e, quando fundadas em motivos ou causas absolutórias arroladas expressamente no CPP, consideram-se aduzidas e repelidas todas as alegações que a acusação tenha para o acolhimento da pretensão punitiva, restando definidos os limites objetivos da coisa julgada, com eficácia preclusiva em relação à jurisdição civil em todos os casos.

d) No atual sistema processual penal, ocorre a cumulação de instâncias, assim nominado pela doutrina o dever do juiz, quando da prolação de sentença condenatória, de fixar valor mínimo para a reparação dos danos emergentes causados pelo crime, considerados os prejuízos sofridos pelo ofendido, mas não os danos morais, independentemente de pedido expresso da vítima e da existência de debates anteriores acerca dos danos e de sua extensão.
e) O juiz que constate, ao prolatar sentença condenatória, excessiva mora na conclusão da fase investigativa ou no encerramento da instrução processual, sem que o réu tenha concorrido, direta ou indiretamente, para tanto, está autorizado, nos termos da atual jurisprudência dos tribunais superiores, de modo a dar efetividade ao princípio constitucional da duração razoável do processo, a reconhecer e aplicar, na dosimetria da pena, na fase de apreciação das circunstâncias legais, de ofício, a atenuante inominada, prevista no CP.

20. (Defensor Público DPE/PB/2014) Em relação à sentença no processo penal,

a) a sentença conterá a exposição sucinta da acusa ção, mas detalhada da defesa.
b) apenas no caso de sentença condenatória, a intimação da sentença será feita ao réu, pessoalmente, se estiver preso.
c) o assistente será intimado na pessoa de seu advogado, mas o querelante necessariamente será intimado pessoalmente da sentença condenatória.
d) o tempo de prisão provisória, de prisão administrativa ou de internação, no Brasil e no estrangeiro, será computado para fins de determinação do regime inicial de pena privativa de liberdade.
e) apenas a defesa pode, no prazo de 2 (dois) dias, opor embargos de declaração, em razão de obscuridade, ambiguidade, contradição ou omissão da sentença.

21. (Defensor Público DPE/MS/2014) Com relação à sentença penal, é correto afirmar que

a) deverá conter, obrigatoriamente, o nome completo das partes.
b) é sujeita a embargos de declaração, que no rito sumaríssimo devem ser opostos no prazo de 2 (dois) dias.
c) fixará valor mínimo para reparação dos danos causados pela infração, mas apenas se houver – por exigência legal – expresso pedido da vítima nesse sentido.
d) poderá reconhecer nova definição jurídica do fato descrito na denúncia, sem que seja precedida de aditamento, mesmo que aplique pena mais grave.

22. (Magistratura TJ/PR/2014) Analise as assertivas abaixo e escolha a resposta CORRETA.

I. O juiz, ao proferir a sentença condenatória, não poderá fixar em favor do ofendido valor mínimo para reparação dos danos causados pela infração, devendo a discussão ser dirimida no juízo cível.
II. Qualquer das partes poderá, no prazo de cinco dias, pedir ao juiz que declare a sentença, sempre que nela houver obscuridade, ambiguidade, contradição ou omissão.
III. O juiz, sem modificar a descrição do fato contida na denúncia ou queixa, poderá atribuir-lhe definição jurídica diversa, desde que, em consequência, não tenha de aplicar pena mais grave.
IV. Nos crimes de ação pública, o juiz poderá proferir sentença condenatória, ainda que o Ministério Público tenha opinado pela absolvição, bem como reconhecer agravantes, embora nenhuma tenha sido alegada.

a) Apenas as alternativas I e IV estão corretas.
b) Apenas a alternativa II está correta.
c) Apenas a alternativa IV está correta.
d) Apenas as alternativas II e IV estão corretas.

23. (Magistratura TJ/CE/2014) Na sentença condenatória, o juiz

a) não precisa fundamentar a necessidade de manutenção de prisão preventiva.
b) pode reconhecer circunstâncias agravantes, embora nenhuma tenha sido alegada.
c) pode atribuir ao fato definição jurídica diversa, sem modificar a descrição contida na denúncia ou na queixa, prejudicada a suspensão condicional do processo.
d) não pode computar o tempo de prisão provisória para fins de determinação do regime inicial de pena privativa de liberdade.

e) decidirá de pronto, no caso de entender cabível nova definição jurídica do fato, em consequência de prova existente nos autos de elemento ou circunstância da infração não contida na acusação, se o órgão do Ministério Público não proceder ao aditamento.

PRESTE ATENÇÃO!

- A sentença será publicada em mão do escrivão, que lavrará nos autos o respectivo termo, registrando-a em livro especialmente destinado a esse fim.
- O querelante ou o assistente será intimado da sentença, pessoalmente ou na pessoa de seu advogado. Se nenhum deles for encontrado no lugar da sede do juízo, a intimação será feita mediante edital, com o prazo de 10 dias, afixado no lugar de costume.

CUIDADO!

- O tempo de prisão provisória, de prisão administrativa ou de internação, no Brasil ou no estrangeiro, será computado para fins de determinação do regime inicial de pena privativa de liberdade.
- Na *emendatio libelli*, o juiz, sem modificar a descrição do fato contida na denúncia ou queixa, poderá atribuir-lhe definição jurídica diversa, ainda que, em consequência, tenha de aplicar pena mais grave.

IMPORTANTE!

- O juiz decidirá, fundamentadamente, sobre a manutenção ou, se for o caso, a imposição de prisão preventiva ou de outra medida cautelar, sem prejuízo do conhecimento de apelação que vier a ser interposta.
- Na *mutatio libelli*, encerrada a instrução probatória, se entender cabível nova definição jurídica do fato, em consequência de prova existente nos autos de elemento ou circunstância da infração penal não contida na acusação, o Ministério Público deverá aditar a denúncia ou queixa, no prazo de 5 dias, se em virtude desta houver sido instaurado o processo em crime de ação pública, reduzindo-se a termo o aditamento, quando feito oralmente.

Capítulo 21

DOS RECURSOS CRIMINAIS

I – Teoria Geral dos Recursos

1. Conceito

Na **etimologia**, "recurso" vem do latim *recursus,* que significa o retorno no exame do processo para propiciar uma nova oportunidade no julgamento da pretensão envolvida num caso concreto.

No **sentido jurídico**, recurso é a providência legal (é meio previsto em lei) imposta ao julgador ou concedida à parte interessada, endereçada ao próprio julgador ou Tribunal, cujo objetivo é o reexame da decisão judicial ou da situação processual, visando sua confirmação, modificação ou correção.

2. Fundamentos

Os recursos estão fundamentados: a) na necessidade psicológica inerente ao ser humano de não se conformar com apenas uma decisão judicial; b) na possibilidade de erro humano; c) no combate ao arbítrio, pois evita confiar o poder de decidir a apenas uma pessoa; d) nas raízes históricas do Direito, já que os recursos foram admitidos em todas as épocas e em todos os povos; e) no devido processo legal, pois o direito de recorrer é uma prerrogativa processual assegurada pelo ordenamento jurídico da qual a parte pode fazer uso para questionar a decisão judicial.

3. Finalidade

Os recursos visam garantir a segurança jurídica, alcançar a justa composição da lide, impugnar decisão judicial, para pedir reforma, invalidação, esclarecimento ou integração de decisão judicial. A existência dos recursos tem base prevista no próprio texto constitucional, no art. 92, ou seja, o princípio do duplo grau de jurisdição (existência de juízes e tribunais), que, por sua vez, não se constitui em garantia constitucional, já que existem situações processuais em que não se contempla recurso ordinário, como no caso do foro privilegiado.

4. Natureza

A matéria recursal é de **ordem pública**, ou seja, não pode ser alterada por convenção ou acordo entre as partes. Na admissibilidade, os recursos são regidos pela lei vigente ao tempo em que a decisão recorrida é proferida. Existe divergência doutrinária sobre a natureza do recurso. Para alguns, é o desdobramento do direito de ação. Para outros, é uma nova ação dentro do mesmo processo. Na posição majoritária, recurso é meio que visa a reforma de decisão pela mesma autoridade judiciária ou outra hierarquicamente superior.

5. Características

O recurso é **direito subjetivo**, já que existe o direito de recorrer, de questionar decisão judicial; é **ônus processual**, pois a parte não é obrigada a interpor **recurso**, mas se não recorrer terá prejuízos; é **remédio processual**, pois visa sanar uma dificuldade, por meio do reexame da decisão judicial; é **direito disponível**, pois admite renúncia ou desistência, salvo para o Ministério Público, que não pode desistir de recurso já interposto, em homenagem ao princípio da indisponibilidade.

Questão de prova

A prova da Magistratura TJ/BA/2012 considerou INCORRETA a afirmativa: "Em observância ao princípio da ampla defesa, o defensor público, intimado de decisão desfavorável ao réu, deve recorrer dessa decisão no prazo legal".

6. Pressupostos recursais

A admissibilidade de um recurso pelo juiz depende da presença de certos requisitos, denominados pressupostos recursais, que podem ser de duas espécies:

a) **objetivos:** são os que dizem respeito ao próprio recurso;

b) **subjetivos:** dizem respeito à pessoa do recorrente.

A formulação dos pressupostos é uma incumbência da parte e a verificação de sua compatibilidade com a lei é feita tanto pelo juiz *a quo* como pelo *ad quem*. Os pressupostos recursais representam exigências legais, e não formalismos exagerados e desnecessários.

6.1. Pressupostos objetivos

a) **Taxatividade ou cabimento:** o recurso deve estar previsto na lei.

b) **Adequação:** o recurso deve ser adequado para o reexame da decisão judicial. A regra é que para cada decisão judicial há um recurso adequado. Porém, há exceções:

b.1) **fungibilidade recursal ou teoria do recurso indiferente:** nos termos do art. 579 do CPP, é a possibilidade de interpor recurso errado no lugar do recurso correto; o mero equívoco na indicação do meio de impugnação escolhido para atacar a decisão não deve implicar necessariamente a inadmissibilidade do recurso; poderá ser admitido o recurso incorreto, desde que tenha sido observado o prazo do recurso correto, que não haja má-fé do recorrente nem erro grosseiro. Na fungibilidade recursal, o fim da impugnação se sobrepõe à legitimidade formal. Quando o juiz reconhecer a impropriedade do recurso interposto pela parte, deve mandar processá-lo, de acordo com o rito do recurso cabível (art. 579, parágrafo único). Quando o reconhecimento do equívoco ocorrer junto ao juízo *ad quem*, este deverá, se for o caso, converter o julgamento em diligência para que se proceda de acordo com o que dispõe a lei a respeito da tramitação do recurso admissível;

Questões de prova

A prova de Analista Judiciário TRE/RJ/2012 considerou CORRETA a afirmativa: "Consoante entendimento do Superior Tribunal de Justiça, é inadmissível, dado o princípio da fungibilidade, o recebimento de simples petição em que se requeira a reconsideração de decisão singular de relator como agravo regimental, ainda que atendidos os pressupostos processuais do recurso correto".

A prova de Titular de Serviços de Notas e Registros TJ/RJ/2012 considerou CORRETA a afirmativa: "Salvo a hipótese de má-fé, a parte não será prejudicada pela interposição de um recurso por outro".

A prova de Promotor de Justiça MP/BA/2015 considerou CORRETA a afirmativa: "A parte não será prejudicada pela interposição de um recurso por outro, salvo a hipótese de má-fé".

b.2) variabilidade dos recursos: é a possibilidade de desistir de um recurso pelo outro, desde que no prazo legal. A variabilidade recursal não é aplicada ao **Ministério Público**, em virtude do princípio da **indisponibilidade** que rege sua atuação funcional, nos termos dos arts. 42 e 576, ambos do CPP. Há uma corrente minoritária que sustenta a impossibilidade da variação recursal, em face da preclusão consumativa recursal;

Questões de prova

A prova da Magistratura do TRF 4ª Região considerou CORRETA a afirmativa: "O Ministério Público pode desistir parcialmente de ação penal".

A prova de Titular de Serviços de Notas e Registros TJ/RJ/2012 considerou CORRETA a afirmativa: "O Ministério Público não poderá desistir de recurso que haja interposto".

b.3) unirrecorribilidade das decisões: significa que, para cada decisão judicial, existe um recurso adequado. Há exceções: 1) possibilidade da interposição simultânea de recurso especial e extraordinário; 2) possibilidade da interposição simultânea de recurso especial, recurso extraordinário e embargos infringentes; 3) possibilidade de interposição simultânea do recurso ordinário constitucional, do recurso especial e do recurso extraordinário.

c) **Tempestividade:** o recurso deve ser interposto no prazo legal. O prazo do recurso criminal é: **1) contínuo:** não é interrompido em férias, feriado ou domingo, salvo se houver impedimento do juiz, força maior ou obstáculo posto pela parte contrária; e **2) peremptório:** é fatal e decisivo. Na dúvida sobre a tempestividade recursal, a solução é interpretar em benefício do recorrente.

Defensor público tem prazo em dobro para recorrer. Defensor público e dativo têm em comum apenas a necessidade de intimação pessoal.

Questão de prova

A prova do 12º Concurso da Magistratura Federal TRF 4ª Região considerou INCORRETA a afirmativa: "A Defensoria Pública, a Advocacia Dativa e o Ministério Público possuem, no processo penal, prazo em dobro para a interposição de recursos".

Na contagem dos prazos recursais, o termo inicial para o defensor dativo, o defensor público e o representante do Ministério Público é o primeiro dia útil seguinte ao da intimação pessoal. Para o MP, tal data é traduzida pela **data do "ciente"** nos autos. No caso de defensor constituído, o termo inicial é o primeiro dia útil seguinte à sua intimação pela imprensa oficial. Se a decisão for proferida em audiência, o prazo recursal inicia-se no primeiro dia útil seguinte ao dia da audiência ou sessão. O termo inicial da contagem do prazo é a data da intimação, e não da juntada aos autos do mandado ou da carta precatória ou de ordem, nos termos da Súmula 710 do STF. Não serão prejudicados os recursos que, por erro, falta ou omissão dos funcionários, não tiverem seguimento ou não forem apresentados dentro do prazo (art. 575).

Questão de prova

A prova do Procurador TCE/BA/2010 considerou INCORRETA a afirmativa: "Segundo o atual entendimento do STF, o marco inicial para a contagem do prazo recursal da interposição de apelação pelo MP é a data da entrada dos autos na correspondente procuradoria, e não mais a data de aposição da ciência pelo membro do MP. Tal evolução jurisprudencial, contudo, segundo o STJ, deve alcançar somente os casos futuros, e não aqueles consolidados na constância da orientação anterior perante os tribunais superiores".

A tempestividade recursal é aferida desde a data da entrega em cartório no prazo legal, sendo indiferente a data do despacho judicial. A exigência do art. 578, § 2º, do CPP, de que a petição, "com o despacho do juiz", deve ser entregue ao escrivão até o dia seguinte ao último do prazo, tem apenas a finalidade de garantir a seriedade no tempestivo ajuizamento do recurso. Por isso, em consonância com o art. 575, dispõe a Súmula 428 do STF: "Não fica prejudicada a apelação entregue em Cartório no prazo legal, embora despachada tardiamente".

No Superior Tribunal de Justiça, a tempestividade do recurso interposto é aferida pelo registro no protocolo da Secretaria, e não pela data da entrega na agência dos Correios, nos termos da Súmula 216.

É aplicável aos recursos criminais a Lei n. 9.800, de 26 de maio de 1999, que permite às partes a utilização de sistema de transmissão de dados e imagens por fac-símile, ou outro meio semelhante, para a prática de atos processuais que dependam de petição escrita, desde que os originais sejam entregues em juízo, necessariamente, até cinco dias depois do término do prazo estipulado em lei. É possível intimação via postal, mas não por telefone.

Em relação ao assistente de acusação, o prazo do recurso inicia-se quando encerrado o tempo útil do MP.

O prazo é variável, conforme a espécie de recurso:

ITENS	PRAZO DA INTERPOSIÇÃO	PRAZO DAS RAZÕES	PRAZO DAS CONTRARRAZÕES
Recurso em sentido estrito	– regra: 5 dias (art. 586 do CPP); – contra inclusão ou exclusão de jurado da lista oficial: 20 dias (art. 586, parágrafo único, do CPP).	2 dias (art. 588 do CPP).	2 dias.
Apelação	– regra: 5 dias (art. 593 do CPP); – JECRIM: 10 dias; – supletiva no júri: 15 dias.	– crime: 8 dias (art. 600 do CPP); – contravenção: 3 dias (art. 600 do CPP); – assistente: 3 dias (art. 600, parágrafo único, do CPP).	– crime: 8 dias (art. 600 do CPP); – contravenção: 3 dias (art. 600 do CPP); – assistente: 3 dias (art. 600, parágrafo único, do CPP).

Embargos infringentes e de nulidade	10 dias.	10 dias.	10 dias.
Embargos de declaração	– regra: 2 dias (art. 619 do CPP); – JECRIM: 5 dias.	Não tem.	Não tem.
Carta testemunhável	48 horas (art. 640 do CPP).	2 dias (art. 643 c/c art. 588, ambos do CPP).	2 dias (art. 643 c/c art. 588, ambos do CPP).
Correição parcial	5 dias.	Não tem.	Não tem.
Recurso ordinário constitucional	15 dias.	15 dias.	Não tem.
Recurso especial	15 dias.	15 dias.	15 dias.
Recurso extraordinário	15 dias.	15 dias.	15 dias.
Agravo em execução	5 dias.	2 dias.	2 dias.
Agravo interno	15 dias.	Não tem.	Não tem.
Agravo de instrumento	150 dias.	150 dias.	150 dias.

Art. 1.003, § 5º, do CPC – Excetuados os embargos de declaração, o prazo para interpor os recursos e para responder-lhes é de 15 dias.

d) **Regularidade formal:** o recurso, para ser recebido, processado e julgado, precisa preencher as formalidades legais. Na sua forma, o recurso pode ser feito por termo nos autos ou petição. Porém, há casos em que só pode ser interposto por petição: embargos; carta testemunhável; recurso especial; recurso extraordinário; e correição parcial.

Questão de prova

A prova de Promotor de Justiça MP/SP/2005 considerou INCORRETA a afirmativa: "Os recursos só poderão ser interpostos por petição".

O recurso é formado por duas partes: **1) interposição:** é a parte em que o recorrente declara sua vontade de recorrer. No termo ou na petição, basta que manifeste de forma inequívoca sua intenção, sendo inexigível forma sacramental ou formalismos desnecessários, em nome da ampla defesa; **2) razões recursais:** é a parte em que o recorrente declara os motivos do seu inconformismo com a decisão recorrida.

A petição de interposição de recurso, com o despacho do juiz, será, até o dia seguinte ao último do prazo, entregue ao escrivão, que certificará no termo da juntada a data da entrega. O escrivão deve executar a certificação dentro do prazo de 2 dias, sob pena de multa de 100 a 1.000 cruzeiros e, na reincidência, de suspensão por até 30 dias. Tratando-se de termo, o escrivão, sob pena de suspensão por 10 a 30 dias, deve fazer conclusos os autos ao juiz, até o dia seguinte ao último do prazo. É o que determina o art. 578, § 3º, do CPP.

Quando o réu não souber ou não puder assinar o nome, o termo será assinado por alguém, a seu rogo, na presença de duas testemunhas. A assinatura do advogado na interposição é formalidade essencial na existência do recurso, sendo que a sua falta não poderá ser suprida após o vencimento do prazo. É possível que o recurso criminal seja interposto por meio de telex ou fax, por analogia com o art. 374 do Código do Processo Civil, sendo necessário que o original constante da estação expedidora seja autenticado, o que implica a assinatura do remetente e o reconhecimento de sua firma.

É formalidade essencial do recurso a existência de **fundamentação** ou motivação, ou seja, a apresentação dos motivos do inconformismo com a decisão judicial.

Cabe ressalvar que a apresentação tardia das razões recursais representa mera irregularidade.

ITENS	ACUSAÇÃO – MP	DEFESA DATIVA	DEFESA CONSTITUÍDA
Falta de razões recursais	Não pode, em face da indisponibilidade prevista no art. 576 do CPP.	O juiz deve substituir o defensor dativo do réu.	O juiz deve intimar o acusado para constituir novo defensor, sob pena de ser nomeado dativo.
Falta de contrarrazões recursais	O juiz dá vista ao membro do MP substituto e oficia o Chefe da Instituição.	O juiz deve substituir o defensor dativo do réu.	O juiz deve intimar o acusado para constituir novo defensor, sob pena de ser nomeado dativo.

e) **Ausência de fatos impeditivos:** é a ausência de fatos ocorridos antes da interposição do recurso: 1) renúncia; 2) não recolhimento do réu à prisão. A renúncia produz efeitos a partir do seu recebimento pelo juiz, tendo caráter irrevogável. Se houver divergência entre a vontade do réu e a do defensor, há duas posições: 1) doutrinária: prevalece a vontade do réu; 2) jurisprudencial: prevalece a vontade do defensor, por ser técnica.

f) **Ausência de fatos extintivos:** é a ausência de fato ocorrido após a interposição do recurso: 1) desistência; 2) **deserção**. A desistência tácita recursal para o MP é caracterizada em dois casos: 1) não apresentação da motivação recursal com a interposição; 2) restrição nas razões no âmbito recursal.

Questão de prova

A prova do 10º Concurso da Magistratura Federal TRF 3ª Região considerou INCORRETA a afirmativa: "Será considerado deserto o recurso quando a defesa, embora regularmente intimada, não oferecer as razões no prazo legal".

6.2. Pressupostos subjetivos

a) **Legitimidade:** possuem aptidão para recorrer o Ministério Público, o querelante, o réu, o defensor e o assistente de acusação. O **Ministério Público** não pode apelar de sentença absolutória em ação penal privada exclusiva. O assistente de acusação é legitimado para recorrer da decisão de impronúncia, da absolvição, em primeiro ou segundo grau, e da que decreta a extinção da punibilidade (Súmulas 208, 210 e 448 do Supremo Tribunal Federal). A admissibilidade do recurso do assistente para aumentar a pena depende da posição doutrinária em relação ao seu papel no processo penal. Se sua intervenção for para reparação civil, a resposta é negativa. Quem sustenta que o assistente colabora na aplicação da lei penal sustenta que é possível. O Ministério Público pode recorrer como parte e como fiscal da lei.

Questões de prova

O Exame da OAB unificado jan./2009 considerou INCORRETA a afirmativa: "O recurso não poderá ser interposto pelo réu, pois tal ato é exclusivo de advogado".

A prova do 12º Concurso da Magistratura Federal TRF 3ª Região considerou CORRETA a afirmativa: "O Ministério Público não pode apelar de sentença absolutória quando a ação for de iniciativa privada".

b) **Interesse de agir:** é demonstrado pela sucumbência da parte, nos termos do art. 577, parágrafo único, do Código de Processo Penal, ou seja, tem interesse de recorrer aquele a quem a decisão judicial causou prejuízo. É aspiração da parte vencida (HC 70.397-1, STF). Sucumbência é a desconformidade entre o pedido formulado pela parte e o que foi concedido pelo juiz.

Existem várias espécies de sucumbência: 1) única: o prejuízo é de apenas uma das partes; 2) múltipla: o prejuízo atinge vários interesses; 3) paralela: o prejuízo atinge interesses idênticos; 4) recíproca: o prejuízo atinge interesses opostos; 5) direta: o prejuízo atinge uma das partes da relação processual; 6) **reflexa**: o prejuízo atinge pessoas que estejam fora da relação processual; 7) total: rejeição integral do pedido; 8) parcial: rejeição parcial do pedido.

Questão de prova

A prova de Analista Judiciário TJ/AP/2009 considerou INCORRETA a afirmativa: "Sendo a sucumbência pressuposto fundamental dos recursos, diz-se que ela é reflexa, se o gravame atinge as partes dos dois polos do processo".

A sucumbência tem por objeto a parte dispositiva da decisão, ou seja, a conclusão da sentença impugnada, e não dos seus motivos ou fundamentos. É possível o Ministério Público recorrer **a favor do réu**, pois é fiscal da lei. Não pode recorrer se o seu pedido formulado nas alegações finais, seja pela condenação, seja pela absolvição, tiver sido integralmente acolhido na sentença. O problema aqui é puramente de falta de sucumbência. É possível recurso do réu face à sentença absolutória para mudar o fundamento da absolvição. O Ministério Público não pode recorrer no lugar do querelante.

- Pressupostos recursais
  - Objetivos
    - a) Taxatividade
    - b) Adequação
    - c) Tempestividade
    - d) Regularidade formal
    - e) Ausência de fatos impeditivos
    - f) Ausência de fatos extintivos
  - Subjetivos
    - a) Legitimidade
    - b) Interesse de agir

7. Reexame de ofício, recurso de ofício, recurso obrigatório, recurso necessário ou recurso anômalo

Ocorre quando o juiz remete **de ofício** os autos para superior instância, para revisão de sua decisão. Trata-se de uma providência imposta por lei e necessária para a decisão transitar em julgado (Súmula 423 do STF). O **recurso de ofício** não precisa de fundamentação. As partes não precisam ser intimadas para apresentar razões recursais. Não tem prazo de interposição. Se o juiz não remetê-los, pode o Tribunal avocar os autos de ofício.

Questões de prova

A prova de Analista Judiciário TRF 1ª Região/2011 considerou INCORRETA a afirmativa: "O juiz, em decorrência da sua imparcialidade e do princípio da iniciativa das partes, jamais poderá recorrer de ofício da sua própria decisão".

A prova de Delegado da Polícia Civil DF/2009 considerou CORRETA a afirmativa: "Não transita em julgado a sentença por haver omitido o recurso *ex officio*, que se considera interposto *ex lege*".

São os seguintes os casos: a) a decisão que conceder a reabilitação (art. 746 do CPP); b) absolvição sumária; c) **concessão de *habeas corpus*** pelo juiz; d) sentença absolutória nos crimes contra a economia popular ou a saúde pública; e) despachos de arquivamento dos autos do inquérito policial de crimes contra a economia popular ou a saúde pública; f) os crimes referentes à incorporação imobiliária previstos na Lei n. 4.591, de 1964; g) o indeferimento *in limine* da revisão pelo relator que dará recurso para as Câmaras Reunidas ou para o Tribunal (art. 625, § 3º, do CPP).

Questões de prova

A prova da Magistratura TJ/MG/2006 considerou CORRETA a afirmativa: "Em matéria de recursos, a validade da decisão judicial de primeiro grau fica condicionada ao reexame obrigatório pelo Tribunal Superior no caso de decisão concessiva de *habeas corpus*".

A prova de Analista Judiciário TJ/AP/2014 considerou CORRETA a afirmativa: "Os recursos serão voluntários, excetuando-se o seguinte caso, em que deverá ser interposto, de ofício, pelo juiz, da sentença que conceder *habeas corpus*".

Alguns doutrinadores sustentam a não recepção do recurso de ofício pela Constituição Federal de 1988, já que tal recurso é forma de iniciativa da ação penal, função exclusiva do Ministério Público no art. 129, I, da CF. Apesar da posição doutrinária, prevalece que o recurso de ofício não é forma de iniciativa de ação penal, mas meio que possibilita o reexame da decisão judicial no mesmo processo em que foi proferida.

8. Juízos dos recursos

a) **Admissibilidade ou prelibação:** verificação da presença dos pressupostos recursais: 1) se presentes: conhece-se o recurso; 2) se não presentes: não se conhece o recurso. O juízo de admissibilidade pode ser feito pelo juízo *a quo* (é o que profere a decisão judicial) e *ad quem* (é o que julga o recurso).

b) **Mérito ou delibação:** julgamento do recurso: 1) dar provimento; 2) negar provimento: vício procedimental ou de julgamento.

9. Extinção do recurso

a) **Normal:** quando há julgamento do recurso.

b) **Anormal:** quando ocorre antes do julgamento do recurso. Há extinção anormal em dois casos: 1) desistência: é faculdade concedida ao réu, seu defensor e curador, ao querelante e ao assistente. Não há possibilidade para o Ministério Público, nos termos do princípio da indisponibilidade prevista no art. 576 do CPP. A defesa pode desistir, nos termos da Súmula 705 do STF; 2) deserção: ocorre com a falta de preparo ou de pagamento das despesas processuais.

10. Efeitos do recurso

a) **Devolutivo:** é efeito que existe em todos os recursos. É a possibilidade de transferir o reexame da matéria já julgada para o mesmo órgão jurisdicional ou outro órgão jurisdicional superior. Para alguns doutrinadores, há o sentido restrito do efeito devolutivo, em que sua aplicação fica limitada aos recursos em que há o reexame do mérito. Cabe ressalvar que o pedido da parte limita a extensão do recurso, mas não limita sua apreciação. Levando em conta o órgão competente para reexame da matéria já decidida, existem as seguintes espécies de recursos: 1) iterativo: a matéria é devolvida ao próprio órgão julgador; 2) reiterativo: a matéria é devolvida para órgão jurisdicional de instância superior; 3) misto: a matéria é devolvida tanto para o órgão julgador quanto para o da instância superior.

b) **Suspensivo:** é efeito que depende de previsão em lei. O efeito suspensivo visa impedir a execução da decisão até o julgamento final do recurso. O recurso funciona como condição suspensiva da eficácia da decisão, que não pode ser executada até que ocorra o seu julgamento.

c) **Regressivo, iterativo, diferido ou juízo de retratação:** só existe quando previsto em lei; é a possibilidade de o juiz reapreciar a matéria, visando manter ou reformar a decisão. Se houver retratação, a parte prejudicada será intimada para, se quiser, oferecer petição de impugnação recursal, não necessitando de novo recurso.

Questão de prova

A prova de Promotor de Justiça MP/RR/2008 considerou CORRETA a afirmativa: "Tanto o recurso em sentido estrito quanto a carta testemunhável admitem o juízo de retratação".

d) **Extensivo:** o recurso interposto por um corréu beneficia outro, quando não fundado em motivo de caráter exclusivamente pessoal. É necessário que os réus tenham idênticas situações processuais e fáticas no mesmo processo. A finalidade da existência do efeito extensivo é evitar decisões contraditórias. A caracterização desse efeito depende da presença de dois requisitos: 1) subjetivo: ocorrência de concurso de agentes para a prática da infração penal; 2) objetivo: identidade fática, ou seja, os corréus se encontrarem em situações idênticas no mesmo processo. A competência para decidir sobre a concessão ou não do efeito extensivo é do órgão jurisdicional que concedeu o benefício ao corréu. Cabe ressaltar que a decisão proferida somente se estenderá aos corréus quando favorável.

Questão de prova

A prova do 10º Concurso da Magistratura Federal TRF 3ª Região considerou INCORRETA a afirmativa: "No caso de concurso de agentes, a decisão de recurso interposto por um dos réus em nenhuma hipótese aproveita aos demais".

e) **Comum:** para impedir o trânsito em julgado da decisão recorrida.

f) **Essencial:** para impedir a preclusão e possibilitar que outro ou o mesmo órgão jurisdicional possa reexaminar a questão resolvida na decisão recorrida. É importante ressaltar que a maioria doutrinária sustenta a existência, como efeitos diferentes dos recursos, do extensivo e do regressivo. Mas alguns, como Vicente Greco, sustentam que não são efeitos especiais ou diferentes dos recursos; são, apenas, aspectos do próprio efeito devolutivo.

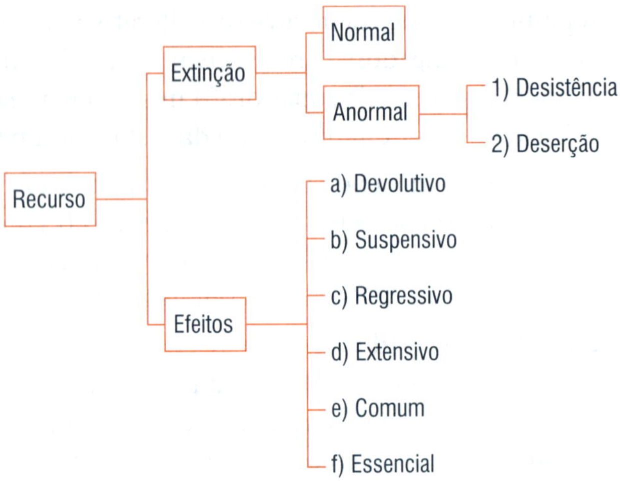

11. Classificação dos recursos

a) **Quanto à abrangência:** 1) total: visa impugnar toda a decisão judicial; 2) parcial: visa impugnar parte da decisão judicial.

b) **Quanto à fundamentação:** 1) de fundamentação livre ou ordinário: seu fundamento é livre, podendo ser alegado qualquer vício processual ou material; 2) de fundamentação vinculada ou extraordinário: seu fundamento é específico e determinado.

c) **Quanto à fonte legal:** 1) extraordinário ou excepcional: sua fonte é a Constituição Federal; 2) ordinário: sua fonte é a lei processual; 3) regimental: sua fonte é o regimento interno dos tribunais.

d) **Quanto à vontade do recorrente:** 1) voluntário: depende da vontade da parte; 2) de ofício: é aquele em que o próprio juiz recorre da decisão; também chamado de reexame necessário ou duplo grau de jurisdição obrigatório. Tal classificação é criticada pela doutrina, já que faz parte da natureza do recurso sua voluntariedade.

e) **Quanto ao órgão julgador:** 1) devolutivo: o órgão julgador é juiz ou tribunal diferente e superior do que emitiu a decisão; 2) iterativo: o órgão julgador é o mesmo juiz que proferiu a decisão recorrida; 3) misto: o órgão julgador será tanto o que proferiu a decisão como o outro órgão superior.

f) **Quanto ao interesse de recorrer:** 1) comum: o interesse de recorrer é manifestado pela sucumbência; 2) especial: o interesse de recorrer é manifestado não só pela sucumbência, mas também por um requisito específico exigido na lei.

g) **Quanto à finalidade:** 1) recurso de reforma: visa a modificação do julgado; 2) recurso de esclarecimento: visa esclarecer falta de clareza ou precisão do julgado; 3) recurso de integração: visa suprir omissão do julgador;

4) recurso de invalidação: visa anular ou cassar decisão judicial, por conter vícios processuais.

Vicente Greco afirma que os recursos ordinários são os que admitem a discussão da matéria de direito e da matéria de fato e que os recursos extraordinários são os que somente admitem impugnação quanto à matéria de direito.

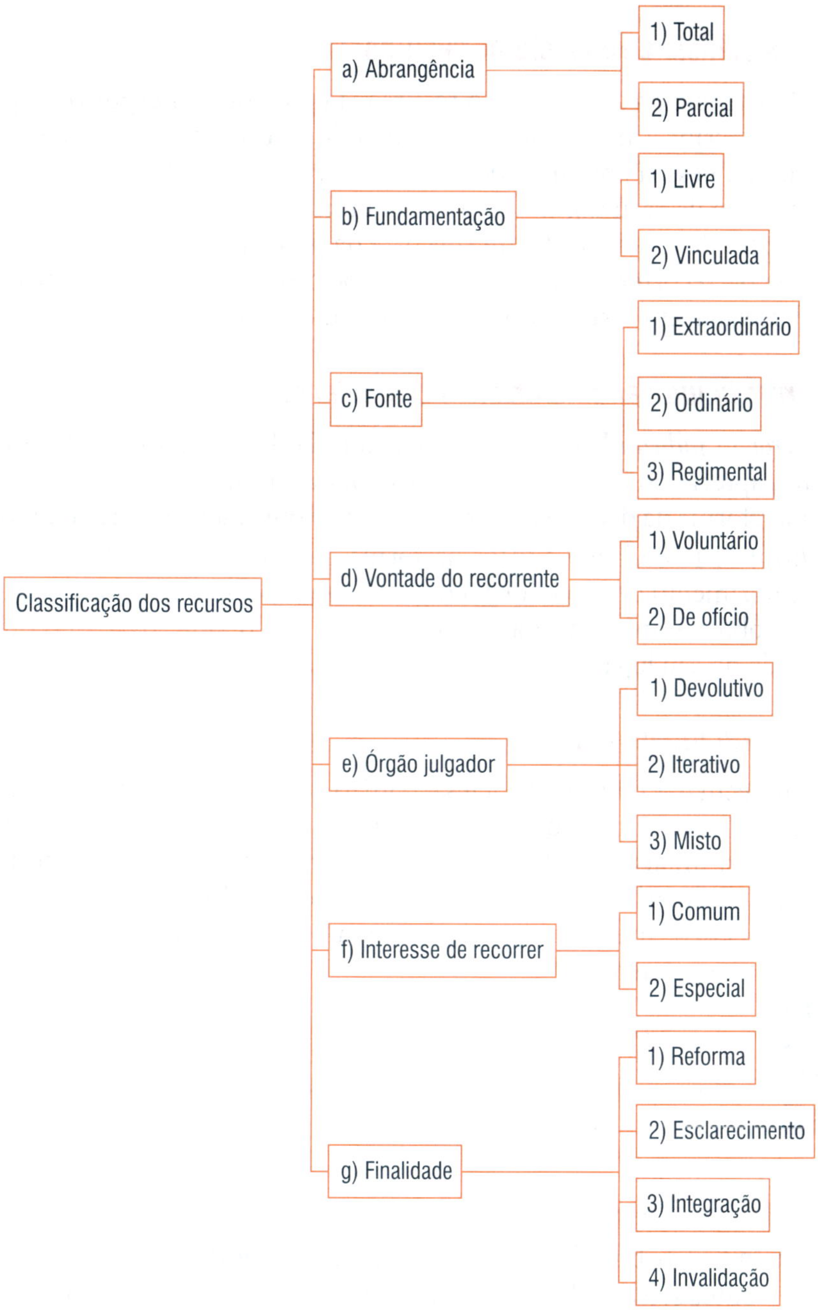

12. Recurso e ação impugnativa autônoma

Recurso é meio de impugnação judicial que, quando interposto, não visa a instauração de nova relação processual; apenas dá continuidade à relação processual já instaurada. Ação impugnativa autônoma, como a Revisão Criminal, quando proposta, dá origem a uma nova relação processual.

13. Desistência e renúncia no recurso

Desistência pressupõe que o recurso já tenha sido interposto, sendo, portanto, posterior à interposição. É o abandono do recurso já interposto. Na renúncia, a pessoa abre mão do direito de recorrer, sendo, portanto, prévia à interposição do recurso. O Ministério Público não pode renunciar ou desistir do recurso. Renúncia tácita, que decorre da prática de ato incompatível com a vontade de recorrer, pode ser realizada pelo querelante nos crimes de ação penal privada, em virtude do princípio da disponibilidade.

14. *Error in judicando* e *error in procedendo*

Error in judicando é vício no conteúdo de decisão judicial, decorrente da errônea apreciação judicial da vontade contida na lei. Nesse caso, o recurso visa obter a reforma da decisão recorrida, para que outra seja proferida no seu lugar.

Error in procedendo é vício na forma da decisão judicial, decorrente do descumprimento de uma norma de natureza processual. Nesse caso, o recurso visa obter a anulação da decisão judicial recorrida, para que outra seja proferida no seu lugar.

15. *Reformatio in pejus*

Em recurso exclusivo da defesa, o juízo *ad quem* não pode agravar a situação do réu, nos termos do art. 617 do CPP. É um princípio aplicável a todos os recursos criminais, não obstante a lei se referir apenas ao recurso de apelação. A existência do princípio é justificada pela vedação do julgamento *extra* e *ultra petitum*, além de uma decorrência do sistema acusatório, em que ao juiz é dado julgar, e não postular.

Questão de prova

A prova da Magistratura Federal TRF 5ª Região/2011 considerou CORRETA a afirmativa: "Consoante a jurisprudência do STJ, a correção, de ofício, de erro material na sentença condenatória, em prejuízo do condenado, ainda que em recurso exclusivo da defesa, não constitui *reformatio in pejus*".

16. *Reformatio in pejus* indireta

Quando o tribunal anula uma sentença proferida pelo juízo de primeiro grau, os autos são devolvidos à instância inferior para que se prolate nova decisão desprovida de nulidade. Há uma divergência doutrinária sobre se o juiz *a quo* poderá proferir nova decisão prejudicial ao réu em relação à decisão anulada. Para a doutrina majoritária, o juiz não pode proferir nova decisão mais gravosa do que a anulada. É a posição do STF. Porém, há uma corrente doutrinária minoritária sustentando a possibilidade da *reformatio in pejus* indireta, pois não há proibição legal. A proibição da *reformatio in pejus* indireta não se aplica ao Tribunal do Júri, uma vez que se trata de órgão soberano, ou seja, essa vedação não pode prevalecer sobre o princípio constitucional da soberania dos veredictos do Conselho de Sentença.

Questão de prova

A prova de Promotor de Justiça MP/PR/2012 considerou CORRETA a afirmativa: "O Tribunal de Justiça, ao julgar recurso exclusivo da defesa, anula decisão dos jurados, porque o reconhecimento da única circunstância qualificadora do homicídio foi contrário à prova dos autos. No segundo júri do mesmo caso em caso de nova condenação, a pena não poderá ser superior à fixada no júri anterior".

Quando o tribunal anula a decisão pelo vício da incompetência absoluta, também há divergência, de forma que há dois posicionamentos. Para alguns, não há *reformatio in pejus* indireta, pois, tratando-se de *sentença inexistente*, esta simplesmente não transitaria em julgado, sendo nenhuma sua eficácia. Já para outros, há *reformatio in pejus* indireta, pois o *ne bis in idem* deverá prevalecer, impedindo nova persecução penal a respeito de fato delituoso que foi objeto de outra ação penal.

17. *Reformatio in mellius*

Em recurso exclusivo da acusação, o juízo *ad quem* pode melhorar a situação do réu, nos termos dos princípios da verdade real e do *favor rei*. O que é vedado no sistema processual penal é a *reformatio in pejus*, e não a *reformatio in mellius*. É a corrente majoritária. Há alguns doutrinadores que sustentam a não admissibilidade da *reformatio in mellius*, sob pena de configurar julgamento *extra petita*, em desacordo com o princípio *ne eat judex ultra petita partium*. De acordo com a Súmula 160 do Supremo Tribunal Federal: "É nula a decisão do tribunal que acolhe contra o réu nulidade não arguida no recurso da acusação (...)".

Questões de prova

A prova da Magistratura TJ/DF/2007 considerou INCORRETA a afirmativa: "Contrariamente com o pensamento doutrinário, nas instâncias superiores a jurisprudência, reiteradamente, adota o princípio do "*reformatio in mellius*", onde se beneficia o réu, em recurso unicamente da acusação".

A prova da Magistratura TJ/RR/2015 considerou INCORRETA a afirmativa: "Como regra, não é cabível a *reformatio in pejus*, mas segundo entendimento sumulado pelo STF, o tribunal poderá reconhecer nulidade mesmo que não arguida em recurso da acusação".

18. Modalidades de recursos criminais

a) **No Código de Processo Penal:** recurso em sentido estrito, apelação, protesto por novo júri, embargos e carta testemunhável.

b) **Na Constituição Federal:** recurso ordinário constitucional, recurso especial e recurso extraordinário.

c) **JECRIM:** os expressos na Lei n. 9.099/95: apelação e embargos de declaração; admitidos: todos os recursos do CPP, já que no art. 92 da Lei n. 9.099/95 existe previsão da aplicação subsidiária do Código Penal e do Código de Processo Criminal; recursos constitucionais: o recurso especial não é admitido, pois o art. 105, III, da CF só o permite quando há decisões de tribunais, e não de turmas recursais (Súmula 203 do STJ).

II – Recursos em Espécie

1. Carta testemunhável

A carta testemunhável tem origem lusitana e é um recurso disciplinado nos arts. 639 a 646 do CPP:

> Art. 639. Dar-se-á carta testemunhável:
>
> I – da decisão que denegar o recurso;
>
> II – da que, admitindo embora o recurso, obstar à sua expedição e seguimento para o juízo *ad quem*.
>
> Art. 640. A carta testemunhável será requerida ao escrivão, ou ao secretário do tribunal, conforme o caso, nas 48 (quarenta e oito) horas seguintes ao despacho que denegar o recurso, indicando o requerente as peças do processo que deverão ser trasladadas.
>
> Art. 641. O escrivão, ou o secretário do tribunal, dará recibo da petição à parte e, no prazo máximo de 5 (cinco) dias, no caso de recurso no sentido estrito, ou de 60 (sessenta) dias, no caso de recurso extraordinário, fará entrega da carta, devidamente conferida e concertada.
>
> Art. 642. O escrivão, ou o secretário do tribunal, que se negar a dar o recibo, ou deixar de entregar, sob qualquer pretexto, o instrumento, será suspenso por 30 (trinta) dias. O juiz, ou o presidente do Tribunal de Apelação, em face de representação do testemunhante, imporá a pena e mandará que seja extraído o instrumento, sob a mesma sanção, pelo substituto do escrivão ou do secretário do tribunal. Se o testemunhante não for atendido, poderá reclamar ao presidente do tribunal *ad quem*, que avocará os autos, para o efeito do julgamento do recurso e imposição da pena.
>
> Art. 643. Extraído e autuado o instrumento, observar-se-á o disposto nos arts. 588 a 592, no caso de recurso em sentido estrito, ou o processo estabelecido para o recurso extraordinário, se deste se tratar.

Art. 644. O tribunal, câmara ou turma a que competir o julgamento da carta, se desta tomar conhecimento, mandará processar o recurso, ou, se estiver suficientemente instruída, decidirá logo, *de meritis*.

Art. 645. O processo da carta testemunhável na instância superior seguirá o processo do recurso denegado.

Art. 646. A carta testemunhável não terá efeito suspensivo.

A **carta testemunhável** visa o reexame da decisão que denegar (julgar inadmissível) ou obstar seguimento (juiz recebe, mas não encaminha ao órgão superior de julgamento) ao recurso em sentido estrito e ao agravo em execução (Nucci acrescenta correição parcial), ou seja, a carta testemunhável cabe do indeferimento ou não seguimento de recurso em sentido estrito e agravo em execução, sendo irrelevante a motivação da decisão.

Questões de prova

A prova da Magistratura TJ/AC/2012 considerou INCORRETA a afirmativa: "Cabe recurso em sentido estrito de decisão que, embora admita o recurso, obste sua expedição e seu seguimento para o juízo *ad quem*".

A prova do 8º Concurso da Magistratura Federal TRF 4ª Região considerou INCORRETA a afirmativa: "Carta testemunhável é recurso contra decisão praticada em autos de carta precatória".

O **objeto** da carta testemunhável é a decisão que denega ou nega seguimento para o tribunal competente do recurso em sentido estrito e do agravo em execução.

A **interposição da carta testemunhável** é feita perante o escrivão, com a indicação das peças do processo que deverão ser trasladadas. A parte do art. 640 do CPP que menciona "secretário do tribunal" não tem aplicação, pois, contra decisão denegatória do recurso extraordinário, cabe agravo de instrumento. As razões são dirigidas ao órgão competente para julgar o recurso denegado ou obstado.

Questão de prova

A prova do 9º Concurso da Magistratura Federal TRF 4ª Região considerou INCORRETA a afirmativa: "A carta testemunhável deve ser interposta ao magistrado de primeira instância, devendo este, obrigatoriamente, ordenar sua remessa ao tribunal de apelação".

O **prazo de interposição** é de 48 horas contadas do despacho que denegar ou obstar o recurso. Se o horário não tiver sido fixado no despacho, o prazo será de 2 dias contados da intimação da decisão. O prazo para apresentação das razões e contrarrazões é de 2 dias a partir da intimação.

A **legitimidade para recorrer** é da parte prejudicada, ou seja, a parte que teve o recurso denegado ou com andamento obstado (Ministério Público, réu, querelante, querelado e assistente de acusação).

A carta testemunhável é um **recurso subsidiário**, já que só é cabível quando não houver outro meio de impugnação das decisões de não recebimento ou não seguimento do recurso; somente é cabível quando não esteja previsto em lei outro recurso apto a impugnar a decisão judicial. "A carta testemunhável é instrumento processual de nítido caráter subsidiário, destinado a corrigir o equívoco decorrente da denegação de recurso ou de negativa de seu seguimento. Havendo, contudo, meios de impugnação do entrave à insurgência, não deve ser conhecida a carta" (HC 138.427/BA, STJ).

É um **recurso anômalo**, porque é interposto perante escrivão.

É um **recurso**, já que provoca o reexame da decisão (parte da doutrina sustenta ser um remédio ou instrumento que permite promover o conhecimento do recurso), que será processado em autos apartados.

Procedimento

A parte prejudicada com o recurso denegado ou com o andamento obstado tem o prazo de 48 horas, contadas da intimação da decisão, para oferecer petição de interposição ao escrivão, com a indicação das peças para traslado para formação da carta.

Após a interposição, o escrivão fará a extração e a autuação da carta. Feito o concerto da carta, deverá entregá-la em no máximo 5 dias ao testemunhante. Se o escrivão não fizer a referida entrega, o testemunhante comunica o fato ao juiz ou presidente do tribunal, para que seja aplicada a sanção de suspensão por 30 dias e determinada a extração do instrumento por um substituto. Se não adiantar, o presidente do tribunal poderá avocar os autos.

Entregue o instrumento, haverá intimação do testemunhante para apresentar as razões em 2 dias. Em seguida, intimação da parte contrária para apresentar as contrarrazões em 2 dias.

Depois, os autos vão conclusos ao juiz para o juízo de retratação. Se o juiz se retratar, o recurso denegado terá seguimento. Se não se retratar, manda para o tribunal julgar, podendo tomar uma das seguintes atitudes: a) não conhecimento: falta de pressupostos recursais; b) conhecimento e não provimento; c) conhecimento e provimento com a carta devidamente instruída: admite o recurso, aproveita e julga o mérito; d) conhecimento e provimento com a carta não devidamente instruída: indefere ou limita-se a admitir o recurso, determinando o seu processamento.

Na superior instância, a carta testemunhável será processada pelo rito do recurso denegado ou que teve andamento obstado: distribuição; sorteio ao relator; parecer ao Ministério Público; relator; julgamento (cabe sustentação oral por 10 minutos).

Efeito

A carta testemunhável não tem efeito suspensivo, possuindo apenas o devolutivo. Parte da doutrina sustenta que tem efeito regressivo, nos termos do art. 643 do CPP, já que o juiz *a quo* pode rever a sua decisão antes de extrair e remeter a carta testemunhável ao tribunal *ad quem*.

Não cabimento

De acordo com o STF, não cabe carta testemunhável contra decisão que aplica a sistemática da repercussão geral (Pet 4.894 AgR, *DJe* 22-2-2012). Contra decisão que aplica a sistemática da repercussão geral é possível apenas a interposição de agravo regimental.

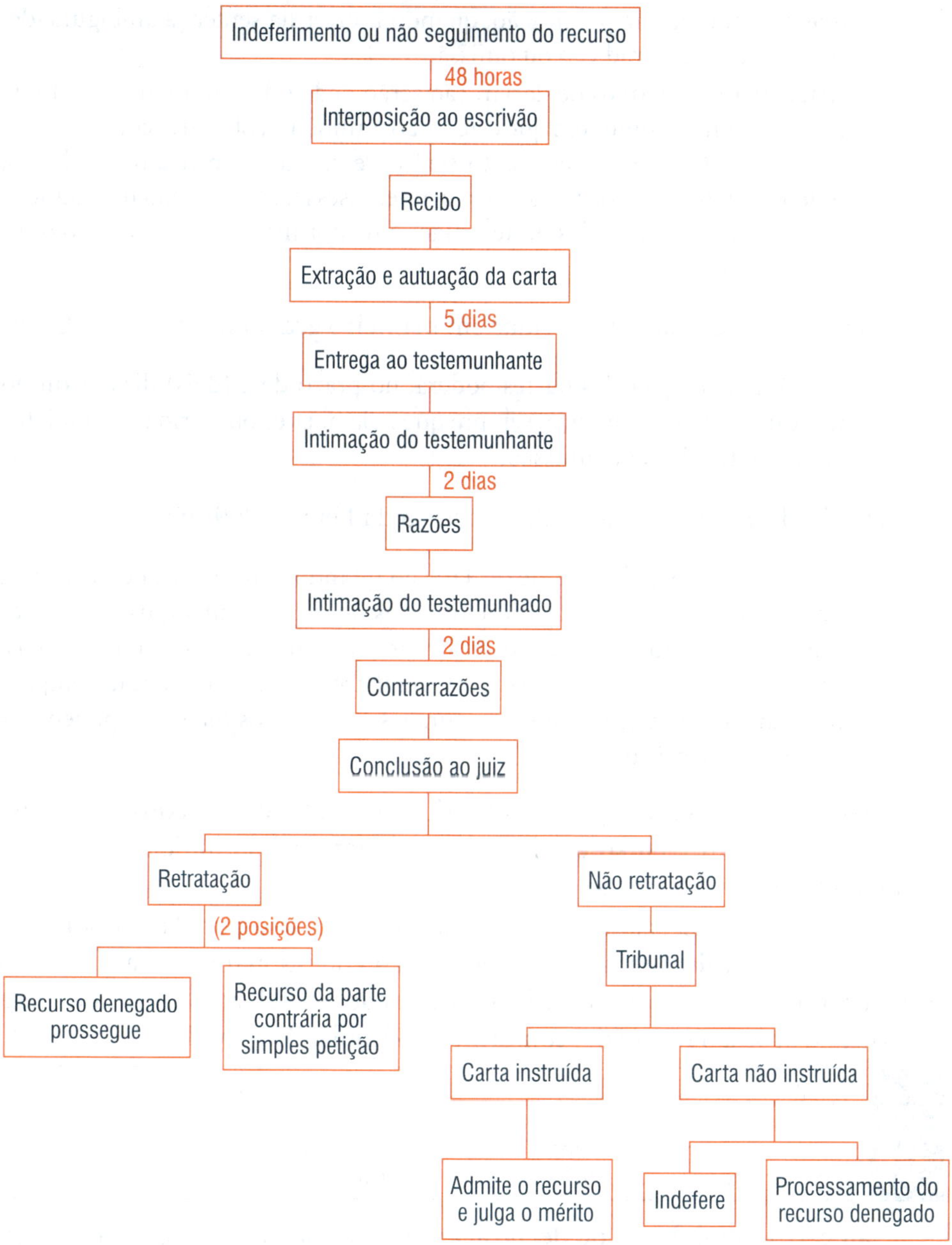

2. Embargos de declaração

Os embargos de declaração estão regulados:

a) em relação às decisões proferidas pelos tribunais, nos arts. 619 e 620 do CPP:

> Art. 619. Aos acórdãos proferidos pelos Tribunais de Apelação, câmaras ou turmas, poderão ser opostos embargos de declaração, no prazo de 2 (dois) dias contado da sua publicação, quando houver na sentença ambiguidade, obscuridade, contradição ou omissão.
>
> Art. 620. Os embargos de declaração serão deduzidos em requerimento de que constem os pontos em que o acórdão é ambíguo, obscuro, contraditório ou omisso. § 1º O requerimento será apresentado pelo relator e julgado, independentemente de revisão, na primeira sessão. § 2º Se não preenchidas as condições enumeradas neste artigo, o relator indeferirá desde logo o requerimento.

b) em relação às decisões proferidas em primeiro grau, no art. 382 do CPP:

> Art. 382. Qualquer das partes poderá, no prazo de 2 (dois) dias, pedir ao juiz que declare a sentença, sempre que nela houver obscuridade, ambiguidade, contradição ou omissão.

c) no Juizado Especial Criminal, no art. 83 da Lei n. 9.099/95:

> Art. 83. Cabem embargos de declaração quando, em sentença ou acórdão, houver obscuridade, contradição ou omissão. § 1º Os embargos de declaração serão opostos por escrito ou oralmente, no prazo de 5 (cinco) dias, contados da ciência da decisão. § 2º Os embargos de declaração interrompem o prazo para a interposição de recurso. § 3º Os erros materiais podem ser corrigidos de ofício.

É recurso que visa corrigir vício contido em sentença ou acórdão (a jurisprudência admite o recurso em face de qualquer decisão judicial), para seu esclarecimento ou integração.

Na prática forense, para admissibilidade do recurso especial e extraordinário, os embargos de declaração são usados para prequestionamento, já que nesses recursos constitucionais é necessário que a questão federal ou constitucional seja debatida no acórdão recorrido, conforme as Súmulas 356 do STF e 211 do STJ.

Questão de prova

A prova de Procurador AL/ES considerou CORRETA a afirmativa: "A jurisprudência do STJ é firme no sentido de que os embargos de declaração, quando opostos com o objetivo de prequestionamento visando à interposição de recurso extraordinário, poderão ser acolhidos, ainda que inexista omissão, contradição ou obscuridade na decisão recorrida".

Não cabem embargos de declaração para reavaliar provas e fatos, nem para questionar erro material. No caso de contradição entre a ementa e o acórdão, há duas correntes: a) a primeira diz que não cabem, pois a ementa não tem conteúdo decisório; b) a segunda diz que cabem, pois existe o vício.

Sobre a possibilidade de **embargos de declaração da decisão nos embargos**, há os seguintes posicionamentos: a) há possibilidade, desde que atinjam a nova decisão proferida nos embargos de declaração; como bem observa Tourinho, existe a impossibilidade de atacar, mediante novos embargos de declaração, aspectos já solucionados na decisão declaratória precedente; b) há quem diga que podem atingir a decisão anterior, desde que o assunto não tenha sido discutido. A reiteração com o mesmo conteúdo do recurso anterior tem caráter protelatório.

Em relação **ao objeto dos embargos de declaração**, embora a lei preveja esse recurso apenas de sentença e acórdão, qualquer decisão judicial pode ser embargada enquanto não ocorrer preclusão.

Os embargos de declaração são endereçados, em primeira instância, ao próprio juiz que prolatou a decisão e, em segunda instância, ao relator do acórdão embargado. O julgamento dos embargos é feito pelo mesmo órgão jurisdicional que prolatou a decisão embargada.

O **prazo dos embargos** é de 2 dias a partir da publicação da decisão judicial. Para o defensor público, o prazo é em dobro, nos termos do art. 5º, § 5º, da Lei n. 1.060/50. Alguns regimentos internos fazem previsão de prazo específico: a) STF: art. 337, § 1º: cinco dias; b) STJ: art. 263: dois dias. No JECRIM, o prazo é de cinco dias.

Questão de prova

A prova de Promotor de Justiça MP/MS/2011 considerou CORRETA a afirmativa: "O prazo para a interposição de embargos de declaração contra a sentença, no procedimento sumaríssimo regido pela Lei n. 9.099, de 26.09.95, é de cinco dias".

No caso de **embargos de declaração interpostos antes da publicação da decisão judicial embargada**, há dois posicionamentos: a) impossibilidade, pois o recurso é considerado extemporâneo; b) possibilidade, em nome da ampla defesa.

Os embargos de declaração podem ser propostos por qualquer das partes (acusação ou defesa), inclusive pelo assistente de acusação, por meio de petição com a menção do vício contido na sentença ou acórdão, no prazo de 2 dias. No Juizado Criminal, é admitida oposição ora[1].

> "A parte tem direito à entrega da prestação jurisdicional de forma clara, precisa e completa (...) os embargos de declaração (...) meio indispensável à segurança dos provimentos judiciais"[2].

---

1 TOURINHO FILHO, Fernando da Costa. *Processo penal*. São Paulo: Saraiva, 1999, p. 456.

2 PINTO, Nelson Luiz. *Manual dos recursos cíveis*. São Paulo: Malheiros, 2002, p. 178.

Não há sustentação oral nos embargos de declaração; quando cabem de sentença, chamam-se embarguinhos; neles, a retratação é disfarçada, já que o próprio órgão que proferiu a decisão a reverá, para sanar o vício; em natureza recursal, além de serem previstos na lei como recurso, funcionam como meio voluntário de impugnação de decisão judicial, com a finalidade de corrigir vício (parte da doutrina entende que não têm natureza recursal, pois não visam questionar provas e fatos).

Os embargos de declaração são apresentados por petição dirigida ao juiz (1ª instância) ou relator (2ª instância), conforme o caso, com indicação do ponto a ser corrigido. Na segunda instância, o relator os apresenta para julgamento na primeira sessão do colegiado, sem depender de revisão. A sentença ou o acórdão proferido em sede de embargos de declaração são, como diz Tornaghi[3], "dois pronunciamentos que se fundem numa só decisão, mais iluminada ou completa".

Após apresentados, o juiz pode determinar o indeferimento liminar, que enseja agravo regimental (no caso de indeferimento liminar dos embargos de declaração, não cabe recurso no CPP, mas os regimentos internos fazem previsão do agravo regimental; quando acontecer em primeiro grau, deve-se renovar o pedido em preliminar de recurso ou, se for grave, propor *habeas corpus*; há doutrinadores que sustentam a irrecorribilidade), salvo disposição diversa estabelecida em regimento interno. O juiz pode ainda determinar o deferimento, proferindo decisão final, que forma junto com a decisão embargada uma só decisão, clara e precisa.

Efeitos

Os **embargos de declaração** interrompem o prazo de outros recursos, em analogia ao art. 1.026 do CPC; o prazo recomeça a contar em sua inteireza a partir da intimação da decisão que julga os embargos. No JECRIM, os embargos de declaração interrompem o prazo para a interposição de recurso, nos termos do art. 83, § 2º, da Lei n. 9.099/95.

Questão de prova

O IX Concurso de Juiz Federal do TRF4 considerou INCORRETA a afirmativa: "O recurso de embargos de declaração de acórdão proferido em juízo penal terá efeito meramente suspensivo, devendo ser interposto no prazo de cinco dias".

Os embargos possuem efeito regressivo, ou seja, juízo de retratação, já que são julgados pelo mesmo órgão prolator da decisão; e possuem efeito devolutivo, pois há a devolução da matéria decidida ao mesmo órgão que julgou a decisão. O Regimento Interno do STF dispõe que, quando for manifestamente protelatório, não acarreta o efeito de suspender ou interromper o prazo de outros recursos.

Em regra, não cabe efeito infringente nos embargos de declaração, pois, como recurso *inaudita altera pars,* ou seja, sem oitiva da parte contrária, seu

3 TORNAGHI, Hélio. *Curso de processo penal*. São Paulo: Saraiva, 1988, p. 370.

objetivo é tornar a decisão clara e precisa; porém, a jurisprudência o admite quando houver omissão, sendo necessária oitiva da parte contrária em homenagem ao princípio do contraditório. Nucci diz que a modificação substancial pode decorrer não apenas da omissão, mas também da contradição.

O **rol dos vícios** que ensejam os embargos é taxativo: a) ambiguidade: duas ou mais interpretações, palavras com duplo significado; b) obscuridade: falta de clareza, confusão, termos complexos e desconexos; c) contradição: proposições contrárias, incoerência, colisão de informações; d) omissão: não aprecia questões, lacuna, esquecimento, não disse o que era indispensável dizer; não apreciação de questões relevantes para o julgamento; ou não manifestação sobre algum tópico da matéria submetida à apreciação judicial; e) dúvida (só no JECRIM): incerteza sobre a realidade do fato.

Os embargos devem ser opostos por petição. No Juizado Criminal, é admitida oposição oral.

A expressão "Tribunais de Apelação", contida no art. 619 do CPP, deve ser interpretada de maneira a incluir os seguintes tribunais: Tribunal de Justiça, Tribunal Regional Federal e Tribunal Regional Eleitoral.

FLUXOGRAMA DOS EMBARGOS DE DECLARAÇÃO

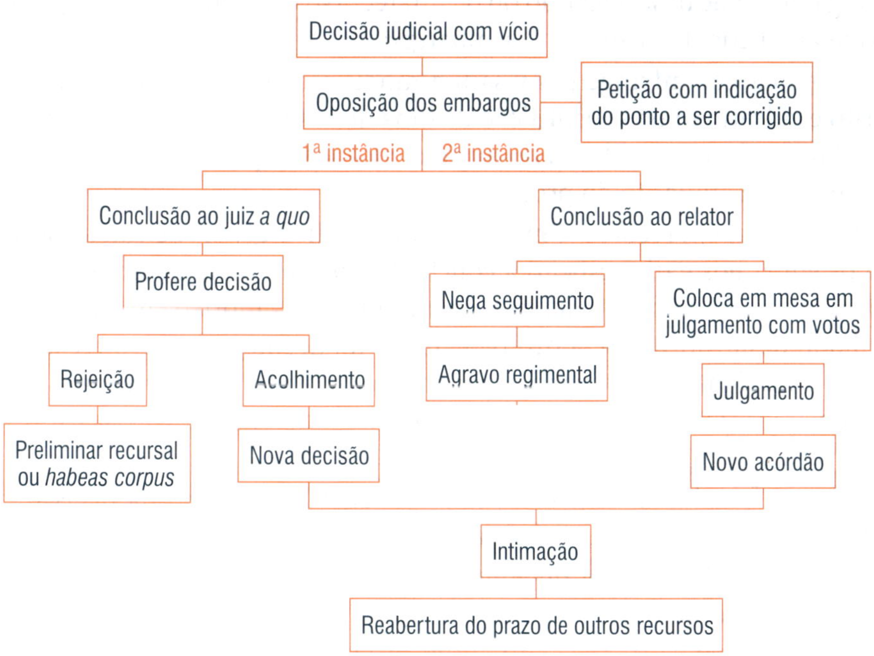

3. Embargos infringentes e de nulidade

O recurso dos embargos infringentes e de nulidade está regulado no art. 609, parágrafo único, do CPP:

> Art. 609. Parágrafo único. Quando não for unânime a decisão de segunda instância, desfavorável ao réu, admitem-se embargos infringentes e de nulidade, que poderão ser opostos dentro de 10 (dez) dias, a contar da publicação de acórdão, na forma do art. 613. Se o desacordo for parcial, os embargos serão restritos à matéria objeto de divergência.

Os **embargos infringentes** e de nulidade são recursos exclusivos da defesa, cabíveis de acórdão não unânime proferido em julgamento de uma apelação ou de um recurso em sentido estrito, desfavorável ao réu.

Questões de prova

A prova de Promotor de Justiça MP/MS/2011 considerou INCORRETA a afirmativa: "Nos casos em que a decisão da segunda instância, desfavorável à acusação, não for unânime, admite-se a interposição de embargos infringentes pelo Ministério Público".

A prova da Magistratura TJ/PI/2012 considerou INCORRETA a afirmativa: "De acordo com a jurisprudência do STF e do STJ, os embargos infringentes, no processo penal, são cabíveis apenas contra decisões majoritárias proferidas em apelação, recurso em sentido estrito, revisão criminal e decisão denegatória de *habeas corpus*, na hipótese de o réu encontrar-se preso para o cumprimento de pena imposta em sentença condenatória".

A **finalidade** dos embargos infringentes e de nulidade é fazer valer o voto vencido; possibilitar o reexame da matéria, objeto de discordância, ocorrida no julgamento de uma apelação ou de um recurso em sentido estrito, por uma Turma ampliada de juízes ou desembargadores.

Os embargos infringentes visam a modificação do julgado, alcançam o mérito e culminam na substituição de uma decisão por outra. Já os embargos de nulidade visam a anulação do julgado, alcançam questão processual e culminam com a anulação do processo.

O interesse em recorrer é manifestado pela divergência de votos que autoriza os embargos e diz respeito à conclusão do pronunciamento, e não à sua fundamentação. Não há interesse em modificar os motivos que levaram ao resultado desfavorável. Se a divergência for total, integral será o reexame da matéria decidida. Se a divergência for parcial, limitado será o reexame da matéria decidida. Deve existir um voto favorável à defesa. Deve existir um voto favorável à defesa.

Em conformidade com a Súmula 355 do STF, no caso da decisão com parte não unânime e parte unânime, haverá oposição do Recurso Especial ou Extraordinário, no prazo legal, antes do julgamento dos embargos.

Quanto ao **objeto** dos embargos infringentes e de nulidade, trata-se de um recurso cabível de acórdão não unânime, proferido em julgamento de apelação ou recurso em sentido estrito, desfavorável ao réu.

A petição será dirigida ao relator do acórdão, e o julgamento será feito pelo tribunal competente, de acordo com o regimento interno: no TRF, são duas turmas; no TJ/SP: a Câmara, na sua composição integral.

O **julgamento** será feito por uma Turma ampliada de juízes e desembargadores, ou seja, além dos próprios julgadores do acórdão embargado, outros novos participam do julgamento do recurso.

Os **embargos infringentes** e de nulidade são apresentados pelo defensor constituído ou dativo. O réu pode apresentar os embargos, mas não arrazoar, salvo se tiver capacidade postulatória. Trata-se de recurso exclusivo da defesa. Na Justiça Militar, podem ser utilizados tanto pela acusação como pela defesa.

Questão de prova

A prova da Magistratura TJ/TO/2007 considerou INCORRETA a afirmativa: "Os embargos infringentes têm caráter *pro et contra*, isto é, podem ser interpostos pela defesa ou pela acusação, no prazo de 10 dias".

Em relação às **características**, pode-se afirmar que: a) trata-se de recurso ampliativo: ao possibilitar o reexame da matéria que foi objeto de divergência, amplia a composição da turma julgadora; b) trata-se de recurso exclusivo da defesa; c) há manifestação do princípio da ampla defesa, na modalidade de um *favor rei*; d) são ofensivos, pois visam a reforma da decisão pelo voto vencido favorável ao réu; e) não é necessário o recolhimento do réu à prisão para opor os embargos; f) apresentam caráter de retratação, pois os próprios julgadores do acórdão embargado participam do julgamento do recurso[4].

A defesa tem o prazo de 10 dias, contados da publicação do acórdão na Imprensa Oficial, para oferecer petição de interposição dirigida ao relator, com as razões.

Após a interposição, os autos serão remetidos ao procurador-geral para, em 10 dias, dar parecer. Após o parecer, será feita a distribuição ao relator para, também em 10 dias, fazer relatório. E, após o relatório, há remessa ao revisor para, no mesmo prazo, fazer revisão e pedir dia para julgamento.

Na sessão de julgamento, o tempo de debates é de um quarto de hora e o julgamento pode ser: a) a favor do voto vencedor; b) a favor do voto vencido; c) solução intermediária. No caso de empate, prevalece a decisão mais favorável ao réu.

Os embargos infringentes e de nulidade possuem **efeito** devolutivo e suspensivo.

São **requisitos**: a) decisão em RESE ou apelação; b) decisão por maioria, ou seja, a existência de um voto vencido; c) voto vencido com decisão favorável ao réu; d) quando a divergência for parcial, os embargos ficam restritos à matéria da divergência; e) a divergência deve atingir o resultado, e não apenas a fundamentação.

Os embargos devem ser opostos por petição composta de: interposição, peça em que se declara a vontade de recorrer; e razões, peça em que se declaram

---

4 MUCCIO, Hidejalma. *Prática de processo penal*: teoria e prática. São Paulo: HM, 2005, p. 837.

os motivos do inconformismo. Devem ser dirigidos ao relator do acórdão e entregues na secretaria do tribunal.

Em relação à possibilidade de cabimento em agravo em execução, há os seguintes posicionamentos: a) é possível, pois o agravo em execução é previsto para impugnação de decisões que antes comportavam recurso em sentido estrito, sob pena de violação à ampla defesa; b) não é possível, pois a lei é clara e taxativa ao dizer que só cabem em julgamento de apelação e recurso em sentido estrito.

Existem **outros embargos**: a) embargos no STJ: não têm embargos infringentes; b) embargos no STF: cabem de decisão não unânime do plenário ou turma que julgar improcedente ação penal, revisão criminal ou quando for desfavorável ao réu em recurso criminal ordinário (Regimento Interno do STF); c) embargos na Justiça Militar: cabem se a decisão final da Justiça Militar não for unânime, não importando se favorável ou não ao réu, podendo o MP propô-los.

De acordo com o STJ: a) é inadmissível o recurso especial interposto antes da publicação do acórdão dos embargos de declaração, sem posterior ratificação (Súmula 418); b) inadmissível recurso especial quanto à questão que, a despeito da oposição de embargos declaratórios, não foi apreciada pelo Tribunal a quo (Súmula 211).

EMBARGOS INFRINGENTES E DE NULIDADE

4. Apelação

É recurso previsto no art. 593 e seguintes do CPP. Visa pedir reexame ao tribunal de sentença definitiva ou com força de definitiva.

As hipóteses de **cabimento da apelação** estão previstas no art. 593 do CPP:

a) Sentenças definitivas de condenação ou absolvição proferidas por juiz singular: sentença definitiva é a que julga o mérito, podendo ser: 1) condenatória: a que julga procedente a pretensão punitiva; 2) absolutória: a que julga improcedente a pretensão punitiva, podendo ser própria, quando apenas absolve, ou imprópria, quando absolve e impõe medida de segurança. Atenção: Contra a sentença de impronúncia ou de absolvição sumária, caberá apelação. No caso de ação penal originária de tribunal, o recurso é o especial ou extraordinário; no caso de extinção da punibilidade, é o recurso em sentido estrito.

b) Decisões definitivas ou com força de definitivas, proferidas por juiz singular nos casos não previstos no capítulo que rege o recurso em sentido estrito: sentença com força de definitiva é a que julga mérito, sem condenar ou absolver.

c) Decisões do Tribunal do Júri: quando ocorrer **nulidade posterior à pronúncia** e o Tribunal der provimento, anulará o julgamento, determinando um novo.

> **Questão de prova**
>
> A prova da Magistratura TJ/MG/2012 considerou CORRETA a afirmativa: "Cabe recurso de apelação das decisões em que ocorrer nulidade posterior à pronúncia".

As nulidades absolutas podem ser alegadas a qualquer momento.

Já as nulidades relativas só podem ser alegadas em momento próprio previsto em lei: 1) instrução criminal: alegações finais; 2) após pronúncia, após anúncio do julgamento e pregão das partes; 3) no plenário, após ocorrência da nulidade; se for a sentença do juiz-presidente contrária à lei expressa ou à decisão dos jurados, o tribunal fará a devida retificação; se houver erro ou injustiça no tocante à aplicação da pena ou da medida de segurança (erro é falhar, ou seja, aplicar a pena ou medida de segurança de maneira incorreta; injustiça é aplicar a sanção sem moderação), o tribunal, ao dar provimento ao recurso, retificará aplicação da pena ou da medida de segurança; se for a decisão dos jurados manifestamente contrária à prova dos autos ("manifestamente contrária" significa "sem apoio em prova"), se o tribunal concordar com o recurso, mandará que seja feito um novo júri; a apelação com esse fundamento só pode ser usada uma vez.

A parte prejudicada tem o prazo de 5 dias (no JECRIM, são 10 dias), contados da intimação da sentença (se a citação for por edital, o prazo começa a contar do fim do prazo do edital: 60 dias, se a pena aplicada for menor do que um ano; ou 90 dias, se a pena for igual ou superior a 1 ano), para oferecer interposição por petição ou termo nos autos (no JECRIM, é só por petição) ao juiz *a quo*.

O Ministério Público pode apelar de sentença absolutória (fiscal da lei) ou condenatória; não pode recorrer na ação penal privada para pedir condenação; é possível recorrer contra o réu na ação penal privada subsidiária da pública.

Em relação ao **assistente de acusação**, há divergência a respeito da possibilidade de apelação para aumentar pena ou incluir qualificadora, de forma que há duas correntes: a) não pode, pois o seu interesse é formar título executivo no cível; b) pode, pois sua função é auxiliar a justiça; sua atuação é supletiva, só apela das matérias não impugnadas pelo Ministério Público.

O **defensor dativo** não é obrigado a apelar, em nome do princípio da voluntariedade dos recursos. O réu e o curador podem recorrer por termo nos autos. No caso de **divergência entre réu e defensor**, há os seguintes posicionamentos: a) prevalece a vontade do defensor, pois tem capacidade técnica; b) prevalece a vontade de quem deseja apelar, em nome da ampla defesa; c) Súmula 705 do STF.

Questão de prova

A prova da Magistratura TJ/PI/2007 considerou CORRETA a afirmativa: "A renúncia do réu ao direito de apelação impede o conhecimento do recurso por este interposto, ainda que no ato da renúncia o réu esteja sem a assistência do defensor".

A apelação é um **recurso amplo**, pois devolve ao tribunal toda a matéria já decidida pelo juiz *a quo*, além de residual, já que cabe quando não for possível o recurso em sentido estrito.

Questão de prova

A prova de Promotor de Justiça MP/DF/2011 considerou CORRETA a afirmativa: "A alegação de inépcia de denúncia pode ser acolhida se suscitada pela primeira vez em sede de recurso de apelação, pois não é atingida pela preclusão".

A apelação pode ser processada nos próprios autos ou por traslado, quando houver mais de um réu no processo. As despesas do traslado correrão por conta de quem solicitá-lo, salvo se o pedido for de réu pobre ou do Ministério Público. A apelação pode ser interposta por fax ou telex.

Nos termos da Súmula 713 do STF, a apelação é **delimitada no ato de interposição**. A não delimitação implica **interposição** em termos amplos.

Questões de prova

A prova do 7º Concurso da Magistratura Federal TRF 4ª Região considerou INCORRETA a afirmativa: "Os limites da apelação são fixados pela denúncia".

A prova do 7º Concurso da Magistratura Federal TRF 4ª Região considerou INCORRETA a afirmativa: "O Ministério Público não pode restringir as razões de recurso à amplitude da apelação já interposta".

Em relação ao assistente de acusação, o prazo de interposição varia, conforme esteja ou não habilitado: a) se habilitado: 5 dias; b) se não habilitado: 15 dias após o término do prazo do Ministério Público (parte da doutrina sustenta que o **prazo** é sempre de 15 dias).

Questão de prova

A prova da Magistratura TJ/AC/2012 considerou CORRETA a afirmativa: "Na hipótese de o MP não apelar no prazo legal, o ofendido poderá interpor apelação em até quinze dias, ainda que não se tenha habilitado como assistente".

Após a interposição, o apelante será **intimado para oferecer razões** (crime: 8 dias, contravenção: 3 dias; se for assistente, o prazo será de 3 dias, após manifestação do Ministério Público; o Ministério Público terá o prazo de 3 dias para arrazoar ou contra-arrazoar o recurso, se a ação penal for privada; no JECRIM, o prazo é de 10 dias) ou, se preferir, pode arrazoar em segunda instância, nos termos do art. 600, § 4º, do CPP (mencionar tal situação na interposição; no tribunal *ad quem*, será aberta vista para as razões e contrarrazões). O prazo será comum quando forem dois ou mais apelantes ou apelados. No caso de defensor público, o prazo será em dobro, nos termos do art. 5º, § 5º, da Lei n. 1.060/50.

Questão de prova

A prova do Exame da OAB/2007 considerou INCORRETA a afirmativa: "Assinado o termo de apelação, o apelante e o apelado, respectivamente, terão o prazo de 08 (oito) dias cada um para oferecer razões, seja no processo comum ou nos processos de contravenção".

Em seguida, haverá a intimação do recorrido para contrarrazões. Depois, os autos vão conclusos ao juiz *a quo*, que pode tomar uma das seguintes atitudes: a) admitir o recurso: ocorrerá o processamento do recurso, com a remessa ao tribunal a*d quem*; tal remessa será feita em 5 dias, salvo se houver traslado, pois o prazo nesse caso será de 30 dias; b) não admitir o recurso: a parte pode interpor recurso em sentido estrito, nos termos do art. 581, XV, do CPP. Se admitir recurso, mas não lhe der prosseguimento, cabe carta testemunhável, nos termos do art. 639 do CPP.

No tribunal, o processamento da apelação varia conforme a qualidade da pena (sendo que as normas complementares do procedimento da Apelação serão estabelecidas nos regimentos internos dos tribunais e, se houver empate de votos no julgamento dos recursos, o presidente dará o voto de desempate; se já o proferiu, prevalece a decisão mais favorável ao réu):

a) **pena de detenção:** 1) vista do procurador-geral para parecer em 5 dias; 2) relator em 5 dias pede dia para julgamento; 3) anúncio do julgamento pelo Presidente; 4) pregão; 5) exposição do relatório pelo relator; 6) sustentação oral por 10 minutos; 7) julgamento por maioria de votos, com a publicação do respectivo acórdão;

b) **pena de reclusão:** 1) vista ao procurador-geral para parecer em 10 dias; 2) relator tem 10 dias para preparar o relatório; 3) revisor em 10 dias faz revisão e pede dia para julgamento; 4) anúncio do julgamento pelo presidente; 5) exposição do relatório pelo relator; 6) sustentação oral por 15 minutos; 7) julgamento por maioria de votos, com a publicação do respectivo acórdão.

Os **efeitos da apelação** são:

a) devolutivo: devolve a matéria já decidida para reexame pelo tribunal. Cabe ao recorrente delimitar na interposição o limite da impugnação, sob pena de a apelação ser considerada plena;

b) suspensivo: 1) sentença absolutória: não tem efeito suspensivo, devendo o réu ser colocado em liberdade; 2) sentença condenatória: tem efeito suspensivo;

c) extensivo: quando corréu apelar, pode a apelação beneficiar os demais, desde que não fundada em circunstâncias pessoais. Em face da decisão denegatória de apelação, cabe RESE, nos termos do art. 581, XV, do CPP. **Não há juízo de retratação**.

Questão de prova

A prova da Magistratura TJ/BA/2012 considerou INCORRETA a afirmativa: "O magistrado, antes de determinar, no prazo de dois dias, o envio do recurso de apelação, deve realizar juízo de retratação".

São **espécies de apelação**:

a) total ou plena: é a interposta de todo o julgado;

b) parcial ou limitada: é a interposta de parte do julgado;

c) sumária: é a interposta quando se trata de contravenção ou crime apenado com detenção;

d) ordinária: é a interposta quando se trata de crime apenado com reclusão;

e) principal: é a interposta pelo Ministério Público;

f) supletiva ou subsidiária: é a interposta pelo ofendido, habilitado ou não como assistente.

O **art. 594 do CPP** foi revogado expressamente, nos termos do art. 3º da Lei n. 11.719/2008.

Questão de prova

A prova da Magistratura TJ/RJ/2011 considerou INCORRETA a afirmativa: "A apelação da sentença absolutória impede que o réu seja posto imediatamente em liberdade".

A **extinção normal** da apelação se dá com o julgamento na segunda instância. A **extinção anormal** se dá com a desistência da defesa e com a deserção (falta de preparo na ação penal privada exclusiva).

OMISSÃO	CONSEQUÊNCIA
Falta de razões/contrarrazões da defesa	Não impede subida do recurso. Se o defensor for dativo, o juiz o substitui; se for constituído, o juiz intima a parte para que constitua outro; se não houver defensor, o juiz nomeia.
Falta de razões/contrarrazões da acusação	Implica desistência implícita, o que é vedado, devendo ser comunicado ao Chefe da Instituição.

Questão de prova

A prova de Defensor Público RO/2012 considerou INCORRETA a afirmativa: "O recurso de apelação se tornará deserto, não cabendo a sua apreciação pela instância superior, em face da não apresentação das razões de apelação no prazo legal".

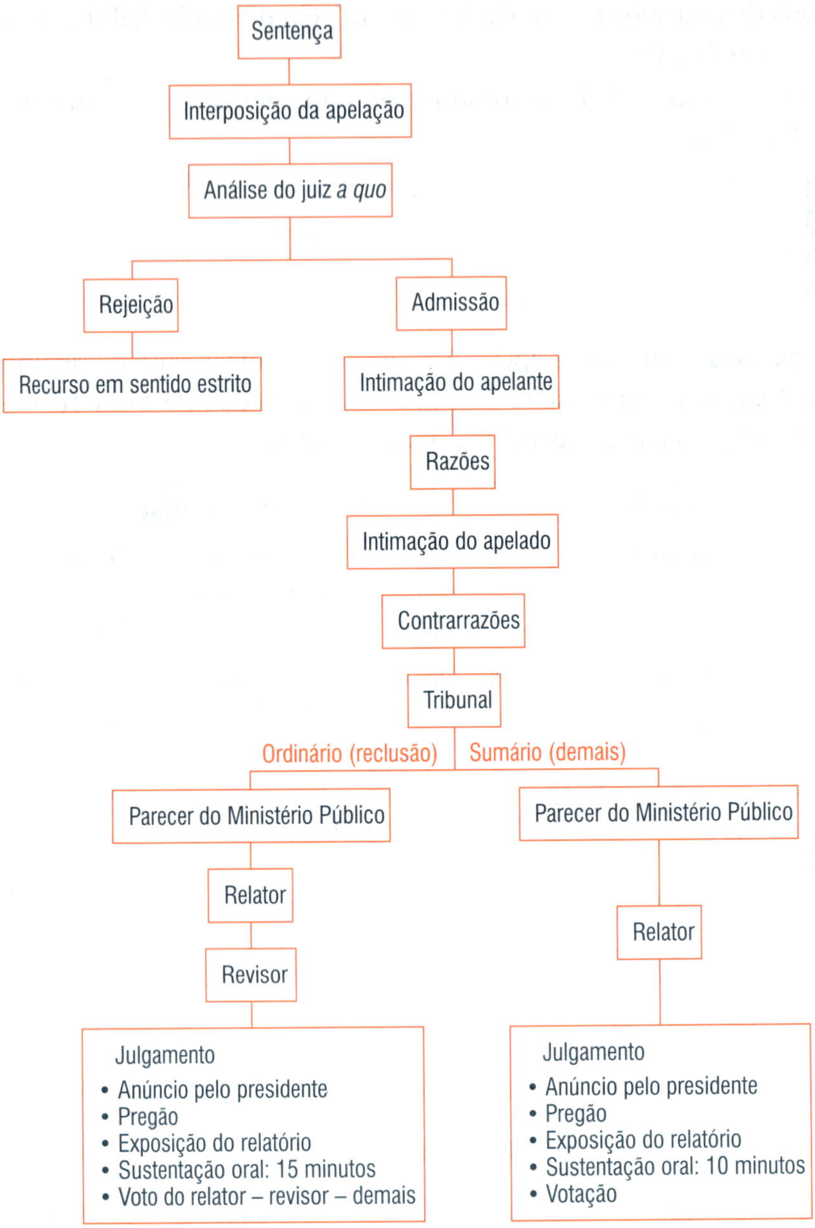

5. Recurso em sentido estrito

É regulado nos **arts. 581 a 592 do CPP** e visa pedir reexame ao tribunal de decisão, com a possibilidade de o juiz exercer juízo de retratação.

> **Questão de prova**
>
> A prova de Assessor Jurídico TJ/PR/2012 considerou INCORRETA a afirmativa: "O RESE não tem previsão, sendo criação jurisprudencial e doutrinária".

As hipóteses de cabimento do recurso em sentido estrito estão previstas no art. 581 do CPP:

a) **Não recebimento da denúncia ou queixa**: 1) abrange aditamento da denúncia ou queixa; 2) contra o recebimento, cabe *habeas corpus*; na lei de imprensa: contra a rejeição, cabe apelação; contra recebimento, cabe recurso em sentido estrito (art. 44 da Lei n. 5.250/67).

Questões de prova

A prova da Magistratura TJ/MG/2006 considerou CORRETA a afirmativa: "A decisão que não recebe o aditamento da denúncia desafia a interposição do Recurso em Sentido Estrito, embora a hipótese não conste do rol do artigo 581 do Código de Processo Penal".

A prova de Delegado da Polícia Civil PC/MA/2012 considerou INCORRETA a afirmativa: "Da decisão que não receber a denúncia ou queixa caberá agravo".

A prova de Procurador da República 2011 considerou INCORRETA a afirmativa: "O recurso em sentido estrito interposto contra decisão de rejeição de denúncia somente dispensa as contrarrazões, quando a rejeição se der antes da citação do acusado".

b) Decisão de incompetência do juízo: quando o juiz reconhece de ofício a incompetência do juízo.

c) Decisão de procedência da exceção, salvo suspeição: abrange as exceções de litispendência, coisa julgada, incompetência do juízo e ilegitimidade da parte.

d) **Decisão de pronúncia do réu**: comprovada a materialidade, bem como indícios suficientes de autoria.

Questão de prova

A prova da Magistratura TJ/RS/2009 considerou CORRETA a afirmativa: "Nos crimes dolosos contra a vida, as decisões de pronúncia e de impronúncia são impugnáveis, respectivamente, mediante recurso em sentido estrito e apelação".

e) Decisão que concede, nega, arbitra, cassa ou julga inidônea a fiança: é decisão interlocutória simples.

f) Decisão que indeferir requerimento de prisão preventiva ou revogar prisão preventiva: é decisão interlocutória simples.

g) Decisão de concessão da liberdade provisória: é decisão interlocutória simples.

h) Decisão de relaxamento da prisão em flagrante: é decisão interlocutória simples.

i) Decisão de quebra ou perda da fiança: é decisão interlocutória simples.

j) Decisão de extinção da punibilidade: é decisão interlocutória mista terminativa.

k) Decisão de indeferimento do pedido de reconhecimento de extinção da punibilidade: é decisão interlocutória simples.

l) Decisão de concessão ou denegação de ***habeas corpus***: é decisão interlocutória mista terminativa.

m) Decisão de concessão, denegação ou revogação da suspensão condicional da pena: é uma decisão interlocutória simples; quando concede ou denega o *sursis*, tal decisão faz parte da sentença condenatória, da qual o recurso cabível é apelação (há quem sustente caber RESE); no entanto, quando o benefício é revogado pelo juiz da execução, cabe agravo em execução.

n) Decisão anulatória da instrução criminal: é uma decisão interlocutória simples de ofício ou por iniciativa da parte.

o) Decisão de inclusão ou exclusão do jurado da lista geral: é uma decisão interlocutória mista terminativa a respeito da lista geral dos jurados, com indicação das respectivas profissões, que será publicada pela imprensa até o dia 10 de outubro de cada ano e divulgada em editais afixados à porta do Tribunal do Júri. A lista poderá ser alterada, de ofício ou mediante reclamação de qualquer do povo ao juiz-presidente até o dia 10 de novembro, data de sua publicação definitiva.

p) Decisão denegatória ou que julgar deserta a apelação: é uma decisão interlocutória simples; "denegar" significa não admitir por falta de pressupostos recursais; "deserta" é não estar com preparo.

q) Decisão de suspensão do processo, por questão prejudicial: é uma decisão interlocutória simples que diz respeito a questão prejudicial obrigatória ou facultativa.

r) Decisão do incidente de falsidade: é uma decisão interlocutória mista terminativa; é cabível diante tanto da procedência como da improcedência.

Alguns incisos do art. 581 do CPP foram revogados pela Lei de Execução Penal: a) decisão de concessão, denegação ou revogação do livramento condicional; b) decisão de decretação de medida de segurança, depois de transitar em julgado; c) decisão que impuser medida de segurança por transgressão de outra; d) decisão que mantiver ou substituir medida de segurança, nos casos do art. 774; e) decisão de revogação da medida de segurança; f) decisão que deixar de revogar a medida de segurança nos casos em que a lei admita a revogação; g) decisão que converter a multa em detenção ou prisão simples; h) decisão sobre **unificação de penas**. A Lei n. 11.689/2008 extinguiu a possibilidade de recurso em sentido estrito para impronúncia e absolvição sumária. Nesses casos, cabe apelação.

Questão de prova

A prova de Delegado da Polícia Civil/MG/2008 considerou INCORRETA a afirmativa: "Da decisão do juiz que decide sobre unificação de penas caberá recurso em sentido estrito".

Ministério Público, assistente de acusação (só pode interpor RESE nas hipóteses de extinção da punibilidade ou impronúncia, nos termos do art. 584, § 1º, do CPP), defensor, réu e curador (podem recorrer por termo nos autos; divergência entre réu defensor: prevalece a vontade: do defensor, pois tem capacidade técnica; de quem deseja apelar, em nome da ampla defesa; da Súmula 705 do STF) têm o **prazo de 5 dias, salvo** no art. 581, XVI, que determina 20 dias (assistente: o prazo é de 15 dias após MP, conforme art. 584, § 1º, c/c art. 598, parágrafo único), para oferecer petição de interposição ao juízo *a quo*.

Questão de prova

A prova de Defensor Público BA/2010 considerou INCORRETA a afirmativa: "O prazo para interposição do recurso em sentido estrito, em qualquer das hipóteses taxativas previstas, será de cinco dias, contado da intimação pessoal, e em dobro quando o recorrente for defensor público".

Após interposição, deve haver intimação do recorrente para razões no prazo de 2 dias. Em seguida, intimação do recorrido para contrarrazões no prazo de 2 dias. Depois, os autos vão conclusos ao juízo *a quo* para o juízo de retratação em igual prazo. Se houver retratação, a parte contrária poderá recorrer por simples petição. Se não houver retratação, o recurso sobe para o tribunal, para abertura de vista ao procurador-geral, que tem 5 dias para o parecer. Em seguida, o relator pede dia para julgamento, e o presidente anuncia o julgamento.

No dia do julgamento, há o pregão das partes, exposição do relatório pelo relator, sustentação oral por 10 minutos e o julgamento por maioria de votos, com publicação do acórdão. No caso de defensor público, o prazo será em dobro, nos termos do art. 5º, § 5º, da Lei n. 1.060/50. Cabe ressalvar que o julgamento será feito no tribunal competente, salvo na hipótese do art. 581, XIV, em que o julgamento será feito pelo presidente do tribunal.

O recurso em sentido estrito tem os seguintes efeitos: a) devolutivo: devolve a matéria já decidida para reexame pelo tribunal; b) suspensivo: decisão de perda da fiança; decisão de quebra da fiança (suspende apenas o efeito de perda da metade do seu valor); decisão denegatória ou que julgar deserta a apelação; decisão de pronúncia (suspende o julgamento); c) regressivo: juízo de retratação.

Não há deserção. A interposição pode ser feita por petição ou termo nos autos. Subirá nos próprios autos nos casos do art. 583 do CPP. Quando subir por instrumento, o recorrente tem que indicar na petição as peças para o traslado, nos termos dos arts. 587, 589 e 590, todos do CPP.

RECURSO EM SENTIDO ESTRITO

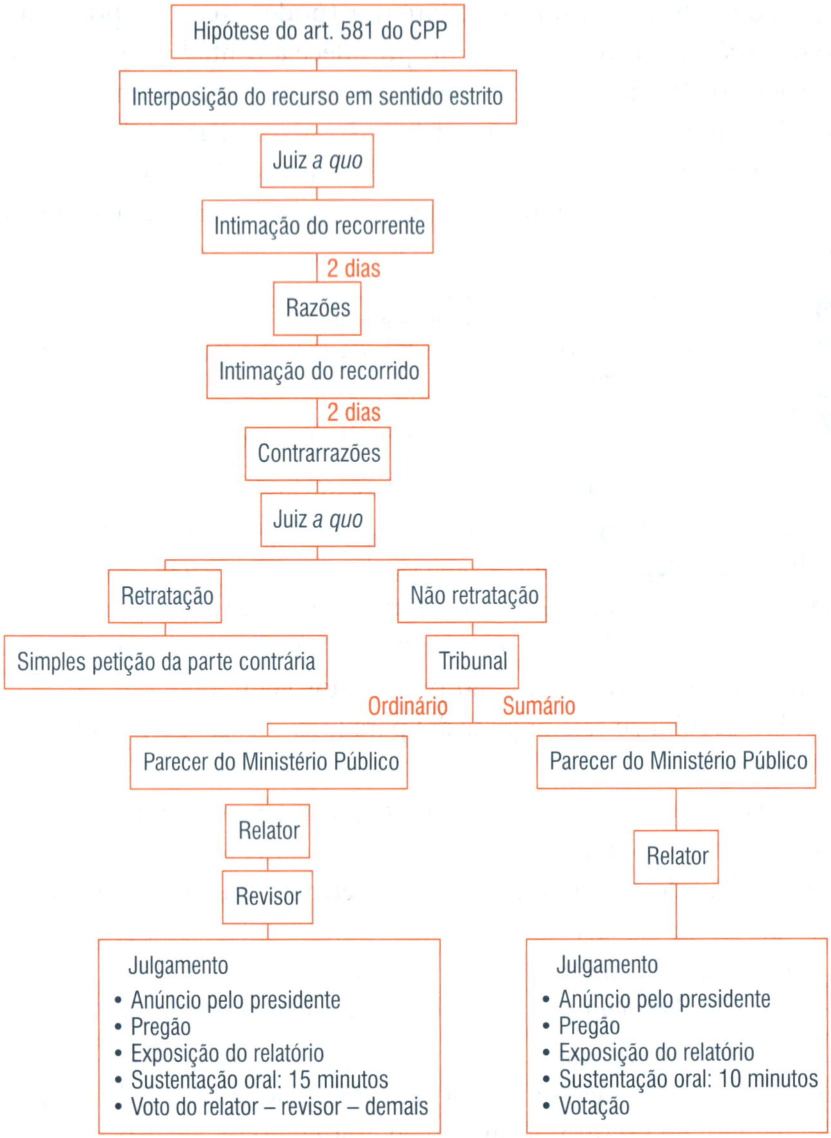

6. Recursos constitucionais

6.1. Recurso ordinário-constitucional

O ROC é previsto no art. 102, II, da CF, quando for de competência do STF, e no art. 105 da CF, quando for de competência do STJ.

É meio ordinário de impugnação, pois possibilita exame da matéria de fato e de direito. Não exige prequestionamento. É regulado pela Lei n. 8.038/90 e pelos regimentos internos do STF e do STJ.

É julgado, nas hipóteses previstas no texto constitucional, pelo STJ e pelo STF, que funcionam como tribunais de apelação, podendo examinar matéria fática e jurídica.

O ROC possui os seguintes efeitos: efeito devolutivo amplo, comum (impedir o trânsito em julgado da decisão recorrida) e substitutivo.

É interposto perante o presidente do tribunal respectivo; e as razões são julgadas pelo STF ou pelo STJ, conforme o caso.

A parte prejudicada tem o prazo de 5 dias no caso de HC ou de 15 dias no caso de MS (início do prazo: publicação do acórdão) para oferecer petição de interposição ao presidente do tribunal que denegou a ordem, junto com as razões. No caso de crime político, o prazo é de 3 dias, nos termos de previsão regimental.

Em seguida, deve haver intimação do recorrido para apresentação das contrarrazões. Depois, os autos vão conclusos ao presidente para juízo de admissibilidade (se negá-lo, cabe agravo de instrumento) e vista para o MP (vista do MP: HC, 2 dias; e MS, 5 dias). Se não conhecer do recurso, este se encerra. Se conhecer do recurso, haverá remessa ao STJ ou STF, para autuação, distribuição e vista ao Ministério Público Federal. Após distribuição, o relator o inclui na pauta para julgamento na turma.

No STJ, são as seguintes as hipóteses de cabimento: a) decisão denegatória de HC proferida em única ou última instância, pelos Tribunais Estaduais, do Distrito Federal ou pelos Tribunais Regionais Federais (se for decisão concessiva, poderá haver Recurso Especial ou Recurso Extraordinário, por parte do MP ou do querelante); b) decisão denegatória de mandado de segurança proferida em única instância, pelos Tribunais Estaduais, do Distrito Federal ou pelos Tribunais Regionais Federais (se for decisão concessiva, poderá haver recurso especial ou recurso extraordinário, por parte do MP ou do querelante).

No STF, são as seguintes as hipóteses de cabimento: a) decisão denegatória de HC, MS, MI ou HD, proferidas em única instância pelos Tribunais superiores (STJ, art. 105, *b*, *c* e *h*; TSE, art. 121, § 3º; STM, art. 124, parágrafo único, todos da CF); b) decisões referentes a crimes políticos (a competência para julgar é da Justiça Federal, conforme art. 109, IV, c/c art. 108, *a*, ambos da CF).

FLUXOGRAMA DO RECURSO ORDINÁRIO CONSTITUCIONAL

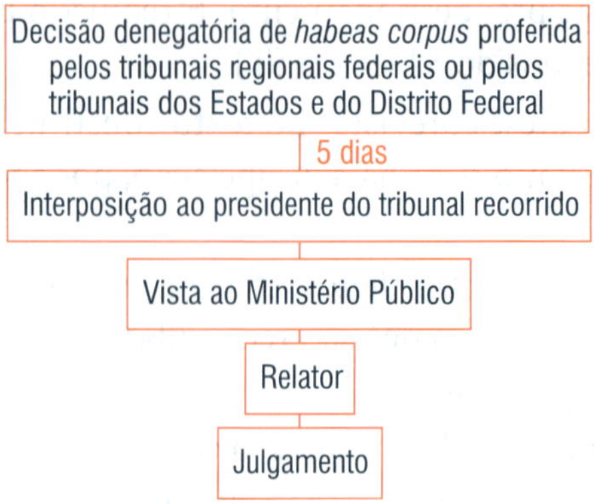

6.2. Recurso extraordinário

O recurso extraordinário é previsto no art. 102, III, da Constituição Federal. Sua finalidade é pedir o reexame de causa decidida em única ou última instância, quando a decisão contrariar dispositivo da CF, quando declarar a inconstitucionalidade de lei federal ou tratado, ou quando julgar válida lei ou ato de governo local contestado em face da CF (art. 102, III, da CF, c/c os arts. 1.029 e seguintes do CPC).

As hipóteses de cabimento estão previstas na CF:

a) art. 102, III, *a*: contrariar dispositivo da Constituição: decisão recorrida viola Constituição (ser incompatível ou afrontar regra ou princípio);

b) art. 102, III, *b*: declarar a **inconstitucionalidade de tratado ou lei federal**: decisão recorrida afirma que o tratado ou a lei é inconstitucional;

Questão de prova

A prova de Promotor de Justiça MP/MG/2010 considerou CORRETA a afirmativa: "Recurso Extraordinário poderá ser aforado contra decisão que declarar a inconstitucionalidade de tratado ou lei federal".

c) art. 102, III, *c*: julgar válida lei ou ato de governo local contestado em face da Constituição; lei local contra lei federal local: ato da administração estadual ou municipal, que não seja lei ou ato jurisdicional; requisitos: haja impugnação da validade da lei ou do ato, tenha o recurso por fundamento a impugnação, e a decisão seja favorável à lei ou ao ato impugnado;

d) art. 102, III, *d*: julga válida lei local contestada em face de lei federal.

Os requisitos de admissibilidade do recurso extraordinário são:

a) decisão proferida em única ou última instância de tribunal, ou não;

b) obrigatoriedade de esgotamento de todos os recursos ordinários, nos termos da Súmula 281 do STF ("É inadmissível o recurso extraordinário quando couber, na Justiça de origem, recurso ordinário da decisão impugnada");

c) prequestionamento, nos termos das Súmulas 282 ("É inadmissível o recurso extraordinário quando não ventilada, na decisão recorrida, a questão federal suscitada") e 356 ("O ponto omisso da decisão, sobre o qual não foram opostos embargos declaratórios, não pode ser objeto de recurso extraordinário, por faltar o requisito do prequestionamento"), ambas do STF;
d) alegação de direito, nos termos da Súmula 279 do STF ("Para simples reexame de prova não cabe recurso extraordinário");
e) configuração da hipótese de cabimento do art. 102, III, da CF;
f) demonstrar a **repercussão geral** da questão constitucional discutida na causa.

Questão de prova

A prova de Procurador TCE/BA/2010 considerou INCORRETA a afirmativa: "No que se refere ao reconhecimento de repercussão geral para fins de interposição de recurso extraordinário criminal, a invocação de princípios gerais do direito penal não enseja, por si só, a viabilidade, em tese, do mencionado recurso. A esse respeito, no caso de nova legislação penal com dispositivos ao mesmo tempo mais gravosos e mais benéficos, o plenário do STF já se manifestou pelo não reconhecimento de repercussão para fins de cabimento de apelo extraordinário, por se tratar de típico caso de ofensa reflexa ao texto constitucional".

O recurso extraordinário é interposto perante o presidente ou o vice-presidente do tribunal recorrido, em petições distintas, que conterão: a) a exposição do fato e do direito; b) a demonstração do cabimento do recurso interposto; c) as razões do pedido de reforma da decisão recorrida.

Quando o recurso fundar-se em dissídio jurisprudencial, o recorrente fará a prova da divergência mediante certidão, cópia autenticada ou pela citação do repositório de jurisprudência, oficial ou credenciado, inclusive em mídia eletrônica, em que tiver sido publicada a decisão divergente, ou ainda pela reprodução de julgado disponível na internet, com indicação da respectiva fonte, mencionando, em qualquer caso, as circunstâncias que identifiquem ou assemelhem os casos confrontados.

A defesa ou acusação tem o prazo de 15 dias para interposição para o presidente do tribunal de origem, a contar da intimação da decisão recorrida. Em relação ao assistente de acusação (Súmula 210 do STF: "O assistente do Ministério Público pode recorrer, inclusive extraordinariamente, na ação penal, nos casos dos arts. 584, § 1º, e 598 do CPP"), só é possível nos seguintes casos: a) não apelação pelo Ministério Público; b) decretação da extinção da punibilidade; c) sentença de pronúncia.

Se o presidente aceitá-lo, o recurso vai para o STF; se não o aceitar, usa-se o agravo de admissão para o STF, que deverá ser interposto em 15 dias.

Após interposto o recurso, a Secretaria do respectivo tribunal providencia a intimação do recorrido para contrarrazões em 15 dias, findo o qual os autos serão conclusos ao presidente ou ao vice-presidente do tribunal recorrido, para juízo de admissibilidade em 5 dias (Súmulas 292 e 528 do STF). Se admitido, há remessa ao STF, com distribuição para uma das turmas (desde que o recurso ainda não tenha sido submetido ao regime de repercussão geral ou de julgamento de recursos repetitivos ou que o recurso tenha sido selecionado como representativo da controvérsia ou o tribunal recorrido tenha refutado o juízo de retratação), sorteio de relator e manifestação do MP em 5 dias, para posterior julgamento.

O Supremo Tribunal Federal poderá desconsiderar vício formal de recurso tempestivo ou determinar sua correção, desde que não o repute grave.

A concessão do efeito suspensivo cabe: a) ao tribunal superior respectivo, no período compreendido entre a publicação da decisão de admissão do recurso e sua distribuição, ficando o relator designado para seu exame preventivo para julgá-lo; b) ao relator, se já distribuído o recurso; c) ao presidente ou ao vice-presidente do tribunal recorrido, no período compreendido entre a interposição do recurso e a publicação da decisão de admissão do recurso, assim como no caso de o recurso ter sido sobrestado.

No juízo de admissibilidade pelo presidente ou vice-presidente do tribunal recorrido, podem ser tomadas as seguintes atitudes: I – negar seguimento: a recurso extraordinário que discuta questão constitucional à qual o Supremo Tribunal Federal não tenha reconhecido a existência de repercussão geral ou a recurso extraordinário interposto contra acórdão que esteja em conformidade com entendimento do Supremo Tribunal Federal exarado no regime de repercussão geral; a recurso extraordinário interposto contra acórdão que esteja em conformidade com entendimento do Supremo Tribunal Federal exarado no regime de julgamento de recursos repetitivos; II – encaminhar o processo ao órgão julgador para realização do juízo de retratação, se o acórdão recorrido divergir do entendimento do Supremo Tribunal Federal exarado, conforme o caso, nos regimes de repercussão geral ou de recursos repetitivos; III – sobrestar o recurso que versar sobre controvérsia de caráter repetitivo ainda não decidida pelo Supremo Tribunal Federal; IV – selecionar o recurso como representativo de controvérsia constitucional ou infraconstitucional; V – realizar o juízo de admissibilidade e, se positivo, remeter o feito ao Supremo Tribunal Federal.

Sobre repercussão geral: a) o Supremo Tribunal Federal, em decisão irrecorrível, não conhecerá do recurso extraordinário quando a questão constitucional nele versada não tiver repercussão geral; b) para efeito de repercussão geral, será considerada a existência ou não de questões relevantes do ponto de vista econômico, político, social ou jurídico que ultrapassem os interesses subjetivos do processo; c) o recorrente deverá demonstrar a existência de repercussão geral para apreciação exclusiva pelo Supremo Tribunal Federal; d) haverá repercussão geral sempre que o recurso impugnar acórdão que contrarie súmula ou jurisprudência dominante do Supremo Tribunal Federal; tenha reconhecido a inconstitucionalidade de tratado ou de lei federal; e) reconhecida a repercussão geral, o relator no Supremo Tribunal Federal determinará a suspensão do processamento de todos os processos pendentes, individuais ou coletivos, que versem sobre a questão e tramitem no território nacional; f) negada a repercussão geral, o presidente ou o vice-presidente do tribunal de origem negará seguimento aos recursos extraordinários sobrestados na origem que versem sobre matéria idêntica; g) o recurso que tiver a repercussão geral reconhecida deverá ser julgado no prazo de um ano e terá preferência sobre os demais feitos, ressalvados os que envolvam réu preso e os pedidos de *habeas corpus*; h) a súmula da decisão sobre a repercussão geral constará de ata, que será publicada no diário oficial e valerá como acórdão.

Exclusão do sobrestamento da repercussão geral: o interessado pode requerer, ao presidente ou ao vice-presidente do tribunal de origem, que exclua da decisão de sobrestamento e inadmita o recurso extraordinário que tenha sido interposto intempestivamente, tendo o recorrente o prazo de 5 (cinco) dias para manifestar-se sobre esse requerimento. Do indeferimento cabe agravo interno.

Do julgamento dos recursos extraordinário e especial repetitivos

a) **Requisito:** multiplicidade de recursos extraordinários com fundamento em idêntica questão de direito.

b) **Efeito:** haverá afetação para julgamento.

c) **Processamento:** arts. 1.036 ao 1.041 do CPC, observado o disposto no Regimento Interno do Supremo Tribunal Federal.

d) **Seleção:** o presidente ou o vice-presidente de Tribunal de Justiça ou de Tribunal Regional Federal selecionará dois ou mais recursos representativos da controvérsia, que serão encaminhados ao Supremo Tribunal Federal para fins de afetação, determinando a suspensão do trâmite de todos os processos pendentes, individuais ou coletivos, que tramitem no Estado ou na região, conforme o caso.

e) **Seleção não vinculante:** a escolha feita pelo presidente ou vice-presidente do Tribunal de Justiça ou do Tribunal Regional Federal não vinculará o relator no tribunal superior, que poderá selecionar outros recursos representativos da controvérsia.

f) **Seleção adicional:** o relator em tribunal superior também poderá selecionar dois ou mais recursos representativos da controvérsia para julgamento da questão de direito independentemente da iniciativa do presidente ou do vice-presidente do tribunal de origem.

g) **Objeto da seleção:** somente podem ser selecionados recursos admissíveis que contenham abrangente argumentação e discussão a respeito da questão a ser decidida.

h) **Exclusão da decisão de sobrestamento:** o interessado pode requerer, ao presidente ou ao vice-presidente, que exclua da decisão de sobrestamento e inadmita o recurso extraordinário que tenha sido interposto intempestivamente, tendo o recorrente o prazo de cinco dias para manifestar-se sobre esse requerimento. Da decisão que indeferir o requerimento caberá apenas agravo interno.

i) **Conteúdo da decisão de afetação:** I – identificará com precisão a questão a ser submetida a julgamento; II – determinará a suspensão do processamento de todos os processos pendentes, individuais ou coletivos, que versem sobre a questão e tramitem no território nacional; III – poderá requisitar aos presidentes ou aos vice-presidentes dos Tribunais de Justiça ou dos Tribunais Regionais Federais a remessa de um recurso representativo da controvérsia.

j) **Não afetação:** o relator, no tribunal superior, comunicará o fato ao presidente ou ao vice-presidente que os houver enviado, para que seja revogada a decisão de suspensão.

k) **Pluralidade de afetação:** havendo mais de uma afetação, será prevento o relator que primeiro tiver proferido a decisão de afetação.

l) **Prazo de julgamento dos recursos afetados:** deverão ser julgados no prazo de um ano e terão preferência sobre os demais feitos, ressalvados os que envolvam réu preso e os pedidos de *habeas corpus*.

m) **Efeito do julgamento dos recursos afetados:** os órgãos colegiados declararão prejudicados os demais recursos versando sobre idêntica controvérsia ou os decidirão aplicando a tese firmada. Negada a existência de repercussão geral no recurso extraordinário afetado, serão considerados automaticamente inadmitidos os recursos extraordinários cujo processamento tenha sido sobrestado.

n) **Após publicação do acórdão paradigma:** I – o presidente ou o vice-presidente do tribunal de origem negará seguimento aos recursos especiais ou extraordinários sobrestados na origem, se o acórdão recorrido coincidir com a orientação do tribunal superior; II – o órgão que proferiu o acórdão recorrido, na origem, reexaminará o processo de competência originária, a remessa necessária ou o recurso anteriormente julgado, se o acórdão recorrido contrariar a orientação do tribunal superior; III – os processos suspensos em primeiro e segundo graus de jurisdição retomarão o curso para julgamento e aplicação da tese firmada pelo tribunal superior; IV – se os recursos versarem sobre questão relativa a prestação de serviço público objeto de concessão, permissão ou autorização, o resultado do julgamento será comunicado ao órgão, ao ente ou à agência reguladora competente para fiscalização da efetiva aplicação, por parte dos entes sujeitos a regulação, da tese adotada.

FLUXOGRAMA DO RECURSO EXTRAORDINÁRIO

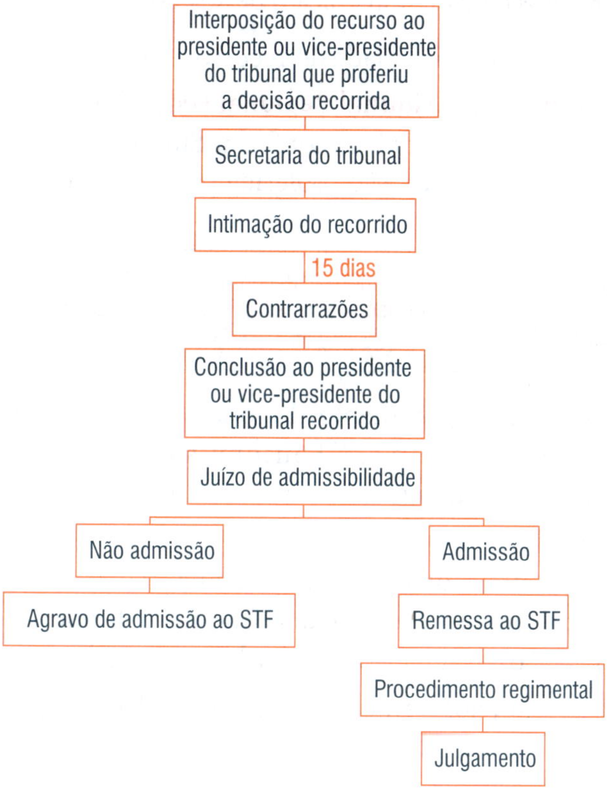

6.3. Recurso especial

Questão de prova

A prova da Magistratura Federal TRF 3ª Região/2011 considerou INCORRETA a afirmativa: "Em nenhum caso será admitido, por intempestivo, recurso especial interposto antes da publicação do acórdão de julgamento dos embargos de declaração".

O recurso especial é previsto no art. 105, III, da Constituição Federal. Visa pedir o reexame de decisão que viola legislação federal infraconstitucional. O requisito para sua interposição é o prequestionamento; caso o tribunal *a quo* não tenha discutido a matéria, deverão ser opostos os embargos de declaração (art. 105, III, da CF, c/c os arts. 1.029 e seguintes do CPC).

As hipóteses de cabimento do recurso especial estão previstas na CF:

a) art. 105, III, *a*: contrariar tratado ou lei federal, ou negar-lhes a vigência: tê-los como inexistentes ou aplicá-los de forma errada;
b) art. 105, III, *b*: julgar válido ato de governo local em face de lei federal: ato da administração estadual ou municipal, que não seja lei ou ato jurisdicional;
c) art. 105, III, *c*: der a lei federal interpretação divergente da que lhe haja atribuído outro tribunal: divergência jurisprudencial, sendo que o paradigma (decisão dos autos para demonstração) deve ser decisão de última instância.

Os requisitos de admissibilidade do recurso especial são:

a) **decisão proferida por Tribunal Regional Federal ou Tribunal Estadual**, do Distrito Federal ou Território, conforme Súmula 203 do STJ ("Não cabe recurso especial contra decisão proferida por órgão de segundo grau dos Juizados Especiais");

Questão de prova

A prova de Promotor de Justiça MP/MG/2010 considerou INCORRETA a afirmativa: "O Recurso Especial é cabível contra decisões emanadas, em única ou última instância, do Tribunal Superior Eleitoral".

b) obrigatoriedade de esgotamento de todos os recursos ordinários, nos termos da Súmula 207 do STJ ("É inadmissível recurso especial quando cabíveis embargos infringentes contra o acórdão proferido no tribunal de origem");
c) prequestionamento, nos termos da Súmula 211 do STJ ("Inadmissível recurso especial quanto à questão que, a despeito da oposição de embargos declaratórios, não foi apreciada pelo tribunal *a quo*");
d) alegação de direito, nos termos da Súmula 7 do STJ ("A pretensão de simples reexame de prova não enseja recurso especial");
e) configuração da hipótese de cabimento do art. 105, III, da CF.

É inadmissível recurso especial quando o acórdão recorrido assenta-se em fundamentos constitucional e infraconstitucional, qualquer deles suficiente, por si só, para mantê-lo, e a parte vencida não manifesta recurso extraordinário, nos termos da Súmula 126 do STJ. Assim, o recorrente deve ingressar com os dois recursos.

Admitidos ambos os recursos, os autos serão remetidos ao Superior Tribunal de Justiça. Concluído o julgamento do recurso especial, serão remetidos ao Supremo Tribunal Federal, para apreciação do recurso extraordinário, se este não estiver prejudicado.

Na hipótese de o relator do recurso especial considerar que o recurso extraordinário é prejudicial àquele, em decisão irrecorrível sobrestará o seu julgamento e os autos serão remetidos ao Supremo Tribunal Federal, para o julgamento do recurso extraordinário. Se o relator do recurso extraordinário, em decisão irrecorrível, não o considerar prejudicial, devolverá os autos ao Superior Tribunal de Justiça, para o julgamento do recurso especial.

FLUXOGRAMA DA INTERPOSIÇÃO SIMULTÂNEA DOS RECURSOS EXTRAORDINÁRIOS E ESPECIAL

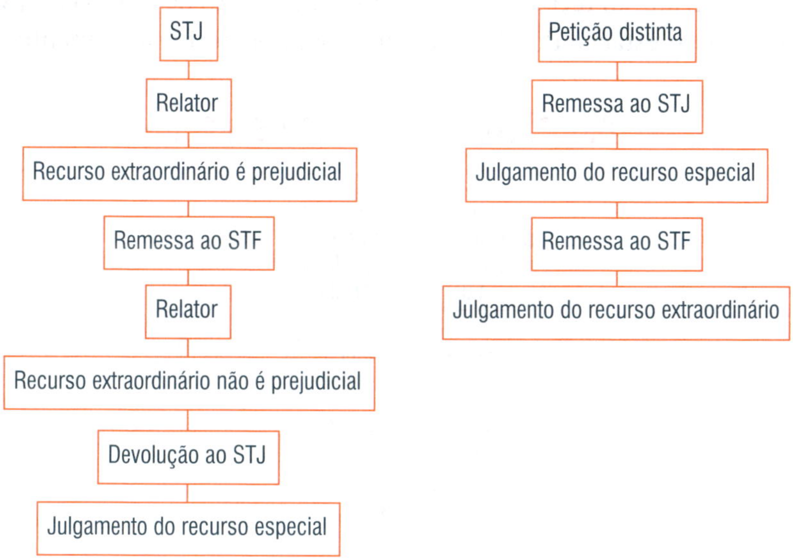

O recurso especial é interposto perante o presidente ou o vice-presidente do tribunal recorrido, em petições distintas, que conterão: a) a exposição do fato e do direito; b) a demonstração do cabimento do recurso interposto; c) as razões do pedido de reforma da decisão recorrida.

Quando o recurso fundar-se em dissídio jurisprudencial, o recorrente fará a prova da divergência mediante certidão, cópia autenticada ou pela citação do repositório de jurisprudência, oficial ou credenciado, inclusive em mídia eletrônica, em que tiver sido publicada a decisão divergente, ou ainda pela reprodução de julgado disponível na internet, com indicação da respectiva fonte, mencionando, em qualquer caso, as circunstâncias que identifiquem ou assemelhem os casos confrontados.

A defesa ou acusação, inclusive o assistente de acusação, tem o prazo de 15 dias para interposição para o presidente do tribunal de origem, a contar da intimação da decisão recorrida.

Se o presidente aceitá-lo, o recurso vai para o STJ; se não o aceitar, usa-se o agravo de admissão para o STJ, que deverá ser interposto em 15 dias.

Após interposto o recurso, a secretaria do respectivo tribunal providencia a intimação do recorrido para contrarrazões em 15 dias, findo o qual os autos serão conclusos ao presidente ou ao vice-presidente do tribunal recorrido, para juízo de admissibilidade em cinco dias. Se admitido, há remessa ao STF, com distribuição para uma das turmas (desde que o recurso ainda não tenha sido submetido ao regime de repercussão geral ou de julgamento de recursos repetitivos ou que o recurso tenha sido selecionado como representativo da controvérsia ou o tribunal recorrido tenha refutado o juízo de retratação), sorteio de relator e manifestação do MP em 5 dias, para posterior julgamento.

FLUXOGRAMA DO RECURSO ESPECIAL

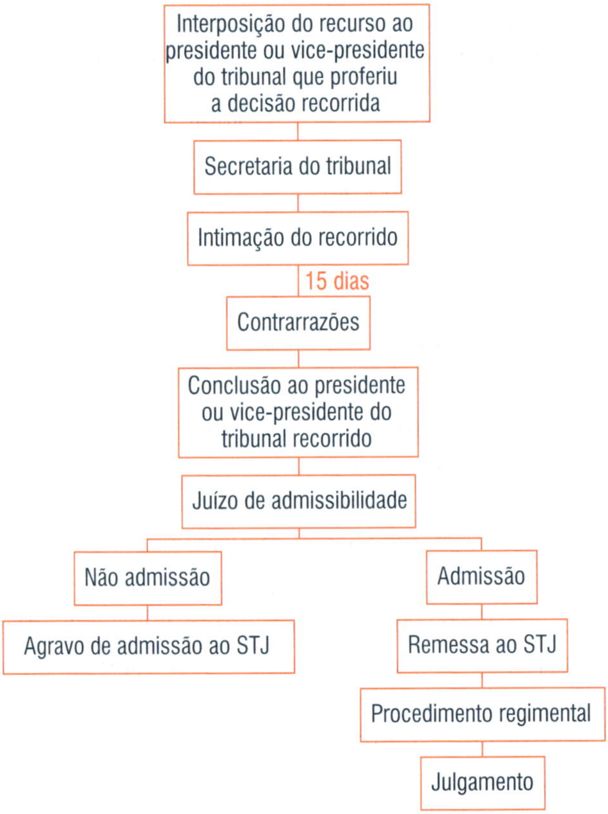

7. Agravos

7.1. Do agravo em recurso especial e em recurso extraordinário: agravo de admissão

a) **Previsão legal:** 1.042 do CPC.

b) **Cabimento:** é recurso cabível no processo penal para pedir o reexame de decisão do presidente ou do vice-presidente do tribunal recorrido que inadmitir recurso extraordinário ou recurso especial, salvo quando fundada na aplicação de entendimento firmado em regime de repercussão geral ou em julgamento de recursos repetitivos.

c) **Objeto:** é a decisão do presidente ou do vice-presidente do tribunal recorrido que inadmitir recurso extraordinário ou recurso especial. Na hipótese de interposição conjunta de recursos extraordinário e especial, o agravante deverá interpor um agravo para cada recurso não admitido.

d) **Competência:** interposição perante o presidente ou vice-presidente do tribunal de origem e razões ao STJ (se o recurso denegado for o especial) ou pelo STF (se o recurso denegado for o extraordinário). A petição de agravo será dirigida ao presidente ou ao vice-presidente do tribunal de origem e independe do pagamento de custas e despesas postais, aplicando-se a ela o regime de repercussão geral e de recursos repetitivos, inclusive quanto à possibilidade de sobrestamento e do juízo de retratação. O agravado será intimado, de imediato, para oferecer resposta no prazo de 15 (quinze) dias. Após o prazo de resposta, não havendo retratação, o agravo será remetido ao tribunal superior competente.

e) **Prazo:** 15 (quinze) dias, a contar da intimação da decisão (art. 1.003, § 5º, do CPC).

Questão de prova

(Questão adaptada) A prova do 9º Concurso da Magistratura Federal TRF 4ª Região considerou CORRETA a afirmativa: "É de quinze dias o prazo, em juízo penal, para interposição do agravo da decisão que nega seguimento a recurso especial".

f) **Legitimidade ativa:** parte vencida, terceiro prejudicado ou Ministério Público, nos termos do art. 996 do CPP.

g) **Contraditório:** o agravado será intimado, de imediato, para oferecer resposta no prazo de 15 (quinze) dias.

h) **Retratação:** é cabível.

i) **Se não houver retratação:** o agravo será remetido ao tribunal superior competente

j) **Interposição conjunta:** na hipótese de interposição conjunta de recursos extraordinário e especial, o agravante deverá interpor um agravo para cada recurso não admitido.

k) **Único agravo:** o recurso será remetido ao tribunal competente, e, havendo interposição conjunta, os autos serão remetidos ao Superior Tribunal de Justiça. Concluído o julgamento do agravo pelo Superior Tribunal de Justiça e, se for o caso, do recurso especial, independentemente de pedido, os autos serão remetidos ao Supremo Tribunal Federal para apreciação do agravo a ele dirigido, salvo se estiver prejudicado.

l) **Forma:** petição escrita.

FLUXOGRAMA DO AGRAVO DE ADMISSÃO

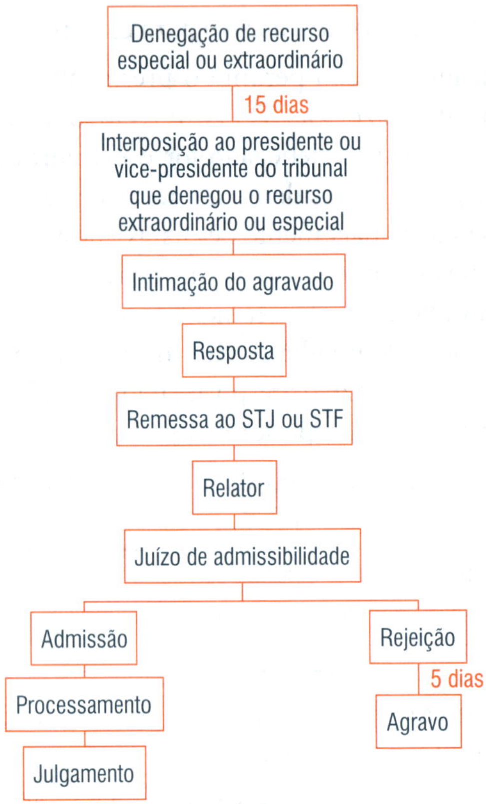

7.2. Agravo interno

a) **Previsão legal:** tem previsão legal (art. 1.021 do CPC); possui processamento regimental.

b) **Cabimento:** é o recurso de processamento regimental em que a parte prejudicada por meio de petição pede o reexame da decisão monocrática proferida pelo relator para o respectivo órgão colegiado.

No âmbito do STF, caberá agravo regimental, no prazo de 5 dias, de decisão (do presidente do tribunal, de presidente de turma ou do relator) que cause prejuízo ao direito da parte; não haverá efeito suspensivo, nos termos do art. 317 do Regimento Interno do STF.

No âmbito do STJ, a parte que se considerar agravada por decisão de corte especial, de seção, de turma ou de relator poderá requerer, dentro de 5 dias, a apresentação do feito em mesa, para que a corte especial, seção ou a turma sobre ela se pronuncie, confirmando-a ou reformando-a.

Não cabe agravo regimental da decisão do relator que der provimento a agravo de instrumento, para determinar a subida de recurso não admitido, nos termos dos arts. 258 e 259 do Regimento Interno do STJ.

c) **Objeto:** cabe da decisão monocrática do relator.

d) **Competência:** será interposto perante o prolator da decisão impugnada. É recurso julgado pelo tribunal competente que conheceria o recurso denegado (plenário, câmara ou turma).

e) **Prazo:** 15 dias, contados da intimação da decisão.

f) **Legitimidade:** a parte prejudicada com a decisão monocrática do relator.

g) **Características:** o agravo será dirigido ao relator, que intimará o agravado para manifestar-se sobre o recurso no prazo de 15 dias, ao final do qual, não havendo retratação, o relator levá-lo-á a julgamento pelo órgão colegiado, com inclusão em pauta. É vedado ao relator limitar-se à reprodução dos fundamentos da decisão agravada para julgar improcedente o agravo interno.

h) **Procedimento:** é o recurso de processamento regimental. Quando o agravo interno for declarado manifestamente inadmissível ou improcedente em votação unânime, o órgão colegiado, em decisão fundamentada, condenará o agravante a pagar ao agravado multa fixada entre 1% e 5% do valor atualizado da causa.

i) **Efeitos:** devolutivo; regressivo (prolator da decisão impugnada pode reconsiderar sua decisão ou submeter o recurso ao julgamento).

7.3. Agravo em execução

O agravo em execução é um recurso disciplinado no art. 197 da Lei de Execução Penal: "Das decisões proferidas pelo juiz caberá recurso de agravo, sem efeito suspensivo".

Visa o reexame da decisão proferida por juiz da execução penal, proferida durante o processo de execução penal ou relativa à execução penal. O art. 66 da LEP fornece um roteiro das hipóteses de cabimento do agravo em execução:

a) **aplicação da lei penal mais benigna:** quando lei posterior retirar o caráter criminoso do fato ou favorecer, de qualquer outro modo, o infrator, como por diminuição de pena;

b) **extinção da punibilidade:** há um rol exemplificativo das causas extintivas de punibilidade no art. 107 do CP;

c) **soma ou unificação de penas:** ocorre quando houver concurso formal ideal, crime continuado ou o total exceder o limite máximo previsto no Código Penal;

d) **progressão de regime:** transferência do condenado do regime mais rigoroso para o regime menos rigoroso;

e) **regressão de regime:** transferência do condenado do regime menos rigoroso para o regime mais rigoroso;

f) **detração penal:** é o cômputo, na pena privativa de liberdade e na medida de segurança, do tempo de prisão provisória, no Brasil ou no estrangeiro, de prisão administrativa e internação;

g) **remição penal:** é a possibilidade de o condenado que cumpre pena em regime fechado ou semiaberto descontar do tempo da execução da pena os dias efetivamente trabalhados (a cada 3 dias trabalhados, haverá desconto de 1 dia na pena);

h) **suspensão condicional da pena:** suspensão da pena privativa de liberdade por um período com imposição de condições;

i) **livramento condicional:** antecipação provisória da liberdade com imposição de obrigações;

j) **incidentes da execução:** são questões que surgem no curso do processo de execução penal, que podem levar à redução, extinção ou substituição da pena;

k) **autorizar saídas temporárias:** 1) permissão de saída; 2) saída temporária;

l) **tarefas administrativas:** art. 66, VI a IX, da LEP;

m) **remoção de condenado:** 1) fora da comarca: precisa de precatória; 2) dentro da comarca: decisão pode ser da autoridade administrativa; 3) outro país: extradição ou expulsão; 4) para hospital psiquiátrico ou manicômio;

n) **pena restrita de direito:** o juiz fixará a forma de cumprimento e a fiscalização;

o) **conversão da pena restritiva de direito em privativa de liberdade:** 1) descumprimento injustificado da condição imposta; 2) quando o condenado praticar qualquer das faltas graves previstas no art. 51, I, II e III, da LEP; 3) no art. 44, § 5º, do CP; 4) se o condenado não for encontrado para ser intimado do início do cumprimento da pena;

p) **conversão da pena privativa de liberdade em restritiva de direitos;**

q) **medida de segurança:** aplicação, substituição da pena por medida de segurança; revogação, desinternação e restabelecimento de situação anterior.

O objeto do agravo em execução é uma decisão proferida por um juiz da execução penal ou durante o processo da execução penal ou relativa a ela. É interposto ao prolator da decisão recorrida e o julgamento deve ser realizado pelo tribunal competente.

O prazo é de 5 dias, nos termos da Súmula 700 do STF, contados da intimação da decisão. O defensor público tem o prazo de 10 dias, nos termos da Lei n. 1.060/50.

O agravo em execução pode ser proposto pelo sentenciado, seu representante, seu cônjuge, parente, descendente ou órgão do Ministério Público. No tocante à capacidade postulatória, é necessário defensor constituído ou dativo para oferecimento das contrarrazões no agravo em execução.

O conselho penitenciário, órgão consultivo e fiscalizador, não tem legitimidade ativa para impugnar, por meio de agravo em execução, a decisão que concedeu ao condenado, recorrente, o benefício do indulto, pois o art. 577 do CPP limita a legitimação dos recursos penais apenas às partes (*Informativo* 411 do STJ).

A denominação "agravo em execução" decorre da doutrina e da jurisprudência; é um incidente de execução.

Em relação ao **processamento** do agravo em execuçao, a posição majoritária é de que o processamento será feito na forma do recurso em sentido estrito (em sentido contrário: processamento do agravo de instrumento do Código de Processo Civil).

Como mencionado, o agravante tem o prazo de 5 dias contados da data da intimação da decisão (Súmula 700 do STF) para apresentação do recurso perante o juiz da execução penal, por petição ou termo nos autos.

Em seguida, haverá intimação do recorrente para razões em 2 dias. Depois, intimação do recorrido para contrarrazões também em 2 dias. Os autos vão conclusos ao juiz para exercer o juízo de retratação no mesmo prazo. Se o juiz mantiver a decisão, remeterá os autos ao tribunal competente. Se as reformar, cabe ao recorrido elaborar simples petição em 5 dias para requerer a subida nos autos. Se houver decisão denegatória, caberá carta testemunhável.

O agravo em execução não tem **efeito suspensivo**, salvo no caso da decisão que concede desinternação ou liberação (art. 179 da LEP). Possui efeito regressivo e devolutivo.

> **Questão de prova**
> A prova de Assessor da DPE/PR/2011 considerou CORRETA a afirmativa: "O agravo em execução não tem efeito suspensivo, salvo quando a decisão impugnada for de liberação ou desinternação de indivíduo sujeito à medida de segurança".

Em face do *Informativo* 509 do STJ, é possível a impetração de ***habeas corpus*** em substituição à utilização do agravo em execução, previsto no art. 197 da LEP, desde que não seja necessário revolvimento de provas para a sua apreciação e que a controvérsia se limite à matéria de direito.

7.4. Outros agravos

Parte da doutrina considera os casos a seguir arrolados como outros agravos ou recursos inominados:

a) **art. 625, § 3º, do CPP:** na revisão criminal, "se o relator julgar insuficientemente instruído o pedido e inconveniente ao interesse da justiça que se apensem os autos originais, indeferi-lo-á *in limine*, dando recurso para as câmaras reunidas ou para o tribunal, conforme o caso".

b) **art. 39 da Lei n. 8.038/90:** da decisão do presidente do tribunal, de seção, de turma ou de relator que causar gravame à parte, caberá agravo para o órgão especial, seção ou turma, conforme o caso, no prazo de cinco dias.

c) **art. 28, § 5º, da Lei n. 8.038/90:** da decisão do relator que negar seguimento ou provimento ao agravo de instrumento, caberá agravo para o órgão julgador no prazo de cinco dias.

d) **art. 5º, § 2º, do CPP:** do despacho que indeferir o requerimento de abertura de inquérito, caberá recurso para o chefe de polícia.

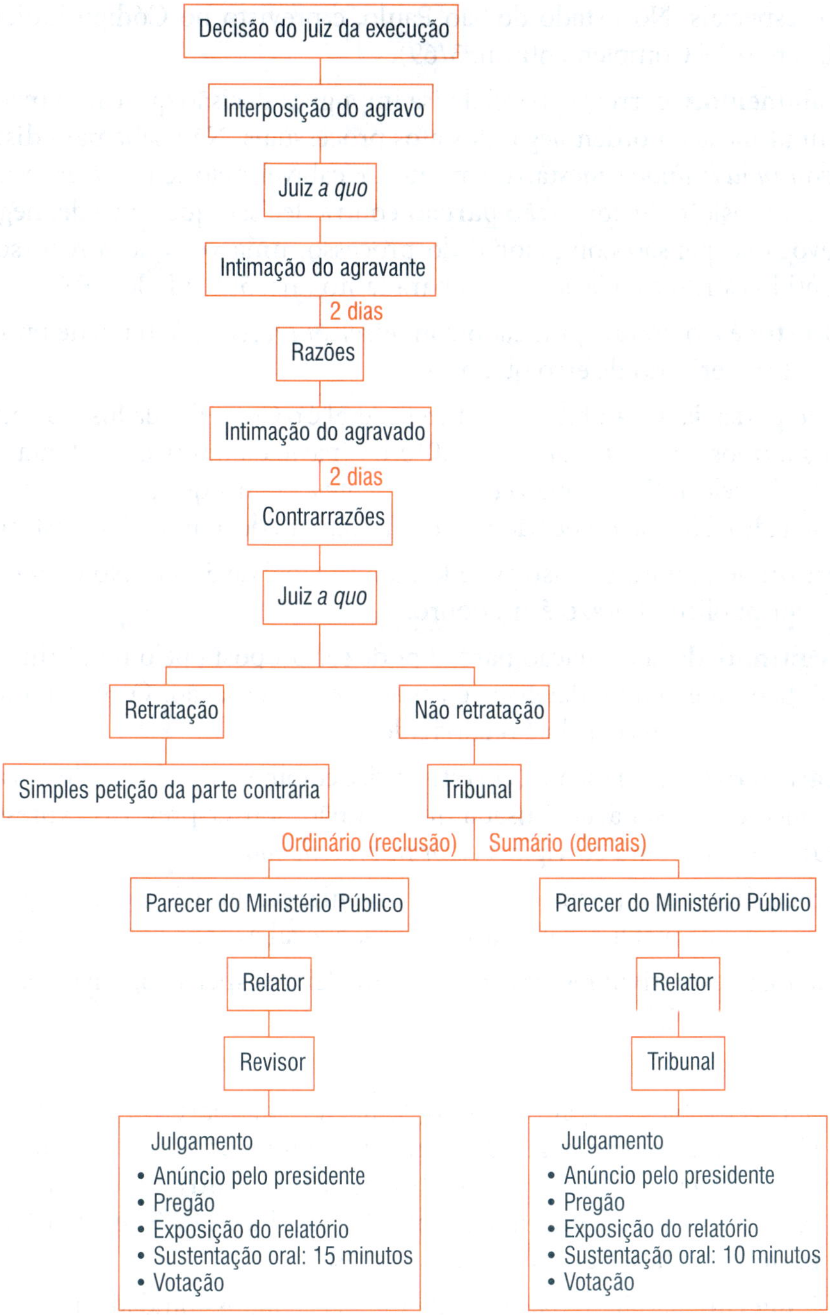

8. Correição parcial

a) **Previsão legal:** no âmbito federal, a correição parcial é prevista na Lei n. 5.010/66. No Código de Processo Penal Militar, é incluída entre os processos especiais. No Estado de São Paulo, é previsto no Código Judiciário (Decreto-lei Complementar n. 3/69).

b) **Cabimento:** a correição parcial visa impugnar decisão que causa inversão tumultuária da ordem legal dos atos processuais. Não cabe para discutir *error in judicando* (questão de mérito). É cabível, pelo seu caráter residual, a interposição de **correição parcial** contra decisão que concede, nega ou revoga suspensão condicional do processo, uma vez que o recurso em sentido estrito é a via adequada para tanto (art. 581, XI, do CPP).

c) **Objeto:** é ato do juiz praticado com *error in procedendo* (erro de procedimento), derivado de erro ou abuso.

d) **Competência:** no âmbito da Justiça Federal é o Conselho da Justiça Federal, nos termos do art. 6º da Lei n. 5.010/66 (parte da doutrina sustenta que é julgado pelo TRF da região correspondente à do juiz que proferiu o ato impugnado). No Estado de São Paulo, é a Câmara do Tribunal de Justiça.

e) **Prazo:** no âmbito da Justiça Federal, o prazo é de 5 dias. No caso de defensor público, o prazo é em dobro.

f) **Legitimidade:** a correição parcial pode ser proposta pelo réu, Ministério Público, querelante, defensor e assistente de acusação. O recorrente é o corrigente; e o recorrido é o corrigido.

g) **Características:** 1) medida corretiva: visa coibir erros e abusos do julgador; 2) medida subsidiária: é usada quando não houver previsão expressa de outro recurso para corrigir o *error in procedendo.*

h) **Procedimento:** é previsto na lei de organização judiciária. Em regra, é o do agravo de instrumento, salvo previsão legal expressa em contrário.

i) **Efeitos:** devolutivo; regressivo; não tem efeito suspensivo, salvo aplicação analógica do CPC.

j) **Observações:**

- **natureza:** há divergência na doutrina: 1) uma parte sustenta ser uma medida disciplinar (segundo Mirabete, é providência jurídico-administrativa e tem caráter censório-disciplinar); 2) outra parte sustenta ser recurso, pois visa impugnar uma decisão judicial; 3) e uma terceira parte sustenta ser um sucedâneo recursal;
- **inquérito:** não há vedação legal em relação à possibilidade de usar correição parcial na fase do inquérito policial, desde que ocorra uma inversão tumultuária no procedimento;
- **fungibilidade recursal:** a jurisprudência admite a aplicação da fungibilidade recursal quando a parte, de forma incorreta, usa a correição parcial, e não o recurso previsto em lei;

- **constitucionalidade:** é reconhecida pelo STF a constitucionalidade da correição parcial, apesar de parte da doutrina sustentar a inconstitucionalidade, em face da sua disciplina constar de lei estadual.

QUESTÕES SOBRE TEORIA GERAL DOS RECURSOS

1. (84º Concurso de Promotor de Justiça Substituto MP/SP) Assinale a alternativa incorreta.

a) Em regra, os recursos serão sempre voluntários.
b) Os recursos só poderão ser interpostos por petição.
c) Os efeitos do recurso são: devolutivo, suspensivo, extensivo e regressivo.
d) O despacho que determina o arquivamento do inquérito policial, a requerimento do Ministério Público, é irrecorrível.
e) O oferecimento das razões de apelação fora do prazo legal constitui mera irregularidade.

2. (86º Concurso de Promotor de Justiça Substituto MP/SP) Assinale a alternativa correta.

a) Cabe recurso em sentido estrito da decisão do juiz que julga improcedente a exceção de suspeição.
b) Cabe recurso em sentido estrito da decisão que indefere pedido de anulação do processo no curso da instrução.
c) No caso de morte do ofendido, o cônjuge somente poderá apelar da sentença absolutória, na ausência de recurso do Ministério Público, se previamente tenha se habilitado como assistente.
d) No procedimento sumaríssimo regido pela Lei n. 9.099, de 26.09.1995, cabe apelação, no prazo de cinco dias, da sentença, da decisão que homologa a transação penal e da que rejeita a denúncia ou a queixa.
e) No procedimento sumaríssimo regido pela Lei n. 9.099, de 26.09.1995, é de cinco dias o prazo para a interposição de embargos de declaração contra a sentença.

3. (86º Concurso de Promotor de Justiça Substituto MP/SP) Assinale a alternativa incorreta.

a) Admite-se a intervenção do assistente do Ministério Público após a sentença absolutória, na ausência do trânsito em julgado.
b) Na ausência de recurso do Ministério Público, pode o assistente de acusação recorrer da decisão que rejeita a denúncia por inépcia.
c) Não cabe recurso em sentido estrito da decisão que admitir ou não admitir o assistente de acusação.
d) Pode o ofendido, particular, habilitar-se como assistente do Ministério Público em crimes contra a Administração Pública.
e) Não se aplicam ao assistente de acusação os impedimentos previstos em lei para o juiz e o órgão do Ministério Público.

4. (88º Concurso de Promotor de Justiça Substituto MP/SP) É hipótese de recurso de ofício:

I. a decisão que denegar o ***habeas corpus***;
II. a decisão que determinar o arquivamento do inquérito policial instaurado por crime contra a economia popular;
III. a sentença que julgar procedente a ação penal por crime contra a saúde pública;
IV. a decisão que indeferir a reabilitação;
V. a decisão concessiva de mandado de segurança impetrado contra ato da autoridade policial que indefere vista dos autos de inquérito policial ao defensor do ofendido.

Está correto apenas o que se afirma em

a) I e III.
b) I e IV.
c) II e III.
d) II e V.
e) IV e V.

5. (83º Concurso de Promotor de Justiça Substituto MP/SP) No caso de emprestar ao recurso interposto efeito suspensivo não previsto em lei, deve-se

a) interpor agravo.
b) impetrar *habeas corpus*.
c) interpor correição parcial.
d) impetrar mandado de segurança.
e) interpor recurso ordinário constitucional.

6. (85º Concurso de Promotor de Justiça Substituto MP/SP) Assinale a resposta correta. A observância da proibição da "*reformatio in pejus* indireta" impede:

a) O agravamento da pena no segundo julgamento quando anulado o primeiro em apelo da acusação.
b) O reconhecimento no segundo Júri de qualificadora negada no primeiro, anulado em apelo do réu.
c) O agravamento da pena no segundo julgamento, anulado o primeiro em apelo do réu.
d) A exacerbação no segundo julgamento da pena-base imposta no primeiro, ficando inalterada a pena final, se anulada a sentença anterior em apelo do réu.
e) O reconhecimento da prescrição retroativa pela pena concretizada no segundo julgamento, anulado o primeiro em apelo do réu.

7. (Analista do MP/RJ/2011) "Na temática atinente aos recursos, dois são os princípios fundamentais que se defrontam e devem ser conciliados. De um lado, a imposição do princípio da justiça leva a pensar que, quanto mais se examinar uma decisão, mais possível será a perfeita distribuição da justiça. Do outro lado, a observância do princípio da certeza jurídica impõe a brevidade do processo, a exigir que a decisão seja proferida de uma vez por todas, sem procrastinações inúteis, no menor tempo possível" (GRINOVER, Ada Pellegrini et al. *Recursos no processo penal*. 6. ed. São Paulo: Revista dos Tribunais, 2009, p. 19). Operando de forma complementar, o sistema processual penal pátrio fornece outras normas que disciplinam o manejo dos recursos. Assim, considerando a temática pertinente aos princípios gerais dos recursos criminais, é correto afirmar que:

a) os recursos independem de expressa previsão legal, de modo que o rol dos recursos e as hipóteses de cabimento configuram um elenco norteador, pois, na tentativa de equilibrar as garantias do valor justiça e do valor certeza, não se pode admitir que a via recursal permaneça infinitamente aberta;
b) a possibilidade de revisão das decisões judiciárias há de ser prevista em lei, porém, não se exclui a interpretação extensiva da norma processual, nem mesmo a aplicação analógica de certas regras;
c) há casos de decisões objetivamente complexas, com capítulos distintos, em que entram em jogo diversos requisitos de admissibilidade, sendo que, nesses casos, a lei pode prever expressamente o oferecimento de recursos ordinários concomitantes e diversos para impugnar o mesmo capítulo;
d) o princípio da variabilidade significa que a interposição de um recurso liga o recorrente à impugnação, permitindo-se a interposição de outros recursos, se no prazo;
e) por força do princípio da obrigatoriedade, nos crimes de ação penal pública, o Ministério Público não pode desistir do recurso interposto.

8. (Magistratura TJ/RS/2009) Sobre o duplo grau de jurisdição ou duplo pronunciamento no âmbito criminal, assinale a assertiva correta.

a) Quando a Câmara Criminal do Tribunal de Justiça decide absolver o réu, mesmo diante de recurso exclusivo do Ministério Público, que pretendia aumentar a pena do acusado, fala-se em aplicação do princípio da *reformatio in mellius*.
b) Cabe recurso em sentido estrito para impugnar a extinção da punibilidade declarada na sentença penal condenatória.
c) Para evitar a impunidade e a injustiça da sentença, a Câmara Criminal do Tribunal de Justiça, ao julgar a apelação do réu, mesmo diante da ausência de recurso da acusação, aumentou a pena, conforme os ditames legais.

d) Ao prover o pedido constante no recurso interposto pela acusação, a Câmara Criminal do Tribunal de Justiça desconstituiu a sentença penal condenatória e determinou que o juízo *a quo* prolatasse outra sentença, remetendo-lhe os autos. Ao proferir a segunda sentença, o magistrado não poderá aplicar uma pena privativa de liberdade superior àquela aplicada na sentença anulada, sob pena de *reformatio in pejus* indireta.
e) Diferentemente do que ocorre no processo civil, no processo penal os requisitos de admissibilidade do recurso de apelação são analisados somente pelo *juízo a quo*, no momento do recebimento ou não do recurso.

9. (24º Concurso de Procurador da República) O princípio da unirrecorribilidade:
a) é absoluto no processo penal.
b) não é aplicável quando da interposição concomitante de recursos especial e extraordinário.
c) é aplicável mesmo quando da interposição concomitante de recursos especial e extraordinário.
d) é adotada apenas para o protesto por novo júri.

10. (17º Concurso de Procurador da República) Ainda quanto aos recursos:
a) pacífica a jurisprudência de que é possível, em recurso exclusivo da acusação, reformar a decisão em favor do réu.
b) anulada a sentença condenatória em recurso exclusivo da defesa, por vício da incompetência absoluta, pode ser prolatada nova decisão mais gravosa do que a anulada.
c) a proibição da *reformatio in pejus* é uma construção jurisprudencial.
d) depende de requerimento a extensão da decisão em favor de um réu a outro.

11. (17º Concurso de Procurador da República) Em matéria de recurso:
a) é cabível recurso de réu absolvido.
b) o recurso em sentido estrito classifica-se como de fundamentação vinculada.
c) o juízo de delibação é feito pelo juízo *a quo*.
d) uma vez recebido o recurso, não poderá ser inadmitido pelo tribunal *ad quem*.

12. (15º Concurso de Procurador da República) O denominado efeito regressivo é peculiar:
a) à apelação.
b) ao agravo de instrumento em execução penal.
c) ao recurso em sentido estrito.
d) ao recurso especial.

13. (Analista Judiciário TRF 2ª Região/2012) No que concerne aos recursos em geral, considere:
I. Não serão prejudicados os recursos que, por erro, falta ou omissão dos funcionários, não tiverem seguimento ou nao forem apresentados dentro do prazo.
II. O Ministério Público pode desistir de recurso que haja interposto se, após a interposição, se convencer do acerto da decisão recorrida e se arrepender da interposição.
III. O réu condenado que não recorreu da sentença poderá ser beneficiado, no caso de concurso de agentes, pela decisão de recurso interposto pelo corréu, fundado em motivos que não sejam de caráter exclusivamente pessoal.

Está correto o que consta SOMENTE em
a) II.
b) I e II.
c) II e III.
d) I e III.
e) III.

14. (Exame da OAB unificado/2012) Caio, Mévio e Tício estão sendo acusados pela prática do crime de roubo majorado. No curso da instrução criminal, ficou comprovado que os três acusados agiram em concurso para a prática do crime. Os três acabaram condenados, e somente um deles recorreu da decisão. A decisão do recurso interposto por Caio

a) aproveitará aos demais, sempre.
b) se fundado em motivos que não sejam de caráter exclusivamente pessoal, aproveitará aos outros.
c) sempre aproveitará apenas ao recorrente.
d) aproveitará aos demais, desde que eles tenham expressamente consentido nos autos com os termos do recurso interposto.

15. (Defensor Público MA/2011) Assinale a opção correta acerca dos recursos.

a) A apresentação das razões de apelação fora do prazo legal constitui mera irregularidade, não caracterizando a intempestividade do recurso.
b) A extensão do recurso de apelação interposto pelo MP é aferida pelas razões de recurso, e não pela mera petição de sua interposição.
c) No recurso de apelação contra decisões do júri, há ampla devolução do conhecimento pleno da matéria ao órgão recursal, e não apenas dos fundamentos do recurso.
d) Os DPs possuem a prerrogativa de intimação pessoal para o julgamento da apelação, não se estendendo tal prerrogativa aos defensores dativos.
e) Em face do princípio da ampla defesa, o DP ou o defensor dativo, devidamente intimado de decisão desfavorável ao réu, é obrigado a recorrer.

16. (Exame da OAB/2008) Assinale a opção correta acerca dos recursos, segundo o CPP.

a) O juiz deverá recorrer, de ofício, da sentença concessiva de *habeas corpus*.
b) O MP poderá desistir de recurso que haja interposto.
c) Admite-se recurso da parte que não tiver interesse na reforma ou modificação da decisão.
d) A parte será prejudicada pela interposição de um recurso por outro, ainda que tenha atuado de boa-fé.

17. (Procurador TCE/SP/2011) No caso de concurso de agentes, a decisão do recurso interposto por um dos réus

a) se fundado em motivos que não sejam de caráter pessoal, aproveitará aos outros.
b) sempre aproveitará aos outros.
c) aproveitará aos outros que anuíram expressamente com o recurso por termo nos autos, os quais deverão ser obrigatoriamente intimados acerca do recurso interposto pelo corréu.
d) nunca aproveitará aos outros.
e) aproveitará aos outros que não tenham apresentado versão colidente com aquela apresentada pelo corréu recorrente durante o interrogatório judicial.

18. (Defensor Público AM/2011) Sobre os recursos no processo penal brasileiro, assinale a opção incorreta.

a) É vedado ao tribunal, em grau de recurso, agravar a pena do réu, quando somente ele tiver recorrido.
b) A despeito da vedação da *reformato in pejus*, o tribunal, diante do Princípio da Instrumentalidade das Formas, pode decretar *ex oficio* nulidade absoluta, se, ao ser reconhecida, se der em prejuízo do réu.
c) O tribunal pode absolver o acusado ao julgar recurso interposto exclusivamente pela acusação, ainda que o pedido da acusação seja pelo agravamento da condenação do réu, nos termos da denúncia.
d) Diante do Princípio da Presunção da Inocência e do Princípio da Verdade Real, reconhece-se ao recurso de apelação o efeito extensivo, ou seja, ainda que o corréu não apele da sentença condenatória, beneficia-se do recurso de apelação interposto pelo outro réu naquilo que lhe for comum.
e) *Reformato in pejus* indireta ocorre quando for anulada a sentença penal condenatória em recurso exclusivo da defesa e a nova decisão for proferida de forma a agravar a situação do réu.

19. (Analista Judiciário TJ/SC/2009) Em matéria de recursos, está de acordo com a legislação vigente:

I. Os recursos serão voluntários, excetuando-se os seguintes casos, em que deverão ser interpostos, de ofício, pelo juiz: da sentença que não conceder ***habeas corpus***; da que absolver desde logo o réu com fundamento na existência de circunstância que exclua o crime ou isente o réu de pena.

II. O recurso poderá ser interposto pelo Ministério Público, ou pelo querelante, ou pelo réu, seu procurador ou seu defensor. Não se admitirá, entretanto, recurso da parte que não for sucumbente.

III. Salvo a hipótese de má-fé, a parte não será prejudicada pela interposição de um recurso por outro. Além disso, não serão prejudicados os recursos que, por erro, falta ou omissão dos funcionários, não tiverem seguimento ou não forem apresentados dentro do prazo.

IV. No caso de concurso de agentes, a decisão do recurso interposto por um dos réus, se fundado em motivos que sejam de caráter exclusivamente pessoal, aproveitará aos outros.

a) Somente as assertivas I, III e IV estão corretas.
b) Somente as assertivas II e III estão corretas.
c) Somente as assertivas I, II e IV estão corretas.
d) Somente a assertiva III está correta.
e) Todas as assertivas estão corretas.

20. (Magistratura TJ/MG/2005) É CORRETO afirmar que cabe recurso de ofício, de qualquer sentença que:

a) absolve o réu por existência de circunstâncias de exclusão de crime ou de isenção de pena, em processo de competência do juiz singular.
b) impronuncia o réu por dúvida da materialidade do delito ou por falta de indícios de autoria.
c) julga pedido de *habeas corpus*.
d) deixa de pronunciar o réu e o absolve em processo de competência do Júri.

QUESTÕES SOBRE RECURSOS EM ESPÉCIE

1. (IX Concurso Juiz Federal TRF4) Indique a alínea em que se encontra a afirmativa inteiramente correta:

a) Podem os regimentos internos dos tribunais prever correição parcial destinada a atacar despachos ordinatórios.
b) Cabe apelação da decisão que julga extinta a punibilidade.
c) Contra decisão que recebe denúncia não cabe qualquer manifestação de inconformidade.
d) A carta testemunhável deve ser interposta ao magistrado de primeira instância, devendo este, obrigatoriamente, ordenar sua remessa ao tribunal de apelação.

2. (85º Concurso de Promotor de Justiça Substituto MP/SP) Assinale a afirmação incorreta.

a) As apelações das sentenças de absolvição ou condenação podem ser interpostas de todo o julgado ou de parte dele.
b) O âmbito de devolução do apelo é fixado na petição ou termo de sua interposição.
c) O âmbito de devolução do apelo é fixado nas razões.
d) Interposto e recebido o apelo, o defensor constituído pode dele desistir, no todo ou em parte, desde que munido de procuração com poderes especiais.
e) A falta do oferecimento de razões não impede o conhecimento do apelo.

3. (87º Concurso de Promotor de Justiça Substituto MP/SP) Assinale a afirmativa incorreta, em relação ao recurso de apelação no processo penal:

a) o assistente da acusação pode interpor apelação, mesmo se o Ministério Público não recorreu.
b) o Promotor de Justiça pode desistir parcialmente do seu inconformismo nas razões recursais, mudando o seu entendimento firmado no ato de interposição do recurso.
c) no caso de concurso de agentes, a decisão favorável ao réu apelante pode aproveitar ao corréu, se fundada em motivos que não sejam de caráter exclusivamente pessoal.
d) a interposição da apelação admite os efeitos devolutivo, suspensivo, e extensivo.
e) no procedimento sumaríssimo, cabe o recurso de apelação da decisão que rejeitar a denúncia ou a queixa.

4. (84º Concurso de Promotor de Justiça Substituto MP/SP) Qual o remédio cabível da denegação de seguimento do agravo em execução?

a) Recurso em sentido estrito.
b) *Habeas Corpus*.
c) Carta testemunhável.
d) Apelação.
e) Mandado de segurança.

5. (Titular de Serviços de Notas e de Registros TJ/SP/2011) Qual o recurso cabível da decisão, despacho ou sentença que concluir pela incompetência do juízo?

a) Correição Parcial.
b) Apelação.
c) Agravo.
d) Recurso em Sentido Estrito.

6. (Delegado Polícia Civil PA/2009) Para impugnar decisão de um juiz que, no curso do processo em primeiro grau de jurisdição, resolveu questão incidente sem analisar o mérito, é cabível a interposição de

a) apelação.
b) agravo.
c) embargos de divergência.
d) embargos infringentes.

7. (Escrevente Técnico Judiciário TJ/SP/2012) São requisitos necessários para que se articulem os embargos infringentes e de nulidade do parágrafo único do art. 609 do CPP:

I. decisão de segunda instância;
II. decisão desfavorável ao réu;
III. decisão unânime.

É correto o que se afirma em

a) I e II, apenas.
b) I, II e III.
c) I e III, apenas.
d) II e III, apenas.
e) I, apenas.

8. (Analista Processual TJ/RO/2012) Assinale a opção correta no que se refere aos recursos em geral.

a) Entre outras situações, justificam a correição parcial a suspeição ou a incompetência do juiz da causa.
b) Na fase preliminar do procedimento do júri, caberá apelação da decisão judicial que pronunciar o réu.
c) Se o réu renunciar ao direito de apelação e se houver, mesmo contra a sua vontade, a interposição do recurso pelo seu defensor, há de preponderar a vontade do acusado.
d) Em caso de denegação do processamento do recurso de apelação e interposto o recurso em sentido estrito, é facultado ao juiz, por uma única vez, reconsiderar a sua decisão.
e) Contra a decisão judicial que determina a revogação da reabilitação cabe recurso em sentido estrito.

9. (Defensor Público AC/2012) Em janeiro de 2012, um preso formulou pleito de indulto pleno com base em decreto presidencial datado de dezembro de 2011, por meio do qual foram concedidos indulto e comutação aos condenados do sistema penitenciário brasileiro. Após a oitiva do Conselho Penitenciário, do MP e da DP, nomeada para a defesa do condenado, o juiz indeferiu o pleito. Nessa situação hipotética, deverá o DP interpor recurso

a) de apelação, consoante artigo do CPP.
b) de agravo de instrumento.
c) em sentido estrito, consoante o que dispõe artigo do CPP.

d) inominado, por não haver, na Lei de Execução Penal, previsão expressa de recurso para o caso em apreço.
e) de agravo, conforme o disposto na Lei de Execução Penal.

10. (Promotor de Justiça MP/PR/2012) Sobre recursos e ações autônomas de impugnação em processo penal, examine as afirmativas abaixo e responda:

I. Os embargos de declaração interrompem o prazo para a interposição de outros recursos, por qualquer das partes, exceto quando opostos em face de sentença exarada em procedimento perante o Juizado Especial Criminal;
II. Contra a decisão que não recebe a denúncia cabe recurso em sentido estrito, inclusive quando se tratar de infração de menor potencial ofensivo, em procedimento perante o Juizado Especial Criminal;
III. Segundo o entendimento sumulado do Supremo Tribunal Federal, é nula a decisão do tribunal que acolhe, contra o réu, nulidade não arguida no recurso da acusação;
IV. Se o Tribunal de Justiça, em recurso interposto pela defesa, por maioria de votos, absolve o apelante, o Ministério Público pode, em desfavor do acusado, prequestionar eventual matéria infraconstitucional por meio da oposição de embargos infringentes, antes de interpor Recurso Especial, esgotando, assim, os recursos cabíveis no tribunal *a quo*;
V. O Ministério Público pode manejar recurso ordinário constitucional, dirigido ao Superior Tribunal de Justiça, contra decisão de única instância de Tribunal Estadual, que concede a ordem de *habeas corpus*.

a) Apenas as alternativas I e III são corretas;
b) Todas as alternativas estão corretas;
c) Apenas as alternativas II, III e V são corretas;
d) Apenas as alternativas I, III e V são corretas;
e) Apenas as alternativas II e IV são corretas.

11. (Promotor de Justiça MP/DF/2011) No que pertine aos recursos no processo penal, assinale o item incorreto:

a) Cabe recurso para impugnar decisão que acolhe ou rejeita o pedido de absolvição sumária, prevista no artigo 397 do Código de Processo Penal.
b) A declaração de extinção da punibilidade efetivada pelo juiz da execução penal deve ser atacada por meio de agravo.
c) No caso de concurso de agentes, a decisão do recurso interposto por um dos réus, se fundado em motivos que não sejam de caráter exclusivamente pessoal, aproveitará aos outros.
d) Não cabem embargos infringentes contra acórdão não unânime que julga improcedente revisão criminal nos Tribunais de Justiça.
e) Se os embargos de declaração não forem conhecidos em razão de sua intempestividade, não se operará a interrupção do prazo para interposição de outros recursos.

12. (Exame da OAB unificado/2012) Em relação aos meios de impugnação de decisões judiciais, assinale a afirmativa INCORRETA.

a) Caberá recurso em sentido estrito contra a decisão que rejeitar a denúncia, podendo o magistrado, entretanto, após a apresentação das razões recursais, reconsiderar a decisão proferida.
b) Caberá apelação contra a decisão que impronunciar o acusado, a qual terá efeito meramente devolutivo.
c) Caberá recurso em sentido estrito contra a decisão que receber a denúncia oferecida contra funcionário público por delito próprio, o qual terá duplo efeito.
d) Caberá apelação contra a decisão que rejeitar a queixa-crime oferecida perante o Juizado Especial Criminal, a qual terá efeito meramente devolutivo.

13. (Magistratura TRF 3ª Região/2011) Assinale a opção correta, no tocante aos recursos em processo penal.

a) Com a extinção do protesto por novo júri, não é mais possível, pela via recursal, que o réu seja submetido a novo julgamento perante o tribunal do júri.

b) O agravo de instrumento é o recurso cabível contra a decisão que não admite recurso extraordinário ou especial, e a carta testemunhável, o recurso apropriado contra a decisão que denega a apelação.
c) Da decisão de pronúncia cabe recurso em sentido estrito; da impronúncia e da absolvição sumária cabe apelação.
d) O recurso em sentido estrito é cabível apenas contra a decisão do juiz que concede a ordem de *habeas corpus*, pois da que a denega tem cabimento outro *habeas corpus*.
e) O CPP prevê o recurso em sentido estrito contra a decisão que receber ou rejeitar a denúncia ou a queixa.

14. (Analista Judiciário TRF 5ª Região/2012) Da decisão que, nos casos de ação penal privada em que haja sentença condenatória, embora admita o recurso de apelação do querelado, obstar sua expedição e segmento para o juízo *ad quem* por não recolhimento de custas, caberá

a) recurso em sentido estrito.
b) agravo de instrumento.
c) recurso especial.
d) carta testemunhável.
e) mandado de segurança.

15. (Promotor de Justiça MP/TO/2012) No que concerne à apelação, assinale a opção correta.

a) A não apresentação das razões de apelação no prazo legal torna o recurso deserto, o que impede o seu conhecimento pela superior instância.
b) O efeito da apelação, seja em sentença absolutória, seja em sentença condenatória, é sempre suspensivo.
c) Tratando-se de ação penal privada, o MP tem legitimidade para recorrer, em algumas situações previstas em lei, em favor do querelante.
d) A extensão da apelação mede-se pelas razões, podendo o recorrente, quando da sua apresentação, ampliar o seu âmbito ou alterar a sua pretensão, desde que respeitado o prazo legal.
e) Admite-se a interposição de apelação contra sentença condenatória, por intermédio de simples cota nos autos, mediante assinatura do réu e de seu defensor, desde que o inconformismo com a sentença seja tempestivo e claramente demonstrado.

16. (Analista Judiciário TJ/AL/2012) Acerca do recurso em sentido estrito e da apelação no processo penal, assinale a opção correta.

a) Contra a decisão que julgar extinta a punibilidade não é cabível apelação.
b) A decisão de pronúncia, considerada interlocutória mista, está sujeita ao recurso em sentido estrito.
c) A absolvição sumária, sendo sentença, está sujeita ao recurso de apelação, mas a decisão de impronúncia, considerada interlocutória mista assim como a pronúncia, é recorrível na via do recurso em sentido estrito.
d) Cabe recurso em sentido estrito contra o reconhecimento de ofício da incompetência do juízo ou contra a decisão que julgar procedente a exceção de incompetência, que pode ser considerada interlocutória simples, assim como contra a decisão que julgar procedente as exceções de impedimento e de suspeição.
e) O Código de Processo Penal prevê o mesmo recurso contra a decisão que conceder ou negar a liberdade provisória, seja ela com ou sem fiança.

17. (Defensor Público PR/2012) Suponha que um mesmo acusado tenha sido pronunciado pelo I Tribunal do Júri da Comarca de Curitiba, em razão da prática do crime previsto no art. 121, § 2º, IV do Código Penal e condenado, em outro processo, à pena de 3 meses pelo crime do art. 129, *caput*, do Código Penal, por sentença do Juizado Especial Criminal de Curitiba, por fatos sem qualquer conexão. Neste caso, o Defensor Público poderá utilizar, para cada uma das situações, respectivamente,

a) Recurso em Sentido Estrito e Recurso Inominado.
b) Protesto por novo júri e Recurso Inominado.
c) Recurso de Apelação e Recurso Inominado.
d) Recurso em Sentido Estrito e Recurso de Apelação.
e) Recurso de Apelação em ambas as situações.

18. (Assessor Jurídico TJ/PR/2012) No que se relaciona à disciplina de Embargos de Nulidade e Infringentes, considere as seguintes afirmativas:

I. Os embargos de nulidade não são recebidos com efeito suspensivo.
II. São cabíveis embargos de divergência em matéria criminal no STJ.
III. Os embargos infringentes visam modificar o mérito de uma decisão.
IV. Não são cabíveis embargos infringentes no STF.

Assinale a alternativa correta.

a) Somente as afirmativas I e III são verdadeiras.
b) Somente as afirmativas II e IV são verdadeiras.
c) Somente as afirmativas II e III são verdadeiras.
d) As afirmativas I, II, III e IV são verdadeiras.

19. (Magistratura TJ/GO/2012) Em relação aos recursos, é correto afirmar que

a) caberá recurso em sentido estrito da decisão que receber a denúncia ou a queixa.
b) o apelante não poderá arrazoar a apelação em segunda instância.
c) caberá recurso em sentido estrito da decisão de pronúncia.
d) é dispensável a preliminar de repercussão geral no recurso extraordinário que verse sobre matéria penal.
e) o prazo para interposição do recurso de apelação é de 8 (oito) dias.

20. (Magistratura TJ/ES/2011) Assinale a opção correta acerca do recurso em sentido estrito.

a) Contra a decisão do juízo monocrático que rejeite a exceção de incompetência cabe recurso em sentido estrito, não podendo, assim, a decisão ser confrontada por meio de *habeas corpus*, que não é instrumento substitutivo de recurso.
b) Não se admite interpretação extensiva ou analógica às hipóteses de cabimento de recurso em sentido estrito, ainda que a situação a que se busca enquadrá-la tenha similitude com as hipóteses descritas taxativamente no Código de Processo Penal.
c) Segundo a jurisprudência dos tribunais superiores, ainda que a defesa esteja sendo patrocinada por advogado constituído, a intimação para o julgamento do recurso em sentido estrito deve ser feita pessoalmente.
d) Assim como ocorre no recurso de apelação criminal, o recurso em sentido estrito tem efeito devolutivo amplo, na medida em que sua análise pelo órgão recursal competente não se restringe aos temas debatidos no primeiro grau de jurisdição.
e) A decisão de desclassificação de delito de competência do tribunal do júri é equivalente ao reconhecimento de incompetência do juízo, sendo, dessa forma, impugnável por recurso em sentido estrito.

21. (Magistratura TJ/GO/2015) Em relação aos recursos no processo penal, cabe recurso

a) em sentido estrito da decisão que receber a denúncia.
b) de agravo, no prazo de 5 dias, da declaração da extinção da punibilidade feita pelo juiz da execução penal.
c) em sentido estrito da decisão que absolver sumariamente o acusado, no procedimento do Tribunal do Júri.
d) em sentido estrito da decisão que decidir sobre a unificação das penas.
e) de embargos infringentes quando a decisão de segundo grau, ao julgar apelação, recurso em sentido ou *habeas corpus*, for desfavorável ao acusado, por maioria de votos.

22. (Delegado da Polícia Civil PC/CE/2015) Qual o recurso cabível e em qual prazo deve ser manejado contra decisão denegatória de *habeas corpus* proferida por uma vara criminal em primeiro grau de jurisdição?

a) Apelação; 5 dias.
b) Recurso em sentido estrito; 2 dias.
c) Recurso em sentido estrito; 5 dias.
d) Apelação; 2 dias.
e) Recurso em sentido estrito; 10 dias.

PRESTE ATENÇÃO!

- A carta testemunhável não terá efeito suspensivo.
- No caso de concurso de agentes, a decisão do recurso interposto por um dos réus, se fundado em motivos que não sejam de caráter exclusivamente pessoal, aproveitará aos outros.
- Constitui nulidade a falta de intimação do denunciado para oferecer contrarrazões ao recurso interposto da rejeição da denúncia, não a suprindo a nomeação de defensor dativo.

CUIDADO!

- O processo da carta testemunhável na instância superior seguirá o processo do recurso denegado.
- O Ministério Público não poderá desistir de recurso que haja interposto.
- O efeito devolutivo da apelação contra decisões do júri é adstrito aos fundamentos da sua interposição.

IMPORTANTE!

- É de 5 dias o prazo para interposição de agravo contra decisão do juiz da execução penal.
- Salvo quando nula a decisão de primeiro grau, o acórdão que provê o recurso contra a rejeição da denúncia vale, desde logo, pelo recebimento dela.
- É nulo o julgamento da apelação se, após a manifestação nos autos da renúncia do único defensor, o réu não foi previamente intimado para constituir outro.

Capítulo 22

AÇÕES IMPUGNATIVAS AUTÔNOMAS

I – Introdução

Ação impugnativa autônoma é a que dá origem a uma nova relação jurídica processual com o seu ajuizamento. Não se confunde com o recurso, que, por sua vez, visa dar continuidade a uma relação processual já instaurada, mas numa nova fase, a recursal.

O *habeas corpus* e o mandado de segurança, além de ações impugnativas autônomas, constituem remédios constitucionais, pois visam instrumentalizar os direitos fundamentais e as garantias gerais (vedam abusos).

II – Espécies

1. *Habeas corpus*

1.1. Origem

A origem histórica fora do Brasil gera três posicionamentos: a) surgiu na Inglaterra, com a Magna Carta de 1215 (posição majoritária); b) surgiu no direito romano (*interdicto de libero homine exhibendo*); c) surgiu no Reinado de Carlos II.

O *habeas corpus* é uma garantia constitucional que surgiu, no Brasil, com o Código de Processo Criminal do Império de 1832.

A primeira Constituição que fez previsão do *habeas corpus* foi a de 1891, que o admitia para proteger direitos pessoais, inclusive liberdade de locomoção. Em 1926, a reforma constitucional o restringiu em instrumento protetor apenas da liberdade de locomoção.

O período histórico entre 1891 e 1926, em que o *habeas corpus* foi utilizado para proteger todo e qualquer direito, e não apenas a liberdade de locomoção, é conhecido como "teoria brasileira do *habeas corpus*".

1.2. Conceito

É um **remédio constitucional** utilizado para evitar ou cessar violência ou coação à liberdade de locomoção, por ilegalidade ou abuso de poder. Não necessita da intervenção de advogado e está previsto no art. 5º, LXVII, da CF, bem como nos arts. 647 a 667 do CPP.

> **Questão de prova**
> A prova da Magistratura TJ/RJ/2011 considerou CORRETA a afirmativa: "O *habeas corpus* é ação de natureza constitucional destinada a coibir qualquer ilegalidade ou abuso de poder contra a liberdade de locomoção".

1.3. Características

Trata-se de uma **ação judicial** (é pedido de prestação jurisdicional) constitucional de procedimento especial (sequência de atos processuais concentrados), penal e gratuita (isenta de custas), que serve para proteger a liberdade de locomoção da pessoa humana (liberdade de locomoção: direito de ir, vir, ficar, permanecer e deslocar-se).

> **Questão de prova**
> A prova da Magistratura TJ/RJ/2011 considerou INCORRETA a afirmativa: "Recurso previsto na Constituição Federal para evitar atentado na liberdade de ir e vir ou no direito líquido e certo".

A própria natureza do *habeas corpus*, que demanda um processamento célere e isento de grandes formalidades, dispensa a autenticação dos documentos que instruem a inicial.

1.4. Legitimidade de partes

1.4.1. Legitimidade ativa

O *habeas corpus* é **ação penal popular**, já que **qualquer pessoa**, nacional ou estrangeira (a petição deve ser redigida em português), pode fazer uso dele, em benefício **próprio ou alheio**.

> **Questões de prova**
> A prova de Defensor Público PI/2009 considerou CORRETA a afirmativa: "Segundo entendimento do STF, a ação do *habeas corpus* qualifica-se como típica ação penal popular".
>
> A prova de Promotor de Justiça MP/SP/2008 considerou CORRETA a afirmativa: "O menor de 18 anos, o analfabeto e o estrangeiro podem impetrar *habeas corpus*".
>
> A prova de Analista Judiciário TRE/ES/2011 considerou CORRETA a afirmativa: "Não é exigida capacidade processual para a impetração de *habeas corpus*, pois qualquer pessoa pode fazê-lo, em seu favor ou de outrem, conforme disposto no Código de Processo Penal".

O analfabeto pode impetrar *habeas corpus* com assinatura a rogo; não basta impressão digital.

A pessoa jurídica pode impetrar em favor de pessoa física.

O **membro do Ministério Público**, como fiscal da lei, também pode impetrar *habeas corpus*, nos termos do art. 32 da Lei Orgânica n. 8.625/93, bem como do art. 654 do CPP: "O *habeas corpus* poderá ser impetrado por qualquer pessoa, em seu favor ou de outrem, bem como pelo Ministério Público".

> **Questão de prova**
> A prova de Promotor de Justiça MP/SP/2005 considerou CORRETA a afirmativa: "O Promotor de Justiça poderá impetrar ordem de *Habeas Corpus*".

Em relação ao juiz e/ou delegado, há dois posicionamentos: a) só podem impetrar quando forem pacientes; b) podem impetrar em favor de pessoa que esteja sofrendo a coação ou violência na sua liberdade de locomoção, pois todos têm direito de petição, nos termos do art. 5º, XXXIV, da CF.

A legitimidade para ajuizamento do *habeas corpus* é um atributo da personalidade, não se exigindo a capacidade de estar em juízo, **nem a capacidade postulatória**[1].

> **Questão de prova**
> A prova de Técnico Judiciário TJ/AC/2012 considerou INCORRETA a afirmativa: "O *habeas corpus* somente deve ser impetrado por advogado, pois se trata de processo judicial".

1.4.2. Legitimidade passiva

O *habeas corpus* pode ser impetrado em face de **autoridade pública** ou particular (exemplo: em caso de retenção em hospital por não pagamento das despesas).

> **Questão de prova**
> A prova de Promotor de Justiça MP/AP/2012 considerou INCORRETA a afirmativa: "Promotor de justiça não pode figurar como autoridade coatora no pedido de *habeas corpus*".

1.5. Condições da ação

O *habeas corpus*, por ser uma ação, está subordinado às condições da ação:

a) **possibilidade jurídica do pedido:** o pedido formulado pelo autor tem que ser previsto e aceito pelo ordenamento jurídico;

b) **interesse de agir: 1) necessidade:** é preciso que haja constrangimento ou simples ameaça à liberdade de locomoção; **2) adequação:** o *habeas corpus*

[1] MORAES, Alexandre. *Direito constitucional*. São Paulo: Atlas, 2004, p. 143.

deve ser apto a corrigir ou remover a situação ilegal ou abusiva causada na liberdade de locomoção de uma pessoa;

c) **legitimidade para agir:** 1) ativa: qualquer pessoa física ou jurídica (o paciente só pode ser pessoa física); 2) passiva: autoridade pública ou particular.

1.6. Espécies

Existem três espécies de *habeas corpus*:

a) **preventivo:** serve para afastar ameaça à liberdade de locomoção (o juiz expede salvo-conduto);

b) **repressivo ou liberatório:** serve para afastar constrangimento à liberdade de locomoção (o juiz expede alvará de soltura);

Questões de prova

A prova de Promotor de Justiça MP/SP/2010 considerou INCORRETA a afirmativa: "O *habeas corpus* liberatório é aquele interposto quando há uma ameaça de violência ou coação à liberdade de locomoção, por abuso de poder ou ilegalidade".

A prova de Promotor de Justiça MP/TO/2012 considerou INCORRETA a afirmativa: "O *habeas corpus* do tipo liberatório, destinado a fazer cessar constrangimento ilegal já existente, pode ser impetrado por meio de petição anônima".

c) **de ofício:** concedido pelo juiz no curso de processo criminal, quando houver constrangimento ilegal à liberdade de locomoção (o juiz expede alvará de soltura).

Questões de prova

A prova de Auxiliar Judiciário TJ/AL/2012 considerou CORRETA a afirmativa: "Os juízes e os tribunais têm competência para expedir ordem de *habeas corpus* quando, no curso de processo, restar evidenciado que alguém esteja sofrendo ou esteja na iminência de sofrer coação ilegal, desde que requerido por quem sofre a coação ou pelo MP".

A prova Juiz TJ/GO/2015 considerou INCORRETA a afirmativa: "Juiz de primeiro grau não tem competência para expedir de ofício ordem de *habeas corpus*".

ITENS	PREVENTIVO	REPRESSIVO	DE OFÍCIO
Cabimento	Quando alguém se achar ameaçado de sofrer violência ou coação em sua liberdade de locomoção por ilegalidade ou abuso de poder.	Quando alguém estiver sofrendo violência ou coação em sua liberdade de locomoção por ilegalidade ou abuso de poder.	Quando alguém, no curso de processo criminal, estiver sofrendo violência ou coação em sua liberdade de locomoção por ilegalidade ou abuso de poder.
Finalidade	Cessar a ameaça.	Cessar a ameaça, impedindo a violência ou coação na liberdade de locomoção.	Cessar o constrangimento, liberando o paciente.

Ordem judicial	Salvo-conduto.	Alvará de soltura.	Alvará de soltura.
Terminologia	Não tem.	Pode ser chamado de liberatório ou suspensivo.	Não tem.

1.7. Procedimento

1.7.1. Procedimento em primeira instância

O procedimento do *habeas corpus* é sumaríssimo, pois não admite dilação probatória; o rito processual é desenvolvido basicamente em duas fases, postulatória e decisória, subdivididas em: a) apresentação da petição; b) apresentação do preso, salvo nos casos de escusa legítima previstos no art. 657 do CPP (grave enfermidade do paciente; não estar ele sob a guarda da pessoa a quem se atribui a detenção; se o comparecimento não tiver sido determinado pelo juiz ou pelo tribunal); c) realização de diligência; d) decisão em 24 horas.

A petição de *habeas corpus* será apresentada ao juiz competente e conterá: a) o nome da pessoa que sofre ou está ameaçada de sofrer violência ou coação e o de quem exercer a violência, coação ou ameaça; b) a declaração da espécie de constrangimento ou, em caso de simples ameaça de coação, as razões em que funda o seu temor; c) a assinatura do impetrante, ou de alguém a seu rogo, quando não souber ou não puder escrever, e a designação das respectivas residências (art. 654, § 1º, do CPP).

Recebida a petição, o juiz, se julgar necessário e se estiver preso o paciente, mandará que este lhe seja apresentado em dia e hora que designar.

Se o juiz ordenar a apresentação do paciente, e este não comparecer, de forma injustificada, restará caracterizado ato de desobediência, sendo expedido mandado de prisão contra o detentor, que será processado na forma da lei. O juiz, então, providenciará para que o paciente seja tirado da prisão e apresentado em juízo.

Se o paciente estiver preso, nenhum motivo escusará a sua apresentaçao, salvo: a) grave enfermidade; b) não estar sob a guarda da pessoa a quem se atribui a detenção; c) se o comparecimento não tiver sido determinado pelo juiz ou pelo tribunal. O juiz poderá ir ao local em que o paciente se encontrar, se este não puder ser apresentado por motivo de doença.

Efetuadas as diligências e interrogado o paciente, o juiz decidirá, fundamentadamente, dentro de 24 horas.

As informações da autoridade coatora são requisitadas, quando em segunda instância. O Ministério Público só se manifesta em **segunda instância**, nos termos do Decreto-lei n. 552/69. Se for processo da competência originária de tribunal, será julgado na primeira sessão. Pode ser impetrado por radiograma, telex ou telefone; basta a petição ser apresentada por escrito, em língua portuguesa.

Questão de prova

A prova de Promotor de Justiça MP/TO/2012 considerou INCORRETA a afirmativa: "Nos processos de *habeas corpus*, é obrigatória a concessão de vista ao representante do MP, seja no primeiro, seja no segundo grau de jurisdição".

1.7.2. Processamento em segunda instância

Em caso de competência originária do Tribunal, a petição de *habeas corpus* será apresentada ao secretário, que a enviará imediatamente ao presidente do tribunal, ou da câmara criminal, ou da turma, que estiver reunida ou primeiro tiver de reunir-se.

Se a petição contiver os requisitos do art. 654, § 1º, do CPP (supracitados), o presidente, se necessário, requisitará da autoridade indicada como coatora informações por escrito.

Caso falte qualquer dos requisitos, o presidente mandará preenchê-lo, logo que lhe for apresentada a petição. Se não forem preenchidos e o presidente entender que o *habeas corpus* deva ser indeferido *in limine*, levará a petição ao tribunal, câmara ou turma, para que delibere a respeito.

Recebidas as informações, ou dispensadas (à luz do art. 662 do Código de Processo Penal, as informações da autoridade coatora, enquanto peça não essencial, podem ser dispensadas quando suficientemente instruído o pedido), o *habeas corpus* será julgado na primeira sessão, podendo, entretanto, adiar-se o julgamento para a sessão seguinte. A decisão será tomada por maioria de votos. Havendo empate, se o presidente não tiver tomado parte na votação, proferirá voto de desempate; caso contrário, prevalecerá a decisão mais favorável ao paciente.

O secretário do tribunal lavrará a ordem que, assinada pelo presidente do tribunal, câmara ou turma, será dirigida, por ofício ou telegrama, ao detentor, ao carcereiro ou à autoridade que exercer ou ameaçar exercer o constrangimento. A ordem transmitida por telegrama obedecerá ao disposto no art. 289, parágrafo único, *in fine*.

Os regimentos internos dos tribunais estabelecerão as normas complementares para o processo e o julgamento do pedido de *habeas corpus* de sua competência originária.

1.8. Personagens

No remédio constitucional *habeas corpus*, em que uma pessoa visa pedir ao juiz a cessação da ameaça ou do constrangimento à liberdade de locomoção, surgem os seguintes personagens: **a) impetrante:** quem requer o *habeas corpus*;

b) **paciente:** quem sofre coação; c) **detentor:** quem tem o paciente sob custódia; d) **coator:** quem exerce violência ou coação.

1.9. Requisitos formais

A petição do *habeas corpus* deve conter os seguintes requisitos: a) endereçamento; b) paciente; c) autoridade coatora; d) fatos; e) assinatura do impetrante.

1.10. Competência

Há dois casos de competência no *habeas corpus*:

a) **Competência originária:** quando o *habeas corpus* é impetrado direto em Tribunal, conforme as normas da Constituição Federal:

- compete ao Supremo Tribunal Federal, precipuamente, a guarda da Constituição, cabendo-lhe processar e julgar, originariamente, o *habeas corpus*, sendo pacientes o Presidente da República, o Vice-Presidente, os membros do Congresso Nacional, seus próprios Ministros e o Procurador-Geral da República, os Ministros de Estado e os **Comandantes da Marinha, do Exército** e da Aeronáutica, ressalvado o disposto no art. 52, I, os membros dos Tribunais Superiores, os do Tribunal de Contas da União e os chefes de missão diplomática de caráter permanente;

> **Questão de prova**
> A prova de Delegado de Polícia RN/2009 considerou INCORRETA a afirmativa: "O *habeas corpus*, de acordo com a CF, será de competência do STJ quando o coator for o comandante do Exército".

- compete ao Supremo Tribunal Federal, precipuamente, a guarda da Constituição, cabendo-lhe processar e julgar, originariamente, o *habeas corpus*, quando o coator for Tribunal Superior, ou quando o coator ou o paciente for autoridade ou funcionário cujos atos estejam sujeitos diretamente à jurisdição do Supremo Tribunal Federal, ou quando se trate de crime sujeito à mesma jurisdição em uma única instância;
- compete ao **Superior Tribunal de Justiça** processar e julgar, originariamente, os *habeas corpus*, quando o coator ou paciente forem os Governadores dos Estados e do Distrito Federal e, nestes e nos de responsabilidade, os desembargadores dos Tribunais de Justiça dos Estados e do Distrito Federal, os membros dos Tribunais de Contas dos Estados e do Distrito Federal, dos Tribunais Regionais Federais, dos Tribunais Regionais Eleitorais e do Trabalho, dos Conselhos ou Tribunais de Contas dos Municípios e do Ministério Público da União que oficiem perante tribunais, ou quando o coator for tribunal sujeito à sua jurisdição, Minis-

tro de Estado ou Comandante da Marinha, do Exército ou da Aeronáutica, ressalvada a competência da Justiça Eleitoral;

Questão de prova

A prova de Analista Judiciário TJ/RS/2012 considerou INCORRETA a afirmativa: "Conforme jurisprudência dos tribunais superiores, compete ao Superior Tribunal de Justiça o julgamento de *habeas corpus* quando a autoridade coatora for turma recursal dos Juizados Especiais".

- compete aos Tribunais Regionais Federais processar e julgar, originariamente, os *habeas corpus*, quando a autoridade coatora for juiz federal;
- a competência dos tribunais será definida na Constituição do Estado, sendo a lei de organização judiciária de iniciativa do Tribunal de Justiça.

b) **Quando não for caso de competência originária:** o *habeas corpus* será processado e julgado pela autoridade superior à tida como coatora, nos termos do art. 650, § 1º, do CPP.

AUTORIDADE COATORA	JULGAMENTO
Delegado da polícia civil	Juiz de direito
Delegado da polícia federal	Juiz federal
Juiz de direito	Tribunal de Justiça
Juiz federal	Tribunal Regional Federal
Tribunal de Justiça	Superior Tribunal de Justiça
Tribunal Regional Federal	Superior Tribunal de Justiça
Superior Tribunal de Justiça	Supremo Tribunal Federal
Promotor de justiça	Tribunal de Justiça
Procurador de justiça	Superior Tribunal de Justiça
Procurador da República	Tribunal Regional Federal
Procurador Regional da República	Superior Tribunal de Justiça
Particular	Juiz de direito ou juiz federal, conforme matéria

1.11. Cabimento

A lei processual penal traz um rol **exemplificativo** de casos em que é possível a impetração do *habeas corpus:*

a) quando não houver justa causa;

b) quando alguém estiver **preso por mais tempo** do que determina a lei;

c) quando quem ordenar a coação não tiver competência para fazê-lo;

d) quando houver cessado o motivo que autorizou a coação;

e) quando não for alguém admitido a prestar fiança, nos casos em que a lei a autoriza;

f) quando o processo for manifestamente nulo;

g) quando extinta a punibilidade.

Questões de prova

A prova de Promotor de Justiça MP/PR/2008 considerou INCORRETA a afirmativa: "Não cabe *habeas corpus* para trancamento de inquérito policial, pois não se trata de direito de locomoção".

A prova de Delegado de Polícia ES/2011 considerou CORRETA a afirmativa: "Embora, como regra geral, não se admita dilação probatória em sede de *habeas corpus*, é possível a concessão da ordem para o reconhecimento de excesso de prazo no processo penal, em especial para aquelas hipóteses excepcionais nas quais a mora processual não seja atribuível à defesa, bem como se trate de causa dotada de menor complexidade probatória".

Sobre o cabimento do *habeas corpus*:

a) não é possível no Estado de Sítio, conforme arts. 138 e 139, ambos da CF;

b) é possível ajuizar *habeas corpus* quando ocorrer excesso de prazo ocorrido na instrução processual penal, salvo se a demora tiver sido causada pela defesa, pelo grande número de acusados envolvidos ou por greve dos serventuários da justiça;

c) apesar de existir na Constituição Federal, em seu art. 142, § 2º, proibição expressa, podemos dizer que é possível em dois casos excepcionais: 1) autoridade incompetente; 2) não observância das formalidades previstas em lei (hierarquia, poder disciplinar, ato ligado à função e pena prevista em lei);

d) não cabe *habeas corpus* para resolver sobre ônus das custas, por não estar mais em causa a liberdade de locomoção, nos termos da Súmula 395 do STF;

e) não cabe contra decisão condenatória a **pena de multa**, ou relativa a processo em curso por infração penal a que a pena pecuniária seja a única cominada, nos termos da Súmula 693 do STF, pois não envolve liberdade de locomoção;

Questões de prova

A prova de Defensor Público MP/RO/2012 considerou INCORRETA a afirmativa: "Admite-se a impetração de *habeas corpus* para discutir pena de multa, em face da possibilidade de sua conversão em pena privativa de liberdade".

A prova de Inspetor da Polícia Civil CE/2012 considerou INCORRETA a afirmativa: "Não cabe *habeas corpus* nas hipóteses sujeitas à pena de multa, nos afastamentos dos cargos públicos por questões penais ou administrativas nem na preservação de direitos fundamentais que não a liberdade de locomoção de ir e vir, salvo manifesta teratologia a repercutir na liberdade de locomoção".

f) não é possível conhecimento em favor de pessoas desconhecidas de forma coletiva e indeterminada;

g) não cabe contra extinção da **pena privativa de liberdade**, nos termos da Súmula 695 do STF;

Questão de prova

A prova de Advogado do DETRAN/ES/2010 considerou CORRETA a afirmativa: "Não cabe *habeas corpus* quando já extinta a pena privativa de liberdade".

h) não cabe contra imposição da pena de exclusão de militar ou de perda da patente ou de função pública, nos termos da Súmula 694 do STF;

i) não cabe contra omissão de relator da extradição, se fundado em fato ou direito estrangeiro cuja prova não constava dos autos, nem foi ele provocado a respeito;

j) é possível *habeas corpus* em face de intimação da CPI para depor, pois a intimação traz em si a ideia da condução coercitiva;

k) não compete ao STF conhecer de *habeas corpus* impetrado contra decisão de relator que, em *habeas corpus* requerido a tribunal superior, indefere liminar;

Questão de prova

A prova de Promotor de Justiça MPE/PE/2014 considerou CORRETA a afirmativa: "Não compete ao Supremo Tribunal Federal conhecer de *habeas corpus* impetrado contra decisão do Relator que, em *habeas corpus* requerido a tribunal superior, indefere a liminar".

l) não cabe *habeas corpus* originário para o tribunal pleno de decisão de turma ou do plenário proferida em *habeas corpus* ou no respectivo recurso.

1.12. Recurso

Quando o juiz de primeiro grau conceder a ordem de *habeas corpus*, cabe recurso de ofício, nos termos do art. 574, I, do CPP.

Quando o juiz de primeiro grau conceder ou **negar** a ordem de *habeas corpus*, cabe recurso em sentido estrito, nos termos do art. 581, X, do CPP.

Questões de prova

A prova de Promotor de Justiça MP/AP/2012 considerou INCORRETA a afirmativa: "Da decisão de juízo de primeiro grau que denega *habeas corpus* cabe apelação".

A prova de Defensor Público Federal DPU/2015 considerou INCORRETA a afirmativa: "Se a defesa de um indivíduo impetrar *habeas corpus* em tribunal regional federal para trancar ação penal contra ele proposta, e esse tribunal denegar a ordem por maioria de votos, a defesa deverá manejar embargos infringentes".

O ROC no STF cabe quando o *habeas corpus* tiver sido julgado em única instância pelos tribunais superiores (art. 102, II, *a*, da CF); e, no STJ, quando a decisão for proferida em única ou última instância pelos Tribunais Regionais Federais ou pelos **Tribunais dos Estados** e do Distrito Federal (art. 105, II, *a*, da CF).

> **Questão de prova**
> A prova de Promotor de Justiça MP/AP/2012 considerou CORRETA a afirmativa: "Da decisão que concede ordem de *habeas corpus*, proferida pelos Tribunais dos Estados, cabe recurso ordinário constitucional para o Superior Tribunal de Justiça".

Os recursos especial e extraordinário são cabíveis nos casos de concessão de *habeas corpus*, desde que preenchidos os requisitos.

1.13. Reiteração

Em relação à possibilidade de reiteração de *habeas corpus*: há três posicionamentos:

a) é possível, desde que haja novas provas ou novos fundamentos;

b) é possível, mesmo que com os mesmos fundamentos;

c) não é possível, pois existe recurso próprio para discutir a decisão denegatória.

1.14. Julgamento

No caso de: **a) concessão da ordem:** paciente será colocado em liberdade, salvo se por outro motivo deva permanecer preso; **b) *habeas corpus* preventivo:** expedição do salvo-conduto; **c) ordem para anular:** renovação do processo desde o momento em que se verificou o vício.

> **Questões de prova**
> A prova de Agente da Polícia Federal/2004 considerou CORRETA a afirmativa: "Se o *habeas corpus* for concedido em virtude de nulidade do processo, este será renovado".
>
> A prova de Defensor Público DPE/PB/2014 considerou INCORRETA a afirmativa: "caso o *habeas corpus* seja concedido em virtude de nulidade do processo, este não pode ser renovado, em razão da proibição do *bis in idem*".

Se o juiz ou o tribunal verificar que já cessou a violência ou coação ilegal, julgará prejudicado o pedido. Noutros termos, cessado o constrangimento ilegal, tem-se por prejudicado, por perda de objeto, o *habeas corpus*.

Se a ilegalidade decorrer do fato de não ter sido o paciente admitido a prestar fiança, o juiz arbitrará o valor desta, que poderá ser prestada perante ele, remetendo, nesse caso, à autoridade os respectivos autos, para serem anexados aos do inquérito policial ou aos do processo judicial.

1.15. Questões processuais

a) **Liminar:** é possível em caráter excepcional, apesar de não estar prevista em lei, liminar em *habeas corpus*, desde que seja para proteger pessoa humana que sofre constrangimento na sua liberdade de locomoção, por meio da antecipação da liberdade ou de medidas urgentes para resguardo do direito de ir, vir, ficar, permanecer e deslocar-se.

b) **Desistência:** é possível desistência no *habeas corpus*.

c) **Vinculação:** a autoridade competente para julgar o *habeas corpus* não está vinculada ao pedido e à causa de pedir formulados pelo impetrante, podendo julgar aquém ou além do que foi pleiteado.

Questão de prova

A prova de Delegado de Polícia Civil TO/2008 considerou CORRETA a afirmativa: "Na apreciação do *habeas corpus*, o órgão jurisdicional não está vinculado à causa de pedir e ao pedido, podendo, assim, ser a ordem concedida, em sentido diverso ou mais amplo do que foi pleiteado ou mencionado pelo impetrante".

d) **Preferência:** o seu julgamento tem preferência sobre todos os demais procedimentos.

e) **Assistente:** não é possível a participação do assistente do Ministério Público nos processos de *habeas corpus*.

f) **Impetração apócrifa:** não é admitida a impetração apócrifa, ou seja, sem identificação e assinatura do impetrante.

g) **Empate:** no caso de empate, prevalece a decisão mais favorável ao paciente.

h) **Prisão administrativa:** para quem sustenta a existência da prisão administrativa, afirma ser possível *habeas corpus* para discutir a sua legalidade.

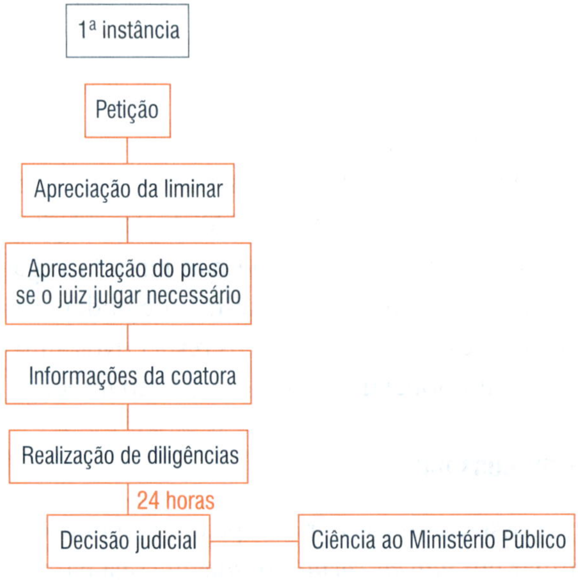

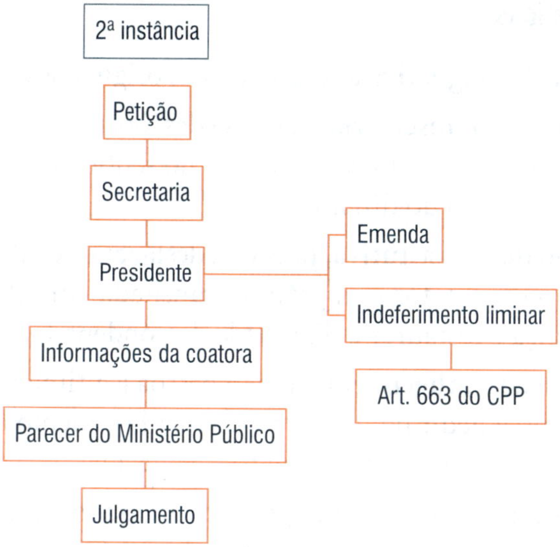

2. Revisão criminal

2.1. Finalidade

É uma ação que visa pedir o reexame de decisão transitada em julgado, no sentido de restaurar o *status dignitatis* do condenado e a liberá-lo dos efeitos penais, civis e administrativos que permanecem mesmo após a extinção da pena[2].

> **Questão de prova**
>
> A prova de DPU/2010 considerou CORRETA a afirmativa: "A revisão criminal, que é um dos aspectos diferenciadores do mero direito à defesa e do direito à ampla defesa, este caracterizador do direito processual penal, tem por finalidade o reexame do processo já alcançado pela coisa julgada, de forma a possibilitar ao condenado a absolvição, a melhora de sua situação jurídica ou a anulação do processo".

2.2. Natureza jurídica

Em relação à natureza jurídica da revisão criminal, há os seguintes posicionamentos:

a) **corrente majoritária:** ação impugnativa autônoma, pois origina nova relação processual;

b) **corrente minoritária:** recurso, pois a finalidade é substituir uma decisão pela outra.

No **aspecto legal**, a revisão criminal é enquadrada no CPP como recurso; mas, numa **visão técnica**, é uma ação penal, sendo para o réu um direito.

---

[2] GRINOVER, Ada Pellegrini; GOMES FILHO, Antonio Magalhães; FERNANDES, Antonio Scarance. *Recursos no processo penal*. São Paulo: RT, 1998, p. 324.

2.3. Características

a) É uma **ação impugnativa autônoma**, pois origina nova relação processual.

b) É uma **ação penal rescisória**, pois visa desconstituir o trânsito em julgado em casos excepcionais previstos em lei no sentido de fazer prevalecer justiça sobre a certeza do direito.

c) É uma ação **desconstitutiva**, pois visa desfazer os efeitos de sentença condenatória ou absolutória imprópria transitada em julgado, para corrigir uma injustiça e restaurar a dignidade do condenado.

d) É uma **ação de conhecimento**, pois a pessoa legitimada que ajuíza revisão criminal busca pedir no Judiciário o reconhecimento de um direito, qual seja, o de não sofrer sentenças injustas e viciadas.

e) É uma **garantia fundamental**, pois é meio usado para assegurar o direito de não sofrer sentenças injustas e viciadas.

f) É **ação *sui generis***[3], pois não há parte contrária, mas somente o autor que questiona a existência de vícios graves na decisão judicial, a fim de que prevaleça o valor "justiça" sobre o valor "certeza".

2.4. Fundamento

A revisão criminal serve para desconstituir o trânsito em julgado em casos excepcionais previstos em lei, no sentido de fazer prevalecer a justiça sobre a certeza do direito.

Como observa Gianpaolo P. Smanio[4]: "A coisa julgada no processo penal deve ceder aos imperativos da justiça, prevalecendo a vontade real e não a verdade formal". De acordo com Ada P. Grinover e outros[5]: "Só em casos excepcionais, taxativamente elencados pelo legislador, prevê o ordenamento jurídico a possibilidade de desconstituir-se a coisa julgada por intermédio da revisão criminal (...). Isto ocorre quando a sentença se reveste de vícios extremamente graves, que aconselham a prevalência do valor 'justiça' sobre o valor 'certeza'". E Hidejalma Muccio afirma que[6]: "A necessidade de se buscar correção, a perfeição da decisão e a sua efetiva justiça, fez com que o Estado viesse a permitir a revisão de seus julgados".

---

3 NUCCI, Guilherme. *Código de Processo Penal comentado*. São Paulo: RT, 2004, p. 920.

4 SMANIO, Gianpaolo Poggio. *Processo penal*. São Paulo: Atlas, 2005, p. 142.

5 GRINOVER, Ada Pellegrini; GOMES FILHO, Antonio Magalhães; FERNANDES, Antonio Scarance. *Recursos no processo penal*. São Paulo: RT, 1998, p. 305.

6 MUCCIO, Hidejalma. *Prática de processo penal*: teoria e prática. São Paulo: HM, 2005, p. 954.

2.5. Condições da ação

2.5.1. Possibilidade jurídica do pedido

Na revisão criminal, a possibilidade jurídica do pedido é comprovada pela existência de sentença, que pode **ser condenatória** (a que acolhe a pretensão punitiva) **ou absolutória imprópria** (a que rejeita a pretensão punitiva e impõe medida de segurança).

> **Questão de prova**
> A prova de Defensor Público DPU/2015 considerou INCORRETA a afirmativa: "Não se admite revisão criminal contra sentença absolutória imprópria por falta de interesse de agir".

2.5.2. Interesse de agir

Na revisão criminal, o interesse de agir é manifestado pela existência da coisa julgada. **Trânsito em julgado** ocorre em dois casos: a) quando não cabe mais recurso; b) quando não for interposto o recurso cabível, gerando preclusão. O documento indispensável para comprovar essa primeira condição é a certidão do trânsito em julgado.

> **Questão de prova**
> A prova de Promotor de Justiça MP/RO/2010 considerou INCORRETA a afirmativa: "É pressuposto da revisão criminal o trânsito em julgado de uma sentença penal condenatória, sendo inadmissível nos casos de sentença penal absolutória, ainda que se aplique medida de segurança".

2.5.3. Legitimidade de partes

A revisão criminal **pode ser proposta pelo réu** ou pelo procurador legalmente habilitado (advogado inscrito nos quadros da OAB; não são exigidos poderes especiais).

> **Questão de prova**
> A prova de Exame da OAB unificado jan./2009 considerou INCORRETA a afirmativa: "A revisão não pode ser pedida pelo próprio réu, pois é recurso de interposição privativo de advogado".

No caso de morte do réu, a revisão pode ser movida pelo CADI (cônjuge, ascendente, descendente ou irmão). No conceito de cônjuge, inclui-se companheiro, nos termos do art. 226, § 3º, da Constituição Federal. Há uma ordem preferencial, de forma que o abandono ou desistência da revisão criminal permite que haja o prosseguimento por qualquer das pessoas seguintes.

Se o condenado morrer no curso do processo revisional, o presidente do tribunal ou relator do processo nomeia curador, nos termos do art. 631 do CPP.

Há uma discussão doutrinária a respeito da constitucionalidade do art. 623 do CPP, quando prescreve que o réu pode pessoalmente propor revisão criminal:

a) **Posição majoritária:** uma corrente sustenta ser o art. 623 do CPP inconstitucional, por violar o art. 133 da Constituição Federal, que prescreve ser o advogado indispensável à administração da justiça.

b) **Posição minoritária:** outra corrente sustenta que o art. 623 do CPP não é inconstitucional, pois, como se trata de ação que visa dar plenitude de defesa, restaurando a dignidade do condenado, é permitida a propositura direta, sem advogado.

2.6. Revisão criminal e Ministério Público

Em relação à possibilidade de o Ministério Público ajuizar revisão criminal, há dois posicionamentos: a) o primeiro sustenta que pode ajuizar revisão criminal, pois é órgão incumbido de fiscalizar a lei e defender os interesses da sociedade; b) o segundo sustenta que não pode, pois não foi legitimado pela lei, nos termos do art. 623 do CPP.

2.7. Momento processual

Questão de prova

A prova de Analista Judiciário STJ/2012 considerou INCORRETA a afirmativa: "Nos termos do CPP, novo pedido de revisão criminal poderá ser requerido a qualquer tempo – desde que não extinta a pena –, se o condenado discordar do resultado advindo do primeiro pedido de revisão".

A revisão criminal pode ser ajuizada a qualquer tempo, após o trânsito em julgado, nos termos do art. 622 do CPP; não importa se o réu já cumpriu pena, se já faleceu ou se houve extinção da punibilidade, pois o objetivo é a restauração da dignidade humana.

2.8. Revisão criminal e ação rescisória

ITENS	REVISÃO CRIMINAL	AÇÃO RESCISÓRIA
Prazo	Não tem; pode ser proposta a qualquer tempo.	No prazo de 2 anos, contados do trânsito em julgado.
Legitimidade ativa	Ação privativa da defesa.	Qualquer das partes ou por terceiros juridicamente interessados.

2.9. Não cabimento

A revisão criminal não cabe:

a) para alterar fundamento da sentença absolutória;

b) de sentença estrangeira, pois a homologação é restrita a aspectos formais;

c) quando já **extinta a punibilidade** antes da sentença condenatória ou operada em razão de prescrição retroativa;

> **Questão de prova** A prova da AGU/2004 considerou CORRETA a afirmativa: "Ocorrendo a extinção da punibilidade no tocante à pretensão punitiva do Estado, não cabe o ajuizamento de revisão criminal pelo próprio réu ou por procurador legalmente habilitado".

d) para reapreciar prova já examinada;

e) quando ocorrer mudança de **interpretação jurisprudencial**;

> **Questão de prova** A prova da Magistratura TJ/DF/2007 considerou INCORRETA a afirmativa: "A revisão presta-se a avaliação de teses divergentes sob ponto doutrinário/jurisprudencial, com intuito de aplicar solução mais benigna ao sentenciado".

f) não pode aplicar lei penal benéfica, em face da Súmula 611 do STF e do art. 66, I, da LEP;

g) de sentença homologatória de transação penal, já que é sentença que não examina conteúdo fático ou probatório, mas apenas homologa uma proposta realizada pelo *Parquet* e aceita pelo autor do fato.

2.10. Causa de pedir

A revisão criminal tem que ser fundamentada em uma das hipóteses legais previstas no art. 621 do CPP.

Trata-se de medida excepcional, pois somente ocorre nos casos taxativos previstos em lei. O fundamento da excepcionalidade reside na ideia de que a revisão será usada para desconstituir a coisa julgada, abalando a certeza do direito, a segurança jurídica e a estabilidade das relações jurídicas. Cabe ao sentenciado demonstrar a existência de vício grave na decisão transitada em julgado.

Pela lei, são **hipóteses de cabimento** da revisão criminal:

> **Questão de prova** A prova de DPU/2010 considerou INCORRETA a afirmativa: "Admite-se a revisão criminal para se pleitear a progressão de regime prisional, desde que já tenha ocorrido trânsito em julgado da sentença condenatória".

a) Quando a sentença condenatória for contrária a texto expresso da lei: a contrariedade significa: 1) incompatibilidade com a lei processual ou material; 2) não fundamentação com base na lei; não abrange aplicação de lei posterior mais benigna (nesse caso, o competente é o juiz das execuções penais); não cabe quando a decisão rescindenda se tiver baseado em texto legal de interpretação controvertida nos tribunais; em relação a súmula vinculante, não cabe revisão criminal, pois não é lei (em sentido contrário: Norberto Avena).

b) Quando a sentença condenatória for contrária à evidência dos autos: sentença que não tem apoio em provas idôneas, mas só em indícios, sem consistência.

c) Quando a sentença condenatória se fundar em provas comprovadamente falsas: a comprovação da falsidade deve ser colhida em outro processo, mas não pode ser colhida em sede de revisão; a prova falsa deve ser relevante para formar o convencimento do juiz e acompanhar a petição da revisão criminal.

d) Quando surgirem novas provas de circunstância que determine ou autorize a diminuição da pena: são atenuantes ou causas de diminuição de pena; na dúvida, *in dubio pro societatis*.

e) Quando surgirem novas provas de inocência do condenado: produzida no contraditório ou desconhecida na época da sentença; na dúvida, *in dubio pro societatis*.

2.11. Competência

A revisão criminal é ação de competência originária de tribunal, de forma que não pode ser julgada por juiz de primeira instância. As regras de competência na revisão variam conforme o tribunal que proferiu a sentença transitada em julgado:

a) se a sentença for proferida em primeira instância, a competência será do tribunal que seria competente para a análise do eventual recurso;

b) se não for proferida em primeira instância, será competente o tribunal que proferiu o acórdão em ação penal originária ou em recurso:
  - compete ao STF processar e julgar a revisão criminal de seus julgados (art. 102, I, *j*, da CF);
  - compete ao STJ processar e julgar a revisão criminal de seus julgados (art. 105, I, *e*, da CF);
  - compete ao TRF processar e julgar a revisão criminal de julgados seus ou dos juízes federais da região (art. 108, I, *b*, da CF);
  - compete ao TJ processar e julgar a revisão criminal de seus julgados ou dos juízes estaduais (caráter residual);
  - compete à Turma Recursal Criminal processar e julgar a revisão criminal em que o réu for condenado por praticar infração de menor potencial ofensivo.

Em relação à Justiça Militar e à Justiça Eleitoral, compete-lhes processar e julgar a revisão criminal de seus julgados.

Após identificação do tribunal competente para processar e julgar a revisão criminal, é necessário indicar o órgão interno competente, que, por sua vez, dependerá da análise do Regimento Interno do respectivo tribunal e da lei de organização judiciária.

2.12. Procedimento

A revisão criminal é apresentada por petição ao presidente do tribunal competente. Em seguida, é distribuída ao relator. No caso de **indeferimento liminar**, cabe recurso inominado para as câmaras reunidas. Pode haver apensamento aos autos, se não advier dificuldade para a execução da sentença.

> **Questão de prova**
> A prova da Magistratura TJ/PR/2008 considerou CORRETA a afirmativa: "Da decisão do relator que indefere liminarmente o pedido de revisão criminal por tê-lo como insuficientemente instruído, cabe recurso inominado ao órgão competente para julgar a revisão".

No caso de deferimento pelo relator, segue o parecer do MP em 10 dias. Após o parecer, os autos voltam para o relator, que deve apresentar o relatório em igual prazo. Em seguida, seguem para o revisor, que fará a revisão e marcará data para julgamento.

Se o pedido for deficiente, o relator pode indeferir ou determinar o apensamento aos autos originais, com o consequente prosseguimento do processo.

Na revisão criminal, há dois juízos: a) rescindente ou revidente: é o que desconstitui a decisão transitada em julgado; b) rescisório ou revisório: cuida da sua substituição por outra decisão.

As normas complementares do processamento podem ser previstas nos regimentos internos.

2.13. Julgamento

No julgamento, a revisão pode ser julgada:

a) improcedente: são cabíveis recurso extraordinário e especial, embargos de declaração e os infringentes/nulidades (quando for decisão não unânime e desfavorável proferida no STF);

b) **procedente**: o tribunal pode: 1) absolver: mandar colocar o réu em liberdade, nos termos do art. 629 do CPP; haverá o restabelecimento de todos os direitos perdidos em virtude da condenação, devendo o tribunal, se for o caso, impor medida de segurança cabível, nos termos do art. 627 do CPP; 2) diminuir a pena; 3) alterar a classificação do delito; 4) anular o processo.

> **Questões de prova**
> A prova da Magistratura TJ/MG/2008 considerou CORRETA a afirmativa: "Julgada procedente a revisão criminal, o Tribunal poderá alterar a classificação da infração, absolver o réu, modificar a pena ou anular o processo".
>
> A prova da AGU/2007 considerou CORRETA a afirmativa: "Julgando procedente a revisão criminal, o tribunal poderá alterar a classificação da infração, absolver o réu, modificar a pena ou anular o processo, mas não poderá, em nenhuma hipótese, agravar a pena imposta pela decisão revista".

Após o trânsito em julgado do acórdão, a certidão do julgamento do tribunal deve ser juntada aos autos para execução pelo juiz da execução penal.

2.14. Efeitos

A decisão na revisão criminal de um corréu pode beneficiar os demais, desde que não fundada em condições pessoais. Não pode ser agravada a pena imposta pela decisão revista. A revisão não tem efeito suspensivo.

O tribunal pode, na revisão criminal, fazer julgamento *extra* ou *ultra petita*. **Não é possível revisão *pro societate*.** Quando o tribunal anular a decisão, não pode impor outra prejudicial ao sentenciado (*reformatio in pejus* indireta).

Questão de prova

A prova de Defensor Público AL/2009 considerou CORRETA a afirmativa: "Considere a seguinte situação hipotética. Antônio assassinou sua esposa e fugiu logo em seguida. Reunidos os elementos necessários ao início da persecução criminal, Antônio foi denunciado dois meses após o fato. O advogado contratado pela família do foragido apresentou certidão de óbito falsa ao juízo processante, que, sem perceber a falsidade, extinguiu a punibilidade do réu, tendo o *decisum* transitado em julgado. Nessa situação, como não há revisão criminal *pro societate*, não há como ser desconstituída a decisão judicial, restando às autoridades públicas apenas a punição dos responsáveis pela falsificação".

2.15. Revisão criminal e Tribunal do Júri

Em relação à possibilidade de revisão criminal em face da decisão do Tribunal do Júri, há dois posicionamentos:

a) posição majoritária: é possível, em nome da ampla defesa; não há ofensa à soberania dos veredictos, pois se trata de um favor da liberdade do réu; quem adota esse posicionamento diverge a respeito do órgão competente para julgamento da revisão criminal: 1) tribunal de segundo grau é competente para juízo rescindente e rescisório, podendo alterar a classificação do crime, absolver o réu, diminuir a pena ou anular o processo, em favor do acusado; 2) o tribunal de segundo grau só é competente para o juízo rescindente, ou seja, pode determinar que o réu seja submetido a novo julgamento;

b) não é possível, pois ofende a soberania dos veredictos.

2.16. Indenização

Questão de prova

A prova de Procurador do Estado ES/2008 considerou CORRETA a afirmativa: "Não gera preclusão a inexistência do reconhecimento do direito à indenização no acórdão de revisão criminal".

Quando houver erro judiciário, a parte prejudicada pode pedir indenização visando a reparação dos seus prejuízos. Tal pedido pode ser feito em sede de revisão criminal ou em processo à parte. A indenização deverá ser liquidada no juízo cível, nos termos do art. 630, § 1º, do CPP.

A responsabilidade do Estado frente ao erro judiciário é objetiva e independe da titularidade da ação penal.

Não há indenização se o erro ou a injustiça da condenação proceder de ato ou **fato imputável ao impetrante**.

> **Questão de prova**
> A prova de Defensor Público CE/2008 considerou CORRETA a afirmativa: "Na revisão criminal, não será devida a justa indenização pelos prejuízos sofridos se o erro da condenação proceder de ato imputável ao próprio impetrante, como, por exemplo, a confissão".

Na hipótese do art. 630, § 2º, do CPP, cabe indenização, pois o referido artigo não foi recepcionado pelo art. 5º, LXXV, da Constituição Federal.

2.17. Questões processuais

a) **Reiteração do pedido:** é possível reiteração do pedido, desde que haja **novas provas**.

> **Questão de prova**
> A prova de Advogado do Metrô SP/2008 considerou INCORRETA a afirmativa: "Revisão criminal pode ser reiterada várias vezes, mesmo sem estar fundada em novas provas".
>
> A prova de Juiz TJ/CE/2014 considerou INCORRETA a afirmativa: "A revisão criminal não admite reiteração, ainda que fundada em novas provas".

b) **Recolhimento à prisão:** o condenado não é obrigado a recolher-se à prisão, nos termos da Súmula 393 do STF.

c) **Deserção:** não há deserção com a fuga do condenado após a propositura do pedido.

d) **Sucedâneo:** o Supremo Tribunal Federal e o Superior Tribunal de Justiça, em recentes decisões, não têm mais admitido a utilização do *habeas corpus* da revisão criminal, salvo em situações excepcionais, isto é, quando manifesta a ilegalidade ou quando teratológica a decisão apontada como coatora no *habeas corpus*, situação que, se verificada de plano, poderá ensejar a concessão da ordem de ofício.

e) **Empate na votação:** se der empate no julgamento de revisão criminal, aplica-se a decisão mais favorável, nos termos do art. 615, § 1º, do CPP.

f) **Liminar:** a corrente que admite sustenta possível como medida suspensiva do cumprimento da pena, em casos de manifesto erro judiciário; há quem sustente caber tutela antecipada pela aplicação analógica do art. 273 do CPC.

g) **Embargos infringentes:** a posição majoritária sustenta que não cabem, por se tratar de recurso cabível em caso de recurso em sentido estrito, apelação ou agravo em execução.

h) **Perdão judicial:** na corrente majoritária, não cabe, pois, em face da Súmula 18 do STJ, a sentença concessiva do perdão judicial é declaratória; na corrente minoritária, é possível, pois a sentença é condenatória.

i) **Nulidades:** a primeira corrente sustenta que não cabe, pois não há previsão no art. 621 do CPP; já a segunda corrente sustenta que cabe, pois uma das consequências jurídicas da procedência da revisão criminal é a anulação do processo, além do que a sentença em processo nulo é decisão contra a lei.

j) **Dilação probatória:** deve ser realizada justificação criminal, cujo indeferimento gera *habeas corpus*.

PROCEDIMENTO DA REVISÃO CRIMINAL

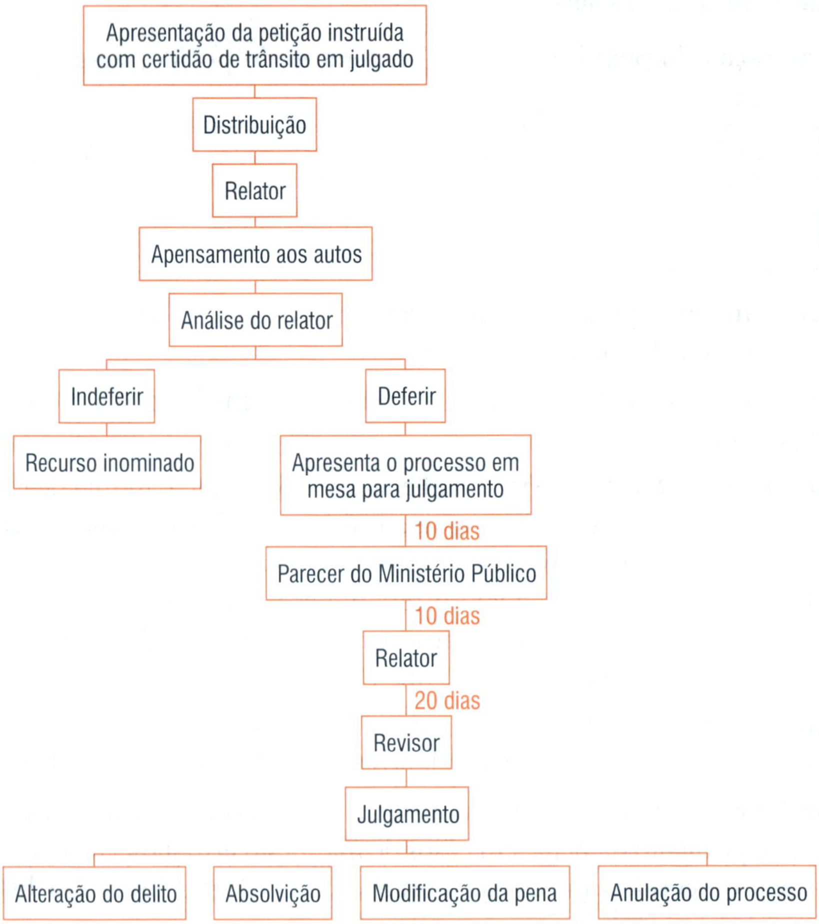

3. Mandado de segurança

3.1. Introdução

O mandado de segurança é um remédio constitucional previsto no art. 5º, LXIX, da Constituição Federal e regulamentado pela Lei n. 12.016/2009, cuja finalidade é proteger direito líquido e certo, não amparado por ***habeas corpus*** ou ***habeas data***.

A Lei n. 12.016/2009 não teve *vacatio legis*, pois entrou em vigor na data da sua publicação (7-8-2009). No entanto, em nome da segurança jurídica, fez previsão não apenas da revogação expressa, mencionando as leis e os dispositivos de leis revogados, como também previu uma regra de adaptação das leis de organização judiciária e regimentos internos à nova lei: "Art. 27. Os regimentos dos tribunais e, no que couber, as leis de organização judiciária deverão ser adaptados às disposições desta Lei no prazo de 180 (cento e oitenta) dias, contado da sua publicação".

É uma **ação constitucional** de natureza civil, com procedimento sumaríssimo, de caráter subsidiário (protege direito líquido e certo não amparado por *habeas corpus* e *habeas data*), funcionando como instrumento de liberdade civil e política (usado para que os indivíduos se defendam de atos ilegais ou praticados com abuso de poder)[7].

O mandado de segurança deve ser impetrado quando reunidos os seguintes **requisitos**:

a) direito líquido e certo: comprovado de plano;

b) ilegalidade (desconformidade com a lei) ou abuso de poder (desvio de poder: ato com finalidade diversa da prevista em lei; excesso de poder: prática do ato além dos limites permitidos);

c) lesão ou ameaça de lesão;

d) ato comissivo ou omissivo de autoridade pública ou agente no exercício de função pública.

Há duas **espécies de mandado de segurança**: a) **preventivo:** serve para afastar ameaça ou justo receio de lesão a direito; b) **repressivo:** serve para afastar constrangimento ou ato lesivo a direito.

3.2. Legitimidade de parte

3.2.1. Legitimidade ativa

Questão de prova

A prova de Promotor de Justiça RO/2010 considerou CORRETA a afirmativa: "O mandado de segurança em processo penal – ao contrário do *habeas corpus*, que dispensa advogado – deve ser impetrado por advogado e tutela direito líquido e certo, como no caso de decisão arbitrária que não admita a habilitação do assistente de acusação".

7 MORAES, Alexandre de. *Direito constitucional*. São Paulo: Atlas, 2004, p. 164.

É o titular do direito individual ou coletivo líquido e certo, podendo ser pessoa física, jurídica ou formal. Podem impetrar mandado de segurança: a) o Ministério Público, nos termos do art. 32 da Lei Orgânica n. 8.625/93; b) órgão com capacidade processual; c) universalidade reconhecida por lei.

Quando o direito ameaçado ou violado couber a várias pessoas, qualquer delas poderá requerer o mandado de segurança.

3.2.2. Legitimidade passiva

Considera-se autoridade coatora aquela que tenha praticado o ato impugnado ou da qual emane a ordem para a sua prática.

É autoridade pública ou agente de pessoa jurídica no exercício de atribuições do Poder Público. No caso de ato colegiado, é o presidente do órgão; no caso de ato composto, é autoridade superior. No ato complexo, há dois posicionamentos: a) autoridade inferior; b) última autoridade que, com sua vontade, integrou o ato complexo.

Para fins de cabimento do mandado de segurança, são equiparados às autoridades coatoras os representantes ou órgãos de partidos políticos e os administradores de entidades autárquicas, bem como os dirigentes de pessoas jurídicas ou as pessoas naturais no exercício de atribuições do poder público, somente no que disser respeito a essas atribuições.

Não cabe mandado de segurança contra os atos de gestão comercial praticados pelos administradores de empresas públicas, de sociedade de economia mista e de concessionárias de serviço público.

É federal a autoridade coatora se as consequências de ordem patrimonial do ato contra o qual se requer o mandado houverem de ser suportadas pela União ou entidade por ela controlada.

No mandado de segurança impetrado pelo Ministério Público contra decisão proferida em processo penal, é obrigatória **a citação do réu** como litisconsorte passivo, nos termos da Súmula 701 do STF.

Questão de prova	A prova de Defensor Público AL/2009 considerou CORRETA a afirmativa: "No mandado de segurança impetrado pelo MP contra decisão proferida em processo penal, é obrigatória a citação do réu como litisconsorte passivo".

O titular de direito líquido e certo decorrente de direito, em condições idênticas, de terceiro poderá impetrar mandado de segurança a favor do direito originário, se o seu titular não o fizer, no prazo de 30 dias, quando notificado judicialmente. O prazo de impetração do mandado de segurança será de 120 dias contados da notificação.

3.3. Forma

Em caso de urgência, é permitido, observados os requisitos legais, impetrar mandado de segurança por telegrama, radiograma, fax ou outro meio eletrônico de autenticidade comprovada.

Poderá o juiz, em caso de urgência, notificar a autoridade por telegrama, radiograma ou outro meio que assegure a autenticidade do documento e a imediata ciência pela autoridade.

No caso de impetração urgente, o texto original da petição do mandado de segurança deverá ser apresentado nos 5 dias úteis seguintes. Tratando-se de documento eletrônico, serão observadas as regras da Infraestrutura de Chaves Públicas Brasileira (ICP-Brasil).

3.4. Cabimento

Mesmo que a Lei n. 12.016/2009 prescreva que não cabe mandado de segurança quando se tratar de ato do qual caiba recurso administrativo com efeito suspensivo (independentemente de caução) e de decisão judicial da qual caiba recurso com efeito suspensivo, a jurisprudência admite a sua impetração, desde que o impetrante comprove lesão grave e de difícil reparação.

Não é cabível mandado de segurança contra decisão judicial transitada em julgado, pois há meio próprio de impugnação, qual seja, a revisão criminal, nos termos da Súmula 267 do STF.

É cabível contra ato disciplinar quando a autoridade for incompetente ou não houver observância das formalidades previstas em lei.

Não é cabível contra lei em tese, pois norma geral e abstrata não gera lesão a direitos subjetivos, nos termos da Súmula 266 do STF.

É cabível contra lei de efeitos concretos, pois há providências concretas de execução de ato.

3.5. Prazo

O prazo de impetração do mandado de segurança repressivo é de 120 dias, a partir da ciência do ato impugnado. O prazo decadencial se inicia com a ciência do ato capaz de causar lesão ao direito do impetrante.

Pela Súmula 632 do STF, é constitucional lei que fixa o prazo de decadência para a impetração do mandado de segurança.

Cabe ressalvar que, no mandado de segurança preventivo, não há falar em prazo decadencial do direito de impetração.

3.6. Processamento

A petição inicial do mandado de segurança deverá preencher os requisitos estabelecidos pela Lei Processual Civil (arts. 319 e 320 do CPC).

Será apresentada em 2 vias, com os documentos que instruírem a primeira reproduzidos na segunda, e indicará, além da autoridade coatora, a pessoa jurídica que esta integra, à qual se acha vinculada ou da qual exerce atribuições.

A petição inicial do mandado de segurança será apresentada ao órgão judicial competente, que poderá:

a) deferir: no caso de a petição estar em ordem;

b) indeferir: por decisão motivada, quando não for o caso de mandado de segurança ou lhe faltar algum dos requisitos legais ou quando decorrido o prazo legal para a impetração. Do indeferimento da inicial pelo juiz de primeiro grau, caberá apelação e, quando a competência para o julgamento do mandado de segurança couber originariamente a um dos tribunais, do ato do relator caberá agravo para o órgão competente do tribunal que integre.

No caso de deferimento da petição inicial, o juiz ordenará, em homenagem ao contraditório, a notificação da autoridade coatora, a fim de que, no prazo de 10 dias, preste as informações (sua falta não gera confissão).

A notificação será feita com a entrega à autoridade coatora da segunda via da petição inicial do mandado de segurança, apresentada com as cópias dos documentos. Poderá o juiz, em caso de urgência, notificar a autoridade por telegrama, radiograma ou outro meio que assegure a autenticidade do documento e a imediata ciência pela autoridade.

No despacho da inicial deferida, o juiz também dará ciência do feito ao órgão de representação judicial da pessoa jurídica interessada, enviando-lhe cópia da inicial sem documentos, para que, querendo, ingresse no feito, e apreciará o pedido de liminar.

Depois de findo o prazo de informações, o juiz ouvirá o representante do Ministério Público, que opinará, dentro do prazo improrrogável de 10 dias.

Com ou sem o parecer do Ministério Público, os autos serão conclusos ao juiz, para a decisão, a qual deverá ser necessariamente proferida em 30 dias. Da sentença, denegando ou concedendo o mandado, cabe apelação.

Concedida a segurança, a sentença estará sujeita obrigatoriamente ao duplo grau de jurisdição. Estende-se à autoridade coatora o direito de recorrer.

Concedido o mandado, o juiz transmitirá em ofício, por intermédio do oficial do juízo ou pelos Correios, mediante correspondência com aviso de recebimento, o inteiro teor da sentença à autoridade coatora e à pessoa jurídica interessada. Em caso de urgência, a transmissão pode ser feita por telegrama, radiograma ou outro meio que assegure a autenticidade do documento e a imediata ciência pela autoridade.

3.7. Direito líquido e certo

Direito líquido e certo é o direito comprovado de plano. Como bem observa Hely Lopes[8], direito líquido e certo é o que se apresenta manifesto na sua existência, delimitado na sua extensão e apto a ser exercido no momento da impetração.

> "No mandado de segurança revela-se como condição elementar à demonstração de liquidez e certeza do direito a prova documental, que deve ser ministrada no ato da impetração, importando a falta desse requisito o indeferimento da inicial" (AgRg no MS 8.325/DF, Rel. Min. Fernando Gonçalves, Terceira Seção, *DJ* 11-11-2002).

No caso em que o documento necessário à prova do alegado esteja em repartição, em estabelecimento público, em poder de autoridade que se recuse a fornecê-lo por certidão ou em poder de terceiro, o juiz ordenará, preliminarmente, por ofício, a exibição desse documento em original ou em cópia autêntica e marcará, para o cumprimento da ordem, o prazo de 10 dias. O escrivão extrairá cópias do documento para juntá-las à segunda via da petição.

3.8. Extinção terminativa

O mandado de segurança é denegado nos casos previstos pelo art. 485 do Código de Processo Civil: a) quando o juiz indeferir a petição inicial; b) quando ficar parado durante mais de um ano por negligência das partes; c) quando, por não promover os atos e diligências que lhe competir, o autor abandonar a causa por mais de 30 dias; d) quando se verificar a ausência de pressupostos de constituição e de desenvolvimento válido e regular do processo; e) reconhecer a existência de perempção, de litispendência ou de coisa julgada; f) verificar ausência de legitimidade ou de interesse processual; g) acolher a alegação de existência de convenção de arbitragem ou quando o juízo arbitral reconhecer sua competência; h) homologar a desistência da ação; i) em caso de morte da parte, a ação for considerada intransmissível por disposição legal; j) nos demais casos prescritos no Código de Processo Civil.

3.9. Coisa julgada

O pedido de mandado de segurança poderá ser renovado dentro do prazo decadencial, se a decisão denegatória não lhe houver apreciado o mérito.

---

[8] MEIRELLES, Hely Lopes. *Mandado de segurança e ação popular*. São Paulo: RT, 1995, p. 15.

3.10. Liminar

É cabível liminar no mandado de segurança, quando houver fundamento relevante e do ato impugnado puder resultar a ineficácia da medida, sendo facultado exigir do impetrante caução, fiança ou depósito, com o objetivo de assegurar o ressarcimento à pessoa jurídica.

Da decisão do juiz de primeiro grau que conceder ou denegar a liminar, caberá agravo de instrumento.

Não será concedida medida liminar que tenha por objeto a compensação de créditos tributários, a entrega de mercadorias e bens provenientes do exterior, a reclassificação ou equiparação de servidores públicos e a concessão de aumento ou a extensão de vantagens ou pagamento de qualquer natureza.

Os efeitos da medida liminar, salvo se revogada ou cassada, persistirão até a prolação da sentença. Deferida a medida liminar, o processo terá prioridade para julgamento.

Será decretada a perempção ou caducidade da medida liminar *ex officio* ou a requerimento do Ministério Público quando, concedida a medida, o impetrante criar obstáculo ao normal andamento do processo ou deixar de promover, por mais de 3 dias úteis, os atos e as diligências que lhe cumprirem.

As autoridades administrativas, no prazo de 48 horas da notificação da medida liminar, remeterão ao Ministério ou órgão a que se acham subordinadas e ao Advogado-Geral da União ou a quem tiver a representação judicial da União, do Estado, do Município ou da entidade apontada como coatora cópia autenticada do mandado notificatório, assim como indicações e outros elementos necessários às providências a serem tomadas para a eventual suspensão da medida e defesa do ato apontado como ilegal ou abusivo de poder.

3.11. Suspensão

A suspensão da segurança é a suspensão da eficácia de medida liminar ou sentença em mandado de segurança para evitar grave lesão à ordem, à saúde, à segurança e à economia públicas.

Depende de requerimento de pessoa jurídica de direito público interessada ou do Ministério Público.

A decisão da suspensão de segurança é do presidente do tribunal ao qual couber o conhecimento do respectivo recurso. Da decisão, caberá agravo interno, sem efeito suspensivo, no prazo de 5 dias, que será levado a julgamento na sessão seguinte à sua interposição.

Indeferido o pedido de suspensão ou provido o agravo interno, caberá novo pedido de suspensão ao presidente do tribunal competente para conhecer de eventual recurso especial ou extraordinário.

A interposição de agravo de instrumento contra liminar concedida nas ações movidas contra o poder público e seus agentes não prejudica nem condiciona o julgamento do pedido de suspensão da segurança.

O presidente do tribunal poderá conferir ao pedido efeito suspensivo liminar se constatar, em juízo prévio, a plausibilidade do direito invocado e a urgência na concessão da medida. As liminares cujo objeto seja idêntico poderão ser suspensas em uma única decisão, podendo o presidente do tribunal estender os efeitos da suspensão a liminares supervenientes, mediante simples aditamento do pedido original.

3.12. Competência

Além das regras da competência originária definidas na Constituição Federal:

- compete ao Supremo Tribunal Federal, precipuamente, a guarda da Constituição, cabendo-lhe processar e julgar, originariamente, o mandado de segurança contra atos do Presidente da República, das Mesas da Câmara dos Deputados e do Senado Federal, do Tribunal de Contas da União, do Procurador-Geral da República e do próprio Supremo Tribunal Federal;
- compete ao Superior Tribunal de Justiça processar e julgar, originariamente, os mandados de segurança contra ato de Ministro de Estado, dos Comandantes da Marinha, do Exército e da Aeronáutica ou do próprio Tribunal;
- compete aos Tribunais Regionais Federais processar e julgar, originariamente: os mandados de segurança contra ato do próprio Tribunal ou de juiz federal.

A competência dos tribunais será definida na Constituição do Estado, sendo a lei de organização judiciária de iniciativa do Tribunal de Justiça. Nos demais casos, a competência é determinada pela categoria da autoridade coatora e sua sede funcional.

3.13. Aspectos processuais

a) Litisconsórcio: é possível pluralidade de pessoas no polo ativo ou passivo.

b) Dilação probatória: não há exame aprofundado de provas; conforme observa Vicente Greco[9]: "O pressuposto do mandado de segurança, portanto, é a ausência de dúvida quanto à situação de fato, que deve ser provada documentalmente. Qualquer incerteza sobre os fatos decreta o descabimento da reparação da lesão através do mandado, devendo a parte pleitear seus direitos através de ação que comporte dilação probatória".

---

9 GRECO, Vicente. *Tutela jurisdicional das liberdades*. São Paulo: Saraiva, 1989, p. 162.

c) **Condenação em honorários advocatícios:** não cabe, nos termos das Súmulas 512 do STF e 105 do STJ.

3.14. Cabimento em matéria criminal

Algumas situações que admitem mandado de segurança (não é rol taxativo): a) vista de inquérito por advogado; b) acompanhar cliente na fase de inquérito; c) entrevista reservada do advogado com o cliente; d) obtenção de certidões; e) direito de juntada de documentos; f) obter efeito suspensivo de recurso; g) **não admissibilidade do assistente de acusação**; h) apreensão de objetos sem relação com o crime; i) processar correição parcial denegada; j) restituição de coisa apreendida por terceiro de boa-fé; k) acompanhar perícia; l) para oferecer quesitos em prova pericial; m) contra medida de sequestro; n) recusa de expedição de certidão negativa de antecedentes.

Questão de prova

A prova de Defensor Público RO/2012 considerou CORRETA a afirmativa: "É cabível mandado de segurança contra decisão de magistrado que, em ação penal de natureza pública, tenha inadmitido assistente de acusação".

FLUXOGRAMA DO PROCEDIMENTO DO MANDADO DE SEGURANÇA

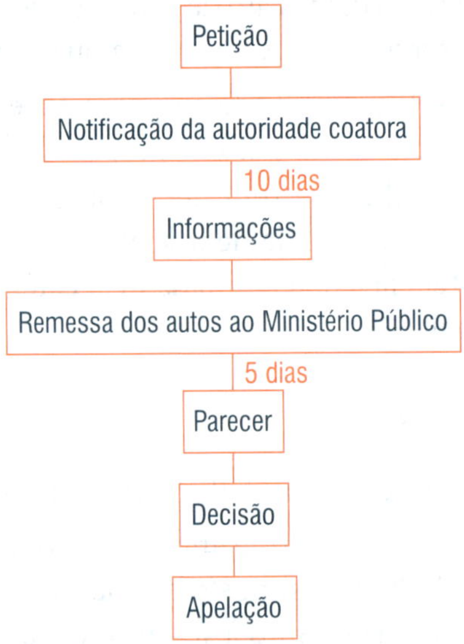

QUESTÕES SOBRE AÇÕES IMPUGNATIVAS AUTÔNOMAS

1. (84º Concurso de Promotor de Justiça Substituto MP/SP) Assinale a alternativa incorreta.

a) O *Habeas Corpus* não poderá ser interposto quando houver ameaça de violência ou coação à liberdade de locomoção, por abuso de poder ou ilegalidade.

b) O Promotor de Justiça poderá impetrar ordem de *Habeas Corpus*.
c) O Magistrado jamais poderá impetrar ordem de *Habeas Corpus* em favor de terceiro, mas poderá conceder de ofício a ordem no processo que preside.
d) Não caberá intervenção do Assistente do Ministério Público no processo de *Habeas Corpus*.
e) Não se pode conhecer de impetração de *Habeas Corpus* apócrifa.

2. (86º Concurso de Promotor de Justiça Substituto MP/SP) Assinale a alternativa incorreta.

a) Compete ao Tribunal de Justiça o julgamento de *habeas corpus* impetrado contra decisão proferida por juiz de direito oficiando no Juizado Especial Criminal.
b) O menor de 18 anos, o analfabeto e o estrangeiro podem impetrar *habeas corpus*.
c) Não cabe *habeas corpus* contra sentença condenatória a pena de multa.
d) Da decisão do juiz que concede ou denega *habeas corpus* cabe recurso em sentido estrito.
e) Da decisão do Tribunal de Justiça que concede *habeas corpus* não cabe recurso ordinário para o Superior Tribunal de Justiça.

3. (87º Concurso de Promotor de Justiça Substituto MP/SP) Em relação ao *habeas corpus*, é correto afirmar que:

a) sempre é possível a interposição de *habeas corpus* quando se tratar de punição disciplinar militar.
b) o *habeas corpus* liberatório é aquele interposto quando há uma ameaça de violência ou coação à liberdade de locomoção, por abuso de poder ou ilegalidade.
c) o promotor de justiça não pode figurar como autoridade coatora no pedido de *habeas corpus*.
d) não é cabível o *habeas corpus* quando a coação emanar de ato de particular.
e) o impetrante do *habeas corpus* não precisa ser representado por advogado.

4. (88º Concurso de Promotor de Justiça Substituto MP/SP) Com relação à revisão criminal, analise as seguintes assertivas:

I. poderá ser pedida pelo próprio réu, por procurador legalmente habilitado ou pelo Ministério Público;
II. julgando-a procedente, o Tribunal não poderá modificar a pena imposta pela decisão revista;
III. julgando-a procedente, o Tribunal poderá alterar a classificação da infração penal;
IV. poderá ser requerida depois da extinção da pena;
V. não será admissível a reiteração do pedido de revisão criminal.

Está correto apenas o que se afirma em

a) I e IV.
b) I e V.
c) II e III.
d) II e V.
e) III e IV.

5. (20º Concurso de Procurador da República MPF) X mantém em cárcere privado testemunhas oculares de crime que praticou. Absolvido, e alcançado o trânsito em julgado, libera as testemunhas:

a) o caso não admite a revisão *pro societate* da decisão absolutória.
b) o caso admite revisão *pro societate*.
c) o caso assemelha-se ao uso de falta de certidão de óbito a que se declare a extinção da punibilidade do autor do crimc.
d) fica, na hipótese, reconhecido limite subjetivo da coisa julgada.

6. (Analista MPE/RJ/2011) Após ser condenado por homicídio culposo, com decisão transitada em julgado, e ter cumprido integralmente sua pena, MONTECCHIO descobre oficiosamente fatos que seriam capazes de alterar a convicção judicial, alterando a sentença proferida e que não fora impugnada no momento oportuno. À luz dos dados fornecidos, é correto afirmar que:

a) o cabimento da revisão criminal, em caso de nova prova oral, depende de justificação que tramitará perante o juízo penal de primeiro grau;
b) cabível a revisão criminal, cuja competência é do juízo que proferiu a sentença revidenda, que poderá rever a convicção formada com as novas provas colacionadas;
c) incabível a revisão criminal, diante da irreversibilidade dos efeitos da sentença penal condenatória, haja vista que MONTECCHIO já cumpriu a integralidade da pena;
d) cabível a revisão criminal, em caso de nova prova oral, desde que juntada declaração escrita, mediante escritura pública;
e) incabível a revisão criminal, por falta de interesse-utilidade haja vista que MONTECCHIO já cumpriu a integralidade da pena.

7. (Promotor de Justiça MP/GO/2012) Sobre a revisão criminal, é correto dizer que:

a) poderá ser requerida, em qualquer tempo, mesmo após a extinção da pena;
b) se morto o réu, não se admite revisão criminal proposta por eventuais herdeiros deste, por evidente carência de interesse processual;
c) julgando procedente a revisão, o tribunal poderá absolver o réu, modificar a pena ou anular o processo, sendo-lhe defeso, porém, alterar a classificação da infração;
d) não se admite revisão criminal em face de decisões absolutórias.

8. (Defensor Público AM/2011) Julgue as alternativas sobre revisão criminal e assinale a correta.

a) Poderá ser requerida em qualquer tempo, desde que antes da extinção da pena.
b) A absolvição em sede de revisão criminal implicará o restabelecimento de todos os direitos do réu perdidos em virtude da condenação, podendo, inclusive, ser-lhe reconhecido o direito a uma justa indenização a ser paga ou pela União ou pelos Estados pelos prejuízos sofridos, ainda que a acusação houver sido meramente privada.
c) Cabe revisão criminal das sentenças absolutórias impróprias, mas não cabe da sentença de pronúncia do réu.
d) A revisão criminal é meio adequado para pleitear a aplicação de lei posterior à decisão de condenação do réu transitada em julgado que deixou de considerar o fato como crime (*abolitio criminis*).
e) É vedada, em qualquer hipótese, a reiteração do pedido de revisão criminal. Essa vedação legal prestigia o Princípio da Segurança Jurídica em detrimento do Princípio da Presunção da Inocência.

9. (Exame da OAB unificado maio/2008) No que se refere às ações autônomas criminais, assinale a opção correta.

a) Cabe *habeas corpus* contra decisão condenatória a pena de multa ou quando já estiver extinta a pena privativa de liberdade.
b) Admite-se mandado de segurança para o advogado poder acompanhar diligência em processo judicial, ainda que sigiloso.
c) Em face da soberania dos veredictos, das decisões de mérito do tribunal do júri não se admite revisão criminal.
d) A revisão criminal pode ser requerida, desde que antes da extinção da pena, pelo réu ou por procurador, independentemente de habilitação.

10. (Magistratura TJ/AL/2008) Quanto à revisão criminal, julgue os seguintes itens.

I. Poderá ser requerida a qualquer tempo, desde que antes da extinção da pena.
II. Caberá uma única vez, não sendo admissível a reiteração do pedido.
III. No caso de ação penal privada, poderá ser requerida tanto pelo querelante quanto pelo querelado.
IV. Se o tribunal de justiça julgar procedente a revisão, poderá alterar a classificação da infração, absolver o réu, modificar a pena ou anular o processo.
V. A absolvição implicará o restabelecimento de todos os direitos perdidos em virtude da condenação, devendo o tribunal, se for o caso, impor a medida de segurança cabível.

A quantidade de itens certos é igual a

a) 1.
b) 2.
c) 3.
d) 4.
e) 5.

11. (Magistratura TJ/MG/2005) Segundo o Código de Processo Penal, a revisão criminal:

a) tem como pressuposto de cabimento a não extinção da pena.
b) permite que seja alterada a classificação do delito ou que seja anulado o processo.
c) extingue-se, por perda de objeto, se, em seu curso, o réu, que a requerera, vier a falecer.
d) não enseja a reiteração do pedido.

12. (Promotor de Justiça MP/RO/2010) Assinale a opção correta em relação aos recursos e às ações autônomas de impugnação.

a) A jurisprudência tem acolhido a possibilidade de interposição do mandado de segurança contra ato jurisdicional prolatado por juiz do juizado especial criminal, dispensado o litisconsórcio passivo do réu, quando impetrado pelo MP, porque a autoridade coatora é quem prestará as informações e defenderá o ato impugnado, sendo o *mandamus* julgado pela turma recursal.
b) A revisão criminal, por ser instrumento jurídico mais amplo que a ação rescisória, poderá ser ajuizada quando houver mudança de entendimento jurisprudencial consolidado que, de qualquer forma, beneficie o condenado, segundo dispositivo expresso do CPP.
c) Na atual sistemática processual penal, é previsto recurso de apelação para impugnar decisão judicial que acolha ou rejeite a absolvição sumária.
d) O recurso em sentido estrito e o agravo em execução permitem que o magistrado exerça o juízo de retratação, não possuem efeito suspensivo e devem ser interpostos no prazo de cinco dias.
e) A interposição de recurso extraordinário de decisão monocrática concessiva de *habeas corpus* pelo STJ subordina-se ao esgotamento das vias ordinárias de impugnação, ainda que em sede de *habeas corpus*. Nesse caso, resta vedado ao MP o manejo do recurso ordinário constitucional.

13. (Magistratura TJ/SP/2009) Em tema de revisão criminal, é correto afirmar que

a) se vier a ocorrer o falecimento da pessoa cuja condenação tiver de ser revista, deverá ser julgada extinta a punibilidade, com subsequente arquivamento dos autos.
b) o pedido pode ser ajuizado pelo Ministério Público em favor do condenado.
c) para requerer revisão criminal, o condenado é obrigado a recolher-se à prisão, caso ainda não tenha cumprido a pena.
d) o pedido pode ser ajuizado pelo cônjuge supérstite no caso de falecimento do condenado.

14. (Magistratura TJ/GO/2009) A revisão criminal

a) é inadmissível no caso de sentença condenatória irrecorrível do Tribunal do Júri.
b) apenas é cabível em processos findos em que tenha sido denegada apelação interposta contra sentença condenatória.
c) não pode ser conhecida se não houver recolhimento do condenado à prisão.
d) admite alteração de classificação da infração, modificação da pena ou anulação do processo.
e) pode ser requerida pelo Ministério Público por força de expressa previsão legal.

15. (Defensor Público MT/2009) A revisão criminal

a) poderá ensejar ao Tribunal o agravamento da pena imposta pela decisão revista.
b) não pode ser requerida pelo condenado sem recolher-se à prisão.
c) será admitida quando, após a sentença, se descobrirem novas provas de circunstância que determine ou autorize diminuição especial da pena.

d) pode ser requerida pelo Ministério Público face à prova posterior à sentença absolutória.
e) poderá ser requerida até a extinção da pena.

16. (Procurador do Estado SP/2002) Estará presente o interesse de agir na ação de revisão desde que

a) certificado o trânsito em julgado para a acusação e para a defesa.
b) certificado o trânsito em julgado para a defesa.
c) certificado o trânsito em julgado para a acusação.
d) a defesa tenha esgotado todos os recursos, ordinários e extraordinários.
e) o réu tenha sido condenado a pena privativa de liberdade.

17. (Analista Judiciário TSE/2007) Assinale a opção correta em relação ao instituto da revisão criminal.

a) O pleito de revisão criminal pode constituir mera reiteração de recurso de apelação anteriormente interposto pelo condenado.
b) Não cabe revisão criminal para rever sentença proferida contra pessoa que, em momento posterior, se sabe não ter cometido o crime objeto da condenação. É parte ilegítima para ajuizá-la a pessoa que tem seu nome lançado como réu na sentença condenatória proferida com erro na identificação do agente do delito.
c) Aplicando-se o princípio da fungibilidade entre o *habeas corpus* e a revisão criminal, é possível desconstituir decisão transitada em julgado por meio de *habeas corpus*, se verificada a existência de flagrante ilegalidade.
d) O ajuizamento de revisão criminal obsta a execução da sentença condenatória transitada em julgado, tendo em vista que o pedido revisional possui efeito suspensivo.

18. (Defensor Público SP/2010) assinale a alternativa correta em relação ao assunto indicado: ações de impugnação no processo penal.

a) Contra o acórdão que, por maioria de votos, julga improcedente a revisão criminal podem ser opostos embargos infringentes.
b) No mandado de segurança em matéria penal, impetrado pelo Ministério Público contra ato judicial, o acusado integrará o polo passivo da ação na qualidade de litisconsorte.
c) Em sede de revisão criminal, o Tribunal não pode absolver o condenado por crime doloso contra a vida sem a necessidade de realização de novo júri popular.
d) Não é cabível *habeas corpus* para se atacar nulidade da sentença penal que condenou o acusado à pena substituída por restritiva de direitos.
e) Não cabe revisão criminal em face de sentença absolutória imprópria.

19. (Exame da OAB unificado maio/2008) No que se refere às ações autônomas criminais, assinale a opção correta.

a) Cabe *habeas corpus* contra decisão condenatória a pena de multa ou quando já estiver extinta a pena privativa de liberdade.
b) Admite-se mandado de segurança para o advogado poder acompanhar diligência em processo judicial, ainda que sigiloso.
c) Em face da soberania dos veredictos, das decisões de mérito do tribunal do júri não se admite revisão criminal.
d) A revisão criminal pode ser requerida, desde que antes da extinção da pena, pelo réu ou por procurador, independentemente de habilitação.

20. (Promotor de Justiça RO/2008) Com relação ao mandado de segurança em matéria penal, assinale a opção correta à luz do entendimento do STJ.

a) O MP não possui legitimidade para propor ação mandamental com o fim de conferir efeito suspensivo a recurso de agravo em execução.
b) Cabe mandado de segurança contra decisão que concede, nega ou revoga suspensão condicional do processo.
c) A competência para a apreciação do mandado de segurança em matéria penal é fixada em razão da competência jurisdicional, e não da autoridade da qual emanou o ato combatido.

d) A comprovação do direito líquido e certo não é condição intransponível à concessão do mandado de segurança em matéria penal.
e) É cabível mandado de segurança interposto por pessoa interessada, com a finalidade de impugnar o ato judicial que, acolhendo promoção do MP, determinou o arquivamento de inquérito policial.

21. (Promotor de Justiça RN/2009) A respeito do mandado de segurança criminal, assinale a opção correta.

a) O MP não tem legitimidade para impetrar mandado de segurança criminal, uma vez que se trata de prerrogativa exclusiva da defesa.
b) Nos casos urgentes, segundo jurisprudência sumulada do STF, é cabível mandado de segurança contra ato judicial passível de recurso ou correição.
c) A competência para processar e julgar mandado de segurança contra decisões emanadas dos juizados especiais criminais estaduais é dos respectivos tribunais de justiça.
d) É inadmissível a interposição de mandado de segurança criminal nas hipóteses em que haja controvérsia acerca da matéria de direito.
e) O mandado de segurança em matéria penal deve ser julgado por autoridade judicial com competência criminal.

22. (Delegado Polícia Civil PA/2009) Em relação ao *habeas corpus*, assinale a opção correta.

a) Será concedido sempre que alguém sofrer ou se achar ameaçado de sofrer violência ou coação em sua liberdade de locomoção, por ilegalidade ou abuso de poder.
b) Não será concedido em favor de quem já se encontra preso.
c) Não será concedido em favor de quem já foi condenado por sentença transitada em julgado.
d) Não será concedido a pessoa estrangeira em passagem pelo Brasil.

23. (Procurador da República 2012) A respeito do instituto do *habeas corpus*, assinale a alternativa falsa:

a) a jurisprudência do STF veda, de modo genérico, a utilização de *habeas corpus* como sucedâneo da revisão criminal, sem, contudo, afastá-la expressamente para questões de direito, de que é exemplo a atipicidade do fato, em função da primazia da tutela da liberdade individual;
b) não caberá *habeas corpus* para apreciar a conveniência ou a oportunidade da aplicação de medida disciplinar em procedimento disciplinar militar;
c) em linhas gerais, é cabível a impetração de *habeas corpus* quando se puder cogitar de privação da liberdade de locomoção, salvo no caso de imposição de recolhimento domiciliar;
d) caberá *habeas corpus* contra ato emanado de autoridade judicial incompetente para futura e eventual ação penal, bem como contra prisão em flagrante realizada sem a observância das formalidades legais.

24. (Promotor de Justiça MP/DF/2011) No que pertine à ação autônoma de impugnação de *Habeas Corpus*, assinale o item INCORRETO:

a) A vedação constitucional da utilização de *habeas corpus* contra prisão militar disciplinar tem sido interpretada pelos tribunais pátrios como impossibilidade de exame do mérito do ato administrativo, sendo possível que o Poder Judiciário analise aspectos relativos à legalidade do ato punitivo.
b) Não cabe *habeas corpus* quando já extinta a pena privativa de liberdade.
c) Segundo entendimento do Supremo Tribunal Federal, compete ao Tribunal de Justiça do Distrito Federal e Territórios julgar *habeas corpus* impetrado contra ato praticado por Promotor de Justiça do Ministério Público do Distrito Federal e Territórios.
d) Admite-se *habeas corpus* contra sentença condenatória transitada em julgado.
e) Não cabe *habeas corpus* contra sentença condenatória à pena de multa, ou relativo a processo em curso por infração penal a que a pena pecuniária seja a única cominada.

25. (Magistratura TJ/AP/2014) Quanto à revisão criminal, é correto afirmar:

a) A revisão será julgada extinta sem julgamento do mérito quando, no curso da revisão, falecer a pessoa, cuja condenação se requereu fosse revista.

b) Na ação penal de iniciativa privada, a revisão poderá ser requerida pelo querelante ou seu procurador legalmente habilitado.

c) A revisão não poderá ser requerida depois da extinção da pena.

d) Não será admissível revisão das decisões do Tribunal do Júri.

e) Julgando procedente a revisão, o tribunal poderá alterar a classificação da infração, absolver o réu, modificar a pena sem agravá-la ou anular o processo.

PRESTE ATENÇÃO!

- A revisão criminal poderá ser requerida em qualquer tempo, antes ou depois da extinção da pena.
- A concessão do *habeas corpus* não obstará nem porá termo ao processo, desde que este não esteja em conflito com os fundamentos daquela.
- Controvérsia sobre matéria de direito não impede concessão de mandado de segurança. Não compete ao Supremo Tribunal Federal conhecer originariamente de mandado de segurança contra atos de outros tribunais.

CUIDADO!

- A revisão poderá ser pedida pelo próprio réu ou por procurador legalmente habilitado ou, no caso de morte do réu, pelo cônjuge, ascendente, descendente ou irmão.
- Não compete ao Supremo Tribunal Federal conhecer de *habeas corpus* impetrado contra decisão do Relator que, em *habeas corpus* requerido a tribunal superior, indefere a liminar.
- Extingue-se o processo de mandado de segurança se o impetrante não promove, no prazo assinalado, a citação do litisconsorte passivo necessário.

IMPORTANTE!

- Na revisão criminal, a indenização não será devida se o erro ou a injustiça da condenação proceder de ato ou falta imputável ao próprio impetrante.
- Não cabe *habeas corpus* contra decisão condenatória a pena de multa, nem relativo a processo em curso por infração penal a que a pena pecuniária seja a única cominada.
- No mandado de segurança impetrado pelo Ministério Público contra decisão proferida em processo penal, é obrigatória a citação do réu como litisconsorte passivo.

Capítulo 23

DOS JUIZADOS ESPECIAIS CRIMINAIS

1. Introdução

O Juizado Especial Criminal pode ser criado pela União e pelos Estados. É composto por juízes togados ou togados e leigos. Os conciliadores (recrutados, preferencialmente, entre os bacharéis em Direito) e os juízes leigos (recrutados entre advogados com mais de 5 anos de experiência) são auxiliares da Justiça.

Os juízes leigos ficarão impedidos de exercer a advocacia perante os Juizados Especiais, enquanto no desempenho de suas funções:

> Enunciado 40 do FONAJE (cível): O conciliador ou juiz leigo não está incompatibilizado nem impedido de exercer a advocacia, exceto perante o próprio Juizado Especial em que atue ou se pertencer aos quadros do Poder Judiciário.

O Juizado Especial Criminal Federal foi criado pela Lei n. 10.259/2001, por determinação do art. 98, § 1º, da Constituição Federal. A referida lei sofre incidência da Lei n. 9.099/95 naquilo em que não houver conflito, nos termos do art. 1º da Lei n. 10.259/2001.

2. Competência

2.1. Competência material

O Juizado Especial Criminal tem competência para a conciliação, o julgamento e a execução **das infrações penais de menor potencial ofensivo** (as contravenções penais e os crimes a que a lei comine pena máxima não superior a 2 anos, cumulada ou não com multa), respeitadas as regras de conexão e continência.

O critério do legislador para definir a competência dos Juizados Especiais Criminais é o *quantum* máximo da pena privativa de liberdade abstratamente cominada. Cabe ressaltar que, se ao crime for cominada por lei apenas pena de multa, o crime será submetido ao rito do Juizado Especial Criminal.

Havendo **conexão** entre crimes da competência do Juizado Especial e do Juízo Penal Comum, prevalece a competência do **Juízo Penal Comum** (Enunciado 10 do FONAJE).

> **Questões de prova**
>
> A prova da Magistratura TJ/PI/2007 considerou CORRETA a afirmativa: "Em caso de conexão entre crime de competência do juizado especial criminal e crime de competência do juízo comum, prevalecerá a competência deste último, que deverá aplicar os institutos da transação penal e da composição dos danos civis".
>
> A prova do Defensor Público CE/2008 considerou INCORRETA a afirmativa: "Em caso de conexão entre crime de menor potencial ofensivo, da competência do juizado especial criminal, e crime afeto à competência do juízo comum, os autos deverão ser desmembrados, considerando-se que a competência do juizado especial criminal é absoluta, já que prevista em norma constitucional".

No caso de competência constitucional, cabe ressaltar que não se aplicam as normas previstas no Código de Processo Penal acerca da competência por conexão ou continência, sendo correta a decisão que determinar o desmembramento do feito.

Na reunião de processos, perante o Juízo Comum ou o Tribunal do Júri, decorrentes da aplicação das regras de conexão e continência, serão observados os institutos da transação penal e da composição dos danos civis.

No Juizado Especial Criminal, a competência material é restrita às infrações de **menor potencial ofensivo**, sob pena de nulidade absoluta.

Se a **infração penal possuir procedimento especial**, não se afasta a competência do Juizado Especial Criminal. No caso do Estatuto do Idoso, o procedimento do Juizado Especial Criminal será aplicado quando as penas máximas abstratas **não forem superiores a 4 anos**.

Crime do Estatuto do Idoso → JECRIM → Pena abstrata máxima → Não superior a 4 anos

> **Questões de prova**
>
> A prova do TRE/MA/2009 elaborada pelo CESPE considerou INCORRETA a afirmativa: "Os crimes contra a administração pública, ainda que considerados de menor potencial ofensivo, não se sujeitam ao rito dos juizados especiais".
>
> A prova de Analista Judiciário TSE/2007 considerou INCORRETA a afirmativa: "As Leis n. 9.099/1995 e n. 10.259/2001 não incidem sobre os crimes de menor potencial ofensivo quando estes estiverem sujeitos a procedimentos especiais".
>
> A prova de Promotor de Justiça MP/AM/2005 considerou CORRETA a afirmativa: "Segundo o artigo 94 da Lei 10.741/2003, aos crimes cometidos em seu texto, cuja pena máxima não ultrapasse quatro anos, aplica-se o procedimento previsto na Lei 9.099/95, e subsidiariamente, o Código Penal e o Código de Processo Penal, no que couber".

No **concurso de crimes**, a pena considerada para fixação de competência será: a) no concurso material: o resultado da soma; b) no concurso formal ou crime continuado: o resultado do acréscimo na pena máxima cominada no delito.

> **Questão de prova**
> A prova de Analista Judiciário TSE/2007 considerou CORRETA a afirmativa: "Na hipótese de concurso de crimes, a pena considerada para fins de fixação de competência dos juizados especiais será o resultado da soma, no caso de concurso material, ou a exasperação, na hipótese de concurso formal ou crime continuado, das penas máximas cominadas aos delitos".

No **concurso de infrações de menor potencial ofensivo**, a competência será do Juizado Especial Criminal, ainda que a somatória das penas, em abstrato, ultrapasse 2 anos (Enunciado 120 do FONAJE).

2.2. Competência do Juízo Comum

Na hipótese de infração de menor potencial ofensivo, a regra é que o processo e o julgamento da infração sejam feitos pelo Juizado Especial Criminal.

Contudo, há casos em que, mesmo diante da ocorrência de infração de menor potencial ofensivo, a competência será do Juízo Comum: a) quando **não encontrado o acusado para citação pessoal**; b) no caso de **complexidade da causa**. Em ambos, haverá o encaminhamento das peças existentes ao Juízo Comum para adoção do procedimento sumário.

Há enunciados do FONAJE que confirmam o afastamento da competência do Juizado Especial Criminal na citação por edital ou no caso de complexidade da causa:

> Enunciado 18: Na hipótese de fato complexo, as peças de informação deverão ser encaminhadas à Delegacia Policial para as diligências necessárias. Retornando ao Juizado e sendo o caso do artigo 77, parágrafo 2º, da Lei n. 9.099/95 [complexidade do fato], as peças serão encaminhadas ao Juízo Comum.
>
> Enunciado 51: A remessa dos autos ao juízo comum, na hipótese do art. 66, parágrafo único, da Lei n. 9.099/95 (Enunciado 64) [citação por edital], exaure a competência do Juizado Especial Criminal, que não se restabelecerá com localização do acusado.
>
> Enunciado 52: A remessa dos autos ao juízo comum, na hipótese do art. 77, parágrafo 2ª, da Lei n. 9.099/95 (Enunciado 18) [complexidade da causa],

exaure a competência do Juizado Especial Criminal, que não se restabelecerá ainda que afastada a complexidade.

Enunciado 60: Exceção da verdade e questões incidentais não afastam a competência dos Juizados Especiais, se a hipótese não for complexa.

Enunciado 64: Verificada a impossibilidade de citação pessoal, ainda que a certidão do Oficial de Justiça seja anterior à denúncia, os autos serão remetidos ao juízo comum após o oferecimento desta.

Enunciado 109 (Substitui o Enunciado 65): Nas hipóteses do artigo 363, § 1º [Não sendo encontrado o acusado, será procedida a citação por edital] e § 4º [Comparecendo o acusado citado por edital, em qualquer tempo, o processo observará o disposto no processo comum] do Código de Processo Penal, aplica-se o parágrafo único do artigo 66 da Lei n. 9.099/95 [Não encontrado o acusado para ser citado, o Juiz encaminhará as peças existentes ao Juízo comum para adoção do procedimento previsto em lei].

2.3. Competência por prerrogativa de função

No caso de infrator que possua foro por prerrogativa de função cometer infração de menor potencial ofensivo, será julgado pelo foro especial; porém, **terá direito aos institutos despenalizadores** da lei.

2.4. Competência territorial

A competência do Juizado será determinada pelo **lugar em que foi praticada a infração penal**, ou seja, o local da ação ou omissão. Sobre a competência territorial, há dois entendimentos: **a) majoritário: foi adotada a Teoria da Atividade**, que considera o lugar da prática da infração penal; b) minoritário: foi adotada a Teoria da Ubiquidade, que considera tanto o local da ação ou omissão quanto o local do resultado.

Questões de prova

A prova do Defensor Público CE/2008 considerou INCORRETA a afirmativa: "A competência do juizado especial criminal é determinada pelo lugar onde a infração penal tenha se consumado".

A prova de Promotor MP/RN/2009 considerou INCORRETA a afirmativa: "Em regra, observa-se a teoria do resultado para se firmar a competência no âmbito dos juizados especiais criminais estaduais".

3. Princípios

O Juizado Especial Criminal é regido pelos seguintes princípios:

a) **Oralidade:** é a manifestação de pensamentos e ideias pela palavra falada. Do princípio da oralidade, decorrem: **1) a imediação:** contato direto do juiz com as provas e as partes no processo; **2) a concentração:** concentração do trabalho em audiência única, com registro apenas dos atos considerados essenciais; **3) a identidade física do juiz:** o juiz que instrui julga o caso.

Questão de prova

A prova de Delegado da Polícia Civil/RJ/2002 considerou CORRETA a afirmativa: "Configura uma das características dos procedimentos perante os Juizados Especiais Criminais a adoção do princípio da identidade física do juiz".

De acordo com a Lei n. 9.099/95, são manifestações do princípio da oralidade:

> Art. 65, § 3º: Serão objeto de registro escrito exclusivamente os atos havidos por essenciais. Os atos realizados em audiência de instrução e julgamento poderão ser gravados em fita magnética ou equivalente.
>
> Art. 75. Não obtida a composição dos danos civis, será dada imediatamente ao ofendido a oportunidade de exercer o direito de representação verbal, que será reduzida a termo.
>
> Art. 77. Na ação penal de iniciativa pública, quando não houver aplicação de pena, pela ausência do autor do fato, ou pela não ocorrência da hipótese prevista no art. 76 desta Lei [transação penal], o Ministério Público oferecerá ao Juiz, de imediato, denúncia oral, se não houver necessidade de diligências imprescindíveis.
>
> Art. 81. Aberta a audiência, será dada a palavra ao defensor para responder à acusação, após o que o Juiz receberá, ou não, a denúncia ou queixa; havendo recebimento, serão ouvidas a vítima e as testemunhas de acusação e defesa, interrogando-se a seguir o acusado, se presente, passando-se imediatamente aos debates orais e à prolação da sentença.

b) **Informalidade:** mínimo de formalidades necessárias para buscar a justa composição da lide. De acordo com a Lei n. 9.099/95, são manifestações do princípio da informalidade:

> Art. 66. A citação será pessoal e far-se-á no próprio Juizado, sempre que possível, ou por mandado.
>
> Art. 67. A intimação far-se-á por correspondência, com aviso de recebimento pessoal ou, tratando-se de pessoa jurídica ou firma individual, mediante entrega ao encarregado da recepção, que será obrigatoriamente identificado, ou, sendo necessário, por oficial de justiça, independentemente de mandado ou carta precatória, ou ainda por qualquer meio idôneo de comunicação.
>
> Art. 69. A autoridade policial que tomar conhecimento da ocorrência lavrará termo circunstanciado e o encaminhará imediatamente ao Juizado, com o autor do fato e a vítima, providenciando-se as requisições dos exames periciais necessários.

> Art. 73. A conciliação será conduzida pelo Juiz ou por conciliador sob sua orientação.
>
> Art. 77, § 1º: Para o oferecimento da denúncia, que será elaborada com base no termo de ocorrência referida no art. 69 desta Lei [Termo circunstanciado], com dispensa do inquérito policial, prescindir-se-á do exame do corpo de delito quando a materialidade do crime estiver aferida por boletim médico ou prova equivalente.
>
> Art. 81, § 3º: A sentença, dispensado o relatório, mencionará os elementos de convicção do Juiz.
>
> Art. 82, § 5º: Se a sentença for confirmada pelos próprios fundamentos, a súmula do julgamento servirá de acórdão.

Embora a informalidade seja o princípio regente no juizado, é importante registrar que a inicial acusatória deverá ser acompanhada com o mínimo embasamento probatório, ou seja, com lastro probatório mínimo apto a demonstrar, ainda que de modo indiciário, a efetiva realização do ilícito penal. Neste sentido, o *Informativo* 577/2016 do STJ: Deve ser rejeitada a queixa-crime que, oferecida antes de qualquer procedimento prévio, impute a prática de infração de menor potencial ofensivo com base apenas na versão do autor e na indicação de rol de testemunhas, desacompanhada de Termo Circunstanciado ou de qualquer outro documento hábil a demonstrar, ainda que de modo indiciário, a autoria e a materialidade do crime.

c) **Economia processual:** é o máximo resultado na atuação do direito, com o mínimo emprego possível de atividades processuais; a máxima efetividade, com o menor dispêndio econômico.

d) **Celeridade:** é a não demora na prestação jurisdicional; busca da solução rápida do litígio, sem prejuízo da regularidade formal; deve ocorrer o indeferimento de provas impertinentes, excessivas e protelatórias.

e) **Discricionariedade regrada:** o Ministério Público pode deixar de oferecer denúncia quando optar pela transação penal no Juizado Especial Criminal.

Questões de prova

A prova de Defensor Público AL/2003 considerou CORRETA a afirmativa: "Segundo o princípio da obrigatoriedade, o órgão do Ministério Público não pode recusar-se a promover a competente ação penal, quando identificar hipótese na qual se exija sua atuação. Entretanto, tal princípio encontra-se atenuado mediante a previsão de conciliação e transação nas infrações penais de menor potencial ofensivo".

A prova da Magistratura TJ/SP/1997 considerou CORRETA a afirmativa: "Ao estabelecer os juizados especiais criminais (art. 60 da Lei n. 9.099/95), permitindo o acordo e a conciliação, o legislador processual penal modificou o princípio da legalidade da ação penal pública, transformando-o em legalidade mitigada".

f) **Indisponibilidade mitigada:** é a possibilidade de suspensão condicional do processo no Juizado Especial Criminal.

> **Questão de prova**
> A prova do Defensor Público AL/2009 considerou CORRETA a afirmativa: "O princípio da indisponibilidade foi mitigado com o advento dos juizados especiais criminais, diante da possibilidade de se efetuar transação em matéria penal".

g) **Instrumentalidade das formas:** os atos processuais serão válidos sempre que preencherem as finalidades para as quais foram realizados, mesmo que não sejam previstas em lei.

h) **Prejuízo:** não se pronuncia qualquer nulidade sem que tenha havido prejuízo.

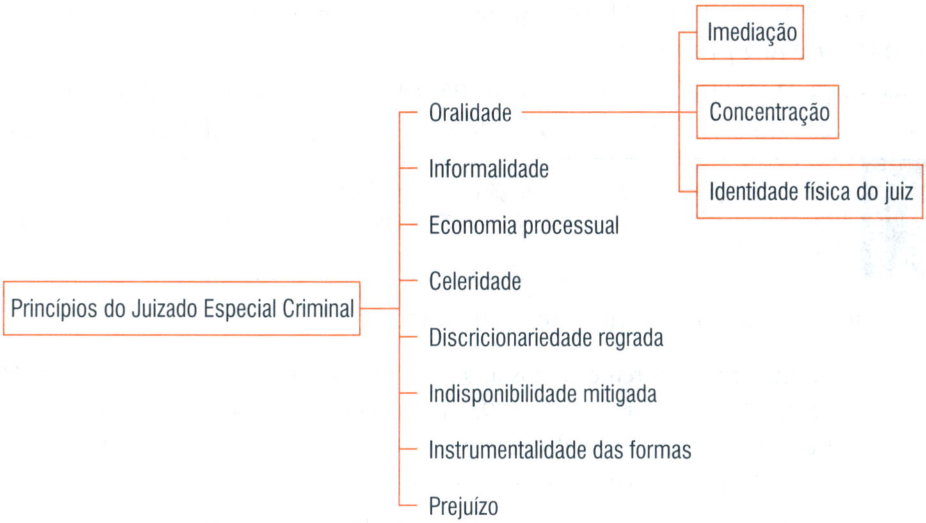

4. Objetivos

O Juizado Especial Criminal tem como objetivos:

a) a **reparação dos danos** sofridos pela vítima;

b) a aplicação de **pena não privativa de liberdade**.

5. Atos processuais

5.1. Forma

Os atos processuais **serão públicos** (respeitada limitação para defesa da intimidade ou do interesse social, nos termos do art. 5º, LX, da CF) e poderão ser realizados em **horário noturno e em qualquer dia da semana**, conforme dispuserem as normas de organização judiciária. Serão objeto de **registro escrito exclusivamente os atos havidos por essenciais**.

Os atos realizados em audiência de instrução e julgamento **poderão ser gravados em fita magnética ou equivalente.** Na audiência de instrução e julgamento, nenhum ato será adiado, determinando o juiz, quando imprescindível, a condução coercitiva de quem deva comparecer.

A prática de atos processuais **em outras comarcas** poderá ser solicitada por **qualquer meio hábil de comunicação.**

5.2. Comunicação

5.2.1. Citação

Se o acusado estiver **na comarca do juiz processante**, a citação será no próprio Juizado, sempre que possível, ou por mandado; quando estiver **fora da comarca do juiz processante**, será feita por carta precatória. **Não encontrado o acusado para ser citado**, o juiz encaminhará as peças existentes ao Juízo Comum para adoção do **procedimento previsto em lei** (será o procedimento sumário).

Questão de prova

A prova de Promotor de Justiça MPE/MG/2011 considerou INCORRETA a afirmativa: "A celeridade do Juizado Especial Criminal é compatível com a citação editalícia, graças ao princípio da instrumentalidade das formas".

Sobre o tema, há os seguintes enunciados do FONAJE:

> Enunciado 51: A remessa dos autos ao juízo comum, na hipótese do art. 66, parágrafo único, da Lei 9.099/95 (Enunciado 64), exaure a competência do Juizado Especial Criminal, que não se restabelecerá com localização do acusado.
>
> Enunciado 64: Verificada a impossibilidade de citação pessoal, ainda que a certidão do Oficial de Justiça seja anterior à denúncia, os autos serão remetidos ao juízo comum após o oferecimento desta.
>
> Enunciado 108: O Art. 396 do CPP não se aplica no Juizado Especial Criminal regido por lei especial (Lei n. 9.099/95) que estabelece regra própria.
>
> Enunciado 109 (Substitui o Enunciado 65): Nas hipóteses do artigo 363, § 1º e § 4º do Código de Processo Penal, aplica-se o parágrafo único do artigo 66 da Lei n. 9.099/95.
>
> Enunciado 110: No Juizado Especial Criminal é cabível a citação com hora certa.

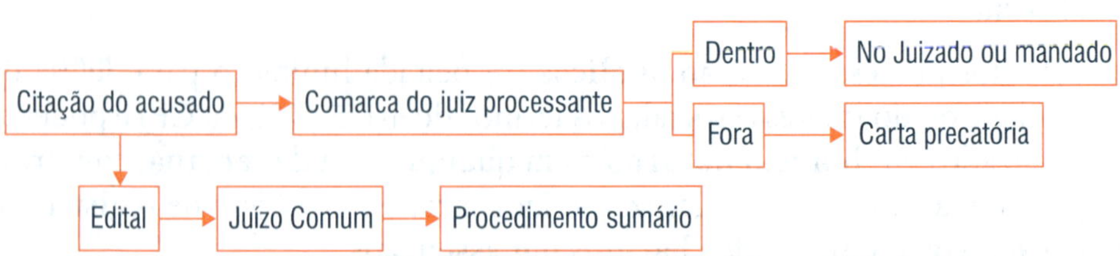

5.2.2. Intimação

A intimação será feita: a) no caso de **pessoa física**, por correspondência, com aviso de recebimento pessoal; b) **no caso de pessoa jurídica ou firma individual**, por correspondência, mediante entrega ao encarregado da recepção, que será obrigatoriamente identificado, ou, sendo necessário, por oficial de justiça, independentemente de mandado ou carta precatória, ou ainda por **qualquer meio idôneo de comunicação.**

Em relação ao **Ministério Público e à** Defensoria Pública, basta intimação pela imprensa (HC 76.915, STF).

Questão de prova

A prova de Defensor Público AL/2009 considerou CORRETA a afirmativa: "A prerrogativa da Defensoria Pública de intimação pessoal é incompatível com o rito dos juizados especiais".

Dos atos praticados **em audiência**, já saem intimados desde logo as partes, os interessados e os defensores.

Do ato de intimação do autor do fato e do mandado de citação do acusado, constará **a necessidade de seu comparecimento acompanhado de advogado, com a advertência de que, na sua falta, será designado defensor público**:

> Enunciado 9 do FONAJE: A intimação do autor do fato para a audiência preliminar deve conter a advertência da necessidade de acompanhamento de advogado e de que, na sua falta, ser-lhe-á nomeado Defensor Público.

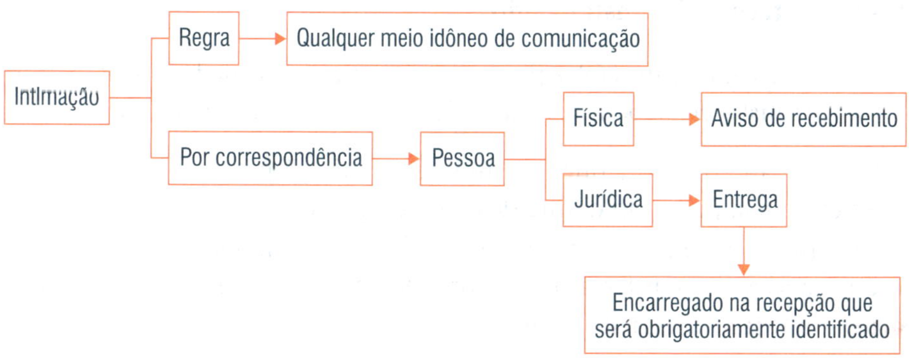

6. Nulidades

Em matéria de nulidades, existem dois princípios previstos na Lei do Juizado Especial Criminal:

a) **instrumentalidade das formas:** os atos processuais serão válidos sempre que preencherem as finalidades para as quais foram realizados;

b) **prejuízo:** não se pronunciará qualquer nulidade sem que tenha havido prejuízo.

7. Da fase preliminar

> **Questão de prova**
> A prova de Técnico Judiciário TJ/SE/2009 considerou CORRETA a afirmativa: "São atos da fase preliminar do procedimento previsto pela Lei n. 9.099/95, dentre outros, termo circunstanciado, audiência preliminar e composição dos danos civis".

A autoridade policial que tomar conhecimento da ocorrência lavrará termo circunstanciado e o encaminhará imediatamente ao Juizado, com o autor do fato e a vítima, providenciando-se as requisições dos exames periciais necessários:

> Enunciado 42 do FONAJE: A oitiva informal dos envolvidos e de testemunhas, colhida no âmbito do Juizado Especial Criminal, poderá ser utilizada como peça de informação para o procedimento.

O documento que registra a ocorrência da infração de menor potencial ofensivo é o **termo circunstanciado**:

> Enunciado 34 do FONAJE: Atendidas as peculiaridades locais, o termo circunstanciado poderá ser lavrado pela Polícia Civil ou Militar.

Porém, cabe ressaltar que, mesmo nesse caso, é possível instauração de inquérito policial, quando diante de caso complexo.

No caso de ação penal privada ou pública condicionada à representação, não é necessária a manifestação de vontade da vítima como condição de **lavratura do termo circunstanciado**.

> **Questão de prova**
> A prova de Promotor de Justiça MP/SP/2006 considerou CORRETA a afirmativa: "A lavratura do termo circunstanciado nas infrações penais de menor potencial ofensivo persequíveis mediante ação privada prescinde da prévia manifestação de vontade da vítima".

Ao autor do fato que, após a lavratura do termo, for imediatamente encaminhado ao Juizado ou assumir o compromisso de a ele comparecer, **não se imporá prisão em flagrante, nem se exigirá fiança:**

Enunciado 121 do FONAJE: As medidas cautelares previstas no art. 319 do CPP e suas consequências, à exceção da fiança, são aplicáveis às infrações penais de menor potencial ofensivo para as quais a lei cominar em tese pena privativa da liberdade.

Questão de prova

A prova de Analista Judiciário STF/2008 considerou CORRETA a afirmativa: "Ao autor do fato que, após a lavratura do termo, for imediatamente encaminhado ao juizado ou assumir o compromisso de a ele comparecer, não se imporá prisão em flagrante, nem se exigirá fiança".

Em caso de **violência doméstica**, o juiz poderá determinar, como medida de cautela, seu **afastamento do lar**, domicílio ou local de convivência com a vítima.

Comparecendo o autor do fato e a vítima, e não sendo possível a realização imediata da audiência preliminar, será designada data próxima, da qual ambos sairão cientes.

Na falta do comparecimento de qualquer dos envolvidos, a Secretaria providenciará sua intimação e, se for o caso, a do responsável civil: **a) pessoa física:** por correspondência, com aviso de recebimento pessoal; **b) pessoa jurídica ou firma individual:** por correspondência mediante entrega ao encarregado da recepção, que será obrigatoriamente identificado, ou, sendo necessário, por oficial de justiça, independentemente de mandado ou carta precatória, ou ainda por qualquer meio idôneo de comunicação.

Dos atos praticados em audiência, considerar-se-ão desde logo cientes as partes, os interessados e os defensores. Do ato de intimação do autor do fato e do mandado de citação do acusado, constará a necessidade de seu comparecimento, acompanhado de advogado, com a advertência de que, na sua falta, ser-lhe-á designado defensor público.

8. Audiência preliminar

8.1. Finalidade

É o momento processual em que o juiz tenta a **conciliação civil e penal** entre as partes.

Na audiência preliminar, presentes o representante do Ministério Público, o autor do fato e a vítima e, se possível, o responsável civil, acompanhados por seus advogados, o juiz esclarecerá sobre a possibilidade da composição dos danos e da aceitação da proposta de aplicação imediata de pena não privativa de liberdade (a presença da defesa técnica na audiência preliminar é indispensável à transação penal – *Informativo* 437 do STF).

8.2. Realização

Na audiência preliminar, a conciliação será conduzida **pelo juiz ou por conciliador** sob sua orientação.

> **Questão de prova**
>
> A prova da Magistratura TJ/MS/2009 considerou INCORRETA a afirmativa: "Nos Juizados Especiais Criminais, a condução da conciliação é privativa do Juiz de Direito".

Os conciliadores são auxiliares da Justiça, recrutados, na forma da lei local, preferencialmente entre bacharéis em Direito, excluídos os que exerçam funções na administração da Justiça Criminal.

Sobre o tema, há os seguintes enunciados do FONAJE:

> Enunciado 31: O conciliador ou juiz leigo não está incompatibilizado nem impedido de exercer a advocacia, exceto perante o próprio Juizado Especial em que atue ou se pertencer aos quadros do Poder Judiciário.
>
> Enunciado 70: O conciliador ou o juiz leigo podem presidir audiências preliminares nos Juizados Especiais Criminais, propondo conciliação e encaminhamento da proposta de transação.
>
> Enunciado 71 (Substitui o Enunciado 47): A expressão conciliação prevista no artigo 73 da Lei 9.099/95 abrange o acordo civil e a transação penal, podendo a proposta do Ministério Público ser encaminhada pelo conciliador ou pelo juiz leigo, nos termos do artigo 76, § 3º, da mesma Lei [Aceita a proposta pelo autor da infração e seu defensor, será submetida à apreciação do Juiz].
>
> Enunciado 106: A audiência preliminar será sempre individual.

9. Composição dos danos civis

No caso de ser a **composição dos danos civis feita e aceita**: o acordo será reduzido a escrito e homologado pelo juiz mediante sentença irrecorrível, tendo eficácia de título a ser executado no Juízo Civil competente.

> **Questão de prova**
>
> A prova de Promotor de Justiça DF/2005 considerou CORRETA a afirmativa: "A composição civil pode cingir-se a acordo de conteúdo não patrimonial".

Tratando-se de ação penal de iniciativa privada ou de ação penal pública condicionada à representação, o acordo homologado acarreta a **renúncia ao direito de queixa** ou **representação** e, por consequência, a **extinção da punibilidade** do autor do fato.

Questões de prova

A prova de Assistente de Promotoria MPE/RS/2001 considerou CORRETA a afirmativa: "Em hipótese de ação penal privada, de acordo com a Lei n. 9.099/95, a composição dos danos reduzida a escrito e homologada pelo Juiz de Direito acarreta renúncia do direito de queixa".

A prova do 88º Concurso de Promotor de Justiça MP/SP considerou CORRETA a afirmativa: "Tratando-se de crime de ação penal pública condicionada à representação, caracterizada a hipótese de infração penal de menor potencial ofensivo, o acordo relativo à composição dos danos civis homologado pelo juiz acarreta a renúncia ao direito de representação".

A prova de Defensor Público AL/2003 considerou CORRETA a afirmativa: "O acordo firmado entre o ator do fato e a vítima, quanto à composição dos danos civis, desde que homologado, extingue a punibilidade dos crimes de ação privada ou pública condicionada".

No caso de ser a **composição dos danos civis feita e não obtida**, será dada imediatamente ao ofendido a oportunidade de exercer o direito de representação verbal, que será reduzida a termo. O não oferecimento da representação na audiência preliminar não implica decadência do direito, que poderá ser exercido no prazo previsto em lei. No caso de crime de ação penal privada, a vítima pode oferecer a queixa na audiência.

Questão de prova

A prova de Defensor Público/ES/2009 considerou INCORRETA a afirmativa: "No procedimento dos juizados especiais criminais, caso não seja obtida a composição dos danos civis, deve ser dado imediatamente ao ofendido o direito de representação verbal. Caso o ofendido não ofereça a representação na audiência preliminar, ocorrerá a decadência do direito respectivo".

Sobre o tema, há os seguintes enunciados do FONAJE:

> Enunciado 1: A ausência injustificada do autor do fato à audiência preliminar implicará em vista dos autos ao Ministério Público para o procedimento cabível.
>
> Enunciado 25: O início do prazo para o exercício da representação do ofendido começa a contar do dia do conhecimento da autoria do fato, observado o disposto no Código de Processo Penal ou legislação específica. Qualquer manifestação da vítima que denote intenção de representar vale como tal para os fins do art. 88 da Lei 9.099/95.
>
> Enunciado 33: Aplica-se, por analogia, o artigo 49 do Código de Processo Penal no caso da vítima não representar contra um dos autores do fato.
>
> Enunciado 37: O acordo civil de que trata o art. 74 da Lei n. 9.099/1995 [A composição dos danos civis será reduzida a escrito e, homologada pelo Juiz mediante sentença irrecorrível, terá eficácia de título a ser executado no juízo civil competente] poderá versar sobre qualquer valor ou matéria.

Enunciado 43: O acordo em que o objeto for obrigação de fazer ou não fazer deverá conter cláusula penal em valor certo, para facilitar a execução cível.

Enunciado 74 (Substitui o Enunciado 69): A prescrição e a decadência não impedem a homologação da composição civil.

Enunciado 89 (Substitui o Enunciado 36): Havendo possibilidade de solução de litígio de qualquer valor ou matéria subjacente à questão penal, o acordo poderá ser reduzido a termo no Juizado Especial Criminal e encaminhado ao juízo competente.

Enunciado 99: Nas infrações penais em que haja vítima determinada, em caso de desinteresse desta ou de composição civil, deixa de existir justa causa para ação penal.

Enunciado 113 (Substitui o Enunciado 35): Até a prolação da sentença é possível declarar a extinção da punibilidade do autor do fato pela renúncia expressa da vítima ao direito de representação ou pela conciliação.

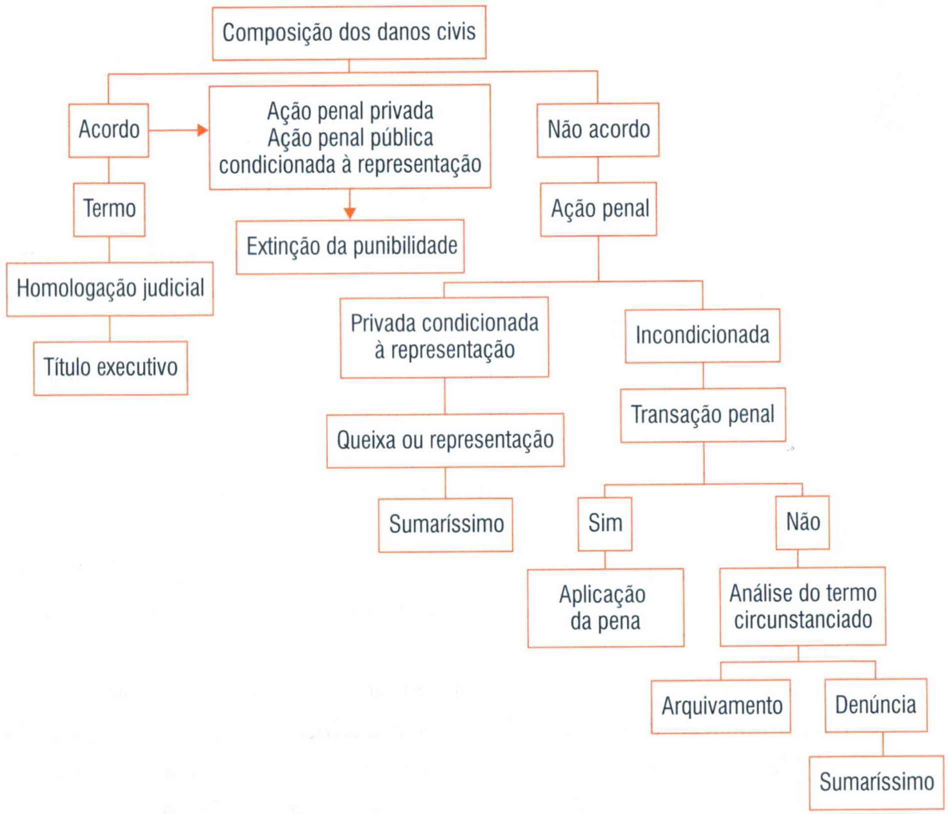

10. Transação penal

A transação penal, meio conciliatório para a resolução de conflitos no âmbito da Justiça Criminal, é um **instituto despenalizador pré-processual**, que é oferecido antes da apresentação da inicial acusatória pelo Ministério Público e que impede a própria instauração da ação penal.

Quando há representação ou se trata de crime de ação penal pública incondicionada, não sendo caso de arquivamento, o Ministério Público poderá propor a aplicação imediata de pena restritiva de direitos ou a pena de multa, a ser especificada na proposta. Nas hipóteses de ser a pena de multa a única aplicável, o juiz poderá reduzi-la até a metade.

> **Questão de prova** — A prova Juiz TJ/PA/2005 considerou CORRETA a afirmativa: "Poderá ser realizada a transação penal, com a aplicação imediata de pena restritiva de direitos ou multas, mesmo na hipótese de ação penal pública incondicionada".

A transação penal **não é direito subjetivo do réu**; trata-se de poder-dever do Ministério Público, e sua aplicação à ação penal privada, embora admitida, não impede o prosseguimento da persecução, em caso de inércia do querelante.

Não se admitirá a proposta se ficar comprovado: **a**) ter sido o autor da infração condenado, pela prática de crime, a pena privativa de liberdade, por sentença definitiva; **b**) ter sido o agente beneficiado anteriormente, no prazo de 5 anos, pela aplicação de pena restritiva ou multa, nos termos **do art. 76 da Lei n. 9.099/95**; **c**) não indicarem os antecedentes, a conduta social e a personalidade do agente, bem como os motivos e as circunstâncias, ser necessária e suficiente a adoção da medida.

> **Questão de prova** — A prova de Juiz Federal TRF 5ª Região/2013 considerou INCORRETA a afirmativa: "Para que seja possível a transação penal, nas açoes penais públicas ou privadas, o beneficiário, entre outras condições, deve reparar o dano causado pela infração, salvo impossibilidade de fazê-lo, não podendo, ainda, ser reincidente em crime doloso".

Nos crimes ambientais de menor potencial ofensivo, a prévia e possível composição de danos ambientais é condição para a proposta de transação penal, nos termos do art. 27 da Lei n. 9.605/98.

> **Questão de prova** — A prova do 88º Concurso de Promotor de Justiça MP/SP considerou CORRETA a afirmativa: "Nos crimes ambientais de menor potencial ofensivo, a prévia composição do dano ambiental, salvo comprovada impossibilidade, é condição para a proposta de transação penal prevista no art. 76 da Lei n. 9.099/95 (Juizados Especiais Criminais)".

Aceita a proposta pelo autor da infração e seu defensor, será submetida à apreciação do juiz. Acolhendo a proposta do Ministério Público aceita pelo autor da infração, o juiz aplicará a pena restritiva de direitos ou multa, que não importará em reincidência, sendo registrada apenas para impedir novamente o mesmo benefício no prazo de 5 anos. **Da sentença, caberá a apelação.**

A imposição da sanção não constará de certidão de **antecedentes criminais**, salvo quando houver requisição judicial, e não terá **efeitos civis**, cabendo aos interessados propor a ação cabível no Juízo Cível: "(...) A sentença homologatória da transação tem, também, caráter condenatório impróprio, [pois] não gera reincidência, nem pesa como maus antecedentes, no caso de outra superveniente infração" (REsp 153.195/SP, Rel. Min. Fernando Gonçalves, 6ª T., *DJ* 28-2-2000).

Não cabe revisão criminal contra sentença que homologa a transação penal, já que não existiu condenação ou sequer houve análise de prova.

O Supremo Tribunal Federal entendeu, no julgamento do RE 602.072/RS, questão de ordem, repercussão geral, *DJe* 25-2-2010, ser possível a propositura de ação penal em decorrência do **não cumprimento das condições** estabelecidas em transação penal homologada judicialmente.

Questões de prova

A prova de Juiz Federal TRF 2ª Região/2011 considerou INCORRETA a afirmativa: "O descumprimento das condições estabelecidas na transação penal, homologada, ou não, pelo juízo, permite a propositura da ação penal e enseja a imputação do crime de desobediência, em concurso material, caso o magistrado deixe consignada, na proposta de transação, advertência a esse respeito, aceita pelo autor do fato e por seu advogado".

A prova de Procurador AL/ES/2011 considerou INCORRETA a afirmativa: "O descumprimento da transação penal no âmbito dos juizados especiais criminais não gera a submissão do processo ao seu estado anterior, oportunizando-se ao MP a propositura da ação penal e ao juízo o recebimento da peça acusatória, uma vez que a sanção penal será imposta de imediato".

Sobre o tema, há os seguintes enunciados do FONAJE:

> Enunciado 2: O Ministério Público, oferecida a representação em Juízo, poderá propor diretamente a transação penal, independentemente do comparecimento da vítima à audiência preliminar.
>
> Enunciado 13: É cabível o encaminhamento de proposta de transação por carta precatória.
>
> Enunciado 20: A proposta de transação de pena restritiva de direitos é cabível, mesmo quando o tipo em abstrato só comporta pena de multa.
>
> Enunciado 44: No caso de transação penal homologada e não cumprida, o decurso do prazo prescricional provoca a declaração de extinção de punibilidade pela prescrição da pretensão executória.
>
> Enunciado 58: A transação penal poderá conter cláusula de renúncia à propriedade do objeto apreendido.
>
> Enunciado 67: A possibilidade de aplicação de suspensão ou proibição de se obter a permissão ou a habilitação para dirigir veículos automotores por até

cinco anos (art. 293 da Lei n. 9.503/97), perda do cargo, inabilitação para exercício de cargo, função pública ou mandato eletivo ou outra sanção diversa da privação da liberdade, não afasta a competência do Juizado Especial Criminal.

Enunciado 68: É cabível a substituição de uma modalidade de pena restritiva de direitos por outra, aplicada em sede de transação penal, pelo juízo do conhecimento, a requerimento do interessado, ouvido o Ministério Público.

Enunciado 72: A proposta de transação penal e a sentença homologatória devem conter obrigatoriamente o tipo infracional imputado ao autor do fato, independentemente da capitulação ofertada no termo circunstanciado.

Enunciado 73: O juiz pode deixar de homologar transação penal em razão de atipicidade, ocorrência de prescrição ou falta de justa causa para a ação penal, equivalendo tal decisão à rejeição da denúncia ou queixa.

Enunciado 77: O juiz pode alterar a destinação das medidas penais indicadas na proposta de transação penal.

Enunciado 79 (Substitui o Enunciado 14): É incabível o oferecimento de denúncia após sentença homologatória de transação penal em que não haja cláusula resolutiva expressa, podendo constar da proposta que a sua homologação fica condicionada ao prévio cumprimento do avençado. O descumprimento, no caso de não homologação, poderá ensejar o prosseguimento do feito.

Enunciado 86 (Substitui o Enunciado 6): Em caso de não oferecimento de proposta de transação penal ou de suspensão condicional do processo pelo Ministério Público, aplica-se, por analogia, o disposto no art. 28 do CPP.

Enunciado 91: É possível a redução da medida proposta, autorizada no art. 76, § 1º da Lei n. 9.099/1995, pelo juiz deprecado.

Enunciado 92: É possível a adequação da proposta de transação penal ou das condições da suspensão do processo no juízo deprecado ou no juízo da execução, observadas as circunstâncias pessoais do beneficiário.

Enunciado 102: As penas restritivas de direito aplicadas em transação penal são fungíveis entre si.

Enunciado 107: A advertência de que trata o art. 28, I da Lei n. 11.343/06, uma vez aceita em transação penal pode ser ministrada a mais de um autor do fato ao mesmo tempo, por profissional habilitado, em ato designado para data posterior à audiência preliminar.

Enunciado 112 (Substitui o Enunciado 90): Na ação penal de iniciativa privada, cabem transação penal e a suspensão condicional do processo, mediante proposta do Ministério Público.

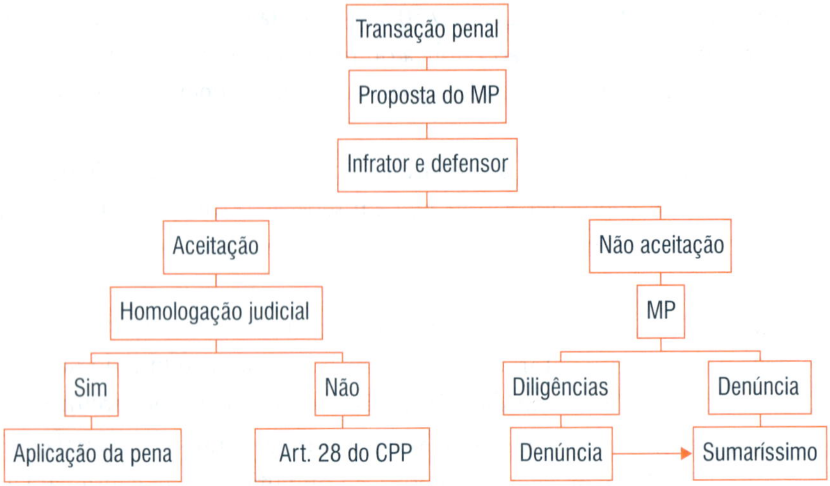

11. Procedimento sumaríssimo

A partir da edição da Lei n. 9.099/95, os crimes de lesão corporal leve e de lesão culposa passaram a ser de ação penal pública condicionada. Nesses casos, o ofendido ou seu representante legal será intimado para oferecer representação no prazo de 30 dias, sob pena de decadência. Os arts. 88 a 91 da Lei n. 9.099/95 preveem normas híbridas, que, portanto, retroagem aos fatos ocorridos antes de sua vigência.

Em relação à **contravenção penal de vias de fato**, há divergência:

a) "A ação penal relativa à contravenção de vias de fato dependerá de representação" (Enunciado 76 do FONAJE).

b) "Ação penal pública incondicionada: contravenção de vias de fato (LCP, art. 17). A regra do art. 17, LCP – segundo a qual a persecução das contravenções penais se faz mediante ação pública incondicionada – não foi alterada, sequer com relação à de vias de fato, pelo art. 88, Lei n. 9.099/95, que condicionou à representação a ação penal por lesões corporais leves" (HC 80.617, STF).

Na ação penal de iniciativa pública, **quando não houver aplicação de pena**, pela ausência do autor do fato ou pela não ocorrência da transação penal, o Ministério Público oferecerá ao juiz, de imediato, denúncia oral, se não houver necessidade de diligências imprescindíveis. Na ação penal de iniciativa do ofendido, poderá ser oferecida queixa oral.

Oferecida a denúncia ou queixa (com observância dos requisitos constantes do art. 41 do CPP), será reduzida a termo, entregando-se cópia ao acusado, que com ela ficará citado e imediatamente cientificado da designação de dia e hora para a audiência de instrução e julgamento, da qual também tomarão ciência o Ministério Público, o ofendido, o responsável civil e seus advogados.

No dia e na hora designados para a audiência de instrução e julgamento, se na fase preliminar não tiver havido possibilidade de tentativa de conciliação e de oferecimento de proposta pelo Ministério Público, serão realizadas tais medidas.

Aberta a audiência, será dada a **palavra ao defensor** para responder à acusação, após o que o **juiz receberá, ou não, a denúncia ou queixa**; havendo recebimento, serão **ouvidas a vítima e as testemunhas de acusação e defesa** (a inversão na ordem gera nulidade relativa), **interrogando-se a seguir o acusado**, se presente, passando-se imediatamente aos **debates orais** e à **prolação da sentença**. De todo o ocorrido na audiência, será **lavrado termo**, assinado pelo juiz e pelas partes, contendo breve resumo dos fatos relevantes da audiência, assim como a sentença. Dispensado o relatório, a sentença mencionará os elementos de convicção do juiz.

PROCEDIMENTO SUMARÍSSIMO

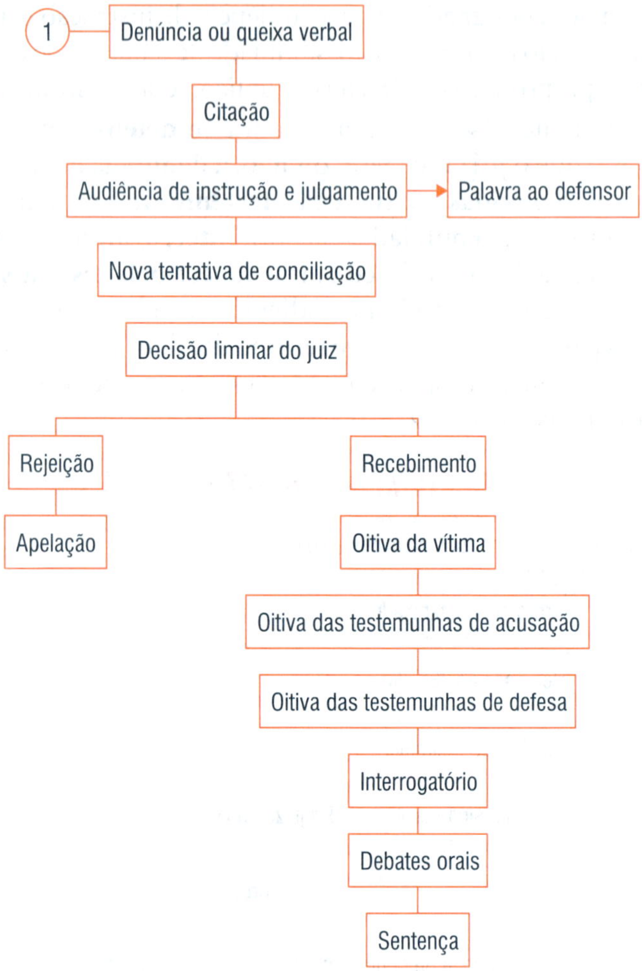

12. Provas

Para o oferecimento da denúncia, que será elaborada com base no termo circunstanciado, com dispensa do inquérito policial, **prescindir-se-á do exame do corpo de delito** quando a materialidade do crime estiver aferida por boletim médico ou prova equivalente.

Todas as provas serão produzidas na audiência de instrução e julgamento, podendo o juiz limitar ou excluir as que considerar **excessivas, impertinentes ou protelatórias**.

Na audiência de instrução e julgamento, **se o acusado não estiver presente**, será citado no próprio Juizado, sempre que possível, ou por mandado (do mandado de citação do acusado, constará a necessidade de seu comparecimento acompanhado de advogado, com a advertência de que, na sua falta, ser-lhe-á designado defensor público); será também cientificado da data da próxima audiência de instrução e julgamento, devendo a ela trazer suas testemunhas ou apresentar requerimento para intimação, no mínimo 5 dias antes de sua realização.

Na audiência de instrução e julgamento, **não estando presentes o ofendido e o responsável civil**, serão intimados, nos termos do art. 67 da Lei n. 9.099/95 ("por correspondência, com aviso de recebimento pessoal ou, tratando-se de pessoa jurídica ou firma individual, mediante entrega ao encarregado da recepção, que será obrigatoriamente identificado, ou, sendo necessário, por oficial de justiça, independentemente de mandado ou carta precatória, ou ainda por qualquer meio idôneo de comunicação"), para comparecerem à próxima audiência de instrução e julgamento.

Da mesma forma, **serão intimadas as testemunhas arroladas**, nos termos do artigo citado.

Em relação ao **limite máximo de testemunhas**, prevalece a posição de três para cada parte, por analogia ao art. 34 da Lei n. 9.099/95.

Na audiência de instrução e julgamento, serão realizados os seguintes **atos processuais**: a) tentativa de conciliação civil e penal, se na fase preliminar não tiver havido possibilidade de tentativa de conciliação e de oferecimento de transação penal; b) palavra ao defensor para responder à acusação; c) se recebida a denúncia ou queixa: oitiva da vítima, oitiva das testemunhas de acusação, oitiva das testemunhas de defesa e interrogatório do acusado.

Sobre o interrogatório, há os seguintes enunciados do FONAJE:

> Enunciado 17: É cabível, quando necessário, interrogatório por carta precatória, por não ferir os princípios que regem a Lei 9.099/95.
>
> Enunciado 66: É direito do réu assistir à inquirição das testemunhas, antes de seu interrogatório, ressalvado o disposto no artigo 217 do Código de Processo Penal. No caso excepcional de o interrogatório ser realizado por precatória, ela deverá ser instruída com cópia de todos os depoimentos, de que terá ciência o réu.

13. Sistema recursal

13.1. Introdução

Não obstante a Lei n. 9.099/95 prever como recursos a **apelação ou recurso inominado e os embargos de declaração**, é possível afirmar serem cabíveis os **recursos previstos no CPP** (aplicação subsidiária do Enunciado 48 do FONAJE: "O recurso em sentido estrito é incabível em sede de Juizados Especiais Criminais") e o **recurso extraordinário** (Súmula 640 do STF).

Não pode o magistrado deixar de encaminhar ao STF (conforme sua Súmula 727) o **agravo de instrumento (pelo novo CPC denomina-se agravo de admissão)** interposto da decisão que não admite recurso extraordinário, ainda que referente a causa instaurada no âmbito dos Juizados Especiais.

Em face da Súmula 203 do STJ, **não cabe recurso especial** no Juizado Especial Criminal, já que a Turma Recursal não é considerada Tribunal, nos termos do art. 105, III, da Constituição Federal.

> **Questão de prova**
> A prova de Promotor de Justiça MP/MG/2005 considerou INCORRETA a afirmativa: "As decisões proferidas em última instância pelas Turmas Recursais dos Juizados Especiais podem ser impugnadas pelo recurso especial".

No Juizado Especial Criminal, os recursos são julgados pelas **Turmas Recursais**, compostas por três magistrados no exercício da jurisdição de primeiro grau. O relator pode indeferir o recurso de forma fundamentada:

> Enunciado 81 do FONAJE: O relator, nas Turmas Recursais Criminais, em decisão monocrática, poderá negar seguimento a recurso manifestamente inadmissível, prejudicado, ou julgar extinta a punibilidade, cabendo recurso interno para a Turma Recursal, no prazo de cinco dias.

Não cabem **embargos infringentes** contra decisão de turma recursal. Não são cabíveis no JECRIM os **embargos de divergência**.

No caso de acórdão de turma recursal violar entendimento consolidado ou sumulado do STJ, cabe reclamação para o tribunal de justiça (se for juizado especial estadual, com base na Resolução n. 03/2016 do STJ) ou pedido de uniformização de jurisprudência (se for Juizado Especial Federal, com base no art. 14 da Lei n. 10.259/2001).

13.2. Apelação ou recurso inominado

Da decisão de rejeição da denúncia ou queixa e da sentença, caberá apelação ou recurso inominado, interposta no prazo de 10 dias, contados da ciência da sentença pelo Ministério Público, pelo réu e seu defensor. Se a sentença for proferida em audiência, será dada ciência na própria audiência.

> **Questão de prova**
> A prova da Magistratura TJ/AC/2006 considerou CORRETA a afirmativa: "No juizado especial criminal, cabe apelação da decisão que rejeitar a denúncia, que poderá ser julgada por turma de três juízes em exercício no primeiro grau de jurisdição, reunidos na sede do juizado penal".

A interposição da apelação ou recurso inominado será feita por petição escrita, da qual constarão as razões e o **pedido do recorrente**. O recorrido será intimado para oferecer resposta escrita no prazo de 10 dias. As partes serão intimadas da data da sessão de julgamento pela imprensa. Se a sentença for confirmada pelos próprios fundamentos, a súmula do julgamento servirá de acórdão.

Questão de prova

A prova da Magistratura TJ/BA/2005 considerou INCORRETA a afirmativa: "O réu, contra sentença proferida em sede de juizado especial criminal, interpôs recurso de apelação para a turma recursal no prazo de cinco dias e requereu a concessão de prazo a apresentação das razões. Nessa situação, e de acordo com o entendimento do STF, o juiz deve julgar intempestiva a apelação, pelo fato de o recurso não ter sido apresentado juntamente com as razões, em prazo único".

Em conformidade com o entendimento do STF, a apelação ou recurso inominado para a turma recursal deve ser interposta com as razões, no prazo de 10 dias. No entanto, se ajuizada no prazo de 5 dias, o juiz a recebe e abre prazo para as razões; nesse caso, entende-se que adotou o rito processual comum, nos termos do art. 593 do CPP, não se podendo reputar intempestivas as razões oferecidas no prazo do art. 600 do CPP (HC 86.619/2005).

Cabe apelação ou recurso inominado, além da rejeição da denúncia ou queixa, nos seguintes casos: da **sentença de mérito, da sentença não homologatória da transação penal e da sentença homologatória do *sursis* processual quando o MP discordar das condições fixadas pelo juiz.**

13.3. Embargos de declaração

Caberão embargos de declaração quando, **em sentença ou acórdão, houver obscuridade, contradição ou omissão.**

Serão opostos por escrito ou oralmente, no prazo de 5 dias, contados da ciência da decisão. É um recurso *inaudita altera pars*, pois não há oitiva da parte contrária. O julgamento é feito pelo próprio prolator da decisão recorrida.

Os embargos de declaração serão julgados no prazo de 5 dias. Quando opostos contra sentença, interrompem o prazo para a interposição de recurso. Os erros materiais podem ser corrigidos de ofício.

ITENS	APELAÇÃO	EMBARGOS DE DECLARAÇÃO
Prazo	10 dias	5 dias
Forma	Petição escrita	Oposição oral ou escrita
Julgamento	Turma recursal	Prolator da decisão recorrida

14. Da execução

Por meio da pena de multa, o infrator paga ao Estado determinada soma pecuniária. É fixada em dias-multa:

> Enunciado 8 do FONAJE: A multa deve ser fixada em dias-multa, tendo em vista o art. 92 da Lei 9.099/95, que determina a aplicação subsidiária dos Códigos Penal e de Processo Penal.

No caso de pena de multa, quando aplicada de forma exclusiva, seu cumprimento será feito mediante pagamento na Secretaria do Juizado, no prazo de 10 dias contados da intimação (art. 164 da LEP).

Efetuado o pagamento e ouvido o Ministério Público, o juiz declarará extinta a punibilidade, determinando que a condenação não conste dos registros criminais, exceto para fins de requisição judicial.

Cabe ressaltar que a inclusão do nome do condenado no rol dos culpados é possível no caso de multa aplicada em sentença condenatória, mas não quando aplicada em transação penal:

> Enunciado 87 (Substitui o Enunciado 15): O Juizado Especial Criminal é competente para a execução das penas ou medidas aplicadas em transação penal, salvo quando houver central ou vara de penas e medidas alternativas com competência específica.

Nos termos do art. 85 da Lei n. 9.099/95: "Não efetuado o pagamento de multa, será feita a conversão em pena privativa da liberdade, ou restritiva de direitos". Porém, quanto à conversão em pena privativa de liberdade, não há mais aplicação, em face da Lei n. 9.268/96, que transformou a pena de multa em dívida de valor.

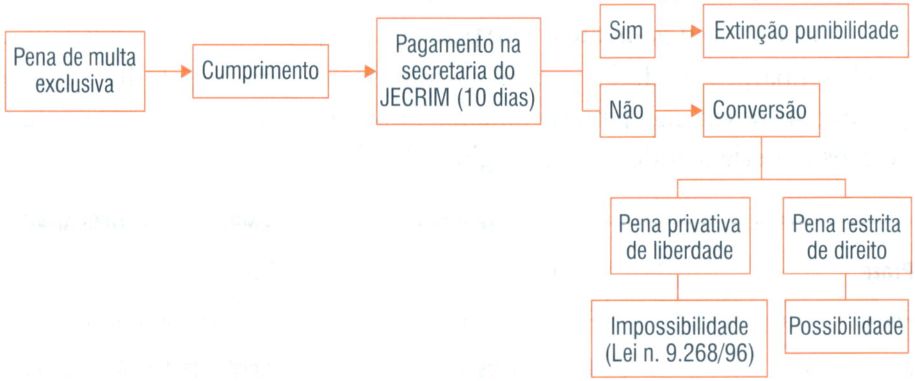

Na execução da pena restritiva de direitos, quando houver o descumprimento da pena, o Ministério Público será ouvido para apresentação da denúncia, determinação de novas diligências ou arquivamento do caso:

> Enunciado 79 do FONAJE (Substitui o Enunciado 14): É incabível o oferecimento de denúncia após sentença homologatória de transação penal em que não haja cláusula resolutiva expressa, podendo constar da proposta que a sua homologação fica condicionada ao prévio cumprimento do avençado. O descumprimento, no caso de não homologação, poderá ensejar o prosseguimento do feito.

A execução das penas privativas de liberdade e restritivas de direitos, ou de multa cumulada com elas, será processada perante o órgão competente, nos termos da lei, ou seja, pelo Juízo da Execução Penal. No caso de pena de multa aplicada de forma isolada, a execução será feita no próprio Juizado.

15. Das despesas processuais

Nos casos de homologação do acordo civil e aplicação de pena restritiva de direitos ou multa, as despesas processuais serão reduzidas, conforme dispuser lei estadual.

16. Suspensão condicional do processo

Questão de prova

A prova de Promotor MP/RN/2004 considerou INCORRETA a afirmativa: "Durante o prazo de suspensão condicional do processo, a prescrição ficará interrompida".

Nos crimes cuja **pena mínima cominada for igual ou inferior a 1 ano**, abrangidas ou não pela Lei n. 9.099/95, o Ministério Público, ao oferecer a denúncia, poderá propor a suspensão do processo, **por 2 a 4 anos**, desde que o acusado nao esteja sendo processado ou não tenha sido condenado por **outro crime**.

Questão de prova

A prova de Analista Judiciário TJ/DF/2008 considerou CORRETA a afirmativa: "Cabe suspensão condicional do processo, por dois a quatro anos, devendo a proposta ser oferecida pelo Ministério Público, nos crimes em que a pena mínima cominada seja igual ou inferior a um ano, desde que o acusado não esteja sendo processado ou não tenha sido condenado por outro crime e estejam presentes os demais requisitos que autorizariam a suspensão condicional da pena".

Presentes os demais requisitos que autorizariam a suspensão condicional da pena (art. 77 do Código Penal):

> Enunciado 16 do FONAJE: Nas hipóteses em que a condenação anterior não gera reincidência, é cabível a suspensão condicional do processo.

Enunciado 22 do FONAJE: Na vigência do *sursis*, decorrente de condenação por contravenção penal, não perderá o autor do fato o direito à suspensão condicional do processo por prática de **crime posterior**.

Questão de prova

A prova da Magistratura TJ/BA/1999 considerou CORRETA a afirmativa: "A suspensão condicional do processo prevista na Lei dos Juizados Especiais Criminais, quando presentes os requisitos que autorizam a suspensão condicional da pena privativa, é admitida nos crimes punidos com reclusão ou detenção em que a pena mínima cominada for igual ou inferior a um ano, desde que o acusado não esteja sendo processado ou não tenha sido condenado por outro crime".

A suspensão condicional do processo, de constitucionalidade reconhecida pelo STF (RHC 79.460), não é direito público subjetivo do acusado, mas sim um poder-dever do Ministério Público, titular da ação penal, que apresenta a proposta no oferecimento da denúncia: "a suspensão condicional do processo é ato que depende do prévio recebimento da denúncia e exige a intimação do réu para a audiência de proposição" (REsp 904.649, STJ).

Aceita a proposta pelo acusado e seu defensor, na presença do juiz, este, recebendo a denúncia, poderá suspender o processo, submetendo o acusado a período de prova, sob as seguintes **condições**: a) reparação do dano, salvo impossibilidade de fazê-lo; b) proibição de frequentar determinados lugares; c) proibição de ausentar-se da comarca onde reside, sem autorização do juiz; d) comparecimento pessoal e obrigatório a juízo, mensalmente, para informar e justificar suas atividades.

Questão de prova

A prova de Promotor de Justiça MP/MG/2005 considerou CORRETA a afirmativa: "A exigência de reparação de dano não é requisito para a concessão da suspensão condicional do processo, mas condição para que seja declarada a extinção da punibilidade".

A aceitação do benefício de suspensão condicional do processo (art. 89 da Lei n. 9.099/95) não implica renúncia ao interesse de agir para impetração de *habeas corpus* com o fim de questionar a justa causa da ação penal, nos termos do *Informativo* 508 do STF.

O juiz poderá especificar outras condições a que ficará subordinada a suspensão, desde que adequadas ao fato e à **situação pessoal do acusado**. Essas condições podem consistir em obrigações equivalentes, do ponto de vista prático, a penas restritivas de direitos (tais como a prestação de serviços comunitários, o fornecimento de cestas básicas a instituições filantrópicas a prestação pecuniária à vítima), visto que tais injunções constituem tão somente condições para sua efetivação e como tais são adimplidas voluntariamente pelo acusado (*Informativo* 574/2015 do STJ).

Questão de prova — A prova de Analista Judiciário TJ/AC/2012 considerou INCORRETA a afirmativa: "Em caso de suspensão condicional do processo, ao juiz é autorizado impor condições a que a suspensão ficará subordinada, inclusive medidas cautelares previstas no CPP, desde que adequadas ao fato e à situação pessoal do acusado".

Consoante a jurisprudência assente da 5ª Turma do Superior Tribunal de Justiça, "a fixação de condição consubstanciada em prestação de serviços comunitários, desde que observados os princípios da adequação e da proporcionalidade, não configura constrangimento ilegal, não equivalendo, portanto – tal determinação – à imposição antecipada de pena" (HC 152.209/RS, Rel. Min. Felix Fischer, 5ª T., *DJe* 12-4-2010).

É cabível a suspensão condicional do processo na desclassificação do crime e na procedência parcial da pretensão punitiva, nos termos da Súmula 337 do STJ.

O benefício não é aplicável, porém, em relação às infrações penais cometidas em concurso material, concurso formal ou continuidade delitiva quando a pena mínima cominada, seja pelo somatório, seja pela incidência da majorante, ultrapassar o limite de 1 ano, nos termos da Súmula 243 do STJ.

É cabível *sursis* processual na **ação penal privada**, nos termos do *Informativo* 262 do STF.

Questão de prova — A prova de Procurador do Estado CE/2007 considerou CORRETA a afirmativa: "Cabe suspensão condicional do processo em ação penal privada, sendo que a legitimidade para a oferta da proposta é do querelante".

A melhor interpretação do art. 89 da Lei n. 9.099/95 é aquela que faz associar-se a esse diploma normativo a regra do inciso I do art. 64 do Código Penal, de modo a viabilizar a concessão da suspensão condicional do processo a todos os acusados que, mesmo já **condenados em feito criminal anterior**, não podem mais ser havidos como reincidentes, dada a consumação do lapso de 5 anos do cumprimento da respectiva pena (HC 88.157, STF).

Questão de prova — A prova da Magistratura TJ/TO/2007 considerou INCORRETA a afirmativa: "É vedada a concessão da suspensão condicional do processo aos acusados que, condenados em feito criminal anterior, não possam mais ser havidos como reincidentes, dada a consumação do lapso de cinco anos do cumprimento da respectiva pena".

Se o representante do **Ministério Público não oferecer a proposta** de *sursis* processual quando reunidos os seus pressupostos legais, o juiz, discordando de tal atitude, remeterá a questão ao procurador-geral, aplicando-se por analogia o art. 28 do CPP, nos termos da Súmula 696 do STF:

> Enunciado 86 do FONAJE (Substitui o Enunciado 6): Em caso de não oferecimento de proposta de transação penal ou de suspensão condicional do

processo pelo Ministério Público, aplica-se, por analogia, o disposto no art. 28 do CPP.

Questão de prova

A prova da Magistratura Federal TRF 5ª Região/2009 considerou CORRETA a afirmativa: "No juizado especial federal criminal, uma vez reunidos os pressupostos permissivos da suspensão condicional do processo, mas se recusando o promotor de justiça a propô-la, o juiz, caso não concorde com o entendimento do promotor, remeterá a questão ao procurador-geral de justiça, aplicando, por analogia, o disposto no art. 28 do CPP".

O benefício da suspensão condicional do processo pode ser revogado após o período de prova, desde que os fatos que ensejaram a revogação tenham ocorrido antes do término desse período, nos termos do *Informativo* 551 do STF.

A suspensão **será revogada** se, no curso do prazo, o beneficiário vier a ser processado por outro crime ou não efetuar, sem motivo justificado, a reparação do dano.

Questão de prova

A prova do 88º Concurso de Promotor de Justiça MP/SP considerou INCORRETA a afirmativa: "A não reparação do dano sem motivo justificado é causa de revogação facultativa da suspensão condicional do processo prevista na Lei n. 9.099/95 (Juizados Especiais Criminais)".

A suspensão **poderá ser revogada** se o acusado vier a ser processado, no curso do prazo, por contravenção, ou descumprir qualquer outra condição imposta. Expirado o prazo sem revogação, o juiz declarará extinta a punibilidade. Não correrá a prescrição durante o prazo de suspensão do processo. Se o acusado não aceitar a proposta, o processo prosseguirá em seus ulteriores termos.

Sobre o tema *sursis* processual, há os seguintes enunciados do FONAJE:

> Enunciado 32: O Juiz ordenará a intimação da vítima para a audiência de suspensão do processo como forma de facilitar a reparação do dano, nos termos do art. 89, parágrafo 1º, da Lei 9.099/95.
>
> Enunciado 53: No Juizado Especial Criminal, o recebimento da denúncia, na hipótese de suspensão condicional do processo, deve ser precedido da resposta prevista no art. 81 da Lei 9.099/95.
>
> Enunciado 92: É possível a adequação da proposta de transação penal ou das condições da suspensão do processo no juízo deprecado ou no juízo da execução, observadas as circunstâncias pessoais do beneficiário.

ITENS	TRANSAÇÃO PENAL	*SURSIS* PROCESSUAL
Previsão	Art. 76 da Lei n. 9.099/95	Art. 89 da Lei n. 9.099/95
Cabimento	Infração de menor potencial ofensivo	**Qualquer infração penal**
Pena do crime	Máxima igual ou inferior a 2 anos	Mínima não superior a 1 ano
Princípio mitigado	Da obrigatoriedade da ação penal	Da indisponibilidade
Requisitos	Previstos no art. 76 da Lei n. 9.099/95	Previstos no art. 89 da Lei n. 9.099/95

Cumprimento	Execução do acordo ou oferecimento da ação penal	Retomada do processo; não havendo revogação ocorre a extinção da punibilidade
Momento	Não há processo	Pressupõe o oferecimento da denúncia ou queixa
Descumprimento	A homologação da transação penal prevista no art. 76 da Lei n. 9.099/95 não faz coisa julgada material e, descumpridas suas cláusulas, retoma-se a situação anterior, possibilitando-se ao Ministério Público a continuidade da persecução penal mediante oferecimento de denúncia ou requisição de inquérito policial (Súmula Vinculante 35 do STF)	Não advém qualquer sanção penal, mas tão somente a retomada do curso processual, findo o qual o acusado poderá até mesmo ser absolvido
Característica (baseada no *Informativo* 574/2015 do STJ)	O Ministério Público não abre mão do exercício da pretensão punitiva e não se desonera o autor do fato de sofrer uma pena. Assim, a transação penal lhe é oferecida como forma de evitar o risco de ser punido com pena privativa de liberdade, como consequência de uma sentença penal condenatória, com os efeitos que dela decorrem naturalmente, inclusive a sua validade para a futura e eventual qualificação do sentenciado como reincidente.	O exercício do *ius accusationis* é suspenso com o propósito de evitar-se a condenação e, por conseguinte, a sanção penal correspondente ao crime imputado ao réu.

Questão de prova

A prova da Magistratura Federal TRF 4ª Região/2000 considerou CORRETA a afirmativa: "Nas ações penais de competência originária de tribunais o art. 89 da Lei 9.099/95, que prevê a suspensão do processo nos crimes cuja pena mínima for igual ou inferior a 1 ano, aplica-se normalmente, cabendo ao Ministério Público manifestar-se a respeito quando do oferecimento da denúncia".

ITENS	SUSPENSÃO CONDICIONAL DA PENA	SUSPENSÃO CONDICIONAL DO PROCESSO
Requisito	Pressupõe sentença condenatória	Não pressupõe
Natureza	Retributiva e sancionatória	Forma de despenalização
Revogação	O condenado cumpre a pena que estava suspensa	O processo segue seu curso regular

17. Questões processuais

a) **Não incidência:** não incidência da Lei n. 9.099/95 aos processos penais cuja **instrução já estiver iniciada**, bem como no âmbito da **Justiça Militar**.

b) **Aplicação subsidiária:** aplicam-se subsidiariamente as disposições dos **Códigos Penal e de Processo Penal** no que não forem incompatíveis com a Lei n. 9.099/95.

c) **Condição de procedibilidade:** nos crimes de lesão corporal leve e culposa, a ação penal é pública condicionada à representação.

d) **Turma recursal:** não se qualifica como "Tribunal", não estando, assim, abrangida pela previsão contida no art. 105, I, *c*, da Constituição Federal, o que impede a inauguração da competência do Superior Tribunal de Justiça para apreciar *habeas corpus* impetrado contra suas decisões.

e) **Conflito de competência:** compete ao Tribunal de Justiça, e não à Turma Recursal: dirimir conflito de competência entre Juizado Especial Criminal e Juizado de Violência Doméstica e Familiar contra a Mulher; julgar recurso de apelação contra decisão do Juizado de Violência Doméstica.

f) **Intimação:** o julgamento dos recursos pela Turma Recursal dos Juizados Especiais Criminais prescinde da intimação pessoal dos defensores públicos, bastando a intimação pela imprensa oficial.

g) ***Sursis* processual:** é de rigor admitir tal benefício quando o legislador preveja ao delito pena mínima superior a 1 ano e multa alternativa.

h) **Carta precatória:** não é possível deprecar ao Juizado Especial Criminal da capital do Estado a coleta de provas em processo que tramita no Juízo de Direito de outra comarca (crimes previstos na Lei n. 9.605/98), em face do art. 98, I, da CF/88 (*Informativo* 452 do STJ).

i) **Mandado de segurança contra ato de Juizado Especial:** compete à turma recursal processar e julgar o mandado de segurança contra ato de Juizado Especial, nos termos da Súmula 376 do STJ.

j) **Violência doméstica**: a jurisprudência do Superior Tribunal de Justiça firmou-se no sentido da inaplicabilidade da Lei n. 9.099/95 aos crimes praticados com violência doméstica ou familiar, em razão do disposto no art. 41 da Lei n. 11.340/2006.

Questão de prova

A prova de Defensor Público PI/2009 considerou INCORRETA a afirmativa: "Aos crimes praticados com violência doméstica e familiar contra a mulher, independentemente da pena prevista, não se aplica a lei dos juizados especiais criminais, exceto para o delito de lesão corporal leve".

k) **Pena de multa:** se for a única prevista no tipo penal, há aplicação da Lei n. 9.099/95.

l) **Uso de drogas para consumo pessoal (art. 28 da Lei n. 11.343/2006):** é considerada infração de menor potencial ofensivo. De acordo com o FONAJE:

> Enunciado 83: Ao ser aplicada a pena de advertência, prevista no art. 28, I, da Lei n. 11.343/2006, sempre que possível deverá o juiz se fazer acompanhar de profissional habilitado na questão sobre drogas.

Enunciado 84: Em caso de ausência injustificada do usuário de drogas à audiência de aplicação da pena de advertência, cabe sua condução coercitiva.

m) ***Habeas corpus* contra ato de turma recursal:** é competência do Tribunal de Justiça ou Tribunal Regional Federal, conforme matéria.

Questão de prova

A prova da Magistratura TJ/TO/2007 considerou CORRETA a afirmativa: "Compete ao tribunal de justiça de cada estado processar e julgar *habeas corpus* impetrado contra ato emanado de turma recursal".

n) **Art. 90 da Lei n. 9.099/95:** "As disposições desta Lei não se aplicam aos processos penais cuja instrução já estiver iniciada". Tratando-se de normas de natureza processual, a exceção estabelecida por lei à regra contida no art. 2º do CPP não padece de vício de inconstitucionalidade. Contudo, as normas de direito penal que tenham conteúdo mais benéfico aos réus devem retroagir para beneficiá-los, à luz do que determina o art. 5º, XL, da Constituição Federal (ADIN 1.719, STF).

Questão de prova

A prova de Promotor de Justiça Substituto do MP/AM/2001 considerou INCORRETA a seguinte situação: "Brito praticou lesão corporal culposa, na ocasião, crime de ação penal pública incondicionada. Iniciada a persecução penal em juízo, adveio a Lei dos Juizados Especiais, e a infração penal passou a ser de ação penal pública condicionada. Nesse caso, independentemente da anuência da vítima, o processo-crime terá andamento normal, vez que os atos processuais realizados sob a égide da lei anterior são considerados válidos".

o) **Competência:** a competência para processar e julgar ação penal referente a suposto crime de ameaça praticado por nora contra sua sogra na hipótese em que não estejam presentes os requisitos cumulativos de relação íntima de afeto, motivação de gênero e situação de vulnerabilidade é do juizado especial criminal – e não do juizado de violência doméstica e familiar contra a mulher.

QUESTÕES SOBRE JUIZADOS ESPECIAIS CRIMINAIS

1. (84º Concurso de Promotor de Justiça Substituto MP/SP) No que concerne ao disposto na Lei n. 9.099/95, assinale a alternativa incorreta.

a) Na apuração das infrações de menor potencial ofensivo, não se admitirá nenhuma espécie de citação ficta.

b) O interrogatório do autor da infração será realizado após a oitiva da vítima e das testemunhas.

c) Não se admitirá a proposta de transação penal se ficar comprovado ter sido o autor da infração condenado, pela prática de crime, à pena de multa, por sentença definitiva.

d) A transação penal só poderá ser proposta ao autor da infração nos casos em que não seja cabível o pedido de arquivamento.

e) A suspensão condicional do processo (art. 89) poderá ser revogada se o acusado vier a ser processado, no curso do prazo, por contravenção.

2. (88º Concurso de Promotor de Justiça Substituto MP/SP) Com relação aos Juizados Especiais Criminais (Lei n. 9.099/95), analise os seguintes itens:

I. o agente que trouxer consigo drogas, para consumo pessoal, sem autorização ou em desacordo com determinação legal ou regulamentar, será processado e julgado na forma da Lei n. 9.099/95;
II. não se aplica a suspensão condicional do processo, prevista no art. 89 da Lei n. 9.099/95, aos crimes falimentares;
III. aplica-se o rito processual previsto na Lei n. 9.099/95 aos crimes de abuso de autoridade;
IV. no procedimento sumaríssimo previsto na Lei n. 9.099/95 para o julgamento das infrações penais de menor potencial ofensivo, da decisão de rejeição da denúncia caberá recurso em sentido estrito;
V. o descumprimento da proibição de frequentar determinados lugares ou da proibição de ausentar-se da comarca onde reside, sem autorização do juiz, são causas de revogação obrigatória da suspensão condicional do processo.

Está correto apenas o que se afirma em

a) I e II.
b) I e III.
c) II e V.
d) III e IV.
e) IV e V.

3. (85º Concurso de Promotor de Justiça Substituto MP/SP) Assinale a afirmação incorreta.

a) A lavratura do termo circunstanciado nas infrações penais de menor potencial ofensivo persequíveis mediante ação privada prescinde da prévia manifestação de vontade da vítima.
b) A lavratura do termo circunstanciado nas infrações de pequeno potencial ofensivo persequíveis mediante ação pública condicionada à representação prescinde da existência desta condição de procedibilidade.
c) Não se imporá prisão em flagrante, nem se exigirá fiança, ao autor da infração de pequeno potencial ofensivo que assumir o compromisso de comparecer ao Juizado Especial.
d) A ausência da vítima, devidamente intimada, à audiência de conciliação, importa em renúncia ao direito de queixa.
e) Nas infrações de pequeno potencial ofensivo, a vítima decai do direito de queixa ou representação no prazo de 6 meses, contados do dia em que veio a saber quem é autor do crime praticado na vigência da Lei n. 9.099/95.

4. (87º Concurso de Promotor de Justiça Substituto MP/SP) Assinale a afirmativa correta. A transação penal pode ser proposta:

a) ao autor de infração penal de menor potencial ofensivo que foi beneficiado anteriormente, no prazo de 5 (cinco) anos, pela transação penal;
b) ao autor da infração penal, pelo juiz de direito, de ofício, segundo entendimento consolidado em Súmula do Supremo Tribunal Federal, quando o membro do Ministério Público recusa injustificadamente a sua aplicação.
c) nas contravenções penais e nos crimes que a lei comine pena máxima não superior a dois anos, cumulada ou não com multa, excetuados os casos em que a lei preveja procedimento especial.
d) nos crimes de competência da Justiça Militar.
e) ao autor de infração penal condenado, pela prática de crime, à pena de multa, por sentença definitiva.

5. (83º Concurso de Promotor de Justiça Substituto MP/SP) Quando surgiu a Lei n. 9.099/95, ficou disposto no artigo 88 a necessidade de representação, nos casos de lesão corporal leve ou culposa. O Juiz de Direito determinou que as vítimas fossem notificadas, quanto ao interesse ou não de dar prosseguimento aos processos em trâmite. O critério adotado se deu a mando da

a) extraterritorialidade.
b) territorialidade.
c) analogia.
d) retroatividade.
e) irretroatividade.

6. (83º Concurso de Promotor de Justiça Substituto MP/SP) *Sursis* processual é suspensão

a) condicional do processo, por revelia.

b) condicional do processo, a partir do oferecimento da denúncia.

c) do processo, por pendência do laudo toxicológico.

d) condicional do processo, a partir do recebimento da denúncia.

e) condicional da pena.

7. (86º Concurso de Promotor de Justiça Substituto MP/SP) É correto afirmar, em relação à suspensão condicional do processo, que

a) não se admite a suspensão se, em razão do acréscimo de um sexto decorrente da continuidade delitiva, a pena máxima cominada para a infração excede a dois anos.

b) a anterior condenação irrecorrível por contravenção penal impede a sua concessão.

c) a instauração de novo processo por contravenção penal no curso do prazo da suspensão é causa de revogação obrigatória.

d) o descumprimento injustificado da condição de reparação do dano é causa de revogação obrigatória da suspensão.

e) a concessão da suspensão é causa interruptiva da prescrição.

8. (Analista Judiciário TRF 5ª Região/2008) A respeito do processo referente a infrações de menor potencial ofensivo perante o Juizado Especial Criminal, é INCORRETO afirmar que

a) os embargos de declaração, quando opostos contra sentença, suspenderão o prazo para o recurso.

b) a competência do Juizado será determinada pelo lugar em que foi praticada a infração penal.

c) o procedimento sumaríssimo pode ser instaurado por denúncia oral oferecida pelo Ministério Público.

d) a sentença deverá mencionar os elementos de convicção do juiz, dispensado, porém, o relatório.

e) o não oferecimento da representação na audiência preliminar implica na decadência desse direito.

9. (Analista Judiciário TRE/GO/2008) Na manhã do dia 15/12/2008, Luana agrediu Roberta, causando-lhe lesões corporais leves, crime de ação penal pública condicionada à representação, cuja pena é de detenção, de três meses a um ano. Foi lavrado termo circunstanciado, marcando-se a audiência de conciliação para o dia 20/12/2008. Considerando essa situação hipotética, assinale a opção correta.

a) Havendo a composição de danos na audiência de conciliação, não poderá o MP formular a proposta de transação penal.

b) Não tendo sido obtida a composição dos danos civis, caberá a Roberta, na audiência preliminar, apresentar representação verbal, sob pena de decadência do direito.

c) Não será possível o oferecimento da proposta de aplicação imediata de pena restritiva de direitos ou multa se Luana estiver sendo processada por outro crime.

d) Presentes os requisitos legais, o juiz poderá apresentar proposta de transação penal, caso o promotor de justiça se recuse a fazê-lo, já que se trata de direito líquido e certo de Luana.

10. (Analista Judiciário TRE/AL/2010) Sobre o Juizado Especial Federal Criminal é INCORRETO afirmar:

a) Será instalado por decisão do Tribunal Regional Federal.

b) Na reunião de processos da competência daquele juizado perante o juízo comum, decorrente da aplicação da regra de conexão, não será admitida a composição dos danos civis.

c) A designação dos juízes das Turmas Recursais obedecerá aos critérios de antiguidade e merecimento.

d) O juiz federal poderá determinar o funcionamento daquele juizado em caráter itinerante.

e) Compete-lhe processar e julgar os feitos de competência da Justiça Federal relativos às infrações de menor potencial ofensivo.

11. (Delegado Polícia Civil/DF/2005) Em relação à Lei 9099/95, é INCORRETO afirmar que:

a) a instauração do Inquérito Policial torna-se medida de exceção. Sua simples instauração não pode determinar a modificação da competência do Juizado Especial Criminal;

b) como o Juizado Especial Criminal possui competência absoluta para processar e julgar as infrações de menor potencial ofensivo, não haverá possibilidade de modificação da competência;
c) mesmo havendo delito de fato permanente, a denúncia será oferecida com base no termo circunstanciado, prescindindo do exame de corpo de delito quando a materialidade estiver aferida por boletim médico;
d) da decisão homologatória de transação penal caberá o recurso de apelação;
e) no entendimento do Supremo Tribunal Federal, a Lei 10.259/01 não produziu qualquer efeito para oferecimento de suspensão condicional do processo.

12. (Analista MPE/SE/2009) No rito da Lei n. 9.099/95 (Juizados Especiais), quando obscura a sentença, cabíveis embargos de declaração no prazo de
a) cinco dias, suspendendo o prazo para o recurso.
b) cinco dias, não suspendendo o prazo para o recurso.
c) quinze dias, suspendendo o prazo para o recurso.
d) dez dias, não suspendendo o prazo para o recurso.
e) dez dias, suspendendo o prazo para o recurso.

13. (Magistratura PA/2008) Em tema de Juizados Especiais Criminais, assinale a alternativa correta.
a) Não encontrado o acusado para ser citado, o juiz encaminhará o termo circunstanciado ao juízo comum para a adoção do procedimento previsto em lei.
b) Obtida a composição dos danos civis, em crime de ação penal pública incondicionada, o Ministério Público deverá promover o arquivamento do termo circunstanciado.
c) Havendo representação ou tratando-se de crime de ação penal pública incondicionada, o Ministério Público poderá propor a aplicação imediata de pena restritiva de direitos ou multa, salvo se o autor da infração tiver sido beneficiado anteriormente, no prazo de 10 (dez) anos, pela aplicação de pena restritiva ou multa, por meio de transação penal.
d) Não cabe aplicação de penas alternativas ou substitutivas.
e) Caberá apelação da decisão que receber a denúncia ou a queixa.

14. (Delegado Polícia Civil/PC/PB/2009) Julgue os itens a seguir, relativos aos juizados especiais criminais.
I. Preenchidos os requisitos legais, o MP pode propor a aplicação imediata de penas restritivas de direitos ou multas, sendo vedado ao juiz, em qualquer caso, alterar a proposta formulada.
II. Acolhendo a proposta do MP aceita pelo autor da infração, o juiz deve aplicar a pena restritiva de direitos ou multa, por sentença irrecorrível.
III. Ao autor do fato que, após a lavratura do termo circunstanciado, for imediatamente encaminhado ao juizado ou assumir o compromisso de a ele comparecer, não se impõe prisão em flagrante, devendo a autoridade policial, desde já, fixar o valor da fiança.
IV. A suspensão condicional do processo, cabível nos crimes em que a pena mínima cominada for igual ou inferior a um ano, será revogada se, no curso do prazo, o beneficiário for definitivamente condenado por outro crime.
V. Conforme expressa previsão legal, não efetuado o pagamento de multa, deve ser feita a conversão em pena privativa da liberdade, ou restritiva de direitos.

A quantidade de itens certos é igual a
a) 1.
b) 2.
c) 3.
d) 4.
e) 5.

15. (Magistratura MS/2009) Em relação ao Juizado Especial Criminal, é INCORRETO afirmar que
a) a prática de atos processuais em outras comarcas poderá ser solicitada por qualquer meio hábil de comunicação.

b) sua competência será determinada pelo lugar em que foi praticada a infração penal.
c) o processo orientar-se-á pelos critérios da oralidade, informalidade, economia processual e celeridade, objetivando, sempre que possível, a reparação dos danos sofridos pela vítima e a aplicação de pena não privativa de liberdade.
d) não se pronunciará qualquer nulidade sem que tenha havido prejuízo.
e) os atos processuais serão públicos e realizados sempre em horário diurno, até às 18:00 horas, por se tratar de processos de natureza criminal.

16. (Magistratura MS/2009) Quanto ao procedimento sumaríssimo dos Juizados Especiais Criminais:
a) aberta a audiência e dada a palavra ao defensor para responder à acusação, o juiz, se receber a denúncia ou queixa, marcará imediatamente audiência, para data próxima, da qual sairão intimados o acusado e a vítima.
b) na ação penal de iniciativa pública, quando não houver aplicação de pena, pela ausência do autor do fato ou pela não ocorrência de transação penal, o Ministério Público oferecerá de imediato denúncia oral ao juiz, se desnecessárias outras diligências.
c) para oferecimento da denúncia, com base no termo de ocorrência policial, é imprescindível inquérito policial prévio.
d) haverá necessidade do exame de corpo de delito em qualquer hipótese na qual seja preciso provar a materialidade delitiva.
e) as testemunhas serão sempre intimadas por mandado a ser cumprido pelo Oficial de Justiça.

17. (Defensor Público MT/2009) A respeito do procedimento dos Juizados Especiais relativos a crimes de menor potencial ofensivo, é INCORRETO afirmar que
a) caberá apelação da sentença absolutória, no prazo de 10 dias, contados da ciência pelo Ministério Público.
b) a denúncia poderá ser formulada oralmente em audiência.
c) o relatório não é requisito da sentença e pode ser dispensado pelo juiz.
d) o acordo homologado acarreta a renúncia ao direito de queixa, tratando-se de ação penal de iniciativa privada.
e) a citação, não sendo encontrado o réu, far-se-á por edital, com prazo de 30 dias.

18. (Analista de Promotoria MPE/SP/2010) No procedimento comum sumaríssimo, previsto na Lei n. 9.099/95, cabe recurso contra a decisão que rejeita a denúncia ou queixa?
a) Não, em função do rito.
b) Sim, apelação, em 10 (dez) dias.
c) Sim, apelação, em 5 (cinco) dias.
d) Sim, recurso em sentido estrito, em 10 (dez) dias.
e) Sim, recurso em sentido estrito, em 5 (cinco) dias.

19. (Magistratura TJ/SC/2010) No âmbito do sistema dos Juizados Especiais, regramentos específicos devem ser observados. Indique, tendo em conta as proposições, a alternativa correta:
I. Na audiência preliminar, presentes as partes envolvidas devidamente representadas por seus respectivos advogados, poderá haver a composição dos danos, circunstância que, independentemente da qualidade da infração penal em tese cometida, levará à homologação judicial com a consequente renúncia ao direito de queixa ou representação.
II. Ao Ministério Público é facultado oferecer proposta de transação penal, desde que legitimado para tanto, devendo observar, todavia, a eventual inexistência de condenação criminal anterior, de concessão do mesmo benefício no quinquênio anterior e, além disso, as circunstâncias pessoais do pretenso infrator, bem como aquelas relacionadas ao caso concreto.
III. O oferecimento de denúncia pelo Ministério Público ocorrerá oralmente na audiência preliminar, devendo a proposição de suspensão condicional do processo acontecer somente após a apresentação da defesa preliminar, já na audiência de instrução e julgamento.
IV. O juiz ao prolatar a sentença condenatória aplicará a pena privilegiando a imposição de pena diversa da privativa de liberdade.
a) Somente as proposições I, II e IV estão corretas.
b) Somente as proposições II e IV estão corretas.

c) Somente as proposições II e III estão corretas.
d) Somente as proposições I e IV estão corretas.
e) Somente as proposições I e III estão corretas.

20. (Defensor Público RS/2011) Sobre o procedimento dos Juizados Especiais Criminais, considere as seguintes assertivas:

I. A transação penal poderá ser ofertada em relação aos delitos cuja pena máxima não seja superior a 2 (dois) anos, e a suspensão do processo nos delitos cuja pena mínima for igual ou inferior a 1 (um) ano.
II. Segundo entendimento sumulado do Supremo Tribunal Federal, admite-se a suspensão condicional do processo por crime continuado, se a soma da pena mínima da infração mais grave com o aumento mínimo de um sexto for superior a um ano.
III. Embora se aplique o procedimento previsto na Lei n. 9.099/95 aos crimes previstos no Estatuto do Idoso nas hipóteses em que a pena máxima privativa de liberdade não ultrapasse a 4 (quatro) anos, a transação penal e a suspensão do processo não lhes são aplicáveis.

Estão corretas as assertivas:

a) I.
b) I e II.
c) III.
d) I e III.
e) II e III.

21. (Magistratura TJ/PR/2010) Estando diante de crimes em que a pena mínima cominada seja igual ou inferior a 1 (um) ano, a suspensão condicional do processo poderá vir a ser aplicada nos Juizados Especiais Criminais. Partindo desse contexto, julgue os itens a seguir:

I. Durante o prazo de suspensão do processo não correrá a prescrição.
II. A suspensão será revogada se, no curso do prazo, o beneficiário vier a ser processado por outro crime ou não efetuar, sem motivo justificado, a reparação do dano.
III. A suspensão poderá ser revogada se o acusado vier a ser processado, no curso do prazo, por contravenção, ou descumprir qualquer outra condição imposta.
IV. Expirado o prazo sem revogação da suspensão condicional do processo, o juiz declarará a extinção da punibilidade.

a) Somente as assertivas I, II e IV estão corretas.
b) Somente as assertivas I, III e IV estão corretas.
c) Somente as assertivas I e IV estão corretas.
d) Todas as assertivas estão corretas.

22. (Magistratura TJ/PB/2011) A respeito do procedimento dos juizados especiais criminais, assinale a opção correta.

a) É do tribunal de justiça a competência para apreciar recurso de decisão que, sendo da competência do juizado especial, não tenha sido exarada em juízo específico por ser a comarca dotada de vara única, embora seguido o procedimento sumaríssimo.
b) Consoante jurisprudência dos tribunais superiores, compete ao STJ o julgamento de pedido de *habeas corpus* caso a autoridade coatora seja turma recursal dos juizados especiais.
c) Realizado pelo MP pedido de arquivamento de processo que tramite no juizado especial criminal, o oferecimento e o recebimento da denúncia pelo juiz da vara criminal, em face da incompetência do juizado, ensejam nulidade e remessa do inquérito policial ao procurador-geral, dada a hipótese de discordância em relação ao pedido de arquivamento.
d) Compete à justiça comum o julgamento de acusado de crime de menor potencial ofensivo em concurso formal com delito de outra natureza, visto que, no concurso de crimes, a pena considerada para a fixação da competência é a resultante da soma das penas previstas, havendo concurso material, ou da exasperação, no caso de concurso formal ou de crime continuado.
e) Conforme a pacífica jurisprudência dos tribunais superiores, é da competência do STF o julgamento de *habeas corpus* contra acórdão de apelação de turma recursal de juizado especial criminal.

23. (Magistratura TJ/MG/2005) Em matéria relativa aos Juizados Especiais Criminais, é CORRETO afirmar que:

a) a sentença homologatória de composição dos danos civis é irrecorrível.
b) a sentença homologatória de transação penal é irrecorrível.
c) a decisão que rejeita a denúncia ou a queixa é recorrível em sentido estrito.
d) não obtida a composição dos danos civis na audiência preliminar, será dada ao ofendido a imediata oportunidade de exercer o direito de representação, sob pena de decadência.

24. (Promotor de Justiça MPE/CE/2011) Sobre o mandado de segurança, o *habeas corpus* e o Juizado Especial Criminal, correlatamente, pode-se afirmar que

a) compete à turma recursal, e não ao Tribunal de Justiça, processar e julgar o mandado de segurança contra ato de Juizado Especial.
b) embora caiba o mandado de segurança, por se tratar de medidas sancionadoras sem previsão de restrição à liberdade de locomoção não cabe o *habeas corpus* no âmbito do Juizado Especial Criminal.
c) o Promotor de Justiça é parte ilegítima para impetrar mandado de segurança contra ato jurisdicional no Juizado Especial Criminal.
d) não cabe recurso de *habeas corpus* aos Tribunais Superiores em temas afetos aos Juizados Especiais Criminais.
e) não cabe mandado de segurança em matéria de crimes de menor potencial ofensivo.

25. (Magistratura TJ/CE/2012) No que concerne aos juizados especiais criminais, assinale a opção correta.

a) É incabível a aplicação dos institutos despenalizadores previstos na Lei n. 9.099/1995 caso o magistrado singular, ao proferir a sentença de mérito, desclassifique a conduta atribuída ao acusado na exordial acusatória para outro crime para o qual haja previsão abstrata de pena com a oferta de tais opções.
b) É admissível reclamação para dirimir divergência entre acórdão prolatado por turmas recursais dos juizados especiais criminais estaduais e a jurisprudência do STJ, sendo necessária a demonstração do dissenso pretoriano.
c) Compete ao STJ decidir os conflitos de competência entre juizado especial federal e juízo federal da mesma seção judiciária.
d) É incabível a suspensão condicional do processo na desclassificação do crime e na procedência parcial da pretensão punitiva.
e) É cabível recurso especial e extraordinário contra decisão proferida por órgão de segundo grau dos juizados especiais.

PRESTE ATENÇÃO!

- Na competência material do JECRIM, **não importa** se a pena abstrata máxima vem cumulada com multa ou se o crime tem procedimento especial.
- O Juizado Especial Criminal, provido por juízes togados ou togados e leigos, tem competência para a conciliação, o julgamento e a execução das infrações penais de menor potencial ofensivo, respeitadas as regras de conexão e continência. Na reunião de processos, perante o Juízo Comum ou o Tribunal do Júri, decorrentes da aplicação das regras de conexão e continência, observar-se-ão os institutos da transação penal e da composição dos danos civis.
- É possível **limitar a publicidade** dos atos processuais no JECRIM para defesa da intimidade ou resguardo do interesse social.
- A prerrogativa da intimação pessoal para membros do Ministério Público e Defensoria Pública é incompatível com o rito do JECRIM, **bastando a intimação por imprensa**.
- Ao autor do fato que, após a lavratura do termo, for imediatamente encaminhado ao Juizado ou assumir o compromisso de a ele comparecer, não se imporá prisão em flagrante nem se exigirá fiança. Em caso de violência doméstica, o juiz poderá determinar, como medida de cautela, seu **afastamento do lar**, domicílio ou local de convivência com a vítima.

PRESTE ATENÇÃO!

- A composição dos danos civis será reduzida a escrito e, homologada pelo juiz mediante sentença irrecorrível, terá eficácia de título a ser executado no Juízo Civil competente. Tratando-se de **ação penal de iniciativa privada ou de ação penal pública condicionada à representação, o acordo homologado acarreta a renúncia ao direito de queixa ou representação**.
- A sentença homologatória da transação penal não gera condenação, reincidência, lançamento do nome do acusado no rol dos culpados, efeitos civis e registro de maus antecedentes.

CUIDADO!

- A Lei n. 9.099/95 não alterou os princípios da ação penal privada. Em relação aos princípios da ação penal pública, substituiu o princípio da obrigatoriedade pela discricionariedade regrada (transação penal) e substituiu o princípio da indisponibilidade pela indisponibilidade mitigada (*sursis* processual).
- Não existe citação por edital no JECRIM.
- Não haverá nulidade no JECRIM, desde que não se tenha gerado prejuízo e desde que o ato tenha atingido a sua finalidade.
- A Lei n. 9.099/95 não é aplicada aos casos de violência doméstica e familiar nem aos casos de Justiça Militar.
- É possível transação penal na ação penal privada.
- Os Embargos de Declaração suspendem o prazo de interposição de outros recursos.
- O *sursis* processual é instituto aplicável a qualquer infração penal com pena mínima de até 1 ano; sua iniciativa é prerrogativa exclusiva do Ministério Público.
- No procedimento sumaríssimo, a defesa é oral na própria audiência de instrução e julgamento.

IMPORTANTE!

- Competência material – infração de menor potencial ofensivo.
- Competência territorial – teoria da atividade.
- Concurso de crimes – somatório ou acréscimo de penas que não ultrapasse 2 anos.
- Concurso de infrações de menor potencial ofensivo – competência do JECRIM.

Capítulo 24

EXECUÇÃO PENAL

1. Direito de(a) Execução Penal e Direito Processual Penal

No relacionamento entre o Direito de(a) Execução Penal e o Direito Processual Penal, surgiram dois posicionamentos:

a) O Direito de(a) Execução Penal é **ramo autônomo do Direito**, já que possui objeto e princípios próprios; os estudiosos que sustentam a tese da autonomia alegam como fundamentação a própria exposição de motivos da Lei de Execução Penal (Lei n. 7.210/84) – que, aliás, é uma interpretação doutrinária –, nos seguintes tópicos:

> 10. Vencida a crença histórica de que o direito regulador da execução é de índole predominantemente administrativa, deve-se reconhecer, em nome de sua própria autonomia, a impossibilidade de sua inteira submissão aos domínios do Direito Penal e do Direito Processual Penal.
>
> 12. O Projeto reconhece o caráter material de muitas de suas normas. Não sendo, porém, regulamento penitenciário ou estatuto do presidiário, evoca todo o complexo de princípios e regras que delimitam e jurisdicionalizam a execução das medidas de reação criminal. A execução das penas e das medidas de segurança deixa de ser um Livro de Código de Processo para ingressar nos costumes jurídicos do País com a autonomia inerente à dignidade de um novo ramo jurídico: o Direito de Execução Penal.

b) O Direito de(a) Execução Penal **não é ramo autônomo do Direito**, mas uma parte do Direito Processual Penal que regula a efetivação do direito de punir do Estado e, por consequência, a individualização da pena e da medida de segurança. Conforme acentua Nucci: "(...) é impossível dissociar-se o Direito de Execução Penal do Direito Penal e do Processo Penal, pois o primeiro regula vários institutos de individualização da pena, úteis e utilizados pela execução penal, enquanto o segundo estabelece os princípios e as formas fundamentais de se regular o procedimento da execução, impondo garantias processuais penais típicas, como o contraditório, a ampla defesa, o duplo grau de jurisdição, entre outras"[1].

2. Direito de(a) Execução Penal e Direito Penitenciário

No relacionamento entre o Direito de(a) Execução Penal e o Direito Penitenciário, surgiram dois posicionamentos:

a) Direito de(a) Execução Penal é **sinônimo** de Direito Penitenciário, constituindo um conjunto de normas jurídicas que: 1) regulam a execução das penas e medidas de segurança; 2) regulam as relações entre o Estado e o condenado[2].

b) Direito de(a) Execução Penal é **gênero**, formado por normas jurídicas que regulam a execução penal; já o Direito Penitenciário, uma parte do Direito de(a) Execução Penal, é destinado a regular a execução da pena privativa de liberdade no estabelecimento prisional.

3. Execução penal

3.1. Natureza jurídica

Em relação ao tema da natureza jurídica da execução penal, há três posicionamentos:

a) **Natureza administrativa:** nesse posicionamento, há quem sustente só existir atividade administrativa na execução penal; e há quem sustente uma predominância de atividade administrativa com apreciação jurisdicional dos incidentes de execução.

b) **Natureza jurisdicional:** o Judiciário faz o acompanhamento da execução penal com observância dos direitos, garantias e princípios fundamentais.

c) **Natureza mista ou complexa:** na execução penal, há a realização de atividade administrativa (por exemplo, a fiscalização dos institutos penais), como também a função jurisdicional pela intervenção do Estado-Juiz nas controvérsias surgidas na execução penal (corrente majoritária na doutrina e na jurisprudência: "(...) Na verdade, não se nega que a execução penal é atividade complexa, que se desenvolve, entrosadamente, nos planos ju-

---

1 NUCCI, Guilherme. *Manual de processo penal e execução penal*. São Paulo: RT, 2011.

2 MIOTTO, Armida Bergamini. *Temas penitenciários*. São Paulo: RT, 1992.

risdicional e administrativo. Nem se desconhece que dessa atividade participam dois Poderes estatais: o Judiciário e o Executivo, por intermédio, respectivamente, dos órgãos jurisdicionais e dos estabelecimentos penais. Mas é preciso separar os dois aspectos. A aplicação da pena é objeto do direito penitenciário, o qual se liga ontologicamente ao direito administrativo, muito embora suas regras possam encontrar-se nos códigos penal e processual penal. Mas a tutela tendente à efetivação da sanção penal é objeto do processo de execução, o qual guarda natureza indiscutivelmente jurisdicional e faz parte do direito processual")[3].

3.2. Objetivos

A execução penal tem por objetivos:

a) **efetivar** as disposições de sentença ou decisão criminal (impor o cumprimento da sentença ou decisão criminal nos precisos termos do comando expresso no seu dispositivo); e

b) **proporcionar** condições para a harmônica integração social do condenado e do internado: "é a lógica da prevalência de mecanismos de reinclusão social (e não de exclusão do sujeito apenado) no exame dos direitos e deveres dos sentenciados. Isso para favorecer, sempre que possível, a redução de distância entre a população intramuros penitenciários e a comunidade extramuros. Essa particular forma de parametrar a interpretação da lei (no caso, a LEP) é a que mais se aproxima da Constituição Federal, que faz da cidadania e da dignidade da pessoa humana dois de seus fundamentos (incisos II e III do art. 1º). A reintegração social dos apenados é, justamente, pontual densificação de ambos os fundamentos constitucionais" (HC 99.652/RS, STF).

3.3. Pressuposto

A execução penal depende de um pressuposto, um título executório penal, ou seja, uma sentença definitiva (transitada em julgado) condenatória ou absolutória imprópria.

3.4. Princípios aplicáveis

a) **Legalidade:** ao condenado e ao internado serão assegurados todos os direitos não atingidos pela sentença ou pela lei. Conforme o tópico 19 da

---

3 GRINOVER, Ada Pellegrini. Natureza jurídica da execução penal. In: *Execução penal:* Lei n. 7210, de 11 de julho de 1984. São Paulo: Max Limonad, 1987.

Exposição de Motivos da Lei n. 7.210/84: "O princípio da legalidade domina o corpo e o espírito do Projeto, de forma a impedir que o excesso ou o desvio da execução comprometam a dignidade e a humanidade do Direito Penal".

b) **Igualdade:** não haverá qualquer distinção de natureza racial, social, religiosa ou política ao condenado ou ao internado. Deve existir paridade de armas para a acusação e a defesa no processo de execução penal.

c) **Personalidade da pena:** os condenados serão classificados, segundo os seus antecedentes e sua personalidade, para orientar a individualização da execução penal. Conforme o tópico 26 da Exposição de Motivos da Lei n. 7.210/84: "A classificação dos condenados é requisito fundamental para demarcar o início da execução científica das penas privativas de liberdade e da medida de segurança detentiva. Além de constituir a efetivação de antiga norma geral do regime penitenciário, a classificação é desdobramento lógico do princípio da personalidade da pena, inserido entre os direitos e garantias constitucionais [embora se refira à Constituição de 1967 e Emenda Constitucional de 1969, tem-se este princípio também consagrado na Constituição Federal de 1988]. A exigência dogmática da proporcionalidade da pena está igualmente atendida no processo de classificação, de modo que a cada sentenciado, conhecida a sua personalidade e analisado o fato cometido, corresponda o tratamento penitenciário adequado".

d) **Jurisdicionalidade:** a jurisdição penal dos juízes ou Tribunais da Justiça ordinária, em todo o Território Nacional, será exercida, no processo de execução, em conformidade com a Lei n. 7.210/84 e com o Código de Processo Penal. Essa presença da jurisdicionalidade não exclui atividades administrativas na fase da execução penal.

e) **Ressocialização:** na execução penal, o objetivo é tentar reeducar e reintegrar o condenado à sociedade.

f) **Cooperação:** o Estado deverá recorrer à cooperação da comunidade nas atividades de execução da pena e da medida de segurança.

3.5. Disciplina legal

A execução penal é regida pela Lei n. 7.210/84 e sofre aplicação subsidiária do Código de Processo Penal, naquilo que for compatível, nos termos do princípio da especialidade.

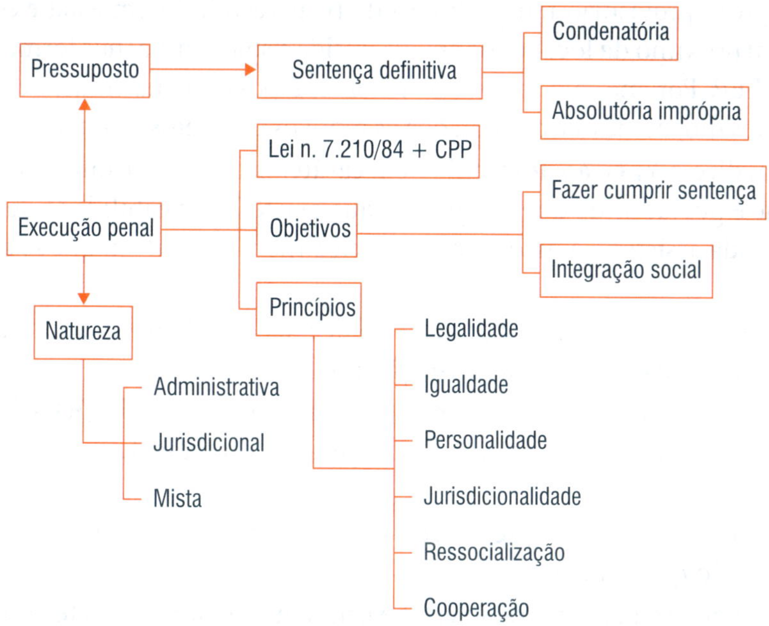

4. Competência na execução penal

> **Questão de prova**
>
> A prova de Delegado da Polícia Civil ES/2006 considerou INCORRETA a afirmativa: "Em princípio, a execução penal compete ao juiz indicado na lei local de organização judiciária, no entanto, na ausência de juiz especializado para a execução, quando a sentença de primeira instância tiver sido substituída pela proferida no tribunal que reformou a decisão em grau de recurso, caberá ao tribunal, na pessoa de seu presidente, executar a sentença por ele próprio reformada".

A competência jurisdicional na fase da execução da pena é definida por quem administra o presídio (se for federal: juiz federal; se for estadual: juiz estadual), não importando o crime praticado: "A competência para execução penal não se encontra atrelada à natureza do delito praticado, tampouco à categoria do juízo processante, mas sim à jurisdição a que se encontra subordinado o estabelecimento penal de custódia. Em outras palavras, tratando-se de estabelecimento sob administração estadual, federal ou militar, a competência para execução penal há de ser fixada, respectivamente, no âmbito da Justiça Estadual, Federal ou Militar" (CC 93.777/RJ, STJ).

5. Preso provisório

Preso provisório é a pessoa recolhida em estabelecimento penal, **sem condenação definitiva**, em razão de prisão processual, cautelar ou provisória (flagrante, preventiva ou temporária).

O preso provisório tem o direito de ficar recolhido em estabelecimento criminal próximo da localidade em que reside a sua família, nos termos do art. 103 da LEP. Porém, em caráter excepcional, é possível sua transferência para outro presídio, desde que constatados os motivos concretos de interesse público.

Tem direto à **prisão domiciliar**, em caráter excepcional, quando demonstrar que é portador de doença grave e que existe impossibilidade de se prestar a devida assistência médica no estabelecimento penal em que se encontra recolhido.

O preso provisório é submetido à Lei de Execução Penal quando recolhido em estabelecimento sujeito à jurisdição ordinária (art. 2º).

Pode ser incluído no **Regime Disciplinar Diferenciado (RDD)** quando apresentar alto risco para a ordem e a segurança do estabelecimento penal ou da sociedade.

Possui os direitos do preso previsto no rol exemplificativo do art. 41 da LEP, naquilo que couber.

Não pode trabalhar fora do estabelecimento prisional, nos termos do art. 31, parágrafo único, da LEP.

O preso provisório pode votar nas seções eleitorais que serão instaladas nos estabelecimentos penais e nas unidades de internação com, no mínimo, 20 eleitores aptos a votar. Fica impedido de votar o preso que, no dia da eleição, tiver contra si sentença penal condenatória com trânsito em julgado.

No dia da eleição, a presença dos fiscais, por motivo de segurança, ficará condicionada, excepcionalmente, ao credenciamento prévio perante a Justiça Eleitoral.

As listagens dos candidatos serão fornecidas à autoridade responsável pelo estabelecimento penal e pela unidade de internação, que providenciará a sua afixação nos locais destinados para tal fim. Competirá ao juiz eleitoral definir com o diretor do estabelecimento ou da unidade de internação a forma de veiculação da propaganda eleitoral no rádio e na televisão e o respectivo acesso aos eleitores, atendendo às recomendações do juiz corregedor ou do juiz responsável pela execução penal ou pela medida socioeducativa.

As mesas receptoras de votos e de justificativas deverão funcionar em locais previamente indicados pelos diretores dos estabelecimentos penais e das unidades de internação. Os membros das mesas receptoras de votos e de justificativas serão nomeados pelo juiz eleitoral.

Nas seções previstas para a votação do preso provisório será permitida a presença de força policial e de agentes penitenciários a menos de 100 metros do local de votação.

Preso provisório

- Próximo da família, salvo transferência motivada por interesse público
- Prisão domiciliar – Doença grave
- RDD – Alto risco
- Direitos do preso → no que couber
- Trabalho externo
- Direito de voto

6. Execução provisória

O STF firmou posição de que é possível o início da execução da pena condenatória após a prolação de acórdão condenatório em 2º grau e isso não ofende o princípio constitucional da presunção da inocência. O início do cumprimento da execução provisória pressupõe um acórdão de 2º grau condenando o réu, ainda que ele tenha sido absolvido pelo juiz em 1ª instância.

Pendente o trânsito em julgado apenas pela interposição de recurso de natureza extraordinária, é possível iniciar-se o cumprimento da pena, sem ofensa ao direito fundamental inserto no art. 5º, LVII, da CF. Nesses moldes, é possível iniciar-se o cumprimento da pena, pendente o trânsito em julgado, porque eventual recurso de natureza extraordinária não é, em regra, dotado de efeito suspensivo (*Informativo* 582/2016).

Há duas formas de o réu condenado que interpuser recurso especial ou recurso extraordinário evitar a execução provisória da pena: a) medida cautelar pedindo que seja conferido efeito suspensivo ao recurso, nos termos do art. 1.029, § 5º, do CPC 2015; b) após interpor o recurso especial ou recurso extraordinário, impetrar *habeas corpus* pedindo que o STJ ou STF suspenda o cumprimento da pena enquanto se aguarda o julgamento do recurso.

Cabe ressaltar que **não é possível a execução provisória da medida de segurança**, nos termos do art. 171 da LEP (HC 84.078/MG, STF). **Não é admissível a execução provisória da pena de multa**, nos termos do art. 50 do Código Penal e do art. 164 da Lei de Execuções Penais.

A **suspensão condicional da pena**, bem como as **penas restritivas de direitos**, tem nítida natureza punitiva e sancionatória, constituindo-se verdadeira modalidade de execução da condenação, **sendo inadmissível**, portanto, **o seu cumprimento na forma provisória.**

A execução, mesmo a provisória, **exige Guia de Recolhimento**, documento hábil para instrumentalizar o processo de execução penal. A expedição da guia de recolhimento provisória será certificada nos autos do processo criminal. A guia será expedida após a prolação da sentença ou do acórdão condenatório, ainda sujeito a recurso sem efeito suspensivo, devendo ser prontamente remetida ao Juízo da Execução Criminal.

É possível a progressão de regime de cumprimento da pena ou a aplicação imediata de regime menos severo nela determinada, antes do trânsito em julgado da sentença condenatória, nos termos da **Súmula 716 do STF**. Não impede a progressão de regime de execução de pena, fixada em sentença não transitada em julgado, o fato de o réu se encontrar em prisão especial, nos termos da **Súmula 717 do STF**.

Questão de prova

A prova de Promotor de Justiça MP/AM/2007 considerou INCORRETA a afirmativa: "Não se admite a progressão de regime de cumprimento da pena antes do trânsito em julgado da sentença condenatória".

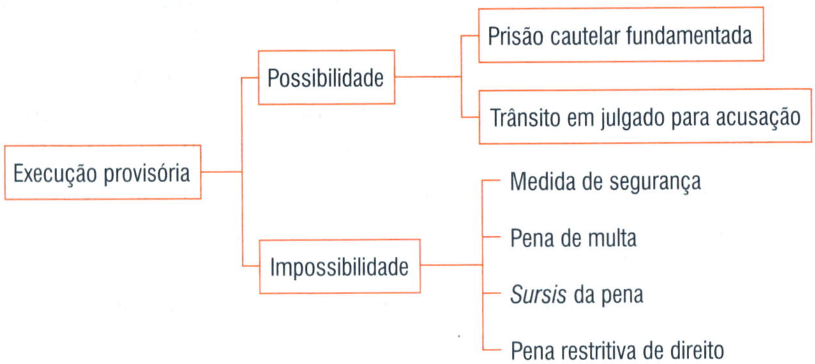

7. Aplicação da Lei de Execução Penal

A LEP é aplicável ao preso provisório e ao condenado pela Justiça Eleitoral ou Militar, quando recolhido a estabelecimento sujeito à jurisdição ordinária: "Compete ao Juízo das Execuções Penais do Estado a execução das penas impostas a sentenciados pela Justiça Federal, Militar ou Eleitoral, quando recolhidos a estabelecimentos sujeitos a administração estadual" (Súmula 192 do STJ).

A Justiça Militar é a competente para a execução provisória ou definitiva de pena quando o sentenciado estiver recolhido em estabelecimento sujeito à administração militar. Aos condenados pela Justiça Militar somente se aplicam os termos da Lei n. 7.210/84 quando recolhidos a estabelecimento prisional submetido à jurisdição ordinária, nos termos do art. 2º da LEP combinado com o art. 61 do CPM.

8. Direitos do condenado e do internado

Ao condenado e ao internado, serão assegurados todos os direitos não atingidos pela sentença ou pela lei. Não haverá qualquer distinção de natureza racial, social, religiosa ou política.

O **sentenciado não pode votar e ser votado** no período de cumprimento de pena, mesmo que não esteja em regime fechado. **Já o preso provisório pode votar e ser votado,** nos termos da Resolução n. 23.219/10 do TSE. O **condenado por crime político não está obrigado ao trabalho.**

O art. 41 da LEP traz um **rol exemplificativo** dos direitos do preso: a) alimentação suficiente e vestuário; b) atribuição de trabalho e sua remuneração; c) Previdência Social; d) constituição de pecúlio; e) proporcionalidade na distribuição do tempo para o trabalho, o descanso e a recreação; f) exercício das atividades profissionais, intelectuais, artísticas e desportivas anteriores, desde que compatíveis com a execução da pena; g) assistência material, à saúde, jurídica, educacional, social e religiosa; h) proteção contra qualquer forma de sensacionalismo; i) entrevista pessoal e reservada com o advogado; j) visita do cônjuge, da companheira, de parentes e amigos em dias determinados; k) chamamento nominal; l) igualdade de tratamento, salvo quanto às exigências da individualização da pena; m) audiência especial com o diretor do estabelecimento; n) representação e petição a qualquer autoridade, em defesa de direito; o) contato com o mundo exterior por meio de correspondência escrita, da leitura e de outros meios de informação que não comprometam a moral e os bons costumes; p) atestado de pena a cumprir, emitido anualmente, sob pena da responsabilidade da autoridade judiciária competente.

Os direitos que **poderão ser suspensos ou restringidos mediante ato motivado do diretor do estabelecimento** são: a) proporcionalidade na distribuição do tempo para o trabalho, o descanso e a recreação; b) visita do cônjuge, da companheira, de parentes e amigos em dias determinados; c) contato com o mundo exterior por meio de correspondência escrita, da leitura e de outros meios de informação que não comprometam a moral e os bons costumes.

9. Do condenado e do internado

Na fase da execução penal, o Estado busca aplicar a sanção penal justa e adequada, ou seja, a sanção que estiver em conformidade com os aspectos objetivos e subjetivos da infração penal.

Na individualização subjetiva, o Estado classifica ou separa os condenados segundo os seus antecedentes e sua personalidade, dando a cada sentenciado um tratamento penitenciário que vise retribuir o mal concreto do crime com o mal concreto da pena na concreta personalidade do criminoso[4].

---

4 HUNGRIA, Nélson. *Comentários ao Código Penal.* Rio de Janeiro: Forense, 1976.

A classificação será feita **por Comissão Técnica de Classificação** (a existente em cada estabelecimento será presidida pelo diretor e composta, no mínimo, por 2 (dois) chefes de serviço, 1 (um) psiquiatra, 1 (um) psicólogo e 1 (um) assistente social, quando se tratar de condenado à pena privativa de liberdade; nos demais casos, a Comissão atuará junto ao Juízo da Execução e será integrada por fiscais do serviço social), a qual elaborará o **programa individualizador da pena privativa de liberdade** adequada ao condenado ou preso provisório, podendo entrevistar pessoas, requisitar de repartições ou estabelecimentos privados dados e informações a respeito do condenado, bem como realizar outras diligências e exames necessários.

Os condenados por crime praticado, dolosamente, com violência de natureza grave contra pessoa, ou por qualquer dos crimes previstos no art. 1º da Lei n. 8.072, de 25 de julho de 1990, serão submetidos, obrigatoriamente, à identificação do perfil genético, mediante extração de DNA (ácido desoxirribonucleico), por técnica adequada e indolor.

A classificação e a individualização da execução levarão em conta os antecedentes e a personalidade do condenado.

O condenado em regime fechado **será submetido** a exame criminológico para a obtenção dos elementos necessários a uma adequada classificação e com vistas à individualização da execução. Já o condenado ao regime semiaberto **poderá ser submetido** ao **exame criminológico**. Em face da Súmula 439 do STJ, é admitido o exame criminológico pelas peculiaridades do caso, desde que em decisão motivada.

Questão de prova

A prova de Defensor Público SP/2010 considerou CORRETA a afirmativa: "Na execução da pena privativa de liberdade, o exame criminológico é requisito facultativo para a concessão de benefícios, quando necessário, mediante decisão fundamentada do magistrado, consideradas as peculiaridades do caso".

No mesmo sentido, a Súmula Vinculante 26 do STF: "Para efeito de progressão de regime no cumprimento de pena por crime hediondo, ou equiparado, o juízo da execução observará a inconstitucionalidade do art. 2º da Lei n. 8.072, de 25 de julho de 1990, sem prejuízo de avaliar se o condenado preenche, ou não, os requisitos objetivos e subjetivos do benefício, podendo determinar, para tal fim, de modo fundamentado, a realização do exame criminológico".

10. Da assistência

A prática da infração penal viola bens jurídicos protegidos pela norma penal, causando perturbação social. O desrespeito ao interesse coletivo representa a manifesta legitimidade do poder estatal para imposição da resposta penal, visando não apenas evitar a prática de novas infrações penais, mas também orientar a ressocialização do criminoso.

Tendo em vista as finalidades da prevenção e da ressocialização, a assistência ao preso e ao internado é dever do Estado, podendo ser:

a) **assistência material:** consistirá no fornecimento de **alimentação, vestuário e instalações higiênicas**. O estabelecimento disporá de instalações e serviços que atendam os presos nas suas necessidades pessoais, além de locais destinados à venda de produtos e objetos permitidos e não fornecidos pela Administração;

b) **assistência à saúde:** será de caráter preventivo e curativo e compreenderá **atendimento médico, farmacêutico e odontológico**. Quando o estabelecimento penal não estiver aparelhado para prover a assistência médica necessária, esta será prestada em outro local, mediante autorização da direção do estabelecimento. É garantida a liberdade de contratar médico de confiança pessoal do internado ou do submetido a tratamento ambulatorial, por seus familiares ou dependentes, a fim de orientar e acompanhar o tratamento. As divergências entre o médico oficial e o particular serão resolvidas pelo juiz da execução. Será assegurado acompanhamento médico à mulher, principalmente no pré-natal e no pós-parto, extensivo ao recém-nascido;

c) **assistência jurídica:** é destinada aos presos e aos internados sem recursos financeiros para constituir advogado. As Unidades da Federação deverão ter serviços de **assistência jurídica nos estabelecimentos penais, integral e gratuita**, pela Defensoria Pública, dentro e fora dos estabelecimentos penais. Em todos os estabelecimentos penais, haverá local apropriado destinado ao atendimento pelo Defensor Público. Fora dos estabelecimentos penais, serão implementados Núcleos Especializados da Defensoria Pública para a prestação de assistência jurídica integral e gratuita aos réus, sentenciados em liberdade, egressos e seus familiares, sem recursos financeiros para constituir advogado;

d) **assistência educacional:** compreenderá a **instrução escolar e a formação profissional** do preso e do internado. O ensino fundamental será obrigatório, integrando-se no sistema escolar da Unidade Federativa. O ensino médio, regular ou supletivo, com formação geral ou educação profissional de nível médio, será implantado nos presídios, em obediência ao preceito constitucional de sua universalização. O ensino ministrado aos presos e presas integrar-se-á ao sistema estadual e municipal de ensino e será mantido, administrativa e financeiramente, com o apoio da União, não só com os recursos destinados à educação, mas pelo sistema estadual de justiça ou administração penitenciária. Os sistemas de ensino oferecerão aos presos e às presas cursos supletivos de educação de jovens e adultos. A União, os Estados, os Municípios e o Distrito Federal incluirão em seus programas de educação à distância e de utilização de novas tecnologias de ensino, o atendimento aos presos e às presas. O ensino profissional será ministrado em nível de iniciação ou de aperfeiçoamento técnico. A mulher condenada terá ensino profissional adequado à sua condição. As atividades educacionais podem ser objeto de convênio com entidades públicas ou particulares, que instalem escolas ou ofereçam cursos especializados. Em atendimento às condições locais, dotar-se-á cada estabelecimento de uma biblioteca, para uso de todas as categorias de reclusos, provida de livros instrutivos, recreativos e didáticos;

e) **assistência social:** tem por finalidade amparar o preso e o internado e **prepará-los para o retorno à liberdade**. Os serviços visam conhecer os resultados dos diagnósticos ou exames; relatar, por escrito, ao Diretor do estabelecimento, os problemas e as dificuldades enfrentadas pelo assistido; acompanhar o resultado das permissões de saídas e das saídas temporárias; promover, no estabelecimento, pelos meios disponíveis, a recreação; promover a orientação do assistido, na fase final do cumprimento da pena, e do liberando, de modo a facilitar o seu retorno à liberdade; providenciar a obtenção de documentos, dos benefícios da Previdência Social e do seguro por acidente no trabalho; orientar e amparar, quando necessário, a família do preso, do internado e da vítima;

Questão de prova

A prova de Consultor Legislativo do Senado Federal considerou CORRETA a afirmativa: "Conforme dispõe a Lei de Execuções Penais (Lei n. 7210, de 11/7/1984), é incumbência do serviço de assistência social orientar e amparar, quando necessário, a família do preso, do internado e da vítima".

f) **assistência religiosa:** com **liberdade de culto**, será prestada aos presos e aos internados, sendo-lhes permitida a participação nos serviços organizados no estabelecimento penal, bem como a posse de livros de instrução religiosa. No estabelecimento, haverá local apropriado para os cultos religiosos. Nenhum preso ou internado poderá ser obrigado a participar de atividade religiosa.

11. Egresso

Egresso é o liberado definitivo, pelo prazo de 1 (um) ano a contar da saída do estabelecimento, ou o liberado condicional, durante o período de prova. O serviço de assistência social colaborará com o egresso para a obtenção de trabalho.

A assistência ao Egresso abrange: a) orientação e apoio para reintegrá-lo à vida em liberdade; b) concessão, se necessário, de alojamento e alimentação, em estabelecimento adequado, pelo prazo de 2 (dois) meses (o prazo poderá ser prorrogado uma única vez, comprovado, por declaração do assistente social, o empenho na obtenção de emprego).

O detido ou recluso mantém a qualidade de segurado, independentemente de contribuições, no período de até 12 meses após o livramento, nos termos do Decreto n. 3.048/99.

12. Do trabalho

O trabalho do condenado, como dever social e condição de dignidade humana, terá finalidade educativa e produtiva.

O regime é especial e **não está sujeito ao regime da Consolidação das Leis do Trabalho**.

> **Questão de prova**
> A prova de Consultor Legislativo do Senado Federal considerou INCORRETA a afirmativa: "O preso terá direito ao décimo terceiro salário".

O trabalho do preso será remunerado, mediante prévia tabela, não podendo ser inferior a 3/4 (três quartos) do salário mínimo.

A **recusa injustificada ao trabalho** importa em falta grave, nos termos do art. 50, VI, da LEP.

> **Questão de prova**
> A prova de Escrivão da Polícia Federal/2004 considerou INCORRETA a afirmativa: "Lauro cumpre pena restritiva de liberdade em regime fechado. Nessa situação, Lauro pode negar-se a trabalhar dentro da Penitenciária porque a Constituição da República veda a pena de trabalhos forçados".

O **produto da remuneração** pelo trabalho deverá atender: a) à indenização dos danos causados pelo crime, desde que determinados judicialmente e não reparados por outros meios; b) à assistência à família; c) a pequenas despesas pessoais; d) ao ressarcimento ao Estado das despesas realizadas com a manutenção do condenado.

Ressalvadas outras aplicações legais, será depositada a parte restante para constituição do pecúlio, **em Caderneta de Poupança**, que será entregue ao condenado quando posto em liberdade.

As tarefas executadas como **prestação de serviço à comunidade** não serão remuneradas.

> **Questão de prova**
> A prova da Magistratura TJ/SE/2008 considerou CORRETA a afirmativa: "O trabalho do preso será sempre remunerado, exceto nas tarefas executadas como prestação de serviços à comunidade".

13. Do trabalho interno

O condenado à pena privativa de liberdade está obrigado ao trabalho **na medida de suas aptidões e capacidade**. Na atribuição do trabalho, deverão ser levadas em conta a habilitação, a condição pessoal e as necessidades futuras do preso, bem como as oportunidades oferecidas pelo mercado.

> **Questão de prova**
> A prova de Promotor de Justiça MP/RN/2000 considerou CORRETA a afirmativa: "A lei n. 7210/84 que instituiu Execução Penal estabelece que o condenado à pena privativa de liberdade está obrigado ao trabalho na medida de sua aptidão e capacidade".

Os **maiores de 60 (sessenta) anos** poderão solicitar ocupação adequada à sua idade. Os **doentes ou deficientes físicos** somente exercerão atividades apropriadas ao seu estado.

Para o **preso provisório**, o trabalho não é obrigatório e só poderá ser executado no interior do estabelecimento. O **trabalho com artesanato** sem expressão econômica deverá ser limitado, tanto quanto possível, salvo nas regiões de turismo.

A **jornada normal de trabalho** não será inferior a 6 (seis) nem superior a 8 (oito) horas, com descanso aos domingos e feriados. Poderá ser atribuído horário especial de trabalho aos presos designados para os serviços de conservação e manutenção do estabelecimento penal.

O trabalho **poderá ser gerenciado** por fundação, ou empresa pública, com autonomia administrativa, e terá por objetivo a formação profissional do condenado. Nessa hipótese, incumbirá à entidade gerenciadora promover e supervisionar a produção, com critérios e métodos empresariais, encarregar-se da comercialização, bem como suportar despesas, inclusive pagamento de remuneração adequada. Os governos federal, estadual e municipal poderão celebrar convênio com a iniciativa privada, para implantação de oficinas de trabalho referentes a setores de apoio dos presídios.

Os **órgãos da Administração Direta ou Indireta** da União, Estados, Territórios, Distrito Federal e dos Municípios adquirirão, com dispensa de concorrência pública, os bens ou produtos do trabalho prisional, sempre que não for possível ou recomendável realizar-se a venda a particulares. Todas as importâncias arrecadadas com as vendas se reverterão em favor da respectiva fundação ou empresa pública ou, na sua falta, do estabelecimento penal.

14. Do trabalho externo

Questão de prova

A prova de Promotor de Justiça MP/PE/2002 considerou INCORRETA a afirmativa: "Durante a execução da pena privativa de liberdade, o sentenciado não poderá manter contato com o mundo exterior, a não ser quando expressamente autorizado pelo juiz".

O trabalho externo será admissível para os presos em **regime fechado** somente em **serviço ou obras públicas** realizadas por órgãos da Administração Direta ou Indireta, ou entidades privadas, desde que tomadas as **cautelas contra a fuga e em favor da disciplina**. O limite máximo do número de presos na obra pública **será de 10% (dez por cento) do total de empregados na obra**.

Caberá ao órgão da administração, à entidade ou à empresa empreiteira a remuneração desse trabalho. O requisito necessário para a prestação de trabalho a entidade privada depende do consentimento expresso do preso.

A prestação de trabalho externo, a ser autorizada pela direção do estabelecimento, dependerá de aptidão, disciplina e responsabilidade, além do cumprimento mínimo de 1/6 (um sexto) da pena.

Quando o preso praticar fato definido como crime, for punido por falta grave ou tiver comportamento contrário aos requisitos de prestação, será revogada sua autorização de trabalho externo.

15. Da disciplina

A disciplina consiste na **colaboração com a ordem, na obediência às determinações das autoridades e seus agentes e no desempenho do trabalho**.

Está sujeito à disciplina o condenado à pena privativa de liberdade ou restritiva de direitos, bem como o **preso provisório**.

> **Questão de prova**
>
> A prova da Magistratura TJ/AP/2009 considerou CORRETA a afirmativa: "Segundo a Lei de Execução Penal, as faltas disciplinares sujeitam o preso provisório à sanção disciplinar".

A inobservância da disciplina gera a falta disciplinar, que pode ser leve (legislador local), média (legislador local) ou grave (rol taxativo no art. 50 da LEP). O poder disciplinar é exercido pelo Diretor do Estabelecimento.

A autoridade administrativa DEVE comunicar ao juiz da execução a imposição de sanção disciplinar para falta grave quando for para fins de regressão, revogação de saídas temporárias, perda dos dias remidos e conversão da pena restritiva de direitos em privativa de liberdade.

A prática da infração disciplinar implica na aplicação da sanção disciplinar, que levará em conta a natureza, os motivos, as circunstâncias e as consequências do fato, bem como a pessoa do faltoso e seu tempo de prisão. **Pune-se a tentativa com a sanção correspondente à falta consumada**.

> **Questão de prova**
>
> A prova da Magistratura TJ/AP/2009 considerou INCORRETA a afirmativa: "Segundo a Lei de Execução Penal, as faltas disciplinares apenas são punidas na forma consumada".

A sanção disciplinar é regida pelos seguintes princípios:

a) **princípio da legalidade:** não haverá falta nem sanção disciplinar sem expressa e anterior previsão legal ou regulamentar;

b) **princípio da humanidade:** as sanções não poderão colocar em perigo a integridade física e moral do condenado.

Constituem sanções disciplinares: a) advertência verbal; b) repreensão; c) suspensão ou restrição de direitos (art. 41, parágrafo único); d) isolamento na própria cela, ou em local adequado, nos estabelecimentos que possuam alojamento coletivo, observado o disposto no art. 88 da LEP; e) inclusão no Regime Disciplinar Diferenciado.

As sanções disciplinares são aplicadas por **ato motivado do Diretor do Estabelecimento, salvo o Regime Disciplinar Diferenciado**, que, por sua vez, depende de prévio e fundamentado **despacho do juiz competente**.

É **vedado o emprego de cela escura**; **são vedadas as sanções coletivas**.

> **Questão de prova**
>
> A prova da Magistratura TJ/AL/2008 considerou INCORRETA a afirmativa: "Não sendo possível identificar o preso que deu início a motim em um corredor do presídio, o diretor do estabelecimento poderá aplicar sanção disciplinar coletiva".

O isolamento, a suspensão e a restrição de direitos não poderão exceder a trinta dias, ressalvada a hipótese do Regime Disciplinar Diferenciado. O isolamento será sempre comunicado ao juiz da execução.

O sentenciado tem os seguintes **deveres**: a) comportamento disciplinado e cumprimento fiel da sentença; b) obediência ao servidor e respeito a qualquer pessoa com quem deva relacionar-se; c) urbanidade e respeito no trato com os demais condenados; d) conduta oposta aos movimentos individuais ou coletivos de fuga ou de subversão à ordem ou à disciplina; e) execução do trabalho, das tarefas e das ordens recebidas; f) submissão à sanção disciplinar imposta; g) indenização à vitima ou aos seus sucessores; h) indenização ao Estado, quando possível, das despesas realizadas com a sua manutenção, mediante desconto proporcional da remuneração do trabalho; i) higiene pessoal e asseio da cela ou alojamento; j) conservação dos objetos de uso pessoal.

Os deveres de obediência ao servidor e respeito a qualquer pessoa com quem deva relacionar-se, bem como o da execução do trabalho, das tarefas e das ordens recebidas, quando descumpridos, configuram falta grave, nos termos do art. 50, VI, da LEP.

Praticada a falta disciplinar, deverá ser instaurado o procedimento para sua apuração, conforme regulamento, assegurado o direito de defesa. A decisão será motivada.

A autoridade administrativa poderá decretar o isolamento preventivo do faltoso pelo prazo de até dez dias. A inclusão do preso no Regime Disciplinar Diferenciado (RDD), no interesse da disciplina e da averiguação do fato, dependerá de despacho do juiz competente. O **tempo de isolamento** ou inclusão preventiva no RDD será computado no período de cumprimento da sanção disciplinar.

> **Questão de prova**
>
> A prova de Promotor de Justiça MP/AM/2007 considerou INCORRETA a afirmativa: "Em caso de regime disciplinar diferenciado, o tempo de isolamento ou inclusão preventiva no regime não será computado no período de cumprimento da sanção disciplinar".

16. Falta grave

As faltas graves estão previstas no rol taxativo do art. 50 da LEP (não possibilitam interpretação extensiva ou complementar). O prazo prescricional é de 3 anos, nos termos do art. 109, VI, do CP. A falta disciplinar não interrompe o prazo para obtenção de livramento condicional, a teor do que dispõe o enunciado da Súmula 441 do Superior Tribunal de Justiça. É entendimento do STJ que a prática de falta grave representa marco interruptivo para a progressão do regime de cumprimento de pena: "o cometimento de falta disciplinar de natureza grave pelo Executando acarreta o reinício do cômputo do interstício necessário ao preenchimento do requisito objetivo para a concessão do benefício da progressão de regime" (REsp 1.176.486/SP, 3ª Seção, Rel. Min. Napoleão Nunes Maia Filho).

São faltas graves: a) descumprimento dos deveres de obediência ao servidor e respeito a qualquer pessoa com quem deva relacionar-se, bem como o da execução do trabalho, das tarefas e das ordens recebidas; b) incitar (ou participar de) movimento para subverter a ordem ou a disciplina; c) fugir; d) possuir, indevidamente, instrumento capaz de ofender a integridade física de outrem (é indispensável a apreensão do instrumento, com a posterior realização de perícia); e) provocar acidente de trabalho; f) descumprir, no regime aberto, as condições impostas; g) tiver em sua posse, utilizar ou fornecer aparelho telefônico, de rádio ou similar, que permita a comunicação com outros presos ou **com o ambiente externo** (a posse de aparelho de telefonia celular ou de componentes essenciais para seu funcionamento, por apenado, no interior de presídio, não acarreta o reconhecimento de falta grave se a conduta irregular foi praticada anteriormente à vigência da Lei n. 11.466/2007, que incluiu o inciso VII no art. 50 da LEP, dada a irretroatividade da lei penal mais gravosa).

Questão de prova

A prova de Promotor de Justiça MP/RR/2008 considerou CORRETA a afirmativa: "Se um interno de um presídio tiver sido surpreendido quando fazia uso de telefone celular, nessa situação, sua conduta pode ser enquadrada como falta grave, tendo como consequência a perda dos dias remidos".

Ainda quanto à posse, utilização ou fornecimento de aparelho telefônico, de rádio ou similar, que permita a comunicação com outros presos ou com o ambiente externo, há divergência a respeito de a apreensão de *chip* de telefone móvel caracterizar a conduta descrita na Lei de Execuções Penais como falta grave: a) uma corrente sustenta pela caracterização da falta grave, já que o *chip* é elemento necessário ao funcionamento do aparelho (REsp 1.287.956, STJ), sendo o objetivo da lei proibir a comunicação entre os presos ou destes com o meio externo; b) a lei não mencionou os componentes do aparelho, de forma que não é possível fazer ampliação.

Em relação às penas restritivas de direitos, são faltas graves: a) descumprir, injustificadamente, a restrição imposta; b) retardar, injustificadamente, o cumprimento da obrigação imposta; c) descumprir os deveres de obediência ao servidor e respeito a qualquer pessoa com quem deva relacionar-se, bem como o da execução do trabalho, das tarefas e das ordens recebidas.

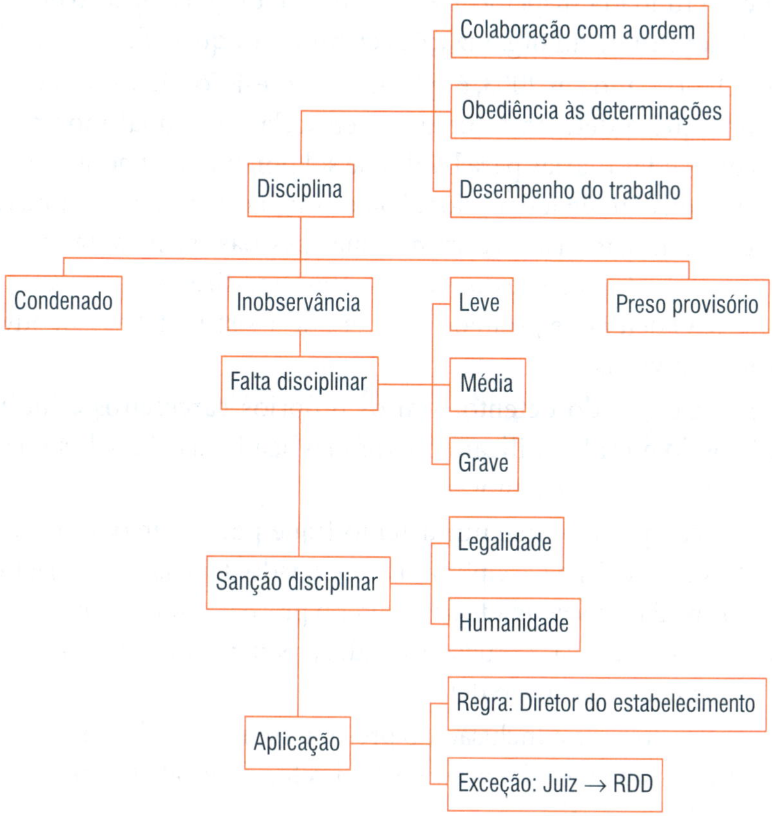

17. Regime Disciplinar Diferenciado (RDD)

O RDD é um regime de disciplina carcerária especial, que se aplica tanto ao cumprimento de pena privativa de réu condenado como à custódia de **preso provisório**, podendo, assim, assumir duas modalidades distintas: punitiva e cautelar.

Questão de prova

A prova de Defensor Público RN/2006 considerou INCORRETA a afirmativa: "A Lei 7210/84, Lei de Execuções Penais, determina que os presos provisórios não podem ser submetidos ao regime disciplinar diferenciado".

O fundamento para decretação do RDD punitivo é a prática de falta grave (arts. 50, I a VI, da Lei n. 7.210/84), devidamente comprovada em procedimento disciplinar que assegure o direito de defesa, de requerimento circunstanciado da autoridade competente, de manifestação do Ministério Público e da defesa e, por fim, de decisão fundamentada do juiz competente.

Os fundamentos para a decretação do RDD cautelar são: a) existência de fundado risco para a ordem e a segurança do estabelecimento penal ou da sociedade; b) fundada suspeita de envolvimento ou participação do custodiado, a qualquer título, em organizações criminosas, quadrilha ou bando.

O RDD foi criado em 2003, é aplicado em presídios de segurança máxima e determina que o detento fique preso em cela individual monitorada por câmera, com saídas diárias para banho de sol por apenas 2 horas diárias. Preso provisório ou condenado, nacional ou estrangeiro, isolado 22 horas por dia, pode receber também visita de apenas duas pessoas (sem contar as crianças) por semana, com duração de duas horas, mas sem direito a contato físico com os visitantes. O detento é proibido também de assistir a televisão, ouvir rádio e ler jornais e revistas.

A comunicação do detento com os próprios carcereiros é indireta. Os funcionários do presídio utilizam microfones ligados a caixas de som nas celas para passar ordens aos detentos.

A legislação permite que um detento fique por, no máximo, trezentos e sessenta dias em Regime Disciplinar Diferenciado. É possível renovar o período se comprovada a necessidade de manter o preso isolado ou em caso de nova indisciplina ou tentativa de fuga. Somados, os períodos não podem superar um sexto da pena imposta ao detento.

A autorização para a inclusão do preso nesse regime dependerá de requerimento circunstanciado elaborado pelo diretor do estabelecimento ou outra autoridade administrativa.

A decisão judicial sobre inclusão de preso em **regime disciplinar** será precedida de manifestação do Ministério Público e da defesa e prolatada no prazo máximo de quinze dias.

Questão de prova

A prova de Promotor de Justiça MP/CE/2009 considerou INCORRETA a afirmativa: "De acordo com as disposições da Lei de Execução Penal, o regime disciplinar diferenciado poderá ser determinado pela autoridade policial, quando se tratar de condenado pertencente à organização criminosa".

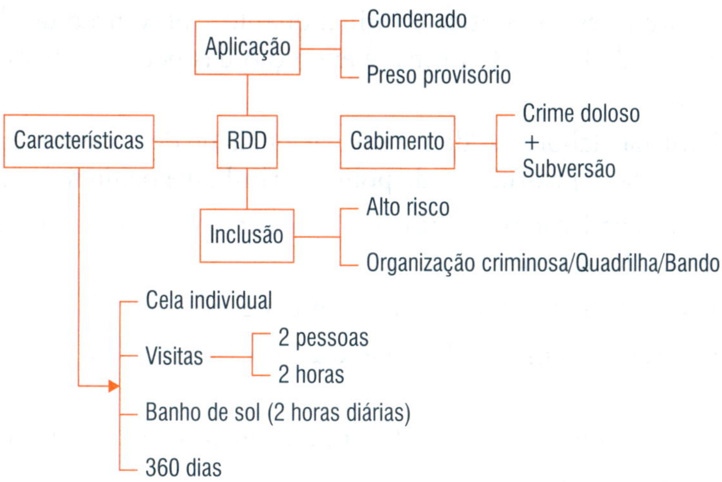

18. Recompensas

As recompensas têm em vista o bom comportamento reconhecido em favor do condenado, de sua colaboração com a disciplina e de sua dedicação ao trabalho. São recompensas: a) o elogio; b) a concessão de regalias (a legislação local e os regulamentos estabelecerão a natureza e a forma de concessão de regalias).

19. Dos órgãos da execução penal

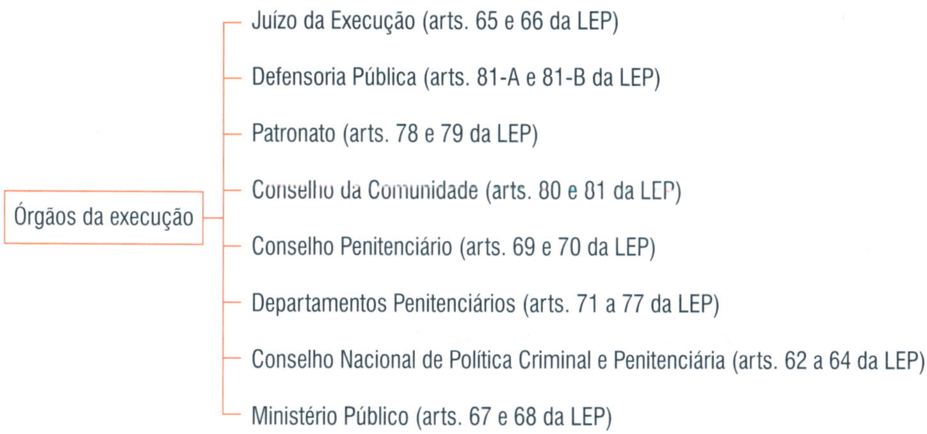

19.1. Do Conselho Nacional de Política Criminal e Penitenciária

Tem sede na Capital da República, é subordinado ao Ministério da Justiça e, no exercício de suas atividades, em âmbito federal ou estadual, a ele compete:

a) propor diretrizes da política criminal quanto à prevenção do delito, administração da Justiça Criminal e execução das penas e das medidas de segurança;
b) contribuir na elaboração de planos nacionais de desenvolvimento, sugerindo as metas e prioridades da política criminal e penitenciária;
c) promover a avaliação periódica do sistema criminal para a sua adequação às necessidades do País;
d) estimular e promover a pesquisa criminológica;
e) elaborar programa nacional penitenciário de formação e aperfeiçoamento do servidor;
f) estabelecer regras sobre a arquitetura e a construção de estabelecimentos penais e casas de albergados;
g) estabelecer os critérios para a elaboração da estatística criminal;
h) inspecionar e fiscalizar os estabelecimentos penais, bem assim informar-se, mediante relatórios do Conselho Penitenciário, requisições, visitas ou outros meios, acerca do desenvolvimento da execução penal nos Estados, Territórios e Distrito Federal, propondo às autoridades dela incumbida as medidas necessárias ao seu aprimoramento;
i) representar ao juiz da execução ou à autoridade administrativa para instauração de sindicância ou procedimento administrativo, em caso de violação das normas referentes à execução penal;
j) representar à autoridade competente para a interdição, no todo ou em parte, de estabelecimento penal.

19.2. Do Juízo da Execução

Questão de prova
A prova da Magistratura TJ/SE/2008 considerou INCORRETA a afirmativa: "Entre outros, ao juiz da execução compete declarar extinta a punibilidade, converter a pena de multa em privativa de liberdade e decidir sobre regressão de regime".

Ao juiz da execução, compete:

a) **aplicar aos casos julgados lei posterior que de qualquer modo favoreça o condenado:** é competência do juiz da execução penal, após o trânsito em julgado da condenação, aplicar a lei penal mais benigna, nos termos da Súmula 611 do STF: "Transitada em julgado a sentença condenatória, compete ao Juízo das execuções a aplicação de lei mais benigna";
b) **declarar extinta a punibilidade:** após o trânsito em julgado, a competência para apreciar a possível extinção da punibilidade pelo transcurso do prazo prescricional é do Juízo da Vara de Execuções Penais;

c) **decidir sobre:** 1) soma ou unificação de penas; 2) progressão ou regressão nos regimes; 3) detração e remição da pena; 4) suspensão condicional da pena; 5) livramento condicional; 6) incidentes da execução;

d) **autorizar saídas temporárias:** é ato jurisdicional da competência do Juízo das Execuções Penais, que deve ser motivado com a demonstração da conveniência de cada medida;

e) **determinar:** 1) a forma de cumprimento da pena restritiva de direitos e fiscalizar sua execução; 2) a conversão da pena restritiva de direitos e de multa em privativa de liberdade; 3) a conversão da pena privativa de liberdade em restritiva de direitos; 4) a aplicação da medida de segurança, bem como a substituição da pena por medida de segurança; 5) a revogação da medida de segurança; 6) a desinternação e o restabelecimento da situação anterior; 7) o cumprimento de pena ou medida de segurança em outra comarca; 8) a remoção do condenado na hipótese de estabelecimento penal em local distante da condenação para recolher os condenados, quando a medida se justifique no interesse da segurança pública ou do próprio condenado;

f) **zelar pelo correto cumprimento da pena e da medida de segurança:** adotar providência para o ajustamento da execução da pena de acordo com o comando da sentença;

g) **inspecionar, mensalmente, os estabelecimentos penais, tomando providências para o adequado funcionamento e promovendo, quando for o caso, a apuração de responsabilidade:** a competência para fiscalizar os estabelecimentos prisionais não retira ou suprime a atuação do MP;

h) **interditar, no todo ou em parte, estabelecimento penal que estiver funcionando em condições inadequadas ou com infringência aos dispositivos da Lei de Execução Penal:** a competência para fiscalizar os estabelecimentos prisionais não retira ou suprime a atuação do MP: "A superlotação e as precárias condições dos estabelecimentos prisionais não permite a concessão da liberdade aos sentenciados ou presos provisórios, visto que foram recolhidos por decisões judiciais que observaram o devido processo legal" (HC 34.316/RJ, STJ);

i) **compor e instalar o Conselho da Comunidade:** é órgão responsável pela busca da melhoria das condições nos estabelecimentos penais;

j) **emitir anualmente atestado de pena a cumprir:** nos termos da Resolução n. 113 do CNJ, a emissão de atestado de pena a cumprir e a respectiva entrega ao apenado, mediante recibo, deverão ocorrer: 1) no prazo de sessenta dias, a contar da data do início da execução da pena privativa de liberdade; 2) no prazo de sessenta dias, a contar da data do reinício do cumprimento da pena privativa de liberdade; e 3) para o apenado que já esteja cumprindo pena privativa de liberdade, até o último dia útil do mês de janeiro de cada ano. Deverão constar do atestado anual de cumprimento de pena, dentre outras informações consideradas relevantes, as seguintes: 1) o montante da pena privativa de liberdade; 2) o regime prisional de cumprimento da pena; 3) a data do início do cumprimento da pena e a data, em tese, do término do cumprimento integral da pena; e 4) a data a partir da qual o apenado, em tese, poderá postular a progressão do regime prisional e o livramento condicional.

19.3. Do Ministério Público

O órgão do Ministério Público visitará mensalmente os estabelecimentos penais, registrando a sua presença em livro próprio. Fiscalizará a execução da pena e da medida de segurança, oficiando no processo executivo e nos incidentes da execução, competindo-lhe:

a) **fiscalizar a regularidade formal das guias de recolhimento e de internamento;**

b) **requerer:** 1) todas as providências necessárias ao desenvolvimento do processo executivo; 2) a instauração dos incidentes de excesso ou desvio de execução; 3) a aplicação de medida de segurança, bem como a substituição da pena por medida de segurança; 4) a revogação da medida de segurança; 5) a conversão de penas, a progressão ou regressão nos regimes e a revogação da suspensão condicional da pena e do livramento condicional; 6) a internação, a desinternação e o restabelecimento da situação anterior;

c) **interpor recursos de decisões proferidas pela autoridade judiciária, durante a execução:** a lei processual, em seu art. 577, limita às partes a legitimação dos recursos penais: no polo ativo, o Ministério Público ou querelante; e, no polo passivo, o réu, seu procurador ou seu defensor.

19.4. Do Conselho Penitenciário

O Conselho Penitenciário é órgão consultivo e fiscalizador da execução da pena, cujas funções são:

a) emitir parecer sobre indulto e comutação de pena, excetuada a hipótese de pedido de indulto com base no estado de saúde do preso;

b) inspecionar os estabelecimentos e serviços penais;

c) apresentar, no 1º (primeiro) trimestre de cada ano, ao Conselho Nacional de Política Criminal e Penitenciária, relatório dos trabalhos efetuados no exercício anterior;

d) supervisionar os patronatos, bem como a assistência aos egressos.

Não possui legitimidade ativa para interpor agravo em execução.

19.5. Dos Departamentos Penitenciários

19.5.1. Do Departamento Penitenciário Nacional

O Departamento Penitenciário Nacional, subordinado ao Ministério da Justiça, é órgão executivo da Política Penitenciária Nacional e de apoio administrativo e financeiro do Conselho Nacional de Política Criminal e Penitenciária, que tem como atribuições:

a) acompanhar a fiel aplicação das normas de execução penal em todo o Território Nacional;
b) inspecionar e fiscalizar periodicamente os estabelecimentos e serviços penais;
c) assistir tecnicamente as Unidades Federativas na implementação dos princípios e regras estabelecidos na Lei de Execução Penal;
d) colaborar com as Unidades Federativas mediante convênios, na implantação de estabelecimentos e serviços penais;
e) colaborar com as Unidades Federativas para a realização de cursos de formação de pessoal penitenciário e de ensino profissionalizante do condenado e do internado;
f) estabelecer, mediante convênios com as unidades federativas, o cadastro nacional das vagas existentes em estabelecimentos locais destinadas ao cumprimento de penas privativas de liberdade aplicadas pela justiça de outra unidade federativa, em especial para presos sujeitos a regime disciplinar.

Incumbem também ao Departamento a coordenação e a supervisão dos estabelecimentos penais e de internamento federais.

19.5.2. Do Departamento Penitenciário Local

Tem por finalidade supervisionar e coordenar os estabelecimentos penais da Unidade da Federação a que pertencer.

19.6. Do Patronato

O Patronato público ou particular destina-se a prestar assistência aos albergados e aos egressos, sendo suas funções:

a) orientar os condenados à pena restritiva de direitos;
b) fiscalizar o cumprimento das penas de prestação de serviço à comunidade e de limitação de fim de semana;
c) colaborar na fiscalização do cumprimento das condições da suspensão e do livramento condicional.

19.7. Do Conselho da Comunidade

Tem como funções:

a) visitar, pelo menos mensalmente, os estabelecimentos penais existentes na comarca;
b) entrevistar presos;
c) apresentar relatórios mensais ao juiz da execução e ao Conselho Penitenciário;
d) diligenciar a obtenção de recursos materiais e humanos para melhor assistência ao preso ou internado, em harmonia com a direção do estabelecimento.

19.8. Defensoria Pública

À Defensoria Pública cabe velar pela regular execução da pena e da medida de segurança, oficiando, no processo executivo e nos incidentes da execução, para a defesa dos necessitados em todos os graus e instâncias, de forma individual e coletiva.

Incumbe, ainda, à Defensoria Pública:

a) requerer: 1) todas as providências necessárias ao desenvolvimento do processo executivo; 2) a aplicação aos casos julgados de lei posterior que de qualquer modo favoreça o condenado; 3) a declaração de extinção da punibilidade; 4) a unificação de penas; 5) a detração e a remição da pena; 6) a instauração dos incidentes de excesso ou desvio de execução; 7) a aplicação de medida de segurança e sua revogação, bem como a substituição da pena por medida de segurança; 8) a conversão de penas, a progressão nos regimes, a suspensão condicional da pena, o livramento condicional, a comutação de pena e o indulto; 9) a autorização de saídas temporárias; 10) a internação, a desinternação e o restabelecimento da situação anterior; 11) o cumprimento de pena ou medida de segurança em outra comarca; 12) a remoção do condenado na hipótese de estabelecimento penal em local distante da condenação para recolher os condenados, quando a medida se justifique no interesse da segurança pública ou do próprio condenado;
b) requerer a emissão anual do atestado de pena a cumprir;
c) interpor recursos de decisões proferidas pela autoridade judiciária ou administrativa durante a execução;
d) representar ao juiz da execução ou à autoridade administrativa para instauração de sindicância ou procedimento administrativo em caso de violação das normas referentes à execução penal;
e) visitar os estabelecimentos penais, tomando providências para o adequado funcionamento, e requerer, quando for o caso, a apuração de responsabilidade;

f) requerer à autoridade competente a interdição, no todo ou em parte, de estabelecimento penal.

O órgão da Defensoria Pública visitará periodicamente os estabelecimentos penais, registrando a sua presença em livro próprio.

20. Da remição

A remição é um meio de abreviar ou extinguir a pena, pelo trabalho ou pelo estudo. Pode ser beneficiado o condenado em regime fechado ou semiaberto: "A frequência a curso de ensino formal é causa de remição de parte do tempo de execução de pena sob regime fechado ou semiaberto" (Súmula 341 do STJ). Segundo o STJ, no regime aberto a remição somente é conferida se há frequência em curso de ensino regular ou de educação profissional (AgRg no REsp 1.258.989/RS).

Trata-se de benefício sujeito a condição resolutiva ligada ao comportamento carcerário do condenado (HC 78.178, STF).

No caso do estudo, a contagem de tempo será feita à razão de 1 (um) dia de pena a cada 12 (doze) horas de frequência escolar (atividade de ensino fundamental, médio, inclusive profissionalizante, superior ou de requalificação profissional), divididas, no mínimo, em 3 (três) dias. As atividades de estudo poderão ser desenvolvidas de forma presencial ou por metodologia de ensino a distância e deverão ser certificadas pelas autoridades educacionais competentes dos cursos frequentados.

O tempo a remir em função das horas de estudo será acrescido de 1/3 (um terço) no caso de conclusão do ensino fundamental, médio ou superior durante o cumprimento da pena, desde que certificada pelo órgão competente do sistema de educação.

No caso do trabalho, a contagem de tempo será feita à razão de 1 (um) dia de pena a cada 3 (três) dias de trabalho. Não basta a vontade de trabalhar, é necessário o efetivo trabalho.

A jornada de trabalho é de 8 (oito) horas diárias; se trabalhar menos, não terá direito ao desconto; se trabalhar mais, não terá direito ao acréscimo para fins de concessão de remição. No deferimento do benefício, são excluídos os dias de descanso obrigatório e os dias em que a jornada de trabalho for inferior a 6 (seis) horas.

Cabe ressaltar que são vedadas compensações na jornada de trabalho e que não é considerado trabalho para fins de remição a feitura por detento de petições e requerimentos em favor de seus colegas.

Para fins de **cumulação** dos casos de remição, as horas diárias de trabalho e de estudo serão definidas de forma a se compatibilizarem.

Questão de prova

A prova de Analista Judiciário TJ/AC/2012 considerou INCORRETA a afirmativa: "A Lei de Execução Penal assegura ao condenado que cumpre a pena em regime fechado ou semiaberto o direito de remir, por trabalho ou por estudo, parte do tempo de execução da pena, vedando-se a cumulação de horas diárias de trabalho e de estudo para fins de remição".

Ao sofrer um acidente, ficando impossibilitado de prosseguir com seu trabalho e/ou estudo, o condenado continua a beneficiar-se da remição.

O condenado que cumpre pena em regime aberto ou semiaberto e o que usufrui liberdade condicional poderão remir, pela frequência a curso de ensino regular ou de educação profissionalizante, parte do tempo de execução da pena ou do período de prova, observada a regra da contagem.

A remição por trabalho ou estudo é aplicada às hipóteses de prisão cautelar.

A decretação da concessão ou não da remição é feita pelo juiz da execução, desde que haja oitiva prévia do Ministério Público e da defesa.

Em caso de falta grave[5], o juiz poderá revogar até 1/3 (um terço) do tempo remido, levando em conta a natureza, os motivos, as circunstâncias e as consequências do fato, bem como a pessoa do faltoso e seu tempo de prisão, recomeçando a contagem a partir da data da infração disciplinar.

Sobre o tema, há os seguintes posicionamentos:

a) majoritário: perda do tempo remido; recomeça a contar a partir da infração disciplinar; dentro dessa corrente há divergência quanto à necessidade ou não de declaração judicial sobre a referida perda: 1) a manifestação judicial não é necessária[6]; 2) é necessária, pois a execução penal é judicial[7];

b) minoritário[8]: há *bis in idem* na atribuição da perda dos dias remidos, além da sanção disciplinar e da regressão de regime decorrente de **falta grave**.

Questão de prova

A prova de Defensor Público Federal/2007 considerou CORRETA a afirmativa: "De acordo com a Lei de Execução Penal e a jurisprudência do STJ e STF, o condenado punido por falta grave sofre a perda da integralidade dos dias remidos".

Em relação à necessidade da oitiva do condenado, há os seguintes posicionamentos:

a) é necessária a oitiva do próprio condenado em audiência perante o juiz;

b) é necessária a oitiva do condenado por meio de defesa técnica em audiência perante o juiz;

---

5 Súmula Vinculante 9 do STF: "O disposto no artigo 127 da Lei n. 7.210/1984 (Lei de Execução Penal) foi recebido pela ordem constitucional vigente, e não se lhe aplica o limite temporal previsto no *caput* do artigo 58".

6 MIRABETE, Julio Fabbrini. *Execução penal*. São Paulo: Atlas, 1995, p. 320-321.

7 MESQUITA JÚNIOR, Sidio Rosa de. *Manual de execução penal*. São Paulo: Atlas, 2002, p. 282.

8 NOGUEIRA, Paulo Lúcio. *Comentários à lei de execução penal*. São Paulo: Saraiva, 1996, p. 201.

c) não é necessária a oitiva do condenado.

O tempo remido será computado como pena cumprida, para todos os efeitos, inclusive para fins de livramento condicional e **indulto**.

> **Questão de prova**
> A prova de Promotor de Justiça MP/PE/2008 considerou INCORRETA a afirmativa: "O tempo remido não será considerado para a concessão de indulto".

No caso de dúvida no registro dos dias trabalhados para fins de remição, deve ser interpretada a favor do condenado.

A autoridade administrativa encaminhará mensalmente ao Juízo da Execução cópia do registro de todos os condenados que estejam trabalhando ou estudando, com informação dos dias de trabalho ou das horas de frequência escolar ou de atividades de ensino de cada um deles.

O condenado autorizado a estudar fora do estabelecimento penal deverá comprovar mensalmente, por meio de declaração da respectiva unidade de ensino, a frequência e o aproveitamento escolar.

No caso de concessão da remição, a guia de recolhimento do condenado deve ser retificada, nos termos do art. 106, § 2º, da LEP. Ao condenado, dar-se-á a relação de seus dias remidos.

São crimes relacionados com a remição: a) falsidade ideológica: se declarar ou atestar falsamente prestação de serviço para fim de instruir pedido de remição; b) falsidade material: se falsificar ou alterar os registros ou as cópias mensais encaminhadas ao juiz da execução para efeito da remição.

PEDIDO DE REMIÇÃO

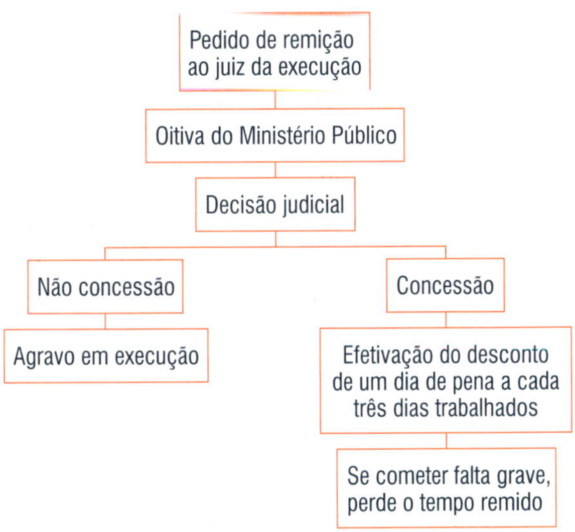

21. Dos incidentes de execução

São questões e procedimentos secundários à execução da pena principal que precisam de solução antes da decisão final.

21.1. Das conversões

a) **Conversão positiva (privativa de liberdade em restritiva de direitos):** 1) o condenado deve estar cumprindo a pena em regime aberto; 2) deve ter sido cumprido pelo menos 1/4 (um quarto) da pena; 3) os antecedentes e a personalidade do condenado devem indicar ser a conversão recomendável.

b) **Conversão negativa (restritiva de direitos em privativa de liberdade):** a pena de prestação de serviços à comunidade será convertida em pena privativa de liberdade quando o condenado: 1) não for encontrado por estar em lugar incerto e não sabido, ou desatender a intimação por edital; 2) não comparecer, injustificadamente, à entidade ou programa em que deva prestar serviço; 3) recusar-se, injustificadamente, a prestar o serviço que lhe foi imposto; 4) praticar falta grave; 5) sofrer condenação por outro crime à pena privativa de liberdade, cuja execução não tenha sido suspensa.

   A pena de limitação de fim de semana será convertida em pena privativa de liberdade quando: 1) o condenado não comparecer ao estabelecimento designado para o cumprimento da pena; 2) recusar-se a exercer a atividade determinada pelo juiz; 3) não for encontrado por estar em lugar incerto e não sabido, ou desatender a intimação por edital; 4) praticar falta grave; 5) sofrer condenação por outro crime à pena privativa de liberdade, cuja execução não tenha sido suspensa.

   A pena de interdição temporária de direitos será convertida em pena privativa de liberdade quando o condenado: 1) exercer, injustificadamente, o direito interditado; 2) não for encontrado por estar em lugar incerto e não sabido, ou desatender a intimação por edital; 3) sofrer condenação por outro crime à pena privativa de liberdade, cuja execução não tenha sido suspensa.

c) **Privativa de liberdade em medida de segurança:** o juiz, de ofício, a requerimento do Ministério Público ou da autoridade administrativa ou da Defensoria Pública, poderá determinar a substituição da pena por medida de segurança, quando no curso da execução da pena privativa de liberdade, sobrevier doença mental ou perturbação da saúde mental.

Questão de prova

A prova da Magistratura Federal TRF 5ª Região considerou INCORRETA a afirmativa: "A conversão da pena privativa de liberdade em medida de segurança não está prevista legalmente".

d) **Tratamento ambulatorial em internação:** se o agente revelar incompatibilidade com a medida. O prazo mínimo de internação será de 1 (um) ano.

21.2. Do excesso ou desvio

Haverá excesso ou desvio de execução sempre que algum ato for praticado além dos limites fixados na sentença, em normas legais ou regulamentares. Têm legitimidade para suscitar o incidente de excesso ou **desvio de execução**: a) o Ministério Público; b) o Conselho Penitenciário; c) o sentenciado; d) qualquer dos demais órgãos da execução penal.

Questão de prova	A prova de Promotor de Justiça MP/SP/2005 considerou INCORRETA a afirmativa: "Apenas o sentenciado pode suscitar o incidente de excesso ou desvio da execução".

22. Da anistia

É a declaração feita por lei de que um fato criminoso ficou impunível por motivo de utilidade social. Concedida a anistia, o juiz, de ofício, a requerimento do interessado ou do Ministério Público, por proposta da autoridade administrativa ou do Conselho Penitenciário, declarará extinta a punibilidade.

23. Do indulto

23.1. Do indulto individual

É a graça concedida por decreto do Presidente da República para um condenado específico. O indulto individual poderá ser provocado por petição do condenado, por iniciativa do Ministério Público, do Conselho Penitenciário ou da autoridade administrativa.

A petição do indulto, acompanhada dos documentos que a instruírem, será entregue ao Conselho Penitenciário, para a elaboração de parecer e posterior encaminhamento ao Ministério da Justiça.

Em seguida, o Conselho promoverá as diligências que entender necessárias e fará, em relatório, a narração do ilícito penal e dos fundamentos da sentença condenatória, a exposição dos antecedentes do condenado e do procedimento dele depois da prisão, emitindo seu parecer sobre o mérito do pedido e esclarecendo quaisquer formalidades ou circunstâncias omitidas na petição. Processada no Ministério da Justiça com documentos e com o relatório do Conselho Penitenciário, a petição será submetida a despacho do Presidente da República, a quem serão apresentados os autos do processo ou a certidão de qualquer de suas peças, se ele o determinar.

Concedido o indulto e anexada aos autos cópia do decreto, o juiz declarará **extinta a pena** ou ajustará a execução aos termos do decreto, no caso de comutação (indulto parcial). O art. 2º, I, da Lei n. 8.072/90 e o art. 5º, XLII, da Constituição Federal prescrevem que os **crimes hediondos** são insuscetíveis de graça e indulto.

Questões de prova

A prova de Analista Processual MPU/2010 considerou CORRETA a afirmativa: "O indulto, incidente na execução penal, resulta na extinção da pena privativa de liberdade".

A prova de Promotor de Justiça MP/SP/2005 considerou CORRETA a afirmativa: "É vedada comutação da pena a condenado pela prática de latrocínio".

23.2. Do indulto coletivo

É a graça concedida pelo Presidente da República por decreto aos condenados em geral, desde que preenchidas determinadas condições. Se o sentenciado for beneficiado por indulto coletivo, o juiz, de ofício, a requerimento do interessado, do Ministério Público, ou por iniciativa do Conselho Penitenciário ou da autoridade administrativa, declarará a extinção da punibilidade ou a comutação.

ITENS	ANISTIA	GRAÇA/INDULTO
Conceito	Esquecimento jurídico do ilícito.	Atinge a punibilidade.
Momento	Antes ou após o trânsito em julgamento.	Após o trânsito em julgado.
Competência	Congresso Nacional (art. 48, VIII, da CF).	Presidente da República (art. 84, XII, da CF).
Efeitos	Penais principais e secundários.	Extinção da punibilidade.
Natureza	Lei penal de efeito retroativo.	Decreto presidencial.
Revogação	Após concedida não pode ser revogada.	Quando for comutação da pena ou indulto condicionado.
Objeto	Atinge fatos.	Atinge pessoas.

24. Do procedimento judicial

O **procedimento judicial** pode ser iniciado de ofício, a requerimento do Ministério Público, do interessado, de quem o represente, de seu cônjuge, parente ou descendente, mediante proposta do Conselho Penitenciário, ou, ainda, da autoridade administrativa (são os mesmos legitimados para instauração do procedimento disciplinar para a falta grave).

> **Questão de prova**
>
> A prova de Promotor de Justiça MP/CE/2009 considerou CORRETA a afirmativa: "De acordo com as disposições da Lei de Execução Penal, o procedimento judicial iniciar-se-á de ofício ou a requerimento do Ministério Público, do interessado, de quem o represente, de seu cônjuge, parente ou descendente, mediante proposta do Conselho Penitenciário, ou ainda, da autoridade administrativa".

A portaria ou petição será autuada ouvindo-se, em 3 (três) dias, o condenado e o Ministério Público, quando não figurarem como requerentes da medida. Sendo desnecessária a produção de prova, o juiz decidirá de plano, em igual prazo. Entendendo indispensável a realização de prova pericial ou oral, o juiz a ordenará, decidindo após a produção daquela ou na audiência designada.

Das decisões proferidas pelo juiz, caberá recurso de agravo, sem efeito suspensivo, salvo no caso de desinternação na medida de segurança.

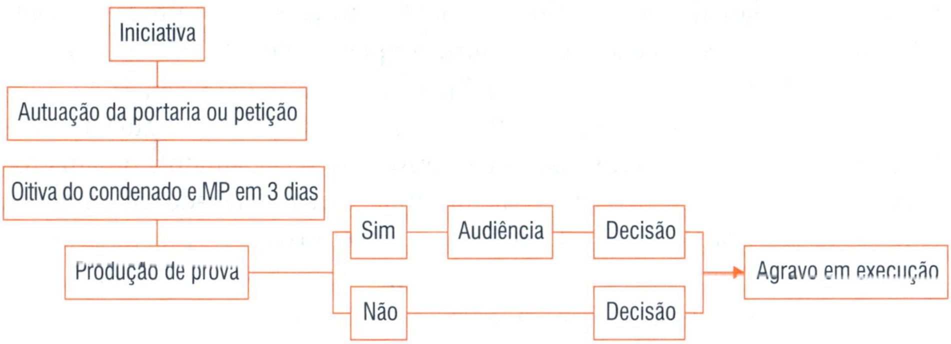

25. Da execução das penas em espécie

25.1. Pena privativa de liberdade

25.1.1. Introdução

As penas privativas de liberdade têm limites estabelecidos na sanção correspondente a cada tipo legal de crime.

A sentença penal condenatória é a que acolhe a pretensão punitiva do Estado, impondo ao infrator da lei penal a pena adequada e suficiente à repressão do crime. Permite que o juiz aplique ao infrator uma pena privativa de liberdade e/ou uma pena de multa.

Após o trânsito em julgado da sentença que aplicar pena privativa de liberdade, se o réu estiver (ou vier a ser) preso, o juiz **ordenará a expedição de guia de recolhimento para a execução.**

25.1.2. Guia de Recolhimento para Execução Penal

A guia de recolhimento, **extraída pelo escrivão**, que a rubricará em todas as folhas e a assinará com o juiz, será remetida à **autoridade administrativa incumbida da execução**, que, por sua vez, passará recibo da guia para juntá-la aos autos do processo. Para cumprimento de pena privativa de liberdade, **ninguém será recolhido sem a guia** expedida pela autoridade judiciária.

Questão de prova

A prova de Promotor de Justiça MP/RN/2001 considerou CORRETA a afirmativa: "A execução penal se desenvolve interligando os planos jurisdicional e administrativo. Nos termos da Lei de Execução Penal (lei n. 7210/84) pode-se dizer que a expedição da guia de recolhimento para execução constitui exigência para o início do cumprimento da pena privativa de liberdade no regime estabelecido na sentença condenatória transitada em julgado".

A guia de recolhimento deve conter: a) o nome do condenado; b) a sua qualificação civil e o número do registro geral no órgão oficial de identificação; c) o inteiro teor da denúncia e da sentença condenatória, bem como certidão do trânsito em julgado; d) a informação sobre os antecedentes e o grau de instrução; e) a data da terminação da pena; f) outras peças do processo reputadas indispensáveis ao adequado tratamento penitenciário.

A autoridade administrativa incumbida da execução dará ciência dos seus termos ao condenado. Ao Ministério Público, será dada ciência da guia de recolhimento. As guias **serão registradas em livro especial**, segundo a ordem cronológica do recebimento, e anexadas ao prontuário do condenado, aditando-se, no curso da execução, o cálculo das remições e de outras retificações posteriores.

A guia de recolhimento **será retificada** sempre que sobrevier modificação quanto ao início da execução ou ao tempo de duração da pena.

No caso do condenado que, ao tempo do fato, **era funcionário da Administração da Justiça Criminal**, será feita menção dessa circunstância na guia, pois o referido preso ficará em dependência separada, nos termos do § 2º do art. 84 da Lei n. 7.210/84.

O condenado **a quem sobrevier doença mental** será internado em hospital de custódia e tratamento psiquiátrico. O período de internação representa sanção penal cumprida. No caso de a doença mental caracterizar uma **situação temporária**, com a melhora o condenado voltará ao cumprimento da pena; no caso de **situação definitiva**, a pena será substituída por medida de segurança, nos termos do art. 183 da LEP.

Cumprida ou extinta a pena, o condenado será posto em liberdade, mediante alvará do juiz, se por outro motivo não estiver preso.

25.1.3. Regime de cumprimento da pena

O juiz, na sentença, estabelecerá o regime no qual o condenado iniciará o cumprimento da pena privativa de liberdade, observado o disposto no art. 33 e seus parágrafos do Código Penal.

A determinação do regime inicial de cumprimento da pena será feita com observância das circunstâncias judiciais (culpabilidade, antecedentes, conduta social, personalidade do agente, motivos, circunstâncias e consequências do crime, bem como o comportamento da vítima), conforme seja necessário e suficiente para reprovação e prevenção do crime.

Fixada a pena-base no mínimo legal, é vedado o estabelecimento de regime prisional mais gravoso do que o cabível em razão da sanção imposta, com base apenas na gravidade abstrata do delito, nos termos da Súmula 440 do STJ.

Não pode a pena-base ser majorada em função de referências vagas, genéricas, carentes de fundamentação objetiva para justificar a exasperação. É vedada a utilização de inquéritos policiais e ações penais em curso para agravar a pena-base, nos termos da Súmula 444 do STJ.

Quando houver condenação por mais de um crime, no mesmo processo ou em processos distintos, a determinação do regime de cumprimento será feita pelo resultado da soma ou unificação das penas, observada, quando for o caso, a detração ou remição. Sobrevindo condenação no curso da execução, somar-se-á a pena ao restante da que está sendo cumprida, para determinação do regime.

A pena de reclusão deve ser cumprida em regime fechado, semiaberto ou aberto. A de detenção, em regime semiaberto ou aberto, salvo necessidade de transferência a regime fechado, com observância das seguintes regras: a) o condenado a pena superior a 8 (oito) anos deverá começar a cumpri-la em regime fechado; b) o condenado não reincidente, cuja pena seja superior a 4 (quatro) anos e não exceda a 8 (oito) anos, poderá, desde o princípio, cumpri la em regime semiaberto; c) o condenado não reincidente, cuja pena seja igual ou inferior a 4 (quatro) anos, poderá, desde o início, cumpri-la em regime aberto.

É admissível a adoção do regime prisional semiaberto aos **reincidentes** condenados a pena igual ou inferior a 4 (quatro) anos, se favoráveis as circunstâncias judiciais, nos termos da Súmula 269 do STJ.

Questão de prova

A prova de Defensor Público MA/2003 considerou INCORRETA a afirmativa: "Se o réu for reincidente, deve iniciar o cumprimento da pena privativa de liberdade em regime fechado, mesmo que condenado por crime apenado com detenção".

25.1.3.1. Regime fechado

Regime fechado é a execução da pena em **estabelecimento de segurança máxima ou média.**

O condenado **será submetido**, no início do cumprimento da pena, a exame criminológico de classificação para individualização da execução. Ficará sujeito a **trabalho no período diurno e a isolamento durante o repouso noturno.** O trabalho será em comum dentro do estabelecimento, na conformidade das aptidões ou ocupações anteriores do condenado, desde que compatíveis com a execução da pena.

O trabalho externo é admissível, no regime fechado, em serviços ou obras públicas.

Questão de prova	A prova de Promotor de Justiça MP/RN/2000 considerou INCORRETA a afirmativa: "A lei n. 7210/84, que institui a Execução Penal, estabelece que a autorização para prestação de trabalho externo ao condenado à pena privativa de liberdade em regime fechado dependerá da aferição da disciplina e responsabilidade, além do cumprimento mínimo de 1/3 da pena".

25.1.3.2. Regime semiaberto

Regime semiaberto é a execução da pena em colônia agrícola, industrial ou estabelecimento similar.

O condenado será submetido, no início do cumprimento da pena, a exame criminológico de classificação para individualização da execução. Ficará sujeito a trabalho em comum durante o período diurno, em colônia agrícola, industrial ou estabelecimento similar.

O trabalho externo é admissível, bem como a frequência a cursos supletivos profissionalizantes, de instrução de segundo grau ou superior.

25.1.3.3. Regime aberto

Regime aberto é a execução da pena em casa de albergado ou estabelecimento adequado. O regime aberto baseia-se na autodisciplina e no senso de responsabilidade do condenado.

O condenado deverá, fora do estabelecimento e sem vigilância, trabalhar, frequentar curso ou exercer outra atividade autorizada, permanecendo recolhido durante o período noturno e nos dias de folga.

Será transferido do regime aberto se praticar fato definido como crime doloso, se frustrar os fins da execução ou se, podendo, não pagar a multa cumulativamente aplicada.

O ingresso do condenado em regime aberto supõe a aceitação de seu programa e das condições impostas pelo juiz.

Somente poderá ingressar no regime aberto o condenado que: a) estiver trabalhando ou comprovar a possibilidade de fazê-lo imediatamente; b) apresentar, pelos seus antecedentes ou pelo resultado dos exames a que foi submetido, fundados indícios de que se ajustará, com autodisciplina e senso de responsabilidade, ao novo regime.

Poderão ser dispensados do trabalho: a) condenado maior de 70 (setenta) anos; b) condenado acometido de doença grave; c) condenada com filho menor ou deficiente físico ou mental; d) condenada gestante.

O juiz poderá estabelecer condições especiais para a concessão de regime aberto, sem prejuízo das seguintes condições gerais e obrigatórias: a) permanecer no local que for designado, durante o repouso e nos dias de folga; b) sair para o trabalho e retornar, nos horários fixados; c) não se ausentar da cidade onde reside, sem autorização judicial; d) comparecer a Juízo, para informar e justificar as suas atividades, quando for determinado.

O juiz poderá modificar as condições estabelecidas, de ofício, a requerimento do Ministério Público, da autoridade administrativa ou do condenado, desde que as circunstâncias assim o recomendem.

A legislação local também poderá estabelecer normas complementares para o cumprimento da pena privativa de liberdade em regime aberto (art. 36, § 1º, do Código Penal).

Prisão-albergue domiciliar é o recolhimento do indivíduo que está cumprindo pena no regime aberto em sua residência particular, desde que preenchida uma das seguintes situações, previstas no art. 117 da LEP: a) condenado maior de 70 (setenta) anos; b) condenado acometido de doença grave; c) condenada com filho menor ou deficiente físico ou mental; d) condenada gestante. A pessoa que cumpre a pena na sua residência tem que obedecer às regras do regime aberto; porém, na prática, pela ausência de fiscalização do poder público, a medida torna-se ineficiente.

25.1.4. Das autorizações de saída

25.1.4.1. Da permissão de saída

É a possibilidade de o condenado que cumpre pena em **regime fechado ou semiaberto e os presos provisórios** saírem do estabelecimento, **mediante escolta**, quando ocorrer um dos seguintes fatos: a) falecimento ou doença grave de cônjuge, companheiro(a), ascendente, descendente ou irmão(ã); b) necessidade de tratamento médico.

Questão de prova

A prova de Promotor de Justiça MP/PE/2002 considerou INCORRETA a afirmativa: "Durante a execução da pena privativa de liberdade, o sentenciado não poderá obter permissão de saída se estiver em regime fechado".

A permissão de saída **será concedida pelo diretor do estabelecimento** onde se encontra o preso. Sua permanência fora do estabelecimento terá a **duração necessária à finalidade da saída**.

25.1.4.2. Da saída temporária

É a possibilidade de os condenados que cumprem pena **em regime semiaberto** obterem autorização para saída temporária do estabelecimento, **sem vigilância direta**, nos seguintes casos: a) visita à família; b) frequência a curso supletivo profissionalizante, bem como de instrução do ensino médio ou superior, na Comarca do Juízo da Execução; c) participação em atividades que concorram para o retorno ao convívio social.

Questão de prova

A prova da Magistratura TJ/AL/2007 considerou CORRETA a afirmativa: "Na execução de uma pena privativa de liberdade, é possível a saída temporária aos que cumprem pena em regime semiaberto, sem vigilância direta".

A ausência de vigilância direta não impede a utilização de equipamento de monitoração eletrônica pelo condenado, quando assim determinar o **juiz da execução**, que concede a autorização **por ato motivado, ouvidos o Ministério Público e a administração penitenciária.**

Questão de prova

A prova de Defensor Público Federal/2007 considerou INCORRETA a afirmativa: "As hipóteses de saídas, reguladas pela Lei de Execução Penal, são hipóteses taxativas e serão autorizadas pelo diretor do estabelecimento, somente aos presos definitivos em regime fechado".

A saída temporária dependerá da satisfação dos seguintes requisitos: a) comportamento adequado; b) cumprimento mínimo de 1/6 (um sexto) da pena, se o condenado for primário, e 1/4 (um quarto), se reincidente; c) compatibilidade do benefício com os objetivos da pena.

Será concedida por **prazo não superior a 7 (sete) dias, podendo ser renovada por mais 4 (quatro) vezes durante o ano.**

Ao conceder a saída temporária, o juiz imporá ao beneficiário as seguintes condições, entre outras que entender compatíveis com as circunstâncias do caso e a situação pessoal do condenado: a) fornecimento do endereço onde reside a família a ser visitada ou onde poderá ser encontrado durante o gozo do benefício; b) recolhimento à residência visitada, no período noturno; c) proibição de frequentar bares, casas noturnas e estabelecimentos congêneres.

Quando se tratar de frequência a curso profissionalizante, de instrução de ensino médio ou superior, o tempo de saída será o necessário para o cumprimento das atividades discentes. Nos demais casos, as autorizações de saída somente poderão ser concedidas com prazo mínimo de 45 (quarenta e cinco) dias de intervalo entre uma e outra.

O benefício será **automaticamente revogado** quando o condenado praticar fato definido como crime doloso, for punido por falta grave, desatender às condições impostas na autorização ou revelar baixo grau de aproveitamento no curso. A recuperação do direito à saída temporária dependerá da absolvição no processo penal, do cancelamento da punição disciplinar ou da demonstração do merecimento do condenado.

Em face da Súmula 40 do STJ, para obtenção do benefício de saída temporária, considera-se o tempo de cumprimento da pena no regime fechado.

AUTORIZAÇÃO DE SAÍDA		
ITENS	**PERMISSÃO DE SAÍDA**	**SAÍDA TEMPORÁRIA**
Beneficiário	Regime fechado Regime semiaberto Preso provisório	Regime semiaberto
Característica	Mediante escolta	Sem vigilância direta; não impede monitoração eletrônica
Concessão	Diretor do estabelecimento	Juiz da execução
Duração	Necessária a finalidade da saída	Prazo não superior a 7 dias

25.1.5. Progressão de regime

É a transferência de um regime mais rigoroso para outro mais brando de cumprimento da pena privativa de liberdade. O pedido pode ser feito pelo Ministério Público, advogado, sentenciado ou de ofício pelo juiz e depende dos seguintes requisitos:

a) **Objetivo:** **1/6 de cumprimento da pena** no regime anterior; deve ser ressaltado que pena cumprida é pena extinta.

> **Questão de prova**
> A prova da Magistratura TJ/AL/2007 considerou INCORRETA a afirmativa: "Na execução de uma pena privativa de liberdade, será possível a progressão de regime se o preso tiver cumprido um quarto da pena no regime anterior e ostentar bom comportamento carcerário".

b) **Subjetivo:** o mérito do condenado é demonstrado pelo bom comportamento, atestado pelo diretor do estabelecimento penitenciário, e pela probabilidade de adaptação ao regime mais brando. Podem ser apontados os seguintes meios de avaliação do bom comportamento: 1) autodisciplina; 2) noção de responsabilidade pelos seus próprios atos; 3) realização e participação em atividades de reintegração ao convívio social, como trabalhos internos; 4) noção de respeito para com os seus semelhantes.

Na aferição do bom comportamento carcerário, é possível a realização do exame criminológico, nos termos da Súmula 439 do STJ: "Admite-se o exame criminológico pelas peculiaridades do caso, desde que em decisão motivada". Porém, com o advento da Lei n. 10.792/2003, o exame criminológico e o parecer da Comissão Técnica de Classificação deixaram de ser requisitos para a progressão de regime.

c) **Formal:** manifestação prévia do Ministério Público e do defensor.

Nos crimes contra a administração pública de que decorra prejuízo, também é condição para a concessão da progressão de regime a reparação integral do dano causado ou a devolução do produto do ilícito praticado, com os acréscimos legais.

Uma vez preenchidos os requisitos subjetivo e objetivo, o réu **tem direito subjetivo** à progressão de regime. Em outros termos, a execução progressiva da pena, com a transferência para regime menos gravoso, **somente será concedida ao condenado** que preencher, **cumulativamente**, os requisitos estabelecidos no art. 112 da Lei de Execução Penal.

A concessão é feita por **decisão do juiz da execução**, precedida da oitiva do MP e do defensor. A concessão ou denegação da progressão de regime enseja **agravo em execução**, nos termos do art. 197 da LEP.

A **pena unificada** para atender ao limite de trinta anos de cumprimento determinado pelo art. 75 do Código Penal não é considerada para a concessão de progressão ao regime mais favorável na execução da pena, nos termos da Súmula 715 do STF.

Questão de prova

A prova de Defensor Público PA/2009 considerou CORRETA a afirmativa: "A pena unificada para atender ao limite de trinta anos de cumprimento determinado pelo art. 75 do Código Penal não é considerada para a concessão de progressão ao regime mais favorável na execução da pena".

Progressão por salto é a passagem direta do regime fechado para o aberto. Sobre a admissibilidade dessa progressão, há os seguintes posicionamentos:

a) **não pode**, pois a inércia do Estado em resolver o problema carcerário não poderá permitir a concessão indiscriminada de progressões; em face da Súmula 491 do STJ, é inadmissível a chamada progressão *per saltum* de regime prisional;

b) **pode**, pois a falta de vagas em colônias penais agrícolas, industriais e similares é problema do Estado, e não do condenado que está sofrendo constrangimento ilegal. Cabe ressalvar que, quando o condenado já tiver cumprido 1/6 da pena no regime fechado e não conseguir a passagem para o semiaberto por falta de vaga, permanecendo mais 1/6 no fechado, terá direito à progressão de regime.

Quanto aos **crimes hediondos**, a Lei n. 11.464, que foi publicada em 29 de março de 2007 e admite a progressão de regime prisional quando se tratar de condenação por crime hediondo e seus equiparados (tortura, terrorismo, tráfico ilícito de entorpecentes e drogas afins), alterou a redação do art. 2º da Lei dos Crimes Hediondos. O novo § 1º do mencionado artigo diz que a pena por tais crimes será cumprida **inicialmente** em regime fechado e o § 2º estabelece a quantidade de pena que deve ser cumprida, para que seja possível a progressão do regime (ou seja, 2/5 para apenados primários e 3/5 para reincidentes).

Questão de prova

A prova de Delegado da Polícia Federal/2004 considerou INCORRETA a afirmativa: "Antenor foi condenado a 18 anos de reclusão pelo homicídio qualificado de um delegado da polícia federal. Nessa situação, Antenor somente pode progredir para o regime semiaberto após cumprir 12 anos de pena em regime fechado".

Para efeito de progressão de regime no cumprimento de pena por crime hediondo ou equiparado, o Juízo da Execução observará a inconstitucionalidade do art. 2º da Lei n. 8.072, de 25 de julho de 1990, sem prejuízo de avaliar se o condenado preenche os requisitos objetivos e subjetivos do benefício, podendo determinar, para tal fim, de modo fundamentado, a realização de exame criminológico, nos termos da Súmula Vinculante 26 do STF.

Os condenados por crimes hediondos ou assemelhados **cometidos antes da vigência da Lei n. 11.464/2007** sujeitam-se ao disposto no art. 112 da Lei n. 7.210/84 (Lei de Execução Penal) para a progressão de regime prisional, nos termos da Súmula 471 do STJ.

Quanto ao **crime organizado**, admite-se a progressão do regime, pois o art. 10 da Lei n. 9.034/95 fixa que o regime inicial será o fechado.

A **progressão do regime semiaberto para o aberto** (arts. 114 e 115 da LEP) depende: 1) do cumprimento de 1/6 da pena; 2) da aceitação do programa e das condições gerais impostas pelo juiz; 3) da aceitação das condições especiais fixadas pelo juiz; 4) da compatibilidade do sentenciado com o regime aberto.

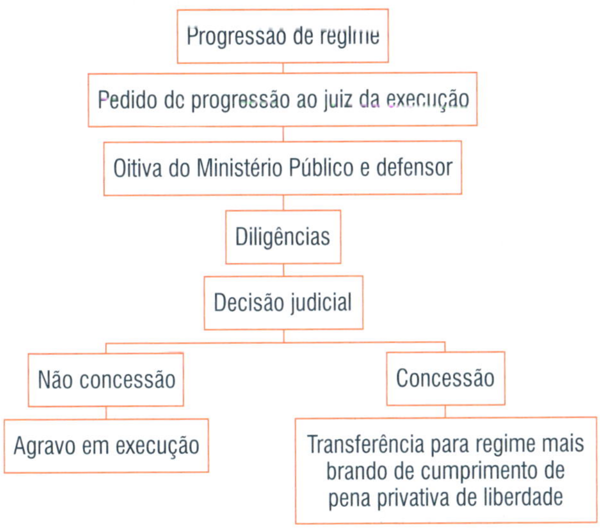

25.1.6. Regressão de regime

É a transferência de um regime de cumprimento da pena privativa de liberdade mais brando para outro mais rigoroso. Na regressão, **deverá ser ouvido previamente o condenado**.

> **Questões de prova**
>
> A prova de Assessor DPE/PR/2011 considerou INCORRETA a afirmativa: "Segundo a posição majoritária na jurisprudência dos Tribunais Superiores, é desnecessária a oitiva de Ministério Público e defesa no caso de regressão cautelar".
>
> A prova da Magistratura TJ/RR/2008 considerou INCORRETA a afirmativa: "Durante a execução penal o juiz pode, sem ouvir o condenado, determinar a regressão de regime, se ele vier a praticar nova infração penal".

A execução da pena privativa de liberdade ficará sujeita à forma regressiva, com a transferência para qualquer dos regimes mais rigorosos, quando o condenado:

a) **praticar fato definido como crime doloso:** não depende do trânsito em julgado da ação penal respectiva;

> **Questão de prova**
>
> A prova da Magistratura Federal TRF 5ª Região/2001 considerou INCORRETA a afirmativa: "João, que estava cumprindo pena privativa em regime aberto, sob a modalidade prisão-albergue domiciliar, vem a cometer crime de roubo, sendo denunciado. O juiz da execução penal, tomando conhecimento da acusação e da prática criminosa, poderá determinar a regressão de regime após condenação transitada em julgado em virtude do princípio da presunção de inocência".

b) **praticar fato definido como falta grave:** o cometimento de falta grave acarreta o reinício do cômputo do interstício necessário ao preenchimento do requisito objetivo para a concessão do benefício da progressão de regime, iniciando-se o novo período aquisitivo a partir da data da última infração disciplinar; não é obrigatória a instauração de procedimento administrativo disciplinar para o reconhecimento de falta grave, sendo suficiente a realização de audiência de justificação, garantindo-se o contraditório e a ampla defesa;

c) **sofrer condenação, por crime anterior, cuja pena, somada ao restante da pena em execução, torne incabível o regime (art. 111):** nesse caso, há que ser reiniciada a contagem do prazo para a concessão dos benefícios da execução a partir da data do novo recolhimento do condenado;

d) **frustrar os fins da execução ou não pagar, sem motivo justo, a pena de multa cumulativamente imposta.**

Regressão de regime (art. 118 da LEP)
- Praticar fato definido como crime doloso
- Praticar falta grave
- No regime aberto se, além das hipóteses referidas, frustrar os fins da execução
- Sofrer condenação, por crime anterior, cuja pena somada ao restante da execução torne incabível o regime (art. 111)

25.2. Execução das penas restritivas de direitos

As penas restritivas de direitos **são autônomas e substituem** as privativas de liberdade quando preenchidos os seguintes requisitos:

a) **requisito objetivo:** pena privativa de liberdade não superior a quatro anos e crime cometido sem violência ou grave ameaça à pessoa ou, qualquer que seja a pena aplicada, se o crime for culposo;

b) **requisito subjetivo:** réu não reincidente em crime doloso;

c) **circunstâncias favoráveis:** a culpabilidade, os antecedentes, a conduta social e a personalidade do condenado, bem como os motivos e as circunstâncias, indicam que essa substituição é suficiente.

Na **condenação igual ou inferior a um ano**, a substituição pode ser feita por multa ou por uma pena restritiva de direitos; se superior a um ano, a pena privativa de liberdade pode ser substituída por uma pena restritiva de direitos e multa ou por duas restritivas de direitos.

Se **o condenado for reincidente**, o juiz poderá aplicar a substituição, desde que, em face de condenação anterior, a medida seja socialmente recomendável e a reincidência não se tenha operado em virtude da prática do mesmo crime.

Questão de prova

A prova de Defensor Público MA/2003 considerou INCORRETA a afirmativa: "Se o réu for reincidente, a substituição da pena privativa de liberdade por restritiva de direitos só é cabível se a reincidência resultar de condenações por crimes culposos".

Transitada em julgado a sentença que aplicou a pena restritiva de direitos, o juiz da execução, de ofício ou a requerimento do Ministério Público, promoverá a execução, podendo, para tanto, requisitar, quando necessário, a colaboração de entidades públicas ou solicitá-la a particulares.

Em qualquer fase da execução, poderá o juiz, motivadamente, **alterar** a forma de cumprimento das penas de prestação de serviços à comunidade e de limitação de fim de semana, ajustando-as às condições pessoais do condenado e às características do estabelecimento, da entidade ou do programa comunitário ou estatal.

25.2.1. Da prestação de serviços à comunidade

A prestação de serviços à comunidade ou a entidades públicas é aplicável às condenações superiores a seis meses de privação da liberdade.

Consiste na atribuição de tarefas gratuitas ao condenado. As tarefas serão atribuídas conforme as aptidões dele, devendo ser cumpridas à razão de uma hora de tarefa por dia de condenação, fixadas de modo a não prejudicar a jornada normal de trabalho.

A prestação de serviço à comunidade dar-se-á em entidades assistenciais, hospitais, escolas e outros estabelecimentos congêneres, em programas comunitários ou estatais.

Se a pena substituída for superior a um ano, é facultado ao condenado cumprir a pena substitutiva em menor tempo, nunca inferior à metade da pena privativa de liberdade fixada.

Caberá ao juiz da execução: a) designar a entidade ou programa comunitário ou estatal, devidamente credenciado ou convencionado, junto ao qual o condenado deverá trabalhar gratuitamente, de acordo com as suas aptidões; b) determinar a intimação do condenado, cientificando-o da entidade, dos dias e do horário em que deverá cumprir a pena; c) alterar a forma de execução, a fim de ajustá-la às modificações ocorridas na jornada de trabalho.

O trabalho terá a duração de 8 (oito) horas semanais e será realizado aos sábados, domingos e feriados, ou mesmo em dias úteis, mas de modo a não prejudicar a jornada normal de trabalho, nos horários estabelecidos pelo juiz.

A execução terá início a partir da data do primeiro comparecimento no estabelecimento conveniado, e não em juízo. O primeiro comparecimento configura causa interruptiva da prescrição executória, nos termos do art. 117, V, do CP.

A entidade beneficiada com a prestação de serviços encaminhará ao juiz da execução, mensalmente, relatório circunstanciado das atividades do condenado, bem como, a qualquer tempo, comunicação sobre ausência ou falta disciplinar.

25.2.2. Da limitação de fim de semana

A limitação de fim de semana consiste na obrigação de permanecer, aos sábados e domingos, por 5 (cinco) horas diárias, em casa de albergado ou outro estabelecimento adequado. Durante a permanência, poderão ser ministrados ao condenado cursos e palestras ou atribuídas atividades educativas.

Caberá ao juiz da execução determinar a intimação do condenado, cientificando-o do local, dos dias e horários em que deverá cumprir a pena.

A execução terá início a partir da data do primeiro comparecimento, que configura causa interruptiva da prescrição executória, nos termos do art. 117, V, do CP.

Nos casos de violência doméstica contra a mulher, o juiz poderá determinar o comparecimento obrigatório do agressor a programas de recuperação e reeducação.

O estabelecimento designado encaminhará relatório, mensalmente, ao juiz da execução, bem assim comunicará, a qualquer tempo, a ausência ou falta disciplinar do condenado.

25.2.3. Da interdição temporária de direitos

As penas de interdição temporária de direitos são: a) proibição do exercício de cargo, função ou atividade pública, bem como de mandato eletivo; b) proibição do exercício de profissão, atividade ou ofício que dependam de habilitação especial, de licença ou autorização do poder público; c) suspensão de autorização ou de habilitação para dirigir veículo; d) proibição de frequentar determinados lugares; e) proibição de inscrever-se em concurso, avaliação ou exame públicos.

Caberá ao juiz da execução comunicar à autoridade competente a pena aplicada, determinada a intimação do condenado.

Na hipótese de proibição do exercício de cargo, função ou atividade pública, bem como de mandato eletivo, a autoridade deverá, em 24 (vinte e quatro) horas, contadas do recebimento do ofício, baixar ato, a partir do qual a execução terá seu início.

Cabe ressaltar que é **efeito da condenação** a perda de cargo, função pública ou mandato eletivo: a) quando aplicada pena privativa de liberdade por tempo igual ou superior a 1 (um) ano, nos crimes praticados com abuso de poder ou violação de dever para com a Administração Pública; b) quando for aplicada pena privativa de liberdade por tempo superior a 4 (quatro) anos nos demais casos.

Questão de prova

A prova da AGU/2010 considerou CORRETA a afirmativa: "A proibição de exercício de cargo, função ou atividade pública pode ter caráter temporário, com natureza de pena de interdição temporária de direitos, mas pode também ter caráter permanente, se for efeito da condenação".

Nas hipóteses da proibição do exercício de profissão, atividade ou ofício que dependam de habilitação especial, de licença ou autorização do poder público, bem como da suspensão de autorização ou de habilitação para dirigir veículo, o Juízo da Execução determinará a apreensão dos documentos que autorizam o exercício do direito interditado.

A autoridade deverá comunicar imediatamente ao juiz da execução o descumprimento da pena. A comunicação poderá ser feita por qualquer prejudicado.

25.3. Execução da pena de multa

Na condenação criminal, o juiz imporá, se for o caso, a pena de multa, que consiste no pagamento ao fundo penitenciário da quantia fixada na sentença.

A multa, prevista em cada tipo legal de crime, tem os limites fixados em dias-multa. Será, no mínimo, de 10 (dez) e, no máximo, de 360 (trezentos e sessenta) dias-multa. O valor do dia-multa será fixado pelo juiz, não podendo ser inferior a um trigésimo do maior salário mínimo mensal vigente ao tempo do fato, nem superior a 5 (cinco) vezes esse salário. Será atualizado, quando da execução, pelos índices de correção monetária.

Transitada em julgado a sentença condenatória, a multa é considerada **dívida de valor**, com aplicação das normas da legislação relativa à dívida ativa da Fazenda Pública, inclusive no que concerne às causas interruptivas e suspensivas da prescrição (Lei n. 6.830/80).

Cabe ressaltar que a alteração da pena de multa como dívida de valor, pela Lei n. 9.268/96, não retirou seu caráter de sanção penal.

Como a execução da pena de multa depende do trânsito em julgado da sentença condenatória, não é admissível a execução provisória, nos termos do art. 50 do Código Penal e do art. 164 da Lei de Execuções Penais.

Extraída certidão da sentença condenatória com trânsito em julgado, que valerá como título executivo judicial, o Ministério Público requererá, em autos apartados, a citação do condenado para, **no prazo de 10 (dez) dias**, pagar o valor da multa ou nomear bens à penhora.

Cabe ressaltar que, apesar de o art. 164 da LEP mencionar o Ministério Público como o legitimado ativo na propositura da execução da pena de multa, com o advento da Lei n. 9.268/96, que passou a considerar a multa uma dívida de valor, surgiu uma controvérsia a respeito de quem é a parte legítima para promover a referida execução:

a) a primeira corrente sustenta ser o MP, sendo que apenas as normas aplicáveis seriam as contidas na Lei n. 6.830/80; nos termos do art. 129, I, da Constituição Federal, cabe ao Ministério Público, enquanto titular da ação penal, promover a execução da pena de multa perante o Juízo das Execuções Penais;

b) a segunda corrente sustenta ser a Fazenda Pública, por ser a pena de multa dívida de valor, havendo juízo especializado para a cobrança da dívida, que não o da Vara de Execuções Penais.

Decorrido o prazo de 10 (dez) dias sem o pagamento da multa, ou o depósito da respectiva importância, será realizada a penhora de tantos bens quantos bastem para garantir a execução. A nomeação de bens à penhora e a posterior execução seguirão o que dispuser a Lei Processual Civil. Se a penhora recair em bem imóvel, os autos apartados serão remetidos ao Juízo Cível para prosseguimento. Recaindo a penhora em outros bens, dar-se-á prosseguimento nos termos da Lei Processual Civil.

A execução da pena de multa será suspensa **quando sobrevier ao condenado doença mental** (art. 52 do Código Penal).

Questão de prova

A prova de Defensor Público CE/2008 considerou INCORRETA a afirmativa: "Em caso de superveniência de doença mental ao condenado, a execução da pena de multa não será suspensa".

Cabe ao Juízo da Execução avaliar a miserabilidade jurídica do sentenciado, examinando as condições socioeconômicas para o pagamento da multa sem prejuízo para o sustento dele e de sua família.

O juiz poderá determinar que a cobrança da multa se efetue **mediante desconto no vencimento ou salário do condenado** quando: a) aplicada isoladamente; b) aplicada cumulativamente com pena restritiva de direitos; c) concedida a suspensão condicional da pena.

O desconto não deve incidir sobre os recursos indispensáveis ao sustento do condenado e de sua família, observando-se o seguinte: a) o limite máximo do desconto mensal será o da quarta parte da remuneração e o mínimo o de um décimo; b) o desconto será feito mediante ordem do juiz a quem de direito; c) o responsável pelo desconto será intimado a recolher mensalmente, até o dia fixado pelo juiz, a importância determinada.

Até o término do prazo de 10 (dez) dias, a requerimento do condenado e conforme as circunstâncias, **o juiz pode permitir que o pagamento da multa seja feito em prestações mensais, iguais e sucessivas**. O juiz, antes de decidir, poderá determinar diligências para verificar a real situação econômica do condenado e, ouvido o Ministério Público, fixará o número de prestações. Se o condenado for impontual ou se melhorar de situação econômica, o juiz, de ofício ou a requerimento do Ministério Público, revogará o benefício, executando-se a multa, na forma da penhora, ou prosseguindo-se na execução já iniciada.

Quando a pena de multa for aplicada cumulativamente com a pena privativa da liberdade, enquanto esta estiver sendo executada poderá aquela ser cobrada mediante desconto na remuneração do condenado (art. 168 da LEP).

Se o condenado cumprir a pena privativa de liberdade ou obtiver livramento condicional ou nos casos em que for concedida a suspensão condicional da pena, sem haver resgatado a multa, far-se-á a cobrança nos termos das regras da execução da pena de multa.

Não cabe *habeas corpus* contra decisão condenatória a pena de multa ou relativo a processo em curso por infração penal a que a pena pecuniária seja a única cominada, nos termos da Súmula 693 do STF.

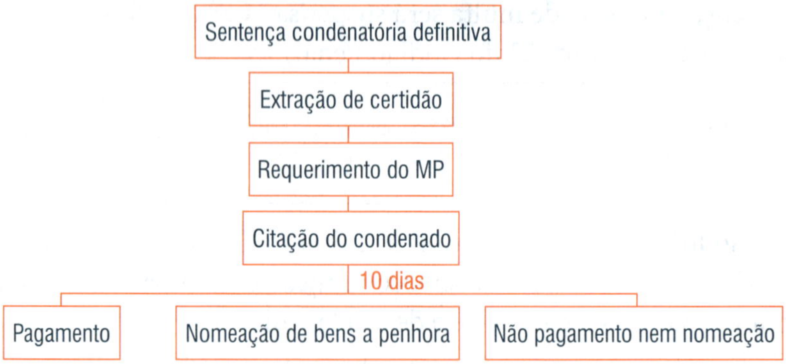

26. Da execução da medida de segurança

Medida de segurança é a **sanção penal** aplicada ao infrator, quando da prática de infração penal, com finalidade curativa e preventiva, cuja finalidade é evitar novas infrações penais.

É aplicada quando estiverem presentes os seguintes **pressupostos:** a) prática da infração penal; b) periculosidade: é a aptidão para praticar novos delitos, podendo ser presumida (é a que ocorre na inimputabilidade: a medida de segurança é obrigatória; independe de comprovação) ou real (é a que ocorre na semi-imputabilidade: a medida de segurança é facultativa; precisa de comprovação no caso concreto).

No Direito Brasileiro, adotamos o **sistema vicariante**, ou seja, será aplicada pena ou medida de segurança.

Questão de prova

A prova de Promotor de Justiça MP/RN/2001 considerou CORRETA a afirmativa: "Com relação à medida de segurança, pode-se afirmar que o sistema vicariante, adotado pela reforma penal de 1984, impede a aplicação da medida de segurança para os imputáveis considerados real ou presumidamente perigosos".

Há duas espécies de medida de segurança: **a) detentiva:** internação em hospital de custódia e tratamento psiquiátrico; é obrigatória quando for pena de reclusão; **b) restritiva:** tratamento ambulatorial; pode ser aplicada quando a pena for de detenção, salvo necessidade de internação. Será convertida em internação quando for necessária para fins curativos.

A **duração mínima** da medida de segurança varia de um a três anos, e a **duração máxima** é indeterminada, até cessação da periculosidade.

No caso de cessação da periculosidade, se o indivíduo estiver internado, será desinternado; se foi submetido a tratamento ambulatorial, será liberado.

A cessação da periculosidade será averiguada por **perícia médica** após o término do prazo mínimo ou, antes desse prazo, quando o juiz da execução determinar, diante de requerimento fundamentado do Ministério Público ou do interessado, seu procurador ou defensor.

A **desinternação ou liberação é condicional**, pois, se o agente, antes do decurso de um ano, praticar fato indicativo de periculosidade, haverá restabelecimento da situação de internação ou tratamento ambulatorial.

No caso de **semi-imputabilidade**, o juiz opta pela redução da pena de 1/3 a 2/3 ou pela substituição por medida de segurança; a sentença terá natureza condenatória. No caso de **inimputabilidade**, será aplicada medida de segurança detentiva, podendo ser restritiva quando necessária para fins curativos; a sentença será absolutória imprópria.

O processo de execução da medida de segurança depende **de sentença transitada em julgado**. Dessa forma, não é cabível execução provisória da medida de segurança.

Há a expedição da **guia de internação ou tratamento ambulatorial**, conforme a medida de segurança aplicada ao infrator na sentença. Ninguém será internado em hospital de custódia e tratamento psiquiátrico, ou submetido a tratamento ambulatorial, para cumprimento de medida de segurança, sem a guia expedida pela autoridade judiciária.

A guia de internamento ou de tratamento ambulatorial, extraída pelo escrivão, que a rubricará em todas as folhas e a subscreverá com o juiz, será remetida à autoridade administrativa incumbida da execução. Ao Ministério Público será dada ciência da guia de recolhimento e de sujeição a tratamento. Em seguida, ocorrerá o cumprimento da medida de segurança.

Até um mês antes de expirar o prazo de duração mínima da medida, a autoridade administrativa remeterá ao juiz um relatório detalhado sobre a permanência ou não da medida de segurança. O relatório do diretor do estabelecimento penitenciário será instruído com o laudo psiquiátrico.

Depois da juntada do relatório aos autos e de realizadas as diligências necessárias, seguem-se as manifestações sucessivas da acusação e da defesa, no prazo de três dias, sobre o referido relatório. O juiz nomeará curador ou defensor para o agente que não o tiver.

Após a manifestação das partes, podem ser realizadas diligências determinadas pelo juiz, se necessárias, ainda que expirado o prazo de duração mínima da medida de segurança.

Depois da manifestação das partes e da realização das diligências, o juiz da execução profere decisão em cinco dias. Após o trânsito em julgado da sentença, o juiz expedirá ordem para desinternação ou liberação.

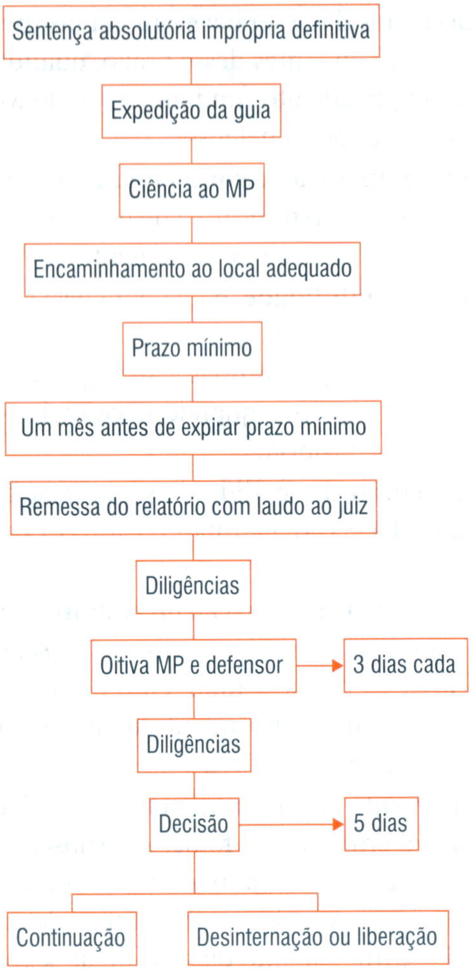

27. Dos estabelecimentos penais

27.1. Introdução

Os estabelecimentos penais destinam-se ao condenado, ao submetido à medida de segurança, ao preso provisório e ao egresso.

A mulher e o maior de 60 (sessenta) anos, separadamente, serão recolhidos a estabelecimento próprio e adequado à sua condição pessoal. O mesmo conjunto arquitetônico poderá abrigar estabelecimentos de destinação diversa, desde que devidamente isolados.

O estabelecimento penal, conforme a sua natureza, deverá contar em suas dependências com áreas e serviços destinados a dar assistência, educação, trabalho, recreação e prática esportiva. Haverá instalação destinada a estágio de estudantes universitários.

Os estabelecimentos penais destinados a mulheres serão dotados de berçário, onde as condenadas possam cuidar de seus filhos, inclusive amamentá-los, no mínimo, até 6 (seis) meses de idade. Deverão possuir, exclusivamente, agentes do sexo feminino na segurança de suas dependências internas. Serão instaladas salas de aula destinadas a cursos do ensino básico e profissionalizante. Haverá instalação destinada à Defensoria Pública.

O preso provisório ficará separado do condenado por sentença transitada em julgado. O preso que tiver sua integridade física, moral ou psicológica ameaçada pela convivência com os demais presos ficará segregado em local próprio.

Os presos provisórios ficarão separados de acordo com os seguintes critérios: I – acusados pela prática de crimes hediondos ou equiparados; II – acusados pela prática de crimes cometidos com violência ou grave ameaça à pessoa; III – acusados pela prática de outros crimes ou contravenções diversos. Os presos condenados ficarão separados de acordo com os seguintes critérios: I – condenados pela prática de crimes hediondos ou equiparados; II – reincidentes condenados pela prática de crimes cometidos com violência ou grave ameaça à pessoa; III – primários condenados pela prática de crimes cometidos com violência ou grave ameaça à pessoa; IV – demais condenados pela prática de outros crimes ou contravenções em situação diversa das previstas.

O preso que, ao tempo do fato, era **funcionário da Administração da Justiça Criminal** ficará em dependência separada: "Este Tribunal Superior consagrou o entendimento de que o art. 82, § 2º, da LEP – destinado aos presos que eram funcionários da administração da justiça criminal – **deve ser aplicado, por analogia, aos ex-policiais, civis ou militares, sendo irrelevante a condição de presos provisórios ou ostentarem condenação definitiva**. Assim, o recolhimento deles deve se dar em dependência própria, isolada dos presos comuns, de modo a resguardar a integridade física e moral, que ficaria comprometida com a hostilidade dos demais detentos" (HC 158.994/RJ, STJ).

O estabelecimento penal deverá ter lotação compatível com sua estrutura e sua finalidade. O Conselho Nacional de Política Criminal e Penitenciária determinará o limite máximo de capacidade do estabelecimento, atendendo a sua natureza e a suas peculiaridades.

As penas privativas de liberdade aplicadas pela Justiça de uma Unidade Federativa podem ser executadas em outra unidade, em estabelecimento local ou da União. A União Federal poderá construir estabelecimento penal em local distante da condenação para recolher os condenados, quando a medida se justifique no interesse da segurança pública ou do próprio condenado. Conforme a natureza do estabelecimento, nele poderão trabalhar os liberados ou egressos que se dediquem a obras públicas ou ao aproveitamento de terras ociosas. Caberá ao juiz competente, a requerimento da autoridade administrativa, definir o estabelecimento prisional adequado para abrigar o preso provisório ou condenado, em atenção ao regime e aos requisitos estabelecidos.

27.2. Da penitenciária

A penitenciária destina-se ao condenado à pena de reclusão, em regime fechado. O condenado será alojado em cela individual, que conterá dormitório, aparelho sanitário e lavatório.

A penitenciária de mulheres poderá ser dotada de seção para gestante e parturiente e de creche para abrigar crianças maiores de 6 (seis) meses e menores de 7 (sete) anos, com a finalidade de assistir a criança desamparada cuja responsável estiver presa. Na seção e na creche, deve haver: atendimento por pessoal qualificado, de acordo com as diretrizes adotadas pela legislação educacional e em unidades autônomas; e horário de funcionamento que garanta a melhor assistência à criança e à sua responsável.

A penitenciária de homens será construída em local afastado do centro urbano, a distância que não restrinja a visitação.

27.3. Da colônia agrícola, industrial ou similar

A colônia agrícola, industrial ou similar destina-se ao cumprimento da pena em regime semiaberto. O condenado poderá ser alojado em compartimento coletivo.

Não há incompatibilidade de **expedição de mandado de prisão** para o cumprimento em regime semiaberto, pois a dicção dos arts. 91 e 92 da Lei n. 7.210/84 é bastante clara quanto a o cumprimento da pena em regime semiaberto ser em estabelecimento prisional (HC 37.054/SP, STJ).

É importante ressaltar que **há constrangimento ilegal** na manutenção do preso em regime fechado, quando foi condenado ao cumprimento de pena em regime semiaberto, em razão da inexistência de vaga no estabelecimento adequado. Nesse caso, impõe-se a transferência do preso, até que surja vaga para estabelecimento de regime aberto ou, na sua ausência, para prisão domiciliar.

27.4. Da casa do albergado

A casa do albergado destina-se ao **cumprimento de pena privativa de liberdade, em regime aberto, e da pena de limitação de fim de semana**.

Deverá conter, além dos aposentos para acomodar os presos, local adequado para cursos e palestras. Terá instalações para os serviços de fiscalização e orientação dos condenados.

No caso de o agente ter que cumprir a pena de limitação de final de semana, não pode ser compelido a permanecer em cadeia pública, local destinado aos presos provisórios e similar ao regime fechado, sob pena de afronta ao art. 48 do Código Penal e aos arts. 93 e seguintes da Lei n. 7.210/84 (RHC 26.714/MG, STJ).

No caso de **ausência de vagas em casa do albergado**, é possível o cumprimento da pena em prisão domiciliar, configurando constrangimento ilegal a imposição do cumprimento da pena em estabelecimento destinado a regime carcerário mais rigoroso. A destinação de sala especial reservada para apenados no regime aberto, em estabelecimento compatível com o regime fechado, não supre a inexistência de casa de albergado.

27.5. Do centro de observação

No centro de observação, realizar-se-ão os exames gerais e o criminológico, cujos resultados serão encaminhados à Comissão Técnica de Classificação.

27.6. Do hospital de custódia e tratamento psiquiátrico

O hospital de custódia e tratamento psiquiátrico destina-se aos inimputáveis e semi-imputáveis. O exame psiquiátrico e os demais exames necessários ao tratamento são obrigatórios para todos os internados.

O tratamento ambulatorial será realizado no hospital de custódia e tratamento psiquiátrico ou em outro local com dependência médica adequada.

27.7. Da cadeia pública

A cadeia pública destina-se ao recolhimento de **presos provisórios**. Será instalada **próximo de centro urbano**.

Cada comarca terá, pelo menos, 1 (uma) cadeia pública, a fim de **resguardar o interesse da Administração da Justiça Criminal e a permanência do preso em local próximo ao seu meio social e familiar**.

O direito do preso de cumprir pena em cadeia localizada próximo de onde reside sua família **não é absoluto**, devendo o magistrado fundamentar devidamente a sua decisão, analisando a conveniência e real possibilidade e necessidade da transferência, decidindo sobre o cumprimento da pena em local longe do convívio familiar, levando em conta o interesse da segurança da sociedade.

- Estabelecimentos penais
  - Penitenciária (arts. 87 a 90) – regime fechado
  - Colônia agrícola, industrial ou similar (arts. 91 e 92) – regime semiaberto
  - Casa do albergado (arts. 93 a 95) – regime aberto
  - Centro de observação (arts. 96 a 98)
  - Hospital de custódia e tratamento psiquiátrico (arts. 99 a 101)
  - Cadeia pública (arts. 102 a 104)

27.8. Da direção e do pessoal dos estabelecimentos penais

Os requisitos para ocupar o cargo de diretor de estabelecimento penal são: a) ser portador de diploma de nível superior de Direito, Psicologia, Ciências Sociais, Pedagogia ou Serviços Sociais; b) possuir experiência administrativa na área; c) ter idoneidade moral e reconhecida aptidão para o desempenho da função. O diretor deverá residir no estabelecimento, ou nas proximidades, e dedicará tempo integral à sua função.

28. Disposições gerais

a) **Proibição:** é defesa ao integrante dos órgãos da execução penal, e ao servidor, a divulgação de ocorrência que perturbe a segurança e a disciplina dos estabelecimentos, bem como exponha o preso a inconveniente notoriedade, durante o cumprimento da pena.

b) **Condenado por crime político:** não está obrigado ao trabalho.

c) **Separação obrigatória:** o cumprimento da prisão civil e da prisão administrativa se efetivará em seção especial da Cadeia Pública: "A prisão civil já é uma forma de prisão especial, pois os presos civis devem ser recolhidos em 'estabelecimento adequado' e, na falta deste, 'em seção especial da Cadeia Pública' – art. 201 da LEP – Lei 7.210/84. É dizer, a privação da liberdade dos alimentantes inadimplentes deverá ser efetivada em local próprio, diverso do destinado aos presos criminais, o que preserva o devedor dos efeitos deletérios da convivência carcerária" (HC 181.231/RO).

d) **Sigilo dos registros criminais:** cumprida ou extinta a pena, não constará da folha corrida, atestados ou certidões fornecidas por autoridade policial ou por auxiliares da Justiça qualquer notícia ou referência à condenação, salvo para instruir processo pela prática de nova infração penal ou outros casos expressos em lei (fins criminais e concurso público).

e) **Descumprimento injustificado:** o descumprimento injustificado dos deveres estabelecidos para as Unidades Federativas na Lei de Execução

Penal implicará na suspensão de qualquer ajuda financeira a elas destinada pela União, para atender às despesas de execução das penas e medidas de segurança.

f) **Suspensão condicional da pena e livramento condicional**

ITENS	*SURSIS*	LIVRAMENTO
Cumprimento de pena privativa de liberdade	Não exigido	Exigido
Pena concreta	Não superior a dois anos (regra)	Igual ou superior a dois anos
Período de prova	Em regra, de 2 a 4 anos	Tempo restante da pena
Competência	Em regra, o juiz processante	Juiz da execução penal
Recurso da denegação	Apelação	Agravo em execução

g) **Espécies de *sursis* da pena: 1) *sursis* simples:** aplicação de prestação de serviços à comunidade ou limitação de fim de semana; **2) *sursis* especial:** proibição de frequentar determinados lugares, proibição de sair da comarca sem autorização do juízo e comparecimento mensal obrigatório; **3) *sursis* etário**: maior de 70 anos, desde que a pena não seja superior a quatro anos; o período de prova é de quatro a seis anos; **4) *sursis* humanitário:** razões de saúde, desde que a pena não seja superior a quatro anos; o período de prova é de quatro a seis anos.

Questão de prova

A prova de Delegado da Polícia Civil AC/2008 considerou CORRETA a afirmativa: "No chamado *sursis* etário, há a suspensão condicional da execução da pena privativa de liberdade, não superior a quatro anos, pelo período de quatro a seis anos, para o condenado que tenha mais de setenta anos de idade".

h) **Revogação do *sursis*: 1) revogação obrigatória:** condenação irrecorrível por crime doloso; descumprimento da condição de prestação de serviços à comunidade ou limitação de fim de semana; não reparação injustificada do dano; quando solvente, frustrar a execução de pena de multa; **2) revogação facultativa:** condenação irrecorrível por crime culposo ou contravenção; descumprimento de qualquer outra condição imposta que não seja a da revogação obrigatória.

Questão de prova

A prova de Promotor de Justiça MP/RN/2001 considerou CORRETA a afirmativa: "Com relação à reincidência, pode-se afirmar que revoga o *sursis*, obrigatoriamente em caso de condenação irrecorrível por crime doloso e facultativamente na hipótese de crime culposo ou contravenção".

i) **Revogação do livramento condicional: 1) revogação obrigatória:** condenação irrecorrível a pena privativa de liberdade por crime praticado antes do benefício; condenação irrecorrível a pena privativa de liberdade por crime praticado durante o benefício; **2) revogação facultativa:** condenação irrecorrível a pena não privativa de liberdade por crime ou contravenção; descumprimento das condições impostas (o juiz pode optar entre revogar, advertir ou condicionar).

> **Questões de prova**
> A prova de Consultor Legislativo do Senado Federal/2002 considerou INCORRETA a afirmativa: "O livramento condicional, por se configurar um direito subjetivo do apenado, uma vez concedido, não poderá ser revogado".

j) ***Sursis*:** é a suspensão da execução da pena privativa de liberdade, desde que atendidos os requisitos legais. São **requisitos objetivos:** pena privativa de liberdade; pena não superior a dois anos; não possibilidade de substituição da pena privativa de liberdade por restritiva de direitos; reparação do dano, salvo impossibilidade em face de precária situação econômica. São **requisitos subjetivos**: não reincidência em crime doloso; circunstâncias judiciais favoráveis: culpabilidade, antecedentes, conduta social e personalidade do agente, bem como motivos e circunstâncias do crime.

k) **Cumprimento das condições: condições obrigatórias:** no *sursis* simples, prestação de serviços à comunidade ou limitação de fim de semana durante o primeiro ano do período de suspensão; no *sursis* especial, proibição de frequentar determinados lugares, proibição de ausentar-se da comarca onde reside sem autorização judicial e comparecimento pessoal e obrigatório a juízo, mensalmente, para informar e justificar suas atividades; **condições judiciais:** outras, a critério do juiz, desde que adequadas ao fato e à situação pessoal do condenado.

> **Questão de prova**
> A prova de Defensor Público Federal/2010 considerou CORRETA a afirmativa: "A sentença que concede a suspensão condicional da pena pode especificar outras condições a que fica subordinada a suspensão, além das legalmente previstas, desde que adequadas ao fato e à situação pessoal do condenado".

l) **Condições do livramento condicional**

   I) **Competência na fixação:** juiz da execução.

   II) **Características: alterabilidade:** as condições judiciais podem ser modificadas, nos termos do art. 144 da LEP; **bilateralidade:** necessidade de aceitação das condições impostas, sob pena de tornar sem efeito o livramento, devendo a pena ser cumprida.

   III) **Obrigatórias:**

> **Questão de prova**
> A prova da Magistratura Federal TRF 5ª Região/2007 considerou INCORRETA a afirmativa: "Em caso de livramento condicional, concedido pelo juiz após oitiva do Ministério Público e do Conselho Penitenciário, desde que preenchidos os requisitos objetivos e subjetivos, o liberado se sujeitará a determinadas condições obrigatórias, entre elas a proibição de residir em lugar diverso do lugar de juízo de execução".

- obter ocupação lícita, em tempo razoável, se for apto para o trabalho: conforme observa Cezar R. Bitencourt[9], as entidades assistenciais deverão prestar apoio ao egresso na difícil tarefa de conseguir trabalho honesto; a eventual deficiência física do apenado não impedirá a obtenção do livramento condicional;
- comunicar ao juiz, periodicamente, sua ocupação;
- não mudar de comarca sem autorização judicial: se for autorizado, deve ser remetida cópia da sentença do livramento ao Juízo do lugar para onde ele se houver transferido e à autoridade incumbida da observação cautelar e de proteção, nos termos do art. 133 da LEP.

IV) **Facultativas** (dentre outras, que o juiz pode fixar):

- não mudar de residência sem comunicação ao juiz e à autoridade incumbida da observação cautelar e de proteção: tal condição se refere à mudança de residência dentro da mesma comarca;
- recolher-se à habitação em hora fixada;
- não frequentar determinados lugares.

V) **Requisito formal:** há necessidade de manifestação do Ministério Público e do defensor antes do deferimento do livramento condicional, nos termos do art. 112, § 2º, da LEP.

m) Requisitos do livramento condicional

Questão de prova

A prova de Defensor Público Federal/2010 considerou INCORRETA a afirmativa: "Não se admite a concessão de livramento condicional ao condenado por crime doloso, cometido com violência ou grave ameaça à pessoa".

I) **Objetivos:** são os relacionados com a pena e a reparação do dano:

- **tipo de pena:** privativa de liberdade;
- **quantidade da pena:** igual ou superior a dois anos;
- **tempo de cumprimento da pena:**

SITUAÇÃO	TEMPO	TIPO
Não reincidente em crime doloso + bons antecedentes	1/3	Especial
Reincidente em crime doloso	1/2	Ordinário
Crimes hediondos	2/3, salvo reincidente específico	Qualificado
Não reincidente em crime doloso + maus antecedentes	1/3 ou 1/2	Verificar a posição mais favorável ao réu na OAB

9 BITENCOURT, Cezar Roberto. *Código Penal comentado*. São Paulo: Saraiva, 2002, p. 286-287.

- **reparação do dano:** salvo impossibilidade em face da precária situação econômica.

II) **Subjetivos:** dizem respeito à pessoa do condenado:

- comportamento satisfatório durante a execução da pena: o comportamento do condenado deve ser resultado de um conjunto de fatores, como o número e o tipo das faltas disciplinares, o caráter e a personalidade e as relações com os demais presos e com os funcionários;
- bom desempenho no trabalho que lhe foi atribuído, salvo no estabelecimento em que não há possibilidade de trabalho. Guilherme Nucci[10] diz que, na demonstração desse requisito, é necessário parecer da comissão técnica de classificação;
- aptidão para prover a própria subsistência mediante trabalho honesto: deve ser demonstrado se o sentenciado tem condições de retornar ao convívio social para exercer atividade útil e honesta; não é exigida proposta de emprego.

III) **Requisitos específicos:**

- nos crimes dolosos cometidos com violência ou grave ameaça, precisa-se da cessação da periculosidade, ou seja, a quase certeza de que o sentenciado não mais voltará a delinquir quando retornar ao convívio social. Alguns doutrinadores, para demonstração desse requisito, afirmam ser necessário o exame criminológico;
- nos crimes previstos na Lei n. 8.072/90, não ser reincidente específico. Há três posicionamentos sobre o conceito de reincidente específico (na OAB, adota-se o mais favorável ao cliente): praticar outro crime hediondo; praticar outro crime que viole o mesmo bem jurídico; praticar o mesmo tipo penal.

QUESTÕES SOBRE EXECUÇÃO PENAL

1. (86º Concurso de Promotor de Justiça Substituto MP/SP) Considere as seguintes assertivas:

I. A condenação irrecorrível a pena privativa de liberdade por crime culposo praticado no período de prova é causa de revogação obrigatória do *sursis*.

II. Poderá ser deferido novo livramento em relação à mesma pena se a revogação do livramento condicional decorreu do descumprimento de obrigação imposta na sentença concessiva.

III. Computa-se na pena o tempo em que permaneceu o liberado no gozo do livramento condicional, na hipótese de revogação por crime praticado anteriormente à sua vigência.

Assinale, agora, a alternativa verdadeira.

a) Somente I é verdadeira.

---

[10] NUCCI, Guilherme. *Código Penal comentado*. São Paulo: RT, 2003, 329.

b) Somente II é verdadeira.
c) Somente III é verdadeira.
d) Somente I e II são verdadeiras.
e) Somente II e III são verdadeiras.

2. (86º Concurso de Promotor de Justiça Substituto MP/SP) Considere as seguintes assertivas:

I. A Lei de Execução Penal prevê, expressamente, a possibilidade de o juiz da execução modificar as condições impostas à suspensão condicional da pena, ao regime aberto e ao livramento condicional.
II. A Lei de Execução Penal prevê, expressamente, que o preso provisório estrangeiro está sujeito à inclusão no regime disciplinar diferenciado, nas hipóteses legais de seu cabimento.
III. Os arts. 180 a 184 da Lei de Execução Penal não preveem as seguintes possibilidades de conversão: de pena privativa de liberdade em restritiva de direitos; de multa em pena privativa de liberdade; de medida de segurança em pena privativa de liberdade.

Assinale, agora, a alternativa correta.

a) Somente I é verdadeira.
b) Somente II é verdadeira.
c) Somente III é verdadeira.
d) Somente I e II são verdadeiras.
e) Somente I e III são verdadeiras.

3. (84º Concurso de Promotor de Justiça Substituto MP/SP) Assinale a alternativa correta.

a) A remissão é um direito privativo dos condenados que estejam cumprindo a pena em regime fechado ou semiaberto e também dos que se encontram em prisão-albergue.
b) Apenas o sentenciado pode suscitar o incidente de excesso ou desvio da execução.
c) Para a obtenção do livramento condicional, basta o parecer favorável do Conselho Penitenciário.
d) A transferência de um regime mais rigoroso a outro menos rigoroso exige, além do cumprimento de um sexto da pena no regime anterior, que o mérito do condenado indique a progressão.
e) Não é possível a regressão do regime aberto diretamente para o fechado.

4. (Promotor de Justiça Adjunto MPU/MPDF/2002) Assinale a opção correta, em relação à execução penal.

a) Pode ser decretada a regressão de regime, por prática de falta grave, mediante relatório circunstanciado do diretor do presídio, em procedimento de cunho inquisitorial.
b) Compete ao diretor do estabelecimento prisional autorizar a progressão de regime de pena do preso, *ad referendum* do juiz das execuções penais.
c) Havendo condenação, com trânsito em julgado, por mais de um crime, em processos distintos que correram perante o mesmo juiz, a unificação de penas do preso há de ser feita pelo juízo das execuções penais.
d) O recurso de agravo, adequado para impugnar decisões do juiz da execução, tem efeito suspensivo.

5. (83º Concurso de Promotor de Justiça Substituto MP/SP) Assinale a alternativa INCORRETA.

a) O tempo remido não será computado para a concessão de livramento condicional e indulto.
b) Considera-se egresso o liberado definitivo, pelo prazo de 1 ano a contar da saída do estabelecimento, e o liberado condicional, durante o período de prova.
c) O trabalho externo será admissível para os presos em regime fechado somente em serviço ou em obras públicas por órgãos da administração direta ou indireta, ou entidades privadas desde que tomadas as cautelas contra a fuga e em favor da disciplina.
d) A colônia agrícola, industrial ou similar, destina-se ao cumprimento de pena em regime semiaberto.
e) A execução de pena de multa será suspensa quando sobrevier ao condenado doença mental.

6. (83º Concurso de Promotor de Justiça Substituto MP/SP) X foi condenado a pena privativa de liberdade de 8 anos de reclusão em regime fechado, pela prática do crime de roubo. Após 3 anos progrediu de regime. Sobreveio a condenação por crime anterior à execução, impondo pena de 2 anos em regime aberto. O regime de pena passará a ser

a) semiaberto, a observar o cumprimento da 1ª execução em curso, para posterior cumprimento da última condenação.
b) fechado, tendo em vista a soma das penas impostas.
c) semiaberto, ante a soma da pena remanescente da execução em curso com a nova condenação.
d) aberto, prevalecendo o regime imposto na última condenação.
e) o fixado na sentença condenatória que o Juiz da Execução Criminal não poderá alterar.

7. (88º Concurso de Promotor de Justiça Substituto MP/SP) Com relação à monitoração eletrônica do condenado, analise os seguintes itens:

I. o Juiz poderá aplicá-la quando autorizar a saída temporária em regime semiaberto ou quando determinar a prisão domiciliar;
II. definida a fiscalização por meio da monitoração eletrônica, é dever do condenado receber visitas do servidor responsável pela monitoração eletrônica;
III. a violação comprovada dos deveres do condenado decorrentes da monitoração eletrônica acarretará necessariamente a regressão do regime de cumprimento de pena;
IV. a violação comprovada dos deveres do condenado decorrentes da monitoração eletrônica acarretará necessariamente sua advertência;
V. se o acusado ou condenado cometer falta grave, a monitoração eletrônica poderá ser revogada.

Está correto apenas o que se afirma em

a) I, II e III.
b) I, II e V.
c) I, III e V.
d) II, III e V.
e) II, IV e V.

8. (88º Concurso de Promotor de Justiça Substituto MP/SP) Concedido o livramento condicional:

I. o Juiz não poderá modificar as condições por ele especificadas na sentença;
II. o condenado declarará se aceita as condições especificadas pelo Juiz na sentença;
III. o benefício poderá ser revogado se o liberado vier a ser condenado a pena privativa de liberdade, em sentença recorrível, por crime cometido durante sua vigência;
IV. na hipótese de revogação facultativa, mantido o livramento condicional, o Juiz deverá advertir o liberado, sendo-lhe vedado agravar as condições por ele especificadas na sentença;
V. praticada pelo liberado outra infração penal, o Juiz poderá ordenar a sua prisão, suspendendo o curso do livramento condicional.

Está correto apenas o que se afirma em

a) I e II.
b) I e IV.
c) II e V.
d) III e IV.
e) III e V.

9. (87º Concurso de Promotor de Justiça Substituto MP/SP) Assinale a afirmativa incorreta, em relação ao regime disciplinar diferenciado:

a) aplica-se ao preso provisório ou condenado que pratica crime doloso e provoca subversão da ordem ou disciplina interna.
b) aplica-se ao preso provisório ou condenado sobre o qual recaiam fundadas suspeitas de envolvimento ou participação, a qualquer título, em organizações criminosas, quadrilha ou bando.
c) somente o preso provisório ou condenado por crime hediondo ou assemelhado pode ser submetido ao regime disciplinar ou diferenciado.

d) tem como característica o recolhimento em cela individual.

e) pode ser aplicado a estrangeiros que apresentem alto risco para a ordem e a segurança do estabelecimento penal ou da sociedade.

10. (83º Concurso de Promotor de Justiça Substituto MP/SP) Sobrevindo doença mental, no curso da execução penal, ao sentenciado que cumpre pena em regime fechado, ocorrerá

a) substituição da pena por medida de segurança, sendo que esta será fixada no mínimo.

b) substituição da pena por medida de segurança, pelo tempo que remanescer da pena, então em cumprimento.

c) transferência a estabelecimento prisional adequado, para que o sentenciado cumpra o remanescente da pena.

d) extinção da pretensão executória e imposição de medida de segurança pelo tempo necessário à cessação de periculosidade.

e) substituição da pena por medida de segurança sendo que esta será fixada em seu máximo.

11. (Assessor DPE/PR/2011) Em relação aos incidentes de execução, assinale a alternativa correta.

a) As conversões têm por escopo principal a garantia da legalidade na execução da pena.

b) O Conselho Penitenciário goza da atribuição exclusiva de suscitar incidentes de excesso ou desvio.

c) O indulto é concedido por ato discricionário do Presidente da República e automaticamente aplicado ao processo de execução, extinguindo a punibilidade.

d) É vedada a conversão de pena restritiva de direitos em pena privativa de liberdade, salvo no caso de superveniência de nova condenação.

e) A conversão de pena privativa de liberdade em restritiva de direitos é cabível no caso de pena aplicada não superior a quatro anos.

12. (Investigador Polícia Civil/PA/2009) A respeito da execução penal, assinale a opção correta.

a) A penitenciária de mulheres será dotada de seção para gestante e parturiente e de creche para abrigar crianças maiores de seis meses e menores de sete anos, com a finalidade de assistir a criança desamparada cuja responsável estiver presa.

b) A progressão do regime de cumprimento de pena, a ser determinada pelo juiz ou pelo membro do Ministério Público, será possível quando o preso tenha cumprido ao menos dois terços da pena no regime anterior e ostente bom comportamento.

c) Na hipótese de falecimento ou doença grave do cônjuge ou de familiar, aos condenados que cumprem pena em regime fechado, semiaberto ou aberto e aos presos provisórios será concedida permissão para sair do estabelecimento, sem escolta.

d) Em caso de visita à família, aos condenados que cumprem pena em regime fechado ou semiaberto será concedida autorização para saída temporária do estabelecimento, com vigilância direta.

13. (Magistratura TJ/BA/2012) No que concerne à execução penal, assinale a opção correta.

a) A realização de exame psiquiátrico é obrigatória a todos os condenados por crimes hediondos.

b) Caso o condenado por crime hediondo cometa falta grave, o juiz da execução poderá revogar até três quintos do tempo remido.

c) A monitoração eletrônica não se aplica ao condenado que, cumprindo pena em regime semiaberto, obtenha autorização de saída temporária do estabelecimento para visita à família, sem vigilância direta.

d) Se o condenado fugir ou for flagrado na posse de aparelho telefônico que lhe permita comunicar-se com o ambiente externo, será interrompido o prazo para a obtenção do livramento condicional.

e) Nos termos da lei, está sujeito ao regime disciplinar diferenciado o preso provisório sobre o qual recaiam fundadas suspeitas de participação, a qualquer título, em quadrilha ou bando.

14. (Promotor de Justiça MP/PR/2012) Acerca da Execução Penal e seus incidentes, analise as seguintes assertivas:

I. A suspensão condicional da pena (*sursis*) estende-se também à multa, sendo cabível caso não seja possível e indicada substituição da pena privativa de liberdade por penas restritivas de direito;

II. O Ministério Público é órgão da execução penal, incumbindo-lhe fiscalizá-la, suscitando excessos ou desvios e requerendo, se for o caso e entre outras medidas, a progressão ou a regressão nos regimes e a revogação da suspensão condicional da pena ou do livramento condicional;
III. Quando houver diversas condenações em processos distintos, o juízo da execução poderá alterar o regime de cumprimento das penas por ocasião da unificação;
IV. É admitida a progressão de regime de cumprimento de pena ou a aplicação de regime menos gravoso, determinado na sentença condenatória, antes do seu trânsito em julgado;
V. É cabível o recurso de agravo das decisões proferidas pelo juízo da execução, sem efeito suspensivo, não somente das decisões interlocutórias como também das decisões definitivas.

a) Todas as alternativas estão corretas;
b) Apenas as alternativas III, IV e V são corretas;
c) Apenas as alternativas III e V são corretas;
d) Apenas as alternativas II, III, IV e V são corretas;
e) Apenas as alternativas I e V são corretas.

15. (Magistratura TJ/RS/2009) Considere as assertivas abaixo sobre execução penal.

I. Quando no curso da execução da pena privativa de liberdade sobrevier doença mental, o magistrado, a pedido do Ministério Público, poderá determinar a substituição da pena por medida de segurança.
II. O juízo da execução penal poder realizar a conversão da pena privativa de liberdade, não superior a dois anos, em restritiva de direitos, desde que cumpridos os requisitos legais.
III. O recurso adequado para atacar a decisão do magistrado que indeferiu a progressão do regime fechado ao semiaberto é o agravo em execução, que será recebido nos efeitos devolutivo e suspensivo.

Quais são corretas?

a) Apenas I.
b) Apenas II.
c) Apenas III.
d) Apenas I e II.
e) I, II e III.

16. (Defensor Público PR/2012) Hermes, réu primário, é processado e condenado pelo crime previsto no art. 33, *caput*, da Lei n. 11.343/06 à pena de 5 (cinco) anos de reclusão, em regime fechado, por fato praticado em 21/11/2008 e, em outro processo, pelo crime do art. 157, § 2º, I do Código Penal, à pena de 6 (seis) anos de reclusão, em regime fechado, por fato praticado em 29/03/2007. O trânsito em julgado de ambas as condenações ocorreu em 20/04/2011. A família do preso procura a Defensoria Pública e informa que Hermes foi capturado em 22/04/2012 para início do cumprimento de pena e gostaria de informações acerca dos prazos para progressão de regime. Neste caso, a progressão de regime

a) ocorrerá após o cumprimento de 1/6 da pena unificada das duas condenações.
b) observará o prazo de 2/5 do cumprimento da pena do crime de tráfico de drogas e o cumprimento de 1/6 da pena do crime de roubo, adotando-se o cálculo diferenciado.
c) ocorrerá após o cumprimento de 2/5 da pena unificada das duas condenações.
d) observará o prazo de 1/3 do cumprimento da pena unificada.
e) observará o prazo de 1/6 do cumprimento da pena do crime de tráfico de drogas e o cumprimento de 2/5 da pena do crime de roubo, adotando-se o cálculo diferenciado.

17. (Promotor de Justiça PI/2012) Considerando o entendimento do STF acerca da execução penal, assinale a opção correta.

a) Durante o período de cumprimento de medida de segurança, o prazo prescricional corre normalmente.
b) Considere que determinada pessoa tenha sido condenada à pena de nove meses de detenção e, decorridos mais de três anos do trânsito em julgado da sentença para a acusação e defesa, não se tenha dado início à execução da pena, nem se tenha verificado qualquer causa interruptiva de sua prescrição executória. Nesse caso, operou-se a extinção da punibilidade, em virtude da superveniente prescrição da pretensão executória do Estado.

c) Considere que José seja condenado, devendo cumprir a pena em regime prisional aberto. Nesse caso, ele poderá se beneficiar da remição da pena pelo trabalho, desde que apresente bom comportamento e disciplina.
d) Considere que Paulo, em cumprimento de pena de oito anos e dois meses de reclusão, em regime fechado, por crime de tráfico de drogas praticado em 20/2/2009, tenha requerido a detração dos períodos de 1º/3/2006 a 13/8/2006 e 11/3/2008 a 23/6/2008, relativos à prisão provisória cumprida em outro processo. Nesse caso, para fins de detração da pena, pode-se creditar a Paulo o tempo de encarceramento anterior à prática do crime que deu origem à sua condenação atual.
e) Se, durante a execução da pena, o condenado comprovadamente praticar falta grave, ele perderá integralmente os dias a serem remidos de sua pena.

18. (Magistratura TJ/ES/2011) Assinale a opção correta com referência à execução das penas em espécie.

a) A autorização para a saída temporária deve ser concedida por ato motivado do juízo das execuções, que pode delegar a fiscalização das saídas ao administrador do presídio.
b) Por falta de previsão legal, não configura falta grave o fato de o reeducando não se reapresentar ao estabelecimento penal, no fim do prazo da saída temporária, por quase um mês, sem justificativa idônea.
c) Os condenados que cumpram pena em regime semiaberto podem obter autorização para saída temporária do estabelecimento, sem vigilância direta, para visitar a família.
d) O benefício da permissão de saída não se estende aos presos provisórios, restringindo-se aos condenados que cumpram pena em regime fechado ou semiaberto, mediante a necessária autorização do juízo das execuções penais.
e) O instituto da remição, como prêmio concedido ao apenado em razão do tempo trabalhado, uma vez constatado o efetivo labor do reeducando, constitui direito adquirido do condenado e gera coisa julgada administrativa.

19. (Magistratura TJ/MG/2012) Assinale a alternativa correta.

a) É assegurado ao condenado maior de 60 (sessenta) anos de idade o recolhimento em local adequado e separado dos demais presos.
b) Considerando o dispositivo legal que rege a matéria, será admitido o recolhimento em regime domiciliar quando o condenado for maior de 65 (sessenta e cinco) anos, cujo regime de cumprimento de pena for o aberto.
c) Considerando a legislação vigente, a casa de albergado se destina somente ao cumprimento da pena em regime aberto.
d) A progressão do regime fechado para o semiaberto depende sempre do laudo da Comissão Técnica de Classificação.

20. (Promotor de Justiça MP/SC/2012) Leia e responda:

I. Ao ser aplicado o regime disciplinar diferenciado, segundo a Lei de Execução Penal, o preso provisório ou o condenado terão direito à saída da cela por 2 horas diárias para banho de sol.
II. A Lei de Execução Penal estabelece, exclusivamente, que somente se admitirá o recolhimento do beneficiário de regime aberto em residência particular quando se tratar de condenado maior de 70 (setenta) anos; condenado acometido de doença grave; e condenada gestante.
III. A execução da pena de multa será suspensa quando sobrevier ao condenado doença mental.
IV. Segundo entendimento sumular do STF a pena unificada para atender ao limite de trinta anos de cumprimento, determinado pelo art. 75 do Código Penal, é considerada para a concessão de outros benefícios, como o livramento condicional ou regime mais favorável de execução.
V. Segundo a Lei de Execução Penal, intimado pessoalmente ou por edital com prazo de 20 (vinte) dias, se o réu não comparecer injustificadamente à audiência admonitória, a suspensão condicional ficará sem efeito e será executada imediatamente a pena.

a) Apenas as assertivas I, II, IV e V estão corretas.
b) Apenas as assertivas II, III, IV e V estão corretas.
c) Apenas as assertivas I, III e V estão corretas.
d) Apenas as assertivas I, II, III e IV estão corretas.
e) Todas as assertivas estão corretas.

PRESTE ATENÇÃO!

- A execução penal é atividade complexa desenvolvida nos âmbitos administrativo e jurisdicional.
- A realização do exame criminológico depende de decisão motivada, baseada nas peculiaridades do caso concreto.
- A recusa injustificada ao trabalho importa em falta grave, com a perda de benefícios.
- É vedado emprego de cela escura, sanções coletivas e isolamento preventivo do faltoso por prazo que não seja de até 10 dias.
- Graça e indulto são causas extintivas de punibilidade; os crimes hediondos são insuscetíveis de graça e indulto. A comutação equivale a indulto parcial.
- São órgãos da execução penal: Conselho Nacional de Política Criminal e Penitenciária; Juízo da Execução; Ministério Público; Conselho Penitenciário; Departamentos Penitenciários; Patronato; Conselho da Comunidade; Defensoria Pública.
- São estabelecimentos penais: penitenciária, colônia agrícola, industrial ou similar, casa do albergado, centro de observação, hospital de custódia e tratamento psiquiátrico e cadeia pública.

CUIDADO!

- O agravo em execução possui efeito suspensivo no caso de desinternação ou liberação da pessoa submetida a medida de segurança.
- A **execução provisória** depende de prisão cautelar justificada e do trânsito em julgado para a acusação.
- A falta disciplinar **tentada** é punida com a sanção correspondente à falta consumada.
- A **aplicação da sanção disciplinar** depende de ato do diretor do estabelecimento, salvo o RDD, que depende de decisão judicial precedida de manifestação do MP e da defesa.

IMPORTANTE!

- **Início do procedimento judicial de execução:** de ofício, a requerimento do MP, do interessado, de quem o represente, de seu cônjuge, parente ou descendente, mediante proposta do Conselho Penitenciário ou da autoridade administrativa.
- **Incidente de excesso ou desvio de execução:** MP, Conselho Penitenciário, sentenciado ou qualquer dos demais órgãos da execução penal.
- **Inclusão no RDD:** requerimento do diretor do estabelecimento ou de outra autoridade administrativa.

Capítulo 25

PROCESSO PENAL INTERNACIONAL

1. Direito Internacional Penal e Direito Penal Internacional

O **Direito Internacional Penal** é o ramo do Direito Internacional que visa reprimir os crimes internacionais, ou seja, infrações que constituem violações dos valores relevantes no relacionamento internacional. Tem como objeto de regulação o estudo dos crimes internacionais e sua tipificação por meio de tratados, bem como a existência da jurisdição penal internacional (a competência para processar e julgar os crimes internacionais é dos Estados; após esgotados os recursos internos, a competência passa para os órgãos internacionais).

Já o **Direito Penal Internacional** é o ramo do Direito que visa promover a cooperação internacional contra a criminalidade. É um ramo do Direito interno que tem como objeto normas que regulam o âmbito de validade e vigência da norma penal de cada Estado e a competência de seus tribunais penais (a competência para processar e julgar tais crimes é das autoridades estatais competentes e dos organismos internacionais).

O **Direito Penal Internacional** é o ramo do Direito que define os crimes internacionais (próprios e impróprios) e comina as respectivas penas. Estabelece, também, as regras relativas: à aplicação extraterritorial do Direito Penal interno; à imunidade de pessoas internacionalmente protegidas; à cooperação penal internacional em todos os níveis; às transferências internacionais de processos e de pessoas presas ou condenadas; à extradição; à determinação da forma e dos limites de execução de sentenças penais estrangeiras; à existência e ao funcionamento de tribunais penais internacionais ou regionais; a qualquer outro problema criminal vinculado ao indivíduo que possa surgir no plano internacional[1].

---

1 JAPIASSÚ, Carlos Eduardo Adriano. *O tribunal penal internacional:* a internacionalização do direito penal. Rio de Janeiro: Lumen Iuris, 2004.

ITENS	DIREITO INTERNACIONAL PENAL	DIREITO PENAL INTERNACIONAL
Ramo do Direito	Direito Internacional	Direito Interno
Finalidade	Repressão dos crimes internacionais	Promover a cooperação internacional contra a criminalidade
Competência	Após esgotados os recursos internos, a competência passa para os órgãos internacionais	Autoridades estatais e organismos internacionais

2. Condição jurídica do estrangeiro

O conceito de estrangeiro, no Direito Brasileiro, é obtido **por exclusão**, ou seja, são aqueles que não se enquadram como brasileiros natos ou naturalizados (art. 12 da CF/88).

2.1. Asilo político

É uma **forma de proteção** do estrangeiro que sofre perseguição. A concessão do asilo político, embora possua um caráter humanitário, é **ato discricionário** do Estado.

É o **acolhimento** pelo Estado de estrangeiro que foge do seu país, de origem ou não, por perseguição política ou ideológica ou pela prática de crimes relacionados com a segurança do Estado.

O **asilo político** é admitido na Constituição Federal, nos termos do art. 4º, X (a concessão de asilo político é um dos princípios que regem as relações internacionais), e na Declaração Universal dos Direitos Humanos, em seu art. XIV.

Questão de prova

A prova de Consultor Legislativo da Câmara dos Deputados/2012 considerou CORRETA a afirmativa: "O asilo político foi previsto pela Declaração Universal dos Direitos Humanos e pela Constituição brasileira atualmente em vigor".

No Direito Brasileiro, o pedido de asilo político é feito pelo estrangeiro ao Departamento de Polícia Federal, que o encaminha ao Ministério das Relações Exteriores para manifestação quanto ao pleito e, posteriormente, ao Ministro da Justiça para decisão.

Após a concessão do asilo, o Departamento Federal de Justiça lavrará termo no qual será fixado o prazo de estada do asilado no Brasil e, se for o caso, as condições adicionais aos deveres que lhe imponham o Direito Internacional e a legislação vigente. Uma cópia do termo será encaminhada ao Departamento de Polícia Federal, para fins de registro.

O asilado não poderá sair do País **sem prévia autorização do Governo brasileiro**, sob pena de renúncia ao asilo e impedimento de reingresso na condição de asilado. A autorização é do Ministro da Justiça, por intermédio do Departamento Federal de Justiça. A prorrogação do prazo de estada do asilado será concedida pelo Departamento Federal de Justiça.

O asilo pode ser **diplomático** (quando acolhido em missões diplomáticas ou em navios de guerra, aeronaves e acampamentos militares) ou **territorial** (quando acolhido no território do Estado).

O asilo diplomático ocorre nas missões diplomáticas; é concedido, em regra, pelo embaixador, que, após verificar a presença da natureza política dos delitos e o estado de urgência, reclamará da autoridade local a expedição de um salvo-conduto, instrumento que permite ao asilado deixar em condições de segurança o Estado territorial para encontrar abrigo definitivo no Estado que vai recebê-lo.

É importante ressaltar que **não cabe concessão de asilo diplomático em consulados**. O asilado tem o **direito de *non refoulement***, ou seja, de não ter sua entrada impedida pelo Estado asilante, nem ser enviado a um Estado que possa realizar perseguição.

Questão de prova

A prova de Consultor Legislativo da Câmara dos Deputados/2012 considerou INCORRETA a afirmativa: "O asilo diplomático, tal como praticado nos dias de hoje na América Latina, pode ser concedido em repartições consulares".

2.2. Expulsão

a) Características

Expulsão é a **retirada compulsória** de estrangeiro do território nacional pela prática de delito ou de atos inconvenientes. A prática de atos nocivos pelo estrangeiro implica a necessidade da expulsão como a medida adequada para a conservação da ordem interna e externa.

A expulsão não se confunde com o banimento, que é a expulsão de brasileiro do Brasil. A Constituição Federal de 1988 tem como um de seus princípios norteadores o da humanidade, sendo **proibida a pena de banimento**, nos termos do art. 5º, XLVII, *c*.

O ato expulsório apresenta as seguintes características: **1) regularidade:** é pressuposto da expulsão a entrada do estrangeiro no território nacional em situação regular; **2) discricionariedade:** o poder de expulsar está sujeito à conveniência e à oportunidade do Estado em que está localizado o estrangeiro; **3) independência:** o poder de expulsar é uma manifestação da soberania estatal.

Questão de prova

A prova da Magistratura Federal TRF 4ª Região considerou CORRETA a afirmativa: "O decreto de expulsão tem natureza jurídica de ato administrativo discricionário, fundamentado na soberania do Estado, visando sua proteção".

O destino do expulsando é incerto, sendo dever do Estado patrial recebê-lo. É jurisprudência do STJ e do STF a inviabilidade da concessão do benefício de livramento condicional, bem como de progressão de regime, ao sentenciado estrangeiro que possui decreto de expulsão deferido.

A decisão sobre a concessão ou revogação da expulsão é **ato político**, pois caberá exclusivamente ao Presidente da República resolver sobre a conveniência e a oportunidade do ato, que será documentado por decreto, nos termos do art. 66 da Lei n. 6.815/80.

Questão de prova

A prova da Magistratura Federal TRF 1ª Região/2009 considerou CORRETA a afirmativa: "A medida que, para ser adotada contra estrangeiros, exige promulgação e publicação de decreto presidencial para ser efetivada (Lei n. 6815/80) é a expulsão".

O Supremo Tribunal Federal sempre reputou válido o decreto de expulsão de estrangeiro subscrito pelo Ministro de Estado da Justiça por delegação do Presidente da República.

Não cabe ao Poder Judiciário examinar a conveniência e a oportunidade de ato do Poder Executivo consistente na expulsão de estrangeiro cuja permanência no País é indesejável e inconveniente à ordem pública. Ao Judiciário, compete tão somente a apreciação formal e a constatação da existência ou não de vícios de nulidade do ato expulsório.

b) Cabimento

A expulsão ocorre quando o estrangeiro, de qualquer forma, atentar contra a segurança nacional, a ordem política ou social, a tranquilidade ou moralidade pública e a economia popular, ou cujo procedimento o torne nocivo à conveniência e aos interesses nacionais; praticar fraude, a fim de obter a sua entrada ou permanência no Brasil; havendo entrado no território nacional com infração à lei, dele não se retirar no prazo que lhe for determinado para fazê-lo, não sendo aconselhável a deportação; entregar-se à vadiagem ou à mendicância; ou desrespeitar proibição especialmente prevista em lei para estrangeiro.

c) **Procedimento**

Compete ao Ministro da Justiça instaurar, *ex officio* ou mediante solicitação de outra autoridade administrativa, o processo de expulsão do estrangeiro (art. 70 da Lei n. 6.815/80).

Caso se trate de **infração penal dolosa ou crime contra a segurança nacional**, ordem política e social, moralidade e saúde pública, deverá o órgão do Ministério Público enviar ao Ministério da Justiça cópia de sentença penal condenatória transitada em julgado e folha de antecedentes criminais do réu estrangeiro, em até 30 (trinta) dias do trânsito em julgado. O Ministro da Justiça, depois de recebidos os documentos mencionados, determinará a instauração de inquérito para a expulsão do estrangeiro. Compete à Polícia Federal, mediante portaria, instaurar o inquérito de expulsão por requisição do Ministro da Justiça.

O expulsando será notificado da instauração do inquérito e do dia e da hora fixados para o interrogatório, com antecedência mínima de 2 (dois) dias úteis. Se não for encontrado, será notificado por edital, com o prazo de 10 (dez) dias, publicado duas vezes, no *Diário Oficial da União*, valendo a notificação para todos os atos do inquérito. Se estiver cumprindo prisão judicial, seu comparecimento será requisitado à autoridade competente.

Comparecendo, o expulsando será qualificado, interrogado, identificado e fotografado, podendo nessa oportunidade indicar defensor e especificar as provas que desejar produzir. Não comparecendo o expulsando, proceder-se-á a sua qualificação indireta.

Será nomeado defensor dativo, ressalvada ao expulsando a faculdade de substituí-lo por outro de sua confiança: 1) se o expulsando não indicar defensor; 2) se o indicado não assumir a defesa da causa; 3) se notificado, pessoalmente ou por edital, o expulsando não comparecer para os fins de ser qualificado, interrogado, identificado e fotografado. Em seguida, ao expulsando e ao seu defensor será dada vista dos autos, em cartório, para a apresentação de defesa no prazo único de 6 (seis) dias, contados da ciência do despacho respectivo.

Encerrada a instrução do inquérito, deverá ser este remetido ao Departamento Federal de Justiça (órgão do Ministério da Justiça que estuda questões e instrui processos relacionados ao regime jurídico de estrangeiro), no prazo de 12 (doze) dias, acompanhado de relatório conclusivo. Recebido o inquérito, será anexado ao processo respectivo, devendo o Departamento Federal de Justiça encaminhá-lo com parecer ao Ministro da Justiça, que o submeterá à decisão do Presidente da República, quando for o caso.

Publicado o decreto de expulsão, o Departamento de Polícia Federal do Ministério da Justiça remeterá, ao Departamento Consular e Jurídico do Ministério das Relações Exteriores, os dados de qualificação do expulsando. Ao efetivar o ato expulsório, o Departamento de Polícia Federal lavrará o termo respectivo, encaminhando cópia ao Departamento Federal de Justiça.

d) Prisão administrativa

O art. 69 da Lei n. 6.815/80 dispõe que o Ministro da Justiça, a qualquer tempo, poderá determinar a prisão, por 90 (noventa) dias, do estrangeiro submetido a processo de expulsão e, para concluir o inquérito ou assegurar a execução da medida, prorrogá-la por igual prazo.

Em caso de medida interposta junto ao Poder Judiciário que suspenda, provisoriamente, a efetivação do ato expulsório, o prazo de prisão relativa à expulsão ficará interrompido, até a decisão definitiva do Tribunal a que estiver submetido o feito.

Cabe ressalvar que a hipótese de prender o expulsando continua admitida na ordem jurídica brasileira; porém, com o advento da Constituição Federal de 1988, não poderá o Ministro de Estado expedir ordem de prisão para o estrangeiro, devendo representar a autoridade judiciária para que expeça tal mandado de prisão a ser cumprido pela Polícia Federal.

e) Inquérito sumário

Nos casos de infração contra a segurança nacional, a ordem política ou social e a economia popular, assim como nos casos de comércio, posse ou facilitação de uso indevido de substância entorpecente ou que determine dependência física ou psíquica, ou de desrespeito à proibição especialmente prevista em lei para estrangeiro, o inquérito será sumário e não excederá o prazo de 15 (quinze) dias, dentro do qual fica assegurado ao expulsando o direito de defesa.

f) Pedido de reconsideração

Caberá, no prazo de 10 (dez) dias, o pedido de reconsideração, a contar da publicação do decreto de expulsão no *Diário Oficial da União*, salvo nas hipóteses que possibilitam o inquérito sumário de expulsão.

O pedido, dirigido ao Presidente da República, conterá os fundamentos de fato e de direito com as respectivas provas e processar-se-á junto ao Departamento Federal de Justiça do Ministério da Justiça. Ao receber o pedido, o Departamento Federal de Justiça emitirá parecer sobre seu cabimento e procedência, encaminhando o processo ao Ministro da Justiça, que o submeterá ao Presidente da República.

g) Liberdade vigiada

A liberdade vigiada é cabível em dois casos: 1) não necessidade da prisão do estrangeiro; 2) vencimento do prazo de duração da prisão. O expulsando permanecerá em lugar designado pelo Ministério da Justiça e guardará as normas de comportamento que lhe forem estabelecidas.

O Ministro da Justiça poderá modificar, de ofício ou a pedido, as normas de conduta impostas ao estrangeiro e designar outro lugar para a sua residência. Descumprida qualquer das normas fixadas, o Ministro da Justiça, a qualquer tempo, poderá determinar (desde que solicite ao juiz) a prisão administrativa do estrangeiro, cujo prazo não excederá a 90 (noventa) dias.

O estrangeiro que permanecer em regime de liberdade vigiada, no lugar que lhe for determinado por ato do Ministro da Justiça, ficará sujeito às normas de comportamento estabelecidas pelo Departamento de Polícia Federal.

h) Não cabimento

A expulsão não ocorrerá se implicar extradição inadmitida pela lei brasileira; ou quando o estrangeiro tiver: 1) cônjuge brasileiro do qual não esteja divorciado ou separado, de fato ou de direito, e desde que o casamento tenha sido celebrado há mais de 5 (cinco) anos (tratando-se de **união estável**, não haverá impedimento para a transformação em casamento – HC 100.793/SP); ou 2) filho brasileiro que, comprovadamente, esteja sob sua guarda e dele dependa economicamente (é necessária efetiva comprovação da dependência econômica e da convivência socioafetiva com a prole brasileira, nos termos do *Informativo* 505/2012, STJ).

> **Questão de prova** — A prova da OAB/MG/2006 considerou CORRETA a afirmativa: "A expulsão poderá ser procedida apesar do casamento e da adoção".

A jurisprudência do Superior Tribunal de Justiça flexibilizou a interpretação do art. 65, II, da Lei n. 6.815/80, para manter no País o estrangeiro que possui filho brasileiro, mesmo que nascido posteriormente à condenação penal e ao decreto expulsório, no afã de tutelar a família, a criança e o adolescente. O artigo em comento impõe a efetiva comprovação, no momento da impetração, da dependência econômica e da convivência socioafetiva com a prole brasileira, a fim de que o melhor interesse do menor seja atendido.

Não constituem impedimento à expulsão a adoção ou o reconhecimento de filho brasileiro, supervenientes ao fato que o motivar.

Verificados o abandono do filho, o divórcio ou a separação, de fato ou de direito, a expulsão poderá efetivar-se a qualquer tempo.

As causas que impedem a expulsão demonstram a intenção de proteção da entidade familiar e dos interesses da criança, não apenas no que se refere à assistência material, mas à sua proteção em sentido integral, inclusive com a garantia do direito à identidade, à convivência familiar, à assistência dos pais. Cabe ressaltar que a retirada do pai do território brasileiro dificulta eventual cobrança de alimentos pelo filho. O STF editou antes da CF/88 a Súmula 1: "É vedada a expulsão de estrangeiro casado com brasileira, ou que tenha filho brasileiro dependente da economia paterna".

i) Expulsão de refugiado

O art. 36 do Estatuto do Refugiado (Lei n. 9.474/97) veda a expulsão do refugiado que esteja regularmente registrado, salvo por motivos de segurança nacional ou de ordem pública.

A expulsão de refugiando não resultará em sua retirada para país onde sua vida, liberdade ou integridade física possam estar em risco; e apenas será efetivada quando da certeza de sua admissão em país onde não haja riscos de perseguição.

j) Reingresso de estrangeiro expulso

A **expulsão** gera a saída compulsória do estrangeiro do território nacional e a vedação de seu reingresso ao território nacional, salvo no caso de revogação do decreto de expulsão.

> **Questão de prova** — A prova de DPU/2010 considerou CORRETA a afirmativa: "Considere que um estrangeiro tenha sido expulso do país por pertencer a célula terrorista e ter participado de sequestro de autoridades brasileiras. Considere ainda que, após a abertura de inquérito no Ministério da Justiça, no qual foi assegurada a ampla defesa ao alienígena, o presidente da República tenha decidido, por meio de decreto, pela expulsão do país. Nessa situação, o estrangeiro só poderá voltar ao país mediante decreto presidencial que revogue o anterior".

Reingressar no território nacional o estrangeiro que dele foi expulso gera pena de reclusão, de 1 (um) a 4 (quatro) anos, sem prejuízo de nova expulsão após o cumprimento da pena.

É crime próprio, pois somente pode ser cometido por estrangeiro que foi expulso do território nacional. O sujeito passivo é o Estado, que, por meio do Presidente da República, foi desrespeitado na sua soberania e no seu decreto de expulsão. O núcleo do tipo é reingressar, ou seja, entrar novamente no território nacional. A consumação ocorre com a entrada no território nacional, não importando o tempo de permanência no País.

A competência para o processo e o julgamento do crime é da Justiça Federal, nos termos do art. 109, X, da CF. É crime instantâneo, consumando-se no momento em que o estrangeiro reingressa no País.

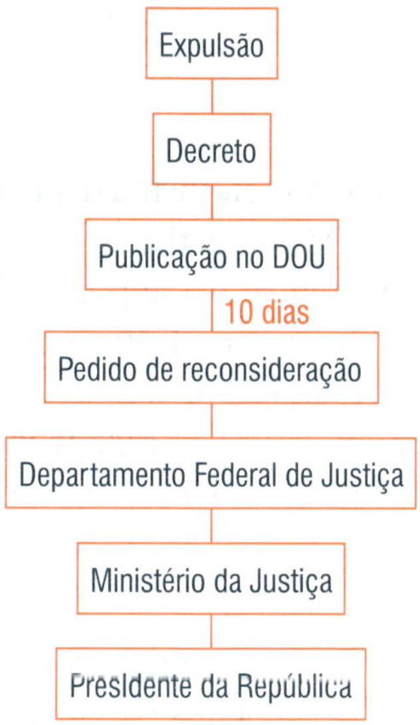

2.3. Da deportação

a) Introdução

A deportação consistirá na saída compulsória do estrangeiro nos casos de **entrada ou permanência irregular**. Não poderá ser promovida nos casos em que a extradição não é admitida pela lei brasileira. Não será deportado indivíduo que solicita asilo ou refúgio no Brasil.

Questão de prova

A prova da Magistratura Federal TRF 5ª Região/2007 considerou INCORRETA a afirmativa: "De acordo com o que dispõe o Direito internacional, a deportação é uma forma de exclusão de estrangeiro que tenha ingressado de forma irregular no país ou cuja estada tenha se tornado irregular, ficando este estrangeiro impedido de retornar mesmo após sanada a irregularidade que provocou a deportação".

A **negativa de renovação** de visto ao estrangeiro que se acha em território nacional acarreta sua deportação.

Não sendo apurada a responsabilidade do transportador pelas despesas com a retirada do estrangeiro, nem podendo este ou terceiro por ela responder, serão custeadas pelo Tesouro Nacional.

O estrangeiro poderá ser dispensado de quaisquer penalidades relativas a entrada ou estada irregular no Brasil ou formalidade cujo cumprimento possa dificultar a deportação.

O **retorno do deportado** é permitido, desde que esteja legalizado e com as despesas ressarcidas.

Questão de prova	A prova da Magistratura Federal TRF 5ª Região considerou INCORRETA a afirmativa: "De acordo com o que dispõe o direito internacional, a deportação é uma forma de exclusão de estrangeiro que tenha ingressado de forma irregular no país ou cuja estada tenha se tornado irregular, ficando este estrangeiro impedido de retornar mesmo após sanada a irregularidade que provocou a deportação".

b) Prisão administrativa

O estrangeiro, enquanto não se efetivar a deportação, poderá ser recolhido à prisão por ordem do Ministro da Justiça, pelo prazo de 60 (sessenta) dias. Sempre que não for possível, dentro desse prazo, determinar-se a identidade do deportando ou obter-se documento de viagem para promover a sua retirada, a prisão poderá ser prorrogada por igual período, findo o qual será ele posto em liberdade. Permanecerá em liberdade vigiada, em lugar designado pelo Ministério da Justiça, e guardará as normas de comportamento que lhe forem estabelecidas.

c) Conversão em expulsão

A conversão da deportação em expulsão pode ocorrer em dois casos: 1) deportação não exequível; 2) existência de indícios sérios de periculosidade ou indesejabilidade do estrangeiro.

d) Não cabimento

Questão de prova	A prova da AGU/2012 considerou INCORRETA a afirmativa: "O direito brasileiro veda a deportação de estrangeiro acusado da prática de crime político".

Não cabe deportação nas seguintes situações: 1) se implicar extradição inadmitida pela lei brasileira; 2) quando ficar caracterizado o crime de reingresso de estrangeiro expulso (cabe ressalvar que a incidência de medida administrativa de deportação não impede apuração de eventual conduta criminosa); 3) é inviável a apreciação em *habeas corpus* de aspectos do procedimento de deportação.

e) Condições

Nos casos de entrada ou estada irregular, o estrangeiro, notificado pelo Departamento de Polícia Federal, deverá retirar-se do território nacional:

1) No prazo improrrogável de 8 (oito) dias, por infração aos seguintes casos:

- não exercício de atividade certa e fixação em região determinada do território nacional, por prazo não superior a 5 (cinco) anos, não tendo a concessão do visto permanente;
- cartão de entrada e saída, bem como documento de viagem de estrangeiro procedente do exterior na saída do local de entrada e inspeção, sem que tenham sido visados pelo órgão competente do Ministério da Justiça;
- o estrangeiro que se tiver retirado do País sem recolher a multa prevista no Estatuto do Estrangeiro não poderá reentrar sem efetuar o seu pagamento, acrescido de correção monetária;
- na transformação do visto de cientista, professor, técnico ou profissional de outra categoria, sob regime de contrato ou a serviço do Governo brasileiro, ministro de confissão religiosa ou membro de instituto de vida consagrada e de congregação ou ordem religiosa, não exercício de atividade certa e fixação em região determinada do território nacional, por prazo não superior a 5 (cinco) anos, não tendo a concessão do visto permanente;
- o deportado só poderá reingressar no território nacional se ressarcir o Tesouro Nacional, com correção monetária, das despesas com a sua deportação e efetuar, se for o caso, o pagamento da multa devida à época, também corrigida;
- constitui infração demorar-se no território nacional após esgotado o prazo legal de estada; pena: multa de 1/10 (um décimo) do Maior Valor de Referência, por dia de excesso, até o máximo de 10 (dez) vezes o Maior Valor de Referência, e deportação, caso não saia no prazo fixado;
- ao estrangeiro que tenha entrado no Brasil na condição de turista ou em trânsito, é proibido o engajamento como tripulante em porto brasileiro, salvo em navio de bandeira de seu país, por viagem não redonda, a requerimento do transportador ou do seu agente, mediante autorização do Ministério da Justiça;
- o serviçal com visto de cortesia só poderá exercer atividade remunerada a serviço particular de titular de visto de cortesia, oficial ou diplomático. A missão, organização ou pessoa, a cujo serviço se encontra, fica responsável pela sua saída do território nacional, no prazo de 30 (trinta) dias, a contar da data em que cessar o vínculo empregatício, sob pena de deportação;

- o estrangeiro admitido na condição de temporário, sob regime de contrato, só poderá exercer atividade junto à entidade pela qual foi contratado, na oportunidade da concessão do visto, salvo autorização expressa do Ministério da Justiça, ouvido o Ministério do Trabalho;
- ao estrangeiro na condição de estudante que se encontra no Brasil ao amparo de visto de turista, de trânsito ou temporário, bem como aos dependentes de titulares de quaisquer vistos temporários, é vedado o exercício de atividade remunerada. Ao titular de visto temporário na condição de correspondente de jornal, revista, rádio, televisão ou agência noticiosa estrangeira, é vedado o exercício de atividade remunerada por fonte brasileira;
- aos estrangeiros portadores do visto na condição de cientista, professor, técnico ou profissional de outra categoria, sob regime de contrato ou a serviço do Governo brasileiro, é permitida a inscrição temporária em entidade fiscalizadora do exercício de profissão regulamentada;
- ao estrangeiro titular de visto temporário e ao que se encontre no Brasil na condição Ao estrangeiro, natural de país limítrofe domiciliado em cidade contígua ao território nacional que entrou nos municípios fronteiriços a seu respectivo país e que pretenda exercer atividade remunerada ou frequentar estabelecimento de ensino naqueles municípios, será fornecido documento especial que o identifique e caracterize a sua condição, e, ainda, Carteira de Trabalho e Previdência Social, quando for o caso; é vedado estabelecer-se com firma individual, ou exercer cargo ou função de administrador, gerente ou diretor de sociedade comercial ou civil, bem como inscrever-se em entidade fiscalizadora do exercício de profissão regulamentada;
- o estrangeiro admitido quando exercer atividade certa, com fixação em região determinada do território nacional, por prazo não superior a 5 (cinco) anos, tendo a concessão do visto permanente, ou na transformação do visto do cientista, professor, técnico ou profissional de outra categoria, sob regime de contrato ou a serviço do Governo brasileiro, ministro de confissão religiosa ou membro de instituto de vida consagrada e de congregação ou ordem religiosa, não exercício de atividade certa e fixação em região determinada do território nacional, por prazo não superior a 5 (cinco) anos, não tendo a concessão do visto permanente, para o desempenho de atividade profissional certa, e a fixação em região determinada, não poderá, dentro do prazo que lhe for fixado na oportunidade da concessão ou da transformação do visto, mudar de domicílio nem de atividade profissional, ou exercê-la fora daquela região,

salvo em caso excepcional, mediante autorização prévia do Ministério da Justiça, ouvido o Ministério do Trabalho, quando necessário;

- ao natural de país limítrofe, domiciliado em cidade contígua ao território nacional, respeitados os interesses da segurança nacional, poder-se-á permitir a entrada nos municípios fronteiriços a seu respectivo país, desde que apresente prova de identidade. Ao estrangeiro, que pretenda exercer atividade remunerada ou frequentar estabelecimento de ensino naqueles municípios, será fornecido documento especial que o identifique e caracterize a sua condição e, ainda, Carteira de Trabalho e Previdência Social, quando for o caso. Tais documentos não conferem o direito de residência no Brasil, nem autorizam o afastamento dos limites territoriais daqueles municípios.

2) **No prazo improrrogável de 3 (três) dias:** no caso de entrada irregular, quando não configurado o dolo.

f) **Forma de retirada**

A retirada do estrangeiro irregular do território nacional pode ser feita: 1) de forma voluntária, dentro dos prazos; 2) de forma não voluntária: se o estrangeiro não se retirar voluntariamente do território nacional no prazo legal, o Departamento de Polícia Federal promoverá sua imediata deportação.

A regra é que a retirada do estrangeiro seja feita dentro do prazo fixado na lei; porém, quando conveniente aos interesses nacionais, a deportação será feita sem a fixação dos prazos.

Ao promover a deportação, o Departamento de Polícia Federal lavrará termo, encaminhando cópia ao Departamento Federal de Justiça. A deportação será feita para o país da nacionalidade ou de procedência do estrangeiro, ou para outro que aceite recebê-lo.

Poderá o Estado, de acordo com critérios de conveniência e oportunidade, converter ou não o visto provisório em permanente. A negativa de renovação de visto ao estrangeiro que se acha em território nacional acarreta sua deportação; com a negativa da autorização de sua permanência, torna-se necessária sua exclusão do território nacional.

g) **Residência provisória**

Pode requerer residência provisória o estrangeiro que, tendo ingressado no território nacional **até 1º de fevereiro de 2009**, nele permaneça em situação migratória irregular; tal regra não se aplica ao estrangeiro expulso ou àquele que, na forma da lei, ofereça indícios de periculosidade ou indesejabilidade.

A situação migratória irregular, para fins da Lei n. 11.961/2009, abrange a situação do estrangeiro que: 1) tenha ingressado clandestinamente no território nacional; 2) admitido regularmente no território nacional, encontre-se com prazo de estada vencido; ou 3) beneficiado pela Lei n. 9.675/98 (que dispõe que poderá requerer registro provisório o estrangeiro que, tendo ingressado no território nacional até 29 de junho de 1998, nele permaneça em situação ilegal), não tenha completado os trâmites necessários à obtenção da condição de residente permanente.

O requerimento de residência provisória deveria ser dirigido ao Ministério da Justiça até 180 (cento e oitenta) dias após a publicação da Lei n. 11.961/2009. Os estrangeiros que fizeram o requerimento são isentos do pagamento de multas ou de quaisquer outras taxas.

Concedido o Registro Provisório, o Ministério da Justiça expede a Carteira de Identidade de Estrangeiro (CIE), com validade de 2 (dois) anos. Até 90 (noventa) dias antes do término da validade da CIE, o estrangeiro pode requerer sua transformação em permanente, na forma do regulamento, devendo comprovar: 1) exercício de profissão ou emprego lícito ou a propriedade de bens suficientes à manutenção própria e da sua família; 2) inexistência de débitos fiscais e de antecedentes criminais no Brasil e no Exterior; e 3) não ter se ausentado do território nacional por prazo superior a 90 (noventa) dias consecutivos durante o período de residência provisória.

A residência provisória ou permanente será declarada nula se, a qualquer tempo, verificar-se a falsidade das informações prestadas pelo estrangeiro. Negada ou declarada nula, será cancelado o registro, e a CIE perderá seus efeitos.

2.4. Da extradição

a) Introdução

É a entrega, por um Estado a outro, a pedido deste, de indivíduo que em seu território deva responder a processo penal ou cumprir pena.[2]

A extradição poderá ser concedida quando o governo requerente se fundamentar em tratado ou quando prometer ao Brasil a reciprocidade.

Existem duas espécies de extradição: **1) ativa:** quando o interessado é o Estado requerente; e **2) passiva:** quando o Estado requerido é o demandado.

Nenhuma **extradição** será concedida sem prévio pronunciamento do Plenário do Supremo Tribunal Federal sobre sua legalidade e procedência, não cabendo recurso da decisão, salvo embargos de declaração.

Questão de prova

A prova de Defensor Público da União/2004 considerou INCORRETA a afirmativa: "Os pedidos extradicionais deduzidos por autoridades judiciárias estrangeiras e por comissões rogatórias diretamente expedidas ao governo brasileiro legitimam a instauração do processo extradicional, desde que observado o trâmite diplomático do *exhorto*".

---

[2] RESEK, Francisco. *Direito internacional público*. São Paulo: Saraiva, 2010.

A extradição será requerida pela via diplomática ou, quando previsto em tratado, diretamente ao Ministério da Justiça, devendo o pedido ser instruído com a cópia autêntica ou a certidão da sentença condenatória ou decisão penal proferida por juiz ou autoridade competente. Esse documento ou qualquer outro que se juntar ao pedido conterá indicações precisas sobre local, data, natureza e circunstâncias do fato criminoso, identidade do extraditando e, ainda, cópia dos textos legais sobre o crime, a pena e sua prescrição. O encaminhamento do pedido pela via diplomática confere autenticidade aos documentos.

Não havendo tratado que disponha em contrário, os documentos serão acompanhados de versão oficialmente feita para o idioma português no Estado requerente.

O pedido, após exame da presença dos pressupostos formais de admissibilidade exigidos nesta lei ou em tratado, será encaminhado pelo Ministério da Justiça ao Supremo Tribunal Federal. Não preenchidos os pressupostos, o pedido será arquivado mediante decisão fundamentada do Ministro de Estado da Justiça, sem prejuízo de renovação do pedido, devidamente instruído, uma vez superado o óbice apontado.

No Brasil, não é permitida a extradição de brasileiro nato; é permitida a extradição de **brasileiro naturalizado** em dois casos excepcionais: 1) crime comum antes da naturalização; 2) comprovado envolvimento em tráfico ilícito de entorpecentes. No caso de estrangeiro, pode ser extraditado, sendo proibido apenas quando cometer crime político ou de opinião.

Questões de prova

A prova da Magistratura Federal TRF 4ª Região considerou CORRETA a afirmativa: "A extradição de brasileiro naturalizado é possível, em caso de crime comum, praticado antes da naturalização".

A prova da Magistratura Federal TRF 1ª Região/2010 considerou INCORRETA a afirmativa: "Em nenhuma hipótese será concedida extradição de brasileiro naturalizado devido à prática de crime comum, de opinião ou político".

O princípio do *non bis in idem* implica a regra de que, negada a extradição, não se admitirá novo pedido baseado no mesmo fato.

b) Causas impeditivas

As causas impeditivas são:

1) tratar-se de brasileiro, salvo se a aquisição dessa nacionalidade verificar-se após o fato que motivar o pedido;

2) o fato que motivar o pedido não for considerado crime no Brasil ou no Estado requerente;

3) o Brasil for competente, segundo suas leis, para julgar o crime imputado ao extraditando;

4) a lei brasileira impuser ao crime a pena de prisão igual ou inferior a 1 (um) ano;
5) o extraditando estiver respondendo a processo ou já tiver sido condenado ou absolvido no Brasil pelo mesmo fato em que se fundar o pedido;
6) estiver extinta a punibilidade pela prescrição segundo a lei brasileira ou a do Estado requerente;
7) o fato constituir crime político – cabe ressalvar que tal fato, quando constituir principalmente infração da lei penal comum, ou quando o crime comum, conexo ao delito político, constituir o fato principal, não impedirá a extradição e caberá exclusivamente ao Supremo Tribunal Federal a apreciação do caráter da infração; o STF poderá deixar de considerar crimes políticos os atentados contra Chefes de Estado ou quaisquer autoridades, bem como os atos de anarquismo, terrorismo, sabotagem, sequestro de pessoa, ou que importem propaganda de guerra ou de processos violentos para subverter a ordem política ou social; e
8) o extraditando tiver que responder, no Estado requerente, perante Tribunal ou Juízo de Exceção.

A extradição não é impedida pelo fato de o extraditando ser casado ou ter família.

Questão de prova

A prova de Defensor Público da União/2004 considerou CORRETA a afirmativa: "As circunstâncias de o extraditando ser casado há mais de cinco anos e de ter filho menor que seja brasileiro e dependente econômico do pai não são impeditivas da extradição, de acordo com a legislação brasileira".

c) **Condições**

São condições da extradição:

1) **princípio da identidade:** ter sido o crime cometido no território do Estado requerente ou serem aplicáveis ao extraditando as leis penais desse Estado; e
2) **princípio da especialidade:** existir sentença final de privação de liberdade, ou estar a prisão do extraditando autorizada por juiz, tribunal ou autoridade competente do Estado requerente, salvo no caso da prisão preventiva.

d) **Preferência**

Quando mais de um Estado requerer a extradição da mesma pessoa, pelo mesmo fato, terá preferência o pedido daquele em cujo território a infração foi cometida. Tratando-se de crimes diversos, terão preferência, sucessivamente:

1) o Estado requerente em cujo território haja sido cometido o crime mais grave, segundo a lei brasileira;

2) o que em primeiro lugar houver pedido a entrega do extraditando, se a gravidade dos crimes for idêntica; e

3) o Estado de origem, ou, na sua falta, o domiciliar do extraditando, se os pedidos forem simultâneos.

Nos casos não previstos, decidirá sobre a preferência o Governo brasileiro. Havendo tratado ou convenção com algum dos Estados requerentes, prevalecerão suas normas no que disserem respeito à preferência.

e) Prisão do extraditando

O Estado interessado na extradição poderá, em caso de urgência e antes da formalização do pedido de extradição, ou conjuntamente com este, requerer a prisão cautelar do extraditando por via diplomática ou, quando previsto em tratado, ao Ministério da Justiça, que, após exame da presença dos pressupostos formais de admissibilidade exigidos nesta lei ou em tratado, representará ao Supremo Tribunal Federal.

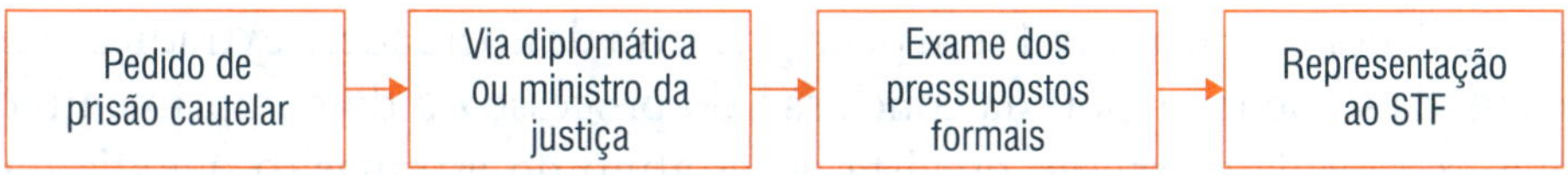

O pedido de prisão cautelar noticiará o crime cometido e deverá ser fundamentado, podendo ser apresentado por correio, fax, mensagem eletrônica ou qualquer outro meio que assegure a comunicação por escrito. O pedido de prisão cautelar poderá ser apresentado ao Ministério da Justiça por meio da Organização Internacional de Polícia Criminal (Interpol), devidamente instruído com a documentação comprobatória da existência de ordem de prisão proferida por Estado estrangeiro. Nenhuma extradição será concedida sem prévio pronunciamento do Plenário do Supremo Tribunal Federal sobre sua legalidade e procedência, não cabendo recurso da decisão.

Efetivada a prisão, o Estado estrangeiro deverá, no prazo de 90 (noventa) dias contado da data em que tiver sido cientificado da prisão do extraditando, formalizar o pedido de extradição. Caso o pedido não seja formalizado neste prazo, o extraditando deverá ser posto em liberdade, não se admitindo novo pedido de prisão cautelar pelo mesmo fato sem que a extradição haja sido devidamente requerida. Efetivada a prisão do extraditando, o pedido será encaminhado ao Supremo Tribunal Federal. A prisão perdurará até o julgamento final do STF, não sendo admitidas a liberdade vigiada, a prisão domiciliar e a prisão-albergue.

f) Processamento

Ao receber o pedido, o relator designará dia e hora para o interrogatório do extraditando e, conforme o caso, dar-lhe-á curador ou advogado, se não o tiver, correndo do interrogatório o prazo de 10 (dez) dias para a defesa. A defesa versará sobre a identidade da pessoa reclamada, defeito de forma dos documentos apresentados ou ilegalidade da extradição.

Não estando o processo devidamente instruído, o Tribunal, a requerimento do Procurador-Geral da República, poderá converter o julgamento em diligência para suprir a falta no prazo improrrogável de 60 (sessenta) dias, decorridos os quais o pedido será julgado independentemente da diligência. O prazo referido correrá da data da notificação que o Ministério das Relações Exteriores fizer à Missão Diplomática do Estado requerente.

Depois de concedida a extradição, será o fato comunicado pelo Ministério das Relações Exteriores à Missão Diplomática do Estado requerente, que, no prazo de 60 (sessenta) dias da comunicação, deverá retirar o extraditando do território nacional. Se o Estado requerente não o retirar no prazo, será ele posto em liberdade, sem prejuízo de responder a processo de expulsão, se o motivo da extradição o recomendar.

Quando o extraditando estiver sendo processado ou tiver sido condenado, no Brasil, por crime punível com pena privativa de liberdade, a extradição será executada somente depois da conclusão do processo ou do cumprimento da pena, ressalvada a exceção prevista no estatuto do estrangeiro que diz que, quando houver conveniência ao interesse nacional, a expulsão do estrangeiro poderá ser feita, ainda que haja processo ou tenha ocorrido condenação.

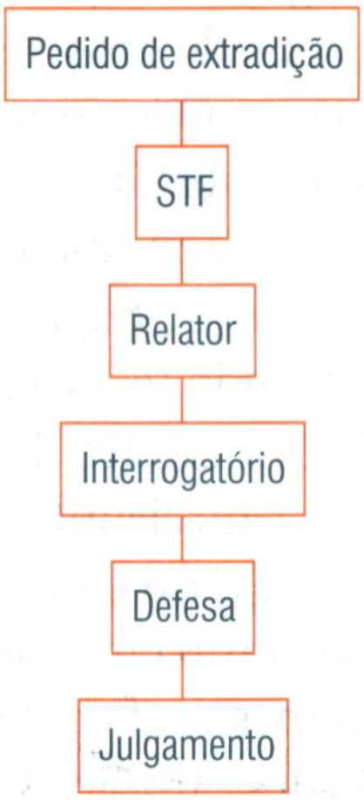

g) Entrega do extraditando

A entrega do extraditando pode ser adiada se a efetivação da medida puser em risco a sua vida, por causa de enfermidade grave comprovada por laudo médico oficial.

Não será efetivada a entrega sem que o Estado requerente assuma o compromisso: 1) de não ser o extraditando preso nem processado por fatos anteriores ao pedido; 2) de computar o tempo de prisão que, no Brasil, foi imposta por força da extradição; 3) de comutar em pena privativa de liberdade a pena corporal ou de morte, ressalvados, quanto à última, os casos em que a lei brasileira permitir a sua aplicação; 4) de não ser o extraditando entregue, sem consentimento do Brasil, a outro Estado que o reclame; e 5) de não considerar qualquer motivo político para agravar a pena.

A entrega do extraditando, de acordo com as leis brasileiras e respeitado o direito de terceiro, será feita com os objetos e instrumentos do crime encontrados em seu poder. Os objetos e instrumentos referidos poderão ser entregues independentemente da entrega do extraditando.

No caso de fuga do extraditando para o Brasil, será detido mediante pedido feito diretamente pela via diplomática e de novo entregue sem outras formalidades.

É possível, por permissão do Ministro da Justiça, o trânsito de pessoas extraditadas por Estados estrangeiros no território nacional, salvo motivo de ordem pública.

Na extradição, a Polícia Federal, por determinação do Ministro da Justiça, tem os seguintes deveres:

1) efetivar a prisão do extraditando;
2) proceder à sua entrega ao Estado ao qual houver sido concedida a extradição.

Da entrega do extraditando, será lavrado termo, com remessa de cópia ao Departamento Federal de Justiça.

3. Tribunal Penal Internacional

É órgão internacional, com jurisdição sobre as pessoas responsáveis pelos crimes de maior gravidade, com alcance internacional. Será complementar às jurisdições penais nacionais. Terá **personalidade jurídica internacional**. Possuirá, igualmente, a capacidade jurídica necessária ao desempenho das suas funções e à prossecução dos seus objetivos.

Questão de prova

A prova da Magistratura Federal TRF 1ª Região/2012 considerou INCORRETA a afirmativa: "O TPI, instituição permanente, com jurisdição sobre as pessoas responsáveis pelos crimes de maior gravidade e funções complementares às jurisdições penais nacionais, constitui corte internacional vinculada à ONU, não dispondo de personalidade jurídica própria".

Trata-se de uma instituição permanente, que visa processar e julgar indivíduos que tenham praticado **crimes de guerra, crimes contra a humanidade, crimes de agressão ou genocídio**. Não julga crimes internacionais cometidos por menores de 18 (dezoito) anos.

Questões de prova

A prova de Analista de Comércio Exterior/2012 considerou CORRETA a afirmativa: "O Tribunal Penal Internacional, criado pelo Estatuto de Roma, tem jurisdição sobre crimes de genocídio e crimes de guerra".

A prova da PFN/2006 considerou CORRETA a afirmativa: "Nos termos do Estatuto do Tribunal Penal Internacional, assinado em Roma, em 1998, ao qual o Brasil aderiu em fevereiro de 2000, é competência deste tribunal julgar, exceto crimes políticos, a exemplo de manipulações de eleições, do forjamento de dados e de agressões à liberdade de expressão".

A prova da Magistratura Federal TRF 3ª Região/2006 considerou CORRETA a afirmativa: "O Tribunal Penal Internacional foi criado pelo Estatuto de Roma, tem a sede em Haia, e a sua competência é restrita aos crimes mais graves, que afetam a comunidade internacional em seu conjunto, entre eles: crimes de guerra e crimes contra a humanidade".

O Tribunal Penal Internacional foi criado **pelo Estatuto de Roma**, em 1998, com sede em Haia, na Holanda. O Brasil ratificou o Estatuto de Roma pelo Decreto n. 4.388/2002.

Só poderá exercer **jurisdição** quando o país no qual ocorreu o crime não puder fazê-lo, ou após esgotamento dos recursos internos.

Questão de prova

A prova de Defensor Público SP/2007 considerou CORRETA a afirmativa: "A respeito do Tribunal Penal Internacional, sua jurisdição é adicional e complementar à dos Estados, cabendo a estes a responsabilidade primária quanto ao julgamento das violações de direitos humanos".

Prevê como penas a prisão por até 30 (trinta) anos, a **prisão perpétua** (elevado grau de ilicitude do fato e condições pessoais do acusado) e a perda de bens provenientes de crimes. Além de sanções de natureza penal, pode determinar **reparações em favor da vítima**, incluindo indenização, restituição ou reabilitação.

Questões de prova

A prova da Magistratura Federal TRF 1ª Região/2012 considerou INCORRETA a afirmativa: "O TPI poderá impor à pessoa condenada pelos crimes que afetem a humanidade no seu conjunto a pena de prisão perpétua, se o elevado grau de ilicitude e as condições pessoais do condenado o justificarem. Entretanto, esse tribunal poderá reexaminar a pena com vistas à sua redução quando o condenado já tiver cumprido vinte e cinco anos de prisão".

A prova de Defensor Público SP/2007 considerou CORRETA a afirmativa: "A respeito do Tribunal Penal Internacional, além das sanções de natureza penal, pode determinar a reparação às vítimas de crimes e respectivos familiares".

No Tribunal Penal Internacional, a decisão é proferida em audiência pública; há a responsabilidade individual e o *ne bis in idem*; há as regras da complementaridade, da cooperação, da legalidade, da anterioridade, do *in dubio pro reo*, da retroatividade da lei penal mais benéfica e da irrelevância da qualidade oficial.

Sua competência pode ser exercida no território de Estado-parte do Estatuto de Roma **ou, por acordo especial, de Estado que dele não faça parte**.

Questão de prova

A prova da Magistratura Federal TRF 1ª Região/2012 considerou INCORRETA a afirmativa: "Nos termos do Estatuto de Roma, o TPI só poderá exercer os seus poderes e funções no território de qualquer Estado-parte, sendo-lhe defeso agir em relação a atos praticados no território dos Estados que não tenham subscrito o Estatuto".

Só **exerce jurisdição** após a entrada em vigor do Estatuto de Roma no Estado.

Questão de prova

A prova de Defensor Público SP/2009 considerou CORRETA a afirmativa: "O Tribunal Penal Internacional tem competência para julgar pessoas acusadas de crimes de guerra, contra a humanidade e genocídio, ocorridos a partir da entrada em vigor do Estatuto de Roma, em 2002".

Qualquer Estado-parte poderá, mediante notificação escrita e dirigida ao Secretário-Geral da Organização das Nações Unidas, retirar-se do Estatuto. A retirada produzirá efeitos 1 (um) ano após a data de recepção da notificação, salvo se esta indicar uma data ulterior.

A retirada não isentará o Estado das obrigações que lhe incumbem em virtude do Estatuto como parte dele, incluindo as obrigações financeiras que tiver assumido, não afetando também a cooperação com o Tribunal no âmbito de inquéritos e de procedimentos criminais em relação aos quais o Estado tinha o dever de cooperar e que se iniciaram antes da data em que a retirada começou a produzir efeitos. A retirada em nada afetará a prossecução da apreciação das causas que o Tribunal já tivesse começado a apreciar antes de tal data.

- Tribunal Penal Internacional
  - Estatuto de Roma
  - Não condena à pena de morte
  - Complementaridade
  - Cooperação
  - Competência material
    - Genocídio
    - Crimes de agressão
    - Crimes de guerra
    - Crimes contra a humanidade

4. Cooperação jurídica internacional

4.1. Introdução

É a colaboração entre Estados ou entre Estados e tribunais internacionais para a adoção de medidas que contribuam para a consecução de um objetivo comum com reflexos jurídicos.

A prestação do auxílio mútuo pode ocorrer entre órgãos judiciais (cooperação jurisdicional) ou entre órgãos judiciais e administrativos (cooperação jurídica).

A cooperação pode ser **ativa**, quando o Brasil for o requerente, ou **passiva**, quando o Brasil for requerido. Pode ser **direta**, quando independe de juízo de delibação, ou **indireta**, quando depende de um juízo de delibação. Pode ser **penal ou civil**, conforme o envolvimento da matéria no intercâmbio internacional para o cumprimento extraterritorial de medidas.

Os mecanismos de cooperação jurídica internacional são definidos de acordo com a lei processual interna de cada país. No caso do Brasil, são: ação de homologação de sentença estrangeira; carta rogatória; extradição; e auxílio direto. A cooperação penal, ademais, apresenta mecanismos específicos, como extradição, transferência de pessoas condenadas e transferência de processos penais, com previsão em tratados internacionais.

No cumprimento de pedidos de cooperação, **a lei a ser seguida será a do Estado requerido.** Os pedidos de cooperação jurídica internacional devem ser enviados tanto **na língua do Estado requerente como na do Estado requerido.**

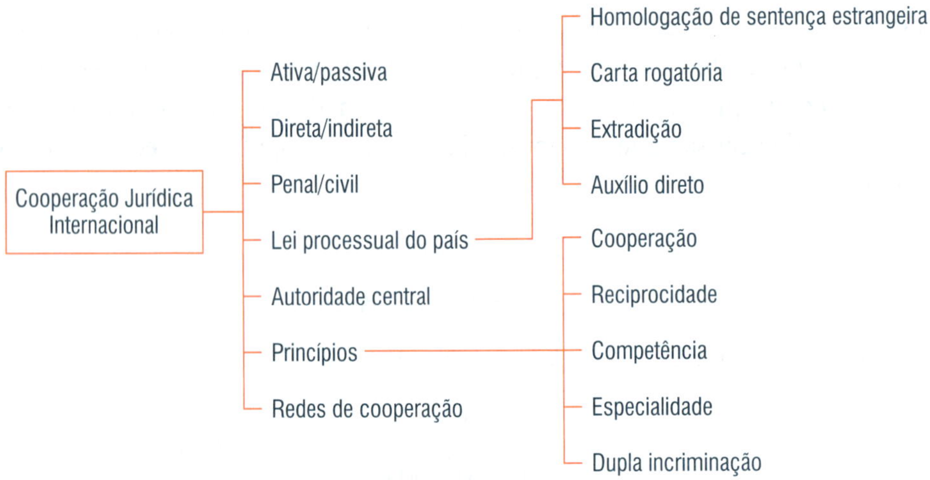

4.2. Autoridade central

Autoridade central é o órgão responsável por receber, analisar, adequar, transmitir e acompanhar os pedidos de cooperação jurídica internacional. "É o órgão técnico nacional, exclusivo ou não, designado por cada um dos Estados--Partes de um tratado para centralizar comunicações e ações de cooperação jurídica internacional" (Convenção de Haia, 1965):

a) **Departamento de Recuperação de Ativos e Cooperação Jurídica Internacional**: é autoridade central nos pedidos de auxílio direto se houver acordo de cooperação jurídica internacional, nos pedidos de auxílio direto passivo e nas ações referentes à recuperação de ativos;

b) **Ministério das Relações Exteriores:** é autoridade central nos pedidos de auxílio direto no caso de inexistir acordo;

c) **Procuradoria-Geral da República:** é a autoridade central no Brasil para pedidos de auxílio direto destinados e provenientes de Portugal e do Canadá, pedidos rogatórios extraídos de ação de alimentos ajuizados perante a Justiça Federal e nos pedidos de auxílio mútuo em matéria penal do Governo da República Portuguesa;

d) **Secretaria de Direitos Humanos da Presidência da República:** atua como autoridade central nos pedidos de cooperação referentes à adoção (Convenção Relativa à Proteção das Crianças e à Cooperação em Matéria de Adoção Internacional; Convenção sobre os Aspectos Civis do Sequestro Internacional de Crianças; Convenção Interamericana de Restituição Internacional de Menores).

4.3. Princípios aplicáveis

A cooperação jurídica internacional é regida pelos seguintes princípios:

a) **cooperação dos povos:** é a prestação de auxílio mútuo necessário para o progresso da humanidade;

b) **reciprocidade:** na ausência de tratado ou convenção internacional que sirva de base para a cooperação, o Estado requerente se compromete a conferir ao Estado requerido o mesmo tratamento em casos semelhantes;

c) **competência:** apenas a autoridade competente no Estado requerente pode solicitar a assistência jurídica ao Estado requerido;

d) **especialidade:** as provas obtidas por meio da cooperação jurídica internacional somente podem ser usadas no procedimento que ensejou o pedido, salvo pedido de compartilhamento ao Estado requerido, por meio da autoridade central;

e) **dupla incriminação:** os países só prestam cooperação jurídica internacional quando verificarem que a conduta investigada no Estado requerente é crime, de acordo com sua legislação.

4.4. Redes de cooperação

O Brasil, atualmente, faz parte das seguintes redes de cooperação jurídica internacional:

a) **Rede Ibero-americana de Cooperação Judicial (IberRED):** composta por representantes dos Ministérios da Justiça, Ministérios Públicos e do Poder

Judiciário de 22 países, foi criada em 2004, em Cartagena de Índias (Colômbia), visando estabelecer um sistema de informações e aprimorar a cooperação judicial em matéria civil e penal entre seus membros;

b) **Rede de Cooperação Jurídica e Judiciária Internacional dos Países de Língua Portuguesa (Rede Judiciária da CPLP):** foi criada pela Conferência dos Ministros da Justiça dos Países de Língua Portuguesa, reunida na Cidade da Praia, Cabo Verde, em 22 e 23 de novembro de 2005, visando otimizar a cooperação judiciária entre os Estados-membros, por meio de um sistema integrado e atualizado de informação sobre os diferentes sistemas jurídicos da Comunidade dos Países de Língua Portuguesa, contatos com organismos internos e internacionais e aplicação efetiva e prática das convenções de cooperação judiciária internacional em vigor entre dois ou mais Estados-membros;

c) **Rede Hemisférica de Intercâmbio de Informações para o Auxílio Jurídico Mútuo em Matéria Penal e de Extradição:** criada no âmbito da Organização dos Estados Americanos (OEA) e adotada em sua V Reunião de Ministros da Justiça, realizada em Washington em 2004, visa a troca e o compartilhamento de documentos e espaços de trabalho entre os países;

d) **Rede Ibero-americana de Informação e Documentação Judicial (IberIUS):** é uma rede de cooperação e acordo recíproco entre os Centros e as Unidades de Informação e Documentação Judicial dos países ibero-americanos;

e) **Rede Ibero-americana de Escolas Judiciais (RIAEJ):** criada em maio de 2001, na Espanha, visa intercâmbio de informações sobre programas, metodologias e sistemas de capacitação judicial;

f) **Rede de Poderes Judiciários das Nações Sul-Americanas (UNASUL):** criada em 2007 em Santiago, Chile, visa o intercâmbio de informações e a uniformização de procedimentos relativos a precatórios, *exequatur*, cumprimento de decisões judiciais, extradição e outras vias de solução de conflitos.

g) **Rede de Recuperação de Ativos do Grupo de Ação Financeira da América Latina (RRAG/Gafilat):** atua no combate à Lavagem de Dinheiro, Financiamento do Terrorismo e delitos conexos.

5. Das relações jurisdicionais com autoridades estrangeiras

5.1. Introdução

Quando um ato processual tenha que ser realizado fora da circunscrição territorial do juiz que conduz o processo, será necessária a cooperação do juiz de outro território, dentro ou fora do País.

Quando precisa ser realizado fora do País, o juiz envia uma carta rogatória à autoridade judiciária estrangeira; quando for dentro do País, o juiz envia uma carta precatória. Cabe ressalvar que a cooperação entre os juízes não importa em delegação de funções. Além disso, sentenças estrangeiras poderão produzir efeitos no Brasil, desde que sejam homologadas, em homenagem à soberania nacional.

A necessidade de homologação de sentenças estrangeiras e a cooperação entre os juízes nacionais e estrangeiros na prática de atos processuais formam as chamadas relações jurisdicionais com autoridades estrangeiras, que devem ser regulamentadas, observando-se as seguintes regras: a) se as convenções e tratados assinados pelo Brasil forem específicos, prevalecem em relação à lei penal ou lei processual penal, em razão do princípio da especialidade; b) se as convenções e tratados assinados pelo Brasil tratarem do mesmo assunto da lei penal ou processual penal, prevalece a mais recente, em razão do critério cronológico.

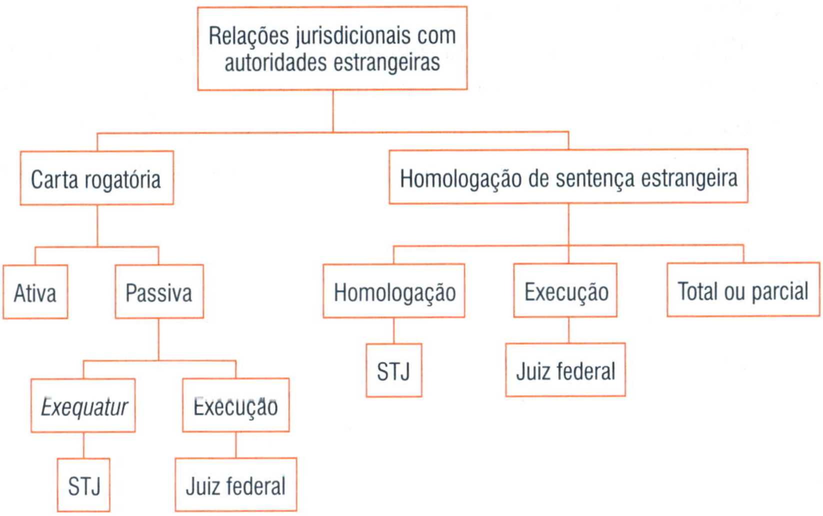

5.2. Das cartas rogatórias

5.2.1. Introdução

Carta rogatória é o pedido de cooperação de uma autoridade judiciária a autoridade judiciária de outro país, para realização de uma citação, inquirição ou qualquer diligência necessária à instrução de um processo submetido a seu julgamento.

É **medida judicial**, pois é solicitada por um juiz; é **medida de cooperação internacional**, pois é destinada a autoridade judiciária de outro país; **é medi-**

da processual, já que tem por finalidade o cumprimento de atos ou diligências necessários à movimentação do processo no foro acionado.

Existem duas espécies de carta rogatória: **a) passivas:** são aquelas remetidas por país estrangeiro para no Brasil serem cumpridas; **b) ativas:** são aquelas expedidas pelo juiz nacional.

5.2.2. Cartas rogatórias ativas

A carta rogatória obedecerá, quanto a sua admissibilidade e seu modo de cumprimento, ao disposto na convenção internacional; à falta desta, será remetida à autoridade judiciária estrangeira, pela via diplomática, depois de traduzida para a língua do país em que há de praticar-se o ato, ou por meio de autoridades centrais. A convenção sobre o assunto é a Convenção Interamericana sobre Carta Rogatória, assinada no Panamá, em 1975, com vigência internacional em janeiro de 1976. O Brasil é Estado-parte dessa Convenção, tendo-a ratificado e depositado em 1995, data em que passou a vigorar no ordenamento jurídico brasileiro.

Os requisitos essenciais da carta rogatória são: a) a indicação dos juízes de origem e de cumprimento do ato; b) o inteiro teor da petição, do despacho judicial e do instrumento do mandato conferido ao advogado; c) a menção do ato processual que lhe constitui o objeto; d) o encerramento com a assinatura do juiz.

Em todas as cartas, declarará o juiz o prazo em que deverão ser cumpridas, atendendo à facilidade das comunicações e à natureza da diligência.

O juiz mandará trasladar, na carta, quaisquer outras peças, bem como instruí-la com mapa, desenho ou gráfico, sempre que esses documentos devam ser examinados, na diligência, pelas partes, peritos ou testemunhas. Quando o objeto da carta for exame pericial sobre documento, este será remetido em original, ficando nos autos reprodução fotográfica.

A carta rogatória pode ser expedida por meio eletrônico, situação em que a assinatura do juiz deverá ser eletrônica, na forma da lei.

5.2.3. Cartas rogatórias passivas

A carta rogatória passiva depende do *exequatur* do **STJ**, nos termos do art. 105, I, *i*, da Constituição Federal, ou seja, uma verificação das condições de execução da rogatória, sem analisar o mérito.

Questão de prova	A prova da PFN/2012 considerou INCORRETA a afirmativa: "A competência constitucional para conceder *exequatur* às cartas rogatórias é privativa do Supremo Tribunal Federal, não podendo lei ordinária ou tratado internacional excepcionar esta regra".

As cartas rogatórias podem ter por objeto atos decisórios ou não decisórios. Não será concedido *exequatur* à carta rogatória que ofender a soberania nacional, a dignidade da pessoa humana e/ou ordem pública.

No procedimento da carta rogatória passiva, o pedido formulado pelo país rogante será encaminhado ao Ministro das Relações Exteriores, que o encaminha ao Presidente do Superior Tribunal de Justiça para concessão do *exequatur* (**não será concedido** quando a carta rogatória ofender a soberania nacional ou a ordem pública e/ou a dignidade da pessoa humana).

Questão de prova

A prova do 130º Exame da OAB/RJ considerou CORRETA a afirmativa: "O Superior Tribunal de Justiça não dará o *exequatur* à carta rogatória que ofenda a soberania nacional ou a ordem pública".

O cumprimento de decisão estrangeira será feito perante o juízo federal competente, a requerimento da parte, conforme as normas estabelecidas para o cumprimento de decisão nacional. O pedido de execução deverá ser instruído com cópia autenticada do *exequatur.*

Os requisitos da concessão do *exequatur* são: a) haver sido proferida por autoridade competente; b) ser precedida de citação regular, ainda que verificada a revelia; c) ser eficaz no país em que foi proferida; d) não ofender a coisa julgada brasileira; e) estar acompanhada de tradução oficial, salvo disposição que a dispense prevista em tratado; f) não conter manifesta ofensa à ordem pública.

Em relação às cartas rogatórias, a medida de urgência concedida sem audiência do réu poderá ser executada, desde que garantido o contraditório em momento posterior.

5.3. Da homologação das sentenças estrangeiras

A sentença estrangeira, quando a aplicação da lei brasileira produz na espécie as mesmas consequências, pode ser homologada no Brasil para: a) obrigar o condenado à reparação do dano, a restituições e a outros efeitos civis; b) sujeitá-lo a medida de segurança.

A homologação de sentença estrangeira obedece os tratados em vigor no Brasil e o Regimento Interno do Superior Tribunal de Justiça.

Questões de prova

A prova de DPU/2007 considerou CORRETA a afirmativa: "É possível a homologação parcial de decisões estrangeiras".

A prova da Magistratura Federal TRF 4ª Região/2010 considerou INCORRETA a afirmativa: "No Brasil não é possível a homologação parcial de sentença estrangeira, mas é admissível a concessão de tutela de urgência no seu procedimento".

As sentenças estrangeiras deverão ser previamente homologadas pelo Superior Tribunal de Justiça, sem exame do mérito da causa. A sentença estrangeira não terá eficácia no Brasil sem a prévia homologação do Superior Tribunal de Justiça. E o art. 961 do CPC confirma que a decisão estrangeira somente terá eficácia no Brasil após homologação de sentença estrangeira, salvo disposição em contrário de lei ou tratado.

No Superior Tribunal de Justiça, a homologação é feita pelo Presidente do Tribunal, salvo se houver contestação à homologação. Contestado o pedido, o processo será distribuído para julgamento pela Corte Especial, cabendo ao relator os demais atos relativos ao andamento e à instrução do processo.

Os **requisitos de homologação** são: a) haver sido proferida por autoridade competente; b) ser precedida de citação regular, ainda que verificada a revelia; c) ser eficaz no país em que foi proferida; d) não ofender a coisa julgada brasileira; e) estar acompanhada de tradução oficial, salvo disposição que a dispense prevista em tratado; f) não conter manifesta ofensa à ordem pública. O art. 216-D acrescenta como requisito a sentença estrangeira ter transitado em julgado.

Questão de prova

A prova de DPU/2010 considerou CORRETA a afirmativa: "Um dos requisitos para que a sentença estrangeira seja homologada no Brasil é terem as partes sido citadas ou haver-se legalmente verificado a revelia".

A homologação de sentença estrangeira será requerida por ação de homologação de sentença estrangeira, salvo disposição especial em sentido contrário prevista em tratado.

A homologação de sentença estrangeira, quando visar reparação civil de danos, pode ser requerida pela vítima, representante legal ou herdeiros; quando visar aplicar medida de segurança, será requerida pelo Procurador-Geral da República.

No processamento da ação, a **homologação** será requerida pela parte interessada, devendo a petição inicial conter os requisitos indicados na lei processual, bem como os previstos da homologação da sentença, e ser instruída com o original ou cópia autenticada da decisão homologanda e de outros documentos indispensáveis, devidamente traduzidos por tradutor oficial ou juramentado no Brasil e chancelados pela autoridade consular brasileira competente, quando for o caso.

Se a petição inicial não preencher os requisitos legais ou apresentar defeitos ou irregularidades que dificultem o julgamento do mérito, o Presidente do STJ assinará prazo razoável para que o requerente a emende ou complete. Após a intimação, se o requerente ou o seu procurador não promover, no prazo assinalado, ato ou diligência que lhe for determinada no curso do processo, será este arquivado pelo Presidente do STJ.

É possível a homologação de decisão judicial definitiva, bem como a decisão não judicial, que, pela lei brasileira, teria natureza jurisdicional. Pelo Regimento Interno do STJ serão homologados os provimentos não judiciais que, pela lei brasileira, tiverem natureza de sentença.

As sentenças estrangeiras poderão ser homologadas parcialmente (artigo 961, § 2º, do CPC c/c o art. 216, § 2º, do RISTJ). Haverá homologação de decisão estrangeira para fins de execução fiscal quando prevista em tratado ou em promessa de reciprocidade apresentada à autoridade brasileira.

A autoridade judiciária brasileira poderá deferir **pedidos de urgência** e realizar **atos de execução provisória** no processo de homologação de decisão estrangeira. É passível de execução a decisão estrangeira concessiva de medida de urgência, por meio de carta rogatória. A medida de urgência concedida sem audiência do réu poderá ser executada, desde que garantido o contraditório em momento posterior. O juízo sobre a urgência da medida compete exclusivamente à autoridade jurisdicional prolatora da decisão estrangeira.

Quando dispensada a homologação para que a sentença estrangeira produza efeitos no Brasil, a decisão concessiva de medida de urgência dependerá, para produzir efeitos, de ter sua validade expressamente reconhecida pelo juiz competente para dar-lhe cumprimento, **dispensada a homologação pelo Superior Tribunal de Justiça**.

Questão de prova

A prova da AGU/2009 considerou INCORRETA a afirmativa: "Após a distribuição do requerimento de homologação de sentença estrangeira, o relator mandará citar o interessado para deduzir embargos, os quais somente poderão fundar-se em incompetência do juiz prolator da sentença".

Após o requerimento, há o prazo de 15 dias para impugnação, limitada a discutir a autenticidade de documentos, inteligência da decisão e requisitos da petição inicial e da própria homologação. Apresentada contestação, serão admitidas réplica e tréplica em cinco dias. Em seguida, será concedido prazo de dez dias para o MPF impugnar a homologação.

Se não houver impugnação, o Presidente do STJ dará decisão, contra a qual caberá agravo regimental. Havendo impugnação, o processo será distribuído para julgamento pela Corte Especial do STJ, cabendo ao relator os demais atos da instrução do processo. O relator poderá decidir monocraticamente nas hipóteses em que já houver jurisprudência consolidada da Corte Especial a respeito do tema.

O cumprimento de decisão estrangeira será feito perante o juízo federal competente, a requerimento da parte, conforme as normas estabelecidas para o cumprimento de decisão nacional. O pedido de execução deverá ser instruído com cópia autenticada da decisão homologatória.

Cabe ressaltar que: a) não é possível homologar sentença estrangeira que ofenda soberania nacional, **ordem pública e/ou dignidade da pessoa humana**; b) não há necessidade de homologação de sentença dos tribunais internacionais.

Questões de prova

A prova da AGU/2009 considerou CORRETA a afirmativa: "As sentenças estrangeiras não serão homologadas nem as cartas rogatórias cumpridas, se contrárias à ordem pública e aos bons costumes".

A prova do Exame da OAB/DF/2005 considerou CORRETA a afirmativa: "A sentença estrangeira derivada de reconhecimento de direito oriundo de dívida de jogo não pode ser homologada pelo Superior Tribunal de Justiça".

A prova de DPU/2010 considerou INCORRETA a afirmativa: "A sentença proferida por tribunal estrangeiro tem eficácia no Brasil depois de homologada pelo Supremo Tribunal Federal".

6. O Pacto de San José e seu impacto no processo penal brasileiro

Em 22 de novembro de 1969, foi realizada a Conferência Interamericana de Direitos Humanos na cidade de San José, da Costa Rica.

Na Conferência, foi assinada a Convenção Americana de Direitos Humanos ou Pacto de San José, que entrou em vigência no dia 18 de julho de 1978; foi ratificado pelo Brasil em 25 de setembro de 1992, **com reservas**, e passou a ter validade no ordenamento interno a partir do Decreto n. 678, de 6 de novembro de 1992.

Questão de prova

A prova de Defensor Público PI/2009 considerou INCORRETA a afirmativa: "A convenção interamericana de direitos humanos de 1969 (Pacto de San José de Costa Rica) foi adotada sem ressalvas pelo Brasil desde o seu início".

O Pacto é um tratado internacional assinado por países-membros da Organização dos Estados Americanos e visa estabelecer um regime de justiça social, fundado no respeito ao ideal do ser humano livre, criando condições para cada pessoa gozar dos seus **direitos** econômicos, sociais, culturais (Protocolo de São Salvador), civis e políticos.

Questão de prova

A prova de Defensor Público PI/2009 considerou INCORRETA a afirmativa: "A Convenção Americana de Direitos Humanos de 1969 (Pacto de San José de Costa Rica) reproduziu a maior parte das declarações de direitos constantes do Pacto internacional de Direitos Econômicos, Sociais e Culturais".

Criou a Corte Interamericana de Direitos Humanos, com a finalidade de processar e julgar casos de violação dos direitos humanos ocorridos em países que integram a Organização dos Estados Americanos (OEA) e que reconheçam sua competência. No Brasil, é a Defensoria Pública que tem a função institucional de representar e postular as demandas perante os órgãos internacionais, nos termos do art. 4º, VI, da Lei Complementar n. 80/94.

O Pacto de São José de Costa Rica foi incorporado ao direito interno brasileiro com *status* de **norma supralegal**, ou seja, está em um plano superior à legislação infraconstitucional, mas inferior às normas constitucionais (RE 466.343-1, STF).

Questão de prova

A prova da PFN/2012 considerou INCORRETA a afirmativa: "O Pacto de São José da Costa Rica, Decreto n. 678/1992, apresenta hierarquia de lei complementar no sistema jurídico nacional".

Cabe ressaltar que, a partir da Emenda Constitucional n. 45/2004, quando os tratados que versam sobre direitos humanos são discutidos e votados em cada Casa do Congresso Nacional, em dois turnos, e em cada turno têm aprovação de no mínimo 3/5 dos membros, assumem o ***status* de emenda constitucional**.

Questão de prova

A prova da PFN/2012 considerou CORRETA a afirmativa: "Tratado internacional sobre direitos humanos somente apresentará hierarquia de norma constitucional se aprovado pelo Congresso Nacional em cada Casa em dois turnos por três quintos dos seus membros".

A Convenção é uma das bases do sistema de proteção dos **Direitos Humanos**, prevendo em seu texto não só um rol extenso de direitos, mas formas de garantias e proteção judicial:

a) **Regime penitenciário:** em relação ao modo de cumprimento da sanção penal, o pacto estipula que as pessoas processadas devem ficar separadas das condenadas, salvo em circunstâncias excepcionais, e devem ser submetidas a tratamento adequado à sua condição de não condenadas. Os menores, quando puderem ser processados, devem ser separados dos adultos e conduzidos a tribunal especializado, com a maior rapidez possível, para seu tratamento.

b) **Finalidade da pena:** as penas privativas de liberdade devem ter por finalidade essencial a reforma e a readaptação social dos condenados.

c) **Penas proibidas:** ninguém poderá ser submetido a escravidão ou servidão e tanto estas como o tráfico de escravos e o tráfico de mulheres são proibidos em todas as suas formas. **É proibido o restabelecimento da pena de morte** nos países que a tenham abolido.

Questão de prova

A prova de Defensor Público PI/2009 considerou CORRETA a afirmativa: "A Convenção Americana de Direitos Humanos de 1969 (Pacto de San José de Costa Rica) proíbe o restabelecimento da pena capital nos países que a tenham abolido".

d) **Trabalho forçado:** ninguém deve ser constrangido a executar trabalho forçado ou obrigatório. O trabalho forçado não deve afetar a dignidade, nem a capacidade física e intelectual do recluso. Não constituem trabalhos forçados ou obrigatórios: 1) os trabalhos ou serviços normalmente exigidos de pessoa reclusa em cumprimento de sentença ou resolução formal expedida pela autoridade judiciária competente. Tais trabalhos ou serviços devem ser executados sob a vigilância e controle das autoridades públicas, e os indivíduos que os executarem não devem ser postos à disposição de particulares, companhias ou pessoas jurídicas de caráter privado; 2) serviço militar e, nos países em que se admite a isenção por motivo de consciência, qualquer serviço nacional que a lei estabelecer em lugar daquele; 3) o serviço exigido em casos de perigo ou de calamidade que ameacem a existência ou o bem-estar da comunidade; 4) o trabalho ou serviço que faça parte das obrigações cívicas normais.

Questão de prova

A 14ª prova de Procurador do Trabalho MPT considerou INCORRETA a afirmativa: "O Pacto de São José de Costa Rica proíbe todo tipo de trabalho forçado ou obrigatório, inclusive do presidiário".

e) **Direito à liberdade:** ninguém pode ser privado de sua liberdade física, salvo pelas causas e nas condições previamente fixadas pelas Constituições políticas dos Estados-partes ou pelas leis de acordo com elas promulgadas. Ninguém pode ser submetido a detenção ou encarceramento arbitrários.

f) **Direitos do preso:**

1) **informação:** toda pessoa detida ou retida deve ser informada das razões da detenção e notificada, sem demora, da acusação ou das acusações formuladas contra ela;

2) **celeridade:** toda pessoa presa, detida ou retida deve ser conduzida, sem demora, à presença de um juiz, ou outra autoridade designada por lei para exercer funções judiciais, e tem o direito de ser julgada em prazo razoável ou de ser posta em liberdade, sem prejuízo de que prossiga o processo. Sua liberdade pode ser condicionada a garantias de seu comparecimento em juízo;

3) **recurso:** toda pessoa privada da liberdade tem direito a recorrer a um juiz ou tribunal competente, a fim de que este decida, sem demora, sobre a legalidade de sua prisão ou detenção e ordene sua soltura, se a prisão ou a detenção forem ilegais. Nos Estados-partes cujas leis preveem que toda pessoa ameaçada de ser privada de sua liberdade tem direito a recorrer a um juiz ou tribunal competente, a fim de que este decida sobre a legalidade de tal ameaça, tal recurso não pode ser restringido nem abolido. O recurso pode ser interposto pela própria pessoa ou por outra.

g) **Prisão civil por dívidas:** no Pacto de São José de Costa Rica, há a seguinte previsão sobre prisão civil por dívidas: "ninguém deve ser detido por dívidas. Este princípio não limita os mandados de autoridade judiciária competente expedidos em virtude de inadimplemento de obrigação alimentar". A Constituição Federal permite a prisão civil por dívidas no caso de devedor de alimentos e depositário infiel, nos termos do art. 5º, LXVII.

Diante do conflito entre o Pacto e a CF, o STF manifestou posicionamento a respeito, nos termos do *Informativo* 498: 1) os tratados celebrados pelo Brasil (ou aos quais ele aderiu), e regularmente incorporados à ordem interna, em momento anterior ao da promulgação da CF/88, revestir-se-iam de índole constitucional, haja vista que formalmente recebidos nessa condição pelo § 2º do art. 5º da CF; 2) os que vierem a ser celebrados por nosso País (ou aos quais ele venha a aderir) em data posterior à da promulgação da EC n. 45/2004, para terem natureza constitucional, deverão observar o *iter* procedimental do § 3º do art. 5º da CF; 3) aqueles celebrados pelo Brasil (ou aos quais nosso País aderiu) entre a promulgação da CF/88 e a superveniência da EC n. 45/2004 assumiriam caráter de supralegalidade.

Com a decisão no HC 87.585/TO, o Plenário do STF firmou orientação de que só é possível a prisão civil do responsável pelo inadimplemento voluntário e inescusável de obrigação alimentícia, nos termos do art. 5º, LXVII, da CF. Com a publicação da Súmula Vinculante 25, publicada em 23-12-2009 ("É ilícita a prisão civil de depositário infiel, qualquer que seja a modalidade do depósito"), é possível afirmar que não subsiste no ordenamento pátrio a prisão do depositário infiel.

h) **Garantias**

1) **Direito de audiência:** toda pessoa terá o direito de ser ouvida, com as devidas garantias.

2) **Prazo razoável:** o acusado deve ser ouvido dentro de um prazo razoável, além de ser concedido a ele tempo e meios necessários à preparação de sua defesa.

3) **Juiz natural:** a pessoa tem o direito de ser processada e julgada por um juiz ou Tribunal competente, independente e imparcial, estabelecido anteriormente por lei, na apuração de qualquer acusação penal formulada contra ela ou na determinação de seus direitos e obrigações de caráter civil, trabalhista, fiscal ou de qualquer outra natureza.

4) **Presunção de inocência:** toda pessoa acusada de um delito tem direito a que se presuma sua inocência enquanto não for legalmente comprovada sua culpa.

5) **Direito de tradução:** direito do acusado de ser assistido gratuitamente por um tradutor ou intérprete, caso não compreenda ou não fale a língua do juízo ou tribunal.
6) **Direito de intimação:** comunicação prévia e pormenorizada ao acusado da acusação formulada.
7) **Direito de defesa:** direito do acusado de defender-se pessoalmente ou de ser assistido por um defensor de sua escolha e de comunicar-se, livremente e em particular, com seu defensor.
8) **Direito de defensor público:** direito irrenunciável de ser assistido por um defensor oferecido pelo Estado, remunerado ou não, segundo a legislação interna, se o acusado não defender a si próprio nem nomear defensor dentro do prazo estabelecido pela lei.
9) **Direito de inquirir testemunhas:** direito da defesa de inquirir as testemunhas presentes no Tribunal e de obter o comparecimento, como testemunhas ou peritos, de outras pessoas que possam lançar luz sobre os fatos.
10) **Direito da não autoincriminação:** direito de não ser obrigado a depor contra si mesmo, nem a confessar-se culpado (princípio do *nemo tenetur se detegere*).
11) **Direito de recurso:** direito de recorrer da sentença a juiz ou tribunal superior (princípio do duplo grau de jurisdição).
12) **Direito de confessar:** a confissão do acusado só é válida se feita sem coação de nenhuma natureza.
13) ***Ne bis in idem*:** o acusado absolvido por sentença transitada em julgado não poderá ser submetido a novo processo pelos mesmos fatos.

Questão de prova

A prova de Promotor de Justiça MP/DF/2011 considerou CORRETA a afirmativa: "O princípio *ne bis in idem* não está expressamente previsto na Constituição da República, mas consta da Convenção Americana sobre Direitos Humanos (Pacto de San José da Costa Rica)".

14) **Publicidade processual:** o processo penal deve ser público, salvo no que for necessário para preservar os interesses da justiça.
15) **Princípio da legalidade e da retroatividade:** ninguém poderá ser condenado por atos ou omissões que, no momento em que foram cometidos, não constituíam delito, de acordo com o direito aplicável. Tampouco se poderá impor pena mais grave do que a aplicável no momento da ocorrência do delito. Se, depois de perpetrado o delito, a lei estipular a imposição de pena mais leve, o delinquente deverá dela beneficiar-se.

16) **Direito à indenização:** toda pessoa tem direito de ser indenizada, conforme a lei, no caso de haver sido condenada em sentença transitada em julgado, por erro judiciário.

QUESTÕES SOBRE PROCESSO PENAL INTERNACIONAL

1. (23º Concurso de Procurador da República MPF) No que diz respeito às relações jurisdicionais com autoridade estrangeira:

I. o processo e julgamento da extradição requestada por Estado estrangeiro cabe ao Supremo Tribunal Federal, sendo, igualmente, desse órgão a competência para mandar cumprir pedidos de citações, inquirições e outras diligências necessárias à instrução de processos submetidos ao julgamento de autoridades alienígenas, responsáveis por tais solicitações;

II. é válida a ordem de prisão contra extraditando emanada de autoridade alienígena investida, nos termos da legislação de seu país, de atribuição para decretar a custódia, ainda que aquela autoridade não integre o Poder Judiciário do Estado Estrangeiro.

III. o órgão jurisdicional brasileiro não deve indeferir pedido de extradição com apoio no argumento de que o ordenamento jurídico, vigente no Estado Estrangeiro, não é capaz de garantir ao extraditando o devido processo legal, com ampla defesa, contraditório e tratamento igualitário entre partes perante o juiz natural;

IV. admite-se a extradição de brasileiro naturalizado, em caso de crime comum praticado antes da naturalização ou de comprovado envolvimento em tráfico ilícito de entorpecentes e drogas afins, na forma da lei.

Analisando as assertivas acima, pode-se afirmar que:

a) estão certas as de número I e II.
b) estão certas as de número II e III.
c) estão certas as de número II e IV.
d) estão certas as de número I e IV.

2. (Magistratura Federal TRF 5ª Região/2011) Em referência aos institutos da extradição, expulsão e deportação, assinale a opção correta.

a) Conforme a jurisprudência do STF, o decreto de expulsão, de cumprimento subordinado à prévia execução da pena imposta pelo ordenamento jurídico brasileiro, não constitui empecilho ao livramento condicional de estrangeiro condenado. A análise dos requisitos para a concessão do livramento condicional não ultrapassa os limites do procedimento sumário e documental do *habeas corpus*.

b) O estrangeiro, enquanto não se efetivar a deportação, poderá ser recolhido à prisão por ordem do ministro da justiça, pelo prazo improrrogável de sessenta dias, sendo vedado dispensá-lo de penalidades relativas à entrada ou estada irregular no território brasileiro ou de qualquer outra formalidade, ainda que isso possa dificultar a deportação.

c) Tratando-se de cooperação internacional para a repressão a atos de criminalidade comum, a existência de vínculos conjugais ou familiares do extraditando com pessoas de nacionalidade brasileira qualifica-se como causa obstativa da extradição.

d) A prisão do súdito estrangeiro não constitui pressuposto indispensável ao regular processamento da ação de extradição passiva, sendo-lhe aplicáveis, para a sua válida decretação, os pressupostos e os fundamentos referidos no Código de Processo Penal para a prisão preventiva.

e) O sistema de contenciosidade limitada não permite, ordinariamente, indagação probatória pertinente ao ilícito criminal cuja persecução, no exterior, justifica a demanda extradicional perante o STF, salvo em caso de pedido de extradição de brasileiro naturalizado por tráfico de entorpecentes e drogas afins, praticado antes ou depois da naturalização.

3. (Delegado Polícia Civil/DF/2005) Segundo o Pacto de São José da Costa Rica (Decreto 678/1992), é INCORRETO afirmar que:

a) ninguém pode ser privado de sua liberdade física, salvo pelas causas e nas condições previamente fixadas pelas constituições políticas dos Estados-Partes ou pelas leis de acordo com elas promulgadas;
b) toda pessoa detida ou retida deve ser conduzida, sem demora, à presença de um juiz ou outra autoridade autorizada pela lei a exercer funções judiciais e tem direito a ser posta em liberdade, sem prejuízo de que prossiga o processo, não podendo sua liberdade ser condicionada a garantias;
c) toda pessoa privada da liberdade tem direito a recorrer a um juiz ou tribunal competente, a fim de que este decida, sem demora, sobre a legalidade de sua prisão ou detenção e ordene sua soltura se a prisão ou a detenção forem ilegais; nos Estados-Partes cujas leis preveem que toda pessoa que se vir ameaçada de ser privada de sua liberdade tem direito a recorrer a um juiz ou tribunal competente a fim de que este decida sobre a legalidade de tal ameaça, tal recurso não pode ser restringido nem abolido; o recurso pode ser interposto pela própria pessoa ou por outra pessoa;
d) toda pessoa acusada de delito tem direito a que se presuma sua inocência enquanto não se comprove legalmente sua culpa;
e) toda pessoa tem direito a ser ouvida, com as devidas garantias dentro de um prazo razoável, por um juiz ou tribunal competente, independente e imparcial, estabelecido anteriormente por lei, na apuração de qualquer acusação penal formulada contra ela, ou para que se determinem seus direitos ou obrigações de natureza civil, trabalhista, fiscal ou de qualquer outra natureza.

4. (Magistratura TJ/AC/2012) Considerando as relações jurisdicionais com autoridade estrangeira e as disposições gerais do CPP, assinale a opção correta.

a) O trânsito, por via diplomática, de documentos relativos a instrução de processo penal não é aceito como prova bastante de autenticidade.
b) Os prazos processuais correm ainda que haja impedimento do juiz ou obstáculo judicial oposto pela parte contrária.
c) Não serão homologadas as sentenças estrangeiras contrárias à ordem pública e aos bons costumes.
d) No caso de a carta rogatória versar sobre crime que, segundo a lei estrangeira, seja de ação privada, o seu andamento, após o *exequatur*, dependerá do interessado, ainda que a lei brasileira estabeleça outra modalidade de ação para tal crime.
e) O escrivão, sob pena de multa por desobediência e suspensão de até sessenta dias em caso de reincidência, deve executar dentro do prazo de cinco dias os atos determinados em lei ou ordenados pelo juiz.

5. (Procurador da República 2011) Em tema de cooperação internacional em matéria penal, é correto afirmar que, em havendo compromisso internacional do qual o Brasil é signatário:

a) os pedidos de assistência direta formulados por autoridades estrangeiras podem ser dirigidos diretamente a autoridades centrais do Poder Executivo no Brasil, desde que não importem em medidas constritivas que, pela lei brasileira, dependam de decisão judicial, o que determina sejam veiculados pela via da Carta Rogatória.
b) os pedidos de assistência direta formulados por autoridades estrangeiras podem ser dirigidos diretamente a autoridades centrais do Poder Executivo no Brasil, desde que não importem em medidas constritivas que, pela lei brasileira, dependam de decisão judicial, o que determina sejam veiculados pela via da homologação de sentença estrangeira, já que exigem exame de mérito incabível nas Cartas Rogatórias.
c) os pedidos de assistência direta formulados por autoridades estrangeiras podem ser dirigidos diretamente a autoridades centrais do Poder Executivo no Brasil, mas quando importarem em medidas constritivas que, pela lei brasileira, dependam de decisão judicial, deverão ser ajuizadas pelo Procurador da República com atribuição, perante um juízo federal de primeiro grau.
d) os pedidos de assistência direta formulados por autoridades estrangeiras podem ser dirigidos diretamente a autoridades centrais do Poder Executivo no Brasil, e por estas executados, mesmo quando importarem em medidas constritivas que, pela lei brasileira, dependam de decisão judicial.

6. (Magistratura Federal TRF 1ª Região/2011) Considerando as relações jurisdicionais com autoridade estrangeira, as cartas rogatórias, a homologação de sentença estrangeira, a extradição e as convenções,

os tratados de direito internacional relativos ao processo penal, os tratados bilaterais de auxílio direto, a cooperação internacional e a convenção da ONU contra a corrupção, assinale a opção correta.

a) O ordenamento jurídico nacional admite a assistência legal direta entre os órgãos de persecução penal, incluindo-se o compartilhamento de informações, resguardadas ou não por sigilo legal e judicial, inclusive para atos de execução direta, por intermédio dos órgãos centrais, que poderão ordenar o afastamento do sigilo bancário e a indisponibilidade de valores depositados em contas correntes no Brasil.

b) Em relação às cartas rogatórias expedidas pelo Brasil, impõe o CPP disciplinamento específico para a prática de determinados atos processuais, em especial, a necessidade de intimação das partes para a audiência a ser realizada no juízo rogado, ainda que já tenham sido notificadas sobre a expedição da carta rogatória, sendo a elas facultadas a elaboração e a remessa de perguntas às testemunhas, por meio de quesitos, devendo o ato processual para a colheita das provas observar as formalidades e garantias processuais do Estado rogante.

c) Para que a homologação de sentença estrangeira – forma de cooperação jurídica internacional – produza os efeitos jurídicos no território nacional, faz-se necessário o atendimento de alguns requisitos, como o de não ofender a soberania nacional e a ordem pública; admite-se a homologação para obrigar o condenado a reparar o dano causado pelo crime cometido, independentemente do trânsito em julgado, e para reconhecimento da reincidência no território nacional.

d) A extradição possui sistema de contenciosidade limitada, o que obsta o exame do mérito da pretensão deduzida pelo Estado requerente ou do contexto probatório, e, entre outros postulados, a exigência da dupla tipicidade do fato – por constituir requisito essencial ao atendimento do pedido de extradição – impõe que o crime atribuído ao extraditando seja juridicamente qualificado como delito tanto no Brasil quanto no Estado requerente, não se concedendo a extradição, quando se achar extinta, em decorrência de qualquer causa legal, a punibilidade do extraditando, notadamente caso se verifique a consumação da prescrição penal, nos termos da lei brasileira.

e) A Convenção das Nações Unidas contra a Corrupção, conhecida como Convenção de Mérida, promulgada no Brasil, permite, de forma expressa, a cooperação jurídica entre os órgãos da persecução, consistente em compartilhamento de prova em matéria penal, formulado por autoridade estrangeira no exercício de atividade investigatória, dirigido a congênere autoridade brasileira, ressalvando-se, contudo, a indispensável expedição de carta rogatória por autoridade judiciária do Estado rogante e o imprescindível *exequatur* pelo STJ, de modo a assegurar o cumprimento das formalidades legais para a licitude da prova compartilhada.

7. (Magistratura TRF 2ª Região/2009) Quanto às garantias constitucionais do processo e às normas das convenções e tratados de direito internacional relativos ao processo penal, com base no entendimento do STF, assinale a opção correta.

a) Buscando concretizar os preceitos previstos na Convenção Americana de Direitos Humanos, a Emenda Constitucional n. 45/2004 introduziu na CF uma nova modalidade de recurso inominado, de modo a conferir eficácia ao duplo grau de jurisdição.

b) Não viola as garantias do juiz natural, da ampla defesa e do devido processo legal a atração por continência ou conexão do processo do corréu ao foro por prerrogativa de função de um dos denunciados.

c) Não há contraditório no inquérito policial, procedimento eminentemente inquisitório, de forma que o defensor, ainda que no interesse do representado, não tem direito a acesso amplo aos elementos de prova já documentados nos autos e que digam respeito ao direito de defesa; poderá ele, sobre tais documentos, exercer o contraditório diferido.

d) A gravação clandestina de conversa telefônica, feita por um dos interlocutores, com transcrição posteriormente juntada em inquérito policial em que um dos participantes era investigado, é fonte ilícita de prova e ofende a garantia de vedação de provas ilícitas.

e) Sendo vários os acusados em ação penal pública, constitui nulidade relativa a ausência de oportunidade ao corréu de formular reperguntas no interrogatório do outro; é necessária, para anulação do ato, a demonstração de prejuízo por parte do interessado, e não cabe falar em ofensa às garantias constitucionais do devido processo legal e da ampla defesa.

8. (Procurador da República 2012) Na compreensão contemporânea da doutrina e da jurisprudência em direito internacional, no exercício de jurisdição universal, os Estados podem promover a persecução penal:

a) contra qualquer pessoa sob seu império, não protegida por imunidade reconhecida por norma internacional, quando acusada da prática de crimes graves, para os quais o direito internacional impõe a obrigação "*aut dedere, aut judicare*";
b) contra qualquer pessoa sob seu império, independentemente de imunidade que se lhe atribua, quando se trata de crimes de *jus cogens*;
c) contra qualquer pessoa, sob seu império ou não, independentemente de imunidade que se lhe atribua, quando se trata de crimes de *jus cogens*;
d) contra qualquer pessoa sob seu império ou não, desde que não protegida por imunidade reconhecida por norma internacional, quando acusada da prática de crimes graves, para os quais o direito internacional impõe a obrigação "*aut dedere, aut judicare*".

9. (Procurador da República 2012) A atuação do Ministério Público Federal na Rede Ibero-Americana de Cooperação Jurídica:

a) decorre de obrigações assumidas pelo Estado brasileiro por força de tratado internacional;
b) se faz em concerto com o Ministério das Relações Exteriores, sendo o Ministério Público Federal o executor exclusivo das medidas solicitadas ao Brasil, no âmbito criminal e cível;
c) se faz através de órgão de monitoramento do tratado que estabeleceu a rede;
d) decorre de cortesia internacional, porquanto não há tratado internacional que a preveja.

10. (Exame da OAB unificado/2012) Após assaltar uma embarcação turística a 5 milhas náuticas da costa do Maranhão, um bando de piratas consegue fugir com joias e dinheiro em duas embarcações leves motorizadas. Comunicadas rapidamente do ocorrido, duas lanchas da Marinha que patrulhavam a área perseguiram e alcançaram uma das embarcações a 10 milhas náuticas das linhas de base a partir das quais se mede o mar territorial. A segunda embarcação, no entanto, só foi alcançada a 14 milhas náuticas das linhas de base. Ao final, todos os assaltantes foram presos e, já em terra, entregues à Polícia Federal. Com base no caso hipotético acima, é correto afirmar que

a) a prisão da primeira embarcação é legal, mas não a da segunda, pois a jurisdição brasileira se esgota nos limites de seu mar territorial, que é de 12 milhas náuticas contadas das linhas de base.
b) as duas prisões são ilegais, pois a competência para reprimir crimes em águas jurisdicionais brasileiras pertence exclusivamente à Divisão de Polícia Aérea, Marítima e de Fronteira do Departamento de Polícia Federal.
c) as duas prisões são legais, pois a primeira embarcação foi interceptada dentro dos limites do mar territorial e a segunda dentro dos limites da zona contígua, onde os Estados podem tomar medidas para reprimir as infrações às leis de seu território.
d) a primeira prisão é ilegal, pois ocorreu em mar territorial, área de competência exclusiva da Polícia Federal, e a segunda prisão é legal, pois ocorreu em zona contígua, onde a competência para reprimir qualquer ato que afete a segurança nacional passa a ser da Marinha.

11. (Magistratura TRF 3ª Região/2011) No que se refere ao Tribunal Penal Internacional, assinale a opção correta.

a) De acordo com o Estatuto de Roma, esse tribunal tem competência expressa para julgar o terrorismo como crime contra a humanidade.
b) As línguas de trabalho, nesse tribunal, são o inglês e o francês.
c) Trata-se de organismo especializado da ONU.
d) De acordo com o que prevê o Estatuto de Roma, esse tribunal pode decidir pela pena de morte em casos graves.
e) Essa corte começou a funcionar em 1998, com a conclusão do Estatuto de Roma.

12. (Magistratura do Trabalho TRT 15ª Região/2011) A respeito da imunidade de jurisdição, analise as seguintes assertivas, à luz da Convenção de Viena sobre Relações Diplomáticas.

I. A renúncia à imunidade de jurisdição sobre as ações cíveis ou administrativas deverá ser sempre expressa e abrange automaticamente a execução de sentença.

II. O Estado acreditante não pode renunciar à imunidade de jurisdição de seus agentes diplomáticos.

III. É facultado ao agente diplomático invocar a imunidade de jurisdição em reconvenção diretamente ligada à ação principal por ele ajuizada.

IV. A imunidade de jurisdição do agente diplomático no Estado acreditado o isenta da jurisdição do Estado acreditante.

V. O agente diplomático pode renunciar à sua imunidade de jurisdição.

Agora responda:

a) as assertivas I e III estão corretas;
b) as assertivas II e IV estão corretas;
c) apenas a assertiva IV está correta;
d) as assertivas I, II, III e IV estão corretas;
e) as assertivas I, II, III, IV e V estão incorretas.

13. (Procurador da República 2011) A imunidade de ex-chefe de Estado, no marco do caso PINOCHET (*Regina v. Evans and another and the commissioner of police for the metropolis and others ex parte Pinochet* – Reino Unido, Casa dos Lordes, 1999)

a) vale para atos da vida pública e da vida privada praticados ao tempo da investidura;
b) não vale para atos de Estado que configuram ilícitos de *jus cogens*;
c) vale somente para atos de Estado, inclusive os que configuram ilícitos internacionais;
d) vale somente para atos de Estado, dentre estes não se incluindo crimes de direito internacional.

14. (Procurador da República 2011) A jurisdição do Tribunal Penal Internacional é desencadeada ("Trigger") pelo princípio da complementaridade, segundo o qual,

a) a jurisdição somente incide nas hipóteses em que o Estado-Parte do Estatuto de Roma falha na persecução penal de crime da competência material do tribunal, por incapacidade efetiva ou falta de vontade para a promover;
b) o procurador do tribunal é independente e não pode ser impedido de iniciar uma investigação, sempre que constatar a falta de vontade ou a incapacidade efetiva de um Estado-Parte do Estatuto de Roma de promover a persecução penal de crime da competência material do tribunal;
c) a admissibilidade de caso depende da falha na persecução penal doméstica de crime da competência material do tribunal, por incapacidade efetiva ou falta de vontade do Estado com jurisdição sobre o mesmo;
d) o tribunal tem primazia na persecução penal de crime de sua competência material, sem prejuízo da jurisdição dos Estados-Parte.

15. (Procurador da República 2011) Nos termos da Resolução n. 9/2005 do STJ, a Carta Rogatória:

a) não pode ter por objeto ato executório;
b) não comporta execução de medida sem audiência prévia da parte interessada, em homenagem ao princípio da ampla defesa;
c) terá seu *exequatur* concedido pelo Presidente, cabendo agravo regimental de sua decisão;
d) pode ser substituída pelo auxílio direto, quando ensejar juízo de delibação.

16. (Procurador da República 2011) O Exercício de Jurisdição penal estatal, no Direito internacional

a) é, de regra, livre e só excepcionalmente limitado, como é o caso de imunidades, cabendo ao Estado que se opuser a esse exercício o ônus da prova sobre a limitação;
b) é preferencialmente determinado pela territorialidade, sendo-lhe complementar a jurisdição extraterritorial;

c) sofre limitações, no tocante à jurisdição universal, que só pode ser exercida quando o Estado detém o jurisdicionado;

d) sofre limitações, no tocante ao princípio do sujeito passivo, que deve ser articulado com o princípio protetivo, como no caso brasileiro.

17. (Procurador da Fazenda Nacional 2012) No Brasil, os instrumentos de cooperação jurídica internacional

a) são a carta rogatória e a homologação de sentença estrangeira (conforme previsto na Constituição da República Federativa do Brasil).

b) são a homologação de sentença estrangeira, a carta rogatória e a extradição (conforme previsto na Constituição da República Federativa do Brasil).

c) são o auxílio direto, a homologação de sentença estrangeira, a carta rogatória e a extradição (mesmo que estes não estejam todos previstos na Constituição da República Federativa do Brasil).

d) eram a carta rogatória e a homologação de sentença estrangeira. Atualmente é apenas a rogatória, uma vez que após o Protocolo de Las Lenãs do Mercosul a homologação de sentença estrangeira, no Brasil, se dá por meio da carta rogatória.

e) resumem-se hoje ao auxílio direto, que substitui todos os outros.

18. (Magistratura TRF 2ª Região/2011) Considere que o Japão denuncie ao procurador do TPI crime contra a humanidade cometido pelo governo da China contra população do Tibet. Com base nessa situação hipotética e no Decreto n. 4.388/2002, que aprovou o Tratado de Roma, por meio do qual foi instituído o TPI, assinale a opção correta.

a) O TPI é obrigado a aceitar denúncia oferecida pelo procurador.

b) O Japão não poderia agir da forma descrita, pois só o Conselho da ONU pode apresentar denúncia ao procurador do TPI.

c) Só a própria população do Tibet poderia formular representação ao procurador do TPI.

d) O procurador apreciará a seriedade da informação, podendo recolher informações suplementares.

e) O procurador é obrigado a denunciar o governo chinês.

19. (Magistratura Federal TRF 1ª Região/2011) Assinale a opção correta acerca da condição jurídica dos estrangeiros.

a) O Brasil admite a concessão tanto do asilo diplomático quanto do asilo territorial.

b) Somente é passível de expulsão do território brasileiro o estrangeiro que sofra condenação por crimes que atentem contra a segurança nacional ou a ordem política ou social.

c) Segundo o direito internacional costumeiro, nenhum Estado tem o direito de negar visto para o ingresso de estrangeiro em seu território, seja em definitivo, seja a título temporário.

d) A deportação, como forma de exclusão do estrangeiro do território brasileiro, somente se efetiva mediante ato que, exarado pelo ministro de Estado da Justiça, impeça o retorno do deportado ao país.

e) A CF dispõe que o brasileiro naturalizado somente pode ser extraditado em caso de crime comum ou de comprovado envolvimento em tráfico ilícito de entorpecentes e drogas afins, desde que, em ambos os casos, os crimes tenham sido praticados antes da naturalização.

20. (Promotor de Justiça MP/SP/2008) Considerando que o Brasil é signatário da Convenção Americana de Direitos Humanos, também conhecida como Pacto de San José da Costa Rica, assinale a alternativa correta.

a) O Brasil está sujeito à jurisdição contenciosa da Corte Interamericana de Direitos Humanos, porque se trata de cláusula obrigatória da Convenção.

b) A competência da Corte Interamericana de Direitos Humanos está limitada à emissão de sentença declaratória por violações da Convenção.

c) A cláusula da Convenção relativa à jurisdição obrigatória da Corte é facultativa e o Brasil a ela não aderiu até hoje.

d) O Brasil sujeitou-se voluntariamente à jurisdição da Corte e pode ser condenado à obrigação de fazer cessar as violações à Convenção e indenizar as vítimas.

e) A Constituição Federal não permite a sujeição do Brasil à jurisdição de Tribunais Internacionais.

PRESTE ATENÇÃO!

- O asilo diplomático é **temporário**, exige perigo atual ou iminente de perseguição política e não é reconhecido em consulados.
- O ingresso irregular de estrangeiro no território do Estado **não impede a concessão do asilo**.
- A saída do asilado sem autorização governamental representa **o fim do asilo**.
- A expulsão depende de decreto do Presidente da República, precedido de inquérito conduzido pelo Ministério da Justiça, gera a saída compulsória do estrangeiro e a vedação de seu reingresso no território nacional, salvo no caso de revogação do decreto de expulsão.
- A deportação é de competência **do Departamento da Polícia Federal** e permite o retorno do deportado, quando legalizado.
- No auxílio direto, o pedido é julgado **pela Justiça Federal**, e autoridade central é o órgão responsável pela condução da cooperação jurídica internacional.
- A extradição depende de tratado ou, na sua falta, de promessa de reciprocidade, e a competência para sua concessão no Brasil é **dividida entre o Executivo e o Judiciário** (STF).

CUIDADO!

- O Tribunal Penal Internacional é órgão internacional permanente, com personalidade jurídica própria, criado pelo Estatuto de Roma, que processa pessoas que cometem genocídios ou crimes de agressão, de guerra ou contra a humanidade. NÃO prevê PENA DE MORTE.
- A Carta Rogatória Passiva deve observar a lei do Estado rogado, não pode ter como objeto ato executório, depende do *exequatur* do STJ, é cumprida pela Justiça Federal e não pode violar a soberania nacional nem a ordem pública.
- A Homologação de Sentença Estrangeira é realizada pelo STJ, quando não ofender a soberania nacional, a ordem pública e os bons costumes, e executada pela Justiça Federal.
- O Pacto de San José de Costa Rica, com *status* SUPRALEGAL, proíbe o restabelecimento da pena de morte nos países que a tenham abolido.

IMPORTANTE!

- NUNCA pode ser extraditado brasileiro nato.
- Brasileiro naturalizado pode ser extraditado se cometer crime comum antes da naturalização ou se for comprovado seu envolvimento em tráfico ilícito de entorpecentes.
- Estrangeiro pode ser extraditado, desde que não pratique crime político ou crime de opinião.
- Não será expulso estrangeiro casado há mais de 5 (cinco) anos com brasileira ou que possua, sob sua guarda e dependência econômica, um filho brasileiro.

Capítulo 26

ASPECTOS PROCESSUAIS DAS LEIS ESPECIAIS

1. Contravenções penais

a) **Conceito:** as contravenções penais (chamadas de "crimes anões", pela ínfima repercussão na própria vítima ou no meio social) são infrações penais de menor potencial ofensivo.

b) **Ação penal:** pública incondicionada. O art. 88 da Lei n. 9.099/95, que tornou condicionada à representação a ação penal por lesões corporais leves e lesões culposas, não se estende à persecução das contravenções penais.

> ***Informativo* 221 do STF:** Tratando-se de contravenção penal, a ação é pública incondicionada devendo o Ministério Público oferecer denúncia independentemente de representação da vítima. Com esse entendimento, a Turma indeferiu *habeas corpus* que objetivava o trancamento de ação penal instaurada pelo Ministério Público pela prática da contravenção penal de vias de fato (LCP, art. 21), no qual se sustentava a decadência do direito de representação da vítima. Considerou-se que permanece em vigor a primeira parte do art. 17 da LCP ("A ação penal é pública,..."), não se aplicando o art. 88 da Lei 9.099/95, que tornou condicionada à representação a ação penal relativa aos crimes de lesões corporais leves. HC 80.617/MG, Rel. Min. Sepúlveda Pertence, 20-3-2001.

> ***Informativo* 456 do STF:** A regra do art. 17 LCP – segundo a qual a persecução das contravenções penais se faz mediante ação pública incondicionada – não foi alterada, sequer com relação à de vias de fato, pelo art. 88 da L. 9.099/95, que condicionou à representação a ação penal por lesões corporais leves (HC 80.617, Pertence, *RTJ* 177/866).

c) **Competência:** Justiça Comum Estadual, ainda que ofendam bem, direito, serviço ou interesse da União, suas entidades autárquicas, fundações públicas, agências e empresas públicas, nos termos da Súmula 38 do STJ. É da competência da Justiça estadual o julgamento de contravenções penais, mesmo que conexas com delitos de competência da Justiça Federal, já que a Constituição Federal, em seu art. 109, IV, exclui da competência da Justiça Federal o julgamento das contravenções penais.

> ***Informativo* 428 do STJ:** A 3ª Seção decidiu que compete ao juizado especial civil e criminal processar e julgar a contravenção penal referente ao exercício ilegal da atividade profissional no caso de um corretor de imóveis que teve sua inscrição cancelada pelo Creci por impontualidade do pagamento das anuidades (art. 205 do CP c/c Res. n. 761/2002 do Creci; art. 47 do DL n. 3.688/1941; art. 109, IV, da CF/1988, e art. 5º da Lei n. 6.530/1978). Precedentes citados: CC 13.019/BA, *DJ* 13-11-1995, e CC 90.776/MG, *DJe* 14-3-2008. CC 104.924/MG, Rel. Min. Jorge Mussi, julgado em 24-3-2010.

> ***Informativo* 402 do STJ:** A 3ª Seção do STJ entendeu ser inaplicável a Lei n. 9.099/1995 aos casos de violência doméstica e familiar contra a mulher, ainda que se trate de contravenção penal. Desta forma, vias de fato (artigo 21 da Lei de Contravenções Penais) será julgado pelo juízo de Direito da Vara Criminal, e não o do Juizado Especial.

> ***Informativo 406 do STJ:*** A 2ª Turma do STJ entende que compete ao juízo criminal apreciar a prática de contravenção penal, atividade de exploração de jogos de azar, prevista nos arts. 50 e 51 do DL n. 3.688/1941 (Lei das Contravenções Penais), bem como decidir sobre as medidas acautelatórias: fechamento do estabelecimento, bloqueio de contas bancárias e apreensão de máquinas caça-níqueis.

> ***Informativo 511 do STJ:*** Se o ato ensejador do auto de infração caracteriza infração penal tipificada apenas em dispositivos de leis de crimes ambientais, somente o juízo criminal tem competência para aplicar a correspondente penalidade. Os fiscais ambientais têm competência para aplicar penalidades administrativas. No entanto, se a conduta ensejadora do auto de infração configurar crime ou contravenção penal, somente o juízo criminal é competente para aplicar a respectiva sanção. Precedente citado: AgRg no AREsp 67.254/MA, *DJe* 2-8-2012; REsp 1.218.859/ES, Rel. Min. Arnaldo Esteves Lima, julgado em 27-11-2012.

d) **Benefícios:** é cabível transação penal, bem como suspensão condicional do processo. Não será possível prisão em flagrante se o acusado comparecer ou tiver o compromisso de comparecer no juizado especial criminal.

A transação penal não é aplicável na hipótese de contravenção penal praticada com violência doméstica e familiar contra a mulher, nos termos do *Informativo* n. 539 do STJ. Tanto o STJ quanto o STF já se posicionaram no sentido de que os institutos despenalizadores da Lei n. 9.099/95, entre eles a transação penal, não se aplicam a nenhuma prática delituosa contra a mulher no âmbito doméstico e familiar, ainda que configure contravenção penal.

e) **Rito:** é o sumaríssimo, previsto nos arts. 77 e seguintes da Lei n. 9.099/95, já que todas as contravenções penais são infrações de menor potencial ofensivo.

f) **Medida de segurança:** se o contraventor for inimputável, estará sujeito às medidas de segurança previstas no Código Penal. Há doutrinadores que defendem que o mais recomendado é o tratamento ambulatorial, em razão de a contravenção ser infração de menor potencial ofensivo. O exílio local foi revogado pela reforma da Parte Geral de 1984.

g) **Penas:** as penas aplicáveis são **prisão simples e multa**, sendo que de prisão simples deve ser cumprida, sem rigor penitenciário, em estabelecimento especial ou seção especial de prisão comum, em regime semiaberto ou aberto. O regime fechado não é aplicável, salvo no caso de transferência. O condenado a pena de prisão simples fica sempre separado dos condenados a pena de reclusão ou de detenção. É proibida conversão da prisão em multa. É possível a conversão em pena restritiva de direitos, nos termos do art. 43 do CP. Em relação às penas de multa, o procedimento é o do CP.

Questão de prova

A prova de Procurador Municipal PR/2012 considerou CORRETA a afirmativa: "Para os ilícitos contravencionais estão previstas em lei SOMENTE as penas indicadas em prisão simples e multa".

h) ***Sursis* de prisão simples:** na execução da prisão simples, é possível a concessão pelo juiz do *sursis* (por tempo não inferior a 1 (um) ano nem superior a 3 (três) anos), desde que preenchidos os requisitos para o *sursis* previstos no art. 77 do Código Penal: 1) que a pena da sentença não seja superior a 2 (dois) anos; 2) que não seja cabível a substituição por pena restritiva de direitos; 3) que as circunstâncias judiciais do art. 59 do Código penal sejam favoráveis ao condenado; 4) que o réu não seja reincidente.

i) **Livramento condicional:** é possível, nos termos do art. 83 do CP.

j) **Territorialidade absoluta:** as contravenções penais praticadas no exterior nunca serão punidas no Brasil.

Questões de prova

A prova de Juiz TJ/PR/2013 considerou CORRETA a afirmativa: "A lei brasileira só é aplicável à contravenção praticada no território nacional".

A prova de Defensor Público DPE/PI/2009 considerou INCORRETA a afirmativa: "A lei brasileira é aplicável a contravenção penal praticada fora do território nacional".

k) **Lugar do crime:** é adotada a teoria da ubiquidade.

l) **Trabalho na execução da pena:** é facultativo, desde que a pena aplicada não exceda a 15 (quinze) dias.

m) **Limite de prisão:** a duração da pena de prisão simples não pode, em caso algum, ser superior a 5 (cinco) anos.

n) **Aplicação subsidiária:** regras gerais do Código Penal, salvo disposição diversa na Lei das Contravenções Penais.

o) **Prisão preventiva:** é incabível, pois tal prisão cautelar só pode ser decretada em caso de crime.

p) **Violência doméstica:** é inaplicável a Lei n. 9.099/95, ainda que se trate de contravenção penal, nos termos do art. 41 da Lei n. 11.340/2006.

> ***Informativo 620 do STF:*** O Plenário do STF declarou a constitucionalidade do art. 41 da Lei n. 11.340/2006 ("Aos crimes praticados com violência doméstica e familiar contra a mulher, independentemente da pena prevista, não se aplica a Lei n. 9.099, de 26 de setembro de 1995.").

q) **Desclassificação de crime para contravenção penal:** é possível, mas não pode ser discutida em sede de *habeas corpus*, por demandar dilação probatória. Se ocorrer a desclassificação pela via processual própria, o juiz processante deve conferir oportunidade ao MP para manifestar-se sobre o *sursis* processual e a transação penal.

r) **Causa de revogação facultativa do *sursis* processual:** nos termos do art. 89, §§ 3° e 4°, da Lei n. 9.099/95, a revogação facultativa ocorre nas hipóteses em que for processado por contravenção penal, no curso do prazo, ou descumprir qualquer outra condição estabelecida.

s) **Jogo do bicho:** é contravenção penal definida no art. 51 da Lei das Contravenções Penais; a ocultação ou dissimulação do dinheiro vindo do jogo do bicho caracteriza lavagem de dinheiro, nos termos da Lei n. 12.683/2012.

t) **Aplicação da consunção:** não é possível que um crime tipificado no Código Penal seja absorvido por uma infração tipificada na Lei de Contravenções Penais, nos termos do *Informativo* 743 do STF.

u) **Tentativa:** Não é punível a tentativa de contravenção, nos termos do art. 4º da Lei de Contravenções Penais.

Questões de prova

A prova de Juiz TJ/DFT/2016 considerou CORRETA a afirmativa: "A tentativa de contravenção penal não é passível de punição legal".

A prova de Delegado da Polícia PC/DF/2015 considerou INCORRETA a afirmativa: "Nos termos da Lei das Contravenções Penais, é punível a tentativa de contravenção".

A prova de Delegado de Polícia PC/BA/2013 considerou CORRETA a afirmativa: "A tentativa de contravenção, mesmo que factível, não é punida".

A prova de Delegado de Polícia PC/AL/2012 considerou CORRETA a afirmativa: "A tentativa de contravenção, mesmo que factível, não é punida".

2. Crimes de responsabilidade (Lei n. 1.079/50)

a) **Crime de responsabilidade:** há uma séria discussão doutrinária a respeito do seu significado, de forma que existem os seguintes posicionamentos:

1) é infração penal, ou seja, fato que viola a norma penal, lesando ou expondo a perigo um bem jurídico, sujeito às sanções de natureza criminal. Nesse diapasão, há autores que especificam a infração penal, afirmando ser do tipo funcional. Os autores que identificam o crime de responsabilidade como crime funcional adotam para as infrações político-administrativas outras terminologias, como infrações de responsabilidade política ou infrações de responsabilidade;

2) trata-se de infração político-administrativa, sujeita a sanções de natureza política;

3) a expressão tem dois sentidos: **amplo:** crime de responsabilidade abrange a ideia de infração penal e infração político-administrativa; **restrito:** infração de natureza política;

4) se ofender a existência da União, o livre-exercício do Poder Legislativo, do Poder Judiciário, do Ministério Público e dos Poderes constitucionais das unidades federadas, o exercício dos direitos políticos, individuais, sociais ou a segurança interna do País, será infração política; já se ofender a probidade na administração, lei orçamentária e o cumprimento das leis e das decisões judiciais, será crime funcional.

***Informativo* 75 do STJ:** Na legislação brasileira, o descumprimento de ordem judicial tem previsão expressa como crime de responsabilidade para o Presidente da República, os Ministros de Estado, os Governadores dos Estados e do Distrito Federal e seus Secretários, além dos Prefeitos, mas não existe uma lei específica que defina essas condutas quando praticadas por autoridades do Judiciário. Solicitado pela Subprocuradoria-Geral da República o arquivamento do feito pela atipicidade da conduta, não sendo aplicável o art. 28 do CPP, a Corte Especial arquivou a Notícia Crime. NC 65/PB, Rel. Min. Fernando Gonçalves, julgado em 18-10-2000.

b) **Competência legislativa:** a definição dos crimes de responsabilidade e o estabelecimento das respectivas normas de processo e julgamento são da competência legislativa da União, nos termos da Súmula 722 do STF. De acordo com a Súmula Vinculante 46 do STF, A definição dos **crimes de responsabilidade** e o estabelecimento das respectivas normas de processo e julgamento são da competência legislativa privativa da União.

c) **Admissibilidade da acusação contra o Presidente da República:** é necessária uma autorização de 2/3 (dois terços) da Câmara dos Deputados, nos termos do art. 86 da CF.

> ***Informativo* 84 do STF:** O disposto no art. 86, *caput*, da CF ("Admitida a acusação contra o Presidente da República, por dois terços da Câmara dos Deputados, será ele submetido a julgamento perante o Supremo Tribunal Federal, nas infrações penais comuns, ou perante o Senado Federal, nos crimes de responsabilidade.") não é prerrogativa exclusiva do Presidente da República, podendo os Estados-membros estender sua aplicação a seus governadores. ADIn MC 1.634/SC, Rel. Min. Néri da Silveira, 17-9-1997.

d) **Denúncia:** é permitido a qualquer cidadão denunciar o Presidente da República ou Ministro de Estado, por crime de responsabilidade, perante a Câmara dos Deputados.

> **Questão de prova**
> A prova de Analista de Controle Externo TCE/RO/2013 considerou CORRETA a afirmativa: "A lei permite que qualquer cidadão denuncie a prática de crime de responsabilidade, forma de controle político de atos administrativos praticados por agentes públicos".

e) **Recebimento da denúncia:** a denúncia só poderá ser recebida enquanto o denunciado não tiver, por qualquer motivo, deixado definitivamente o cargo.

> ***Informativo* 568 do STF:** Quanto à alegação de que a permanência no cargo de presidente do tribunal configuraria condição de procedibilidade para a propositura de ação por crime de responsabilidade, enfatizou-se, inicialmente, não haver controvérsia sobre a natureza da infração supostamente praticada pelo paciente – crime de responsabilidade –, a qual corporifica ilícito político-administrativo incluído como causa de responsabilização na Lei 1.079/50.

> ***Informativo* 640 do STF:** Reafirmou jurisprudência do STF segundo a qual a competência para recebimento, ou não, de denúncia no processo de *impeachment* não se restringe a uma admissão meramente burocrática, cabendo, inclusive, a faculdade de rejeitá-la imediatamente acaso entenda patente-

mente inepta ou despida de justa causa. MS 30.672 AgR/DF, Rel. Min. Ricardo Lewandowski, 15-9-2011.

f) **Requisitos da denúncia:** a denúncia, assinada pelo denunciante e com firma reconhecida, deve ser acompanhada dos documentos que a comprovem, ou da declaração de impossibilidade de apresentá-los, com a indicação do local onde possam ser encontrados. Nos crimes de que haja prova testemunhal, a denúncia deverá conter o rol das testemunhas, em número de 5 (cinco), no mínimo.

> ***Informativo* 388 do STJ:** A 1ª Turma do STJ reiterou o entendimento de que ex-prefeito não está no rol das autoridades submetidas à Lei n. 1.079/1950, que versa sobre os crimes de responsabilidade; logo, poderá responder por seus atos na via da ação civil pública de improbidade administrativa. Precedentes citados: REsp 861.419/DF, *DJ* 11-2-2009, e AgRg no Ag 685.351/PR, *DJ* 21-11-2008. REsp 949.452/SP, Rel. Min. Francisco Falcão, julgado em 24-3-2009.

g) **Testemunhas:** as testemunhas arroladas no processo deverão comparecer para prestar o seu depoimento. A Mesa da Câmara dos Deputados ou do Senado, por ordem de quem serão notificadas, tomará as providências legais que se tornarem necessárias para compeli-las à obediência.

h) **Procedimento da admissibilidade da acusação perante a Câmara dos Deputados:**

- oferecimento da denúncia;
- recebimento da denúncia;
- leitura da denúncia no expediente da sessão seguinte e remessa a uma comissão especial eleita, da qual participem, observada a respectiva proporção, representantes de todos os partidos para opinar sobre ela;
- reunião da comissão dentro de 48 (quarenta e oito) horas, a qual, depois de eleger seu presidente e relator, emitirá parecer, no prazo de 10 (dez) dias, dispondo se a denúncia deve ou não ser julgada como objeto de deliberação. Nesse período, poderá a comissão proceder às diligências que julgar necessárias ao esclarecimento da denúncia;
- leitura do parecer da comissão especial no expediente da sessão da Câmara dos Deputados e sua publicação integral no *Diário do Congresso Nacional* e em avulsos, juntamente com a denúncia, devendo as publicações ser distribuídas a todos os deputados;

- 48 (quarenta e oito horas) após a sua publicação oficial, o parecer da Comissão Especial será incluído, em primeiro lugar, na ordem do dia da Câmara dos Deputados, para uma discussão única;
- após pronunciamento da comissão, cinco representantes de cada partido poderão falar, durante 1 (uma) hora, sobre o parecer, ressalvado ao relator da Comissão Especial o direito de responder a cada um;
- encerrada a discussão, o parecer será submetido a votação nominal. A denúncia, com os documentos que a instruam, será arquivada, se não for considerada objeto de deliberação. Caso contrário, será remetida por cópia autêntica ao denunciado, que terá o prazo de 20 (vinte) dias para contestá-la e indicar os meios de prova com que pretenda demonstrar a verdade do alegado;
- publicado e distribuído, esse parecer será incluído na ordem do dia da sessão imediata, sendo submetido a duas discussões, com o interregno de 48 (quarenta e oito) horas entre uma e outra;
- nas discussões do parecer sobre a procedência ou improcedência da denúncia, cada representante de partido poderá falar uma só vez e durante 1 (uma) hora;
- encerrada a discussão, o parecer será submetido a votação nominal, não sendo permitidas, então, questões de ordem, nem encaminhamento de votação;
- se da aprovação do parecer resultar a procedência da denúncia, considerar-se-á decretada a acusação pela Câmara dos Deputados;
- decretada a acusação, será o denunciado intimado imediatamente pela Mesa da Câmara dos Deputados, por intermédio do 1º Secretário. Se o denunciado estiver ausente do Distrito Federal, a sua intimação será solicitada, pela Mesa da Câmara dos Deputados, ao Presidente do Tribunal de Justiça do Estado em que ele se encontrar;
- a Câmara dos Deputados elegerá uma comissão de três membros para acompanhar o julgamento do acusado.

i) **Órgão competente para julgamento:** conforme se trate da acusação de crime comum ou de responsabilidade, o processo será enviado ao Supremo Tribunal Federal ou ao Senado Federal, respectivamente.

> ***Informativo* 418 do STJ:** Excetuada a hipótese de atos de improbidade praticados pelo presidente da República (art. 85, V, da CF/1988), cujo julgamento se dá em regime especial pelo Senado Federal (art. 86 da mesma carta), não há norma constitucional alguma que imunize os agentes políticos, su-

jeitos a crime de responsabilidade, de qualquer das sanções por ato de improbidade previstas no art. 37, § 4º, da CF/1988. Seria incompatível com a Constituição eventual preceito normativo infraconstitucional que impusesse imunidade dessa natureza. O STF, em 13/3/2008, com apenas um voto contrário, declarou competir a ele julgar ação de improbidade contra seus membros (QO na Pet. 3.211-0, Rel. Min. Carlos Alberto Menezes Direito, *DJe* 27-6-2008).

j) **Procedimento do julgamento no Senado:**

- recebimento pelo Senado do decreto de acusação, com o processo enviado pela Câmara dos Deputados;
- apresentação do libelo pela comissão acusadora;
- remessa, pelo Presidente do SF, de cópia de tudo para o acusado, que na mesma ocasião será notificado para comparecer em dia fixado perante o Senado. Ao Presidente do Supremo Tribunal Federal, enviar-se-á o processo em original, com a comunicação do dia designado para o julgamento;
- o acusado comparecerá, por si ou pelos seus advogados, podendo, ainda, oferecer novos meios de prova. No caso de revelia, o Presidente marcará novo dia para o julgamento e nomeará para a defesa do acusado um advogado, a quem se facultará o exame de todas as peças de acusação;
- no dia aprazado para o julgamento, presentes o acusado, seus advogados, ou o defensor nomeado a sua revelia, e a comissão acusadora, o Presidente do Supremo Tribunal Federal, abrindo a sessão, mandará ler o processo preparatório, o libelo e os artigos de defesa;
- inquirição das testemunhas, que deverão depor publicamente e fora da presença umas das outras. Qualquer membro da comissão acusadora ou do Senado, e bem assim o acusado ou seus advogados, poderão requerer que se façam às testemunhas as perguntas que julgarem necessárias. A comissão acusadora, o acusado ou seus advogados poderão contestar ou arguir as testemunhas, contudo sem interrompê-las, e requerer a acareação;
- debate verbal entre a comissão acusadora e o acusado ou os seus advogados, pelo prazo que o Presidente fixar e que não poderá exceder 2 (duas) horas;
- findos os debates orais e retiradas as partes, será aberta discussão sobre o objeto da acusação;
- encerrada a discussão, o Presidente do Supremo Tribunal Federal fará relatório resumido da denúncia e das provas da acusação e da defesa, submetendo à votação nominal dos senadores o julgamento.

k) **Resultado do julgamento:** se o julgamento for absolutório, produzirá desde logo todos os efeitos a favor do acusado. No caso de condenação, o Senado, por iniciativa do Presidente, fixará o prazo de inabilitação do condenado para o exercício de qualquer função pública; no caso de haver crime comum, deliberará ainda sobre se o Presidente deverá submetê-lo à Justiça Ordinária, independentemente da ação de qualquer interessado. Proferida a sentença condenatória, o acusado estará destituído do cargo.

l) **Resolução do Senado:** a resolução do Senado constará de sentença que será lavrada, nos autos do processo, pelo Presidente do Supremo Tribunal Federal, assinada pelos senadores que atuarem como juízes, transcrita na ata da sessão e, dentro desta, publicada no *Diário Oficial* e no *Diário do Congresso Nacional*.

m) **Impedimento:** não pode interferir, em nenhuma fase do processo de responsabilidade do Presidente da República ou dos Ministros de Estado, o deputado ou senador: 1) que tiver parentesco consanguíneo, ou afim, com o acusado, em linha reta; ou, em linha colateral, os irmãos, cunhados, enquanto durar o cunhadio, e os primos-coirmãos; 2) que, como testemunha do processo, tiver deposto de ciência própria.

n) **Convocação extraordinária:** o congresso Nacional deverá ser convocado, extraordinariamente, pelo terço de uma de suas câmaras, caso a sessão legislativa se encerre sem que se tenha ultimado o julgamento do Presidente da República ou de Ministro de Estado, bem como no caso de ser necessário o início imediato do processo.

o) **Aplicação subsidiária:** "No processo e julgamento do Presidente da República e dos Ministros de Estado, serão subsidiários desta lei, naquilo em que lhes forem aplicáveis, assim os regimentos internos da Câmara dos Deputados e do Senado Federal, como o Código de Processo Penal" (art. 28 da Lei n. 1.079/50).

p) **Condenação:** em conformidade com o art. 2º da Lei n. 1.079/50 são aplicadas as penas de perda do cargo, com inabilitação, até cinco anos, para o exercício de qualquer função pública nos processos contra o Presidente da República ou Ministros de Estado, contra os Ministros do Supremo Tribunal Federal ou contra o Procurador-Geral da República pela prática de crime de responsabilidade. Já pela Constituição Federal, são aplicadas as penas de perda do cargo, com inabilitação, por oito anos, para o exercício de função pública, sem prejuízo das demais sanções judiciais cabíveis. Prevalece o texto da Constituição Federal no período da inabilitação da função pública, de acordo com o critério hierárquico.

Questão de prova

A prova de Técnico de Análise Contábil RJ/2009 considerou CORRETA a afirmativa: "Os crimes de responsabilidade previstos na Lei n. 1.079/50 sujeitam os respectivos autores à perda do cargo, com inabilitação para o exercício de qualquer função pública até cinco anos".

Nesta questão o enunciado especificou as penas da Lei n. 1.079/50.

q) **Fundamento:** a consagração do princípio da responsabilidade do Chefe do Poder Executivo, além de refletir uma conquista básica do regime democrático, constitui consequência necessária da forma republicana de governo adotada pela Constituição Federal, nos termos do *Informativo* 787 do STF.

3. Crime de genocídio

a) **Objeto da lei:** o crime de genocídio é definido como o que visa destruir, no todo ou em parte, grupo nacional, étnico, racial ou religioso, por meio das seguintes ações: 1) matar membros do grupo; 2) causar lesão grave à integridade física ou mental de membros do grupo; 3) submeter intencionalmente o grupo a condições de existência capazes de ocasionar-lhe a destruição física total ou parcial; 4) adotar medidas destinadas a impedir os nascimentos no seio do grupo; 5) efetuar a transferência forçada de crianças do grupo para outro grupo (inteligência do art. 2º da Convenção contra o Genocídio, ratificada pelo Decreto n. 30.822/52, c/c art. 1º da Lei n. 2.889/56);

   Preveem-se também como modalidades criminosas: 1) a incitação ao genocídio: quando qualquer pessoa, sem intermediários e publicamente, instiga alguém a cometê-lo (trata-se de **crime de empreendimento**, pois a pena pelo crime de incitação será a mesma do crime incitado, se este se consumar); e 2) a associação ao genocídio: quando mais de três pessoas se associam para praticar genocídio.

b) **Extradição:** o infrator que cometer crime de genocídio pode sofrer extradição sem poder alegar, em seu benefício, o cometimento de crime político. Há previsão legal de que o genocídio não será considerado crime político para efeitos de extradição.

c) **Tentativa diferenciada:** qualquer modalidade de tentativa será punida com 2/3 (dois terços) das respectivas penas dos crimes definidos na Lei n. 2.889/56;

Questão de prova

A prova de Juiz Federal TRF/1ª Região/2011 considerou CORRETA a afirmativa: "Na lei que regulamenta a infração penal de genocídio, este não é considerado crime político para efeitos de extradição, e a tentativa, de forma diversa da prevista no CP, deve ser punida com dois terços da pena prevista para o crime".

d) **Causa de aumento de pena:** o crime de genocídio possui causa de aumento de pena de 1/3 (um terço) quando a incitação for cometida pela imprensa ou quando qualquer dos crimes definidos na Lei do Genocídio for cometido por governante ou funcionário público.

e) **Competência:** é da Justiça Comum Estadual, salvo no caso de genocídio praticado contra indígenas, nos termos do art. 109, IV e IX, da CF. Nas alíneas *a* e *d* do art. 1º da Lei n. 2.889/56, há dois posicionamentos sobre a competência: 1) a competência é do Tribunal do Júri, nos termos do art. 5º, XXXVIII, *d*, da CF; 2) STJ: a competência é do juiz singular, pois o crime de genocídio tem objetividade jurídica, tipos objetivos e subjetivos, bem como sujeito passivo, inteiramente distintos dos daqueles arrolados como crimes contra a vida. Assim, a ideia de submeter tal crime ao Tribunal do Júri encontra óbice no próprio ordenamento processual penal, porquanto não há em seu bojo previsão para esse delito, sendo possível apenas a condenação dos crimes especificamente nele previstos, não se podendo incluir qualquer crime em que haja morte da vítima, ainda que causada dolosamente. Aplicação do art. 5º, XXXVIII, da Constituição Federal, c/c art. 74, § 1º, do Código de Processo Penal[1].

> ***Informativo* 70 do STJ:** A 5ª Turma entendeu que a competência é do Juiz Singular Federal (as vítimas eram índios) porque esses delitos não se direcionam contra a vida do indivíduo, mas sim contra o grupo ou parte de um grupo de pessoas, que se destacam por sua raça, nacionalidade ou religião, independentemente da personalidade de cada um de seus membros. Não se trata, portanto, de crime doloso contra a vida, o que exclui a competência do Tribunal do Júri (art. 74, § 1º, CPP, e art. 5º, XXXVIII, CF/88). REsp 222.653/RR, Rel. Min. Jorge Scartezzini, julgado em 12-9-2000.

> ***Informativo 508 do STJ:*** A competência da Justiça Federal para processar e julgar ações penais de delitos praticados contra indígena somente ocorre quando o processo versa sobre questões ligadas à cultura e aos direitos sobre suas terras. Precedentes citados do STF: RE 419.528/PR, *DJ* 9-3-2007; RHC 85.737/PE, *DJ* 30-11-2007; do STJ: CC 101.569/PR, *DJe* 6-9-2010, e CC 43.328/MS, *DJe* 21-10-2008. CC 38.517/RS, Rel. Min. Assusete Magalhães, j. em 24-10-2012.

> ***Informativo* 434 do STF:** Inicialmente, asseverou-se que o objeto jurídico tutelado imediatamente pelos crimes dolosos contra a vida difere-se do bem

1 STJ, 5ª T., REsp 222.653, Rel. Min. Jorge Scartezzini, *DJ* 30-10-2000.

protegido pelo crime de genocídio, o qual consiste na existência de um grupo nacional, étnico, racial ou religioso. Assim, não obstante a lesão à vida, à integridade física, à liberdade de locomoção etc. serem meios de ataque a esse objeto jurídico, o direito positivo pátrio protege, de modo direto, bem jurídico supranacional ou coletivo. Logo, no genocídio, não se está diante de crime contra a vida e, por conseguinte, não é o Tribunal do Júri o órgão competente para o seu julgamento, mas sim o juízo singular. Desse modo, não se negou, no caso, ser a Justiça Federal competente para a causa. Ademais, considerou-se incensurável o entendimento conferido pelas instâncias inferiores quanto ao fato de os diversos homicídios praticados pelos recorrentes reputarem-se uma unidade delitiva, com a consequente condenação por um só crime de genocídio. Esclareceu-se, no ponto, que para a legislação pátria, a pena será única para quem pratica as diversas modalidades de execução do crime de genocídio, mediante repetições homogêneas ou não, haja vista serem consideradas como um só ataque ao bem jurídico coletivo. Ressaltou-se, ainda, que apesar da cominação diferenciada de penas (Lei 2.889/56, art. 1º), a hipótese é de tipo misto alternativo, no qual, cada uma das modalidades, incluídos seus resultados materiais, só significa distinto grau de desvalor da ação criminosa. RE 351.487/RR, Rel. Min. Cezar Peluso, 3-8-2006.

Questão de prova

A prova de Juiz Federal TRF/3ª Região/2011 considerou CORRETA a afirmativa: "O crime de genocídio perpetrado por intermédio do assassínio de membros de grupo nacional, étnico, racial ou religioso com o dolo específico de destruir ou extinguir o grupo (art. 1º, *a*, da Lei n. 2.889/56 – crime hediondo) é punido com a pena do homicídio qualificado, mas não se submete a julgamento pelo Tribunal do Júri".

f) **Característica:** é crime contra a humanidade, podendo gerar o incidente de deslocamento de competência para a Justiça Federal, nos termos do art. 109, V-A e § 5º, da CF. É também crime previsto na competência do Tribunal Penal Internacional. É crime hediondo, nos termos do art. 1º, parágrafo único, da Lei n. 8.072/90.

4. Crimes eleitorais

a) **Ação penal:** ação pública incondicionada.

***Informativo* 439 do STF:** A calúnia, a difamação e a injúria tipificam **crimes eleitorais** quando ocorrem em propaganda eleitoral ou visando a fins de propaganda eleitoral (Código Eleitoral, artigos 324, 325 e 326). Com base nesse entendimento, o Tribunal, por ilegitimidade ativa, rejeitou queixa--crime ajuizada contra Deputado Federal, na qual se lhe imputava a prática dos crimes de calúnia e difamação (Lei 5.250/67, artigos 20 e 21, c/c o art. 23, II), em concurso formal, que teriam ocorrido durante a transmissão de programa eleitoral gratuito. Considerou-se que a hipótese dos autos configuraria **crime eleitoral**, perseguível por ação penal pública, nos termos do art. 355, do Código Eleitoral. Salientou-se, ademais, que, nos **crimes eleitorais** cometidos por meio da imprensa, do rádio ou da televisão, aplicam-se exclusivamente as normas desse Código e as remissões a outra lei nele contempladas. Inq 2.188/BA, Rel. Min. Sepúlveda Pertence, 6-9-2006.

b) **Comunicação:** todo cidadão que tiver conhecimento de infração penal do Código Eleitoral deverá comunicá-la ao juiz eleitoral da zona onde a verificou. Quando a comunicação for verbal, mandará a autoridade judicial reduzi-la a termo, assinado pelo apresentante e por 2 (duas) testemunhas, e a remeterá ao órgão do Ministério Público local, que procederá na forma desse Código.

c) **Requisição ministerial:** se o Ministério Público julgar necessários mais esclarecimentos, documentos complementares ou outros elementos de convicção, deverá requisitá-los diretamente de quaisquer autoridades ou funcionários que possam fornecê-los.

d) **Prazo da denúncia:** verificada a infração penal, o Ministério Público oferecerá a denúncia dentro do prazo de 10 (dez) dias. Com a aplicação subsidiária do CPP, há entendimento[2] de que o prazo é de 5 (cinco) dias no caso de indiciado preso.

Questões de prova

A prova de Titular de Serviços de Notas e de Registros TJ/MG/2016 considerou CORRETA a afirmativa: "De acordo com a Lei n. 4.737/65, Código Eleitoral, verificada a infração penal, o Ministério Público oferecerá a denúncia dentro do prazo de 10 (dez) dias".

A prova de Promotor de Justiça MP/AC/2014 considerou CORRETA a afirmativa: "Diva, prefeita candidata à reeleição, foi denunciada por ter difamado e injuriado Helen, candidata opositora, durante a propaganda eleitoral gratuita veiculada na mídia, tendo-lhe imputado fato ofensivo à sua reputação de servidora pública. Verificadas as infrações penais, o MP tem prazo de dez dias para oferecer denúncia, independentemente de representação, uma vez que os crimes eleitorais são de ação pública".

e) **Oferecimento da denúncia:** se a competência é do juiz eleitoral, a denúncia será oferecida pelo promotor eleitoral; se a competência é do TRE, a denúncia será oferecida pelo Procurador da República.

---

2 TOURINHO FILHO, Fernando da Costa. *Processo penal*. São Paulo: Saraiva, 2009.

Questão de prova

A prova de Procurador da República PGR/2013 considerou INCORRETA a afirmativa: "Por se tratar de exercício de direitos políticos, todo o cidadão que tiver conhecimento de crime eleitoral tem legitimidade concorrente com o Ministério Público Eleitoral e deverá oferecer denúncia, para dar início à ação penal eleitoral, ao Juiz Eleitoral da Zona Eleitoral onde o mesmo se verificou, dentro do prazo de 10 dias, sendo que a denúncia conterá a exposição do fato criminoso com todas as suas circunstâncias, a qualificação do acusado ou esclarecimentos pelos quais se possa identificá-los, a classificação do crime e,quando, necessário, o rol de testemunhas; recebida a denúncia, oferecida pelo cidadão, o juiz designará dia e hora para o depoimento pessoal do acusado, ordenando a citação deste e a notificação do Ministério Público Eleitoral para acompanhar a ação penal na condição de fiscal da lei".

f) **Arquivamento:** se o órgão do Ministério Público, em vez de apresentar a denúncia, requerer o arquivamento da comunicação, o juiz, no caso de considerar improcedentes as razões invocadas, fará remessa da comunicação ao Procurador Regional; este oferecerá a denúncia, designará outro Promotor para oferecê-la ou insistirá no pedido de arquivamento, e só então estará o juiz obrigado a atendê-lo.

g) **Requisitos da denúncia:** a denúncia conterá a exposição do fato criminoso com todas as suas circunstâncias, a qualificação do acusado ou esclarecimentos pelos quais se possa identificá-lo, a classificação do crime e, quando necessário, o rol das testemunhas.

h) **Não denúncia no prazo legal:** se o órgão do Ministério Público não oferecer a denúncia no prazo legal, representará contra ele a autoridade judiciária, sem prejuízo da apuração da responsabilidade penal (o crime seria o previsto no art. 342 do Código Eleitoral). O juiz solicitará ao Procurador Regional a designação de outro promotor, que, no mesmo prazo, oferecerá a denúncia. Conforme decidido pelo Tribunal no julgamento do Recurso Especial 21.295, a queixa-crime em ação penal privada subsidiária somente pode ser aceita caso o representante do Ministério Público não tenha oferecido denúncia, requerido diligências ou solicitado o arquivamento de inquérito policial, no prazo legal.

Questões de prova

A prova de Promotor de Justiça MP/SP/2015 considerou INCORRETA a afirmativa: "O não oferecimento da denúncia nos crimes eleitorais no prazo legal, sem justo motivo, constitui infração penal".

A prova de Analista Judiciário TER/GO/2015 considerou INCORRETA a afirmativa: "No processo eleitoral, ao contrário do que ocorre no rito ordinário, é inadmissível o oferecimento de queixa-crime em ação penal privada subsidiária, ainda que o Ministério Público não tenha oferecido denúncia, requerido diligências ou solicitado o arquivamento do inquérito policial".

i) **Iniciativa provocada:** qualquer eleitor poderá provocar a representação contra o órgão do Ministério Público se o juiz, no prazo de 10 (dez) dias, não agir de ofício.

j) **Rejeição da denúncia:** ocorrerá quando: 1) o fato narrado evidentemente não constituir crime; 2) já estiver extinta a punibilidade, pela prescrição ou outra causa; 3) for manifesta a ilegitimidade da parte ou faltar condição exigida pela lei para o exercício da ação penal. Neste último caso, a rejeição da denúncia não obstará o exercício da ação penal, desde que promovida por parte legítima ou satisfeita a condição.

k) **Procedimento judicial:**

- recebimento da denúncia;
- recebida a denúncia, o juiz designará dia e hora para o depoimento pessoal do acusado (interrogatório que será feito nos moldes do CPP), ordenando a citação dele e a notificação do Ministério Público;
- defesa prévia: o réu ou seu defensor terá o prazo de 10 (dez) dias para oferecer alegações escritas e arrolar testemunhas;
- oitiva das testemunhas: acusação e defesa;
- diligências requeridas pelo Ministério Público e deferidas ou ordenadas pelo juiz;
- alegações finais no prazo de 5 (cinco) dias a cada uma das partes: acusação e defesa;
- decorrido esse prazo e conclusos os autos ao juiz dentro de 48 (quarenta e oito) horas, terá ele 10 (dez) dias para proferir a sentença.

l) **Testemunhas:** se a pena máxima prevista em lei for igual ou superior a 4 (quatro) anos, o número de testemunhas será de 8 (oito); se a pena máxima prevista em lei for inferior a 4 (quatro) anos ou somente multa, o número de testemunhas será de 5 (cinco).

m) **Sistema recursal:** das decisões finais de condenação ou absolvição, cabe recurso para o Tribunal Regional, a ser interposto no prazo de 10 (dez) dias. A decisão que recebe a denúncia pode ensejar *habeas corpus*; da que rejeita a denúncia, cabe recurso em sentido estrito, nos termos do art. 581 do CPP.

n) **Execução:** se a decisão do Tribunal Regional for condenatória, baixarão imediatamente os autos à instância inferior para a execução da sentença, que será feita no prazo de 5 (cinco) dias, contados da data da vista ao Ministério Público. Se o órgão do Ministério Público deixar de promover a execução da sentença, representará contra ele a autoridade judiciária, sem prejuízo da apuração da responsabilidade penal. O juiz solicitará ao Procurador Regional a designação de outro promotor, que, no mesmo prazo, promoverá a execução.

o) **Aplicação subsidiária:** no processo e julgamento dos crimes eleitorais e dos comuns que lhes forem conexos, assim como nos recursos e na execução que lhes digam respeito, aplicar-se-á, como lei subsidiária ou supletiva, o Código de Processo Penal.

Questão de prova

A prova de Juiz TJ/MG/2014 considerou CORRETA a afirmativa: "No processo e julgamento dos crimes eleitorais e dos comuns que lhe forem conexos, assim como nos recursos e na execução que lhes digam respeito, aplicar-se-á, como lei subsidiária ou supletiva, o Código de Processo Penal".

p) **Cometimento de crime eleitoral por Juiz de Direito ou Promotor de Justiça:** compete ao Tribunal de Justiça Estadual julgar Promotor de Justiça ou Juiz de Direito que cometer crime comum ou de responsabilidade, exceto os crimes eleitorais, *ex vi* do art. 96, III, da Carta Magna.

q) **Cometimento de crime eleitoral por Governador de Estado:** o Superior Tribunal de Justiça é competente para processar e julgar o Governador do Estado, nos delitos comuns, assim incluídos os crimes eleitorais, nos termos do art. 105 da CF.

r) **Competência:** a Justiça Eleitoral é competente para processar e julgar crimes eleitorais (não basta previsão no Código Eleitoral, tem de ocorrer a violação do bem jurídico que a norma visa tutelar). A competência da Justiça Eleitoral restringe-se unicamente à solução das controvérsias relativas ao processo eleitoral, cessando, com a exceção do disposto nos §§ 10 e 11 do art. 14 da CF/88, com a diplomação definitiva dos candidatos eleitos. Cabe ressaltar que não há impedimento para a aplicação da Lei n. 9.099/95 aos crimes eleitorais.

> ***Informativo* 169 do STJ:** Trata-se de conflito de competência entre o juízo especial criminal e o juízo eleitoral nos autos de representação criminal eleitoral para apuração de crime previsto no art. 39, 5º, II, da Lei n. 9.504/1997. O fato de terem sido criados os Juizados Especiais Criminais não afasta a competência da Justiça Eleitoral para processar e julgar os crimes eleitorais, mesmo aqueles de menor potencial ofensivo, pois se trata de competência em razão da natureza da infração. Por outro lado, não há óbice à aplicação da Lei 9.099/1995 aos crimes sujeitos a procedimentos especiais, desde que obedecidos os requisitos autorizadores. Precedentes citados do STJ: RHC 8.480/SP, *DJ* 22-11-1999; do TSE: Processo Administrativo 18.956/classe 19ª/DF, *DJ* 7-2-2003. CC 37.595/SC, Rel. Min. Gilson Dipp, julgado em 9-4-2003.

> ***Informativo* 555 do STJ:** Compete à Justiça Federal – e não à Justiça Eleitoral – processar e julgar o crime caracterizado pela destruição de título eleitoral de terceiro, quando não houver qualquer vinculação com pleitos eleitorais e o intuito for, tão somente, impedir a identificação pessoal.

s) **Aplicação da defesa inicial e da absolvição sumária:** segundo entendimento de parte da doutrina[3], por força do § 4º do art. 394 do CPP aplicam-se a todos os procedimentos penais de primeiro grau, ainda que não regulados no CPP, as disposições dos arts. 395 a 398, também do CPP. Dessa forma, são aplicáveis a defesa inicial e a absolvição sumária no procedimento dos crimes eleitorais.

Questão de prova

A prova de Defensor Público DPU/CESPE/2015 considerou CORRETA a afirmativa: "Admite-se a absolvição sumária no processo penal eleitoral, ainda que esta não se encontre prevista de forma expressa no aludido procedimento, conforme inteligência do STF".

5. Crimes de abuso de autoridade

a) **Objeto da lei:** a Lei n. 4.898/65 trata do direito de representação e o processo de responsabilidade administrativa, civil e penal contra autoridades que, no exercício de suas funções, cometerem abusos.

Questão de prova

A prova de Juiz TJ/PR/2013 considerou INCORRETA a afirmativa: "O abuso de autoridade sujeitará o seu autor, exclusivamente, às sanções administrativas e penais".

b) **Conceito de abuso de autoridade:** abuso de autoridade pode ocorrer em três casos: 1) excesso de poder; 2) desvio de poder; 3) omissão. A conduta de abuso representa ofensa ao normal funcionamento da máquina administrativa, bem como o desrespeito aos direitos e garantias fundamentais. Os crimes de abuso de autoridade são qualificados pela doutrina como "crimes de responsabilidade impróprios".

c) **Conceito de autoridade:** autoridade é quem exerce cargo, emprego ou função pública, de natureza civil ou militar, ainda que transitoriamente e sem remuneração, e que possui capacidade decisória. O conceito de autoridade não inclui pessoas que exercem múnus público (encargo na proteção de interesse particular) e guardas municipais.

Questões de prova

A prova de Juiz do Trabalho TRT/2003 considerou CORRETA a afirmativa: "Considera-se autoridade, para os efeitos da Lei n. 4.898/65, quem exerce cargo, emprego ou função pública, de natureza civil, ou militar, ainda que transitoriamente e sem remuneração".

A prova de Delegado da Polícia DP/PR/2007 considerou CORRETA a afirmativa: "Considera-se autoridade, para os efeitos da lei, quem exerce cargo, emprego ou função pública, de natureza civil ou militar, ainda que transitoriamente e sem remuneração".

[3] MUCCIO, Hidejalma. *Curso de processo penal*. São Paulo: Método, 2011.

Questões de prova

A prova de Delegado de Polícia DP/RO/2009 considerou INCORRETA a afirmativa: "considera-se autoridade, para os efeitos dessa lei, quem exerce cargo, emprego ou função pública de modo definitivo e mediante remuneração".

d) **Aplicação subsidiária:** na ocorrência de omissão na lei de abuso, há a aplicação subsidiária do Código de Processo Penal. Os recursos contra as decisões na lei de abuso estão previstos no Código de Processo Penal.

e) **Prazos:** nas comarcas onde os meios de transporte forem difíceis e não permitirem a observância dos prazos legais, o juiz poderá aumentá-los até o dobro, desde que de forma motivada. Os prazos do processo judicial estão previstos no art. 800 do Código de Processo Penal. O juiz poderá exceder por igual tempo seus prazos, em qualquer instância, desde que declare motivo justo.

f) **Ação penal:** a ação penal nos crimes de abuso de autoridade é **pública incondicionada**. A denúncia, instruída com a representação da vítima, deve ser oferecida no prazo de 48 (quarenta e oito) horas e apresentada em 2 (duas) vias. Na denúncia, deve constar o requerimento da citação do réu para comparecimento em audiência de instrução e julgamento. O MP pode arrolar no máximo 3 (três) testemunhas.

Questões de prova

A prova de Promotor de Justiça MP/TO/2012 considerou INCORRETA a afirmativa: "Os crimes de abuso de autoridade sujeitam-se a ação pública condicionada à representação do ofendido".

A prova de Promotor de Justiça MP/ES/2013 considerou CORRETA a afirmativa: "No caso de abuso de autoridade, a ação penal será iniciada, independentemente de inquérito policial ou justificação por denúncia do Ministério Público, instruída com a representação da vítima do abuso".

A prova de Delegado de Polícia DPC/PR/2013 considerou INCORRETA a afirmativa: "São crimes de ação penal pública condicionada, uma vez que o art. 1º da Lei trata do direito de representação, sendo esta a condição de procedibilidade para a propositura da ação penal".

g) **Citação:** a citação será feita por mandado sucinto, que será acompanhado da segunda via da representação e da denúncia.

h) **Provas:** no caso de o crime de abuso de autoridade deixar vestígios, o ofendido ou acusado pode pedir ao juiz promover a comprovação de tais vestígios de duas formas: 1) por meio de 2 (duas) testemunhas qualificadas; ou 2) requerer, até 72 (setenta e duas) horas antes da audiência de instrução e julgamento, a designação de perito. As testemunhas poderão ser apresentadas em juízo, sem intimação.

i) **Diligências:** os requerimentos para realização de diligências dependem de dois requisitos: 1) indispensabilidade; 2) despacho judicial motivado.

j) **Audiência de instrução e julgamento:** será pública, se contrariamente não dispuser o juiz, e será realizada em dia útil, entre 10 (dez) e 18 (dezoito) horas, na sede do Juízo ou, excepcionalmente, no local que o juiz designar. A audiência somente deixará de ser realizada quando houver ausência do juiz. Se até 30 (trinta) minutos depois da hora marcada o juiz não houver comparecido, os presentes poderão retirar-se, devendo o ocorrido constar do livro de termos de audiência.

k) **Benefícios:** é cabível transação penal e suspensão condicional do processo; não será possível prisão em flagrante se houver o compromisso do acusado de comparecer no Juizado Especial Criminal.

> ***Informativo* 169 do STJ:** É possível propor a transação penal no crime de abuso de autoridade (Lei n. 4.989/1965), visto que a Lei n. 10.259/2001 não exclui da competência do Juizado Especial Criminal os crimes que possuam rito especial. HC 22.881-RS, Rel. Min. Felix Fischer, julgado em 8-4-2003.

l) **Rito:** sumaríssimo; se os autos forem remetidos para o juízo comum, segue-se o rito especial. Quando houver conexão ou continência, aplica-se o rito mais amplo. A eventual inversão de algum ato processual ou a adoção do procedimento ordinário em detrimento do rito especial apenas conduz à nulidade do processo se houver prejuízo à parte (*Informativo* 471/2011 do STJ).

m) **Competência:** é da Justiça Comum Estadual; será federal se houver violação aos bens, interesses ou serviços da União Federal, suas entidades autárquicas ou empresas públicas, nos termos do art. 109, IV, da CF. A simples condição funcional de agente federal não implica que o crime por ele praticado tenha índole federal, se não comprometidos bens, serviços ou interesses da União e de suas autarquias públicas. No caso de militar que comete abuso de autoridade, será julgado pela Justiça Comum, ainda que o praticar em serviço, nos termos da Súmula 172 do STJ. Se houver conexão entre crime de abuso de autoridade praticado por militar e outro crime militar, deve haver separação de processos. No caso de conexão entre crime de abuso de autoridade e homicídio doloso, prevalece a competência do Tribunal do Júri, nos termos do art. 78, I, do CPP.

Questões de prova

A prova de Juiz TJ/SE/2008 considerou INCORRETA a afirmativa: "A competência para processar e julgar o crime de abuso de autoridade praticado por policial militar em serviço é da justiça militar estadual".

A prova de Delegado de Polícia DP/PR/2013 considerou INCORRETA a afirmativa: "A competência para processar e julgar crimes de abuso de autoridade praticados por militares no exercício de suas funções será da Justiça Militar, uma vez que possuem prerrogativa de função".

***Informativo* 149 do STF:** A Turma deu provimento a recurso extraordinário interposto pelo Ministério Público Federal para, reformando acórdão do TRF da 1ª Região, afirmar a competência da justiça federal para julgar **crimes de abuso de autoridade** e de lesões corporais praticados por policiais militares contra silvícola, no interior de reserva indígena. Considerou-se que o caso se enquadra no art. 109, IV e XI, da CF ("Aos juízes federais compete processar e julgar: ... IV – os crimes políticos e as infrações penais praticadas em detrimento de bens, serviços ou interesse da União ou de suas entidades autárquicas ou empresas públicas, excluídas as contravenções e ressalvada a competência da Justiça Militar e da Justiça Eleitoral; ... XI – a disputa sobre direitos indígenas."), porquanto configurado o atentado ao serviço da União de proteção ao índio, sendo os delitos cometidos por policiais que, em princípio, deveriam prestar assistência à comunidade indígena. Determinou-se a remessa dos autos à Seção Judiciária do Estado de Roraima. Precedente citado: RECr 192.473/RR (*DJU* de 29-8-1997). RECr 206.608/RR, Rel. Min. Néri da Silveira, 11-5-1999.

***Informativo* 430 do STJ:** Trata-se de *habeas corpus* em que o paciente afirma ser incompetente a Justiça Federal para processar o feito em que é acusado pelo crime de abuso de autoridade. Na espécie, após se identificar como delegado de Polícia Federal, ele teria exigido os prontuários de atendimento médico, os quais foram negados pela chefe plantonista do hospital, vindo, então, a agredi-la. A Turma, por maioria, entendeu que, no caso, não compete à Justiça Federal o processo e julgamento do referido crime, pois interpretou restritivamente o art. 109, IV, da CF/1988. A simples condição funcional de agente não implica que o crime por ele praticado tenha índole federal, se não comprometidos bens, serviços ou interesses da União e de suas autarquias públicas. Precedente citado: CC 1.823/GO, *DJ* 27-5-1991. HC 102.049/ES, Rel. Min. Nilson Naves, julgado em 13-4-2010.

n) Procedimento do abuso de autoridade

1) **Atitudes do MP:** após receber a comunicação do abuso, o Ministério Público analisará a existência de indícios suficientes de autoria e materialidade do crime, no prazo de 48 (quarenta e oito) horas, contadas do oferecimento da representação.

Após análise da representação, poderá tomar uma das seguintes atitudes:

- **oferecer a denúncia:** deve apresentá-la em 2 (duas) vias, descrevendo o abuso, com todas as circunstâncias, a qualificação do denunciado e o rol de testemunhas, em um número máximo de 3 (três);
- **pedir arquivamento:** nesse caso, o juiz analisará o pedido, podendo: **concordar:** a representação será arquivada; **discordar** (considerar im-

procedentes as razões invocadas): fará remessa da representação ao Procurador-Geral, que oferecerá a denúncia, designará outro órgão do Ministério Público para oferecê-la ou insistirá no arquivamento, e só então deverá o juiz atendê-lo;

- **pedir novas diligências:** ou requisitá-las diretamente para a autoridade policial;
- **inércia:** se o órgão do Ministério Público não tomar nenhuma atitude (oferecer denúncia, pedir arquivamento ou novas diligências), será admitida ação privada.

O órgão do Ministério Público poderá, porém, aditar a queixa, repudiá-la e oferecer denúncia substitutiva e intervir em todos os termos do processo, interpor recursos e, a todo tempo, no caso de negligência do querelante, retomar a ação como parte principal.

2) **Despacho inicial:** oferecida a denúncia pelo Ministério Público, ou por ação privada no caso da inércia, o juiz analisará o caso em 48 (quarenta e oito) horas, proferindo um dos seguintes despachos:

- **recebimento:** recebida a denúncia, o réu será citado (mandado sucinto acompanhado da cópia da denúncia) para comparecer na audiência de interrogatórios, instrução, debates e julgamento. No despacho em que receber a denúncia, o juiz designará, desde logo, dia e hora para a audiência, que deverá ser realizada, improrrogavelmente, em até 5 (cinco) dias;
- **rejeição:** conforme o art. 28, parágrafo único, da Lei n. 4.898/65, das decisões, despachos e sentenças caberão os recursos e apelações previstos no Código de Processo Penal; dessa forma, da rejeição da denúncia, cabe RESE, nos termos do art. 581, I, do CPP.

3) **Citação:** após o recebimento da denúncia, o réu será citado para comparecer à audiência, que será realizada em determinado dia e hora. A citação será feita por mandado sucinto, que será acompanhado da segunda via da representação e da denúncia.

4) **Audiência de instrução e julgamento:** na hora marcada, o juiz mandará que o porteiro dos auditórios ou o oficial de justiça declare aberta a audiência, apregoando em seguida o réu, as testemunhas, o perito, o representante do Ministério Público ou o advogado que tenha subscrito a queixa, bem como o advogado ou defensor do réu.

Após a abertura da audiência, serão realizados os seguintes atos processuais:

- qualificação e interrogatório do réu (se estiver presente). Não comparecendo o réu nem seu advogado, o juiz nomeará imediatamente defensor para funcionar na audiência e nos ulteriores termos do processo;

- oitiva do perito;
- oitiva das testemunhas de acusação;
- oitiva das testemunhas de defesa;
- debate oral: o juiz dará a palavra sucessivamente ao Ministério Público ou ao advogado que houver subscrito a queixa e ao advogado ou defensor do réu, pelo prazo de 15 (quinze) minutos para cada um, prorrogável por mais 10 (dez), a critério do juiz;
- encerrado o debate, o juiz proferirá imediatamente a sentença;
- do ocorrido na audiência, o escrivão lavrará no livro próprio o termo ditado pelo juiz, contendo, em resumo, os depoimentos e as alegações da acusação e da defesa, os requerimentos e, por extenso, os despachos e a sentença. Subscreverão o termo o juiz, o representante do Ministério Público ou o advogado que houver subscrito a queixa, o advogado ou defensor do réu e o escrivão.

o) **Natureza:** todos os crimes de abuso de autoridade são infrações de menor potencial ofensivo, pois a pena máxima prevista na lei para o delito não ultrapassa 2 (dois) anos.

p) **Penas:** ao crime de abuso de autoridade, é possível aplicar as seguintes sanções penais: a) detenção de 10 (dez) dias a 6 (seis) meses; b) multa, nos termos do Código Penal; c) perda do cargo e inabilitação para o exercício de qualquer outra função pública pelo prazo de 3 (três) anos. De acordo com o art. 6º, § 5º, da Lei n. 4.898/65, quando o abuso for cometido por agente de autoridade policial, civil ou militar, de qualquer categoria, poderá ser cominada a pena autônoma ou acessória, de não poder o acusado exercer funções de natureza policial ou militar no município da culpa, por prazo de um a cinco anos.

Questão de prova

A prova de Juiz Federal TRF 3ª Região/2012 considerou CORRETA a afirmativa: "A sanção penal poderá constituir na perda do cargo e na inabilitação para o exercício de qualquer outra função por prazo até três anos".

q) **Prescrição:** nos crimes de abuso de autoridade, é de 3 (três) anos, nos termos do CP.

6. Estatuto do Índio

a) **Infrações penais:** todas as infrações penais previstas no Estatuto do Índio são infrações de menor potencial ofensivo, pois a pena máxima não é superior a 2 (dois) anos.

b) **Atenuação da pena:** no caso de condenação de índio por infração penal, a pena deverá ser atenuada e, na sua aplicação, o juiz levará em conta também o grau de integração do silvícola.

c) **Regime de cumprimento de pena:** o cumprimento das penas de reclusão e de detenção será, se possível, em regime especial de semiliberdade, no local de funcionamento do órgão federal de assistência aos índios mais próximo da habitação do condenado. A aplicação do parágrafo único do art. 56 da Lei n. 6.001/73 (cumprimento de pena em regime especial semiaberto) é limitada aos indígenas em fase de aculturação. O indígena integrado à sociedade não se enquadra ao disposto no art. 56, parágrafo único, sendo, sujeito às leis penais impostas aos cidadãos comuns.

d) **Permissão legal:** será tolerada a aplicação, pelos grupos tribais, de acordo com as instituições próprias, de sanções penais ou disciplinares contra os seus membros, desde que não se revistam de caráter cruel ou infamante, **sendo proibida, em qualquer caso, a pena de morte**.

Questão de prova

A prova de Delegado da Polícia Civil PA/2009 considerou INCORRETA a afirmativa: "Será tolerada a aplicação, pelos grupos tribais, de acordo com as instituições próprias, de sanções penais ou disciplinares contra os seus membros, inclusive, em casos devidamente justificados, da pena de morte".

e) **Condição: 1) imputável:** é o índio integrado, ou seja, incorporado à comunhão nacional, reconhecido com pleno exercício dos direitos civis, ainda que conserve costumes da sua cultura; **2) semi-imputável:** é o que está em vias de integração, ou seja, tem contato intermitente ou permanente com grupos estranhos, conserva costumes e aceita a comunhão nacional; **3) inimputável:** é o que pertence a grupos desconhecidos e que tenham poucos e vagos contatos com a comunhão nacional.

f) **Competência:** será da Justiça Federal quando a motivação do crime estiver ligada à disputa de direito indígena. Caso contrário, a competência será da Justiça Estadual, de acordo com a Súmula 140 do STJ: a competência para o processamento e o julgamento das infrações penais em que figure índio como autor ou vítima, não havendo disputa de interesses da comunidade indígena, é da Justiça Estadual.

> ***Informativo 508 STJ:*** A competência da Justiça Federal para processar e julgar ações penais de delitos praticados contra indígena somente ocorre quando o processo versa sobre questões ligadas à cultura e aos direitos sobre suas terras. O STF, no RE 419.528, afirmou que a competência da Justiça Federal, fixada no art. 109, XI, da CF, "só se desata quando a acusação seja de genocídio, ou quando, na ocasião ou motivação de outro delito de que

seja índio o agente ou a vítima, tenha havido disputa sobre direitos indígenas, não bastando seja aquele imputado a silvícola, nem que este lhe seja vítima e, tampouco, que haja sido praticado dentro de reserva indígena". Não se verificando a circunstância diferenciadora para atrair a competência da Justiça Federal, observa-se a Súmula 140/STJ. Precedentes citados do STF: RE 419.528/PR, *DJ* 9-3-2007; RHC 85.737/PE, *DJ* 30-11-2007; do STJ: CC 101.569/PR, *DJe* 6-9-2010, e CC 43.328/MS, *DJe* 21-10-2008. CC 38.517/RS, Rel. Min. Assusete Magalhães, j. 24-10-2012.

Informativo 527 STJ: Compete à Justiça Federal – e não à Justiça Estadual – processar e julgar ação penal referente aos crimes de calúnia e difamação praticados no contexto de disputa pela posição de cacique em comunidade indígena. O conceito de direitos indígenas, previsto no art. 109, XI, da CF/88, para efeito de fixação da competência da Justiça Federal, é aquele referente às matérias que envolvam a organização social dos índios, seus costumes, línguas, crenças e tradições, bem como os direitos sobre as terras que tradicionalmente ocupam, compreendendo, portanto, a hipótese em análise. Precedentes citados: CC 105.045/AM, *DJe* 1º-7-2009; e CC 43.155/RO, *DJ* 30-11-2005. CC 123.016/TO, Rel. Min. Marco Aurélio Bellizze, j. 26-6-2013.

g) **Aplicação do Estatuto do Índio no âmbito penal:** só é aplicável ao indígena que ainda não se encontra integrado à comunhão e à cultura nacional. O indígena que está em pleno gozo de seus direitos civis está sujeito às mesmas leis que são impostas aos demais cidadãos nascidos no Brasil (HC 88.853/MS, STJ). "Os indígenas integrados à sociedade, nos termos do art. 4º, III, da Lei n. 6.001/73, não se sujeitam ao regime tutelar especial estabelecido pelo Estatuto do Índio" (REsp 737.285/PB, STJ).

7. Crimes contra o sistema financeiro

a) **Inquérito policial:** dispensável, se o titular da ação penal tiver elementos suficientes.

b) **Ação penal:** será promovida pelo Ministério Público Federal, perante a Justiça Federal.

Questão de prova

A prova de Analista de Controle Externo TCE/AC/2009 considerou CORRETA a afirmativa: "Os crimes contra o sistema financeiro devem ser julgados pela justiça federal, ainda que ausente legislação infraconstitucional nesse sentido, quando praticados em detrimento de bens, serviços ou interesse da União".

c) ***Notitia criminis:*** o Ministério Público pode ficar sabendo da infração com a comunicação de qualquer pessoa, do Banco Central (Bacen) ou da Comissão de Valores Mobiliários (CVM).

d) **Verificação de ofício:** quando, no exercício de suas atribuições legais, o Bacen ou a CVM verificar a ocorrência de crime contra o sistema financeiro, deverá informá-lo ao Ministério Público Federal, enviando-lhe os documentos necessários à comprovação do fato.

e) **Atitudes do MP:** recebidos os autos do inquérito, o Ministério Público os analisará, podendo tomar uma das seguintes atitudes:

- **oferecimento da denúncia:** a ação penal, nos crimes previstos na Lei n. 7.492/86, será promovida pelo Ministério Público Federal, perante a Justiça Federal; será admitida a assistência da CVM, quando o crime tiver sido praticado no âmbito de atividade sujeita à disciplina e à fiscalização dessa autarquia, ou do Bacen, quando, fora daquela hipótese, houver sido cometido na órbita de atividade sujeita à sua disciplina e fiscalização;
- **pedir arquivamento:** nesse caso, o juiz analisa o pedido, podendo: concordar: arquivo; discordar (considerar improcedentes as razões invocadas): fará remessa da representação ao Procurador-Geral, e este oferecerá a denúncia, designará outro órgão do Ministério Público para oferecê-la ou insistirá no arquivamento, e só então deverá o juiz atendê-lo;
- **pedir novas diligências ou requisitá-las diretamente para a autoridade policial:** o órgão do Ministério Público Federal, sempre que julgar necessário, poderá requisitar, a qualquer autoridade, informação, documento ou diligência, relativos à prova dos crimes contra o sistema financeiro. O sigilo dos serviços e operações financeiras não pode ser invocado como óbice ao atendimento da requisição;
- **inércia:** quando a denúncia não for intentada no prazo legal, o ofendido poderá representar ao Procurador-Geral da República, para que este a ofereça, designe outro órgão do Ministério Público para oferecê-la ou determine o arquivamento das peças de informação recebidas.

f) **Delação premiada:** nos crimes contra o sistema financeiro cometidos em quadrilha ou coautoria, o coautor ou partícipe que, pela confissão espontânea, revelar à autoridade policial ou judicial toda a trama delituosa terá a sua pena reduzida de 1/3 (um terço) a 2/3 (dois terços).

g) **Pena de multa:** na fixação da pena de multa relativa aos crimes contra o sistema financeiro, o limite a que se refere o § 1º do art. 49 do Código Penal ("O valor do dia-multa será fixado pelo juiz não podendo ser inferior a um trigésimo do maior salário mínimo mensal vigente ao tempo do fato, nem superior a 5 (cinco) vezes esse salário") pode ser estendido até o décuplo, se verificada a situação nele cogitada.

h) **Prisão preventiva:** nos crimes contra o sistema financeiro punidos com pena de reclusão, o réu não poderá prestar fiança, nem apelar antes de ser recolhido à prisão, ainda que primário e de bons antecedentes, se estiver configurada situação que autorize a prisão preventiva.

8. Crimes de preconceito

a) **Objeto da lei:** a Lei n. 7.716/89 define os crimes resultantes de preconceito de raça ou cor, etnia, religião ou procedência nacional.

b) **Natureza:** nenhum dos crimes referidos na lei são infrações de menor potencial ofensivo, pois a pena máxima é superior a 2 (dois) anos.

c) **Efeitos da condenação:** a perda do cargo ou função pública, para o servidor público, e a suspensão do funcionamento do estabelecimento particular **por prazo não superior a 3 (três) meses**. No caso de se praticar, induzir ou incitar a discriminação ou preconceito de raça, cor, etnia, religião ou procedência nacional pelos meios de comunicação social ou por publicação de qualquer natureza, constitui efeito da condenação, após o trânsito em julgado da decisão, a destruição do material apreendido.

Questão de prova

A prova de Defensor Público MT/2009 considerou INCORRETA a afirmativa: "A suspensão do funcionamento do estabelecimento particular pelo prazo de três meses constitui efeito automático da condenação por crime resultante de preconceito de raça ou de cor praticado por seu responsável".

9. Processo perante o STJ e o STF: ação penal originária

a) **Indiciado solto: 1) prazo de manifestação do MP:** nos crimes de ação penal pública, o Ministério Público terá o prazo de 15 (quinze) dias para oferecer denúncia ou pedir arquivamento do inquérito ou das peças informativas; 2) **diligências complementares:** poderão ser deferidas pelo relator, com interrupção do prazo de 15 (quinze) dias.

b) **Indiciado preso: 1) prazo de manifestação do MP:** o prazo para oferecimento da denúncia será de 5 (cinco) dias; **2) diligências complementares:** não interromperão o prazo, salvo se o relator, ao deferi-las, determinar o relaxamento da prisão.

c) **Juiz da instrução:** relator, escolhido na forma regimental, será o juiz da instrução.

d) **Procedimento da instrução:** será realizada segundo o disposto no Capítulo I da Lei n. 8.038/90, no Código de Processo Penal, no que for aplicável, e no Regimento Interno do Tribunal. O relator terá as atribuições que a legislação processual confere aos juízes singulares.

e) **Poderes do relator: 1)** determinar o arquivamento do inquérito ou de peças informativas, quando o requerer o Ministério Público, ou submeter o requerimento à decisão competente do Tribunal; **2)** decretar a extinção da punibilidade, nos casos previstos em lei.

f) **Procedimento judicial antes do recebimento ou rejeição da peça acusatória:**

- apresentação da denúncia ou queixa ao Tribunal;
- notificação do acusado para oferecer resposta no prazo de 15 (quinze) dias. Com a notificação, serão entregues ao acusado cópia da denúncia ou da queixa, do despacho do relator e dos documentos por este indicados. Se desconhecido o paradeiro do acusado, ou se este criar dificuldades para que o oficial cumpra a diligência, proceder-se-á a sua notificação por edital, contendo o teor resumido da acusação, para que compareça, em 5 (cinco) dias, ao Tribunal, onde terá vista dos autos pelo prazo de 15 (quinze) dias, a fim de apresentar a resposta prevista no art. 4º da Lei n. 8.038/90;
- resposta em 15 (quinze) dias: se, com a resposta, forem apresentados novos documentos, será intimada a parte contrária para sobre eles se manifestar, no prazo de 5 (cinco) dias; na ação de iniciativa privada, será ouvido, em igual prazo, o Ministério Público;
- o relator pedirá dia para que o Tribunal delibere sobre o recebimento, a rejeição da denúncia ou da queixa, ou a improcedência da acusação, se a decisão não depender de outras provas; no julgamento, será facultada sustentação oral pelo prazo de 15 (quinze) minutos, primeiro à acusação, depois à defesa;
- encerrados os debates, o Tribunal passará a deliberar, determinando o Presidente as pessoas que poderão permanecer no recinto.

g) **Procedimento judicial após o recebimento da denúncia ou queixa:**

- recebida a denúncia ou a queixa, o relator designará dia e hora para o interrogatório, mandando citar o acusado ou querelado e intimar o órgão do Ministério Público, bem como o querelante ou o assistente, se for o caso;
- o **prazo para defesa prévia** será de 5 (cinco) dias, contados do interrogatório ou da intimação do defensor dativo;

Questão de prova

A prova de Analista Judiciário TJ/PA/2006 considerou CORRETA a afirmativa: "Com relação ao procedimento da Lei n. 8.038/1990 o prazo para defesa prévia será de cinco dias, contado do interrogatório ou da intimação do defensor dativo".

- a instrução obedecerá, no que couber, ao procedimento comum do Código de Processo Penal. O relator poderá delegar a realização do interrogatório ou de outro ato da instrução ao juiz ou membro de tribunal com competência territorial no local de cumprimento da carta de ordem. Por expressa determinação do relator, as intimações poderão ser feitas por carta registrada com aviso de recebimento. Concluída a inquirição de testemunhas, serão intimadas a acusação e a defesa, para requerimento de diligências no prazo de 5 (cinco) dias;
- realização das diligências em 5 (cinco) dias;
- realizadas as diligências, ou não sendo estas requeridas nem determinadas pelo relator, serão intimadas a acusação e a defesa para, sucessivamente, apresentarem, no prazo de 15 (quinze) dias, alegações escritas. Será comum o prazo do acusador e do assistente, bem como o dos corréus. Na ação penal de iniciativa privada, o Ministério Público terá vista, por igual prazo, após as alegações das partes. O relator poderá, após as alegações escritas, determinar de ofício a realização de provas reputadas imprescindíveis para o julgamento da causa.

h) **Julgamento:** finda a instrução, o Tribunal procederá ao julgamento, na forma determinada pelo regimento interno, observando-se o seguinte: 1) a acusação e a defesa terão, sucessivamente, nessa ordem, prazo de 1 (uma) hora para sustentação oral, assegurado ao assistente 1/4 (um quarto) do tempo da acusação; 2) encerrados os debates, o Tribunal passará a proferir o julgamento, podendo o Presidente limitar a presença no recinto às partes e a seus advogados, ou somente a estes, se o interesse público o exigir.

10. Estatuto da Criança e do Adolescente (ECA)

a) **Apreensão:** em regra, o adolescente somente pode ser apreendido por ordem escrita e fundamentada da autoridade judiciária competente. De forma excepcional, será dispensado o mandado judicial no caso de apreensão em flagrante, apreensão decretada durante Estado de Defesa ou Sítio, apreensão disciplinar (militar) e recaptura de foragido.

b) **Direitos do adolescente apreendido:**

- **identificação:** o adolescente tem direito à identificação dos responsáveis pela sua apreensão;
- **informação:** deve ser informado acerca de seus direitos;
- **comunicação:** a apreensão de qualquer adolescente e o local onde se encontra recolhido serão comunicados de forma imediata à autoridade judiciária competente e à família do apreendido ou à pessoa por ele in-

dicada. Após a comunicação, o juiz fará avaliação do caso para verificar, sob pena de responsabilidade, a possibilidade de liberação imediata;

- **devido processo legal:** nenhum adolescente será privado de sua liberdade sem o devido processo legal;
- **intimação:** o adolescente tem direito ao pleno e formal conhecimento da atribuição de ato infracional, mediante citação ou meio equivalente;
- **igualdade na relação processual:** podendo confrontar-se com vítimas e testemunhas e produzir todas as provas necessárias à sua defesa;
- **ampla defesa:** pode ser manifestada de duas formas: 1) autodefesa: direito de ser ouvido pessoalmente pela autoridade competente e direito de solicitar a presença de seus pais ou responsável em qualquer fase do procedimento; 2) defesa técnica por advogado: mesmo que o adolescente esteja ausente ou foragido, sendo assegurada assistência judiciária gratuita e integral aos necessitados, na forma da lei. O advogado será intimado para todos os atos processuais, pessoalmente ou por publicação oficial, respeitado o segredo de justiça. A ausência do defensor não determinará o adiamento de nenhum ato do processo, devendo o juiz nomear substituto, ainda que provisoriamente, ou só para o efeito do ato. Se o adolescente não tiver defensor constituído, terá o dativo (nomeado pelo juiz), ressalvado o direito de, a todo tempo, constituir outro de sua preferência. A outorga do mandato será dispensada em dois casos: 1) quando se tratar de defensor nomeado; 2) quando for defensor constituído indicado por ocasião de ato formal, com a presença da autoridade judiciária.

c) **Internação cautelar:** a internação, antes da sentença, pode ser determinada pelo prazo máximo de 45 (quarenta e cinco) dias. A decisão deverá ser fundamentada e basear-se em indícios suficientes de autoria e materialidade, demonstrada a necessidade imperiosa da medida.

Questão de prova

A prova de Promotor de Justiça Adjunto MPU/MPDF/2002 considerou INCORRETA a afirmativa: "Permanecendo o adolescente provisoriamente internado, o prazo para a conclusão do procedimento será de 45 dias, prorrogável, uma vez, por igual período".

d) **Identificação criminal do adolescente:** o adolescente civilmente identificado não será submetido à identificação compulsória pelos órgãos policiais, de proteção e judiciais, salvo para efeito de confrontação, havendo dúvida fundada.

e) **Localização de desaparecido:** a investigação do desaparecimento de crianças ou adolescentes será realizada imediatamente após notificação aos órgãos competentes, que deverão comunicar o fato a portos, aeroportos,

Polícia Rodoviária e companhias de transporte interestaduais e internacionais, fornecendo-lhes todos os dados necessários à identificação do desaparecido.

f) **Medidas socioeducativas:** o adolescente que praticar ato infracional pode receber as seguintes medidas socioeducativas: 1) advertência; 2) obrigação de reparar o dano; 3) prestação de serviços à comunidade; 4) liberdade assistida; 5) inserção em regime de semiliberdade; 6) internação em estabelecimento educacional; 7) qualquer uma das medidas de proteção. Na aplicação da medida socioeducativa ao adolescente, o juiz levará em conta a sua capacidade de cumpri-la, as circunstâncias e a gravidade da infração, sendo proibida a prestação de trabalho forçado. Os adolescentes portadores de doença ou deficiência mental receberão tratamento individual e especializado, em local adequado às suas condições.

g) **Prestação de serviços comunitários:** consiste na realização de tarefas gratuitas de interesse geral, por período não excedente a 6 (seis) meses, junto a entidades assistenciais, bem como em programas comunitários ou governamentais; as tarefas devem ser atribuídas conforme as aptidões do adolescente e cumpridas durante jornada máxima de 8 (oito) horas semanais, aos sábados, domingos e feriados, ou mesmo em dias úteis, mas de modo a não prejudicar a frequência à escola ou a jornada normal de trabalho.

h) **liberdade assistida:** será adotada sempre que se afigurar a medida mais adequada para o fim de acompanhar, auxiliar e orientar o adolescente, podendo ser recomendada por entidade ou programa de atendimento. Será fixada pelo prazo mínimo de 6 (seis) meses e, a qualquer tempo, poderá ser prorrogada, revogada ou substituída por outra medida, ouvidos o orientador, o Ministério Público e o defensor.

i) **Regime de semiliberdade:** é forma de transição para o meio aberto, com a possibilidade de realização de atividades externas, independentemente de autorização judicial, sem prazo determinado. Tem aplicação subsidiária das normas de internação. São condições obrigatórias a escolarização e a profissionalização.

j) **Internação:** constitui medida privativa da liberdade, sujeita aos princípios de brevidade, excepcionalidade (em nenhuma hipótese será aplicada a internação se houver outra medida adequada) e respeito à condição peculiar de pessoa em desenvolvimento, com a possibilidade de realização de atividades externas, a critério da equipe técnica da entidade, salvo expressa determinação judicial em contrário.

A medida não comporta prazo determinado, devendo sua manutenção ser reavaliada, mediante decisão fundamentada, no máximo a cada 6 (seis) meses. O período máximo de internação não excederá a 3 (três) anos. Atingido o período máximo, o adolescente deverá ser liberado, colocado em regime de semiliberdade ou de liberdade assistida. A liberação será compulsória aos 21 (vinte e um) anos de idade. Em qualquer hipótese, a desinternação será precedida de autorização judicial, ouvido o Ministério Público.

A medida de internação só poderá ser aplicada quando: 1) tratar-se de ato infracional cometido mediante grave ameaça ou violência a pessoa; 2) por reiteração no cometimento de outras infrações graves; 3) por descumprimento reiterado e injustificável da medida anteriormente imposta (o prazo de internação nessa hipótese não poderá ser superior a 3 (três) meses).

A internação deverá ser cumprida em entidade exclusiva para adolescentes, em local distinto daquele destinado ao abrigo, obedecida rigorosa separação por critérios de idade, compleição física e gravidade da infração. Durante o período de internação, inclusive provisória, serão obrigatórias atividades pedagógicas.

São direitos do adolescente privado de liberdade, entre outros, os seguintes: 1) entrevistar-se pessoalmente com o representante do Ministério Público; 2) peticionar diretamente a qualquer autoridade; 3) avistar-se reservadamente com seu defensor; 4) ser informado de sua situação processual, sempre que solicitada; 5) ser tratado com respeito e dignidade; 6) permanecer internado na mesma localidade ou naquela mais próxima ao domicílio de seus pais ou responsável; 7) receber visitas, ao menos semanalmente; 8) corresponder-se com seus familiares e amigos; 9) ter acesso aos objetos necessários à higiene e ao asseio pessoal; 10) habitar alojamento em condições adequadas de higiene e salubridade; 11) receber escolarização e profissionalização; 12) realizar atividades culturais, esportivas e de lazer; 13) ter acesso aos meios de comunicação social; 14) receber assistência religiosa, segundo a sua crença, e desde que assim o deseje; 15) manter a posse de seus objetos pessoais e dispor de local seguro para guardá-los, recebendo comprovante daqueles porventura depositados em poder da entidade; 16) receber, quando de sua desinternação, os documentos pessoais indispensáveis à vida em sociedade.

Em nenhum caso, haverá incomunicabilidade. A autoridade judiciária poderá suspender temporariamente a visita, inclusive de pais ou responsável, se existirem motivos sérios e fundados de sua prejudicialidade aos interesses do adolescente. É dever do Estado zelar pela integridade física e mental dos internos, cabendo-lhe adotar as medidas adequadas de contenção e segurança.

k) **Remissão:** é forma de exclusão do processo de apuração de ato infracional, concedida pelo representante do Ministério Público, atendendo às circunstâncias e consequências do fato, ao contexto social, bem como à personalidade do adolescente e sua maior ou menor participação no ato infracional. Iniciado o procedimento, a concessão da remissão pela autoridade judiciária importará na suspensão ou extinção do processo. A remissão não implica necessariamente o reconhecimento ou comprovação da responsabilidade, nem prevalece para efeito de antecedentes, podendo incluir eventualmente a aplicação de qualquer das medidas previstas em lei, exceto a colocação em regime de semiliberdade e a internação. A medida aplicada por força da remissão poderá ser revista judicialmente, a qualquer tempo, mediante pedido expresso do adolescente ou de seu representante legal, ou do Ministério Público.

l) **Procedimento de apuração do ato infracional**

Na fase investigatória, será feito um boletim de ocorrência circunstanciado. Em caso de ato infracional cometido mediante violência ou grave ameaça a pessoa, a autoridade policial deverá: 1) lavrar auto de apreensão, ouvidos as testemunhas e o adolescente; 2) apreender o produto e os instrumentos da infração; 3) requisitar os exames ou perícias necessários à comprovação da materialidade e autoria da infração. Os responsáveis serão avisados para comparecimento perante a autoridade policial.

Comparecendo qualquer dos pais ou responsável, o adolescente será prontamente liberado pela autoridade policial, sob termo de compromisso e responsabilidade de sua apresentação ao representante do Ministério Público, no mesmo dia ou, sendo impossível, no primeiro dia útil imediato, exceto quando, pela gravidade do ato infracional e sua repercussão social, deva o adolescente permanecer sob internação para garantia de sua segurança pessoal ou manutenção da ordem pública.

Em caso de não liberação, a autoridade policial encaminhará, desde logo, o adolescente ao representante do Ministério Público, juntamente com cópia do auto de apreensão ou boletim de ocorrência. Sendo impossível a apresentação imediata, a autoridade policial o encaminhará à entidade de atendimento, que fará a apresentação ao representante do Ministério Público no prazo de 24 (vinte e quatro) horas. Nas localidades onde não houver entidade de atendimento, a apresentação será feita pela autoridade policial. Na falta de repartição policial especializada, o adolescente aguardará a apresentação em dependência separada da destinada a maiores.

Sendo o adolescente liberado, a autoridade policial encaminhará imediatamente ao representante do Ministério Público cópia do auto de apreensão ou boletim de ocorrência. Em caso de não apresentação, o representante do Ministério Público notificará os pais ou responsável para apresentação do adolescente, podendo requisitar o concurso das Polícias Civil e Militar; se o adolescente, devidamente notificado, não comparecer injustificadamente à audiência de apresentação, a autoridade judiciária designará nova data, determinando sua condução coercitiva.

Após a apresentação ao MP, haverá a oitiva imediata e informal e, se possível, de seus pais ou responsável, da vítima e de testemunhas. Após a oitiva informal, o representante do Ministério Público poderá: **1) promover o arquivamento dos autos:** os autos serão conclusos à autoridade judiciária para homologação e cumprimento da medida. Feito o pedido de arquivamento, o juiz poderá: concordar: arquivo; não concordar: fará remessa dos autos ao Procurador-Geral de Justiça, mediante despacho fundamentado, e este oferecerá representação, designará outro membro do Ministério Público para apresentá-la ou ratificará o arquivamento ou a remissão, e só então estará a autoridade judiciária obrigada a homologar; **2) conceder a remissão:** poderá ser aplicada em qualquer fase do procedimento, antes da sentença. Os autos serão conclusos à autoridade judiciária para homologação e o cumprimento da medida. Se a autoridade judiciária entender adequada a remissão, ouvirá o representante do Ministério Público, proferindo decisão; **3) representar à autoridade judiciária para aplicação de medida socioeducativa:** forma: a **representação** será oferecida por petição, podendo ser deduzida oralmente, em sessão diária instalada pela autoridade judiciária; conteúdo: breve resumo dos fatos e a classificação do ato infracional e, quando necessário, o rol de testemunhas. A representação independe de prova pré-constituída da autoria e materialidade.

Questão de prova

A prova de Promotor de Justiça Adjunto MPU/MPDF/2002 considerou CORRETA a afirmativa: "O procedimento para a aplicação de medida socioeducativa ao adolescente inicia-se por representação".

Oferecida a representação, a autoridade judiciária designará audiência de apresentação do adolescente, decidindo, desde logo, sobre a decretação ou manutenção da internação. O adolescente e seus pais ou responsável serão cientificados do teor da representação e notificados a comparecer à audiência, acompanhados de advogado. Se os pais ou responsável não forem localizados, a autoridade judiciária dará curador especial ao adolescente. Não sendo localizado o adolescente, a autoridade judiciária expedirá mandado de busca e apreensão, determinando o sobrestamento do feito, até a efetiva apresentação. Estando o adolescente internado, será requisitada a sua apresentação, sem prejuízo da notificação dos pais ou responsável.

Depois de oferecida a representação, os atos processuais serão: 1) oitiva do adolescente, seus pais ou responsável, podendo o juiz solicitar opinião de profissional qualificado; 2) oitiva das testemunhas arroladas na representação; 3) oitiva das testemunhas arroladas na defesa prévia; 4) debates orais: será dada a palavra ao representante do Ministério Público e ao defensor, sucessivamente, pelo tempo de 20 (vinte) minutos para cada um, prorrogável por mais 10 (dez), a critério da autoridade judiciária; 5) sentença condenatória ou absolutória (art. 189 do ECA); 6) intimação da sentença: a intimação da sentença que aplicar medida de internação ou regime de semiliberdade será feita ao adolescente e ao seu defensor ou, quando não for encontrado o adolescente, a seus pais ou responsável, sem prejuízo do defensor; sendo outra a medida aplicada, a intimação far-se-á unicamente na pessoa do defensor; recaindo a intimação na pessoa do adolescente, deverá este manifestar se deseja ou não recorrer da sentença.

11. Crimes hediondos

a) **Fiança:** os crimes hediondos, a prática da tortura, o tráfico ilícito de entorpecentes e drogas afins e o terrorismo são insuscetíveis de fiança.

b) **Liberdade provisória:** é possível liberdade provisória sem fiança se não estiverem presentes os requisitos da prisão preventiva.

c) **Clemência soberana:** tais crimes são insuscetíveis de anistia, graça e indulto.

d) **Regime de cumprimento de pena:** a pena será cumprida inicialmente em regime fechado. A progressão de regime, no caso dos condenados pelos crimes hediondos e equiparados, dar-se-á após o cumprimento de 2/5 (dois quintos) da pena, se o apenado for primário, e de 3/5 (três quintos), se reincidente. No caso de delito hediondo ou equiparado praticado até o dia 28 de março de 2007, haverá direito a progressão de regime, desde que cumprido 1/6 (um sexto) da pena no regime anterior.

Questão de prova

A prova de Juiz TJ/PE/2011 considerou INCORRETA a afirmativa: "No que concerne aos crimes hediondos e equiparados, é correto afirmar que a progressão de regime dar-se-á após o cumprimento de 2/5 (dois quintos) da pena, se o apenado for primário, e de 2/3 (dois terços), se reincidente específico em crime da mesma natureza".

e) **Direito de apelar:** em caso de sentença condenatória, o juiz decidirá fundamentadamente se o réu poderá apelar em liberdade.

f) **Prisão temporária:** a prisão temporária terá o prazo de 30 (trinta) dias, prorrogável por igual período em caso de extrema e comprovada necessidade.

Questão de prova	A prova de Delegado de Polícia/AL/2012 considerou CORRETA a afirmativa: "A prisão temporária para os crimes hediondos e equiparados, em função da gravidade objetiva dessas infrações penais, é de 30 dias, prorrogável por igual período em caso de extrema e comprovada necessidade".

g) **Substituição da pena privativa de liberdade por pena restritiva de direitos:** é possível, desde que preenchidos os requisitos legais.

h) **Concessão do *sursis* da pena:** é possível, desde que preenchidos os requisitos legais.

i) **Livramento condicional:** o condenado por crime hediondo ou equiparado deverá cumprir **mais de 2/3 (dois terços)** da pena privativa de liberdade e não ser reincidente específico em crimes dessa natureza.

j) **Conceito:** foi adotado o critério legal, de forma que só são hediondos os delitos previstos no rol taxativo da Lei n. 8.072/90. Em relação ao homicídio privilegiado-qualificado (quando qualificadora for objetiva), é possível afirmar que não é crime hediondo, pois não foi previsto no rol da lei. Tortura, terrorismo e tráfico de drogas são crimes equiparados aos hediondos.

k) **Remição:** é cabível, pois não há vedação legal.

12. Código de Defesa do Consumidor (CDC)

a) **Objeto da lei:** a Lei n. 8.078/90, que dispõe sobre a proteção do consumidor e dá outras providências, traz infrações penais que são de menor potencial ofensivo.

b) **Pena:** a pena pecuniária será fixada em dias-multa, correspondente ao mínimo e ao máximo de dias de duração da pena privativa da liberdade cominada ao crime. Na individualização dessa multa, o juiz observará o disposto no art. 60, § 1º, do Código Penal. Além das penas privativas de liberdade e de multa, podem ser impostas, cumulativa ou alternadamente, observado o disposto nos arts. 44 a 47 do Código Penal: 1) a interdição temporária de direitos; 2) a publicação de notícia sobre os fatos e a condenação, em órgãos de comunicação de grande circulação ou audiência, às expensas do condenado; 3) a prestação de serviços à comunidade.

c) **Fiança:** o valor da fiança, nas infrações do CDC, será fixado pelo juiz, ou pela autoridade que presidir o inquérito, entre cem e duzentas mil vezes o valor do Bônus do Tesouro Nacional (BTN) ou índice equivalente que venha a substituí-lo. Se assim recomendar a situação econômica do indiciado ou réu, a fiança poderá ser: 1) reduzida até a metade do seu valor mínimo; 2) aumentada pelo juiz em até vinte vezes.

d) **Assistentes do MP:** no processo penal atinente aos crimes previstos no CDC, bem como a outros crimes e contravenções que envolvam relações de consumo, poderão intervir, como assistentes do Ministério Público, os legitimados indicados no art. 82, III e IV ("III – as entidades e órgãos da Administração Pública, direta ou indireta, ainda que sem personalidade jurídica, especificamente destinados à defesa dos interesses e direitos protegidos por este código; IV – as associações legalmente constituídas há pelo menos um ano e que incluam entre seus fins institucionais a defesa dos interesses e direitos protegidos por este código, dispensada a autorização assemblear"), aos quais também é facultado propor ação penal subsidiária, se a denúncia não for oferecida no prazo legal.

13. Crimes contra a ordem tributária

a) **Ação penal:** ação penal pública incondicionada. A denúncia pode ser oferecida pelo representante do MP de ofício (por iniciativa própria) ou por provocação de qualquer pessoa, por requerimento escrito contendo informações sobre o fato e a autoria, bem como indicando o tempo, o lugar e os elementos de convicção.

b) **Delação premiada:** quanto aos crimes cometidos em quadrilha ou coautoria, a pena será reduzida de 1/3 (um terço) a 2/3 (dois terços) para o coautor ou partícipe que, por confissão espontânea, revelar à autoridade policial ou judicial toda a trama delituosa.

Questão de prova

A prova de Analista do MP/AP/2012 considerou CORRETA a afirmativa: "Nos crimes previstos nesta Lei, cometidos em quadrilha ou coautoria, o coautor ou partícipe que através de confissão espontânea revelar à autoridade policial ou judicial toda a trama delituosa terá a sua pena reduzida de um a dois terços".

c) **Substituição de pena:** não será possível substituir a pena privativa de liberdade por multa, nos termos da Súmula 171 do STJ.

d) **Condição objetiva de punibilidade:**

> "O Plenário do Pretório Excelso ao julgar o HC 81.611/DF, Rel. Min. Sepúlveda Pertence, *DJU* de 13/05/2005, firmou o entendimento, que posteriormente veio a ser seguido também nesta Corte, de que nos crimes contra a ordem tributária a constituição definitiva do crédito tributário e consequente reconhecimento de sua exigibilidade (*an debeatur*) e valor devido (*quantum debeatur*) configura uma condição objetiva de punibilidade, ou seja, se apresenta como um requisito cuja existência condiciona a punibilidade do injusto penal. (Precedentes do Pretório Excelso e desta Corte)" (STJ, HC 85.114/SP, Rel. Min. Felix Fischer, *DJ* 18-2-2008).

Deve ser reconhecida a ausência de justa causa para a instauração de ação penal na pendência de recurso na esfera administrativa, por inexistir lançamento definitivo do débito fiscal.

e) **Competência:** depende da natureza do tributo, de forma que, se for federal, a competência será da Justiça Comum Federal; se for estadual ou municipal, será da Justiça Comum Estadual.

f) **Liberdade provisória:** só pode ser concedida mediante fiança pelo juiz, após a lavratura do auto de prisão em flagrante.

g) **Prisão preventiva:** pode ser decretada para garantia da ordem econômica, nos termos do art. 312 do CPP.

h) **Provas:** a perícia não é necessária para o ajuizamento da denúncia por crime contra a ordem tributária.

i) **Inclusão no REFIS:** a adesão ao Programa de Recuperação Fiscal (REFIS) não é causa de extinção da punibilidade. Permite tão somente a suspensão da pretensão punitiva do Estado e do prazo prescricional quando a empresa devedora é incluída no referido programa antes do recebimento da denúncia, nos termos do art. 15 da Lei n. 9.964/2000.

j) **Extinção da punibilidade:** embora haja precedentes isolados no sentido de que somente o pagamento integral antes do recebimento da denúncia ensejaria a extinção da punibilidade, a Egrégia 3ª Seção do Superior Tribunal de Justiça pacificou entendimento de que, na vigência da Lei n. 9.249/95, o parcelamento da dívida tributária equivale a pagamento, acarretando a extinção da punibilidade.

14. Crimes nas licitações e contratos administrativos

a) **Ação penal:** os crimes definidos na lei de licitações são de ação penal pública incondicionada. A denúncia pode ser promovida pelo Ministério Público, de ofício (por iniciativa própria) ou por provocação de qualquer pessoa, por meio de requerimento que contenha informações sobre o fato e sua autoria, bem como as circunstâncias em que se deu a ocorrência. Se a comunicação for verbal, mandará a autoridade reduzi-la a termo, assinado pelo apresentante e por 2 (duas) testemunhas.

Os magistrados, os membros dos Tribunais ou Conselhos de Contas ou os titulares dos órgãos integrantes do sistema de controle interno de qualquer dos Poderes, ao verificarem a existência dos crimes em autos ou documentos de que conhecerem, remeterão ao Ministério Público as cópias e os documentos necessários ao oferecimento da denúncia.

Será admitida ação penal privada subsidiária da pública no caso de inércia do Ministério Público (quando, diante das informações do crime, não oferece denúncia, não arquiva, nem pede novas diligências) no prazo legal.

> **Questão de prova** — A prova de Delegado da Polícia Civil/PA/2009 considerou INCORRETA a afirmativa: "Os crimes definidos na lei de licitações são de ação penal pública incondicionada, cabendo ao Ministério Público promovê-la, não sendo admissível a ação penal privada subsidiária da pública".

b) **Aplicação subsidiária:** no caso de omissão, há aplicação subsidiária do Código de Processo Penal e da Lei de Execução Penal.

c) **Procedimento:**

- oferecimento da denúncia ou queixa;
- recebimento ou rejeição pelo juiz;
- se recebida a denúncia, o réu será citado para apresentar defesa escrita, no prazo de 10 (dez) dias, contados da data do seu interrogatório, podendo juntar documentos, arrolar testemunhas, em número não superior a 5 (cinco), e indicar as demais provas que pretenda produzir;
- oitiva de testemunhas de acusação;
- oitiva de testemunhas de defesa;
- diligências instrutórias deferidas ou ordenadas pelo juiz;
- prazo de 5 (cinco) dias a cada parte para alegações finais;
- remessa dos autos ao juiz em 24 (vinte e quatro) horas;
- terá o juiz 10 (dez) dias para proferir a sentença;
- da sentença, cabe apelação no prazo de 5 (cinco) dias.

d) **Infrações de menor potencial ofensivo:** 1) patrocinar, direta ou indiretamente, interesse privado perante a Administração, dando causa à instauração de licitação ou à celebração de contrato, cuja invalidação venha a ser decretada pelo Poder Judiciário (pena: detenção, de 6 (seis) meses a 2 (dois) anos, e multa); 2) impedir, perturbar ou fraudar a realização de qualquer ato de procedimento licitatório (pena: detenção, de 6 (seis) meses a 2 (dois) anos, e multa); 3) admitir à licitação ou celebrar contrato com empresa ou profissional declarado inidôneo (pena: detenção, de 6 (seis) meses a 2 (dois) anos, e multa). Incide na mesma pena aquele que, declarado inidôneo, venha a licitar ou a contratar com a Administração; 4) obstar, impedir ou dificultar, injustamente, a inscrição de qualquer interessado nos registros cadastrais ou promover indevidamente a alteração, suspensão ou cancelamento de registro do inscrito (pena: detenção, de 6 (seis) meses a 2 (dois) anos, e multa).

e) **Competência:** Justiça Estadual, salvo se praticado em violação a bens, interesses, serviço da União, suas autarquias ou empresas públicas (Justiça Federal). O fato de licitação estadual envolver recursos repassados ao Estado-Membro pelo Banco Nacional de Desenvolvimento Econômico e Social (BNDES) por meio de empréstimo bancário (mútuo feneratício) não atrai a competência da Justiça Federal para processar e julgar crimes relacionados a suposto superfaturamento na licitação (*Informativo* 555/2015 do STJ).

f) **Sanções:** penais e administrativa (perda do cargo, emprego, função ou mandato eletivo).

g) **Abrangência:** as infrações penais previstas na Lei n. 8.666/93 pertinem às licitações e aos contratos celebrados pela União, Estados, Distrito Federal, Municípios, e respectivas autarquias, empresas públicas, sociedades de economia mista, fundações públicas, e quaisquer outras entidades sob seu controle direto ou indireto.

h) **Destino da multa:** Fazenda Federal, Distrital, Estadual ou Municipal.

i) **Recurso:** da sentença cabe apelação no prazo de cinco dias.

15. Crime organizado

a) **Objeto da lei:** a Lei n. 12.850/2013 define organização criminosa e dispõe sobre a investigação criminal, os meios de obtenção da prova, infrações penais correlatas e o procedimento criminal a ser aplicado.

b) **Conceito de organização criminosa:** associação de quatro ou mais pessoas, estruturalmente ordenada e caracterizada pela divisão de tarefas, ainda que informalmente, com o objetivo de obter, direta ou indiretamente, vantagem de qualquer natureza, mediante a prática de infrações penais cujas penas máximas sejam superiores a quatro anos, ou que sejam de caráter transnacional. Na associação criminosa, há a participação de três ou mais pessoas, para o fim específico de cometer crimes.

Questões de prova

A prova de Delegado da Polícia Civil/CE/2015 considerou INCORRETA a afirmativa: "a Lei n. 12.850/2013 define organização criminosa como sendo, dentre outros, uma associação de no mínimo cinco agentes".

A prova de Promotor de Justiça MPE/GO/2014 considerou INCORRETA a afirmativa: "Considera-se organização criminosa a associação de 4 (quatro) ou mais pessoas estruturalmente ordenada e caracterizada pela divisão de tarefas, ainda que informalmente, com objetivo de obter, direta ou indiretamente, vantagem de qualquer natureza, mediante a prática de infrações penais cujas penas máximas sejam iguais ou superiores a 4 (quatro) anos, ou que sejam de caráter transnacional".

c) **Aplicação da lei:** a Lei n. 12.850/2013 é aplicada: às infrações penais previstas em tratado ou convenção internacional quando, iniciada a execução no País, o resultado tenha ou devesse ter ocorrido no estrangeiro, ou vice-versa; às organizações terroristas, entendidas como aquelas voltadas para a prática dos atos de terrorismo legalmente definidos.

d) **Procedimento:** ordinário.

e) **Prazo:** a instrução criminal deverá ser encerrada em prazo razoável, o qual não poderá exceder a 120 (cento e vinte) dias quando o réu estiver preso, prorrogáveis por até igual período, por decisão fundamentada, devidamente motivada pela complexidade da causa ou por fato procrastinatório atribuível ao réu.

f) **Sigilo da investigação:** poderá ser decretado pela autoridade judicial competente, para garantia da celeridade e da eficácia das diligências investigatórias, assegurando-se ao defensor, no interesse do representado, amplo acesso aos elementos de prova que digam respeito ao exercício do direito de defesa, devidamente precedido de autorização judicial, ressalvados os referentes às diligências em andamento. Determinado o depoimento do investigado, seu defensor terá assegurada a prévia vista dos autos, ainda que classificados como sigilosos, no prazo mínimo de 3 (três) dias que antecedem ao ato, podendo ser ampliado, a critério da autoridade responsável pela investigação.

g) **Meios de obtenção da prova:** são admitidos em qualquer fase da persecução penal, sem prejuízo de outros já previstos em lei. São: 1) colaboração premiada; 2) captação ambiental de sinais eletromagnéticos, ópticos ou acústicos; 3) ação controlada; 4) acesso a registros de ligações telefônicas e telemáticas, a dados cadastrais constantes de bancos de dados públicos ou privados e a informações eleitorais ou comerciais; 5) interceptação de comunicações telefônicas e telemáticas, nos termos da legislação específica; 6) afastamento dos sigilos financeiro, bancário e fiscal, nos termos da legislação específica; 7) infiltração, por policiais, em atividade de investigação; 8) cooperação entre instituições e órgãos federais, distritais, estaduais e municipais na busca de provas e informações de interesse da investigação ou da instrução criminal.

h) **Da colaboração premiada**

- **Decisão:** juiz; a concessão do benefício levará em conta a personalidade do colaborador, a natureza, as circunstâncias, a gravidade e a repercussão social do fato criminoso e a eficácia da colaboração.
- **Iniciativa:** requerimento das partes. Em todos os atos de negociação, confirmação e execução da colaboração, o colaborador deverá estar assistido por defensor.

- **Benefícios:** perdão judicial, redução em até 2/3 (dois terços) da pena privativa de liberdade ou substituição por restritiva de direitos. O Ministério Público poderá deixar de oferecer denúncia se o colaborador: 1) não for o líder da organização criminosa; 2) for o primeiro a prestar efetiva colaboração.
- **Tipo de colaboração:** efetiva e voluntária com a investigação e com o processo criminal, desde que dessa colaboração advenha um ou mais dos seguintes resultados: 1) a identificação dos demais coautores e partícipes da organização criminosa e das infrações penais por eles praticadas; 2) a revelação da estrutura hierárquica e da divisão de tarefas da organização criminosa; 3) a prevenção de infrações penais decorrentes das atividades da organização criminosa; 4) a recuperação total ou parcial do produto ou do proveito das infrações penais praticadas pela organização criminosa; 5) a localização de eventual vítima com a sua integridade física preservada.

Questão de prova

A prova de Promotor de Justiça MPE/MG/2014 considerou CORRETA a afirmativa: "São resultados previstos na "Lei de Organização Criminosa" como necessários para que aquele que tenha colaborado efetiva e voluntariamente com a investigação e com o processo criminal obtenha o benefício da colaboração premiada, EXCETO: localização dos instrumentos do crime, desde que consistam em coisas cujo fabrico, alienação, uso, porte ou detenção constitua fato ilicito".

- **Benefício fora da proposta:** considerando a relevância da colaboração prestada, o Ministério Público, a qualquer tempo, e o delegado de polícia, nos autos do inquérito policial, com a manifestação do Ministério Público, poderão requerer ou representar ao juiz pela concessão de perdão judicial ao colaborador, ainda que esse benefício não tenha sido previsto na proposta inicial, aplicando-se, no que couber, o art. 28 do Decreto-lei n. 3.689 (Código de Processo Penal), de 3 de outubro de 1941.
- **Suspensão:** o prazo para oferecimento de denúncia ou o processo, relativos ao colaborador, poderá ser suspenso por até 6 (seis) meses, prorrogáveis por igual período, até que sejam cumpridas as medidas de colaboração, suspendendo-se o respectivo prazo prescricional.
- **Colaboração posterior à sentença:** a pena poderá ser reduzida até a metade ou será admitida a progressão de regime ainda que ausentes os requisitos objetivos.
- **Participantes do acordo:** o juiz não participará das negociações realizadas entre as partes para a formalização do acordo de colaboração, que ocorrerá entre o delegado de polícia, o investigado e o defensor, com a

manifestação do Ministério Público, ou, conforme o caso, entre o Ministério Público e o investigado ou acusado e seu defensor.

- **Direitos do colaborador:** 1) usufruir das medidas de proteção previstas na legislação específica; 2) ter nome, qualificação, imagem e demais informações pessoais preservados; 3) ser conduzido, em juízo, separadamente dos demais coautores e partícipes; 4) participar das audiências sem contato visual com os outros acusados; 5) não ter sua identidade revelada pelos meios de comunicação, nem ser fotografado ou filmado, sem sua prévia autorização por escrito; 6) cumprir pena em estabelecimento penal diverso dos demais corréus ou condenados.
- **Requisitos:** o termo de acordo da colaboração premiada deverá ser feito por escrito e conter: 1) o relato da colaboração e seus possíveis resultados; 2) as condições da proposta do Ministério Público ou do delegado de polícia; 3)a declaração de aceitação do colaborador e de seu defensor; 4) as assinaturas do representante do Ministério Público ou do delegado de polícia, do colaborador e de seu defensor; 5) a especificação das medidas de proteção ao colaborador e à sua família, quando necessário.
- **Homologação:** juiz deverá verificar a regularidade, legalidade e voluntariedade, podendo para este fim, sigilosamente, ouvir o colaborador, na presença de seu defensor. O juiz poderá recusar homologação à proposta que não atender aos requisitos legais, ou adequá-la ao caso concreto. Depois de homologado o acordo, o colaborador poderá, sempre acompanhado pelo seu defensor, ser ouvido pelo membro do Ministério Público ou pelo delegado de polícia responsável pelas investigações.
- **Retratação:** as partes podem retratar-se da proposta, caso em que as provas autoincriminatórias produzidas pelo colaborador não poderão ser utilizadas exclusivamente em seu desfavor.
- **Perda do sigilo:** o acordo de colaboração premiada deixa de ser sigiloso assim que recebida a denúncia, observados os direitos do colaborador.

i) **Da ação controlada**

- **Conceito:** retardar a intervenção policial ou administrativa relativa à ação praticada por organização criminosa ou a ela vinculada, desde que mantida sob observação e acompanhamento para que a medida legal se concretize no momento mais eficaz à formação de provas e obtenção de informações.
- **Requisito:** será previamente comunicado ao juiz competente que, se for o caso, estabelecerá os seus limites e comunicará ao Ministério Público.

A comunicação será sigilosamente distribuída, de forma a não conter informações que possam indicar a operação a ser efetuada. Até o encerramento da diligência, o acesso aos autos será restrito ao juiz, ao Ministério Público e ao delegado de polícia, como forma de garantir o êxito das investigações.

- **Término:** será feito um auto circunstanciado acerca da ação controlada.
- **Transposição de fronteiras:** o retardamento da intervenção policial ou administrativa somente poderá ocorrer com a cooperação das autoridades dos países que figurem como prováveis itinerários ou destinos do investigado, de modo a reduzir os riscos de fuga e extravio do produto, objeto, instrumento ou proveito do crime.

j) **Da infiltração de agentes de polícia**

- **Tipo de atividade:** a infiltração ocorre em tarefas de investigação.
- **Iniciativa:** representação do delegado de polícia ou requerimento do Ministério Público, os quais conterão a demonstração da necessidade da medida, o alcance das tarefas dos agentes e, quando possível, os nomes ou apelidos das pessoas investigadas e o local da infiltração.
- **Requisito:** manifestação técnica do delegado de polícia quando solicitada no curso do inquérito policial.
- **Forma:** será precedida de circunstanciada, motivada e sigilosa autorização judicial, que estabelecerá seus limites.
- **Representação do delegado:** o juiz competente, antes de decidir, ouvirá o Ministério Público.
- **Cabimento:** se a prova não puder ser produzida por outros meios disponíveis.
- **Duração:** prazo de até 6 (seis) meses, sem prejuízo de eventuais renovações, desde que comprovada sua necessidade.
- **Término:** relatório circunstanciado será apresentado ao juiz competente, que imediatamente cientificará o Ministério Público. No curso do inquérito policial, o delegado de polícia poderá determinar aos seus agentes, e o Ministério Público poderá requisitar, a qualquer tempo, relatório da atividade de infiltração.
- **Distribuição do pedido:** sigilosa, de forma a não conter informações que possam indicar a operação a ser efetivada ou identificar o agente que será infiltrado.
- **Procedimento:** as informações quanto à necessidade da operação de infiltração serão dirigidas diretamente ao juiz competente, que decidirá

no prazo de 24 (vinte e quatro) horas, após manifestação do Ministério Público na hipótese de representação do delegado de polícia, devendo-se adotar as medidas necessárias para o êxito das investigações e a segurança do agente infiltrado.

- **Destino:** os autos contendo as informações da operação de infiltração acompanharão a denúncia do Ministério Público, quando serão disponibilizados à defesa, assegurando-se a preservação da identidade do agente.
- **Risco iminente:** havendo indícios seguros de que o agente infiltrado sofre risco iminente, a operação será sustada, mediante requisição do Ministério Público, ou pelo delegado de polícia, dando-se imediata ciência ao Ministério Público e à autoridade judicial.
- **Responsabilidade:** o agente que não guardar, em sua atuação, a devida proporcionalidade com a finalidade da investigação, responderá pelos excessos praticados. Não é punível, no âmbito da infiltração, a prática de crime pelo agente infiltrado no curso da investigação, quando inexigível conduta diversa.

Questão de prova

A prova de Promotor de Justiça MPE/GO/2013 considerou INCORRETA a afirmativa: "Segundo o texto da Lei n. 12.850/2013 não é punível, no âmbito da infiltração, a prática de crime pelo agente infiltrado no curso da investigação, quando amparada sua conduta na causa de exclusão da ilicitude denominada "estrito cumprimento do dever legal".

- **Direitos do agente:** 1) recusar ou fazer cessar a atuação infiltrada; 2) ter sua identidade alterada, bem como usufruir das medidas de proteção a testemunhas; 3) ter seu nome, sua qualificação, sua imagem, sua voz e demais informações pessoais preservadas durante a investigação e o processo criminal, salvo se houver decisão judicial em contrário; 4) não ter sua identidade revelada, nem ser fotografado ou filmado pelos meios de comunicação, sem sua prévia autorização por escrito.

k) Do acesso a registros, dados cadastrais, documentos e informações

- **Acesso sem autorização judicial:** o delegado de polícia e o Ministério Público terão acesso aos dados cadastrais do investigado que informem exclusivamente a qualificação pessoal, a filiação e o endereço, mantidos pela Justiça Eleitoral, empresas telefônicas, instituições financeiras, provedores de internet e administradoras de cartão de crédito.
- **Acesso das viagens:** as empresas de transporte possibilitarão, pelo prazo de 5 (cinco) anos, acesso direto e permanente do juiz, do Ministério Público ou do delegado de polícia aos bancos de dados de reservas e registro de viagens.

- **Acesso dos registros telefônicos:** as concessionárias de telefonia fixa ou móvel manterão, pelo prazo de 5 (cinco) anos, à disposição das autoridades mencionadas no art. 15 da Lei n. 12.850/2013 ("O delegado de polícia e o Ministério Público terão acesso, independentemente de autorização judicial, apenas aos dados cadastrais do investigado que informem exclusivamente a qualificação pessoal, a filiação e o endereço mantidos pela Justiça Eleitoral, empresas telefônicas, instituições financeiras, provedores de internet e administradoras de cartão de crédito"), registros de identificação dos números dos terminais de origem e de destino das ligações telefônicas internacionais, interurbanas e locais.

Questão de prova

A prova de Delegado da Polícia PC/PI/2014 considerou CORRETA a afirmativa: "Nos termos da Lei n. 12.850/2013, o delegado de polícia terá acesso, independentemente de autorização judicial, aos dados cadastrais do investigado que informem exclusivamente a qualificação pessoal, a filiação e o endereço mantidos pela Justiça Eleitoral, empresas telefônicas, instituições financeiras, provedores de internet e administradoras de cartão de crédito".

16. Tortura

a) **Previsão constitucional:** a Constituição Federal de 1998 determina, em seu art. 5º, XLIII, que: "a lei considerará crimes inafiançáveis e insuscetíveis de graça ou anistia a prática da tortura, o tráfico ilícito de entorpecentes e drogas afins, o terrorismo e os definidos como crimes hediondos, por eles respondendo os mandantes, os executores e os que, podendo evitá-los, se omitirem"; e em seu art. 5º, III, que "ninguém será submetido a tortura nem a tratamento desumano ou degradante".

   Trata-se de uma norma de eficácia contida, ou seja, possui todos os elementos necessários à imediata produção de seus efeitos, mas admite que sejam restringidos por obra de legislação infraconstitucional posterior. Tais normas têm aplicabilidade **direta e imediata**, como as normas de eficácia plena, mas **não integral**, porque admitem restrição em seu âmbito de aplicação em função de legislação superveniente.

b) **Histórico:** a regulamentação inicial surgiu no ordenamento jurídico brasileiro com a Lei dos Crimes Hediondos (Lei n. 8.072/90), que repetiu o então estabelecido na Constituição Federal de 1988, acrescentando consequências de caráter material e processual. Não havia, ainda, uma tipificação específica para os crimes de tortura. Para suprir essa lacuna, o Estatuto da Criança e do Adolescente (ECA – Lei n. 8.069, de 13 de julho de 1990) estipulou em seu art. 233 o crime de tortura contra menores: "submeter criança ou adolescente, sob sua autoridade, guarda ou vigilância a tortura".

Segundo o STF, o Brasil, ao tipificar o crime de tortura contra crianças ou adolescentes, revelou-se fiel aos compromissos que assumiu na ordem internacional, especialmente àqueles decorrentes da Convenção de Nova York sobre os Direitos da Criança (1990), da Convenção contra a Tortura adotada pela Assembleia Geral da ONU (1984), da Convenção Interamericana contra a Tortura concluída em Cartagena (1985) e da Convenção Americana sobre Direitos Humanos (Pacto de São José da Costa Rica), formulada no âmbito da OEA (1969), efetivando a obrigação de proteger os menores contra toda forma de violência, crueldade e opressão (art. 227, *caput*, *in fine*).

O crime de tortura previsto no art. 233 do ECA era um tipo penal aberto (universo conceitual impregnado de noções com que o senso comum e o sentimento de decência das pessoas identificam as condutas aviltantes que traduzem, na concreção de sua prática, o gesto criminoso de ofensa à dignidade da pessoa humana); assim, era suscetível de integração pelo magistrado, prevalecendo no STF o entendimento pela aplicabilidade do dispositivo, pois pode existir tipo aberto, incumbindo ao juiz decidir no caso concreto a existência da conduta típica de tortura. Porém, havia doutrinadores sustentando a inconstitucionalidade do dispositivo, por violação ao princípio da legalidade, já que o tipo não esclarecia o que era tortura e qual deveria ser a intenção do torturador, sendo abrangente, de forma a alcançar grande número de situações fáticas.

Em março de 1997, um cinegrafista amador filmou Policiais Militares espancando pessoas que passavam por uma rua de favela localizada em Diadema. Após a divulgação pela imprensa falada e escrita, no dia 3 de abril o Senado aprovou em regime de urgência um projeto que tramitava desde agosto de 1994, tipificando o crime de tortura. No dia 6 de abril, o Presidente da República sancionou a lei que tipifica o crime e o torna inafiançável. O texto foi publicado no *DOU* dois dias depois, definindo os crimes de tortura e estabelecendo outras providências aplicáveis à espécie, dando regulamentação ao mandamento constitucional previsto no art. 5º, III, da Constituição Federal, que proclama a proteção fundamental de que ninguém será submetido a tortura, nem a tratamento desumano ou degradante.

O art. 4º da Lei n. 9.455/97 revogou expressamente o art. 233 do ECA, incluindo a tortura praticada contra menor como causa de aumento de pena.

O advento da Lei n. 9.455/97 reflete uma manifestação do movimento da lei e da ordem, pois o governo brasileiro, diante de casos concretos de violência, anuncia medidas repressivas, bem como uma forma de impedir a negação arbitrária dos direitos humanos e supressiva da dignidade, autonomia e liberdade com que o indivíduo foi dotado, de maneira indisponível, pelo ordenamento positivo.

c) **Clemência soberana:** o crime de tortura é inafiançável e insuscetível de graça ou anistia. É possível a concessão de indulto nos delitos de tortura.

> **Questão de prova**
> A prova de Defensor Público AM/2011 considerou CORRETA a afirmativa: "Os crimes de tortura são inafiançáveis e insuscetíveis de graça e anistia".

d) **Fiança:** preso em flagrante, não caberá fiança ao acusado da prática de tortura.

e) **Prisão temporária:** o prazo da prisão temporária é de 30 (trinta) dias, prorrogáveis por igual período, em caso de extrema e comprovada necessidade.

f) **Regime de cumprimento de pena:** o condenado por crime de tortura iniciará o cumprimento da pena em regime fechado, salvo a quem se omitiu de apurar ou evitar tortura, que pode ter como regime inicial o aberto. O Plenário do STF, ao julgar o HC 111.840/ES (*DJe* 17-12-2013), afastou a obrigatoriedade do regime inicial fechado para os condenados por crimes hediondos e equiparados, devendo-se observar, para a fixação do regime inicial de cumprimento de pena, o disposto no art. 33 c/c o art. 59, ambos do CP. Assim, por ser equiparado a crime hediondo, nos termos do art. 2º, *caput*, e § 1º, da Lei n. 8.072/90, é evidente que essa interpretação também deve ser aplicada ao crime de tortura. Dessa forma, não é obrigatório que o condenado por crime de tortura inicie o cumprimento da pena no regime prisional fechado (*Informativo* 540/2014 do STJ).

> **Questão de prova**
> A prova de Juiz TJ/SC/2010 considerou INCORRETA a afirmativa: "O condenado por crime previsto na Lei de Tortura, sem exceções, iniciará o cumprimento da pena em regime fechado".

g) **Extraterritorialidade:** a Lei n. 9.455/97 pode ser aplicada aos crimes de tortura ocorridos no estrangeiro, desde que ocorra uma das seguintes situações: 1) que a vítima seja brasileira; 2) que o autor da tortura esteja em local sob a jurisdição brasileira.

> **Questão de prova**
> A prova de Defensor Público BA/2010 considerou CORRETA a afirmativa: "Pela lei que define os crimes de tortura, o legislador incluiu, no ordenamento jurídico brasileiro, mais uma hipótese de extraterritorialidade da lei penal brasileira, qual seja, a de o delito não ter sido praticado no território e a vítima ser brasileira, ou encontrar-se o agente em local sob a jurisdição nacional".

h) **Qualificação:** é crime equiparado ao hediondo.

i) **Competência:** Justiça Comum Estadual; será federal, no caso de violação a bem, serviço ou interesse da União Federal, suas entidades autárquicas ou empresas públicas, nos termos do art. 109, IV, da CF. No caso de tortura qualificada, a competência é o juízo criminal do local do resultado qualificador. Se o agente for militar, a competência é da Justiça Comum Estadual ou Federal. No caso de conexão entre tortura e homicídio doloso prevalece a competência do Júri, nos termos do art. 78, I, do CPP. O fato de o crime de tortura, praticado contra brasileiros, ter ocorrido no exterior não torna, por si só, a Justiça Federal competente para processar e julgar os agentes estrangeiros (*Informativo* 549/2014 do STJ).

j) **Vestígios:** se deixar vestígios, deve ser feito o exame de corpo de delito direto ou indireto.

k) **Efeito da condenação:** perda do cargo, função ou emprego público e a interdição para seu exercício pelo dobro do prazo da pena aplicada. A perda do cargo, função ou emprego público – que configura efeito extrapenal secundário – constitui consequência necessária que resulta, automaticamente, de pleno direito, da condenação penal imposta ao agente público pela prática do crime de tortura, ainda que se cuide de integrante da Polícia Militar, não se lhe aplicando, a despeito de tratar-se de Oficial da Corporação, a cláusula inscrita no art. 125, § 4º, da Constituição da República (AI 769.637/2013, STF).

Questões de prova

A prova de Promotor de Justiça MPE/SC/2013 considerou CORRETA a afirmativa: "Para fins da Lei n. 9.455/97, a perda do cargo público, função ou emprego público é efeito extrapenal da sentença condenatória; e em se tratando de condenação de oficial da Polícia Militar pela prática do crime de tortura, a competência para decretar a perda do oficialato, como efeito da condenação, é da Justiça Comum".

A prova de Delegado de Polícia PC/PB/2009 considerou INCORRETA a afirmativa: "A condenação por crime de tortura acarreta a perda do cargo, função ou emprego público, mas não a interdição para seu exercício".

l) **Livramento condicional:** é cabível, nos termos do art. 83, V, do CP.

m) **Extraterritorialidade incondicionada:** a lei brasileira é aplicada a crime de tortura ocorrido no exterior, quando a vítima for brasileira ou o agente for encontrado em local sob jurisdição brasileira.

n) **Suspensão condicional do processo:** é cabível no crime de omissão previsto no art. 1º, § 2º, da Lei n. 9.455/97, pois a pena mínima cominada não ultrapassa 1 ano, nos termos do art. 89 da Lei n. 9.099/95.

o) **Sujeito ativo:** nos tratados internacionais, o crime de tortura foi previsto como crime próprio, podendo somente ser praticado por órgão do Estado. Na Lei n. 9.455/97, é crime comum, podendo ser praticado por qualquer pessoa.

p) **Prescrição:** há divergência: 1) é prescritível, nos termos da CF (posição do STF); 2) é imprescritível, nos termos dos tratados, pois deve prevalecer a norma que melhor protege os direitos humanos.

q) **Liberdade provisória:** a critério do juiz, de acordo com os requisitos legais.

r) **Progressão de regime:** se a tortura foi praticada antes da Lei n. 11.464/2007, a progressão será com 1/6; se após a lei: se cumpridos 2/5 da pena, se primário, ou 3/5, se reincidente.

17. Crimes de trânsito

a) **Objeto da lei:** a movimentação e mobilização de veículos, pessoas e animais nas vias terrestres, em tempo de paz, regulamentada pelo Código de Trânsito Brasileiro, assegura um trânsito seguro, regular e organizado, de forma a preservar, em última análise, a dignidade da pessoa humana. O Estado é responsável por garantir a criação de sistema de normas de regularização, manutenção e planejamento na administração do deslocamento de pessoas ou coisas pelas vias de circulação, além de órgãos e entidades responsáveis por projetos, programas e serviços que visem adotar medidas preventivas e repressivas no sistema viário, com prioridade para a preservação da saúde e do meio ambiente, em total consonância com o objetivo de construir uma sociedade livre, justa e solidária.

b) **Aplicação subsidiária:** a Lei n. 9.503/97, que institui o Código de Trânsito Brasileiro, sofre aplicação subsidiária do Código Penal, do Código de Processo Penal e da Lei n. 9.099/95, no que for compatível.

c) **Imunidade ao flagrante e fiança:** há a previsão de imunidade de prisão em flagrante e fiança quando o condutor de veículo, nos casos de acidentes de trânsito com vítima, prestar-lhe pronto e integral socorro.

d) **Crime de lesão corporal culposa:** ao crime de lesão corporal culposa, são aplicados os benefícios da composição civil de danos, transação penal e suspensão condicional do processo, exceto se o agente estiver: 1) sob a influência de álcool ou qualquer outra substância psicoativa que determine dependência (deve ser instaurado inquérito policial); 2) participando, em via pública, de corrida, disputa ou competição automobilística, de exibição ou demonstração de perícia em manobra de veículo automotor, não autorizada pela autoridade competente; 3) transitando em velocidade superior à máxima permitida para a via em 50 km/h (cinquenta quilômetros por hora).

e) **Suspensão ou proibição de se obter a permissão ou a habilitação para dirigir veículo automotor:** pode ser imposta como penalidade principal, isolada ou cumulativamente com outras penalidades. Tal penalidade tem a duração de 2 (dois) meses a 5 (cinco) anos. Transitada em julgado a sentença condenatória, o réu será intimado a entregar à autoridade judiciária, em 48 (quarenta e oito) horas, a Permissão para Dirigir ou a Carteira de Habilitação. A penalidade não se inicia enquanto o sentenciado, por efeito de condenação penal, estiver recolhido a estabelecimento prisional.

Questão de prova

A prova da Magistratura TJ/AC/2012 considerou INCORRETA a afirmativa: "Conforme previsão do Código de Trânsito Brasileiro, é facultativa, nos casos de reincidência, a aplicação da penalidade de suspensão da permissão ou habilitação para conduzir veículo automotor".

f) **Suspensão ou proibição cautelar:** em qualquer fase da investigação ou da ação penal, havendo necessidade para a garantia da ordem pública, poderá o juiz, como medida cautelar, de ofício, a requerimento do Ministério Público ou mediante representação da autoridade policial, decretar, em decisão motivada, a suspensão da permissão ou da habilitação para dirigir veículo automotor, ou a proibição de sua obtenção. Da decisão que decretar a suspensão ou a medida cautelar, ou da que indeferir o requerimento do Ministério Público, caberá recurso em sentido estrito, sem efeito suspensivo.

g) **Comunicação da suspensão ou proibição:** a suspensão para dirigir veículo automotor ou a proibição de se obter a permissão ou a habilitação será sempre comunicada pela autoridade judiciária ao Conselho Nacional de Trânsito (CONTRAN) e ao órgão de trânsito do Estado em que o indiciado ou réu for domiciliado ou residente. Se o réu for reincidente na prática de crime de trânsito, o juiz aplicará a penalidade de suspensão da permissão ou habilitação para dirigir veículo automotor, sem prejuízo das demais sanções penais cabíveis.

h) **Multa reparatória:** a penalidade de multa reparatória consiste no pagamento, mediante depósito judicial em favor da vítima, ou de seus sucessores, de quantia calculada com base no disposto no § 1º do art. 49 do Código Penal, sempre que houver prejuízo material resultante do crime. A multa reparatória não poderá ser superior ao valor do prejuízo demonstrado no processo. Aplica-se à multa reparatória o disposto nos arts. 50 a 52 do Código Penal. Na indenização civil do dano, o valor da multa reparatória será descontado.

i) **Benefícios:** 1) no crime de lesão culposa e participação em racha, serão aplicadas todas as regras da Lei n. 9.099/95; porém, no caso de participação em racha, não se aplica a composição civil, nem a representação da vítima como condição de procedibilidade; 2) na hipótese de embriaguez ao volante, é aplicada apenas a transação penal.

18. Interceptação telefônica

a) **Conceitos básicos:** 1) intercepção é a interferência com a finalidade de coletar informações; 2) interceptação telefônica é interferência de um terceiro na conversa telefônica entre duas ou mais pessoas que capta os dados, gravando ou ouvindo; 3) interceptação ambiental é a interferência de um terceiro na conversa mantida entre duas ou mais pessoas fora do telefone, em qualquer recinto privado ou público; 4) escuta telefônica é a captação e gravação feita por terceiro com ciência e autorização de um dos interlocutores; 5) escuta ambiental é a captação e gravação feita por um terceiro com ciência e autorização de um dos interlocutores fora do telefone, em um recinto qualquer; 6) captação direta ou gravação clandestina é a captação e gravação feita por um dos interlocutores sem que outro saiba.

b) **Situações:** a interceptação telefônica não é crime, desde que preenchidos os requisitos legais: a) feita para prova em investigação criminal e em instrução processual penal; b) feita nas hipóteses legais; c) dependerá de ordem do juiz competente da ação principal, sob segredo de justiça. A interceptação ambiental não é crime se feita em lugar público; se em lugar privado sim, salvo autorização judicial; se em lugar público mas em caráter sigiloso sim.

c) **Abrangência:** é possível interceptação do fluxo de comunicações em sistemas de informática e telemática

d) **Requisitos da interceptação telefônica:** a) existência de indícios suficientes ou razoáveis de autoria; b) não é possível colher a prova por outro meio; a interceptação tem caráter subsidiário; só em último caso será usado em forma de violação à intimidade alheia; c) crime em investigação deve ser apenado com reclusão; as infrações apenadas com detenção comportam interceptação, desde que sejam conexas aos crimes de reclusão. Na interceptação, o objeto da investigação deve ser descrito com clareza. É possível a indicação e qualificação dos investigados, salvo impossibilidade manifesta e justificada.

Questões de prova

A prova de Promotor de Justiça MPDFT/2013 considerou INCORRETA a afirmativa: "A interceptação de comunicações telefônicas não pode ser utilizada para infração penal punida com pena de detenção".

A prova de Defensor Público DP/SP/2013 considerou INCORRETA a afirmativa: "É válida a interceptação telefônica realizada sem prévia autorização judicial, desde que haja posterior consentimento de um dos interlocutores para ser tratada como escuta telefônica e utilizada como prova em processo penal".

e) **Decisão judicial sobre interceptação telefônica:** o juiz, no prazo máximo de 24 horas, decidirá sobre o pedido. A decisão será fundamentada, sob pena de nulidade, indicando também a forma de execução da diligência: necessidade, meios, objetivo, números telefônicos e nome dos envolvidos.

> **Questão de prova**
> A prova de Procurador AL/PB/2013 considerou INCORRETA a afirmativa: "A decisão que determinar a interceptação telefônica deverá ser fundamentada, mas não precisa indicar a forma de realização da diligência".

f) **Duração da interceptação telefônica:** o prazo não poderá exceder o prazo de 15 dias, renovável por igual tempo uma vez comprovada a indispensabilidade do meio de prova. A jurisprudência admite tantas prorrogações quantas forem necessárias.

> **Questão de prova**
> A prova de Delegado de Polícia Civil DP/PC/ES/2013 considerou INCORRETA a afirmativa: "É impossível a prorrogação do prazo de autorização para a interceptação telefônica, mesmo que sucessivas".

g) **Pedido de interceptação telefônica:** a interceptação das comunicações telefônicas poderá ser determinada pelo juiz, de ofício ou a requerimento: I – da autoridade policial, na investigação criminal; II – do representante do Ministério Público, na investigação criminal e na instrução processual penal. A defesa, assistente de acusação e querelante. No pedido de interceptação de comunicação telefônica conterá a demonstração de que a sua realização é necessária à apuração de infração penal (só será realizada se não houver outros meios disponíveis para apuração do crime), com indicação dos meios a serem empregados. Excepcionalmente, o juiz poderá admitir que o pedido seja formulado verbalmente, desde que estejam presentes os pressupostos que autorizem a interceptação, caso em que a concessão será condicionada à sua redução a termo.

> **Questão de prova**
> A prova de Juiz TJ/AM/2013 considerou CORRETA a afirmativa: "A interceptação dependerá de ordem do Juiz competente da ação principal, podendo ser determinada de ofício, ou a requerimento da autoridade policial ou do representante do Ministério Público".

h) **Execução da interceptação telefônica:** deferido o pedido, a autoridade policial conduzirá os procedimentos de interceptação, dando ciência ao Ministério Público, que poderá acompanhar a sua realização. Se a interceptação for realizada sem gravação, poderá valer como prova, podendo usar os policiais como testemunhas. No caso de a diligência possibilitar a gravação da comunicação interceptada, será determinada a sua transcrição. Cumprida a diligência, a autoridade policial encaminhará o resultado da interceptação ao juiz, acompanhado de auto circunstanciado, que deverá conter o resumo das operações realizadas. Após receber o auto circunstanciado e o resultado da operação, o juiz determinará que o material colhido seja encartado em autos apartados dos principais, ciente o Ministério Público. Após autorizado pelo juiz, a autoridade policial poderá requisitar serviços e técnicos especializados às concessionárias de serviço público – companhias de telefonia fixa ou móvel; se não for atendida desobediência.

i) **Objeto da investigação na interceptação telefônica:** em qualquer hipótese, deve ser descrita com clareza a situação objeto da investigação, inclusive com a indicação e qualificação dos investigados, salvo impossibilidade manifesta, devidamente justificada.

j) **Sigilo das diligências (realização da interceptação), gravações e transcrições:** não é absoluto. O juiz deve nas suas decisões observar o princípio da proporcionalidade, devendo a intimidade prevalecer sobre o direito público à informação quando a intimidade de alguém for violada pela divulgação da notícia pelos meios de comunicação.

k) **Forma:** o processo da interceptação de comunicação telefônica, de qualquer natureza, ocorrerá em autos apartados, apensados aos autos do inquérito policial ou do processo criminal, preservando-se o sigilo das diligências, gravações e transcrições respectivas. A apensação dos autos da interceptação telefônica aos autos principais somente poderá ser realizada imediatamente antes do relatório da autoridade, quando se tratar de inquérito policial ou no processo após as alegações finais e antes de o juiz dar a sua decisão.

l) **Crimes relativos à interceptação telefônica:** 1) realizar interceptação de comunicações telefônicas, de informática ou telemática, sem autorização judicial ou com objetivos não autorizados em lei. Pena: reclusão de dois a quatro anos, e multa. O crime pode ser praticado por qualquer pessoa. O elemento subjetivo é dolo. A consumação ocorre com a interceptação, ou seja, com a captação da conversa por um terceiro sem o conhecimento por qualquer dos interlocutores. É admitida tentativa. O exaurimento se dá com a divulgação do conteúdo da comunicação. O objeto material é a comunicação telefônica, de informática ou telemática. O objeto jurídico é a privacidade. É crime formal, de forma livre e permanente. 2) Quebrar segredo de justiça, sem autorização judicial ou com objetivos não autorizados em lei. Pena: reclusão de dois a quatro anos, e multa. O crime pode ser praticado por qualquer pessoa (Vicente Greco sustenta que somente funcionário público pode praticar). O elemento subjetivo é dolo. A quebra é relativa ao procedimento de interceptação telefônica, pois nos demais casos o crime será o previsto no art. 325 do CP. O objeto material é a comunicação telefônica, de informática ou telemática. O objeto jurídico é a privacidade. É crime formal, de forma livre e instantâneo.

m) **Vigência da lei:** na data da publicação – 25 de julho de 1996 – "Art. 11. Esta Lei entra em vigor na data de sua publicação".

n) **Revogação:** do tipo expressa, pois a lei disse no texto os artigos revogados – "Art. 12. Revogam-se as disposições em contrário".

o) **Fundamento Constitucional:** é o art. 5º, XII, da CF, que estipula como regra geral a inviolabilidade do sigilo das comunicações pessoais, em homenagem ao direito de privacidade. Porém a própria CF permite a quebra de sigilo, em conformidade com a característica da relatividade dos direitos fundamentais.

p) **Incidente de inutilização:** 1) **iniciativa:** MP ou parte interessada (acusado ou terceiro); Nucci sustenta que o juiz de ofício pode, pois é o que decide sobre a inutilização do material, desde que haja oitiva prévia do MP e defesa; 2) **conceito:** é procedimento para destruição de gravação ou partes dela impertinentes; 3) **conteúdo:** gravação que não interessar à prova; 4) **momento:** durante o inquérito policial, instrução processual ou após a instrução. A legislação fala em "investigação criminal", não prevendo, para a interceptação telefônica, a instalação prévia de inquérito policial; 5) **acompanhamento:** obrigatório é do MP; o facultativo é do acusado ou representante legal; 6) **recurso cabível:** mandado de segurança, pela urgência e irreversibilidade da medida. Segundo posição do STJ, é passível de impugnação, por recurso em sentido estrito, decisão interlocutória de primeiro grau que indefere requerimento de interceptação telefônica, para que se verifique, no caso concreto, a necessidade dessa providência processual.

q) **Auto circunstanciado:** é o registro formal das diligências equivalente ao relatório da autoridade policial. Se houver defeito no auto, haverá nulidade relativa. Porém há quem diga que o auto circunstanciado não é elemento essencial para a validade da prova, tratando-se de documento secundário.

r) **Observações:** a) é lícita a prova de crime diverso obtida por meio de interceptação de ligações telefônicas de terceiro não mencionado na autorização judicial de escuta, desde que relacionada com o fato criminoso o objeto da investigação; b) pode a prova da interceptação telefônica usada no área criminal ser emprestada para a esfera extrapenal; c) não há, na Lei n. 9.296/96, a exigência de que a degravação da escuta deva ser submetida a perícia adicional; d) é cabível o uso excepcional de interceptação telefônica em processo disciplinar, desde que seja também observado no âmbito administrativo o devido processo legal, respeitados os princípios constitucionais do contraditório e ampla defesa, bem como haja expressa autorização do Juízo Criminal, responsável pela preservação do sigilo de tal prova, de sua remessa e utilização pela Administração; e) a discussão a respeito da conexão entre o fato investigado e o fato encontrado fortuitamente só se coloca em se tratando de infração penal pretérita, porquanto no que concerne as infrações futuras o cerne da controvérsia se dará quanto a licitude ou não do meio de prova utilizado e a partir do qual se tomou conhecimento de tal conduta criminosa; f) o STJ tem se manifestado no sentido de que a interceptação telefônica, autorizada judicialmente ou não, realizada anteriormente à Lei n. 9.296/96, não acarreta a nulidade da condenação, quando esta se baseia em outras provas coligidas no curso da instrução criminal, ou seja, quando a prova ilícita não serviu de elemento de convicção decisivo para a condenação; g) conforme orientação firmada pelo Pretório Excelso e pelo STJ, não se pode negar o acesso do advogado constituído aos autos de procedimento investigatório, ainda que nele decretado o sigilo. Contudo, tal prerrogativa não se estende a atos que por sua própria natureza não dispensam a mitigação da publicidade, como futuras interceptações telefônicas, dados relativos a outros indiciados.

Questão de prova

A prova de Advogado AGU/2009 considerou INCORRETA a afirmativa: "Considere que, após realização da interceptação telefônica judicialmente autorizada para apurar crime contra a Administração Pública imputado ao servidor público Mário, a autoridade policial tenha identificado, na fase de inquérito, prova de ilícitos administrativos praticados por outros servidores. Nessa situação hipotética, considerando-se que a interceptação telefônica tenha sido autorizada judicialmente apenas em relação ao servidor Mário, as provas obtidas contra os outros servidores não poderão ser usadas em procedimento administrativo disciplinar".

19. Lavagem de dinheiro

a) **Objeto da lei:** a Lei n. 9.613/98 trata dos crimes de lavagem ou ocultação de bens, direitos e valores, a prevenção da utilização do sistema financeiro para os ilícitos nela previstos, cria o Conselho de Controle de Atividades Financeiras (COAF) e dá outras providências.

b) **Conceito:** a lavagem ocorre quando se dá aos negócios ilícitos uma aparência lícita, sendo necessário para o seu processamento e julgamento a prova da materialidade do delito.

c) **Indisponibilidade dos bens:** é possível a decretação da indisponibilidade dos bens do indiciado.

d) **Ação penal:** é pública incondicionada. A denúncia, instruída com indícios suficientes da existência do crime antecedente, deve ser oferecida no prazo de 5 (cinco) dias, se o réu estiver preso, ou de 15 (quinze) dias, se o réu estiver solto.

e) ***Sursis* processual:** a suspensão do processo penal não é aplicável no processo por crime de lavagem de dinheiro. Há corrente doutrinária que sustenta a inconstitucionalidade da inaplicabilidade do art. 366 do CPP.

f) **Liberdade provisória e fiança:** os crimes de lavagem são insuscetíveis de fiança e liberdade provisória.

g) **Rito processual:** rito ordinário da competência do juiz singular.

h) **Competência:** a competência será da Justiça Federal: 1) quando os crimes forem praticados contra o sistema financeiro e a ordem econômico-financeira, ou em detrimento de bens, serviços ou interesses da União, ou de suas entidades autárquicas ou empresas públicas; 2) quando o crime antecedente for de competência da Justiça Federal.

> ***Informativo* 383 do STJ:** É da competência da Justiça Federal os casos em que as infrações penais referentes à lavagem de capitais são praticadas contra o sistema financeiro e ordem econômico-financeira ou em detrimento de bens, serviços ou interesses da União, suas entidades autárquicas ou empresas públicas, bem como nos casos em que o crime antecedente for afeito à competência da Justiça Federal. No caso, não se notam as situações acima descritas, ressaltado que o crime antecedente (de tráfico de drogas que não ostenta internacionalidade) não é da competência da Justiça Federal, o que determina reconhecer a competência da Justiça comum estadual. Precedentes citados: CC 43.131/SP, *DJ* 22-11-2004, e HC 15.068/RJ, *DJ* 13-8-2001. CC 96.678/MG, Rel. Min. Maria Thereza de Assis Moura, julgado em 11-2-2009.

i) **Medidas assecuratórias:** o juiz, de ofício, a requerimento do Ministério Público ou mediante representação do delegado de polícia, ouvido o Ministério Público em 24 (vinte e quatro) horas, havendo indícios suficientes de infração penal, poderá decretar medidas assecuratórias de bens, direitos ou valores do investigado ou acusado, ou existentes em nome de interpostas pessoas, que sejam instrumento, produto ou proveito dos crimes de lavagem de dinheiro ou das infrações penais antecedentes.

Existe a possibilidade de alienação antecipada dos bens, se necessário para a preservação de seu valor, sempre que estiverem sujeitos a qualquer grau de deterioração ou depreciação, ou quando houver dificuldade para sua manutenção.

O juiz determinará a liberação total ou parcial dos bens, direitos e valores quando comprovada a licitude de sua origem, mantendo-se a constrição dos bens, direitos e valores necessários e suficientes à reparação dos danos e ao pagamento de prestações pecuniárias, multas e custas decorrentes da infração penal.

Poderão ser decretadas medidas assecuratórias sobre bens, direitos ou valores para reparação do dano decorrente da infração penal antecedente ou da infração de lavagem de dinheiro ou para pagamento de prestação pecuniária, multa e custas.

Quando as circunstâncias o aconselharem, o juiz, ouvido o Ministério Público, nomeará pessoa física ou jurídica qualificada para a administração dos bens, direitos ou valores sujeitos a medidas assecuratórias, mediante termo de compromisso.

j) **Delação premiada:** a pena poderá ser reduzida de 1/3 (um terço) a 2/3 (dois terços) e ser cumprida em regime aberto ou semiaberto, facultando-se ao juiz deixar de aplicá-la ou substituí-la, a qualquer tempo, por pena restritiva de direitos, se o autor, coautor ou partícipe colaborar espontaneamente com as autoridades, prestando esclarecimentos que conduzam à apuração das infrações penais, à identificação dos autores, coautores e partícipes, ou à localização dos bens, direitos ou valores objeto do crime.

Questão de prova

A prova de Promotor de Justiça MP/TO/2012 considerou INCORRETA a afirmativa: "Reconhecida a aplicação do instituto da delação premiada ao agente infrator, compete ao magistrado reduzir-lhe a pena de um meio a dois terços".

k) **Aumento de pena:** a pena será aumentada de 1/3 (um terço) a 2/3 (dois terços) se os crimes de lavagem de dinheiro forem cometidos de forma reiterada ou por intermédio de organização criminosa.

l) **Crime antecedente:** o processo e julgamento dos crimes de lavagem de dinheiro independem do processo e julgamento das infrações penais antecedentes, ainda que praticados em outro país, cabendo ao juiz competente para os crimes de lavagem de dinheiro a decisão sobre a unidade de processo e julgamento.

Questão de prova

A prova de Promotor de Justiça MP/SP/2012 considerou INCORRETA a afirmativa: "Com relação aos crimes de 'lavagem' ou ocultação de bens, direitos e valores, previstos na Lei n. 9.613/98, o processo e o julgamento desses crimes dependem do processo e julgamento dos crimes antecedentes".

m) **Denúncia:** será instruída com indícios suficientes da existência da infração penal antecedente, sendo puníveis os fatos previstos na Lei de Lavagem de Dinheiro, ainda que desconhecido ou isento de pena o autor, ou extinta a punibilidade da infração penal antecedente.

> ***Informativo* 494 do STJ:** A extinção da punibilidade pela prescrição quanto aos crimes antecedentes não implica o reconhecimento da atipicidade do delito de lavagem de dinheiro (art. 1º da Lei n. 9.613/1998) imputado ao

paciente. Nos termos do art. 2º, II, § 1º da lei mencionada, para a configuração do delito de lavagem de dinheiro não há necessidade de prova cabal do crime anterior, mas apenas a demonstração de indícios suficientes de sua existência. Assim sendo, o crime de lavagem de dinheiro é delito autônomo, independente de condenação ou da existência de processo por crime antecedente. Precedentes citados do STF: HC 93.368/PR, *DJe* 25-8-2011; HC 94.958/SP, *DJe* 6-2-2009; do STJ: HC 137.628/RJ, *DJe* 17-12-2010; REsp 1.133.944/PR, *DJe* 17-5-2010; HC 87.843/MS, *DJe* 19-12-2008; APn 458/SP, *DJe* 18-12-2009, e HC 88.791/SP, *DJe* 10-11-2008. HC 207.936/MG, Rel. Min. Jorge Mussi, julgado em 27-3-2012.

n) **Art. 366 do CPP:** não é aplicável ao processo por crime de lavagem de dinheiro, devendo o acusado que não comparecer nem constituir advogado ser citado por edital, prosseguindo o feito até o julgamento, com a nomeação de defensor dativo.

o) **Dos efeitos da condenação:** além dos previstos no Código Penal, a perda, em favor da União (e dos Estados, nos casos de competência da Justiça Estadual), de todos os bens, direitos e valores relacionados, direta ou indiretamente, à prática dos crimes previstos na Lei n. 9.613/98, inclusive aqueles utilizados para prestar a fiança, ressalvado o direito do lesado ou de terceiro de boa-fé; e a interdição do exercício de cargo ou função pública de qualquer natureza e de diretor, de membro de conselho de administração ou de gerência das pessoas jurídicas sujeitas ao mecanismo de controle, pelo dobro do tempo da pena privativa de liberdade aplicada. Os instrumentos do crime sem valor econômico cuja perda em favor da União ou do Estado for decretada serão inutilizados ou doados a museu criminal ou a entidade pública, se houver interesse na sua conservação.

20. Proteção a vítimas e testemunhas

a) **Competência:** o Poder Público deve criar programas especiais de proteção para vítimas e testemunhas que colaborarem com a persecução penal. Os programas devem ser prestados pelos entes federativos (União, Estados e Distrito Federal), no âmbito das respectivas competências.

b) **Inclusão:** serão incluídas no programa pessoas que forem coagidas ou expostas a grave ameaça, bem como seu cônjuge, ascendente, descendente e dependentes de convivência habitual.

c) **Exclusão:** estão excluídos do programa os que estão sob prisão cautelar, o condenado que cumpre pena e os que têm personalidade ou conduta incompatível com as restrições de comportamento exigidas pelo programa.

d) **Concessão da proteção:** os critérios para concessão da proteção são: gravidade da coação ou ameaça, a dificuldade de prevenção ou repressão pelos meios convencionais e sua importância para a produção da prova.

> **Questão de prova**
> A prova de Escrivão de Polícia PC/ES/2013 considerou CORRETA a afirmativa: "Estão excluídos da proteção os indivíduos cuja personalidade ou conduta seja incompatível com as restrições de comportamento exigidas pelo programa, os condenados que estejam cumprindo pena e os indiciados ou acusados sob prisão cautelar em qualquer de suas modalidades".

e) **Características da proteção especial:** 1) o ingresso depende da anuência da pessoa protegida ou de seu representante legal; 2) os protegidos e agentes devem manter sigilo das medidas e providências do programa; 3) a execução será feita por um dos órgãos do conselho deliberativo (MP, PJ, órgãos públicos e privados relacionados com a segurança pública e a defesa dos direitos humanos); 4) a polícia prestará colaboração e apoio para a execução do programa; 5) a proteção é **temporária**, tendo prazo máximo de 2 (dois) anos, admitindo prorrogação em caráter excepcional e desde que motivada; 6) a exclusão da pessoa protegida do programa poderá ocorrer a qualquer tempo: por solicitação do próprio interessado; ou por decisão do conselho deliberativo, em consequência de cessação dos motivos que ensejaram a proteção ou de conduta incompatível do protegido, conforme dispõe a Lei n. 9.087/99.

> **Questão de prova**
> A prova da Magistratura TJ/MG/2012 considerou INCORRETA a afirmativa: "A proteção oferecida pelo Programa de Proteção a Vítimas e Testemunhas terá a duração máxima e improrrogável de 2 (dois) anos".

f) **Medidas de proteção:** segurança da residência; escolta e segurança nos deslocamentos da residência; transferência de residência ou acomodação provisória em local compatível com a proteção; preservação da identidade, imagem e dados pessoais; ajuda financeira mensal; suspensão temporária de atividades funcionais; apoio e assistência social, médica e psicológica; sigilo; apoio do órgão executor; e, de forma excepcional, a alteração do nome.

COMPETÊNCIA	SUJEITO
Aplicar medidas de proteção	União, Estados e Distrito Federal
Direção do programa	Conselho deliberativo
Execução do programa	Órgão representado no conselho deliberativo
Solicitação de ingresso no programa	Interessado, MP, autoridade policial, juiz e órgão públicos e entidades de defesa dos direitos humanos

PROGRAMA	COMPETÊNCIA
Exclusão	Solicitação do próprio interessado ou decisão do conselho deliberativo
Ingresso	Solicitação do interessado ou representante do MP ou pela autoridade policial que conduz a investigação criminal ou pelo juiz competente para a instrução do processo criminal ou por órgãos públicos e entidades com atribuições de defesa dos direitos humanos

g) **Agente colaborador:** quando o acusado for primário, tiver colaborado efetiva e voluntariamente com a investigação e o processo criminal (e dessa colaboração tiver resultado: a identificação dos demais coautores ou partícipes da ação criminosa; a localização da vítima com a sua integridade física preservada; a recuperação total ou parcial do produto do crime), o juiz, de ofício ou a requerimento das partes, poderá conceder-lhe perdão judicial e a consequente extinção da punibilidade. A concessão do perdão judicial levará em conta a personalidade do beneficiado, bem como a natureza, as circunstâncias, a gravidade e a repercussão social do fato criminoso.

O indiciado ou acusado que colaborar voluntariamente com a investigação policial e o processo criminal na identificação dos demais coautores ou partícipes do crime, na localização da vítima com vida e na recuperação total ou parcial do produto do crime, no caso de condenação terá pena reduzida de 1/3 (um terço) a 2/3 (dois terços).

Em benefício do colaborador, na prisão ou fora dela, são aplicadas medidas especiais de segurança e proteção a sua integridade física, considerando ameaça ou coação eventual ou efetiva. Se estiver sob prisão temporária, preventiva ou em decorrência de flagrante delito, será custodiado em dependência separada dos demais presos. Poderá o juiz competente determinar em favor dele qualquer das medidas cautelares direta ou indiretamente relacionadas com a eficácia da proteção.

No caso de o réu colaborador cumprir pena em regime fechado, poderá o juiz criminal determinar medidas especiais que proporcionem sua segurança em relação aos demais apenados.

21. Estatuto do Idoso

a) **Aplicação subsidiária:** a Lei n. 10.741/2003 dispõe sobre o Estatuto do Idoso e dá outras providências. No caso de omissão, há aplicação subsidiária do Código Penal e do Código de Processo Penal.

b) **Rito processual:** aos crimes previstos no Estatuto do Idoso, cuja pena máxima privativa de liberdade não ultrapasse 4 (quatro) anos, aplica-se o procedimento previsto na Lei n. 9.099, de 26 de setembro de 1995, e, subsidiariamente, no que couber, as disposições do Código Penal e do Código de Processo Penal.

> **Questões de prova**
>
> A prova de Defensor Público BA/2010 considerou INCORRETA a afirmativa: "Aos crimes previstos no Estatuto do Idoso são vedadas a aplicação das medidas despenalizadoras da composição civil dos danos e da transação, bem como a incidência das imunidades penais absolutas ou escusas absolutórias".
>
> A prova de Delegado de Polícia PC/PI/2014 considerou CORRETA a afirmativa: "A Lei n. 10.741/2003 – Estatuto do Idoso – amplia o conceito de infração de menor potencial ofensivo ao permitir a aplicação do procedimento previsto na Lei n. 9.099/95 aos crimes nela previstos cuja pena privativa de liberdade máxima não ultrapasse quatro anos".

c) **Ação penal:** ação penal pública incondicionada, não se aplicando os arts. 181 e 182 do Código Penal.

d) **Prescrição:** a Lei n. 10.741/2003 (Estatuto do Idoso) considera idosa a pessoa a partir de 60 (sessenta) anos de idade. No entanto, isso não alterou o Código Penal, que, em seu art. 115, prevê a redução de metade dos prazos de prescrição quando o criminoso for, na data da sentença, maior de 70 (setenta) anos.

e) **Art. 61, II, *h*, do CP:** trata-se de uma agravante que é aplicada na hipótese de crime cometido contra vítima maior de 60 (sessenta) anos de idade, considerando-se, unicamente, o critério cronológico.

f) **Prisão domiciliar:** é permitida ao condenado maior de 70 (setenta) anos, nos termos do art. 117 da Lei de Execução Penal.

22. Estatuto do Desarmamento

a) **Objeto da lei:** a Lei n. 10.826/2003 dispõe sobre registro, posse e comercialização de armas de fogo e munição, sobre o Sistema Nacional de Armas (Sinarm), define crimes e dá outras providências.

b) **Liberdade provisória:** não se permite liberdade provisória nos crimes de posse ou porte ilegal de arma de fogo de uso restrito, comércio ilegal de arma de fogo e tráfico internacional de arma de fogo. Acontece que o art. 21 do Estatuto do Desarmamento foi declarado inconstitucional na ADIN 3.112 do STF que conclui: "Inconstitucionalidade reconhecida, visto que o texto magno não autoriza a prisão *ex lege*, em face dos princípios da presunção de inocência e da obrigatoriedade de fundamentação dos mandados de prisão pela autoridade judiciária competente". Dessa forma, diante do reconhecimento da inconstitucionalidade, é cabível liberdade provisória para os crimes de posse ou porte ilegal de arma de fogo de uso restrito, comércio ilegal de arma de fogo e tráfico internacional de arma de fogo.

Questão de prova

A prova da Magistratura TJ/MG/2009 considerou CORRETA a afirmativa: "No julgamento da ADI 3112, o STF entendeu pela constitucionalidade do art. 21 da Lei n. 10.826, de 2003, que veda a concessão de liberdade provisória aos crimes dos seus artigos 16, 17 e 18 (respectivamente: posse ou porte ilegal de arma de fogo de uso restrito; comércio ilegal de arma de fogo; e tráfico internacional de arma de fogo)".

c) **Fiança:** quanto à fiança, podemos classificar os crimes em afiançáveis (posse irregular de arma de fogo de uso permitido, omissão de cautela) e inafiançáveis (disparo de arma de fogo). O porte ilegal de arma de fogo de uso permitido será afiançável quando a arma de fogo for registrada em nome do agente. Os arts. 14 e 15 do Estatuto do Desarmamento, na parte de fiança, foram declarados inconstitucionais na ADIN 3.112 do STF: "A proibição de estabelecimento de fiança para os delitos de 'porte ilegal de arma de fogo de uso permitido' e de 'disparo de arma de fogo' mostra-se desarrazoada, porquanto são crimes de mera conduta, que não se equiparam aos crimes que acarretam lesão ou ameaça de lesão à vida ou à propriedade".

d) **Destruição de objetos apreendidos:** as armas de fogo, acessórios e munições que não mais interessarem à persecução penal ou que não constituam prova em inquérito policial ou ação penal deverão ser encaminhados pela autoridade competente ao Comando do Exército para destruição, no prazo máximo de 48 (quarenta e oito) horas, vedada a cessão para qualquer pessoa ou instituição.

> "(...) É atribuição do Juízo de Direito a designação da unidade do Exército onde serão entregues as armas e munições apreendidas em processos judiciais findos para serem destruídas. 2. Cabe ao Comando do Exército, *in casu*, apenas a atribuição de determinar em quais unidades da Organização Militar serão as armas e munições levadas à destruição" (Cat 191/BA, Rel. Min. Maria T. de Assis Moura, 3ª Seção, STJ, *DJe* 19-3-2010).

e) **Competência:** Justiça Comum Estadual, salvo o crime de tráfico internacional de arma de fogo, que é de competência da Justiça Comum Federal; a competência para julgar crimes com arma raspada continua sendo da Justiça Estadual; o STF tem competência para processar e julgar causas em que se discute prerrogativa dos juízes de portar arma de defesa pessoal, por se tratar de ação em que todos os membros da magistratura são direta ou indiretamente interessados (CF, art. 102, I, *n*) – *Informativo* 782 do STF.

f) **Rito processual:** ordinário, salvo em dois casos: 1) crime de posse irregular de arma de fogo de uso permitido: rito sumário; 2) crime de omissão de cautela: rito sumaríssimo.

g) **Suspensão condicional do processo:** aplicável somente ao crime de posse irregular de arma de fogo de uso permitido e ao crime de omissão de cautela.

h) **Prova pericial:** é necessário para avaliar a capacidade vulnerante da arma. De acordo com orientação do STJ e do STF, a não realização do exame pericial da arma é irrelevante para a caracterização do delito do art. 12 da Lei n. 10.826/2003, sendo bastante que o agente porte sem autorização e em desacordo com determinação legal ou regulamentar.

23. Violência doméstica

a) **Objeto da lei:** a Lei n. 11.340/2006 cria mecanismos para coibir a violência doméstica e familiar contra a mulher; dispõe sobre a criação dos Juizados de Violência Doméstica e Familiar contra a Mulher; e estabelece medidas de assistência e proteção às mulheres em tal situação.

b) **Aplicação subsidiária:** há aplicação subsidiária do Código de Processo Penal, do Código de Processo Civil e da legislação específica relativa à criança, ao adolescente e ao idoso, no que não conflitarem com o estabelecido na Lei n. 11.340/2006.

c) **Juizados de Violência Doméstica e Familiar contra a Mulher:** órgãos da Justiça Ordinária, com competência cível e criminal, poderão ser criados pela União, no Distrito Federal e nos Territórios, e pelos Estados, para o processo, o julgamento e a execução das causas decorrentes da prática de violência doméstica e familiar contra a mulher. Enquanto não estruturados tais Juizados, as varas criminais acumularão as competências cível e criminal para conhecer e julgar as causas decorrentes dessa prática. Os atos processuais poderão realizar-se em horário noturno, conforme dispuserem as normas de organização judiciária. Os Juizados que vierem a ser criados poderão contar com uma equipe de atendimento multidisciplinar, a ser integrada por profissionais especializados nas áreas psicossocial, jurídica e de saúde. Quando a complexidade do caso exigir avaliação mais aprofundada, o juiz poderá determinar a manifestação de profissional especializado, mediante a indicação da equipe de atendimento multidisciplinar. O fato de a vítima ser figura pública renomada não afasta a competência do Juizado de Violência Doméstica e Familiar contra a Mulher para processar e julgar o delito (*Informativo* 539/2014 do STJ). É do juizado especial criminal – e não do juizado de violência doméstica e familiar contra a mulher – a competência para processar e julgar ação penal referente a suposto crime de ameaça (art. 147 do CP) praticado por nora contra sua sogra na hipótese em que não estejam presentes os requisitos cumulativos de relação íntima de afeto, motivação de gênero e situação de vulnerabilidade (*Informativo* 524/2013 do STJ).

d) **Ação penal:** qualquer lesão corporal, mesmo que leve ou culposa, praticada contra mulher no âmbito das relações domésticas é crime de ação penal **incondicionada**, nos termos da súmula 512 do STJ.

Questões de prova

A prova da Magistratura TJ/SP/2014 considerou CORRETA a afirmativa: "A ação penal em crime de lesão corporal contra mulher no ambiente doméstico, pouco importando a extensão, é pública incondicionada".

A prova Magistratura TJ/DF/2014 considerou INCORRETA a afirmativa: "Em relação à Lei Maria da Penha Consoante entendimento do STF, nos casos de lesão corporal grave, no âmbito doméstico, a ação penal será pública condicionada à representação da vítima".

***Informativo* 363 do STJ:** A Sexta Turma, ao prosseguir o julgamento, por maioria, denegou a ordem, por entender que se trata de ação penal pública incondicionada, com apoio nos seguintes argumentos, dentre outros: 1) o art. 88 da Lei n. 9.099/1995 foi derrogado em relação à Lei Maria da Penha, em razão de o art. 41 deste diploma legal ter expressamente afastado a aplicação, por inteiro, daquela lei ao tipo descrito no art. 129, § 9º, CP; 2) isso se deve ao fato de que as referidas leis possuem escopos diametralmente opostos. Enquanto a Lei dos Juizados Especiais busca evitar o início do processo penal, que poderá culminar em imposição de sanção ao agente, a Lei Maria da Penha procura punir com maior rigor o agressor que age às escondidas nos lares, pondo em risco a saúde de sua família; 3) a Lei n. 11.340/2006 procurou criar mecanismos para coibir a violência doméstica e familiar contra as mulheres nos termos do § 8º do art. 226 e art. 227, ambos da CF/1988, daí não se poder falar em representação quando a lesão corporal culposa ou dolosa simples atingir a mulher, em casos de violência doméstica, familiar ou íntima; 4) ademais, até a nova redação do § 9º do art. 129 do CP, dada pelo art. 44 da Lei n. 11.340/2006, impondo pena má xima de três anos à lesão corporal leve qualificada praticada no âmbito familiar, corrobora a proibição da utilização do procedimento dos Juizados Especiais, afastando assim a exigência de representação da vítima. Ressalte-se que a divergência entendeu que a mesma Lei n. 11.340/2006, nos termos do art. 16, admite representação, bem como sua renúncia perante o juiz, em audiência especialmente designada para esse fim, antes do recebimento da denúncia, ouvido o Ministério Público. HC 96.992/DF, Rel. Min. Jane Silva (Desembargadora convocada do TJ/MG), julgado em 12-8-2008.

e) **Vedação:** nos casos de violência doméstica e familiar contra a mulher, é vedada a aplicação de penas de cesta básica ou outras de prestação pecuniária, bem como a substituição de pena que implique o pagamento isolado de multa. Independentemente da pena prevista, também **não se aplica a Lei n. 9.099, de 26 de setembro de 1995** (a jurisprudência do Superior Tribunal de Justiça firmou-se no sentido da inaplicabilidade dessa lei aos crimes praticados com violência doméstica ou familiar, em razão do disposto no art. 41 da Lei n. 11.340/2006). O STJ e o STF já se posicionaram no sentido de que os institutos despenalizadores da Lei n. 9.099/95, entre eles a transação penal, não se aplicam a nenhuma prática delituosa contra a mulher no âmbito doméstico e familiar, ainda que configure contravenção penal (*Informativo* 539/2014).

Questão de prova

A prova de Promotor de Justiça MP/MG/2011 considerou INCORRETA a afirmativa: "As medidas despenalizadoras dos Juizados Especiais Criminais (Lei n. 9.099/95) aplicam-se aos casos de violência doméstica, se a pena cominada não excede dois anos".

f) **Atuação do Ministério Público:** intervirá, quando não for parte, nas causas criminais decorrentes da violência doméstica e familiar contra a mulher. Caberá ao Ministério Público, sem prejuízo de outras atribuições, quando necessário: 1) requisitar força policial e serviços públicos de saúde, de educação, de assistência social e de segurança, entre outros; 2) fiscalizar os estabelecimentos públicos e particulares de atendimento à mulher em situação de violência doméstica e familiar e adotar, de imediato, as medidas administrativas ou judiciais cabíveis no tocante a quaisquer irregularidades constatadas; 3) cadastrar os casos de violência doméstica e familiar contra a mulher.

g) **Assistência jurídica:** em todos os atos processuais, cíveis e criminais, a mulher nessa situação deverá estar acompanhada de advogado, ressalvado o caso das medidas protetivas de urgência. É garantido à ofendida o acesso aos serviços de Defensoria Pública ou de Assistência Judiciária Gratuita, nos termos da lei, em sede policial e judicial, mediante atendimento específico e humanizado.

h) **Medidas cautelares de urgência:** o juiz poderá aplicar, de imediato, ao agressor, em conjunto ou separadamente, as seguintes medidas protetivas de urgência, entre outras: 1) suspensão da posse ou restrição do porte de armas; 2) afastamento do lar; 3) proibição de determinadas condutas, entre as quais: aproximação da ofendida, de seus familiares e das testemunhas, fixando o limite mínimo de distância entre estes e o agressor; contato com a ofendida, seus familiares e testemunhas por qualquer meio de comunicação; frequentação de determinados lugares, a fim de preservar a integridade física e psicológica da ofendida; 4) restrição ou suspensão de visitas aos dependentes menores, ouvida a equipe de atendimento multidisciplinar ou serviço similar; 5) prestação de alimentos provisionais ou provisórios.

O juiz poderá adotar as seguintes medidas protetivas de urgência: 1) encaminhar a ofendida e seus dependentes a programa oficial ou comunitário de proteção ou de atendimento; 2) determinar a recondução da ofendida e a de seus dependentes ao respectivo domicílio, após afastamento do agressor; 3) determinar o afastamento da ofendida do lar, sem prejuízo dos direitos relativos a bens, guarda dos filhos e alimentos; 4) determinar a separação de corpos; 5) restituição à ofendida de bens indevidamente subtraídos pelo agressor; 6) proibição temporária para a celebração de atos e contratos de compra, venda e locação de propriedade em comum, salvo expressa autorização judicial; 7) suspensão das procurações conferidas pela ofendida ao agressor; 8) prestação de caução provisória, mediante depósito judicial, por perdas e danos materiais decorrentes da prática de violência doméstica e familiar contra a ofendida.

i) **Prisão preventiva:** é possível decretar prisão preventiva do agressor em qualquer fase do inquérito policial ou da instrução criminal, decretada pelo juiz, de ofício, a requerimento do Ministério Público ou mediante representação da autoridade policial.

Questão de prova

A prova de Juiz TJ/PA/2014 considerou CORRETA a afirmativa: "A prisão preventiva do agressor, no contexto da Lei Maria da Penha, pode ser decretada de ofício pelo juiz, tanto na fase inquisitorial como durante a ação penal".

j) **Revogação da prisão preventiva:** o juiz poderá revogar a prisão preventiva se, no curso do processo, verificar a falta de motivo para que subsista, bem como de novo decretá-la, se sobrevierem razões que a justifiquem.

k) **Notificação da ofendida:** a ofendida deverá ser notificada dos atos processuais relativos ao agressor, especialmente dos pertinentes ao ingresso e à saída da prisão, sem prejuízo da intimação do advogado constituído ou do defensor público. A ofendida não poderá entregar intimação ou notificação ao agressor.

l) **Fase preliminar:** havendo a iminência ou a prática de violência doméstica e familiar contra a mulher, a autoridade policial que tomar conhecimento da ocorrência adotará, de imediato, as providências legais cabíveis, devendo: 1) garantir proteção policial, quando necessário, comunicando de imediato ao Ministério Público e ao Poder Judiciário; 2) encaminhar a ofendida ao hospital ou posto de saúde e ao instituto médico legal; 3) fornecer transporte para ela e seus dependentes para abrigo ou local seguro, quando houver risco de vida; 4) se necessário, acompanhá-la para assegurar a retirada de seus pertences do local da ocorrência ou do domicílio familiar; 5) informar à ofendida os direitos a ela conferidos e os serviços disponíveis.

Feito o registro da ocorrência, deverá a autoridade policial adotar, de imediato, os seguintes procedimentos, sem prejuízo daqueles previstos no Código de Processo Penal: 1) ouvir a ofendida, lavrar o boletim de ocorrência e tomar a representação a termo, se apresentada; 2) colher todas as provas que servirem para o esclarecimento do fato e de suas circunstâncias; 3) remeter, no prazo de 48 (quarenta e oito) horas, expediente apartado ao juiz com o pedido da ofendida, para a concessão de medidas protetivas de urgência; 4) determinar que se proceda ao exame de corpo de delito da ofendida e requisitar outros exames periciais necessários; 5) ouvir o agressor e as testemunhas; 6) ordenar a identificação do agressor e fazer juntar aos autos sua folha de antecedentes criminais, indicando a existência de mandado de prisão ou registro de outras ocorrências policiais contra ele; 7) remeter, no prazo legal, os autos do inquérito policial ao juiz e ao Ministério Público.

m) **Das medidas protetivas de urgência:** o pedido da ofendida será tomado a termo pela autoridade policial e deverá conter: 1) qualificação da ofendida e do agressor; 2) nome e idade dos dependentes; 3) descrição sucinta do fato e das medidas protetivas solicitadas pela ofendida. Ao referido pedido, a autoridade policial deverá anexar o boletim de ocorrência e cópia de todos os documentos disponíveis em posse da ofendida.

Recebido o expediente com o pedido da ofendida, caberá ao juiz, no prazo de 48 (quarenta e oito) horas: 1) conhecer do expediente e do pedido e decidir sobre as medidas protetivas de urgência; 2) determinar o encaminhamento da ofendida ao órgão de assistência judiciária, quando for o caso; 3) comunicar ao Ministério Público para que adote as providências cabíveis.

As medidas protetivas de urgência poderão ser concedidas pelo juiz, a requerimento do Ministério Público ou a pedido da ofendida. Poderão ser concedidas de imediato, independentemente de audiência das partes e de manifestação do Ministério Público, devendo este ser prontamente comunicado. Serão aplicadas isolada ou cumulativamente e poderão ser substituídas a qualquer tempo por outras de maior eficácia, sempre que os direitos reconhecidos na Lei n. 11.340/2006 forem ameaçados ou violados.

Questão de prova A prova de Promotor de Justiça MPE/PA/2014 considerou INCORRETA a afirmativa: "As medidas protetivas de urgência poderão ser concedidas de imediato, desde que ouvido previamente o Ministério Público".

Poderá o juiz, a requerimento do Ministério Público ou a pedido da ofendida, conceder novas medidas protetivas de urgência ou rever aquelas já concedidas, se entender necessário à proteção dela, de seus familiares e de seu patrimônio, ouvido o Ministério Público.

n) **Crime doloso contra a vida:** é do Tribunal do Júri a competência para o processamento e julgamento dos crimes dolosos contra a vida, ainda que se trate de delito cometido no contexto de violência doméstica.

o) **Constitucionalidade:** não há violação do princípio constitucional da igualdade no fato de a Lei n. 11.340/2006 ser voltada apenas à proteção das mulheres, nos termos do julgamento do STF proferido em ADC 19. Trata-se de uma ação afirmativa (discriminação positiva) em favor da mulher.

p) **Descumprimento das medidas protetivas de urgência:** pode gerar sanções de natureza civil (art. 22, § 4º, da Lei n. 11.340/2006, c/c o art. 461, §§ 5º e 6º, do CPC), bem como a decretação de prisão preventiva, de acordo com o art. 313, III, do CPP (STJ, HC 271.267/MS, 5ª T., *DJe* 18-11-2015).

r) ***Habeas corpus* e medida protetiva de urgência:** cabe *habeas corpus* para apurar eventual ilegalidade na fixação de medida protetiva de urgência consistente na proibição de aproximar-se de vítima de violência doméstica e familiar (*Informativo* 574/2015).

24. Crime de drogas

a) **Regulamentação:** é feita pela Lei n. 11.343/2006 (institui o Sistema Nacional de Políticas Públicas sobre Drogas – Sisnad; prescreve medidas para prevenção do uso indevido, atenção e reinserção social de usuários e dependentes de drogas; estabelece normas para repressão à produção não autorizada e ao tráfico ilícito de drogas; define crimes e dá outras providências).

b) **Cláusula de vigência:** o art. 74 indicou a data a partir da qual a lei de drogas entra em vigor. De acordo com o referido artigo, a Lei de Drogas (n. 11.343/2006) entrou em vigor 45 dias após sua publicação, ou seja, tornou-se vigente a partir de 8-10-2006.

c) **Cláusula de revogação:** a nova Lei de Drogas revogou de forma expressa as duas leis anteriores que regiam a matéria ("Art. 75. Revogam-se a Lei n. 6.368 de 21 de outubro de 1976 e a lei 10.409 de 11 de janeiro de 2002").

d) **Objeto da Lei n. 11.343/2006:** são as drogas, entendidas como as substâncias ou os produtos capazes de causar dependência, assim especificados em lei ou relacionados em listas atualizadas periodicamente pelo Poder Executivo da União. A lista das drogas é estabelecida pelo Ministério da Saúde por meio da Agência Nacional de Vigilância Sanitária.

e) **Tipos penais na Lei n. 11.343/2006:** são normas penais em branco, pois a definição da condutas criminosas reclama de complementação por ato da Administração Pública (portaria da Anvisa).

f) **Tipo de procedimento:** depende da infração: se for prevista no art. 28 da Lei n. 11.343/2006 (quem adquirir, guardar, tiver em depósito, transportar ou trouxer consigo, para consumo pessoal, drogas sem autorização ou em desacordo com determinação legal ou regulamentar; quem, para seu consumo pessoal, semeia, cultiva ou colhe plantas destinadas à preparação de pequena quantidade de substância ou produto capaz de causar dependência física ou psíquica), o rito será o sumaríssimo, conforme dispõe a Lei n. 9.099/95, salvo se houver concurso com os crimes dos arts. 33 a 37.

> "1. Se o suposto autor do fato não comparece à audiência preliminar, visto que não foi localizado para ser intimado, ante os princípios da celeridade e da economia processual, inerentes aos Juizados Especiais, é caso de deslocar-se a competência para a Justiça Estadual Comum" (CC 105.322/PR, Rel. Maria Thereza de Assis Moura, 3ª Seção, STJ, DJe 21-8-2009).

Quando o agente é processado por mais de um crime, cada um deles com procedimento diverso, deve ser aplicado o procedimento mais amplo.

> ***Informativo 374 do STJ:*** A Sexta Turma do STJ entendeu que não há irregularidade na escolha do procedimento ordinário, mais abrangente, que o especial da Lei de Drogas, igualmente apto a assegurar a ampla defesa. Em casos como o dos autos, em que o agente é processado por mais de um crime, cada um deles com procedimento diverso, deve ser seguido o procedimento que seja mais genérico possível. HC 117.208/SE, Rel. Min. Jane Silva (Desembargadora convocada pelo TJ/MG), julgado em 28-10-2008.

g) **Aplicação subsidiária:** o procedimento da Lei de Drogas é regulado pela Lei n. 11.343/2006 e sofre aplicação subsidiária das disposições do Código de Processo Penal e da Lei de Execução Penal ("Art. 48. O procedimento relativo aos processos por crimes definidos neste Título rege-se pelo disposto neste Capítulo, aplicando-se, subsidiariamente, as disposições do Código de Processo Penal e da Lei de Execução Penal").

"(...) Ao tratar da fase instrutória do rito previsto para a apuração dos crimes de tóxicos, o artigo 57 da Lei 11.343/2006 não descreveu a forma como as inquirições de testemunhas devem ser feitas. 2. Assim, nos termos do artigo 48 da Lei de Drogas, inexistindo disposição específica na legislação especial acerca do procedimento a ser seguido na tomada de depoimentos das testemunhas, o Código de Processo Penal deve ser aplicado subsidiariamente quanto ao ponto" (HC 143.968/PE, Rel. Jorge Mussi, 5ª T., STJ, *DJe* 3-11-2011).

h) Usuário de drogas

- **Conceito:** quem adquirir, guardar, tiver em depósito, transportar ou trouxer consigo, para consumo pessoal, drogas sem autorização ou em desacordo com determinação legal ou regulamentar.
- **Medidas:** I – advertência sobre os efeitos das drogas; II – prestação de serviços à comunidade; III – medida educativa de comparecimento a programa ou curso educativo.
- **Procedimento:** sumaríssimo da Lei n. 9.099/95 (arts. 60 e seguintes), salvo se houver concurso com os crimes previstos nos arts. 33 a 37 da Lei de Drogas.
- **Providências:** não se imporá prisão em flagrante, devendo o autor do fato ser imediatamente encaminhado ao juízo competente ou, na falta deste, assumir o compromisso de a ele comparecer, lavrando-se termo circunstanciado e providenciando-se as requisições dos exames e perícias necessários. Se ausente a autoridade judicial, as providências serão tomadas de imediato pela autoridade policial, no local em que se encontrar
- **Detenção do usuário:** vedada.
- **Exame de corpo de delito:** após as providências, o agente será submetido a exame de corpo de delito, se o requerer ou se a autoridade de polícia judiciária entender conveniente, e em seguida liberado.
- **Transação penal:** nos juizados, o Ministério Público poderá propor a aplicação imediata das medidas previstas no art. 28 da Lei de Drogas (I – advertência sobre os efeitos das drogas; II – prestação de serviços à comunidade; III – medida educativa de comparecimento a programa ou curso educativo), a ser especificada na proposta.

i) Fase policial

- **Comunicação da prisão:** após a prisão em flagrante, a autoridade de polícia comunicará ao juiz competente e dará vista do auto de prisão em flagrante ao órgão do Ministério Público, em 24 horas. A comunicação ao juiz deve feita dentro de um prazo exigido pelo princípio da razoabilidade.

- **Laudo de constatação:** é uma perícia preliminar que serve para lavratura do auto de prisão em flagrante e estabelecimento da materialidade do delito. Conterá a natureza e a quantidade da droga e será firmado por perito oficial ou, na falta deste, por pessoa idônea. O laudo de constatação não autoriza a condenação. O perito que o subscrever não ficará impedido de participar da elaboração do laudo definitivo.
- **Prazo do inquérito policial:** será concluído no prazo de 30 dias, se o indiciado estiver preso, e de 90 dias, quando solto. O prazo para a conclusão do inquérito pode ser duplicado, pela autoridade judicial, ouvido o Ministério Público, mediante pedido justificado da autoridade de Polícia Judiciária (art. 51 da Lei n. 11.343/2006).

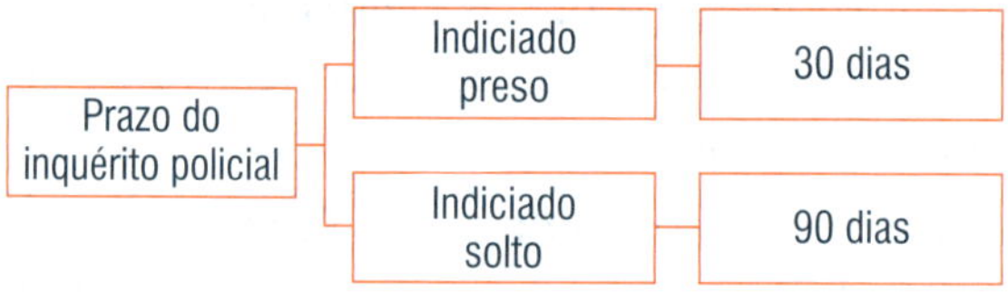

- **Relatório da autoridade policial:** terminado o prazo de conclusão do inquérito policial, a autoridade de Polícia Judiciária remeterá os autos do inquérito ao juízo, relatando sumariamente as circunstâncias do fato, justificando as razões que a levaram à classificação do delito, indicando a quantidade e a natureza da substância ou do produto apreendido, o local e as condições em que se desenvolveu a ação criminosa, as circunstâncias da prisão, a conduta, a qualificação e os antecedentes do agente; ou requerendo sua devolução para a realização de diligências necessárias.
- **Diligências complementares:** a remessa dos autos ao juízo não prejudica diligências complementares necessárias ou úteis à plena elucidação do fato, nem as necessárias ou úteis à indicação dos bens, direitos e valores de que seja titular o agente, ou que figurem em seu nome; os resultados de todas deverão ser encaminhados ao juízo competente até 3 (três) dias antes da audiência de instrução e julgamento.
- **Procedimentos investigatórios:** em qualquer fase da persecução criminal relativa aos crimes previstos na Lei de Drogas, são permitidos, além dos previstos em lei, mediante autorização judicial e ouvido o Ministério Público, os seguintes procedimentos investigatórios: 1) a infiltração por agentes de polícia, em tarefas de investigação, constituída pelos órgãos especializados pertinentes; 2) ação controlada: a não atuação policial sobre os portadores de drogas, seus precursores químicos ou outros produtos utilizados em sua produção, que se encontrem no território

brasileiro, com a finalidade de identificar e responsabilizar maior número de integrantes de operações de tráfico e distribuição, sem prejuízo da ação penal cabível. Nesse caso, a autorização será concedida desde que sejam conhecidos o itinerário provável e a identificação dos agentes do delito ou de colaboradores. A investigação policial que tem como única finalidade obter informações mais concretas acerca de conduta e de paradeiro de determinado traficante, sem pretensão de identificar outros suspeitos, não configura a ação controlada do art. 53, II, da Lei n. 11.343/2006, sendo dispensável a autorização judicial para a sua realização (*Informativo* 570/2015 do STJ).

"1. Consta dos autos que a prisão do paciente decorreu de uma operação realizada pela Polícia Federal, que teria desmantelado uma quadrilha especializada no tráfico de cocaína. O paciente, juntamente com sua esposa, estaria adquirindo grandes quantidades da droga no Estado do Mato Grosso para revendê-la na região de Salvador/BA. 2. **A ação policial pautou-se pelas informações levantadas pelo serviço de inteligência da Polícia Federal, aguardando os policiais responsáveis pela ação o melhor momento para a realização da prisão, de forma a aferir não apenas a traficância, mas também a associação para o tráfico**" (HC 97.095/STJ/2007).

Questão de prova

A prova de Juiz do TJ/GO/2015 considerou INCORRETA a afirmativa: "Segundo a Lei n. 11.343/2006, para efeito da lavratura do auto de prisão em flagrante e estabelecimento da materialidade do delito, é suficiente o laudo de constatação da natureza e quantidade da droga, firmado por dois peritos ou, na falta, por duas pessoas idôneas".

***Informativo* 420 do STJ:** Desse modo, no caso, a simples verificação de que as substâncias prescritas pelo ora paciente encontram-se elencadas no rol daquelas sujeitas a controle especial na referida portaria (o complemento da norma penal em branco) é suficiente a caracterizá-las como drogas a ponto de tornar prescindível a realização de exame pericial para constatação de que causam dependência. Note-se que a própria Lei de Drogas, quando trata de laudo de constatação (art. 50, § 1º) ou laudo definitivo (art. 58, §

1º) apenas se refere à natureza e à quantidade da substância apreendida (a própria materialidade do delito), não fazendo qualquer alusão à capacidade de a substância causar dependência. HC 139.667/RJ, Rel. Min. Felix Fischer, julgado em 17-12-2009.

j) **Imunidade ao flagrante:** se for conduta prevista no art. 28 da Lei n. 11.343/2006, não se imporá prisão em flagrante, devendo o autor do fato ser imediatamente encaminhado ao juízo competente ou, na falta deste, assumir o compromisso de a ele comparecer, lavrando-se termo circunstanciado e providenciando-se as requisições dos exames e perícias necessários.

k) **Flagrante preparado:** quando um policial manifesta intenção de comprar a droga de um indivíduo que já tem a posse ilícita da droga e efetua o flagrante, pode-se afirmar que o flagrante da venda da droga foi preparado; mas não foi preparado o flagrante sobre a posse ilícita da droga, antes da venda, o que, por si só, já caracteriza a prática do crime de posse de drogas.

l) **Fase ministerial:** o Ministério Público, que terá o prazo de dez dias para oferecer denúncia, requerer novas diligências ou o arquivamento do inquérito policial (art. 54 da Lei n. 11.343/2006). Alguns doutrinadores sustentam que o prazo será de cinco dias, quando o indiciado estiver preso, nos termos do art. 46 do Código de Processo Penal. Na denúncia, o MP pode arrolar até cinco testemunhas. Se o Ministério Público requerer o arquivamento do inquérito policial, e se o juiz discordar, procederá à remessa dos autos ao Chefe do Ministério Público.

m) **Defesa prévia:** oferecida a denúncia, o juiz deve, nos termos do art. 55 da Lei n. 11.343/2006, determinar a notificação do acusado para oferecer defesa prévia, por escrito, no prazo de dez dias. Tal defesa se assemelha a uma verdadeira contestação, oferecendo exceções processuais (serão processadas em apartado, nos termos do CPP), preliminares, razões de defesa, documentos e justificações, especificação das provas que pretende produzir e, até o número de cinco, arrolar testemunhas (art. 55, §§ 1º e 2º). Se o acusado não apresentar a defesa, o juiz nomeará defensor para oferecê-la em dez dias, concedendo-lhe vista dos autos no ato de nomeação (art. 55, § 3º).

***Informativo* 414 do STJ:** Prevalece, na Sexta Turma deste Superior Tribunal, a orientação de que configura nulidade absoluta a ausência de notificação para defesa preliminar, agora prevista no art. 55 da Lei n. 11.343/2006, por violação dos princípios da ampla defesa e do devido processo legal. HC 138.275/SP, Rel. Min. Og Fernandes, julgado em 5-11-2009.

n) **Recebimento da ação penal:** apresentada a defesa, o juiz decidirá em cinco dias sobre o recebimento ou a rejeição da denúncia. Se entender imprescindível, no prazo máximo de dez dias, determinará a apresentação do preso e a realização de diligências, exames e perícias. Recebida a denúncia, o juiz designará dia e hora para a audiência de instrução e julgamento, ordenará a citação pessoal do acusado, a intimação do Ministério Público, do assistente, se for o caso, e requisitará os laudos periciais. Se se tratar dos crimes tipificados no art. 33, *caput*, e § 1º, e nos arts. 34 a 37, o juiz, ao receber a denúncia, poderá decretar o afastamento cautelar do denunciado de suas atividades, se for funcionário público, comunicando-o ao órgão respectivo.

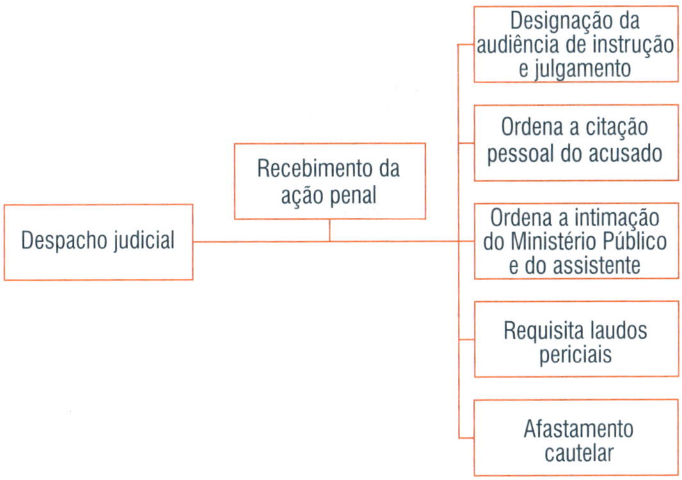

o) **Audiência de instrução e julgamento:** serão realizados os seguintes atos processuais: 1) interrogatório do acusado (após proceder ao interrogatório, o juiz indagará das partes se restou algum fato para ser esclarecido, formulando as perguntas correspondentes se o entender pertinente e relevante); 2) inquirição das testemunhas; 3) debates orais: será dada a palavra, sucessivamente, ao representante do Ministério Público e ao defensor do acusado, para sustentação oral, pelo prazo de 20 minutos para cada um, prorrogável por mais dez, a critério do juiz. A audiência será realizada dentro dos 30 dias seguintes ao recebimento da denúncia, salvo se determinada a realização de avaliação para atestar dependência de drogas, quando se realizará em 90 dias. Não gera nulidade o fato de, no julgamento dos crimes previstos na Lei n. 11.343/2006, a oitiva do réu ocorrer antes da inquirição das testemunhas (*Informativo* 536/2014).

Questão de prova

A prova do 88º Concurso de Promotor de Justiça MP/SP considerou INCORRETA a afirmativa: "No procedimento relativo aos processos por crimes de tráfico ilícito de drogas, o interrogatório do acusado será realizado após a inquirição das testemunhas".

"Nos termos do art. 400 do Código de Processo Penal, o rito ordinário é aplicável tão somente quando não há procedimento específico previsto em lei especial (art. 394, § 2º, CPP), não havendo direito à realização de novo interrogatório, ao final da instrução, quando se trata de crime processado nos termos da Lei n. 11.343/2006" (HC 218.200/PR, Rel. Min. Sebastião Reis Júnior, 6ª T., STJ, *DJe* 29-8-2012).

ORDEM DOS ATOS NA AUDIÊNCIA DE INSTRUÇÃO E JULGAMENTO

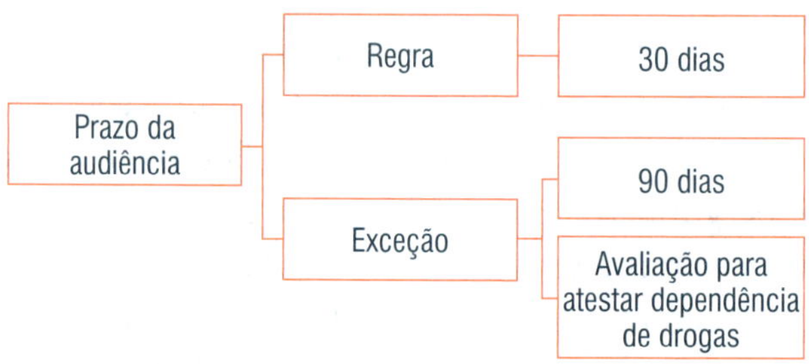

p) **Sentença:** o juiz pode dar a sentença na própria audiência de instrução e julgamento. Se não se sentir habilitado a julgar de imediato a causa, ordenará que os autos lhe sejam conclusos para, no prazo de dez dias, proferir a sentença. Na sentença condenatória, o juiz, com base em avaliação que ateste a necessidade de encaminhamento do agente para tratamento, realizada por profissional de saúde com competência específica na forma da lei, determinará que a tal se proceda. O usuário e o dependente de drogas que, em razão da prática de infração penal, estiverem cumprindo pena privativa de liberdade ou submetidos a medida de segurança, têm garantidos os serviços de atenção à sua saúde, definidos pelo respectivo sistema penitenciário. É exigido laudo definitivo para embasar a condenação. O perito que subscrever o laudo preliminar não fica impedido de participar da elaboração do laudo definitivo.

q) **Direito de apelar em liberdade:** nos crimes previstos no art. 33, *caput* e § 1º, e nos arts. 34 a 37 da Lei de Drogas, o réu não poderá apelar sem recolher-se à prisão, salvo se for primário e de bons antecedentes, assim reconhecido na sentença condenatória.

> "Diante da manifesta ilegalidade da sentença condenatória, ao negar, à paciente – primária, de bons antecedentes, sendo-lhe favoráveis as circunstâncias do art. 59 do Código Penal – o direito de apelar em liberdade, tão somente ao fundamento de que permanecera presa, durante todo o processo, e fora condenada pela prática de crime equiparado a hediondo, impõe-se a concessão, de ofício, de ordem de habeas corpus. Inteligência do art. 59 da Lei 11.343/2006 e do art. 387, parágrafo único, do CPP" (HC 249.068/SP, Rel. Min. Assusete Magalhães, 6ª T., STJ, *DJe* 29-11-2012).

r) **Destruição das drogas apreendidas**

- **Momento:** após recebida cópia do auto de prisão em flagrante e do juiz, no prazo de dez dias, certificar a regularidade formal do laudo de constatação.
- **Providências:** guardar amostra necessária à realização do laudo definitivo; o local será vistoriado antes e depois de efetivada a destruição das drogas.
- **Execução:** delegado de polícia competente no prazo de 15 dias na presença do Ministério Público e da autoridade sanitária.
- **Forma:** após a execução da destruição será lavrado auto circunstanciado pelo delegado de polícia, certificando-se neste a destruição total delas.
- **Destruição por incineração**:
  - **cabimento:** 1) drogas apreendidas sem a ocorrência de prisão em flagrante; 2) plantações ilícitas;
  - **prazo:** máximo de 30 dias contado da data da apreensão;
  - **providência:** será guardada amostra necessária à realização do laudo definitivo.

- **Destruição das plantações ilícitas:** serão imediatamente destruídas pelo delegado de polícia por incineração, que recolherá quantidade suficiente para exame pericial, de tudo lavrando auto de levantamento das condições encontradas, com a delimitação do local, asseguradas as medidas necessárias para a preservação da prova.
- **Destruição das amostras guardadas para contraprova:** será feito quando encerrado o processo penal ou arquivado o inquérito policial. Quem determina a destruição é o juiz, de ofício, mediante representação do delegado de polícia ou a requerimento do Ministério Público, certificando isso nos autos.

Questão de prova

A prova do Agente da Polícia Federal considerou INCORERTA a afirmativa: "Considere que a Polícia Federal tenha realizado operação para combater ilícitos transnacionais e tenha encontrado extensa plantação de maconha, em território brasileiro, sem a ocorrência de prisão em flagrante. Nessa situação, mesmo que não haja autorização judicial, a referida plantação será destruída pelo delegado de polícia, que deverá recolher quantidade suficiente para exame pericial".

s) **Apreensão e outras medidas assecuratórias:**

- **Decisão:** juiz.
- **Iniciativa:** do juiz, de ofício, a requerimento do Ministério Público ou mediante representação da autoridade de Polícia Judiciária.
- **Requisito:** indícios suficientes.
- **Oitiva do Ministério Público:** é necessária.
- **Momento:** no curso do inquérito ou da ação penal.
- **Defesa do acusado:** após decretação da medida, o juiz facultará ao acusado que, no prazo de cinco dias, apresente ou requeira a produção de provas acerca da origem lícita do produto, bem ou valor objeto da decisão; provada a origem lícita, o juiz decidirá pela sua liberação.
- **Requisito do pedido de restituição:** só será conhecido com o comparecimento pessoal do acusado.
- **Comprovada origem ilícita do bem:** o juiz decidirá pela sua liberação.
- **Atos de conservação:** pode o juiz determinar a prática de atos necessários à conservação de bens, direitos ou valores.
- **Suspensão da apreensão ou do sequestro:** pelo juiz, ouvido o Ministério Público, quando a sua execução imediata puder comprometer as investigações.
- **Destinação dos bens:** não havendo prejuízo para a produção da prova dos fatos e comprovado o interesse público ou social, ressalvado o dis-

posto no art. 62 da Lei n. 11.343/2006 (bens sob a custódia da autoridade da Polícia Judiciária), mediante autorização do juízo competente, ouvido o Ministério Público e cientificada a Secretaria Nacional de Políticas sobre Drogas (Senad), os bens apreendidos poderão ser utilizados pelos órgãos ou pelas entidades que atuam na prevenção do uso indevido, na atenção e reinserção social de usuários e dependentes de drogas e na repressão à produção não autorizada e ao tráfico ilícito de drogas, exclusivamente no interesse dessas atividades. Recaindo a autorização do juiz sobre veículos, embarcações ou aeronaves, o juiz ordenará, à autoridade de trânsito ou ao equivalente órgão de registro e controle, a expedição de certificado provisório de registro e licenciamento, em favor da instituição à qual tenha deferido o uso, ficando esta livre do pagamento de multas, encargos e tributos anteriores, até o trânsito em julgado da decisão que decretar o seu perdimento em favor da União.

t) ***Habeas corpus*:** não cabe o remédio do *habeas corpus* para analisar a existência ou não de sociedade criminosa organizada para tráfico de drogas, já que o HC não admite dilação probatória (*Informativo* 286 do STJ).

u) **Pena-base acima do mínimo legal:** é adequada em razão da natureza e da quantidade da droga. A natureza e a expressiva quantidade de droga atraem a incidência do art. 42 da Lei n. 11.343/2006, sendo causa suficiente para afastar a substituição da pena privativa de liberdade por restritiva de direitos.

v) **Delação premiada:** o indiciado ou acusado que colaborar voluntariamente com a investigação policial e o processo criminal na identificação dos demais co-autores ou partícipes do crime e na recuperação total ou parcial do produto do crime, no caso de condenação, terá pena reduzida de um terço a dois terços.

Questão de prova

A prova de Juiz TJ/SP/2014 considerou INCORRETA a afirmativa: "A Lei n. 11.343/2006 (Lei Antidrogas) prevê a delação premiada ao estabelecer que o indiciado ou acusado que colaborar voluntariamente com a investigação policial e o processo criminal na identificação dos demais coautores ou partícipes do crime e na recuperação total ou parcial do produto do crime, no caso de condenação, poderá receber perdão judicial".

FASE JUDICIAL

x) **Competência:** Compete ao juiz federal do local da apreensão da droga remetida do exterior pela via postal processar e julgar o crime de tráfico internacional, nos termos da súmula 528 do STJ.

25. Reclamação

a) **Previsão:** arts. 988 a 993 do CPC.

b) **Natureza:** ação de competência originária de tribunal.

c) **Legitimidade ativa:** parte interessada ou do Ministério Público.

d) **Participação do Ministério Público:** na reclamação que não houver formulado, o Ministério Público terá vista do processo por cinco dias, após o decurso do prazo para informações e para o oferecimento da contestação pelo beneficiário do ato impugnado.

e) **Finalidades:** i) preservar a competência do tribunal; ii) garantir a autoridade das decisões do tribunal; iii) garantir a observância de enunciado de súmula vinculante e de decisão do Supremo Tribunal Federal em controle concentrado de constitucionalidade (compreende a aplicação indevida da tese jurídica e sua não aplicação aos casos que a ela correspondam); iv) garantir a observância de acórdão proferido em julgamento de incidente de resolução de demandas repetitivas ou de incidente de assunção de competência (compreende a aplicação indevida da tese jurídica e sua não aplicação aos casos que a ela correspondam).

f) **Competência:** qualquer tribunal.

g) **Endereçamento:** presidente do tribunal.

h) **Julgamento:** será feito pelo órgão jurisdicional cuja competência se busca preservar ou cuja autoridade se pretenda garantir.

i) **Forma:** deverá ser instruída com prova documental.

j) **Requisitos:** os mesmos da petição inicial (arts. 319 a 321 do CPC).

k) **Distribuição:** será autuada e distribuída ao relator do processo principal, sempre que possível.

l) **Inadmissibilidade:** reclamação não será admissível quando: i) proposta após o trânsito em julgado da decisão reclamada; ii) proposta para garantir a observância de acórdão de recurso extraordinário com repercussão geral reconhecida ou de acórdão proferido em julgamento de recursos extraordinário ou especial repetitivos, quando não esgotadas as instâncias ordinárias.

m) **Reclamação e recurso:** a inadmissibilidade ou o julgamento do recurso interposto contra a decisão proferida pelo órgão reclamado não prejudica a reclamação.

n) **Atitudes do relator:** ao despachar a reclamação, o relator: i) requisitará informações da autoridade a quem for imputada a prática do ato impugnado, que as prestará no prazo de dez dias; ii) se necessário, ordenará a suspensão do processo ou do ato impugnado para evitar dano irreparável; iii) determinará a citação do beneficiário da decisão impugnada, que terá prazo de 15 dias para apresentar a sua contestação.

o) **Impugnação:** qualquer interessado poderá impugnar o pedido do reclamante.

p) **Procedência da reclamação:** o tribunal cassará a decisão exorbitante de seu julgado ou determinará medida adequada à solução da controvérsia. O presidente do tribunal determinará o imediato cumprimento da decisão, lavrando-se o acórdão posteriormente.

Questão de prova

A prova de Defensor Público MS/2014 considerou INCORRETA a afirmativa: "A reclamação, que tem rito previsto na Lei n. 8.038/90, admite que qualquer interessado impugne o pedido do reclamante" (questão adaptada conforme as mudanças legislativas do novo CPC – a reclamação embora admita que qualquer interessado impugne o pedido do reclamante, não tem rito previsto na lei 8.038/90 e sim pelo novo CPC).

QUESTÕES SOBRE LEIS PROCESSUAIS PENAIS ESPECIAIS

1. (87º Concurso de Promotor de Justiça Substituto MP/SP) Assinale a alternativa correta. A ação controlada:

a) é uma medida prevista nos procedimentos investigatórios que versem sobre ilícitos decorrentes de ações praticadas por organizações ou associações criminosas de qualquer tipo, consistente em realizar interceptações telefônicas pela autoridade policial para identificar os suspeitos da autoria dessas infrações penais.

b) é uma medida prevista nos procedimentos investigatórios que versem sobre infrações penais de *Lavagem* de Dinheiro ou de Capitais e consiste em uma ordem judicial permitindo o acesso aos dados, documentos e informações fiscais, bancárias, financeiras e eleitorais dos suspeitos de tais condutas.

c) é uma medida prevista nos procedimentos investigatórios que versem sobre infrações penais de *Lavagem* de Dinheiro ou de Capitais e consiste na decretação judicial da apreensão ou sequestro de bens, direitos ou valores do suspeito da autoria desses delitos.

d) é uma medida prevista nos procedimentos investigatórios que versem sobre ilícitos decorrentes de ações praticadas por organizações ou associações criminosas de qualquer tipo e consiste em retardar a intervenção policial do que se supõe fato praticado por organizações criminosas, desde que mantida sob observação e acompanhamento para que a medida legal se concretize no momento mais eficaz do ponto de vista da formação de provas e fornecimento de informações.

e) é uma medida prevista nos procedimentos investigatórios que versem sobre ilícitos decorrentes de ações praticadas por organizações ou associações criminosas de qualquer tipo, que depende de ordem judicial e visa a captação e a interceptação ambiental de sinais eletromagnéticos, óticos ou acústicos, e o seu registro e análise.

2. (88º Concurso de Promotor de Justiça Substituto MP/SP) Na hipótese de crime cometido na direção de veículo automotor tipificado na Lei n. 9.503/97 (Código de Trânsito Brasileiro), aplica-se a transação penal prevista no art. 76 da Lei n. 9.099/95 (Juizados Especiais Criminais) ao crime de:

I. lesão corporal culposa quando o agente estiver participando de corrida automobilística, em via pública, não autorizada pela autoridade competente;

II. participar de corrida automobilística, em via pública, não autorizada pela autoridade competente, desde que ocorra dano potencial à incolumidade pública ou privada;
III. embriaguez ao volante;
IV. lesão corporal culposa praticado sob a influência de álcool;
V. deixar o condutor do veículo, na ocasião do acidente, de prestar imediato socorro à vítima.

Está correto apenas o que se afirma em

a) I e II.
b) I e IV.
c) II e V.
d) III e IV.
e) III e V.

3. (88º Concurso de Promotor de Justiça Substituto MP/SP) Com relação aos crimes de "lavagem" ou ocultação de bens, direitos e valores, previstos na Lei n. 9.613/98, analise os seguintes itens:

I. tais crimes são insuscetíveis de fiança e liberdade provisória;
II. o processo e o julgamento desses crimes dependem do processo e julgamento dos crimes antecedentes;
III. tais crimes são puníveis, ainda que isento de pena o autor do crime antecedente;
IV. se o acusado, citado por edital, não comparecer, nem constituir advogado, ficará suspenso o processo;
V. a pena por crime previsto nessa lei será obrigatoriamente cumprida inicialmente em regime fechado.

Está correto apenas o que se afirma em

a) I e III.
b) I e V.
c) II e IV.
d) II e V.
e) III e IV.

4. (88º Concurso de Promotor de Justiça Substituto MP/SP) Considerando os crimes praticados com violência doméstica e familiar contra a mulher, observados os termos da Lei n. 11.340/06, analise os seguintes itens:

I. nas ações penais públicas condicionadas à representação da ofendida, só será admitida a renúncia à representação perante o juiz até o oferecimento da denúncia;
II. aplica-se a Lei n. 9.099/95 (Juizados Especiais Criminais) aos crimes praticados com violência doméstica e familiar contra a mulher cuja pena máxima cominada não seja superior a 2 (dois) anos;
III. é vedada a aplicação de pena de prestação pecuniária;
IV. caberá a prisão preventiva do agressor, decretada pelo juiz em qualquer fase do inquérito policial ou da instrução criminal;
V. a ofendida deverá ser notificada dos atos processuais relativos ao agressor.

Está correto apenas o que se afirma em

a) I, II e III.
b) I, II e V.
c) I, III e IV.
d) II, IV e V.
e) III, IV e V.

5. (86º Concurso de Promotor de Justiça Substituto MP/SP) Considerando as disposições contidas na Lei n. 11.343, de 23.08.2006 (nova Lei de Tóxicos), assinale a alternativa correta.

a) A "infiltração" por agentes policiais em tarefas de investigação, nos crimes descritos na referida Lei, depende de autorização do juiz ou do Ministério Público.
b) Recebidos os autos de inquérito policial, o prazo para o oferecimento da denúncia é de 5 (cinco) dias.

c) O perito que firmar o laudo de constatação da natureza e quantidade da droga ficará impedido de participar da elaboração do laudo definitivo.

d) Nos crimes de tráfico de drogas ilícitas e assemelhados (arts. 33, *caput* e § 1º, e 34 a 37), a referida Lei veda a concessão de fiança, *sursis*, graça, indulto, anistia e liberdade provisória, a progressão de regime e a substituição da pena por sanção restritiva de direitos.

e) Na fixação da pena, as circunstâncias preponderantes sobre outras circunstâncias previstas no art. 59 do Código Penal são a natureza e a quantidade da substância ou do produto, a personalidade e a conduta social do agente.

6. (Magistratura TJ/PR/2011) Sobre o Programa de Proteção às Vítimas e Testemunhas brasileiro (Lei 9.807/1999), aponte se as assertivas a seguir são verdadeiras (V) ou falsas (F). Assinale, em seguida, a única alternativa CORRETA:

( ) A proteção especial é destinada às vítimas ou testemunhas de crimes ou de contravenções penais que estejam coagidas ou expostas à grave ameaça em razão de colaborarem com investigações ou processos criminais.

( ) A proteção é pessoal e não poderá ser dirigida ou estendida ao cônjuge ou companheiro, ascendentes, descendentes e dependentes que tenham convivência habitual com a vítima ou testemunha.

( ) Nos casos mais graves o ingresso no programa, as restrições de segurança e demais medidas por ele adotadas não necessitarão da anuência da pessoa protegida, ou de seu representante legal, visto que prevalecerá o interesse estatal sobre o particular.

( ) O programa prevê assistência em diversos aspectos da vida da pessoa a ser protegida mas não prevê ajuda financeira mensal para prover as despesas necessárias à subsistência individual ou familiar, ainda que no caso de a pessoa protegida estar impossibilitada de desenvolver trabalho regular ou de inexistência de qualquer fonte de renda, o que é um fator de crítica à legislação em tela.

a) F, F, F, F.

b) V, F, F, V.

c) V, V, V, V.

d) F, F, F, V.

7. (Magistratura TJ/ES/2011) Acerca das normas procedimentais para os processos perante o STJ e o STF (Lei n. 8.038/1990), assinale a opção correta.

a) No âmbito do STJ, não é permitida a revisão das sentenças das ações penais originárias, sendo as decisões das turmas tomadas pelo voto da maioria simples de seus membros.

b) Tratando-se de ação penal originária, o relator não poderá delegar a realização do interrogatório do acusado, mas, apenas, de atos da instrução ao juiz ou membro de tribunal com competência territorial no local de cumprimento da carta de ordem.

c) Nos crimes de ação penal pública, é estipulado em quinze dias o prazo para o MP oferecer denúncia ou pedir o arquivamento do inquérito ou das peças informativas, independentemente de o réu estar preso ou solto.

d) É embargável, no prazo de quinze dias, a decisão da turma que, em recurso especial, divergir do julgamento de outra turma, da seção ou do órgão especial.

e) Em *habeas corpus* originário ou recursal, havendo empate, o relator submeterá o feito a novo julgamento na sessão seguinte, independentemente de publicação da pauta.

8. (Delegado Polícia Civil/RJ/2009) Considerando as assertivas abaixo, marque a alternativa correta:

I. De acordo com o entendimento do Supremo Tribunal Federal constitui nulidade absoluta a inobservância da competência penal por prevenção.

II. Conforme entendimento jurisprudencial dominante haverá violação das garantias do juiz natural, da ampla defesa e do devido processo legal a atração por continência ou conexão do processo do corréu ao foro por prerrogativa de função de um dos denunciados.

III. Considerando o contido na Lei 11.464/07, que alterou dispositivo da lei de crimes hediondos, foi suprimida a proibição de liberdade provisória nos crimes considerados hediondos, permitindo-se a progressão de regime dos mesmos.

IV. Em decorrência da recente reforma do Código de Processo Penal que passou a preconizar o princípio da oralidade na realização dos atos processuais, pode-se afirmar que houve uma mitigação com relação ao Inquérito Policial, que até então tinha como característica ser eminentemente escrito.

a) Todas as afirmativas estão corretas.
b) Apenas uma afirmativa está correta.
c) Apenas duas afirmativas estão corretas.
d) Apenas três afirmativas estão corretas.
e) Todas as afirmativas estão incorretas.

9. (Exame da OAB unificado jul./2011) A Lei 7.492/86 define os Crimes contra o Sistema Financeiro Nacional. Acerca do procedimento previsto para tais crimes, é correto afirmar que

a) quando a denúncia não for intentada no prazo legal, o ofendido poderá representar ao Procurador-Geral da República, para que este a ofereça, designe outro órgão do Ministério Público para oferecê-la ou determine o arquivamento das peças de informações recebidas.
b) nos crimes previstos nessa lei, cometidos em quadrilha ou coautoria, o coautor ou partícipe que, por meio de confissão espontânea, revelar à autoridade policial ou judicial toda a trama delituosa terá sua pena reduzida de 1 (um) a 2/5 (dois quintos).
c) a ação penal será promovida perante a Justiça Federal quando a infração for praticada em detrimento de bens e serviços de entes federais. Nos demais casos, será proposta perante a Justiça Estadual.
d) os órgãos dos Ministérios Públicos Federal e Estadual, sempre que julgarem necessário, poderão requisitar, a qualquer autoridade, informação, documento ou diligência relativa à prova dos crimes previstos na Lei 7.492/86.

10. (Promotor de Justiça MP/SP/2008) Considerando as disposições contidas na Parte Geral da Lei das Contravenções Penais, assinale a alternativa incorreta.

a) A lei brasileira só é aplicável à contravenção praticada no território nacional.
b) Não é punível a tentativa de contravenção.
c) Nas contravenções, as penas principais são prisão simples e multa.
d) Verifica-se a reincidência quando o agente pratica uma contravenção depois de passar em julgado a sentença que o tenha condenado, no Brasil ou no estrangeiro, por qualquer crime, ou, no Brasil, por motivo de contravenção.
e) Nas contravenções, em caso de ignorância ou de errada compreensão da lei, quando inescusáveis, a pena pode deixar de ser aplicada.

11. (Procurador TCM/RJ/2008) Assinale a afirmativa incorreta.

a) É crime de responsabilidade contra o livre-exercício dos direitos políticos, individuais e sociais utilizar o poder federal para impedir a livre-execução da lei eleitoral.
b) Constitui ato de improbidade administrativa receber vantagem econômica de qualquer natureza, direta ou indiretamente, para omitir ato de ofício, providência ou declaração a que esteja obrigado.
c) É crime de responsabilidade contra a probidade na administração infringir as normas legais no provimento dos cargos públicos.
d) Constitui ato de improbidade administrativa que atenta contra os princípios da administração pública revelar fato ou circunstância de que tem ciência em razão das atribuições e que deva permanecer em segredo.
e) Independentemente das sanções penais, civis e administrativas, previstas na legislação específica, o responsável pelo ato de improbidade está sujeito à pena de perda da função pública e impedimento de seu exercício para sempre.

12. (Delegado Polícia Civil/AP/2010) Relativamente ao *Estatuto do Idoso* (Lei n. 10.741/2003), analise as afirmativas a seguir:

I. O Estatuto do Idoso é destinado a regular os direitos assegurados às pessoas com idade igual ou superior a 65 (sessenta e cinco) anos.

II. Os crimes definidos no Estatuto do Idoso são de ação penal pública incondicionada, não se lhes aplicando os arts. 181 e 182 do Código Penal.

III. Aos crimes previstos no Estatuto do Idoso, cuja pena máxima privativa de liberdade não ultrapasse 2 (dois) anos, aplica-se o procedimento previsto na Lei n. 9.099, de 26 de setembro de 1995, e, subsidiariamente, no que couber, as disposições do Código Penal e do Código de Processo Penal.

Assinale:

a) se somente a afirmativa I estiver correta.
b) se somente a afirmativa II estiver correta.
c) se somente a afirmativa III estiver correta.
d) se somente as afirmativas II e III estiverem corretas.
e) se todas as afirmativas estiverem corretas.

13. (Promotor de Justiça MP/SP/2011) No crime de comércio ilegal de arma de fogo, a natureza jurídica do fato de ser a arma ou munição de uso proibido ou restrito constitui:

a) circunstância agravante genérica.
b) circunstância judicial.
c) causa especial de aumento de pena.
d) circunstância qualificadora.
e) circunstância agravante específica.

14. (Promotor de Justiça MP/SP/2008) Assinale a alternativa incorreta.

a) O crime de tortura, que é imprescritível, segundo a legislação penal brasileira somente pode ser praticado por funcionário público ou outra pessoa no exercício de função pública.
b) A Constituição Federal tem como cláusula pétrea a garantia de que ninguém será submetido a tortura nem a tratamento desumano ou degradante.
c) A decretação da perda do cargo, função ou emprego público é efeito automático da sentença condenatória dos crimes de tortura.
d) Define-se como tortura qualquer ato pelo qual dores ou sofrimentos agudos, físicos ou mentais, são infligidos intencionalmente a uma pessoa a fim de obter, dela ou de terceira pessoa, informações ou confissões; de castigá-la por ato que ela ou terceira pessoa tenha cometido ou seja suspeita de ter cometido; de intimidar ou coagir essa pessoa ou outras pessoas; ou por qualquer motivo baseado em discriminação de qualquer natureza.
e) Aplica-se a lei brasileira ao crime de tortura praticado no exterior, sendo a vítima brasileira ou encontrando-se o agente em local sob jurisdição brasileira.

15. (Magistratura TJ/RJ/2012) Assinale a alternativa que retrata o entendimento sumulado pelo Supremo Tribunal Federal.

a) Não se tipifica crime material contra a ordem tributária, previsto no art. 1º, incisos I a IV, da Lei n. 8.137/90, antes de exaurida a discussão na esfera cível.
b) Não se tipifica crime material contra a ordem tributária, previsto no art. 1º, incisos I a IV, da Lei n. 8.137/90, antes do lançamento definitivo do tributo.
c) Não se tipifica crime contra a ordem tributária antes de exaurida a discussão na esfera cível.
d) Não se tipifica crime contra a ordem tributária antes do lançamento definitivo do tributo.

16. (Magistratura TJ/SE/2008) Acerca da Lei de Abuso de Autoridade, Lei n. 4.898/1965, assinale a opção correta.

a) A lei em questão contém crimes próprios e impróprios e admite as modalidades dolosa e culposa.
b) Considera-se autoridade quem exerce, de forma remunerada, cargo, emprego ou função pública ou particular, de natureza civil ou militar, ainda que transitoriamente.
c) No caso de concurso de agentes, o particular que é coautor ou partícipe responde por outro crime, uma vez que a qualidade de autoridade é elementar do tipo dos crimes de abuso.

d) Caso cumpra ordem manifestamente ilegal, o subordinado deverá responder pelo crime de abuso de autoridade.
e) A competência para processar e julgar o crime de abuso de autoridade praticado por policial militar em serviço é da justiça militar estadual.

17. (Magistratura TJ/PR/2011) A Lei Ordinária n. 7.716, de 05 de janeiro de 1989, dispõe sobre os Crimes Resultantes de Preconceitos de Raça e Cor, sendo CORRETO afirmar que:

a) Serão punidos na forma da Lei Ordinária 7.716/1989 os crimes resultantes de discriminação ou preconceito de raça, cor, etnia, religião, procedência nacional e sexo.
b) Constitui crime punido com prisão simples o ato de impedir o acesso ou recusar hospedagem em hotel, pensão, estalagem ou qualquer estabelecimento similar em razão de discriminação ou preconceito de raça, cor, etnia, religião, procedência nacional.
c) É considerada criminosa a conduta de praticar, induzir ou incitar a discriminação ou preconceito de raça, cor, etnia, religião ou procedência nacional.
d) Os efeitos decorrentes da condenação pela prática de crimes previstos na Lei Ordinária n. 7.716/1989 são automáticos, dispensando a sua fundamentação na sentença.

18. (Exame da OAB/SP/2008) Assinale a opção correta acerca do Estatuto da Criança e do Adolescente.

a) Caso não haja sentença condenatória, a internação pode ser determinada pelo prazo máximo de sessenta dias.
b) Considera-se ato infracional a conduta descrita como crime, não sendo consideradas atos infracionais as contravenções penais.
c) Para os efeitos dessa lei, deve ser considerada a idade do adolescente à data do resultado da conduta delitiva, ainda que outra seja a data da ação ou omissão.
d) O adolescente somente será privado de sua liberdade em caso de flagrante de ato infracional ou por ordem escrita e fundamentada da autoridade judiciária competente.

19. (Inspetor de Controle Externo TCE/MG/2007) Tratando-se de crime contra a licitação pública, a lei n. 8666/93 prevê que, recebida a denúncia e citado o réu, este poderá apresentar defesa escrita no prazo de:

a) trinta dias, contado da citação.
b) quinze dias, contado da protocolização da denúncia.
c) três dias, contado da oitiva da última testemunha.
d) cinco dias, contado do recebimento da denúncia pelo juiz competente.
e) dez dias, contado da data do interrogatório.

20. (Questão elaborada pela autora) Assinale a afirmativa correta:

a) O crime de genocídio não é considerado crime político para efeitos de extradição.
b) No caso de condenação de índio por infração penal, a pena poderá ser atenuada e, na sua aplicação, o Juiz atentará também ao grau de integração do silvícola.
c) No processo e julgamento dos crimes eleitorais e dos comuns que lhes forem conexos, assim como nos recursos e na execução que lhes digam respeito, aplicar-se-á, como lei subsidiária ou supletiva, o Código de Processo Civil.
d) No processo penal atinente aos crimes e contravenções que envolvam relações de consumo, não pode intervir, como assistente, o Ministério Público.

PRESTE ATENÇÃO!

- As contravenções penais e todas as infrações penais previstas no Estatuto do Índio são infrações penais de menor potencial ofensivo.
- Se o Presidente da República cometer crime de responsabilidade, o julgamento será feito pelo Senado Federal, desde que exista autorização de 2/3 da Câmara dos Deputados.

PRESTE ATENÇÃO!

- Os crimes eleitorais são de ação penal pública incondicionada.
- O prazo de prescrição nos crimes de abuso de autoridade é de 2 anos.
- A ação penal, nos crimes contra o sistema financeiro, será promovida pelo Ministério Público Federal, perante a Justiça Federal.
- No ECA, a internação, antes da sentença, pode ser determinada pelo prazo máximo de 45 dias.

CUIDADO!

- Compete à Justiça Estadual Comum, na vigência da Constituição de 1988, o processo por contravenção penal, ainda que praticada em detrimento de bens, serviços ou interesse da União ou de suas entidades.
- São da competência legislativa da União a definição dos crimes de responsabilidade e o estabelecimento das respectivas normas de processo e julgamento.
- Compete à Justiça Comum processar e julgar militar por crime de abuso de autoridade, ainda que praticado em serviço.
- Compete à Justiça Comum Estadual processar e julgar crime em que indígena figure como autor ou vítima.

IMPORTANTE!

- Não cabe prisão preventiva para as contravenções penais.
- A condenação do Presidente da República por crime de responsabilidade somente será proferida por dois terços dos votos do Senado Federal. As sanções são: perda do cargo, com inabilitação, por oito anos, para o exercício de função pública, sem prejuízo das demais sanções judiciais cabíveis.
- O prazo da defesa prévia nos crimes eleitorais é de 10 dias.
- A ação penal nos crimes de abuso de autoridade é pública incondicionada.
- Nos crimes contra o sistema financeiro, cometidos em quadrilha ou coautoria, o coautor ou partícipe que, por confissão espontânea, revelar à autoridade policial ou judicial toda a trama delituosa terá a sua pena reduzida de 1 a 2 terços.
- Cabe progressão de regime nos crimes hediondos e equiparados.

REFERÊNCIAS

ALEXY, Robert. *Teoria dos direitos fundamentais.* São Paulo: Malheiros, 2008.

ALMEIDA, Fernanda Dias Menezes. *Competências na Constituição de 1988.* São Paulo: Atlas, 1991.

ARAÚJO CINTRA, Antonio Carlos de; GRINOVER, Ada Pellegrini; DINAMARCO, Cândido Rangel. *Teoria geral do processo.* São Paulo: Revista dos Tribunais, 2007.

ARÚS, Francisco Bueno. *Panorama moderno de la prisión.* Boletim da Faculdade de Direito da Universidade de Coimbra, v. LXX, 1994.

ASÚA, Luis Jimenez de. *La ley y el delito:* principios de derecho penal. Caracas: Andreas Bello, 1945.

AZAMBUJA, Darcy. *Teoria geral do Estado.* São Paulo: Globo, 1998.

BADARÓ, Gustavo Henrique Righi Ivay. *Direito processual.* Rio de Janeiro: Elsevier, 2008. t. I.

BALTAZAR JUNIOR, José Paulo. *Sentença penal.* Porto Alegre: Verbo Jurídico, 2007.

BANDEIRA DE MELLO, Celso Antônio. *Curso de direito administrativo.* São Paulo: Malheiros, 2008.

BAPTISTA, Fernando Pavan. *As garantias da liberdade individual no Código de Processo Penal brasileiro.* Dissertação (Mestrado) – Faculdade de Direito da Universidade de São Paulo, 1993.

BARATTA, A. Direitos humanos: entre a violência estrutural e a violência penal. *Fascículos de Ciências Penais,* Porto Alegre: Fabris, n. 2, p. 44-61, abr./jun. 1993.

BARBOSA, Manoel Messias. *Inquérito policial.* São Paulo: Método, 2009.

BARBOSA, Marcelo Fortes. *Garantias constitucionais de direito penal e de processo penal na Constituição de 1988*. São Paulo: Malheiros, 1993.

BARCELLOS, Ana Paula. *Eficácia jurídica dos princípios constitucionais:* o princípio da dignidade humana. Rio de Janeiro: Renovar, 2008.

BARROSO, Luís Roberto. *Interpretação e aplicação da Constituição.* São Paulo: Saraiva, 2004.

BASTOS, Celso Ribeiro. *Comentários à Constituição do Brasil*: promulgada em 5 de outubro de 1988. São Paulo: Saraiva, 2000.

BASTOS, Celso Ribeiro. *Curso de direito constitucional.* 19. ed. atual. São Paulo: Saraiva, 1998.

BASTOS, Celso Ribeiro. *Curso de teoria do Estado e ciência política.* São Paulo: Saraiva, 1986.

BATAGLINI. *Teoria da infracção criminal.* Tradução de Augusto Victor Velho. Coimbra: Editora Coimbra, 1961.

BECCARIA, Cesare. *Dos delitos e das penas.* Lisboa: Fundação Calouste Gulbenkian, 1998.

BECHARA, Fábio Ramazzini. *Prisão cautelar.* São Paulo: Malheiros, 2005.

BELING, Ernst. *Derecho procesal penal.* Tradução de Miguel Fernech. Madrid: Labor, 1945.

BENETI, Sidney. *Execução penal.* São Paulo: Saraiva, 1996.

BESTER, Gisela Maria. *Direito constitucional.* Barueri: Manole, 2005.

BINDING, Karl. *La culpabilidad en derecho penal.* São Paulo: Ed. B de F, 2009.

BITENCOURT, Cezar Roberto. *Código Penal comentado.* São Paulo: Saraiva, 2002.

BITENCOURT, Cezar Roberto. *Falência da pena de prisão* – causas e alternativas. São Paulo: Saraiva, 2004.

BONAVIDES, Paulo. *Do Estado liberal ao estado social.* São Paulo: Malheiros, 2004.

BUCCI, Maria Paula Dallari. *Direito administrativo e políticas públicas.* São Paulo: Saraiva, 2002.

BULOS, Uadi Lammêgo. *Curso de direito constitucional.* São Paulo: Saraiva, 2007.

CAETANO, Marcello. *Manual de ciência política e de direito constitucional.* Lisboa: Editora Coimbra, 1963.

CALDAS, Ricardo W. *Introdução à globalização:* noções básicas de economia, marketing & globalização. São Paulo: Instituto Brasileiro de Direito Constitucional, 1998.

CAMARGO ARANHA, Adalberto José Q. T. *Dos Recursos no processo penal.* São Paulo: Saraiva, 1988.

CANOTILHO, José Joaquim Gomes. *Direito constitucional e teoria da Constituição.* 7. ed. Coimbra: Almedina, 2003.

CAPEZ, Fernando. *Curso de processo penal.* São Paulo: Saraiva, 2012.

CARNEIRO, Athos Gusmão. *Jurisdição e competência.* São Paulo: Saraiva, 1999.

CARNELUTTI, Francesco. *Derecho y proceso.* Buenos Ayres: Depalma, 1985.

CARNELUTTI, Francesco. *El proceso penal.* Bogotá: Leyer, 2008.

CARNELUTTI, Francesco. *Estúdios de derecho procesal.* Tradução espanhola de Santiago Sentís Melendo. Buenos Aires: EJEA, 1952. v. 2.

CARNELUTTI, Francesco. *Instituições do processo civil.* Tradução de Adrián Sotero De Witt Batista. Campinas: Servanda, 1999. v. I.

CARNELUTTI, Francesco. *Sistema de direito processual civil.* São Paulo: Lemos e Cruz, 2004. v. 1.

CARRAZA, Roque Antônio. *Curso de direito constitucional tributário.* São Paulo: Malheiros, 2000.

CARVALHO, Kildare Gonçalves. *Direito constitucional.* 10. ed. Belo Horizonte: Del Rey, 2004.

CARVALHO, Luis Gustavo Grandinetti de. *O processo penal em face da Constituição.* Rio de Janeiro: Forense, 1992.

CHIOVENDA, Giuseppe. *Instituições de direito processual civil.* Tradução brasileira de J. Guimarães Menegale. São Paulo: Saraiva, 1969. v. 2.

CHIOVENDA, Giuseppe. *Instituições de direito processual civil.* Campinas: Bookseller, 2009.

COMPARATO, Fábio Konder. *Ética:* direito, moral e religião no mundo moderno. São Paulo: Companhia das Letras, 2006.

COSSIO, Carlos. *La valoración jurídica y la ciencia del derecho.* Buenos Aires: Arayú, 1954.

DALLARI, Dalmo de Abreu. *Direitos humanos e cidadania.* São Paulo: Moderna, 1998.

DE MARSICO, Alfredo. *Lezione di dirito penale.* Nápoles: Jovene, 1936.

DEMERCIAN, Pedro Henrique; MALULY, Jorge Assaf. *Curso de processo penal.* Rio de Janeiro: Forense, 2009.

DI PIETRO, Maria Sylvia Zanella. *Direito administrativo.* São Paulo: Atlas, 2013.

DIAS, Jorge Figueiredo. *Direito processual penal.* Coimbra: Coimbra Editora, reimpr. da 1ª edição, 2004 (Coleção Clássicos jurídicos).

DINAMARCO, Cândido Rangel. *Fundamentos do processo civil moderno*. São Paulo: Malheiros, 2010. 2 vols.

DUGUIT, Léon. *Fundamentos do direito*. Revisão e tradução de Márcio Pugliesi. São Paulo: Ícone, 1996.

DUGUIT, Léon. *Traité de droit constitutionnel*. Paris: Ancienne Librarie e Fontemoing, 1930.

DURKHEIM, Émile. *As regras do método sociológico*. São Paulo: Cia. Editora Nacional, 1960.

FARIA, Bento de. *Código de Processo Penal*. Rio de Janeiro: Livraria Jacintho, 1942.

FARIA, Cássio Juvenal. *Comissões parlamentares de inquérito*. São Paulo: Paloma, 2002.

FERNANDES, Antonio Scarance. *Processo penal constitucional*. São Paulo: RT, 1999.

FERRAJOLI, Luigi. *Direito e razão* – teoria do garantismo penal. São Paulo: RT, 2002.

FERRAJOLI, Luigi. *Los fundamentos de los derechos fundamentales*. Madrid: Trotta, 2001.

FERRAZ, Anna Cândido da Cunha. *Processos informais de mudança da Constituição*: mutações constitucionais e mutações inconstitucionais. São Paulo: Max Limonad, 1986.

FERRAZ, Leslie Sherida. *Prisão preventiva e direitos e garantias individuais*. Dissertação (Mestrado) – Faculdade de Direito da Universidade de São Paulo, 2003.

FERREIRA FILHO, Manoel Gonçalves. *Direitos humanos fundamentais*. São Paulo: Saraiva, 1999.

FERREIRA FILHO, Manoel Gonçalves. *Estado de direito e constituição*. São Paulo: Saraiva, 1999.

FERREIRA FILHO, Manoel Gonçalves. *Curso de direito constitucional*. São Paulo: Saraiva, 2009.

FERREIRA, Manuel de Cavaleiro. *Curso de processo penal I*. Lisboa: Universidade Católica, 1981.

FERREIRA, Pinto. *Curso de direito constitucional*. São Paulo: Saraiva, 1999.

FERRI, Enrico. *Princípios de derecho criminal*. Madrid: Réus, 1933.

FRAGOSO, Heleno Claudio. *Lições de direito penal*. Rio de Janeiro: Forense, 1991.

FRANCO, Afonso Arino de Mello. *Curso de direito constitucional brasileiro*. Rio de Janeiro: Forense, 1968.

FREITAS, Jayme Walmer de. *Prisão temporária*. São Paulo: Saraiva, 2004.

GALLIANO, Alfredo Guilherme. *Introdução à sociologia*. São Paulo: Harper & Row do Brasil, 1981.

GARCIA, Basileu. *Comentários ao Código de Processo Penal*. Rio de Janeiro: Forense, 1945. v. III.

GEMAQUE, Sílvio Cezar Arouk. *Dignidade da pessoa humana e prisão cautelar*. São Paulo: RCS, 2006.

GOLDSCHMIDT, James. *Der prozess als rechtslage*. Berlim J. Springer, 1925.

GOLDSCHMIDT, James. *Princípios generales del processo*. Buenos Aires: EJEA, 1961.

GOLDSCHMIDT, James. *Problemas jurídicos y políticos del processo penal*. Buenos Aires: EJEA, 1961.

GOMES FILHO, Antônio Magalhães. *A motivação das decisões penais*. São Paulo: RT, 2001.

GOMES FILHO, Antônio Magalhães. *Direito à prova no processo penal*. São Paulo: RT, 1997.

GOMES, Luiz Flávio; SILVA, Ivan Luis Marques. *Prisão e medidas cautelares* – Comentários artigo por artigo à reforma do CPP – Lei 12.403/2011. São Paulo: RT, 2011.

GONÇALVES, Daniela Cristina Rios. *Prisão em flagrante*. São Paulo: Saraiva, 2004.

GONÇALVES, Luiz Carlos dos Santos. *Poderes de investigação das comissões parlamentares de inquérito*. São Paulo: Juarez de Oliveira, 2001.

GRAU, Eros Roberto. *A ordem econômica na Constituição Federal de 1988*. São Paulo: Malheiros, 2005.

GRECO FILHO, Vicente. *Interceptação telefônica* considerações sobre a Lei n. 9. 296 de 24 de julho de 1996. São Paulo: Saraiva, 1996.

GRECO FILHO, Vicente. *Manual de processo penal*. São Paulo: Saraiva, 2009.

GRECO, Rogério. *Curso de direito penal*. Rio de Janeiro: Impetus, 2007.

GRECO, Vicente. *Tutela jurisdicional das liberdades*. São Paulo: Saraiva, 1989.

GRINOVER, Ada Pellegrini. *Execução penal:* natureza jurídica da execução penal. São Paulo: Max Limonad, 1987.

GRINOVER, Ada Pellegrini; ARAÚJO CINTRA, Antonio Carlos de; DINAMARCO, Cândido Rangel. *Teoria geral do processo*. São Paulo: Malheiros, 2007.

GRINOVER, Ada Pellegrini; FERNANDES, Antonio Scarance; GOMES FILHO, Antonio Magalhães. *As nulidades no processo penal*. São Paulo: RT, 2001.

GRINOVER, Ada Pellegrini; GOMES FILHO, Antonio Magalhães; FERNANDES, Antonio Scarance. *Recursos no processo penal*. São Paulo: RT, 1998.

GRISPIGNI, Felipo. *Diritto penale italiano*. Milano: Giuffrè, 1952.

GROPPALI, Alexandre. *Doutrina do Estado*. São Paulo: Saraiva, 1962.

HELLER, Hermann. *Teoria do Estado*. Buenos Aires: Fondo de Cultura Económica, 1961.

HESSE, Konrad. *A força normativa da Constituição*. Tradução de Gilmar Ferreira Mendes (*Die normative Kraft der Verfassung, J.C.B. Mohr – Paul Siebeck, Tubingen)*. Porto Alegre: Sergio Antonio Fabris, 1991.

HORTA, Raul Machado. *Direito constitucional*. Belo Horizonte: Del Rey, 2010.

HUNGRIA, Nelson. *Comentários ao Código Penal*. Rio de Janeiro: Forense, 1976.

HUNGRIA, Nélson; FRAGOSO, Heleno. *Comentários ao Código Penal*. Rio de Janeiro: Forense, 1977. v. 1, t. 1.

HUSEK, Carlos Roberto. *Curso de direito internacional público*. São Paulo: LTr, 2004.

JAKOBS, Günther. *Derecho penal:* parte general – fundamentos y teoría de la imputación. Madrid: Marcial Pons, 1995.

JAPIASSÚ, Carlos Eduardo Adriano. *O tribunal penal internacional:* a internacionalização do direito penal. Rio de Janeiro: Lumen Juris, 2004.

JARDIM, Afrânio Silva. *Curso de processo penal*. Rio de Janeiro: Forense, 2001.

JELLINEK, Georg. *Teoria general del Estado*. Buenos Aires: Albatroz, 1954.

KAUFFMANN, Carlos. *Prisão temporária*. São Paulo: Quartier Latin, 2006.

KELSEN, Hans. *Teoria general del Estado*. México: Editora Nacional, 1950.

KELSEN, Hans. *Teoria geral do direito e do estado*. Tradução de Luíz Carlos Borges. São Paulo: Martins Fontes, 1998.

LIEBMAN, Enrico Tullio. *Manuale di diritto processuale civile*. Milão: Giuffrè, 1983.

LIEBMAN, Enrico Tullio. *Processo de execução*. São Paulo: Saraiva, 1968.

LIMA, Marcellus Polastri. *A tutela cautelar no processo penal*. Rio de Janeiro: Lumen Juris, 2005.

LIMA, Marcellus Polastri. *Curso de processo penal*. Rio de Janeiro: Lumen Juris, 2006.

LINHARES, Marcelo J. *Natureza, fins e efeitos da prisão administrativa*. Belo Horizonte, 1953.

LINO, Bruno Teixeira. *Prisão temporária:* Lei 7.960, de 21 de dezembro de 1989. Belo Horizonte: Mandamentos, 2000.

LOPES JÚNIOR, Aury. *Sistemas de investigação preliminar no processo penal*. Rio de Janeiro: Lumen Juris, 2006.

MAGALHÃES FILHO, Antonio Gomes. *A motivação das decisões penais*. São Paulo: RT, 2001.

MAGGIORE, Giuseppe. *Derecho penal*. Tradução de J. J. Ortega Torres. Bogotá: Temis, 1954.

MALTA, Tostes. Flagrante delito. Rio de Janeiro: Edição da Revista *Época*, 1930.

MALUF, Sahid. *Teoria geral do Estado*. São Paulo: Saraiva, 2010.

MANZINI, Vincenzo. *Tratado de derecho procesal penal*. Buenos Aires: El. Foro, 1996.

MANZINI, Vincenzo. *Tratado de derecho procesal penal*. Buenos Aires: EJEA, 1951.

MARCATO, Antonio Carlos et al. (Coord.). *Código de Processo Civil interpretado*. São Paulo: Atlas, 2004.

MARQUES, José Frederico. *Elementos de direito processual penal*. Campinas: Bookseller, 1997. v. I.

MARQUES, José Frederico. *Manual de direito processual civil*. Bookseller, 1997. v. I.

MARQUES, José Frederico. *Tratado de processo penal*. São Paulo: Saraiva, 1980. 2 v.

MEDAUAR, Odete. *Controle da administração pública*. São Paulo: RT, 1993.

MEIRELLES, Hely Lopes. *Direito administrativo brasileiro*. São Paulo: Malheiros, 2004.

MEIRELLES, Hely Lopes. *Mandado de segurança e ação popular*. São Paulo: RT, 1995.

MELLO, Celso Antonio Bandeira de. *Conteúdo jurídico do princípio da igualdade*. São Paulo: RT, 1978.

MESQUITA JÚNIOR, Sidio Rosa de. *Manual de execução penal*. São Paulo: Atlas, 2002.

MESSA, Alcione Aparecida. *Psicologia jurídica*. São Paulo: Atlas, 2010 (Coleção concursos jurídicos, v. 20).

MESSA, Ana Flávia. *A proteção constitucional da pessoa idosa*. A empresa e o trabalho. São Paulo: Saraiva, 2009.

MESSA, Ana Flávia. *Algumas considerações sobre a busca do processo efetivo no contexto das reformas processuais civis*. Terceira etapa da reforma do Código de Processo Civil. Estudos em homenagem ao Ministro José Augusto Delgado. Salvador: JusPodivm, 2007.

MESSA, Ana Flávia. *Prática penal*. 2. ed. São Paulo: Atlas, 2007.

MESSA, Ana Flávia. *Prisão e liberdade*. São Paulo: Saraiva, 2013.

MESSA, Ana Flávia; ANDREUCCI, Ricardo Antonio. *Exame da OAB unificado*. São Paulo: Saraiva, 2013.

MESSA, Ana Flávia; CARNEIRO, José Reinaldo. *Crime organizado*. São Paulo: Saraiva, 2012.

MESSA, Ana Flávia; FRANCISCO, José Carlos. *Ação popular*. São Paulo: Saraiva, 2013.

MESSA, Ana Flávia; MAC CRACKEN, Roberto. *Tendências jurídicas contemporâneas* – Estudos em homenagem a Nuncio Theophilo Neto. São Paulo: Saraiva, 2011.

MESSA, Ana Flávia; THEOPHILO, Roque. *Estado e economia* – Estudos em homenagem a Ademar Pereira. São Paulo: Saraiva, 2011.

MIOTTO, Armida Bergamini. *Temas penitenciários*. São Paulo: RT, 1992.

MIRABETE, Julio Fabbrini. *Código de Processo Penal interpretado*. São Paulo: Atlas, 2000.

MIRABETE, Julio Fabbrini. *Código Penal interpretado*. São Paulo: Atlas, 2000.

MIRABETE, Julio Fabbrini. *Comentários à Lei 7.210, de 11-7-84*. São Paulo: Atlas, 1997.

MIRABETE, Julio Fabbrini. *Execução penal*. São Paulo: Atlas, 1995.

MIRABETE, Julio Fabbrini. *Processo penal*. 8. ed. São Paulo: Atlas, 1998.

MIRANDA, Jorge. *Manual de direito constitucional*. Coimbra: Almedina, 2011.

MONTESQUIEU. *Do espírito das leis*. São Paulo: Nova Cultural, 1977 (Coleção Os pensadores).

MORAES, Alexandre. *Direito constitucional*. São Paulo: Atlas, 2004.

MORAES, Alexandre. *Direitos humanos fundamentais*. São Paulo: Atlas, 1998.

MUCCIO, Hidejalma. *Curso de processo penal*. São Paulo: Método, 2012.

MUCCIO, Hidejalma. *Prática de processo penal*: teoria e prática. São Paulo: HM, 2005.

NERY JÚNIOR, Nelson. *Código de Processo Civil comentado e legislação extravagante*. São Paulo: RT, 2010.

NERY JUNIOR, Nelson. *Constituição Federal comentada e legislação constitucional*. São Paulo: RT, 2006.

NOGUEIRA, Carlos Frederico Coelho. *Comentários ao Código de Processo Penal*. São Paulo: Edipro, 2002.

NOGUEIRA, Paulo Lúcio. *Comentários à lei de execução penal*. São Paulo: Saraiva, 1996.

NORONHA, Edgard Magalhães. *Curso de direito processual penal*. São Paulo: Saraiva, 1997.

NORONHA, Edgard Magalhães. *Direito penal*. São Paulo: Saraiva, 1990.

NUCCI, Guilherme de Souza. *Manual de processo e execução penal.* São Paulo: RT, 2013.

NUCCI, Guilherme. *Código de Processo Penal comentado.* São Paulo: RT, 2004.

NUCCI, Guilherme. *Código Penal comentado.* São Paulo: RT, 2003.

OLIVEIRA, Eugenio Pacelli de. *Curso de processo penal.* São Paulo: Atlas, 2012.

OURINHO FILHO, Fernando da Costa. *Processo penal.* São Paulo: Saraiva, 1999.

PACELLI, Eugênio. *Curso de processo penal.* São Paulo: Atlas, 2012.

PASSET, René. *Elogio da globalização.* São Paulo: Record, 2003.

PEREIRA, Caio Mario da Silva. *Instituições de direito civil.* Rio de Janeiro: Forense, 2004. v. I.

PIMENTEL, Manoel Pedro. Sistemas penitenciários. *RT,* São Paulo, v. 639, p. 265-274, 1989.

PINTO, Nelson Luiz. *Manual dos recursos cíveis.* São Paulo: Malheiros, 2002.

PONTES DE MIRANDA. *História e prática do habeas corpus.* São Paulo: Bookseller, 1999.

PORFÍRIO, Geórgia Bajer Fernandes de Freitas. *A tutela da liberdade no processo penal.* São Paulo, Malheiros, 2005.

POSSONY, S. T. The procedural constitution. *Festschrift für Ferdinand Hermens.* Berlim, 1976.

PRADO, Geraldo. *Limite às interceptações telefônicas.* Rio de Janeiro: Lumen Juris, 2005.

PRADO, Luiz Regis. *Bem jurídico-penal e Constituição.* São Paulo: RT, 1997.

PRADO, Luiz Regis. *Curso de direito penal brasileiro.* São Paulo: RT, 2007.

QUEIROZ, Carlos Alberto Marchi de. *O direito de fugir.* São Paulo: Resenha Tributária, 1989.

QUEIROZ, Paulo. *Direito penal:* parte geral. São Paulo: Saraiva, 2005.

RAMAYANA, Marcos. *Código eleitoral comentado.* Rio de Janeiro: Roma Victor, 2005.

RANELLETTI, Oreste. *Instituzioni di diritto pubblico.* Milão: Giuffrè, 1955.

RANGEL, Paulo. *Direito processual penal.* São Paulo: Atlas, 2012.

RAWLS, John. *Uma teoria da justiça.* Tradução de Vamireh Chacon. Brasília: Ed. UnB, 1981.

REALE, Miguel. *Lições preliminares de direito.* São Paulo: Saraiva, 2006.

RESEK, Francisco. *Direito internacional público:* curso elementar. São Paulo: Saraiva, 2005.

ROSSEAU, Jean-Jacques. *Do contrato social.* São Paulo: Martin Claret, 2000.

ROXIN, Claus. Sentido e limites da pena estatal. In: *Problemas fundamentais de direito penal.* Coimbra: Veja Universidade, 1986.

SAMPAIO JÚNIOR, José Herval; CALDAS NETO, Pedro Rodrigues. *Manual de prisão e soltura sob a ótica constitucional*. 2. ed. São Paulo: Método, 2009.

SANTOS, Moacyr Amaral. *Primeiras linhas de direito processual civil*. São Paulo: Saraiva, 1992.

SANTOS, Moacyr Amaral. *Prova judiciária no cível e no comercial*. São Paulo: Max Limonad, 1952.

SILVA JUNIOR, Euclides Ferreira da. *Curso de direito processual penal em linguagem prática*. São Paulo: Juarez de Oliveira, 2000.

SILVA, De Plácido. *Vocabulário jurídico*. São Paulo: Saraiva, 1963.

SILVA, Germano Marques. *Curso de processo penal*, I. Lisboa: Babel, 2010.

SILVA, José Afonso. *Curso de direito constitucional positivo*. São Paulo: Malheiros, 1989.

SLAIBI FILHO, Nagib. *Direito constitucional*. Rio de Janeiro: Forense, 2006.

SMANIO, Gianpaolo Poggio. *Leis penais especiais*. São Paulo: Atlas, 2007.

SMANIO, Gianpaolo Poggio. *Processo penal*. São Paulo: Atlas, 2005.

SOIBELMAN, Leib. *Enciclopédia do advogado*. Rio de Janeiro: Thex, 1996.

SOLER, Sebastian. *Derecho penal argentino*. Buenos Aires: TEA, 1976. v. 1.

SUNDFELD, Carlos Ari. *Fundamentos de direito público*. 2. ed. São Paulo: Malheiros, 1993.

SZINICK, Valdir. *Liberdade, prisão cautelar e temporária*. São Paulo: Editora Universitária de Direito, 1995.

THEODORO JÚNIOR, Humberto. *Curso de direito processual civil*. v. 1: Teoria geral do direito processual civil e processo de conhecimento. Rio de Janeiro: Forense, 2006.

TOLEDO, Francisco de Assis. *Princípios básicos de direito penal*. São Paulo: Saraiva, 2010.

TORNAGHI, Hélio. *Comentários ao Código de Processo Penal*. Rio de Janeiro: Forense, 1956.

TORNAGHI, Hélio. *Curso de processo penal*. São Paulo: Saraiva, 1988.

TOURINHO FILHO, Fernando da Costa. *Manual de processo penal*. 5. ed. São Paulo: Saraiva, 2003, p. 74.

TOURINHO FILHO, Francisco da Costa. *Processo penal*. São Paulo: Saraiva, 2011.

TOURINHO FILHO, Francisco da Costa. *Processo penal*. 28. ed. São Paulo: Saraiva, 2006. v. 3.

TUCCI, Rogério Lauria. *Princípios e regras orientadoras do novo processo penal brasileiro.* Rio de Janeiro: Forense, 1986.

VALENTE, Manuel Monteiro Guedes. *Processo penal.* Coimbra: Almedina, 2010. t. I.

WAMBIER, Luiz Rodrigues. *Curso avançado de processo civil.* São Paulo: Revista dos Tribunais, 2006. v. 1.

WEIS, Carlos. *Direitos humanos contemporâneos.* São Paulo: Malheiros, 2006.

WELZEL, Hans. *O novo sistema jurídico-penal.* Tradução de Luiz Régis Prado. São Paulo: RT, 2001.

ZAFFARONI, Eugenio Raúl. *Em busca das penas perdidas*: a perda de legitimidade do sistema penal. Tradução de Vânia Romano Pedrosa e Amir Lopes da Conceição. Rio de Janeiro: Revan, 1991.

ZAFFARONI, Eugenio Raúl. *Sistemas penales y derechos humanos en América Latina.* Buenos Aires: Depalma, 1984.

ZAFFARONI, Eugenio Raúl; PIERANGELI, José Henrique. *Manual de direito penal brasileiro:* parte geral. 5. ed. rev. São Paulo: RT, 2004.

ZIMMERMANN, Augusto. *Curso de direito constitucional.* Rio de Janeiro: Lumen Juris, 2002.

GABARITO

CAPÍTULO 1 – Introdução ao Direito Processual Penal

1	2	3	4	5	6	7	8	9
B	B	A	B	A	A	D	C	B
10	11	12	13	14	15	16	17	18
C	E	C	D	C	D	E	E	E

CAPÍTULO 2 – Sistemas do Processo Penal

1	2	3	4	5	6	7	8
D	C	A	A	B	D	B	D

CAPÍTULO 3 – Princípios do Processo Penal

1	2	3	4	5	6	7	8	9	10
A	B	A	B	C	A	C	D	B	C
11	12	13	14	15	16	17	18	19	20
B	A	D	A	E	E	C	B	D	A
21	22	23	24	25	26	27	28		
C	C	B	E	E	A	C	D		

CAPÍTULO 4 – Lei Processual Penal

1	2	3	4	5	6	7	8	9	10	11
A	A	A	E	A	A	B	A	D	D	A
12	13	14	15	16	17	18	19	20	21	
C	A	B	D	A	A	C	D	E	B	

CAPÍTULO 5 – Processo Penal Constitucional

1	2	3	4	5	6	7
A	B	D	B	D	A	B
8	9	10	11	12	13	
A	D	B	D	E	B	

CAPÍTULO 6 – Persecução Penal

1	2	3	4	5	6	7	8
A	D	A	D	D	A	D	C

CAPÍTULO 7 – Segurança Pública

1	2	3	4	5	6	7	8	9	10
D	C	C	D	D	B	D	B	A	D
11	12	13	14	15	16	17	18	19	20
E	A	B	C	E	E	C	D	D	D

CAPÍTULO 8 – Inquérito Policial

1	2	3	4	5	6	7	8	9	10	11	12
A	E	E	B	D	C	B	E	D	D	D	B
13	14	15	16	17	18	19	20	21	22	23	
A	E	A	E	A	C	C	D	C	Errado	Certo	

CAPÍTULO 9 – Ação Penal

1	2	3	4	5	6	7	8	9	10	11
C	D	A	C	A	C	B	B	E	D	E
12	13	14	15	16	17	18	19	20	21	
B	C	E	E	A	A	E	E	E	C	

CAPÍTULO 10 – Denúncia e Queixa-Crime

1	2	3	4	5	6	7	8	9	10
B	D	E	A	B	B	D	B	B	C
11	12	13	14	15	16	17	18	19	
E	D	D	A	D	D	C	C	D	

CAPÍTULO 11 – Ação Civil *Ex Delicto*

1 C	2 C	3 A	4 D	5 C	6 B	7 D
8 D	9 C	10 E	11 B	12 B	13 A	14 A

CAPÍTULO 12 – Sujeitos Processuais

1 C	2 C	3 C	4 C	5 E	6 B	7 D	8 B	9 A	10 A	11 C
12 B	13 A	14 A	15 B	16 C	17 E	18 C	19 B	20 C	21 A	

CAPÍTULO 13 – Jurisdição e Competência

1 C	2 B	3 D	4 C	5 C	6 E	7 B	8 B	9 B
10 C	11 D	12 C	13 A	14 E	15 A	16 C	17 B	18 D
19 E	20 B	21 B	22 A	23 B	24 D	25 C	26 D	27 B

CAPÍTULO 14 – Comunicação dos Atos Processuais

1 A	2 A	3 B	4 C	5 E	6 D	7 E	8 A	9 B	10 D
11 D	12 E	13 D	14 A	15 B	16 D	17 C	18 A	19 E	20 A

CAPÍTULO 15 – Procedimentos Criminais

1 E	2 B	3 E	4 A	5 E	6 E	7 B	8 D	9 D	10 D
11 A	12 C	13 C	14 C	15 E	16 E	17 D	18 E	19 A	20 D

CAPÍTULO 16 – Questões e Processos Incidentes

1	2	3	4	5	6	7	8	9	10
C	A	A	A	A	C	A	C	B	D
11	12	13	14	15	16	17	18	19	20
D	C	A	B	A	A	A	C	E	A

CAPÍTULO 17 – Teoria Geral da Prova

1	2	3	4	5	6	7	8	9	10
D	C	E	C	D	B	B	C	C	E
11	12	13	14	15	16	17	18	19	20
A	B	B	D	E	C	D	B	D	E

CAPÍTULO 18 – Nulidades

1	2	3	4	5	6	7	8	9	10
A	A	C	B	E	E	C	A	A	C
11	12	13	14	15	16	17	18	19	20
C	B	A	E	C	D	B	B	C	D

CAPÍTULO 19 – Prisão e Liberdade Provisória

1	2	3	4	5	6	7	8	9
E	C	A	D	B	C	A	E	A
10	11	12	13	14	15	16	17	18
B		C	C	D	B	B	A	E
19	20	21	22	23	24	25		
E	E	D	C	B	C	E		

CAPÍTULO 20 – Sentença

1	2	3	4	5	6	7	8	9	10
B	E	D	D	A	A	B	D	C	A
11	12	13	14	15	16	17	18	19	20
D	C	B	C	C	E	B	D	A	D
21	22	23							
D	C	C							

CAPÍTULO 21 – Dos Recursos Criminais

I – Teoria Geral dos Recursos

1 B	2 E	3 B	4 D	5 D	6 C	7 B	8 A	9 B	10 B
11 A	12 C	13 D	14 B	15 A	16 A	17 A	18 B	19 B	20 D

II – Recursos em Espécie

1 A	2 C	3 B	4 C	5 D	6 B	7 B	8 D	9 E	10 A
11 A	12 C	13 C	14 D	15 E	16 A	17 D	18 C	19 C	20 E
21 B	22 C								

CAPÍTULO 22 – Ações Impugnativas Autônomas

1 A	2 A	3 E	4 E	5 A	6 A	7 A	8 C	9 B
10 B	11 B	12 E	13 D	14 D	15 C	16 A	17 C	18 E
19 B	20 A	21 E	22 A	23 C	24 C	25 A		

CAPÍTULO 23 – Dos Juizados Especiais Criminais

1 C	2 B	3 D	4 E	5 D	6 D	7 D	8 E	9 A
10 B	11 B	12 A	13 A	14 A	15 E	16 B	17 E	18 B
19 B	20 D	21 D	22 D	23 A	24 A	25 B		

CAPÍTULO 24 – Execução Penal

1 C	2 D	3 D	4 C	5 A	6 C	7 B	8 C	9 C	10 B
11 E	12 B	13 E	14 D	15 D	16 B	17 D	18 C	19 A	20 C

CAPÍTULO 25 – Processo Penal Internacional

1 C	2 E	3 B	4 C	5 C	6 D	7 B	8 A	9 D	10 C
11 B	12 A	13 D	14 C	15 C	16 A	17 C	18 D	19 A	20 D

CAPÍTULO 26 – Aspectos Processuais das Leis Especiais

1 D	2 C	3 A	4 E	5 E	6 A	7 D	8 B	9 A	10 E
11 E	12 B	13 C	14 A	15 B	16 D	17 C	18 D	19 E	20 B

Anexo

SÚMULAS POR TEMA E ORDEM ALFABÉTICA

Ação penal. Denúncia e queixa

Súmula 201 do STJ – Os honorários advocatícios não podem ser fixados em salários mínimos.

Súmula 330 do STJ – É desnecessária a resposta preliminar de que trata o art. 514 do Código de Processo Penal, na ação penal instruída por inquérito policial.

Súmula 594 do STF – Os direitos de queixa e de representação podem ser exercidos, independentemente, pelo ofendido ou por seu representante legal.

Súmula 608 do STF – No crime de estupro, praticado mediante violência real, a ação penal é pública incondicionada.

Súmula 709 do STF – Salvo quando nula a decisão de primeiro grau, o acórdão que provê o recurso contra a rejeição da denúncia vale, desde logo, pelo recebimento dela.

Súmula 714 do STF – É concorrente a legitimidade do ofendido, mediante queixa, e do Ministério Público, condicionada à representação do ofendido, para a ação penal por crime contra a honra de servidor público em razão do exercício de suas funções.

Assistente de acusação

Súmula 208 do STF – O assistente do Ministério Público não pode recorrer extraordinariamente de decisão concessiva de *habeas corpus*.

Súmula 210 do STF – O assistente do Ministério Público pode recorrer, inclusive extraordinariamente, na ação penal, nos casos dos arts. 584, § 1º, e 598 do CPP.

Súmula 448 do STF – O prazo para o assistente recorrer supletivamente começa a correr imediatamente após o transcurso do prazo do Ministério Público. (Revisão Preliminar pelo HC 50.417, *RTJ* 68/604).

Carta precatória

Súmula 273 do STJ – Intimada a defesa da expedição da carta precatória, torna-se desnecessária intimação da data da audiência no juízo deprecado.

Súmula 155 do STF – É relativa a nulidade do processo criminal por falta de intimação da expedição de precatória para inquirição de testemunha.

Citação

Súmula 351 do STF – É nula a citação por edital de réu preso na mesma unidade da Federação em que o Juiz exerce a sua jurisdição.

Súmula 366 do STF – Não é nula a citação por edital que indica o dispositivo da lei penal, embora não transcreva a denúncia ou queixa, ou não resuma os fatos em que se baseia.

Súmula 455 do STJ – A decisão que determina a produção antecipada de provas com base no art. 366 do CPP deve ser concretamente fundamentada, não a justificando unicamente o mero decurso do tempo.

Competência

Súmula 3 do STJ – Compete ao Tribunal Regional Federal dirimir conflito de competência verificado, na respectiva região, entre juiz federal e juiz estadual investido de jurisdição federal.

Súmula 6 do STJ – Compete à Justiça Comum Estadual processar e julgar delito decorrente de acidente de trânsito envolvendo viatura de Polícia Militar, salvo se autor e vítima forem policiais militares em situação de atividade.

Súmula 33 do STJ – A incompetência relativa não pode ser declarada de ofício.

Súmula 38 do STJ – Compete a justiça estadual comum, na vigência da Constituição de 1988, o processo por contravenção penal, ainda que praticada em detrimento de bens, serviços ou interesse da União ou de suas entidades.

Súmula 42 do STJ – Compete à Justiça Comum Estadual processar e julgar as causas cíveis em que é parte sociedade de economia mista e os crimes praticados em seu detrimento.

Súmula 47 do STJ – Compete à justiça militar processar e julgar crime cometido por militar contra civil, com emprego de arma pertencente a corporação, mesmo não estando em serviço.

Súmula 48 do STJ – Compete ao juízo do local da obtenção da vantagem ilícita processar e julgar crime de estelionato cometido mediante falsificação de cheque.

Súmula 53 do STJ – Compete à Justiça Comum Estadual processar e julgar civil acusado de prática de crime contra instituições militares estaduais.

Súmula 55 do STJ – Tribunal Regional Federal não é competente para julgar recurso de decisão proferida por juiz estadual não investido de jurisdição federal.

Súmula 62 do STJ – Compete à Justiça Estadual processar e julgar o crime de falsa anotação na Carteira de Trabalho e Previdência Social, atribuído à empresa privada.

Súmula 73 do STJ – A utilização de papel-moeda grosseiramente falsificado configura, em tese, o crime de estelionato, da competência da Justiça Estadual.

Súmula 75 do STJ – Compete à Justiça Comum Estadual processar e julgar o policial militar por crime de promover ou facilitar a fuga de preso de estabelecimento penal.

Súmula 78 do STJ – Compete à Justiça Militar processar e julgar policial de corporação estadual, ainda que o delito tenha sido praticado em outra unidade federativa.

Súmula 90 do STJ – Compete à justiça estadual militar processar e julgar o policial militar pela prática do crime militar, e a comum pela prática do crime comum simultâneo aquele.

Súmula 104 do STJ – Compete à Justiça Estadual o processo e julgamento dos crimes de falsificação e uso de documento falso relativo a estabelecimento particular de ensino.

Súmula 107 do STJ – Compete a justiça comum estadual processar e julgar crime de estelionato praticado mediante falsificação das guias de recolhimento das contribuições previdenciarias, quando não ocorrente lesão a autarquia federal.

Súmula 122 do STJ – Compete à Justiça Federal o processo e julgamento unificado dos crimes conexos de competência federal e estadual, não se aplicando a regra do art. 78, II, *a*, do Código de Processo Penal.

Súmula 140 do STJ – Compete à Justiça Comum Estadual processar e julgar crime em que o indígena figure como autor ou vítima.

Súmula 147 do STJ – Compete à Justiça Federal processar e julgar os crimes praticados contra funcionário público federal, quando relacionados com o exercício da função.

Súmula 151 do STJ – A competência para o processo e julgamento por crime de contrabando ou descaminho define-se pela prevenção do Juízo Federal do lugar da apreensão dos bens.

Súmula 165 do STJ – Compete à Justiça Federal processar e julgar crime de falso testemunho cometido no processo trabalhista.

Súmula 172 do STJ – Compete à Justiça Comum processar e julgar militar por crime de abuso de autoridade, ainda que praticado em serviço.

Súmula 200 do STJ – O Juízo Federal competente para processar e julgar acusado de crime de uso de passaporte falso é o do lugar onde o delito se consumou.

Súmula 208 do STJ – Compete à Justiça Federal processar e julgar prefeito municipal por desvio de verba sujeita a prestação de contas perante órgão federal.

Súmula 209 do STJ – Compete à Justiça Estadual processar e julgar prefeito por desvio de verba transferida e incorporada ao patrimônio municipal.

Súmula 224 do STJ – Excluído do feito o ente federal, cuja presença levará o Juiz Estadual a declinar da competência, deve o Juiz Federal restituir os autos e não suscitar conflito.

Súmula 235 do STJ – A conexão não determina a reunião dos processos, se um deles já foi julgado.

Súmula 244 do STJ – Compete ao foro do local da recusa processar e julgar o crime de estelionato mediante cheque sem provisão de fundos.

Súmula 254 do STJ – A decisão do Juízo Federal que exclui da relação processual ente federal não pode ser reexaminada no Juízo Estadual.

Súmula 376 do STJ – Compete à turma recursal processar e julgar o mandado de segurança contra ato de juizado especial.

Súmula 528 do STJ – Compete ao juiz federal do local da apreensão da droga remetida do exterior pela via postal processar e julgar o crime de tráfico internacional.

Súmula 521 do STF – O foro competente para o processo e julgamento dos crimes de estelionato, sob a modalidade da emissão dolosa de cheque sem provisão de fundos, é o do local onde se deu a recusa do pagamento pelo sacado.

Súmula 522 do STF – Salvo ocorrência de tráfico com o exterior, quando então a competência será da Justiça Federal, compete à Justiça dos Estados o processo e julgamento dos crimes relativos a entorpecentes.

Súmula 603 do STF – A competência para o processo e julgamento de latrocínio é do Juiz singular e não do Tribunal do Júri.

Súmula 702 do STF – A competência do Tribunal de Justiça para julgar Prefeitos restringe-se aos crimes de competência da Justiça comum estadual; nos demais casos, a competência originária caberá ao respectivo tribunal de segundo grau.

Súmula 704 do STF – Não viola as garantias do juiz natural, da ampla defesa e do devido processo legal a atração por continência ou conexão do processo do corréu ao foro por prerrogativa de função de um dos denunciados.

Súmula 721 do STF – A competência constitucional do Tribunal do Júri prevalece sobre o foro por prerrogativa de função estabelecido exclusivamente pela Constituição estadual.

Súmula Vinculante 36 do STF – Compete à Justiça Federal comum processar e julgar civil denunciado pelos crimes de falsificação e de uso de documento falso quando se tratar de falsificação da Caderneta de Inscrição e Registro (CIR) ou de Carteira de Habilitação de Amador (CHA), ainda que expedidas pela Marinha do Brasil.

Súmula Vinculante 45 do STF – A competência constitucional do Tribunal do Júri prevalece sobre o foro por prerrogativa de função estabelecido exclusivamente pela Constituição estadual.

Súmula Vinculante 46 do STF – A definição dos crimes de responsabilidade e o estabelecimento das respectivas normas de processo e julgamento são da competência legislativa privativa da União.

Conflito de jurisdição

Súmula 22 do STJ – Não há conflito de competência entre o Tribunal de Justiça e Tribunal de Alçada do mesmo Estado-membro.

Súmula 59 do STJ – Não há conflito de competência se já existe sentença com trânsito em julgado, proferida por um dos juízos conflitantes.

Súmula 428 do STJ – Compete ao Tribunal Regional Federal decidir os conflitos de competência entre juizado especial federal e juízo federal da mesma seção judiciária.

Crimes de responsabilidade

Súmula 722 do STF – São da competência legislativa da União a definição dos crimes de responsabilidade e o estabelecimento das respectivas normas de processo e julgamento.

Excesso de prazo

Súmula 21 do STJ – Pronunciado o réu, fica superada a alegação do constrangimento ilegal da prisão por excesso de prazo na instrução.

Súmula 52 do STJ – Encerrada a instrução criminal, fica superada a alegação de constrangimento por excesso de prazo.

Súmula 64 do STJ – Não constitui constrangimento ilegal o excesso de prazo na instrução, provocado pela defesa.

Execução penal

Súmula 40 do STJ – Para obtenção dos benefícios de saída temporária e trabalho externo, considera-se o tempo de cumprimento da pena no regime fechado.

Súmula 192 do STJ – Compete ao Juízo das Execuções Penais do Estado a execução das penas impostas a sentenciados pela Justiça Federal, Militar ou Eleitoral, quando recolhidos a estabelecimentos sujeitos à administração estadual.

Súmula 341 do STJ – A frequência a curso de ensino formal é causa de remição de parte do tempo de execução de pena sob regime fechado ou semiaberto.

Súmula 439 do STJ – Admite-se o exame criminológico pelas peculiaridades do caso, desde que em decisão motivada.

Súmula 440 do STJ – Fixada a pena-base no mínimo legal, é vedado o estabelecimento de regime prisional mais gravoso do que o cabível em razão da sanção imposta, com base apenas na gravidade abstrata do delito.

Súmula 441 do STJ – A falta grave não interrompe o prazo para obtenção de livramento condicional.

Súmula 442 do STJ – É inadmissível aplicar, no furto qualificado, pelo concurso de agentes, a majorante do roubo.

Súmula 443 do STJ – O aumento na terceira fase de aplicação da pena no crime de roubo circunstanciado exige fundamentação concreta, não sendo suficiente para a sua exasperação a mera indicação do número de majorantes.

Súmula 471 do STJ – Os condenados por crimes hediondos ou assemelhados cometidos antes da vigência da Lei n. 11.464/2007 sujeitam-se ao disposto no art. 112 da Lei n. 7.210/1984 (Lei de Execução Penal) para a progressão de regime prisional.

Súmula 491 do STJ – É inadmissível a chamada progressão *per saltum* de regime prisional.

Súmula 520 do STJ – O benefício de saída temporária no âmbito da execução penal é ato jurisdicional insuscetível de delegação à autoridade administrativa do estabelecimento prisional.

Súmula 526 do STJ – O reconhecimento de falta grave decorrente do cometimento de fato definido como crime doloso no cumprimento da pena prescinde do trânsito em julgado de sentença penal condenatória no processo penal instaurado para apuração do fato.

Súmula 527 do STJ – O tempo de duração da medida de segurança não deve ultrapassar o limite máximo da pena abstratamente cominada ao delito praticado.

Súmula 533 do STJ – Para o reconhecimento da prática de falta disciplinar no âmbito da execução penal, é imprescindível a instauração de procedimento administrativo pelo diretor do estabelecimento prisional, assegurado o direito de defesa, a ser realizado por advogado constituído ou defensor público nomeado.

Súmula 534 do STJ – A prática de falta grave interrompe a contagem do prazo para a progressão de regime de cumprimento de pena, o qual se reinicia a partir do cometimento dessa infração.

Súmula 520 do STF – Não exige a lei que, para requerer o exame a que se refere o art. 777 do CPP, tenha o sentenciado cumprido mais de metade do prazo da medida de segurança imposta.

Súmula 611 do STF – Transitada em julgado a sentença condenatória, compete ao Juízo das execuções a aplicação de lei mais benigna.

Súmula 604 do STF – A prescrição pela pena em concreto é somente da pretensão executória da pena privativa de liberdade.

Súmula 715 do STF – A pena unificada para atender ao limite de trinta anos de cumprimento, determinado pelo art. 75 do Código Penal, não é considerada para a concessão de outros benefícios, como o livramento condicional ou regime mais favorável de execução.

Súmula 718 do STF – A opinião do julgador sobre a gravidade em abstrato do crime não constitui motivação idônea para a imposição de regime mais severo do que o permitido segundo a pena aplicada.

Súmula 719 do STF – A imposição do regime de cumprimento mais severo do que a pena aplicada permitir exige motivação idônea.

Súmula Vinculante 9 do STF – O disposto no art. 127 da Lei n. 7.210/1984 (Lei de Execução Penal) foi recebido pela ordem constitucional vigente, e não se lhe aplica o limite temporal previsto no *caput* do art. 58.

Fiança

Súmula 332 do STJ – A fiança prestada sem autorização de um dos cônjuges implica a ineficácia total da garantia.

Habeas corpus

Súmula 395 do STF – Não se conhece de recurso de *habeas corpus* cujo objeto seja resolver sobre o ônus das custas, por não estar mais em causa a liberdade de locomoção.

Súmula 606 do STF – Não cabe *habeas corpus* originário para o Tribunal Pleno de decisão de Turma, ou do Plenário, proferida em *habeas corpus* ou no respectivo recurso.

Súmula 692 do STF – Não se conhece de *habeas corpus* contra omissão de relator de extradição, se fundado em fato ou direito estrangeiro cuja prova não constava dos autos, nem foi ele provocado a respeito.

Súmula 693 do STF – Não cabe *habeas corpus* contra decisão condenatória a pena de multa, ou relativo a processo em curso por infração penal a que a pena pecuniária seja a única cominada.

Súmula 694 do STF – Não cabe *habeas corpus* contra a imposição da pena de exclusão de militar ou de perda de patente ou de função pública.

Súmula 695 do STF – Não cabe *habeas corpus* quando já extinta a pena privativa de liberdade.

Inquérito policial

Súmula 524 do STF – Arquivado o inquérito policial, por despacho do juiz, a requerimento do promotor de Justiça, não pode a ação penal ser iniciada sem novas provas.

Investigação criminal

Súmula Vinculante 14 do STF – É direito do defensor, no interesse do representado, ter acesso amplo aos elementos de prova que, já documentados em procedimento investigatório realizado por órgão com competência de polícia judiciária, digam respeito ao exercício do direito de defesa.

Súmula 234 do STJ – A participação de membro do Ministério Público na fase investigatória criminal não acarreta o seu impedimento ou suspeição para o oferecimento da denúncia.

Juizados especiais criminais

Súmula 243 do STJ – O benefício da suspensão do processo não é aplicável em relação às infrações penais cometidas em concurso material, concurso formal ou continuidade delitiva, quando a pena mínima cominada, seja pelo somatório, seja pela incidência da majorante, ultrapassar o limite de um ano.

Súmula 415 do STJ – O período de suspensão do prazo prescricional é regulado pelo máximo da pena cominada.

Súmula 536 do STJ – A suspensão condicional do processo e a transação penal não se aplicam na hipótese de delitos sujeitos ao rito da Lei Maria da Penha.

Súmula 723 do STF – Não se admite a suspensão condicional do processo por crime continuado, se a soma da pena mínima da infração mais grave com o aumento mínimo de um sexto for superior a um ano.

Súmula Vinculante 35 do STF – A homologação da transação penal prevista no art. 76 da Lei n. 9.099/95 não faz coisa julgada material e, descumpridas suas cláusulas, retoma-se a situação anterior, possibilitando-se ao Ministério Público a continuidade da persecução penal mediante oferecimento de renúncia ou requisição de inquérito policial.

Liberdade provisória

Súmula 697 do STF – A proibição de liberdade provisória nos processos por crimes hediondos não veda o relaxamento da prisão processual por excesso de prazo.

Mandado de segurança

Súmula 41 do STJ – O superior tribunal de justiça não tem competência para processar e julgar, originariamente, mandado de segurança contra ato de outros tribunais ou dos respectivos orgãos.

Súmula 105 do STJ – Na ação de mandado de segurança não se admite condenação em honorários advocatícios.

Súmula 169 do STJ – São inadmissíveis embargos infringentes no processo de mandado de segurança.

Súmula 177 do STJ – O Superior Tribunal de Justiça é incompetente para processar e julgar, originariamente, mandado de segurança contra ato de órgão colegiado presidido por ministro de estado.

Súmula 202 do STJ – A impetração de segurança por terceiro, contra ato judicial, não se condiciona a interposição de recurso.

Súmula 376 do STJ – Compete a turma recursal processar e julgar o mandado de segurança contra ato de juizado especial.

Súmula 266 do STF – Não cabe mandado de segurança contra lei em tese.

Súmula 267 do STF – Não cabe mandado de segurança contra ato judicial passível de recurso ou correição.

Súmula 268 do STF – Não cabe mandado de segurança contra decisão judicial com trânsito em julgado.

Súmula 405 do STF – Denegado o mandado de segurança pela sentença, ou no julgamento do agravo dela interposto, fica sem efeito a liminar concedida, retroagindo os efeitos da decisão contrária.

Súmula 510 do STF – Praticado o ato por autoridade no exercício de competência delegada, contra ela cabe o mandado de segurança ou a medida judicial.

Súmula 701 do STF – No mandado de segurança impetrado pelo Ministério Público contra decisão proferida em processo penal, é obrigatória a citação do réu como litisconsorte passivo.

Ministério Público

Súmula 234 do STJ – A participação de membro do Ministério Público na fase investigatória criminal não acarreta o seu impedimento ou suspeição para o oferecimento da denúncia.

Nulidades

Súmula 155 do STF – É relativa a nulidade do processo criminal por falta de intimação da expedição de precatória para inquirição de testemunha.

Súmula 156 do STF – É absoluta a nulidade do julgamento pelo júri, por falta de quesito obrigatório.

Súmula 160 do STF – É nula a decisão do tribunal que acolhe contra o réu nulidade não arguida no recurso da acusação, ressalvados os casos de recurso de ofício.

Súmula 162 do STF – É absoluta a nulidade do julgamento pelo júri, quando os quesitos da defesa não precedem aos das circunstâncias agravantes.

Súmula 206 do STF – É nulo o julgamento ulterior pelo júri com a participação de jurado que funcionou em julgamento anterior do mesmo processo.

Súmula 352 do STF – Não é nulo o processo penal por falta de nomeação de curador ao réu menor que teve a assistência de defensor dativo.

Súmula 361 do STF – No processo penal, é nulo o exame realizado por um só perito, considerando-se impedido o que tiver funcionando anteriormente na diligência de apreensão.

Súmula 523 do STF – No processo penal, a falta da defesa constitui nulidade absoluta, mas a sua deficiência só o anulará se houver prova de prejuízo para o réu.

Súmula 564 do STF – A ausência de fundamentação do despacho de recebimento de denúncia por crime falimentar enseja nulidade processual, salvo se já houver sentença condenatória.

Súmula 707 do STF – Constitui nulidade a falta de intimação do denunciado para oferecer contrarrazões ao recurso interposto da rejeição da denúncia, não a suprindo a nomeação de defensor dativo.

Súmula 708 do STF – É nulo o julgamento da apelação se, após a manifestação nos autos da renúncia do único defensor, o réu não foi previamente intimado para constituir outro.

Súmula 714 do STF – É concorrente a legitimidade do ofendido, mediante queixa, e do Ministério Público, condicionada à representação do ofendido, para a ação penal por crime contra a honra de servidor público em razão do exercício de suas funções.

Perícia

Súmula 361 do STF – No processo penal, é nulo o exame realizado por um só perito, considerando-se impedido o que tiver funcionando anteriormente na diligência de apreensão.

Persecução penal

Súmula 444 do STJ – É vedada a utilização de inquéritos policiais e ações penais em curso para agravar a pena-base.

Prazos processuais

Súmula 310 do STF – Quando a intimação tiver lugar na sexta-feira, ou a publicação com efeito de intimação for feita nesse dia, o prazo judicial terá início na segunda-feira imediata, salvo se não houver expediente, caso em que começará no primeiro dia útil que se seguir.

Súmula 710 do STF – No processo penal, contam-se os prazos da data da intimação, e não da juntada aos autos do mandado ou da carta precatória ou de ordem.

Princípios constitucionais

Súmula 501 do STJ – É cabível a aplicação retroativa da Lei n. 11.343/2006, desde que o resultado da incidência das suas disposições, na íntegra, seja mais favorável ao réu do que o advindo da aplicação da Lei n. 6.368/76, sendo vedada a combinação de leis.

Súmula 513 do STJ – A "abolitio criminis" temporária prevista na Lei n. 10.826/2003 aplica-se ao crime de posse de arma de fogo de uso permitido com numeração, marca ou qualquer outro sinal de identificação raspado, suprimido ou adulterado, praticado somente até 23-10-2005.

Súmula 522 do STJ – A conduta de atribuir-se falsa identidade perante autoridade policial é típica, ainda que em situação de alegada autodefesa.

Súmula Vinculante 5 do STF – A falta de defesa técnica por advogado no processo administrativo disciplinar não ofende a Constituição.

Prisão

Súmula 21 do STJ – Pronunciado o réu, fica superada a alegação do constrangimento ilegal da prisão por excesso de prazo na instrução.

Súmula 171 do STJ – Cominadas cumulativamente, em lei especial, penas privativa de liberdade e pecuniária, é defeso a substituição da prisão por multa.

Súmula 419 do STJ – Descabe a prisão civil do depositário judicial infiel.

Súmula Vinculante 11 do STF – Só é lícito o uso de algemas em casos de resistência e de fundado receio de fuga ou de perigo à integridade física própria ou alheia, por parte do preso ou de terceiros, justificada a excepcionalidade por escrito, sob pena de responsabilidade disciplinar, civil e penal do agente ou da autoridade e de nulidade da prisão ou do ato processual a que se refere, sem prejuízo da responsabilidade civil do Estado

Súmula Vinculante 25 do STF – É ilícita a prisão civil de depositário infiel, qualquer que seja a modalidade do depósito.

Súmula 145 do STF – Não há crime quando a preparação do flagrante pela polícia torna impossível a sua consumação.

Súmula 397 do STF – O poder de polícia da Câmara dos Deputados e do Senado Federal, em caso de crime cometido nas suas dependências, compreende, consoante o regimento, a prisão em flagrante do acusado e a realização do inquérito.

Procedimentos criminais

Súmula 64 do STJ – Não constitui constrangimento ilegal o excesso de prazo na instrução, provocado pela defesa.

Súmula 74 do STJ – Para efeitos penais, o reconhecimento da menoridade do réu requer prova por documento hábil.

Súmula 106 do STJ – Proposta a ação no prazo fixado para o seu exercício, a demora na citação, por motivos inerentes ao mecanismo da justiça, não justifica o acolhimento da arguição de prescrição ou decadência.

Súmula 108 do STJ – A aplicação de medidas socioeducativas ao adolescente, pela prática de ato infracional, e da competência exclusiva do juiz.

Súmula 164 do STJ – O Prefeito Municipal, após a extinção do mandato, continua sujeito a processo por crime previsto no art. 1º do Dec.-lei n. 201, de 27-2-1967.

Súmula 330 do STJ – É desnecessária a resposta preliminar de que trata o art. 514 do Código de Processo Penal, na ação penal instruída por inquérito policial.

Súmula 338 do STJ – A prescrição penal é aplicável nas medidas socioeducativas.

Súmula 342 do STJ – No procedimento para aplicação de medida socioeducativa, é nula a desistência de outras provas em face da confissão do adolescente.

Súmula 455 do STJ – A decisão que determina a produção antecipada de provas com base no art. 366 do CPP deve ser concretamente fundamentada, não justificando unicamente o mero decurso do tempo.

Súmula 492 do STJ – O ato infracional análogo ao tráfico de drogas, por si só, não conduz obrigatoriamente à imposição de medida socioeducativa de internação do adolescente.

Súmula 512 do STJ – A aplicação da causa de diminuição de pena prevista no art. 33, § 4º, da Lei n. 11.343/2006 não afasta a hediondez do crime de tráfico de drogas.

Súmula Vinculante 10 do STF – Viola a cláusula de reserva de plenário (CF, art. 97) a decisão de órgão fracionário de tribunal que embora não declare expressamente a inconstitucionalidade de lei ou ato normativo do poder público, afasta sua incidência, no todo ou em parte.

Progressão de regime

Súmula 716 do STF – Admite-se a progressão de regime de cumprimento da pena ou a aplicação imediata de regime menos severo nela determinada, antes do trânsito em julgado da sentença condenatória.

Súmula 717 do STF – Não impede a progressão de regime de execução da pena, fixada em sentença não transitada em julgado, o fato de o réu se encontrar em prisão especial.

Súmula Vinculante 26 do STF – Para efeito de progressão de regime no cumprimento de pena por crime hediondo, ou equiparado, o juízo da execução observará a inconstitucionalidade do art. 2º da Lei n. 8.072, de 25 de julho de 1990, sem prejuízo de avaliar se o condenado preenche, ou não, os requisitos objetivos e subjetivos do benefício, podendo determinar, para tal fim, de modo fundamentado, a realização de exame criminológico.

Prova documental

Súmula 74 do STJ – Para efeitos penais, o reconhecimento da menoridade do réu requer prova por documento hábil.

Recursos criminais

Súmula 7 do STJ – A pretensão de simples reexame de prova não enseja recurso especial.

Súmula 13 do STJ – A divergência entre julgados do mesmo tribunal não enseja recurso especial.

Súmula 83 do STJ – Não se conhece do recurso especial pela divergência, quando a orientação do Tribunal se firmou no mesmo sentido da decisão recorrida.

Súmula 86 do STJ – Cabe recurso especial contra acórdão proferido no julgamento de agravo de instrumento.

Súmula 98 do STJ – Embargos de declaração manifestados com notório propósito de prequestionamento não tem caráter protelatório.

Súmula 99 do STJ – O Ministério Público tem legitimidade para recorrer no processo em que oficiou como fiscal da lei, ainda que não haja recurso da parte.

Súmula 115 do STJ – Na instância especial é inexistente recurso interposto por advogado sem procuração nos autos.

Súmula 116 do STJ – A Fazenda Pública e o Ministerio Público tem prazo em dobro para interpor agravo regimental no Superior Tribunal de Justiça.

Súmula 123 do STJ – A decisão que admite, ou não, o recurso especial deve ser fundamentada, com o exame dos seus pressupostos gerais e constitucionais.

Súmula 126 do STJ – É inadmissível recurso especial, quando o acórdão recorrido assenta em fundamentos constitucional e infraconstitucional, qualquer deles suficiente, por si só, para mantê-lo, e a parte vencida não manifesta recurso extraordinário.

Súmula 207 do STJ – É inadmissível recurso especial quando cabíveis embargos infringentes contra o acórdão proferido no tribunal de origem.

Súmula 211 do STJ – Inadmissível recurso especial quanto à questão que, a despeito da oposição de embargos declaratórios, não foi apreciada pelo tribunal *a quo*.

Súmula 216 do STJ – A tempestividade de recurso interposto no Superior Tribunal de Justiça é aferida pelo registro no protocolo da Secretaria e não pela data da entrega na agência do correio.

Súmula 223 do STJ – A certidão de intimação do acórdão recorrido constitui peça obrigatória do instrumento de agravo.

Súmula 267 do STJ – A interposição de recurso, sem efeito suspensivo, contra decisão condenatória não obsta a expedição de mandado de prisão.

Súmula 316 do STJ – Cabem embargos de divergência contra acórdão que, em agravo regimental, decide recurso especial.

Súmula 320 do STJ – A questão federal somente ventilada no voto vencido não atende ao requisito do prequestionamento.

Súmula 347 do STJ – O conhecimento de recurso de apelação do réu independe de sua prisão.

Súmula 418 do STJ – É inadmissível o recurso especial interposto antes da publicação do acórdão dos embargos de declaração, sem posterior ratificação.

Súmula 520 do STJ – Para fins do art. 105, III, *a*, da Constituição Federal, não é cabível recurso especial fundado em alegada violação de enunciado de súmula.

Súmula 279 do STF – Para simples reexame de prova não cabe recurso extraordinário.

Súmula 280 do STF – Por ofensa a direito local não cabe recurso extraordinário.

Súmula 281 do STF – É inadmissível o recurso extraordinário quando couber, na Justiça de origem, recurso ordinário da decisão impugnada.

Súmula 282 do STF – É inadmissível o recurso extraordinário quando não ventilada, na decisão recorrida, a questão federal suscitada.

Súmula 283 do STF – É inadmissível o recurso extraordinário quando a decisão recorrida assenta em mais de um fundamento suficiente e o recurso não abrange todos eles.

Súmula 284 do STF – É inadmissível o recurso extraordinário, quando a deficiência na sua fundamentação não permitir a exata compreensão da controvérsia.

Súmula 286 do STF – Não se conhece do recurso extraordinário fundado em divergência jurisprudencial, quando a orientação do plenário do STF já se firmou no mesmo sentido da decisão recorrida.

Súmula 287 do STF – Nega-se provimento do agravo quando a deficiência na sua fundamentação, ou na do recurso extraordinário, não permitir a exata compreensão da controvérsia.

Súmula 288 do STF – Nega-se provimento a agravo para subida de recurso extraordinário, quando faltar no traslado o despacho agravado, a decisão recorrida, a petição de recurso extraordinário ou qualquer peça essencial à compreensão da controvérsia.

Súmula 289 do STF – O provimento do agravo por uma das turmas do STF, ainda que sem ressalva, não prejudica a questão do cabimento do recurso extraordinário.

Súmula 293 do STF – São inadmissíveis embargos infringentes contra decisão em matéria constitucional submetida ao Plenário dos Tribunais.

Súmula 299 do STF – O recurso ordinário e o extraordinário interpostos no mesmo processo de mandado de segurança, ou de *habeas corpus*, serão julgados conjuntamente pelo Tribunal Pleno.

Súmula 319 do STF – O prazo do recurso ordinário para o STF, em *habeas corpus* ou mandado de segurança, é de cinco dias.

Súmula 320 do STF – A apelação despachada pelo Juiz no prazo legal não fica prejudicada pela demora da juntada por culpa do Cartório.

Súmula 322 do STF – Não terá seguimento pedido ou recurso dirigido ao STF, quando manifestamente incabível, ou apresentando fora do prazo, ou quando for evidente a incompetência do tribunal.

Súmula 344 do STF – Sentença de primeira instância, concessiva de *habeas corpus* em caso de crime praticado em detrimento de bens, serviços ou interesses da União, está sujeita a recurso *ex officio*.

Súmula 356 do STF – O ponto omisso da decisão, sobre o qual não foram opostos embargos declaratórios, não pode ser objeto de recurso extraordinário, por faltar o requisito do prequestionamento.

Súmula 369 do STF – Julgados do mesmo tribunal não servem para fundamentar o recurso extraordinário por divergência jurisprudencial.

Súmula 399 do STF – Não cabe recurso extraordinário por violação de lei federal, quando a ofensa alegada for a regimento de Tribunal.

Súmula 400 do STF – Decisão que deu razoável interpretação à lei, ainda que não seja a melhor, não autoriza recurso extraordinário pela letra "a" do art. 101, III, da Constituição Federal.

Súmula 423 do STF – Não transita em julgado a sentença por haver omitido o recurso *ex oficio*, que se considera interposto *ex lege*.

Súmula 428 do STF – Não fica prejudicada a apelação entregue em Cartório no prazo legal, embora despachada tardiamente.

Súmula 448 do STF – O prazo para o assistente recorrer supletivamente começa a correr imediatamente após o transcurso do prazo do Ministério Público. (Revisão Preliminar pelo HC 50.417, *RTJ* 68/604).

Súmula 455 do STF – Da decisão que se seguir ao julgamento de constitucionalidade pelo Tribunal Pleno, são inadmissíveis embargos infringentes quanto a matéria constitucional.

Súmula 525 do STF – A medida de segurança não será aplicada em segunda instância, quando só o réu tenha recorrido.

Súmula 640 do STF – É cabível recurso extraordinário contra decisão proferida por juiz de primeiro grau nas causas de alçada, ou por turma recursal de juizado especial cível e criminal.

Súmula 699 do STF – O prazo para interposição de agravo, em processo penal, é de cinco dias, de acordo com a Lei n. 8.038/90, não se aplicando o disposto a respeito nas alterações da Lei n. 8.950/94 ao Código de Processo Civil.

Súmula 700 do STF – É de cinco dias o prazo para interposição de agravo contra decisão do juiz da execução penal.

Súmula 705 do STF – A renúncia do réu ao direito de apelação, manifestada sem a assistência do defensor, não impede o conhecimento da apelação por este interposta.

Súmula 708 do STF – É nulo o julgamento da apelação se, após a manifestação nos autos da renúncia do único defensor, o réu não foi previamente intimado para constituir outro.

Súmula 713 do STF – O efeito devolutivo da apelação contra decisões do Júri é adstrito aos fundamentos da sua interposição.

Súmula 727 do STF – Não pode o magistrado deixar de encaminhar ao Supremo Tribunal Federal o agravo de instrumento interposto da decisão que não admite recurso extraordinário, ainda que referente a causa instaurada no âmbito dos juizados especiais.

Súmula 734 do STF – Não cabe reclamação quando já houver transitado em julgado o ato judicial que se alega tenha desrespeitado decisão do Supremo Tribunal Federal.

Revisão criminal

Súmula 393 do STF – Para requerer revisão criminal o condenado não é obrigado a recolher-se à prisão.

Sentença

Súmula 17 do STJ – Quando o falso se exaure no estelionato, sem mais potencialidade lesiva, e por este absorvido.

Súmula 18 do STJ – A sentença concessiva do perdão judicial é declaratória da extinção da punibilidade, não subsistindo qualquer efeito condenatório.

Súmula 24 do STJ – Aplica-se ao crime de estelionato, em que figure como vítima entidade autárquica da previdência social, a qualificadora do § 3º do art. 171 do Código Penal.

Súmula 51 do STJ – A punição do intermediador, no jogo do bicho, independe da identificação do "apostador" ou do "banqueiro".

Súmula 96 do STJ – O crime de extorsão consuma-se independentemente da obtenção da vantagem indevida.

Súmula 171 do STJ – Cominadas cumulativamente, em lei especial, penas privativa de liberdade e pecuniária, e defeso a substituição da prisão por multa.

Súmula 191 do STJ – A pronúncia e causa interruptiva da prescrição, ainda que o Tribunal do Júri venha a desclassificar o crime.

Súmula 201 do STJ – Os honorários advocatícios não podem ser fixados em salários mínimos.

Súmula 220 do STJ – A reincidência não influi no prazo da prescrição da pretensão punitiva.

Súmula 231 do STJ – A incidência da circunstância atenuante não pode conduzir à redução da pena abaixo do mínimo legal.

Súmula 241 do STJ – A reincidência penal não pode ser considerada como circunstância agravante e, simultaneamente, como circunstância judicial.

Súmula 265 do STJ – É necessária a oitiva do menor infrator antes de decretar-se a regressão da medida socioeducativa.

Súmula 269 do STJ – É admissível a adoção do regime prisional semiaberto aos reincidentes condenados a pena igual ou inferior a quatro anos se favoráveis as circunstâncias judiciais.

Súmula 337 do STJ – É cabível a suspensão condicional do processo na desclassificação do crime e na procedência parcial da pretensão punitiva.

Súmula 415 do STJ – O período de suspensão do prazo prescricional é regulado pelo máximo da pena cominada.

Súmula 438 do STJ – É inadmissível a extinção da punibilidade pela prescrição da pretensão punitiva com fundamento em pena hipotética, independentemente da existência ou sorte do processo penal.

Súmula 442 do STJ – É inadmissível aplicar, no furto qualificado, pelo concurso de agentes, a majorante do roubo.

Súmula 443 do STJ – O aumento na terceira fase de aplicação da pena no crime de roubo circunstanciado exige fundamentação concreta, não sendo suficiente para a sua exasperação a mera indicação do número de majorantes.

Súmula 493 do STJ – É inadmissível a fixação de pena substitutiva (art. 44 do CP) como condição especial ao regime aberto.

Súmula 500 do STJ – A configuração do crime do art. 244-B do ECA independe da prova da efetiva corrupção do menor, por se tratar de delito formal.

Súmula 502 do STJ – Presentes a materialidade e a autoria, afigura-se típica, em relação ao crime previsto no art. 184, § 2º, do CP, a conduta de expor à venda CDs e DVDs piratas.

Súmula 511 do STJ – É possível o reconhecimento do privilégio previsto no § 2º do art. 155 do CP nos casos de crime de furto qualificado, se estiverem presentes a primariedade do agente, o pequeno valor da coisa e a qualificadora for de ordem objetiva.

Súmula 453 do STF – Não se aplicam à segunda instância o art. 384 e o parágrafo único do CPP, que possibilitam dar nova definição jurídica ao fato delituoso, em virtude de circunstância elementar não contida explícita ou implicitamente na denúncia ou queixa.

Sujeitos processuais

Súmula 421 do STJ – Os honorários advocatícios não são devidos à Defensoria Pública quando ela atua contra a pessoa jurídica de direito público à qual pertença.

Súmula 208 do STF – O assistente do Ministério Público não pode recorrer extraordinariamente de decisão concessiva de *habeas corpus*.

Súmula 210 do STF – O assistente do Ministério Público pode recorrer, inclusive extraordinariamente, na ação penal, nos casos dos arts. 584, § 1º, e 598 do CPP.

Súmula 234 do STF – São devidos honorários de advogado em ação de acidente do trabalho julgada procedente.

Súmula 352 do STF – Não é nulo o processo penal por falta de nomeação de curador ao réu menor que teve a assistência de defensor dativo.